la proposta digitale

Su www.mydbook.it trovi:

1. DbookPLUS, IL TUO LIBRO DIGITALE ACCESSIBILE

- Ingrandisci e personalizza il testo
- Scegli tra 10 lingue disponibili
- Attiva l'audiolettura con ReadSpeaker The Voice of the Web!
- Clicca sulle icone in pagina per accedere ai contenuti extra

2. I CONTENUTI EXTRA

- Video, audio, oggetti interattivi, pdf: un percorso di studio ancora più ricco

In **ESCLUSIVA**, per chi ha in adozione il corso, docenti e studenti, l'abbonamento alla piattaforma per la didattica digitale dell'Istituto della Enciclopedia Italiana.

Esplora
Migliaia di contenuti multimediali certificati da Treccani

Impara
Lezioni digitali pronte all'uso

Verifica
Esercizi e test per la classe

LA SCUOLA ONLINE, A PORTATA DI CLICK

Entrare da protagonisti nella nuova scuola è facilissimo: bastano uno smartphone, un tablet o un computer. La piattaforma è fruibile a scuola, a casa e ovunque ci sia una connessione Internet.

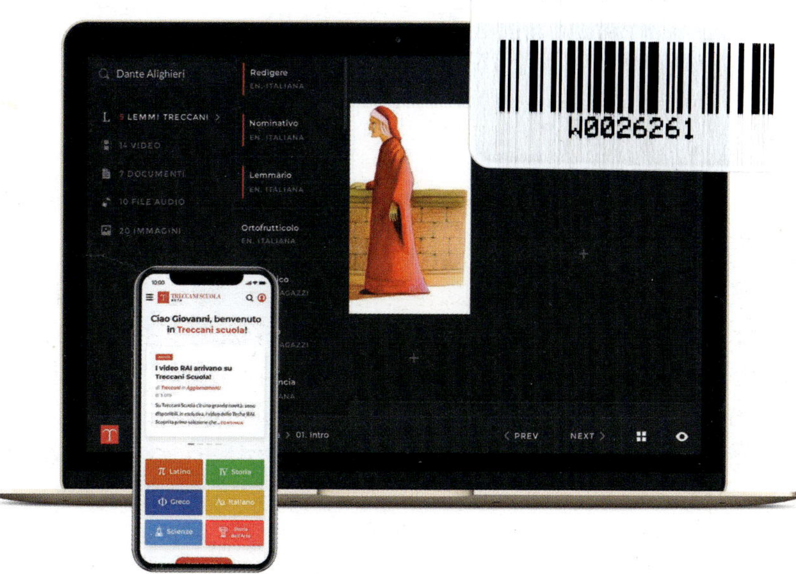

Sommario

Umanesimo e Rinascimento

L'epoca e le idee 16

- **La storia e la società** 16
  - L'Italia dai conflitti interni alla conquista straniera 16
  - Decadenza politica e fioritura culturale 18
  - Verso la Riforma luterana: la crisi della Chiesa 18
- **La cultura** 19
  - 1 La centralità dell'uomo 19
  - D1 *L'uomo artefice del proprio destino* (*Oratio de hominis dignitate*) 21
  - 2 La rivalutazione della realtà terrena 22
  - D2 *I piaceri della vita quotidiana* (*De dignitate et excellentia hominis*) 24
  - **Per approfondire:** La battaglia per la tolleranza. Il messaggio di Erasmo da Rotterdam 25
  - 3 La nuova pedagogia 26
  - D3 *Elogio del dialogo* (*Dialogi ad Petrum Paulum Istrum*) 26
  - 4 Il primato della vita attiva 28
  - D4 *Elogio dell'operosità* (*Della famiglia*) 29
  - 5 Il patrimonio della classicità 30
  - D5 *La riscoperta di codici nel monastero di San Gallo* (*Epistole*) 31
  - **Intellettuale e società:** Alle dipendenze del signore 32

- **La lingua** 33
  - Dall'egemonia del latino all'affermazione del volgare 33
- **I generi e i luoghi** 35
  - La mappa dei generi 35
    - La prosa 35
    - La poesia 37
    - Il teatro 39
  - La mappa dei luoghi 39

INTRECCI cinema
Il mestiere delle armi di Ermanno Olmi 42

Verifica delle CONOSCENZE 43

I SAPERI fondamentali 44

myDbook.it

Testi plus • *Il tocco della Follia su fanciulli e vecchi* (Erasmo da Rotterdam)

Audioletture • *L'uomo artefice del proprio destino* (Pico della Mirandola) • *La riscoperta di codici nel monastero di San Gallo* (Poggio Bracciolini) • Sintesi

La storia da vedere • La città ideale

Mappe dei saperi • L'Umanesimo • La Riforma • Il Rinascimento

La corrente La letteratura medicea 46

- **I temi** 47
  - Mecenatismo e divertimento popolare 47
  - Una produzione letteraria "camaleontica" 47
  - **Per approfondire:** La giostra 47
- **La duplicità dei toni e dello stile** 48
- **Gli autori e i testi** 49
  - Lorenzo de' Medici 49
    - La vita 49
    - Le opere 49
  - T1 *Ardo d'amore, e conviemme cantare* 50
  - T2 *Canzona di Bacco* 54
  - **Cronache dal passato:** Un giudizio controcorrente: Lorenzo «crudelissimo tiranno» 57

Angelo Poliziano 58
- La vita 58
- Le opere 58

T3 *I' mi trovai, fanciulle, un bel mattino* 60

TEMI nel TEMPO
Nel nome della rosa 62

T4 *Ben venga maggio* 64
T5 *Il ritratto di Iulio e l'incontro con Simonetta* 67

Cronache dal passato: Amore e morte di un'icona della bellezza, Simonetta Cattaneo 74

T6 *La supplica di Orfeo* 76

LETTURE critiche
La poesia delle *Stanze per la giostra* di Attilio Momigliano 81

Verifica delle CONOSCENZE 83
I SAPERI fondamentali 84

myDbook.it
Audioletture • *Canzona di Bacco* (Lorenzo de' Medici) • Sintesi
Mappe dei saperi • Il mecenatismo del Quattrocento

Il genere Il poema cavalleresco 86

- L'eredità della materia carolingia e bretone 87
- I protagonisti 88

Per approfondire: La figura del cantastorie: nascita e tradizione di un poeta ambulante 89

- Gli autori e i testi 90

Luigi Pulci 90
- La vita 90
- Le opere 90

T1 *La professione di fede di Margutte* 91

INTRECCI arte
Il cibo e i suoi eccessi 96

TEMI nel TEMPO
Alla mensa degli scrittori 98

Matteo Maria Boiardo 100
- La vita 100
- Le opere 100

Per approfondire: L'ottava 102

T2 *Proemio* 103

Per approfondire: Addio, cortesia! Le armi da fuoco e la crisi dei valori cavallereschi 106

T3 *Il duello cortese tra Orlando e Agricane* 107
T4 *Una dichiarazione di poetica* 115

LETTURE critiche
Turpino e Boiardo di Tiziano Zanato 117

Verifica delle CONOSCENZE 119
I SAPERI fondamentali 120

myDbook.it
Testi plus • *La prima impresa di Margutte* (Luigi Pulci)
Audioletture • Sintesi
Mappe dei saperi • La materia cavalleresca

Il genere La trattatistica rinascimentale 122

- Il trattato: espressione della civiltà umanistico-rinascimentale 123
- I temi e i protagonisti 124
  - L'ambito amoroso 124
  - Il comportamento del gentiluomo di corte 124
- Gli autori e i testi 126

Pietro Bembo 126
- La vita 126
- Le opere 126

T1 *Scrivere «con lo stile delle passate stagioni»* 129

Baldassarre Castiglione 131
- La vita 131
- Le opere 131

T2 *Le virtù del gentiluomo: «grazia» e «sprezzatura»* 134
T3 *Le virtù della gentildonna* 137
Cronache dal passato: Una donna libera: il caso (e una poesia) di una famosa "cortigiana" 140
Giovanni Della Casa 141
La vita 141
Le opere 141
T4 *L'importanza delle buone maniere* 142
Per approfondire: Galateo e galatei 145
LETTURE critiche
Un classico nella civiltà della conversazione di Amendeo Quondam 146
Verifica delle CONOSCENZE 148
I SAPERI fondamentali 149

myDbook.it

Testi plus • *Dante e Petrarca* (Pietro Bembo) • *La corte di Urbino* (Baldassarre Castiglione)
Audioletture • Sintesi
Mappe dei saperi • Le parole chiave della trattatistica

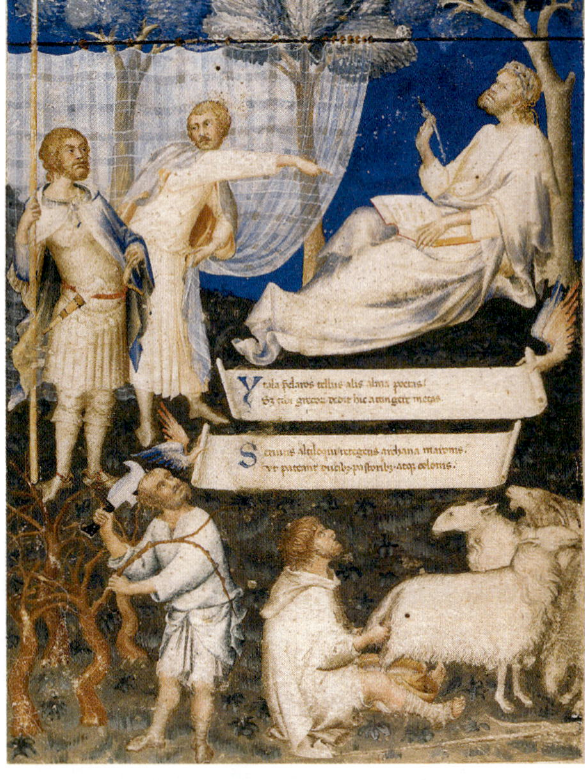

La corrente Il Petrarchismo 151
● **Un nuovo modello poetico** 152
Le tappe del successo petrarchesco 152
Il Petrarchismo come *status* sociale e culturale 152
● **Lo stile e gli interpreti** 153
Un modello lessicale e retorico 153
Poeti e poetesse 154
Per approfondire: L'«infezione» letteraria di Pietro Bembo 155
INTRECCI arte
Il "petrarchino" 156
● **Gli autori e i testi** 157
Iacopo Sannazaro 157
La vita 157
Le opere 157
T1 *Sovra una verde riva* 158
Per approfondire: Le *Bucoliche* di Virgilio 162
Giovanni Della Casa 163
T2 *O dolce selva solitaria, amica* 163
Michelangelo Buonarroti 166
La vita 166
Le opere 166
Per approfondire: Le biografie di Michelangelo 167
T3 *Non ha l'ottimo artista alcun concetto* 168
Gaspara Stampa 170
La vita 170
Le opere 170
T4 *Io son da l'aspettar omai sì stanca* 170
INTRECCI arte
Pittrici nel Cinquecento 172
Isabella di Morra 173
La vita 173
Le opere 173
T5 *Ecco ch'una altra volta, o valle inferna* 173

LETTURE critiche
Le donne "nuove" nel mercato della letteratura di Marina Zancan 175

Verifica delle CONOSCENZE 177

I SAPERI fondamentali 178

Testi plus • *O notte, o dolce tempo, benché nero* (Michelangelo Buonarroti)

Audioletture • *Non ha l'ottimo artista alcun concetto* (Michelangelo Buonarroti) • *Io son da l'aspettar omai sì stanca* (Gaspara Stampa) • *Ecco ch'una altra volta, o valle inferna* (Isabella di Morra) • Sintesi

Mappe dei saperi • Il modello petrarchista • Gli autori petrarchisti

La corrente L'Anticlassicismo 180

- **La polemica antipetrarchista** 181
  - Un'immagine grottesca e paradossale della realtà 181
  - Tra ribellione ideologica e sperimentazione letteraria 181
  - Lo stile anticlassicistico 182
- **La molteplicità di forme e generi** 182
- **Gli autori e i testi** 183

Burchiello 183
- La vita 183
- Le opere 183

T1 *Nominativi fritti e mappamondi* 184
T2 *La Poesia combatte col Rasoio* 186

Per approfondire: Un Burchiello, tanti Burchiello 189

Francesco Berni 190
- La vita 190
- Le opere 190

T3 *Chiome d'argento fine, irte e attorte* 191

Pietro Aretino 193
- La vita 193
- Le opere 194

T4 *Ira, invidia, lussuria e sodomia* 195

Per approfondire: Pasquino: una voce contro il potere 197

Teofilo Folengo 197
- La vita 197
- Le opere 197

T5 *Invocazione alle Muse maccheroniche* 199

Per approfondire: Il Paese di Cuccagna 203

Ruzante 204
- La vita 204
- Le opere 204

T6 *La guerra di un povero contadino* 205

Per approfondire: Le pirotecniche invenzioni di un uomo libero: François Rabelais 209

LETTURE critiche
L'azione corrosiva del sonetto "alla burchia" di Michelangelo Zaccarello 211

Verifica delle CONOSCENZE 213

I SAPERI fondamentali 214

Testi plus • *Arriva sbraitando Caronte* (Teofilo Folengo)

Audioletture • *La guerra di un povero contadino* (Ruzante) • Sintesi

Testi in lingua • *La journée de Gargantua* (François Rabelais)

Mappe dei saperi • I temi dell'Anticlassicismo

L'autore Ludovico Ariosto 216

- **La vita** 217

Il carattere: Un uomo tranquillo 218

- **Le opere** 219

- **I grandi temi** 221

1 Le ansie della corte e l'ideale della vita semplice 221

Cronache dal passato: La congiura di don Giulio 222

T1 *L'intellettuale contro la corte* (*Satire*) 223

T2 *In casa mia mi sa meglio una rapa* (*Satire*) 227

TEMI nel TEMPO
La satira: un genere non convenzionale 230

2 L'amore: una "passione tranquilla" 231

T3 *Chiuso era il sol da un tenebroso velo* 232

Verifica delle CONOSCENZE 234

L'opera Orlando furioso 235

- **La composizione e la diffusione** 235

- **Fonti, vicende e personaggi** 236
  - Le fonti letterarie 236
  - La trama, lo spazio e il tempo 236
  - I personaggi principali 239

- **Gli argomenti e la visione ideologica** 242
  - I temi 242
  - Oltre la nostalgia del mondo cavalleresco 243

- **Lo stile della narrazione** 244
  - Le tecniche narrative 244

Cronache dal passato: Ariosto in tipografia 245
  - La lingua e la metrica 246

- **I testi**

T4 *Il proemio* 248

T5 *La fuga di Angelica* 251

T6 *La figuraccia di Sacripante* 259

T7 *L'avventura di Pinabello e il castello di Atlante* 274

T8 *Atlante e l'ippogrifo* 283

T9 *Ruggiero e Astolfo nell'isola di Alcina* 287

T10 *Un palazzo incantato* 295

Per approfondire: L'identità segreta di Atlante 302

T11 *La pazzia di Orlando* 303

T12 *Astolfo sulla Luna* 311

INTRECCI teatro
L'*Orlando furioso* di Luca Ronconi: uno sberleffo sulla scena 319

INTRECCI arte
L'arte e la follia 320

L'AUTORE nel tempo 322

LETTURE critiche
Il poema della bellezza di Giulio Ferroni 324
Eroi che girano a vuoto di Gianni Celati 325
Il ruolo del poeta di Stefano Jossa 327

Verifica delle CONOSCENZE 329

PALESTRA di SCRITTURA 330

I SAPERI fondamentali 336

Finestra sul CONTEMPORANEO
Ariosto & Italo Calvino
Nel labirinto del mondo 340

Video • Perché leggere Ariosto

Testi plus • *Angelica e Medoro* (*Orlando furioso*) • *Bradamante* (*Orlando furioso*) • *Olimpia* (*Orlando furioso*)

Audioletture • *Il proemio* (*Orlando Furioso*) • *Atlante e l'ippogrifo* (*Orlando Furioso*) • *Astolfo sulla Luna* (*Orlando Furioso*) • Sintesi

Testi in lingua • *The Faerie Queene* (Edmund Spenser)

Analisi del testo interattive • *La materia del poema* (*Orlando furioso*) • *L'apologo della Luna* (*Satire*)

Temi interdisciplinari Treccani • La follia

Mappe dei saperi • I temi dell'*Orlando furioso* • Le figure femminili dell'*Orlando furioso*

L'autore Niccolò Machiavelli 344

● La vita 345

◢ Le origini familiari e la formazione intellettuale 345

◢ La carriera politica e l'esilio 345

Per approfondire: Girolamo Savonarola 345

◢ La stagione dell'attività letteraria 346

Cronache dal passato: Machiavelli torturato 347

◢ Gli ultimi anni 348

Il carattere: Umanista "civile" e ironico 348

● Le opere 349

◢ Le opere tecnico-politiche del periodo della Segreteria (1498-1512) 349

◢ Le opere politiche 350

◢ Le opere storiche 352

◢ Le opere letterarie 353

◢ L'epistolario 355

● I grandi temi 357

1 Tra politica e letteratura: l'autoritratto 357

T1 *L'epistola a Francesco Vettori del 10 dicembre 1513* (*Epistolario*) 358

2 Alla ricerca delle regole della politica: la lezione della Storia 364

T2 *Lo studio della Storia e l'imitazione degli antichi* (*Discorsi sopra la prima Deca di Tito Livio*) 366

T3 *Chi non vuole entrare nel male, viva da privato* (*Discorsi sopra la prima Deca di Tito Livio*) 369

3 La visione pessimistica della natura umana 371

T4 *Il vittorioso assedio di fra' Timoteo all'innocenza di Lucrezia* (*La mandragola*) 373

T5 *Il trionfo di Callimaco* (*La mandragola*) 377

INTRECCI cinema
La mandragola di Alberto Lattuada 380

Verifica delle CONOSCENZE 382

L'opera Il Principe 383

- **Un trattato di attualità politica** 383
  - La composizione: datazione, dedica e obiettivi dell'opera 383
  - La struttura e i contenuti 384
- **I temi** 386
  - Un ritratto nuovo 386
  - Un metodo rivoluzionario 387
  - Il carattere militante della riflessione machiavelliana 388

Per approfondire: I capitani di ventura 389

- **Il linguaggio e lo stile** 390
- **I testi** 391

T6 *Niccolò Machiavelli al Magnifico Lorenzo de' Medici* 391

T7 *Di quanti tipi siano i principati e in quali modi si acquistino* 394

T8 *I principati nuovi che si acquistano con le armi proprie e la virtù* 396

T9 *I principati nuovi che si acquistano con le armi altrui e con la fortuna* 400

Per approfondire: La spietatezza al potere: Cesare Borgia 410

T10 *Di quelle cose per le quali gli uomini e in particolar modo i principi sono lodati o vituperati* 411

INTRECCI arte

La guerra nell'arte 414

T11 *In che modo la parola data debba essere mantenuta dai principi* 416

Consonanze/Dissonanze: Ugo Foscolo Machiavelli per il popolo 420

T12 *Quanto possa la fortuna nelle cose umane e in che modo sia possibile arginarla* 421

T13 *Esortazione a conquistare l'Italia e a liberarla dalle mani dei barbari* 426

Per approfondire: Un genio del male: Machiavelli personaggio d'invenzione 431

L'AUTORE nel tempo 432

LETTURE critiche

Il Principe, l'opera di un «uomo d'azione» di Antonio Gramsci 434

Oltre alla politica, niente di Gennaro Sasso 435

Nessun governo può funzionare senza virtù di Felix Gilbert 436

Verifica delle CONOSCENZE 437

PALESTRA di SCRITTURA 438

I SAPERI fondamentali 442

Finestra sul CONTEMPORANEO

Machiavelli & Pier Paolo Pasolini
Gli ingranaggi del potere 446

Video • Perché leggere Machiavelli

Testi plus • *La religione come elemento di coesione dello Stato* (*Discorsi*) • *Il potere della fortuna sull'uomo* (*Discorsi*)

Audioletture • *Niccolò Machiavelli al Magnifico Lorenzo de' Medici* (*Il Principe*) • *I principati nuovi che si acquistano con le armi altrui e con la fortuna* (*Il Principe*) • *Esortazione a conquistare l'Italia e a liberarla dalle mani dei barbari* (*Il Principe*) • Sintesi

Testi in lingua • *Richard III* (William Shakespeare) • *Henry VI* (William Shakespeare) • *The Jew of Malta* (Christopher Marlowe)

Analisi del testo interattive • *Della religione de' Romani* (*Discorsi*) • *Di quante ragioni sia la milizia, e de' soldati mercennarii* (*Il Principe*)

Temi interdisciplinari Treccani • La guerra

Mappe dei saperi • Gli Stati regionali • I temi del *Principe*

L'autore Francesco Guicciardini 450

- **La vita** 451
  - I primi anni e gli studi 451
  - La carriera giuridica e politica 451
  - Il ritiro dalla vita pubblica 452

Il carattere: Un uomo altero e paziente 453

- **Le opere** 453
  - Opere politico-teoriche 453
  - Opere a uso privato 454
  - Opere storiche 455

L'opera Ricordi 457

- **La redazione e la struttura** 457
- **Il pensiero e la visione della realtà** 458
- **Un lucido pessimismo** 459
- **Lo stile** 460
- **I testi** 461

Per approfondire: Quando il saggio sentenzia: la fortuna dell'aforisma 461

T1 *Empirismo e senso pratico* 462

Consonanze/Dissonanze: Michel de Montaigne Il viaggio interiore di un intellettuale 465

T2 *I concetti chiave del pensiero di Guicciardini* 466

T3 *La natura umana* 469

Per approfondire: La *Storia d'Italia*: Guicciardini e la catastrofe della penisola 473

CLASSICI a confronto
Guicciardini e Machiavelli 474

L'AUTORE nel tempo 474

INTRECCI arte
Carlo V e la fine dell'indipendenza italiana 476

LETTURE critiche
Il libro segreto di uno scettico di Emanuele Cutinelli-Rèndina 477

Verifica delle CONOSCENZE 479

I SAPERI fondamentali 480

Testi plus • *La perduta felicità d'Italia* (*Storia d'Italia*)

Audioletture • *I concetti chiave del pensiero di Guicciardini* (*Ricordi*) • Sintesi

Mappe dei saperi • I temi di Guicciardini

L'età della Controriforma e del Manierismo

L'epoca e le idee 484

● **La storia e la società** 484

La crisi italiana 484

L'Europa tra Riforma e Controriforma 485

◢ La Riforma luterana 485

◢ La risposta di Roma: la Controriforma o Riforma cattolica 486

● **La cultura** 487

1 Religione, politica e scienza: tra conformismo e anticonformismo 487

D1 *L'investitura del potere arriva da Dio* (*Della ragion di Stato*) 490

Per approfondire: «Maledetto sia Copernico!»: Luigi Pirandello e la fine dell'antropocentrismo 491

2 Il tramonto del Rinascimento: il Manierismo 492

D2 *Irrisione delle convenzioni amorose* (Proprologo del *Candelaio*) 494

Per approfondire: L'imitazione e la diffusione dell'"aristotelismo" 495

3 Follia e inquietudine 496

D3 *Un capro che accusa gli uomini* (*La Circe*) 497

● **La lingua** 498

La codificazione del volgare 498

Intellettuale e società: Il difficile mestiere dell'artista 499

INTRECCI arte

Maniera e Manierismo 500

● **I generi e i luoghi** 502

La mappa dei generi 502

◢ La poesia 502

◢ La prosa 502

◢ Il teatro 503

La mappa dei luoghi 505

Verifica delle CONOSCENZE 507

I SAPERI fondamentali 508

myDbook.it

La storia da vedere • L'architettura religiosa della Controriforma

Audioletture • Sintesi

Mappe dei saperi • Le guerre di religione • Il concilio di Trento e la Controriforma

L'autore Torquato Tasso 510

● **La vita** 511

◢ La giovinezza e le prime prove letterarie 511

◢ Il periodo ferrarese e l'internamento per infermità mentale 511

Il carattere: Un poeta tra allucinazione e realtà 512

◢ Gli ultimi anni: alla ricerca di una serenità impossibile 513

Cronache dal passato: Il legame impossibile fra Torquato ed Eleonora d'Este 514

- **Le opere** 515
  - La *Gerusalemme liberata* 515
  - La poesia lirica 515
  - Le opere teatrali 515
  - Gli scritti in prosa 516
  - Le opere di argomento religioso 517
- **I grandi temi** 519
  - 1 Il difficile rapporto con la corte 519

T1 *Canzone al Metauro* (*Rime*) 520

Consonanze/Dissonanze: Delacroix e Baudelaire: *Tasso o la poesia imprigionata* 524

2 Tra sensualità e spiritualità 525

T2 *Qual rugiada o qual pianto* (*Rime*) 526

T3 *Donna, il bel vetro tondo* (*Rime*) 527

T4 *Lunge da voi, mio core* (*Rime*) 527

3 Amore e letteratura 530

T5 *O bella età de l'oro* (*Aminta*) 531

TEMI nel TEMPO

Il mito dell'età dell'oro 536

Verifica delle CONOSCENZE 537

L'opera Gerusalemme liberata 538

- **Un capolavoro sofferto** 538
  - La vicenda editoriale 538
  - La trama 540
- **I personaggi** 542
- **La struttura poetica** 543
- **I temi** 544
- **Lo stile** 545
- **I testi** 546

T6 *Proemio* 547

T7 *L'apparizione di Gerusalemme* 551

T8 *Tancredi e Clorinda* 555

T9 *Rinaldo e Armida nel giardino delle delizie* 563

INTRECCI arte

L'amore nella Gerusalemme liberata 570

TEMI nel TEMPO

Il labirinto e la complessità del mondo 572

T10 *Rinaldo vince l'incantesimo della selva* 574

T11 *Solimano e la tragica condizione umana* 581

T12 *La conclusione del poema* 583

Consonanze/Dissonanze: Achille Campanile *La quercia del Tasso* 585

L'AUTORE nel tempo 586

CLASSICI a confronto

Ariosto e Tasso 587

LETTURE critiche

Il «bifrontismo» e i registri della suspense di Lanfranco Caretti 588

La funzione della poesia nell'opera di Tasso di Matteo Residori 591

Una lettura in chiave figurale di Sergio Zatti 592

Verifica delle CONOSCENZE 595

PALESTRA di SCRITTURA 596

I SAPERI fondamentali 602

Finestra sul CONTEMPORANEO

Tasso & Franco Fortini

Le inquietudini di un letterato senza certezze 606

COMPETENZE in azione 610

Prove sul modello INVALSI 614

myDbook.it

Video • Perché leggere Tasso

Testi plus • A Ercole Rondinelli (Lettere) • Le confidenze di Aminta a Tirsi (Aminta)

Audioletture • *Qual rugiada o qual pianto* (*Rime*) • *O bella età de l'oro* (*Aminta*) • *Tancredi e Clorinda* (*Gerusalemme liberata*) • Sintesi

Analisi del testo interattive • Ne gli anni acerbi tuoi purpurea rosa (Rime) • La battaglia notturna di Solimano (Gerusalemme liberata)

Temi interdisciplinari Treccani • La verosimiglianza

Mappe dei saperi • I temi della Gerusalemme liberata • Le figure femminili della Gerusalemme liberata

Glossario 625

Fonti bibliografiche 633

Indice dei nomi 634

Umanesimo
e Rinascimento

L'epoca e le idee

L'autore

Il genere

La corrente

- La storia e la società; la cultura; la lingua; i generi e i luoghi
- La letteratura medicea
- Il poema cavalleresco
- La trattatistica rinascimentale
- Il Petrarchismo
- L'Anticlassicismo
- Ludovico Ariosto
  - *Orlando furioso*
- Niccolò Machiavelli
  - *Il Principe*
- Francesco Guicciardini
  - *Ricordi*

L’epoca e le idee

La storia e la società

La formazione delle monarchie nazionali europee

Il **declino dei grandi poteri universali** – la Chiesa e l’Impero, che per la maggior parte del Medioevo avevano costituito l’orizzonte della vita politica e culturale europea – si fa irreversibile nel corso del Quattrocento, in concomitanza con il **consolidamento delle monarchie nazionali**. I regni di Inghilterra, Francia, Spagna e Portogallo riescono ad assoggettare territori sempre più ampi, che vengono così posti sotto un’unica giurisdizione e controllati da un’amministrazione centralizzata in via di espansione e rafforzamento. In **Inghilterra** e in **Francia**, in particolare, dopo la lunga e traumatica esperienza della **Guerra dei Cent’anni** (1337-1453) si pongono le basi per la **formazione di una prima coscienza nazionale**, imperniata sull’identificazione tra nazione e sovrano, che sarà il cardine della futura concezione assolutistica dello Stato. Un fenomeno analogo si verifica in **Spagna** in relazione alla progressiva cristianizzazione della penisola iberica dopo il plurisecolare dominio islamico: si tratta della ***Reconquista***, che si conclude nel 1492 con l’occupazione del regno musulmano di Granada.

L’Italia dai conflitti interni alla conquista straniera

Frammentazione politica, guerre e instabilità

A differenza di quanto accade nel resto d’Europa, l’Italia rimane prigioniera del **particolarismo politico**. La penisola è frazionata in decine di entità statali di piccole e medie dimensioni, nessuna delle quali riesce a imporre la propria egemonia territoriale. In questo variegato panorama, già dalla seconda metà del Trecento si affermano i cosiddetti **“Stati regionali” o “territoriali”**: il Ducato di Milano, la Repubblica di Venezia, la Repubblica (poi Signoria) di Firenze – dominata, dagli anni Trenta del Quattrocento, dalla famiglia

Umanesimo e Rinascimento

1414-1418
- Concilio di Costanza

1415
- Jan Hus viene bruciato come eretico a Costanza

1453
- Termina la Guerra dei Cent’Anni
- Caduta di Costantinopoli

1454
- Pace di Lodi: comincia la politica dell’equilibrio

1492
- Morte di Lorenzo il Magnifico
- Cristoforo Colombo scopre l’America

dei Medici –, lo Stato pontificio e il Regno di Napoli. A fasi alterne, sembra che alcuni di essi possano avere per l'unificazione "nazionale" un ruolo simile a quello svolto dalla monarchia inglese e da quella francese, ma il processo non ha esito analogo, e gli Stati territoriali italiani rimangono **formazioni piccole e deboli**. Dominati da un unico signore o da un'oligarchia, essi si rivelano incapaci di raggiungere l'efficienza amministrativa dell'Inghilterra e della Francia e non sono in grado di allargare le basi della legittimazione politica a strati più ampi della società. Ne consegue una condizione di **continua instabilità**, sia per quanto riguarda la situazione interna – il fenomeno delle congiure e dei **conflitti tra fazioni** è pressoché costante – sia per quanto attiene alla politica estera, caratterizzata da continue **guerre**, accordi segreti, piani di spartizione. La conflittualità ha termine soltanto con la **pace di Lodi del 1454**, che inaugura una **politica dell'equilibrio** destinata a durare fino alla fine del secolo. L'accordo, siglato tra i maggiori Stati italiani, prevede il mantenimento dello *status quo* (e quindi la rinuncia a imporre la propria egemonia sugli altri), la reciproca collaborazione volta a preservare l'ordine interno e l'alleanza contro un eventuale attacco straniero (la cosiddetta "Lega Italica").

Le guerre d'Italia e la perdita dell'indipendenza

Alla fine del Quattrocento, tuttavia, guerre e instabilità tornano a caratterizzare la scena italiana. Nel 1492, alla morte di **Lorenzo il Magnifico** – signore assoluto di Firenze e garante dell'equilibrio italiano attraverso una politica di accordi e alleanze – si rivela il carattere precario e illusorio della pace di Lodi. La tregua viene definitivamente meno nel **1494**, con la **discesa in Italia del re di Francia Carlo VIII**, chiamato dal signore di Milano Ludovico il Moro in funzione antiaragonese (il re di Napoli aveva infatti pretese dinastiche sul Ducato di Milano). La spedizione militare di Carlo VIII non trova resistenza, e apre la strada alla conquista straniera della penisola: già dai primi decenni del Cinquecento gran parte del territorio finisce nelle mani della Spagna di Carlo V d'Asburgo e della Francia di Francesco I. Le due principali potenze continentali continuano a contendersi il territorio italiano durante tutto il lungo periodo delle **guerre d'Italia**, che si concludono soltanto nel 1559 (pace di Cateau-Cambrésis) con la definitiva **egemonia spagnola** sulla penisola.

1494
Discesa in Italia di Carlo VIII di Francia
1517
95 tesi di Martin Lutero: comincia la Riforma
1527
Sacco di Roma a opera dei lanzichenecchi
1530
Carlo V riceve la corona imperiale a Bologna
1559
Pace di Cateau-Cambrésis stabilisce l'egemonia spagnola nella penisola italiana

Decadenza politica e fioritura culturale

Dietro lo splendore delle corti della penisola – che continuano a prosperare nonostante i conflitti – si cela dunque una grave debolezza. Si tratta di un'enorme contraddizione che caratterizza questo lungo periodo della storia italiana: in contemporanea alla fioritura della sua più grande stagione culturale si assiste a un'epoca di profonda **decadenza politica**.

Il declino si manifesta in particolare in due date simboliche. La prima è il **1527**, quando le truppe imperiali di Carlo V, in risposta alla formazione della Lega di Cognac (un'alleanza stipulata in funzione antiasburgica da papa Clemente VII de' Medici, dal re di Francia e dai principali Stati italiani), entrano a Roma, che viene saccheggiata barbaramente da migliaia di mercenari tedeschi, i lanzichenecchi. È il cosiddetto **sacco di Roma**, un evento vissuto dai contemporanei come un trauma insanabile, segno eclatante di una frattura epocale – un sovrano cattolico come Carlo V che lascia la Città Santa nelle mani di mercenari senza scrupoli – destinata a rivoluzionare la vita non solo della curia romana, ma di tutto l'universo cristiano.

L'altra data decisiva è il **1530**. **Carlo V**, sceso a patti con il pontefice, viene nuovamente in Italia, a Bologna, per compiere l'antico rito medievale dell'incoronazione: prima, nella cappella del Palazzo Comunale, riceve dal papa la **corona di re d'Italia**; poi, nella basilica di San Petronio, la **corona imperiale**. Il lungo e incontrastato predominio spagnolo nella penisola comincia qui, e con esso la dominazione straniera in Italia, che si protrarrà per più di tre secoli, fino al Risorgimento.

Verso la Riforma luterana: la crisi della Chiesa

Lo Scisma d'Occidente e i mali della Chiesa

Anche la Chiesa vive una lunga epoca di crisi. Nel 1377 termina la "cattività avignonese" ma, lungi dal rigenerarsi, la Chiesa entra in uno dei periodi più travagliati della sua storia, noto come **Scisma d'Occidente**. All'interno del collegio cardinalizio si affrontano due fazioni – una antifrancese e una filofrancese –, ciascuna con un proprio papa di riferimento. Lo scisma viene ricomposto solo con il **Concilio di Costanza** (1414-1418), che depone i pontefici in carica e ne elegge un terzo, Martino V, riconosciuto da tutta la cristianità.

Non viene meno, tuttavia, la percezione che il Papato abbia perso legittimità. Mentre si sviluppa un pensiero che tende ad affermare che il **primato del papa** non sia affatto giustificato dalle Scritture, l'autorevolezza della carica papale viene danneggiata dalla condotta indegna o comunque inefficiente di alcuni di coloro che l'hanno ricoperta. Il discredito coinvolge in realtà tutto il clero, pervaso a ogni livello da fenomeni di **immoralità e corruzione**. Desta grande scandalo, in particolare, la **vendita delle indulgenze**, con le quali i prelati assicurano ai fedeli, dietro laute ricompense in beni o in denaro, la remissione della pena temporale dovuta ai peccati commessi.

Le conseguenze di questa situazione non tardano a manifestarsi. In Boemia, per esempio, dilaga contro il potere imperiale e papale la rivolta degli hussiti, seguaci di **Jan Hus** (1369 ca - 1415), teologo boemo bruciato a Costanza come eretico. Egli rivendicava la rinascita della nazione boema e una riforma della Chiesa, adombrando l'idea del **sacerdozio universale** – secondo la quale ogni fedele può accedere ai contenuti delle Sacre Scritture, essendo quindi sacerdote di sé stesso – che sarà poi ripresa da Lutero.

Lutero e le 95 tesi

È una fiamma che prepara l'incendio. La corruzione del clero, che non accenna a diminuire, determina un clima di sempre più aperto malcontento nei confronti della curia pontificia.

Nel **1517** il monaco agostiniano tedesco **Martin Lutero** (1483-1546) affigge alla porta della chiesa del castello di Wittenberg, annessa all'università dove egli insegna le Sacre Scritture, le sue celebri **95 tesi contro le indulgenze**. Il gesto di Lutero dà il via alla cosiddetta **Riforma**, che si propaga rapidamente in molti paesi d'Europa e presso tutti i ceti sociali. La nascita dei movimenti protestanti – il luteranesimo in Germania, il calvinismo in Svizzera – fa deflagrare in tutta la sua gravità la crisi della Chiesa, portando alla **frattura della cristianità** in diverse confessioni.

La cultura

1 La centralità dell'uomo

Il concetto di Umanesimo

Il termine "Umanesimo" viene dall'espressione latina ***studia humanitatis***: con essa l'oratore romano Cicerone aveva indicato le **discipline filosofico-letterarie** reputate necessarie per formare e perfezionare l'uomo in tutte le sue facoltà, sul piano morale e intellettuale. Gli umanisti le rivalutano, contrapponendole alla teologia, alla medicina e al diritto, che invece costituivano il bagaglio del sapere medievale, ed elaborano il **mito di una nuova epoca**, di rinnovamento e rinascita, dopo un lungo periodo considerato di decadenza.

Già dalla fine del Trecento, sulla scorta dell'insegnamento di Petrarca e Boccaccio – per questo considerati dei "preumanisti" –, gli intellettuali italiani avevano iniziato a individuare nei classici dei modelli da imitare per affrancare l'uomo dalla mentalità dei secoli precedenti, intrisa di dogmatismo religioso, e per liberarlo da strutture di pensiero giudicate rigide e obsolete. La civiltà medievale viene perciò vista con occhio polemico, in quanto "colpevole" di aver svilito le virtù terrene, subordinandole ai vincoli teologici; **l'uomo** della nuova civiltà **deve** invece **nutrire una fiducia assoluta nei propri mezzi**, che gli permetta di non porre limiti alla conoscenza. Ora viene inoltre sottolineata la necessità di raggiungere un **approccio pragmatico e laico** ai grandi problemi dell'esistenza umana, teorizzando la figura di un individuo capace di cimentarsi, grazie alle facoltà intellettuali, sia con le esigenze della vita attiva sia con le questioni spirituali.

L'uomo al centro dell'universo

Proprio il **desiderio di conoscenza** distingue gli uomini dalle altre creature animate e rappresenta il motore che ne guida l'azione: l'uomo si considera ora al centro dell'universo (a questa concezione filosofica diamo il nome di **antropocentrismo**), si ritiene capace di elaborare una visione del mondo non più ereditata dal passato ma conquistata attraverso il libero esercizio dello **spirito critico**. Ogni elemento del sapere può essere così sottoposto a revisione: le discipline che nel Medioevo erano reputate "ancelle della teologia", cioè subordinate a essa, come la filosofia, la geografia, l'astronomia, la logica ecc., vengono ora studiate non più alla luce della fede ma come strumenti per acquisire e applicare la conoscenza.

L'autorappresentazione dell'umanista

Libero di spaziare tra interessi diversi, l'umanista si considera alla stregua di un "altro dio", dotato di **libero arbitrio**, della capacità cioè di operare scelte autonome senza l'intervento di forze superiori. Egli è profondamente convinto di aver costruito un secolo d'oro, in cui la preminenza data alle lettere, alla filosofia e alla retorica non ostacola la formazione di un **atteggiamento scientifico**, applicato in vari campi: lettere e scienze, scrive l'umanista Leonardo Bruni, «si giovano e si integrano a vicenda». Come in un processo di reciproca collaborazione, le une e le altre sono considerate affini, comunicano e si intersecano in una riflessione globale e interdisciplinare intorno all'uomo. Lo studio della geometria e della matematica, la scoperta della prospettiva, una nuova concezione scientifica dell'arte sono i frutti di questa mentalità: è nel Quattrocento che si gettano le basi di quel lungo svolgimento del pensiero che porterà, quasi due secoli dopo, alle scoperte di Galileo Galilei.

L'**analisi diretta della natura** conduce infatti alla necessità di studiarne i fenomeni senza più il condizionamento dei precetti religiosi: ricevono un nuovo impulso scienze quali la geografia, l'astronomia e l'astrologia, già studiate da scienziati greci e ora perfezionate da ricerche e osservazioni nuove. Anche il corpo umano, definitivamente riabilitato dopo il disprezzo di cui l'aveva fatto oggetto la cultura religiosa medievale, è adesso valorizzato nella sua bellezza e indagato nelle sue proporzioni.

Il concetto e la periodizzazione del Rinascimento

Alla fine del Quattrocento, il processo inaugurato da questa nuova concezione della vita e dell'uomo giunge alla sua fase culminante. In contemporanea, infatti, con un periodo di grave crisi politica, in Italia si assiste a un'eccezionale fioritura artistica e culturale, il "Rinascimento": un'epoca che rappresenta l'evoluzione e il pieno perfezionamento di quella **visione filosofica, storica e culturale** annunciata già dall'Umanesimo.

Per prassi consolidata, l'inizio del Rinascimento è datato al **1492**, anno della morte di Lorenzo il Magnifico e della scoperta dell'America. Meno univoca è l'individuazione della sua fine, a seconda che si prediliga una prospettiva politica o religiosa. Alcuni studiosi infatti la collocano nel 1527, anno del sacco di Roma, altri nel 1530, al tempo della caduta della seconda Repubblica fiorentina e dell'incoronazione papale di Carlo V, punto d'avvio del predominio spagnolo in Italia; altri ancora interpretano la nascita della Riforma protestante come l'evento spartiacque tra il Rinascimento pieno e il suo autunno, a partire dall'inizio del Concilio di Trento (1545) e dall'affermarsi del Manierismo nell'arte e nella letteratura.

Proporzioni ideali

Il disegno a matita e inchiostro su carta è uno dei più celebri dell'artista, ingegnere e scienziato Leonardo da Vinci: un uomo, studiato nelle sue proporzioni ideali e perfette, è iscritto in un cerchio e in un quadrato, figure geometriche altrettanto perfette. L'opera nasce forse nel contesto dell'incontro tra Leonardo e l'architetto Francesco di Giorgio Martini, che nel suo *Trattato di architettura* aveva tradotto ampie parti del trattato *De architectura* (15 a.C.) del romano Vitruvio. Proprio a Vitruvio, infatti, si ispirano le brevi note che accompagnano il disegno e che spiegano il sistema di relazioni proporzionali e matematiche che governano il corpo umano e i rapporti tra le sue varie parti. Al centro del corpo è l'ombelico: un cerchio sfiora le mani e i piedi, allargati, a creare un modello di perfezione, eleganza, simmetria.

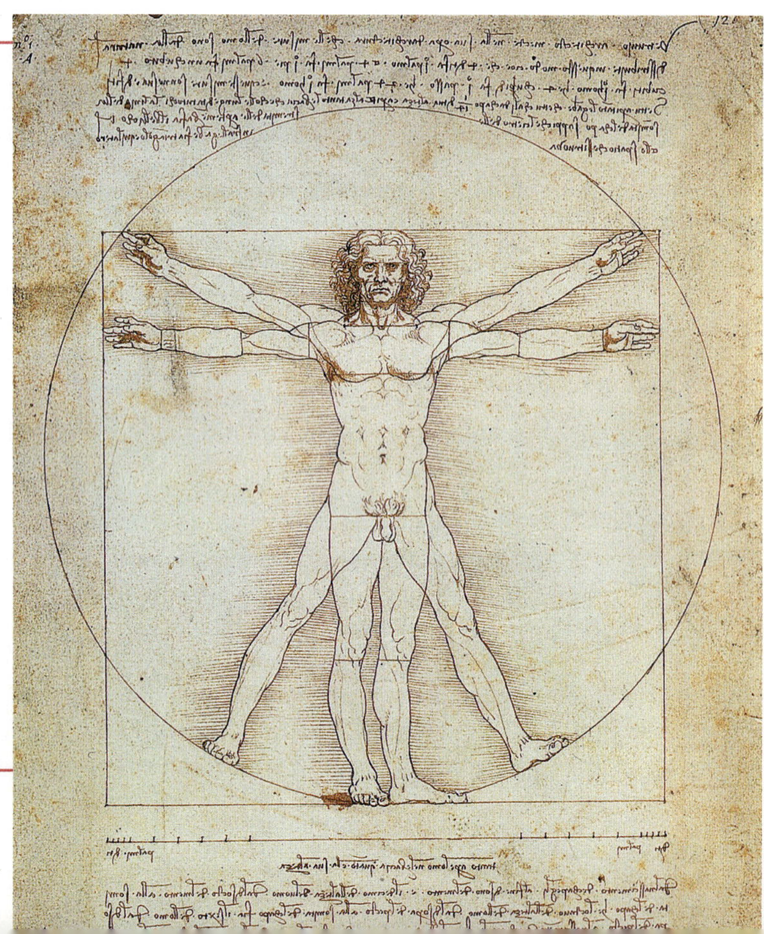

Leonardo da Vinci, *Uomo Vitruviano*, 1491 ca. Venezia, Gallerie dell'Accademia, Gabinetto dei Disegni e delle Stampe.

FILOLOGIA → "amore per la parola"

Origine e spiegazione del termine "Rinascimento"

Il termine "Rinascimento" ha una lunga storia. Esso sottintende l'idea di una rinascita della cultura e delle arti dopo le tenebre medievali: un'idea, questa, già sviluppatasi nei primi decenni del XV secolo. Il primo a parlare di "Rinascimento" è lo storico dell'arte **Giorgio Vasari** (1511-1574), che intende contrapporre la nuova arte del Cinquecento a quella «barbara» dei secoli precedenti. È tuttavia uno studioso svizzero, **Jacob Burckhardt** (1818-1897), nel saggio *La civiltà del Rinascimento in Italia* (1860), a utilizzare definitivamente questo termine per circoscrivere un'epoca solare e positiva, che scopre il libero pensiero, elabora una moderna idea di bellezza e si affranca dall'irrazionalismo, dalla superstizione e dalla cupa religiosità medievale.

In realtà, l'epoca che noi, secondo questa consolidata prospettiva, definiamo Rinascimento rappresenta la piena maturazione di istanze e visioni ideologiche già introdotte nei decenni dell'Umanesimo, quando un nuovo ideale etico-estetico afferma una concezione dell'individuo dominatore di sé stesso e della realtà che lo circonda.

La più grande figura dell'epoca, **Leonardo da Vinci** (1452-1519), inserisce in un disegno noto come *Uomo Vitruviano* il corpo umano al centro di una circonferenza (che rappresenta l'universo) e di un quadrato (immagine della Terra), simboleggiandone la perfezione e la natura divina. Le sue proporzioni ideali visualizzano l'idea che l'uomo sia la misura di tutte le cose: la sua sintonia perfetta con Terra e universo è l'emblema dell'epoca umanistico-rinascimentale.

DOCUMENTO 1 — L'uomo artefice del proprio destino

audiolettura

Giovanni Pico della Mirandola, *Oratio de hominis dignitate*

"ORATIO DE HOMINIS DIGNITATE" → Pico della Mirandola

L'autore ● Figlio del signore della Mirandola, una piccola corte feudale vicino a Modena dove nasce nel 1463, Pico studia diritto canonico a Bologna e a Ferrara. Dopo aver soggiornato a Padova, approfondendo lo studio di Aristotele, si trasferisce nel 1484 a Firenze, dove entra nell'ambiente che gravita attorno al filosofo Marsilio Ficino e al suo cenacolo neoplatonico presso la corte medicea. Nel 1485 è a Parigi, alla Sorbona, dove matura il proposito di convocare a Roma un convegno di dotti per sottoporre alla loro discussione le proprie tesi filosofiche finalizzate ad assicurare una «concordia» tra tutte le scuole di pensiero. Come discorso d'apertura per il convegno, Pico scrive l'*Oratio de hominis dignitate* (Discorso sulla dignità dell'uomo), che si può considerare il manifesto dell'Umanesimo italiano. Ma il convegno, fissato per il 1487, viene impedito dalla censura papale. Rifugiatosi in Francia, lo studioso viene catturato e incarcerato per ordine di papa Innocenzo VIII, prima di essere liberato grazie all'intervento di Lorenzo il Magnifico, che lo ospita in una villa di Fiesole. Qui compone alcune delle sue opere maggiori e si avvicina sempre più a Savonarola. Muore, forse avvelenato, nel 1494.

Il testo è un inno alla libertà dell'uomo, il quale gode del privilegio di poter scegliere in piena autonomia se abbassarsi a vivere come le bestie o innalzarsi al livello di Dio.

Già il Sommo Padre, Dio creatore, aveva foggiato, secondo le leggi di un'arcana[1] sapienza, questa dimora del mondo, quale ci appare, tempio augustissimo della divinità. Aveva abbellito con le intelligenze la zona iperurania,[2] aveva avvivato di anime eterne gli eterei globi,[3] aveva popolato di una turba di animali d'ogni specie

È la terra, non più il cielo, la sede prediletta da Dio.

1 **arcana:** misteriosa, non afferrabile dalla mente umana.

2 **zona iperurania:** nella filosofia platonica, è il luogo posto oltre il cielo, dove risiedono le idee.

3 **eterei globi:** gli astri.

Il creatore necessitava dell'esistenza di qualcuno capace di apprezzare la sua opera.

le parti vili e turpi del mondo inferiore. Senonché, recato il lavoro a compimento, l'Artefice desiderava che ci fosse qualcuno capace di afferrare la ragione di un'opera sì grande, di amarne la bellezza, di ammirarne la vastità. Perciò, compiuto ormai il tutto [...] pensò da ultimo a produrre l'uomo. [...]

L'uomo non ha una natura specifica: può quindi determinare da solo ciò che sarà.

È una tipica espressione dell'antropocentrismo umanistico.

Stabilì finalmente l'ottimo Artefice che a colui cui nulla poteva dare di proprio fosse comune tutto ciò che aveva singolarmente assegnato agli altri. Perciò accolse l'uomo come opera di natura indefinita e postolo nel cuore del mondo così gli parlò: «Non ti ho dato, o Adamo, né un posto determinato, né un aspetto proprio, né alcuna prerogativa tua, perché quel posto, quell'aspetto, quelle prerogative che tu desidererai, tutto secondo il tuo voto e il tuo consiglio[4] ottenga e conservi. La natura limitata degli altri è contenuta entro leggi da me prescritte. Tu te la determinerai da nessuna barriera costretto, secondo il tuo arbitrio, alla cui potestà ti consegnai. Ti posi nel mezzo del mondo perché di là meglio tu scorgessi tutto ciò che è nel mondo. Non ti ho fatto né celeste né terreno, né mortale né immortale, perché di te stesso quasi libero e sovrano artefice ti plasmassi e ti scolpissi nella forma che avresti prescelto. Tu potrai degenerare nelle cose inferiori che sono i bruti;[5] tu potrai, secondo il tuo volere, rigenerarti nelle cose superiori che sono divine».

L'autore esulta dinanzi alla generosità di Dio nel concedere la libertà all'uomo.

O suprema liberalità[6] di Dio padre! O suprema e mirabile felicità dell'uomo! A cui è concesso di ottenere ciò che desidera, di essere ciò che vuole.

4 secondo il tuo voto e il tuo consiglio: secondo il tuo desiderio e la tua volontà.

5 i bruti: le bestie.

6 liberalità: generosità.

2 La rivalutazione della realtà terrena

Un modo nuovo di concepire la vita

Senza rinunciare ai valori trascendenti, gli umanisti mostrano, in polemica con la disprezzata mentalità medievale, un diverso atteggiamento verso il mondo esterno, rivendicando il valore e la bellezza dell'esistenza terrena. Archiviato l'angoscioso sentimento della propria imperfezione, l'uomo rappresenta sé stesso – sono parole di Pico della Mirandola – come «creatura degna di ogni ammirazione», protagonista di un **universo liberato da angosce mistiche e preoccupazioni teologiche**. Una vita felice è possibile, anche sulla terra, ricca delle bellezze della natura, non più "dimora del diavolo", ma regno del piacere e della felicità.

Una nuova morale esalta la bellezza giovanile, legittima la gioiosa espressione dei sensi, autorizza il saggio a studiare, apprezzare e imitare l'armonia della natura. Si può dire che prima dell'Umanesimo la patria fosse il cielo; ora è la terra, vissuta e goduta senza l'ossessione di finalità metafisiche. Se nel Medioevo il corpo era oggetto di disprezzo, adesso assistiamo a un radicale capovolgimento di prospettiva: **il piacere non solo non dev'essere demonizzato, ma va esaltato come un elemento di realizzazione dell'individuo**.

L'Umanesimo cristiano

Attenzione, però, a non confondere questa **concezione edonistica della vita** (aperta, cioè, al godimento dei beni materiali) con un rifiuto della tradizione cristiana. La volontà di non rinunciare al mondo non deve trarre in inganno: la ricerca della felicità terrena, infatti, non esclude affatto la speranza di ottenere quella celeste e la fede religiosa può convivere con la sapienza insegnata dai filosofi antichi.

L'individuo dell'Umanesimo persegue l'obiettivo di una **beatitudine serena**, che realizzi le gioie semplici della vita, pur esprimendo anche amare riflessioni sulla precarietà dell'esistenza e dei suoi istanti di felicità. Nel trattato *De voluptate* (Il piacere, 1431) un altro importante umanista, il romano **Lorenzo Valla** (1407-1457), sostiene, per esempio, che la tendenza al piacere sia naturale e insita nell'uomo e che i precetti della morale cristiana non siano in contraddizione con il desiderio di godere della bellezza della vita attraverso i sensi: una lezione, questa, recepita da grandi intellettuali europei, tra i quali l'umanista e filologo olandese Erasmo da Rotterdam (➤ p. 25).

Possiamo così parlare di "Umanesimo cristiano": lontani dall'abbracciare posizioni di ateismo o miscredenza, gli intellettuali quattrocenteschi rivendicano il valore di una nuova sensibilità, poggiata su una **concezione ottimistica della natura** e sull'equilibrio tra razionalità e piacere, purezza del messaggio cristiano e libera ricerca del sapere umano.

Lo studio della lingua greca e la nascita del Neoplatonismo

I valori del cristianesimo non sono dunque messi da parte, bensì rinnovati e integrati con i princìpi dei filosofi classici. In particolare, scalzato Aristotele, la massima autorità imposta nel Medioevo dalla Scolastica, assume un ruolo centrale il pensiero di Platone, che la **conoscenza del greco**, insegnato da molti intellettuali bizantini fuggiti da Costantinopoli (caduta in mano dei turchi nel 1453), permette di studiare meglio. La traduzione e il commento dell'intero *corpus* dei *Dialoghi* platonici, curati da Marsilio Ficino (1433-1499), hanno ripercussioni straordinarie nella cultura del tempo, determinando la **nascita del Neoplatonismo** e concorrendo al recupero del filosofo greco all'interno della prospettiva cristiana.

Si tratta di una filosofia che vede tutta la natura come una creazione necessaria ed eterna di un principio, l'Uno, che viene identificato con il Bene. Prodotta dall'Uno, la natura è ordinata in modo discendente secondo diversi gradi di perfezione e soprattutto è animata e vivente. Non vi è nulla che non sia pervaso dall'anima del mondo. **L'uomo, composto di corpo e di anima, è il vero motore dell'universo**, è collocato al suo centro (*copula mundi*) e ha il compito di elevare il sensibile all'intelligibile, la materia allo spirito. Tale visione del mondo ha il suo fulcro più importante nell'**Accademia platonica** di Firenze, un cenacolo culturale fondato nel 1462, guidato e sovvenzionato da Cosimo de' Medici e animato, tra gli altri, dallo stesso Marsilio Ficino, da Giovanni Pico della Mirandola e da Angelo Poliziano.

Raffaello, *La Scuola di Atene* (particolare), 1510 ca. Città del Vaticano, Palazzi Vaticani, Stanza della Segnatura.

DOCUMENTO 2

I piaceri della vita quotidiana

Giannozzo Manetti, *De dignitate et excellentia hominis*

L'autore ● Discendente di una ricca famiglia di mercanti, Giannozzo Manetti nasce nel 1396 a Firenze, città in cui vive fino al 1453. Membro delle magistrature fiorentine e inviato nelle più importanti legazioni, è costretto all'esilio nel 1453 in seguito a contrasti politici con Cosimo de' Medici. Si trasferisce così prima a Roma e poi a Napoli, presso re Alfonso d'Aragona, da cui riceve onori e cariche fino al 1459, anno della sua morte. La sua fama, maturata in seno ai cenacoli umanistici della Firenze del primo Quattrocento, è dovuta alle molte orazioni, dissertazioni filosofiche e teologiche, biografie, tra cui quelle di Dante, Petrarca e Boccaccio. La sua opera più nota è il trattato in 4 libri *De dignitate et excellentia hominis* (La dignità e l'eccellenza dell'uomo, 1452), che gli è commissionato da re Alfonso e che può essere considerato tra le opere più significative della nuova concezione rinascimentale dell'uomo.

Con l'Umanesimo viene recuperata la dimensione fisica dell'esistenza, da vivere completamente e senza sensi di colpa. In questo passo viene celebrato un vero e proprio elogio del corpo umano, rivalutando i sensi e la bellezza della vita stessa.

L'intellettuale umanista riscopre con gioioso ottimismo il piacere legato ai sensi.

Manetti elenca gli infiniti aspetti positivi del vivere, in polemica con l'ascetismo medievale.

L'autore promuove una nuova mentalità, non più condizionata dal disprezzo per il mondo, ma serena e aperta al piacere.

Non c'è atto umano, ed è mirabile cosa, sol che ne consideriamo con cura e attenzione la natura, dal quale l'uomo non tragga almeno un piacere non trascurabile: così attraverso i vari sensi esterni, come il vedere, l'udire, l'odorare, il gustare, il toccare, l'uomo gode sempre piaceri così grandi e forti, che taluni paiono a volte superflui ed eccessivi e soverchi.[1] Sarebbe infatti difficile a dirsi, o meglio impossibile, quali godimenti l'uomo ottenga dalla visione chiara ed aperta dei bei corpi, dall'audizione[2] di suoni e sinfonie e armonie varie, dal profumo dei fiori e di simili cose odorate, dal gustare cibi dolci e soavi, e infine dal toccare cose estremamente molli.[3] […]

Perciò se gli uomini nella vita gustassero quei piaceri e quei diletti, piuttosto che tormentarsi per le molestie e gli affanni, dovrebbero rallegrarsi e consolarsi invece di piangere e di lamentarsi, soprattutto poi avendo la natura fornito con larghezza copiosa[4] numerosi rimedi del freddo, del caldo, della fatica, dei dolori, delle malattie; rimedi che sono come sicuri antidoti di quei malanni, e non aspri, o molesti, o amari, come spesso suole accadere con i farmaci, ma piuttosto molli, grati, dolci, piacevoli. A quel modo infatti che quando mangiamo e beviamo, mirabilmente godiamo nel soddisfare la fame e la sete, così ugualmente ci allietiamo nel riscaldarci, nel rinfrescarci, nel riposarci.

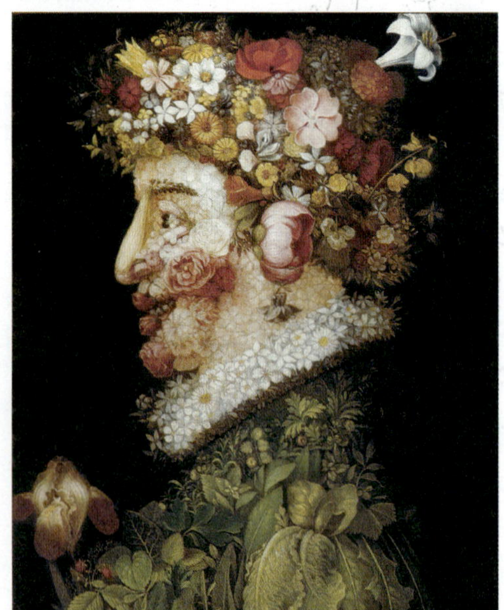

Giuseppe Arcimboldo, *Primavera*, 1573. Parigi, Museo del Louvre.

1 **soverchi:** esagerati.
2 **audizione:** ascolto.
3 **molli:** morbide, soffici.
4 **larghezza copiosa:** grande generosità.

PER APPROFONDIRE

La battaglia per la tolleranza: il messaggio di Erasmo da Rotterdam

Una vita errabonda

Erasmo nasce a Rotterdam, in Olanda, intorno al 1466, con il nome di Geert Geertsz, poi cambiato, secondo la moda umanistica, in Desiderius Erasmus Roterdamus (dal greco *eràsmios*, che significa "amabile"). Orfano di entrambi i genitori, entra a dodici anni nel convento agostiniano di Steyn, dove acquisisce una precoce erudizione classica e approfondisce la conoscenza dell'umanista Lorenzo Valla. Ordinato sacerdote nel 1492, inizia a viaggiare nelle principali città europee: in Francia, a Orléans e a Parigi; in Inghilterra, dove entra in contatto con lo scrittore cattolico Tommaso Moro; quindi, nel 1506, in Italia, a Torino, dove consegue la laurea in Teologia, poi a Venezia, ospite del tipografo Aldo Manuzio, e ancora a Padova, a Siena e a Verona. Tornato in Inghilterra, vi scrive la sua opera più famosa, l'*Elogio della follia* (1511). Poi si stabilisce a Basilea e qui si dedica all'edizione critica del Nuovo Testamento, mentre comincia a soffiare il vento della Riforma. Pur avendone anticipato alcune idee, Erasmo resta critico nei confronti di Lutero, ma al tempo stesso non si schiera nemmeno dalla parte della reazione cattolica, rifiutando nel 1535 la carica di cardinale offertagli da papa Paolo III. Inviso ai cattolici e ai protestanti, solo e amareggiato, dopo varie peregrinazioni approda nuovamente a Basilea, dove muore nel 1536.

L'Umanesimo cristiano di Erasmo

Prima ancora di Lutero, Erasmo sostiene la necessità di un rinnovamento radicale della coscienza cristiana. Contro ogni dogmatismo e a favore di una concezione religiosa che si ponga come obiettivo la felicità e non il sacrificio o la privazione, Erasmo mette a nudo le menzogne con cui gli uomini nascondono le bruttezze e i dolori del mondo. In particolare, nell'*Elogio della follia*, egli condanna la corruzione del clero e la religiosità ridotta a vuoti formalismi rituali o a esteriori segni di devozione.

Nelle opere di Erasmo è possibile cogliere lo spirito e l'esaltazione della dignità umana invocati dai grandi maestri dell'Umanesimo italiano. Egli è infatti un intellettuale lucido e pacato, avverso a ogni fanatismo, pacifista convinto e fautore della tolleranza, dell'incontro e del dialogo, strenuo difensore del libero arbitrio, cioè della capacità di scegliere liberamente e secondo coscienza.

Come si è detto, posto dinanzi alla scelta tra Lutero e la Chiesa, Erasmo decide di restare neutrale. Non si tratta né di ambiguità né di incertezza: al contrario, il suo rifiuto di schierarsi testimonia la coerenza di un pensatore che non vuole mai tradire i princìpi che sono alla base della sua filosofia. Come se prevedesse le sanguinose lotte di religione che avrebbero devastato l'Europa nei decenni successivi, Erasmo contrappone sempre alla violenza e alla sopraffazione l'arma della «ragione discorsiva», per usare un'espressione del filosofo contemporaneo Jürgen Habermas: cioè la persuasione basata sul civile confronto delle idee e delle argomentazioni.

Il programma Erasmus: un omaggio del sistema scolastico a un intellettuale europeo

Erasmo fu un intellettuale che visse e viaggiò in tutta Europa e che nutriva il sogno di un'umanità unita da comuni radici culturali. Per questa ragione l'Unione Europea lo ha scelto come simbolo di una comunione intellettuale che trascende i confini tra le nazioni e trasforma la diversità delle culture e delle mentalità in elemento di arricchimento anziché di divisione. Al grande filosofo di Rotterdam è stato così intitolato un progetto di scambi culturali tra studenti europei, il programma Erasmus (che è anche un acronimo: European Region Action Scheme for the Mobility of University Students), avviato nel 1987, con lo scopo di permettere agli studenti di arricchire il proprio patrimonio di conoscenze e di esperienze entrando in contatto con la cultura di altri paesi.

Quentin Metsys, *Erasmo da Rotterdam*, 1517. Roma, Galleria Nazionale d'Arte Antica.

3 La nuova pedagogia

L'importanza dell'educazione

La visione dell'uomo "artefice del proprio destino" si ripercuote nell'elaborazione di un nuovo sistema educativo e nell'importanza attribuita alla pedagogia e all'insegnamento. La libertà, in quanto condizione essenziale dell'individuo, si guadagna – secondo gli umanisti – grazie a un lungo e faticoso percorso intellettuale, attraverso lo studio, l'applicazione del sapere e l'acquisizione di uno spirito autonomo e critico. La promozione della **cultura** è **finalizzata allo sviluppo di una personalità globale**, che rifiuti l'eccessiva specializzazione e integri i vari campi del sapere, svincolata da ogni norma precostituita.

I nuovi luoghi del sapere

Tale progetto pedagogico non matura più nelle università e nelle istituzioni ecclesiastiche, ma si diffonde invece attraverso **scuole, cenacoli, accademie e circoli liberi**, che spesso gravitano intorno alla carismatica figura di un saggio, un maestro dialogante con la cerchia dei suoi discepoli.

Disponiamo di molte memorie e resoconti autobiografici nei quali gli alunni descrivono la quotidianità dell'apprendimento; siamo a conoscenza dunque di una **prassi didattica che aspira all'intesa e alla condivisione**, che tende a stimolare nell'allievo la curiosità e la passione individuale, che si articola attraverso il confronto e la discussione e che, infine, non disdegna l'esercizio fisico, in linea con il precetto latino *mens sana in corpore sano* (cioè "mente sana in un corpo sano") e con l'ideale greco dell'uomo *kalòs kai agathòs* ("bello e buono").

Ad alimentare questa idea del sapere, condivisa e aperta al dialogo, coopera naturalmente la **lettura dei classici**. I versi delle poesie educano al bello, insegnano l'eloquenza, fecondano l'arte della parola, ma soprattutto trasmettono valori universali quali la saggezza e la magnanimità: gli studi letterari – scrive Leonardo Bruni – «tendono a formare l'uomo buono».

DOCUMENTO 3

Elogio del dialogo

Leonardo Bruni, *Dialogi ad Petrum Paulum Istrum*

L'autore • Tra i massimi umanisti della prima generazione, Leonardo Bruni nasce ad Arezzo nel 1370 e si forma a Firenze, sotto la protezione di Coluccio Salutati. Diventa segretario apostolico a Roma, ruolo rivestito dal 1405 al 1415, anno in cui ritorna a Firenze, dove ricopre fino alla morte (1444) importanti incarichi politici, sia sotto la Repubblica sia dopo la presa del potere da parte di Cosimo de' Medici. Bruni cura importanti traduzioni latine di Demostene, Senofonte, Plutarco, Platone, Aristotele, ma non rinuncia a difendere il volgare nell'opera *Dialogi ad Petrum Paulum Istrum* (Dialoghi per Pier Paolo da Capodistria), di cui presentiamo un estratto. È autore inoltre di una *Vita di Dante* e di una *Vita di Petrarca*, ma soprattutto degli *Historiarum florentini populi libri XII* (Dodici libri di storie del popolo fiorentino), la prima vera storia di Firenze che si basi su un attento uso delle fonti.

Alla verità si arriva solo mediante il confronto, che è anche uno strumento sociale di grande importanza, perché costringe il saggio ad aprirsi ad altre opinioni. A parlare, in un immaginario dialogo con i suoi allievi, è qui Coluccio Salutati, il capostipite dell'Umanesimo fiorentino, a cui Leonardo Bruni affida il compito di sintetizzare la concezione aperta che anima la discussione nei cenacoli e nelle accademie umanistiche.

L'umanista esalta la condivisione e la socializzazione come fonti di piacere.

Non posso dire, miei giovani amici, quanto piacere mi faccia incontrarmi e stare con voi, che per le abitudini, per gli studi comuni, per la vostra devozione per me, prediligo di particolare affetto. In un solo punto, ma importantissimo, io tuttavia meno vi approvo: infatti, mentre in tutte le altre cose che riguardano i vostri studi io noto che voi ponete tutta quella cura e quell'attenzione, che si convengono a quanti vogliono esser detti accurati e diligenti, vedo che una cosa invece trascurate senza preoccuparvene abbastanza per il vostro profitto; e questa è l'abitudine e la consuetudine della discussione, di cui non so se vi possa esser qualcosa di più proficuo per i vostri studi. Che cosa può esservi infatti, in nome degli dèi immortali, di più giovevole, per afferrare a pieno sottili verità, della discussione, quando sembra che più occhi osservino da ogni parte l'argomento posto in mezzo, in modo che nulla ne resti che possa sfuggire, o rimaner nascosto, o ingannare lo sguardo di tutti? Che cosa c'è, quando la mente è stanca e abbattuta, e quasi disgustata dalla lunga e assidua occupazione, che meglio la rinfreschi e rinnovi, dei discorsi scambiati in comune, mentre la gloria, se si superano gli altri, o la vergogna, se si è superati, spingono con maggior vigore a studiare e a imparare? Che cosa può esservi di più adatto ad aguzzar l'ingegno, a renderlo abile e sottile, della discussione, quando è necessario in un istante applicarsi alla questione, riflettere, esaminare i termini, raccogliere, concludere? Onde facilmente si comprende come lo spirito, eccitato da tale esercizio, sia reso più rapido a discernere ogni altro argomento. E non c'è bisogno di dire quanto tutto ciò raffini il nostro dire, e ci renda pronti e padroni del discorso; voi stessi potete vedere come molti che si professano letterati e leggono libri, non avendo praticato tal genere di esercizio, non possono parlare latino che con i loro libri.

L'esercizio del confronto è fondamentale per approfondire e porre a verifica le opinioni.

La cultura libresca rischia di essere fine a sé stessa.

Perciò io che mi preoccupo del vostro bene, e desidero vedervi profittare al massimo dei vostri studi, non a torto mi sdegno con voi perché trascurate questa consuetudine del discutere, da cui derivano tanti vantaggi. Ed è assurdo parlare con sé stessi e molte questioni esaminare tra quattro pareti e in solitudine, e poi nelle radunanze[1] degli uomini tacere come se nulla si sappia; e cercare con gran fatica quel che è di limitata utilità, trascurando poi a cuor leggero cose da cui derivano moltissimi benefici.

La ricerca e l'apprendimento più efficaci sono possibili attraverso la cooperazione e l'incontro. Se non vuole essere arido esercizio, il sapere deve trovare un'applicazione pubblica.

1 **radunanze:** riunioni.

Antonio Maria Crespi detto il Bustino, *Ritratto di Leonardo Bruni l'Aretino*, 1613-1621. Milano, Pinacoteca Ambrosiana.

4 Il primato della vita attiva

La vita è un'occasione per realizzare sé stessi

Se la vita terrena non è più concepita solo come il transito verso quella ultraterrena, l'uomo deve sfruttarla come un'occasione, un'opportunità per realizzare sé stesso. La più dinamica propensione verso il mondo esterno si traduce nell'affermazione di valori nuovi, non più legati ad abitudini, prassi e princìpi della vita contemplativa. Durante il Quattrocento si afferma infatti un **ideale pragmatico e attivo**, capace di regalare all'uomo successo, appagamento, gloria ed eternità. Ancora una volta, non esiste contraddizione tra operosità e preghiera, spirito e materia, tra Umanesimo e messaggio cristiano, come dimostra la formula, ideata dall'umanista toscano Poggio Bracciolini (1380-1459), della «santità attiva»: una sintesi efficace per coniugare impegno civile e fede religiosa.

Ma come si concilia l'impegno che l'uomo deve porre in atto per migliorare sé stesso con la partecipazione alla vita sociale? Per rispondere alla domanda, occorre tenere presente il valore assegnato dall'umanista alle **attività mondane**, che non rappresentano un'insidia o una fonte di distrazione dal bene, come si pensava nei secoli precedenti. Al contrario, l'uomo laborioso potrà inseguire l'obiettivo della perfezione in relazione con il prossimo, dentro la propria comunità di appartenenza, sia essa quella della famiglia o quella dello Stato.

Partecipe del proprio orizzonte civile, l'umanista celebra spesso l'**utilità del matrimonio e della famiglia**, il valore della ricchezza, il principio della "masserizia", ovvero dell'oculata amministrazione del patrimonio. L'attività economica non è più giudicata con disprezzo e il **profitto**, condannato sia dal pauperismo cristiano medievale sia dalla disinteressata liberalità cortese, viene **rivendicato come un diritto dell'uomo**.

La fiducia dell'umanista nella possibilità di superare gli ostacoli

Anche se l'uomo è artefice del proprio destino, non sempre però può misurarsi con lo svolgimento razionale degli eventi, che sono talora resi imprevedibili dai capricci del fato. Il tema del **conflitto tra virtù e fortuna**, già presente nell'opera di Boccaccio, diventa costante agli albori del Quattrocento, innestandosi nell'ambito della concezione laica dell'esistenza, la quale non è più vista come segnata da un corso provvidenziale, ma è considerata esposta alla volubilità del destino. L'ottimistica fiducia nella capacità dell'uomo di determinare la propria sorte terrena non entra però in crisi: la volontà e la responsabilità del singolo paiono ancora un valido antidoto alle incognite e alle disgrazie della vita.

Il pessimismo degli intellettuali rinascimentali

Si tratta, tuttavia, di una prospettiva positiva destinata a non durare. La dialettica tra virtù e fortuna presenta infatti una progressiva complicazione. Negli artisti rinascimentali si affaccia l'idea che l'armonia e l'ordine razionale possano essere alterati dalla contraddittorietà della realtà e dall'incidenza dell'imponderabile. Nell'*Orlando furioso* di Ludovico Ariosto, per esempio, l'universo dei personaggi è turbato dall'**intreccio di relazioni e circostanze fortuite**; il labirinto in cui ciascun cavaliere insegue invano il proprio desiderio diventa la metafora del laico pessimismo dell'autore, che sceglie di fare impazzire il proprio eroe per evidenziare la precarietà della vita di ogni individuo e il destino di smarrimento in una realtà imprevedibile e ingovernabile.

Testimoni della difficoltà dell'uomo nella sua lotta contro il caos sono però soprattutto i massimi pensatori italiani del Cinquecento, Niccolò Machiavelli e Francesco Guicciardini. Ma se il primo conserva la fiducia che la virtù possa arginare i colpi del destino, il secondo poco dopo mostra una concezione più pessimistica, accertando **l'impotenza dell'uomo dinanzi alla sorte**.

DOCUMENTO 4

Elogio dell'operosità

Leon Battista Alberti, *Della famiglia*

L'autore ● Appassionato di letteratura ma anche di matematica, scrittore e architetto, pedagogista e teorico dell'arte, uomo di studi e persino atleta, Leon Battista Alberti sintetizza i caratteri dell'Umanesimo, dalla straordinaria curiosità per il mondo all'ideale dell'uomo virtuoso, che cerca di forgiare il proprio destino contando esclusivamente sull'impegno personale. Figlio naturale di un mercante fiorentino in esilio, Alberti nasce a Genova nel 1404 e conduce un'adolescenza movimentata, seguendo il padre nei suoi spostamenti. Dopo aver studiato a Padova fisica e matematica e a Bologna diritto canonico, nel 1432 è a Roma, dove abbraccia la carriera ecclesiastica. In questi anni, compone le opere maggiori. In latino scrive le brevi prose delle *Intercoenales* (Tra le pietanze), concepite per essere lette fra una portata e l'altra di un banchetto e venate da amaro pessimismo; il romanzo satirico *Momus o De principe* (Momo o del principe, 1443 ca), dedicato ai rapporti tra letteratura e potere politico. In volgare, del cui uso letterario è tra i più ferventi sostenitori, compone numerose opere: tra queste va ricordato in particolare il trattato dialogico *Della famiglia*, in cui i primi 3 libri (1433-1434) vertono sull'educazione dei figli e sulla vita coniugale e domestica; il quarto (1441) sull'amicizia. Quest'ultimo tema viene proposto da Alberti per il *Certame coronario*, una gara pubblica di poesia indetta nel 1441 a Firenze allo scopo di valorizzare il pregio letterario della lingua toscana. All'esperienza letteraria di Alberti è connessa l'attività artistica e tecnica, che spazia dalla pittura all'architettura. A lui viene infatti affidata la realizzazione di varie opere, come il Tempio Malatestiano a Rimini e le chiese di Sant'Andrea e di San Sebastiano a Mantova; ma le più famose sono quelle realizzate a Firenze, la bellissima facciata di Santa Maria Novella e il Palazzo Rucellai. Muore a Roma nel 1472.

Dio ha dato all'uomo tutto ciò che serve per vivere un'esistenza attiva e laboriosa. Perché sprecarla nell'ozio? Secondo Leon Battista Alberti vivere *faccendo* è un impulso naturale e allo stesso tempo rappresenta la condizione fondamentale del virtuoso, che acquista la felicità grazie all'azione, tenendosi lontano dai vizi e dall'accidia.

Il desiderio di agire è insito nell'uomo.

L'autore ribadisce l'importanza dei rapporti sociali.

È un esempio della religiosità umanistica: per entrare in contatto con Dio occorrono le virtù dell'operosità e della costanza.

L'intellettuale umanista concilia la gloria e la felicità terrene con la grazia e la lode di Dio.

Mi pare da credere sia l'uomo nato, certo non per marcire giacendo,[1] ma per stare faccendo.[2] [...] Statuì Iddio negli animi umani un fermo vinculo a contenere la umana compagnia,[3] iustizia, equità, liberalità e amore, colle quali l'uomo potesse apresso[4] gli altri mortali meritare grazia e lode, e apresso el Procreatore suo pietà e clemenza. Fermovvi ancora Iddio ne' petti virili[5] a sostenere ogni fatica, ogni aversità, ogni impeto della fortuna, a conseguire cose difficillime,[6] a vincere il dolore, a non temere la morte, fermezza, stabilità, constanza e forza, e spregio delle cose caduche, colle quali tutte virtù noi possiamo quanto dobbiamo onorare e servire a Dio con giustizia, pietà, moderanza,[7] e con ogni altra perfetta e lodatissima operazione. Sia adunque persuaso che l'uomo nacque, non per atristirsi in ozio,[8] ma per adoperarsi in cose magnifice e ample, colle quali e' possa piacere e onorare Iddio in prima, e per avere in sé stessi come uso di perfetta virtù, così frutto di felicità.[9]

1 **giacendo:** stando sdraiato in ozio.
2 **stare faccendo:** essere sempre attivo.
3 **Statuì Iddio... umana compagnia:** Dio determinò nell'animo umano anche la salda inclinazione a coltivare i rapporti con il prossimo.
4 **apresso:** presso.
5 **Fermovvi... virili:** Dio impresse nell'animo umano.
6 **a conseguire cose difficillime:** per ottenere risultati molto difficili.
7 **moderanza:** temperanza.
8 **atristirsi in ozio:** abbrutirsi nell'inattività.
9 **per avere... felicità:** possa conquistare (*avere in sé stessi*) la somma virtù e la felicità che ne deriva.

5 Il patrimonio della classicità

La riscoperta dei testi antichi

Gli umanisti, come pellegrini senza sosta, sono mossi dalla **passione della ricerca** e della scoperta, e setacciano con irrefrenabile entusiasmo le biblioteche dei monasteri di tutta Europa, che conservano preziosi manoscritti dei testi classici, dimenticati da secoli. Petrarca era stato il pioniere di questa impresa, che ora diviene collettiva. Gli intellettuali della generazione umanista si propongono, in effetti, un compito epocale: «disseppellire i padri», cioè gli autori antichi, riportandone alla luce i testi originali, smarriti, lacunosamente tramandati o trascritti con approssimazione dai copisti medievali.

Dall'**immenso patrimonio di opere classiche recuperato**, scaturisce un affascinante modello di cultura e di vita, di valori morali ed estetici, fondamentali per cogliere l'essenza profonda della natura umana. Ma di quell'universo gli umanisti sentono la distanza: una frattura con l'antichità era stata determinata, a loro giudizio, dai lunghi secoli oscuri della decadenza medievale. Il termine spregiativo di Medioevo nasce proprio dallo schema di una **prima periodizzazione storica**: l'epoca "antica" rinasce ora, di nuovo luminosa dopo un intervallo di buio.

Imitare significa creare

Gli studi più recenti hanno contestato questa rappresentazione, evidenziandone le forzature e la schematica semplificazione. Come abbiamo visto, il Medioevo non fu affatto un'epoca di ignoranza e barbarie. Tuttavia, non c'è dubbio che per la prima volta il mondo classico venga indagato senza le sovrastrutture e le strumentalizzazioni medievali e, soprattutto, senza i suoi schemi religiosi precostituiti. L'imitazione dell'antichità (*aemulatio*) deve risolversi non nell'acritica e meccanica riproduzione di un modello, ma nel recupero moderno del suo spirito originario. Dalla letteratura alla filosofia, dall'architettura alle arti figurative: la scoperta del passato incide sullo spirito del presente, determinando un **nuovo culto della forma**, della bellezza, dell'armonia, dell'umana creatività.

La scienza umanistica per eccellenza: la filologia

Per questo ritorno alla civiltà classica, fondamentale importanza ha la nascita di una nuova disciplina, la **filologia**. Il filologo (in greco, "amante della parola") studia il manoscritto, ricostruisce il testo, lo indaga con minuziose integrazioni, emendandolo dagli errori, dalle censure e dalle manipolazioni. Come un esploratore, si addentra nella selva dei dubbi grammaticali, nei riferimenti storici o mitologici o geografici, accogliendo un'appassionata sfida che ha come obiettivo finale l'**esegesi** (cioè l'interpretazione) di ogni passo controverso e il ripristino del testo nella sua forma originaria, la più vicina possibile a quella stabilita dall'autore.

Il lavoro del filologo non si riduce però solo a un esercizio tecnico. Oltre a liberare il testo classico dalle alterazioni degli amanuensi, la filologia esprime, grazie al procedimento razionale dello studioso, un **atteggiamento** che potremmo definire **scientifico**: quello stesso atteggiamento che troviamo anche negli altri campi delle attività umanistiche. Essa abitua gli intellettuali a sottoporre a verifica continua le eredità del passato, ad analizzare ogni elemento della realtà con **spirito antidogmatico** – basato, cioè, sull'esame diretto –, a formulare ipotesi e a risolvere i problemi del tempo presente con criteri laici e senza preconcetti. Non è un caso che i letterati più significativi della civiltà umanistico-rinascimentale siano lettori e non di rado esegeti degli autori antichi, ma al contempo uomini impegnati in prima persona nella vita pubblica, come, per citare un esempio, Niccolò Machiavelli.

La falsa Donazione di Costantino

La filologia dunque non si limita a restituire nella forma corretta le parole dei poeti antichi, ma aiuta spesso a correggere prospettive distorte e a sovvertire radicati luoghi comuni. È il caso dell'esperienza del già citato filologo umanista **Lorenzo Valla**, il quale applica questo metodo di studio perfino alle Sacre Scritture. Egli inoltre dimostra, con una confutazione condotta grazie a un'impeccabile analisi storico-filologica, la falsità della Donazione di Costantino: così si chiamava il documento con il quale l'imperatore romano avrebbe attribuito al papa una serie di concessioni, prima fra tutte la giurisdizione civile sulla città di Roma, sull'Italia e sull'intero Impero romano d'Occidente. Evidenziando nel trattato in latino *Sulla Donazione di Costantino contraffatta e falsamente ritenuta vera* (1440) le incongruenze testuali e gli errori storici del falso decreto, Valla demolisce le basi sulle quali si fondava la legittimità del potere temporale ecclesiastico. **Il metodo filologico** mostra così tutte le proprie potenzialità: arma per sconfiggere l'errore e la mistificazione, esso **prefigura**, con la sua autonomia da ogni principio di autorità, **la scientificità propria dell'indagine moderna**, quale si affermerà nel Settecento illuministico.

DOCUMENTO 5

audiolettura

La riscoperta di codici nel monastero di San Gallo

Poggio Bracciolini, *Epistole*

L'autore ● Nato nel 1380 a Terranuova, oggi Terranuova Bracciolini, nell'attuale provincia di Arezzo, Poggio è costretto dall'esiguo patrimonio della famiglia a trasferirsi a Firenze, dove si guadagna da vivere come copista. Qui conosce alcuni dei più importanti umanisti, soprattutto Coluccio Salutati, il più anziano di loro, che ne apprezza l'acume e la bella grafia e si adopera per assicurargli un posto nella curia romana. L'interessamento dell'influente maestro permette a Bracciolini di farsi strada nella cancelleria papale fino a ottenere, nel 1410, la carica di segretario apostolico. Con questo ruolo egli viaggia in tutta Europa, in particolare in Germania e Francia, ma agli incarichi ufficiali preferisce l'esplorazione dei monasteri a caccia di manoscritti. Scopre così un esemplare integro dell'*Institutio oratoria* di Quintiliano, parte degli *Argonautica* di Valerio Flacco, le *Silvae* di Stazio, il *De rerum natura* di Lucrezio, otto orazioni ciceroniane e altre opere minori. Nel 1453 l'autore torna a Firenze, divenendo cancelliere della Repubblica. Dotato di fantasia arguta, raccoglie tra il 1438 e il 1452 una ricca serie di aneddoti e novelle nel *Liber facetiarum* (Facezie). Muore a Firenze nel 1459.

Presentiamo qui, in traduzione italiana, un brano di una lettera scritta da Bracciolini il 15 dicembre 1416 all'amico umanista Guarino Veronese (1374-1460) per informarlo del recupero dell'*Institutio oratoria* di Quintiliano, retore romano del I secolo d.C., allora conosciuta solo per frammenti. Il tono è entusiastico e contagioso: più che di una scoperta, si è trattato della liberazione di un recluso!

Molti essendo stati gli autori latini, come sai, egregi nell'arte di perfezionare e adornare il discorso, fra tutti illustre ed eccellente fu M. Fabio Quintiliano, il quale così chiaramente e compiutamente, con diligenza somma, espone le doti necessarie a formare un oratore perfetto, che non mi sembra gli manchi cosa alcuna, a mio giudizio, per raggiungere una somma dottrina o una singolare eloquenza. [...] Ma egli presso di noi italiani era così lacerato, così mutilato, per colpa, io credo, dei tempi, che in lui non si riconosceva più aspetto alcuno, abito alcuno d'uomo. [...]

Il codice antico, mancante di alcune parti e corrotto, viene umanizzato, considerato alla stregua di persona viva.

Il testo appare come un prigioniero: liberarlo è un atto di civiltà.

Sul piano retorico, è una personificazione o una metonimia, ma per gli umanisti ritrovare un classico significa davvero ridare vita, voce e corpo all'autore.

Riaffiora la polemica contro il Medioevo, qui incarnato dalle oscure biblioteche monastiche, "prigioni" degli autori antichi.

Un caso fortunato per lui, e soprattutto per noi, volle che, mentre ero ozioso a Costanza,[1] mi venisse il desiderio di andare a visitare il luogo dove egli era tenuto recluso. V'è infatti, vicino a quella città, il monastero di S. Gallo, a circa venti miglia. Perciò mi recai là per distrarmi, ed insieme per vedere i libri di cui si diceva vi fosse un gran numero. Ivi, in mezzo a una gran massa di codici che sarebbe lungo enumerare, ho trovato Quintiliano ancor salvo ed incolume, ancorché tutto pieno di muffa e di polvere. Quei libri infatti non stavano nella biblioteca, come richiedeva la loro dignità, ma quasi in un tristissimo ed oscuro carcere, nel fondo di una torre, in cui non si caccerebbero neppure dei condannati a morte. Ed io son certo che chi per amore dei padri andasse esplorando con cura gli ergastoli in cui questi grandi son chiusi, troverebbe che una sorte uguale è capitata a molti dei quali ormai si dispera.

1 **Costanza:** città della Germania, dove tra il 1414 e il 1418 si svolse un concilio della Chiesa cattolica, a cui partecipò lo stesso Bracciolini al seguito dell'antipapa Giovanni XXIII.

INTELLETTUALE e SOCIETÀ

Alle dipendenze del signore

La corte è il centro della cultura umanistico-rinascimentale

Una caratteristica fondamentale dell'epoca umanistico-rinascimentale è il cambiamento del ruolo degli artisti e del loro rapporto con la società e con il potere politico. Da Milano a Napoli, da Ferrara a Mantova, da Firenze a Urbino i principi fanno a gara per accoglierli, e in tal modo assecondano certamente una personale inclinazione: i signori leggono i classici, partecipano (o aspirano a farlo) alle discussioni filologiche e scrivono essi stessi opere letterarie. Tuttavia, ragioni più strumentali si intrecciano con l'amore disinteressato per la cultura: il loro ruolo di **generosi protettori** degli intellettuali rientra infatti in una politica tesa a ricercare il **consenso**. Il principe è convinto che il proprio sogno di grandezza e magnificenza possa essere eternato trasformando lo Stato in un centro di elaborazione culturale, dove fioriscano l'arte, la poesia, la filosofia. Pertanto, disponendo di grandi risorse economiche, egli le utilizza per commissionare opere e offrire incarichi di prestigio, per lo più di facciata e di rappresentanza, agli artisti, che trovano così una protezione e una legittimazione impensabili durante l'epoca comunale.

L'intellettuale al servizio di un mecenate

Su queste basi e con tali finalità, nasce e si rafforza, specie nel Cinquecento, il **mecenatismo** (da Mecenate, il celebre consigliere di Augusto, protettore degli artisti), un fenomeno caratterizzato da un interesse reciproco: del principe, che può mostrare il colto splendore della corte; dell'intellettuale, che vede riconosciuto il proprio ruolo grazie a benefici che gli assicurano l'indipendenza economica.

Al tempo stesso, proprio lo stretto legame che si instaura tra il signore e l'intellettuale costringe quest'ultimo a prendere atto della propria **condizione di subalternità**: il sostegno di cui gode non è infatti gratuito e richiede in cambio la disponibilità alla lode, alla propaganda, addirittura all'adulazione. È un processo che va sempre più affermandosi durante il Quattrocento, per raggiungere il culmine durante il periodo rinascimentale e poi nel Seicento, come dimostra il **carattere encomiastico** di molte opere offerte in dono ai principi e alle loro dame come ringraziamento per la loro generosità.

Dall'Umanesimo civile alla letteratura cortigiana

Nella prima metà del Quattrocento, soprattutto dove sopravvivono istituzioni repubblicane – è il caso di Firenze e Venezia –, l'umanista conserva il proprio spazio di manovra come cittadino impegnato nella difesa della propria libertà, protagonista attivo della vita politica, spesso inserito in prima persona nell'amministrazione statale. È questa la fase che si è soliti definire come "Umanesimo civile".

La lingua

Dall'egemonia del latino all'affermazione del volgare

Il latino è la lingua letteraria d'Europa

La passione degli umanisti per la classicità si riflette nell'adozione della lingua latina per la scrittura. Non va dimenticato che già Petrarca preferiva il latino al volgare e che si aspettava fama e gloria eterne non dal *Canzoniere*, bensì dalla propria produzione latina. Tale predilezione viene ora riaffermata come una **scelta** collettiva, **condivisa dalle élite intellettuali** di tutta Europa.

Il *Certame coronario* e il riscatto del volgare

Soprattutto **nei primi decenni del Quattrocento**, **il volgare è** così relegato a mero **strumento di comunicazione quotidiana**, anche se non viene meno l'ammirazione per la tradizione volgare del Trecento, sublimata dal mito delle cosiddette "tre corone fiorentine": Dante, Petrarca e Boccaccio, considerati, per il pregio delle loro opere, meritevoli dello statuto di classici.

Verso la metà del secolo, la gerarchia linguistica operata dagli umanisti va però lentamente modificandosi e **il volgare torna ad acquistare dignità**, candidandosi ad affiancare, se non a sostituire, il latino come lingua della letteratura, mentre quest'ultimo continua a essere l'idioma in cui scrivono scienziati, filosofi e uomini di Chiesa.

Tuttavia, a mano a mano che le corti signorili prendono il sopravvento ai danni dei governi comunali, anche la figura dell'intellettuale cambia. Nei primi decenni del Cinquecento esistono ancora casi di letterati impegnati in politica, come Machiavelli e Guicciardini, la cui vicenda va però considerata un'eccezione, perché legata al governo repubblicano di Firenze. Altrove, in Italia, non si trova più l'uomo di cultura che partecipa attivamente al progresso sociale e civile, ma il **cortigiano** dedito esclusivamente all'***otium*** (vale a dire alla propria attività letteraria), professionista al servizio del signore (e talvolta con fatica e sentimenti contrastanti, come accade a Ludovico Ariosto). A questo nuovo modello antropologico Baldassarre Castiglione dedica un'opera di grande successo, ***Il Cortegiano*** (1528), che fornisce un significativo repertorio di qualità, culturali ma anche etiche, necessarie per vivere a corte.

La soluzione ecclesiastica

L'intellettuale ha inoltre un'altra soluzione per guadagnarsi da vivere: **entrare nella chiesa come ministri ordinati**, per godere di non trascurabili benefici ecclesiastici e trovare maggiore sicurezza, soprattutto durante la crisi degli Stati italiani, esposti alle minacce degli eserciti stranieri. Non è un caso che la carriera ecclesiastica, specie nel Cinquecento, rappresenti un'opzione assai praticata dagli intellettuali. Basti pensare alle aspirazioni di Guicciardini e di Ariosto, rispettivamente alla caccia di un cardinalato e di un vescovato, all'appartenenza a ordini religiosi di letterati come Bandello e Folengo, alle carriere di Della Casa, che diventa chierico della Camera Apostolica e vescovo di Benevento, di Castiglione, nunzio apostolico, o di Bembo, che viene nominato addirittura cardinale.

La qualità della condizione del chierico al servizio della Chiesa non differisce da quella del cortigiano che dipende da un signore: quella pontificia è una corte sfarzosa non meno delle altre, senza considerare che vescovi e cardinali, in certi casi umanisti anch'essi, sono committenti generosi, in tutto simili – per comportamento, gusti e ambizioni – ai mecenati laici.

L'invenzione della stampa e le sue conseguenze sul ruolo del letterato

Una terza possibilità di occupazione per l'intellettuale si apre in seguito all'**invenzione della stampa**, a opera di un orefice della città tedesca di Magonza, **Johann Gutenberg**, cui si deve nel **1457** l'edizione di una Bibbia stampata a caratteri mobili in piombo. Grazie alla stampa, la cerchia dei lettori si accresce enormemente, anche al di fuori della corte. I libri possono ora diffondersi con tirature prima inimmaginabili e con costi ridotti, influendo sul costume e raggiungendo un pubblico più diversificato, formato spesso da borghesi desiderosi di svago, intrattenimento, evasione.

Inoltre la nascita delle prime tipografie prefigura un nuovo *status* per il letterato, che può prestare la sua opera al servizio di un editore come consulente, collaboratore, direttore di collane. Sono i casi, tra gli altri, di Pietro Bembo, che nel 1501 cura l'edizione del *Canzoniere* di Petrarca per il tipografo veneziano Aldo Manuzio, o di Pietro Aretino, che intuisce le possibilità di un mercato librario più ampio per accrescere la propria fama e influenza.

Cristofano Dell'Altissimo, *Ritratto di Leon Battista Alberti*, XVI secolo. Firenze, Galleria degli Uffizi.

Secondo una diffusa convenzione – ma non priva di verità – la riscossa letteraria del volgare si colloca attorno a una data e a un'occasione precise: il **1441**, quando **Leon Battista Alberti** organizza, con il patrocinio dei Medici, una **gara poetica in volgare sul tema dell'amicizia**, il *Certame coronario*. Al di là del valore relativo delle opere partecipanti, è assai rilevante che a incoraggiare l'uso del volgare in letteratura sia una corte importante come quella fiorentina, decisa a rivendicare, all'interno di un progetto di egemonia sugli altri centri italiani, il **primato del toscano**. In quest'ottica, lo stesso Lorenzo il Magnifico promuove la stesura di una **prima antologia di poesia in volgare**, la ***Raccolta Aragonese*** (così detta perché inviata in dono, nel 1477, a Federico d'Aragona, futuro re di Napoli), comprendente i testi più importanti della ancor giovane tradizione toscana, dagli Stilnovisti in poi.

La questione della lingua

Durante il Rinascimento, la questione della lingua da usare nella comunicazione letteraria è al centro di un **grande dibattito generazionale**, sentito con urgenza e profondità dai letterati proprio negli anni nei quali la penisola perde libertà e indipendenza politica. A fronteggiarsi sono soprattutto **tre proposte**: quella **cortigiana**, quella **fiorentina** e quella **arcaicizzante o trecentista**. La prima prescrive il ricorso a una lingua eclettica, frutto della selezione delle parole più belle ed eleganti usate nelle diverse parlate (e quindi nelle diverse corti) d'Italia. Baldassarre Castiglione (1478-1529) e il veneto Gian Giorgio Trissino (1478-1550) sono i principali fautori di questa ipotesi. La proposta fiorentina invece si fonda sull'utilizzo del fiorentino contemporaneo e viene caldeggiata, tra gli altri, da Niccolò Machiavelli nel *Discorso o dialogo intorno alla nostra lingua*. A prevalere alla fine è la soluzione proposta da **Pietro Bembo** (1470-1547) nelle ***Prose della volgar lingua* (1525)**: il letterato intende **differenziare la lingua scritta da quella parlata**, rifiutando ogni ipotesi municipale o regionalistica e istituzionalizzando il **modello del fiorentino letterario trecentesco**, in particolare quello petrarchesco per la poesia e quello boccacciano per la prosa.

Le conseguenze della vittoria di Bembo

Da questo momento in poi, con il successo della soluzione caldeggiata da Bembo, si può cominciare a parlare di "italiano" e non più di "volgare", e nemmeno di "fiorentino". Certo, fiorentino è il modello egemone, rappresentato dalla lingua di Petrarca e Boccaccio, ma la lingua fiorentina parlata dal popolo sarà un dialetto come gli altri, ridotto a espressione locale e a puro strumento di comunicazione.

Nei secoli successivi, la letteratura alta sarà solo nell'italiano cristallizzato indicato da Bembo e promosso dalla stampa e dalle iniziative tipografiche, che in lui ebbero il massimo animatore. Per scrivere come impone la sua soluzione, i letterati dovranno studiare e imparare sui libri la lingua con la quale esprimersi nelle loro opere. Scritto e parlato seguiranno ciascuno il proprio corso: lo scritto, sistematizzato e uniformato secondo un immobile ideale di nobiltà espressiva appreso dagli autori del Trecento; il parlato, destinato a evolversi con l'uso comune e nella comunicazione spontanea. Lo **scollamento tra lingua letteraria e lingua comune** (e quindi fra letteratura e popolo) durerà per secoli: un fenomeno che non ha eguali nella cultura degli altri paesi europei.

I **dialetti** tuttavia non scompaiono dall'orizzonte letterario: essi sopravvivono, e spesso con grande vivacità e forza espressiva (e il Cinquecento ne offrirà esempi assai significativi, come il caso di Ruzante). Ma **restano ai margini del canone**, strumento di artisti periferici e di norma non integrati, che se ne servono per esprimere o rappresentare realtà comiche, valori antagonistici o polemici, sentimenti popolareschi. È un controcanto spesso ricco di vitalità che contrasta in modo dissonante con la tendenza al sublime, tipica della letteratura italiana ufficiale.

la parola

Canone Il termine canone viene dal greco *kanón*, che in origine significava "canna" e poi "regolo", indicando un'unità di misura. Presto però acquista il valore di "regola", "norma", "principio", "esempio". Nel latino ecclesiastico, il termine assume l'accezione di "lista", per indicare l'elenco autorizzato dei testi sacri (definiti, appunto, canonici) accolti dalla Chiesa come ispirati da Dio, in contrapposizione a quelli discussi e a quelli apocrifi, cioè letteralmente nascosti ed esclusi dalla Bibbia. Successivamente, il termine viene ad assumere anche altri significati come quello di tributo ordinario e fisso. Il significato attuale, usato nel linguaggio critico letterario, non si discosta molto dalle origini. Il termine indica infatti i criteri della valutazione artistica (i "canoni del gusto") oppure la lista delle opere e dei testi ritenuti essenziali e imprescindibili all'interno di una tradizione letteraria.

I generi e i luoghi

La mappa dei generi

La prosa

Un genere adatto ai tempi: il trattato

Gli umanisti sono convinti che la rivoluzione antropologica da essi provocata debba essere spiegata in sede teorica. Gli interessi, gli approfondimenti, le conseguenze della nuova morale che essi incarnano non possono che tradursi in uno **sforzo di sintesi e sistemazione filosofica**. Si sviluppa per queste ragioni il genere letterario più congeniale all'esposizione e alla dissertazione problematica, il **trattato**. Oltre alle questioni filologiche, vengono affrontati gli argomenti cardine con cui gli intellettuali del Quattrocento e del Cinquecento si pongono in antitesi con quelli medievali. Prevalgono in un primo momento la polemica contro il dogmatismo medievale, l'esaltazione del libero arbitrio e della dignità della natura umana, la celebrazione del piacere, le questioni civili; più avanti vengono approfonditi i temi politici come accade nel *Principe* di Machiavelli, e quelli mondani, con cui vengono codificati i valori della nuova civiltà: è il caso del *Galateo* di Giovanni Della Casa.

Il trattato non è certo un genere originale dei nuovi tempi: basta ricordare quelli danteschi. A differenza di quelli medievali, volti a illustrare una verità superiore in forza di argomentazioni reputate indiscutibili, i trattati umanistici aspirano però ad alimentare il **dibattito intellettuale** e a convincere il lettore anche grazie alla cura formale dell'esposizione, all'erudizione esibita, alla brillantezza dell'eloquio.

Il dialogo e le ragioni del suo successo

Spesso il trattato prende la forma del **dialogo,** come prescrivono l'imitazione del modello classico (Platone e Cicerone) e la visione umanistico-rinascimentale della cultura come scambio, elaborazione non precostituita, discussione appassionata. Il sapere non nasce sulla scorta di una meditazione solitaria, ma dalla continua conversazione e dal **confronto aperto e tollerante**, che non rinuncia però alla polemica, anche quella più feroce e graffiante (come nei dialoghi latini di Poggio Bracciolini *De avaritia* e *Contra hypocritas*, venati di quel motivo anticlericale che rappresenta una traccia diffusa nel primo Umanesimo). Nel Quattrocento prevale ancora il latino, ma in volgare sono redatti i quattro libri *Della famiglia*, l'opera scritta da Leon Battista Alberti tra il 1433 e il 1441, che affronta il tema dell'educazione e della formazione individuale all'interno del nucleo familiare e della vita associata.

Nel Rinascimento la fortuna del dialogo è costante: in questa forma si affrontano argomenti assai diversi tra loro, come la tematica linguistica (le *Prose della volgar lingua* di Bembo), quella militare (*Dell'arte della guerra* di Machiavelli) e quella relativa al comportamento da tenere a corte (*Il Cortegiano* di Castiglione). Frequenti sono i dialoghi sull'amore: a quello di Bembo, in chiave platonica (*Gli Asolani*), si contrappone quello, realistico e osceno, di un autore dissacrante come Pietro Aretino (i *Ragionamenti*).

Per difendere e divulgare un'idea: l'invettiva e l'orazione

La consapevolezza di introdurre punti di vista innovativi si accompagna spesso a una spiccata attitudine alla **contrapposizione polemica**: ciò spiega, specie in ambito umanistico, il diffondersi dell'**invettiva** (celebri sono quelle scritte da Poggio Bracciolini). La difesa dei propri argomenti e la confutazione di quelli altrui danno origine a veri scontri, senza esclusioni di colpi bassi, accuse e polemiche, il più delle volte giustificati da nobili ideali, ma non di rado suggeriti da invidia o rivalità personali.

Anche l'**orazione** nasce allo scopo di perorare una tesi, al cospetto di un pubblico di uditori, reale o fittizio che sia. Qualunque sia la sua natura, il destinatario a cui si rivolge rimane però sempre lo stesso: il pubblico dei dotti, chiamato a discutere e a sostenere l'assunto dell'oratore (si pensi all'*Oratio de hominis dignitate* di Giovanni Pico della Mirandola).

L'epistolografia e la storiografia

La volontà di misurarsi con un altro punto di vista è evidenziata anche dallo sviluppo dell'**epistolografia**. Come sempre, si segue una strada già tracciata da grandi autori: Cicerone, ma anche Petrarca, pioniere moderno di questa forma di comunicazione, **pensata più per una dimensione pubblica che per quella privata**.

Grazie alle lettere, gli umanisti si informano tra loro, si scambiano notizie, offrono spunti di riflessione all'interlocutore: la comunità sovranazionale degli intellettuali nasce anche in questo modo. Durante il Rinascimento, l'epistola diventa uno strumento più spontaneo di comunicazione diretta. Il volgare sostituisce il latino e gli argomenti sono spesso attinti dalla quotidianità, come accade in Machiavelli e in Pietro Aretino.

Prediletta dalla cultura umanistico-rinascimentale è anche la **prosa storiografica**, in cui si cimentano i più grandi umanisti fiorentini, anche per valorizzare le origini della propria città, come nel caso degli *Historiarum florentini populi libri XII* (Dodici libri di storie del popolo fiorentino), scritti nel 1415 da Leonardo Bruni per esaltare la vocazione repubblicana di Firenze. La storia viene analizzata nel suo groviglio di passioni e contrasti: non è più il medievale disegno di Dio, ma è opera degli uomini. All'ambito municipale fiorentino sono legate anche le *Istorie fiorentine* (1520-1525) di Niccolò Machiavelli e le *Storie fiorentine* (1509) di Francesco Guicciardini, il quale si apre però anche a una più ampia prospettiva nazionale con la *Storia d'Italia* (1537-1540), cogliendo la logica interna dei grandi eventi e scandagliando per la prima volta la veridicità delle fonti.

La novellistica

Gli umanisti non disdegnano la scrittura di novelle, sia in latino sia in volgare. In particolare, alcuni di essi si cimentano con la **facezia**, una breve composizione caratterizzata dall'espressione arguta, dai giochi di parole e dai contenuti spiritosi e licenziosi: maestri del genere sono Poggio Bracciolini, autore degli aneddoti e dei motti in latino raccolti nel *Liber facetiarum* (Facezie), Giovanni Pontano (1429-1503), a cui si devono i divertenti 6 libri, anch'essi in latino, del *De sermone* e Angelo Poliziano, che conosciamo in veste ironica nei *Detti piacevoli*, composti in volgare. Il *Decameron* di Boccaccio è il grande modello per tutta la produzione novellistica vera e propria, anche se non mancano tentativi di sperimentare soluzioni nuove, come nel *Novellino* di Masuccio Salernitano (ca 1410-1475) e soprattutto nelle *Novelle* scritte dal piemontese Matteo Maria Bandello (1485-1561), in cui, al posto della cornice, compare una lettera dedicatoria da anteporre a ciascuna novella.

La poesia

Dal «secolo senza poesia» al Petrarchismo rinascimentale

Concentrati nelle attività culturali più consone alla loro mentalità filosofica, gli umanisti sembrano a prima vista non lasciare spazio alla componente creativa. Non a caso, il Quattrocento – almeno fino agli anni Settanta – è stato chiamato «il secolo senza poesia» (Croce). Sebbene nessun letterato raggiunga la qualità dei capolavori del Trecento, tuttavia tale definizione appare esagerata. Nelle diverse corti italiane, molti umanisti (da Boiardo a Sannazaro, dallo stesso Lorenzo de' Medici a Poliziano, il più importante letterato del Quattrocento) compongono **rime, in latino e in volgare**: nel primo caso si seguono sia le forme metriche sia i temi della classicità romana; nel secondo caso comincia a prender corpo l'imitazione di Petrarca, che diventa una costante nel secolo successivo.

Soprattutto grazie alla preferenza linguistica accordata da Bembo, il *Canzoniere* è infatti nel Cinquecento l'opera maggiormente letta, ammirata e imitata, anche nelle forme più rigide e meccaniche. Lo stesso Bembo, con le sue *Rime*, dà avvio al fenomeno del **Petrarchismo**, che contagia numerosi poeti e poetesse, ciascuno incline a dare del modello di riferimento un'interpretazione personale.

L'opposizione al classicismo

La "moda" petrarchesca è tale che, in opposizione a essa, ottiene un certo successo anche la poesia satirica, che rovescia i canoni classicistici. Punta di diamante di questa tendenza è Francesco Berni (1497-1535), il quale eredita una **tradizione burlesca** presente a Firenze già dagli albori della letteratura volgare. Il gusto della **comicità** e della **parodia**, d'altronde, prospera anche nel Quattrocento, prima e durante il periodo di Lorenzo de' Medici: il Burchiello (1404-1449) compone sonetti dal sapido e trasgressivo sapore surreale, lo stesso Lorenzo si cimenta con la satira del villano nella sua poesia rusticale (*Nencia da Barberino*) e Luigi Pulci (1432-1484) interpreta in chiave bassa e popolare la tradizione del poema cavalleresco (*Morgante*). Estranee al classicismo aristocratico sono anche alcune esperienze cinquecentesche. Tra queste, vanno ricordate l'opera di Pietro Aretino (1492-1556), mossa dalla volontà di polemizzare contro i valori della società del tempo, e quella di Teofilo Folengo (1491-1544), il cui poema, *Baldus*, esprime nella forma (la lingua maccheronica) e nella sostanza (le imprese picaresche di un furfante) una netta **opposizione all'armonia e all'equilibrio** ricercati nelle opere "ufficiali" del Rinascimento.

Sperimentalismo quattrocentesco e cultura dei modelli

Nel complesso, mentre la letteratura quattrocentesca è caratterizzata da un notevole **sperimentalismo**, come si vede dalla ricchezza dei generi sviluppati, nel Cinquecento si cerca di organizzare la materia letteraria secondo **schemi più rigidi**, definiti sull'esempio dei modelli classici. Ciò spiega la ripresa di generi tipici della tradizione, specie latina. È significativo che torni in auge la satira, genere considerato dai Romani "tutto loro", cioè non derivato da modelli greci: le *Satire* di Ariosto si rifanno per tono e raffinatezza a quelle di Orazio.

Anche altri stilemi tipici della produzione classica vengono ripristinati: la vivacità del **genere bucolico** è motivata dall'ispirazione alle egloghe virgiliane, ma la tradizione è rinnovata dal capolavoro di Iacopo Sannazaro (1457-1530), l'*Arcadia*, romanzo pastorale con inserti poetici, ambientato nell'omonima regione della Grecia. Tematica mitologica hanno anche i **poemetti** (*Ambra* e *Corinto* di Lorenzo de' Medici e le *Stanze per la giostra* di Poliziano), che attingono materia e suggestioni da un ricco ventaglio di fonti classiche.

Il poema cavalleresco

A corte, tornano a destare curiosità le vicende cavalleresche del **ciclo carolingio** e di quello **bretone**, che a Ferrara vengono fuse nel poema cavalleresco di Matteo Maria Boiardo (*Orlando innamorato*) e reinventate nel capolavoro della letteratura rinascimentale, l'*Orlando*

GENERI e TEMI del QUATTROCENTO e del PRIMO CINQUECENTO

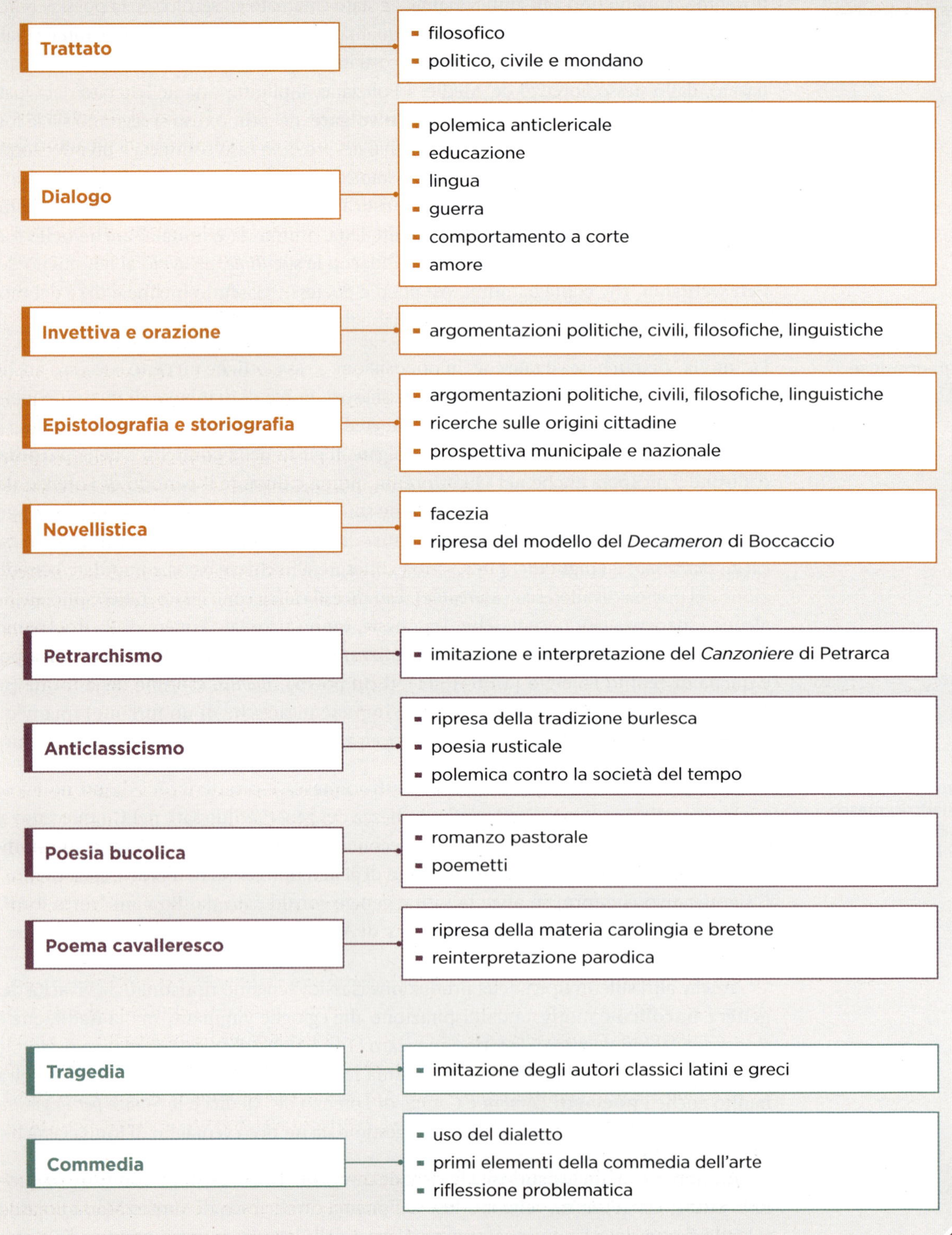
Trattato
filosofico
politico, civile e mondano
Dialogo
polemica anticlericale
educazione
lingua
guerra
comportamento a corte
amore
Invettiva e orazione
argomentazioni politiche, civili, filosofiche, linguistiche
Epistolografia e storiografia
argomentazioni politiche, civili, filosofiche, linguistiche
ricerche sulle origini cittadine
prospettiva municipale e nazionale
Novellistica
facezia
ripresa del modello del *Decameron* di Boccaccio
Petrarchismo
imitazione e interpretazione del *Canzoniere* di Petrarca
Anticlassicismo
ripresa della tradizione burlesca
poesia rusticale
polemica contro la società del tempo
Poesia bucolica
romanzo pastorale
poemetti
Poema cavalleresco
ripresa della materia carolingia e bretone
reinterpretazione parodica
Tragedia
imitazione degli autori classici latini e greci
Commedia
uso del dialetto
primi elementi della commedia dell'arte
riflessione problematica

Maestro di Étienne Loypeau, *Rappresentazione di un teatro romano*, da un manoscritto appartenuto a Carlo VI, XV secolo. Parigi, Bibliothèque des Arts Decoratifs.

furioso di Ludovico Ariosto. Tutt'altra è invece l'ispirazione che anima il *Morgante* di Luigi Pulci, il quale offre all'ambiente mediceo fiorentino una personale interpretazione degli stereotipi della letteratura cavalleresca, rovesciati e parodiati.

Il teatro

Al Quattrocento risale anche il **recupero della letteratura teatrale**: vengono tradotte le commedie degli autori latini Plauto e Terenzio e si allestiscono le prime rudimentali messe in scena; inoltre si sviluppano, specie nella corte medicea, la sacra rappresentazione e lo spettacolo giullaresco; con la *Fabula di Orfeo* di Poliziano nasce il teatro profano.

In epoca rinascimentale, poi, la letteratura drammatica suscita un interesse crescente. Nella **tragedia** si cerca di imitare con linguaggio sostenuto e tematiche elevate le opere dei grandi autori greci e di Seneca, apprezzato per l'enfasi e il gusto cruento e patetico. Il risultato, piuttosto modesto, è un repertorio di opere artificiose, quasi mai sorrette da un'autentica ispirazione. Discorso diverso merita invece la **commedia**, affrontata con successo da autori come Ariosto, Pietro Aretino e Ruzante (1496 ca - 1542): nei testi teatrali di quest'ultimo, scritti in parte in dialetto veneto, è possibile scorgere alcune delle caratteristiche della futura commedia dell'arte italiana. Capolavoro del teatro rinascimentale è però *La mandragola* di Machiavelli, in cui il richiamo a Boccaccio si innesta all'interno dell'amara e disincantata visione del mondo dell'autore.

La mappa dei luoghi

Si è detto che la pace di Lodi (1454) fissa un equilibrio che durerà per quattro decenni, fondato sull'egemonia di alcuni Stati regionali, destinati non solo a dominare la scena politica del paese, ma anche a caratterizzarne la vita intellettuale. In questa **Italia delle corti** gli umanisti trovano facilmente impiego: il panorama tra i vari centri della penisola è culturalmente omogeneo, ma ogni corte conserva una fisionomia peculiare che la distingue dalle altre.

La complessa situazione di Firenze

I primi decenni del Quattrocento vedono affermarsi a Firenze una **repubblica oligarchica**, di cui interpreti assai importanti sono i letterati umanisti. Coluccio Salutati, Leonardo Bruni e Poggio Bracciolini sono alcuni degli intellettuali che affiancano alle grandi questioni della riflessione umanistica l'impegno diretto come amministratori dello Stato. La collaborazione tra *humanae litterae* e politica, stretta durante la stagione del cosiddetto "Umanesimo civile", è destinata però a esaurirsi con l'avvento al potere della famiglia dei **Medici**.

A Firenze i Medici instaurano la Signoria nel 1434 con Cosimo, ma il ruolo centrale assunto da Firenze nella cultura italiana quattrocentesca è rafforzato soprattutto dalla figura del nipote Lorenzo, modello di principe illuminato, mecenate, poeta egli stesso. Intorno a Lorenzo operano intellettuali straordinari, dal filosofo **Marsilio Ficino** (fondatore dell'Accademia platonica, che contribuisce enormemente alla diffusione del Neoplatonismo) all'umanista **Cristoforo Landino** (1424-1498), a cui si devono i commenti ad autori latini come Virgilio e Orazio, dal poeta Angelo Poliziano al pittore Sandro Botticelli.

Alla morte di Lorenzo (1492), il convulso alternarsi dei governi della città (l'esperimento popolare di Savonarola dal 1494 al 1498, il regime repubblicano fino al 1512, il ritorno al potere dei Medici, interrotto dal 1527 al 1530 da un'altra breve stagione repubblicana) viene documentato dall'attività letteraria di Machiavelli e di Guicciardini, entrambi protagonisti di alto livello della scena politica fiorentina.

L'eccellenza veneziana

La nascita e lo sviluppo dell'**industria tipografica** rendono Venezia uno dei luoghi più vivaci della cultura rinascimentale italiana. La città non aveva una tradizione specifica a cui legarsi e fa dello sperimentalismo il suo punto di forza, divenendo un crogiolo di tendenze assai diversificate. Inoltre, la produzione editoriale, in particolare quella promossa dal più celebre tra gli stampatori veneziani, **Aldo Manuzio** (1450 ca - 1515), condiziona l'evoluzione di tutta la letteratura italiana. Ispirato dall'indirizzo linguistico e filosofico del suo collaboratore più prestigioso, Pietro Bembo, Manuzio cura la pubblicazione di testi latini, greci e volgari, incoraggiando quel classicismo a cui si adegua buona parte della letteratura rinascimentale.

Le corti padane e dell'Italia centrale

Nel Nord della penisola le corti più importanti – quelle dei **Gonzaga** a Mantova, degli **Este** a Ferrara, dei **Visconti** prima e degli **Sforza** poi a Milano – diventano poli di attrazione per umanisti, poeti e scienziati. In particolare, a Mantova opera **Vittorino da Feltre** (1378 ca - 1446), padre della pedagogia umanistica, educatore dei figli del principe, mentre a Ferrara viene inaugurata con **Matteo Maria Boiardo** la tradizione del romanzo cavalleresco italiano, poi proseguita ed esaltata da Ludovico Ariosto. Il massimo splendore della corte estense viene toccato sotto Ercole I, che governa dal 1471 al 1505, indirizzando la cultura ferrarese verso i valori cortesi veicolati dalla tradizione cavalleresca.

Un'altra corte di dimensioni modeste, ma culturalmente assai fiorente, è quella di **Urbino**, dove il duca Guidubaldo da Montefeltro (1472-1508) riunisce intorno a sé un selezionato cenacolo di artisti e letterati. Tra questi, Pietro Bembo e Baldassarre Castiglione, il quale si ispira al vivace clima della corte urbinate nella stesura del *Cortegiano*.

La Napoli aragonese

A Napoli, ospiti dei nuovi sovrani, gli Aragonesi, soggiornano insigni intellettuali come **Lorenzo Valla**, **Leonardo Bruni** e **Antonio Beccadelli**, detto il Panormita (1394-1471), fondatore dell'**Accademia antoniana**, uno tra i più liberi e spregiudicati cenacoli dell'Umanesimo europeo, protetta e finanziata da re Alfonso V (1396-1458). Dal 1471 l'Accademia è poi ribattezzata pontaniana, dal nome di Giovanni Pontano, autore di prose e versi in latino e carismatico protagonista dell'Umanesimo meridionale. Intorno alla sua figura si raduna una prestigiosa cerchia di letterati, tra i quali spicca **Iacopo Sannazaro**.

La corte di Roma

Anche l'atmosfera splendida e mondana della curia pontificia non è diversa da quella che si coglie nelle corti laiche della penisola. I papi, mecenati e umanisti essi stessi (come nel caso di Enea Silvio Piccolomini, 1405-1464, asceso al soglio nel 1458 con il nome di **Pio II** e prolifico autore di opere storiche, epistole e perfino racconti erotici), accolgono alcuni tra i principali intellettuali italiani, da Leon Battista Alberti a Poggio Bracciolini, attratti dai generosi benefici ecclesiastici. L'originalità della loro azione culturale risiede soprattutto nella volontà di conciliare la fede cristiana con i princìpi e gli ideali della cultura umanistica. Tuttavia, proprio a Roma nel 1465 viene creata l'**Accademia pomponiana**, dal nome di **Giulio Pomponio Leto** (1428 ca - 1498), che ne è il fondatore e l'animatore. Si tratta di un cenacolo che oggi definiremmo di spiriti liberi: non privi di provocatoria stravaganza, essi coltivano il mito della Roma antica e intendono riproporne costumi e abitudini. Si atteggiano a libertari e non si fanno scrupoli di esibire atteggiamenti paganeggianti: molti di loro finiranno nelle carceri pontificie, accusati di eresia.

I luoghi della cultura

Mantova
- corte dei Gonzaga
- Vittorino da Feltre fonda la pedagogia umanista
Milano
- corte dei Visconti e poi degli Sforza
Firenze
- repubblica oligarchica e impegno diretto degli intellettuali: "Umanesimo civile"
- dal 1434 signoria dei Medici: Lorenzo il Magnifico principe illuminato, mecenate e poeta
- centralità nella cultura italiana: Marsilio Ficino, Cristoforo Landino, Angelo Poliziano, Sandro Botticelli
- dopo la morte di Lorenzo (1492), la città vive un periodo politicamente convulso, di cui Machiavelli e Guicciardini si fanno testimoni
Roma
- curia pontificia come una corte
- papi mecenati e umanisti: Pio II
- Leon Battista Alberti, Poggio Bracciolini: conciliazione della fede cristiana con gli ideali umanisti
- Giulio Pomponio Leto fonda l'Accademia pomponiana, cenacolo di spiriti liberi
Venezia
- nascita e sviluppo dell'industria tipografica
- vivace centro culturale
- sperimentalismo
- Aldo Manuzio e Pietro Bembo condizionano l'evoluzione della letteratura italiana e contribuiscono all'affermarsi del classicismo
Ferrara
- corte degli Este
- Matteo Maria Boiardo inaugura la tradizione del romanzo cavalleresco
- Ludovico Ariosto
Urbino
- corte di Guidubaldo da Montefeltro
- cenacolo di artisti e letterati: Pietro Bembo, Baldassarre Castiglione (*Il Cortegiano*)
Napoli
- la corte dei nuovi sovrani, gli Aragonesi, è centro dell'Umanesimo meridionale
- Antonio Beccadelli fonda l'Accademia antoniana, poi chiamata pontaniana dal nome di Giovanni Pontano
- prestigiosa cerchia di letterati: Iacopo Sannazaro

Il mestiere delle armi di Ermanno Olmi

Le guerre d'Italia e l'invenzione delle armi da fuoco

Il film *Il mestiere delle armi – Li ultimi fatti d'arme dello illustrissimo Signor Joanni da le Bande Nere* (2001) di Ermanno Olmi (1931-2018) narra vicende che si collocano nel contesto storico delle cosiddette guerre d'Italia (1494-1559). Inizialmente scatenate da alcuni sovrani francesi a partire da Carlo VIII nel 1494, per far valere i loro diritti ereditari sul Ducato di Milano e sul Regno di Napoli, divennero in breve tempo guerre per la supremazia in Europa coinvolgendo, oltre alla Francia, soprattutto la Spagna e l'Impero.

In questo panorama si innesta la vicenda del capitano di ventura Giovanni de' Medici, detto Giovanni delle Bande Nere. Al comando delle truppe pontificie di papa Clemente VII, suo zio, tenta di fermare l'implacabile marcia dei lanzichenecchi dell'imperatore Carlo V. Pur alla guida di pochi uomini, il condottiero contrasta coraggiosamente i nemici con azioni di guerriglia a nord del Po, ma viene ferito da un colpo di falconetto (una nuova e micidiale arma di artiglieria in grado di perforare anche le armature più resistenti), subisce l'amputazione di una gamba e muore a soli ventotto anni, a Mantova, dopo giorni di atroci sofferenze sopportate stoicamente.

I temi: guerra, politica, nazione

Olmi racconta il "mestiere" di un uomo che ha fatto della vita militare la sua professione, come accadeva in quegli anni pieni di conflitti tra gli Stati regionali della penisola italiana e tra i più potenti Stati nazionali europei, dotati di forti eserciti. Il racconto cinematografico invita lo spettatore a riflettere sulla diversa direzione che prende la politica rispetto alla professione di soldato: Giovanni combatte utilizzando le strategie e il valore militare, il marchese di Mantova sceglie politicamente ciò che più è utile al mantenimento del suo territorio e quindi del suo potere.

Il condottiero inoltre cerca di arginare un cambiamento profondo che è in atto: l'introduzione delle armi da fuoco stravolge le regole medievali della cavalleria, basate principalmente sul valore dello scontro corpo a corpo, in cui a trionfare è il più valoroso. D'ora in poi conteranno le capacità tecniche nell'usare le nuove armi e il denaro, ancor più necessario, per procurarsi le artiglierie.

Le trasformazioni epocali in corso evidenziano l'altro grande aspetto che isola il condottiero nella luce del passato: la nuova idea di nazione. Il vecchio Stato pontificio è definitivamente in crisi con l'avvento dello Stato moderno, ma anche il grande Impero di Carlo V, ancorato alla vecchia idea universalistica, sarà sconfitto dall'emergere degli Stati nazionali.

Il linguaggio cinematografico, la critica e il pubblico

Olmi descrive con grande efficacia e precisione il mondo di Giovanni delle Bande Nere e il film si può interpretare come «una meditazione sulla morte di profondo respiro religioso e di forte tensione etica, ma anche sull'onore, il coraggio, il dolore» (Morandini). Le inquadrature e le sequenze con cui il regista narra la vicenda del protagonista mostrano uno stile semplice e insieme raffinato. Olmi evita la tentazione del *kolossal*, anche per poter evidenziare, come è nella sua poetica, il mondo degli umili e delle vittime. Il pubblico ha premiato la sua scelta, e il film è considerato un capolavoro del cinema di genere storico.

Alcuni fotogrammi del film di Ermanno Olmi sulla figura di Giovanni delle Bande Nere.

Verifica delle CONOSCENZE

L'EPOCA E LE IDEE

Rispondi alle seguenti domande.

1 Indica gli eventi storici avvenuti nei seguenti anni.
- 1454 ....
- 1492 ....
- 1494 ....
- 1527 ....
- 1530 ....

Indica se le seguenti affermazioni sull'Umanesimo sono vere (V) o false (F).

2 Sottolinea la centralità dell'uomo nell'universo. V F

3 Disprezza la dimensione religiosa. V F

4 Demonizza i piaceri del corpo. V F

5 Ridimensiona l'importanza degli studi letterari. V F

6 Elogia la vita appartata, dedicata solo agli studi. V F

7 Svaluta il periodo storico precedente, definendolo con disprezzo "Medioevo". V F

Rispondi alle seguenti domande.

8 Che cosa si intende per "antropocentrismo"?

9 Definisci in breve i seguenti concetti.
- Libero arbitrio
- Neoplatonismo
- Antidogmatismo
- Mecenatismo

10 Spiega le ragioni per cui il testo di Pico della Mirandola che abbiamo antologizzato (➤ Doc. 1, p. 21) si può considerare un manifesto dell'Umanesimo.

11 Spiega in che cosa consiste il cosiddetto "Umanesimo cristiano".

12 Riassumi le istanze innovative più importanti della pedagogia umanistica.

Scegli l'alternativa corretta fra quelle proposte.

13 Con il termine "Rinascimento" si intende definire

a il risveglio delle culture nazionali.

b il rinnovamento dello spirito religioso.

c il processo che porta al centro dell'attenzione la cultura classica.

d la fioritura dell'economia negli Stati nazionali italiani.

14 Come si chiama la disciplina che si propone l'obiettivo di ricostruire la forma originaria dei testi letterari?

a Filologia.

b Filosofia.

c Fisiologia.

d Ermeneutica.

15 Quale umanista scoprì la falsità della Donazione di Costantino?

a Poggio Bracciolini.

b Lorenzo Valla.

c Leonardo Bruni.

d Coluccio Salutati.

Rispondi alle seguenti domande.

16 Che cosa si propongono i filologi umanisti con il compito di «disseppellire i padri»?

17 Quali metafore usa, nella lettera riportata (➤ Doc. 5, p. 31), Poggio Bracciolini per descrivere la scoperta di un testo classico?

18 Che cosa sono il *Certame coronario* e la *Raccolta Aragonese*?

19 Riassumi le caratteristiche salienti delle proposte dei seguenti autori nell'ambito della questione della lingua:
- Pietro Bembo;
- Baldassarre Castiglione;
- Niccolò Machiavelli.

Scegli l'alternativa corretta fra quelle proposte.

20 Quale modello poetico si afferma nella lirica italiana cinquecentesca?

a Dante.

b Cavalcanti.

c Cecco Angiolieri.

d Petrarca.

Rispondi alle seguenti domande.

21 Perché il trattato e il dialogo possono essere considerati generi congeniali alla visione della cultura durante l'Umanesimo e il Rinascimento?

22 Descrivi brevemente i principali luoghi dell'Umanesimo e del Rinascimento, e le personalità che vi operano.

I SAPERI fondamentali

IL CONTESTO STORICO

Il XV secolo è teatro di grandi mutamenti politici: le **monarchie nazionali** si rafforzano provocando il declino della Chiesa e dell'Impero. L'Italia resta divisa in Stati regionali e passa sotto il **controllo spagnolo**.
Nel 1517, con le 95 tesi di **Martin Lutero** ha inizio la **Riforma**: nascono i movimenti protestanti e termina l'unità religiosa in Europa.

L'UOMO E LA REALTÀ TERRENA

Secondo la nuova **concezione antropocentrica**, l'uomo è protagonista di un'epoca di rinnovamento: l'umanista non pone limiti alla conoscenza e analizza la realtà mediante un nuovo spirito critico. La morale cristiana viene integrata ai principi della filosofia di Platone e si afferma il **Neoplatonismo**. La cultura umanista raggiunge la piena maturazione con il **Rinascimento**, un'epoca che, attraverso il libero pensiero, vince le superstizioni e la cupa religiosità del medioevo.

LA CULTURA

Gli intellettuali umanisti rintracciano nei testi degli autori classici un modello di valori attraverso cui osservare la natura umana. L'**imitazione del passato** consiste nel recupero moderno dello spirito antico e genera un nuovo culto della bellezza e della creatività. Nasce la **filologia**, disciplina che ha lo scopo di ricostruire i testi antichi nella forma originaria.
Il **dialogo**, l'**operosità** e la **condivisione** costituiscono i cardini del sistema educativo umanista. Nella visione laica dell'Umanesimo, la vita è in balìa dai capricci del **destino** che l'uomo può fronteggiare grazie alle proprie **virtù**. Nel Rinascimento prevale una **concezione più pessimista dell'esistenza**: ordine e armonia possono essere sconvolti dall'imprevedibilità degli eventi.

LA LINGUA

Mentre il latino continua ad affermarsi come lingua della letteratura, il volgare acquisisce dignità letteraria: nel 1441 il ***Certame coronario*** sancisce il primato della lingua toscana. Nel Rinascimento si discute sulla scelta della lingua letteraria: secondo **Pietro Bembo** la lingua scritta deve seguire il modello di **Petrarca per la poesia** e quello di **Boccaccio per la prosa**.

I GENERI

Il genere che meglio esprime la rivoluzione del pensiero umanistico-rinascimentale è il **trattato**. L'**epistolografia**, sul modello di Petrarca e Cicerone, contribuisce alla creazione di una comunità degli intellettuali; con la **storiografia** si racconta la storia di Firenze e dell'Italia. Nella **novellistica**, il *Decameron* è il modello da imitare. In **poesia**, l'imitazione del *Canzoniere* dà inizio al Petrarchismo.
Il genere bucolico viene rinnovato attraverso il **romanzo pastorale** e i **poemetti**. Grazie alla ripresa della materia carolingia e bretone, rivive anche il **poema cavalleresco**. Nel teatro rinascimentale, la **tragedia** imita gli autori classici; la **commedia** si sofferma sulla riflessione problematica.

FILOLOGIA = modo di studiare le opere classiche molto preciso.

HUMANAE LITTERAE = discipline umanistiche

UMANESIMO E RINASCIMENTO

UOMO VITRUVIANO (da "Vitruvio") unisce il mondo celeste (CERCHIO) e il mondo terreno (QUADRATO).

CONTESTO STORICO

- declino dei poteri universali (Chiesa e Impero)
- consolidamento delle monarchie nazionali

CULTURA

Centralità dell'uomo

- riscoperta delle discipline filosofico-letterarie
- antropocentrismo
- libero arbitrio e atteggiamento scientifico: uomo artefice del proprio destino
- rivalutazione della realtà terrena: il piacere realizza l'individuo
- umanesimo cristiano
- neoplatonismo

Educazione e vita attiva

- pedagogia: l'insegnamento aspira all'intesa e alla condivisione
- scuole, cenacoli, accademie e circoli liberi sono i nuovi luoghi del sapere
- valorizzazione delle attività mondane e del profitto
- fiducia nelle virtù umane

Passione per la classicità

- ricerca dei manoscritti dei testi classici
- imitazione dell'antichità e nuovo culto della forma
- filologia

LINGUA

latino

- lingua letteraria d'Europa

volgare

- riacquista dignità letteraria dal 1441, con il *Certame coronario*

- nel Rinascimento, 3 proposte per la lingua letteraria:
  - cortigiana
  - fiorentina
  - arcaicizzante o trecentesca

- prevale il fiorentino letterario del Trecento: scritto e parlato avranno destini diversi

GENERI

- trattato
- dialogo
- invettiva
- epistolografia e storiografia
- novellistica
- poesia
- teatro

La corrente

La letteratura medicea

Lorenzo de' Medici
Angelo Poliziano

Ben venga primavera
che vuol l'uom s'innamori

(*Angelo Poliziano*)

Nella seconda metà del Quattrocento, sotto la signoria dei Medici, Firenze aspira a diventare la nuova Atene moderna, il luogo più civile d'Europa, una città dell'uomo dove i cittadini convivono nella pace e nel culto dell'arte. Artefice di questo ideale, Lorenzo il Magnifico stimola una produzione lirica che esalti l'armonia, la gioia di vivere e la bellezza.

Mentre viene meno l'impegno politico degli Umanisti dei primi decenni del secolo, si affermano il divertimento, la frivolezza, la celebrazione corale del gioco e del piacere: un *otium* dignitoso e apparentemente spensierato, sotto la cui superficie si coglie però un larvato sentimento di malinconia e inquietudine.

I temi

Mecenatismo e divertimento popolare

Il legame tra politica e cultura

Assunto il governo di Firenze nel 1434 con Cosimo il Vecchio, i Medici danno uno straordinario impulso a tutte le arti, inaugurando con raffinata intelligenza un rapporto di proficua **collaborazione fra intellettuali e potere**. In particolare **Lorenzo, alla guida della città dal 1469**, pur non rinunciando alle prerogative di un signore assoluto, tenta di salvaguardare l'apparenza di una gestione liberale e tollerante, circondandosi di uomini di cultura e consiglieri politici di alto profilo.

Arte e goliardia

Attorniato da una **«brigata» di amici e scrittori**, Lorenzo sa perseguire una capillare strategia politico-culturale giocando su un doppio registro e perlustrando tutti i territori della cultura: da un lato con il suo munifico mecenatismo favorisce l'espressione più alta delle arti, dall'altro asseconda quella naturale pulsione popolaresca e goliardica che a Firenze aveva una tradizione consolidata. Con lui **la corte diviene il luogo della festa**, del ritrovo signorile, dell'intrattenimento disimpegnato, da offrire a un **pubblico di selezionati aristocratici**. Al tempo stesso, però, non si trascurano altre manifestazioni, organizzate fuori dal palazzo, tra le strade e le piazze cittadine, a beneficio della **più vasta massa dei sudditi**, coinvolti in riti carnevaleschi, giostre, tornei e cortei popolari.

Una produzione letteraria "camaleontica"

L'influsso neoplatonico

La versatilità culturale dell'ambiente mediceo si traduce in letteratura nella fioritura di una **poesia elegante ed elitaria** e, parallelamente, nello sviluppo di **forme giocose, parodiche e comiche**, sulla scia di un filone irridente e anticonformista, già praticato da Cecco

PER APPROFONDIRE

La giostra

Con il termine "giostra" si intende una festa d'armi di origine medievale, ma ancora diffusissima in età rinascimentale. Si tratta di un torneo cavalleresco accompagnato da sfarzose cerimonie e caratterizzato da una vivace mondanità. I cavalieri, le cui armature sono spesso raffinate e variopinte, si cimentano in vari esercizi, a partire dalla "singolar tenzone", lo scontro fra due soli cavalieri.

Assai amata dal pubblico è la contesa che vede i due avversari percorrere in direzione opposta due corsie parallele per poi lanciarsi uno contro l'altro, tentando di disarcionare il rivale con un colpo di lancia. Questo tipo di combattimento viene detto "giostra all'incontro", ed è il più pericoloso, anche se i colpi all'elmo sono proibiti e le lance sono costruite in modo da spezzarsi all'impatto.

Nella "giostra all'anello", invece, il cavaliere deve infilare con la lancia uno o più anelli; nella "quintana", o "giostra del saraceno", l'avversario è costituito da un fantoccio di legno mobile, di solito raffigurante un saraceno.

Vittore Carpaccio, *Ritratto di cavaliere* (particolare), 1510. Madrid, Museo Thyssen-Bornemisza.

Angiolieri nella seconda metà del Duecento e non disdegnato nemmeno da autori come Dante e Cavalcanti. La convivenza dei due aspetti viene meno verso la fine del principato di Lorenzo, il quale preferisce a un certo punto opporsi alla dissacrazione operata da Luigi Pulci, per abbracciare la filosofia neoplatonica divulgata da Marsilio Ficino (➤ p. 23).

L'esaltazione della bellezza

In questa Unità ci soffermeremo sulla **rinascita lirica del volgare**, che ha in Lorenzo un importante patrocinatore. Il recupero di una tradizione illustre risalente allo Stilnovo porta, tra l'altro, all'esaltazione della bellezza e della **figura femminile, fatta oggetto di ammirazione sensuale e al tempo stesso spirituale**. L'apparente contraddizione si spiega con la natura peculiare dell'edonismo umanistico fiorentino, che idealizza la ricerca del piacere (sempre distante da ogni eccesso) attraverso la sublimazione dei sentimenti.

La duplicità dei toni e dello stile

Felicità e inquietudine

Sul delicato equilibrio tra evasione amorosa e controllo delle passioni si innestano i motivi ricorrenti della produzione poetica dello stesso **Lorenzo** (1449-1492) e del più geniale interprete della poesia quattrocentesca, **Angelo Poliziano** (1454-1494). Entrambi infatti affrontano i temi della bellezza, della giovinezza felice e dell'aperto godimento dei doni della vita, sui quali però agisce una vena di perplessa **malinconia dovuta alla percezione dello scorrere del tempo**. Giardini fioriti al sole tiepido della primavera, amori delicati vissuti nel tripudio dei colori della natura, l'allegria della giovinezza increspata da una sottile ansietà per l'incertezza di un domani imprevedibile: sono questi i motivi ricorrenti di una lirica in cui convivono una vena giocosa dai tratti popolareschi e una vena più elegiaca e sentimentale, elegantemente aristocratica.

La contaminazione tematica e stilistica

Questa **tendenza alla mescolanza** si riflette soprattutto nelle strategie formali, che mediano tra diverse esigenze, aprendosi sia alla rielaborazione delle opere classiche (in particolare, con le *Stanze per la giostra* di Poliziano abbiamo un originale capolavoro che intreccia miti, luoghi e suggestioni della letteratura latina), sia alla ricerca di un'espressività schietta e immediata, perfino comica (come nella produzione burlesca di Lorenzo). Questa varietà va considerata con attenzione: non passeranno molti anni che una tale espressività, disponibile alla **contaminazione**, sarà sostituita, nel cuore del Rinascimento, dalla volontà di codificare la lingua volgare scritta, vincolandola a schemi fissi e prestabiliti. All'eclettismo, allo sperimentalismo e all'ibridismo stilistico di Lorenzo e di Poliziano subentrerà l'esigenza della normalizzazione linguistica e del rispetto dei modelli sia nella forma sia nei contenuti (il riferimento più importante, come vedremo, sarà Petrarca).

Giorgio Vasari, *Ritratto di Lorenzo il Magnifico*, 1534 ca. Firenze, Galleria degli Uffizi.

Gli autori e i testi

Lorenzo de' Medici

La vita

Uomo di governo e letterato

Nato a **Firenze** nel **1449** da Piero di Cosimo e Lucrezia Tornabuoni, Lorenzo de' Medici è un uomo dalla **personalità multiforme**: abile **politico**, protettore degli artisti, egli stesso poeta. Assunto il potere a Firenze con la morte del padre (1469), ad appena vent'anni, consolida il dominio della famiglia Medici, trasformando la sua corte nel punto di riferimento della cultura umanistica, meritando per questo il titolo di "**Magnifico**".

Arbitro della politica italiana

Superati momenti assai difficili, tra i quali la congiura ordita dalla famiglia dei Pazzi, in cui trova la morte il fratello Giuliano (1478), Lorenzo diviene l'«ago della bilancia» (la definizione è di Francesco Guicciardini), cioè l'arbitro e il **moderatore della politica italiana** del tempo, riuscendo a conciliare rivalità e aspirazioni dei diversi Stati regionali della penisola. La sua morte, nel **1492**, segna la fine di un'epoca e, di fatto, l'**inizio della crisi italiana**: due anni dopo, l'esercito del re di Francia Carlo VIII calerà in Italia senza incontrare resistenza.

Le opere

Un poeta curioso e capace di tutto

La produzione di Lorenzo è caratterizzata da una notevole eterogeneità di temi, stili e generi. Dall'egloga al poemetto mitologico in ottave (*Ambra*), dal poema amoroso (*Selve d'amore*) alle laudi e alle sacre rappresentazioni, dalle rime filosofiche ai canti carnascialeschi fino alle opere burlesche (il poemetto rusticale ***Nencia da Barberino*** e il poema in terzine *I beoni*, rassegna dei più famosi bevitori fiorentini del tempo), Lorenzo si cimenta con un gran numero di modelli, dando vita a un **eclettico sperimentalismo**, sempre ispirato da reminiscenze letterarie. Si coglie infatti in ciascuna opera l'eco della tradizione, sia di quella classica sia di quella in lingua volgare: Petrarca, Boccaccio, gli Stilnovisti e il Dante della *Vita nuova*.

La scelta del volgare toscano

Proprio del volgare toscano Lorenzo è infatti tra i più influenti promotori, ben consapevole di quanto la poesia e la letteratura in genere possano incrementare il prestigio politico di Firenze. In quest'ottica rientra l'**ideazione della *Raccolta aragonese*** (1476-1477), la prima antologia della poesia volgare, che recupera una tradizione illustre risalente fino ai poeti toscani del Duecento.

La letteratura come evasione

Tutti questi modelli trovano in Lorenzo un'assimilazione vivace, anche se non sempre profonda. È sbagliato cercare nella sua opera l'originalità o la forza di un'ispirazione autentica: la sua è soprattutto la poesia di un **dilettante**, che vede nella letteratura una distrazione, una raffinata occasione per evadere dalla quotidianità dell'impegno politico.

I *Canti carnascialeschi*

Nella varietà di temi e di suggestioni che caratterizza il repertorio letterario di Lorenzo, i *Canti carnascialeschi* rappresentano l'espressione della sua **vena popolareggiante** e del suo spirito gioioso. Composti in occasione delle feste di carnevale, vengono cantati durante le sfilate dei carri da gruppi di maschere, rappresentanti per lo più divinità e personaggi mitologici. Sono **poesie** dal ritmo vivace, non liriche o soggettive, ma **corali**, espressione collettiva di un popolo festante. La volontà dell'autore di dar voce a un sentimento diffuso si traduce spesso nel **tripudio dei sensi** e nell'**invito al godimento dei piaceri terreni**. Ma questa **concezione edonistica** è turbata dall'affiorare di un **pensiero malinconico** per la bellezza e la giovinezza destinate a finire presto.

T1

Ardo d'amore, e conviemme cantare

Lorenzo de' Medici, *Nencia da Barberino*, ott. 1-6; 10-11

Il lamento amoroso di un villano

Per molto tempo il poemetto in venti ottave *Nencia da Barberino* è stato di incerta attribuzione. Ora invece non si hanno più dubbi sul fatto che a comporlo sia stato, intorno al 1468, Lorenzo de' Medici. Il poeta indossa le vesti di un contadino fiorentino, Vallera, ammaliato da una fanciulla del Mugello, Nencia appunto, alla quale rivolge un'ingenua e appassionata dichiarazione d'amore, ricca di echi letterari volti però in chiave parodica. Ne riportiamo alcune strofe.

METRO Ottave con schema di rime ABABABCC.

1
Ardo d'amore, e conviemme cantare
per una dama che me strugge el cuore,
ch'ogni otta ch'i' la sento ricordare
el cuor me brilla e par che gl'esca fuore.
Ella non truova de bellezze pare,
cogli occhi gitta fiaccole d'amore;
i' sono stato in città e 'n castella
e mai ne vidi ignuna tanto bella.

2
I' sono stato a Empoli al mercato,
a Prato, a Monticelli, a San Casciano,
a Colle, a Poggibonzi, e San Donato,
a Grieve e quinamonte a Decomano;
Fegghine e Castelfranco ho ricercato,
San Piero, e 'l Borgo e Mangone e Gagliano:
più bel mercato ch'ento 'l mondo sia
è Barberin dov'è la Nencia mia.

3
Non vidi mai fanciulla tanto onesta,
né tanto saviamente rilevata;
non vidi mai la più leggiadra testa,
né sì lucente, né sì ben quadrata;
con quelle ciglia che pare una festa,
quand'ella l'alza ched ella me guata;
entro quel mezzo è 'l naso tanto bello,
che par proprio bucato col succhiello.

1 **conviemme:** non posso fare a meno di.
2 **strugge:** consuma.
3 **ch'ogni otta:** perché ogni volta.
4 **brilla:** gira vorticosamente come una trottola. **fuore:** dal petto.
5 **de bellezze pare:** chi le sia pari in bellezza.
6 **gitta:** lancia.
7 **castella:** borghi.
8 **ignuna:** alcuna.
9-14 **Empoli... Gagliano:** località nei pressi di Barberino del Mugello, in Toscana. *Quinamonte* è una forma dialettale per "quassù". *Ho ricercato* sta per "ho visitato".
15 **ch'ento... sia:** che ci sia al mondo.
16 **Nencia:** è diminutivo di Lorenza o di Vincenza.
17 **onesta:** di costumi decorosi. L'aggettivo è di derivazione stilnovistica: si pensi per esempio al sonetto dantesco *Tanto gentile e tanto onesta pare*.
18 **saviamente rilevata:** educata con saggezza.
19 **la più... testa:** una testa più graziosa.
20 **ben quadrata:** ben formata.
21 **quelle... festa:** con quegli occhi che trasformano il suo volto in una festa.
22 **ched... guata:** quando ella mi guarda.
23 **entro quel mezzo:** tra gli occhi.
24 **bucato col succhiello:** fatto a opera d'arte. Il *succhiello* è un arnese per forare il legno.

4

Le labbra rosse paion de corallo,
e havvi drento duo filar' de denti
che son più bianchi che que' del cavallo:
da ogni lato ve n'ha più de venti.
Le gote bianche paion de cristallo,
senz'altro liscio, né scorticamenti,
rosse entro 'l mezzo, quant'è una rosa,
che non se vide mai sì bella cosa.

5

Ell'ha quegli occhi tanto rubacuori,
ch'ella trafiggere' con egli un muro;
chiunch'ella guata convien che 'nnamori,
ma ella ha 'l cuore com'un ciottol duro,
e sempre ha drieto un migliaio d'amadori,
che da quegli occhi tutti presi furo;
la se rivolge e guata questo e quello:
i', per guatalla, me struggo el cervello.

6

La m'ha sì concio e 'n modo governato,
ch'i' più non posso maneggiar marrone;
e hamme drento sì ravviluppato,
ch'i' non ho forza de 'nghiottir boccone;
i' son com'un graticcio deventato,
e solamente per le passïone
ch'i' ho per lei nel cuore (eppur sopportole!),
la m'ha legato con cento ritortole.
[...]

10

Ben se ne potrà chiamare avventurato,
chi fie marito de sì bella moglie;
ben se potrà tenere in buon dì nato,
chi arà quel fioraliso sanza foglie;
ben se potrà tener santo e bïato,
e fien guarite tutte le sue doglie,

26 havvi... duo filar': ci sono dentro due file.
30 senz'altro... scorticamenti: senza aggiunta di belletto (*liscio*) e senza far ricorso a depilazioni (*scorticamenti*).
34 ch'ella... un muro: che lei, con essi, trapasserebbe un muro.
35 chiunch'ella... 'nnamori: chiunque sia guardato da lei non può che (*conviene che*) innamorarsi.
37 drieto: dietro.
38 furo: furono.
39 la se rivolge... quello: ella si rivolge a guardare ora questo ora quell'innamorato.
40 per guatalla: a forza di guardarla.
41 la m'ha... governato: mi ha così conciato e ridotto a tal punto.
42 maneggiar marrone: lavorare con la zappa.
43 hamme... ravviluppato: mi ha talmente annodato le viscere.
45 graticcio: stuoia di vimini per indicare metaforicamente la magrezza.
46 per le passïone: per i tormenti.
48 ritortole: funi.
49 avventurato: fortunato.
50 chi fie: chi sarà.
51 ben... nato: a buon diritto potrà considerarsi nato in un giorno felice.
52 arà... foglie: avrà quel fiordaliso senza foglie (cioè fatto soltanto di petali).
53 santo e bïato: felice e beato.
54 fien: saranno.

aver quel viso e vederselo in braccio,
morbido e bianco, che pare un sugnaccio.

11
Se tu sapessi, Nencia, el grande amore
ch'i' porto a' tuo begli occhi tralucenti,
e la pena ch'i' sento, e 'l gran dolore
che par che mi si svèglin tutt'i denti,
se tu 'l pensasse, te creperre' el cuore,
e lasceresti gli altri tuo serventi,
e ameresti solo el tuo Vallera,
che se' colei che 'l mie cuor disidèra.

56 sugnaccio: strutto, grasso di maiale.
60 svèglin: strappino via.
61 te... cuore: ti si spezzerebbe il cuore.
62 serventi: corteggiatori (il termine deriva dalla poesia provenzale).

Dentro il TESTO

I contenuti tematici

Un amore contadino

In che modo un rozzo contadino può cantare le bellezze di una ragazza di cui è innamorato? Con malizioso sorriso Lorenzo fa pronunciare a Vallera una dichiarazione d'amore tutta intrisa di passione: il suo cuore batte senza sosta dinanzi all'ineguagliabile bellezza dell'amata. La sua attenzione si appunta in particolare sui dettagli anatomici, elencati in un catalogo corposo e del tutto realistico: la testa di Nencia è *ben quadrata* (v. 20), il suo naso pare *bucato col succhiello* (v. 24) tanto è perfetto, i denti sono bianchissimi al punto da ricordare quelli dei cavalli (v. 27), lo sguardo è così penetrante e irresistibile (*rubacuori*, v. 33) che sarebbe capace di forare un muro (v. 34), il corpo è candido come un pezzo di strutto (*morbido e bianco, che pare un sugnaccio*, v. 56).

Miniatura del XVI secolo di Cubas de Jean. Parigi, Musée du Petit Palais.

Il potere di Nencia

L'esaltazione della donna è dunque legata a immagini e paragoni tratti dalla popolaresca materialità del mondo rurale, a cui appartiene l'ingenuo cantore. Gli effetti dell'amore rimandano a quelli analizzati dalla tradizione lirica, stilnovistica e petrarchesca in particolare: anche Vallera è vittima delle fiamme del sentimento (*Ardo d'amore*, v. 1), è preda dello struggimento, è incantato dagli occhi di Nencia, che sprizzano scintille come i "lumi" della Laura del *Canzoniere*, e dal suo essere *onesta* (v. 17), non diversamente dalla Beatrice della *Vita nuova*. La differenza sta nel trattamento parodico di questi richiami alti. Il turbamento del protagonista, infatti, ben lontano da ogni forma di astratta sublimazione, genera effetti comici e stati d'animo ben poco eleganti: i tormenti amorosi lo hanno così indebolito che non riesce a prendere una zappa in mano (*più non posso maneggiar marrone*, v. 42), lui si ritrova simile a un *graticcio* (v. 45) e si sente sul punto di perdere tutti i denti (vv. 59-60).

L'intento parodico di Lorenzo

Ce n'è abbastanza, insomma, per supporre un intento dissacratorio e spregiativo dell'autore nei confronti del povero Vallera e del semplice mondo che rappresenta. È innegabile infatti che la bonaria satira del villano sia anche figlia di un atteggiamento di superiore distacco dell'intellettuale che osserva con sorriso paternalistico le rozze abitudini dell'universo contadino. In realtà, però, dietro la rielaborazione ludica e canzonatoria delle spontanee velleità espressive del protagonista, Lorenzo compie un'operazione letteraria più sottile: esibendo la profonda conoscenza del lessico poetico tradizionale, egli intende rovesciare i canoni della bellezza cortese e parodiare dunque gli stereotipi e i modelli canonici della retorica amorosa, assecondando in tal modo quel clima di irriverente ironia che costituisce una caratteristica dell'atmosfera culturale della Firenze medicea.

Le scelte stilistiche

La mescolanza dei registri

La realizzazione di questa finalità parodica matura soprattutto nella sproporzione, che l'autore accentua a bella posta, tra l'intensità della passione avvertita da Vallera e la grossolanità con la quale essa viene espressa. Il lessico, soprattutto, evidenzia una chiara patina vernacolare: termini come *graticcio* (v. 45), *ritortole* (v. 48) e verbi come *creperre'* (v. 61) appartengono al registro popolaresco. La comicità si ottiene contaminando questi elementi bassi con uno stile dotto, come si vede dalle immagini e dagli stilemi cortesi dei primi due versi. Una simile ricetta basata sulla commistione sarà adottata anche da tanti imitatori di questo testo, che daranno vita a un genere vero e proprio, detto appunto "nenciale".

Verso le COMPETENZE

COMPRENDERE

1 Descrivi l'aspetto fisico di Nencia.

2 Quale atteggiamento ha la donna nei confronti del suo spasimante?

ANALIZZARE

3 Nel testo compare con frequenza l'iperbole. Qual è la sua funzione espressiva?

4 Gli occhi sono indicati come *ciglia* (v. 21). Di quale figura retorica si tratta?

a Metafora.
b Sineddoche.
c Similitudine.
d Metonimia.

5 Da quali elementi si può capire che quello di Lorenzo è l'esercizio di un poeta colto?

INTERPRETARE

6 Vallera elenca le località vicino Firenze dove non sarebbe possibile trovare una bellezza pari a quella della sua donna. Quale effetto provoca il catalogo di questi luoghi e perché?

7 Nel componimento emerge una chiara rappresentazione del mondo contadino. Tale ambientazione può dirsi a tuo giudizio convenzionale o realistica? Spiega perché.

COMPETENZE LINGUISTICHE

8 Individua tutti i *che* presenti nel testo, distinguendoli fra pronomi relativi e congiunzioni (puoi usare colori diversi). Tra i *che* congiunzione, individua quelli con funzione causale (e che corrispondono, dunque, a "poiché" o "perché").

PRODURRE

9 SCRIVERE PER **DESCRIVERE**
Come appare ai tuoi occhi il mondo della campagna? Descrivine le caratteristiche, ambientali e sociali, sia che tu viva in città sia che tu viva in un contesto paesano o provinciale.

Canzona di Bacco

Lorenzo de' Medici, *Canti carnascialeschi*, VII

La giovinezza fuggevole

Composto per il carnevale del 1490, è il più famoso "trionfo" rinascimentale. Il poeta descrive una sfilata di carri allegorici, popolati da diversi personaggi mitologici, che celebrano la bellezza della vita e dell'amore, insidiata dal trascorrere del tempo e dall'incertezza del futuro.

METRO Ballata con strofe di 8 versi ottonari (con schema di rime ababbyyz) e una ripresa di 4 (zyyz).

Quant'è bella giovinezza,
che si fugge tuttavia!
Chi vuol esser lieto, sia:
di doman non c'è certezza.

Quest'è Bacco e Arïanna,
belli, e l'un dell'altro ardenti:
perché 'l tempo fugge e inganna,
sempre insieme stan contenti.
Queste ninfe ed altre genti
sono allegre tuttavia.
Chi vuol esser lieto, sia:
di doman non c'è certezza.

Questi lieti satiretti,
delle ninfe innamorati,
per caverne e per boschetti
han lor posto cento agguati;
or, da Bacco riscaldati,
ballon, salton tuttavia.
Chi vuol esser lieto, sia:
di doman non c'è certezza.

Queste ninfe anche hanno caro
da lor essere ingannate:
non può fare a Amor riparo
se non gente rozze e ingrate:
ora, insieme mescolate,
suonon, canton tuttavia.
Chi vuol esser lieto, sia:
di doman non c'è certezza.

Questa soma, che vien drieto
sopra l'asino, è Sileno:

2 tuttavia: continuamente.
5 Bacco e Arïanna: rispettivamente il dio del vino e la sua compagna, trovata sull'isola di Nasso. Qui Arianna era stata abbandonata da Teseo, che in precedenza aveva aiutato a uccidere il Minotauro.
6 ardenti: innamorati.
7 inganna: trae in inganno, non concedendo di portare a termine quanto pare promettere.
13 satiretti: divinità minori dei boschi; la mitologia pagana li descrive con attributi caprini e appetiti sessuali sfrenati.
17 da Bacco riscaldati: eccitati dal vino.
21-22 hanno caro... ingannate: gradiscono cadere negli agguati dei satiri.
23-24 non può fare... ingrate: possono resistere all'amore solo le persone rozze e insensibili. Si tratta dell'abbassamento popolaresco di un motivo della tradizione stilnovistica: l'amore può essere provato e apprezzato solo da un animo gentile.
29 soma: carico.
30 Sileno: satiro, maestro di Bacco.

così vecchio, è ebbro e lieto,
già di carne e d'anni pieno;
se non può star ritto, almeno
ride e gode tuttavia.
Chi vuol esser lieto, sia:
di doman non c'è certezza.

Mida vien drieto a costoro:
ciò che tocca, oro diventa.
E che giova aver tesoro,
s'altri poi non si contenta?
Che dolcezza vuoi che senta
chi ha sete tuttavia?
Chi vuol esser lieto, sia:
di doman non c'è certezza.

Ciascun apra ben gli orecchi,
di doman nessun si paschi;
oggi sìan, giovani e vecchi,
lieti ognun, femmine e maschi;
ogni tristo pensier caschi:
facciam festa tuttavia.
Chi vuol esser lieto, sia:
di doman non c'è certezza.

Donne e giovinetti amanti,
viva Bacco e viva Amore!
Ciascun suoni, balli e canti!
Arda di dolcezza il core!
Non fatica, non dolore!
Ciò c'ha a esser, convien sia.
Chi vuol esser lieto, sia:
di doman non c'è certezza.

32 di carne... pieno: grasso e vecchio.
37 Mida: mitico re della Frigia che, avuto da Bacco il potere di trasformare in oro tutto ciò che avesse toccato, lo pregò poi di privarlo di questa dote per non morire di fame e di sete.
40 s'altri poi non si contenta: se non ci si accontenta (*altri* è una forma impersonale). Condannando l'eccessiva cupidigia, Lorenzo rielabora il tema classico dell'insaziabilità umana.
42 chi ha sete tuttavia?: chi continua a desiderare, dopo aver ottenuto tutto quello che voleva?
46 di... paschi: nessuno nutra speranza dei beni futuri (perché possono non esserci).
58 Ciò... sia: quel che deve accadere, accada pure.

Dentro il TESTO

I contenuti tematici

Vivere lieti (finché si può)

Il motivo del canto si riassume nel ritornello, in cui Lorenzo condensa la propria visione dell'esistenza. Sulla scia del precetto *carpe diem* (vale a dire "cogli l'attimo" o "vivi alla giornata") del poeta latino Orazio (65-8 a.C.), viene affermata la necessità di aderire al presente con gioia ed entusiasmo. La processione carnevalesca vede il succedersi di personaggi (Bacco e Arianna, le ninfe, i satiretti, Sileno), che il poeta mostra al pubblico spettatore della sfilata (così si spiegano i dimostrativi che aprono le ottave: *Quest'è Bacco e Arïanna*, v. 5; *Questi lieti satiretti*, v. 13 ecc.). Le figure che compaiono nel corteo simboleggiano con le loro danze festose la morale epicurea del Rinascimento, espressa attraverso i valori spensierati cantati nel tripudio: la celebrazione dell'amore (Bacco e Arianna sono *l'un dell'altro ardenti*, v. 6; tra satiri e ninfe si consuma il gioco delle schermaglie erotiche, vv. 13-22), l'attaccamento terreno ai piaceri dell'esistenza (i satiri ballano, stimolati dal vino, vv. 17-18), la cortesia e la gentilezza, doti indispensabili per innamorarsi (vv. 23-24). Al contrario, come avveniva anche nello Stilnovismo, le persone *rozze e ingrate* (v. 24) sono escluse dal sentimento amoroso.

Una meditazione esistenziale

Tuttavia la bellezza della giovinezza è insidiata dallo scorrere inesorabile del tempo, e la gioia fragorosa del canto è minacciata dalla consapevolezza dell'oscurità del domani e della caducità della bellezza. Così, negli ultimi versi, il sorriso del poeta pare spegnersi in una smorfia malinconica: dopo il carnevale, incombono la penitenza e l'astinenza della Quaresima. Per l'uomo è impossibile governare il futuro: *Ciò c'ha a esser, convien sia* (v. 58). È inutile opporsi al fato, nulla possiamo per impedire che esso si realizzi.

Le scelte stilistiche

Un canto a più voci

Se le figure del corteo sono maschere della mitologia e rappresentano elementi classicheggianti, il tono della canzone è, con tutta evidenza, popolaresco. Il ritmo dei semplici e cantabili ottonari, il ritornello ritmato, intenso e ossessivo (quasi una formula magica e salvifica per compiere il miracolo di fermare il tempo e la luce della giovinezza), la sintassi paratattica (con netta prevalenza della coordinazione sulla subordinazione) e il linguaggio facilmente comprensibile sono gli espedienti di un poeta scaltro, che conosce e sa praticare un genere poetico accattivante e adatto ai gusti dei suoi sudditi.

Verso le COMPETENZE

COMPRENDERE

1 Perché questo è un "canto carnascialesco"?

2 Fai la parafrasi dei vv. 39-40 (*E che giova aver tesoro, / s'altri poi non si contenta?*), illustrandone il significato.

ANALIZZARE

3 Colloca nella tabella i nomi dei personaggi citati nella ballata e le loro caratteristiche.

Personaggi	Caratteristiche

4 Un elemento tipico dell'arte di Lorenzo è la fusione di componenti dotte e popolaresche. Distingui nel testo quali riferimenti possono essere considerati dotti e quali popolareschi.

INTERPRETARE

5 Come si accorda questa poesia con il clima e lo spirito che si respirano nella Firenze medicea?

6 Spiega il significato del motivo oraziano, qui ripreso, del *carpe diem*.

PRODURRE

7 SCRIVERE PER **ESPORRE**
Ispirato dal carnevale fiorentino descritto da Lorenzo, fingi di comporre da cronista un articolo in cui illustri ciò che vi accade.

8 SCRIVERE PER **ARGOMENTARE**
Nel cantare la gioia (purtroppo effimera) della vita, Lorenzo esalta la giovinezza. Tu, che vivi questa meravigliosa stagione dell'esistenza umana, condividi con l'autore l'equazione giovinezza = felicità, oppure ritieni che anche l'età giovanile sia attraversata da inquietudini e sofferenze?

CRONACHE dal PASSATO

Un giudizio controcorrente: Lorenzo «crudelissimo tiranno»

Liberale? Tollerante? Un ritratto poco noto descrive l'altra faccia del Magnifico

Giovane predestinato, «uomo nato a cose grandi» (Poliziano), politico saggio, raffinato protettore degli artisti: la fama di Lorenzo il Magnifico è ancora oggi affidata a una serie di luoghi comuni idealizzanti, da lui stesso promossi grazie a una capacità che oggi definiremmo "mediatica". Senza dubbio, infatti, la sua splendida immagine deve molto alla capacità di costruire una fabbrica del consenso intellettuale, che esaltò gli aspetti positivi della sua figura e della sua politica, al contempo sottovalutando o addirittura ignorando le ambiguità e le zone d'ombra del suo potere personale. Vale la pena, invece, provare a ricostruirne per intero la personalità, dando la parola anche ai suoi avversari. Riportiamo un breve passo scritto nel 1479 da uno di questi, Alamanno Zanobi Rinuccini (1426-1499). Umanista, studioso di letteratura greca e latina, nostalgico della libertà perduta della Repubblica fiorentina, l'autore tratteggia nel *Dialogus de libertate* (Dialogo sulla libertà) un ritratto per nulla edificante del Magnifico, descritto alla stregua di un giovane viziato e di un crudele tiranno.

Girolamo Macchietti, *Ritratto di Lorenzo de' Medici detto il Magnifico*, 1585 ca. Firenze, Galleria degli Uffizi.

"Mi è molto penoso, né riesco mai a pensarci senza piangere, al punto che sento persino un po' di vergogna per essere nato di questi tempi in quella città, quando vedo che quel popolo, un tempo dominatore della gran parte della Toscana e poi anche delle province limitrofe, si fa menare attorno secondo il capriccio di un ragazzo; per esser nato in quella città, dove tanti uomini di tanto alto ingegno, rinomati per età e saggezza, schiacciati dal giogo della schiavitù, riescono finalmente a riconoscere, ma invano, la schiavitù che si sono procurati, senza tuttavia avere il coraggio di liberarsi da essa. [...] E ormai questo Falaride fiorentino[1] è arrivato a tanta tracotanza da non esitare ad anteporsi ai primi principi italiani e a considerare non benefici, ma servigi a sé dovuti di diritto i benefici che da quelli ha ricevuto nei suoi momenti difficili. Per cui si può ben capire a che punto giungano la sua crudeltà, la sua insolenza e la sua impertinenza nei confronti dei cittadini: per tanti anni, quando c'era pace con i nemici esterni, li ha spremuti e rovinati imponendo continui tributi, e ora li ha coinvolti in questa tanto dura, tanto pericolosa e tanto dannosa guerra,[2] che è stata intrapresa[3] non contro il popolo di Firenze [...], ma per la libertà del popolo, contro Lorenzo de' Medici, tiranno di Firenze."

1 **Falaride fiorentino:** Lorenzo è associato al tiranno di Agrigento Falaride (VI sec. a.C.), noto per le sue crudeltà: famigerato era il "toro di Falaride", un toro di ottone arroventato dentro il quale, secondo la tradizione, venivano bruciati vivi i suoi nemici.

2 **tanto dura... guerra:** l'autore si riferisce al conflitto tra papa Sisto IV e Firenze, sorto all'indomani della congiura dei Pazzi (1478).

3 **intrapresa:** si intende dal papa.

Angelo Poliziano

La vita

Precoce grecista

Angelo Ambrogini deriva il nome con cui è noto, Poliziano, dal paese di **Montepulciano**, presso Siena, in latino *Mons Politianus*, dove nasce nel **1454**. A Firenze, sin dalla gioventù, si distingue per il precoce talento letterario, tanto da meritarsi l'appellativo di «omerico giovinetto» (Marsilio Ficino) in omaggio alla sua elegante traduzione in latino dei primi libri dell'*Iliade*.

Poeta mediceo

Nel 1473 entra al servizio di Lorenzo de' Medici, con il ruolo prima di cancelliere, poi di precettore dei figli del signore. Poeta celebrato, incarnazione dell'Umanesimo e **massimo interprete letterario nella corte medicea**, Poliziano si allontana da Firenze nel 1479 a causa di alcuni dissidi con la moglie di Lorenzo, Clarice Orsini, e ripara a Mantova presso il cardinale Federigo Gonzaga. Ritornato a **Firenze**, insegna eloquenza greca e latina fino alla morte, avvenuta nel **1494**, due anni dopo quella del suo mecenate Lorenzo.

Le opere

La produzione di un intellettuale "universale"

Per la sua ricca produzione e per i motivi e gli interessi che la ispirano, Poliziano rappresenta il **prototipo del letterato umanista**. Appassionato sin dall'adolescenza degli studi filologici (che raccoglie nel 1489 nei *Miscellanea*), si occupa di tradurre, ricostruire e interpretare con rigore scientifico testi greci e latini, da Callimaco ad Aristotele, da Virgilio a Orazio. Autore di opere in versi (odi, epigrammi, elegie) e prose in lingua latina (da ricordare soprattutto le *Sylvae*, prolusioni poetiche condotte sul modello dell'omonima opera di Stazio, letterato latino del I secolo), Poliziano vi riversa il suo amore per i classici, assimilando con onnivora curiosità anche autori minori dell'ultimo periodo dell'Impero romano ed evitando così la stanca ripetizione di richiami e reminiscenze in cui cadono quasi tutti i poeti umanisti.

La "dotta varietà" dello stile

Anche nella sua produzione in volgare è possibile cogliere lo stesso **intreccio di riferimenti letterari**: la sua poetica (riassunta nella formula *docta varietas*, cioè "dotta varietà") lo porta ad accogliere sia le immagini del patrimonio classico sia il lessico e le forme della poesia volgare. L'autore rivendica tale **eclettismo** come un mezzo per valorizzare la propria libertà artistica: in una famosa polemica con il ciceroniano Paolo Cortese, il quale afferma la necessità di imitare solo un autore, Poliziano sostiene l'ideale di uno stile fermentato da molteplici letture e da una inesausta volontà di contaminare idee ed espressioni attinte liberamente da tutto il patrimonio della latinità, senza disdegnare quello moderno volgare. Il risultato è un **impasto originale**, in cui risonanze classiche, stilnovistiche e petrarchesche convivono per dare voce a una poesia melodiosa e armonizzata, priva di drammatiche lacerazioni e sottratta ai condizionamenti della realtà e del tempo.

Le *Rime*: elegante intrattenimento lirico

Le *Rime*, composte in gran parte in età giovanile, presentano **fonti di ispirazione e temi diversi**, dall'esaltazione della giovinezza e dell'amore ai motivi religiosi. Alla varietà dei toni e degli argomenti corrisponde anche quella dei registri formali: immagini auliche ed echi della tradizione popolare si alternano e a volte si fondono, rispecchiando la volontà dell'autore di esplorare tutte le possibilità espressive della lingua volgare e di documentare le oscillazioni della sua anima, sempre in bilico tra realtà e sogno, gioia e malinconia.

Le *Stanze per la giostra*: un poema che traveste il mondo

Lettura critica p. 81

Con l'opera in ottave *Stanze di messer Angelo Poliziano cominciate per la giostra del Magnifico Giuliano di Piero de' Medici* Poliziano intende **celebrare la vittoria del fratello di Lorenzo, Giuliano, in un torneo cavalleresco** disputato nel 1475. Il progetto però non viene ultimato: l'uccisione di Giuliano durante la congiura dei Pazzi e la prematura morte di Simonetta Cattaneo (> p. 74), la donna amata dal protagonista del poema, inducono l'autore a interromperlo all'inizio del secondo libro.

L'opera appartiene dunque al **genere encomiastico**: Poliziano vuole riferirsi a un evento realmente accaduto ed esaltarne il protagonista. Tuttavia, il motivo adulatorio non va oltre la dedica, rimanendo estraneo allo sviluppo dell'esile trama, calata in una dimensione mitica e in un'atmosfera trasognata e rarefatta. In questo mondo senza tempo, il giovane cacciatore **Iulio** (dietro il cui nome si cela Giuliano de' Medici), inizialmente selvaggio nemico d'amore, finisce per sperimentare la forza irresistibile del sentimento. L'amore suscitato in lui da una donna divina, la ninfa **Simonetta**, segna la conclusione del suo processo di formazione e della sua crescita spirituale: come prescrive il pensiero neoplatonico, soltanto l'amore, vero e proprio fondamento del cosmo, può sublimare l'anima ed elevarla verso il cielo.

La caratteristica principale delle *Stanze* è infatti la **trasfigurazione**: i personaggi (stilizzati e privi di una concreta psicologia), gli episodi (dalla chiara valenza allegorica), la natura (immersa in una primavera intatta e lussureggiante), le figure mitologiche (Venere, Cupido, gli amorini) non hanno nulla a che fare con l'esistenza reale. Il filtro della letteratura rende immobile ed evanescente quell'universo così irreale e onirico, fatto di continui rimandi e citazioni di versi, stilemi e luoghi comuni della tradizione poetica, dai classici greci e latini a quelli volgari, senza trascurare la simbologia filosofico-religiosa del Neoplatonismo di Marsilio Ficino. Del resto, per Poliziano la **letteratura** non ha lo scopo di rappresentare il reale, ma ha la **funzione civilizzatrice** di educare al bello, concependo e idealizzando un mondo di assoluta perfezione. Così egli intende **travestire la contemporaneità**, realizzando il sogno – condiviso dalla sua generazione – di un paradiso perfetto, non toccato dalle tensioni e aperto all'accoglienza dei sublimi sentimenti della gioia e dell'amore. Per questo, insieme ai quadri di Botticelli, che non a caso nascono all'interno dello stesso orizzonte culturale ed estetico, le *Stanze per la giostra* rappresentano la più efficace dichiarazione di poetica dell'arte umanistica.

La *Fabula di Orfeo*: un mito senza lieto fine

Come Lorenzo de' Medici, ma con una consapevolezza critica e una ricchezza di scelte decisamente superiori, anche Poliziano è portato a sperimentare, cimentandosi con tematiche, forme metriche (dall'ottava alla terzina, dai settenari agli endecasillabi), generi e modelli diversi: sua è la **prima opera teatrale in lingua volgare di argomento profano**, *Fabula di Orfeo* (*fabula* è qui nel senso latino di rappresentazione scenica), che l'autore compone di getto, in soli tre giorni, durante il soggiorno mantovano, nel 1480. Il testo narra in forma drammatica la vicenda – resa celebre dal IV libro delle *Georgiche* virgiliane e soprattutto dal X e XI libro delle *Metamorfosi* di Ovidio – del mitico cantore greco **Orfeo**, cui viene concesso di scendere agli Inferi per riportare in vita la moglie **Euridice**. L'impresa fallisce, poiché egli, contravvenendo alla condizione imposta dal re dell'oltretomba Plutone, si volta indietro per vedere il viso della sposa mentre la sta riconducendo sulla terra. La favola si conclude con la morte di Orfeo, dilaniato dalle Baccanti adirate per la sua decisione di non amare più nessuna donna dopo Euridice. La celebrazione della **potenza della poesia**, incarnata dalla magica lira con cui Orfeo è capace di incantare l'uomo e gli elementi della natura, è così perturbata dalla struggente meditazione sulla forza ineluttabile della Fortuna e della Morte, che dominano inesorabili l'esistenza umana.

T3

I' mi trovai, fanciulle, un bel mattino

Angelo Poliziano, *Rime*, 102

L'esaltazione della bellezza e della natura

In questa ballata Poliziano ricorre alla voce di una donna per celebrare la natura in un mattino di maggio. Lo spettacolo delle rose invita a godere della giovinezza prima che, come il fiore, essa inizi ad appassire.

METRO Ballata di endecasillabi con 4 strofe (con schema di rime ABABBX) con ripresa (XX).

I' mi trovai, fanciulle, un bel mattino
di mezzo maggio in un verde giardino.

Eran d'intorno vïolette e gigli
fra l'erba verde, e vaghi fior' novelli,
azzurri, gialli, candidi e vermigli:
ond'io porsi la mano a côr di quelli
per adornar e mie' biondi capelli
e cinger di grillanda el vago crino.

I' mi trovai, fanciulle, un bel mattino.

Ma poi ch'i' ebbi pien di fiori un lembo,
vidi le rose, e non pur d'un colore:
io colsi allor per empier tutto el grembo,
perch'era sì soave il loro odore
che tutto mi sentì' destar el core
di dolce voglia e d'un piacer divino.

I' mi trovai, fanciulle, un bel mattino.

I' posi mente: quelle rose allora
mai non vi potre' dir quant'eron belle:
quale scoppiava della boccia ancora;
qual'eron un po' passe e qual' novelle.
Amor mi disse allor: «Va', cô' di quelle
che più vedi fiorire in sullo spino».

I' mi trovai, fanciulle, un bel mattino.

Quando la rosa ogni suo' foglia spande,
quando è più bella, quando è più gradita,
allora è buona a metterla in grillande,
prima che sua bellezza sia fuggita:

2 di mezzo maggio: a metà maggio.
4 vaghi fior' novelli: fiori graziosi e appena sbocciati.
5 vermigli: rossi.
6 a côr di quelli: per coglierne alcuni.
8 cinger... crino: circondare con una ghirlanda di fiori i bei capelli.
10 un lembo: della veste, ripiegato per raccogliere i fiori.
11 non pur: non solo.
12 empier: riempire.
17 I' posi mente: io fissai la mia attenzione.
19 quale... ancora: qualcuna stava per sbocciare (*boccia*: bocciolo).
20 passe: appassite. **novelle:** ancora in boccio.
21 cô': cogli (è un imperativo, come il precedente *Va'*).
24 ogni... spande: apre ogni suo petalo.
26 allora... grillande: è adatta a fare delle ghirlande.

sicché, fanciulle, mentre è più fiorita,
cogliàn la bella rosa del giardino.

I' mi trovai, fanciulle, un bel mattino
di mezzo maggio in un verde giardino.

29 cogliàn: raccogliamo (altro imperativo).

Dentro il TESTO

I contenuti tematici

Tra fiori e colori: la vita come un giardino delle delizie

Il tema è quello della giovinezza destinata, come la bellezza della rosa, a sfiorire. Rispetto alla *Canzona di Bacco* di Lorenzo de' Medici (➤ T2, p. 54) manca però la nota dolente e malinconica, sostituita da una più trasognata descrizione della natura. Nella ballata l'autore festeggia un gioioso tripudio di colori (per esempio al v. 5): il *verde giardino* (v. 2) in cui è ambientata la scena rappresenta una versione semplice e popolaresca di un luogo comune della tradizione poetica, il *locus amoenus*, un'ambientazione deliziosa e accogliente, tra piante e alberi ombrosi, fonti e ruscelli. Si tratta di un paesaggio e di un'atmosfera vaghi e indeterminati, come si evince, nella ripresa, dalla generica evocazione temporale dell'espressione *un bel mattino* e dal verbo *mi trovai* (v. 1).

L'edonismo umanistico

Simbolo dell'amore, la rosa è rappresentata nei vari stadi della sua fioritura, da quella che sta per sbocciare (v. 19) a quella già fiorita e un po' appassita, a quella sbocciata da poco (v. 20). I tre momenti rimandano alle diverse età della bellezza femminile: l'adolescenza, la maturità e la giovinezza. Poliziano fa pronunciare ad Amore l'invito a cogliere la rosa più fiorita (vv. 21-22), esprimendo così una concezione tipica della poesia e della cultura umanistica: l'edonismo.

Le scelte stilistiche

Una delicata poetica della vaghezza

Come spesso in Poliziano, l'esaltazione della bellezza si situa in un contesto generico e privo di realismo: il passato remoto del primo verso della ripresa (*I' mi trovai*) e della maggior parte dei verbi e gli imperfetti presenti nel corpo della poesia collocano il *mattino* in un passato indefinibile, accentuando la percezione del venir meno della bellezza.

Nell'ultima strofa, l'esortazione a vivere il presente si fa pressante grazie all'uso dell'anafora: con la triplice ripetizione di *Quando... quando... quando* (vv. 24-25) l'autore esprime l'urgente necessità di cogliere (termine chiave della ballata, ricorrente ben quattro volte: *côr*, v. 6; *colsi*, v. 12; *cô'*, v. 21; *cogliàn*, v. 29) la rosa al momento opportuno. Indugiare comporta il rischio di non poter godere del fuggente splendore della giovinezza.

Verso le COMPETENZE

COMPRENDERE

1 Come sintetizzeresti il contenuto della poesia?

ANALIZZARE

2 Individua 5 parole di registro medio e 5 di registro alto. Ci sono anche parole di registro basso?

INTERPRETARE

3 Dopo aver letto la *Canzona di Bacco* di Lorenzo de' Medici (➤ T2, p. 54), illustra le analogie e le differenze tra le due poesie.

PRODURRE

4 SCRIVERE PER **ESPORRE**
Svolgi una breve ricerca sul giardino rinascimentale e prepara un testo di presentazione di circa 20 righe.

1532

ARIOSTO

TEMI nel TEMPO

Nel nome della rosa

La rosa nella letteratura occidentale

Non c'è forse immagine più fortunata e ricorrente della rosa nella letteratura di ogni tempo. Dal poeta greco Archiloco (VII secolo a.C.) al latino Ovidio (43 a.C. - 17/18 d.C.), la presenza di questo fiore caratterizza tutta la letteratura occidentale, irresistibilmente - attratta sin dalle origini - dal suo profumo, dalla sua forma e dai suoi colori.

Dalla letteratura cortese all'Umanesimo

La rosa compare come allegoria della bellezza femminile nel *Roman de la Rose* (poema del XIII secolo), e nella ballata *Fresca rosa novella* (vv. 1-18) di Guido Cavalcanti, che ne fa il simbolo della donna amata, elevata - come impone la poetica stilnovistica - al rango di una creatura angelica. Il fiore può essere correlato anche ad altre immagini amorose, non più terrene ma mistiche, come in **Dante**, che nel *Paradiso* (XXXI, 1-3) descrive la «candida rosa» dei beati al cospetto di Dio.

E candida, cioè pura, è anche Laura, che Petrarca, nel sonetto *L'aura che 'l verde lauro et l'aureo crine* (*Canzoniere*, 246, 5-7), immagina protetta da *dure spine*, cioè dalla sua stessa onestà:

> Candida rosa nata in dure spine,
> quando fia chi[1] sua pari al mondo trove,[2]
> gloria di nostra etate?

1 **fia chi:** ci sarà qualcuno che.
2 **trove:** trovi.

È però in ambito umanistico-rinascimentale che il tema della rosa acquisisce una centralità assoluta. Come abbiamo visto nel componimento di Poliziano, il motivo è associato soprattutto alla precarietà della bellezza e alla fuga del tempo.

L'edonismo rinascimentale

Possiamo invece cogliere una visione più schiettamente sensuale ed erotica in un passo dell'*Orlando furioso* (I, ott. 42-43) di **Ludovico Ariosto**, che vi aggiunge un pizzico di malizia: «La verginella è simile alla rosa» che, quando viene recisa, perde tutta la sua fragranza. La «verginella» in questione è la capricciosa Angelica e il lamento sull'illibatezza perduta è pronunciato da uno dei suoi pretendenti, il guerriero saraceno Sacripante: il fascino della fanciulla viene meno quando questa non è più pura, proprio come accade alla rosa, staccata dalla «nativa spina».

L'edonismo rinascimentale permette ad Ariosto di piegare dunque la metafora floreale verso esiti scherzosi e audaci al tempo stesso. Nella seconda metà del Cinquecento, con Torquato Tasso, questa disinvoltura scompare: la rosa non perde sensualità, ma acquista una connotazione più sofferta, alludendo a un piacere languido e meno duraturo. Un pappagallo nel giardino di Armida, nella *Gerusalemme liberata* (XVI, ott. 14-15), dopo aver pronunciato un elogio della rosa, invita a coglierla nel momento del suo massimo splendore:

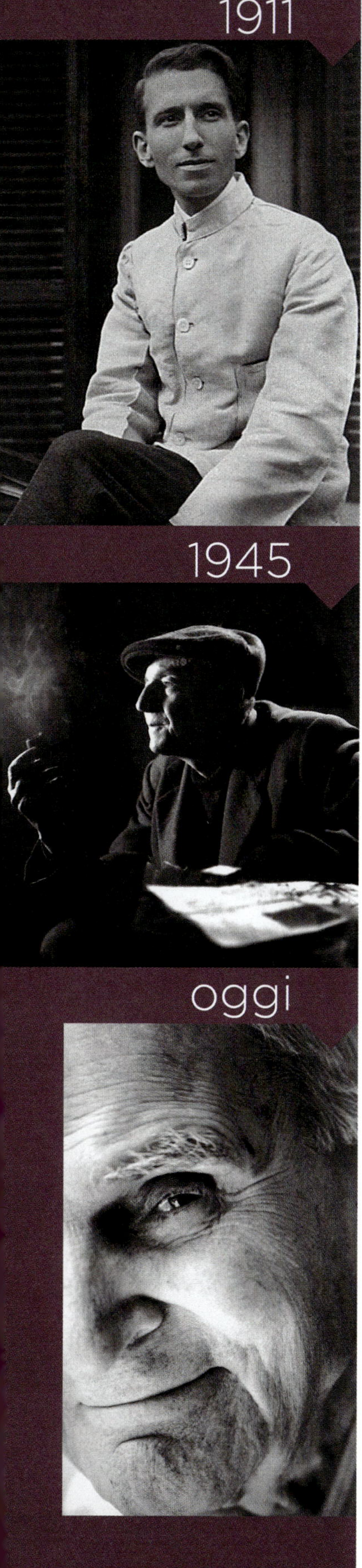

Cogliam la rosa in su 'l mattino adorno[1]
di questo dì, che tosto il seren perde;[2]
cogliam d'amor la rosa: amiamo or quando
esser si puote riamato amando.[3]

1 **adorno:** chiaro, luminoso.
2 **che... perde:** che volge presto al tramonto.
3 **or... amando:** mentre siamo ancora giovani e il nostro amore è contraccambiato.

La rosa nella poesia otto-novecentesca

La lunga vita della rosa in letteratura non finisce qui. Nel Barocco essa sarà al centro di accostamenti e metafore ardite, secondo la tipica sensibilità "concettosa", cioè ricercata, del periodo; ma anche in altre epoche saprà adattarsi a ogni spirito e a ogni estetica, per giungere più che mai vitale fino ai nostri tempi. E così, possiamo apprezzarla ancora all'inizio del Novecento con **Guido Gozzano** (1883-1916), il quale in *Cocotte* (1911, dalla raccolta *I colloqui*) effonde il proprio struggente rimpianto per un amore mai realmente vissuto:

Non amo che le rose
che non colsi. Non amo che le cose
che potevano essere e non sono
state...

Ma ognuno può vedere nella rosa un significato o un rimando diverso e offrire la propria interpretazione. Nella poesia *Variazioni sulla rosa* (1945), **Umberto Saba** (1883-1957), tra le varietà del fiore, sceglie quella *rossa*, la più facile da associare alla sensualità e alla passione:

Molti sono i colori ai quali l'arte
varia il tuo incanto o la natura. In me,
come il mare è turchino, esisti solo,
per il pensiero a cui ti sposo, rossa.

Ancora nel Novecento molti poeti continuano a vedere nella rosa – la regina dei fiori – il simbolo della bellezza e dell'amore, o a paragonarla alla donna amata, come nella poesia che **Attilio Bertolucci** (1911-2000) dedica alla moglie: *La rosa bianca* («Coglierò per te / l'ultima rosa del giardino, / la rosa bianca che fiorisce / nelle prime nebbie. / [...] è ancora così dolce / che fa tremare. / È un ritratto di te a trent'anni»).

Non per tutti, però, la rosa mantiene il suo potere di suggestione: in *Concessione*, Giorgio Caproni (1912-1990) rinuncia addirittura a suggerirne il significato simbolico («Nessuno è mai riuscito a dire / cos'è, nella sua essenza, una rosa»).

In modo quasi pretestuoso la rosa compare già nel titolo del romanzo più noto di Umberto Eco (1932-2016), *Il nome della rosa*, che così si chiude: *Stat rosa pristina nomine, nomina nuda tenemus* ("La rosa originaria esiste solo di nome, noi possediamo solo i nudi nomi delle cose"). L'unica verità oggettiva che ci rimane sono i nomi, della rosa come di tutte le altre cose.

T4

Ben venga maggio

Angelo Poliziano, *Rime*, 122

Un inno alla gioia di vivere

Durante il Medioevo e il Rinascimento, la festa del Calendimaggio, cioè del primo maggio, sanciva il ritorno della primavera, che i giovani fiorentini accoglievano con processioni colorate, carri addobbati, balli, canti e giostre d'armi. A questo evento si lega l'occasione di questo componimento, nel quale Poliziano invita a celebrare l'arrivo della stagione obbedendo alle leggi dell'amore.

METRO Ballata con ripresa formata da un quinario e da un settenario in rima baciata (XX) e otto strofe di settenari con schema di rime ABABBX.

Ben venga maggio
e 'l gonfalon selvaggio!

Ben venga primavera,
che vuol l'uom s'innamori:
e voi, donzelle, a schiera
con li vostri amadori,
che di rose e di fiori,
vi fate belle il maggio,

venite alla frescura
delli verdi arbuscelli.
Ogni bella è sicura
fra tanti damigelli,
ché le fiere e gli uccelli
ardon d'amore il maggio.

Chi è giovane e bella
deh non sie punto acerba,
ché non si rinnovella
l'età come fa l'erba;
nessuna stia superba
all'amadore il maggio.

Ciascuna balli e canti
di questa schiera nostra.
Ecco che i dolci amanti
van per voi, belle, in giostra:
qual dura a lor si mostra
farà sfiorire il maggio.

2 'l gonfalon selvaggio: il cosiddetto "maio", ovvero il mazzo di fiori selvatici che l'innamorato appendeva alla porta di casa della donna amata il primo giorno di maggio.
6 amadori: innamorati.
8 il maggio: a maggio.
10 arbuscelli: rami. L'immagine dei *verdi arboscelli* è già al v. 13 della ballata *Fresca rosa novella* di Guido Cavalcanti.
12 damigelli: giovani corteggiatori.
16 non... acerba: non sia per nulla ritrosa.
17 non si rinnovella: non nasce a nuova vita.
19 superba: restia.
24 van... in giostra: si preparano a gareggiare per voi.
25 qual dura: colei che ritrosa.
26 il maggio: l'interpretazione è controversa. Può essere soggetto (in tal caso, farà sfiorire la bellezza delle ragazze ritrose) o complemento oggetto (in tal caso, è la ragazza ritrosa a far sfiorire il maggio, cioè il ramoscello fiorito).

Per prender le donzelle
si son gli amanti armati.
Arrendetevi, belle,
a' vostri innamorati,
rendete e cuor furati,
non fate guerra il maggio.

Chi l'altrui core invola
ad altrui doni el core.
Ma chi è quel che vola?
è l'angiolel d'amore,
che viene a fare onore
con voi, donzelle, a maggio.

Amor ne vien ridendo
con rose e gigli in testa,
e vien di voi caendo.
Fategli, o belle, festa.
Qual sarà la più presta
a dargli el fior del maggio?

Ben venga il peregrino».
«Amor, che ne comandi?»
«Che al suo amante il crino
ogni bella ingrillandi,
ché li zitelli e' grandi
s'innamoran di maggio».

31 rendete... furati: restituite i cuori rubati.
33 invola: ruba.
34 doni el core: dia in cambio il proprio cuore.
36 l'angiolel d'amore: l'angioletto che ispira sentimenti amorosi è Cupido, rappresentato come un fanciullo alato. L'immagine deriva da una ballata dantesca, *Per una ghirlandetta* («e sovr'a lei vidi volare / un angiolel d'amore umile», vv. 6-7)
41 caendo: cercando.
43 presta: veloce.
45 il peregrino: l'appellativo riferito a Cupido sottolinea la sua natura fuggevole, pronta a migrare - per colpirlo - da un individuo a un altro. Anche questa è un'immagine dantesca, prelevata da un sonetto della *Vita nuova* («trovai Amore in mezzo della via / in abito leggier di peregrino», *Cavalcando l'altrier per un camino*, vv. 3-4)
46 ne: ci.
47-48 il crino... ingrillandi: ogni fanciulla circondi il capo di una ghirlanda di fiori.
49 li zitelli e' grandi: i giovani e gli adulti. Altra eco cavalcantiana (*Fresca rosa novella*, v. 8).

Analisi ATTIVA

I contenuti tematici

La primavera dei sensi

A maggio ogni cuore sensibile deve aprirsi all'amore senza remore e indugi: sembra quasi che sia la natura, nella sua fioritura primaverile, a suggerire ai giovani di abbandonarsi all'istinto e di evitare di essere, dinanzi alle offerte dei corteggiatori, *acerbi* (v. 16), *superbi* (v. 19) e *duri* (v. 25). Il poeta, in particolare, rivolge un appello accorato alle *donzelle* (v. 5), sollecitandole a vivere il presente, visto che la vita umana non conosce ciclicità come quella dell'universo ed è quindi destinata a scorrere via per sempre (*non si rinnovella / l'età come fa l'erba: / nessuna stia superba / all'amadore il maggio*, vv. 17-20).

1 Con quali espressioni imperative ed esortative la ballata invita ad abbandonare ogni ritrosia nell'amore?
2 Con quale aggettivo vengono apostrofate ripetutamente le fanciulle?
3 Che cosa accadrà se le ragazze si mostreranno refrattarie all'amore?

Una festa collettiva

L'inno alla gioia e alla leggerezza è unito dunque al *topos* della caducità della giovinezza e dell'esistenza, ma senza quell'accento malinconico che si percepisce in altri componimenti di Poliziano o nella *Canzona di Bacco* di Lorenzo (➤ T2, p. 54). Trionfa invece il tripudio festoso della natura con accenti che richiamano le licenziose celebrazioni pagane: *rose e fiori* (v. 7), *verdi arbuscelli* (v. 10), *erba* (v. 18), *rose e gigli* (v. 40), ancora *fior* (v. 44) vengono evocati come simboli di una gioia collettiva, da vivere senza il peso di complicazioni psicologiche. Del resto, va tenuta in considerazione la funzione del componimento, scritto assai probabilmente per accompagnare una recita o una scena nella quale ragazzi impegnati in duelli e giostre venivano cinti dalle fanciulle con corone e ghirlande di fiori.

4 Quali caratteristiche ha l'ambiente descritto dall'autore? Ti sembra un paesaggio realistico oppure convenzionale? Rispondi facendo riferimento al testo.
5 Rispetto a *I' mi trovai, fanciulle* (➤ T3, p. 60), qui Poliziano presenta una scena più mossa, in cui si susseguono varie azioni. Passale in rassegna.
6 Chi prende la parola nell'ultima strofa? Per dire che cosa?

Le scelte stilistiche

Una falsa semplicità

Come sempre in Poliziano, l'apparente semplicità popolaresca della ballata, accentuata dalla facile cantabilità dei suoi versi settenari, accoglie motivi ed echi della tradizione lirica. L'abilità dell'autore sta nel costruire con raffinata naturalezza un intarsio di suggestioni e reminiscenze che toccano sia la sfera tematica (la primavera come stagione dell'amore, la giovinezza che sfiorisce, il cuore rubato dall'amata, il dono della ghirlanda) sia quella stilistica: in quest'ultimo ambito, al lettore o ascoltatore colto non potevano sfuggire le molteplici citazioni da Cavalcanti e da Dante che abbiamo segnalato in nota.

7 Che tipo di lessico viene utilizzato da Poliziano?
8 Mediante quali scelte metriche e quali figure retoriche l'autore ottiene musicalità e intensità ritmica?
9 Trascrivi nella tabella i termini dotti e le espressioni popolari.

Termini dotti	Espressioni popolari

10 **SCRIVERE PER RACCONTARE**
Immagina di essere un cronista inviato da un giornale per raccontare in un articolo (di circa 30 righe) gli eventi e per descrivere l'atmosfera della festa evocata nella ballata.

11 **SCRIVERE PER CONFRONTARE**
Osserva il celebre dipinto di Sandro Botticelli, *La nascita di Venere* (➤ p. 75). Evidenzia analogie e differenze nello sguardo dei due artisti nel rappresentare la giovinezza e la stagione primaverile.

Il ritratto di Iulio e l'incontro con Simonetta

Angelo Poliziano, *Stanze per la giostra*, I, ott. 8-11; 33-45

La **vendetta** dell'**amore**

Nelle prime ottave riportate (8-11) facciamo la conoscenza di Iulio, un giovane dedito alla caccia e alle armi, che vive in piena libertà nella natura, disprezzando l'amore. In seguito (ottave 33-45), durante una battuta di caccia con una brigata di amici, si imbatte in una bellissima, candida cerva. L'apparizione è però una vendetta di Cupido, il dio dell'amore: la cerva si trasforma infatti in una splendida ninfa, Simonetta, di cui il giovane cacciatore si innamora immediatamente.

METRO Ottave di endecasillabi con schema di rime ABABABCC.

8
Nel vago tempo di sua verde etate,
spargendo ancor pel volto il primo fiore,
né avendo il bel Iulio ancor provate
le dolce acerbe cure che dà Amore,
viveasi lieto in pace e 'n libertate;
talor frenando un gentil corridore,
che gloria fu de' ciciliani armenti,
con esso a correr contendea co' venti:

9
ora a guisa saltar di leopardo,
or destro fea rotarlo in breve giro;
or fea ronzar per l'aere un lento dardo,
dando sovente a fere agro martiro.
Cotal viveasi il giovene gagliardo;
né pensando al suo fato acerbo e diro,
né certo ancor de' suo' futuri pianti,
solea gabbarsi delli afflitti amanti.

10
Ah quante ninfe per lui sospirorno!
Ma fu sì altero sempre il giovinetto,
che mai le ninfe amanti nol piegorno,
mai poté riscaldarsi il freddo petto.
Facea sovente pe' boschi soggiorno,
inculto sempre e rigido in aspetto;
e 'l volto difendea dal solar raggio,
con ghirlanda di pino o verde faggio.

PARAFRASI

ottava 8

Nel tempo leggiadro della sua giovinezza (*verde etate*), quando sul volto ancora spuntava la prima barba (*primo fiore*), né aveva ancora sperimentato i dolci primi affanni dati da Amore, Iulio viveva felice in pace e in libertà; talvolta, guidando (*frenando*) un cavallo di gran razza (*gentil corridore*) che fu il vanto di allevamenti siciliani, cavalcandolo gareggiava in velocità con i venti:

ottava 9

ora lo faceva saltare come un leopardo, ora lo faceva volteggiare abilmente (*destro*) in un piccolo spazio; ora faceva fischiare (*ronzar*) nell'aria un dardo flessibile (*lento*), dando spesso una dura morte agli animali (*fere*). Così viveva il giovane vigoroso (*gagliardo*): non prevedendo il proprio destino aspro e crudele (*diro*), né ancora conscio dei propri futuri dolori [d'amore], era solito deridere gli innamorati in pena.

ottava 10

Ah quante fanciulle sospirarono [d'amore] per lui! Ma il giovane fu sempre così sprezzante, che le fanciulle innamorate non lo conquistarono mai, e mai [Iulio] poté riscaldare [con l'amore] il freddo cuore. Spesso girava (*Facea... soggiorno*) attraverso i boschi, sempre trasandato (*inculto*) e scontroso nei modi; e difendeva gli occhi dai raggi del sole con una ghirlanda di foglie di pino o di verde faggio.

7 ciciliani armenti: i cavalli di Sicilia erano noti per velocità e robustezza.
14 fato acerbo e diro: Poliziano si riferisce alle future pene d'amore.
24 pino... faggio: nella simbologia botanica, queste due piante non si associano all'amore, ma alla filosofia (l'altezza del pino) e alla prosperità (il faggio).

11

Poi, quando già nel ciel parean le stelle,
tutto gioioso a sua magion tornava;
e 'n compagnia delle nove sorelle
celesti versi con disio cantava,
e d'antica virtù mille fiammelle
con gli alti carmi ne' petti destava:
così, chiamando amor lascivia umana,
si godea con le Muse o con Diana.

ottava 11

Poi, quando già apparivano nel cielo le stelle, tornava tutto felice nel suo palazzo; e in compagnia delle Muse (*delle nove sorelle*) cantava con desiderio versi sublimi e destava negli animi [di chi lo ascoltava] con le poesie di guerra (*alti carmi*) mille fiaccole di antico valore militare: così, definendo l'amore una debolezza degli uomini, si divertiva con la poesia (*Muse*) o con la caccia (*Diana*).

[...]

33

Ah quanto a mirar Iulio è fera cosa
romper la via dove più 'l bosco è folto
per trar di macchia la bestia crucciosa,
con verde ramo intorno al capo avolto,
colla chioma arruffata e polverosa,
e d'onesto sudor bagnato il volto!
Ivi consiglio a sua fera vendetta
prese Amor, che ben loco e tempo aspetta;

ottava 33

Ah che cosa spaventosa è guardare Iulio aprirsi un varco (*romper la via*) dove il bosco è più folto per stanare (*trar di macchia*) la bestia inferocita, con un ramo verde avvolto intorno al capo, con i capelli arruffati e pieni di polvere, e con il volto bagnato da un sudore che fa onore! Qui Amore, che sa aspettare il luogo e il momento propizi, prese la decisione (*consiglio*) di compiere la sua crudele vendetta;

34

e con sua man di leve aier compuose
l'imagin d'una cervia altera e bella:
con alta fronte, con corna ramose,
candida tutta, leggiadretta e snella.
E come tra le fere paventose
al gioven cacciator s'offerse quella,
lieto spronò il destrier per lei seguire,
pensando in brieve darli agro martire.

ottava 34

e Amore con le sue mani creò la figura (*imagin*), fatta di aria leggera, di una cerva superba e bella, dalla fronte alta, le corna ramose, completamente bianca, aggraziata e agile. E non appena (*come*) quella, tra le fiere spaventate (*paventose*), si mostrò alla vista del giovane cacciatore, [questi] felice spronò il cavallo per seguirla, credendo di darle una morte dolorosa (*agro martire*) in poco tempo.

35

Ma poi che 'nvan dal braccio el dardo scosse,
del foder trasse fuor la fida spada,
e con tanto furor il corsier mosse,
che 'l bosco folto sembrava ampia strada.
La bella fera, come stanca fosse,
più lenta tuttavia par che sen vada;
ma quando par che già la stringa o tocchi,
picciol campo riprende avanti alli occhi.

ottava 35

Ma dopo che fece scoccare la freccia inutilmente, trasse fuori dal fodero la spada fidata, e spinse il cavallo con tale impeto che il folto bosco sembrava una strada comoda. Il bell'animale, come se fosse stanco, dà la sensazione di procedere sempre (*tuttavia*) più lento; ma quando sembra che [Iulio] stia per afferrarlo o toccarlo, riguadagna una piccola distanza (*picciol campo*) davanti al suo sguardo.

27 nove sorelle: sono le Muse, le divinità greche, figlie di Zeus e di Mnemosine, protettrici delle arti e delle scienze.
29 antica... fiammelle: la rustica austerità di Iulio lo porta a cantare imprese di guerra, non certo sentimenti amorosi.
32 Diana: è la dea della caccia; qui rappresenta per metonimia l'arte venatoria, mentre le *Muse* indicano, sempre per metonimia, la poesia in generale.
38 bagnato il volto: accusativo alla greca.
44 candida: reminiscenza petrarchesca («Una candida cerva sopra l'erba / verde m'apparve», *Canzoniere*, 190, 1-2).
53 La bella fera: evidente la ripresa da *Chiare, fresche et dolci acque* («la fera bella et mansueta», *Canzoniere*, 126, 29).

36
Quanto più segue invan la vana effigie,
tanto più di seguirla invan s'accende;
tuttavia preme sue stanche vestigie,
sempre la giunge, e pur mai non la prende:
qual fino al labro sta nelle onde stigie
Tantalo, e 'l bel giardin vicin gli pende,
ma qualor l'acqua o il pome vuol gustare,
subito l'acqua e 'l pome via dispare.

ottava 36

Quanto più inutilmente insegue quella evanescente figura (*vana effigie*), tanto più invano desidera (*s'accende*) ardentemente di seguirla; continuamente segue (*preme*) le sue orme che stancano, la raggiunge sempre, e tuttavia non riesce mai a catturarla. Allo stesso modo Tantalo è immerso fino alle labbra nelle acque dello Stige e i rami di un bel giardino gli pendono vicino, ma appena cerca di assaporare l'acqua o i frutti (*pome*), all'improvviso essi scompaiono.

37
Era già drieto alla sua desianza
gran tratta da' compagni allontanato,
né pur d'un passo ancor la preda avanza,
e già tutto el destrier sente affannato;
ma pur seguendo sua vana speranza,
pervenne in un fiorito e verde prato:
ivi sotto un vel candido li apparve
lieta una ninfa, e via la fera sparve.

ottava 37

Iulio si era già allontanato di molto (*gran tratta*) dai suoi compagni seguendo l'oggetto del suo desiderio (*sua desianza*), ma non guadagna neppure un passo sulla preda, che già si accorge che il suo cavallo è ansimante; ma, continuando a inseguire la sua illusoria speranza, giunse in un prato fiorito e verde: lì, sotto un candido velo, gli apparve una ninfa ridente, e l'animale scomparve.

38
La fera sparve via dalle suo ciglia,
ma 'l gioven della fera ormai non cura;
anzi ristringe al corridor la briglia,
e lo raffrena sovra alla verdura.
Ivi tutto ripien di maraviglia
pur della ninfa mira la figura:
parli che dal bel viso e da' begli occhi
una nuova dolcezza al cor gli fiocchi.

ottava 38

L'animale scomparve dai suoi occhi, ma il giovane non pensa più all'animale; anzi stringe le briglie al cavallo e lo fa fermare sopra i fiori e l'erba (*verdura*). Qui, tutto meravigliato, contempla con stupore solo (*pur*) l'aspetto della ninfa: gli sembra (*parli*) che dal bel viso e dai begli occhi [della ninfa] gli scenda lievemente (*fiocchi*) nel cuore un dolce sentimento del tutto sconosciuto.

39
Qual tigre, a cui dalla pietrosa tana
ha tolto il cacciator li suoi car figli;
rabbiosa il segue per la selva ircana,
che tosto crede insanguinar gli artigli;
poi resta d'uno specchio all'ombra vana,
all'ombra ch'e suoi nati par somigli;
e mentre di tal vista s'innamora
la sciocca, el predator la via divora.

ottava 39

Come una tigre, alla quale un cacciatore ha rapito dalla tana di pietra i cari cuccioli, rabbiosa lo segue per il bosco selvaggio, pensando di poter presto affondare gli artigli nella sua carne; ma poi si ferma davanti all'immagine illusoria riflessa in uno specchio, immagine che sembra assomigliare ai suoi figli; e mentre la sciocca [tigre] si innamora di una tale parvenza, il cacciatore si allontana rapidamente.

59 stanche: l'aggettivo ha un valore attivo e significa dunque "che creano stanchezza".
61-64 qual... dispare: il poeta si riferisce al cosiddetto supplizio di Tantalo, il quale, a causa dei comportamenti offensivi nei confronti degli dèi (tra l'altro, rubò l'ambrosia e il nettare, oltre a rapire Ganimede, il coppiere dell'Olimpo), viene condannato a stare dentro un lago presso alberi protendenti rami carichi di frutta, senza poter bere e mangiare perché l'acqua si ritira e il vento allontana i rami.
72 ninfa: il personaggio reale che l'autore nasconde sotto la veste del mito è Simonetta Cattaneo (➤ p. 74), la nobildonna amata da Giuliano de' Medici, ritenuta la donna più bella del suo tempo, modella del pittore Sandro Botticelli, che la ritrasse nel celebre quadro *Nascita di Venere*.
73 La fera sparve: l'ottava inizia con le stesse parole con cui era terminata quella precedente, sul modello delle *coblas capfinidas* in uso nella poesia trobadorica.
83 ircana: dell'Ircania, una regione montuosa della Persia, tradizionalmente selvaggia.

40
Tosto Cupido entro a' begli occhi ascoso,
al nervo adatta del suo stral la cocca,
poi tira quel col braccio poderoso,
tal che raggiugne e l'una e l'altra cocca;
la man sinistra con l'oro focoso,
la destra poppa colla corda tocca:
né pria per l'aer ronzando esce 'l quadrello,
che Iulio drento al cor sentito ha quello.

ottava 40

Subito Cupido, nascosto nei begli occhi della ninfa, adatta la tacca (*cocca*) della sua freccia alla corda (*nervo*) dell'arco, poi lo tende con il suo forte braccio, in modo che le due estremità dell'arco (*l'una e l'altra cocca*) si tocchino; la mano sinistra tocca la punta della freccia d'oro, che accenderà il fuoco d'amore (*oro focoso*), e la corda sfiora il lato destro del petto: non appena la freccia (*quadrello*) viene scagliata nell'aria sibilando, Iulio la (*quello*) sente già dentro il cuore.

41
Ahi qual divenne! ah come al giovinetto
corse il gran foco in tutte le midolle!
che tremito gli scosse il cor nel petto!
d'un ghiacciato sudor tutto era molle;
e fatto ghiotto del suo dolce aspetto,
giammai li occhi da li occhi levar puolle;
ma tutto preso dal vago splendore,
non s'accorge el meschin che quivi è Amore.

ottava 41

Ah come divenne! Ah come la gran fiamma d'amore percorse il giovane in tutto il corpo (*midolle*)! Che tremore gli scosse il cuore nel petto! Era già tutto bagnato di freddo sudore; e reso desideroso di contemplare la dolce immagine della ninfa, non può togliere i propri occhi da quelli di lei; ma completamente catturato dal loro [degli occhi] leggiadro splendore, il poveretto non si rende conto che dentro gli occhi della ninfa (*quivi*) si trova il dio Amore.

42
Non s'accorge ch'Amor lì drento è armato
per sol turbar la suo lunga quiete;
non s'accorge a che nodo è già legato,
non conosce suo piaghe ancor segrete;
di piacer, di disir tutto è invescato,
e così il cacciator preso è alla rete.
Le braccia fra sé loda e 'l viso e 'l crino,
e 'n lei discerne un non so che divino.

ottava 42

Non si accorge che dentro gli occhi della ninfa (*lì drento*) Amore è armato solo per sconvolgere la sua tranquillità, durata tanto tempo (*lunga*); non si accorge a quale nodo d'amore è già legato, non conosce le sue ferite, ancora nascoste; è tutto invischiato di piacere, di desiderio, e così il cacciatore è catturato nella rete. Fra sé e sé elogia le sue braccia, il suo viso e i suoi capelli, e in lei intravede qualcosa di divino.

43
Candida è ella, e candida la vesta,
ma pur di rose e fior dipinta e d'erba;
lo inanellato crin dall'aurea testa
scende in la fronte umilmente superba.
Rideli a torno tutta la foresta,
e quanto può suo cure disacerba;
nell'atto regalmente è mansueta,
e pur col ciglio le tempeste acqueta.

ottava 43

Essa è candida e candida è la veste, ma ornata di rose, fiori ed erbe; i riccioli (*lo inanellato crin*) scendono dalla testa bionda sulla fronte umile e allo stesso tempo altera. Le sorride tutta la foresta circostante, e per quanto può attenua i suoi affanni; nel suo atteggiamento è regale e insieme dolce, e solo con lo sguardo (*col ciglio*) placa le tempeste del cuore.

44
Folgoron gli occhi d'un dolce sereno,
ove sue face tien Cupido ascose;

ottava 44

Gli occhi sfolgorano dell'azzurro del cielo sereno, occhi dove Cupido tiene nascoste le sue fiaccole;

89 Cupido: è il dio dell'amore, armato di arco; le sue frecce d'oro suscitano amore, quelle di piombo odio.
93 l'oro focoso: la freccia dalla punta d'oro che provoca gli ardori amorosi.
109 invescato: i ruoli si sono invertiti. Da cacciatore che era, Iulio diventa ora una preda, un uccellino ormai prigioniero. L'aggettivo *invescato* deriva da "vischio", sostanza appiccicosa sparsa dai cacciatori sui ramoscelli per catturare i volatili.
121 Folgoron... dolce sereno: l'immagine della folgore, simbolo di un violento, improvviso temporale, è associata per contrasto al colore azzurro del cielo sereno (in particolare, *dolce sereno* è una sinestesia, poiché vengono accostati due termini appartenenti a sfere sensoriali diverse).

l'aier d'intorno si fa tutto ameno
ovunque gira le luce amorose.
Di celeste letizia il volto ha pieno,
dolce dipinto di ligustri e rose;
ogni aura tace al suo parlar divino,
e canta ogni augelletto in suo latino.

l'atmosfera circostante (*l'aier d'intorno*) diventa tutta lieta, ovunque volga gli occhi (*le luce*) che fanno innamorare (*amorose*). Ha il volto pieno di gioia celeste, dolcemente dipinto di ligustri e rose; ogni vento smette di soffiare dinanzi al suo parlare degno di una dea, e ogni uccellino canta nel proprio linguaggio (*in suo latino*).

45

Con lei sen va Onestate umile e piana
che d'ogni chiuso cor volge la chiave;
con lei va Gentilezza in vista umana,
e da lei impara il dolce andar soave.
Non può mirarli il viso alma villana,
se pria di suo fallir doglia non have;
tanti cori Amor piglia fere o ancide,
quanto ella o dolce parla o dolce ride.

ottava 45

Insieme a lei va Onestà, umile e semplice, che apre (*volge la chiave*) ogni cuore refrattario all'amore; insieme a lei va Gentilezza in figura umana, e da lei apprende l'elegante dolcezza del portamento. Non può fissarle il volto una persona di animo rozzo, se prima non prova rimorso (*doglia non have*) dei propri errori; Amore cattura, ferisce o uccide tanti cuori quanti sono quelli a cui lei parla con dolcezza o dolcemente sorride.

126 ligustri e rose: i ligustri sono arbusti con fiori bianchi. L'abbinamento cromatico con il colore rosa è utilizzato per rappresentare, come già avevano fatto gli Stilnovisti e Petrarca, il colorito del volto della donna.

Dentro il TESTO

I contenuti tematici

Prima della metamorfosi...

Le prime tre stanze presentate mostrano la giovinezza selvaggia e scontrosa di Iulio, trascorsa in un'atmosfera remota e priva di turbamenti: il *vago tempo di sua verde etate* (v. 1) richiama un clima incontaminato e fuori dal tempo, tipico dei miti classici, in cui si innesta una prima citazione petrarchesca («Nel dolce tempo della prima etade», *Canzoniere*, 23, 1).

Alla guida di un cavallo di razza, Iulio ha visto da poco spuntare sulle guance la prima barba dell'adolescenza (ottava 8); felice per le sue imprese, si prende gioco degli affanni amorosi (ottava 9). Vive la propria età dell'innocenza disinteressandosi dei sospiri delle fanciulle innamorate (ottava 10), non curandosi nemmeno delle proprie vesti e del proprio aspetto fisico (*inculto sempre e rigido in aspetto*, v. 22). Fa da cornice alle imprese del cacciatore un paradiso naturale incontaminato, che rispecchia fedelmente il carattere selvaggio del protagonista. Anch'esso è dipinto con pennellate essenziali: boschi, piante, alberi (il *pino* e il *verde faggio*, v. 24, che forniscono a Iulio le foglie per inghirlandarsi il capo e difendersi dal sole), secondo il modello delle rappresentazioni dell'età dell'oro, la mitica epoca di felicità e prosperità favoleggiata dai poeti antichi.

... e dopo

Nella seconda parte antologizzata, Poliziano descrive l'improvvisa comparsa di una cerva, all'inseguimento della quale si lancia il giovane cacciatore. L'animale però non è che un inganno di Amore, una parvenza fittizia fatta solo di *leve aier* (v. 41), che vanifica l'abilità venatoria di Iulio, costretto, al pari di Tantalo, a vedere svanire sul più bello ciò che gli sembra a portata di mano (ottava 36). È a questo punto che al posto della cerva appare una ninfa dalla bellezza soprannaturale (ottave 37-38), che Poliziano modella grazie a una raffinata tessitura, ricca di rimandi e citazioni letterarie. Allo Stilnovismo possiamo ricondurre i colori che la adornano, gli effetti prodotti dal suo sguardo e dal suo sorriso e, più avanti, le sue qualità morali (ottava 45), mentre tipicamente petrarchesca è la rappresentazione idillica della natura verde e fiorita.

Un itinerario allegorico

Colpito o, meglio, trasfigurato da tanto splendore, Iulio affronta l'esperienza della metamorfosi, un vero e proprio rinnovamento interiore, che lo porterà gradualmente a conoscere il valore sublimante e purificatore della passione amorosa. Dapprima, il poeta lo assimila a una tigre che, da cacciatrice, diventa preda (ottava 39), poi si sofferma sull'immagine della freccia di Cupido (un perfetto esempio del virtuosismo e del descrittivismo di Poliziano: ben otto versi per rappresentare un'azione immaginaria come lo scoccare dell'arco, ottava 40), quindi sul turbamento del giovane, ancora ignaro delle conseguenze sconvolgenti del sentimento (ottave 41-42) e del percorso di innalzamento spirituale che potrà intraprendere grazie al fascino irresistibile di quella bellezza quasi sovrumana.

La varietà cromatica della scena

Le ultime stanze riportate (ottave 43-45) evidenziano infine la grande abilità di Poliziano nell'accostare colori, immagini e sensazioni. Un vero tripudio cromatico accompagna infatti l'apparizione di Simonetta. In particolare nell'ottava 43, il poeta conferisce alla scena una visività trasognata, che dissolve la figura della donna nella leggerezza e nella radiosa luminosità di un sogno. L'aggettivo *candida*, replicato due volte nello stesso verso (v. 113), rende il verginale biancore della ninfa e la purezza del suo abito (e non va dimenticato che *candido* era anche il velo con il quale la ninfa era avvolta, v. 71). Il bianco della veste è però trapunto dai vivaci colori delle rose, dei fiori e dell'erba: Poliziano usa non a caso l'aggettivo *dipinta* (v. 114) e poco dopo, nell'ottava 44, *dipinto* (v. 126) per designare il colorito bianco e rosato del viso della donna.

Le scelte stilistiche

Elogio di una dea: fonti e modelli

La bellezza di Simonetta ha tratti convenzionali, essendo il frutto di una sintesi, letteraria e stilistica, di precise fonti letterarie classiche e volgari, dall'Ovidio delle *Metamorfosi* al Dante del *Purgatorio* (nella rappresentazione di Simonetta con i fiori si può cogliere il ricordo del personaggio di Matelda, che compare nel canto XXVIII) al Petrarca del *Canzoniere* (l'implicito riferimento a *Chiare, fresche et dolci acque* è pressoché costante), secondo la poetica della *docta varietas* teorizzata dal poeta. I suoi tratti angelicati (la testa bionda,

La cerva bianca (particolare dal *Dittico Wilton*), 1395-1399. Londra, National Gallery.

i capelli ricci cadenti sulla fronte eretta, orgogliosa ma non sprezzante) sono riflessi dal ridente paesaggio che ne riproduce gli umori (*Rideli a torno tutta la foresta*, v. 117): una natura lussureggiante e benevola, che richiama alla mente la rappresentazione della *Primavera* di Botticelli.

Il ritratto della bellezza eterna

Lo splendore della fanciulla è quello, immutabile, di una dea pagana della poesia: un'immutabilità che Poliziano sottolinea con una serie di ripetizioni lessicali (l'aggettivo *dolce*, per esempio, nelle ottave 44-45 viene usato per ben cinque volte: *dolce sereno, dolce dipinto, dolce andar, dolce parla o dolce ride*), che non nascono certo da povertà espressiva, bensì dall'esigenza di suggerire il carattere miracoloso ed eterno di una bellezza che non appartiene al mondo ma al mito.

Verso le COMPETENZE

COMPRENDERE

1 Riassumi in massimo 10 righe la vicenda narrata.

2 Per quale motivo Cupido si vuole vendicare di Iulo?

ANALIZZARE

3 Come viene descritto il giovane Iulo prima dell'innamoramento?

4 Rileggi gli ultimi versi dell'ottava 38: quale fisiologia dell'innamoramento richiamano?

5 Quale significato assume la similitudine della tigre all'ottava 39?

6 Il ritratto di Simonetta è costruito su numerose figure di antitesi: quali? Che immagine danno, della fanciulla?

INTERPRETARE

7 Quale significato simbolico puoi attribuire all'inseguimento della cerva da parte di Iulo?

8 Nell'ottava 8 si afferma che Iulo non ha ancora provato *le dolce acerbe cure che dà Amore* (v. 4): quale concezione dell'amore emerge da questo verso? Viene confermata, nelle ottave che descrivono l'innamoramento di Iulo?

PRODURRE

9 SCRIVERE PER **CONFRONTARE**
Confronta la figura di Simonetta con quella di altre donne cantate dai poeti (la Beatrice dantesca o la Laura di Petrarca, per esempio), illustrandone somiglianze e differenze in un testo di massimo 30 righe.

CRONACHE dal PASSATO

Amore e morte di un'icona della bellezza, Simonetta Cattaneo

Come Beatrice e Laura, Simonetta incarna la bellezza e il potere della donna che anche dopo la morte resta oggetto di ammirazione e desiderio

Nata in Liguria, forse a Porto Venere (un presagio per la futura "Venere" rinascimentale?), nell'anno 1453, Simonetta sin dall'adolescenza mostra una bellezza inimitabile. Maritata giovanissima al coetaneo Marco Vespucci (cugino lontano del navigatore e cartografo Amerigo), si trasferisce a Firenze nel 1469, proprio nell'anno in cui si insedia al potere Lorenzo de' Medici.

Un mito vivente

Si dice che i suoi capelli biondi (una rarità, a quel tempo) non lascino indifferenti i rampolli delle migliori famiglie fiorentine, primo tra tutti Giuliano de' Medici, il fratello del Magnifico. In onore della fanciulla si celebrano feste, ricevimenti, banchetti, alcuni tenuti nella villa di Careggi, la splendida residenza in collina che Lorenzo ha eletto come la sua preferita.

La giostra di cui ci parla Poliziano viene organizzata invece in piazza Santa Croce, nel 1475, nel giorno del compleanno di Simonetta: al vincitore va in premio un suo ritratto, dipinto da Sandro Botticelli e intitolato *La Sans Pareille* (La senza paragoni).

Una morte che rattrista il mondo

A ventitré anni, però, all'apice della sua fama e della sua bellezza, Simonetta muore di tisi. L'evento scuote Firenze: insieme con l'icona della bellezza, tramonta una gioiosa atmosfera di fantasie amorose e di spensierata felicità. Dopo la sua scomparsa si apre una gara di rievocazioni, struggenti e malinconiche. La ricorda, tra i primi, Lorenzo, che ne ricostruisce l'immagine sulla falsariga della Beatrice dantesca della *Vita nuova*; prima scrive il sonetto *O chiara stella, che coi raggi tuoi*, nel quale la immagina salita in cielo a rendere più bello il firmamento, poi aggiunge questo commento:

Sandro Botticelli, *Ritratto ideale di dama* (*Simonetta Cattaneo?*), 1480 ca. Francoforte, Staedelsches Kunstinstitut.

Sopra, Sandro Botticelli, *Nascita di Venere*, 1485. Firenze, Galleria degli Uffizi.
A destra, Piero di Cosimo, *Presunto ritratto idealizzato di Simonetta Vespucci*, 1485-1505. Chantilly, Musée Condé.

“Morì [...] nella città nostra una donna, la quale se mosse a compassione generalmente tutto il popolo fiorentino, non è gran maraviglia perché di bellezze e gentilezze umane era veramente ornata quanto alcuna che inanzi a lei fussi suta [stata]; e, infra l'altre sue eccellenti dote, avea così dolce e attrattiva maniera [affabile cordialità], che tutti quelli che con lei avevono qualche domestica notizia credevono da essa sommamente essere amati. [...] E se bene la vita sua, per le sue degnissime condizioni, a tutti la facessi carissima, pure la compassione della morte, e per la età molto verde e per la bellezza che, così morta, forse più che mai alcuna viva mostrava [a causa della sua giovane età e della sua bellezza che conservava, pur da morta, più di ogni altra donna viva], lasciò di lei un ardentissimo desiderio.”

In questa trasfigurazione letteraria Lorenzo non è solo. Perfino il suo agente di fiducia, Sforza Bettini, inviato al capezzale di Simonetta insieme al suo medico, ne descrive così il decesso: «Puossi [Si può] ben dire che sia stato il secondo Trionpho della morte, che veramente havendola voi vista così morta come la era, non vi saria parsa manco bella e vezzosa che si fusse in vita [non vi sarebbe sembrata meno bella e affascinante di come lo fosse mentre era viva]».

Al suo funerale partecipano migliaia di persone, desiderose di sfilare davanti alla sua bara, lasciata scoperta perché tutti potessero ammirare la bellezza che la morte non aveva offuscato. Simonetta è sepolta nella chiesa d'Ognissanti, nella Cappella Vespucci affrescata da Domenico Ghirlandaio. Non lontano, sul pavimento, vorrà essere sepolto anche Botticelli, desideroso di riposare per sempre ai suoi piedi. Qualche anno più tardi, un altro famoso artista fiorentino, Piero di Cosimo, dipingerà una Cleopatra con le sembianze di Simonetta Cattaneo, con un aspide attorno al collo: un inquietante ricordo della sua fine prematura o un insinuante simbolo erotico? Forse tutt'e due le cose, un monumento alla bellezza e la presenza incombente della fine: il tema o, meglio, l'ossessione più sinistra della cultura umanistica fiorentina.

T6

La supplica di Orfeo

Angelo Poliziano, *Fabula di Orfeo*, vv. 149-244

Il potere della poesia

Un pastore informa Orfeo della morte dell'amata Euridice: al mitico cantore non resta che scendere nell'Ade e tentare, grazie alla propria preghiera poetica, di convincere gli dèi inferi a restituirla a lui e alla vita.

METRO Ottave di endecasillabi con schema di rime ABABABCC.

ORFEO
Dunque piangiamo, o sconsolata lira,
ché più non si convien l'usato canto.
Piangiam, mentre che 'l ciel ne' poli agira
e Filomela ceda al nostro pianto.
O cielo, o terra, o mare! o sorte dira!
Come potrò soffrir mai dolor tanto?
Euridice mia bella, o vita mia,
senza te non convien che 'n vita stia.

Andar convienmi alle tartaree porte
e provar se là giù merzé s'empetra.
Forse che svolgeren la dura sorte
co' lacrimosi versi, o dolce cetra;
forse ne diverrà pietosa Morte
ché già cantando abbiam mosso una pietra,
la cervia e 'l tigre insieme avemo accolti
e tirate le selve, e' fiumi svolti.

Pietà! Pietà! del misero amatore
pietà vi prenda, o spiriti infernali.
Qua giù m'ha scorto solamente Amore,
volato son qua giù colle sue ali.
Posa, Cerbero, posa il tuo furore,
ché quando intenderai tutte e' mie mali,
non solamente tu piangerai meco,
ma qualunque è qua giù nel mondo ceco.

Non bisogna per me, Furie, mugghiare,
non bisogna arricciar tanti serpenti:

150 non si convien: non è adatto. **l'usato:** il consueto.
151 Piangiam... agira: piangiamo finché il cielo gira intorno ai poli, cioè per sempre.
152 Filomela... pianto: Filomela si arrenda al mio pianto (che è più addolorato del suo). Secondo il mito raccontato da Ovidio, Filomela si vendicò del cognato Tereo, che, dopo averla violentata, le aveva tagliato la lingua perché non potesse accusarlo. Abile tessitrice, Filomela riprodusse la triste storia in un ricamo, che mandò alla sorella Procne, la quale, per punire l'uomo, uccise il figlioletto e lo diede in pasto al marito Tereo. Successivamente gli dèi trasformarono Filomela in rondine e Procne in usignolo.
153 dira: crudele (latinismo).
154 tanto: tanto grande (latinismo).
157 tartaree: del Tartaro, cioè degli Inferi.
158 provar... s'empetra: provare a vedere se laggiù si può ottenere una grazia.
159 svolgeren: rovesceremo.
162 ché: visto che.
163 insieme avemo accolti: abbiamo fatto pacificamente convivere. *Avemo accolti è plurale maiestatis.*
164 tirate... svolti: abbiamo trascinato le foreste e deviato i fiumi.
167 m'ha scorto: mi ha guidato, mi ha scortato.
169 Cerbero: mitico cane a tre teste, custode dell'entrata dell'Ade.
172 qualunque... ceco: chiunque si trova quaggiù, in questo mondo senza luce.
173 Furie: le tre divinità romane degli Inferi (Aletto, Megera, Tisifone), corrispondenti alle Erinni greche. **mugghiare:** urlare.
174 serpenti: le Furie hanno serpenti al posto dei capelli.

se voi sapessi le mie doglie amare,
faresti compagnia a' mie' lamenti.
Lasciate questo miserel passare
c'ha 'l ciel nimico e tutti gli elementi,
che vien per impetrar merzé da Morte:
dunque gli aprite le ferrate porte.

PLUTONE
Chi è costui che con suo dolce nota
muove l'abisso, e con l'ornata cetra?
I' veggo fissa d'Issïon la rota,
Sisifo assiso sopra la sua petra
e le Belide star con l'urna vota,
né più l'acqua di Tantalo s'arretra;
e veggo Cerber con tre bocche intento
e le Furie acquietate al pio lamento.

ORFEO
O regnator di tutte quelle genti
c'hanno perduto la superna luce,
al qual discende ciò che gli elementi,
ciò che natura sotto 'l ciel produce,
udite la cagion de' mie' lamenti.
Pietoso amor de' nostri passi è duce:
non per Cerber legar fei questa via,
ma solamente per la donna mia.

Una serpe tra' fior nascosa e l'erba
mi tolse la mia donna, anzi il mio core:
ond'io meno la vita in pena acerba,
né posso più resistere al dolore.
Ma se memoria alcuna in voi si serba
del vostro celebrato antico amore,
se la vecchia rapina a mente avete,
Euridice mie bella mi rendete.

175 se voi... doglie: se voi conosceste i miei dolori.
180 gli aprite... porte: apritegli le porte di ferro (dell'Inferno).
182 ornata: armoniosa.
183-186 I' veggo... s'arretra: io vedo ferma la ruota di Issione, Sisifo seduto sopra il suo masso (*petra*) e le Danaidi immobili con le urne vuote, e l'acqua non si ritrae più davanti a Tantalo. Tutte le pene infernali, insomma, sono come sospese per effetto del canto di Orfeo. Issione è l'amante di Giunone, punito da Giove che lo ha legato a una ruota in perpetuo movimento. Sisifo, il più astuto tra i mortali, fa rotolare eternamente sulla china di una collina un macigno che, una volta arrivato alla cima, ricade sempre giù in basso. Le Belidi (o Danaidi), dopo avere ucciso i loro sposi, nell'Ade vengono condannate al supplizio di riempire d'acqua una botte che la perde incessantemente. Infine Tantalo, macchiatosi di innumerevoli colpe, nell'oltretomba è immerso nell'acqua, ma è sempre assetato perché, quando cerca di bere, l'acqua si ritira.
187 intento: ad ascoltare con le bocche aperte.
188 acquietate: calmate.
189 regnator: sovrani. Si riferisce sia a Plutone sia a Proserpina.
190 superna: del mondo terreno.
192 ciò che... produce: tutto ciò che gli elementi producono combinandosi, ciò che produce la natura al di sotto delle sfere celesti.
194 Pietoso... duce: letteralmente, l'amore supplichevole è guida dei miei passi, cioè: sono guidato dal dolore d'amore.
195 fei: feci.
197 nascosa: nascosta.
199 meno: conduco.
202 vostro: di Plutone e Proserpina, i sovrani dell'Ade.
203 la vecchia rapina: l'antico rapimento. Si allude al ratto di Proserpina, che Plutone portò nel suo regno.
204 mi rendete: restituitemi.

Ogni cosa nel fine a voi ritorna,
ogni cosa mortale a voi ricade:
quanto cerchia la luna con suo corna
convien ch'arrivi alle vostre contrade.
Chi più chi men tra' superi soggiorna,
ognun convien ch'arrivi a queste strade;
quest'è de' nostri passi estremo segno:
poi tenete di noi più longo regno.

Così la ninfa mia per voi si serba
quando suo morte gli darà natura.
Or la tenera vite e l'uva acerba
tagliata avete colla falce dura.
Chi è che mieta la sementa in erba
e non aspetti che la sia matura?
Dunque rendete a me la mia speranza:
i' non vel cheggio in don, quest'è prestanza.

Io ve ne priego pelle turbide acque
della palude Stigia e d'Acheronte;
pel Caos onde tutto el mondo nacque
e pel sonante ardor di Flegetonte;
pel pomo ch'a te già, regina, piacque
quando lasciasti pria nostro orizonte.
E se pur me la nieghi iniqua sorte,
io non vo' su tornar, ma chieggio morte.

PROSERPINA

Io non credetti, o dolce mie consorte,
che Pietà mai venisse in questo regno:
or la veggio regnare in nostra corte
et io sento di lei tutto 'l cor pregno;
né solo i tormentati, ma la Morte
veggio che piange del suo caso indegno:
dunque tua dura legge a lui si pieghi,
pel canto, pell'amor, pe' giusti prieghi.

205 nel fine: alla fine.
207 quanto... corna: tutto ciò che la luna circonda con la sua orbita. *Corna* designa le estremità della luna quando è al primo o all'ultimo quarto.
209-210 Chi più... strade: si vive fra gli uomini (*superi*, poiché stanno sopra rispetto all'Inferno) più o meno a lungo, ma tutti devono un giorno necessariamente giungere alle vie degli Inferi.
211 estremo segno: ultimo traguardo.
212 poi tenete di noi più longo regno: poiché voi dominate su di noi più a lungo (cioè per l'eternità).
213 per voi si serba: è destinata a voi.
214 natura: la legge della natura (la morte prematura di Euridice appare infatti innaturale).
217 in erba: quando è appena spuntata.
220 i'... prestanza: io non ve lo chiedo in dono o per sempre, ma solo in prestito.
221 pelle: in nome delle.
223 pel Caos... nacque: in nome del Caos dal quale ebbe origine l'universo.
224 pel... Flegetonte: in nome del Flegetonte che risuona con la sua corrente. Nella mitologia greco-romana è il fiume di fuoco che scorre nel mondo infernale e sfocia nell'Acheronte.
225-226 pel pomo... orizonte: in nome del frutto che, o regina, ti piacque, quando per la prima volta lasciasti i confini di questo mondo (*nostro orizonte*). Il riferimento è ai chicchi di melograno che Proserpina mangiò negli Inferi. In tal modo le fu impedito di ritornare sulla terra, poiché Giove avrebbe acconsentito solo se lei non avesse toccato cibo.
227 E se pur me la nieghi iniqua sorte: e se avviene che la sorte ingiusta mi neghi il suo ritorno.
229 non credetti: non avrei creduto. **mie consorte:** mio sposo (Plutone).
232 pregno: pieno.
233 i tormentati: i dannati.
234 del suo caso indegno: il suo destino immeritato.
235 a lui: a Orfeo.

PLUTONE
Io te la rendo, ma con queste leggi:
che la ti segua per la ceca via,
ma che tu mai la suo faccia non veggi
finché tra' vivi pervenuta sia;
dunque el tuo gran disire, Orfeo, correggi,
se non, che subito tolta ti fia.
I' son contento che a sì dolce plettro
s'inchini la potenza del mio scettro.

239 ma che... veggi: a condizione che tu non la guardi mai.
241 el tuo... correggi: tieni a freno, Orfeo, il tuo grande desiderio.
242 se non... ti fia: altrimenti ti sarà tolta subito.
243 plettro: melodia (metonimia). Il plettro è una piccola lamina usata per suonare alcuni strumenti a corda, tra cui la chitarra.

Dentro il TESTO

I contenuti tematici

L'impresa di Orfeo

Alla notizia della morte di Euridice, morsa da un serpente mentre fuggiva dal pastore Aristeo, Orfeo, disperato, decide di scendere nell'Ade per supplicare il signore degli Inferi, Plutone, di restituirgli la donna amata. La potenza del suo canto lo autorizza a sperare: in passato egli era stato capace di commuovere una pietra; ora si tratta di rendere pietosa la Morte.

La melodia dolente che Orfeo compone riesce, in effetti, a realizzare un evento straordinario: l'*abisso* insensibile che è il regno dei morti è turbato dalla pietà, scosso ed emozionato dal suono della *dolce nota* (v. 181). La stessa Proserpina, moglie di Plutone, sorpresa nello scorgere sui dannati e su tutta la corte infernale gli effetti provocati dal triste canto del poeta innamorato, prega il marito di cedere dinanzi alla forza del sentimento, trasgredendo per una volta la *dura legge* (v. 235) dell'aldilà che sancisce l'ineluttabilità della morte. Plutone acconsente a far tornare in vita Euridice, disposto a far soccombere *la potenza* del suo *scettro* dinanzi *a sì dolce plettro* (vv. 244-245), a condizione che Orfeo non si giri a guardarle il volto finché non siano giunti tra i vivi.

La poesia vince la morte

La poesia dunque ha vinto, sconfiggendo la Morte e sottraendo al suo dominio la bellezza, soggetta alla distruzione e al fato, che destina ogni cosa e ogni essere vivente all'oscurità del Caos. Il canto di Orfeo può ripristinare la giustizia e strappare alla falce che recide la vita la donna amata, troppo prematuramente condannata alla fine (di qui le immagini che paragonano Euridice alla *tenera vite*, all'*uva acerba*, v. 215, alla *sementa in erba*, v. 217).

La sconfitta dell'uomo

Se la poesia può superare ogni limite, l'uomo è però condannato dai propri impulsi e desideri. Così Poliziano, alla fine della *Fabula*, narra di come Orfeo, ottenuta la restituzione della sposa, non sappia dominare la passione irrazionale né controllare l'istinto che corrompe la purezza, l'equilibrio e l'armonia (gli ideali tipici del Neoplatonismo umanistico): contravvenendo all'ordine di Plutone, si gira verso Euridice, condannandola questa volta per sempre alle tenebre. A Orfeo non rimarrà che risalire da solo sulla terra, deciso a non amare più nessuna donna e destinato per questo a essere ucciso dalle Baccanti.

Le scelte stilistiche

La forma come strumento di misura e armonia

Grazie alla drammaticità della vicenda, un mito come quello di Orfeo ed Euridice avrebbe potuto indurre Poliziano a percorrere la strada della commozione o addirittura della tragedia. L'autore, invece, rimane ben ancorato allo stile che gli è più consueto e che gli permette di trasfigurare la materia sul piano della pura letterarietà, insistendo soprattutto sull'elemento teatralmente patetico (abbondano esclamazioni ed esortazioni; domina il campo semantico del dolore) e impreziosendolo grazie all'uso di materiali linguistici rari e raffinati.

L'originale combinazione dei modelli

Coerentemente con la sua concezione poetica, Poliziano si cimenta in un lavoro d'intarsio a partire dalle tre fonti classiche che trattano lo stesso episodio: le *Georgiche* (IV libro) di Virgilio, le *Metamorfosi* (X-XI libro) di Ovidio e *De raptu Proserpinae* (II libro) di Claudiano, poeta latino della fine del IV secolo. Su queste basi imprescindibili, egli innesta una serie di citazioni per lo più tratte da Dante (il *mondo ceco*, v. 172, richiama la stessa espressione usata da Marco Lombardo al v. 66 del canto XVI del *Purgatorio*) e da Petrarca (a cui si deve l'immagine della morte pietosa, v. 161, adottata nel *Trionfo della Morte*, I, 108): l'effetto, come sempre, è un'armonia composta ed elegante, gradita al pubblico, anch'esso elegante, a cui la favola teatrale è indirizzata.

Verso le COMPETENZE

COMPRENDERE

1 In che modo Orfeo pensa di poter commuovere le divinità infernali?

2 Di che cosa si meraviglia Plutone quando sente la prima parte del canto del poeta?

3 Perché Proserpina si sorprende e quale motivo la induce a chiedere la grazia al consorte?

ANALIZZARE

4 Individua le parole o le espressioni che meglio esemplificano lo stile raffinato di Poliziano.

5 Quale figura retorica ricorre nei vv. 165-166 (*del misero amatore / pietà vi prenda*)? È una figura presente altrove? Nel brano antologizzato ci sono altre figure retoriche: indicane almeno tre.

6 Oltre che poeta, Orfeo si dimostra nell'occasione anche un abile e scaltro oratore. Quali espedienti retorici utilizza per realizzare il proprio scopo?

INTERPRETARE

7 Quali elementi tipici della cultura umanistica si possono individuare in questo brano?

La raffigurazione del mito

In questa tavola di Jacopo del Sellaio, pittore fiorentino della seconda metà del Quattrocento, è raccontato il mito di Orfeo ed Euridice. In un paesaggio caratterizzato da rocce, montagne e corsi d'acqua, al centro è Euridice che, in fuga da Aristeo, è morsa da un serpente. A sinistra in lontananza Orfeo riceve la notizia della sua morte, mentre a destra due demoni dall'aspetto mostruoso trasportano la donna ormai esangue nell'aldilà.

Jacopo del Sellaio, *Euridice morsa da un serpente mentre fugge da Aristeo*, 1490. Rotterdam, Museum Boijmans Van Beuningen.

LETTURE critiche

La poesia delle *Stanze per la giostra*

di Attilio Momigliano

Con piacevole piglio narrativo, uno dei maggiori critici letterari del Novecento, Attilio Momigliano (1883-1952), ripercorre la vicenda del capolavoro di Angelo Poliziano, evidenziandone i principali motivi tematici e il suggestivo tono del racconto dal quale scaturisce il valore poetico di quest'opera. Tale valore – come mostra lo studioso – è strettamente legato alla temperie ideologica, culturale ed artistica della Firenze medicea.

Un giovane corteggiato e sospirato vive fra la caccia e le armi, e si ride degli uomini innamorati. Passa i suoi giorni fra campi e boschi, dietro la preda, contemplando la campagna, l'acqua che la ravviva, gli uccelli che cantano nella foresta mormorante, il pastore che guida la schiera delle sue pecore.

Ma in quell'anima che si delizia di ruscelli, di canzoni, di orizzonti sgombri, si nasconde già il destino d'un sublime amore.

Un mattino fresco, diffuso d'una calma pastorale, il giovane si alza e va a caccia con i compagni. Sprona il cavallo attraverso la selva, vola pieno di letizia e d'ardore, abbattendo e svellendo alberi e rami, inseguendo infaticabile caprioli, lepri, volpi, cinghiali. Una cerva bianca e snella gli si fa innanzi e fugge. E il cavaliere la rincorre, ora vicino, ora lontano, ora di nuovo vicino; la fiera, agilissima, sembra irraggiungibile. Nell'inseguimento, il giovane è ormai remoto dalla compagnia, solo con quella cerva instancabile davanti. La incalza, e giunge in una radura: un fiorito e verde prato. La cerva scompare: sull'erba sia una ninfa in candido velo, tutto dipinto di rose.

Il cacciatore guarda e tace. La ninfa, paurosa, alza la testa, si leva col grembo pieno di fiori, e s'allontana lentamente. Allora la contemplazione si fa preghiera:

O qual che tu ti sia, vergin sovrana,
o ninfa o dea…

La divina creatura risponde e lascia il giovane solo e smemorato. Cala la notte; i compagni lo cercano e chiamano invano.

Cupido trionfante porta la notizia a Venere, nel paradiso che il giovane aveva fino allora ignorato e ora intravvede, estatico e smarrito. La notte sogna: la ninfa già vestita di fiori, avvolta in una triste nube, si diparte dal mondo oscurato e deserto. L'incanto d'un breve giorno è finito.

Nella *Giostra* l'anima del Poliziano è leggera, nuova e fragrante; la malinconia dolce delle cose troppo belle vela, tenuissimamente, il suo splendore e le infonde il sentimento vago della fine.

L'esortazione a cogliere l'ora che passa, motivo giovanile e malinconico della classicità umanistica, suona nelle ballate ma è presupposta da tutta la grande lirica del poeta delle *Stanze*. L'incanto del suo mondo è troppo irreale, perché la coscienza non ne avverta indefinitamente la fugacità inevitabile; il pensiero

Cosa bella e morta! passa e non dura

non gli si forma mai nella mente; ma nel cuore c'è una trepidazione non più che accennata, che non affiora mai, e dà alla visione la levità delle cose che non sono di questa terra. Simonetta è l'immagine di quella poesia: Simonetta che appare come una forma venuta da un regno fatato, e in un attimo conquide il giovine Iulio, e, pur parlandogli di questa terra, ha già nella voce come la risonanza di una musica che s'allontana. Scomparsa, ritorna in sogno già staccata dal mondo; e gli occhi innamorati quasi non la possono più raffigurare:

Vedeasi tolto il suo dolce tesauro;
vedea sua ninfa in trista nube avvolta
dagli occhi crudelmente essergli tolta.

Simonetta è l'immagine di quella poesia e l'anima della prima e pura giovinezza, che vive con le forme di un sopramondo calate per breve ora quaggiù. Con quanta finitezza e semplicità di contorni è resa quella stagione breve dello spirito, in cui gli avvertimenti della realtà non si manifestano se non nel troppo stesso di quella beatitudine, e le più leggiadre apparenze del mondo si rispecchiano sole nell'acqua calma della fantasia! È un momento che il Poliziano ha espresso quasi istintivamente, in pure immagini, senza quasi residui di sentimento. Siamo noi che leggendo il poema vi sentiamo dentro la fantasia della prima giovinezza candida e felice, con sul volto il velo, non più che adombrato, d'un destino fugace. Le *Stanze* nascono da un'incoscienza beata, resa più dolce e più fine da quel senso appena avvertito di soavità che soverchia: sono, in lineazioni fantastiche e mitologiche, in persone e paesaggi, la rappresentazione della giovinezza nella sua idealità più tersa, nella sua piena capacità di trasfondersi nelle apparenze delle cose.

Attilio Momigliano, *Introduzione ai poeti*, Sansoni, Firenze 1964

Comprendere il PENSIERO CRITICO

1 Secondo te, perché Momigliano sceglie di utilizzare la forma narrativa per parlare delle *Stanze* di Poliziano?

2 Qual è il valore più alto che il critico riconosce all'opera di Poliziano?

3 In base a questo saggio critico e al T5, confronta le *Stanze* per la giostra di Poliziano con *Valzer per un amore*, uno dei brani dell'album *Canzoni* (1974) del cantautore Fabrizio De André.

Verifica delle CONOSCENZE

LA CORRENTE

Scegli l'alternativa corretta fra quelle proposte.

1 In quale anno Lorenzo de' Medici sale al potere a Firenze?

- a 1469.
- b 1434.
- c 1476.
- d 1492.

2 Che cosa si intende per "mecenatismo"?

- a Atteggiamento ossequioso da parte dell'artista nei confronti del signore.
- b Tendenza a favorire le arti e le lettere, accordando protezione e benefici a chi le coltiva.
- c Strategia dei signori del Rinascimento volta ad assegnare agli intellettuali ruoli politici all'interno dello Stato.
- d Fenomeno politico per il quale gli uomini di cultura gestiscono direttamente gli affari di Stato.

Rispondi alla seguente domanda.

3 Descrivi l'ambiente culturale mediceo e le sue caratteristiche principali.

Indica se le seguenti affermazioni sono vere (V) o false (F).

4 La produzione di Lorenzo de' Medici ha esclusivamente un carattere amoroso. V F

5 Il precetto del *carpe diem*, che ispira la letteratura medicea, deriva da una citazione petrarchesca. V F

6 Poliziano ha sempre vissuto a Firenze. V F

7 Oltre all'attività poetica, Poliziano pratica anche quella filologica. V F

8 La *Fabula di Orfeo* è la prima opera teatrale in volgare di argomento profano. V F

9 *I' mi trovai, fanciulle, un bel mattino* è un sonetto. V F

10 Nelle *Stanze per la giostra* si celebra la vittoria di Lorenzo de' Medici in un torneo cavalleresco. V F

Scegli l'alternativa corretta fra quelle proposte.

11 La *Canzona di Bacco* è

- a un canto carnascialesco.
- b una lauda religiosa.
- c un inno mitologico.
- d un'esaltazione poetica del vino.

12 Le *Stanze per la giostra* sono state interrotte a causa

- a della morte dell'autore.
- b del venir meno dell'ispirazione poetica.
- c della morte di Lorenzo de' Medici.
- d della morte di Giuliano de' Medici.

13 Quale di queste affermazioni riguardanti Poliziano può dirsi corretta?

- a L'ispirazione del poeta è soprattutto realistica.
- b La sua opera consiste nella sapiente e originale rielaborazione di temi e immagini della precedente produzione letteraria.
- c L'uso del volgare è una implicita dimostrazione di disprezzo per la lingua latina.
- d Convinto di dover imitare esclusivamente un autore della classicità, l'autore ripropone in forma nuova gli stilemi tipici della poesia virgiliana.

Rispondi alle seguenti domande.

14 In quali generi letterari si cimenta Lorenzo de' Medici?

15 Qual è il vero nome di Poliziano? A che cosa si deve la scelta del suo pseudonimo?

16 Spiega qual è il rapporto di Poliziano con la tradizione poetica.

LA LETTERATURA MEDICEA

La stagione culturale inaugurata della signoria dei Medici è caratterizzata dalla collaborazione fra intellettuali e potere. Lorenzo de' Medici favorisce, con il suo **mecenatismo**, sia l'espressione più alta delle arti sia manifestazioni e riti popolari. In letteratura ciò si traduce in una **poesia elegante** e nello sviluppo di **forme parodiche** e comiche. La rinascita lirica del volgare corrisponde all'**esaltazione della bellezza femminile**, oggetto di ammirazione sensuale e sentimenti idealizzati. La produzione poetica di Lorenzo de' Medici e di Poliziano si basa sulla contrapposizione tra il piacere e la felicità della **giovinezza** da una parte, e la malinconia e l'inquietudine per lo scorrere del tempo dall'altra. Tale delicato equilibrio sul piano stilistico dà origine alla mescolanza di toni popolareschi e citazioni letterarie.

GLI AUTORI

Lorenzo de' Medici Rappresenta il fulcro attorno a cui ruota tutta la cultura umanistica fiorentina. La produzione letteraria, caratterizzata da continui rimandi alla tradizione classica e alla lingua volgare, rappresenta per Lorenzo l'occasione per evadere dagli impegni della vita politica. Il Magnifico si cimenta infatti con un gran numero di modelli: dall'**egloga** al poemetto mitologico (*Ambra*), dal poema incentrato sull'**amore** (*Selve d'amore*) alle **laudi** e alle **sacre rappresentazioni**, dal **poemetto burlesco** *Nencia da Barberino* ai ***Canti carnascialeschi***, espressione della sua vena popolareggiante e gioiosa.

Angelo Poliziano È il poeta simbolo dell'Umanesimo. È traduttore di testi greci e latini, autore di opere in versi e prosa in lingua latina (*Sylvae*); nel tentativo di imitazione dei classici, mescola forme e suggestioni diverse. Anche nella produzione in volgare accoglie tanto le immagini della classicità quanto vocaboli e stili della poesia volgare, secondo il principio della *docta varietas*. ***La Fabula di Orfeo*** è la prima opera teatrale in volgare di argomento profano. Nelle *Rime* poliziano sceglie di rappresentare le oscillazioni della sua anima, in bilico tra realtà e sogno, mediante l'utilizzo di registri formali e la trattazione di argomenti vari. *Le Stanze* appartengono al genere encomiastico e la trama si sviluppa in una dimensione mitica. Caratteristica principale dell'opera – dichiarazione di poetica dell'arte umanistica – è infatti la **trasfigurazione**: i personaggi, gli episodi, la natura non hanno nulla a che fare con l'esistenza reale, resa immobile ed evanescente dal filtro della letteratura.

LA LETTERATURA MEDICEA

Legame tra politica e cultura

- collaborazione fra intellettuali e potere
- mecenatismo di corte e organizzazione di divertimenti popolari
- poesia elitaria e forme parodiche
- edonismo umanistico (ricerca del piacere e idealizzazione dei sentimenti)

AUTORI

Lorenzo de' Medici (1449-1492)

- eterogeneità di temi e generi (egloghe, poemetti mitologici e burleschi, poemi amorosi, laudi e sacre rappresentazioni)
- tradizione classica e trecentesca

T1 Ardo d'amore, e conviemme cantare

Canti carnascialeschi

- poesia corale
- vena popolareggiante e gioiosa

T2 Canzona di Bacco

Angelo Poliziano (1454-1494)

Poesie in volgare: *docta varietas*

- ***Fabula di Orfeo***: rappresentazione scenica della vicenda di Orfeo
- ***Rime***: composizioni giovanili caratterizzati da diverse tematiche
- ***Stanze per la giostra***: opera di genere encomiastico che mira a educare al bello attraverso la trasfigurazione della realtà

T3 I' mi trovai, fanciulle, un bel mattino

T4 Ben venga maggio

T5 Il ritratto di Iulio e l'incontro con Simonetta

T6 La supplica di Orfeo

Il genere

Il poema cavalleresco

... qualunche nel mondo è più orgoglioso,
è da Amor vinto, al tutto subiugato

(Matteo Maria Boiardo)

Luigi Pulci
Matteo Maria Boiardo

Db APP!

Le storie di Carlo Magno e dei suoi paladini e le avventure di re Artù e dei cavalieri della Tavola Rotonda non cessano di appassionare il pubblico anche dopo il tramonto della civiltà feudale, di cui sono state lo specchio più fedele, dal punto di vista sia religioso sia sociale. Le straordinarie vicende di guerra e d'amore dei cicli carolingio e bretone continuano infatti a catturare l'attenzione degli ascoltatori ben oltre il XII secolo, da quando frotte di cantastorie, giullari e canterini itineranti ne tramandano la memoria, grazie a semplici volgarizzamenti, nelle piazze dei villaggi italiani.

Più tardi, nel XV secolo, le imprese cavalleresche vengono narrate anche da poeti di grande valore, capaci di coinvolgere la raffinata platea delle corti.

L'eredità della materia carolingia e bretone

I cantari e il loro pubblico

Soprattutto in Toscana, nella seconda metà del Trecento, la materia cavalleresca carolingia e quella arturiana cominciano a essere rielaborate in chiave popolare e recitate nella forma dei **cantari**, narrazioni in versi basate sull'**ottava** (cioè sulla strofa di otto endecasillabi), accompagnate da musica e da scenografie rudimentali ma accattivanti.

Il pubblico semplice – contadini, artigiani e mercanti – a cui i cantari si rivolgono determina, oltre alle formule ricorrenti tipiche dell'oralità, anche il **superamento della motivazione etica** che si trovava alla base del ciclo carolingio delle origini, dedicato per lo più alla nobiltà guerriera. In altri termini, mentre viene meno l'accento religioso che dominava le *chansons de geste*, **i paladini e i cavalieri**, caratterizzati tradizionalmente da spirito di devozione e disprezzo del pericolo e della morte, **si trasformano in personaggi molto più umani**, toccati dalle passioni (prima fra tutte l'amore), attori di vicende tutt'altro che eroiche. Le trame dei cantari sono semplici e ripetitive, basate su un susseguirsi di eventi avventurosi, talvolta comici, spesso meravigliosi, fantastici, sorprendenti.

Dalla piazza alla corte: la nascita del poema cavalleresco

In età umanistica, anche il più raffinato ambiente delle corti signorili diviene sensibile alle gesta prodigiose dei cavalieri, che una nuova generazione di poeti colti è disposta a rinnovare e a dotare di un abito letterario più consono ai gusti e alle attese di un **pubblico sofisticato**. Va detto che la diffusione cortigiana di questi racconti della tradizione non avviene senza ostacoli: è facile, infatti, immaginare il preconcetto degli umanisti dai gusti più ricercati ed esigenti verso queste forme di intrattenimento, giudicate sciatte e senza pretese dal punto di vista letterario.

Il ciclo carolingio e il ciclo bretone a confronto

Ciclo	Genere	Temi	Epoca e origine	Opere di riferimento	Aspetti formali	Lingua
carolingio	canzoni di gesta (*chansons de geste*)	▪ le imprese di Carlo Magno e dei suoi paladini ▪ la difesa della religione cristiana (la guerra santa)	XI secolo, Francia del Nord	*Chanson de Roland*	▪ versi decasillabi ▪ lasse ▪ assonanze ▪ sintassi paratattica ▪ ripresa di versi ▪ ripetizione di formule ed espressioni	d'*oïl*
bretone	romanzo cortese	▪ materia di Bretagna: le vicende leggendarie di re Artù e dei cavalieri della Tavola Rotonda ▪ la centralità dell'amore ▪ l'avventura (la *quête*, la "ricerca" di persone o cose) ▪ il magico e il fantastico	metà XII secolo, Francia del Nord	▪ *Tristano e Isotta* ▪ i romanzi di Chrétien de Troyes (*Lancillotto, Ivano o il cavaliere del leone, Erec ed Enide, Cligès, Perceval*)	▪ versi ottonari a rima baciata ▪ struttura dinamica e aperta	d'*oïl*

I protagonisti

Pulci e la cultura medicea

Nonostante il preconcetto intellettuale verso un genere considerato minore (Petrarca, per citare un esempio emblematico, non si era fatto scrupolo di canzonare nei *Trionfi* il «volgo errante», ossia sciocco nell'appassionarsi alle vicende di Lancillotto e di Tristano), la materia cavalleresca riscuote un grande successo proprio nella corte politicamente ma anche culturalmente di maggior prestigio, quella medicea, raffinandosi e arricchendosi di un **intento encomiastico**.

Direttamente patrocinato dai Medici e commissionato dalla madre di Lorenzo il Magnifico, Lucrezia Tornabuoni, è il poema di **Luigi Pulci** (1432-1484), ***Morgante***. Nelle intenzioni dei protettori politici dell'autore doveva trattarsi di una rielaborazione, in chiave religiosa, delle imprese di Carlo Magno. Poco incline alla forma e al tono tipici dell'epica, Pulci si muove però in tutt'altra direzione. Sullo sfondo della guerra tra franchi e saraceni, il racconto delle avventure dei paladini si tramuta in una spregiudicata **parodia del mondo cavalleresco**, oggetto di un'irriverente rivisitazione. Anche lo stile non ha nulla a che vedere con le formule fisse e le facili rime stereotipate tipiche dei cantari: il *Morgante* presenta infatti una lingua quanto mai originale, frutto della contaminazione di **componenti colte e popolaresche**, grazie alla quale il poeta mette in burla i valori "troppo seri" della civiltà umanistica.

Boiardo e la politica culturale degli Estensi

MATTEO BOIARDO
LUDOVICO ARIOSTO
TORQUATO TASSO

Il poema cavalleresco assume connotati diversi alla **corte di Ferrara**, presso la quale i signori locali, gli **Estensi**, coltivano il gusto delle storie cavalleresche, in particolare quelle legate al ciclo bretone, amate in quanto veicolo di garbo e magnanimità. In tale contesto, dove i valori del codice cortese vengono rimpianti e rivissuti, si colloca la scrittura dell'*Innamoramento di Orlando* (o ***Orlando innamorato***, titolo con cui presto sarà letto e conosciuto) da parte di **Matteo Maria Boiardo** (1441-1494).

A un pubblico di gentiluomini e dame aristocratiche, desideroso di belle storie in cui rispecchiarsi, Boiardo regala la possibilità di vedere trasferite nell'elegante civiltà signorile le imprese e le virtù dei paladini del mondo feudale, assemblando – come già era stato fatto dai cantari, ma con ben altra consapevolezza – la materia narrativa del **ciclo carolingio**, con i suoi **eroismi**, insieme a quella del **ciclo bretone**, di cui si rievocano **amori, avventure e incantesimi**. In particolare, è proprio il sentimento amoroso a rappresentare il motore dell'azione dei personaggi, a partire dal più valoroso fra tutti i cavalieri cristiani, Orlando: per la prima volta lo troviamo sopraffatto non dagli avversari in armi, ma dalla ineguagliabile bellezza di una principessa, Angelica.

Gli imitatori dell'*Orlando innamorato*

L'opera di Boiardo riscuote subito un successo straordinario. Lo testimoniano i molteplici tentativi, promossi all'indomani della morte dell'autore, di realizzarne un seguito. Tra legioni di improvvisati imitatori, si staglia la figura del più grande poeta del Rinascimento, il ferrarese **Ludovico Ariosto** (1474-1533) che, partito dall'idea iniziale di continuare il poema interrotto da Boiardo, scrive con l'*Orlando furioso* un'opera epica in volgare capace di reggere il confronto con gli immortali racconti di Omero e Virgilio.

Il Matto, carta dei tarocchi, Jergot Tarot, XVII secolo.

PER APPROFONDIRE

La figura del cantastorie: nascita e tradizione di un poeta ambulante

Figura oggi quasi del tutto scomparsa, il cantastorie era un intrattenitore ambulante che girava per le strade dei villaggi recitando o cantando composizioni poetiche popolari, con l'accompagnamento di uno strumento a corda, di un organetto o di altri strumenti musicali. Spesso era un cieco educato sin dalla nascita all'arte del canto, e per questo in Sicilia era detto "orbo".

L'erede dei giullari e dei menestrelli

Il cantastorie è l'erede dell'aedo dell'antica Grecia e del giullare medievale, che possono essere considerati i progenitori di tutta la famiglia degli artisti di strada (giocolieri, saltimbanchi, acrobati), esperti nell'arte di divertire il pubblico con il canto, la musica, la danza, la recitazione. Diffusi a partire dall'XI secolo in Italia, in Francia, nella Penisola Iberica, in Inghilterra e in area germanica, i giullari vivevano ai margini della vita sociale ed erano spesso condannati dalla Chiesa per i loro costumi troppo liberi. Divenuti ben presto figure assai popolari, si potevano incontrare agli incroci delle strade di grande traffico, all'ingresso delle chiese, nelle piazze e nei castelli, soprattutto nei giorni in cui si celebravano ricorrenze religiose o cerimonie nuziali.

Originariamente i giullari eseguivano le opere letterarie dei trovatori (molti poeti provenzali avevano iniziato la loro carriera proprio come artisti girovaghi), ma ben presto divennero autori di componimenti propri. Alcuni di loro abbandonarono la vita vagabonda e si sistemarono presso le corti dei signori o al seguito di un protettore di alto rango, per trasformarsi in menestrelli, che – come si evince dal significato del nome, che viene dal provenzale *menestral*, "servo di casa" – si stanziavano in un castello, impiegati come intrattenitori durante feste o banchetti.

Tuttavia i cantastorie, come vennero chiamati i giullari dopo il Medioevo, non scomparvero, ma restarono per secoli una presenza familiare nelle strade e nelle piazze di città e villaggi, interpretando canzoni originali, ma soprattutto rielaborando e diffondendo leggende, esaltando luoghi santi e personaggi eroici. In alcune città essi si organizzarono in vere e proprie corporazioni, con un capo, leggi e regolamenti particolari.

Il repertorio dei cantastorie

Anima delle feste popolari, onnipresenti ai battesimi e alle nozze, nei balli di carnevale e nelle solennità religiose, i cantastorie potevano contare su un pubblico di appassionati spettatori. Spesso vendevano foglietti su cui erano stampate le "cantiche" (ossia le storie in versi che recitavano o cantavano con l'accompagnamento di uno strumento musicale, talvolta illustrate con cartelloni in cui venivano raffigurate le scene salienti). In molti casi le storie erano rielaborate e adattate nel dialetto locale: vi si trovavano anche accenni o riferimenti a personaggi e vicende familiari al pubblico del posto.

Una delle fonti più importanti per il repertorio dei cantastorie era quella costituita dalle *chansons de geste*, i poemi epici francesi medievali: fu proprio grazie ai cantastorie che eroi leggendari come Carlo Magno, Orlando, Rinaldo e Angelica divennero personaggi popolari. Soprattutto in Sicilia, tale materia fu tramandata di generazione in generazione: non è un caso che le vicende eroiche dei paladini e dei "reali di Francia" furono (e sono ancora oggi) al centro delle rappresentazioni di marionette, chiamate in Sicilia "teatro dei pupi" o "opera dei pupi".

I cantastorie ebbero quindi un importantissimo ruolo di mediatori culturali, rendendo accessibile il mondo della letteratura colta alla massa della popolazione, per lo più analfabeta. In un certo senso, anzi, possiamo dire che restituivano la grande epica alla tradizione orale da cui era nata. Ma anche vite dei santi e leggende sacre, storie d'amore tragiche e sentimentali e imprese di famosi banditi venivano messe in versi e declamate. Spesso la narrazione era interrotta ad arte (e ciò accade anche in autori colti, come Boiardo e Ariosto) nei punti cruciali della vicenda, dando luogo a una specie di storia a puntate che anticipava i meccanismi seriali dei romanzi d'appendice, delle *soap opera* e delle serie televisive di oggi.

La fine (e la rinascita?) dei cantastorie

Con il passare dei secoli, però, i cantastorie andarono perdendo la loro popolarità, anche per l'incapacità di rinnovare il repertorio tradizionale adeguandolo ai tempi. Non più in grado di sostenere la concorrenza delle varie forme specializzate di intrattenimento (danza, teatro, musica) e, nel corso del Novecento, del cinema, della radio e della televisione, la figura del cantastorie divenne sempre più rara, fino a resistere come lontano ricordo di un folclore cancellato dalla modernità.

Negli ultimi anni, tuttavia, sembra di assistere a una sorta di revival grazie ad artisti che tentano di rivitalizzare questa nobile tradizione narrativa: è il caso di Franco Trincale (n. 1935), interprete di una cultura popolare dal forte impegno sociale, e soprattutto di Ascanio Celestini (n. 1972), autore e attore di spettacoli incentrati sulla denuncia e sul racconto di vicende storiche, approfondite grazie a un notevole lavoro di ricerca.

Gli autori e i testi

Luigi Pulci

La vita

Nato a **Firenze** nel **1432**, Luigi Pulci entra ben presto a far parte della cerchia di Lorenzo de' Medici, benché non abbia la cultura raffinata degli umanisti e dei poeti che ne fanno parte. Quando nella brigata laurenziana, a opera soprattutto di Marsilio Ficino e di Poliziano, prevale il pensiero neoplatonico, il suo ruolo a corte diviene però sempre più marginale. Contrasti personali e la sua **fama di miscredente** (Pulci si dedica a pratiche di magia) lo costringono a lasciare Firenze nel 1476. Si mette dunque alle dipendenze del condottiero Roberto Sanseverino fino alla morte, avvenuta a **Padova** nel **1484**. Accusato di eresia, viene sepolto in terra sconsacrata.

Le opere

Un irregolare alla corte del Magnifico

Nell'ambito della corte medicea, dove tiene a lungo una posizione di prestigio, Pulci rappresenta quel fecondo filone di poesia in lingua volgare, ludico e scanzonato, che costituiva un tratto distintivo della **cultura popolaresca toscana**. Dotato di estro irridente, la sua concezione della letteratura contagia in un primo momento tutto l'ambiente intellettuale, goliardico e spregiudicato, che ruota intorno alla figura di Lorenzo, lui stesso patrocinatore e produttore di una poesia giocosa e di stile burlesco. A Lorenzo, autore della *Nencia da Barberino*, Pulci risponde con una satira del mondo pastorale, la *Beca da Dicomano*.

Il *Morgante*

La sua opera più celebre è però il poema di argomento cavalleresco *Morgante*. Come abbiamo già detto, il testo viene commissionato nel 1461 dalla madre di Lorenzo, Lucrezia Tornabuoni, che si attende un'esaltazione religiosa di Carlo Magno come eroe della cristianità. Pulci, invece, estraneo se non ostile a ogni sollecitazione religiosa e orientato al contrario a rinnovare il gusto ridanciano dello sberleffo e della caricatura, riversa nel suo lavoro tutta la propria **vena laica** e **irriverente**.

Con il *Morgante* (pubblicato in due diverse redazioni: la prima, in 23 canti, nel **1478**; la seconda, ampliata a 28 canti, nel **1483**) Pulci rielabora la tradizione dei cantari popolari, unendola a quella della poesia giocosa toscana, da Cecco Angiolieri fino a Burchiello. Il tema cavalleresco infatti è svolto con **intenti dissacratori**: la materia carolingia è rappresentata in **forme comiche** grazie all'esilarante inverosimiglianza delle vicende raccontate, al carattere furfantesco dei personaggi in azione e alla varietà espressiva delle soluzioni linguistiche adottate.

La trama

Il poema, scritto in **ottave**, prende il titolo dal protagonista, **il gigante Morgante**, che, convertitosi al cristianesimo, **segue il paladino Orlando**, il quale aveva abbandonato la corte di Carlo Magno a causa delle calunnie del cugino Gano di Magonza. Da questo momento inizia un susseguirsi frenetico di **avventure**, **gesta iperboliche e incontri stravaganti**: in uno di questi, Morgante conosce **il mezzo gigante Margutte**, con cui affronterà altre incredibili imprese. Degna della vita di Morgante e Margutte sarà anche la loro morte: il primo, morso da un granchio; il secondo, per un attacco di riso alla vista di una scimmia che gli ha rubato gli stivali. Orlando, invece, morirà, come vuole la tradizione, vittima di un'imboscata dei saraceni, a Roncisvalle.

Un mondo e una scrittura "eccessivi"

La trama disordinata rispecchia il mondo descritto da Pulci, anch'esso vorticoso, informe e confuso. Senza essere delineate in una precisa personalità, le figure che si muovono sulla scena del poema sono **emblemi dell'irrazionalità**: sempre affamati, violenti e fanfaroni, con la sproporzione dei loro corpi rappresentano la volontà dell'autore di opporre agli ideali razionali e armonici della cultura umanistica una **visione del mondo satirica e materialistica**.

A dominare questo **mondo alla rovescia** sono sempre l'eccesso, la deformazione, l'iperbole. Anche il **linguaggio** è **caricaturale e sovrabbondante**: Pulci mostra nella sua opera tutte le potenzialità della parola, sfruttate nell'ambito di un registro lessicale quanto mai ricco e suggestivo, nella sua grottesca varietà. Come un autentico virtuoso della penna, l'autore del *Morgante* sa infatti sperimentare ardite soluzioni e invenzioni espressive. Il suo vocabolario accoglie espressioni popolareggianti, esotiche, colte, neologismi, voci dialettali e locuzioni letterarie: uno sterminato repertorio costituito di materiali linguistici differenti, specchio fedele di un mondo caotico e ingovernabile.

• T1 •

La professione di fede di Margutte

Luigi Pulci, *Morgante*, XVIII, ott. 112-120

Il capovolgimento del mondo rinascimentale

Un giorno il gigante Morgante, dopo aver accompagnato il paladino Orlando in mille avventure, si imbatte, a un incrocio, in uno strano personaggio, un mezzo gigante di nome Margutte. Lestofante dichiarato, frutto della fantasia di Pulci che lo inventa di sana pianta, Margutte qui imbastisce una sorta di proprio identikit, deridendo tutti i valori comuni e snocciolando senza pudore i princìpi del suo unico credo, quello gastronomico.

METRO Ottave di endecasillabi con 6 rime alternate e 2 baciate e con schema ABABABCC.

112

Giunto Morgante un dì in su 'n un crocicchio,
uscito d'una valle in un gran bosco,
vide venir di lungi, per ispicchio,
un uom che in volto parea tutto fosco.
Dètte del capo del battaglio un picchio
in terra, e disse: «Costui non conosco»;
e posesi a sedere in su 'n un sasso,
tanto che questo capitòe al passo.

113

Morgante guata le sue membra tutte
più e più volte dal capo alle piante,
che gli pareano strane, orride e brutte:
«Dimmi il tuo nome», dicea «vïandante».
Colui rispose: «Il mio nome è Margutte;
ed ebbi voglia anco io d'esser gigante,
poi mi penti' quando al mezzo fu' giunto:
vedi che sette braccia sono appunto».

PARAFRASI

ottava 112

Un giorno, Morgante, giunto a un crocevia, uscito da una valle in un grande bosco, vide arrivare da lontano, confusamente (*per ispicchio*), un uomo che sembrava assai scuro (*tutto fosco*) in volto. Percosse il terreno con un colpo della testa del batacchio e disse: «Non conosco costui»; e si mise a sedere su un sasso, finché questi giunse (*capitòe*) al crocicchio.

ottava 113

Morgante guarda attentamente (*guata*) dalla testa ai piedi (*dal capo alle piante*) tutte le parti del suo corpo [di Margutte], che gli sembravano strane, orrende e brutte: «Dimmi il tuo nome», diceva, «viandante». Quello rispose: «Mi chiamo Margutte; anch'io desideravo esser gigante, poi giunto a metà mi pentii: vedi che sono perciò alto sette braccia».

5 battaglio: la strana arma di Morgante è un batacchio, l'asta appesa al centro della campana.
13 Margutte: il nome è di origine incerta. Tra le varie ipotesi, quella oggi più accreditata lo riconduce ai fantocci di legno usati come bersagli dei cavalieri nelle giostre medievali.
16 sette braccia: all'incirca quattro metri (il braccio era un'unità di misura corrispondente a circa sessanta centimetri).

114

Disse Morgante: «Tu sia il ben venuto:
ecco ch'io arò pure un fiaschetto allato,
che da due giorni in qua non ho beuto;
e se con meco sarai accompagnato,
io ti farò a camin quel che è dovuto.
Dimmi più oltre: io non t'ho domandato
se se' cristiano o se se' saracino,
o se tu credi in Cristo o in Apollino».

ottava 114

Morgante disse: «Che tu sia il benvenuto: così avrò un fiaschetto al mio fianco, visto che da due giorni non bevo; e se ti accompagnerai con me, io ti tratterò come si deve durante il cammino. Inoltre dimmi: io non ti ho chiesto se sei cristiano o musulmano (*saracino*), se credi in Cristo o in Apollo».

115

Rispose allor Margutte: «A dirtel tosto,
io non credo più al nero ch'a l'azzurro,
ma nel cappone, o lesso o vuogli arrosto;
e credo alcuna volta anco nel burro,
nella cervogia, e quando io n'ho, nel mosto,
e molto più nell'aspro che il mangurro;
ma sopra tutto nel buon vino ho fede,
e credo che sia salvo chi gli crede;

ottava 115

Allora rispose Margutte: «Per risponderti subito (*A dirtel tosto*), io non credo in nulla (*non credo più al nero ch'a l'azzurro*), ma credo solo nel cappone, lesso o arrosto; e credo qualche volta anche (*anco*) nel burro, nella birra (*cervogia*) e, quando ne ho, nel vino (*mosto*), e credo molto più nel vino aspro che nella moneta di rame di poco valore (*mangurro*); ma soprattutto credo nel buon vino e credo che chi gli crede avrà la salvezza eterna;

116

e credo nella torta e nel tortello:
l'uno è la madre e l'altro è il suo figliuolo;
e 'l vero paternostro è il fegatello,
e posson esser tre, due ed un solo,
e diriva dal fegato almen quello.
E perch'io vorrei ber con un ghiacciuolo,
se Macometto il mosto vieta e biasima,
credo che sia il sogno o la fantasima;

ottava 116

e credo nella torta e nel tortello: l'uno è la madre e l'altro è suo figlio; e il vero padre è il fegato di maiale (*fegatello*), e possono essere tre, due e uno solo, e almeno quello deriva dal fegato. E siccome io vorrei bere da un mastello (*ghiacciuolo*), se Maometto vieta e biasima il vino, credo che egli sia un sogno o un fantasma;

117

ed Apollin debbe essere il farnetico,
e Trivigante forse la tregenda.
La fede è fatta come fa il solletico:
per discrezion mi credo che tu intenda.
Or tu potresti dir ch'io fussi eretico:
acciò che invan parola non ci spenda,

ottava 117

Apollo poi deve essere un incubo (*farnetico*) e Trivigante una tregenda. La fede è come il solletico: con la tua capacità di capire (*per discrezion*), credo che tu mi comprenda. Ora potresti dire che io sono eretico: affinché tu non spenda parole inutili [per convertirmi],

18 arò... allato: si tratta di una metafora: per il gigante Morgante, il mezzo gigante Margutte sarà come un fiaschetto di vino appeso al fianco di un uomo di statura normale.
24 Apollino: cioè Apollo, la divinità che insieme a Maometto e Trivigante costituiva, secondo un errato ma diffuso luogo comune popolare, una "trinità" pagana.
26 io non credo più al nero ch'a l'azzurro: oggi diciamo "non credere né al bianco né al nero", ovvero non credere né in una cosa né nel suo contrario.
30 nell'aspro che il mangurro: tipico esempio di gioco di parole; *aspro* e *mangurro* sono due monete turche (rispettivamente d'argento e di rame), ma per *aspro* si può intendere anche il vino acido, il che spiega la preferenza di Margutte.
32 credo che sia salvo chi gli crede: trasposizione blasfema del monito di Cristo: «Chi mangia la mia carne e beve il mio sangue ha la vita eterna» (Gv., 6, 54).
37 e diriva... quello: il nonsenso di Pulci sottintende un altro trasgressivo riferimento religioso, in questo caso alla Trinità (Padre, Figlio e Spirito Santo) e al dogma per cui lo Spirito Santo procede (*diriva*) dal Padre e dal Figlio.
38 ghiacciuolo: secchio per il ghiaccio.
42 Trivigante: il nome, non presente nella mitologia classica, designava il diavolo nei poemi cavallereschi. **tregenda:** letteralmente, un convegno di streghe o demoni. Come i precedenti *fantasima e farnetico*, il termine richiama i riti propiziatori e le suggestioni dei credenti nella magia, nell'occulto e nell'esoterismo (anche satanico).
43 La fede... solletico: cioè, c'è chi la "sente" e chi no.

vedrai che la mia schiatta non traligna
e ch'io non son terren da porvi vigna.

vedrai che la mia stirpe non degenera (*traligna*) e che io non sono terreno adatto a coltivare la fede (*non son terren da porvi vigna*).

118
Questa fede è come l'uom se l'arreca.
Vuoi tu veder che fede sia la mia?,
che nato son d'una monaca greca
e d'un papasso in Bursia, là in Turchia.
E nel principio sonar la ribeca
mi dilettai, perch'avea fantasia
cantar di Troia e d'Ettore e d'Achille,
non una volta già, ma mille e mille.

ottava 118

La fede è come uno (*l'uom*) la porta con sé dalla nascita (*se l'arreca*). Vuoi vedere quale sia la mia? Sono nato da una monaca greca e da un prete musulmano a Bursia, laggiù in Turchia. All'inizio mi piaceva suonare la ribeca, perché avevo desiderio (*fantasia*) di cantare di Troia, di Ettore e di Achille, non una sola volta, ma mille e mille volte.

119
Poi che m'increbbe il sonar la chitarra,
io cominciai a portar l'arco e 'l turcasso.
Un dì ch'io fe' nella moschea poi sciarra,
e ch'io v'uccisi il mio vecchio papasso,
mi posi allato questa scimitarra
e cominciai pel mondo andare a spasso;
e per compagni ne menai con meco
tutti i peccati o di turco o di greco;

ottava 119

Dopo che mi stancai (*m'increbbe*) di suonare la chitarra, io cominciai a portare l'arco e la faretra (*turcasso*). Un giorno poi che feci una rissa (*sciarra*) nella moschea e che vi uccisi il mio vecchio padre (*papasso*), mi misi al fianco questa scimitarra e cominciai a girovagare per il mondo; e come compagni condussi con me tutti i peccati sia dei turchi sia dei greci;

120
anzi quanti ne son giù nello inferno:
io n'ho settanta e sette de' mortali,
che non mi lascian mai lo state o 'l verno;
pensa quanti io n'ho poi de' veniali!
Non credo, se durassi il mondo etterno,
si potessi commetter tanti mali
quanti ho commessi io solo alla mia vita;
ed ho per alfabeto ogni partita.

ottava 120

anzi tutti quelli che sono giù nell'inferno: io ho commesso settantasette peccati mortali, che non mi lasciano mai sia d'estate sia d'inverno (*lo state o 'l verno*); pensa dunque quanti ne ho di veniali! Se il mondo durasse in eterno, non credo che si potrebbero commettere tanti peccati quanti ne ho commessi io nella mia vita; e li registro (*ho... ogni partita*) in ordine alfabetico.

[...]».

47 **schiatta non traligna:** con ironia, Margutte sottolinea: tali genitori, tale figlio...
52 **papasso:** prete musulmano. **Bursia:** città sacra degli ottomani, oggi Bursa, in Turchia.
53 **ribeca:** antico strumento ad arco, a più corde, usato da trovatori e menestrelli.
66 **settanta e sette:** numero simbolico per indicare una grandissima quantità.
72 **partita:** il lessico da contabile prelude a un minuzioso e compiaciuto elenco dei peccati di Margutte.

Dentro il TESTO

I contenuti tematici

Una religione della pancia

Il brano che abbiamo riportato è significativo della volontà di Pulci di sottoporre a parodia convinzioni diffuse e visioni del mondo consolidate. A Morgante che, da poco convertito da Orlando alla religione cristiana, gli chiede quale sia la sua religione, Margutte risponde allestendo una versione rovesciata del Credo. A differenza della tradizionale dichiarazione di fede, qui il mezzo gigante elenca valori e beni molto terreni: il cappone, il burro, la birra... Estraneo a qualsiasi norma morale, questo peccatore dichiarato e impenitente rivela di obbedire solo alle esigenze della pancia, e non si limita a confessare il proprio ateismo, ma si spinge con beffarda irriverenza a sostituire la Trinità cristiana con quella, blasfema e mangereccia, della torta, del tortello e del fegatello (ottava 116).

Contro ogni potere (sociale, culturale e religioso)

D'altra parte, Margutte non fa distinzioni tra una religione e l'altra, visto che il suo materialismo trasgressivo non risparmia nemmeno Maometto (ottave 116-117). In questo modo, attraverso la figura di Margutte, Pulci demolisce la spiritualità e tutti i valori metafisici, opponendo a essi una visione del mondo capovolta e sacrilega, evidentemente provocatoria per la cultura egemone e per il raffinato galateo della corte a cui l'opera era indirizzata.

L'amoralità di Margutte

Significativa è inoltre la fedeltà alla lezione dei genitori, rivendicata da Margutte per sottolineare di non aver "tralignato" e di non essere adatto a conversioni religiose (*io non son terren da porvi vigna*, v. 48). Dall'unione irregolare di una monaca greca e un prete musulmano egli non avrebbe potuto ereditare che un'innata predisposizione al peccato e alla miscredenza (*per compagni ne menai con meco / tutti i peccati o di turco o di greco*, vv. 63-64). Margutte si compiace di dipingere la propria totale amoralità, che lo spinge all'atto più deprecabile: nel suo autoritratto "maledetto" non manca infatti la cinica rivendicazione dell'uccisione del padre, per di più avvenuta in luogo sacro (la *moschea*, v. 59); la sconfessione dell'autorità (sia della famiglia sia della religione) a questo punto è completa e definitiva.

Le scelte stilistiche

La "voracità" del lessico

Alla parodia ideologica l'autore affianca anche quella linguistica. Sulla superficie del fiorentino popolare dell'epoca Pulci innesta una continua ricerca della sorpresa, della contaminazione, della sovrabbondanza. Spicca, in questo senso, il gusto dell'accumulo verbale: il brano esibisce elenchi di cibi e bevande (*cappone, burro, cervogia, mosto, vino, torta-tortello, fegato-fegatello*). La varietà del lessico è testimoniata da vocaboli, espressioni e termini tecnici, attinti da settori e culture diversissimi tra loro (è il caso di parole esotiche come *Bursia, ribeca, papasso, turcasso, sciarra, aspro, mangurro*, e dei vocaboli *fantasima, farnetico* e *tregenda*, che rimandano a una matrice esoterica.

Esotismo ed esoterismo: le invenzioni lessicali di Pulci	
aspro (v. 30)	dal greco *áspros*, moneta d'argento bizantina, poi diffusa nell'Impero ottomano
mangurro (v. 30)	etimologia incerta, moneta turca di rame di scarso valore
fantasima (v. 40)	dal greco *phantázomai* ("apparire"), spirito, fantasma (qui al femminile)
farnetico (v. 41)	dal greco *phrenetikós* (da *phrén*, "animo", "mente", "pensiero"), incubo, delirio, frenesia che pervade il posseduto durante i riti magici
tregenda (v. 42)	variante popolare di "tragedia", forse dal latino *transire* ("passare"), indica il convegno notturno di diavoli, di spiriti dannati, di streghe che, secondo leggende popolari di origine nordica, si riuniscono di notte per compiere le loro malefiche operazioni
papasso (v. 52)	dal greco bizantino *papás*, prete musulmano

Bursia (v. 52)	l'antica Prusa, famosa per i mausolei degli antichi sultani ottomani
ribeca (v. 53)	dall'arabo *rabāb*, strumento musicale ad arco
turcasso (v. 58)	dal persiano *tirkash*, derivato della locuzione *tir* ("freccia") *kashidan* ("tirare", "scagliare"), faretra, borsa o recipiente, generalmente cilindrico, destinato a contenere le frecce dell'arco o della cerbottana
sciarra (v. 59)	dall'arabo *sarra(h)* ("ostilità"), rissa violenta

L'orgia carnevalesca di cibi e parole

In linea con lo stile della letteratura carnevalesca, l'abbuffata dunque non è solo di cibi, ma anche di parole: l'abbondanza lessicale e la ridondanza delle descrizioni sembrano mimare l'incontinenza gastronomica di Margutte, il suo divorare quasi senza masticare e la sua esigenza di riempire lo stomaco, consumando con insaziabile violenza tutto ciò che è commestibile.

Un cumulo di figure retoriche

Per accentuare l'effetto comico, inoltre, Pulci si sbizzarrisce nell'escogitare espedienti retorici, come se la bulimia alimentare di Margutte dovesse trovare un corrispettivo nell'ostentata espressività della lingua dell'autore. Il parlar figurato di Pulci si evidenzia, per esempio, nella presenza dell'anafora (*e credo... e credo...*, nell'ottava 115; il verbo *credere* viene impiegato ben quattro volte e ritorna al primo verso nell'ottava successiva), dell'iperbole (le *mille e mille* volte in cui Margutte, nei panni del cantastorie, ha narrato le vicende troiane, v. 56; l'ostentata empietà sintetizzata nell'ottava 120, *io n'ho settanta e sette de' mortali*, v. 66, e poi *Non credo, se durassi il mondo etterno, / si potessi commetter tanti mali / quanti ho commessi io solo alla mia vita*, vv. 69-71), della metafora (il *fiaschetto* con cui Morgante ridicolizza la minore statura di Margutte, v. 18), della similitudine (*La fede è fatta come fa il solletico*, sentenzia Margutte al v. 43) e della derivazione (significative sono le figure etimologiche *torta-tortello* e *fegato-fegatello*, ottava 116).

Verso le COMPETENZE

COMPRENDERE

1 La visione antireligiosa di Margutte può essere condensata nella sua sentenza proverbiale: *La fede è fatta come fa il solletico* (v. 43). Spiega il significato di questa espressione.

2 Che cosa intende dire Margutte quando afferma che la propria *schiatta non traligna* (v. 47)?

ANALIZZARE

3 Fai l'analisi del periodo delle ottave 112-113.

4 Nelle ottave 115 e 116 più volte, a inizio di verso, troviamo il verbo *credo*: di quale figura retorica si tratta?

5 Rintraccia le espressioni popolaresche presenti nel testo.

6 Una delle caratteristiche dello stile di Pulci è la presenza costante delle iperboli. Individuale nel testo.

INTERPRETARE

7 Il *Morgante* di Pulci venne inserito nel 1558 nell'Indice dei libri proibiti stilato dalla Chiesa cattolica. Dopo la lettura del testo, sei in grado di spiegarne le ragioni?

PRODURRE

8 SCRIVERE PER **CONFRONTARE**
Alcuni critici hanno messo in relazione la miscredenza di Margutte con quella di ser Ciappelletto, personaggio del *Decameron* di Boccaccio senz'altro noto a Pulci. Rileggi la novella che lo vede protagonista (I, 1) e confronta le due figure, sottolineandone le somiglianze ma anche le rispettive peculiarità.

9 SCRIVERE PER **ARGOMENTARE**
Il brano pone un problema molto delicato: fino a che punto è lecito farsi beffe delle religioni? Pulci non ha limiti, ma in altre culture – per esempio quella musulmana – spesso la satira religiosa viene ritenuta offensiva, e del resto anche papa Francesco ha invitato a non sbeffeggiare le religioni. Qual è la tua opinione? Rifletti scrivendo un testo di circa 30 righe.

Arte romana, *Banchetto o i casti amanti*, I secolo d.C. Napoli, Museo archeologico nazionale.

Il cibo e i suoi eccessi

Con effetti talvolta raffinati ed eleganti, altre volte comici o grotteschi, l'arte ha spesso raffigurato il rapporto dell'uomo con il cibo.

Il banchetto di Pompei

Nella cosiddetta "Casa dei Casti Amanti", il panificio della colonia romana di Pompei, distrutta dall'eruzione del Vesuvio nel 79 d.C., si trovava una sala per banchetti e ricevimenti. Una delle decorazioni raffigura un gruppo di uomini e donne, semisdraiati all'uso romano e intenti a gustare ogni tipo di cibo e bevande; un uomo giace mollemente addormentato, forse ebbro per il troppo vino, con la coppa che ormai gli scivola di mano.

Scuola di Raffaello, *Banchetto nuziale*, 1518. Roma, Villa Farnesina.

La festa degli dèi

Come gli antichi romani, banchettano gli dèi pagani riportati in vita da Raffaello e dagli artisti della sua scuola nella Loggia di Psiche della Villa Farnesina, edificata a Roma ai primi del Cinquecento per il ricco banchiere senese Agostino Chigi. Nella loggia, che un tempo si apriva direttamente sul giardino, è dipinto il tormentato *Storie di Amore e Psiche*, ciclo che si conclude felicemente con un ricco banchetto per celebrare i due amanti finalmente ricongiunti. Servitori nudi si preoccupano che il cibo e il vino non venga mai a mancare, e rabboccano piatti e vasi.

L'eccesso del popolo

Ma non sono soltanto i patrizi o gli dèi a dedicarsi a lauti banchetti: anche i popolani abusano di cibo, con effetti comici e grotteschi. L'eccesso è per esempio il tema di una tela del pittore Vincenzo Campi (1536-1591), artista cremonese che ottenne il successo grazie a scene di genere, in cui contadini e popolani dai volti deformi si avventano sul cibo o mostrano la mercanzia in vendita. Nei *Mangiatori di ricotta* l'intera superficie del dipinto è riempita da tre uomini e da una donna dal seno prosperoso e dall'abito scollato: mentre lei sorride maliziosamente, uno dei maschi si avventa su una forma di ricotta con un mestolo, troppo grande per essere utilizzato come cucchiaio, e la bocca aperta lascia intravvedere la grossa quantità di formaggio già ingurgitato.

Vincenzo Campi, *I mangiatori di ricotta*, 1580 ca. Lione, Musée des Beaux-Arts.

Alla mensa degli scrittori

La componente gastronomica è centrale nel *Morgante* di Luigi Pulci e Margutte può ambire senza dubbio alla palma del "mangione" fra tutti i personaggi della letteratura. Ciononostante, Pulci è in buona compagnia, dal momento che molte pagine di poeti e scrittori grandi e meno grandi non celebrano affatto la sobrietà a tavola. Anzi, tra profumi di sughi, abbondanti menu e ardite invenzioni culinarie, c'è da sorprendersi di come molti letterati non rinuncino a raccontare banchetti, cibi e pietanze, convinti probabilmente dalla sentenza proverbiale secondo cui "l'uomo è quel che mangia".

Mangiare e scrivere nell'antica Roma

La descrizione di alimenti e abbuffate non risponde quasi mai a una volontà realistica. Anzi, la tradizione letteraria ci dice esattamente il contrario. Quando si vuole esagerare, rappresentando la realtà in modo iperbolico ed enfatico, e si sceglie di farlo con forme e lessico trasgressivi e non convenzionali, non c'è di meglio che descrivere l'uomo a bocca piena, gonfio di leggendarie gozzoviglie. Già nella letteratura romana, in particolare nella satira (il cui nome, non a caso, viene da un piatto misto di offerte e primizie della terra da consacrare agli dèi), la presenza del cibo (da Orazio a Marziale, da Giovenale a **Petronio**) si accompagna spesso all'onnivora disponibilità dell'autore a variare il proprio stile oscillando tra gioco e invettiva, comico e serio.

Il cibo e il carnevale

Il cibo viene spesso utilizzato come un'esperienza simbolica, un rimando a una realtà grottesca e materiale, sproporzionata e stilisticamente polifonica. Simbolo del rovesciamento dei valori, è un elemento fondamentale di quello che il teorico russo Michail Bachtin (1895-1975) ha definito «senso carnevalesco del mondo», in cui norme e divieti consolidati vengono profanati e smascherati dal concreto affermarsi di tutti gli appetiti, anche quelli più bassi. Ciò spiega perché il cibo in letteratura ha sempre avuto uno speciale rapporto con il comico e con il grottesco. Lo abbiamo già visto nella tradizione goliardica dei *Carmina Burana* medievali, nella poesia irridente di Cecco Angiolieri, nelle novelle di Giovanni Boccaccio (l'ottava della Nona giornata, per esempio, in cui protagonista è Ciacco, lo stesso ghiottone condannato da Dante tra i golosi), e appunto in Luigi Pulci o in un letterato come **Teofilo Folengo** (1491-1544). Quest'ultimo scrive in latino "maccheronico", un misto artificiale di volgare e latino "cucinato" alla meno peggio, proprio come il "maccherone" medievale, una specie di gnocco dall'impasto grossolano e popolare.

In esperienze letterarie come queste, il cibo diviene materia del ridicolo, parodia del potere, oggetto burlesco, «usato come grimaldello per scardinare l'impianto aulico della letteratura» (Spila). Insomma, possiamo dire che il cibo – o meglio gli elenchi di cibi, come quelli che abbiamo visto nel passo del *Morgante* antologizzato – non costituisce un diversivo o un ornamento, ma una filosofia: la ghiottoneria può incarnare una concezione della vita.

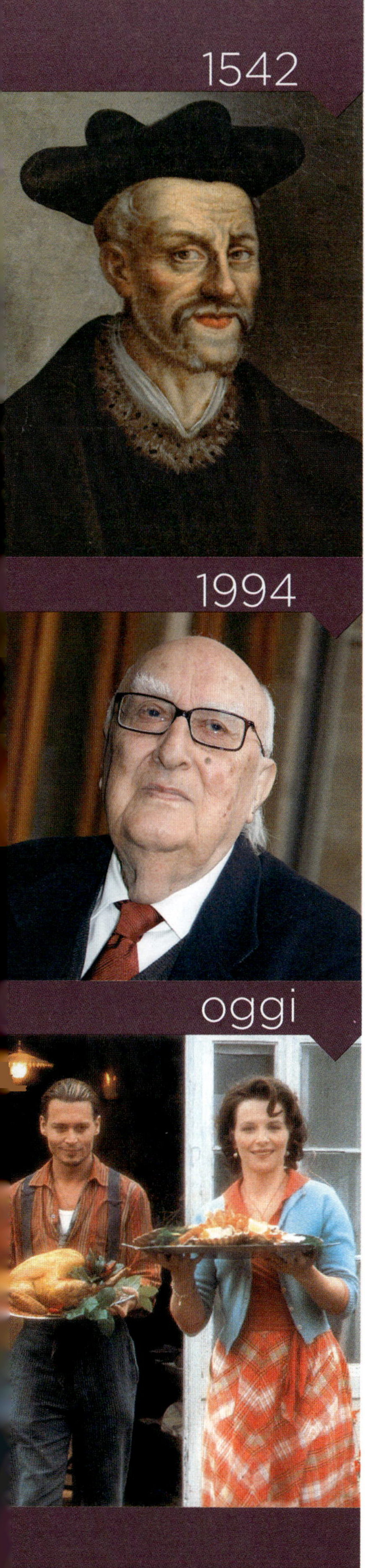

Il discorso vale anche per altre letterature e altre epoche. Basti pensare alle abbuffate dei giganti, creati nella prima metà del Cinquecento dalla fantasia dello scrittore francese **François Rabelais** (1494 ca - 1553), Gargantua e Pantagruele, non seconde neanche a quelle di Margutte. O alle passioni a tavola del protagonista di un capolavoro del Novecento, l'*Ulisse* dell'irlandese James Joyce (1882-1941):

“ Mr Leopold Bloom mangiava con gran gusto le interiora di animali e di volatili. Gli piaceva la spessa minestra di rigaglie [interiora del pollo o di altro volatile], gozzi piccanti, un cuore ripieno arrosto, fette di fegato impanate e fritte, uova di merluzzo fritte. Più di tutto gli piacevano i rognoni di castrato alla griglia che gli lasciavano nel palato un fine gusto d'urina leggermente aromatica. ”

Ingordigia e insaziabilità sono caratteri che accomunano spesso e volentieri i personaggi di fantasia e i loro inventori. Una fama di buona forchetta, per esempio, accompagnava Carlo Emilio Gadda (1893-1973), che sembra accordare il proprio gusto gastronomico con le caratteristiche stilistiche delle sue narrazioni, fittissime di invenzioni semantiche e di mescolanze di gerghi e registri. In tutta la sua opera troviamo ricette a non finire, a dimostrazione della sua competenza culinaria, ma anche e soprattutto della stretta parentela tra cibo e stile espressionistico:

“ Il risotto alla milanese non deve essere scotto, ohibò, no! solo un po' più che al dente sul piatto: il chicco intriso ed enfiato de' suddetti succhi, ma chicco individuo, non appiccicato ai compagni, non ammollato in una melma, in una bagna che risulterebbe spiacevole. ”

Così si legge nel suo volume *Le meraviglie d'Italia*, tra cui si annoverano anche quelle gustate a tavola. Meraviglie che non conoscono confini regionali, come s'intuisce immaginando per esempio l'odore e il sapore degli arancini e delle specialità culinarie siciliane che tanto piacciono al commissario Montalbano nei romanzi di **Andrea Camilleri** (n. 1925).

L'arte di mangiar bene dalla letteratura alla televisione

Predilezioni dei letterati, dunque. “Mangioni” anche loro. Non diversamente dal pubblico, però, sempre attratto dai capricci della gola. Quindi non sorprende scoprire che tra i libri più venduti di sempre ci sia un manuale pratico di buona cucina. Lo scrisse, con il titolo *La scienza in cucina e l'arte di mangiar bene*, Pellegrino Artusi (1820-1911), nel lontano 1891. E in tempi più recenti le cose non sono certo cambiate, anzi, visto il successo dei programmi televisivi dedicati alla cucina. Ma forse l'invasione del piccolo e del grande schermo (a fianco, un'immagine dal film ***Chocolat***, 2000) da parte di padelle e grembiuli non è che l'ultimo capitolo di una passione alimentata a livello mediatico e culturale proprio dall'eccezionale *best seller* di Artusi: un esempio di come i libri possano incidere sui comportamenti collettivi, molto più di quanto immaginiamo.

Matteo Maria Boiardo

La vita

Matteo Maria Boiardo nasce a **Scandiano**, feudo dei conti Boiardo, nei pressi di Reggio Emilia, nel **1441**. Orfano di padre a dieci anni, cugino del filosofo Pico della Mirandola, si trasferisce ventenne alla corte estense di Ferrara, servendo, a partire dal 1476, il duca Ercole I.

Letteratura e incarichi politici

Nominato governatore di Modena (dal 1480), poi di Reggio Emilia (dal 1487), non rinuncia tuttavia all'attività letteraria, che lo impegna dal 1476 nella stesura del suo capolavoro, l'*Innamoramento di Orlando*. Prima di morire, è costretto ad assistere impotente al passaggio delle truppe del re di Francia Carlo VIII sul suo territorio nel settembre del 1494. La circostanza non è di poco conto nella vita e nell'opera dell'autore, il quale interrompe bruscamente il poema, accennando nell'ultima ottava all'«Italia tutta a fiama e a foco» a causa dell'invasione dei «Galli». Boiardo lascia tuttavia ancora uno spiraglio: «Un'altra fiata [volta], se mi fia [sarà] concesso, / racontarovi il tutto per espresso [per esteso]». Ma non gli sarà concesso: Boiardo muore improvvisamente, a **Reggio Emilia**, tre mesi dopo, nel dicembre del **1494**.

Le opere

La produzione in latino e in volgare

Precoce e apprezzato talento nella corte ferrarese, Boiardo ha all'attivo, ancora giovanissimo, alcuni volgarizzamenti di opere latine e greche, una serie di carmi ed egloghe in latino di carattere encomiastico. Maggiore interesse riveste il suo **canzoniere** di liriche in volgare, ***Amorum libri tres*** (Tre libri degli amori), composto tra il 1469 e il 1477. È una raccolta di 180 testi poetici, in primo luogo sonetti e canzoni, scritti in onore di **Antonia Caprara**, dama conosciuta a Reggio Emilia. L'amore per la donna è descritto in tre tappe successive: la gioia per il sentimento ricambiato; la sofferenza per il tradimento subito e la crescente indifferenza della donna; infine la rassegnazione e il pentimento. L'evoluzione della vicenda amorosa richiama il *Canzoniere* petrarchesco, ma non manca un soffio di originale e giovanile vitalità, specialmente nella **schietta sensualità** che accende la passione amorosa, lontana dalla tormentata spiritualità del modello trecentesco.

L'*Orlando innamorato*

Il **poema** che dà la fama a Boiardo nasce con il titolo di *Innamoramento di Orlando*, così com'è attestato dalle lettere dell'autore e dai suoi contemporanei. Successivamente, per analogia con l'opera che ne ha continuato la trama, l'*Orlando furioso* di Ludovico Ariosto, ha avuto più fortuna la variante che ancora oggi prevale, *Orlando innamorato*. L'opera non viene portata a termine e si arresta al nono canto del terzo libro, mentre i primi due, composti rispettivamente di 29 e 31 canti, erano stati pubblicati nel 1483.

Un'opera per un pubblico di corte

A ispirare il poeta è una materia non nuova, rimasta in auge grazie alla tradizione popolaresca dei cantari. Da questi ultimi Boiardo riprende anche l'abitudine di passare con disinvoltura da un argomento all'altro, rivolgendosi sempre agli ascoltatori. Solo che a dilettarsi grazie alle **imprese dei paladini di Francia** non è la "buona gente" che affolla le piazze paesane, ma i signori e le dame della corte di Ferrara, presso la quale e per la quale l'opera è stata meditata e scritta.

La diversa natura del pubblico non è l'unico elemento di discontinuità rispetto alla produzione dei canterini: la materia infatti viene ora nobilitata e adattata agli ideali etici elaborati dalla **raffinata atmosfera umanistica** che si respira presso gli Estensi. L'intento è quello di far rivivere i sentimenti cortesi che guidavano l'azione degli eroi dell'antico mondo cavalleresco.

La centralità dell'amore

Lettura critica p. 117

Boiardo aggiunge e rivendica, sin dal proemio, un ulteriore elemento di novità. Raccomandando ai «Signori e cavallier» attenzione per «la bella istoria che 'l mio canto muove», egli annuncia loro che udiranno «cose dilettose e nove», cioè piacevoli e mai ascoltate prima. In che cosa consiste tale novità? Boiardo lo spiega subito dopo: Orlando – l'eroe cavalleresco per antonomasia, il paladino senza macchia e senza paura, il prode difensore della fede – è qui soggiogato dall'amore come un uomo qualunque. L'**amore**, bandito nelle canzoni di gesta traboccanti di fervore epico e religioso, diventa quindi il vero **motore dell'azione**, forza implacabile che guida e condiziona l'esistenza di uomini grandi e piccoli.

Una trama rigogliosa

Riassumere la trama del poema è quasi impossibile. Gli episodi narrati formano infatti un ordito indisciplinato e caotico, con situazioni che si susseguono e si intersecano, interrompendosi quando meno ce lo si aspetta; questa tecnica serve ad accrescere la curiosità dell'uditorio che, terminato l'ascolto di un episodio, freme in attesa della "puntata" successiva. In un quadro movimentato di fughe, inseguimenti e peregrinazioni, assistiamo alle diverse imprese compiute dai paladini, sia cristiani sia pagani, per conquistare la splendida **Angelica**, figlia del re del Catai (la Cina). A complicare le circostanze, due fontane, dispensatrici di odio e di amore, confondono tutt'a un tratto i ruoli: il cavaliere di turno può scoprirsi nemico di Angelica proprio mentre questa, prima recalcitrante, si innamora di lui, e viceversa. In particolare, è **Orlando** a essere folgorato dalla bellezza della principessa, al punto da attaccar duello con uno dei suoi innumerevoli pretendenti, l'altro eroe cristiano, **Rinaldo**. Proprio a seguito delle continue defezioni e distrazioni dei suoi campioni migliori, **Carlo Magno** promette Angelica a chi tra i due contendenti mostrerà maggior valore nell'imminente battaglia decisiva contro i saraceni, che intanto assediano Parigi. A questo punto il poema s'interrompe, e da qui riprenderà il racconto Ariosto.

Il motivo encomiastico

Un posto a parte nell'intreccio è riservato alle peripezie di **Ruggiero**, un giovane guerriero pagano che si converte al cristianesimo, sposando **Bradamante**, eroina cristiana cugina di Orlando: dalla loro unione, secondo la leggenda, ha tratto origine la casa d'Este. In tal modo Boiardo realizza un motivo encomiastico, associando allo scopo di intrattenere il proprio pubblico anche quello di lusingarlo con un **gratificante omaggio dinastico**. Ma l'encomio non costituisce più che un elemento accessorio, un doveroso atto di ossequio nei confronti del mecenate, che non interferisce nell'azione narrativa.

La fusione del ciclo carolingio e di quello bretone

L'avvincente ma anche complesso sviluppo di storie, duelli, inganni e amori in realtà risponde all'intenzione dell'autore di raccontare con ironia e simpatia l'**esuberanza giovanile** dei suoi eroi, sempre così energici e pieni di vita. Per rendere tale vitalità, Boiardo non può accontentarsi di replicare il canovaccio, ormai usurato, delle imprese degli incorruttibili cavalieri medievali. Dunque egli fonde gli argomenti tipici del **ciclo carolingio** (la virtù individuale, il coraggio dei protagonisti, lo sfondo della guerra tra cristiani e musulmani) con quelli che rinviano al **ciclo bretone** (amore, magie e avventure). In tal modo, la facoltà di inventare nuove avventure e situazioni prima mai narrate si accresce infinitamente: Ariosto sfrutterà in modo magistrale questa possibilità.

L'ideologia rinascimentale del poema

C'è infine un ultimo aspetto da considerare. Come si è detto, Boiardo non rinuncia affatto alle possibilità offerte dalla favolosa cornice dell'universo cavalleresco, ma in lui è assente l'atteggiamento parodico di Pulci. Al contrario egli ritiene plausibile il mantenimento di quel sistema di valori anche nella corte umanistica, fatto salvo il processo di laicizzazione ormai irreversibile. Gli eroi di Boiardo, quindi, possono praticare le **virtù cavalleresche**, pur avendo abbandonato la religiosità che le permeava. Anzi, la sensibilità per l'amore e la passione li rende ancora più nobili rispetto al modello promosso dalle canzoni di gesta carolinge, esclusivamente incentrato sulla devozione e sul valore militare.

Del resto, i cavalieri che si muovono sulla scena dell'*Orlando innamorato* sono di fatto **uomini rinascimentali**, padroni del proprio destino, liberi dalle paure medievali, consapevoli delle proprie potenzialità, dotati di cultura e curiosità nei confronti del mondo. L'autore non ha interesse ad approfondire la loro psicologia individuale; il suo intento invece è quello di renderli gli interpreti fiabeschi, e mai veramente drammatici, di un'**epica sorridente** e **serena**, riflesso di una **visione del mondo ottimistica**, in cui l'uomo, grazie alle sue virtù, riesce sempre ad avere la meglio sui capricci della fortuna (tema fondamentale, questo, della civiltà umanistico-rinascimentale).

Lo stile

Anche la forma, come il contenuto, è il risultato di una fusione: da una parte lo **stile colto** dei poemi in ottave, scritti da autori raffinati quali Boccaccio e Poliziano; dall'altra quello **popolare**, aperto a una sintassi molto semplice e a un lessico dominato dal parlato padano e ferrarese. Proprio una tale **soluzione ibrida**, indubbiamente originale, è però la ragione del repentino oblio in cui cadrà l'*Innamorato* dopo un effimero successo iniziale: il classicismo cinquecentesco, tendente all'uniformità, non potrà accettare gli innesti dialettali (padani e ferraresi) e la mescolanza di latinismi ed espressioni popolari di cui abbonda il poema, che continuerà a circolare solo grazie ad alcuni rifacimenti in lingua toscana. Dovremo attendere l'Ottocento per vedere riconosciuto a Boiardo il pregio, anche stilistico, della sua opera.

PER APPROFONDIRE

L'ottava

L'ottava è una strofa di 8 versi endecasillabi, di cui i primi 6 a rime alternate, gli ultimi 2 a rima baciata (ABABABCC). Usata già nel corso del Trecento come forma metrica adatta alla narrazione, l'ottava ha una genesi particolarmente controversa. Secondo l'opinione più comune e forse più persuasiva, l'ottava deriverebbe da una strofa usata in Sicilia (e perciò detta "siciliana"), anch'essa di 8 endecasillabi, ma con rime tutte alternate (ABABABAB), per poi imporsi in Toscana nella forma classica. Secondo un'altra versione, la sua origine andrebbe ritrovata nella struttura delle stanze della canzone (della lauda, in particolare) o della ballata. È certo tuttavia che l'ottava appare inizialmente nella poesia religiosa e giullaresca dei primi decenni del XIV secolo, e continua poi a essere usata nelle sacre rappresentazioni e nei cantari cavallereschi o di materia classica del Trecento e Quattrocento. Boccaccio è stato il primo a innalzarla a dignità artistica nel *Teseida*, nel *Filostrato* e nel *Ninfale fiesolano*. Poi, con Poliziano (*Stanze per la giostra*), Pulci (*Morgante*) e Boiardo, l'ottava diventa il metro esclusivo dei poemi epici o narrativi fino a toccare con Ariosto e Tasso la perfezione tecnico-espressiva.

Un metro destinato a scomparire

L'ottava decade nel Seicento con i molti imitatori dell'*Orlando furioso* e della *Gerusalemme liberata*, ma mostra ancora una certa vitalità nel poema amoroso *Adone* di Giovan Battista Marino e in quello eroicomico *La secchia rapita* di Alessandro Tassoni. In seguito, l'uso dell'ottava quale metro narrativo diventa assai più raro, sebbene non ne manchino ancora nell'Ottocento esempi in cantiche e brevi composizioni epico-liriche (come il poemetto satirico *Paralipomeni della Batracomiomachia* di Giacomo Leopardi e le novelle in versi *Una serva* e *La contessa Matilde* di Niccolò Tommaseo).

T2

Proemio

Matteo Maria Boiardo, *Orlando innamorato*, I, I, ott. 1-3

Nessuno può resistere al potere dell'amore

Conosciamo bene il prode Orlando, fedele servitore di Dio e di Carlo Magno. Nel dichiarare al proprio pubblico la materia del poema, Boiardo presenta invece un personaggio molto diverso: un uomo come tutti gli altri, vinto, anzi sopraffatto dall'amore.

METRO Ottave di endecasillabi con 6 rime alternate e 2 baciate e con schema ABABABCC.

1
Signori e cavallier che ve adunati
per odir cose dilettose e nove,
stati attenti e quïeti, ed ascoltati
la bella istoria che 'l mio canto muove;
e vedereti i gesti smisurati,
l'alta fatica e le mirabil prove
che fece il franco Orlando per amore
nel tempo del re Carlo imperatore.

2
Non vi par già, signor, meraviglioso
odir cantar de Orlando inamorato,
ché qualunche nel mondo è più orgoglioso,
è da Amor vinto, al tutto subiugato;
né forte braccio, né ardire animoso,
né scudo o maglia, né brando affilato,
né altra possanza può mai far diffesa,
che al fin non sia da Amor battuta e presa.

3
Questa novella è nota a poca gente,
perché Turpino istesso la nascose,
credendo forse a quel conte valente
esser le sue scritture dispettose,
poi che contra ad Amor pur fu perdente
colui che vinse tutte l'altre cose:
dico di Orlando, il cavalliero adatto.
Non più parole ormai, veniamo al fatto.

1 **ve adunati:** vi radunate.
2 **dilettose e nove:** piacevoli e straordinarie.
4 **'l mio canto muove:** offre lo spunto al mio racconto.
5 **vedereti... smisurati:** vedrete le gesta fuori dal comune.
7 **franco:** Boiardo gioca con l'equivoco: l'aggettivo può significare sia "ardito", "leale" sia "francese", "carolingio".
9 **Non vi par... meraviglioso:** non vi sembri troppo strano, signori.
11-12 **ché... subiugato:** perché anche l'uomo più coraggioso al mondo è vinto da Amore, del tutto soggiogato.
14 **maglia:** la maglia metallica parte dell'armatura. **brando:** spada.
15 **possanza:** forza.
17 **novella:** storia.
18 **Turpino:** arcivescovo di Reims, vissuto nell'VIII secolo. A lui era attribuita l'opera biografica *Historia Caroli Magni et Rotholandi* (Storia di Carlo Magno e di Orlando).
20 **dispettose:** sgradite.
21 **poi che:** poiché.
23 **adatto:** valoroso, senza macchia (dal latino *ad* + *aptus*, "atto a", "abile"; usato in senso assoluto, senza ulteriori specificazioni, vale "perfetto").

Analisi ATTIVA

I contenuti tematici

Il poeta davanti al suo pubblico

A differenza dei cantari popolari che si aprivano con una tradizionale invocazione religiosa, Boiardo si rivolge direttamente all'uditorio, non certo al pubblico delle piazze, ma a quello dei signori e cavalieri della corte, senza rinunciare tuttavia al tono amichevole e affabulatorio per catturare la loro attenzione. La voce narrante promette ai presenti una *bella istoria* (v. 4) costruita su piacevoli e inaspettate novità sul conto del protagonista, il valoroso Orlando. Il paladino è noto a tutti per le imprese compiute a vantaggio dell'imperatore Carlo, ma ora i suoi *gesti* (v. 5) eccezionali e le sue *prove* (v. 6) stupefacenti sono per un altro signore, molto più tirannico ed esigente, ossia Amore.

1 A quale scopo si raduna il pubblico della corte?
2 In che cosa consiste l'originalità dell'argomento rivendicata dall'autore?
3 La prima ottava contiene chiari richiami alla materia dei poemi epico-cavallereschi: dove?

Il contenuto amoroso

Nessuna sorpresa – garantisce Boiardo nella seconda ottava – dinanzi alla notizia di un Orlando innamorato: il fatto non dovrebbe destare meraviglia per quanti conoscono la potenza di Amore, un dio capace di sconfiggere chiunque e di penetrare anche nelle corazze dei più ardimentosi, facendoli prigionieri senza pietà. Non c'è difesa che tenga contro un sentimento che fa da principio regolatore e vitale dell'universo: lo chiarisce bene la dittologia *vinto, al tutto subiugato* (v. 12), che indica in modo eloquente la sconfitta fisica e l'asservimento della volontà di ogni uomo esposto agli assalti di una forza invincibile.

La condizione inerme dell'innamorato è un retaggio del *Canzoniere*: nel sonetto 3, *Era il giorno ch'al sol si scoloraro*, Petrarca aveva utilizzato la stessa metafora bellica raccontando dei «colpi d'Amor» (v. 6), del suo «ferir [...] de saetta» (v. 13) e il suo essere «del tutto disarmato» (v. 9). Come nota lo studioso Tiziano Zanato, però, nelle ottave di Boiardo non troviamo una vittima inerme e debole, ma un soldato, anzi un eroe al di sopra di ogni sospetto. Si tratta di *colui che vinse tutte l'altre cose: / dico de Orlando* (vv. 22-23), dove la chiosa serve a ribadire il nome del protagonista, ora *perdente* (v. 21) di fronte alla passione, e a confermare una sacrosanta verità già dichiarata da Virgilio nelle *Bucoliche* (X, 69), ovvero che *omnia vincit Amor* ("Amore vince ogni cosa").

4 Sottolinea nel testo tutte le parole e le espressioni che richiamano il sentimento amoroso.
5 In che modo viene rappresentato l'amore?

Un testimone eccellente

Per vincere l'incredulità del pubblico, inevitabilmente colpito dalla sorte del paladino cristiano più valoroso e casto, Boiardo rassicura divertito che è tutto vero: della vicenda è infatti garante il vescovo Turpino, il mitico consigliere di Carlo Magno, fonte medievale delle storie carolingie, il quale tuttavia aveva reputato di tacere le debolezze di Orlando per non offuscarne le virtù. In realtà, Boiardo porta a maturazione gli esperimenti già provati prima di lui dal toscano Andrea da Barberino e da altri autori canterini trecenteschi, i quali avevano cominciato a trasformare i cavalieri senza macchia della cristianità in personaggi soggetti a sentimenti terreni. Boiardo aggiunge a questa tendenza un'originale curvatura umoristica e parodistica, contaminando la sacra materia carolingia con implicazioni erotiche fondamentali per regalare ai suoi raffinati ascoltatori un'occasione di svago dilettevole e anche un po' piccante.

6 Perché l'autore chiama in causa Turpino?
7 In quali espressioni possiamo cogliere l'intento edonistico e di intrattenimento che Boiardo si propone?

Le scelte stilistiche

La lingua come opzione ideologica

Queste prime ottave del poema danno già un'idea del carattere ibrido dello stile di Boiardo. Non mancano infatti le forme della tradizione, in particolare quella petrarchesca, che convivono con diversi latinismi (*istoria*, v. 4; *subiugato*, v. 12; *possanza*, v. 15). Ma il tratto distintivo dell'*Orlando innamorato* è la presenza dei settentrionalismi, come la desinenza *-ti* della seconda persona plurale e soprattutto lo scempiamento della consonanza doppia (è il caso di *inamorato*, v. 10, per "innamorato") e la chiusura della *-e* finale in *-i*.

Tali opzioni lessicali non rispondono soltanto a una scelta di natura estetica, ma rimandano alla volontà politica di contrastare l'egemonia del toscano con la valorizzazione della lingua padana e quindi con l'esplicita celebrazione della signoria e della corte estense.

8 Come ti appare il ritmo di questi versi? Statico o dinamico? Pesante o leggero? Motiva la tua risposta.

COMPETENZE LINGUISTICHE

9 Boiardo definisce la vicenda che sta per raccontare «bella istoria»: quali sfumature di significato può assumere, in italiano, il termine storia? Prova a stabilirlo, nelle frasi seguenti, con l'aiuto del dizionario.
- a Papà, stasera mi racconti una storia?
- b Domani la 3C dovrà sostenere la verifica scritta di storia.
- c Non fare tutte queste storie!
- d ... E il resto è storia.
- e Non puoi interpretare i fatti a tuo piacimento: questa è storia!

10 SCRIVERE PER **CONFRONTARE**
Nella seconda ottava del canto XII del secondo libro, possiamo leggere i seguenti versi:

A voi piace de odir l'alta prodezza
de' cavalieri antiqui ed onorati,
e 'l piacer vostro vien da gentilezza,
però che a quel valor ve assimigliati.
Chi virtute non ha, quella non prezza;
ma voi, che qua de intorno me ascoltati,
seti de onore e de virtù la gloria,
però vi piace odir la bella istoria.

Quali elementi ribadiscono quanto affermato nelle prime ottave del poema?

Una scena dell'*Orlando Innamorato* in un'incisione del XVI secolo.

11 SCRIVERE PER **RIELABORARE**
Immagina di aver ascoltato le prime ottave del poema dalla viva voce dell'autore e di averlo intervistato sulla materia e sulle finalità del suo lavoro. Trascrivi le tue domande e le sue risposte.

PER APPROFONDIRE

Addio, cortesia! Le armi da fuoco e la crisi dei valori cavallereschi

La singolar tenzone tra Orlando e Agricane non si limita a far fronteggiare due interpretazioni della figura del nobiluomo e due visioni della cortesia, antitetica l'una all'altra. L'episodio infatti costituisce un manifesto, in salsa umanistica, dell'educazione cavalleresca tradizionale, quell'insieme di norme di fedeltà, virtù, pietà e lealtà che Boiardo intende celebrare, calando nel raffinato mondo della corte valori destinati presto a tramontare. L'onore del duello, il galateo tra i contendenti, il rispetto della parola data, la generosità nei confronti del vinto rientrano in un codice preciso fatto di inderogabili requisiti morali. Ma questo orizzonte eroico e cortese entra in crisi subito dopo le ultime, nostalgiche celebrazioni di Boiardo.

Già nelle battaglie dei primi anni del Cinquecento si coglie una novità capace di insidiare l'immaginario eroico della letteratura cavalleresca: l'artiglieria e la fanteria, infatti, acquistano importanza e mandano in archivio gli ultimi sostenitori del vecchio stile di combattimento, basato sul confronto ad armi pari. Il valore individuale che decideva i duelli all'ultimo sangue inizia a contare poco o nulla, se confrontato con i fattori che decretano davvero vincitori e vinti: la superiorità numerica dei fanti ma soprattutto il possesso delle armi.

Sappiamo che la prima occasione nella quale l'uso delle armi da fuoco, in particolare dei cannoni, risulta determinante è l'assedio di Costantinopoli, espugnata nel 1453. Quarant'anni dopo desta grande impressione il parco di cannoni che accompagna, nel 1494, Carlo VIII nella sua spedizione in Italia per conquistare il Regno di Napoli. Tuttavia non tutti comprendono subito le potenzialità di questi strumenti micidiali: per esempio, nel trattato *Dell'arte della guerra*, Niccolò Machiavelli sottovaluta l'incidenza dell'artiglieria nelle battaglie campali, ritenendola utile solo negli assedi o come strumento per incutere terrore ai combattenti non professionisti.

Altri, invece, evidenziano le conseguenze nefaste dell'avvento delle armi da fuoco: tra questi Ludovico Ariosto, nell'*Orlando furioso*, condanna il loro uso in quanto contrario allo spirito della cavalleria. Nel canto IX del suo capolavoro, l'autore racconta come Orlando, incarnazione dei valori tradizionali, sconfigga il fellone Cimosco, un malvagio re-negromante che grazie alle sue virtù magiche era entrato in possesso di un prototipo di archibugio. Dopo aver gettato nel profondo del mare l'odioso strumento – di sicuro, creato grazie all'intervento del demonio – l'eroico paladino si lancia in una vera e propria requisitoria contro questa «macchina infernal»:

> Come trovasti, o scelerata e brutta
> invenzion, mai loco in uman core?
> Per te[1] la militar gloria è distrutta,
> per te il mestier de l'arme è senza onore;
> per te è il valore e la virtù ridutta,[2]
> che spesso par del buono il rio[3] migliore:
> non più la gagliardia, non più l'ardire
> per te può in campo al paragon[4] venire.
>
> (*Orlando furioso*, XI, ott. 22)

1 **Per te:** a causa tua.
2 **ridutta:** ridotta.
3 **rio:** vigliacco.
4 **al paragon:** a misurarsi.

L'uso delle armi da fuoco provoca così il trionfo della forza bruta e un violento imbarbarimento che spersonalizza la guerra e annulla la gloria e il coraggio individuale. Qualche decennio dopo, su questo tasto batte anche Miguel de Cervantes, l'autore del romanzo *Don Chisciotte della Mancia*. Quando esce la prima parte del suo capolavoro, nel 1605, la rivoluzione militare è ormai compiuta e irreversibile: ciò nonostante, i poemi cavallereschi ancora di moda continuano a cantare codici e ideali definitivamente eclissatisi. La nostalgia per i tempi andati, espressa dal protagonista, costituisce in tal modo una dissacrante parodia di una mentalità destinata a sopravvivere solo nella mente dei nostalgici cantori della cavalleria o dei folli sognatori, slegati dalla realtà. Come Don Chisciotte, appunto:

> Benedetti quei fortunati secoli cui mancò la spaventosa furia di questi indemoniati strumenti di artiglieria, al cui inventore io, per me, son convinto che il premio per la sua diabolica invenzione glielo stiano dando all'inferno, perché con essa diede modo che un braccio infame e codardo tolga la vita a un prode cavaliere, e che senza saper né come né da dove, nel pieno del vigore e dell'impeto che anima e accende i forti petti, arrivi una palla sbandata (sparata da chi forse fuggì, al bagliore di fuoco prodotto dalla maledetta macchina), e recida e dia fine in un istante ai sentimenti e alla vita d'uno che avrebbe meritato di averla per lunghi secoli.
>
> (*Don Chiosciotte della Mancia*, I, cap. 38, trad. di V. Bodini)

• T3 •

Il duello cortese tra Orlando e Agricane

Matteo Maria Boiardo, *Orlando innamorato*, I, XVIII, ott. 32-55

La vittoria dell'amore sui tradizionali ideali cavallereschi

Mentre infuria la battaglia intorno alla rocca di Albraccà, i due campioni degli schieramenti contrapposti – il pagano Agricane, re di Tartaria, e Orlando – prima si sfidano a duello, poi si intrattengono in una civilissima discussione sulla cavalleria, sull'onore, sulla religione e sulla cultura. È uno dei passi più famosi dell'intero poema, nel quale Boiardo accosta ai temi tradizionali dell'amore e dell'eroismo cavalleresco la propria nobile – già rinascimentale – concezione dell'uomo.

METRO Ottave di endecasillabi con 6 rime alternate e 2 baciate (ABABABCC).

32
Fermosse ivi Agricane a quella fonte,
e smontò dello arcion per riposare,
ma non se tolse l'elmo della fronte,
né piastra o scudo se volse levare;
e poco dimorò che gionse il conte,
e come il vide alla fonte aspettare,
dissegli: «Cavallier, tu sei fuggito,
e sì forte mostravi e tanto ardito!

33
Come tanta vergogna pôi soffrire
a dar le spalle ad un sol cavalliero?
Forse credesti la morte fuggire:
or vedi che fallito hai il pensiero.
Chi morir può onorato, die' morire;
ché spesse volte aviene e de legiero
che, per durare in questa vita trista,
morte e vergogna ad un tratto s'acquista».

34
Agrican prima rimontò in arcione,
poi con voce suave rispondia:
«Tu sei per certo il più franco barone
ch'io mai trovassi nella vita mia;
e però del tuo scampo fia cagione
la tua prodezza e quella cortesia
che oggi sì grande al campo usato m'hai,
quando soccorso a mia gente donai.

1 **Fermosse ivi:** si fermò lì.
2 **smontò dello arcion:** scese da cavallo.
4 **piastra:** armatura. **volse:** volle.
5 **poco... conte:** poco aspettò che giunse Orlando (*il conte*).
8 **mostravi:** ti mostravi.
9 **soffrire:** tollerare.
12 **fallito:** sbagliato.
13 **die':** deve.
14 **de legiero:** facilmente.
15 **durare:** restare. **trista:** malvagia.
16 **ad un tratto:** in una volta sola.
18 **rispondia:** rispose.
19 **franco barone:** nobile cavaliere.
21-24 **e però del tuo scampo... a mia gente donai:** e, perciò, causa della tua salvezza (*scampo*) saranno il tuo valore (*prodezza*) e quel favore così grande che oggi mi hai fatto nel campo di battaglia, quando ho portato soccorso al mio esercito. Orlando infatti, da autentico cavaliere cortese, aveva interrotto il duello per permettere al rivale tale intervento.

35
Però te voglio la vita lasciare,
ma non tornassi più per darmi inciampo!
Questo la fuga mi fe' simulare,
né vi ebbi altro partito a darti scampo.
Se pur te piace meco battagliare,
morto ne rimarrai su questo campo;
ma siami testimonio il celo e il sole
che darti morte me dispiace e duole».

36
Il conte li rispose molto umano,
perché avea preso già de lui pietate:
«Quanto sei» disse «più franco e soprano,
più di te me rincresce in veritate,
che serai morto, e non sei cristïano,
ed andarai tra l'anime dannate;
ma se vôi il corpo e l'anima salvare,
piglia baptismo, e lasciarotte andare».

37
Disse Agricane, e riguardollo in viso:
«Se tu sei cristiano, Orlando sei.
Chi me facesse re del paradiso,
con tal ventura non lo cangiarei;
ma sino or te ricordo e dòtti aviso
che non me parli de' fatti de' Dei,
perché potresti predicare in vano:
diffenda il suo ciascun col brando in mano».

38
Né più parole: ma trasse Tranchera,
e verso Orlando con ardir se affronta.
Or se comincia la battaglia fiera,
con aspri colpi di taglio e di ponta;
ciascuno è di prodezza una lumera,
e sterno insieme, come il libro conta,

25 **Però:** perciò.
26 **ma non tornassi:** ma non tornare più. **inciampo:** fastidio.
27 **Questo:** questo motivo, cioè volerti salvare la vita.
28 **né... scampo:** non trovai altro mezzo per salvarti.
29 **Se pur:** se nonostante questo.
31 **siami:** mi siano.
33 **umano:** cortese.
35 **franco e soprano:** nobile e superiore.
36 **più di te me rincresce in veritate:** tanto più, in verità, mi dispiace per te (ovvero, per la tua sorte).
37 **morto:** ucciso.
39 **vôi:** vuoi.
40 **piglia baptismo:** fatti battezzare (quindi convertiti). **lasciarotte:** ti lascerò.
43 **Chi me facesse:** se qualcuno mi offrisse di diventare.
44 **con... cangerei:** non farei cambio con tale fortuna (cioè misurarsi in duello con Orlando).
45 **dòtti aviso:** ti avverto.
46 **de' fatti de' Dei:** delle vicende degli dèi, vale a dire delle questioni religiose.
48 **il suo:** il proprio Dio. **col brando:** con la spada.
49 **Tranchera:** è la spada di Agricane. Era abitudine dei paladini dare un nome alla propria spada, come se fosse una cosa animata.
50 **se affronta:** si avvicina per affrontarlo.
52 **ponta:** punta.
53 **una lumera:** un luminoso esempio (francesismo). Oggi diciamo un luminare per indicare una persona insigne per sapere e capacità professionale.
54 **sterno:** stettero. **conta:** racconta. Il libro a cui si riferisce Boiardo è quello di Turpino, mitico arcivescovo di Parigi, autore di una vita di Carlo Magno, a cui per convenzione l'autore finge di ispirarsi.

da mezo giorno insino a notte scura,
sempre più franchi alla battaglia dura.

39
Ma poi che il sole avea passato il monte,
e cominciosse a fare il cel stellato,
prima verso il re parlava il conte:
«Che farem», disse, «che il giorno ne è andato?».
Disse Agricane con parole pronte:
«Ambo se poseremo in questo prato;
e domatina, come il giorno pare,
ritornaremo insieme a battagliare».

40
Così de acordo il partito se prese.
Lega il destrier ciascun come li piace,
poi sopra a l'erba verde se distese;
come fosse tra loro antica pace,
l'uno a l'altro vicino era e palese.
Orlando presso al fonte isteso giace,
ed Agricane al bosco più vicino
stassi colcato, a l'ombra de un gran pino.

41
E ragionando insieme tuttavia
di cose degne e condecente a loro,
guardava il conte il celo e poi dicia:
«Questo che or vediamo, è un bel lavoro,
che fece la divina monarchia;
e la luna de argento, e stelle d'oro,
e la luce del giorno, e il sol lucente,
Dio tutto ha fatto per la umana gente».

42
Disse Agricane: «Io comprendo per certo
che tu vôi de la fede ragionare;
io de nulla scienzia sono esperto,
né mai, sendo fanciul, volsi imparare,
e roppi il capo al mastro mio per merto;
poi non si puoté un altro ritrovare

Leonardo da Vinci, *Busto di guerriero*, 1475-1480. Londra, British Museum.

56 franchi: coraggiosi.
59 prima... conte: per primo Orlando (*il conte*) parlò ad Agricane (*il re*).
60 il giorno ne è andato: al calar delle tenebre, secondo le leggi dell'epica, i duelli e i combattimenti dovevano interrompersi.
62 Ambo se poseremo: entrambi riposeremo.
63 pare: appare.
65 il partito: la decisione.
66 li: gli.
68 pace: amicizia.
69 l'uno... palese: stavano l'uno vicino all'altro e visibili (perciò senza difesa, perché ciascuno dei due è certo del comportamento cavalleresco dell'altro).
72 stassi colcato: sta coricato.
73 ragionando: discutendo.
74 condecente a loro: adatte a loro.
75 dicia: diceva.
77 la divina monarchia: la potestà di Dio.
83 nulla: nessuna.
84 sendo fanciul: quando ero fanciullo. **volsi:** volli.
85 mastro: maestro. **per merto:** per ricompensa (dell'istruzione ricevuta).
86 un altro: sottinteso "maestro".

che mi mostrasse libro né scrittura,
tanto ciascun avea di me paura.

43
E così spesi la mia fanciulezza
in caccie, in giochi de arme e in cavalcare;
né mi par che convenga a gentilezza
star tutto il giorno ne' libri a pensare;
ma la forza del corpo e la destrezza
conviense al cavalliero esercitare.
Dottrina al prete ed al dottore sta bene:
io tanto saccio quanto mi conviene».

44
Rispose Orlando: «Io tiro teco a un segno,
che l'arme son de l'omo il primo onore;
ma non già che il saper faccia men degno,
anci lo adorna come un prato il fiore;
ed è simile a un bove, a un sasso, a un legno,
chi non pensa allo eterno Creatore;
né ben se può pensar senza dottrina
la summa maiestate alta e divina».

45
Disse Agricane: «Egli è gran scortesia
a voler contrastar con avantaggio.
Io te ho scoperto la natura mia,
e te cognosco che sei dotto e saggio.
Se più parlassi, io non risponderia;
piacendoti dormir, dòrmite ad aggio,
e se meco parlare hai pur diletto,
de arme, o de amore a ragionar t'aspetto.

46
Ora te prego che a quel ch'io dimando
rispondi il vero, a fé de omo pregiato:
se tu sei veramente quello Orlando
che vien tanto nel mondo nominato;
e perché qua sei gionto, e come, e quando,
e se mai fosti ancora inamorato;
perché ogni cavallier che è senza amore,
se in vista è vivo, vivo è senza core».

91 convenga a gentilezza: sia adatto a un nobile.
92 ne' libri: (piegato) sui libri.
94 conviense: è opportuno.
95 al prete ed al dottore: al clero e ai dotti.
96 saccio: so. **mi conviene:** mi è utile.
97 tiro teco a un segno: sono d'accordo con te su un punto.
100 anci: anzi.
104 summa maiestate: somma maestà.
105-106 Egli è gran scortesia... con avantaggio: è prova di grande scortesia duellare approfittando di un vantaggio. *Egli* è pleonastico.
108 te cognosco: ti riconosco.
109 risponderia: risponderei.
110 dòrmite ad aggio: dormi tranquillo, a tuo agio.
114 a fé de omo pregiato: sulla tua fede di cavaliere onorato.
118 ancora: già.
120 in vista: all'apparenza.

47
Rispose il conte: «Quello Orlando sono
che occise Almonte e il suo fratel Troiano;
Amor m'ha posto tutto in abandono,
e venir fammi in questo loco strano.
E perché teco più largo ragiono,
voglio che sappi che 'l mio core è in mano
de la figliola del re Galafrone
che ad Albraca dimora nel girone.

48
Tu fai col patre guerra a gran furore
per prender suo paese e sua castella,
ed io qua son condotto per amore
e per piacere a quella damisella.
Molte fiate son stato per onore
e per la fede mia sopra alla sella;
or sol per acquistar la bella dama
faccio battaglia, ed altro non ho brama».

49
Quando Agricane ha nel parlare accolto
che questo è Orlando, ed Angelica amava,
fuor di misura se turbò nel volto,
ma per la notte non lo dimostrava;
piangeva sospirando come un stolto,
l'anima, il petto e il spirto li avampava;
e tanta zelosia gli batte il core,
che non è vivo, e di doglia non muore.

50
Poi disse a Orlando: «Tu debbi pensare
che, come il giorno serà dimostrato,
debbiamo insieme la battaglia fare,
e l'uno o l'altro rimarrà sul prato.
Or de una cosa te voglio pregare,
che, prima che veniamo a cotal piato,
quella donzella che il tuo cor disia,
tu la abandoni, e lascila per mia.

122 Almonte... Troiano: sono due re saraceni che, secondo la tradizione carolingia, Orlando ha ucciso in Aspromonte.
123 m'ha posto tutto in abandono: mi ha posto tutto in sua balìa.
124 loco strano: località straniera. Ma nell'aggettivo *strano* c'è tutto il fascino esotico e misterioso di una località, come quella di Albraccà, ubicata nel lontano e ignoto Oriente.
125 più largo ragiono: parlo con maggiore confidenza.
127 la figliola del re Galafrone: Angelica, figlia di Galafrone, re del Catai. Orlando non sa che anche il rivale è innamorato della stessa donna.
128 nel girone: nel giro delle mura.
130 sua castella: i suoi castelli.
132 damisella: damigella, nobile fanciulla.
133-134 Molte fiate son stato per onore... sopra alla sella: molte volte ho combattuto a cavallo per difendere l'onore e la fede cristiana.
135 acquistar: conquistare.
137 nel parlare accolto: compreso dalle parole di Orlando.
140 per la notte: a causa dell'oscurità della notte.
142 il spirto: il respiro.
144 doglia: dolore.
145 debbi: devi.
146 serà dimostrato: apparirà.
150 cotal piato: questa battaglia.
151 disia: desidera.
152 abandoni: cancelli dalla mente.
lascila: la lasci.

51
Io non puotria patire, essendo vivo,
che altri con meco amasse il viso adorno;
o l'uno o l'altro al tutto serà privo
del spirto e della dama al novo giorno.
Altri mai non saprà, che questo rivo
e questo bosco che è quivi d'intorno,
che l'abbi riffiutata in cotal loco
e in cotal tempo, che serà sì poco».

52
Diceva Orlando al re: «Le mie promesse
tutte ho servate, quante mai ne fei;
ma se quel che or me chiedi io promettesse,
e se io il giurassi, io non lo attenderei;
così potria spiccar mie membra istesse,
e levarmi di fronte gli occhi miei,
e viver senza spirto e senza core,
come lasciar de Angelica lo amore».

53
Il re Agrican, che ardea oltra misura,
non puote tal risposta comportare;
benché sia al mezo della notte scura,
prese Baiardo, e su vi ebbe a montare;
ed orgoglioso, con vista sicura,
iscrida al conte ed ebbelo a sfidare,
dicendo: «Cavallier, la dama gaglia
lasciar convienti, o far meco battaglia».

54
Era già il conte in su l'arcion salito,
perché, come se mosse il re possente,
temendo dal pagano esser tradito,
saltò sopra al destrier subitamente;
unde rispose con l'animo ardito:
«Lasciar colei non posso per niente,
e, se io potessi ancora, io non vorria;
avertila convien per altra via».

153 puotria patire: potrei sopportare.
154 il viso adorno: il bel volto (di Angelica).
155 al tutto: del tutto.
156 spirto: vita.
157 che: eccetto che.
159-160 che l'abbi riffiutata... che serà sì poco: che tu hai accettato di rifiutare la fanciulla in questo luogo e per un tempo che sarà comunque molto breve. Agricane intende dire che, alla fine del duello, la rinuncia di Orlando non avrà più valore, sia se egli avrà vinto (e potrà quindi "godersi" Angelica), sia se sarà sconfitto e quindi ucciso.
162 servate: mantenute.
164 non lo attenderei: non lo manterrei.
165-168 così... amore: così potresti staccare le mie stesse membra, e cavarmi gli occhi dalle orbite, e (farmi) vivere senza anima e senza cuore piuttosto che (farmi) lasciare l'amore per Angelica. Insomma, Orlando dichiara di non poter vivere senza Angelica.
170 comportare: sopportare.
172 Baiardo: è il nome del cavallo di Rinaldo, che al momento è in possesso di Agricane. **su... montare:** vi salì in groppa.
173 con vista sicura: con aspetto sicuro.
174 iscrida al conte: chiama a sfida Orlando. **ebbelo a sfidare:** lo sfidò.
175 gaglia: gaia, cioè bella.
176 lasciar convienti: ti conviene lasciare.
178 come: non appena.
179 tradito: colpito a tradimento.
181 unde: per cui.
184 avertila... via: è necessario che la conquisti in altro modo.

55
Sì come il mar tempesta a gran fortuna,
cominciarno lo assalto i cavallieri;
nel verde prato, per la notte bruna,
con sproni urtarno adosso e buon destrieri;
e se scorgiano a lume della luna
dandosi colpi dispietati e fieri,
ch'era ciascun di lor forte ed ardito.
Ma più non dico: il canto è qui finito.

185 **fortuna:** fortunale, burrasca.
188 **urtarno:** fecero scontrare. **e buon destrieri:** i valenti cavalli.
189 **se scorgiano:** si vedevano.
190 **dispietati e fieri:** spietati e feroci.
191 **ch'era:** poiché era.
192 **il canto... finito:** come lo sceneggiatore di una *fiction* di oggi, Boiardo interrompe il canto nel momento di massima tensione.

Dentro il TESTO

I contenuti tematici

Il rispetto cavalleresco non cancella le differenze

Orlando e Agricane interrompono il duello e iniziano a intrattenersi discettando *di cose degne e condecente a loro* (v. 74). Quasi dimenticando di essere nemici, i due danno vita a una dissertazione che avremmo potuto benissimo immaginare non su un campo di battaglia, sotto *il cel stellato* (v. 58), ma in un cenacolo umanistico. I temi sono infatti quelli su cui s'interrogano e si confrontano i pensatori del Quattrocento: la fede, l'educazione, l'amore.

La momentanea fine delle ostilità è decretata *de acordo* (v. 65); il riposo rituale al calar della notte avviene senza reciproci sospetti, tanto che i due si distendono sull'erba *l'uno a l'altro vicino* (v. 69): il tradimento non è nemmeno concepito. Il mito della cavalleria cortese, fatto proprio da Boiardo, riposa su questi ideali di nobile lealtà e cordiale umanità.

Tuttavia, pur in questa atmosfera di civile e fiduciosa convivenza, emergono subito le profonde differenze che separano i due eroi: Agricane rievoca la propria indisciplinata fanciullezza, vissuta con il mito della forza e del coraggio; Orlando esalta invece i nobili sentimenti e la fede cristiana.

Il cavaliere medievale e quello rinascimentale

Oltre a celebrare i valori cortesi e di umanistica tolleranza, l'incontro tra i due cavalieri permette all'autore di rappresentare un modello culturale e antropologico ben presente ai suoi committenti cortigiani. Non a caso, Orlando si contrappone dialetticamente ad Agricane in virtù delle proprie specifiche prerogative umane, sostenendo che, in aggiunta alle armi, le quali *son de l'omo il primo onore* (v. 98), sia da ricercare anche il sapere, che adorna l'uomo *come un prato il fiore* (v. 100). In tal modo viene fornito il ritratto ideale del cavaliere moderno – potremmo dire, del cavaliere umanista –, raffinato, sensibile e colto (una sorta di controfigura del perfetto cortigiano), mentre il pur valoroso Agricane incarna l'archetipo del paladino medievale, che non si dedica alla lettura e alla riflessione, ma solo alla caccia e alla guerra. Agricane infatti riserva soltanto agli intellettuali l'oziosa abitudine di *star tutto il giorno ne' libri a pensare* (v. 92): secondo lui la *dottrina* deve essere un'esclusiva di preti e dotti, non certo una peculiarità dei cavalieri, per i quali è d'obbligo esercitare *la forza del corpo e la destrezza* (v. 93).

La potenza dell'amore

La conversazione durerebbe forse ancora a lungo, se la rivalità non fosse riaccesa dal nome di Angelica. Travolto dalla gelosia, Agricane ha ascoltato le parole del rivale (in amore ancor più che nella religione), il quale gli ha confessato il motivo della sua presenza ad Albraccà, nella cui rocca si trova la fanciulla. Il pagano propone a Orlando di rinunciare alla donzella, ma ciò significherebbe per il cristiano *viver senza spirto e senza core* (v. 167), ossia morire. Non resta che assegnare alle armi il compito di stabilire chi sarà (o, meglio, si illude di essere) il privilegiato che farà proprio quello sfuggente oggetto del desiderio. L'amore dunque, ancora una volta, come in tutto il resto del poema, vince sulla cortesia e sulla religione, sbaragliando coraggiosi guerrieri e guidandoli nell'avventuroso labirinto del mondo.

Le scelte stilistiche

Un esempio di mescolanza stilistica

La capacità di Boiardo di proporre soluzioni stilistiche quanto mai varie può essere dimostrata confrontando la forma di alcune ottave. Prendiamo la 41 e la 44: a parlare è Orlando, il quale esprime con dotta consapevolezza la propria dottrina religiosa (*Questo che or vediamo, è un bel lavoro, / che fece la divina monarchia*, vv. 76-77), una concezione antropocentrica della vita (*Dio tutto ha fatto per la umana gente*, v. 80) e l'importanza della riflessione teoretica. Leggiamo ora la filosofia di vita di Agricane nelle ottave 42-43: la grossolana rivendicazione dell'ignoranza coincide con uno stile basso, popolaresco, in cui non manca l'ironia quando si ricorda la fine del malcapitato maestro, ritrovatosi con la testa rotta *per merto* (v. 85), cioè per ricompensa del suo lavoro.

Come tenere il pubblico con il fiato sospeso.

Riguardo alla tecnica narrativa, è interessante notare che Boiardo riprende dai cantari popolari l'uso di interrompere il racconto sul più bello per tenere così il pubblico sulla corda: per sapere come finirà il duello, gli ascoltatori dovranno infatti attendere. Profondo conoscitore della tecnica della *suspense*, il poeta spezza il racconto in due parti, rimandando alla seconda l'esito della tenzone. Solo allora il pubblico saprà della vittoria di Orlando e della conversione in punto di morte del re tartaro, che si fa battezzare per riparare una vita «iniqua» ed è accolto dalla misericordia divina.

Verso le COMPETENZE

COMPRENDERE

1 Riassumi in 5 righe il colloquio tra Orlando e Agricane.

2 Chi è il malcapitato che ha tentato invano di trasmettere il sapere ad Agricane? Quale sorte gli è toccata?

ANALIZZARE

3 Rileggi le ottave 34-36 e individua i termini utilizzati da Boiardo per rendere il dialogo dei due cavalieri un reciproco scambio di gentilezze cortesi.

4 Elenca le espressioni che rimandano all'immaginario tipico dell'epica carolingia e cavalleresca.

INTERPRETARE

5 Traccia il ritratto morale e ideologico di Orlando, vale a dire del perfetto cavaliere secondo Boiardo.

PRODURRE

6 SCRIVERE PER **ESPRIMERE**
Immagina di dover girare un breve film tratto dall'episodio antologizzato. Prepara una scheda in cui illustri le caratteristiche tecniche del film, motivandone le scelte (titolo, attori, colonna sonora, *location* ecc.). Allestisci inoltre un breve soggetto contenente la trama del film e un elenco delle scene principali.

DIBATTITO IN CLASSE

7 In questo brano Boiardo ci insegna una sorta di codice etico della cavalleria, a cui sottostanno i due avversari, pur nella loro profonda diversità ideologica.
Ti sembra che ancora oggi sia valido questo invito a rendere l'onore delle armi all'antagonista? Nelle competizioni agonistiche e sportive, quanto reputi importanti la lealtà e il rispetto reciproco? Confrontati con i compagni.

• T4 •

Una dichiarazione di poetica

Matteo Maria Boiardo, *Orlando innamorato*, II, XVIII, ott. 1-3

La rivalutazione del ciclo arturiano

Nell'esordio del canto XVIII del secondo libro del suo poema, Boiardo giustifica la preferenza da lui accordata alla corte di re Artù a scapito di quella di Carlo Magno. Non si tratta soltanto di una predilezione narrativa, ma anche di una scelta ideologica.

METRO Ottave di endecasillabi con 6 rime alternate e 2 baciate (ABABABCC).

1
Fo gloriosa Bertagna la grande
una stagion per l'arme e per l'amore,
onde ancora oggi il nome suo si spande,
sì che al re Artuse fa portare onore,
quando e bon cavallieri a quelle bande
mostrarno in più battaglie il suo valore,
andando con lor dame in aventura;
ed or sua fama al nostro tempo dura.

2
Re Carlo in Franza poi tenne gran corte,
ma a quella prima non fo sembïante,
benché assai fosse ancor robusto e forte,
ed avesse Ranaldo e 'l sir d'Anglante.
Perché tenne ad Amor chiuse le porte
e sol se dette alle battaglie sante,
non fo di quel valore e quella estima
qual fo quell'altra che io contava in prima;

3
però che Amore è quel che dà la gloria,
e che fa l'omo degno ed onorato,
amore è quel che dona la vittoria,
e dona ardire al cavalliero armato;
onde mi piace di seguir l'istoria,
qual cominciai, de Orlando inamorato,
tornando ove io il lasciai con Sacripante,
come io vi dissi nel cantare avante.

1 **Fo:** fu. **Bertagna la grande:** la Gran Bretagna, teatro delle imprese dei cavalieri della Tavola Rotonda.
2 **una stagion:** una volta.
3 **si spande:** si diffonde.
4 **Artuse:** Artù.
5 **a quelle bande:** in quei luoghi.
10 **a quella prima non fo sembïante:** non assomigliò a quella precedente (alla corte di re Artù).
12 **sir d'Anglante:** Orlando.
15-16 **non fo di quel valore e quella estima... in prima:** la corte carolingia non fu dello stesso valore e degna della stessa stima di quell'altra di cui ho parlato in precedenza.
20 **ardire:** ardimento.
23 **Sacripante:** re saraceno di Circassia, regione del Caucaso.
24 **nel cantare avante:** nel precedente canto.

Dentro il TESTO

I contenuti tematici

La tradizionale superiorità del ciclo carolingio

Sono preferibili le vicende amorose raccontate nei romanzi avventurosi del ciclo arturiano o le sante imprese compiute dai paladini cristiani nelle canzoni carolinge? Fino a Boiardo la risposta che troviamo nelle opere dei nostri più importanti letterati è in pratica la stessa: giudicando il valore etico (molto più che quello estetico) di quei testi, il favore non poteva che essere accordato alle gloriose storie di Orlando, Rinaldo e dei cavalieri al servizio di Carlo Magno.

Nel canto V dell'*Inferno*, attraverso la passione adultera di Paolo e Francesca, Dante mostra quali insidie galeotte celi la lettura degli amori di Lancillotto e Ginevra; nei *Trionfi* Petrarca ammonisce sulla vanità dei sogni instillati dai sentimenti erotici dei cavalieri della Tavola Rotonda; perfino il laico Boccaccio, nelle terzine del poema allegorico *Amorosa visione*, invita a non lasciarsi traviare dalle avventure dei romanzi del ciclo bretone e a seguire piuttosto l'esempio di comportamenti virtuosi offerto dagli eroi di Francia.

L'anticonformistica preferenza di Boiardo

Boiardo la pensa diversamente. In queste ottave, che hanno il significato di una vera e propria dichiarazione di poetica, non si limita a rivendicare la contaminazione della materia carolingia con quella romanzesca, che era in fondo un aspetto già presente nella tradizione dei cantari, ma si spinge ad accordare con chiara consapevolezza la propria preferenza ai cavalieri di *re Artuse* (ottava 1), definitivamente sottratti a ogni preconcetta condanna morale. Sdegnosamente bandito dalle canzoni di gesta, per Boiardo l'amore rappresenta invece un sentimento nobilitante, perfino più del coraggio e del valore militare: *Amore è quel che dà la gloria, / e che fa l'omo degno ed onorato* (vv. 17-18).

Amore e raffinatezza

Proprio sulla base di questo principio Boiardo può sottolineare presso il raffinato pubblico di principi e principesse a cui si rivolge la valenza ideologica dell'amore, che costituisce così un elemento essenziale della cortesia e una manifestazione di ricchezza interiore e di delicata sensibilità.

Verso le COMPETENZE

COMPRENDERE

1 Stabilisci se le seguenti affermazioni sono vere o false.

a La Bretagna è celebre soprattutto per le imprese guerresche. V F

b I paladini di Artù cercavano avventure insieme alle loro dame. V F

c Tra i paladini di Carlo Magno vi erano Ranaldo e Orlando. V F

d Il ciclo carolingio tratta anche di vicende amorose. V F

e Boiardo stima allo stesso modo il valore guerresco e quello in amore. V F

f Boiardo accorda la sua preferenza alla tematica amorosa. V F

ANALIZZARE

2 Che cosa intende Boiardo per *bon cavallieri* (v. 5)?

3 Con quale metafora viene indicata l'esclusione della tematica amorosa dal ciclo carolingio?

4 Quali sono gli effetti dell'amore sull'uomo, secondo Boiardo?

INTERPRETARE

5 Individua i termini e le espressioni che sottolineano il confronto ideologico fra ciclo bretone e carolingio.

PRODURRE

6 SCRIVERE PER **ESPORRE**
Immagina che l'*Orlando innamorato* sia pubblicato ai giorni nostri: scrivine una recensione di circa 20 righe per un blog di letteratura.

7 SCRIVERE PER **ESPORRE**
Fai una breve ricerca sul ciclo di re Artù, e prepara una presentazione in slide, corredate di immagini e altro materiale multimediale.

LETTURE critiche

Turpino e Boiardo

di Tiziano Zanato

Se la materia dell'*Orlando innamorato* è originale, il suo autore sente tuttavia di dover rassicurare il proprio uditorio sull'attendibilità del suo racconto. Lo fa chiamando spesso in causa una fonte eccellente, quel leggendario consigliere di Carlo Magno di nome Turpino, che, secondo una tradizione consolidata, sarebbe l'ispiratore immaginario dei poemi cavallereschi. Lo studioso Tiziano Zanato (n. 1952) ragiona sull'importanza che tale richiamo assume nell'impianto narrativo del capolavoro di Boiardo.

Fin dalla didascalia posta in testa al primo libro, viene detto che esso è «tradutto dala verace chronica de Turpino, Arcivescovo remense», sicché l'*Inamoramento de Orlando* si presenta – letteralmente – come una versione di un testo storico del vescovo di Reims. Tale traduzione non è stata però condotta sull'*opus magnum*[1] a lui attribuito, la *Historia Karoli Magni et Rotholandi*, visto quanto Boiardo chiarisce nella terza ottava dell'opera:

Questa novella è nota a poca gente,
perché Turpino istesso la nascose,
credendo forsi a quel Conte valente
esser le sue scriture dispetose,
poiché contra ad Amor pur fu perdente
colui che vinse tutte l'altre cose [...].

La fonte è dunque un inedito turpiniano, rimasto sconosciuto a molti, ma evidentemente non a Matteo Maria, che ora lo rende noto ben sapendo di fare un dispiacere (postumo) «a quel Conte valente» (Orlando) e alla sua immagine di paladino invincibile, pur alla fine sconfitto da Amore. Il ruolo del poeta viene così autolimitato a un fedele volgarizzamento, con contestuale versificazione, di una «chronica» in prosa latina: un atteggiamento non molto dissimile, se non fosse qui millantato, dalla reale attività di volgarizzatore di opere storiche – appunto – iniziata da Boiardo verso il 1468, come s'è visto, cioè proprio nel periodo in cui si presume avviato anche l'*Inamoramento*.

Il ricorso a una "fonte" è tratto tipico dei cantari, ma il *topos* si era formato da tempo, fin dalla *Chanson de Roland*, ed era approdato in molti testi franco-italiani e italiani, ad esempio nella *Spagna ferrarese*; aveva inoltre l'avallo di un'opera assai attiva nell'avvio del poema boiardesco, il *Teseida* di Boccaccio, nella cui dedica a Fiammetta il poeta afferma di avere «trovata una antichissima istoria e alle più delle genti non manifesta» e di averla «in latino volgare e per rima [...] ridotta». Lo scopo primario dell'adibizione[2] di una fonte è la necessità di autenticare la storia: e quale miglior testimone di un contemporaneo di Orlando, cronista, vescovo, e magari anche personaggio del poema? Senza dire dell'aureola di verità di cui su ammanta di per sé un testo scritto, specie se antico. Tutto questo apparato è ripreso da Boiardo con una parvenza di ossequio alla tradizione, ma nella reale impossibilità di riproporlo seriamente, sia perché ciascun lettore capiva l'insussistenza della fonte, magari ritenendola verisimile, sia perché l'autore sapeva bene che l'intera sua costruzione era una finzione allo stato puro, seppur presentata in chiave iperrealistica, la

1 ***opus magnum:*** letteralmente, "grande opera".

2 **adibizione:** utilizzo.

cui gestione non poteva che fondarsi sullo strumento principe dell'ironia. Troveremo perciò, decine di volte, rinvii come «Turpino il dice» (I I 74 7), che corrisponde esattamente alla formula scolastica «Ipse dixit», la quale può anche rivestire – quando serve – un ruolo di zeppa metrica, ma per lo più interviene in situazioni-limite, a sorridente difesa di qualche sparata un po' più grossa del narratore, o a commento di atteggiamenti censurabili dei propri personaggi, come a II XIX 50 in riferimento a Orlando:

Campata avendo Angelica la bela,
tropo era lieto di quela aventura;
via caminando assai con lei favela,
ma di toccarla mai non s'assicura.
Cotanto amava lui quela dongiela
che di farla turbare avea paura:
Turpin, che mai non mente, di ragione
in cotal atto il chiama un babïone.

A Turpino vengono spesso attribuite precise scelte di regia, come gli stacchi da un episodio e un altro; si veda il seguente, tratto dalle ultime propaggini del poema, a riprova che il *topos* continua a rimanere attivo fino in fondo (III VIII 52 5-8):

Ma Turpin lassa qua la historia vera
che in questi versi ho tracta di sua prosa,
e torna a ragionar di Bradamante
dela qual vi lasciai poco davante.

Interessa notare che Boiardo parla di un testo in *prosa* del vescovo di Reims, che lui ha ridotto «in questi versi», con piena conferma *in cauda* della sua funzione di volgarizzatore-verseggiatore. E se è vero che la sua penna se ne va stretta di retro al "dittatore", è pur vero che talvolta il rifacitore si prende qualche libertà, in una pantomima che configura degli interventi dir egia e funge di norma da amplificazione retorica del passo in questione [...].

Nella finzione del poema, dunque, è Turpino l'autore della storia narrata, per palese ammissione («Ma Turpin me assicura, ch'è l'autore», II XIII 58 3); di fronte a lui Boiardo si pone come un mediatore, traduttore e verseggiatore, cioè come un narratore primo, in grado di intervenire varie volte, in prima persona, nel racconto, la cui "esecuzione" viene però lasciata a un narratore secondo, che si configura come un canterino al lavoro in mezzo al suo pubblico. Siamo perciò di fronte a due livelli della diegesi, per quanto non perfettamente distinti fra di loro, e anzi a bella posta interlacciati e sovrapposti, dato che il narratore primo assume ora la maschera di sé stesso, ora quella del suo *alter ego* cantastorie, e può autorappresentarsi come intento alla scrittura del poema, oppure alla sua recitazione.

Tiziano Zanato, *Boiardo*, Salerno editrice, Roma 2015

Comprendere il PENSIERO CRITICO

1 In quali altre opere si fa ricorso a una fonte per qualificare la materia trattata?
2 A chi era riferita la formula scolastica *Ipse dixit*? Perché viene paragonata all'espressione «Turpino il dice»?
3 Quali sono i due livelli di diegesi su cui Boiardo imposta la sua opera?

Verifica delle CONOSCENZE

IL GENERE

Rispondi alle seguenti domande.

1 Spiega brevemente il significato delle seguenti parole e/o espressioni.

- Cantare ....
- Genere encomiastico ....
- Parodia ....
- Codice cortese ....
- Cantastorie ....
- Virtù cavalleresche ....

2 Quale forma metrica è propria del poema cavalleresco? Descrivine origini e caratteristiche.

Scegli l'alternativa corretta fra quelle proposte.

3 La lingua di Pulci è
- a colta e letteraria.
- b un insieme di termini colti e popolareggianti.
- c popolareggiante.
- d latineggiante.

4 Nel *Morgante* Margutte è
- a un paladino musulmano.
- b un mezzo gigante miscredente.
- c un mezzo gigante convertito al cattolicesimo.
- d un gigante avversario di Morgante.

5 A quale pubblico si rivolge Boiardo?
- a I signori e le dame della corte ferrarese.
- b La gente semplice che affolla le piazze dei borghi padani.
- c La borghesia ferrarese.
- d I signori e le dame della corte medicea.

Indica se ciascuno di questi dati va attribuito a Pulci (P) o a Boiardo (B).

6 Nasce a Firenze. P B

7 Parodizza la tradizione cavalleresca. P B

8 È autore di un canzoniere in volgare. P B

9 Esalta i valori cortesi perduti. P B

10 Ha fama di eretico. P B

Indica se le seguenti affermazioni sono vere (V) o false (F).

11 Pulci ha fama di dissacratore. V F

12 Boiardo privilegia il tema amoroso. V F

13 Pulci racconta il ciclo carolingio in chiave comica. V F

14 Lo stile di Boiardo fonde lingua letteraria e popolare. V F

Rispondi alle seguenti domande.

15 Dopo la lettura dei passi antologizzati, confronta le immagini e gli ideali dell'universo cavalleresco di Pulci e di Boiardo.

16 Confronta il linguaggio di Pulci e di Boiardo attraverso alcuni esempi commentati.

17 Descrivi la "biblioteca" di Pulci e di Boiardo. Quali sono state le letture più formative? Quali autori li hanno influenzati maggiormente?

IL POEMA CAVALLERESCO

Dalla seconda metà del XIV secolo le storie del ciclo bretone carolingio vengono rielaborate in chiave popolare e diffuse da cantastorie e giullari. La forma utilizzata è quella dei **cantari**, narrazioni in versi riuniti in **ottave**, con accompagnamento musicale. I cavalieri e i paladini della tradizione si trasformano in personaggi coinvolti in vicende dai risvolti talvolta comici e fantastici. In età umanistica i racconti della tradizione si diffondono anche nelle corti signorili, grazie a una nuova generazione di poeti colti che rinnova la materia cavalleresca adattandola ai gusti di un pubblico sofisticato.

GLI AUTORI

Luigi Pulci È rappresentante di quel filone di poesia in volgare, ludica e scanzonata, tipica della cultura popolaresca toscana.
La sua opera più celebre è il ***Morgante***, poema in ottave incentrato sulle vicende del gigante che dà il nome al libro, il quale segue nelle sue avventure il paladino Orlando; la materia carolingia viene rappresentata in forme comiche e parodiche. Il disordine della trama rispecchia la descrizione di un mondo alla rovescia, vorticoso e confuso, animato da personaggi eccessivi e irrazionali.
Per conseguenza anche il **linguaggio**, **caricaturale** e **sovrabbondante**, è caratterizzato da espressioni popolareggianti ed esotismi, termini colti e neologismi, voci dialettali e locuzioni letterarie. Si tratta di una contaminazione di componenti colte e popolaresche grazie alla quale Pulci può schernire i valori della civiltà umanistica.

Matteo Maria Boiardo È uno dei principali poeti volgari dell'Umanesimo, attivo alla corte estense di Ferrara. La sua produzione giovanile comprende volgarizzamenti di opere latine e greche, carmi ed egloghe in latino. Gli ***Amorum libri tres***, di ispirazione petrarchesca, sono una raccolta di 180 testi poetici nei quali viene descritto l'amore per Antonia Caprara, dama di Reggio Emilia.
La sua opera maggiore, l'***Orlando innamorato***, è un poema cavalleresco incompiuto in cui i valori del codice cortese vengono riproposti per allietare il pubblico di gentiluomini e dame di corte. La materia narrativa del **ciclo carolingio**, con i suoi eroismi, si fonde con quella del ciclo bretone, di cui si rievocano amori, avventure e incantesimi. In particolare è l'amore, forza implacabile che condiziona l'esistenza degli uomini, a rappresentare il motore dell'azione. Anche lo stile è il risultato di una fusione tra piano colto (la scelta metrica delle ottave) e popolare (la sintassi semplice, il lessico dominato dal parlato padano e ferrarese). L'opera riscuote un successo straordinario, tanto che Ludovico Ariosto, nel tentativo di realizzarne il seguito, comporrà il suo capolavoro, l'*Orlando furioso*.

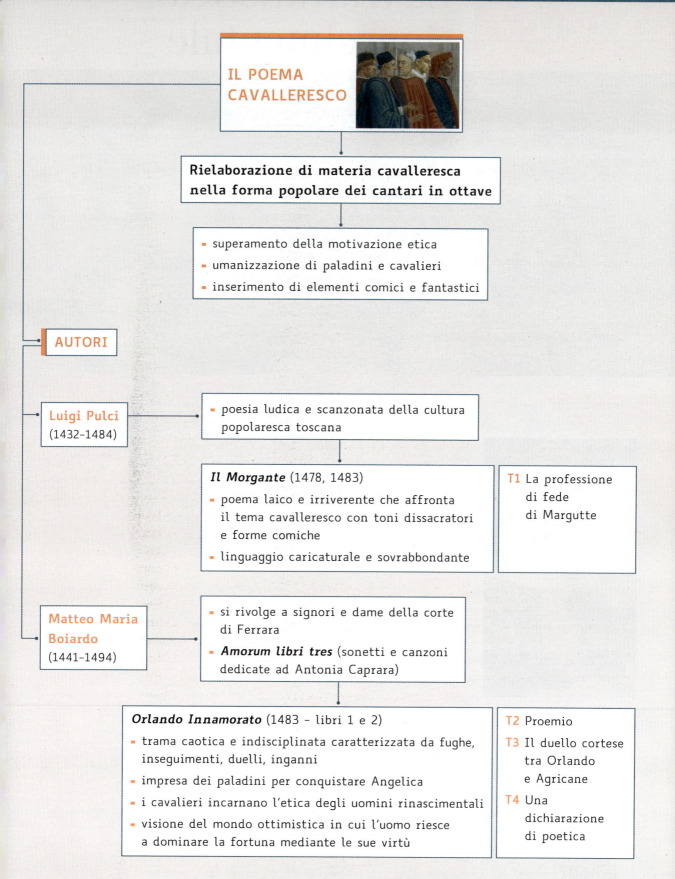

IL POEMA CAVALLERESCO

Rielaborazione di materia cavalleresca nella forma popolare dei cantari in ottave

- superamento della motivazione etica
- umanizzazione di paladini e cavalieri
- inserimento di elementi comici e fantastici

AUTORI

Luigi Pulci (1432-1484)

- poesia ludica e scanzonata della cultura popolaresca toscana

Il Morgante (1478, 1483)

- poema laico e irriverente che affronta il tema cavalleresco con toni dissacratori e forme comiche
- linguaggio caricaturale e sovrabbondante

T1 La professione di fede di Margutte

Matteo Maria Boiardo (1441-1494)

- si rivolge a signori e dame della corte di Ferrara
- ***Amorum libri tres*** (sonetti e canzoni dedicate ad Antonia Caprara)

Orlando Innamorato (1483 - libri 1 e 2)

- trama caotica e indisciplinata caratterizzata da fughe, inseguimenti, duelli, inganni
- impresa dei paladini per conquistare Angelica
- i cavalieri incarnano l'etica degli uomini rinascimentali
- visione del mondo ottimistica in cui l'uomo riesce a dominare la fortuna mediante le sue virtù

T2 Proemio

T3 Il duello cortese tra Orlando e Agricane

T4 Una dichiarazione di poetica

Il genere

La trattatistica rinascimentale

Pietro Bembo
Baldassarre Castiglione
Giovanni Della Casa

Posson quei che non son da natura così perfettamente dotati, con studio e fatica limare e correggere in gran parte i diffetti naturali

(*Baldassarre Castiglione*)

Nell'età umanistico-rinascimentale le lettere vengono usate come strumento di una battaglia di civiltà, come un mezzo per comunicare, persuadere e formare l'uomo addestrandolo al confronto e mettendolo nella condizione di avere ed esercitare autorità. Scrivere – e scrivere bene soprattutto – costituisce un metodo per conoscere e per riflettere sulla condizione dell'uomo che vive in una determinata realtà. Il trattato svolge appunto questo compito: alimentare nell'individuo l'interesse per il mondo che lo circonda e favorirlo nelle attività dello spirito come in quelle della vita pratica.

Tale funzione pedagogica si spiega con il desiderio, condiviso da tutti gli intellettuali, di perfezionare sé stessi nel confronto con gli altri, per raggiungere bellezza e decoro, compostezza e raffinata dignità.

Il trattato: espressione della civiltà umanistico-rinascimentale

La codificazione dei princìpi umanisti

«Noi siamo in terra uomini e donne, quasi in mezo di qualche teatro e d'ogn'intorno per ogni parte del cielo siedeno li dèi, tutti intenti a guardare la tragedia dell'esser nostro. Noi adunque, il cui fine altra cosa esser non dee che 'l compiacere agli spettatori, sotto tal forma dovemo cercar di comparer nella scena che lodati ce ne possiamo partire». Lo scopo dell'uomo è dunque dare buona prova di sé durante lo spettacolo della vita. Le parole che abbiamo riportato, del letterato padovano Sperone Speroni (1500-1588), esprimono bene la concezione della vita propria degli intellettuali rinascimentali. Non importa quale parte l'uomo debba recitare sulla grande scena del mondo; ciò che conta davvero è vivere con le maggiori **dignità e consapevolezza** possibili: il fiorire della ricca e multiforme trattatistica umanistico-rinascimentale nasce proprio dall'esigenza di adempiere a questo compito, scrivendo o riscrivendo le norme che regolano ogni aspetto della vita, del pensiero e dell'attività umana.

Il dialogo pedagogico

Il trattato appare come il luogo che meglio si presta a definire gli **ideali di un'umanità nuova**, desiderosa di sviluppare le proprie attitudini in armonia con la natura e la società, non limitandosi a offrire modelli teorici, ma facendo interagire le diverse idee grazie al confronto e alla discussione. La vocazione pedagogica del trattato infatti si esplica spesso attraverso la forma del dialogo, in cui si incontrano o si scontrano opinioni divergenti, eppure tutte in qualche misura dotate di verità, una verità che non si vuole o non si sa isolare. Si tratta di voci provenienti per lo più dall'ambiente della corte, che attraverso la **conversazione** e lo scambio tra diversi punti di vista può parlare di sé e autocelebrarsi come un ambiente aperto e pluralista, esaltando i propri valori, gusti e aspirazioni.

Platonismo e aristotelismo

Mentre al latino è affidata ancora la dissertazione filosofica e scientifica, nella lingua volgare si svolge il vero e proprio dibattito delle idee sull'**amore,** sulla **bellezza** e sul **comportamento sociale**. Benché i problemi affrontati nei trattati siano vari, tuttavia univoca è l'esigenza di indicare regole da seguire e tradurre nella realtà grazie a un perfetto equilibrio tra ragione e istinto. A questo fine, si rivela fondamentale la lezione del platonismo, operante già dal Quattrocento, che individua in ogni ambito della vita e dell'attività umana modelli astratti di perfezione e bellezza ai quali avvicinarsi. Nel 1508, poi, la stampa dell'originale greco della *Poetica* di Aristotele alimenta ulteriormente la tendenza all'**imitazione** a scapito dell'invenzione, impegnando i letterati a definire con precisione i generi lette-

Raffaello, *La Scuola di Atene* (particolare, i filosofi Aristotele e Platone), 1510 ca. Città del Vaticano, Palazzi Vaticani, Stanza della Segnatura.

rari e a specificare norme e stili vincolanti, sottratti all'arbitrio dei tentativi individuali. Per Aristotele l'imitazione non costituisce una riproduzione meccanica, ma è il frutto di un'operazione culturale che arreca piacere: non è un semplice mezzo espressivo, bensì il vero scopo dell'arte.

La ricerca di un'identità comune

La compresenza di platonismo e aristotelismo determina la diffusa esigenza di fornire **precetti** da estendere in ogni campo. Di conseguenza, la **letteratura** diventa una **pratica sociale**, che razionalizza bisogni e tendenze, e stabilisce modelli, prescrivendo a un pubblico selezionato e, potremmo dire, già "educato" uno stile comune (nella lingua, nel sentimento amoroso, nel comportamento). Il trattato svolge proprio questa funzione, grazie alla quale il ceto intellettuale cerca un'identità specifica, condividendo, al di là dell'appartenenza a una corte o a un'altra, la medesima aspirazione all'unità e all'armonia dell'arte, dell'espressione e degli stili di vita.

I temi e i protagonisti

L'ambito amoroso

L'amore platonico

Il tema amoroso non è certamente nuovo, essendo stato oggetto di fortunate divulgazioni sia nell'ambito delle corti feudali del tardo Medioevo sia presso la società borghese trecentesca. Trattati (come il *De amore* di Andrea Cappellano) e testi lirici, ma dal deciso carattere dottrinario (quali, soprattutto, quelli dei poeti stilnovisti), avevano già valorizzato l'amore, ma non su un piano concreto o materiale, bensì su quello filosofico o teologico. Poi era stata l'opera di autori come Petrarca e Boccaccio ad affrontare l'argomento in un'ottica laica: il primo aveva analizzato l'amore come forza irresistibile, capace di sconvolgere l'equilibrio interiore dell'animo; il secondo lo aveva rappresentato come una legge ineluttabile della natura umana. Ora però la diffusione del pensiero di Platone solleva il discorso a un **alto livello teorico**, distinguendo e operando relazioni tra amore terreno e amore spirituale, bellezza naturale e bellezza divina. L'amore autentico, liberato da ogni bassa sensualità, si risolve nel **desiderio di bellezza** e di **ascesa verso Dio**: la contemplazione della bellezza femminile rappresenta il primo stadio di questo processo di innalzamento.

Gli Asolani di Pietro Bembo

Così divulgata, la teoria dell'amore platonico salda i concetti espressi dal filosofo greco con il modello spirituale promosso nel *Canzoniere* da Petrarca, come è possibile vedere nel più noto fra i trattati amorosi rinascimentali, *Gli Asolani* (1505) di Pietro Bembo. Dopo aver posto a confronto tre diversi interlocutori, Bembo finisce implicitamente per rifiutare una visione dell'amore come appetito esclusivamente carnale e per esaltare, al contrario, la sua **funzione benefica**, «quando è contemplazione, nelle cose terrene, della bellezza ideale ed eterna, e quindi primo gradino dell'ascesa alla somma bellezza, che è Dio» (Sapegno).

Il comportamento del gentiluomo di corte

Il Cortegiano di Baldassarre Castiglione

Il bisogno di costumi e comportamenti condivisi stimola nel Cinquecento lo sviluppo della trattatistica sul comportamento da tenere in società. Questa produzione persegue l'obiettivo principale della civiltà umanistico-rinascimentale, vale a dire la formazione dell'uomo, pienamente integrato nel tessuto delle relazioni civili e dedito alla vita attiva. In molti casi siamo in presenza di precettistica spicciola, manuali di consigli pratici a uso di principi, ministri, magistrati, diplomatici. Tuttavia il capolavoro del genere, *Il Cortegiano* (1528) di Baldassarre Castiglione (➤ T2, p. 134; T3, p. 137), è ispirato dal più alto intento di offrire un **modello di umanità** che sia valido in assoluto, quale strumento operativo con cui l'uomo di corte acquisti esperienza culturale e consapevolezza della propria funzione.

Il complesso universo della corte

La categoria sociale alla quale i trattati sul comportamento si rivolgono è molto variegata, perché variegato è l'universo della corte, popolato da uomini e donne con ruoli, prestigio e compiti assai diversificati. Ministri, consiglieri, funzionari, esperti di finanza, di diritto ed economia, educatori, letterati, musicisti, scenografi e attori, gentiluomini, dame e "favoriti", ospitati per lusingare e intrattenere il principe nel tempo libero e nelle distrazioni dagli affari: grandi e piccole che fossero le corti, questa **galleria di tipi umani** ambiva a farsi largo negli impegni ufficiali imposti dalla politica e dalla diplomazia e in quelli ludici e mondani, come giostre, danze, cerimonie e rappresentazioni teatrali.

L'intellettuale fra subalternità e rivendicazioni di autonomia

In tale ambiente, l'intellettuale può assumere diverse funzioni. Anche se la trattatistica tende a idealizzarne la figura e il ruolo, dobbiamo però tenere presente che egli è spesso relegato a incarichi puramente esecutivi, costretto a prestazioni tecniche e operative che mal si conciliano con il suo desiderio di libertà e autonomia. Non a caso, perfino artisti di prim'ordine talvolta non nascondono avvilimento e vittimismo per il proprio stato di effettiva subalternità; nelle *Satire*, per esempio, Ludovico Ariosto scrive: «So ben che dal parer dei più mi tolgo, / che 'l stare in corte stimano grandezza, / ch'io pel contrario a servitù rivolgo» (So bene che mi allontano dall'opinione della maggior parte degli uomini, che considera un grande onore vivere a corte, mentre io, al contrario, la ritengo una condizione servile, III, vv. 28-30).

L'uomo saggio e virtuoso di Castiglione

Lettura critica p. 146

Nel suo trattato, invece, Castiglione sembra ancora confidare nella possibilità che l'intellettuale si ponga al fianco del signore, per consigliarlo e addirittura guidarlo nell'intricato mondo della politica. *Il Cortegiano* delinea, nel contesto di un dialogo ambientato nel 1506 presso la corte di Urbino, la figura del **perfetto gentiluomo,** che concilia le **abilità pratiche** con le **qualità intellettuali**, aderenti agli ideali rinascimentali dell'equilibrio e dell'armonia. Si tratta di un uomo saggio e completo, attento alle apparenze e ai riti esteriori di un ambiente sociale che esige soprattutto signorilità, compostezza e raffinatezza. Al tempo stesso, però, oltre all'estetica della "cortigianeria" Castiglione indica anche le qualità etiche e le nobili virtù (dalla diligenza alla moderazione, dalla bontà alla grazia) che sono corredo essenziale per acquistare prestigio e potere a corte.

Il *Galateo* di Giovanni Della Casa

Al *Cortegiano* si associa tradizionalmente il *Galateo* (1558) di Giovanni Della Casa (➤ T4, p. 142), opera anch'essa di grande successo, a tal punto che il titolo designa tuttora per antonomasia l'insieme delle norme della buona educazione. Facciamo attenzione però alla data di composizione: l'universo cortigiano a cui si riferisce l'opera di Della Casa è completamente diverso. Il clima politico, culturale, estetico e mondano che percepiamo nella corte di Castiglione non esiste più, sostituito vent'anni dopo da un'atmosfera nella quale regnano il **perbenismo** e il **rispetto di norme cristallizzate**, la gerarchia e l'obbedienza. Nel contesto della Controriforma l'esigenza condivisa da tutti gli uomini è quella di non dispiacere al potere vigente, sempre più intollerante verso l'anticonformismo, la spregiudicatezza e ogni forma, vera o presunta, di lesa autorità.

Le regole del vivere sociale

Tramontato il luogo ideale tratteggiato dal *Cortegiano*, nel *Galateo* vengono meno le esigenze formative, etiche e culturali, in favore della necessità di rispettare un codice più ristretto e vincolante di comportamenti, anche quelli più minuti e apparentemente insignificanti della vita quotidiana. Della Casa non ha più la velleità di proporre norme generali o di promuovere modelli morali: il suo intento è fornire una capillare **casistica delle buone creanze**, accontentandosi delle finalità più modeste di un manuale pratico di esteriore signorilità.

Gli autori e i testi

Pietro Bembo

La vita

La formazione umanistica

Pietro Bembo nasce a **Venezia** nel **1470**. Da ragazzo segue il padre Bernardo, figura di spicco dell'aristocrazia veneziana, in una serie di viaggi, da Firenze a Roma e poi a Ferrara, dove entra in contatto con i maggiori intellettuali dell'epoca. A Messina, nel 1492, impara il greco. Rientrato a Venezia, forte di una solida cultura umanistica, inizia a collaborare con lo stampatore **Aldo Manuzio**, per il quale cura le edizioni del *Canzoniere* di Petrarca (1501) e della *Commedia* di Dante (1502). Si tratta di una svolta di importanza capitale: i due autori entrano ormai a pieno titolo nel canone dei testi classici, acquisendo la stessa autorità degli scrittori latini.

Gli anni a Urbino e a Roma

Nel 1505 Bembo pubblica *Gli Asolani* e l'anno dopo si trasferisce a Urbino, presso la corte dei **Montefeltro**, dove stringe amicizia con Baldassarre Castiglione e conosce il cardinale Giovanni de' Medici, il quale, una volta diventato papa con il nome di Leone X, lo vuole a Roma come suo segretario. Con i ricchi benefici ecclesiastici di cui dispone, Bembo conduce una vita elegante e mondana, mentre si dedica alla stesura dei primi due libri delle *Prose della volgar lingua*.

Il rientro in Veneto e la carriera ecclesiastica

Tornato in Veneto, vive tra Padova e Venezia, avvolto già da una grande fama, che la pubblicazione delle *Prose* (1525) accresce ulteriormente. Del 1530 sono le *Rime*, che diventano un modello della lirica di ispirazione petrarchesca. Al servizio della Repubblica di Venezia come bibliotecario e storiografo ufficiale, nel 1535, alla morte di Faustina Morosina (sua convivente per più di un ventennio e da cui aveva avuto tre figli, ma che non aveva mai sposato per non perdere i privilegi ecclesiastici), si trasferisce a Roma, dove viene nominato **cardinale** nel 1538. Il suo nome compare tra gli aspiranti al soglio pontificio prima della morte, avvenuta a **Roma** nel **1547**.

Le opere

Il nome di Bembo è legato a tre aspetti centrali della civiltà letteraria del Cinquecento: **l'amore**, il **canone lirico** e la **questione della lingua**. A ciascuno di questi tre aspetti egli ha dedicato una particolare **elaborazione teorica**, tradotta poi in modo esemplare in un'opera specifica, destinata nel giro di poco tempo a diventare un modello irrinunciabile.

Gli asolani

La sua prima opera di rilievo è il trattato in volgare *Gli Asolani*, che ha per argomento **l'amore platonico**, come quello provato dall'autore per Lucrezia Borgia, a cui l'opera è dedicata. Il titolo trae origine dalla villa di Asolo, città veneta dove è ambientata e dove, ospiti di Caterina Cornaro, già regina di Cipro, tre gentiluomini e tre gentildonne discorrono intorno all'amore.

L'esaltazione della bellezza ideale

L'opera, in forma di **dialogo**, è strutturata in 3 libri, in ciascuno dei quali un personaggio presenta una propria tesi, diversa da quella degli altri. Nel primo, assistiamo a una vera e propria requisitoria contro l'amore, considerato la causa principale del dolore umano; nel secondo, si dà voce all'atteggiamento opposto, inscenando una celebrazione dell'amore materiale come fonte del piacere. Nel terzo libro, i due estremi sono sintetizzati con la posizione che l'autore intende promuovere, quella dell'**amore come desiderio della bellezza metafisica**: un approdo in cui si fondono diversi elementi della tradizione filosofica e poetica, dal *Simposio* di Platone al pensiero di Marsilio Ficino fino alla lirica dello Stilnovo. Proprio l'amore platonico sarà alla base di quasi tutta la produzione poetica del Cinquecento, divenendo uno dei veicoli principali dell'imitazione di Petrarca, che eserciterà una profonda suggestione grazie al suo sofferto ideale amoroso, sospeso fra tentazioni terrene e vincoli spirituali.

Il modello linguistico boccacciano

Lo **stile degli *Asolani*** anticipa le posizioni teoriche assunte poi da Bembo nell'ambito della questione della lingua. Infatti egli prende a modello la lingua toscana di Boccaccio, con l'intento di evidenziare la capacità del volgare di competere con il latino in prestigio e varietà.

Le *Rime*

Lo stesso scopo si ravvisa nei componimenti poetici inseriti all'interno del dialogo, che si rifanno apertamente ai temi e al linguaggio di Petrarca, anticipando la ricerca lessicale, metrica e contenutistica delle *Rime* (1530), dove il processo di assimilazione del modello può dirsi pienamente compiuto. I caratteri della bellezza femminile, i riflessi psicologici dell'amore sul soggetto lirico e il repertorio di vocaboli e immagini sono tutti ricalcati, non senza **artificiosa meccanicità**, sul *Canzoniere*. Non a caso, il fenomeno internazionale di imitazione chiamato "Petrarchismo" venne anche detto "**bembismo**".

Le *Prose della volgar lingua*

Il petrarchismo di Bembo, che le *Rime* realizzano concretamente, è definito in termini teorici nei tre libri delle *Prose della volgar lingua*. Pubblicato nel **1525** alla fine di una lunga opera di revisione (il testo era già stato ultimato nel 1516), il trattato, dedicato a Giulio de' Medici (che diventerà papa con il nome di Clemente VII), è il resoconto di un dialogo immaginario, datato al 1502, fra quattro interlocutori: Giuliano de' Medici (1479-1516), sostenitore del fiorentino parlato; l'umanista ferrarese Ercole Strozzi (1473-1508), fautore dei pregi della lingua latina; il vescovo genovese Federigo Fregoso (1480 ca-1541), che elogia il volgare delle origini; Carlo Bembo (morto nel 1503), fratello di Pietro e qui portavoce delle sue idee.

La struttura e il contenuto

Carlo Bembo propone la distinzione tra lingua parlata e lingua scritta. Per quest'ultima la soluzione migliore – che supera i limiti della lingua cortigiana (nei fatti una lingua inesistente, perché priva di tradizione scritta) e del fiorentino del Cinquecento, troppo corrotto dall'uso che ne fa il popolo illetterato – viene indicata nell'impiego della **lingua toscana del Trecento**: una lingua regolata (perché ha in sé proporzione e misura), pura (perché in essa non compaiono scorie della lingua parlata), nobile, ricca (perché sostenuta dall'esempio della più illustre tradizione scritta) e duttile (rispetto a ogni stile, in forza della varietà dei vocaboli).

Nel secondo libro, la superiorità del fiorentino letterario viene suffragata da illustri esempi dello scrivere bene: tra questi, eccellono la figura di **Petrarca** per la poesia e quella di **Boccaccio** per la prosa. Meno imitabile risulta invece la lingua di Dante, soprattutto a causa dell'illimitata estensione del suo vocabolario, troppo "anarchico" nell'accogliere forme e registri disparati, e poco adatto a rimanere dentro gli argini del formalismo classicistico. Il terzo libro si pone, infine, come una sorta di grammatica normativa del toscano, corredata da regole e citazioni, desunte in particolar modo dal *Canzoniere* e dal *Decameron*.

Un successo immediato

Le *Prose della volgar lingua* riscossero subito un grande successo, come documentano le numerose ristampe e le reazioni di molti scrittori, che adeguarono la propria lingua letteraria al modello indicato da Bembo, assurto a massima autorità letteraria italiana. Il caso più eclatante sarà quello di Ludovico Ariosto, che nella **terza e definitiva edizione dell'*Orlando furioso* (1532)** eliminerà l'originaria patina padaneggiante della sua scrittura per conformarsi ai dettami bembiani. A conclusione del suo poema (XLVI, 15), mentre passa in rassegna i più illustri letterati italiani, Ariosto lo omaggerà così: «Là veggo Pietro / Bembo, che 'l puro e dolce idioma nostro, / levato fuor del volgare uso tetro, / qual esser dee, ci ha col suo esempio mostro» [là vedo Pietro Bembo, che con il suo esempio ci ha mostrato come deve essere la nostra lingua, pura e dolce, sottratta al misero uso volgare]. E perfino Castiglione, suo "avversario" nella questione della lingua, deciderà di pubblicare *Il Cortegiano* non prima di averlo sottoposto al suo autorevole giudizio.

Una risposta concreta al particolarismo linguistico

Il pregio delle *Prose* (e il motivo principale della loro fortuna) fu subito colto dai letterati dell'epoca. Esso consisteva nell'aver definito un **modello di lingua letteraria stabile e unitario,** capace di opporsi all'ibrido sperimentalismo linguistico che aveva dominato la letteratura quattrocentesca. Inoltre tale modello, offrendo a tutti gli italiani la possibilità di servirsi di una lingua comune, poneva un **freno** decisivo **alle tendenze centrifughe** degli idiomi municipali. La sua forza stava appunto nella **rigidità esemplare della norma**, suffragata dal peso di una tradizione illustre, già data, e dunque impermeabile a particolarismi e contaminazioni.

Peraltro, si trattava di una **soluzione adatta ai tempi**, dal momento che si conformava alle esigenze dell'industria della stampa, che richiedeva uniformità e certezza delle regole, caratteristiche che non potevano offrire né la ricetta cortigiana, troppo fumosa e astratta, né quella del fiorentino parlato, che non aveva alle spalle una tradizione e un'autorità letteraria.

I limiti di una soluzione decisa a tavolino

D'altro canto, il carattere libresco e aristocratico della soluzione di Bembo rese inesorabile la frattura tra lingua scritta e lingua parlata: la prima immobilizzata nella "camicia di forza" di una grammatica standardizzata e la seconda destinata a modificarsi nell'uso quotidiano. La conseguenza di tale divaricazione sarà la **creazione di una sorta di bilinguismo in ogni regione d'Italia**, con il paradosso che la maggioranza della popolazione dovrà apprendere sugli autori la propria lingua nazionale ufficiale come se fosse un idioma straniero.

• T1 •

Scrivere «con lo stile delle passate stagioni»

Pietro Bembo, *Prose della volgar lingua*, I, 19

La necessità di imitare il bello

Non è vero che imitare Petrarca e Boccaccio significhi utilizzare una lingua morta: contro il giudizio di chi invoca l'uso letterario della lingua contemporanea, Carlo Bembo, fratello nonchè portavoce delle idee dell'autore, sostiene che l'unico modo per salvaguardare la bellezza espressiva in un'epoca che ne è carente è rifarsi agli immortali modelli estetici del passato.

Ora mi[1] potreste dire: cotesto tuo scriver bene onde si ritra' egli, e da cui si cerca?[2] Hass'egli sempre ad imprendere[3] dagli scrittori antichi e passati? Non piaccia a Dio sempre, Giuliano, ma sì bene ogni volta che migliore e più lodato è il parlare nelle scritture de' passati uomini, che quello che è o in bocca o nelle scritture de' vivi.[4] Non dovea Cicerone o Virgilio, lasciando[5] il parlare della loro età, ragionare con quello d'Ennio[6] o di quegli altri, che furono più antichi ancora di lui, perciò che essi avrebbono oro purissimo, che delle preziose vene del loro fertile e fiorito secolo si traeva, col piombo della rozza età di coloro cangiato;[7] sì come diceste che non doveano il Petrarca e il Boccaccio col parlare di Dante, e molto meno con quello di Guido Guinicelli e di Farinata e dei nati a quegli anni ragionare.[8] Ma quante volte aviene che la maniera[9] della lingua delle passate stagioni è migliore che quella della presente non è, tante volte si dee per noi[10] con lo stile delle passate stagioni scrivere, Giuliano, e non con quello del nostro tempo. Perché molto meglio e più lodevolmente avrebbono e prosato e verseggiato, e Seneca e Tranquillo e Lucano e Claudiano e tutti quegli scrittori, che dopo 'l secolo di Giulio Cesare e d'Augusto e dopo quella monda e felice età stati sono infino a noi, se essi nella guisa di que' loro antichi, di Virgilio dico e di Cicerone, scritto avessero, che non hanno fatto scrivendo nella loro;[11] e molto meglio faremo noi altresì, se con lo stile del Boccaccio e del Petrarca ragioneremo nelle nostre carte,[12] che non faremo a ragionare

1 **mi:** a parlare è Carlo Bembo, fratello dell'autore e portavoce delle sue idee.
2 **onde... si cerca?:** da dove si ricava e presso quali autori si deve cercare?
3 **Hass'egli... imprendere:** si deve sempre apprendere.
4 **Non piaccia... de' vivi:** certo non sempre, Giuliano, ma in verità (*sì bene*) ogni volta che la lingua (*il parlare*) degli antichi scrittori è migliore di quella parlata (*in bocca*) o scritta dai moderni. Giuliano è Giuliano de' Medici, figlio di Lorenzo il Magnifico.
5 **lasciando:** tralasciando.
6 **con quello d'Ennio:** con il linguaggio di Ennio. Quinto Ennio (239-169 a.C.) fu un poeta latino, autore degli *Annales*, poema epico oggi in gran parte perduto.
7 **perciò che... cangiato:** perché avrebbero sostituito (*avrebbono... cangiato*) l'oro purissimo che si estraeva dalle vene preziose del loro tempo ricco e fecondo (si intende, di buona letteratura) con il piombo della rozza età di quelli. Va detto che lo stile arcaico di Ennio fu oggetto di critica da parte degli autori dell'età aurea della letteratura latina, qui rappresentati da Virgilio e Cicerone. Questi pertanto avrebbero sbagliato se lo avessero eletto a modello.
8 **sì come diceste... ragionare:** allo stesso modo diceste che Petrarca e Boccaccio non dovevano usare la lingua di Dante e meno ancora quella di Guido Guinizzelli, di Farinata e dei loro contemporanei (*dei nati a quegli anni*). Esprimendo le posizioni del fratello, Carlo Bembo sottolinea come anche Petrarca e Boccaccio abbiano mirato a una lingua esemplare, al di là dei modelli rappresentati dagli autori precedenti (compreso Dante, qui chiaramente declassato). Guinizzelli (1230 ca - 1276) è, per consolidata convenzione, il padre dello Stilnovo; Farinata degli Uberti (morto nel 1264), capo dei Ghibellini toscani, è collocato da Dante tra gli eretici nel X canto dell'*Inferno*.
9 **quante volte... maniera:** ogni qual volta succede che la condizione.
10 **tante volte... per noi:** altrettante volte dobbiamo (*per noi* è complemento d'agente "da parte nostra").
11 **Perché molto... loro:** perché avrebbero scritto meglio e con maggiore eleganza in prosa e in versi sia Seneca, sia Svetonio, sia Lucano, sia Claudiano, sia tutti gli altri autori che sono venuti dopo l'età di Giulio Cesare e di Ottaviano Augusto, dopo quell'età limpida (*monda*) e felice fino alla nostra, se avessero scritto alla maniera (*nella guisa*) degli autori antichi, ossia di Virgilio e Cicerone, invece che in quella della loro età. Seneca è il famoso filosofo, Tranquillo è Svetonio, storico romano d'età imperiale, Lucano è il poeta epico autore della *Farsaglia*, Claudiano è un poeta pagano vissuto nel IV-V sec. d.C. Tutti sono espressione di quella fase della letteratura latina definita "argentea" in confronto alla precedente, considerata "aurea", ancora una volta incarnata dalla coppia Virgilio-Cicerone.
12 **nelle nostre carte:** nei nostri scritti.

col nostro, perciò che senza fallo alcuno[13] molto meglio ragionarono essi che non ragioniamo noi. Né fie per questo che dire si possa,[14] che noi ragioniamo e scriviamo a' morti più che a' vivi. A' morti scrivono coloro, le scritture de' quali non sono da persona[15] lette giamai, o se pure alcuno le legge, sono que' tali uomini di volgo, che non hanno giudicio[16] e così le malvagie cose leggono come le buone, perché essi morti si possono alle scritture dirittamente chiamare, e quelle scritture altresì, le quali in ogni modo muoiono con le prime carte.[17]

13 **senza fallo alcuno:** senza alcun dubbio.
14 **Né... possa:** né per questo (vale a dire, sostenendo questo punto di vista) si potrà dire (letteralmente "accadrà che si possa dire").
15 **da persona:** da nessuno.
16 **giudicio:** spirito critico.
17 **perché... carte:** per cui essi si possono definire in modo appropriato "morti" sul piano letterario, e si possono definire "morte" anche quelle opere che muoiono immediatamente, sin dalle prime pagine.

Dentro il TESTO

I contenuti tematici

La bellezza non conosce il tempo

Alla base delle parole che Pietro Bembo fa pronunciare al fratello Carlo si intravede la preoccupazione di difendersi da quanti possano giudicare la sua visione della lingua letteraria come un astratto o nostalgico anacronismo. Per questo, tutto il discorso è finalizzato a contrastare la prevedibile obiezione che preferire la lingua di ieri a quella di oggi significhi rivolgersi non ai vivi, ma ai morti. Bembo controbatte chiarendo che la sua predilezione non dipende da un criterio passatista. Il solo principio che guida la sua teoria è di tipo estetico: la vita e la morte di un'opera non sono determinate dal secolo in cui essa è stata scritta, ma dalla bellezza, dalla qualità letteraria e dalla capacità di sopravvivere all'usura del tempo.

Un'imitazione selettiva

D'altra parte, Bembo aggiunge che non sempre è necessario imitare gli antichi. Ciò è doveroso solo quando la lingua e le forme del passato sono "'migliori'" di quelle del presente. Bembo non ci dice in base a quali criteri oggettivi si possa allestire una gerarchia di valore letterario: gli basta asserire che ha fatto bene Cicerone a non imitare Ennio, un autore precedente, ma che scriveva peggio di lui, e male gli scrittori a lui successivi che non lo hanno scelto, insieme a Virgilio, come modello. Lo stesso errore farebbero i contemporanei se non considerassero come riferimenti per il volgare la lingua di Petrarca e Boccaccio, i quali, a differenza degli autori del Duecento (e di Dante stesso), hanno conseguito risultati di compiuta perfezione, validi in ogni tempo.

La letteratura è per pochi

Individuata nel Trecento l'età dell'oro della lingua volgare, Bembo ribadisce nella parte finale del passo la propria concezione elitaria della letteratura. Lo scrittore che rifiuti di rifarsi ai modelli indicati è destinato non solo a confezionare opere di nessun valore e dall'esistenza effimera (visto che *muoiono con le prime carte*, r. 26), ma anche ad assecondare il gusto plebeo di lettori grossolani, incapaci di giudicare con competenza e spirito critico la bellezza di una creazione artistica. I letterati devono invece rivolgersi soprattutto ai posteri, perché solo così possono assicurarsi una fama e una gloria non circoscritte alla propria epoca. Per questo, il loro pubblico di riferimento sarà formato da una ristretta cerchia di uomini dotti, in grado di apprezzare i valori assoluti di un'arte sottratta al tempo e alla Storia.

Le scelte stilistiche

Le strategie della dialettica

Il discorso di Carlo Bembo presenta alcuni elementi formali tipici dell'oratoria. Innanzitutto, vanno notate le due interrogative iniziali, che hanno la funzione di prevenire le obiezioni dell'interlocutore (Giuliano de' Medici), anticipando le risposte. Allo stesso modo, nella parte finale del discorso l'autore gioca d'anticipo: non è vero, come erroneamente si potrebbe pensare, che scrivere come Petrarca e Boccaccio significhi rivolgersi ai morti e non ai vivi (*Né fie per questo che dire si possa, che noi ragioniamo e scriviamo a' morti più che a' vivi*, rr. 21-22). Così, nella logica della schermaglia dialettica, vengono meno i possibili argomenti della controparte, direttamente chiamata in causa con due vocativi per stimolarne l'attenzione e convincerla a cambiare opinione.

Verso le COMPETENZE

COMPRENDERE

1 Dopo aver letto il brano, si può dire che secondo l'autore il principio di imitazione deve essere sempre perseguito?

2 Quale è stato il merito di Cicerone e Virgilio? A quale fine Bembo li chiama in causa?

3 Quali scrittori possono definirsi *morti* sul piano letterario?

4 In che modo l'autore valuta le capacità di lettura degli *uomini di volgo* (r. 23)?

ANALIZZARE

5 Il brano è ricco di contrapposizioni: completa la tabella con il termine opposto presente nel testo.

piombo	
Ennio	
morti	
Farinata	
fertile e fiorito secolo	

PRODURRE

6 SCRIVERE PER **ARGOMENTARE**
La posizione di Bembo secondo cui soltanto gli esperti si possono pronunciare sul valore di un'opera d'arte è stata ripresa anche di recente dal poeta Valerio Magrelli (n. 1957), che ha affermato provocatoriamente: «Quando puoi esprimere il tuo parere su un libro? Quando hai letto almeno 8000 libri di teoria, di narrativa, di poesia, altrimenti non puoi parlare. Io non voglio sapere i pareri dei lettori, non mi interessano: deve essere vietato al lettore di parlare». Che cosa pensi al riguardo? Esponi la tua opinione in un testo di circa 20 righe.

Baldassarre Castiglione

La vita

Dalla corte di Milano a quella di Urbino

Di illustre famiglia (la madre era una Gonzaga), Baldassarre Castiglione nasce a **Casatico**, non lontano da Mantova, nel **1478**. Educato secondo la migliore tradizione umanistica, inizia la carriera cortigiana a Milano e poi, dal 1499, al servizio del signore di Mantova, Francesco II Gonzaga. Dal 1504 al 1513 è a Urbino, presso la corte dei Montefeltro. Qui scrive egloghe, versi latini e rime volgari, allestisce la commedia *La Calandria* del Cardinal Bibbiena (1470-1520) e soprattutto inaugura la riflessione sui doveri dell'uomo di corte, cominciando nel 1507 a scrivere *Il Cortegiano* poi pubblicato nel 1528.

La nomina a nunzio apostolico

Rientrato nel 1516 a Mantova, si sposa, ma alla morte della moglie intraprende la carriera ecclesiastica. Nel 1524 viene nominato da papa Clemente VII nunzio apostolico in Spagna. Muore cinque anni dopo, nel **1529**, a **Toledo**, compianto dall'imperatore Carlo V, che nell'elogio funebre lo ricorda come il miglior cavaliere del mondo.

Le opere

La struttura e il contenuto del *Cortegiano*

Il libro del Cortegiano (questo il titolo completo dell'opera) è un **trattato in forma di dialogo** diviso in 4 libri. Esso mette in scena una discussione che si immagina avvenuta a Urbino, alla corte dei Montefeltro, presso un circolo di nobili, letterati e artisti, che si confrontano sulle qualità del perfetto uomo di corte. Nei primi due libri vengono individuate le sue **qualità fisiche** e **morali** in relazione alle diverse circostanze nelle quali deve darne prova: egli sarà di famiglia e d'animo nobili, sano nel fisico e disinvolto nelle relazioni mondane, esperto nelle armi ed elegante nel vestire. Dovrà inoltre essere colto, intenditore di pittura e musica, conoscitore della letteratura, spiritoso e piacevole nella conversazione. In particolare, doti essenziali sono la «**grazia**», vale a dire una spiccata raffinatezza di modi, e la «**sprezzatura**», cioè la disinvolta naturalezza con cui si affrontano anche i compiti più difficili.

Il terzo libro è dedicato alla «**donna di palazzo**», il cui ritratto ricalca quello del «cortegiano»: bellezza, autocontrollo, affabilità e discrezione sono le virtù che le permettono di esprimere all'interno della corte l'immagine idealizzata della compostezza e dell'equilibrio. Il quarto e ultimo libro tratta il problema dei **rapporti con il principe**: il cortigiano deve assumersi la responsabilità di dire al signore sempre la verità, pur con i rischi che ciò comporta, indirizzandolo verso una visione elevata della giustizia. Se il gentiluomo non assolvesse tale compito, le sue qualità sarebbero inutili. Il dialogo si chiude infine con una dissertazione sull'amore spirituale, pronunciata da Pietro Bembo, sulla falsariga delle teorie enunciate negli *Asolani*.

La nostalgia per una civiltà al tramonto

Il Cortegiano fu il libro più amato, letto e tenuto in considerazione per molti decenni non solo in Italia, ma in tutta Europa, tradotto nel giro di pochi anni in spagnolo, francese, latino, inglese e tedesco. Quali sono le ragioni di questo successo così diffuso ed eclatante?

Una prima risposta sta nell'anno in cui il dialogo è ambientato: il 1506, più di dieci anni prima della stesura dell'opera, terminata nel 1518, e più di vent'anni prima della sua stampa, allestita da Aldo Manuzio nel 1528. In quel ventennio, l'universo della corte aveva già subito forti cambiamenti, perdendo gran parte di quella funzione di aggregazione ed elaborazione culturale e intellettuale che aveva avuto in precedenza. La corte di Urbino appare dunque una **realtà anacronistica**, superata dagli eventi, ma proprio per questo affascinante e rimpianta con nostalgia.

Un modello di perfezione realizzabile

Una seconda risposta sta nella figura del cortigiano delineata da Castiglione. Si tratta di un modello perfetto, che assomma in sé tutte le qualità e attitudini possibili e che perciò diventa una sorta di **paradigma ideale**. Il compito di emularlo sarà assai arduo, ma l'aspirante cortigiano, consapevole dei propri limiti, con l'ausilio di quel riferimento esemplare sarà in grado almeno di correggere i propri difetti e di migliorare le proprie qualità. D'altra parte, prevenendo i rimproveri di astrattezza che potevano essere rivolti alla sua costruzione ideale, Castiglione si giustifica nella *Lettera proemiale* scrivendo che anche Platone, Senofonte e Cicerone avevano descritto le caratteristiche teoriche di una repubblica, di un sovrano e di un oratore perfetti, proprio come aveva fatto lui con il suo cortigiano.

Il cortigiano e il principe: quasi un rapporto tra pari

Infine, il terzo motivo della fortuna dell'opera è da ravvisare nel **rapporto** che il cortigiano di Castiglione intrattiene **con il potere**. I suoi comportamenti impeccabili, il senso di giustizia, i valori di cui è portatore e le competenze acquisite sono infatti le manifestazioni esteriori di una virtù etica che gli può permettere di diventare la **coscienza critica** del signore presso cui presta servizio. In altre parole, secondo gli auspici dell'autore, questo perfetto gentiluomo non è ridotto – come invece spesso accade nella realtà – al ruolo subalterno di semplice collaboratore, ma consiglia il principe senza adularlo, perfino correggendolo, se necessario, e guidandolo nelle decisioni politiche. In tal modo, egli incarna l'immagine simbolica di una nuova figura di intellettuale, che coopera con il potere senza esserne asservito.

Tra autobiografia e mito

I protagonisti ai quali Castiglione dà la parola non sono personaggi fittizi, né è fittizia l'ambientazione, sebbene sia sublimata dal ricordo e dalla nostalgia. Castiglione visse davvero dall'interno come protagonista quel mondo di cui rimpiangeva il buon gusto, l'armonia e la naturale eleganza; sullo sfondo dell'opera c'è dunque una **componente autobiografica**. Quando il trattato venne divulgato a stampa, molti suoi lettori intravidero nella figura del perfetto cortigiano proprio le fattezze del suo autore. Nell'*Orlando furioso* (XXXVII, 8), Ludovico Ariosto scrisse che Castiglione «qual lui / vediamo, ha tali i cortigian formati» (vale a dire "ha dato forma al cortigiano esattamente come è lui").

La fedeltà all'ideale rinascimentale

Tuttavia, l'importanza di quest'opera va individuata soprattutto nella sua **capacità di rispecchiare** e raccogliere **le aspirazioni di un'epoca**. Il modello costruito da Castiglione non è altro che il prototipo dell'uomo rinascimentale, padrone del proprio destino e impegnato nel rendere il mondo reale come lo si sogna, elevato in una sfera di bellezza superiore ed eterna. Esattamente come accade alla pittura del tempo, che fissa le fattezze dell'uomo in una rappresentazione di bellezza splendida e quasi soprannaturale, allo stesso modo Castiglione immortala una fisionomia del gentiluomo italiano, in cui si realizzino i princìpi e le idee del Rinascimento.

È chiaro che l'autore dipinge un'immagine severa e composta che – come i quadri di Raffaello o Tiziano – **intende mediare la realtà e ridisegnarla**, in qualche misura anche in modo fittizio. Fedele all'idealismo rinascimentale, Castiglione trascende qualsiasi riferimento troppo concreto, depurando il suo ritratto di elementi, per così dire, contingenti, e allo stesso tempo tentando di stabilirne l'essenza e il carattere. Oggi possiamo dire che nel tratteggiare i connotati di questo nobile ritratto vi siano più vagheggiamento e artificio che verità. Ma questo è, appunto, uno degli attributi chiave della civiltà rinascimentale e della cultura cortigiana.

Il ritratto di un gentiluomo

Uno dei più celebri ritratti del Rinascimento maturo, destinato a influenzare per secoli la ritrattistica europea, è quello che l'urbinate Raffaello esegue dell'amico Baldassarre Castiglione. Il pittore e il letterato si conoscono nel 1504, quando Castiglione visita Urbino per la seconda volta e Raffaello è un giovane artista in ascesa. Una decina di anni dopo sia Raffaello sia Castiglione sono a Roma: il primo lavora alla decorazione del Palazzo Vaticano, con un complesso ciclo di affreschi in cui forse Castiglione intervenne come consigliere, mentre il letterato è ambasciatore di Urbino presso il papa. Il ritratto lo mostra seduto, con una ricca veste, un mantello di pelo di scoiattolo e un elegante berretto: gli occhi chiari spiccano nell'ovale allungato del volto e scrutano l'osservatore con uno sguardo fiero e penetrante.

Raffaello, *Ritratto di Baldassarre Castiglione*, 1514-1515. Parigi, Museo del Louvre.

• T2 •

Le virtù del gentiluomo: «grazia» e «sprezzatura»

Baldassarre Castiglione, *Il libro del Cortegiano*, I, 26

La fondamentale qualità della misura

Autocontrollo e naturalezza: il cortigiano perfetto non può prescindere da tali virtù, che deve sviluppare grazie a un'accorta imitazione di maestri impeccabili. A parlare è il conte Ludovico Canossa (1475-1532), che delinea in questo passo fondamentale la nuova forma del vivere a corte proposta da Castiglione.

Chi adunque vorrà esser bon discipulo,[1] oltre al far le cose bene, sempre ha da metter ogni diligenzia per assimigliarsi[2] al maestro e, se possibil fosse, transformarsi in lui. E quando già si sente aver fatto profitto,[3] giova molto veder diversi omini di tal professione[4] e, governandosi con quel bon giudicio che sempre gli ha da esser guida,[5] andar scegliendo or da un or da un altro varie cose. E come la pecchia[6] ne' verdi prati sempre tra l'erbe va carpendo i fiori,[7] così il nostro cortegiano averà da rubare questa grazia da que' che[8] a lui parerà che la tenghino[9] e da ciascun quella parte[10] che più sarà laudevole; e non far come un amico nostro, che voi tutti conoscete, che si pensava esser molto simile al re Ferrando minore d'Aragona,[11] né in altro avea posto cura d'imitarlo, che nel spesso alzare il capo, torzendo[12] una parte della bocca, il qual costume il re avea contratto così da infirmità.[13] E di questi molti si ritrovano, che pensan far assai, pur che sian simili ad un grand'omo in qualche cosa;[14] e spesso si appigliano a quella che in colui è sola viciosa.[15] Ma avendo io già più volte pensato meco[16] onde[17] nasca questa grazia, lasciando quelli che dalle stelle l'hanno,[18] trovo una regula universalissima,[19] la qual mi par valer circa questo[20] in tutte le cose umane che si facciano o dicano più che alcuna altra, e ciò è fuggir quanto più si po,[21] e come un asperissimo[22] e pericoloso scoglio, la affettazione;[23] e, per dir forse una nova parola, usar in ogni cosa una certa sprezzatura,[24] che nasconda l'arte[25] e dimostri ciò che si fa e dice venir fatto senza fatica e quasi senza pensarvi. Da questo credo io che derivi assai[26] la grazia; perché delle cose rare[27] e ben fatte ognun sa la difficultà, onde in esse la facilità genera grandissima maraviglia;[28] e per lo contrario il sforzare[29] e, come si dice, tirar per i capegli dà somma disgrazia[30] e fa estimar poco ogni cosa,[31] per grande ch'ella si sia. Però si po[32] dir quella esser vera arte che non pare esser arte; né più in altro

1 **bon discipulo:** un allievo modello.
2 **sempre... assimigliarsi:** deve sempre impegnarsi al massimo per rendersi simile.
3 **aver fatto profitto:** di aver raggiunto lo scopo prefissato.
4 **veder... professione:** vedere esempi di vari cortigiani (*omini di tal professione*).
5 **governandosi... guida:** regolandosi con la saggezza (*bon giudicio*) che deve sempre guidarlo.
6 **pecchia:** ape.
7 **va... i fiori:** prende il nettare dai diversi fiori.
8 **da que' che:** da coloro i quali.
9 **tenghino:** possiedano.
10 **quella parte:** quell'aspetto del carattere.
11 **Ferrando minore d'Aragona:** Ferdinando II d'Aragona (1467-1496), noto anche come Ferrandino, re di Napoli dal 1495 al 1496.
12 **torzendo:** torcendo.
13 **contratto... infirmità:** assunto a causa di una malattia.
14 **molti si ritrovano... in qualche cosa:** si trovano molte persone che pensano di realizzare grandi imprese solo perché assomigliano in qualcosa a una persona importante.
15 **è sola viciosa:** è l'unica difettosa.
16 **meco:** tra me e me (latinismo).
17 **onde:** da dove.
18 **lasciando... l'hanno:** a parte quelli che ce l'hanno come dote innata.
19 **universalissima:** di assoluta validità generale.
20 **circa questo:** a questo proposito.
21 **si po:** si può.
22 **asperissimo:** durissimo.
23 **affettazione:** artificiosità, modo di comportarsi non spontaneo.
24 **sprezzatura:** elegante disinvoltura.
25 **arte:** l'artificio.
26 **derivi assai:** dipenda in larga misura.
27 **rare:** ricercate.
28 **onde in esse... grandissima maraviglia:** per cui la facilità (con cui vengono eseguite) produce (nell'osservatore) un grandissimo stupore.
29 **il sforzare:** fare le cose con fatica evidente.
30 **dà somma disgrazia:** provoca un giudizio negativo.
31 **ogni cosa:** sottinteso, che fai.
32 **Però si po:** perciò si può.

si ha da poner studio,[33] che nel nasconderla: perché se è scoperta, leva in tutto il credito[34] e fa l'omo poco estimato. E ricordomi io già aver letto[35] esser stati alcuni antichi oratori eccellentissimi, i quali tra le altre loro industrie[36] sforzavansi di far credere ad ognuno sé non aver notizia[37] alcuna di lettere; e dissimulando il sapere mostravan le loro orazioni esser fatte simplicissimamente, e più tosto secondo che loro porgea[38] la natura e la verità, che 'l studio e l'arte; la qual se fosse stata conosciuta, arìa dato dubbio negli animi del populo di non dover esser da quella ingannati.[39] Vedete adunque come il mostrar l'arte ed un così intento studio[40] levi la grazia d'ogni cosa. Qual di voi è[41] che non rida quando il nostro messer Pierpaulo[42] danza alla foggia sua,[43] con que' saltetti[44] e gambe stirate[45] in punta di piede, senza mover la testa, come se tutto fosse un legno,[46] con tanta attenzione, che di certo pare che vada numerando[47] i passi? Qual occhio è così cieco, che non vegga in questo la disgrazia della affettazione? e la grazia in molti omini e donne che sono qui presenti, di quella sprezzata desinvoltura (ché nei movimenti del corpo molti così la chiamano), con un parlar o ridere o adattarsi,[48] mostrando non estimar e pensar più ad ogni altra cosa che a quello, per far credere a chi vede quasi di non saper né poter errare?[49]

33 **studio:** impegno, applicazione (latinismo).
34 **leva... credito:** toglie ogni prestigio, attendibilità.
35 **ricordomi io già aver letto:** il riferimento è al dialogo *De oratore* di Marco Tullio Cicerone (106-43 a.C.), scrittore e oratore latino.
36 **industrie:** accorgimenti.
37 **sé... notizia:** di non avere conoscenza (costruzione sul modello della proposizione infinitiva latina).
38 **secondo... porgea:** secondo quello che suggerivano loro.
39 **arìa... ingannati:** avrebbe alimentato nel popolo il sospetto di essere ingannato.
40 **intento studio:** cura assidua.
41 **Qual... è:** chi è tra voi.
42 **Pierpaulo:** un gentiluomo, non identificato, presente nella corte di Urbino. Di lui potremo ricordare solo la ridicola *affettazione* nel danzare.
43 **alla foggia sua:** alla sua maniera.
44 **saltetti:** saltelli.
45 **stirate:** rigide.
46 **un legno:** un pezzo di legno, una specie di burattino.
47 **numerando:** contando.
48 **adattarsi:** alla musica o alla danza.
49 **mostrando... errare:** dando l'impressione di non occuparsene (si intenda: della musica o della danza) e di pensare a qualsiasi altra cosa più che a quello, per far credere a chi li osservi che essi non sanno e non possono sbagliare (affrontando cioè l'impegno della musica e del ballo con naturalezza).

Dentro il TESTO

I contenuti tematici

Imitare i maestri

Come nell'arte e nella politica, anche nel giusto comportamento a corte vige il criterio che ispira il classicismo rinascimentale, vale a dire l'imitazione. Il cortigiano infatti dovrà sforzarsi, come ogni *bon discipulo*, di *assimigliarsi al maestro* (rr. 1 e 2), da cui imparerà le buone abitudini che poi perfezionerà grazie all'impegno e al discernimento, fondendo in un insieme armonico il meglio di quanti lo circondano.

Sprezzatura* contro *affettazione

La qualità essenziale che egli dovrà acquisire è la *grazia*, cioè la misura e l'equilibrio che permettono di calibrare le azioni adeguandole al contesto e alle circostanze. Va sottolineato che la *grazia* non rappresenta secondo Castiglione una semplice norma di buona educazione. Essa va intesa come una virtù interiore, applicata poi nei rapporti con gli altri e nelle diverse pratiche quotidiane.

Avere *grazia* significa evitare l'*affettazione* (r. 18), cioè la rozza ostentazione delle proprie capacità, e mostrare invece disinvoltura e naturalezza. Con il neologismo *sprezzatura* (r. 19), l'autore indica proprio la capacità di far sembrare spontanea ogni espressione di sé, comunicando al prossimo un'impressione di leggerezza anche quando la perfezione ottenuta sia stata il frutto di impegno e fatica.

La virtù sta nel mezzo

Alla base di questa estetica del comportamento c'è un'evidente matrice classica e umanistica. In particolare l'ideale di equilibrio, implicito nell'esaltazione della *grazia*, rimanda al principio della moderazione e del giusto mezzo e alla concezione morale ed esistenziale che il poeta latino Quinto Orazio Flacco (65-8 a.C.) definiva *aurea mediocritas*, cioè l'ottimale posizione che si guadagna evitando ogni eccesso. L'obiettivo finale del cortigiano sarà appunto raggiungere l'autocontrollo, vincendo con la ragione la tendenza a esagerare (come fa il ridicolo ballerino che cerca la perfezione contando i passi per non sbagliare). Da questo punto di vista, la *sprezzatura* costituisce lo strumento essenziale per nascondere l'*arte* (la tecnica, r. 19) in un'elegante dissimulazione, come prescriveva un altro canone estetico del classicismo rinascimentale, espresso nella massima del poeta latino Publio Ovidio Nasone (43 a.C. - 17/18 d.C.): *ars adeo latet arte sua* (l'arte sta nel nascondere l'artificio), un modo paradossale per dire che la vera arte è quella che sembra non esserlo.

Le scelte stilistiche

Una sorridente leggerezza

Nello stile, Castiglione sa mettere in pratica i consigli offerti al suo cortigiano. Il lessico e il periodare perseguono con efficacia gli stessi ideali di grazia e di equilibrio, senza alcun eccesso di raffinatezza o erudizione (si veda il generico riferimento alle sue letture ciceroniane, che per modestia non vengono indicate: *ricordomi io già aver letto*, r. 26). Per lo stesso motivo, l'autore non disdegna un atteggiamento sorridente, che mette a proprio agio il lettore, e l'uso di immagini leggere, di facile presa. Significativa tra le altre è la similitudine della *pecchia* (rr. 5-6), cioè dell'ape che da molti fiori sa prendere il nettare per produrre il miele: un'immagine che il colto destinatario dell'opera già conosce, potendo coglierne l'eco in molti autori classici, quali Lucrezio, Orazio e Seneca, e moderni, come Petrarca e Poliziano.

Le parole chiave

Il testo insiste sui due campi semantici principali, legati alle parole-concetti chiave del discorso (*grazia* e *sprezzatura*) in un gioco di iterazioni e contrapposizioni. La parola *grazia* è evocata ripetutamente (ben quattro volte) e così la sua forma contraria (*disgrazia*, per due volte), mentre *sprezzatura* compare due volte (oltre al sintagma *sprezzata desinvoltura*, r. 38); significativo è infine il verbo *nasconderla* (in riferimento all'artificio che va celato, r. 25), a cui si richiamano i successivi *dissimulando* e, in opposizione, *mostravan* (rr. 28 e 29).

Verso le COMPETENZE

COMPRENDERE

1 Che cosa è necessario fare per essere un *bon discipulo* (r. 1)?

2 Che cosa si intende con *affettazione* (r. 18)?

3 Il brano si conclude con la descrizione comica di una scena cortigiana. Chi è il protagonista e che cosa fa? Per quale ragione l'autore descrive questa divertente situazione?

ANALIZZARE

4 Individua nel testo l'espressione *come un asperissimo e pericoloso scoglio*: indica di quale figura retorica si tratta e qual è il suo significato.

5 Nel brano compare la parola *arte* (rr. 19, 24, 30, 32). Quali significati può assumere nella lingua italiana e quale ha nello specifico?

PRODURRE

6 SCRIVERE PER **RACCONTARE**
Per avere buoni allievi, occorrono ottimi maestri da imitare. Sei d'accordo con Castiglione? Scrivi un testo argomentativo di circa 20 righe, con esempi ricavati dalla tua esperienza o dalle tue conoscenze.

DIBATTITO IN CLASSE

7 Rifletti sull'attualità/inattualità del modello umano proposto da Castiglione, in una società, come la nostra, in cui ciò che conta maggiormente sembrerebbe l'apparire a ogni costo.

T3

Le virtù della gentildonna

Baldassarre Castiglione, *Il libro del Cortegiano*, III, 5

Un modello antropologico in chiave femminile

Dall'uomo alla donna: in questo brano l'attenzione si sposta sulle qualità della «donna di palazzo». A fornirne il ritratto ideale è qui Giuliano de' Medici (1479-1516, figlio di Lorenzo il Magnifico), il quale, componendo il catalogo delle virtù femminili, delinea una figura ideale, nella quale convivono generosità e pudicizia, brillantezza e modestia.

Lassando[1] adunque quelle virtù dell'animo che le hanno da esser communi[2] col cortegiano, come la prudenzia, la magnanimità,[3] la continenzia[4] e molte altre; e medesimamente quelle condizioni che si convengono a tutte le donne,[5] come l'esser bona e discreta,[6] il saper governar le facultà[7] del marito e la casa sua e i figlioli quando è maritata, e tutte quelle parti che si richieggono[8] ad una bona madre di famiglia, dico che a quella che vive in corte parmi convenirsi sopra ogni altra cosa una certa affabilità piacevole,[9] per la quale sappia gentilmente intertenere[10] ogni sorte[11] d'omo con ragionamenti grati ed onesti,[12] ed accommodati[13] al tempo e loco ed alla qualità di quella persona con cui parlerà, accompagnando coi costumi placidi e modesti e con quella onestà che sempre ha da componer tutte le sue azioni una pronta vivacità d'ingegno, donde si mostri aliena da ogni grosseria,[14] ma con tal maniera di bontà,[15] che si faccia estimar non men pudica, prudente ed umana, che piacevole, arguta e discreta;[16] e però le bisogna tener una certa mediocrità difficile[17] e quasi composta di cose contrarie, e giunger a certi termini a punto, ma non passargli.[18] Non deve adunque questa donna, per volersi far estimar bona ed onesta, esser tanto ritrosa[19] e mostrar tanto d'aborrire[20] e le compagnie e i ragionamenti ancor un poco lascivi,[21] che ritrovandovisi se ne levi;[22] perché facilmente si poria pensar ch'ella fingesse d'esser tanto austera per nascondere di sé quello ch'ella dubitasse che altri potesse risapere;[23] e i costumi così selvatichi[24] son sempre odiosi. Non deve tampoco,[25] per mostrar d'esser libera e piacevole, dir parole disoneste,[26] né usar una certa domestichezza intemperata[27] e senza freno e modi[28] da far creder di sé quello che forse non è; ma ritrovandosi a tai ragionamenti,[29] deve ascoltargli con un poco di rossore e vergogna. Medesimamente fuggir[30] un errore, nel quale io ho veduto incorrer[31] molte; che è il dire ed ascoltare volentieri chi dice mal d'al-

1 **Lassando:** tralasciando.
2 **le hanno... communi:** essa deve condividere.
3 **magnanimità:** generosità.
4 **continenzia:** moderazione.
5 **e medesimamente... donne:** e allo stesso modo (tralasciando) quelle qualità che si addicono a tutte le donne.
6 **bona e discreta:** onesta e avveduta.
7 **il saper... facultà:** saper amministrare il patrimonio.
8 **tutte... richieggono:** tutte quelle peculiarità che si richiedono.
9 **affabilità piacevole:** gentile disponibilità.
10 **intertenere:** intrattenere.
11 **sorte:** sorta, tipologia.
12 **ragionamenti... onesti:** discorsi gradevoli e onorevoli.
13 **accomodati:** adatti.
14 **donde... grosseria:** con la quale si mostri priva di ogni rozzezza.
15 **con tal... bontà:** con una bontà tale.
16 **che si faccia... discreta:** che sia in grado di farsi giudicare casta, prudente e generosa (*umana*) non meno che piacevole, intelligente e saggia (*discreta*).
17 **e però... difficile:** e perciò è necessario che mantenga un certo non facile equilibrio (*mediocrità difficile*).
18 **e giunger... passargli:** e approdare esattamente (*a punto*) a precisi confini (del buon gusto), ma senza mai superarli.
19 **ritrosa:** sdegnosa.
20 **aborrire:** detestare.
21 **ancor... lascivi:** anche soltanto un po' peccaminosi.
22 **se ne levi:** se ne allontani.
23 **perché... risapere:** perché facilmente si potrebbe pensare che essa finga di essere tanto austera per nascondere ciò che teme si possa venire a sapere di lei.
24 **selvatichi:** scontrosi.
25 **tampoco:** nemmeno.
26 **disoneste:** sconvenienti.
27 **domestichezza intemperata:** vicinanza esagerata (e inopportuna).
28 **modi:** atteggiamenti (dopo la *domestichezza*, è un altro complemento oggetto retto da *usar*).
29 **a tai ragionamenti:** ad ascoltare discorsi del genere.
30 **Medesimamente fuggir:** allo stesso modo (deve) evitare.
31 **incorrer:** incappare.

tre donne; perché quelle che, udendo narrare modi disonesti d'altre donne, se ne turbano e mostrano non credere, ed estimar quasi un mostro che una donna sia impudica, danno argumento che, parendo lor quel diffetto tanto enorme, esse non lo commettano;[32] ma quelle che van sempre investigando gli amori dell'altre e gli narrano così minutamente e con tanta festa,[33] par che lor n'abbiano invidia e che desiderino che ognun lo sappia, acciò che il medesimo ad esse non sia ascritto[34] per errore; e così vengon in certi risi, con certi modi,[35] che fanno testimonio[36] che allor senton sommo piacere. E di qui nasce che gli omini, benché paia che le ascoltino voluntieri, per lo più delle volte le tengono in mala opinione ed hanno lor pochissimo riguardo,[37] e par loro che da esse con que' modi siano invitati a passar più avanti, e spesso poi scorrono a termini che dan loro meritamente infamia[38] ed in ultimo le estimano così poco, che non curano il lor commercio,[39] anzi le hanno in fastidio; e, per contrario, non è omo tanto procace[40] ed insolente, che non abbia riverenzia a[41] quelle che sono estimate bone ed oneste; perché quella gravità[42] temperata di sapere e bontà è quasi un scudo contra la insolenzia e bestialità dei prosuntuosi;[43] onde[44] si vede che una parola, un riso,[45] un atto di benivolenzia, per minimo ch'egli sia, d'una donna onesta, è più apprezzato da ognuno, che tutte le demostrazioni[46] e carezze di quelle che così senza riservo[47] mostran poca vergogna; e se non sono impudiche, con que' risi dissoluti, con la loquacità, insolenzia e tai costumi scurili fanno segno d'essere.[48]

32 **perché... commettano:** perché quelle che, sentendo parlare dei comportamenti disonesti delle altre donne, si mostrano indignate e mostrano di non credere (a ciò che hanno udito) e di ritenere quasi una cosa mostruosa (*un mostro*) che una donna sia senza pudore, fanno pensare (*danno argumento*) che esse, ritenendo tale peccato (cioè l'impudicizia) così grande, non lo possano commettere.
33 **così... festa:** in modo così dettagliato e con tanto divertimento.
34 **acciò che... ascritto:** affinché la stessa cosa (cioè un analogo comportamento licenzioso) non sia loro attribuita.
35 **vengon... modi:** si atteggiano con sorrisini così inopportuni e con atteggiamenti così sfacciati.
36 **fanno testimonio:** danno prova.
37 **le tengono... riguardo:** pensano male di loro e ne hanno pochissima stima.
38 **siano invitati... meritamente infamia:** siano spinti ad andare più avanti (cioè a sedurle), e spesso giungono a limiti (di comportamento) che a giusto diritto procurano loro discredito.
39 **non curano il lor commercio:** non cercano la loro compagnia.
40 **procace:** sfrontato.
41 **riverenzia a:** rispetto per.
42 **gravità:** serietà.
43 **contra... prosuntuosi:** contro la sfacciataggine e la rozzezza degli uomini spudorati.
44 **onde:** per cui.
45 **riso:** sorriso.
46 **demostrazioni:** ostentazioni.
47 **senza riservo:** senza riservatezza.
48 **fanno... d'essere:** danno impressione di esserlo.

Analisi ATTIVA

I contenuti tematici

Le virtù della donna protagonista a corte

Nell'indicare le qualità imprescindibili della «donna di palazzo» (e non della «cortegiana», poiché già al tempo di Castiglione il termine aveva acquisito il significato di "prostituta d'alto bordo" o di "donna dai costumi liberi"), Giuliano de' Medici traccia un ritratto morale che la distingue sia dalla donna comune sia dallo speculare modello maschile. Condividerà con la prima le doti, per così dire, di genere, quali l'onestà, la discrezione e l'insieme delle prerogative domestiche di una madre e di una moglie. Prudenza, generosità ed equilibrio saranno i tratti comuni con il cortigiano; in più, però, la donna dovrà possedere virtù specifiche, quali l'affabilità e la capacità di conversare e intrattenere amabilmente l'interlocutore..

1 Inserisci nella tabella sottostante tutte le doti della "donna di palazzo" elencate da Castiglione, dividendole per tipologia.

Doti femminili	Doti domestiche	Doti in comune con il cortigiano	Doti peculiari della donna di palazzo

Il concetto di *mediocrità difficile*

A ben vedere, però, quello approntato da Castiglione, più che un catalogo di qualità positive, è un elenco di vizi da evitare. Insomma, un ritratto al negativo, che si definisce più per sottrazione che per aggiunta. La costante presenza dell'avverbio non sottolinea come le migliori qualità della dama di corte stiano nell'assenza dei vizi opposti a tali qualità. Per esempio, essa deve essere onesta, ma non scontrosa; vivace e affabile, ma non invadente; estroversa, ma non sconveniente e via dicendo.

Il lessico oppositivo usato dall'autore esemplifica anche su un piano stilistico l'equilibrio dei contrari che la dama deve raggiungere per non sfigurare a corte. Suo compito sarà *tener una certa mediocrità difficile* (rr. 13-14), un'ardua compensazione che le permetta di brillare nel gioco mondano senza tuttavia uscire dal rango e dal ruolo che le convenzioni le hanno conferito.

Lorenzo Lotto, *Ritratto di Lucina Brembati*, 1523 ca. Bergamo, Galleria dell'Accademia Carrara.

2 Individua le coppie oppositive che formano il ritratto "in negativo" della donna di palazzo.

3 Le raccomandazioni di Castiglione si appuntano soprattutto sui comportamenti da tenere a proposito di una particolare "attività", fondamentale nelle corti rinascimentali: quale e perché?

4 Quali doti deve avere la "donna di palazzo" per essere stimata e riverita da tutti?

Una libertà condizionata

È innegabile che Castiglione respinga ogni tesi misogina sull'inferiorità della donna. Tuttavia, l'interesse che le riserva non lo porta a concepire né una posizione diversa da quella subalterna assegnatale nella gerarchia sociale tradizionale, né una libertà morale pari a quella dell'uomo (è significativo che si insista tanto sull'onestà e sulla morigeratezza femminile). La sua figura è analizzata ed esaltata solo in relazione a un universo ancora declinato interamente al maschile.

5 Una gran parte delle raccomandazioni di Castiglione riguarda, anche se non direttamente, l'ambito del comportamento sessuale: individua tutti i termini che si riferiscono ad esso.

6 Chi sono, di fatto, i giudici del comportamento femminile?

CRONACHE dal PASSATO

Una donna libera: il caso (e una poesia) di una famosa "cortigiana"

Nella Venezia del XVI secolo, grazia, cultura, arguzia e autonomia sono riunite nella figura della "cortigiana onesta"

Accanto (e in opposizione) alla codificazione morale, estetica e sociale dell'aggraziata e virtuosa dama aristocratica offerta dalla trattatistica ufficiale (da Bembo e Castiglione soprattutto), nella realtà cinquecentesca esiste un altro modello, alternativo a quello di moglie e madre, identificabile nella vera e propria "cortigiana".

Dobbiamo subito chiarire che non parliamo della semplice "meretrice": ci riferiamo invece a una tipologia femminile contenente un elemento di ambiguo anticonformismo, che tuttavia il potere (cioè la corte) riconosce come non eticamente riprovevole. La cortigiana pratica uno stile di vita libero e una sessualità non sottoposta alle rigide norme della famiglia; al tempo stesso, rivendica un ruolo all'interno della società colta ed elevata grazie alla propria cultura e spesso a un'attività di scrittura autonoma, esercitata al fine di ottenere dignità e successo. Padrona del proprio destino e raffinata intrattenitrice nei salotti eleganti, essa può così essere rappresentata come «una donna intellettuale che pratica in modo dichiarato una sessualità non normata e che, dall'essere donna e intellettuale, ricava la possibilità di vivere una vita socialmente non subordinata» (Zancan).

Le cortigiane si sono talvolta dedicate anche alla produzione letteraria (sempre, o quasi, poetica), con opere riferibili all'ambito del Petrarchismo, cioè a quel codice di comunicazione standardizzato, basato sull'imitazione della poetica di Francesco Petrarca. Non mancano peraltro testimonianze di affetti e passioni autentici: in tal modo, possiamo registrare per la prima volta l'autoritratto della donna come soggetto attivo di un sentimento amoroso vissuto ed esternato, talvolta in modo sofferto e viscerale. Qui vogliamo riportare una poesia di Veronica Franco (1546-1591), una vera prostituta d'alto bordo che non si fa scrupoli di esaltare le proprie doti amatorie. Veneziana, "cortigiana onesta", cioè culturalmente elevata, Veronica ci racconta senza imbarazzo e falsi pudori, e anzi con una certa ammiccante disinvoltura, l'appuntamento erotico (siamo nel 1574) con Enrico di Valois (che poco dopo diverrà re Enrico III di Francia), il quale, di ritorno da una missione in Polonia, si trattiene a Venezia per undici giorni e non può fare a meno di sostare presso le sue ambite stanze private. Veronica non perde l'occasione di ricordare l'incontro amoroso: dedica all'amante d'eccezione due sonetti (quello che leggiamo è il primo) e gli invia un proprio ritratto, attribuito da alcuni studiosi all'ultimo grande pittore del Rinascimento, il Tintoretto.

"Come talor dal ciel sotto umil tetto
Giove tra noi qua giù benigno scende,
e perché occhio terren dall'alt'oggetto
4 non resti vinto, umana forma prende;

così venne al mio povero ricetto,
senza pompa real ch'abbaglia e splende,
dal fato Enrico a tal dominio eletto,
8 ch'un sol mondo nol cape e nol comprende.

Benché sì sconosciuto, anch'al mio core
tal raggio impresse del divin suo merto,
11 che 'n me s'estinse il natural vigore.

Di ch'ei, di tant'affetto non incerto,
l'imagin mia di smalt'e di colore
14 prese al partir con grat'animo aperto."

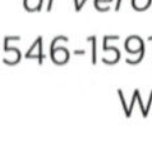

Anonimo (seguace di Tintoretto), *Presunto ritratto di Veronica Franco*, 1546-1591. Worcester, Worcester Art Museum.

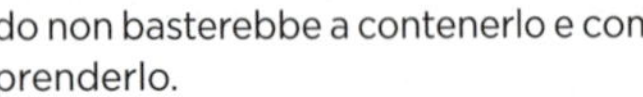

1 **umil tetto:** modesta abitazione.
3-4 **perché... vinto:** affinché gli occhi dei mortali non siano abbagliati dalla sua grandezza.
5 **ricetto:** casa.
7-8 **a tal dominio... comprende:** chiamato a un tale potere che un solo mondo non basterebbe a contenerlo e comprenderlo.
9-11 **Benché... vigore:** pur giungendo quasi in incognito, ha impresso nel mio cuore un raggio così luminoso del suo divino valore, da spegnere in me ogni naturale resistenza.
12-14 **Di ch'ei... aperto:** sicché, non dubitando del mio grandissimo affetto, quando se ne andò portò con sé un mio ritratto colorato a smalto, con animo apertamente grato.

Giovanni Della Casa

La vita

La formazione giuridica

Nato nel **1503** a **Borgo San Lorenzo**, nel Mugello, da una ricca famiglia fiorentina, Giovanni Della Casa lascia gli studi giuridici, intrapresi a Bologna, per trasferirsi a Roma, dove inizia la **carriera ecclesiastica**: una scelta, questa, dettata più dal calcolo che da un'autentica inclinazione, come testimoniano i suoi costumi liberi e la giovanile attività di scrittore licenzioso.

Gli incarichi religiosi

Sotto la protezione dell'influente famiglia dei Farnese, nel 1544 viene eletto **arcivescovo di Benevento** e poi inviato come **nunzio pontificio a Venezia**, da dove segue l'andamento del Concilio di Trento. A Venezia istituisce il tribunale dell'Inquisizione e compila, nel 1549, un primo Catalogo dei libri proibiti. La morte di papa Paolo III (1549) gli impedisce di diventare cardinale, un desiderio che non riuscirà mai a realizzare. Dopo un breve soggiorno romano, ritorna in Veneto, dove si impegna nella composizione del *Galateo* e delle *Rime*. Richiamato a **Roma** da papa Paolo IV come **segretario di Stato**, vi muore poco dopo, nel **1556**.

Le opere

Lo scopo e il contenuto del *Galateo*

Dedicato al vescovo Galeazzo (in latino *Galatheus*, da cui il titolo) Florimonte, il *Galateo overo de' costumi*, **trattato** composto tra il 1551 e il 1556, esce postumo nel 1558, trent'anni dopo *Il Cortegiano* di Castiglione, a cui a grandi linee intende ispirarsi. L'opera è presentata dall'autore come trattato «nel quale sotto la persona di un vecchio idiota [illetterato] ammaestrante un suo giovinetto, si ragiona de' modi che si debbono tenere o schifare [evitare] nella comune conversazione». L'intento è perseguito da Della Casa con coerenza. Il *Galateo* infatti si prefigge lo scopo di **disciplinare tutti gli aspetti della vita in società** commisurandoli al criterio della «**misura**», cioè a una decorosa valutazione di convenienza. La conversazione, il contegno da tenere a tavola, l'abbigliamento, il rapporto con le donne: in ciascuno di questi e altri ambiti mondani il *Galateo* offre precetti precisi e vincolanti per **comportarsi onorevolmente**, conformandosi il più possibile all'ambiente, alle circostanze e alle attese del prossimo.

La distanza dal *Cortegiano*: dall'etica all'etichetta

La **spicciola pedagogia pratica** di Della Casa ha ormai poco a che vedere con le ambiziose finalità intellettuali che animavano l'ideologia di Castiglione. Si passa dall'etica all'etichetta, dalle qualità morali e culturali alle buone maniere, dalle virtù interiori del cortigiano perfetto alle regole banali dell'uomo di mondo. Il sublime sentimento della misura, che Castiglione traduceva nel termine «grazia», è ora interpretato come un ossequio alla «**convenevolezza**», un culto formale di virtù minori da esercitare nelle relazioni sociali. In quest'ottica, la rinuncia alla forma del dialogo non è senza significato: basta una sola voce a impartire le lezioni utili a fare bella figura in società.

L'originale petrarchismo delle *Rime*

Oltre che per il *Galateo*, Della Casa va ricordato anche per la produzione poetica (di cui presenteremo un esempio nell'Unità dedicata al Petrarchismo, ➤ p. 151). Le sue *Rime*, pubblicate postume anch'esse, si inseriscono nel solco tracciato da Petrarca, rivisitato però in chiave personale, con una particolare **intensificazione del tono cupo e drammatico**. Pervase da una sottile **inquietudine** e da una sofferta interiorità, riflettono una tendenza comune legata soprattutto al diffondersi del tipo di religiosità imposto dalla Controriforma.

• T4 •

L'importanza delle buone maniere

Giovanni Della Casa, *Galateo*, I

Il valore di un'educazione pratica

Nelle pagine iniziali del trattato, il «vecchio idiota» annuncia al «giovinetto» gli obiettivi del suo progetto educativo. L'ideale fondamentale è la «misura», cioè la moderazione, essenziale per essere graditi e gradevoli nella vita sociale.

Con ciò sia cosa che[1] tu[2] incominci pur[3] ora quel viaggio[4] del quale io ho la maggior parte, sì come tu vedi, fornito,[5] cioè questa vita mortale, amandoti io assai, come io fo, ho proposto meco medesimo[6] di venirti mostrando quando un luogo e quando altro,[7] dove io, come colui che gli ho sperimentati,[8] temo che tu, caminando per essa,[9] possi[10] agevolmente o cadere o, come che sia,[11] errare:[12] acciò che[13] tu, ammaestrato da me, possi tenere la diritta via con la salute[14] dell'anima tua e con laude et onore della tua orrevole[15] e nobile famiglia. E perciò che[16] la tua tenera età non sarebbe sufficiente a[17] ricevere più prencipali[18] e più sottili ammaestramenti, riserbandogli a più convenevol[19] tempo, io incomincierò da quello, che per aventura[20] potrebbe a molti parer frivolo: cioè quello che io stimo che si convenga di fare per potere, in comunicando et in usando con le genti,[21] essere costumato e piacevole e di bella maniera: il che non di meno è o virtù o cosa molto a virtù somigliante. E come che[22] l'esser liberale[23] o constante o magnanimo sia per sé sanza alcun fallo[24] più laudabil cosa e maggiore che non è l'essere avenente[25] e costumato, non di meno forse che[26] la dolcezza de' costumi e la convenevolezza[27] de' modi e delle maniere e delle parole giovano non meno a' possessori di esse che la grandezza dell'animo e la sicurezza altresì a' loro possessori non fanno:[28] perciò che queste si convengono essercitare ogni dì molte volte,[29] essendo a ciascuno necessario di usare con gli altri uomini ogni dì et ogni dì favellare con esso loro;[30] ma la giustitia, la fortezza e le altre virtù più nobili e maggiori si pongono in opera più di rado; né il largo[31] et il magnanimo è astretto di[32] operare ad ogni ora magnificamente, anzi non è chi possa ciò fare in alcun modo molto spesso; e gli animosi uomini e sicuri[33] similmente rade volte sono constretti a dimostrare il valore e la virtù loro con opera. Adunque, quanto quelle di grandezza e quasi di peso vincono queste, tanto queste in numero et in ispessezza avanzano quelle:[34] e potre'ti,[35] se egli stesse bene di farlo, nominare di molti, i quali, essendo per altro di poca

1 **Con ciò sia cosa che**: dal momento che.
2 **tu:** è il giovane a cui si rivolge il «vecchio idiota ammaestrante».
3 **pur:** solo.
4 **viaggio:** si tratta, metaforicamente, del viaggio della vita.
5 **fornito:** concluso.
6 **ho proposto... medesimo:** mi sono riproposto.
7 **quando... altro:** cioè le diverse circostanze.
8 **come... sperimentati:** poiché li ho sperimentati.
9 **caminando per essa:** nel corso di essa (cioè della tua vita).
10 **possi:** possa.
11 **come che sia:** in qualche modo.
12 **errare:** prendere una via sbagliata.
13 **acciò che:** affinché.
14 **salute:** salvezza (latinismo).
15 **orrevole:** onorata.
16 **perciò che:** poiché.
17 **sufficiente a:** capace di.
18 **più prencipali:** più importanti.
19 **convenevol:** opportuno.
20 **per aventura:** forse.
21 **in... genti:** parlando e frequentando le persone.
22 **come che:** sebbene.
23 **liberale:** generoso.
24 **sanza alcun fallo:** senza dubbio.
25 **avenente:** bello, attraente.
26 **forse che:** forse.
27 **convenevolezza:** decoro.
28 **che... non fanno:** di quanto non giovino (*non fanno*) anche la magnanimità e la padronanza di sé a coloro che le possiedono.
29 **perciò che... volte:** dal momento che è necessario continuamente mettere in pratica queste doti.
30 **con esso loro:** con loro (*esso* è un elemento rafforzativo).
31 **largo:** generoso.
32 **astretto di:** costretto a.
33 **sicuri:** coraggiosi.
34 **quanto... quelle:** quanto quelle (le grandi virtù) superano queste per grandezza e importanza, tanto queste prevalgono per quantità e maggiore frequenza (*ispessezza*) delle occasioni (in cui devono essere adoperate).
35 **potre'ti:** ti potrei.

stima, sono stati, e tuttavia[36] sono, apprezzati assai per cagion della loro piacevole e gratiosa maniera solamente; dalla quale aiutati e sollevati,[37] sono pervenuti ad altissimi gradi, lasciandosi lunghissimo spatio adietro coloro che erano dotati di quelle più nobili e più chiare virtù che io ho dette. E come i piacevoli modi e gentili hanno forza di eccitare[38] la benivolenza di coloro co' quali noi viviamo, così per lo contrario i zotichi e rozzi incitano altrui[39] ad odio et a disprezzo di noi. Per la qual cosa, quantunque niuna pena abbiano ordinata le leggi[40] alla spiacevolezza et alla rozzezza de' costumi (sì come a quel peccato che loro è paruto leggieri,[41] e certo egli non è grave), noi veggiamo non di meno che la natura istessa ce ne castiga con aspra disciplina, privandoci per questa cagione del consortio e della benivolenza degli uomini:[42] e certo, come i peccati gravi più nuocono,[43] così questo leggieri più noia[44] o noia almeno più spesso; e sì come gli uomini temono le fiere salvatiche e di alcuni piccioli animali, come le zanzare sono e le mosche, niuno timore hanno, e non di meno, per la continua noia che eglino[45] ricevono da loro, più spesso si ramaricano di questi che di quelli non fanno, così adiviene[46] che il più delle persone odia altrettanto gli spiacevoli uomini et i rincrescevoli[47] quanto i malvagi, o più.[48] Per la qual cosa niuno può dubitare che a chiunque si dispone di vivere non per le solitudini o ne' romitorii,[49] ma nelle città e tra gli uomini, non sia utilissima cosa il sapere essere ne' suoi costumi e nelle sue maniere gratioso e piacevole; sanza che le altre virtù hanno mestiero di più arredi,[50] i quali mancando, esse nulla o poco adoperano;[51] dove questa, sanza altro patrimonio, è ricca e possente, sì come quella che consiste in parole et in atti solamente.[52]

36 **tuttavia:** tuttora.
37 **sollevati:** favoriti.
38 **eccitare:** destare.
39 **altrui:** gli altri.
40 **quantunque... leggi:** sebbene le leggi non abbiano previsto pene specifiche.
41 **sì come... leggieri:** poiché quel difetto è sembrato di poco conto.
42 **noi veggiamo... uomini:** tuttavia (*non di meno*) noi vediamo che la stessa natura ci penalizza duramente (*con aspra disciplina*), allontanandoci per questo motivo (cioè per la *spiacevolezza e la rozzezza de' costumi*) dal consorzio civile e dalla buona disposizione degli altri uomini nei nostri confronti.
43 **nuocono:** nuocciono.
44 **noia:** infastidisce.
45 **eglino:** essi.
46 **adiviene:** accade.
47 **rincrescevoli:** fastidiosi.
48 **quanto... più:** tanto quanto odia i malvagi o anche di più.
49 **per le... romitorii:** nei luoghi solitari o negli eremitaggi.
50 **sanza che... arredi:** a parte il fatto che le altre virtù hanno bisogno di maggiori ornamenti.
51 **adoperano:** riescono a fare.
52 **dove... solamente:** laddove questa (disposizione alle buone maniere), senza l'ausilio di altre doti, è rilevante (*ricca e possente*) di per sé, dal momento che consiste solo di parole e atteggiamenti.

Dentro il TESTO

I contenuti tematici

Una dichiarazione di intenti

Il brano con cui il *Galateo* si apre ci dice già molto sulle intenzioni, sul contenuto e sulla natura dell'opera. Il vecchio maestro infatti chiarisce subito gli obiettivi legati alla propria missione di precettore e pedagogo. Poiché il suo allievo è ancora in tenera età e non è in grado di ricevere insegnamenti complessi, egli si accontenterà di impartirgli lezioni forse più modeste, ma non meno importanti dal punto di vista sociale. Acquisire le belle maniere garantisce all'individuo che non abbia pretese eroiche di essere a suo agio nel mondo: è necessario possederle e metterle in pratica per adattarsi ai riti e ai convenevoli del consorzio civile.

Comportarsi bene in società è (quasi) una virtù

Poco importa che *essere costumato e piacevole* (rr. 11-12) non rappresenti una vera virtù (come quelle, per esempio, descritte e ricercate nel perfetto ideale etico perseguito dal *Cortegiano* di Castiglione). La modesta rivendicazione di una finalità meno prestigiosa non svilisce infatti l'autore-precettore, orgoglioso di poter indicare una *diritta via* (r. 6) che permetta di non *cadere* e di non *errare* (r. 5). Del resto, i pericoli di quanti si comportano con maleducazione non sono affatto trascurabili: si tratta di *peccati* (r. 37, primi tra tutti, la *spiacevolezza* e la *rozzezza de' costumi*, rr. 33 e 34) che determinano conseguenze socialmente rilevanti, come il discredito e il venir meno della *benivolenza degli uomini* (rr. 36-37), quella buona disposizione che invece premia coloro che sono dotati di *piacevoli modi e gentili* (r. 30).

Piacere alla gente che conta

Il «piacere» e «dispiacere altrui» rappresenta dunque, nella dichiarazione programmatica del *Galateo*, il criterio capace di determinare il successo o l'insuccesso di ogni individuo. Ormai, quasi tramontati i valori esemplari e formativi della civiltà rinascimentale, si affacciano regole di misura e princìpi regolatori che distinguono gli uomini tra quelli che «noiano» e quelli che «dilettano». Di tale criterio, il *Galateo* vuole essere uno specchio fedele e un utile strumento pratico.

Le scelte stilistiche

Un *incipit* complesso

Leggendo l'*incipit* del brano è difficile non rimanere sorpresi dalla costruzione così farraginosa del testo. Il lunghissimo periodo d'apertura si snoda con un complesso procedimento ipotattico, cioè con una ricca subordinazione: la principale (*ho proposto meco medesimo*, r. 3) arriva dopo una causale (*Con ciò sia cosa che* [...] *viaggio*), una relativa (*del quale io ho la maggior parte* [...] *fornito*, rr. 2-3) e un'altra causale (*amandoti io assai*, r. 2), a cui si aggiungono due comparative-modali (*sì come tu vedi*, r. 2; *come io fo*, r. 3). Ci si può tuttavia consolare al pensiero che la nostra probabile reazione di fatica sia stata condivisa in passato anche da un grande scrittore, Vittorio Alfieri. Nella sua autobiografia (*Vita*, Epoca quarta, I), Alfieri racconta: «Alla vista di quel primo Conciossiacosache, a cui poi si accoda quel lungo periodo cotanto pomposo e sì poco sugoso, mi prese un tal impeto di collera» da scagliare «per la finestra il libro».

Uno stile movimentato

In effetti, la prosa di Della Casa ha l'ambizione di essere molto ornata, ricca di metafore (non sempre originali, come quella della vita come viaggio) e accumulazioni (quale è l'uso dell'espressione trimembre: è il caso di *costumato e piacevole e di bella maniera*, rr. 11-12; *liberale o constante o magnanimo*, r. 13; *de' modi e delle maniere e delle parole*, r. 16). Frequenti, inoltre, pur nel tono conciliante e non pedante del precettore, sono i richiami letterari, molti dei quali scoperti e facilmente individuabili dal lettore di media cultura al quale l'autore si rivolge. In particolare si segnala una reminiscenza del *De inventione* ciceroniano (*ho proposto meco medesimo*, r. 3, ricorda l'espressione *mecum cogitavi*), mentre è impossibile non collegare all'*Inferno* dantesco (I, 3) l'allegoria del cammino per una *diritta via* (r. 6), suggerita dal precettore all'inizio del brano.

Ignoto romano, *Ritratto di Giovanni Della Casa*, 1621. Milano, Pinacoteca Ambrosiana.

Verso le COMPETENZE

COMPRENDERE

1 In che cosa consiste la *diritta via* (r. 6) del comportamento secondo il precettore?

2 Accanto all'utilità sociale di alcune virtù, l'autore delinea anche l'importanza di una prospettiva etica. Qual è il suo giudizio sui più alti valori morali e filosofici?

ANALIZZARE

3 Individua nel brano le seguenti parole e suggerisci dei possibili sinonimi adatti al contesto: *salute* ▪ *convenevol* ▪ *costumato* ▪ *arbitrio*

4 Quali espressioni sottolineano il carattere pratico dell'insegnamento del *Galateo*?

PRODURRE

5 SCRIVERE PER **ARGOMENTARE**
Nella società di oggi è ancora possibile divulgare le norme di un "galateo"? Prova a riflettere su quali siano ai giorni nostri, in particolare nell'universo giovanile, i valori esteriori e le pratiche formali più importanti per essere accettati e apprezzati nella vita sociale, scrivendo un testo argomentativo di circa 30 righe.

PER APPROFONDIRE

Galateo e galatei

Le buone maniere per tutti

Monsignor Giovanni Della Casa non ha soltanto coniato, attraverso il titolo della sua opera più nota, un termine che tutti usano (e di cui pochi conoscono l'origine), ma ha anche dato il la a un vero e proprio sottogenere letterario, quello appunto dei "galatei". Soprattutto a partire dall'Ottocento, non si contano infatti le opere che già nel titolo dichiarano la propria intenzione di fornire le basi dell'etichetta o del *bon ton*.

Molte di esse erano rivolte al ceto borghese in ascesa, a cui le nuove esigenze sociali imponevano di adeguarsi ai riti e ai costumi della vecchia élite nobiliare. Altre avevano lo scopo di educare alle buone maniere il semplice "popolino", che secondo una certa pubblicistica filantropica ottocentesca meritava anch'esso di essere dotato degli strumenti elementari per comportarsi bene. Insomma, la buona educazione doveva essere un patrimonio di tutti, tanto che perfino le amministrazioni pubbliche si fecero carico del problema. Nel 1867, per esempio, la municipalità di Torino bandì un concorso per il miglior "galateo popolare": tra le opere premiate ci fu un *Galateo morale per ogni classe di cittadini*.

La specializzazione ottocentesca

A ridosso dell'Unità d'Italia, il galateo è andato via via specializzandosi. Perdendo il proprio carattere universale, a ogni ceto sociale furono dedicate cataste di manuali di buone maniere, piccoli best seller in un mercato editoriale in espansione. Ecco quindi decine e decine di titoli di questo tenore: *Galateo dei teatri e dei caffè* (1869), *Il galateo del giovinetto convittore* (1870), *Galateo morale del campagnuolo* (1873), *Galateo di un medico* (1873), *Il galateo delle signore* (1882), *Galateo della borghesia* (1883), *Piccolo galateo per i figliuoli del popolo* (1884), *Il piccolo galateo dello scolaro* (1885) e via dicendo.

A scriverli erano per lo più pedagogisti, ma anche comuni dilettanti della penna e delle buone creanze, anche se non mancarono firme eccellenti, che si cimentarono pure nella scrittura di galatei. Tra questi, l'opera più importante fu quella di Melchiorre Gioia (1767-1829), che, nel 1802, volle seguire l'esempio di Della Casa scrivendo un *Nuovo Galateo*, accolto da entusiasmi ma anche riserve (l'abate Antonio Rosmini lo definì degno di un «ciarlatano»). Più tardi a scrivere fortunati manuali per gente "perbene" furono soprattutto scrittrici come la Marchesa Colombi (1840-1920) e Matilde Serao (1856-1927).

Lo specchio della società

Oggi il genere non è ancora tramontato e precetti di buona creanza vengono sfornati senza sosta. Certo, appaiono molto diversi da quelli scritti in epoca postrisorgimentale per rafforzare l'identità nazionale e la coesione sociale, o durante il fascismo per imporre nuovi modelli di uomo e di donna, o ancora nel secondo dopoguerra, quando la modernizzazione modificò abitudini e stili di vita. Tuttavia, come i galatei di ogni tempo, anch'essi raccontano molte storie e descrivono, spesso meglio di un romanzo, la società che li ispira, con le sue regole e le sue contraddizioni. Come ha scritto il sociologo tedesco Norbert Elias, «il fatto che l'argomento stesso li obblighi ad attenersi strettamente alla realtà sociale, conferisce a queste opere, in quanto fonti di notizie circa i processi sociali, la loro particolare importanza».

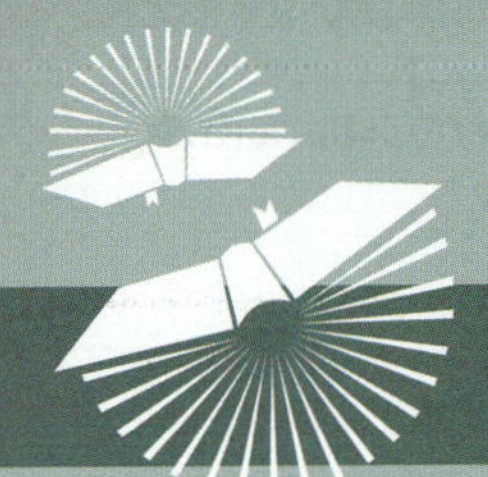

LETTURE critiche

Un classico nella civiltà della conversazione

di Amendeo Quondam

Perché *Il Cortegiano* può essere considerato un capolavoro fondamentale della letteratura europea? In che cosa consiste la ragione della sua importanza storica? A queste domande risponde Amedeo Quondam (n. 1943), secondo il quale l'opera di Castiglione costituisce il simbolo della «forma del vivere» con cui si esprimono l'essenza e i valori della civiltà mondana cinquecentesca.

Come nei modelli antichi restituiti a nuova vita dagli umanisti, il dialogo della moderna letteratura volgare è la palestra più frequentata per il confronto culturale, tra disputa e conversazione, in grado però di costituirsi anche in narrazione drammaturgicamente valida e coinvolgente; è la nuova scuola (virtuale: tramite il libro a stampa) che raccoglie l'eredità della scuola degli umanisti, dove le convenzioni, i saperi condivisi, le pubbliche opinioni si fanno tradizione, cioè si trasmettono e circolano. Basterà ricordare i più famosi scrittori di dialoghi (ben presto solo, o quasi, di tipo mimetico) nelle generazioni successive a questa degli umanisti fondatori della moderna letteratura volgare: Sperone Speroni, Ludovico Dolce, Torquato Tasso; oppure basterà citare un solo libro in forma di dialogo, tra i tanti: la fortunatissima *Civil conversazione* di Stefano Guazzo (1574), fiorita su una costola del *Cortigiano*.

Dialoghi italiani: tante diverse sceneggiature dello stesso modello di conversazione.

In questo contesto il *Cortegiano* è subito un protagonista, e non solo in Italia: della nuova cultura classicistica e della sua «forma del vivere», conversazione compresa. Come altri libri italiani di questa intensa stagione d'inizio secolo (e come la stessa lingua italiana destinata a restare a lungo la lingua di riferimento primario dell'Europa colta) diventa ben presto un grande libro europeo, ma più di tutti gli altri conquista una presenza forte e stabile, profonda soprattutto, nella cultura delle società di Antico regime. È un classico del canone della letteratura europea moderna.

È certamente difficile per noi lettori di oggi renderci pienamente conto dell'impatto tra i contemporanei e per oltre un secolo (sono circa duecento le edizioni e traduzioni italiane ed europee) di un libro che si presenta, subito nel titolo, dedicato a ragionare della nuova «forma del vivere» del nobile cortigiano e, quindi, per automatismo obbligato, del suo principe. Per quanto tautologico[1] possa risultare, occorre partire proprio da questo dato: il *Cortegiano* è, nel 1528, il libro del gentiluomo (cortigiano) e della corte del suo principe. Si tratta di una novità assoluta nella pur ampia e articolata tradizione discorsiva dell'*institutio* classica e umanistica, che ha più volte invece ragionato *de principe* (anche nella variante *de infelicitate principum*: cioè, «dell'infelice condizione dei principi»). Una novità che coinvolge strutturalmente e geneticamente gli assetti e le funzioni della conversazione, risolvendo quei dubbi e quelle contraddizioni che ancora connotavano il *De sermone* pontaniano,[2] soprattutto per quanto riguarda il soggetto titolare di questa nuova competenza relazionale.

1 **tautologico:** autoreferenziale e quindi anche ridondante, ripetitivo.
2 **pontaniano:** di Giovanni Pontano (1429-1503), importante umanista napoletano.

Per riflettere su questo punto strategicamente essenziale, conviene rileggere le parole di Castiglione sulla soglia dell'opera:

> *Voi adunque mi richiedete ch'io scriva qual sia, al parer mio, la forma di cortegiania più conveniente a gentilhomo che viva in corte de principi, per la quale egli possa et sappia perfettamente lor servir in ogni cosa ragionevole, acquistandone da essi gratia e da gli altri laude. In somma, di che sorte debba esser colui che meriti chiamarsi perfetto cortegiano, tanto che cosa alcuna non gli manchi*

Se si proietta questa battuta sulla conversazione pontaniana, si potrà agevolmente riconoscere che in Castiglione assume subito le proporzioni di modalità esecutiva primaria della nuova «forma di cortegiania» che il libro persegue: centrandola nel sistema comunicativo e relazionale della nuova corte. Come infatti scrive Castiglione, il *Cortegiano* cercherà si rispondere a una domanda di *forma* (necessariamente perfetta) per quella stessa tipologia professionale (la *cortigiania*) riservata (perché è funzione propria del suo stato: *conveniente*) al nobile (*gentiluomo*) impegnato in una corte al servizio di un principe, finalizzandola all'acquisto (la categoria è propriamente economica, sia dai tempi di Aristotele) della *grazia* e della *lode* sia da parte del suo signore e principe, sia di tutto il gruppo cortigiano; cioè l'acquisto dell'*utile* e dell'*onore* personali.

Saper conversare è dunque prospettata come la nuova arte indispensabile per il buon governo di sé nella complessa economia di produzione e scambio dei rapporti interpersonali sulla scena instabile della corte. Per questa ragione, dunque, il quadro generale di riferimento del *Cortegiano* è subito in esordio definito in senso propriamente istituzionale: il cortigiano, il principe, gli altri conformi. E in questo quadro Castiglione intende introdurre nuovi parametri di produttività professionale per chi esercita la *cortigiania*: le competenze del suo cortigiano in formazione (ciò che deve saper fare) assumono infatti un inedito valore economico proprio per la specificità delle nuove qualità richieste, rispetto a quelle di un passato anche prossimo.

Secondo Castiglione, infatti, più alto sarà il livello culturalmente qualitativo delle prestazioni professionali del cortigiano (perché sarà perfetto se saprà perfettamente *servire*), più rilevante potrà essere la *grazia* che acquisterà dal suo signore (in termini, pur sempre, di utile e di onore: anche in senso quantitativo), e più diffuso sarà anche il riconoscimento pubblico delle sue qualità (la *lode* degli altri). Senza peraltro mai dimenticare che, nel dispensare la sua grazia, il principe esercita sempre un potere arbitrario e assoluto[3] (in senso proprio: sciolto da ogni vincolo), e spesso anche feroce.

Amedeo Quondam, *La conversazione. Un modello italiano*, Donzelli, Roma 2007

3 **assoluto:** dal latino *ab* + *solutum*, cioè sciolto, libero.

Comprendere il PENSIERO CRITICO

1 In che senso il libro di Castiglione può essere considerato una scuola virtuale?

2 Quali sono le finalità del cortigiano?

3 Perché la cultura è utile al cortigiano anche in termini economici?

Verifica delle CONOSCENZE

IL GENERE

Indica se le seguenti affermazioni sono vere (V) o false (F).

1 Il trattato è un genere letterario scritto in versi. V F

2 Il trattato nasce all'interno della cultura cortigiana. V F

3 Nel trattato la funzione pedagogica riveste grande importanza. V F

4 I protagonisti di questo genere sono per lo più popolani. V F

5 La lingua maggiormente usata è il latino. V F

Rispondi alla seguente domanda.

6 Perché il trattato è il genere letterario che meglio riassume i caratteri della civiltà cortigiana rinascimentale?

Indica se le seguenti affermazioni sono vere (V) o false (F).

7 Bembo cura, per lo stampatore veneziano Manuzio, l'edizione della *Commedia* dantesca. V F

8 Bembo è autore di poesie liriche. V F

9 Le teorie linguistiche di Bembo hanno molto successo nella seconda metà del Cinquecento, mentre vengono rifiutate nei secoli successivi. V F

10 Baldassarre Castiglione propone con *Il Cortegiano* un agile prontuario di consigli pratici. V F

11 *Il Cortegiano* è un'opera divisa in 4 libri. V F

12 *Il Cortegiano* è ambientato alla corte ferrarese degli Estensi. V F

13 Una sezione del *Cortegiano* è dedicata al ruolo e alla figura della donna nella corte. V F

14 Giovanni Della Casa fu un autorevole ecclesiastico. V F

15 Il nome *Galateo* deriva dal luogo immaginario in cui viene ambientata l'opera. V F

16 Le *Rime* di Della Casa interpretano in chiave drammatica la lezione petrarchista. V F

Rispondi alle seguenti domande.

17 Quale concezione dell'amore viene esposta da Bembo negli *Asolani*?

18 Per quale ragione Bembo non include Dante tra gli autori da imitare nella lingua italiana?

19 Quali pregi hanno consentito alle *Prose della volgar lingua* di fissare le caratteristiche e i modelli della lingua letteraria italiana?

20 Quali sono, a tuo giudizio, le ragioni che hanno determinato il successo su scala internazionale del trattato di Castiglione?

21 Qual è l'importanza del *Galateo* di Giovanni Della Casa?

22 Fornisci una breve definizione di questi concetti:

- Amore platonico ....
- Donna di palazzo ....
- Grazia ....
- Sprezzatura ....
- Convenevolezza ....
- Principe ....

23 Descrivi la cultura cortigiana toccando i seguenti aspetti:

- l'importanza del trattato e, soprattutto, del dialogo;
- la necessità dell'imitazione;
- il tema della bellezza e dell'amore;
- i consigli di Castiglione e quelli di Della Casa.

UNA LIBERTÀ CONDIZIONATA

La trattatistica nasce con un intento pedagogico: mira a fissare norme per regolare ogni aspetto della vita in un perfetto equilibrio tra ragione e istinto. Il trattato è scritto generalmente in volgare e in forma di dialogo; esso rappresenta lo strumento con cui gli intellettuali si riconoscono in una comune identità, condivisa al di là dell'appartenenza a una corte o all'altra. Il riferimento costante a Platone e Aristotele spinge gli intellettuali all'imitazione e alla categorizzazione dettagliata di generi e canoni stilistici.

GLI AUTORI

Pietro Bembo Aristocratico veneziano, nasce nel 1470 e trascorre la vita tra il Veneto, Urbino (alla corte dei Montefeltro) e Roma, dove è nominato cardinale e dove muore nel 1547.
La sua prima opera di rilievo è il trattato in volgare *Gli Asolani* (1505): in esso esalta l'amore come contemplazione della bellezza divina e lo rifiuta come puro istinto carnale. Anche nelle *Rime* (1530) ripropone lo stesso pensiero: qui i caratteri della bellezza femminile e dell'amore platonico hanno come modello il *Canzoniere* di Petrarca. Il Petrarchismo di Bembo viene esplicitato a livello teorico nelle *Prose della volgar lingua* (1525); nel trattato egli compie una distinzione tra lingua orale e scritta: quest'ultima deve essere regolata, pura, nobile, ricca e duttile, e ricavata dal toscano trecentesco di Petrarca e Boccaccio (meno imitabile è invece Dante, a causa del suo plurilinguismo).

Baldassarre Castiglione Di illustre famiglia, nasce a Mantova nel 1478. La sua carriera a corte inizia a Milano per proseguire a Mantova e a Urbino. Nunzio apostolico in Spagna nel 1524, muore cinque anni dopo, a Toledo. *Il Cortegiano* (1528) propone all'uomo di corte un modello ideale a cui ispirarsi. Tra le virtù da cui il perfetto cortigiano non può prescindere vi sono la «**grazia**» (misura ed equilibrio) e la «**sprezzatura**» (capacità di far sembrare spontanea ogni espressione di sé). Allo stesso modo la «donna di palazzo» dovrà possedere bellezza, autocontrollo e discrezione. Grazie ai suoi comportamenti impeccabili e al senso di giustizia da cui è pervaso, il cortigiano potrà instaurare con il principe un rapporto quasi alla pari, incarnando l'immagine dell'intellettuale che coopera con il potere senza subirne il giogo.

Giovanni Della Casa Nasce nel 1503 nel Mugello, da una ricca famiglia fiorentina. Trasferitosi a Roma, sceglie la carriera ecclesiastica, ma la scomparsa di papa Paolo III gli impedisce di diventare cardinale. Muore nel 1556. Il clima culturale e sociale che origina il *Galateo* (pubblicato postumo nel 1558) è segnato dal conformismo e dall'obbligo del rispetto di norme cristallizzate. Della Casa, venendo meno le esigenze formative e la necessità di promuovere modelli morali, si limita a fornire una casistica di buone creanze, un codice ristretto e vincolante di comportamenti minuti della vita quotidiana.

LA TRATTATISTICA RINASCIMENTALE

è la forma letteraria per esprimere gli ideali comuni di un'umanità nuova e alimentare negli individui l'interesse per il mondo che lo circonda

- definizione di norme per regolare le attività umane
- aspirazione degli intellettuali a un'identità comune
- celebrazione della corte come ambiente aperto e pluralista
- uso del volgare e della forma dialogica

AUTORI

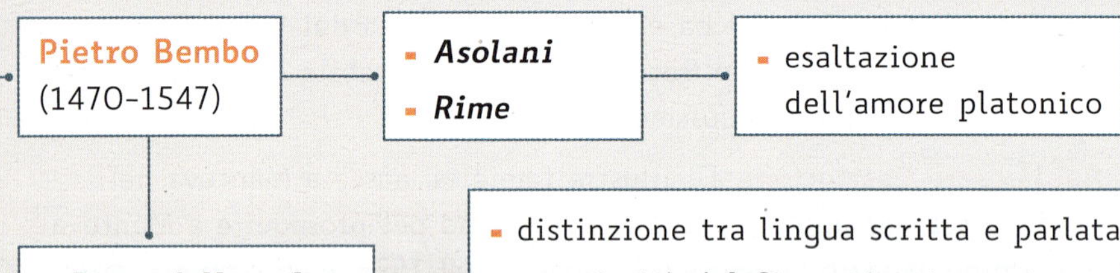

Pietro Bembo (1470-1547)

- ***Asolani***
- ***Rime***

- esaltazione dell'amore platonico

- ***Prose della volgar lingua*** (1525)

- distinzione tra lingua scritta e parlata
- superiorità del fiorentino trecentesco
- definizione di un modello unitario di lingua letteraria

T1 Scrivere «con lo stile delle passate stagioni»

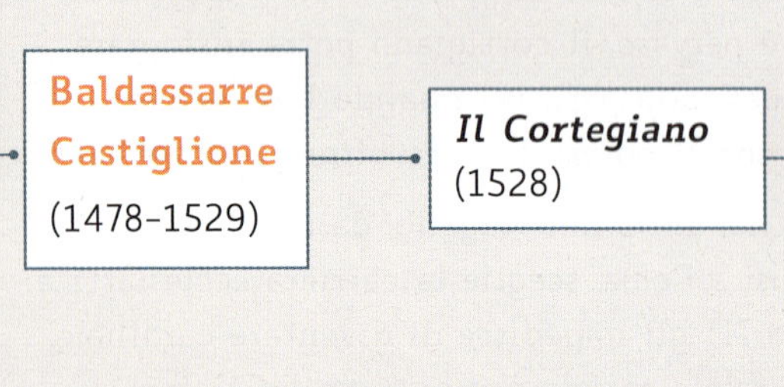

Baldassarre Castiglione (1478-1529)

Il Cortegiano (1528)

- "grazia" e "sprezzatura": le virtù del gentiluomo
- rapporto alla pari tra cortigiano e principe

T2 Le virtù del gentiluomo: «grazia» e «sprezzatura»

T3 Le virtù della gentildonna

Giovanni Della Casa (1503-1556)

Galateo (1558)

- codice del vivere sociale
- criterio della "misura"

T4 L'importanza delle buone maniere

La corrente Il Petrarchismo

Amor, d'ogni mia pena io ti ringrazio,
sì dolce è 'l tuo martire

(*Pietro Bembo*)

Iacopo Sannazaro
Giovanni Della Casa
Michelangelo Buonarroti
Gaspara Stampa
Isabella di Morra

In un secolo come il Cinquecento, che non considera l'originalità un valore ma basa la propria idea di cultura sull'imitazione e sulla fedeltà alla tradizione, prendere a modello la poesia amorosa di Petrarca significa acquistare un'identità artistica riconosciuta e apprezzata dalla civiltà aristocratica delle corti.

Il Petrarchismo – diffuso in Italia e nei principali centri culturali d'Europa – rappresenta una fondamentale esperienza letteraria, e insieme un fenomeno sociale e di costume che per la prima volta vede anche la presenza attiva delle donne, emancipate protagoniste dei salotti raffinati dell'alta nobiltà.

Un nuovo modello poetico

Le tappe del successo petrarchesco

Dall'eclettismo quattrocentesco alla coerenza formale del Cinquecento

Già alla fine del Trecento, ma soprattutto nel Quattrocento, l'**imitazione dei versi in volgare di Petrarca** costituisce la forma privilegiata della scrittura poetica. Si tratta di un esercizio praticato senza alcuna teorizzazione, affidato alla sensibilità e alle soluzioni tematiche e formali di ciascun interprete, e aperto alla contaminazione del modello petrarchesco con caratteri e linguaggi diversi.

Se per tutto il Quattrocento troviamo una diffusa **tendenza all'eclettismo** (cioè alla mescolanza, talvolta incongrua, di elementi di varia provenienza) e alla sperimentazione di contenuti e metri differenti, il fenomeno che conosciamo sotto l'etichetta di "Petrarchismo" acquisisce nel Cinquecento una coerenza e un rigore nuovi.

Bembo, il teorico del Petrarchismo

La promozione di Petrarca a modello unico si articola in diverse fasi e tappe fondamentali, anche se l'iniziatore del nuovo canone è in primo luogo Pietro Bembo. A lui, innanzitutto, si deve un'edizione del *Canzoniere* (1501), ascritto a pieno titolo tra i classici universali, accanto ai capolavori dei grandi poeti latini. Con *Gli Asolani* (1505) Bembo sancisce poi una significativa saldatura fra Petrarchismo e Platonismo: l'amore si risolve nel desiderio sublime e inappagabile di una bellezza nobilitante, secondo un ideale di perfezione destinato a essere insistentemente rappresentato come motivo guida delle raccolte dei poeti cinquecenteschi. Infine, le ***Prose della volgar lingua* (1525)** individuano nello stile di Petrarca il paradigma esclusivo della lingua poetica.

La diffusione capillare del modello è garantita cinque anni dopo, quando dagli enunciati teorici Bembo passa alla realizzazione pratica: le sue ***Rime*** (*Crin d'oro crespo*, ➤ p. 191), insieme con *Sonetti et canzoni* del poeta napoletano Iacopo Sannazaro, diventano un riferimento preminente per quanti hanno familiarità con la scrittura (aristocratici, ma anche borghesi attivi nei commerci o in politica), i quali non esitano a utilizzare il linguaggio lirico come un codice valido anche nella comunicazione sociale.

Il Petrarchismo come *status* sociale e culturale

La poesia come mobilitazione di sé

Scrivere poesia "alla maniera" di Petrarca significa identificarsi immediatamente con una società di colti, tesa a elevare sé stessa grazie a riti condivisi e convenzioni sociali raffinate. In questa prospettiva, la scrittura poetica petrarcheggiante non è solo prerogativa di letterati alla ricerca dello stile più alto e sublime – come accade ancora alla fine del Quattrocento –, ma diviene una **pratica sempre più diffusa**.

Questo modello normativo fa presa proprio perché monolitico e perché capace di intercettare un'esigenza sentita all'interno delle corti, dove artisti, dame, diplomatici e politici, abituati a realizzare e trasmettere le stesse esperienze culturali, praticano la **poesia** come **strumento per raggiungere la perfezione e la bellezza** ed esaltare così le proprie ambizioni di promozione sociale. E la poesia di Petrarca, grazie alla sua forma squisitamente soave e armoniosa, può incoraggiare questa vera e propria aspirazione psicologica e culturale.

Una diffusione quasi senza confini

Ciò spiega perché il Petrarchismo sia capace di espandersi non solo nelle corti e nei principali centri culturali di tutta Italia, ma anche nel resto d'Europa (specialmente in Francia, Spagna e Inghilterra); e, ancora, non solo fra gli intellettuali "di professione", ma anche fra dilettanti e autodidatti, consentendo per la prima volta in modo non occasionale l'accesso alla produzione lirica alle donne, comprese quelle di rango non elevato, che nella poesia trovano un mezzo di affermazione personale.

La moda petrarchista

In tal modo, come ogni manifestazione culturale di massa (per quanto di massa, naturalmente, possa essere una pratica letteraria condivisa da una ristretta società signorile), il Petrarchismo **condiziona costumi e plasma immaginari**, assumendo i caratteri di una moda egemone presso i nobili e per una crescente fetta di pubblico, che può ora avvicinarsi alla lettura grazie alla diffusione dei libri stampati.

Una spia eloquente di questo processo di espansione artistica, avvenuto nel nome di Petrarca, è rappresentata dall'amplissima produzione di "**sonetti di corrispondenza**", nei quali la forma più tipica del *Canzoniere* – il sonetto, appunto – veicola scambi di cortesie, informazioni, richieste, promesse, insomma l'intero repertorio della comunicazione epistolare filtrato e inquadrato dal codice della lingua lirica di Petrarca.

Un repertorio fisso

Il Petrarchismo rappresenta dunque un modo di espressione perfettamente in linea con l'atteggiamento ideologico della classe colta che produce questa poesia e che di questa poesia fruisce: il **decoro** e la **misura**, la ricerca del **bello assoluto** e l'ideale dell'**amore platonico** non costituiscono soltanto tematiche o archetipi letterari e filosofici, bensì le ambizioni etiche e comportamentali dell'ambiente aristocratico.

L'esperienza del quotidiano si depura di ogni aspetto concreto, contraddittorio, magari drammatico, per essere assunta nell'universo rarefatto – dunque controllato e tranquillizzante – dell'**amore sublimato** e della **passione teatralizzata**. Il tema dell'amore è per lo più trattato in modo esemplare all'interno della struttura di un canzoniere, in cui viene rivissuto, in conformità al modello, il **dissidio tra amore spirituale e amore profano**, lungo un itinerario emotivo che si conclude di norma con il pentimento del poeta-peccatore.

Lo stereotipo femminile

Anche la figura della donna risponde a stereotipi estetici (i capelli «d'oro», cioè biondi, la pelle «eburnea», vale a dire candida come l'avorio ecc.) e spirituali che ricalcano alla lettera gli attributi conferiti da Petrarca alla sua Laura.

Lo stile e gli interpreti

Un modello lessicale e retorico

Un canone riproducibile

Le caratteristiche del lessico petrarchesco si accordano alla perfezione con la tendenza rinascimentale a fissare nel modo più rigoroso possibile le norme della scrittura. Il **monolinguismo** dell'autore del *Canzoniere*, infatti, offre la possibilità di replicare in forme piuttosto standardizzate un **vocabolario selezionato**, **omogeneo**, **astratto e aristocratico**. La tendenza all'indistinto prevale su ogni connotazione realistica: per esempio, gli aggettivi sono quasi sempre generici (*bello*, *dolce*, *vago*), e generici sono anche gli elementi della natura (*fiori*, *erbe*, *fronde* ecc.). Gli altri aspetti formali subiscono analogo saccheggio, come si può cogliere dalla frequenza, talvolta ossessiva, di certi espedienti retorici (elencazioni, antitesi, nessi metaforici e dittologie vengono ripetuti sino all'eccesso) e dalla netta predilezione, tra le forme metriche, per la più semplice, il sonetto.

I limiti della ripetizione

Tali ingredienti stilistici rappresentano contemporaneamente il punto forte e quello debole del Petrarchismo: la convenzionalità, l'artificiosa ricercatezza e la ripetitività costituiscono i limiti di un repertorio che, al di là degli esiti ottenuti dalle personalità più rilevanti, è contraddistinto da **monotonia e mancanza di originalità**. Solo raramente, infatti, l'imitazione di Petrarca non porta alla semplice e meccanica combinazione di forme sempre uguali. Ne consegue un «sistema della ripetizione» (come l'ha definito lo studioso Amedeo Quondam), che finisce per svuotare e rendere esteriori i significati più profondi e problematici della grande lirica del *Canzoniere*.

Poeti e poetesse

Tansillo e Tarsia

Passiamo ora in rassegna i migliori interpreti del Petrarchismo, capaci di imprimere all'imitazione un carattere più liberamente personale. Sono significativi i canzonieri di due poeti di area meridionale (ulteriore conferma della diffusione della maniera petrarchista in tutta la penisola), il lucano **Luigi Tansillo** (1510-1568) e il napoletano **Galeazzo di Tarsia** (1520 ca - 1553). L'opera del primo è contraddistinta da una forte accentuazione della sensualità, quella del secondo da una vigorosa drammatizzazione dei sentimenti, che si riflette in uno stile volutamente ruvido ed espressivo.

L'ispirazione bucolica di Sannazaro

Luigi Tansillo e, soprattutto, Galeazzo di Tarsia forzano il modello costituito dalle *Rime* di Pietro Bembo e da un altro canzoniere destinato a incontrare notevole fortuna: *Sonetti et canzoni* (1530) di **Iacopo Sannazaro** (1456 ca - 1530). Il capolavoro di quest'ultimo, il romanzo pastorale *Arcadia*, è ispirato ai grandi modelli bucolici della classicità, Virgilio in primo luogo, ma accoglie la lezione più profonda di Petrarca (non ancora soggetto alla rigida schematizzazione bembesca) nella musicale elaborazione linguistica e nella interiore trasfigurazione del sentimento amoroso.

Michelangelo e Della Casa

Originale è l'interpretazione petrarchesca di **Michelangelo Buonarroti** (1475-1564), che rifiuta le regole e le convenzioni di un'artificiosa levigatezza per esprimere appieno la contraddittoria vitalità del suo animo, perennemente lacerato. Solenne e al tempo stesso inquieto è lo stile di **Giovanni Della Casa** (1503-1556): considerato oggi da alcuni studiosi come il poeta italiano del Cinquecento più significativo prima di Tasso, Della Casa trasferisce nelle rime un'intima e aspra coscienza del proprio malessere interiore che anticipa, nelle forme e nel contenuto, le istanze della poesia manierista.

I canzonieri femminili

Lettura critica p. 175

Un discorso a parte merita la presenza delle **poetesse**, integrate a pieno titolo nella vita culturale delle corti. Le voci poetiche femminili sono molte, al punto da incoraggiare la compilazione di raccolte e antologie: la più importante esce a Lucca nel 1559 con il titolo di *Rime diverse d'alcune nobilissime et virtuosissime donne*. Tra le altre, ricordiamo la romana **Vittoria Colonna** (1490-1547), appartenente a un'antica famiglia aristocratica e interprete di un Petrarchismo dalle coloriture spirituali; la lucana **Isabella di Morra** (1520-1546), poetessa che descrive in testi autobiografici il dolore della sua esistenza; e la veneziana **Gaspara Stampa** (1520/1525-1554), che nei versi ispirati dal *Canzoniere* immette un soffio di spontanea narrazione amorosa.

Francesco Vinea, *Michelangelo declama le sue poesie a Vittoria Colonna*, 1863 ca. Firenze, Palazzo Pitti.

PER APPROFONDIRE

L'«infezione» letteraria di Pietro Bembo

La moda del Petrarchismo era già diffusa da tempo. Con il poeta del *Canzoniere* ancora in vita, alcuni verseggiatori di fama oscura, più inclini all'impostura che alla letteratura, spacciavano per propri i versi del cantore di Laura; poi, per tutto il Quattrocento, lo stuolo degli imitatori si era ancor più accresciuto, ma con risultati solitamente di scarso rilievo. Nel Cinquecento, invece, la tendenza a rifarsi al modello di Petrarca dilaga a tal punto che, quando si parla della lirica cinquecentesca, viene quasi naturale riferirsi al Petrarchismo.

A differenza dei decenni precedenti, però, il fenomeno trova un esempio così autorevole da diventare esso stesso il modello di un modello. Parliamo delle *Rime* di Pietro Bembo: pubblicate nel 1530, testimoniano l'ideale di un amore vissuto senza la profondità di motivazione del *Canzoniere*, ma con lo stesso impegno nel trasferire la passione amorosa nella purezza della parola. Il sentimento come forza devastante, il dissidio interiore, la sofferenza drammatica si traducono in quartine come le seguenti:

Tiziano, *Ritratto del cardinale Pietro Bembo*, 1540 ca. Washington, National Gallery of Art.

«Piansi e cantai lo strazio e l'aspra guerra,
ch'i' ebbi a sostener molti e molti anni,
e la cagion di così lunghi affanni,
cose prima non mai vedute in terra.»

(*Rime*, 1)

«Io, che già vago e sciolto avea pensato
viver quest'anni, e sì di ghiaccio armarme
che fiamma non potesse omai scaldarme,
avampo tutto e son preso e legato.»

(*Rime, 2*)

O in interi sonetti, celebri e imitati come questo:

«Speme,[1] che gli occhi nostri veli e fasci,[2]
sfreni e sferzi le voglie e l'ardimento,
cote d'amor,[3] di cure e di tormento
ministra, che quetar mai non ne[4] lasci,

perché nel fondo del mio cor rinasci,
s'io te n'ho svelta?[5] e poi ch'io mi ripento
d'aver a te creduto e 'l mio mal sento,
perché di tue promesse ancor mi pasci?[6]

Vattene ai lieti e fortunati amanti
e lor lusinga, a lor porgi conforto,
s'han qualche dolci noie[7] e dolci pianti.

Meco, e ben ha di ciò Madonna il torto,
le lagrime son tali e i dolor tanti,
ch'al più misero e tristo invidia porto.»

(*Rime, 54*)

1 Speme: oh speranza.
2 fasci: bendi.
3 cote d'amor: pietra su cui si affilano (e quindi si accentuano) i desideri amorosi.
4 ne: ci.
5 svelta: strappata via.
6 mi pasci: mi nutri, mi lusinghi.
7 noie: affanni.

Potremmo continuare a lungo, inanellando versi simili a questi, di Bembo e di altri, tutti intrisi di dolore esibito e di amore sofferto. Un fiume di poesie e poeti che, secondo l'aspro giudizio del critico Arturo Graf (1848-1913), rappresenta l'esplosione di una «malattia cronica della letteratura italiana», infettata da «un uomo di mediocre ingegno» quale Bembo, sulle cui orme si mettono a imitare Petrarca «buoni mariti» e «buone mogli», «eruditi» e «cortigiane», «artisti» e «attrici», «cardinali» e «guerrieri». Per tutti costoro, scrive Graf, «l'arte del Petrarca è una veste che s'attaglia a ogni dosso», con buona pace dell'originalità letteraria e dell'autenticità dei sentimenti. Del resto, Bembo ricalca l'amore purissimo di Petrarca per Laura trasferendolo nel suo amore, molto più terreno e meno spirituale, per la compagna Morosina, «che lo fece padre di parecchi figliuoli».

Correggio, *Ritratto di uomo che legge*, 1522 ca. Milano, Pinacoteca del Castello Sforzesco.

Andrea del Sarto, *Dama col petrarchino*, 1528 ca. Firenze, Galleria degli Uffizi.

Bronzino, *Ritratto di Laura Battiferri*, 1555-1560. Firenze, Palazzo Vecchio.

Bronzino, *Ritratto di Lucrezia Panciatichi*, 1540 ca. Firenze, Galleria degli Uffizi.

Il "petrarchino"

Visto che il mercato lo chiede a gran voce, nei primi decenni del Cinquecento i tipografi fanno a gara tra loro nel far uscire dai torchi la versione più elegante e meglio commentata del *Canzoniere*. Particolarmente graditi, perché maneggevoli e consultabili in ogni circostanza, sono i "petrarchini", volumetti di piccolo formato che rappresentano un segno di distinzione sociale. Molti artisti hanno voluto ritrarre questa moda dilagante, dipingendo soprattutto giovani e dame con in mano questo oggetto prezioso, ma ormai diffusissimo, quasi uno *status symbol* per quanti aspiravano (o mostravano di aspirare) alla gentilezza e alla perfezione spirituale.

Chino nella lettura del piccolo libro, che tiene aperto con la destra, è l'uomo vestito di nero raffigurato dal pittore emiliano Correggio: con ogni probabilità si tratta proprio di un petrarchino, visto che il cerbiatto che appare tra i cespugli dello sfondo ritorna proprio in due sonetti del poeta.

Desiderose di mostrare sia il loro *status* sia il loro livello culturale di avide lettrici e proprietarie di libri sono invece le dame ritratte da Andrea del Sarto e poi da Bronzino: una giovane che indica, maliziosa e ammiccante, la pagina aperta su due sonetti; l'austera Laura Battiferri, lei stessa autrice di poesie di ispirazione petrarchesca e poi di componimenti religiosi; o Lucrezia Panciatichi, che solleva lo sguardo per fissare, altera, lo spettatore.

Gli autori e i testi

Iacopo Sannazaro

La vita

Una formazione umanistica

Di nobile famiglia pavese trapiantata nel Sud, Iacopo Sannazaro nasce a **Napoli** intorno al **1456**. Orfano del padre a otto anni, entra nel 1481 alla corte di Alfonso I d'Aragona, duca di Calabria, e viene accolto dal grande umanista Giovanni Pontano (1429-1503) che lo introduce nella sua Accademia imponendogli il nome di *Actius Syncerus*. Alla morte di Alfonso (1496), diviene re di Napoli Federico d'Aragona, con cui Sannazaro intrattiene un'amicizia così salda da seguirlo nell'esilio in Francia (1501).

Il ritorno a Napoli

Tornato nella città partenopea alla scomparsa del re (1504), vive appartato nella villa di Mergellina, testimone della dominazione spagnola di **Napoli**. Muore nel **1530** e viene sepolto nella chiesa di Santa Maria del Parto a Mergellina, non lontano dal sepolcro dell'amato Virgilio. Sulla sua tomba si legge ancora oggi l'iscrizione dettata da Pietro Bembo: *Da sacro cineri flores: hic ille Maroni Sincerus Musa proximus ut tumulo* (Dai fiori alle sacre ceneri: qui giace il famoso Sincero [Sannazaro] vicino a Marone [Virgilio] nella poesia come nel sepolcro).

Le opere

Le prove giovanili in volgare

Possiamo dividere la produzione di Sannazaro tra le opere in volgare e quelle in latino. Le prime risalgono al periodo giovanile: alcune **filastrocche** (i cosiddetti *gliòmmeri*, in dialetto napoletano "gomitoli", un genere letterario tipicamente meridionale, che affastella i più vari argomenti, proprio come in un gomitolo) e le **liriche**, di chiara ispirazione petrarchesca, pubblicate postume nel 1530 con il titolo *Sonetti et canzoni*.

Le poesie in latino

Alla produzione poetica in latino Sannazaro si dedica al ritorno a Napoli dopo il soggiorno francese. In questo ambito vanno ricordate soprattutto le cinque ***Eclogae piscatoriae*** (Egloghe dei pescatori), nelle quali i consueti protagonisti del mondo agreste, i pastori, sono sostituiti dai pescatori, e il poemetto in esametri ***De partu Virginis*** (Il parto della Vergine), edito nel 1526 dopo un ventennio di elaborazione, con cui l'autore tenta di fondere un argomento cristiano con lo stile e le immagini della classicità pagana e della mitologia.

La materia amorosa dell'*Arcadia*

L'opera che ha dato la fama a Sannazaro è l'*Arcadia*, un **romanzo pastorale** in volgare, misto di prose e versi, un **prosimetro** sul modello della *Vita nuova* di Dante e del *Ninfale d'Ameto* di Boccaccio. Iniziata intorno al 1485 e pubblicata nella sua redazione definitiva nel 1504, l'*Arcadia* racconta la vicenda di Azio Sincero (sotto le cui mentite spoglie si cela il poeta stesso), il quale, a seguito di una delusione d'amore, si reca nell'omonima regione della Grecia, già celebrata dai poeti classici come il più rappresentativo luogo pastorale. Qui Azio trova un ambiente sereno e incontaminato, percorso dai canti d'amore dei pastori, ma non riesce a cancellare la propria malinconia. Così un giorno, turbato da un sogno angoscioso, fa ritorno a Napoli, dove apprende della morte della fanciulla amata.

Lingua volgare e classicismo

La ragione dello straordinario successo della favola non è certo dovuta all'esile trama, bensì all'eleganza suadente di un **volgare raffinato**, mediante il quale i lettori possono calarsi nel clima rarefatto e malinconico di un **mondo vagheggiato di pace e di evasione**, dimenticandosi le angosce quotidiane e le pene della vita reale. Sannazaro sa tradurre con maestria quest'esigenza di armonia assemblando, con un intarsio elegantissimo, reminiscenze di classici greci, latini e italiani, in uno stile pacato, destinato a diventare un modello per i secoli successivi.

Fortuna e sfortuna di un mito non solo letterario

Per tutto il Cinquecento e il Seicento l'*Arcadia* è **tra i libri più letti in tutta Europa dall'aristocrazia**, che realizza in quelle pagine l'idillico desiderio di fuga nei monti e nei boschi di una terra primitiva e lontana. Quando però si afferma l'esigenza di una letteratura impegnata e civile, i versi e la prosa del capolavoro di Sannazaro suonano irrimediabilmente artificiosi e stucchevoli. Così, vengono interpretati come il frutto di una maestria letteraria fine a sé stessa da Alessandro Manzoni, che bolla l'*Arcadia* come una «scioccheria», e da Francesco De Sanctis, che prende a definire «**arcadici**» tutti **i motivi letterari tacciabili di facile sentimentalismo**.

Anche queste reazioni danno però l'idea della popolarità conquistata dal poema di Sannazaro. Il suo successo non si è limitato all'ambiente letterario (vedremo come, alla fine del Seicento, la più importante Accademia italiana prenderà appunto il nome di Arcadia), ma si è esteso a livello sociale, diffondendo un gusto, un immaginario che ha influenzato l'estetica e i costumi delle classi colte.

• T1 •

Sovra una verde riva

Iacopo Sannazaro, *Arcadia*, egloga III

L'evocazione malinconica dell'età dell'oro

Alla fine di ciascuna delle dodici prose narrative di cui si compone l'*Arcadia*, Sannazaro colloca una lirica. Questa che riportiamo è la terza, nella quale il pastore-poeta Galicio canta l'amore per la bella ninfa Amaranta.

METRO Canzone di 6 strofe di 3 endecasillabi e 10 settenari mescolati tra loro (con schema di rime abCabCcdeeDff) e congedo di 1 endecasillabo e 2 settenari (Yxx).

Sovra una verde riva
di chiare e lucide onde
in un bel bosco di fioretti adorno,
vidi di bianca oliva
ornato e d'altre fronde
un pastor, che 'n su l'alba appiè d'un orno
cantava il terzo giorno
del mese inanzi aprile;
a cui li vaghi ucelli
di sopra gli arboscelli
con voce rispondean dolce e gentile;
et ei rivolto al sole,
dicea queste parole:

2 di chiare e lucide onde: di un torrente terso e limpido.
6 appiè d'un orno: ai piedi di un frassino.
8 del mese inanzi aprile: marzo.
9 vaghi ucelli: leggiadri uccelli.
10 arboscelli: ramoscelli.

«Apri l'uscio per tempo,
leggiadro almo pastore,
e fa vermiglio il ciel col chiaro raggio;
mostrane inanzi tempo
con natural colore
un bel fiorito e dilettoso maggio;
tien più alto il vïaggio,
acciò che tua sorella
più che l'usato dorma,
e poi per la sua orma
se ne vegna pian pian ciascuna stella;
ché, se ben ti ramenti,
guardasti i bianchi armenti.

Valli vicine e lupi,
cipressi, alni et abeti,
porgete orecchie a le mie basse rime:
e non teman de' lupi
gli agnelli mansüeti,
ma torni il mondo a quelle usanze prime.
Fioriscan per le cime
i cerri in bianche rose,
e per le spine dure
pendan l'uve mature;
suden di mèl le querce alte e nodose,
e le fontane intatte
corran di puro latte.

Nascan erbette e fiori,
e li fieri animali
lassen le lor asprezze e i petti crudi;
vegnan li vaghi Amori
senza fiammelle o strali,
scherzando inseme pargoletti e 'gnudi;
poi con tutti lor studi
canten le bianche Ninfe,

15 leggiadro almo pastore: gentile divino pastore. Si tratta di Apollo, identificato come dio del Sole, il quale, secondo il mito, fu per nove anni pastore di Admeto, re di Fere, in Tessaglia. Il Sole è definito metaforicamente *almo*, che alla lettera significa "nutritore" in quanto dona vita con la sua luce e il suo calore.
16 fa... raggio: rendi rosso (*vermiglio*) il cielo con il tuo raggio luminoso.
17 mostrane: mostraci.
19 dilettoso: che dà piacere e beatitudine.
20 tien più alto il vïaggio: allunga il tuo corso (avanzando la primavera e allungandosi le giornate, il sole alza e allarga il proprio arco).
21-22 acciò che... dorma: affinché la Luna (*sorella* del Sole) dorma più del solito (con le giornate più lunghe, la notte sarà più breve).
23 per la sua orma: sulle sue tracce.
26 guardasti... armenti: continua il ricordo di Apollo pastore, costretto da Giove a pascolare i bianchi armenti (bianchi perché quello era il colore sacro al Sole) di Admeto per aver ucciso i Ciclopi o, secondo un'altra versione, il serpente Pitone.
28 alni: ontani.
29 basse rime: la poesia pastorale è considerata tradizionalmente il più umile tra i generi poetici.
30 non teman: non abbiano timore.
32 quelle usanze prime: quei costumi originari. Il riferimento è alla mitica età dell'oro, quando ogni creatura poteva convivere in pace con le altre.
34 cerri: querce.
35 spine dure: roveti spinosi.
37 suden: trasudino.
41 fieri: feroci (latinismo).
43 li vaghi Amori: i leggiadri Amorini.
46 con... studi: con tutto il loro impegno.

e con abiti strani
salten Fauni e Silvani;
ridan li prati e le correnti linfe,
e non si vedan oggi
nuvoli intorno ai poggi.

In questo dì giocondo
nacque l'alma beltade,
e le virtuti raquistaro albergo;
per questo il ceco mondo
conobbe castitade,
la qual tant'anni avea gittata a tergo;
per questo io scrivo e vergo
i faggi in ogni bosco;
tal che omai non è pianta
che non chiami "Amaranta",
quella c'adolcir basta ogni mio tòsco;
quella per cui sospiro,
per cui piango e m'adiro.

Mentre per questi monti
andran le fiere errando,
e gli alti pini aràn pungenti foglie;
mentre li vivi fonti
correran murmurando
ne l'alto mar che con amor li accoglie;
mentre fra speme e doglie
vivran gli amanti in terra;
sempre fia noto il nome,
le man, gli occhi e le chiome
di quella che mi fa sì lunga guerra;
per cui quest'aspra amara
vita m'è dolce e cara.

Per cortesia, canzon, tu pregherai
quel dì fausto et ameno
che sia sempre sereno».

49 Fauni e Silvani: divinità dei boschi.
50 correnti linfe: le acque dei ruscelli che scorrono.
52 poggi: colline.
54 l'alma beltade: la bellezza sacra di Amaranta, la ninfa a cui è rivolto questo canto d'amore. Come in precedenza, l'aggettivo *alma* allude alle capacità vivificatrici (in questo caso della ninfa).
55 raquistaro albergo: ripresero posto (sulla Terra).
57 castitade: purezza.
58 la qual tant'anni aveva gittata a tergo: che (il mondo) aveva da tanto tempo lasciato alle spalle (cioè abbandonato).
63 quella... tòsco: colei che sa (*basta*) rendere dolce ogni mia amarezza (il *tòsco* è letteralmente il veleno).
65 m'adiro: mi appassiono.
66 Mentre: finché.
68 aràn: avranno.
72 speme e doglie: speranze e dolori.
80 quel dì fausto et ameno: quel giorno propizio e bello (è il giorno del compleanno di Amaranta).

Dentro il TESTO

I contenuti tematici

Il mito dell'età dell'oro tra evasione e malinconia

Galicio canta per celebrare il compleanno (il *dì giocondo*, v. 53) della ninfa Amaranta, di cui è invaghito (*l'alma beltade*, v. 54, che ridona nuova vita e bellezza al mondo che la circonda). In realtà, egli sta evocando l'età dell'oro, la mitica epoca in cui regnavano innocenza e splendore. Come capita in tutte le rievocazioni classiche di quel mondo primitivo e incorrotto in cui natura e uomini vivevano in armonia, anche qui il canto del pastore è venato di una sottile malinconia. Il sogno dei paesaggi paradisiaci descritti da Galicio nasconde l'impossibilità di viverli veramente, come si intuisce dal riaffiorare di una memoria dolorosa (di cui sono testimoni il *tòsco*, i sospiri, i pianti e le angosce dell'innamorato, vv. 63-65) e di un'inquietudine che incrina la pace di quel mondo irreale.

Le scelte stilistiche

Un ambiente e una lingua stilizzati

L'imitazione di Petrarca costituisce lo strumento essenziale per "cancellare" la Storia e la realtà, fuggendo nell'idillio onirico di un ambiente idealizzato e sospeso. In questo processo di rimozione della contemporaneità, Sannazaro anticipa la volontà che sarà indicata da Bembo di cristallizzare la comunicazione letteraria grazie a un modello, formale e tematico, semplificabile e riproducibile all'infinito come quello petrarchesco. Il controllo della lingua coincide con quello della vita quotidiana e sociale, da cui gli aspetti materiali (che nella realtà possono essere imprevedibili, confusi e irrazionali) sono eliminati in un universo immobile, apparentemente rassicurante e privo di tensioni, ricostruito sulla base di precise reminiscenze letterarie.

Un mosaico petrarchesco e virgiliano

Tutta l'opera di Sannazaro ruota attorno a questa ricerca stilistica, basata sul sapiente e assortito riutilizzo di un'infinità di citazioni e ricordi letterari, soprattutto di Petrarca e Virgilio.

Il *locus amoenus* iniziale è tutto petrarchesco: la *verde riva*, le *lucide onde* e i *fioretti* sono più che semplici echi; addirittura, il verso del *Canzoniere* di Petrarca «o roco mormorar di lucide onde» (*Se lamentar augelli, o verdi fronde*, 279, v. 3) è in rima con «fronde», proprio come avviene qui. Anche l'invocazione ad Apollo, *leggiadro almo pastore* (v. 15), si rifà al-l'«Almo sol» di un altro sonetto del *Canzoniere* (*Almo sol, quella fronde ch'io sola amo*, 188): Sannazaro vi aggiunge l'epiteto di *pastore*, conferendo ad Apollo una natura bucolica.

L'amore rappresentato come una *lunga guerra* (v. 76) è una metafora bellica impiegata da Petrarca in almeno due occasioni (nel *Trionfo dell'Eternità*, v. 140: «Amor mi diè per lei sì lunga guerra»; e nel *Canzoniere*, *Più di me lieta non si vede a terra*, 26: «che fece al segnor mio sì lunga guerra»). Ancora petrarcheschi sono l'accostamento ossimorico degli aggettivi *aspra*, *amara*, *dolce* e *cara*, riferiti a *vita* e disposti in chiasmo (vv. 77-78); e, sul versante metrico, l'adozione della canzone con strofe di endecasillabi e settenari, sul modello di *Chiare, fresche et dolci acque* (*Canzoniere*, 126).

Accanto a quella di Petrarca, non meno evidente è la ripresa della poesia bucolica di Virgilio, che rappresenta una scontata fonte di ispirazione nel recupero della lirica pastorale operato da Sannazaro. Nel testo proposto compaiono tre versi (*e per le spine dure / pendan l'uve mature; / suden di mèl le querce alte e nodose*, vv. 35-37) che sono tradotti quasi alla lettera dall'originale virgiliano della quarta delle *Bucoliche* (*incultisque rubens pendebit sentibus uva, / et durae quercus sudabunt roscida mella*, da incolti roveti penderà l'uva rosseggiante / e le dure querce stilleranno miele rugiadoso, vv. 29-30), a dimostrazione della capacità di assimilazione culturale dell'autore, ma anche del carattere convenzionale della sua opera.

Verso le COMPETENZE

COMPRENDERE

1 Che cosa chiede Galicio al sole e perché?

2 Quali fatti straordinari sono legati al giorno della nascita dell'amata?

3 Che cosa fa il pastore Galicio per rendere eterno il nome dell'amata Amaranta?

ANALIZZARE

4 Individua nel testo i riferimenti mitologici.

5 Tutta l'evocazione dell'età dell'oro è costruita su una serie di adynaton (o impossibilia), figura retorica in cui si descrivono fatti che non possono accadere: quali? Individuali.

6 Perché Galicio definisce *basse* le proprie *rime* (v. 29)?

7 Nella descrizione della natura sono utilizzati termini generici o specifici? Perché?

INTERPRETARE

8 Quali sono le caratteristiche dell'età dell'oro evocata da Galicio? Perché essa rappresenta un modello per gli uomini del Rinascimento?

9 È possibile affermare che nel testo sia presente una contrapposizione fra età dell'oro e età presente? Perché?

PRODURRE

10 SCRIVERE PER **ESPRIMERE**
Quale luogo ha per te le caratteristiche di un *locus amoenus*, capace cioè di evocare pace e serenità? Descrivilo in massimo 20 righe.

PER APPROFONDIRE

Le *Bucoliche* di Virgilio

Le *Bucoliche* sono una raccolta di dieci carmi in esametri composti dal poeta latino Virgilio tra il 43 e il 39 a.C. e ispirati agli idilli pastorali del poeta greco Teocrito (IV-III secolo a.C.). Il titolo dell'opera richiama direttamente l'ambientazione pastorale, mentre il termine "egloghe", con cui vengono spesso designati questi componimenti, in greco significa letteralmente "poesie scelte".

I protagonisti dell'opera virgiliana vivono immersi in una natura incontaminata, descritta o, meglio, evocata secondo gli schemi del cosiddetto *locus amoenus*: sono umili pastori che, mentre si occupano delle loro greggi, si dedicano al canto accompagnandosi con il suono del flauto. A volte dialogano sulle gioie e sui dolori della vita quotidiana, soprattutto della loro vita sentimentale, a volte improvvisano vere e proprie gare di canto.

Il mondo sereno e pacifico delle *Bucoliche* non è però del tutto isolato in un'atmosfera di sogno. Oltre che l'amore, presentato come follia e tormento, nella serenità idilliaca della vita agreste si insinuano talvolta i riflessi della realtà storica: in questi casi, anche i pastori che compaiono nelle *Bucoliche* soffrono le drammatiche conseguenze della guerra civile romana (44-31 a.C.), durante la quale Virgilio ha scritto l'opera. Così avviene in particolare nella prima delle *Bucoliche*, che presenta il dialogo tra il pastore Titiro, il quale può godere della pace dei campi e dedicarsi all'ozio e al canto, e Melibeo, che deve invece abbandonare quel mondo, perché le sue terre sono state confiscate in conseguenza delle guerre.

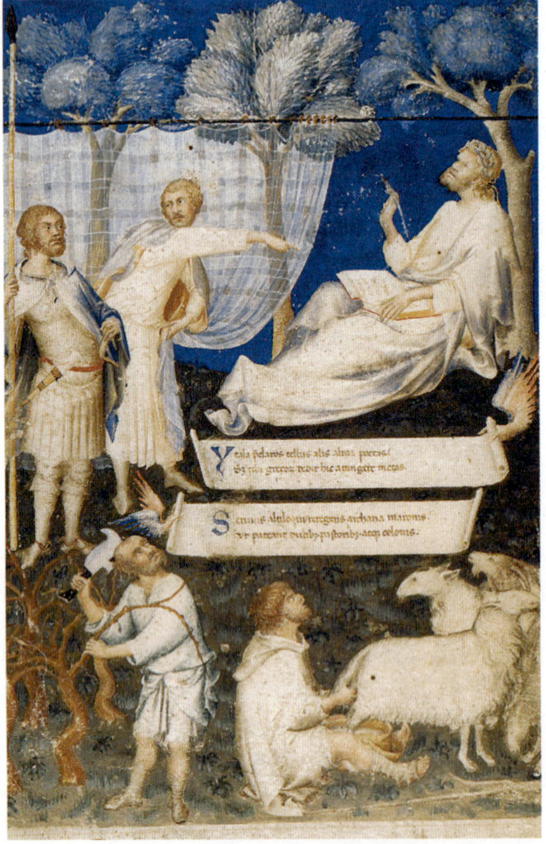

Simone Martini, *Allegoria virgiliana* (primo foglio del codice dei classici latini appartenuto a Francesco Petrarca), 1338. Milano, Biblioteca Ambrosiana.

Giovanni Della Casa

Un Petrarchismo austero

Della vita di monsignor Giovanni Della Casa (**1503-1556**) e della sua opera più importante, il *Galateo*, abbiamo già parlato nell'Unità dedicata alla trattatistica rinascimentale (➤ pp. 141 ss.). Egli è anche autore di ***Rime***, pubblicate postume nel 1558, che si inseriscono nel solco tracciato da Petrarca, ma con una originale propensione alla **drammatizzazione del sentimento**. Pervase da un sottile turbamento e da una sofferta interiorità, le poesie di Della Casa presentano un uso intenso delle figure retoriche, in primo luogo dell'*enjambement*, che conferisce ai versi un ritmo spezzato, lento e affannato, assai diverso da quello regolare e armonioso perseguito in genere dai petrarchisti. Anche questo aspetto tecnico è funzionale a trasmettere al lettore la suggestione di un temperamento tenebroso e pensoso, riflesso di un **travaglio psicologico** comune a un'intera generazione, condizionata dal dissolvimento delle certezze rinascimentali e dalle inquietudini tipiche del clima della Controriforma.

• T2 •

O dolce selva solitaria, amica

Giovanni Della Casa, *Rime*, 63

La vecchiaia, inverno della vita

Come l'antico bosco solitario poco prima della notte invernale, anche il poeta percepisce con un gelo di morte la fine della propria giovinezza, paragonata alla stagione estiva. L'eterna primavera petrarchesca pare stemperarsi in questo sonetto nell'inquieta stanchezza che preannuncia la notte dell'esistenza.

METRO Sonetto con schema di rime ABBA ABBA CDE DCE.

O dolce selva solitaria, amica
de' miei pensieri sbigottiti e stanchi,
mentre Borea ne' dì torbidi e manchi
d'orrido giel l'aere e la terra implica,

e la tua verde chioma ombrosa, antica
come la mia, par d'ognintorno imbianchi,
or, che 'nvece di fior vermigli e bianchi
ha neve e ghiaccio ogni tua piaggia aprica,

a questa breve e nubilosa luce
vo ripensando, che m'avanza, e ghiaccio
gli spirti anch'io sento e le membra farsi;

ma più di te dentro e d'intorno agghiaccio,
ché più crudo Euro a me mio verno adduce,
più lunga notte e dì più freddi e scarsi.

PARAFRASI

1-4 O dolce selva solitaria, amica dei miei pensieri attoniti e delusi, mentre Borea nei giorni bui e corti (*manchi*) avvolge l'aria e la terra di un gelo spaventoso,

5-8 e il tuo verde fogliame (*chioma*) ombroso, vecchio come la mia chioma, sembra che tutt'intorno diventi bianco, adesso che tutti i tuoi prati esposti al sole (*ogni tua piaggia aprica*) invece di fiori rossi e bianchi hanno neve e ghiaccio,

9-11 io vado ripensando a questa breve e nuvolosa luce che mi resta, e anch'io sento il respiro (*gli spirti*) e il corpo farsi di ghiaccio;

12-14 ma mi raggelo più di te, interiormente ed esternamente, perché a me il mio inverno porta un Euro più rigido, una notte più lunga e pochi (*scarsi*) giorni più freddi.

1 **dolce selva:** la foresta del Montello, in Veneto.
3 **Borea:** vento di tramontana.
4 **implica:** per ragioni di rima, va letto "implìca".
9 **breve e nubilosa luce:** la vita.
13 **mio verno:** la mia vecchiaia. **Euro:** vento di sud-est, scirocco.

Dentro il TESTO

I contenuti tematici

Una riflessione drammatica sul proprio destino

Specchio dell'impossibilità di far rivivere un vagheggiato (ma irreale) mondo ideale di armoniosa e luminosa bellezza, questa poesia di Della Casa rappresenta alla perfezione l'originalità della sua ricerca poetica, in cui la fedeltà a Petrarca si arricchisce grazie a un'autentica esigenza di riflessione interiore.

Sembra che a ispirare il sonetto sia stata la cocente delusione provata dal poeta per la mancata nomina a cardinale. Motivo autobiografico a parte, il rimpianto e la malinconia che si colgono in questi versi connotano una desolata meditazione intorno a un motivo classico della poesia, cioè la vecchiaia che avanza inesorabile come l'inverno della vita, rappresentato però con un gusto nuovo. La tematica della solitudine e l'identificazione tra natura e stato d'animo sono retaggi petrarcheschi. Tuttavia l'ambientazione notturna, il paesaggio invernale e l'angosciosa condizione esistenziale (si noti come l'aggettivazione, eccetto l'iniziale *dolce*, accentui la sensazione di un avvicinamento alla morte) sono elementi di una poetica avviata a suggestioni tematiche e psicologiche che troveremo nella lirica cosiddetta "manierista".

Le scelte stilistiche

La funzione degli *enjambement*

Torquato Tasso apprezzerà molto questo sonetto e in generale le *Rime* di Della Casa, a partire dagli elementi stilistici, che accoglierà nella propria produzione lirica. In particolare, noterà «che non v'è quasi verso che non passi l'uno nell'altro», sottolineando la presenza degli *enjambement* (*amica / de' miei pensieri*, vv. 1-2; *antica / come la mia*, vv. 5-6; *ghiaccio / gli spirti*, vv. 10-11). Questi interrompono come un singhiozzo la lineare compostezza dei petrarchisti rinascimentali e introducono nella composizione una gravità solenne e pensosa che lascia serpeggiare un'inquietudine psicologica molto moderna. Un'inarcatura, tra le altre, sottolinea la meditazione sulla vecchiaia: ai versi 9-10 troviamo *a questa* [...] *luce / vo ripensando*, che qualche studioso ha messo in relazione con i versi 10-11 dell'*Infinito* di Giacomo Leopardi («a questa voce / vo comparando»), poesia del resto ricchissima di *enjambement*.

Il potenziamento delle immagini...

L'inverno viene evocato grazie alle immagini che suggeriscono sensazioni di freddo (*orrido giel*, v. 4; *neve e ghiaccio*, v. 8; *ghiaccio*, v. 10; *agghiaccio*, v. 12; *crudo* [...] *verno*, v. 13; *dì più freddi*, v. 14) e di oscurità (*dì torbidi e manchi*, v. 3; *breve e nubilosa luce*, v. 9; *lunga notte*, v. 14): al poeta, invaso dal gelo come il paesaggio (*ghiaccio / gli spirti anch'io sento e le membra farsi*, vv. 10-11), non rimane che una mesta vecchiaia, accostata al bellissimo ossimoro (*questa breve e nubilosa luce* [...] *che m'avanza*, vv. 9-10) della flebile luce invernale.

... dei suoni e delle parole

La profonda e dolente intimità della riflessione del poeta è resa da un andamento ritmico rallentato grazie alle coppie di aggettivi, tutti di matrice petrarchesca (*sbigottiti e stanchi*, v. 2; *torbidi e manchi*, v. 3; *vermigli e bianchi*, v. 7), e di sostantivi (*l'aere e la terra*, v. 4; *neve e ghiaccio*, v. 8). Sul piano fonico, là dove Della Casa descrive il paesaggio invernale, vi è una forte accentuazione dei suoni aspri, con la prevalenza della *r* (*mentre Borea ne' dì torbidi*, v. 3; *d'orrido giel l'aere e la terra*, v. 4; *le membra farsi*, v. 11; *dentro e d'intorno*, v. 12; *più crudo Euro*, v. 13; *freddi e scarsi*, v. 14) e delle consonanti doppie (*ghiaccio*, *piaggia*, v. 8; *ghiaccio*, v. 10; *agghiaccio*, v. 12; *adduce*, v. 13; *notte*, *freddi*, v. 14).

Verso le COMPETENZE

COMPRENDERE

1 Perché l'inverno del poeta è più rigido di quello della natura?

ANALIZZARE

2 La seconda quartina è caratterizzata da una serie di contrasti cromatici: individuali e commentali.

3 Rintraccia e trascrivi nella tabella le espressioni e le immagini che riconducono al mondo naturale e quelle che si riferiscono all'esperienza soggettiva del poeta.

Immagini della natura	
Stati d'animo del poeta	

4 Cerca nella tua libreria o su Internet un'edizione del *Canzoniere* di Petrarca e leggi le seguenti liriche: 15, 66, 105, 139. Individua e trascrivi espressioni e immagini che Della Casa rielabora in questo sonetto.

INTERPRETARE

5 Nell'atmosfera cupa e drammatica del sonetto ravvisi qualche elemento positivo? In quale verso e con quale funzione?

PRODURRE

6 SCRIVERE PER **CONFRONTARE**
Di argomento affine è la poesia *Notturno nel giorno di Santa Lucia, il giorno più breve dell'anno*, del poeta inglese John Donne (1572-1631). Leggila (potrai trovarla facilmente anche su Internet) e spiega quali analogie e differenze cogli fra i due componimenti.

DIBATTITO IN CLASSE

7 Secondo un atteggiamento che è tipicamente petrarchesco, e che sarà poi diffusissimo in epoca romantica, il poeta trova una corrispondenza del proprio stato d'animo nel paesaggio. Ti sembra che sia un atteggiamento convenzionale e stereotipato o, effettivamente, è spontaneo, per l'essere umano, ricercare nella natura uno specchio delle proprie emozioni e dei propri sentimenti? Discutine con i compagni di classe.

Un ritratto austero

Questo ritratto eseguito a Firenze tra il 1541 e il 1544 dal pittore toscano Jacopo Carucci, detto Pontormo, è stato identificato come un'immagine di monsignor Giovanni Della Casa. In un ambiente austero, di cui i pochi dettagli, come l'arco in pietra serena sullo sfondo, suggeriscono che si tratti di un edificio fiorentino, forse la cattedrale di Santa Maria del Fiore, Della Casa è raffigurato trentenne, con un'acuta sintesi tra osservazione della natura e proporzioni esagerate e distorte, tipiche dello stile del Pontormo. La testa appare troppo piccola, quasi sproporzionata, soprattutto in relazione alla lunga barba rossastra e al torso ampio e coperto da una cappa celeste. Con la mano destra l'uomo regge, in ombra, il cappello da monsignore, mentre con la sinistra avvicina al cuore un libro, che, per il piccolo formato, potrebbe essere una raccolta di componimenti poetici.

Pontormo, *Ritratto di Monsignor Della Casa*, 1541-1544. Washington, National Gallery of Art.

Michelangelo Buonarroti

La vita

Da Firenze a Roma

Nato a **Caprese**, vicino ad Arezzo, nel **1475**, Michelangelo Buonarroti inizia a tredici anni, presso la bottega fiorentina di Domenico Ghirlandaio, l'apprendistato che lo condurrà a un'immensa fama come **scultore, pittore e architetto**. Frequenta gli intellettuali della corte medicea (Lorenzo de' Medici, Angelo Poliziano, Pico della Mirandola, Marsilio Ficino) e successivamente, alla morte di Lorenzo, si trasferisce a Roma, dove rimane per cinque anni. Del 1499 è la prima *Pietà*, in San Pietro (seguita da quelle fiorentine, dalla *Pietà* di Palestrina, da quella dell'Opera del Duomo e dalla *Pietà Rondanini* di Milano).

La Cappella Sistina

Dal 1501 (l'anno del *David*) lavora tra Firenze e Roma; quindi, **al servizio di papa Giulio II**, affresca la volta della Cappella Sistina in Vaticano (1508-1512). Soggiorna a Roma fino al 1527, al servizio dei papi Leone X e Clemente VII, poi torna a Firenze, dove aderisce al governo repubblicano dopo la cacciata dei Medici.

Il sentimento religioso

Trasferitosi definitivamente a Roma nel 1537, Michelangelo completa quattro anni dopo il *Giudizio universale* della Sistina ed è nominato architetto di San Pietro da papa Paolo III. Nel frattempo conosce la nobildonna e poetessa Vittoria Colonna, frequentando la quale l'artista accentua il proprio sentimento religioso. Muore a **Roma**, a quasi novant'anni, nel **1564**. Pochi mesi prima la Congregazione del Concilio di Trento ha stabilito di far coprire i nudi della Sistina: il Rinascimento è davvero finito.

Le opere

Lo stile sofferto

La produzione poetica di Michelangelo (302 *Rime*, composte dal 1503 fino alla morte e pubblicate postume nel 1623) si caratterizza per un'inconfondibile **impronta impressionistica**. Il suo petrarchismo ha poco a che vedere con l'equilibrio formale e la compostezza esemplare ricercati da Bembo. Lo stesso autore riconosceva la fatica di sperimentare la forma della scrittura, a lui poco abituale: «Lo scrivere m'è di grande affanno, perché non è mia arte» (così in una lettera a Giorgio Vasari del 1557). Da qui deriva uno sforzo, vigoroso e drammatico, per piegare e modellare il verso, nel tentativo di dare voce alle esigenze di una **personalità conflittuale**. Questa tensione si traduce in uno **stile impetuoso**, **spezzato** e a volte **faticoso**, che riflette il tormento del suo animo e che richiama alla mente le asprezze, di stile e di contenuto, del Dante delle rime petrose.

Michelangelo, *Separazione della terra dalle acque*, 1508-1512. Città del Vaticano, Cappella Sistina.

PER APPROFONDIRE

Le biografie di Michelangelo

Jacopino del Conte, *Michelangelo Buonarroti*, 1540 ca. New York, Metropolitan Museum of Art.

La lunghissima vita di Michelangelo è celebrata – fatto eccezionale che lo distingue dai suoi contemporanei – da due biografie date alle stampe quando è ancora in vita. Nella prima edizione della *Vite de' più eccellenti pittori, scultori et architetti* (1550) Giorgio Vasari lo presenta come l'artista più importante del Rinascimento, il vertice di una progressione artistica che parte da Cimabue e Giotto e raggiunge il culmine appunto con Michelangelo, unico maestro capace di padroneggiare tutte le arti e superare gli artisti dell'antichità.

Nel 1553 Ascanio Condivi, amico e allievo di Michelangelo, pubblica sotto la stretta supervisione del maestro una seconda biografia, che in parte corregge gli errori e le sviste di Vasari e che, nell'intento di evidenziare il genio del suo protagonista, presenta Michelangelo come un autodidatta, lontano da qualsiasi altro artista: si nega che sia stato, giovanissimo, nella bottega del Ghirlandaio (dove invece probabilmente imparò la tecnica dell'affresco) e si stemperano le maldicenze che lo definivano arrogante, avaro, invidioso dei colleghi e riluttante ad accogliere allievi.

Di questo testo terrà conto Vasari, per la seconda edizione delle *Vite* (1568), che contiene una biografia completamente revisionata: in essa è centrale la descrizione della lunga impresa degli affreschi della volta della Sistina e dei difficili rapporti con il committente, papa Giulio II; si tratta di un racconto che ben illustra la personalità di Michelangelo, terribile, scontrosa, talvolta arrogante, ma sempre geniale.

“Così ritornato Michelagnolo a Roma [...], [il papa] lo ricercò che dipignessi la volta della cappella. Il che Michelagnolo [...] parendogli la volta di quella cappella lavor grande e dificile, e considerando la poca pratica sua ne' colori, cercò con ogni via di scaricarsi questo peso da dosso, mettendo perciò innanzi Raffaello. Ma tanto quanto più ricusava, tanto maggior voglia ne cresceva al Papa, impetuoso nelle sue imprese. [...] Per il che messo mano a fare i cartoni di detta volta, dove volse ancora il Papa che si guastassi le facciate che avevano già dipinto al tempo di Sisto i maestri innanzi a lui, e fermò che per tutto il costo di questa opera avessi quindici mila ducati, il quale prezzo fu fatto per Giuliano da San Gallo. Per il che sforzato Michelagnolo dalla grandezza della impresa a risolversi di volere pigliare aiuto, e mandato a Fiorenza per uomini e deliberato mostrare in tal cosa che quei che prima v'avevano dipinto dovevano essere prigioni delle fatiche sue, volse ancora mostrare agli artefici moderni come si disegna e dipigne. Laonde il suggetto della cosa lo spinse a andare tanto alto per la fama e per la salute dell'arte, che cominciò e finì i cartoni, e quella volendo poi colorire a fresco [con la tecnica detta ad affresco] e non avendo fatto più, vennero da Fiorenza in Roma alcuni amici suoi pittori, perché a tal cosa gli porgessero aiuto et ancora per vedere il modo del lavorare a fresco da loro, nel qual v'erano alcuni pratichi, fra i quali furono il Granaccio, Giulian Bugiardini, Iacopo di Sandro, l'Indaco vecchio, Agnolo di Domenico et Aristotile, e dato principio all'opera, fece loro cominciare alcune cose per saggio. Ma veduto le fatiche loro molto lontane dal desiderio suo e non sodisfacendogli, una mattina si risolse gettare a terra ogni cosa che avevano fatto. E rinchiusosi nella cappella non volse mai aprir loro, né manco in casa, dove era, da essi si lasciò vedere. E così [...] con vergogna se ne tornarono a Fiorenza. Laonde Michelagnolo, preso ordine di far da sé tutta quella opera, a bonissimo termine la ridusse con ogni sollecitudine di fatica e di studio; né mai si lasciava vedere per non dare cagione che tal cosa s'avesse a mostrare; onde negli animi delle genti nasceva ogni dì maggior desiderio di vederla. Era papa Giulio molto desideroso di vedere le imprese che e' faceva, per il che di questa che gli era nascosa venne in grandissimo desiderio; onde volse un giorno andare a vederla e non gli fu aperto, ché Michelagnolo non averebbe voluto mostrarla.”

• T3 •

audiolettura

Non ha l'ottimo artista alcun concetto

Michelangelo Buonarroti, *Rime*, 151

La **fragilità** umana dell'**artista**

Questo sonetto, composto tra il 1538 e il 1544 per la poetessa Vittoria Colonna, è interamente basato sul parallelismo tra opera artistica e passione amorosa. Come l'artista deve essere capace di liberare una figura dal marmo che la contiene, così l'amante dovrà "estrarre" il bene che si trova "dentro" la donna amata: un dovere che, a causa del suo *basso ingegno*, Michelangelo ammette di non riuscire ad assolvere.

METRO Sonetto con schema di rime ABBA ABBA CDE CDE.

Non ha l'ottimo artista alcun concetto
c'un marmo solo in sé non circonscriva
col suo superchio, e solo a quello arriva
la man che ubbidisce all'intelletto.

Il mal ch'io fuggo, e 'l ben ch'io mi prometto,
in te, donna leggiadra, altera e diva,
tal si nasconde; e perch'io più non viva,
contraria ho l'arte al disïato effetto.

Amor dunque non ha, né tua beltate
o durezza o fortuna o gran disdegno
del mio mal colpa, o mio destino o sorte;

se dentro del tuo cor morte e pietate
porti in un tempo, e che 'l mio basso ingegno
non sappia, ardendo, trarne altro che morte.

PARAFRASI

1-4 Neanche l'ottimo scultore può concepire un'idea (*concetto*) che il semplice marmo non contenga già in sé con la parte superflua, e la mano riesce a raggiungerla solo se ubbidisce al pensiero.

5-8 Il male che io rifuggo, e il bene che cerco, si nascondono così in te, donna affascinante, nobile e divina; e per quanto io non viva più, la mia arte è insufficiente (*contraria*) a raggiungere l'effetto desiderato.

9-11 Dunque colpevoli del mio male non sono né Amore, né la tua bellezza, né la durezza del tuo cuore, né la sorte, né la tua ritrosia, o il mio destino o il caso;

12-14 se accade che nel tuo cuore porti nello stesso tempo la morte e la pietà, e la mia inadeguata capacità non sappia, pur ardendo d'amore, trarne altro che la morte.

3 superchio: il marmo in eccedenza, che dovrà essere eliminato per dare forma all'opera.

11 destino o sorte: è una dittologia sinonimica.

13 basso: nel senso di "mediocre".

Dentro il TESTO

I contenuti tematici

L'ottimo artista che non sa amare

Il motivo guida del sonetto è l'idea neoplatonica dell'opera d'arte come risultato di una intuizione mentale. La missione dell'artista è togliere il *superchio* (v. 3) che circonda l'opera idealmente già racchiusa nel marmo, cioè tradurre in atto una potenzialità preesistente nella materia grezza che egli lavora. Le mani dello scultore dovranno realizzare concretamente ciò che è stato pensato dall'intelletto.

Tuttavia, la potenza del pensiero artistico non sempre trova corrispondenza nelle capacità dell'uomo, che risultano inadeguate e insufficienti. Per analogia, come l'opera di uno scultore può rivelarsi scadente o brutta, per sua stessa colpa o incapacità, così il sentimento amoroso può riuscire moralmente o spiritualmente riprovevole. Michelangelo, a causa dei propri limiti personali (*contraria ho l'arte al disïato effetto*, v. 8; *'l mio basso ingegno*, v. 13), teme appunto di non riuscire a eliminare il male e a raggiungere il bene, nascosti nella bellezza *altera* (v. 6) dell'amata. Da questa percezione di umana fragilità scaturisce un drammatico senso del dolore, del peccato e della morte.

Le scelte stilistiche

Un petrarchista "difficile"

Con Michelangelo il Petrarchismo sembra sfaldarsi da un punto di vista sia ideologico sia stilistico. Più che alla dolcezza lirica del poeta del *Canzoniere* (che pure è richiamato dalla reminiscenza del *basso ingegno*, ripresa dal *Trionfo della Pudicizia*, v. 66), il sonetto sembra ispirarsi all'energia di Dante (*gran disdegno*, v. 10, è espressione che troviamo nel canto VIII dell'*Inferno*, v. 88), di cui condivide l'esigenza di un'austera e concreta comunicazione poetica, lontana dai canoni del Petrarchismo di maniera.

L'espressione del tormento interiore

La ricerca di un'immobile e levigata armonia, perseguita da Bembo, è chiaramente contraddetta: il conflitto, l'inquietudine e l'intensità del tormento interiore – che il testo fa emergere soprattutto grazie alle opposizioni semantiche (*Il mal* contro *'l ben*, v. 5; *leggiadra* e *altera*, v. 6; *beltate* e *durezza*, vv. 9-10), alle asprezze fonetiche (si noti la ricorrenza delle consonanti doppie) e all'uso del polisindeto (vv. 9-11) – forzano il modello petrarchesco e avvicinano, per ispirazione e forza spirituale, il Michelangelo poeta al Michelangelo artista.

Verso le COMPETENZE

COMPRENDERE

1 Il sonetto si fonda su una similitudine. Quale?

2 Nelle due terzine l'autore parla delle cause della propria sofferenza: chi indica come "colpevole" e perché, e chi invece "assolve"?

ANALIZZARE

3 La chiave della poesia di Michelangelo è l'intensità con cui l'autore descrive la visione drammatica della propria vita. Quali espressioni presenti nella lirica sottolineano il conflitto che agita la sua coscienza?

4 Individua gli *enjambement* presenti nel testo.

5 Dal verso 5 al 7 e dal verso 9 all'11 Michelangelo costruisce il periodo invertendo l'ordine abituale dei termini. Di quale figura retorica si serve?

a Anafora. b Similitudine.
c Anadiplosi. d Anastrofe.

PRODURRE

6 SCRIVERE PER **CONFRONTARE**
Svolgi una breve ricerca su Michelangelo pittore e scultore, e scrivi un testo di circa 20 righe che tenga conto dei seguenti spunti: in che misura e per quali aspetti la produzione poetica michelangiolesca può essere accostata a quella pittorica e scultorea? Quali elementi rendono coerenti, per ispirazione e forza di immagini, questi diversi ambiti espressivi?

Michelangelo, *Pietà Rondanini*, 1555-1564. Milano, Castello Sforzesco.

Gaspara Stampa

La vita

Cultura e mondanità

Nata a **Padova** tra il **1520** e il **1525**, Gaspara Stampa si trasferisce a Venezia nel 1531, dopo la morte del padre, con la madre, la sorella e il fratello. Bellissima e colta, "cantatrice" (anche delle poesie dell'amato Petrarca) e poetessa, entra a far parte della società raffinata e mondana della città, conducendo una **vita libera e spregiudicata**. Tra i suoi amori, il più importante, e sofferto, è quello con il conte Collatino di Collalto, uomo d'armi, scienziato e anch'egli poeta. La morte, improvvisa e precoce (Gaspara è all'incirca trentenne), a **Venezia** nel **1554**, spezza la sua folgorante carriera di donna di successo, ma alimenta il mito postumo di romantica creatura appassionata.

Le opere

Le *Rime*, confessioni autobiografiche

Gran parte delle 311 *Rime* di Gaspara, pubblicate postume dalla sorella, è dedicata al suo grande amore: un amore trasferito sulla pagina con fresca vitalità, senza lo studio tecnico e la ricercatezza lessicale di molti altri autori petrarchisti. I lettori romantici esalteranno nel suo canzoniere la passione amorosa, per nulla platonica, che vi è espressa. Attratti dalla **compenetrazione di arte e vita**, che rappresenta la caratteristica originale della poesia di Gaspara, la dipingeranno come una rediviva Saffo (la grande poetessa greca del VII-VI secolo a.C.), ispirata protagonista di una vicenda amorosa reale e totale. Esagerazioni a parte, Gaspara Stampa fornisce indubbiamente una versione quotidiana, quasi prosastica, del modello petrarchesco, da lei trasformato consapevolmente nel **resoconto autobiografico** di un amore vissuto senza risparmio di energia e di passione.

T4

Io son da l'aspettar omai sì stanca

Gaspara Stampa, *Rime*, 47

Amore e morte

È una poesia dell'abbandono, scritta senza complicazioni intellettualistiche. Il filtro letterario sembra rimosso: la poetessa soffre, è ignorata anche dalla morte, mentre il pensiero, non senza umano risentimento, va a colui che l'ha dimenticata.

METRO Sonetto con schema di rime ABBA ABBA CDC DCD.

Io son da l'aspettar omai sì stanca,
sì vinta dal dolor e dal disio,
per la sì poca fede e molto oblio
di chi del suo tornar, lassa, mi manca,

che lei, che 'l mondo impalidisce e 'mbianca
con la sua falce e dà l'ultimo fio,
chiamo talor per refrigerio mio,
sì 'l dolor nel mio petto si rinfranca.

PARAFRASI

1-4 Ormai sono così stanca di aspettare, così vinta dal dolore e dal desiderio, a causa della così scarsa fedeltà e della lunga dimenticanza di colui che, ahimè, mi lascia priva (*mi manca*) del suo ritorno,

5-8 che talvolta invoco come un sollievo per me colei che con la sua falce conferisce a tutto il mondo un bianco pallore e infligge l'ultima pena (*fio*), tanto si acuisce (*si rinfranca*) il dolore nel mio petto.

1 aspettar: il ritorno del nobile Collatino di Collalto, l'uomo amato dalla poetessa.

5-6 lei... l'ultimo fio: si tratta della personificazione della Morte, raffigurata tradizionalmente come uno scheletro che brandisce una falce.

Ed ella si fa sorda al mio chiamare,
schernendo i miei pensier fallaci e folli,
come sta sordo anch'egli al suo tornare.

Così col pianto, ond'ho gli occhi miei molli,
fo pietose quest'onde e questo mare;
ed ei si vive lieto ne' suoi colli.

9-11 Ma lei rimane sorda al mio richiamo, facendosi beffe dei miei pensieri illusi e insensati, come lui resta sordo al mio desiderio che torni da me (*al suo tornare*).

12-14 Così io commuovo (*fo pietose*) queste onde e questo mare con il pianto, di cui ho gli occhi umidi, mentre (*ed*) lui se ne sta tranquillamente felice sulle sue colline.

13 questo mare: il mare Adriatico, che bagna Venezia, dove Gaspara Stampa risiede.

14 ne' suoi colli: nelle colline di Collalto, in Veneto.

Analisi ATTIVA

I contenuti tematici

Quasi una scrittura privata

Più che una poesia, questo sonetto sembra la pagina di un diario. L'autrice vi trasmette con immediatezza la propria amara condizione di innamorata inconsolabile, che attende invano il ritorno dell'amante indifferente. Persino la morte, da lei invocata, non ascolta i suoi lamenti, condannandola al pianto e alla solitudine.

1 La *lei* menzionata al v. 5 è
a Venere, dea dell'amore. b la morte. c la madre della poetessa. d una donna sorda.

2 L'uomo amato dalla poetessa è (più risposte possibili)
a addolorato. b tormentato. c sereno. d preoccupato. e indifferente. f appassionato.

Le scelte stilistiche

Un'imitazione solo esteriore

La presenza poetica di Petrarca, al solito, si coglie facilmente. La ripresa del modello è fedele al punto da tradursi in calchi quasi meccanici: il primo verso riscrive alla lettera l'*incipit* del sonetto 96 del *Canzoniere* (*Io son de l'aspectar omai sì vinto*), con la sola sostituzione dell'aggettivo al posto del verbo (stanca e non «vinto»). Anche il lessico rivela il debito con Petrarca, ma l'imitazione è esteriore e non intacca la sincera ispirazione della poetessa.

3 Quali tra i seguenti termini fanno parte del lessico amoroso petrarchesco? Sottolineali.
disio ▪ *oblio* ▪ *mondo* ▪ *falce* ▪ *dolor* ▪ *fallace* ▪ *tornare* ▪ *pietose* ▪ *onde*

4 In che cosa la concezione dell'amore che emerge dal sonetto è simile a quella petrarchesca?

La tendenza manierista

Questo sonetto oscilla tra immagini contrastanti (*poca fede e molto oblio*, v. 3; morte che dà *refrigerio*, v. 7; *il pianto* della donna in riva al mare, vv. 12-13, e il vivere *lieto* dell'amante nel suo castello tra le colline, v. 14) e parallele (*morte sorda*, v. 9; *amante sordo*, v. 11), in un'amara registrazione della passione amorosa tradita. L'invocazione alla morte affinché ponga fine alle pene della donna e l'ostilità per il crudele egoismo dell'amato, temi e sentimenti ormai non più petrarcheschi, sembrano anticipare la tormentata insoddisfazione che sarà tipica della poesia manierista.

5 Individua nel testo le seguenti figure retoriche: a endiadi sinonimica; b allitterazione; c antitesi.

6 Se l'idea della morte dà *refrigerio* (v. 7) alla poetessa, quale notissimo *topos* amoroso è sottinteso, a creare un'antitesi?

Sofonisba Anguissola, *Autoritratto*, 1554. Vienna, Kunsthistorisches Museum.

Artemisia Gentileschi, *Giuditta decapita Oloferne*, 1620 ca. Firenze, Galleria degli Uffizi.

Lavinia Fontana, *Autoritratto in un tondo*, 1579 ca. Firenze, Galleria degli Uffizi.

Pittrici nel Cinquecento

Nel Cinquecento, per la prima volta, emergono figure di donne dedite all'arte: si tratta di esperienze isolate, ma che entrano a pieno titolo nel panorama culturale del vivace ambiente delle corti rinascimentali italiane ed europee.

Sofonisba Anguissola (1531 ca - 1625), nata a Cremona da una ricca famiglia patrizia, fu esperta di musica e letteratura e nel 1559 approdò alla corte di Filippo II di Spagna, dove divenne ritrattista ufficiale e dama di corte della regina Isabella. Alla morte della sua protettrice, lasciò la Spagna per la Sicilia, dove fu celebrata e riverita per la sua arte. L'*Autoritratto* del 1554 mostra una giovane donna non bellissima, ma elegante e fiera del suo ruolo e della sua familiarità con il mondo delle lettere, come indica il libricino che regge in mano.

La bolognese Lavinia Fontana (1552-1614) è invece figlia di Prospero, un celebrato ritrattista. L'*Autoritratto*, con l'artista allo scrittoio, tra libri e oggetti antichi, mostra l'amore della pittrice per i dettagli e la minuziosa resa del ricco abbigliamento, dei pizzi e dell'elaborata manica del vestito.

Più complessa e tormentata fu invece la vicenda di Artemisia Gentileschi (1593-1653), anche lei figlia d'arte: affidata diciottenne alla bottega del pittore Agostino Tassi, questi le usò violenza e Artemisia, sostenuta dal padre, affrontò lo scandalo di un lungo e drammatico processo contro il suo assalitore. Nel dipinto con Giuditta che decapita Oloferne, eseguito a poca distanza dallo stupro, alcuni critici hanno visto un riflesso della vicenda personale della donna, nella cruda violenza con cui Giuditta uccide il suo nemico.

Isabella di Morra

La vita

Un'eroina tragica

Isabella di Morra nasce nel **1520** a **Favale** (l'odierna Valsinni, in provincia di Matera). Terza degli otto figli del barone di Favale, alleato di Francesco I re di Francia, costretto a emigrare nel 1528 per la prevalenza spagnola nella penisola, Isabella vive nel castello di famiglia insieme alla madre e ai sette fratelli. Per alleviare la propria **solitudine**, la giovane donna inizia una corrispondenza epistolare (forse solo intellettuale) con Diego Sandoval de Castro, nobiluomo e poeta spagnolo, sposato, che soggiorna di tanto in tanto in un castello nelle vicinanze. I fratelli di Isabella sospettano che tra i due sia nata una relazione sentimentale e nel **1546**, per difendere l'onore della famiglia, la uccidono insieme al suo precettore e assassinano in un agguato lo stesso Diego.

Le opere

La poesia come diario della sofferenza

Le *Rime* dell'esiguo canzoniere della poetessa (13 composizioni in tutto, 10 sonetti e 3 canzoni) appaiono, postume, nel 1552. Si tratta di **versi dolenti**, tutti riferiti alla sua vita. Costretta all'opprimente reclusione in una dimora-prigione, Isabella protesta la propria condizione, si appella al padre a cui invano chiede di tornare e prefigura l'approdo tragico di un'esistenza disperata. Siamo **ai margini del Petrarchismo**; eppure, l'espressione del dolore che anima l'esile *corpus* poetico di Isabella di Morra è stemperata da una misura stilistica che dimostra come la lontana suggestione del *Canzoniere* sia penetrata perfino nel suo remoto castello lucano.

T5

audiolettura

Ecco ch'una altra volta, o valle inferna

Isabella di Morra, *Rime*, 7

L'ambiente specchio del dolore

È un'allocuzione alla natura, in perfetto stile petrarchesco. Ma qui non c'è traccia di «chiare, fresche et dolci acque»: l'asprezza crudele del paesaggio fa da testimone a un destino di lacrime e di morte.

METRO Sonetto con schema di rime ABBA, ABBA, CDC, DCD.

Ecco ch'una altra volta, o valle inferna,
o fiume alpestre, o ruinati sassi,
o ignudi spirti di virtute e cassi,
udrete il pianto e la mia doglia eterna.

Ogni monte udirammi, ogni caverna,
ovunqu'io arresti, ovunqu'io mova i passi;
ché Fortuna, che mai salda non stassi,
cresce ogn'or il mio mal, ogn'or l'eterna.

7 salda: ferma.
8 cresce: fa crescere. **l'eterna:** lo rende eterno.

Deh, mentre ch'io mi lagno e giorno e notte,
o fere, o sassi, o orride ruine,
11 o selve incolte, o solitarie grotte,

ulule e voi, del mal nostro indovine,
piangete meco a voci alte interrotte
14 il mio più d'altro miserando fine.

10 fere: fiere. **ruine:** rupi.
12 ulule: gufi. **e voi:** anche voi.
14 più d'altro: più di quello di chiunque altro. **fine:** destino.

Dentro il TESTO

I contenuti tematici

Il Petrarchismo in un ambiente ostile

Con questi versi di Isabella di Morra siamo in un territorio, sia poetico sia reale, assai lontano da quello del Petrarchismo ufficiale. Innanzitutto, mancano l'elemento amoroso e quello religioso o spirituale. Al loro posto, troviamo il lamento solitario di una giovane rinchiusa in un tetro castello, lontana dall'amato padre di cui invoca invano l'aiuto. Il paesaggio ameno ed elegantemente stilizzato, tipico del *Canzoniere*, è qui sostituito da un ambiente inospitale e deserto, descritto a tinte fosche (*valle inferna*, *fiume alpestre*, *ruinati sassi*, vv. 1 e 2), a cui la poetessa confida, come in un pianto sommesso, la condizione della propria anima, tanto assetata d'amore quanto priva di speranza.

Le scelte stilistiche

Il dimesso linguaggio del dolore

Il quadro emotivo e pittorico è raggelante. Con poche pennellate la giovane rende infatti il senso della propria tragica esperienza di vita, e si rivela profetico il riferimento conclusivo alla miserabile fine che l'attende. In assenza di umano conforto, la poetessa invoca in apostrofe i soli interlocutori con i quali condividere il proprio dolore. L'appello, scandito dagli ossessivi vocativi, accentua questo insopprimibile desiderio di condivisione: i monti dirupati, il fiume impetuoso, le foreste, gli animali selvatici sono invitati a unirsi al suo pianto, in un crescente accumulo di tensione dall'effetto altamente drammatico. Non a caso, in apertura della prima terzina, troviamo un eloquente *Deh*, un'interiezione che trasforma l'invito in una sconsolata preghiera.

Verso le COMPETENZE

COMPRENDERE

1 Fai la parafrasi del sonetto.

2 A chi si rivolge la poetessa e perché?

ANALIZZARE

3 Quali espedienti stilistici vengono utilizzati da Isabella di Morra per descrivere la desolazione del paesaggio?

COMPETENZE LINGUISTICHE

4 Associa, a ciascuno dei termini di registro aulico utilizzati nel sonetto, un corrispettivo di registro medio.

inferna ▪ *alpestre* ▪ *ruinati* ▪ *cassi* ▪ *doglia* ▪ *selve*

PRODURRE

5 SCRIVERE PER **DESCRIVERE**

Nell'arte, nella letteratura, nel cinema, ti sei mai imbattuto in una tragica eroina condannata come la poetessa a una vita di sofferenza e solitudine? Scrivi un testo descrittivo di circa 30 righe.

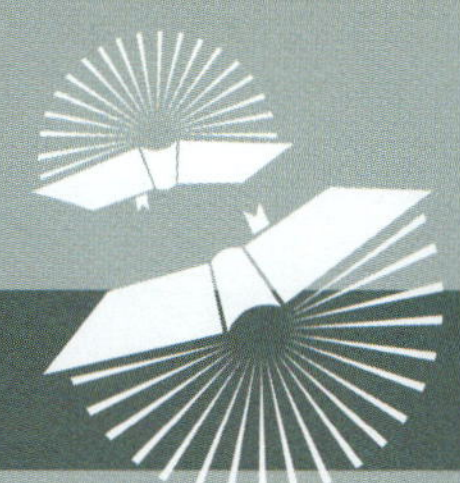

LETTURE critiche

Le donne "nuove" nel mercato della letteratura

di Marina Zancan

Nell'ambito del Petrarchismo emerge la figura della donna intellettuale. Come evidenzia Marina Zancan, a Venezia, dove l'industria tipografica è particolarmente fiorente, vengono stampati i versi di poetesse di tutta Italia.

Nella prima metà del secolo, in un contesto letterario segnato dunque da modificazioni che tendono al rinnovamento e alla modernizzazione della cultura, per la prima volta nella tradizione laica della letteratura italiana si delinea la presenza di un *corpus* di scrittura di donna. Il fenomeno si presenta nuovo e di rilievo alla stessa coscienza letteraria del tempo, al punto che nel 1559 Lodovico Domenichi – che nel 1545 aveva dato inizio alla tipologia della *raccolta di rime* di «eccellentissimi autori» – pubblica la prima raccolta di *Rime diverse d'alcune nobilissime et virtuosissime donne*. La società letteraria che, nello stesso periodo, codificava nei propri testi il modello della donna onesta e colta, sembra dunque accogliere al proprio interno, e celebrare, la donna intellettuale che si fa, in prima persona, soggetto di scrittura.

I testi letterari a firma femminile nei primi decenni del XVI secolo sono in gran parte stampati a Venezia, dove pubblicano tutti i nomi di maggior rilievo di quel gruppo di donne intellettuali: Tullia d'Aragona, Vittoria Colonna, Veronica Gambara, Lucrezia Gonzaga, Isabella Sforza, Gaspara Stampa, Laura Terracina. Venezia, dunque, attraverso le proprie strutture editoriali, promuove e diffonde la figura e il modello della donna «nuova», una donna colta, che scrive e stampa testi letterari: le donne si insinuano in questo spazio, sospinte dalle leggi di un mercato che si rivolge ad un pubblico ora più vasto, e in parte quindi a sua volta rinnovato, ma anche legittimate da una trattatistica d'amore e di comportamento, avviata da testi quali gli *Asolani* di Bembo e il *Cortegiano* di Castiglione. Gli editori danno loro possibilità e spazio: se Aldo Manuzio, nel 1500, aveva pubblicato, tra i prima classici in volgare, le *Epistole devotissime* di Caterina da Siena, Gabriele Giolito de' Ferrari, che inizia la propria attività nel 1536, stamperà invece, spesso riproponendoli in più edizioni, i testi delle donne «nuove» del suo tempo, che a Venezia guardano, evidentemente, come alla sede dell'industria tipografica più prestigiosa in Italia, e insieme come ad una città aperta, libera e giusta, secondo le valenze del mito alimentato e ripetuto dalla Repubblica stessa. È il caso, veramente esemplare, di Vittoria Colonna, le cui *Rime*, pubblicate la prima volta a Parma nel 1538, nel '40 entrano nel mercato editoriale veneziano stampate da Comin di Trino per essere infine definitivamente confermate dall'edizione Giolito del '52, promossa e curata da Lodovico Dolce. Eppure, se consideriamo i nomi e le origini di queste donne intellettuali di primo Cinquecento, noi possiamo vedere che tra esse una sola, Gaspara Stampa, è veneto-veneziana: una poetessa che, negli anni di cui si sta parlando, ebbe a Venezia una sola edizione del suo canzoniere, curata, dopo la morte, dalla sorella Cassandra. Le *Rime di Madonna Gaspara Stampa* furono infatti pubblicate nel 1554, con una edizione quasi privata, presso il Pietrasanta, uno stampatore veneziano che non aveva certamente la forza promozionale di Gabriel Giolito. Maria Savorgnan, il secondo nome veneziano di quei decenni, addirittura non è ricordata tra le donne intellettuali del tempo: autrice di un *Carteggio d'amore* tenuto con Pietro Bembo,

una scrittura destinata a mantenersi privata, e tuttavia carica di una fortissima ambizione letteraria, Maria Savorgnan è rimasta sconosciuta fino all'edizione moderna della sua scrittura curata, nel 1950, da Carlo Dionisotti. Venezia, dunque, mentre si fa protagonista di quel processo di formalizzazione dell'intellettuale femminile che caratterizza la cultura letteraria italiana di primo Cinquecento, sembra invece non promuovere la presenza culturale delle sue donne. Parlo naturalmente di una tendenza: tuttavia se noi mettiamo a confronto, ad esempio, per i primi cinquant'anni del secolo, il percorso intellettuale di Vittoria Colonna, di Gaspara Stampa e di Maria Savorgnan è possibile riconoscere la legittimità di questa lettura.

Mariana Zancan, *Il doppio itinerario della scrittura. La donna nella tradizione letteraria italiana*, Einaudi, Torino 1998

Comprendere il PENSIERO CRITICO

1 Perché, intorno alla metà del Cinquecento, le donne iniziano a essere valorizzate come intellettuali?

2 Come mai i testi a firma femminile sono quasi tutti stampati a Venezia?

Verifica delle CONOSCENZE

LA CORRENTE

Indica se le seguenti affermazioni sono vere (V) o false (F).

1 Il Petrarchismo è un fenomeno internazionale. V F

2 La poesia petrarchista promuove una notevole tendenza allo sperimentalismo stilistico. V F

3 In Italia, a causa di storiche ragioni sociali, mancano poeti petrarchisti del Meridione. V F

4 Con il Petrarchismo aumenta la stampa dei volumi e si diffonde la lettura. V F

5 Il Petrarchismo si caratterizza per un lessico originale e grottesco. V F

Scegli l'alternativa corretta fra quelle proposte.

6 Quale letterato promuove con autorevolezza il modello petrarchesco per la poesia?

a Baldassarre Castiglione.
b Pietro Bembo.
c Lorenzo de' Medici.
d Angelo Poliziano.
e Isabella di Morra.

Rispondi alle seguenti domande.

7 Perché il fenomeno del Petrarchismo investe la sfera mondana, orientando comportamenti e relazioni sociali?

8 Quali aspetti negativi possono essere imputati alla produzione lirica petrarchista?

Scegli l'alternativa corretta fra quelle proposte.

9 A quale genere letterario possiamo ricondurre l'*Arcadia* di Iacopo Sannazaro?

a Canto carnascialesco.
b Favola teatrale di argomento profano.
c Romanzo pastorale.
d Poema allegorico.

10 Indica quali delle seguenti opere rappresentano per Sannazaro un modello di prosimetro.

a *Canzoniere* di Petrarca.
b *Vita nuova* di Dante.
c *Divina Commedia* di Dante.
d *Ninfale d'Ameto* di Boccaccio.

Rispondi alle seguenti domande.

11 Come viene rappresentato il paesaggio nell'*Arcadia* di Sannazaro?

12 Quali sono le principali caratteristiche (tematiche e linguistiche) della poesia di Giovanni Della Casa?

13 Perché le *Rime* di Michelangelo Buonarroti non sono un esempio di Petrarchismo ortodosso?

14 Spiega come nelle *Rime* di Gaspara Stampa e di Isabella di Morra prevalga l'ispirazione autobiografica.

15 Dopo la lettura dei sonetti qui antologizzati, prova a definire con una formula sintetica l'originalità del Petrarchismo dei seguenti poeti:

- Giovanni Della Casa;
- Michelangelo Buonarroti;
- Gaspara Stampa;
- Iacopo Sannazaro;
- Isabella di Morra.

IL MODELLO PETRARCHESCO

Nel Quattrocento l'**imitazione** in volgare di Petrarca costituisce la forma privilegiata di poesia, attuata con mescolanza di temi, linguaggi e metri differenti. Tale tendenza acquista rigore nuovo nel Cinquecento. Pietro Bembo è sia il teorizzatore dello stile di Petrarca quale modello esclusivo di lingua poetica (*Prose della volgar lingua*) sia uno dei maggiori esponenti della corrente petrarchista (*Rime*). La scrittura petrarcheggiante non è però solo prerogativa di letterati di professione: la sua capillare diffusione in Italia e in Europa la rende un mezzo di affermazione personale e di promozione sociale, consentendo per la prima volta in maniera non occasionale l'accesso alla lirica anche alle donne. Modo di espressione della classe aristocratica, il Petrarchismo ne riflette le aspirazioni al **decoro** e alla **misura**, al bello assoluto e all'amore ideale. Nei **canzonieri** l'esperienza del quotidiano si rivela dunque priva di ogni aspetto concreto e la vicenda amorosa mette in scena, in conformità al modello, il dissidio tra amore spirituale e amore profano. Sul piano dello stile, l'imitazione del monolinguismo di Petrarca produce un lessico astratto e forme retoriche ripetute all'eccesso: una mancanza di originalità che rappresenta il limite maggiore del Petrarchismo.

GLI AUTORI

Jacopo Sannazaro (1456 ca-1530) È autore di una produzione in volgare che comprende alcune filastrocche e liriche. La sua opera più importante è l'*Arcadia* (1504), romanzo pastorale in prose e versi: in esso Sannazaro traduce il desiderio di fuga e l'esigenza di pace ed evasione assemblando reminiscenze di classici greci, latini (Virgilio) e italiani (Petrarca). Da ricordare tra le opere in latino le cinque *Eclogae piscatoriae* e il poemetto in esametri *De partu Virginis*.

Giovanni Della Casa (1503-1556) I componimenti di Della Casa presentano un tono cupo e drammatico, sono pervasi da inquietudine e malessere interiore e anticipano, nelle forme e nel contenuto, le istanze della poesia manierista. Le *Rime* saranno molto apprezzate da Torquato Tasso.

Michelangelo Buonarroti (1475-1564) È scultore, pittore e architetto di immensa fama. Nelle *Rime* rifiuta le regole e le convenzioni proposte da Bembo per esprimere la contraddittoria vitalità del suo animo, perennemente lacerato e in conflitto. Ne deriva uno stile spezzato e faticoso che richiama le asprezze del Dante delle *Rime petrose*.

Gaspara Stampa (1520/1525-1554) È una poetessa di grande cultura, entrata a far parte della società mondana di Venezia grazie alla sua vita spregiudicata. Nelle *Rime* dà voce al suo impeto amoroso per Collatino di Collalto e trasforma il modello petrarchesco nel resoconto autobiografico di un amore vissuto senza risparmio di energia e passione.

Isabella di Morra (1520-1546) È una poetessa lucana che esprime, nelle sue poche *Rime* (13 composizioni in tutto), il dolore per la condizione di solitudine e prefigura la tragica conclusione della propria esistenza.

IL PETRARCHISMO

Quattrocento
- imitazione in volgare di Petrarca aperta a contaminazioni e sperimentazioni

Cinquecento
- Petrarca modello unico di lingua poetica, come teorizzato da Pietro Bembo nelle ***Prose della volgar lingua***

- atteggiamento ideologico della classe colta
- decoro, misura, ricerca del bello
- dissidio tra amore spirituale e amore profano
- lessico astratto e forme retoriche ripetute, conseguenza del monolinguismo petrarchesco
- stereotipi estetici della donna

AUTORI

Jacopo Sannazaro (1456 ca-1530)	***Arcadia*** (1504) - prosimetro di argomento pastorale	**T1** Sovra una verde riva
Giovanni Della Casa (1503-1556)	***Rime*** (1558) - componimenti dai toni cupi e drammatici, riflesso di inquietudine interiore	**T2** O dolce selva solitaria, amica
Michelangelo Buonarroti (1475-1564)	***Rime*** (1623) - componimenti che esprimono, attraverso uno stile aspro e spezzato, la vitalità di un animo lacerato	**T3** Non ha l'ottimo artista alcun concetto
Gaspara Stampa (1520/1525-1554)	***Rime*** - resoconto autobiografico dell'amore per Collatino di Collalto	**T4** Io son da l'aspettar omai sì stanca
Isabella di Morra (1520-1546)	***Rime*** (1552) - componimenti che esprimono dolore per la propria esistenza isolata	**T5** Ecco ch'una altra volta, o valle inferna

La corrente

L'Anticlassicismo

Chi più n'ha più ne metta
e conti tutti i dispetti e le doglie,
ché la peggior di tutte è l'aver moglie

(*Francesco Berni*)

Burchiello
Francesco Berni
Pietro Aretino
Teofilo Folengo
Ruzante

Nella letteratura italiana è facile imbattersi in esperienze che si contrappongono con intento parodico alla scrittura seria e ufficiale. Si tratta di reazioni – sia ideologiche sia stilistiche – alla letteratura gradita o addirittura stimolata dai centri di potere: reazioni che polemizzano con la visione aristocratica dell'arte per capovolgerne miti e valori, forme e linguaggi.

Tale fenomeno è tanto più rilevante quanto più è autorevole e diffuso il canone o il modello poetico dominante. Ciò spiega l'importanza della letteratura anticlassicistica nella civiltà umanistico-rinascimentale, votata a una strenua ricerca di valori condivisi, di consuetudini approvate, di rigide regole a cui sottoporre la lingua, i generi, le tematiche.

I protagonisti di questa corrente, rivendicando un'ispirazione libera e senza condizionamenti, rifiutano esplicitamente ogni controllo normativo ed esprimono una lettura della realtà priva di intenti idealizzanti, rovesciando il sublime e l'armonico nel comico e nel difforme.

La polemica antipetrarchista

Un'immagine grottesca e paradossale della realtà

Il ribaltamento di un modello

Mentre nel repertorio letterario del Quattrocento possiamo assistere all'irriverente canzonatura dei princìpi culturali, filosofici e spirituali dell'Umanesimo, nel Cinquecento è soprattutto il modello petrarchista imposto da Pietro Bembo (➤ p. 126) a offrire l'opportunità per una ricca produzione che ne parodizza il carattere astratto e artificioso. In essa si promuove un'immagine grottesca e paradossale della realtà, che porta alla ribalta gli appetiti (per esempio il cibo e il sesso), gli oggetti, le situazioni e gli ambienti (come taverne, bordelli, zuffe, pulci, pidocchi) di una **grassa materialità**.

Il mondo alla rovescia

L'idealismo neoplatonico finisce così per essere oggetto di continui **sberleffi**: in questo "mondo alla rovescia" non c'è più spazio per l'amore spirituale e per le creature angeliche o le dame di palazzo, mentre trionfano sentimenti terreni e donne dai facili costumi.

La scelta dell'eccentricità: un'opzione per abili letterati

L'esistenza di questa letteratura antiaccademica affonda le proprie origini nella **tradizione**, soprattutto toscana, **della poesia comico-realistica**, che già nel XIII secolo aveva eletto a materia poetica tematiche quotidiane e triviali, descritte con un linguaggio realistico. Al pari degli autori che capovolgono la maniera stilnovistica, anche gli scrittori "anticlassicisti" sono a pieno titolo **letterati di mestiere**.

A dimostrazione di ciò, si consideri che alcuni di loro affiancano a una produzione ufficiale o in linea con il gusto della letteratura alta una **produzione** più **clandestina**, dalla natura "irregolare": perfino Bembo – lo stesso Bembo contro cui si appuntano gli strali polemici degli scrittori anticlassicisti – compone versi osceni.

Tra ribellione ideologica e sperimentazione letteraria

La contestazione del classicismo

I protagonisti non sono scrittori dilettanti: contestare un modello significa infatti conoscerlo. Ciò non toglie che talvolta lo spirito antipetrarchista possa essere stimolato da vera insofferenza e trasformarsi in un **contraltare** non solo letterario, ma anche **ideologico**, con cui esprimere istanze estranee al patrimonio della cultura colta e cortigiana.

In questo caso il **rifiuto del canone stabilito** da Pietro Bembo va oltre la semplice deformazione caricaturale, inducendo non pochi autori a un vero e proprio ripudio del classicismo, **dal punto di vista sia formale** (il latino maccheronico di Teofilo Folengo e il dialetto di Ruzante) **sia tematico** (il mondo contadino, rappresentato senza snobismi o paternalistiche ironie).

Una dissacrazione controllata

Pur ostili a un modello prestabilito, questi autori intendono tuttavia allestirne un altro, capovolto ma complementare, con un codice preciso e una tradizione alle spalle: ciò accade, per esempio, al più famoso di essi, Francesco Berni, il quale potrà contare – proprio come i suoi avversari poetici – su uno stuolo di imitatori, i cosiddetti "berneschi". Analogamente, l'irrequietezza che li anima e che si traduce nella **dissacrazione letteraria** non è necessariamente portatrice di una visione ideologica dirompente, che aspiri a sovvertire le istituzioni sociali: significativo è il caso del più irregolare tra gli scrittori del Cinquecento, Pietro Aretino, il quale, pur alla costante ricerca dello scandalo in tanta parte della sua produzione, non si sottrae alla composizione di opere di argomento sacro.

Lo stile anticlassicistico

L'abbassamento stilistico

Anche dal punto di vista stilistico, il distacco dal classicismo è radicale. Ad argomenti bassi corrispondono stili prosastici, inserti di lingua parlata, con frequenti incursioni nel campo del vernacolo o del dialetto. In contrapposizione all'astrattezza e alla raffinata omogeneità della lingua petrarchesca, ora abbondano **espressioni volutamente colorite**, attinte da un lessico scurrile ed esagerato, in cui trovano spazio giochi di parole, doppi sensi comici o osceni, amplificazioni scherzose e dissonanti, materiali linguistici banditi dalla produzione ufficiale.

L'utilizzo del capitolo e del sonetto "caudato"

Inoltre, a fronte dell'uniformità metrica del Petrarchismo ortodosso, che predilige il sonetto a scapito delle altre forme, gli Anticlassicisti utilizzano il **capitolo** (un componimento in endecasillabi a rima incatenata, più adatto alla narrazione che alla lirica) e, quando scelgono di adottare il sonetto – come nel caso di Burchiello e Berni –, lo arricchiscono aggiungendovi una coda: il **sonetto "caudato"** presenta, dopo le due quartine e le due terzine, un settenario, in rima con l'ultimo verso dello schema principale, e due endecasillabi a rima baciata (quest'ultima terzina può anche ripetersi).

La molteplicità di forme e generi

Burchiello e Berni

La presa di distanza dal modello classicistico si concretizza in forme e generi diversi, compresi quelli letterariamente più nobili. Domenico di Giovanni detto il **Burchiello** (1404-1449) e **Francesco Berni** (1497 ca - 1535) riprendono la tradizione comico-realistica per **schernire il carattere sublime della poesia lirica**: il primo, spingendosi fino al nonsenso, si colloca agli antipodi del gusto tipico dell'Umanesimo fiorentino del primo Quattrocento; il secondo, brillante castigatore delle convenzioni del Petrarchismo, ne mette in burla la lingua e l'estetica, in un abilissimo capovolgimento.

Aretino: polemiche e provocazioni

La polemica contro l'ipocrisia dell'universo cortigiano rappresenta una costante dell'opera di **Pietro Aretino** (1492-1556): spregiudicato protagonista dell'editoria italiana cinquecentesca, polemista temuto e insieme corteggiato dai principi italiani, egli ribalta e **degrada l'alta trattatistica umanistico-rinascimentale** eleggendo la figura della cortigiana (intesa come prostituta) a vero e proprio antimodello, opposto a quello della dama di palazzo offerto dal *Cortegiano* di Castiglione (➤ T3, p. 137).

Lo stravolgimento dell'epica

Anche l'**epica**, il genere letterario alto per eccellenza, considerata un intoccabile patrimonio di valori etici collettivi, è presa di mira e stravolta, nei contenuti e nella lingua. Artefice di questa operazione è il mantovano **Teofilo Folengo** (1491-1544), a cui si deve la singolare creazione di una lingua "maccheronica", con la quale descrive concretamente la realtà del mondo rurale. Proprio in campagna, con al centro le sofferenze autentiche dei contadini, è ambientata l'**opera teatrale** del padovano **Angelo Beolco** detto **Ruzante** (1496 ca - 1542): la scelta linguistica del dialetto pavano (cioè la lingua delle campagne nell'area di Padova) e il realismo amaro della rappresentazione collocano la sua opera in aperta polemica con l'ideologia e le forme del classicismo imperante.

Il significato storico dell'Anticlassicismo

Pur con i limiti di una produzione non di rado ferma alla semplice provocazione o a un compiaciuto divertimento fine a sé stesso, la letteratura anticlassicistica rappresenta uno strumento straordinario per capire più a fondo il Rinascimento, anche nelle sue contraddizioni. Se ci fermassimo alla lettura della trattatistica ufficiale e della poesia petrarchista, avremmo un'immagine del Rinascimento certamente in linea con i propositi nobilitanti degli intellettuali di corte, ma poco aderente alla realtà. Come abbiamo visto (➤ pp. 16 ss.), Umanesimo e Rinascimento non sono età immobili, cristallizzate in un ideale di armonia ed equilibrio, bensì civiltà arricchite dal disordine e dalla molteplicità, in bilico **fra norma e trasgressione**, disciplina e anarchia.

Gli autori e i testi

Burchiello

La vita

Domenico di Giovanni (questo il vero nome del poeta) nasce a **Firenze** nel **1404**. Di modeste origini, esercita per tutta la vita il mestiere di **barbiere**. Di lui abbiamo poche notizie, se non che, presso la sua bottega, si crea un cenacolo di poeti e pittori, spesso sospettati di essere ostili al potere mediceo. Per questo, nel 1434, i Medici lo costringono all'esilio: si rifugia prima a Siena, quindi a **Roma**, dove muore nel **1449**.

Le opere

Una poesia surreale

Lettura critica p. 211

Principale interprete quattrocentesco della tradizione toscana della poesia giocosa, il Burchiello prende il nome dalla sua abitudine di scrivere **versi "alla burchia"**, cioè alla rinfusa, accumulando immagini e parole confusamente, così come si faceva per i carichi delle "burchie", piccole imbarcazioni tirate a rimorchio su fiumi e canali. L'effetto dei suoi irrazionali accostamenti (ferrivecchi e balocchi, verdure e citazioni dotte sono alcuni degli "oggetti" delle sue poesie) è una poetica del **nonsenso** e dell'**assurdo**, con cui l'autore intende prendere le distanze dal gusto cortigiano di compostezza e armonia in voga al suo tempo. Non sempre è facile per noi cogliere un significato coerente in una poesia volutamente indecifrabile; tuttavia, i suoi **bizzarri giochi di parole** contengono spesso riferimenti polemici e atteggiamenti provocatori, soprattutto antireligiosi.

Maestro delle Metope, *Gli antipodi*, primo quarto del XII secolo. Modena, Museo Lapidario del Duomo.

• T1 •

Nominativi fritti e mappamondi

Burchiello, *Rime*, 10

La **logica capovolta** di un mondo scombinato

Un'enigmatica rete di allusioni tiene assieme questa caotica enumerazione di oggetti. A una prima lettura, parrebbe che il Burchiello abbia voluto esercitarsi in un semplice, gratuito esercizio del paradosso. Il significato del testo è sfuggente, anche se da questo gioco un po' surreale possiamo tentare di ricavare un significato.

METRO Sonetto caudato con schema di rime ABBA, ABBA, CDC, DCD, dEE.

Nominativi fritti e mappamondi
e l'arca di Noè fra duo colonne
cantavan tutti «Kyrieleisonne»,
4 per la 'nfluenza de' taglier mal tondi.

La luna mi dicea: «Ché non rispondi?»
et io risposi «I' temo Giansonne,
però ch'i' odo che 'l dïaquilonne
8 è buona cosa a fare i cape' biondi».

Et però le testuggine e' tartufi
m'hanno posto l'assedio alle calcagne
11 dicendo «Noi vogliàn che tu ti stufi»,

e questo sanno tutte le castagne:
perché al dì d'oggi son sì grassi e gufi
14 c'ognun non vuol mostrar le suo magagne.

E vidi le lasagne andare a Prato
a vedere il sudario,
17 e ciascuna portava lo 'nventario.

PARAFRASI

1-4 Nominativi fritti e mappamondi e l'arca di Noè fra due colonne cantavano tutti il *Kyrie eleison* sotto l'influsso (*per la 'nfluenza*) dei piatti tagliati male.

5-8 La luna mi diceva: «Perché non rispondi?". E io risposi: «Ho paura di Giasone, perché sento dire che la pomata va bene (*è buona cosa*) per rendere biondi i capelli».

9-11 Però le testuggini e i tartufi mi assediano standomi alle calcagna, dicendo: «Vogliamo che tu ti stufi»,

12-14 e ciò è cosa nota a tutte le castagne, perché oggigiorno i gufi sono così grassi che nessuno vuol mostrare i propri difetti (*le suo magagne*).

15-17 E vidi le lasagne andare a Prato a vedere il Sudario, e ognuna portava l'inventario.

1 Nominativi fritti: il nominativo è, nelle declinazioni latine e greche, il caso corrispondente al soggetto. Qui è "fritto", cioè (ma è solo un'interpretazione) "fritto e rifritto", abusato, consunto: il poeta intende farsi beffe dell'erudizione umanistica?
2 fra duo colonne: sono le colonne d'Ercole o quelle di una chiesa.
3 Kyrieleisonne: si tratta della deformazione di un'invocazione liturgica in lingua greca, il *Kyrie eleison* ("Signore pietà").
4 taglier mal tondi: piatti dalla forma irregolare. Un altro termine che arricchisce il campo semantico culinario del sonetto.
6 Giansonne: altra storpiatura, stavolta del nome di Giasone, l'eroe greco che fu a capo della spedizione degli Argonauti: così si chiamavano, dal nome della nave Argo sui cui viaggiavano, i cinquanta Greci impegnati nella conquista del Vello d'oro (la pelle d'ariete che aveva il potere di guarire le ferite). Anche qui si potrebbe celare un'allusione polemica ai pedanti cultori della mitologia.
7 però ch'i': poiché io. **dïaquilonne:** una specie di unguento, utilizzato per la tinta dei capelli.
8 cape': capelli.
9 testuggine: può indicare sia le tartarughe sia le macchine belliche usate dai romani nell'assedio delle città nemiche.
13 son sì grassi e gufi: ci sono tante persone sciocche; ma *gufi* potrebbe sottintendere un'allusione ai preti, che Burchiello rappresenterebbe come ricchi e panciuti (*grassi*).
15 Prato: città della Toscana.
16 sudario: era il telo con il quale Veronica asciugò il volto di Cristo durante il Calvario. La reliquia sacra era però conservata non a Prato, ma a Roma, nella basilica di San Pietro.
17 lo 'nventario: l'elenco, forse delle reliquie da vendere. Ma l'interpretazione è assai incerta.

Dentro il TESTO

I contenuti tematici

Tra ghiottoneria e sberleffo religioso

I critici hanno tentato di dare un senso razionale e una spiegazione logica all'accumulo di luoghi, personaggi e parole presentato da Burchiello in questo sonetto. Si tratta di un'impresa non semplice: la rete di nessi analogici, l'inverosimile successione di concetti e l'assurdità delle scene rappresentate rendono impossibile un'interpretazione univoca della poesia.

Si possono tuttavia rintracciare almeno i principali campi semantici attivi nel testo, il cibo e la religione. Alla sfera gastronomica possono essere ricondotte varie immagini: i *nominativi* sono *fritti* (v. 1), i *taglier mal tondi* (v. 4); poi abbiamo i *tartufi* (v. 9), le *castagne* (v. 12) e le *lasagne* (v. 15), senza dimenticare il verbo *stufare*, v. 11. Il poeta sembra alludere alla religione con riferimenti parodistici: il canto del *Kyrieleisonne*, intonato dai soggetti ai vv. 1-2, la scena del pellegrinaggio finale nella coda del sonetto, con l'immagine del *sudario* (v. 16) e dell'*nventario* (v. 17), cioè forse l'elenco delle sacre reliquie da vendere al mercato.

Una canzonatura della cultura ufficiale?

Va tenuto conto che questo pasticcio di parole viene assemblato in un'epoca in cui vige la ricerca dell'armonia e dell'equilibrio razionale. In questo modo, sia pure sotto la scherzosa superficie del gioco, l'autore si contrappone agli stereotipi della cultura ufficiale, capovolgendone i valori e gli stili espressivi e servendosi, al posto del modello classico promosso dalla cultura umanistica, di un guazzabuglio di vocaboli e di un lessico maccheronico (un po' italiano e un po' latino o greco: *Kyrieleisonne*, v. 3), popolaresco, pieno di storpiature (*Giansonne*, v. 6, *dïaquilonne*, v. 7), allusioni e doppi sensi. In particolare, sembrano esser presi di mira la civiltà umanistica e gli atteggiamenti pedanteschi dei suoi esponenti: i *nominativi* – che sono *fritti*, nel senso di triti e ritriti, perché usati da troppo tempo? – richiamano in modo sprezzante la riscoperta del latino; i *mappamondi* simboleggiano l'erudizione geografica e l'*Arca di Noè* quella teologica; *Giansonne* rappresenta invece il culto della mitologia.

Le scelte stilistiche

Una struttura (sorprendentemente) lineare

Nel complesso, il sonetto può essere assimilato a un ricco repertorio di materiali di diversa natura, una sorta di bazar caotico come la bottega di un rigattiere. Ma il carattere visionario del testo non toglie che la sua struttura risponda a un criterio rigoroso e non casuale, in primo luogo sul piano sintattico. Per esempio, nella prima quartina troviamo tre soggetti (*Nominativi, mappamondi, l'arca di Noè*) seguiti dal verbo (*cantavan*), dal complemento oggetto (*Kyrieleisonne*) e da quello di causa (*per l'influenza*). Il dialogo della seconda quartina è spiegato da una proposizione causale introdotta da una congiunzione (*però che*). L'argomentazione è poi conclusa nelle terzine, legate tra loro da alcuni nessi, che rendono lineare la costruzione del periodo (*Et però, e questo, e*).

Rappresentazione della struttura del cosmo nel Medioevo.

Verso le COMPETENZE

COMPRENDERE

1 Aiutandoti con il commento, prova a riassumere il significato della poesia.

2 Che cosa fanno *le testuggine e' tartufi* (v. 9) e perché?

3 Dove vanno le *lasagne* (v. 15)?

ANALIZZARE

4 Il sonetto presenta una serie di metafore: individuane alcune.

INTERPRETARE

5 Tra gli oggetti della polemica burchiellesca affiora anche un riferimento che probabilmente è di natura letteraria: quello ai *cape' biondi* (v. 8). Che allusione è possibile cogliere dietro quest'immagine?

6 La domanda 1 è una domanda di "comprensione": la richiesta ti sembra lecita? Motiva la tua risposta.

COMPETENZE LINGUISTICHE

7 Nel testo che hai letto sono presenti diversi termini storpiati secondo l'uso popolare: solitamente, la storpiatura avviene per *epentesi*, ovvero per inserzione di un suono non etimologico all'interno della sequenza fonica della parola. Tale fenomeno è presente ancora oggi (diffuse, ad esempio, le forme *psicologo* ➤ *pissicologo* o *atmosfera* ➤ *atimosfera*), soprattutto in alcuni contesti sociali, ed è influenzato anche dall'influsso delle parlate regionali e locali. Ne conosci qualcuno diffuso nella zona in cui abiti? Quali?

PRODURRE

8 SCRIVERE PER **ARGOMENTARE**
Riconosci valore e significato al gioco linguistico del non-senso? A partire da questo sonetto burchiellesco, un simile esercizio poetico ti sembra un inutile paradosso fine a sé stesso o un divertente strumento per mettere in parodia i luoghi comuni e il conformismo? Prova a sostenere l'uno o l'altro punto di vista in un testo di circa 30 righe.

9 SCRIVERE PER **ESPORRE**
La poesia può dire molto anche se i suoi versi non dicono nulla... Questa che ti proponiamo è una poesia dell'orientalista Fosco Maraini (1912-2004) dal titolo *Il giorno ad urlapicchio*: è composta da parole in parte inventate di sana pianta. Eppure – potere della nostra lingua – ciascuno di noi può afferrarne il senso. Prova a spiegarla in un testo di circa 20 righe.

Ci son dei giorni smègi e lombidiosi
col cielo dagro e un fònzero gongruto
ci son meriggi gnàlidi e budriosi
che plògidan sul mondo infrangelluto,
ma oggi è un giorno a zimpani e zirlecchi
un giorno tutto gnacchi e timparlini,
le nuvole buzzìllano, i bernecchi
ludèrchiano coi fèrnagi tra i pini;
è un giorno per le vànvere, un festicchio
un giorno carmidioso e prodigiero,
è un giorno a cantilegi, ad urlapicchio
in cui m'hai detto "t'amo, per davvero".

• T2 •

La Poesia combatte col Rasoio

Burchiello, *Rime*, 132

Il dissidio tra arte e vita

In questo sonetto Burchiello mette in scena un dialogo tra le personificazioni delle sue due attività di poeta e di barbiere. La Poesia e il Rasoio si contendono il primato, perorando ognuno le proprie ragioni. Sarà l'autore in persona a chiudere la contesa, dichiarando di preferire tra i due chi gli offrirà da bere.

METRO Sonetto caudato con schema di rime ABBA ABBA CDC DCD dEE (alla struttura del sonetto si aggiunge una coda di 3 versi, un settenario in rima con il verso precedente e 2 endecasillabi a rima baciata).

La Poesia combatte col Rasoio,
e spesso hanno per me di gran quistioni;
ella dicendo a lui: «Per che cagioni
4 mi cavi il mio Burchiel dello scrittoio?».

E lui ringhiera fa del colatoio,
e va in bigoncia a dir le sue ragioni,
e comincia: «Io ti prego mi perdoni,
8 donna, s'alquanto nel parlar ti noio:

s'io non fuss'io, e l'acqua e 'l ranno caldo,
Burchiel si rimarrebbe in sul colore
11 d'un moccolin di cera di smeraldo».

Ed ella a lui: «Tu sei in grand'errore:
d'un tal disio porta il suo petto caldo,
14 ch'egli non ha 'n sì vil bassezza il core».

Ed io: «Non più romore,
che non ci corra la secchia e 'l bacino;
17 ma chi meglio mi vuol, mi paghi il vino».

PARAFRASI

1-4 La Poesia discute animosamente con il Rasoio e spesso litigano (*hanno... gran quistioni*) fra loro a causa mia quando la Poesia (*ella*) dice al Rasoio (*lui*): «Per quali motivi mi allontani il mio Burchiello dallo scrittoio?».

5-8 E lui si appoggia all'orlo della bacinella come se fosse una tribuna oratoria (*bigoncia*) e comincia a esporre le proprie ragioni: «Ti prego di perdonarmi, o signora, se ti infastidisco con le mie parole:

9-11 se non ci fossimo io e l'acqua e il sapone, Burchiello finirebbe al verde come un moccolino di cera».

12-14 E lei a lui: «Ti sbagli di grosso: Burchiello brucia in petto di un tale desiderio che egli non ha il cuore rivolto a cose così volgari».

15-17 Allora intervengo io: «Basta con le liti (*Non più romore*), altrimenti (*che non*) entreranno in discussione (*ci corra*) il secchio e la bacinella; chi mi vuole più bene, mi offra da bere».

5 colatoio: vaso di terracotta bucato nel fondo, in cui i barbieri mettevano l'acqua insaponata.
6 bigoncia: nelle accademie e nelle università, il pulpito o la cattedra da cui si parlava; "salire in bigoncia" significa "fare il saccente".
9 ranno caldo: acqua bollita filtrata con cenere per ammorbidire la pelle e prepararla alla rasatura.
10-11 si rimarrebbe... cera di smeraldo: la metafora allude all'utilizzo delle candele nelle aste pubbliche. Quando la fiammella giungeva al fondo, colorato di verde, la vendita finiva.

Dentro il TESTO

I contenuti tematici

Poetare o mangiare?

Come nel bel mezzo di una disputa giudiziaria, i due mestieri si contendono il favore esclusivo dell'autore, rivendicando i propri meriti e accusandosi a vicenda. La Poesia fa appello a sentimenti nobili, proponendo la classica distinzione tra l'esercizio dell'arte e quello, ben più meschino, della sopravvivenza materiale. Ma non si vive di solo nutrimento spirituale: il Rasoio fa notare come Burchiello abbia bisogno soprattutto del lavoro che gli dà da mangiare. Il brusco intervento finale del poeta-barbiere risolve la contesa con pratico realismo. Mettendo sotto gli occhi del lettore la misera suppellettile della propria esistenza quotidiana (*la secchia e 'l bacino*, v. 16), egli non prende partito a priori: l'attività migliore tra le due sarà quella che gli offrirà da bere e lo farà vivere meglio.

Le scelte stilistiche

Due orazioni a confronto

L'umiltà dell'occupazione impersonata dal Rasoio emerge da alcuni elementi significativi. In primo luogo, per darsi importanza e poter competere con il più nobile interlocutore, cerca una tribuna (*bigoncia*, v. 6) da cui argomentare. Poi tenta di proferire anche lui un discorso dignitoso, appellando *donna* (v. 8), cioè signora, la Poesia e chiedendole scusa se le sue parole l'annoieranno. Burchiello sottolinea tuttavia la sua semplicità popolare, che emerge dai ferri del mestiere (*acqua* e *ranno caldo*, v. 9) e dall'utilizzo di immagini di vita vissuta tutt'altro che sublimi (la metafora del *moccolin di cera*, v. 11). Ben diverso è lo stile della Poesia, che esprime con una metafora enfatica e altisonante (*d'un tal disio porta il suo petto caldo*, v. 13) il desiderio di gloria del suo Burchiello, indifferente alle vili lusinghe del profitto.

Verso le COMPETENZE

COMPRENDERE

1 Quali argomenti vengono sostenuti dai due contendenti?

2 Chi pone fine alla diatriba, e in che modo?

ANALIZZARE

3 Al v. 5 c'è una figura retorica di tipo sintattico: quale?

INTERPRETARE

4 Per quali ragioni un testo come questo non si identifica con i temi e con la cultura ufficiale della Firenze del Quattrocento?

PRODURRE

5 SCRIVERE PER **CONFRONTARE**
Alcuni studiosi hanno evidenziato gli elementi che mettono in relazione questo sonetto con la produzione di un altro poeta "irregolare" e giocoso, Cecco Angiolieri. Quali aspetti presenti in questo testo accomunano a tuo giudizio l'ispirazione, lo stile e i contenuti dell'opera dei due poeti?

6 SCRIVERE PER **RACCONTARE**
Sull'esempio di Burchiello, metti a confronto due motivi, passioni o interessi diametralmente opposti che ti caratterizzano: scrivi un dialogo in prosa di circa 20 righe.

Il mondo surreale di Bosch

Singolare esempio di arte che presenta un'immagine paradossale e grottesca della realtà è il grande altare denominato *Trittico delle delizie* del fiammingo Hieronymus Bosch (1450 ca - 1516). In un paesaggio aperto, che prosegue sui tre pannelli del dipinto, si dispiega una complessa raffigurazione simbolica, che rappresenta la storia umana e il ruolo, in essa, della dottrina cristiana.
Nella tavola centrale si trova il vero e proprio giardino delle delizie, affollato di donne e uomini nudi, circondati da animali, piante e fiori, a cui si mescolano creature fantastiche o oggetti dalle proporzioni alterate, a creare un universo sfrenato, visionario e surreale.

Hieronymus Bosch, *Trittico delle delizie* (particolare del pannello centrale), 1490-1500. Madrid, Museo del Prado.

PER APPROFONDIRE

Un Burchiello, tanti Burchiello

Alcune illustrazioni tratte da diverse edizioni di *Burchiello. L'amico di Ciuffettino*.

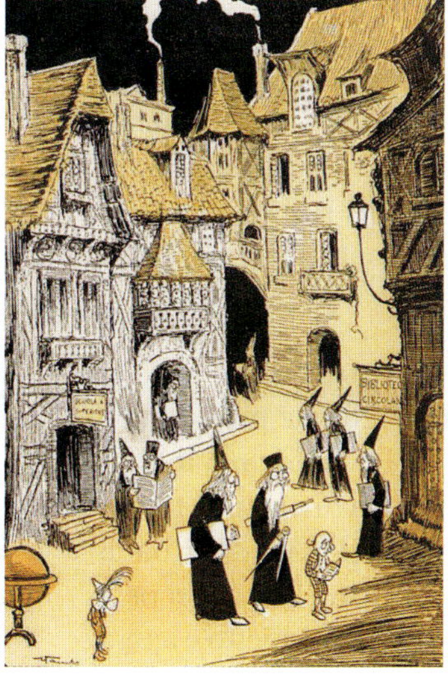

Osannato già in vita come un caposcuola, il Burchiello rappresenta per secoli per la poesia comica quello che Petrarca è stato per la lirica amorosa. Non si contano infatti gli omaggi di poeti grandi e piccoli che riconobbero il suo magistero nel panorama poetico italiano. Nel Settecento, per esempio, Giuseppe Parini gli dedicherà un sonetto («O anima bizzarra del Burchiello, / che componesti tante belle cose, / sicché s'odono ancora in versi e in prose / l'eccelse lodi del tuo gran cervello»); nell'Ottocento, sarà Giosuè Carducci a travestirsi letterariamente da Burchiello, assumendone il nome in una delle sue tante polemiche.

Ma la fama di eccentrico di Burchiello fu tale che, da semplice verseggiatore, divenne una vera e propria maschera, un personaggio teatrale, protagonista di motti, novelle, facezie, spesso ispirate più o meno liberamente ai dati e alle allusioni presenti nei suoi sonetti. Una fama che arriva fin quasi ai nostri giorni. All'inizio del secolo scorso, infatti, un allora famoso scrittore per l'infanzia, Yambo – al secolo Enrico Novelli (1876-1943) – dà alle stampe un racconto dal titolo *Burchiello. L'amico di Ciuffettino*. E chi è questo Burchiello? Naturalmente è un discolo, un monello, indisciplinato e turbolento, "un terremoto vivente" che non ha voglia di studiare e inizia, grazie all'aiuto di una fata, un vagabondaggio pieno di peripezie. Tramutato in passerotto e poi in farfalla, il bambino diventa buono e riacquista, nell'inevitabile lieto fine, sembianze umane. Evidentemente Burchiello non è stato soltanto uno dei poeti più imitati della letteratura italiana, ma anche il fratello, o forse un sosia, di Pinocchio, un birichino toscano come lui.

Dalle poesie che abbiamo antologizzato si capisce che l'oscurità è il tratto caratteristico della produzione letteraria del Burchiello. Ma oscura è anche la sua esperienza biografica, oggetto di fantasiose, spesso inattendibili ricostruzioni, che lo hanno trasformato presto in una sorta di sfuggente leggenda. Sotto lo pseudonimo del poeta-barbiere si mescolarono schiere di imitatori, che confusero i propri versi con quelli dell'originale, al punto da rendere estremamente difficile distinguere i sonetti autentici del Burchiello da quelli apocrifi, cioè a lui falsamente attribuiti.

Francesco Berni

La vita

Francesco Berni nasce a **Lamporecchio**, vicino a Pistoia, intorno al **1497**. Forse figlio di un notaio, trascorre gli anni giovanili a Firenze; poco più che ventenne si trasferisce a Roma, al servizio del cardinale Bernardo Dovizi da Bibbiena, poi di suo nipote Angelo, notaio apostolico, e di Giovan Matteo Giberti, vescovo di Verona. Si sposta in seguito a Venezia e a Bologna, al servizio del cardinale Ippolito de' Medici, e infine a **Firenze**, dove viene misteriosamente **assassinato** nel **1535**.

Le opere

Una poesia che prende in giro la poesia

La fama di Berni è affidata soprattutto alle *Rime* (pubblicate postume nel 1537), dal carattere giocoso, con le quali egli continua e arricchisce la tradizione della poesia burlesca, da Angiolieri fino a Burchiello. Si tratta soprattutto di sonetti (spesso "caudati") e capitoli, in cui l'autore satireggia comportamenti e personaggi degli ambienti cortigiani da lui frequentati. In particolare, l'attenzione del poeta si concentra su **oggetti e tematiche** di norma **esclusi dalla trattazione lirica**: malattie, miserie quotidiane, anguille, aghi, orinali ecc.

Una selezione così ampia del "poetabile" sottintende la presa di distanza dall'orizzonte ideologico e linguistico del Petrarchismo: ai suoi fedeli interpreti egli dedica un *Dialogo contra i poeti* (1526), in cui **mette alla berlina la concezione alta e aulica della letteratura**. Interessante, infine, è la riscrittura in lingua toscana dell'*Orlando innamorato* di Matteo Maria Boiardo, che rivela la ricchezza del suo stile, lontano dalla normalizzazione linguistica richiesta da Bembo.

Lo stile

Caratterizzata da una grande vivacità inventiva e da una naturale propensione per il **paradosso** e la **deformazione**, la poesia di Berni è ricchissima di trovate umoristiche, paragoni inaspettati, battute salaci, detti sboccati e sottintesi osceni. La materia e lo stile, schietto e aperto a un lessico variegato (in cui si mescolano espressioni dotte, usate con valenza antifrastica, e popolaresche), esprimono appieno l'anticlassicismo dell'autore, destinato a essere considerato a lungo un modello per la poesia comica.

Giotto, *Invidia*, 1303-1305. Padova, Cappella degli Scrovegni.

Chiome d'argento fine, irte e attorte

Francesco Berni, *Rime*, 22

Il Petrarchismo e la sua parodia

Presentiamo il sonetto più famoso di Berni accanto a quello, altrettanto noto, tratto dalle *Rime* di Bembo (1530), che lo ha ispirato: *Crin d'oro crespo e d'ambra tersa e pura*. Dal confronto diretto si può meglio capire l'abile riutilizzo in chiave comica del più classico (e al tempo stesso stereotipato) repertorio petrarchesco.

METRO Sonetto con schema di rime ABBA ABBA CDE DCE.

FRANCESCO BERNI

Chiome d'argento fine, irte e attorte
senz'arte, intorno a un bel viso d'oro;
fronte crespa, u' mirando io mi scoloro,
dove spunta i suoi strali Amore e Morte;

occhi di perle vaghi, luci torte
da ogni obbietto disuguale a loro;
ciglia di neve, e quelle, ond'io m'accoro,
dita e man dolcemente grosse e corte;

labbra di latte, bocca ampia celeste,
denti d'ebano, rari e pellegrini,
inaudita, ineffabile armonia;

costumi alteri e gravi: a voi, divini
servi d'Amor, palese fo, che queste
son le bellezze de la donna mia.

PIETRO BEMBO

Crin d'oro crespo e d'ambra tersa e pura,
ch'a l'aura su la neve ondeggi e vole,
occhi soavi e più chiari che 'l sole,
da far giorno seren la notte oscura,

riso, ch'acqueta ogni aspra pena e dura,
rubini e perle, ond'escono parole
sì dolci, ch'altro ben l'alma non vòle,
man d'avorio, che i cor distringe e fura,

cantar, che sembra d'armonia divina,
senno maturo a la più verde etade,
leggiadria non veduta unqua fra noi,

giunta a somma beltà somma onestade,
fur l'esca del mio foco, e sono in voi
grazie, ch'a poche il ciel largo destina.

3 u': dove (latinismo).

PARAFRASI

Chiome d'argento fine, irte e attorte

1-4 Capelli d'argento fino, ispidi e aggrovigliati senza alcuna grazia (*senz'arte*), intorno a una bella faccia gialla; fronte aggrottata, che a guardarla impallidisco, ove si spuntano le frecce (*strali*) di Amore e della Morte;

5-8 begli occhi acquosi, pupille distorte da qualunque cosa che non sia in linea con loro; ciglia imbiancate, e quelle dita e mani, per le quali mi struggo (*m'accoro*), dolcemente tozze e corte;

9-11 labbra biancastre, grande bocca celeste, denti neri come l'ebano, radi e malfermi (*pellegrini*), voce (*armonia*) inaudita e indicibile;

12-14 modi superbi e severi: a voi, divini servitori di Amore, rendo noto che le bellezze della mia donna sono queste.

PARAFRASI

Crin d'oro crespo e d'ambra tersa e pura

1-4 Capelli ricci biondi come l'oro, lucenti e nitidi come l'ambra, che ondeggiate e volate all'aria (*aura*) sul volto candido come la neve, occhi dolci e più luminosi del sole, al punto di trasformare la notte più scura in un nitido giorno,

5-8 sorriso che calma e placa anche le sofferenze più crudeli e dolorose, labbra e denti, da cui escono parole così dolci che l'anima non desidera nessun'altra gioia, mani bianche come l'avorio, che stringono e rapiscono (*fura*) i cuori,

9-11 canto, che sembra un'armonia divina, assennatezza e prudenza nella più giovane età, grazia mai veduta prima (*unqua*) fra noi,

12-14 somma onestà congiunta alla massima bellezza furono l'esca che accese il fuoco del mio amore, e sono presenti in voi tante grazie, che il cielo così generosamente (*largo*) riserva a poche.

Dentro il TESTO

I contenuti tematici

Bembo e gli stereotipi della bellezza

Abbiamo scelto di presentare qui (e non nella sua sede naturale all'interno dell'Unità sul Petrarchismo) il più famoso e paradigmatico sonetto del Petrarchismo italiano, di Pietro Bembo, per cogliere meglio, oltre alle sue caratteristiche, quelle della risposta parodica di Berni. Il ritratto di Bembo segue una traccia precisa: le varie parti della descrizione obbediscono al ritratto codificato delle qualità fisiche e morali di una donna di rara avvenenza e d'alto rango. È un'operazione estetica destinata a sancire i parametri della bellezza femminile per il pubblico aristocratico delle corti. Castiglione con *Il Cortegiano* aveva svolto lo stesso compito dettando le norme del buon comportamento in società; Bembo replica l'iconografia petrarchesca, dalle chiome al volto e alla persona, e vi aggiunge l'esaltazione delle qualità morali dell'amata (*senno maturo*, v. 10; *leggiadria*, v. 11; *somma onestade*, v. 12).

Berni e la sua parodia, estetica e letteraria

Vengono così riassunti i canoni consueti della bellezza (ma di una bellezza anonima, impossibile da riferire a una persona in carne e ossa), che grosso modo si ritrovano nella ormai lunga tradizione della poesia d'amore in lingua volgare. Capovolgere questi canoni non sarebbe di per sé un'operazione difficile. Ma Berni fa di più: non accontentandosi di parodiare un *cliché* estetico (presentando una vecchia sgradevole invece di una fanciulla bellissima), realizza una vera e propria parodia letteraria della lingua petrarchista che quei canoni ha immortalato.

Le scelte stilistiche

Le metafore al posto "sbagliato"

La parodia della lingua petrarchista avviene innanzitutto grazie al contrasto tra i vocaboli e le cose alle quali sono collegati. Gli attributi metaforici vengono spostati dalla loro sede naturale su altri oggetti e in tal modo trasformano l'immagine della donna, che non è più creatura paradisiaca, come in Bembo, ma strega di raccapricciante bruttezza: basta scompigliare gli accostamenti e gli stessi sintagmi acquistano significati opposti a quelli assunti normalmente. Qualche esempio: *d'oro* (v. 2) è il viso (che, quindi, diventa "giallastro"), non i capelli; *crespa* (v. 3) è la fronte ("tutta rugosa") e non la chioma; le *perle* (v. 5) sono gli occhi acquosi e non più i denti. E così via con tutti gli altri epiteti: le mani tozze, le labbra cadaveriche, la bocca bluastra, i denti radi e malfermi, la voce mai sentita prima (tant'è sgraziata) fino ai *costumi* (v. 12), anche qui collocati in coda al sonetto, ma in questo caso superbi e odiosi.

Il lessico ambiguo

Grazie al carattere vago del lessico petrarchesco, Berni gioca con l'equivoco. L'espressione *mi scoloro* (v. 3) significherebbe di norma "impallidisco" per l'emozione amorosa, ma qui l'accezione è opposta: il poeta non può nascondere in volto il senso di repulsione davanti alla fronte della donna. Lo stesso malizioso gioco linguistico viene praticato con gli *strali* di *Amore e Morte* (v. 4), spuntati perché respinti da un simile oggetto, con la voce (*armonia*, v. 11), che è *inaudita, ineffabile* perché gracchiante come quella di nessun'altra, e con gli aggettivi *alteri e gravi*, che definiscono i *costumi* (v. 12), ma non per sottolinearne la virtù (come potrebbe essere in un contesto "regolare"), bensì la durezza e la superbia.

Altri artifici della parodia

Anche sul piano retorico e ritmico la strategia non cambia. Il procedimento di Berni continua sulla stessa falsariga dissacratoria, riproducendo l'uso petrarchesco dell'ossimoro (il *bel viso d'oro*, v. 2; le *dita e man dolcemente grosse e corte*, v. 8) e delle dittologie (*irte e attorte*, v. 1; *Amore e Morte*, v. 4; *dita e man*, v. 8; *ampia celeste*, v. 9; *rari e pellegrini*, v. 10; *inaudita, ineffabile*, v. 11; *alteri e gravi*, v. 12), nonché la cadenza musicale, interrotta da effetti stridenti, come quelli ottenuti attraverso le allitterazioni della *t* e della *r*: *irte e attorte / senz'arte, intorno* (vv. 1-2); *torte / da ogni obbietto* (vv. 5-6). L'appello finale ai poeti d'amore chiude (ma non si può dire "in bellezza") il pezzo di bravura di Berni con un ritmo solenne e apparentemente serissimo, come avveniva anche nelle terzine dei "professionisti" del Petrarchismo.

Verso le COMPETENZE

COMPRENDERE

1 I due sonetti si soffermano sugli stessi aspetti fisici della donna, descritti in modo antitetico. Quali?

ANALIZZARE

2 La poesia di Bembo presenta una lunga serie di soggetti e solo alla fine il verbo a essi relativo. Individua tali soggetti.

3 Per Bembo gli occhi della donna sono *più chiari che 'l sole* (v. 3). Di quale tra le seguenti figure retoriche il poeta ci offre qui un esempio?

a Anacoluto. c Antonomasia.
b Iperbole. d Litote.

INTERPRETARE

4 A chi si rivolge Berni nell'ultima terzina? Quale ascendenza letteraria si può cogliere in questa apostrofe?

5 La parodia richiede sempre un'approfondita conoscenza del parodiato. Per quale motivo questo principio generale vale anche per il sonetto scritto da Berni?

PRODURRE

6 SCRIVERE PER **RIELABORARE**
Scegli il testo di una canzone moderna e scrivine la parodia secondo le tecniche usate da Berni.

7 SCRIVERE PER **ARGOMENTARE**
Dai due sonetti antologizzati emergono approcci nei confronti della vita diametralmente opposti: uno idealizzante (quello di Bembo) e uno dissacrante (quello di Berni). Con quale dei due atteggiamenti ti senti più in sintonia, e perché? Scrivi un testo argomentativo di circa 30 righe, riflettendo sulla questione e portando anche esempi tratti dalla tua esperienza.

Pietro Aretino

La vita

Dalla corte papale a Mantova

Pietro, detto Aretino dalla città di **Arezzo**, dove nasce nel **1492**, abbandona presto la famiglia per trasferirsi prima a Perugia, poi a Roma, sotto la protezione del banchiere senese Agostino Chigi, nell'ambiente mondano e libertino del papa mediceo Leone X. Alla morte di quest'ultimo, diviene celebre per i componimenti satirici dedicati al conclave cardinalizio che sancisce l'ascesa al soglio pontificio di Adriano VI (1522). Allontanatosi da Roma al servizio del cardinale Giulio de' Medici, vi fa ritorno nel 1523, per poi trasferirsi, a seguito di un'ondata di scandali, a Mantova, dove risiede dal 1526 al 1527, al servizio di Giovanni dalle Bande Nere e, successivamente, di Federico Gonzaga.

La fama e gli agi del periodo veneziano

Dal 1527 Pietro Aretino vive a Venezia, agiato e famoso, amico di Bembo e di Tiziano e protetto dai re Francesco I e Carlo V. Nella città lagunare la fiorente industria della stampa asseconda la sua attività di **poligrafo** (di autore, cioè, capace di scrivere su diversi argomenti e in vari generi letterari); inoltre, il clima più libero e civile che si respira nella Serenissima gli permette di dare sfogo alla sua incontenibile vena polemica e letteraria e a un'instancabile attività di commentatore mordace degli uomini e degli eventi (da qui il titolo datogli da Ariosto, nell'*Orlando furioso*, di «**flagello de' principi**»). Corteggiato dai signori di tutta Europa, circondato dall'amicizia di personalità influenti, ma anche dall'ostilità dei tanti nemici, vittime della sua penna corrosiva, Aretino conduce una vita lussuosa e smodata, sempre al centro del palcoscenico. Quando muore, nel **1556**, **Venezia** gli regala funerali solenni. Vi partecipa la folla dei suoi ammiratori: più che un semplice letterato, Aretino era diventato un uomo di spettacolo, un divo *ante litteram*.

Le opere

La ricerca del successo

Non è facile sintetizzare la produzione di un autore come Aretino, disposto a cimentarsi con temi e generi diversi tra loro pur di raggiungere un pubblico sempre più vasto e curioso. L'obiettivo di questo versatile scrittore è, in effetti, sfruttare tutti gli spazi del crescente **mercato editoriale** per conquistarsi un posto di rilievo, libero dai condizionamenti della politica e indipendente rispetto alle esigenze della corte. Non a caso proprio a questo ambiente è dedicato il *Ragionamento delle corti* (1538), che può essere considerato l'antitesi polemica al *Cortegiano* di Castiglione (> p. 131): il luogo esaltato dalla trattatistica ufficiale rinascimentale diventa qui il simbolo dell'ipocrisia e del trasformismo, della corruzione e della mancanza di libertà. Anche la sua opera teatrale più fortunata, *La Cortigiana* (la prima redazione risale al 1525), ha lo stesso intento di rovesciare i luoghi comuni di un ambiente popolato da uomini vanitosi e millantatori.

La varietà dei generi e dell'ispirazione

Contro le norme e le tradizioni imposte dai codici precostituiti, Aretino **rifiuta il principio di imitazione** per sottolineare il talento personale e assecondare il proprio «naturale», cioè la propria spontanea inclinazione. A questa poetica Aretino rimane sempre coerente: **critico del Petrarchismo**, vi oppone la produzione satirica delle ***Pasquinate*** (1521) e quella scabrosa dei ***Sonetti lussuriosi*** (1524); l'amore platonico promosso dal classicismo è deformato in chiave grottesca dai ***Ragionamenti*** o ***Sei giornate*** (1534-1536), «dialoghi puttaneschi» in cui si esalta la condizione di cortigiana (qui nel senso di meretrice vera e propria), preferita a quelle di monaca o di moglie.

Le opere agiografiche

Autore inoltre di tragedie, di opere cavalleresche e di un ricco e vivace epistolario, Aretino scrive anche una serie di testi di argomento sacro e agiografico, tra i quali si segnalano *L'umanità di Cristo* (1535) e le vite di Maria (1539) e di santa Caterina (1540), opere caratterizzate dal **gusto dell'iperbole e del miracoloso**, accentuato per colpire e impressionare il pubblico. Sarebbe tuttavia errato pensare ad Aretino come a un convertito toccato all'improvviso dalla fede: anche questa produzione, non certo ispirata da un autentico sentimento religioso, è frutto della capacità istrionica di un autore disposto a tutto pur di far parlare di sé.

Lo stile

L'Anticlassicismo di Aretino si rivela anche sul piano formale nel rifiuto di una scrittura compassata e armonica, di accademia e di scuola. Sempre alla ricerca di **effetti sorprendenti** ottenuti grazie a una grande **vivacità inventiva**, Aretino sperimenta un'ampia gamma di soluzioni e di registri, in un funambolico gioco letterario che può essere, a seconda delle circostanze e delle esigenze, colto, affabile, colloquiale, plebeo o scurrile.

• T4 •

Ira, invidia, lussuria e sodomia

Pietro Aretino, *Pasquinate*

La polemica contro la Chiesa

In questa "pasquinata" di Pietro Aretino sfilano le peggiori turpitudini umane, che emergono all'interno di un collegio cardinalizio, convocato per eleggere il nuovo papa.

METRO Sonetto caudato con schema di rime ABBA ABBA CDC DCD dEE eFF (alla struttura del sonetto si aggiunge una coda di 2 terzine composte da un settenario in rima con il verso precedente e 2 endecasillabi a rima baciata).

Ira, invidia, lussuria e sodomia,
accidia, gola, superbia e furore,
avarizia, discordia, odio e rancore,
vanagloria, sciocchezza e simonia,

malignità, rapina, ipocresia,
tirannia, tradimento con timore,
bugia, assassinamento, arte e favore,
falsità, boria, errore e bareria,

la voluntà e la disperazione,
la malinconia fredda più d'un sasso,
adulazione, affanno e passione,

infido viso, il mirar torto e basso,
sono in contrasto rinchiusi in prigione
per creare un fattore a Satanasso.

Va ciascuno in conquasso
per esser lui, né posson fare accordo,
tanto è ciascun di quel boccone ingordo.

E io do per ricordo,
che al fin di loro il più tristo sie fatto
e darà a chi non crede scacco matto.

6 con timore: con intimidazione.
7 assassinamento, arte e favore: assassinio, frode e favoritismo.
8 errore e bareria: colpa e imbroglio.
9 voluntà: malavoglia.
10 la malinconia... sasso: il malumore più freddo di una pietra.
11 affanno e passione: preoccupazione e bramosia.
12 infido viso, il mirar torto e basso: aspetto subdolo, sguardo obliquo e occhi bassi.
13 in prigione: nel conclave.
14 un fattore a Satanasso: un amministratore a Satana.
15 Va ciascuno in conquasso: tutti (sottinteso i cardinali) sono disposti ad andare in rovina.
16 lui: il prescelto, il papa eletto.
18 E io do per ricordo: e io faccio questa previsione.
19-20 che al fin di loro... scacco matto: che alla fine sarà eletto il più malvagio (*tristo*) di loro, e questi eliminerà chiunque non gli sarà fedele.

Dentro il TESTO

La polemica anticlericale

I contenuti tematici

Nella "pasquinata" che antologizziamo Pietro Aretino, il più famoso – e temuto – maestro di maldicenze della letteratura italiana, elenca i vizi più abietti dei cardinali che, riuniti in conclave, il 9 gennaio 1522 eleggeranno papa il cardinale fiammingo Adrian Boyens d'Edel (Adriano VI). A causa della sua polemica tagliente, Aretino sarà costretto a lasciare Roma e vi potrà tornare solo alla morte del pontefice (1523).

L'invettiva è spietata, volutamente semplice, in omaggio a quella naturalezza che l'autore ricerca in contrasto con ogni pedanteria e artificiosità classicistica.

Ne esce l'immagine di un iconoclasta, di uno spregiudicato avventuriero della parola, che si serve del vituperio per giudicare e spesso condannare i costumi sociali. Portavoce del malcontento e degli umori popolari, Aretino sparge qui abbondanti dosi di veleno: l'obiettivo è scandalizzare e far parlar di sé, scardinando le regole della buona educazione e indossando i panni del fustigatore.

Papa Adriano VI, copia da Jan van Scorel, 1522. Utrecht, Centraal Museum.

Verso le COMPETENZE

COMPRENDERE

1 Fai la parafrasi del testo.

2 Quale sarà, secondo l'autore, l'esito finale del lavoro del collegio cardinalizio?

ANALIZZARE

3 Dai una definizione dei seguenti peccati citati da Aretino: *accidia* ▪ *simonia* ▪ *vanagloria* ▪ *boria*

4 Perché questo sonetto è definito "caudato"?

INTERPRETARE

5 Nell'elencare i vizi l'autore segue una logica? In caso affermativo, quale?

PRODURRE

6 SCRIVERE PER **CONFRONTARE**
Confronta il testo di Pietro Aretino con i sonetti antologizzati di Burchiello (› T1, p. 184; T2, p. 186) e Berni (› T3, p. 191): quali analogie e quali differenze (tematiche e linguistiche) ravvisi? Scrivi un testo espositivo di circa 30 righe.

DIBATTITO IN CLASSE 

7 La figura di Pietro Aretino viene spesso citata quando ci si riferisce a un uso spregiudicato del talento, incapace però di uscire dal semplice gioco dell'intemperanza verbale e di proporre idee e valori realmente antitetici a quelli del potere. Ti sembra che anche oggi, nel mondo della politica, dell'arte o della comunicazione, esistano simili figure di "ribelli" abili nell'utilizzare i meccanismi della notorietà tanto da restare, amati e odiati, al centro dell'attenzione pubblica? Confrontati con i compagni

8 Aretino aggiunge, alla tradizionale lista dei sette peccati capitali, una lunga serie di altre nefandezze e turpitudini: quali tra queste sono, secondo te, ancora attuali nella nostra società e quali invece aggiungeresti all'elenco? Confrontati con i compagni.

PER APPROFONDIRE

Pasquino: una voce contro il potere

A Roma si può ammirare ancora oggi, non lontano da piazza Navona, l'avanzo di un gruppo marmoreo, probabilmente risalente al III secolo a.C., raffigurante forse il torso di un eroe greco, lì collocato nel 1501 e chiamato Pasquino, in omaggio a un artigiano (un sarto, un oste o un barbiere) che aveva bottega da quelle parti.

La statua finì subito con l'impersonare la satira anonima romana, dotta e popolaresca, perché in suo nome furono composti libelli (le cosiddette "pasquinate", appunto) in latino e in volgare, in versi e in prosa contro i papi e il loro governo, contro i cardinali e la curia, contro persone e costumi giudicati a torto o a ragione degni di biasimo. Questa ricca produzione veniva pubblicata in appositi cartelli affissi al torso, al piedistallo, sui muri circostanti la statua di Pasquino, che divenne dunque la "statua parlante" per eccellenza, espressione dell'atteggiamento irriverente nei confronti del potere, tipico del popolo romano.

Nella prima metà del XVI secolo non passava giorno a Roma senza che facessero bella mostra di sé motti spiritosi, invettive, epigrammi satirici che mettevano alla gogna principi, papi, cittadini illustri. Ne erano autori verseggiatori di ogni risma: poeti dilettanti, cacciatori di fortuna, gaudenti spensierati.

Pasquino, III secolo a.C. Roma, piazza Pasquino.

Teofilo Folengo

La vita

Teofilo, al secolo Girolamo, Folengo nasce a **Mantova** nel **1491**. Di nobile famiglia decaduta, riceve un'educazione umanistica e nel 1508 diviene monaco benedettino. Dopo diversi trasferimenti in monasteri della Lombardia e del Veneto, a Padova entra in contatto con il vivace ambiente universitario, dove prosperano la goliardia e la letteratura maccheronica. Espulso per oscure ragioni dall'ordine benedettino nel 1524, si trasferisce a Venezia, dove prende servizio in qualità di precettore presso la famiglia Orsini. Riammesso alla vita monastica intorno al 1530, dopo un periodo vissuto in Campania e in Sicilia trascorre gli ultimi anni come priore del convento di Santa Croce a **Campese**, presso Bassano del Grappa, dove muore nel **1544**.

Le opere

L'espressiva e giocosa epopea maccheronica

Folengo scrive in volgare e in latino poemi cavallereschi e religiosi, e raccolte di versi e di prose. Tuttavia, la sua importanza nella letteratura italiana risiede nella sperimentale adozione di una lingua inventata, dal grande vigore espressivo: il maccheronico. È un **linguaggio misto**, in cui il lessico volgare si innesta sulla struttura morfologica e sintattica del latino. L'effetto comico che ne consegue è efficacissimo, anche perché le opere in cui il maccheronico viene adottato appartengono a generi dalla consolidata serietà e dalla classica compostezza. Nella *Moscheide*, il tradizionale poema epico viene ridicolizzato attraverso il racconto di una guerra tra mosche e formiche; la *Zaninotella* sviluppa invece una parodia del modello aristocratico dell'elegia bucolica, mettendo in scena un ambiente pastorale non più stilizzato (come avveniva nella poesia virgiliana e petrarchesca), ma autentico e realistico; nel *Baldus*, infine, assistiamo a un significativo rovesciamento del poema cavalleresco, negli stessi anni in cui le corti celebrano il successo dell'*Orlando furioso* di Ariosto.

Il *Baldus*

Poema in esametri, diviso in 25 libri, il capolavoro di Folengo (o di **Merlin Cocai**, il suo pseudonimo) narra le vicende di Baldo, un giovane con il mito degli antichi paladini, di cui vuole imitare le imprese. Insieme al gigante Fracasso, al piccolo ma astuto Cingar e a Falchetta, una creatura metà uomo e metà cane, forma uno sgangherato sodalizio, sempre alla ricerca di nuove risse, smargiassate e goliardiche monellerie. In particolare, nella seconda parte del poema viene raccontato il viaggio dei protagonisti in un **favoloso mondo di fantasia**, dove si imbattono in pirati, maghi, streghe, fin quando, giunti all'Inferno, sconfiggono i diavoli, simbolo del male. A questo punto, Baldo può entrare in un'enorme zucca, dove trova radunati i bugiardi: astrologi, filosofi e poeti, condannati alla tortura inflitta da tremila barbieri che cavano loro i denti (cioè le bugie), i quali rinascono in continuazione.

Come suggerisce la trama, siamo agli antipodi della letteratura classica. Gli elementi peculiari dell'opera di Folengo sono soprattutto l'affresco del mondo plebeo, con la sua **schietta e grossolana umanità**; una sconfinata inventiva, che rovescia i canoni troppo seri della scrittura ufficiale; il gusto dell'eccessivo e dell'iperbolico, con cui l'autore sovverte i valori cortigiani, descrivendo dal basso una **realtà carnevalesca**, dominata da passioni e appetiti materiali (a partire da quelli del ventre).

Lo stile

Il maccheronico rappresenta di per sé una soluzione inedita e letterariamente rivoluzionaria. Grazie alla varietà di questo linguaggio, Folengo può realizzare il suo programma: rompere l'unità e l'equilibrio del registro classico fagocitando espressioni basse e alte, comiche ed epiche. Il risultato è un vero e proprio ***pastiche* linguistico**, chiamato a rappresentare una realtà irrazionale, dominata dal fantastico e dal deforme.

Un poeta "letteratissimo"

A prima vista, quella di Folengo è un'opera caratterizzata dall'immediatezza e da un'umorale e istintiva esplosione di rozza vitalità. Sgombriamo il campo dagli equivoci: Folengo è un **autore consapevolmente trasgressivo**. Nei suoi testi è proprio l'incontro-scontro tra la raffinata – perfino erudita – conoscenza della tradizione letteraria e la rappresentazione grottesca della realtà a creare l'effetto comico e paradossale.

La parodia di Virgilio

L'ambizione del monaco benedettino è la parodia e la **contaminazione** linguistica del modello virgiliano, dominante nella letteratura medievale e poi umanistica. Prendiamo un esempio: il famoso verso *Tityre tu patulae recubans sub tegmine fagi* (O Titiro, disteso all'ombra di un largo faggio, *Bucoliche*, I, 1) diventa, in un'egloga folenghiana, *Tu solus, Bigoline, iacens stravacatus in umbra*, che non ha bisogno di traduzione. Dunque la tecnica del maccheronico implica nel lettore (e, prima ancora, nello scrittore) la compresenza simultanea di almeno tre elementi: il modello virgiliano; la ripresa di quel modello nella produzione colta volgare e latina del Trecento e del Quattrocento; il presente delle parlate locali e dei gerghi. Senza il possesso di questi requisiti, l'**ironia** non è pensabile (per l'autore) né comprensibile (per il lettore).

• T5 •

Invocazione alle Muse maccheroniche

Teofilo Folengo, *Baldus*, libro I, vv. 1-63

Il Paradiso gastronomico

Gli eroi del *Baldus* non sono mossi da nobili intenti, ma solo dalle esigenze della pancia. Prima di raccontarne le mirabolanti avventure, Folengo invoca le Muse, come era di rito nei proemi dei poemi classici. Ma qui le divinità dell'arte hanno ben poco (o, meglio, nulla) delle austere e bellissime figlie di Zeus.

METRO Esametro.

Phantasia mihi plus quam phantastica venit
historiam Baldi grassis cantare Camoenis.
Altisonam cuius phamam, nomenque gaiardum
terra tremat, baratrumque metu sibi cagat adossum.
Sed prius altorium vestrum chiamare bisognat,
o macaroneam Musae quae funditis artem.
An poterit passare maris mea gundola scoios,
quam recomandatam non vester aiuttus habebit?
Non mihi Melpomene, mihi non menchiona Thalia,
non Phoebus grattans chitarrinum carmina dictent;
panzae namque meae quando ventralia penso,
non facit ad nostram Parnassi chiacchiara pivam.
Pancificae tantum Musae, doctaeque sorellae,
Gosa, Comina, Striax, Mafelinaque, Togna, Pedrala,
imboccare suum veniant macarone poëtam,
dentque polentarum vel quinque vel octo cadinos.
Hae sunt divae illae grassae, nymphaeque colantes,
albergum quarum, regio, propiusque terenus
clauditur in quodam mundi cantone remosso,
quem Spagnolorum nondum garavella catavit.
Grandis ibi ad scarpas lunae montagna levatur,
quam smisurato si quis paragonat Olympo
collinam potius quam montem dicat Olympum.
Non ibi caucaseae cornae, non schena Marocchi,
non solpharinos spudans mons Aetna brusores,
Bergama non petras cavat hinc montagna rodondas,
quas pirlare vides blavam masinante molino:
at nos de tenero, de duro, deque mezano
formaio factas illinc passavimus Alpes.
Credite, quod giuro, neque solam dire bosiam
possem, per quantos abscondit terra tesoros:
illic ad bassum currunt cava flumina brodae,
quae lagum suppae generant, pelagumque guacetti.
Hic de materia tortarum mille videntur
ire redire rates, barchae, grippique ladini,
in quibus exercent lazzos et retia Musae,
retia salsizzis, vitulique cusita busecchis,
piscantes gnoccos, fritolas, gialdasque tomaclas.

Res tamen obscura est, quando lagus ille travaiat,
turbatisque undis coeli solaria bagnat.
Non tantum menas, lacus o de Garda, bagordum,
quando cridant venti circum casamenta Catulli.
Sunt ibi costerae freschi, tenerique botiri
in quibus ad nubes fumant caldaria centum,
plena casoncellis, macaronibus atque foiadis.
Ipsae habitant Nymphae super alti montis aguzzum,
formaiumque tridant gratarolibus usque foratis.
Sollicitant altrae teneros componere gnoccos,
qui per formaium rigolant infrotta tridatum,
seque revoltantes de zuffo montis abassum
deventant veluti grosso ventramine buttae.
O quantum largas opus est slargare ganassas,
quando velis tanto ventronem pascere gnocco!
Squarzantes aliae pastam, cinquanta lavezzos
pampardis videas, grassisque implere lasagnis.
Atque altrae, nimio dum brontolat igne padella,
stizzones dabanda tirant, sofiantque dedentrum,
namque fogo multo saltat brodus extra pignattam.
Tandem quaeque suam tendunt compire menestram,
unde videre datur fumantes mille caminos,
milleque barbottant caldaria picca cadenis.
Hic macaronescam pescavi primior artem,
hic me pancificum fecit Mafelina poëtam.

TRADUZIONE

Mi ha preso la fantasia, più fantastica che mai, di cantare la storia di Baldo con le mie grasse Camene.[1] Così altisonante è la sua fama e tanto gagliardo il suo nome che la terra tremando lo ammira e il baratro d'Inferno si caga addosso dalla paura. Ma prima conviene che io invochi il vostro soccorso, o Muse che largite l'arte maccheronica: come farà la mia gondola a passare in mezzo agli scogli del mare se il vostro patrocinio non l'avrà raccomandata? Non detti dunque Melpomene il mio canto, né tanto meno la minchiona Talia, e neanche Febo,[2] che sta a grattare la sua chitarrina, poiché, se considero le budelle della mia pancia, le chiacchiere di Parnaso[3] non si confanno alla mia piva.[4] Soltanto le Muse pancifiche,[5] le dotte sorelle, Gosa, Comina, Striazza, Mafelina, Togna, Pedrala,[6] vengano a imboccare di gnocchi il loro poeta e gli portino cinque e magari otto catini di polenta. Sono queste le grasse mie dive, le mie Ninfe imbrodolate: la loro dimora, il loro paese e territorio si trovano in un remoto cantone del mondo[7] che la caravella di Spagna[8] non ha ancora scovato. Una enorme montagna s'innalza laggiù fino alle scarpe della Luna:[9] se qualcuno volesse paragonarla all'Olimpo,[10] che è fuori d'ogni misura, direbbe che l'Olimpo è una collina, non un monte. Là non ci sono le corna[11] del Caucaso né la schiena del Marocco né il monte Etna che sputa bruciori di zolfo, e neanche

1 **Camene:** l'appellativo romano delle Muse; sono *grasse*, cioè ben pasciute.
2 **Melpomene... Talia... Febo:** Melpomene è la musa della tragedia, Talia quella della commedia (e perciò definita *minchiona*, sciocca); Febo, cioè Apollo, è il dio delle arti, rappresentato con l'inseparabile cetra (qui, ironicamente, *chitarrina*).
3 **Parnaso:** monte della Grecia, dove si riteneva abitassero le Muse.
4 **piva:** zampogna; strumento musicale simbolo della poesia pastorale, qui rappresenta la semplicità e la spontaneità della poesia maccheronica.
5 **pancifiche:** panciute.
6 **Gosa... Pedrala:** nomi comuni femminili, a quel tempo diffusi soprattutto in Lombardia.
7 **in un remoto cantone del mondo:** è il Paese di Cuccagna o di Bengodi (➤ p. 203).
8 **la caravella di Spagna:** si ricordi che Colombo, con le navi spagnole, aveva da poco scoperto l'America (1492).
9 **alle scarpe della Luna:** ai piedi della Luna (iperbole).
10 **Olimpo:** monte della Grecia, dimora degli dèi.
11 **le corna:** le vette aguzze.

le montagne della Bergamasca, dove si cavano quelle pietre rotonde[12] che vedi pirlare[13] al mulino quando si macina la biada: là abbiamo scavalcato giogaie che erano fatte di formaggio, in parte tenero, in parte duro, in parte di mezza stagionatura. Credetemi, ve lo giuro, non saprei dire una sola bugia per tutti i tesori che stanno nascosti sotto la terra: laggiù corrono a valle profondi fiumi di broda che formano un lago di zuppa, un pelago di guazzetto.[14] Si vedono andare e venire zattere fatte con pasta di torte, barchette e rapidi brigantini; sopra ci stanno le Muse e usando reti e laccioli - reti cucite con salsicce e busecche[15] di vitello - pescano gnocchi, frittole e dorate tomacelle.[16] Ma le faccende si mettono male quando quel lago è in tempesta e con le onde agitate arriva a bagnare i soffitti del cielo: neanche tu ce la fai, o lago di Garda, a menare una simile giostra quando gridano i venti intorno ai casamenti di Catullo.[17] Ci sono costiere fatte di burro tenero e fresco, e sopra cento paioli[18] fumano fino alle nubi, colmi di tortelli, di gnocchi e tagliatelle. Le Ninfe stanno sul cocuzzolo di un'alta montagna e senza sosta grattano il formaggio su grattuge forate. Con grande zelo altre si danno a impastare teneri gnocchi che rotolano in frotta giù per il formaggio grattato e dal ciuffo del monte si voltolano fino in fondo, diventando grassi come botti panciute. Quanto giova slargare le ganasce, se di tal gnocco vuoi saziare il tuo ventre! Altre tagliano la pasta e riempiono cinquanta laveggi[19] di pappardelle[20] e di grasse lasagne. Altre ancora, se la pentola comincia a brontolare per via del gran fuoco, tirano da parte i tizzoni e vi soffiano dentro, perché il brodo, quando il fuoco è troppo, salta fuori dalla pignatta. Insomma, ciascuna bada a cuocere la propria minestra, per cui vedi mille camini che fumano e mille caldaie che borbottano attaccate alle catene. Qui[21] io, per primo, ho pescato l'arte maccheronica, qui Mafelina m'incoronò pancifico poeta.

12 **le montagne della Bergamasca... rotonde:** dai rilievi vicini alla località lombarda di Sarnico si ricavavano pietre da mulino.
13 **pirlare:** scintillare.
14 **guazzetto:** sugo molto fluido, in cui si fa cuocere il pesce.
15 **busecche:** trippe (intestini).
16 **tomacelle:** polpette fatte con le parti meno pregiate del maiale, aromatizzate con spezie.
17 **casamenti di Catullo:** a Sirmione, sul lago di Garda, il poeta romano Catullo (I sec. a.C.) possedeva una villa.
18 **paioli:** pentole.
19 **laveggi:** recipienti.
20 **pappardelle:** tipo di lasagne, tagliatelle larghe.
21 **Qui:** nel Paese di Cuccagna.

Analisi ATTIVA

I contenuti tematici

La contraffazione della solennità

Era consuetudine dei poeti epici invocare, in apertura di poema, l'aiuto delle Muse per portare a termine un'impresa letteraria. Folengo non si sottrae a questa pratica, ma per cantare le gesta di Baldo, l'eroe che fa tremare di paura la Terra e l'Inferno, non si appella alle tradizionali Muse abitatrici dell'Olimpo, bensì alle "Muse grasse", divinità di un golosissimo Paese di Cuccagna. Questa trovata ci immette già nel cuore dell'arte comica di Folengo, che in tutto il poema fa interagire, con effetto stridente, il rispetto formale delle più sublimi convenzioni letterarie e temi che invece di sublime non hanno proprio nulla. L'intento parodico è subito evidente: la fantasia del poeta è più che fantastica, l'Inferno si spaventa a morte, Talia è una sciocca e Apollo non sa suonare.

1. Qual è lo scopo per cui Folengo invoca le Muse?
2. Folengo parla della propria ispirazione poetica come di una gondola: di quale *topos* sta facendo la parodia?
3. La descrizione del paese di Cuccagna, dove abitano le Muse maccheroniche, è un ribaltamento parodico: di che cosa?

La cultura dell'abbuffata

Il mondo in cui vivono le Muse maccheroniche rinnova una delle costanti della poesia giocosa, che abbiamo visto attuata sia nella produzione duecentesca di Cecco Angiolieri sia in quella quattrocentesca di Luigi Pulci: l'elemento gastronomico. Il paesaggio è infatti un Eden del ventre, celebrato con un trionfo di arte culinaria popolaresca, dai monti di formaggio (vv. 28-29) ai fiumi di brodo, laghi di zuppa e mari di guazzetto (vv. 32-33), dalle barche di pasta da cui si pescano gnocchi e frittelle (vv. 34-38) alle coste di burro (v. 43). Coerenti, a questo punto, sono le occupazioni delle Muse, impegnate senza sosta fra tagliatelle e pappardelle in un immaginario campo di battaglia mangereccio. Con orgoglio, il poeta può rivendicare di essere stato il primo (*primior*) a imparare qui la *macaronescam* [...] *artem* (v. 62), cioè l'arte maccheronica, e quindi a essere giustamente incoronato *pancificum* [...] *poëtam* (v. 63).

4 Individua gli appellativi che, in diversi punti del testo, Folengo attribuisce alle sue Muse.
5 Quale attività culinaria svolta dalle Muse è un evidente capovolgimento dell'atto di suonare la lira?

Le scelte stilistiche

Una lingua letteraria senza reticenze

Il passo antologizzato costituisce un esempio della lingua usata da Folengo: sulla morfologia, sulla sintassi e sulla metrica (i versi sono impeccabili e solenni esametri, come nella grande epica classica) l'autore innesta il lessico volgare, un originale impasto di toscano, veneto e padano. Certo, la traduzione, per quanto vivace possa essere, non è in grado di restituire gli effetti di contrasto delle due lingue e dei due registri. Tuttavia, la scelta anticlassicistica del poeta è ben visibile: il plurilinguismo maccheronico, trasgressivo di per sé, gli consente una libertà e una fantasia, debordante e iperbolica, che i vincoli dell'italiano imposto da Bembo non possono garantire. La rivoluzione di Folengo parte dunque proprio dal linguaggio, caotico, misto, ingovernabile e volutamente plebeo, con un'accentuazione scurrile (si veda il *sibi cagat adossum*, v. 4), utile a rappresentare una realtà bassa e triviale, osservata senza reticenze.

6 Individua nel testo almeno cinque termini popolari che vengono "latinizzati" da Folengo.
7 SCRIVERE PER **ESPORRE**
Il maccheronico non è l'unica lingua inventata al mondo: ne esistono molte altre (esperanto, volapük, newspeak ecc.). Fai una ricerca sull'argomento e scrivi un testo espositivo di circa 30 righe.
8 SCRIVERE PER **PRESENTARE**
Tra le diverse lingue inventate, ce n'è una recente di ispirazione europea, creata dallo scrittore Diego Marani: l'europanto. Fai una ricerca sull'argomento e prepara un testo di presentazione di circa 30 righe.

PER APPROFONDIRE

Il Paese di Cuccagna

Uno straordinario mondo alla rovescia

Esiste un luogo in cui dimenticare le miserie quotidiane e godere di una vita senza leggi né fatiche? Un immaginario universale, prospero in ogni tempo e a ogni latitudine, ci assicura che questo luogo esiste, anche se non si sa bene dove. Il Paese di Cuccagna (il termine "cuccagna", dall'etimologia incerta, forse viene dal gotico *koka*, cioè "torta") contagia soprattutto chi, nella vita reale, ha poco o nulla, e perciò accarezza il sogno di un mondo generoso e spensierato.

Folengo non è certamente l'unico scrittore a raccontare questo luogo sbalorditivo, la cui natura è riassunta dal motto "Nel Paese di Cuccagna chi più dorme più guadagna". Specie nel Cinquecento, proliferano i versi che decantano tale Paradiso terrestre, in cui – secondo la tradizione popolare – c'è una montagna d'oro e d'argento che quanto più si scava tanto più cresce, i monti sono fatti di formaggio, ci sono laghi di latte e miele, gli alberi danno salsicce o gioielli e piovono confetti e canditi.

Un Eden per i poveri

Già nell'antichità, il commediografo greco Ferecrate (V secolo a.C.) aveva inventato nella commedia *I minatori* una località meravigliosa dove scorrevano «fiumi di polenta e di brodo nero», ma la sua sede non si trovava sulla Terra, bensì negli Inferi. A disposizione dei vivi, invece, era il Paese di Bengodi descritto da Giovanni Boccaccio nella terza novella dell'Ottava giornata del *Decameron, Calandrino e l'elitropia*: in questa immaginaria contrada – alla cui esistenza crede il protagonista della novella – «si legano le vigne con le salsicce e avevavisi un'oca a denaio e un papero giunta [per un denaro vi si poteva avere un'oca e per di più un papero]; e eravi una montagna tutta di formaggio parmigiano grattugiato, sopra la quale stavan genti che niuna altra cosa facevano che far maccheroni e raviuoli e cuocergli in brodo di capponi, e poi gli gittavan quindi [di qui] giù, e chi più ne pigliava più se n'aveva; e ivi presso correva un fiumicel di vernaccia [vino bianco], della migliore che mai si bevve, senza avervi entro gocciola d'acqua».

Lo storico e antropologo Piero Camporesi (1926-1997), parlando del mito del Paese di Cuccagna, l'ha definito «una versione plebea dell'aristocratica età dell'oro». In effetti, ad alimentare questa suggestione sono uomini umili, che spogliano il mito di ogni riferimento elevato, rendendolo adatto alle loro reali esigenze: mentre l'età dell'oro vede il trionfo di una natura lussureggiante, che offre i propri doni (frutta e verdura: un mondo per vegetariani!), il Paese di Cuccagna regala pane, pasta, prosciutto e arrosto, ovvero i cibi assenti sulla mensa dei poveri.

Un'utopia per la povera gente, dunque. O, se si vuole, un miraggio per chi se la passa male. Non è un caso che a citare il Paese di Cuccagna sia anche Alessandro Manzoni, che nei *Promessi sposi* (capitolo 11) fa balenare all'affamato Renzo in fuga a Milano il pensiero di trovarsi nel «paese di cuccagna» per il semplice fatto di aver trovato e raccolto per terra un bel pane tondo e soffice.

Un'utopia inoffensiva

Non si pensi, però, che il mito del Paese di Cuccagna contenga i germi di una pericolosa sovversione. Coltivato nella fantasia popolare, esso in fondo non è altro che un racconto d'evasione, un'illusione, capace di distrarre dalla magra realtà di tutti i giorni. Eppure, nel solo immaginare un universo dominato dall'oziosità e dalla legge del ventre, il Paese di Cuccagna destò sospetti da parte della Chiesa: invece che in cielo, il Paradiso poteva – anche se per pochi giorni o semplicemente in sogno – essere sulla Terra.

Pieter Bruegel il Vecchio, *Il paese della cuccagna* (particolare), 1567. Monaco di Baviera, Alte Pinakothek.

Ruzante

La vita

Angelo Beolco, noto come Ruzante dal nome del personaggio da lui inventato e portato sulla scena, nasce a **Padova** intorno al **1496** da famiglia nobile. Riceve un'**educazione raffinata**, come attestano alcune rime giovanili d'imitazione petrarchesca. Assai importanti sono l'amicizia e la protezione del nobile Alvise Cornaro, un ricco proprietario terriero per cui Ruzante svolge le mansioni di amministratore e, allo stesso tempo, quelle di organizzatore di spettacoli. Le sue commedie, da lui spesso interpretate come attore, vengono messe in scena in molti palazzi e ville signorili, soprattutto a Venezia, ma anche presso la corte degli Este a Ferrara. Ruzante muore a **Padova** nel **1542**.

Le opere

Una comicità senza idillio

Le commedie e le farse di Ruzante, scritte prevalentemente in **dialetto pavano** (cioè nella lingua parlata nel contado di Padova), ma spesso caratterizzate dall'intrecciarsi di diversi linguaggi, occupano un posto del tutto eccezionale nell'ambito del teatro rinascimentale. Popolate da personaggi di **villani rudi e ingenui**, esse devono molta della loro forza alla comicità violenta e amara nonché al dirompente **realismo espressivo**. Rifiutando il principio di imitazione, Ruzante sceglie di descrivere il cosiddetto «snatural», vale a dire il mondo autentico delle campagne in contrapposizione a quello, artificioso e ipocrita, della città. In buona parte delle sue commedie, dalla *Pastoral* (1521) alla *Betìa* (1523) fino ai cosiddetti *Dialoghi* (***Il Parlamento de Ruzante che iera vegnù de campo***, Il ragionamento di Ruzante tornato dal campo militare, e ***Bìlora***, risalenti grosso modo al 1530), a fare da sfondo alle vicende è una **campagna rappresentata senza mistificanti idealizzazioni**, polemicamente lontana dalla visione arcadica o satirica offerta dalla letteratura umanistico-rinascimentale.

Il Parlamento de Ruzante: la commedia di un mondo affamato

Nel *Parlamento*, in particolare, viene rappresentata la drammatica condizione di Ruzante, un **reduce di guerra**: al ritorno a casa questi, più miserabile di prima, scopre che la moglie ha trovato ospitalità e protezione presso un "bravaccio" della zona. La donna non vuole più saperne del marito, per non riprendere a vivere un'esistenza di stenti, e replica ai suoi inviti accorati a tornare da lui con una frase nella quale condensa la propria semplice e dolorosamente realistica filosofia di vita: «Non sai che ogni giorno si mangia?». Come se non bastasse, oltre al danno c'è anche la beffa per il povero Ruzante, che finisce bastonato dal rivale.

La lingua dei contadini veneti

Come quella di Folengo, anche l'arte di Ruzante matura in un ambiente di raffinata cultura, ma risolve nelle pieghe del dialetto l'esigenza di rappresentare la vita reale dei contadini. La **lingua** diventa uno **strumento di denuncia** diretta, con cui aderire a un mondo genuino, non filtrato dalle menzogne o dagli artifici della letteratura aristocratica.

Paolo Veronese, *Le nozze di Cana* (particolare), 1563. Parigi, Museo del Louvre.

• T6 •

audiolettura

La guerra di un povero contadino

Ruzante, *Il Parlamento de Ruzante che iera vegnù de campo*, scena I

La guerra e la fame

Il villano Ruzante torna a casa, reduce da una guerra (quella combattuta, dal 1508 al 1516, da Venezia contro una coalizione di Stati, detta Lega di Cambrai) a cui ha partecipato nella vana illusione di arricchirsi. Invece si ritrova ancora più povero e disperato. Per la strada incontra il compare Menato, a cui racconta la sua drammatica avventura.

Menato e Ruzante

MENATO (*sopraggiungendo*) Compare! Poh, mo a sì vu? Mo chi ve harae mè cognossù? A siu desconìo che a parì un luço firto. A no ve harae mè cognossù, compare. Mo supiè el ben vegnù.

RUZANTE (*smontato*) Desconìo, compare, an? S'a fossè stò on son stato io mi, a no dissé cossì.

MENATO Vegnìu adesso adesso de campo? o siu stò amalò? o in preson? Haì una mala çiera, compare. A parì un de sti traditoron. Perdonème, compare: a he vezù çento apiché che n'ha sì mala çiera con haì vu. A no dighe, compare – intendìu – che habiè mala çiera de omo, intendìu, mo che a si pàlito, marzo alfumò. Càncaro, a ghe n'haì bu una streta da can.

RUZANTE (*grave*) O compare, l'è i cassiti de fero che fa ste male çiere. Tanto che i pesa, tanta carne i tira zò. (*Si toglie l'elmetto e lo posa a terra*) E po el mal bèere, el piezo magnare. S'a fossè stò on son stato io mi… (*sospira*)

MENATO Càncaro a favelè moscheto, compare. Haì muò la lengua: a favelè a la fiorentinesca de Breseghela.

RUZANTE (*vissuto*) Mo compare, chi va per lo mondo fa cossì. E po a giera co i sbreseghegi da Robìn; a favelàm a sto muò. Mi mo se a favelasse françese, a m'intendessè ben, mo. Che a imparì da paura a favelarghe in t'un dì. Càncaro, igi è supirbiusi quando i dise: «vilan, cuchìn, pagiaro, per le san Diù, a te magnerè la gola».

MENATO (*impressionato*) Càncaro i magne igi. A intendo ben, compare, quel magnerè la gola, mo a no intendo quele altre parole. Slainèle mo, compare.

RUZANTE Ontiera. Vilan vuol dire vilàn, intendìu? Cuchìn vuol dire un cuco, un beco, vilan beco; pagiaro una cà de pagia, che a stagon in le cà de pagia: vilan beco, che sta in le cà de pagia; per lo san Diù, per l'amor de Dio.

MENATO A méntegi ben per la gola. A le pagon ben care.

RUZANTE (*torvo*) Mo, cossì fosse apichè i paròn.

MENATO (*dopo una pausa*) Poh, compare, haì un gabàn pì longo ca n'è sto casseto de corambe.

RUZANTE Mo, al tussi cossì a un vilàn (ché haea ferdo mi) a un vilàn de quel paese. Càncaro, gi è i mali vilani ràgani: per un quatrin i lagherae sgangolire uno.

MENATO Poh, compare, mo a cherzo perché a sì soldò che a no cri esser da la vila, vu.

RUZANTE No, compare. A dighe mo – intendìu con a dighe? – a vegno a dire che i n'ha cossì del roçeto con haòm nu pavani. Vilani è chi fa le vilanì, e no chi sta a le vile.

MENATO (*annusando l'aria*) Càncaro, compare, a me saì da no so che stranio saore.

RUZANTE Mo che saore? El n'è rio saore, l'è saore da fen; ch'a he dromìo zà quatro mese sempre su teze. A ve sè dire che i lieti no me spenava.

MENATO (*interrompendolo*) Stè mo, compare. A cherzo che questo (*gli acchiappa qualcosa sulla giubba, con due dita*) sipia un sgardelin senza ale.

RUZANTE Poh, de piuoci no favelè! Le fregugie del pan in campo con le caze adosso, de fato le fa i piè e 'l beco, e deventa piuoci. El vin con te 'l bivi, perché sempre se è de volentè de far male, e perché el no se ghe po' far tanto con a se vorae, el fa colore e mal sangue, e buta stiza, rupa, rogna e giandussaminti per adosso.

MENATO A vego ben, compare, che a ghe se pin. A no dovì haer possù menar le man a guagnare, con ve pensavi, o botinizare, an?

RUZANTE Mo a n'he guagnò, ni sachizò altro mi. Mo a hegie an magnò le mie arme!

MENATO Con, càncaro? Sassèu vegnù mè sì rabioso che a magnessè fero?

RUZANTE Compare! S'a fossè stò là on son stato io mi, haessè imparò an vu a magnar fero e gaban. (*Vissuto*) A l'he vendù a le ostarì per magnare, ch'a n'haea dinari.

MENATO Mo no guagnàviu quando pigiavi qualche presòn de quigi de gi nemisi?

RUZANTE Meh sì, compare! a n'he trato a far male a uomeni mi. Perché voliu ch'a i pigiè? Che m'hagi fato a mi? A trasea a pigiar qualche vaca mi, o cavala, e sì no he mè habù ventura.

L'assedio di Padova da parte di Massimiliano I d'Asburgo nel 1509 durante la guerra della Lega di Cambrai, XVI secolo. Milano, Archivio Storico Civico e Biblioteca Trivulziana.

TRADUZIONE

MENATO (*sopraggiungendo*) Compare! Ma siete proprio voi? E chi vi avrebbe mai riconosciuto? Siete così patito che sembrate un luccio fritto. Non vi avrei mai riconosciuto, compare. Ma siate il benvenuto.

RUZANTE (*smontato*) Patito, vero, compare? Se voi foste stato dove sono stato io me,[1] non direste così.

MENATO Venite adesso adesso dal campo? O siete stato ammalato? O in prigione? Avete una brutta cera, compare. Sembrate uno di questi traditoracci.[2] Perdonatemi, compare, ho veduto cento impiccati che non avevano una cera così brutta come avete voi. Non dico, compare - intendete? - che abbiate una brutta cera come uomo - intendete? Ma che siete pallido, marcio, affumicato. Canchero![3] Dovete aver avuto una stretta da cani.[4]

1 **io me:** rafforzativo per "io".

2 **traditoracci:** come si evince dal resto della frase, Menato allude ai ribelli e ai disertori condannati a morte.

3 **Canchero!:** caspita!

4 **una stretta da cani:** espressione metaforica che indica una grande paura.

RUZANTE (*grave*) Compare, sono gli elmetti di ferro che fanno queste brutte cere. Tanto quanto pesano, tanta carne tirano giù. (*Si toglie l'elmetto e lo posa a terra*) E poi, il mal bere, il peggio mangiare... Se voi foste stato dove sono stato io me! (*sospira*)

MENATO Canchero! Parlate difficile, compare. Avete cambiato lingua: parlate alla fiorentinesca, come quelli di Brisighella.[5]

RUZANTE (*vissuto*)[6] Eh, compare, chi va per il mondo fa così. E poi io ero con i brisighellesi[7] di Urbino, e parlavamo in questo modo. Me poi, se parlassi francese, non mi intendereste. Imparai dalla paura a parlarlo in un giorno. Canchero! Sono superbiosi quando dicono: «Vilain, cochin, pagiar! Per le San Diù, ti mangerò la gola!».

MENATO (*impressionato*) Che il canchero li mangi loro! Intendo bene, compare, quel "mangiargli la gola"; ma non intendo le altre parole. Spiegatemele, volete, compare?

RUZANTE Volentieri. "Vilain" vuol dire villano, intendete? "Cochin" vuol dire un cucco, un becco: villano becco. "Pagiar", una casa di paglia, perché stiamo in case di paglia: villano becco, che sta in case di paglia. "Per le San Diù", per l'amor di Dio.

MENATO Mentono proprio per la gola. Le paghiamo ben care, quelle case!

RUZANTE (*torvo*) Ma! Così fossero impiccati i padroni!

MENATO (*dopo una pausa*) Poh, compare! Avete un gabbano[8] più lungo di questo giubbotto di cuoio.

RUZANTE Mah! Lo presi così a un villano perché avevo freddo, io, a un villano di quel paese. Canchero! Sono dei brutti rospi, i villani: per un quattrino, lascerebbero spasimare[9] uno.

MENATO Poh, compare, ora credo che, perché siete soldato, non pensate di essere della villa, voi.[10]

RUZANTE No, compare. Io dico - intendete quel che dico? - io voglio dire che loro non hanno quel garbo che abbiamo noi padovani. Villano è chi fa le villanie, non chi sta nelle ville.

MENATO (*annusando l'aria*) Canchero, compare, mi sapete non so che strano odore...

RUZANTE O che odore? Non è un cattivo odore, è odore di fieno; ché ho dormito per quattro mesi sempre sui fienili. Vi so dire che i letti non mi...[11]

MENATO (*interrompendolo*) Fermo, compare! Credo che questo (*gli acchiappa qualcosa sulla giubba, con due dita*) sia un cardellino senz'ali.

RUZANTE Oh, non parlatemi dei pidocchi! Le briciole del pane, al campo, quando cadono addosso, subito mettono i piedi e il becco, e diventano pidocchi. Il vino, quando lo bevi, perché sempre si ha voglia di far male, e perché non se ne può far tanto come si vorrebbe, fa venire chiazze e cattivo sangue, e butta scabbia, croste, rogna e pustole per tutto il corpo.

MENATO Vedo bene, compare, che ne siete pieno. Non dovete aver potuto menare le mani a guadagnare, come pensavate, a far bottino, vero?

RUZANTE Mah, non ho guadagnato né saccheggiato niente, io. Mi sono perfino mangiato le mie armi.

MENATO Come, canchero? Sareste mai diventato così feroce da mangiare il ferro?

RUZANTE Compare, se voi foste stato dove sono stato io me, avreste imparato anche voi a mangiare ferro e gabbani. (*Vissuto*) Le ho vendute alle osterie per mangiare, ché non avevo denari.

MENATO Ma non guadagnavate, quando pigliavate qualche prigioniero, di quelli dei nemici?

RUZANTE Ma sì, compare! Non ho mai tirato a far del male agli uomini, io. Perché volete che li pigli? Che mi hanno fatto, a me? Tiravo a pigliare qualche vacca, io, o qualche cavalla, e non ho mai avuto fortuna.

5 **Brisighella:** borgo non lontano da Ravenna. Ovviamente in Emilia-Romagna non si parla fiorentino, ma per Menato è "fiorentino" ogni lingua diversa dal pavano.
6 **vissuto:** rassegnato.
7 **brisighellesi:** soldati di ventura, originari di Brisighella e famosi per la loro ferocia.
8 **gabbano:** sorta di cappotto con cappuccio usato per proteggersi dalle intemperie.
9 **spasimare:** soffrire atrocemente.
10 **non pensate... villa:** non vi reputate più un uomo di campagna (*villa* è letteralmente la casa di campagna).
11 **i letti non mi...:** nell'originale compare l'espressione idiomatica *no me spenava* ("non mi spennavano") che il traduttore non ha reso in italiano. Il senso complessivo della frase è che Ruzante non ha mai dormito in un letto.

Dentro il TESTO

I contenuti tematici

La demistificazione della guerra

Quella che Ruzante descrive nel dialogo con Menato è una disarmante rassegna delle brutalità della guerra. Lacero e sfiancato al punto da essere quasi irriconoscibile, il reduce vorrebbe raccontare azioni eroiche e imprese leggendarie ma, pressato dalle domande dell'interlocutore, non può fare a meno di mettere a nudo la realistica sventura del poveraccio che ha fatto di tutto per salvare la pelle dopo aver subìto miserie e umiliazioni.

Per una volta la prospettiva con cui è vista la guerra non ha nulla di retorico. Al contrario, a rappresentarne lo strazio e l'insensatezza è un'esperienza dal basso, vissuta da un uomo semplice, costretto a patire le folli decisioni dei potenti. Nessuna esaltazione del valore delle armi né resoconti su "belle morti" da tramandare in esemplari poemi cavallereschi: Ruzante, a costo di apparire vile, se la dà a gambe, sottraendosi a uno scontro – di cui ignora le motivazioni – con un nemico che non riconosce neppure come tale (*a n'he trato a far male a uomeni mi. Perché voliu ch'a i pigiè? Che m'hagi fato a mi?*, rr. 53-54). E che importa se Menato lo incalza, costringendolo a vestire i panni del codardo e del fallito? Ruzante intende testimoniare solo la tragica verità della condizione in cui si è trovato, condensando nella meccanica ripetizione di una frase (*S'a fossè stò on son stato io mi*, r. 5) un lamento che possiamo sintetizzare così: conosce la guerra solo chi l'ha vissuta.

Le scelte stilistiche

La lingua dei "vinti"

L'impiego del dialetto non costituisce una semplice soluzione formale. Dare voce agli umili contadini implica infatti una scelta di campo ideologica: il ritratto della realtà senza alcuna alterazione. Tale intento diventa ancora più rivoluzionario quando a essere descritta è la guerra, esperienza umana che la letteratura ha spesso dipinto con toni mistificanti.

Il reduce sembra un *luço firto* (r. 3, cioè un predatore – come sperava di essere il povero Ruzante – che finisce per essere predato), ha addosso uno *stranio saore* (r. 37), è tormentato dalla fame, per trovare il coraggio beve vino avariato, per cui il corpo si riempie di croste e bolle, vende infine le armi per mangiare qualcosa: queste sono le immagini e le parole adottate per raccontare la crudezza della dissennata esperienza della guerra.

In particolare, il dialogo delinea, battuta dopo battuta, l'umanità istintiva e popolaresca del protagonista di quest'epopea rovesciata, rappresentato con l'intento di ricavarne il ritratto più veritiero di un'intera classe di vinti e di emarginati.

Verso le COMPETENZE

COMPRENDERE

1 Perché Menato non riconosce Ruzante?

2 Perché Ruzante parla in un modo che Menato non comprende bene?

ANALIZZARE

3 Come vengono descritti gli italiani dai francesi? Quale atteggiamento emerge?

4 E quale atteggiamento di Ruzante verso i "villani" francesi emerge?

5 Quali sono le conseguenze della guerra che Ruzante ha subìto?

6 Rifletti sul desiderio di bottino che ha spinto Ruzante ad andare in guerra e su quanto egli abbia effettivamente ottenuto: qual è il tono conclusivo del brano?

INTERPRETARE

7 La volontà dell'autore di affidare a un villano il ruolo di protagonista sottintende solo una scelta stilistica o è la conseguenza di una certa visione della letteratura e della realtà? Argomenta la tua risposta.

PER APPROFONDIRE

Le pirotecniche invenzioni di un uomo libero: François Rabelais

Abbiamo incontrato prima Pulci e la sua comica rivisitazione del poema cavalleresco. Poi abbiamo conosciuto le ribalde buffonerie del *Baldus* di Folengo, con cui viene parodiato il poema epico. Ora estendiamo lo sguardo alla Francia, dove François Rabelais, che conosce benissimo e ammira sia Pulci sia Folengo, ne eredita la lezione, portando alle estreme conseguenze (per temi e linguaggio) l'Anticlassicismo e la deformazione di un mondo guardato alla rovescia.

Un autore gigantesco come i suoi personaggi

La vita di Rabelais, nato presso Tours intorno al 1494 e morto a Parigi nel 1553, è un susseguirsi di conoscenze, professioni, viaggi. Ha studiato il greco, il latino, l'ebraico, la filosofia, la teologia, la giurisprudenza, la filologia ma anche la fisiologia, la fisica, la storia naturale. Ha insegnato anatomia ed esercitato la professione di medico in varie città di Francia e d'Italia. La sua è una cultura enciclopedica, riversata senza risparmio nella sua opera, in cui affronta in allegria – tra beffe, scherzi e invenzioni fantastiche – temi politici, morali, religiosi della realtà del suo tempo, osservata come attraverso una lente di ingrandimento.

Il suo capolavoro, *Gargantua e Pantagruele*, narra le avventure di due improbabili giganti, padre e figlio: pubblicato in cinque libri tra il 1532 e il 1564 (l'ultimo libro edito postumo), il romanzo riprende il contenuto di leggende popolari con personaggi di dimensioni mostruose, che stupiscono per la taglia enorme, l'appetito formidabile e le incredibili imprese. Questi colossi assecondano tutte le loro inclinazioni naturali e godono dei piaceri del corpo: ingordi di cibo e vino (ancora oggi le più abbondanti abbuffate vengono definite pantagrueliche), ma anche di sapere e conoscenza, incarnano la forza della natura, la gioia di vivere e la fiducia nelle facoltà illimitate dell'uomo.

Una risata irriverente

Riassumere la trama di quest'opera è difficile, forse impossibile. Gli intrecci, le divagazioni, le digressioni sono un continuo susseguirsi di racconti favolosi, di luoghi perlustrati con vorace curiosità, e di personaggi immaginari. Ma questo smisurato zibaldone non è ispirato da una comicità fine a sé stessa: accanto alla fantasia, emergono la grande umanità dell'autore, la sua capacità di riflettere sui vizi e sulle virtù umane, il suo ideale cristiano di tolleranza.

Ritratto di François Rabelais, scuola francese, XVII secolo. Versailles, Palazzo Reale.

Rabelais satireggia ogni forma di ignoranza, pregiudizio, ipocrisia e superstizione. È contro le guerre di conquista, la colonizzazione, la giustizia sommaria di certi tribunali, il linguaggio incomprensibile dei professoroni dell'università parigina della Sorbona, ma non rinuncia a riderne: «Meglio scrivere del riso che del pianto poiché il riso è proprio dell'uomo».

Il fuoco d'artificio delle parole

Anche lo stile di Rabelais vuole essere un meraviglioso omaggio alla fantasia, all'iperbole, al gioioso spirito carnevalesco, grazie al quale egli contamina l'alto con il basso, il popolaresco con il dotto, esprimendo così, anche nella parola, la sua costante aspirazione alla libertà. La sua capacità di inventare vocaboli e costruire un lessico ricchissimo, che spazia attraverso campi linguistici disparati, produce effetti stridenti di irresistibile comicità.

»

PER APPROFONDIRE

» Proprio della libertà si parla nel breve passo che qui riproduciamo. Si tratta del brano in cui Rabelais descrive la vita condotta dai giovani ospiti dell'abbazia di Thelème (dal greco thélema, "desiderio"), fatta costruire da Gargantua. L'unico precetto monastico a cui essi devono "sottostare" è «Fa' quel che vuoi»: una regola che annulla tutte le altre e che sintetizza il sogno utopistico di un'umanità libera da ogni vincolo e condizionamento.

"Tutta la loro vita trascorreva non secondo leggi, statuti e regole, ma il libero volere e il franco[1] arbitrio. Si alzavano quando lo credevano opportuno, bevevano, mangiavano, lavoravano e dormivano quando ne avevano desiderio; nessuno li svegliava, né li forzava a bere, a mangiare, o a far questo o quello. Così aveva deciso Gargantua. La regola, quindi, consisteva in un solo dettame:

FA' QUEL CHE VUOI,

perché le persone libere, bennate,[2] ben istruite, che hanno modo di conversare in oneste compagnie, posseggono per natura un istinto e un pungolo[3] che le spingono sempre verso la virtù, e le allontanano dal vizio, ed è ciò che chiamano onore. E son coloro che, quando una vile soggezione o imposizione li deprimono e li fanno schiavi, volgono ogni nobile passione, per la quale tendevano liberamente alla virtù, a infrangere o piegare il giogo della servitù; perché noi vogliamo sempre fare cose proibite e desideriamo quel che ci è negato.
Appunto per questa libertà si sentirono spinti da un lodevole spirito di emulazione, e facevano tutti quello che vedevano piacere solo ad uno. Se qualcuno o qualcuna diceva: «Beviamo», tutti bevevano; se diceva: «Giochiamo», tutti giocavano; se diceva: «Andiamo a spasso per i campi», tutti andavano a spasso per i campi. Se si trattava di una partita di caccia a falcone, o in altro modo, le dame, montate su belle chinee,[4] e tutte col loro ardito palafreno,[5] sul pugno graziosamente inguantato portavano uno sparviero, o un laniero, o uno smeriglio,[6] mentre gli uomini portavano gli altri uccelli.
Ed erano così nobilmente educati, che nessuno e nessuna ignoravano come si fa a leggere, scrivere, cantare, sonare strumenti armoniosi, parlare cinque o sei lingue, e comporre sia in poesia che in prosa. Non si videro mai cavalieri tanto prodi, galanti, abili a piedi come a cavallo, più vigorosi, svelti, atti alla scherma con armi d'ogni natura, di quelli che eran là; e mai si vider donne tanto eleganti, graziose, meno noiose, più esperte in lavori di mano, d'ago, e in ogni atto libero, muliebre ed onesto, di quelle che erano là.
Per questa ragione, quando accadeva che un uomo dell'abbazia, o su richiesta dei genitori, o per altra causa, volesse uscire, portava con sé una delle dame, colei che l'avea accettato per suo servente, e si sposavano; e quanto più avean vissuto a Thelème devotamente e amichevolmente, tanto più continuavano nel matrimonio; ed alla fine dei loro giorni si amavano tanto quanto nel primo giorno delle nozze."

1 **franco:** libero.
2 **bennate:** che hanno buone qualità.
3 **pungolo:** inclinazione.
4 **belle chinee:** bei cavalli.
5 **palafreno:** cavallo da sella, non da battaglia.
6 **sparviero... laniero... smeriglio:** diversi tipi di volatili.

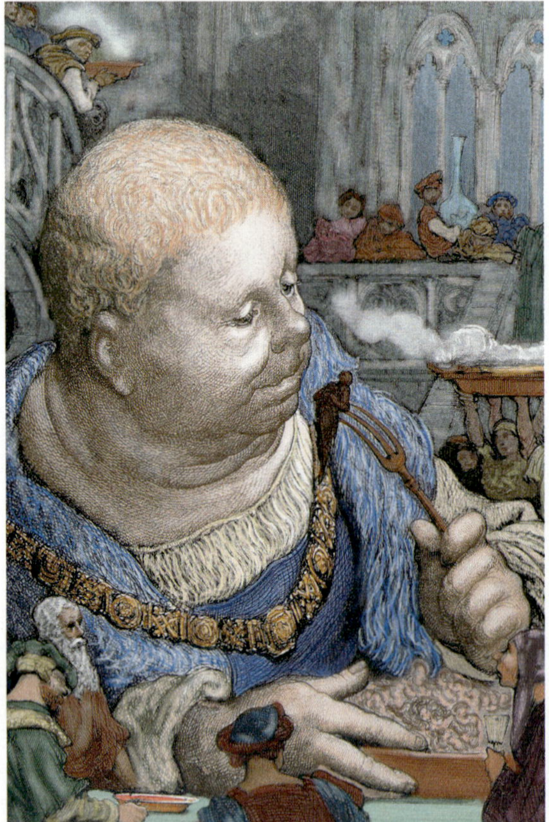

Gustave Doré, *La vita di Gargantua e Pantagruele. Pellegrini mangiati in insalata*, 1873. San Francisco, Fine Arts Museums.

LETTURE critiche

L'azione corrosiva del sonetto "alla burchia"

di Michelangelo Zaccarello

Contro quali avversari si schiera a battaglia il sonetto "alla burchia"? Quali sono i suoi bersagli polemici? Uno dei massimi studiosi di questa forma poetica, Michelangelo Zaccarello (n. 1969), risponde a queste domande, mostrando come i contenuti dell'opera di Burchiello, lungi dall'essere effettivamente "irregolari", si rifacciano a modelli toscani già consolidati, inscrivendosi in un'ampia e feconda tradizione di satira e parodia del sapere e delle poetiche tradizionali.

Lontano dalla ricerca di *nonsense*, il sonetto "alla burchia" può essere descritto come una forma di duplice attacco alla poetica tradizionale, dall'interno e dall'esterno: da un lato, la peculiare sintassi di quei versi sovverte le più elementari concatenazioni logiche, impiegando in modo volutamente incongruo gli operatori sintattici; dall'altro, le molteplici forme di satira del falso sapiente, l'uso di *clichés* lessicali e sintattici mutuati dalla tradizione delle *quaestiones* naturalistiche o delle ricette mediche collocano la polemica sul terreno della rivendicazione di un linguaggio concreto, contro le astrazioni sillogistiche in voga negli ambienti cólti dell'epoca.

Ambedue le direttrici si inscrivono a buon diritto nella tradizione, già ben attestata a inizio Quattrocento, della polemica contro la rigida disciplina del pensiero e l'esclusivo ricorso al sillogismo che caratterizzano il pensiero della tarda Scolastica: nei *Sonetti del Burchiello*, uno dei principali obiettivi polemici sembra essere l'approccio, forzosamente deduttivo, che legge la natura e il mondo quotidiano alla luce della grande fortuna dei *Problemata* aristotelici.

Per quanto urgenti nella Firenze del primo Quattrocento, tali intenti vengono percepiti a fatica già dalle prime generazioni di imitatori, che di quella satira conservano solo i connotati formali per piegarli a più immediate finalità di invettiva personale o polemica letteraria (anche laddove sopravviva un'energica ribellione alla cultura ufficiale, questa prende la strada – più frontale ed estrema – della verifica impietosa dei dogmi della fede, operata da Luigi Pulci nei ben noti sonetti di parodia religiosa). [...]

Se una maniera tanto stravagante e "irregolare" poteva essere compresa – e dunque imitata attraverso la sua autentica sintassi costitutiva – solo in un ambiente localmente, socialmente e cronologicamente definito, il presupposto del dilagare della maniera burchiellesca in senso lato sta nell'archiviazione dell'esperienza dei *Sonetti* come conclusa e irripetibile. Il culto personale del barbiere da un lato, e dall'altro l'indefessa campionatura cui vanno soggetti i versi del *corpus* che da lui prende nome, non fanno altro che evidenziare come quel materiale dovesse essere del muto rifunzionalizzato per aver corso nel rinnovato contesto della rimeria occasionale e cortigiana, fatta di propaganda accademica e polemica letteraria e dunque incline a recepire piuttosto il Burchiello delle tenzoni, dell'invettiva e della descrizione grottesca. A quest'ultimo, tuttavia, lo storico della letteratura non può riconoscere che una briosa rilettura di sottogeneri che vantavano già una lunghe, solida attestazione in terra toscana e non solo: il *vituperium* omosessuale o

misogino; il lamento per la povertà, gli stenti o la prigionia; la caricatura dei rivali. Alle variazioni su temi siffatti, caratterizzati da schemi di rigida convenzionalità e dal ricorso a un repertorio di immagini che può già definirsi manieristico, non ho ritenuto di attribuire la qualifica di "irregolarità".

Michelangelo Zaccarello, *Burchiello e i burchielleschi. Appunti sulla codificazione e sulla fortuna del sonetto "alla burchia"*, in *Gli "irregolari" nella letteratura. Eterodossi, parodisti, funamboli della parola*, Salerno editrice, Roma 2007

Comprendere il PENSIERO CRITICO

1 In quali modi il sonetto "alla burchia" attacca le forme poetiche tradizionali?

2 Chi intende colpire Burchiello con i suoi versi?

3 A quale tradizione letteraria si rifà Burchiello?

Verifica delle CONOSCENZE

LA CORRENTE

Indica se le seguenti affermazioni sono vere (V) o false (F).

1 L'Anticlassicismo presuppone una visione spirituale della vita. V F

2 Gli scrittori anticlassicisti seguono il modello petrarchesco. V F

3 Gli scrittori anticlassicisti prediligono una rappresentazione grottesca della realtà. V F

4 Gli scrittori anticlassicisti descrivono il mondo contadino in maniera realistica. V F

5 Gli scrittori anticlassicisti usano uno stile semplice e lineare. V F

Scegli l'alternativa corretta fra quelle proposte.

6 Il sonetto caudato è composto da

a due quartine e due terzine.

b due quartine, due terzine e un settenario.

c due quartine, due terzine, un settenario in rima con il verso precedente, e due endecasillabi a rima baciata.

d due quartine, due terzine e due endecasillabi a rima baciata.

Rispondi alle seguenti domande.

7 Quale può essere una definizione di "Anticlassicismo"?

8 Si può affermare che gli scrittori anticlassicisti siano degli improvvisatori senza alcun retroterra culturale? Motiva la risposta.

Scegli l'alternativa corretta fra quelle proposte.

9 Che cosa significa scrivere versi "alla burchia"?

a Accostare immagini e parole alla rinfusa senza una logica apparente.

b Comporre poesie agganciandosi alle forme e ai termini della tradizione lirica.

c Scrivere poesie polemiche verso la Chiesa.

d Alternare metri diversi senza un ordine preciso.

10 Quali delle seguenti opere non sono state scritte da Folengo?

a *Moscheide.*

b *Pastoral.*

c *Zaninotella.*

d *Betia.*

e *Sonetti lussuriosi.*

f *Baldus.*

11 La formazione culturale di Ruzante è

a da autodidatta.

b assai povera e limitata solo alla tradizione orale veneta.

c raffinata e non priva di solide letture classiche.

d basata esclusivamente sulla conoscenza degli autori del genere idillico-pastorale.

Indica se le seguenti affermazioni sono vere (V) o false (F).

12 *Crin d'oro crespo e d'ambra tersa e pura* è un sonetto di Francesco Berni. V F

13 Burchiello esercitava la professione di barbiere. V F

14 Il vero nome di Ruzante è Angelo Beolco. V F

15 Teofilo Folengo è autore di una ricca produzione teatrale in lingua maccheronica. V F

16 Le *Pasquinate* prendono il loro nome da una statua fiorentina. V F

Rispondi alle seguenti domande.

17 Perché la poesia di Francesco Berni non è da considerarsi rivoluzionaria, ma pur sempre interna a un preciso orizzonte letterario?

18 Perché Pietro Aretino è stato definito «flagello de' principi»?

I SAPERI fondamentali

CONTRO IL CLASSICISMO

La letteratura antiaccademica, che affonda le proprie radici nella poesia comico-realistica del XIII secolo, **rifiuta i canoni della tradizione classica**: all'esaltazione del bello preferisce la rappresentazione del comico e del difforme. A divenire oggetto di **parodia** è soprattutto il modello petrarchista imposto da Bembo, considerato troppo artificioso e astratto.
Gli Anticlassicisti, letterati di mestiere, esprimono posizioni estranee alla cultura cortigiana: rappresentano il mondo contadino e quello cittadino nella totalità dei loro aspetti. Lo stile è prosastico e abbondano le espressioni colorite, i giochi di parole e i doppi sensi, attinti anche dal lessico dialettale e vernacolare. La letteratura anticlassicista si concretizza in forme e **generi diversi: lirica** (Burchiello e Berni, con utilizzo di capitolo e sonetto "caudato"), **trattatistica** (Aretino), **epica** (Folengo), **teatro** (Ruzante).

GLI AUTORI

Burchiello (1404-1449) Domenico de Giovanni, detto Burchiello per l'abitudine di scrivere versi "**alla burchia**" (alla rinfusa), è promotore di una poetica del nonsenso e dell'assurdo, ricca di riferimenti polemici e atteggiamenti antireligiosi lontani dalla compostezza cortigiana.

Francesco Berni (1497 ca-1535) Compone liriche satiriche sulla vita di corte, concentrandosi su oggetti e tematiche di norma esclusi dalla trattazione lirica: si tratta infatti di una poesia aperta ad un lessico variegato e caratterizzata da trovate umoristiche e sottintesi osceni.

Pietro Aretino (1492-1556) È un anticlassicista dalla vena aspra e polemica che produce trattati, opere teatrali e cavalleresche, testi satirici e scabrosi. La sua scrittura ricerca effetti sorprendenti e sperimenta un'ampia gamma di soluzione e registri.

Teofilo Folengo (1491-1544) Il monaco benedettino Teofilo Folengo utilizza il **maccheronico**, lingua che innesta il lessico volgare sulla struttura morfologica e sintattica del latino. Nel *Baldus*, parodia linguistica del modello virgiliano, assistiamo a un rovesciamento dell'epica cavalleresca e dei canoni della scrittura ufficiale.
Nel descrivere dal basso un mondo carnevalesco dominato da passioni materiali, l'autore sovverte i valori cortigiani grazie al suo gusto per l'eccessivo e l'iperbolico: l'effetto comico è dato dallo scontro fra la conoscenza della tradizione letteraria e la rappresentazione grottesca della realtà.

Ruzante (1496 ca - 1542) La produzione di Ruzante è caratterizzata da un forte realismo descrittivo e dalla scelta linguistica del pavano. È autore di diverse commedie dalla comicità violenta e amara, attraverso cui racconta il mondo autentico delle campagne in contrapposizione a quello artificioso della città.

L'ANTICLASSICISMO

- rifiuto del modello petrarchista
- rappresentazione non idealizzata della realtà
- rovesciamento della cultura cortigiana
- plurilinguismo
- generi diversi (lirica, trattatistica, epica, teatro)

AUTORI

Burchiello (1404-1449)

Rime
- componimenti che riflettono una poetica dell'assurdo ed esprimono una polemica antireligiosa

T1 Nominativi fritti e mappamondi
T2 La Poesia combatte col Rasoio

Francesco Berni (1497 ca-1535)

Dialogo contra i poeti
- polemica contro la concezione aulica della letteratura

Rime (1535)
- componimenti dal carattere giocoso e satira dell'ambiente cortigiano

T3 Chiome d'argento fine, irte e attorte

Pietro Aretino (1492-1556)

Ragionamenti o Sei giornate (1534-1536)
- alterazione grottesca dell'amore platonico

Ragionamenti delle Corti (1538)
- antitesi del *Cortegiano*

La cortigiana (1525)
- opera teatrale

Pasquinate e Sonetti lussuriosi (1521)
- produzione satirica

T4 Ira, invidia, lussuria e sodomia

Teofilo Folengo (1491-1544)

Moscheide
- parodia del poema epico

Zaninotella
- parodia del modello aristocratico dell'elegia bucolica

Baldus
- rovesciamento del poema cavalleresco

T5 Invocazione alle Muse maccheroniche

Ruzante (1496 ca-1542)

Pastoral (1521), ***Betia*** (1523), ***Dialoghi (Il Parlamento di Ruzante)*** (1530), ***Bilora*** (1530)
- commedie in dialetto pavano

T6 La guerra di un povero contadino

L'autore

Ludovico Ariosto

Oh quante sono incantatrici, oh quanti
incantator tra noi che non si sanno!
Che con lor arti uomini e donne amanti di sé,
cangiando i visi lor, fatto hanno.

(*Orlando furioso*, VIII, ott. 1)

perché leggere... **Ariosto**

LA VITA
LE OPERE
I GRANDI TEMI

L'opera
Orlando furioso

Ariosto è il maggiore poeta italiano della prima metà del XVI secolo e, insieme a Torquato Tasso, il maggiore poeta italiano di epica cavalleresca. I valori da lui professati sono quelli dell'età umanistico-rinascimentale: laicità, tolleranza, amore per i classici. Per questo si può affermare che la sua opera più importante, l'*Orlando furioso*, è il poema del Rinascimento.

Grazie a una fantasia prodigiosa, alla sapiente struttura narrativa e alla geniale vena ironica, egli ha costruito un vero e proprio atlante della natura umana, delineando un mondo scompaginato dal caso, che l'intelligenza e la virtù dell'individuo non sempre riescono a dominare.

Con Ariosto, così, la concezione rinascimentale di una realtà armoniosa entra in crisi: ma non vengono mai meno la curiosità per le cose, l'interesse per le passioni dell'uomo e uno sguardo sorridente sulle sue debolezze.

La vita

Ludovico Ariosto nasce a **Reggio Emilia** nel **1474**, primogenito di dieci fratelli, dal conte ferrarese Niccolò e da Daria Malaguzzi Valeri. A Reggio il padre ricopre la carica di capitano della cittadella, una delle molte della sua carriera di funzionario dei duchi d'Este, la nobile famiglia regnante a Ferrara. Ludovico inizia i **primi studi** grammaticali e giuridici **a Ferrara**: come primogenito, è infatti destinato a intraprendere la carriera pubblica del padre. Tuttavia li abbandona pochi anni dopo, per dedicarsi alle materie letterarie e classiche.

La passione letteraria

È lui stesso a ricordarlo in alcuni versi della *Satira* VI (vv. 157-162): *«Mio padre mi cacciò con spiedi e lancie, / non che con sproni, a volger testi e chiose, / e me occupò cinque anni in quelle ciance. / Ma poi che vide poco fruttuose / l'opere, e il tempo invan gittarsi, dopo / molto contrasto in libertà mi pose»* [Mio padre mi spinse, con strumenti coercitivi, a studiare i testi giuridici e i loro commenti, e mi fece trascorrere cinque anni in quelle occupazioni per me inutili. Ma accortosi che i risultati erano scadenti e che così si sprecava tempo, dopo molti contrasti, mi lasciò libero di fare ciò che volevo]. Insomma, Ludovico **preferisce lo studio delle lettere a quello della giurisprudenza, cui il padre voleva avviarlo**; e al genitore non resta che accettare la volontà del figlio. Tra il 1495 e il 1500 Ariosto trascorre così anni spensierati tra amicizie, amori e studi.

La morte del padre e le incombenze familiari

Nel 1500 muore il padre, lasciando una discreta eredità, ma anche dieci figli, e tocca a Ludovico assumersi le cure della famiglia. Intraprende così la carriera militare: nel 1502 è capitano di Canossa, una rocca sperduta tra i calanchi dell'Appennino reggiano; l'anno dopo entra **al servizio del cardinale Ippolito d'Este**. Le parole dello scrittore contemporaneo Luigi da Porto tracciano un efficace ritratto di questo ecclesiastico ambizioso e, insieme, fine diplomatico, intelligente politico, nonché valoroso uomo di guerra, associato dal fratello Alfonso alla guida dello Stato: «È il cardinal d'Este, fratello del duca, il più disposto corpo con il più fiero animo, che mai alcuno della sua casa avesse... Piacciono a costui gli uomini valorosi, e, quantunque sia prete, ne ha sempre molti dattorno».

Da questo momento la vita di Ludovico sarà divisa tra due attività: quella fastidiosa, ma necessaria alla sussistenza della famiglia, di **funzionario** alla corte del cardinale Ippolito d'Este, che gli affida missioni diplomatiche sempre più importanti e delicate, e quella prediletta di **poeta**, che lo impegna nella stesura di un'opera che sviluppa le vicende dell'*Orlando innamorato* del conterraneo Boiardo.

Nel 1513 Ludovico incontra, a Firenze, **Alessandra Benucci**, moglie di Tito Strozzi, e verso di lei nasce un amore che durerà fino alla morte: rimasta vedova nel 1515, diventerà la sua compagna (più avanti si sposeranno in segreto).

La pubblicazione del capolavoro

Nel **1516**, dopo un lavoro durato circa dieci anni, esce la **prima edizione dell'*Orlando furioso***, un poema cavalleresco in ottave, che conosce subito un successo eccezionale in Italia e in Europa, tanto da essere ben presto tradotto e pubblicato anche in altre lingue. Durante la stesura del suo capolavoro, Ariosto scrive anche le *Satire* e quattro commedie.

Dal cardinale al duca

I suoi rapporti con il cardinale sono quelli del dipendente che ubbidisce e borbotta: gli impegni legati alla sua attività di funzionario di corte e quell'esser fatto «di poeta, cavallaro» non potevano piacergli, tanto più quando il successo dell'*Orlando furioso* lo autorizza a sperare in una vita più quieta e consona al suo genio.

Nel 1517 **si rifiuta di seguire il cardinale**, nominato vescovo di Buda, **in Ungheria** e deve abbandonarne il servizio. Questi lo accusa di malvagità e ingratitudine, ma troppe cose trattenevano il poeta a Ferrara: l'età, la salute, i fratelli, l'amore per Alessandra. La rottura risulterà definitiva, con grande rammarico di Ariosto, che al cardinale aveva dedicato il suo poema, consacrandone il nome nei secoli futuri: quando, dopo tre anni, Ippolito tornerà malato a Ferrara per morirvi, nel suo testamento ricorderà tutti, anche i più umili servitori, tranne Ariosto.

Nel 1518 Ludovico è **alla corte di Alfonso I d'Este** duca di Ferrara: è contento del nuovo incarico che di rado lo costringe ad allontanarsi dalla città. Alfonso è molto meno esigente del fratello e lascia Ariosto piuttosto libero. Tuttavia nel 1522, tornata la **Garfagnana** in possesso del duca, questi lo manda a governarla con l'incarico di "commissario": impresa difficile per la rozzezza degli abitanti, la violenza dei contrasti tra le fazioni e la ferocia dei banditi che infestavano questa regione montagnosa a nord della Toscana. Ariosto fa comunque del suo meglio per portarvi ordine e sicurezza, ottenendo diversi risultati positivi.

il CARATTERE

Un uomo tranquillo

L'immagine tradizionale di Ariosto è quella di una persona amante della quiete (era detto *Ludovicus tranquillitatis*, "Ludovico della tranquillità"), di un poeta svagato e sognante, perso dietro alle proprie fantasie. «Il suo ideale», scriveva Francesco De Sanctis, «è la tranquillità della vita, starsene a casa fantasticando e facendo versi, vivere e lasciar vivere». Egli ci appare dunque, innanzitutto, come un uomo bonario, riflessivo, dotato di sentimenti onesti e delicati, forse privo di profonde passioni morali, religiose, politiche. Insomma, saggio di una saggezza serena.

Il senso della famiglia

Ludovico però è anche un uomo dotato di un grande senso di responsabilità. La vita lo costringe a crescere in fretta. Ha solo ventisei anni quando, nel 1500, morto il padre, si trova a fare da genitore a quattro fratelli e cinque sorelle, con anche la madre a carico, unico in grado di guadagnarsi da vivere. Così il poeta: «Mi more il padre, e da Maria il pensiero / drieto a Marta bisogna ch'io rivolga, / ch'io muti in squarci et in vacchette Omero; // truovi marito e modo che si tolga / di casa una sorella e un'altra appresso, / e che l'eredità non se ne dolga; // coi piccioli fratelli, ai quai successo / ero in luogo di padre, far l'uffizio / che debito e pietà avea commesso; // a chi studio, a chi corte, a chi essercizio / altro proporre, e procurar non pieghi / da le virtudi il molle animo al vizio» (*Satire*, VI, 199-210; Muore mio padre e bisogna che sposti il mio pensiero dalla vita contemplativa (*Maria*) a quella attiva (*Marta*) e che lasci la poesia per gli scartafacci e i registri contabili (detti *vacchette* perché rilegati in pelle di vacca); che trovi marito a una sorella e dopo a un'altra, e che l'eredità non soffra troppo per le doti da preparare; con i fratelli più piccoli, per i quali ricoprivo il ruolo di padre, devo svolgere il compito educativo che il dovere e l'affetto mi avevano affidato. Devo proporre a uno il servizio di corte, a un altro lo studio, a un altro ancora l'esercizio della mercatura e vigilare affinché non pieghi il cedevole animo dalle virtù al vizio).

L'impegno sociale

L'umana disponibilità di Ariosto si vede bene anche nei tre anni trascorsi in Garfagnana. Se all'inizio è turbato dall'asprezza dei luoghi e dei costumi, a poco a poco prende in simpatia la condizione di quella povera gente, avvilita dalla prepotenza dei pochi che la comandano e abituata, per antica consuetudine, a chinare il capo di fronte ai soprusi. Scrive in una lettera: «Finch'io starò in questo officio, non sono per havermi alcuno amico, se non la giustitia». Tale dichiarazione d'intenti, concretizzata nella quotidiana azione di governo, determina nei suoi confronti l'odio dei prepotenti che vedono in pericolo i propri privilegi.

Quel che è certo è che Ariosto possiede sì fini doti intellettuali, ma non grandi capacità di gestione politica. È lui stesso a scoprirsi, periodicamente, incapace di severità, anche là dove tale atteggiamento sarebbe necessario. Al contrario, il contatto personale lo spinge a comprensione e compassione nei riguardi degli stessi colpevoli: «Io 'l confesso ingenuamente, ch'io non son omo da governare altri omini, che ho troppo pietà, e non ho fronte di negare cosa che mi sia domandata». Chissà quanti hanno provato ad approfittarsi di questa debolezza del funzionario Ludovico Ariosto!

La quiete degli ultimi anni

Dopo tre anni torna a **Ferrara,** dove trascorre serenamente l'ultima parte della sua vita: si costruisce una casa in contrada Mirasole, sulla facciata della quale è iscritto il distico latino: *Parva, sed apta mihi, sed nulli obnoxia, sed non / sordida, parta meo sed tamen aere domus* (Una casa piccola, ma adatta a me; non molesta ad alcuno, né / indecorosa; acquistata con il mio denaro). Qui trascorre gli ultimi anni, felice dell'affetto della moglie Alessandra e del figlio Virginio, che ha avuto da una relazione precedente, dedicandosi agli studi e all'esercizio letterario fino al **1533**, anno in cui muore.

Le opere

Ariosto **scrive quasi esclusivamente in volgare**; l'uso del latino è episodico e riservato soltanto ad alcune poesie. Senz'altro il genere più importante da lui praticato è l'epica cavalleresca, che gli assicura un posto di primo piano nella storia della letteratura italiana. Va però anche ricordata la produzione satirica, utile per inquadrare meglio la personalità dell'autore, mentre meno significative sono le commedie scritte per il teatro della corte estense.

T4-T12 *Orlando furioso*

Intorno al 1505 Ariosto si accinge alla composizione dell'*Orlando furioso*. La prima edizione è del 1516 e la seconda del 1521, ambedue in 40 canti; la terza, in 46 canti, data al 1532. Al *Furioso* è dedicata la seconda parte dell'Unità (› p. 235).

T1-T2 *Satire*

Scritte fra il 1517 e il 1524 (e pubblicate postume nel 1534), sono **7 componimenti in terza rima**, dedicati a parenti e ad amici. Sono testi di contenuto autobiografico e di andamento narrativo, caratterizzati da una scioltezza e coerenza di stile – uno **stile colloquiale, dimesso** – che le rendono le più riuscite tra le opere minori di Ariosto. In esse l'autore svolge una meditazione, pacata e sorridente, sul proprio carattere e sui propri difetti: emerge a tratti la sua nitida coscienza morale, che gli vieta certi comportamenti e ne orienta le scelte di vita. Quello delle *Satire* è un Ariosto intento a un racconto concreto e personale, che è quasi il rovescio di quella grande "favola" che è il *Furioso*.

Gli argomenti

La *Satira* I è un bilancio degli anni di servizio agli ordini del cardinale Ippolito d'Este; la II è la cronaca di un viaggio a Roma, città dipinta a tinte fosche per gli intrighi politici che caratterizzano la curia papale; la III parla del nuovo servizio del poeta, quello presso Alfonso I; la IV racconta del suo incarico in Garfagnana, con tutti i problemi e i disagi che egli si trova a vivere; la V è indirizzata al cugino Annibale Malaguzzi nell'imminenza del suo matrimonio ed è un elogio della vita matrimoniale; nella VI l'autore traccia un crudo quadro della società letteraria contemporanea; la VII è un garbato rifiuto all'offerta di un posto di ambasciatore presso papa Clemente VII.

T3 *Rime* volgari e *Carmi* latini

Le *Rime* in volgare (raccolte per la prima volta in volume nel 1545) sono quasi tutte **liriche d'amore** che hanno per modello Petrarca, per quanto si avverta con chiarezza l'influsso dei poeti latini. In particolare, da giovane Ariosto si era formato sui versi di Catullo, Orazio, Ovidio e Virgilio, dai quali deriva, per la propria poesia, un insegnamento di stile, nei termini di una composta essenzialità. D'altronde Ariosto è anche autore di un cospicuo numero di **poesie in latino** (oltre una settantina), di metri e argomenti vari, che attestano gli assidui studi giovanili sui classici.

Commedie

Ariosto scrive **5 commedie in endecasillabi sciolti**: *La Cassaria* (1508); *I Suppositi* (1509); *Il Negromante* (1520); *La Lena* (1528); *I Studenti* (rimasta interrotta e finita dal fratello Gabriele e dal figlio Virginio, che la intitolano *La Scolastica*). Sono opere che non presentano particolari pregi letterari: Ariosto si limita a riprendere gli schemi formali delle commedie latine di Plauto e Terenzio, adattandone gli intrecci a situazioni contemporanee.

Una produzione cortigiana

Questa produzione per le scene rientra nell'attività cortigiana di Ariosto, che sovrintende alle rappresentazioni anche come regista e scenografo. L'amore per lo spettacolo classico era infatti assai vivo a Ferrara, la cui corte chiese ad Ariosto anche questo tributo, peraltro a lui non sgradito. Nelle commedie, la società rinascimentale è l'oggetto di un'analisi e di un commento sorridenti, pacati, talora moraleggianti.

Lettere

Di Ariosto ci sono rimaste anche 214 lettere di un epistolario certamente più ampio. Nate da contingenze e necessità pratiche, esse aprono **squarci sulla vita privata del poeta**, risultando utili nella ricostruzione dei suoi servizi pubblici (soprattutto del commissariato garfagnino), e offrono alcune informazioni sulla composizione delle opere.

Erbolato

Si tratta di un opuscolo uscito postumo nel 1545, della cui paternità ariostesca, peraltro, non tutti gli studiosi sono persuasi. È un'opera singolare, una sorta di *divertissement* che disegna **una gustosa caricatura dei medici del tempo**. L'erbolato è una torta d'erbe di cui un medico un po' ciarlatano decanta le portentose virtù terapeutiche.

Andrea Mantegna, *Corte di Ludovico Gonzaga* (particolare), 1465-1474. Mantova, Castello di San Giorgio, Camera degli Sposi.

La vita		Le opere
▪ Nasce a Reggio Emilia	**1474**	
▪ Studia giurisprudenza e lettere a Ferrara	1495-1500	
▪ Intraprende la carriera militare	1502	
▪ Entra al servizio del cardinale Ippolito d'Este	1503	
	1508	*La Cassaria*
	1509	*I Suppositi*
▪ Incontra Alessandra Benucci, la donna che amerà per tutta la vita	1513	
	1516	**Prima edizione dell'*Orlando furioso***
▪ Si rifiuta di seguire il cardinale Ippolito in Ungheria e lascia il servizio presso di lui	1517	
	1517-1524	*Satire*
▪ È al servizio del duca di Ferrara Alfonso I d'Este	1518	
	1520	*Il Negromante*
	1521	**Seconda edizione dell'*Orlando furioso***
▪ È in Garfagnana come commissario per controllare i territori acquisiti dal ducato	1522	
▪ Ritorna definitivamente a Ferrara	1525	
	1528	*La Lena*
	1532	**Terza edizione dell'*Orlando furioso***
▪ Muore a Ferrara	**1533**	
	1534	*Satire* (pubblicazione postuma)
	1545	*Rime* ed *Erbolato* (pubblicazione postuma)

I grandi temi

1 Le ansie della corte e l'ideale della vita semplice

Pochi mesi dopo essersi liberato dal servizio presso il cardinale Ippolito, Ariosto si trova costretto ad accettare un nuovo incarico presso il duca Alfonso, ottenuto grazie all'interessamento di un cugino, Annibale Malaguzzi. Giacché deve guadagnare da vivere per sé e per la sua numerosa famiglia, sembra proprio che non ci sia per lui alternativa alla vita di corte.

Una corte piccola e splendida

Diciamo innanzitutto che quella di Ferrara è una corte splendida, ma anche piccola, e che, come in tutti gli ambienti ristretti, non mancano **intrighi, invidie e gelosie**, cui Ariosto è alieno per carattere. Il poeta conosce bene vizi e difetti di chi gli garantisce il sostentamento. Nonostante egli indirizzi loro dediche piene di lodi retoriche, è ben consapevole di non avere a che fare con eroi, ma con semplici uomini: saggi e intriganti, pavidi e feroci, dominati dalla legge inesorabile della ragion di Stato.

L'aspirazione alla libertà

L'ideale di vita di Ariosto è di tutt'altro tenore. Egli **vagheggia** un'esistenza tranquilla e serena, nella quale poter realizzare integralmente la sua dimensione umana; **un'esistenza**

libera, non in senso assoluto, ma in senso pratico: la libertà a cui aspira è quella di avere tempo sufficiente per potersi dedicare alla lettura, alla scrittura e agli affetti familiari.

La letteratura come ricerca di autonomia

Tuttavia il desiderio di indipedenza di Ariosto non è ricollegabile soltanto a un carattere schivo e poco amante della vita mondana, ma va letto anche sullo sfondo della mutata temperie storica e culturale. Ariosto simboleggia appieno la **crisi dell'intellettuale cortigiano**, che si adatta con sempre maggiore difficoltà a farsi cantore del signore da cui è stipendiato. Per lui la letteratura è, al contrario, **esercizio libero e dignitoso**, spazio di autonomia rispetto alle richieste del potere, talora pressanti e invasive. Scrivere rappresenta, in altre parole, il momento in cui l'uomo di corte rivendica e ricerca la possibilità di "rientrare in sé stesso" e di costruire qualcosa per sé, al di là degli obblighi professionali e sociali. Probabilmente è anche per questo che Ariosto coltiva la scrittura con una certa discrezione: egli forse è il primo letterato della nostra tradizione che non tende a "monumentalizzarsi", a offrire, cioè, attraverso le sue opere, un'immagine idealizzata della propria persona e del proprio lavoro artistico.

CRONACHE dal PASSATO

La congiura di don Giulio

Una feroce storia di vendetta familiare

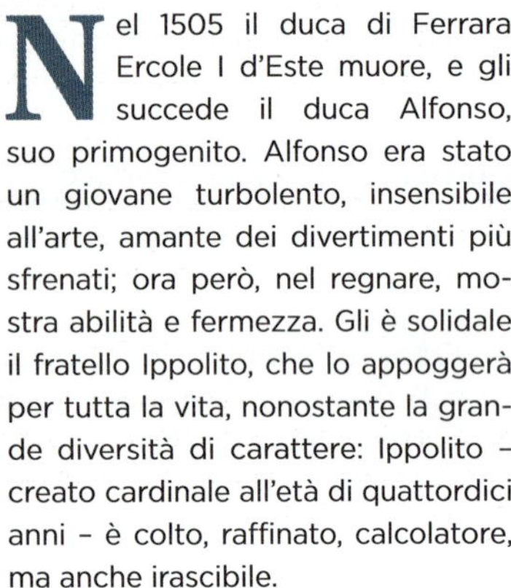

Nel 1505 il duca di Ferrara Ercole I d'Este muore, e gli succede il duca Alfonso, suo primogenito. Alfonso era stato un giovane turbolento, insensibile all'arte, amante dei divertimenti più sfrenati; ora però, nel regnare, mostra abilità e fermezza. Gli è solidale il fratello Ippolito, che lo appoggerà per tutta la vita, nonostante la grande diversità di carattere: Ippolito – creato cardinale all'età di quattordici anni – è colto, raffinato, calcolatore, ma anche irascibile.

L'accordo tra Alfonso e Ippolito esclude un fratello, Ferrante, il secondogenito, che si sente messo da parte e non si rassegna a tale disegno. La sua ambizione è quella di sostituirsi ad Alfonso alla guida del ducato.

Con i tre fratelli vive anche don Giulio, figlio illegittimo di Ercole, ma cresciuto ed educato con loro. Giulio è un giovane di bell'aspetto, frivolo e dissoluto. Non si interessa di politica, essendo invece dedito alle avventure galanti. Tuttavia proprio da lui ha origine un dramma che rischia di travolgere il ducato estense.

Giulio, famoso per il fascino del suo sguardo, fa innamorare una gentildonna, a sua volta amata da Ippolito. Quest'ultimo, furente di gelosia, tende un agguato al fratellastro, facendolo colpire proprio agli occhi. Giulio rimane cieco da un occhio, mentre l'altro resta fortemente compromesso.

Battista Dossi, *Ritratto di Alfonso I d'Este* (particolare), 1534 ca. Modena, Galleria Estense.

Ippolito meriterebbe una severa punizione, ma le cautele diplomatiche (la necessità di evitare uno scandalo che potrebbe oltrepassare i confini del ducato) inducono il duca Alfonso a minimizzare l'accaduto. Naturalmente, Giulio è di diverso avviso, e il suo risentimento verso Ippolito e verso Alfonso cresce.

Per questo motivo Giulio si avvicina a Ferrante. I due concepiscono un piano: uccideranno Alfonso e Ippolito; in tal modo Giulio soddisferà la propria sete di vendetta, Ferrante quella di potere. La congiura viene organizzata. Ma l'abile cardinale Ippolito si accorge di qualcosa. Freddo, lucido, attento, si mette in guardia, fa sorvegliare Giulio e Ferrante, li osserva, li controlla, e infine la macchinazione è svelata.

I due giovani, non ancora trentenni, sono condannati a morte ma la pena viene poi commutata nel carcere a vita. È il settembre del 1506. Ferrante morirà in prigione a sessantatré anni, Giulio ne uscirà invece dopo avere superato gli ottanta (avendo dunque passato in cella oltre mezzo secolo), quando ormai i protagonisti dell'epoca della sua giovinezza sono quasi tutti scomparsi, Ariosto compreso.

• T1 •

L'intellettuale contro la corte

Satire, I, ott. 1-27; 85-123

Una denuncia dei vizi della corte

Nel 1517 il cardinale Ippolito d'Este parte per l'Ungheria, dove ha ottenuto la sede arcivescovile. Propone ad Ariosto di seguirlo, ma il poeta rifiuta, preferendo rimanere a Ferrara per dedicarsi all'attività letteraria. La prima delle sette satire – indirizzata al fratello Alessandro e a Ludovico da Bagno, segretario del cardinale, che invece sono partiti – presenta le ragioni della sua scelta.

METRO Terzine di endecasillabi a rima incatenata (ABA, BCB ecc.).

Io desidero intendere da voi,
Alessandro fratel, compar mio Bagno,
s'in corte è ricordanza più di noi;

se più il signor me accusa; se compagno
per me si lieva e dice la cagione
per che, partendo gli altri, io qui rimagno;

o, tutti dotti ne la adulazione
(l'arte che più tra noi si studia e cole),
l'aiutate a biasmarme oltra ragione.

Pazzo chi al suo signor contradir vole,
se ben dicesse c'ha veduto il giorno
pieno di stelle e a mezzanotte il sole.

O ch'egli lodi, o voglia altrui far scorno,
di varie voci subito un concento
s'ode accordar di quanti n'ha dintorno;

e chi non ha per umiltà ardimento
la bocca aprir, con tutto il viso applaude
e par che voglia dir: «anch'io consento».

Ma se in altro biasmarme, almen dar laude
dovete che, volendo io rimanere,
lo dissi a viso aperto e non con fraude.

Dissi molte ragioni, e tutte vere,
de le quali per sé sola ciascuna
esser mi dovea degna di tenere.

PARAFRASI

1-3 Io desidero sapere (*intendere*) da voi, Alessandro fratello mio e Bagno mio compare, se a corte ci si ricorda (*è ricordanza*) ancora di me (*di noi*);

4-6 se il signore mi accusa ancora (*più*); se qualche amico si alza [a parlare] a mio favore (*per me*) e spiega la ragione per la quale (*per che*), mentre gli altri [cortigiani] partono, io rimango qui;

7-9 oppure se [voi], tutti abili (*dotti*) nell'adulare [l'arte che tra di noi più si studia e si coltiva], lo aiutate ad accusarmi (*biasimarme*) oltre misura (*oltra ragione*).

10-12 È pazzo chi vuole contraddire il suo signore, anche se (*se ben*) [costui] dicesse che ha visto il giorno pieno di stelle e il sole a mezzanotte.

13-15 Sia (*O*) che egli lodi sia che voglia umiliare (*far scorno*) qualcuno (*altrui*), subito si ode accordarsi un coro (*concento*) delle varie voci di quelli che gli stanno (*n'ha*) intorno;

16-18 e chi per debolezza (*umiltà*) non ha il coraggio (*ardimento*) di aprire bocca, con l'espressione del viso manifesta il suo consenso (*applaude*) e sembra (*par*) che voglia dire: "Anch'io sono d'accordo (*consento*)".

19-21 Ma se dovete biasimarmi per qualche altro motivo (*in altro*), almeno dovete riconoscermi il merito (*dar laude*) di aver detto chiaramente (*a viso aperto*) e senza inganni (*non con fraude*) che io volevo rimanere [qui].

22-24 Ho fornito (*Dissi*) numerose ragioni, e tutte vere, ciascuna delle quali da sola doveva essere considerata sufficiente (*esser mi dovea degna*) a farmi rimanere.

2 Alessandro fratel: è il più giovane dei fratelli del poeta. **compar mio Bagno:** Ludovico da Bagno, cancelliere del cardinale Ippolito, è un gentiluomo di origini mantovane, legato da grande amicizia all'Ariosto tanto da essere è stato il padrino del suo secondogenito.
4 il signor: il cardinale Ippolito d'Este.
6 qui: a Ferrara.
8 cole: dal lat. *colĕre*, "coltivare".
14 concento: un coro di voci (dal lat. *cum* + *cantus*).

Prima la vita, a cui poche o nessuna
cosa ho da preferir, che far più breve
non voglio che 'l ciel voglia o la Fortuna.
[...]

Io, per la mala servitude mia,
non ho dal Cardinale ancora tanto
ch'io possa fare in corte l'osteria.

Apollo, tua mercé, tua mercé, santo
collegio de le Muse, io non possiedo
tanto per voi, ch'io possa farmi un manto.

«Oh! il signor t'ha dato...» io ve 'l conciedo,
tanto che fatto m'ho più d'un mantello;
ma che m'abbia per voi dato non credo.

Egli l'ha detto: io dirlo a questo e a quello
voglio anco, e i versi miei posso a mia posta
mandare al Culiseo per lo sugello.

Non vuol che laude sua da me composta
per opra degna di mercé si pona;
di mercé degno è l'ir correndo in posta.

A chi nel Barco e in villa il segue, dona,
a chi lo veste e spoglia, o pona i fiaschi
nel pozzo per la sera in fresco a nona;

vegghi la notte, in sin che i Bergamaschi
se levino a far chiodi, sì che spesso
col torchio in mano addormentato caschi.

S'io l'ho con laude ne' miei versi messo,
dice ch'io l'ho fatto a piacere e in ocio;
più grato fòra essergli stato appresso.

25-27 In primo luogo (*Prima*) la [mia] vita, alla quale poche cose o nessuna antepongo, che non voglio accorciare (*far più breve*) più di quanto (*che*) non vogliano il cielo o la sorte (*Fortuna*). [...]

85-87 Io, per il mio disgraziato servizio [di cortigiano], non ricevo (*ho*) dal Cardinale tanto da potermi comprare cibo in quantità (*fare... l'osteria*) a (*in*) corte.

88-90 Apollo, grazie a te (*tua mercé*), grazie a te, o sacro collegio delle Muse, io non possiedo grazie a voi (*per voi*) tanto da potermi fare un mantello (*manto*).

91-93 «Oh, il [tuo] signore ti ha dato...», io ve lo concedo, tanto che ho potuto procurarmi più di un mantello; ma non credo che me l'abbia dato grazie (*per*) a voi.

94-96 Egli stesso lo ha detto: anche io voglio dirlo a questo e quello, [cioè che] i miei versi posso mandarli a mio piacimento (*a mia posta*) al Colosseo per il sigillo.

97-99 [Il Cardinale] non vuole che un'opera (*laude*) da me composta in suo onore sia stimata degna di ricompensa (*mercé*); degno di ricompensa è andar (*ir*) correndo nelle stazioni di (*in*) posta.

100-102 [Egli] fa regali (*dona*) a chi lo segue nel Barco o nei luoghi di villeggiatura (*in villa*), a chi lo veste e spoglia, o a chi a mezzogiorno (*a nona*) ponga in fresco i fiaschi nel pozzo per la sera;

103-105 [o a chi] vegli (*vegghi*) la notte fino all'ora in cui i Bergamaschi si alzano a fare chiodi, così che spesso cada addormentato con la torcia (*torchio*) in mano.

106-108 Se io l'ho lodato nei miei versi, dice che l'ho fatto a mio piacere e per passatempo (*in ocio*); più gradito (*grato*) sarebbe stato (*fòra*) l'essergli stato vicino (*appresso*).

86 non ho.. tanto: fino a poco tempo prima al servizio del Cardinale, Ariosto lamenta che lo stipendio a stento soddisfava le più elementari esigenze di vita.
87 fare... l'osteria: l'espressione significa in questo caso "procurarsi cibo".
88 Apollo: dio greco della bellezza e della poesia, qui viene invocato come il protettore dell'attività poetica. **88-89 santo... Muse:** le Muse, essendo nove, vengono considerate abitanti di una sacra comunità (*santo collegio*).
91 Oh!... t'ha dato...: il poeta immagina che Apollo e le Muse parlino per ribattere alla sua affermazione precedente.
96 mandare... per lo sugello: l'espressione popolaresca significa "mandare a quel paese". **Culiseo:** è una forma corrotta per "Colosseo" e suggerisce un chiaro doppio senso osceno.
99 ir... in posta: l'espressione suggerisce la fretta con la quale il poeta doveva cambiare cavalli di stazione in stazione. Si può leggere un'allusione alla necessità, impostagli dal Cardinale, di svolgere viaggi rapidi e sgraditi per scopi diplomatici.
100 Barco: grande parco di caccia degli Este, vicino Ferrara.
103 Bergamaschi: i bergamaschi erano noti artigiani del ferro.

E se in cancellaria m'ha fatto socio
a Melan del Constabil, sì c'ho il terzo
di quel ch'al notaio vien d'ogni negocio,

gli è perché alcuna volta io sprono e sferzo
mutando bestie e guide, e corro in fretta
per monti e balze, e con la morte scherzo.

Fa a mio senno, Maron: tuoi versi getta
con la lira in un cesso, e una arte impara,
se beneficii vuoi, che sia più accetta.

Ma tosto che n'hai, pensa che la cara
tua libertà non meno abbi perduta
che se giocata te l'avessi a zara;

e che mai più, se ben alla canuta
età vivi e viva egli di Nestorre,
questa condizïon non ti si muta.

109-111 E se mi ha associato a Constabili [nelle rendite] della cancelleria a Milano, così che ho un terzo di quel che il notaio incassa per ogni affare (*negocio*),

112-114 ciò accade (*gli è*) per il fatto che in alcune occasioni io sprono e frusto (*sferzo*) i cavalli cambiando le bestie e le guide, e corro velocemente per montagne e precipizi (*balze*), e metto a rischio la vita (*con la morte scherzo*).

115-117 Fa' come dico io (*a mio senno*), Marone: getta i tuoi versi con la tua arte in un cesso e impara un mestiere (*una arte*) che sia più gradito [al Cardinale], se vuoi delle rendite (*beneficii*).

118-120 Ma una volta che li hai ottenuti (*tosto che n'hai*), sappi (*pensa*) che hai perduto la tua preziosa libertà non meno che se te la fossi giocata a zara;

121-123 e che mai più questa condizione cambierà per te (*non ti si muta*), neppure se (*se ben*) tu vivi e lui viva fino all'età del canuto Nestore.

109-110 in cancellaria... Constabil: nel 1516 il Cardinale aveva fatto ottenere al poeta il beneficio di una parte degli utili della cancelleria vescovile di Milano, in società con Antonio Costabili e Benedetto Fantini (così si spiega la successiva allusione al *terzo / di quel ch'al notaio*).
115 Maron: Andrea Marone (1474/1475-1528), poeta bresciano, che avrebbe voluto seguire il Cardinale nel viaggio ungherese, ma fu scartato a favore di un altro cortigiano.
120 zara: gioco d'azzardo con i dadi, ricordato anche da Dante nella *Commedia* (*Purgatorio*, VI, 1-9).
122 Nestorre: Nestore, personaggio omerico, proverbiale per la sua longevità (visse per tre secoli).

Analisi ATTIVA

I contenuti tematici

Il duro mestiere del cortigiano

L'occasione da cui nascono questi versi è il rifiuto del poeta di seguire il cardinale Ippolito d'Este in Ungheria. Tale decisione nasce dalla volontà di contrapporre al servilismo cortigiano (v. 10) le proprie convinzioni di uomo libro, espresse *a viso aperto e non con fraude* (v. 21). D'altro canto, il cardinale non gradisce l'attività letteraria di Ariosto, alla quale antepone i più prosaici servigi dei suoi dipendenti: il ruolo di artista è considerato un inutile passatempo (vv. 106-107).

1 Quali tra le seguenti attività sono gradite al cardinal Ippolito?

- a Essere seguito durante la villeggiatura.
- b Comporre versi in sua lode.
- c Mettere il vino in fresco.
- d Essere aiutato a vestirsi e a svestirsi.
- e Ricevere saggi consigli.

La difesa della libertà

Tuttavia il trattamento riservatogli non induce Ariosto a recedere dalle sue convinzioni: egli continuerà a rivendicare la propria libertà e a salvaguardarla a costo di perdere i vantaggi pratici derivanti dalla condizione di asservimento. Nella parte restante della satira, l'autore ribadirà il proprio irrinunciabile attaccamento a una vita improntata allo "studio" e alla semplicità, secondo un ideale esistenziale che richiama quello del poeta latino Orazio. Ariosto afferma questa visione dell'esistenza con tono a un tempo affabile e intransigente: la sua denuncia, tutt'altro che innocua, mostra l'assolutezza del vincolo cortigiano e lo stato di subalternità a cui è costretto il letterato nella dorata corte ferrarese.

2 In quali versi vi è un riferimento all'accoglienza riservata dal cardinale all'*Orlando Furioso*?
3 A che cosa viene paragonata la perdita della libertà in cambio delle rendite offerte dal Cardinale?

Le scelte stilistiche

La funzione dei pronomi

Sin dai primi versi è facile cogliere l'aspetto fondamentale delle *Satire*: la discorsività. In effetti, balza subito agli occhi l'impianto dialogico del testo, caratterizzato da un avvio marcatamente colloquiale, che assegna un rilievo evidente ai pronomi. Il soggetto *io*, collocato in posizione incipitaria, viene posto in relazione con il *voi* dei destinatari, che allude sia agli interlocutori privilegiati sia ai rappresentanti della corte. Nel primo caso, esso acquista una valenza positiva in quanto indica i sodali di fiducia, ai quali il poeta può chiedere informazioni sulla reputazione di cui gode presso la cerchia del signore (*s'in corte è ricordanza più di noi*, v. 3, dove il riferimento personale è stavolta reso con la prima persona plurale); nel secondo, invece, il *voi* si riferisce a personaggi a pieno titolo organici in un mondo dominato dall'ipocrisia, al punto da essere chiamati in causa direttamente al pari degli altri cortigiani, *tutti dotti ne la adulazione* (v. 7).

L'opposizione io-voi ricorre anche successivamente, quando il poeta inscena un dialogo immaginario con i destinatari della satira, ancora una volta non difficilmente identificabili nei suoi antagonisti cortigiani. In risposta alle loro obiezioni, Ariosto ammette che il signore non gli ha fatto mancare il sostentamento ma, rivolgendosi ad Apollo e alle Muse, sottolinea che ciò non è avvenuto grazie alle sue qualità di intellettuale: dalle parole di Ippolito riportate in discorso indiretto (vv. 94-96) emerge un'assoluta insensibilità verso la produzione artistica. L'appello finale al poeta Marone (vv. 115-123) è l'amara conseguenza della definitiva scissione tra letteratura e universo cortigiano: meglio cambiare mestiere se si vuole risultare graditi all'interno di un mondo sempre più opprimente.

4 Come viene definito il cortigiano che contraddice il proprio signore?
5 In quali terzine Ariosto rivendica la propria onestà intellettuale?

Registri che collidono

La struttura dialogica consente al poeta di rendere vivace un contenuto dal chiaro significato polemico. D'altro canto, Ariosto non si serve dei toni aspri della requisitoria: glielo impediscono la condizione di cortigiano costretto al rispetto dell'etichetta e, non meno, il temperamento umano e poetico. Tale volontà si riscontra anche nelle scelte formali, che accolgono modi di dire popolari, voci gergali e addirittura espressioni scurrili. Questi inserti tuttavia vengono incastonati all'interno di un registro altre volte elevato, nel quale non mancano neppure riferimenti mitologici, come ai vv. 88-89 e 122: commistioni, queste, dall'effetto stridente, strumenti della corrosiva ironia, tipici di un genere colorito qual è la satira.

6 Individua nel testo i termini e le espressioni di registro basso e colloquiale.

In casa mia mi sa meglio una rapa

Satire, III, 34-81

Elogio della semplicità e della libertà

La terza satira – scritta nella primavera del 1518 e dedicata al cugino Annibale Malaguzzi – offre un primo bilancio del passaggio di Ariosto al servizio del duca Alfonso I d'Este, signore di Ferrara. Il poeta confessa che, se potesse, farebbe a meno anche del nuovo incarico, il quale tuttavia gli spiace meno di quello precedente, alle dipendenze del cardinale Ippolito (fratello di Alfonso), giacché ora gli viene lasciato tempo sufficiente per dedicarsi all'*otium* letterario. L'autore preferisce infatti una vita tranquilla a casa propria, che il servizio presso Alfonso gli consente, rispetto a quella movimentata, lontano dalla sua città, che gli sarebbe toccata se avesse seguito Ippolito.

METRO Terzine di endecasillabi a rima incatenata (ABA, BCB ecc.).

Non si adatta una sella o un basto solo
ad ogni dosso; ad un non par che l'abbia,
all'altro stringe e preme e gli dà duolo.

Mal può durar il rosignuolo in gabbia,
più vi sta il gardelino, e più il fanello;
la rondine in un dì vi mor di rabbia.

Chi brama onor di sprone o di capello,
serva re, duca, cardinale o papa;
io no, che poco curo questo e quello.

In casa mia mi sa meglio una rapa
ch'io cuoca, e cotta s'un stecco me inforco,
e mondo, e spargo poi di acetto e sapa,

che all'altrui mensa tordo, starna o porco
selvaggio; e così sotto una vil coltre,
come di seta o d'oro, ben mi corco.

E più mi piace di posar le poltre
membra, che di vantarle che alli Sciti
sien state, agli Indi, alli Etiopi, et oltre.

Degli uomini son varii li appetiti:
a chi piace la chierca, a chi la spada,
a chi la patria, a chi li strani liti.

PARAFRASI

34-36 Una sola sella o un solo basto non si adatta a ogni dorso (*dosso*); a un animale non sembra neppure di averlo, a un altro stringe, preme e gli procura dolore (*duolo*).

37-39 L'usignolo difficilmente (*Mal*) può resistere chiuso in una gabbia, mentre più a lungo vi vivono il cardellino e il fanello; la rondine in un solo giorno vi morirebbe di rabbia.

40-42 Chi desidera ardentemente onori militari o ecclesiastici (*onor di sprone o di capello*), si ponga al servizio di un re, di un duca, di un cardinale o del papa; non io, che stimo poco gli uni e gli altri.

43-45 Gusto maggiormente (*mi sa meglio*) una rapa che io cuocio a casa mia, e che, una volta cotta, infilo in uno spiedo, sbuccio (*mondo*) e poi cospargo di aceto e mosto cotto (*sapa*),

46-48 che non, alla mensa altrui, un tordo, una starna o un cinghiale (*porco selvaggio*); e mi corico (*corco*) bene, allo stesso modo sotto una misera coperta (*vil coltre*), come sotto una di seta o d'oro.

49-51 E preferisco riposare le mie pigre (*poltre*) membra, che vantarmi che esse siano state in Russia (*alli Sciti*), in India, in Etiopia e in altri luoghi.

52-54 I desideri (*appetiti*) degli uomini sono vari: chi desidera la carriera ecclesiastica (*la chierca*), chi quella militare (*la spada*), chi la patria, chi i paesi stranieri (*strani liti*).

34 basto: sella lignea da soma.
38 fanello: specie di passero.
50-51 Sciti… Etiopi: indica popolazioni lontane e quasi sconosciute. Gli sciti erano un antico popolo nomade.
53 chierca: è la tonsura dei religiosi.

Chi vuole andare a torno, a torno vada:
vegga Inghelterra, Ongheria, Francia e Spagna;
a me piace abitar la mia contrada.

55-57 Chi vuole andarsene in giro (*a torno*), ci vada pure: visiti (*vegga*) l'Inghilterra, l'Ungheria, la Francia e la Spagna; a me piace starmene a casa mia.

Visto ho Toscana, Lombardia, Romagna,
quel monte che divide e quel che serra
Italia, e un mare e l'altro che la bagna.

58-60 Ho visto la Toscana, la Lombardia, la Romagna, quella catena montuosa (*monte*) che divide l'Italia e quella che la chiude, ed entrambi i mari che la bagnano.

Questo mi basta; il resto de la terra,
senza mai pagar l'oste, andrò cercando
con Ptolomeo, sia il mondo in pace o in guerra;

61-63 Questo mi basta; visiterò (*andrò cercando*) il resto della terra, senza mai pagare i conti degli alberghi (*l'oste*), attraverso i libri di Tolomeo, indipendentemente dal fatto che quei luoghi siano in pace o in guerra;

e tutto il mar, senza far voti quando
lampeggi il ciel, sicuro in su le carte
verrò, più che sui legni, volteggiando.

64-66 e andrò percorrendo (*verrò volteggiando*) ogni mare sulle carte geografiche, più sicuro che sulle imbarcazioni (*legni*), senza bisogno di innalzare preghiere a Dio (*senza far voti*) quando il cielo lampeggia [minacciando tempesta].

Il servigio del Duca, da ogni parte
che ci sia buona, più mi piace in questa:
che dal nido natio raro si parte.

67-69 Il servizio del Duca, che pure posso dire buono in tutto (*da ogni parte che ci sia buona*), mi piace soprattutto per questo: che ci si allontana (*si parte*) raramente (*raro*) dal luogo natale.

Per questo i studi miei poco molesta,
né mi toglie onde mai tutto partire
non posso, perché il cor sempre ci resta.

70-72 Per questo disturba (*molesta*) poco i miei studi e non mi allontana (*toglie*) da quel luogo dal quale (*onde*) non posso mai staccarmi (*partire*) del tutto, perché il mio cuore resta sempre lì (*ci*).

Parmi vederti qui ridere e dire
che non amor di patria né de studi,
ma di donna è cagion che non voglio ire.

73-75 Ora (*qui*) mi sembra di vederti ridere e dire che il motivo per cui non voglio partire (*cagion che non voglio ire*) non è né l'amore per la patria né quello per gli studi, ma piuttosto l'amore per una donna.

Liberamente te 'l confesso: or chiudi
la bocca, che a difender la bugia
non volli prender mai spada né scudi.

76-78 Te lo confesso senza problemi (*Liberamente*): ora chiudi la bocca, poiché per difendere la mia bugia non ho mai voluto prendere la spada o lo scudo.

Del mio star qui qual la cagion si sia,
io ci sto volentier; ora nessuno
abbia a cor più di me la cura mia.

79-81 Quale che sia il motivo del mio star qui, io ci sto volentieri; ora nessuno si curi di me più di quanto lo faccia io.

59-60 quel monte... Italia: gli Appennini, che dividono l'Italia in senso longitudinale, e le Alpi, che la chiudono a nord.
60 un mare... la bagna: il Tirreno e l'Adriatico.
63 Ptolomeo: Claudio Tolomeo, astronomo, matematico e geografo vissuto ad Alessandria d'Egitto nel II sec. d.C.
69 dal nido... si parte: la satira è, come detto, del 1518, prima dell'incarico di commissario in Garfagnana (1522-1525). Il *nido natio* è Ferrara.
70 i studi miei: le occupazioni letterarie (lettura e scrittura).
73 Parmi... dire: il poeta si rivolge al cugino Annibale Malaguzzi.
76-78 or chiudi la bocca... prender mai spada né scudi: il poeta invita il cugino a cessare le sue insinuazioni, poiché egli stesso gli ha appena confessato che è effettivamente l'amore a trattenerlo a Ferrara; nella sua vita non ha mai combattuto per difendere una bugia (cioè il fatto di non essere innamorato).

Dentro il TESTO

I contenuti tematici

Il desiderio di tranquillità

Il poeta preferisce accontentarsi di una rapa cotta, ma a casa propria, piuttosto che ambire alle ricche mense di corti lontane. Egli rifiuta gli onori e gli incarichi mondani (*onor di sprone o di capello*, v. 40), non solo perché ne conosce la sostanziale vanità, ma anche perché sa che essi si portano dietro conseguenze negative, come la perdita della libertà personale e della tranquillità dell'animo. Ariosto detesta tanto l'idea di viaggiare che sceglie piuttosto di poltrire a casa, evitando così i pericoli della navigazione.

La corte e l'amore

Nell'ultima parte del brano (vv. 67-81) l'autore introduce altri due motivi: un elogio del servizio che egli svolge presso Alfonso I d'Este e l'importanza, nella sua vita e nella determinazione delle sue scelte, del sentimento amoroso. Quanto al primo argomento, Ariosto sottolinea un vantaggio del suo particolare tipo di lavoro: la sedentarietà dell'incarico, che raramente lo allontana dal *nido natio* (v. 69), consentendogli di dedicarsi alla letteratura. Ma il poeta – immaginandosi incalzato dal cugino Annibale, il dedicatario della satira, qui introdotto come interlocutore fittizio secondo una convenzione di genere – è pronto a confessare che la ragione più profonda della sua volontà di non lasciare Ferrara è l'amore per una donna, chiaramente Alessandra Benucci.

Un valore rinascimentale: l'autodeterminazione

Se nella visione della vita qui espressa da Ariosto riveste certamente un ruolo importante il carattere dell'autore, c'è tuttavia anche una dimensione culturale che non può essere sottovalutata: l'ideale della libertà personale rimanda infatti a un valore cardine della concezione rinascimentale dell'esistenza, l'autodeterminazione. L'uomo, seppure condizionato dal destino, è, in ultima analisi, artefice della propria sorte: *ora nessuno / abbia a cor più di me la cura mia* (vv. 80-81). Ed è proprio in tale capacità di autoplasmarsi che risiede la sua dignità.

Il modello oraziano della *mediocritas*

Nell'affermazione, da parte di Ariosto, di un progetto di vita che parte dalla consapevolezza dei propri limiti e stabilisce gli obiettivi con misura, realismo e concretezza, agisce ancora una volta il modello di Orazio. Si vedano, per esempio, alcuni dei concetti espressi dal poeta latino in *Satire*, I, 1 o anche in *Odi*, II, 10, che qui Ariosto sembra ricalcare molto da vicino. È tutta oraziana l'idea della *mediocritas* (cioè del senso della misura), cioè del valore legato alla ricerca, nella propria vita, di un equilibrio frutto di una precisa strategia esistenziale: tenersi lontani dagli eccessi, dai pericoli inutili, dalle passioni che turbano l'animo, per trovare invece nelle piccole gioie di un'esistenza riposata quella tranquillità interiore nella quale, sola, risiede la felicità.

Verso le COMPETENZE

COMPRENDERE

1 In che cosa consiste l'ideale di vita espresso dall'autore?

2 Quale tipo di viaggio il poeta afferma di essere disposto a compiere?

ANALIZZARE

3 Il brano è giocato sulla figura dell'antitesi. Dove emerge per esempio? E quale concetto veicola?

4 Al v. 53 troviamo il vocabolo *chierca* per indicare la condizione di ecclesiastico. Di quale figura retorica si tratta?

INTERPRETARE

5 Quale immagine della corte emerge, indirettamente, in controluce, a partire dall'ideale di vita tracciato da Ariosto? Rispondi facendo riferimento anche al T1, p. 223.

I secolo a.C.

1700

1800

oggi

TEMI nel TEMPO

La satira: un genere non convenzionale

Alle origini della poesia di impegno civile

Per satira, oggi, si intende un'opera letteraria, uno spettacolo, un atteggiamento, un discorso che sottolineino particolari aspetti della civiltà umana con intento critico, deridendo vizi e personaggi pubblici, e disegnandoli attraverso l'arma del ridicolo. Come genere letterario la satira è una composizione non convenzionale, in cui l'atteggiamento morale dello scrittore diventa ironia o derisione.

La parola *satira* viene dal latino *satura*, che indicava il piatto di primizie offerte agli dèi. Il significato originario era probabilmente quello di "mescolanza", "varietà", e indicava un tipo di composizione che univa stralci di argomenti diversi. Anche se nella letteratura greca è possibile ritrovare diverse opere scritte con intenti satirici, il genere letterario inizia, di fatto, nel II secolo a.C. con Gaio Lucilio, che scrisse 30 libri di satire. Lucilio, **Orazio**, Persio, Giovenale, Marziale e Petronio sono i modelli degli scrittori satirici delle epoche successive.

La satira moderna

Dopo Ariosto, la satira ha avuto un momento di grande sviluppo nel Seicento: in Italia con il Classicismo (per esempio Gabriello Chiabrera), in Spagna, con Francisco de Quevedo, fra gli altri, e in Francia, con Nicolas Boileau o con la rielaborazione delle favole di Esopo a opera di Jean de La Fontaine. Nel Settecento il genere, pur fiorente, comincia a perdere i suoi connotati precisi. Possono essere considerati buoni esempi di opere satiriche i componimenti più disparati, dal *Giorno* di Giuseppe Parini al *Candido* di **Voltaire**, a *Il nipote di Rameau* di Denis Diderot, agli scritti dell'inglese Alexander Pope o di Jonathan Swift, alle commedie del francese Pierre-Augustin de Beaumarchais, alle satire vere e proprie di Vittorio Alfieri.

Nell'Ottocento e nel Novecento

Identificare un genere satirico dall'Ottocento in poi diventa impossibile, anche se uno spirito tra il satirico e il grottesco pervade, per esempio, molte opere di Nikolaj V. Gogol', le poesie dialettali di Carlo Porta o di **Giuseppe Gioacchino Belli**, le opere di Laurence Sterne, o nel Novecento le commedie di George Bernard Shaw e certi versi del russo Vladimir V. Majakovskij. Un significativo esempio di romanzo satirico del Novecento può essere considerato *La fattoria degli animali* di George Orwell (1903-1950), nel quale lo scrittore inglese descrive il modo in cui una rivoluzione – ambientata in una fattoria dove gli animali decidono di ribellarsi e di vivere senza aiuto umano – degenera fino a divenire la parodia di sé stessa: parecchi riferimenti, indiretti ma chiari, riportano alla rivoluzione comunista.

Oggi

Tra i narratori satirici di oggi possiamo ricordare il bolognese **Stefano Benni** (n. 1947), che con i suoi libri mette alla berlina abitudini sociali, tic e manie degli italiani, attraverso l'invenzione di storie surreali che suscitano il riso con una comicità di intonazione grottesca.

2 L'amore: una "passione tranquilla"

La discrezione di Ariosto riguardo ai propri amori era proverbiale. Egli aveva avuto due figli naturali da due donne diverse, delle quali sappiamo poco più che i nomi: la domestica Maria, madre di Giambattista (nato nel 1503), e Orsolina Sassomarino, madre di Virginio, il figlio che gli sarà accanto anche negli ultimi anni di vita.

La dichiarazione d'amore nel *Furioso*

È invece una dichiarazione d'amore in piena regola quella che troviamo nella **seconda ottava dell'*Orlando furioso***, dove l'autore afferma che tratterà, nei suoi versi, della follia amorosa d'Orlando, purché egli stesso non impazzisca del tutto per amore a causa di una donna «che 'l poco ingegno ad or ad or mi lima» (I, ott. 2, v. 6), cioè che gli assottiglia continuamente l'ingegno. È una pubblica attestazione del sentimento provato per Alessandra Benucci, la presenza amorosa di tutta la sua vita.

Un amore a distanza

Di famiglia fiorentina, ma nativa di Barletta, Alessandra Benucci sposa giovanissima Tito Strozzi, un ricco e importante mercante fiorentino di frequente in affari con i membri della corte estense. Alessandra è alta, bionda, bellissima ed elegantissima, tanto che presto si fa notare nella corte ferrarese. Senz'altro Ariosto doveva averla vista già prima di incontrarla di nuovo a Firenze nel giugno del 1513 e di dichiararle il proprio amore. È inizialmente un amore a distanza, vissuto da entrambe le parti con dignitosa **discrezione**, finché Alessandra, rimasta vedova, nel 1515 si trasferisce a Ferrara.

Il matrimonio segreto

La consuetudine giuridica del tempo permetteva a una vedova di contrarre un nuovo matrimonio soltanto se avesse preventivamente rinunciato alla tutela dei figli e all'usufrutto del patrimonio. Perciò, per ragioni di convenienza, Ludovico e Alessandra decidono di vivere un legame non ufficiale, seppure assai tenace. Tanto che Ariosto trova sempre più pesanti le missioni diplomatiche, che lo allontanano per giorni e settimane dalla donna amata; soprattutto gli pesa, per questa ragione, il periodo in Garfagnana, da dove rientra soltanto occasionalmente a Ferrara. Irrobustitosi negli anni il loro legame, intorno al 1527-1528 Ludovico e Alessandra si uniscono segretamente in **matrimonio**.

Una nuova concezione dell'amore

Al di là dei dati biografici (che pure sono importanti per inquadrare l'atteggiamento personale del poeta nei confronti della vita sentimentale), appare significativa, sul piano culturale e letterario, la nuova concezione dell'amore che Ariosto sviluppa in tutta la sua opera.

La bellezza femminile non è per lui una realtà statica, immobile, oggetto di pura contemplazione da parte del poeta-amante (come per certi versi avveniva ancora in Petrarca), bensì fonte di un'esperienza vitale e, per così dire, in continuo movimento. Si tratta anche di un'**esperienza passionale e** sostanzialmente **irrazionale**, in quanto sollecita i sensi più che la ragione, che di fatto talora ne rimane vittima: come mostrerà nel poema, per amore si può facilmente impazzire.

Raffaello, *Dama con liocorno*, 1505-1507. Roma, Galleria Borghese.

Chiuso era il sol da un tenebroso velo

Rime, *Sonetti*, 20

Un **temporale** rasserenato dall'**amore**

Il sonetto descrive l'apparizione di Alessandra sulla riva del Po in un giorno di tempesta, allorché la donna si trovava in una villa degli Strozzi (forse quella di Reccano): la sua apparizione è così luminosa da portare subito il sereno.

METRO Sonetto.

Chiuso era il sol da un tenebroso velo
che si stendea fin all'estreme sponde
de l'orizonte, e murmurar le fronde
4 e tuoni andar s'udian scorrendo il cielo;

di pioggia in dubbio o tempestoso gelo,
stav'io per ire oltra le torbid'onde
del fiume altier che 'l gran sepolcro asconde
8 del figlio audace del signor di Delo;

quando apparir su l'altra ripa il lume
de' bei vostri occhi vidi, e udii parole
11 che Leandro potean farmi quel giorno.

E tutto a un tempo i nuvoli d'intorno
si dileguaro e si scoperse il sole;
14 tacquero i venti e tranquillossi il fiume.

1 **Chiuso:** nascosto. **tenebroso velo:** strato di nubi.
2 **sponde:** limiti.
5 **di pioggia... gelo:** incerto se stesse per piovere o grandinare.
6 **ire oltra:** attraversare.
7 **altier:** altero, superbo. Si tratta del Po.
8 **figlio... Delo:** Fetonte, figlio di Apollo (*signor di Delo*), che aveva voluto guidare il carro del Sole, ma che per inesperienza era poi precipitato – secondo il mito – nelle acque del Po.
11 **Leandro:** in base alla leggenda, per raggiungere l'amata Ero (sacerdotessa di Venere), ogni notte attraversava a nuoto l'Ellesponto, l'attuale stretto dei Dardanelli.
12 **tutto a un tempo:** repentinamente.

Dentro il TESTO

I contenuti tematici

Miracolo d'amore

Il sole è coperto da una fitta coltre di nubi e, come avviene nell'imminenza di un temporale, nel cielo, solcato dai fulmini, è tutto un rumoreggiare fitto di tuoni. Il poeta sta per attraversare le acque del Po, ma sembra incerto sul da farsi, finché vede, sull'altra sponda, l'amata Alessandra, della quale lo colpiscono gli occhi e la voce. L'apparizione della donna rompe in lui ogni indugio, mentre la stessa natura sembra placarsi: le nuvole scompaiono, il sole si scopre, i venti si fermano e le acque del fiume si calmano.

Il sonetto potrebbe anche sottintendere un ulteriore significato, alludendo forse al sereno che torna dopo una tempesta fra innamorati. Il poeta e la donna hanno litigato: ora, però, bastano uno sguardo e un sorriso per dimenticare tutto.

Petrarchismo e riferimenti mitologici

Le scelte stilistiche

La struttura del sonetto, che appare molto studiata, è incentrata sul contrasto tra il paesaggio tempestoso (le due quartine) e l'apparizione rasserenante della donna (le due terzine). Gli occhi e le parole di Alessandra rimandano facilmente al repertorio petrarchista: la figura femminile non è concretamente descritta, ma sostanzialmente ridotta alla luce dei suoi occhi e alla soavità della sua voce. I due riferimenti mitologici (alla vicenda di Fetonte e all'amore tra Ero e Leandro) appesantiscono lo svolgimento e non sembrano del tutto ben articolati con il resto della composizione, anche se contribuiscono in effetti alla suggestiva proiezione della realtà su uno schermo favoloso.

Verso le COMPETENZE

COMPRENDERE

1 Fai la parafrasi del testo.

ANALIZZARE

2 Riporta lo schema delle rime.

3 Rifletti sul rapporto tra metrica e sintassi. Sono presenti *enjambement*? Se sì, con quale effetto espressivo?

4 Come viene descritta la natura? Su quali elementi si sofferma il poeta?

INTERPRETARE

5 Spiega come lo stato d'animo del poeta evolve nel corso del componimento.

PRODURRE

6 SCRIVERE PER **ESPRIMERE**
Riscrivi il sonetto come se fosse una canzone moderna, attenendoti alle seguenti indicazioni:

- mantieni il tema principale (un temporale rasserenato dall'amore);
- usa un italiano moderno;
- cambia il tempo, i luoghi, i personaggi e le immagini (sostituendo, per esempio, i riferimenti mitologici con qualcosa di più vicino a te ecc.).

I grandi temi di Ariosto

1 Le ansie della corte e l'ideale della vita semplice

- la corte come luogo della "professione", contrapposta all'ideale della vita privata semplice e lontana da intrighi e pettegolezzi
- la crisi dell'intellettuale cortigiano
- la letteratura come uno strumento di libertà

2 L'amore: una "passione tranquilla"

- la passione vissuta con discrezione
- la bellezza femminile vista come portatrice di follia

Verifica delle CONOSCENZE

L'AUTORE

La vita

Indica se le seguenti affermazioni sono vere (V) o false (F).

1 Secondo la volontà del padre, Ariosto doveva seguire studi di giurisprudenza. V F

2 Alla morte della madre Ariosto entra al servizio del cardinale Ippolito d'Este. V F

3 Dopo aver lasciato Ippolito d'Este, Ariosto si dedica esclusivamente alla letteratura. V F

4 Ariosto viaggia per obblighi di lavoro. V F

5 Nel 1518 Ariosto entra al servizio di Alfonso I d'Este. V F

6 Ariosto dichiara il proprio amore ad Alessandra Benucci nel 1522 in Garfagnana. V F

7 Ariosto muore in Garfagnana nel 1533. V F

Le opere

Scegli l'alternativa corretta fra quelle proposte.

8 Le *Satire* di Ariosto sono

a componimenti in ottave.

b componimenti in terzine.

c componimenti in endecasillabi sciolti.

d componimenti in distici elegiaci.

9 Le *Satire* presentano uno stile

a sublime.

b colloquiale.

c letterario.

d misto.

10 Le *Rime* di Ariosto presentano contenuto per lo più

a morale.

b cortigiano.

c religioso.

d amoroso.

11 Le commedie vengono scritte

a per un'esigenza personale.

b per raccontare la società cortigiana.

c per sedurre Alessandra Benucci.

d per elogiare gli Este.

Rispondi alle seguenti domande.

12 Quali sono i principali generi letterari in cui si organizza la produzione di Ariosto?

13 Quali caratteristiche tematiche e stilistiche ha la satira di Ariosto?

I grandi temi

Rispondi alle seguenti domande.

14 Descrivi il rapporto di Ariosto con la corte estense.

15 Traccia un ritratto psicologico-morale di Ariosto.

16 Descrivi le fasi e le caratteristiche della relazione tra Ariosto e Alessandra Benucci.

17 Qual è la concezione dell'amore di Ariosto?

18 Qual è la concezione dell'intellettuale che ha Ariosto?

19 Ariosto è un uomo del suo tempo? Perché?

L'opera

Orlando furioso

T4 Il proemio (I, 1-4)
T5 La fuga di Angelica (I, 5-23)
T6 La figuraccia di Sacripante (I, 33-71)
T7 L'avventura di Pinabello e il castello di Atlante (II, 37-57)
T8 Atlante e l'ippogrifo (IV, 1-7)
T9 Ruggiero e Astolfo nell'isola di Alcina (VI, 19-41)
T10 Un palazzo incantato (XII, 4-21)
T11 La pazzia di Orlando (XXIII, 111-124; 129-136)
T12 Astolfo sulla Luna (XXXIV, 69-87)

Lettura critica p. 324

Avventure di amore e di amicizia, di armi e di magia, e una folla di dame e di cavalieri che si cercano e si incontrano, perdendosi tra selve, labirinti e campi di battaglia, isole lontane e castelli incantati: con la sua **trama avvincente** e la sua **struttura labirintica**, nella quale le vicende principali si intrecciano a quelle secondarie, l'*Orlando furioso* affascina ancora oggi il lettore, catturato dalla grandezza e dalla miseria di grandi paladini irretiti da rivalità e passioni, e tentati, come uomini comuni, dall'amore non meno che dalla gloria.

Con **occhio ironico**, alla stregua di un disincantato burattinaio che tiene saldamente in pugno i fili delle diverse storie, Ariosto mette in scena i suoi eroi, disperdendoli per il mondo, sempre alla ricerca di qualcosa, sedotti, come spesso capita agli esseri umani, dalla vana ma irresistibile bellezza delle **illusioni**.

La composizione e la diffusione

Le tre redazioni

L'*Orlando furioso* è un poema in **ottave di endecasillabi** (a schema di rime ABABABCC), che Ariosto inizia a comporre a partire dal 1504-1506. Ne possediamo tre redazioni:

- la prima, del **1516**, in 40 canti, è scritta nel **padano illustre** ereditato da Boiardo;
- la seconda, del **1521**, sempre in 40 canti, presenta un contenuto sostanzialmente invariato rispetto alla prima, ma cambia la **lingua**, che si evolve verso una forma **più toscaneggiante**;
- la terza e definitiva (quella che noi oggi leggiamo), del **1532**, in 46 canti (per un totale di 4.842 ottave), vede l'aggiunta di alcuni episodi nuovi, mentre la lingua si conforma ancor più al **fiorentino illustre**, secondo le indicazioni fornite da Pietro Bembo nelle *Prose della volgar lingua* (1525); Ariosto, insomma, "petrarchizza" il linguaggio del poema.

È importante comprendere le ragioni dell'evoluzione della veste linguistica del poema: l'impiego del padano prevedeva un pubblico cortigiano, ferrarese o comunque locale;

l'uso del volgare fiorentino, invece, presuppone un **allargamento di pubblico**, se non a livello nazionale, almeno oltre i confini della corte e del ducato.

Il problema dei *Cinque canti*

All'*Orlando furioso* si possono accostare i cosiddetti *Cinque canti*. **Composti** probabilmente **tra la prima e la seconda edizione**, essi vertono su un argomento particolare della materia carolingia (la stessa del *Furioso*), il tradimento di Gano di Maganza al passo di Roncisvalle: nel 778, quando Carlo Magno attraversa i Pirenei di ritorno da una spedizione in Spagna contro i Mori, la sua retroguardia, guidata da Orlando, viene massacrata. I *Cinque canti* non sono stati inseriti da Ariosto né nella seconda né nella terza edizione e rappresentano tuttora un problema insoluto della critica ariostesca: per alcuni vanno letti come una **parte**, seppure a sé stante, **del *Furioso***; per altri, invece, come l'**inizio di un nuovo poema**.

Fonti, vicende e personaggi

Le fonti letterarie

La ripresa da Boiardo

Il pubblico della corte degli Estensi cui Ariosto si rivolge si era appassionato alle vicende di Orlando, quel *Roland* dell'omonima *Chanson* il quale, nell'*Orlando innamorato* di Boiardo, aveva sviluppato un lato più umano e più passionale, innamorandosi di Angelica. Proprio **da dove Boiardo aveva interrotto la sua narrazione** (al nono canto del terzo libro, ottava 26, mentre Carlo VIII scendeva in Italia), **Ariosto riprende a raccontare** la vicenda di Orlando che, appunto, diventa *furioso*, cioè pazzo, per amore.

Come già Boiardo, Ariosto si ricollega alla **materia carolingia** (il personaggio di Orlando e l'epica cristiana di cui il paladino era protagonista) e alla **materia bretone** (la tematica amorosa, magica e avventurosa), mirando a una **fusione** di queste due componenti.

I riferimenti ai classici

Se l'*Orlando innamorato* è una delle fonti principali di Ariosto, l'autore tende però a contaminarla con diverse tradizioni piuttosto eterogenee tra loro, inglobando nel poema elementi romanzi, padani, colti, popolari, oltre che la **lezione dell'epica classica** (Omero e soprattutto Virgilio, dal quale traggono ispirazione diversi episodi). Ma – ciò che più conta – Ariosto riesce a trasformare, come osserva il critico Lanfranco Caretti, «il poema cavalleresco in romanzo contemporaneo, nel romanzo cioè delle passioni e delle aspirazioni degli uomini del suo tempo». Il *Furioso* esprime infatti la **dissoluzione dell'epica medievale**: attraverso il riso e l'ironia, come vedremo tra poco, l'autore denuncia il tramonto degli ideali cavallereschi fino ad allora celebrati.

La trama, lo spazio e il tempo

La complessità del poema

La **trama** del poema è piuttosto complessa e **difficilmente riassumibile**. La caratteristica principale dell'*Orlando furioso* è infatti una narrazione intricata, ma sempre avvincente e ricca di colpi di scena, nella quale le vicende sfumano l'una dentro l'altra, senza apparente gerarchia, senza nemmeno la presenza di un distinguibile nucleo principale, intorno a cui disporre gli avvenimenti secondari.

A differenza dei poemi antichi, infatti, che riconducevano l'intreccio essenzialmente all'unità del personaggio centrale e dell'azione dominante, Ariosto decide di moltiplicare lo sviluppo delle storie in una **miriade di episodi**: dal punto di vista narrativo, l'unità è garantita dalla concatenazione di trame parallele che si interrompono a vicenda, dando l'impressione di non concludersi mai e di rimanere sempre aperte. Da qui nasce il senso continuo di attesa e di movimento incessante che l'autore alimenta con abile regia teatrale, coordinando dall'alto lo svolgimento di diversi racconti.

I tre nuclei principali

Tuttavia, pur nella difficoltà di individuare un argomento prevalente sugli altri, è possibile riconoscere **tre filoni (o nuclei) narrativi principali**.

- Il primo è il **filone militare**: il racconto delle vicende di guerra dei **paladini**, difensori della religione cristiana e del re **Carlo Magno**, contro i **Mori** (o Saraceni) musulmani. All'inizio del poema il re dei Mori, **Agramante**, dopo avere sbaragliato l'esercito di Carlo, stringe d'assedio Parigi con le sue truppe. La città viene difesa soprattutto da Rinaldo, che sventa i successivi attacchi portati da Rodomonte e dallo stesso Agramante, fin quando la guerra si trasferisce in Africa. La morte di Agramante per mano di **Orlando**, nipote di Carlo Magno, pone fine al conflitto con la vittoria cristiana. Intorno a questa vicenda principale si intrecciano due complesse storie sentimentali, da cui si dipartono i successivi due filoni.
- Il secondo **filone** è, infatti, quello **amoroso**, che ha al centro l'inseguimento di **Angelica** (figlia del re del Catai, l'odierna Cina) da parte di tutti i più valorosi paladini, che se ne innamorano a prima vista, quando la vedono comparire, all'inizio del poema, a un torneo militare. Si tratta della cosiddetta ***quête***, cioè la ricerca: tradizionalmente oggetto di tale ricerca era il Sacro Graal; qui, invece, ironicamente è una fanciulla. I più fervidi innamorati della donna sono **Rinaldo** e Orlando: il primo si libera dall'insana passione bevendo alla fonte dell'oblio nella selva Ardenna; il secondo invece si inviluppa in un'interminabile sequenza di avventure fin quando scopre che la principessa si è concessa a **Medoro**, un semplice fante dell'esercito saraceno. In preda alla follia, il cavaliere vaga attraverso i boschi e le selve della Francia e della Spagna, vittima di una furia distruttiva. L'esercito cristiano, per l'assenza del proprio campione, rischia di perdere il dominio sulla Francia, ma alla fine Orlando rinsavisce – grazie al compagno **Astolfo**, che va a recuperare il suo senno sulla Luna (sul carro del profeta Elia) –, e così riprende il proprio ruolo nell'armata.
- Il terzo e ultimo **filone** è quello **encomiastico**. Esso incarna un motivo tipico della letteratura cortigiana, che prevede le lodi, da parte del poeta, del proprio signore (che era anche – ricordiamolo – il mecenate, cioè il finanziatore, della produzione letteraria). Qui Ariosto intende celebrare la grandezza dei **duchi d'Este**, i cui antenati vengono cantati sin dal proemio, come vuole la tradizione. Parallela alla vicenda che vede come protagonista Orlando, se ne articola infatti una seconda: quella del predestinato, ma continuamente ostacolato, amore di **Ruggiero**, valoroso soldato del campo saraceno, e della guerriera cristiana **Bradamante**, sorella di Rinaldo. Quello di Ruggiero è un vero percorso di formazione: prima vince i tranelli del mago **Atlante**, il quale, per proteggerlo da un destino di morte in guerra, lo imprigiona in un castello e in un palazzo; poi neutralizza le seduzioni della maga **Alcina** grazie al prezioso aiuto della maga buona Melissa; infine, divenuto uomo maturo e superate altre prove, si converte al cristianesimo e può unirsi in matrimonio con Bradamante. La storia di Ruggiero e Bradamante ha un intento celebrativo, poiché l'unione dei due personaggi è voluta dalle stelle per dare origine alla dinastia degli Estensi (al cui servizio Ariosto lavora).

Attraverso questa vicenda e altre divagazioni sull'Italia del XVI secolo, percorsa e occupata dagli eserciti stranieri, il poeta **contrappone il tempo antico e mitico della cavalleria alla situazione storica a lui vicina**. Tale concetto è riassunto in un verso celeberrimo: «Oh gran bontà de' cavallieri antiqui!» (I, ott. 22).

Il «poema del movimento»

La narrazione si apre, dopo il proemio e la dedica, con la scena dell'assedio di Parigi da parte degli "infedeli" (cioè dei Mori, detti "infedeli" in quanto non cristiani) e si sposta di continuo nel corso dell'opera, attraversando **luoghi reali** (dall'Inghilterra all'Africa, dai Pirenei a Lampedusa) e **luoghi magici** (grotte, isole, palazzi, castelli). Talvolta, nel giro di poche ottave Ariosto fa correre i suoi eroi da un continente all'altro; altre volte lunghi viaggi a cavallo si rivelano essere alla fine un giro in tondo nella foresta. Non a caso, come ha scritto Italo Calvino, il *Furioso* si annuncia sin dalle prime ottave come «il poema del movimento»: un viaggio illimitato che procede a linee spezzate, a zig zag, in una sarabanda continua di fughe, incontri fortuiti, inversioni e ritorni sui propri passi.

Parigi centro di gravità

Nella prima parte del poema la guerra si svolge a **Parigi**, mentre nella seconda parte la città di riferimento diventa Arles, dove si ritirano i Saraceni dopo la sconfitta. Parigi, in particolare, in quanto sede dell'accampamento cristiano, rappresenta una sorta di **centro morale del poema**, essendo la città cristiana da cui tutti i cavalieri partono e poi ritornano, magari dopo essersi smarriti inseguendo passioni profane. A Parigi il poema si apre con la fuga di Angelica, e a Parigi si chiude con il duello finale tra Ruggiero (nel frattempo convertitosi al Cristianesimo) e Rodomonte, che, con la morte di quest'ultimo, sancisce la vittoria dei paladini cristiani e di Carlo Magno.

Altri luoghi appartengono invece a una geografia fantastica. È il caso del **castello incantato del mago Atlante** che – insieme alla selva in cui fugge Angelica e all'isola della maga Alcina – rappresenta l'**instabilità delle cose e delle passioni terrene**, viste come illusorie e fallaci. Qui si incontrano gran parte dei personaggi, che si riconoscono tra di loro, mentre credono di trovare ciò che cercano: sono invece vittime dell'incanto, di una magia che illude e confonde, rappresentazione della dimensione irrazionale che governa la vita. O ancora è il caso della **Luna**, che è il simbolo di una realtà separata e dunque alternativa a quella terrena, una sorta di **mondo perfetto** (privo, cioè, dei limiti e delle ambiguità di quello reale), a cui solo Astolfo, in qualità di esecutore della volontà divina, può accedere per recuperare il senno di Orlando.

Infine troviamo nel poema un altro luogo meno definito, ma tipico delle avventure ariostesche: **la selva**. Non si tratta più dell'allegoria dantesca delle tenebre del peccato, bensì del **labirinto inestricabile** in cui si smarriscono irrimediabilmente i desideri e le aspirazioni degli uomini. Essa costituisce dunque il luogo dove ci si perde e ci si incontra, **metafora del caos del mondo e della realtà umana**, nella cui complessità appare assai difficile orientarsi. La selva è dunque, per i personaggi, l'ambiente del disorientamento e dello smarrimento di sé stessi.

Lontani dal centro, verso la follia

Lettura critica p. 325

In questi scenari diversi, i personaggi del *Furioso*, al di là delle singole vicende, sono tutti accomunati dalla ricerca del proprio oggetto del desiderio (la *quête* tipica dei romanzi di avventura del ciclo bretone-arturiano). In questo continuo inseguimento si racchiude il significato dell'esistenza: un cercare, cercare, e ancora cercare, che qui non ha nessuna motivazione religiosa, ma è spinto da un impulso mondano, esclusivamente terreno. Uomini o donne, cristiani o saraceni bramano sempre qualcosa, che è per alcuni la conquista della persona amata, per altri il ritrovamento di un'arma perduta: desiderio che li distoglie dai propri compiti, indirizzandoli verso nuove mete. Purtroppo però questo viaggiare ininterrotto non porta mai alla meta, ma anzi conduce sempre lontano dall'oggetto desiderato e spesso indietro al punto di partenza. **La ricerca** così **si rivela inutile**, inappagata, fonte pericolosa di smarrimento psicologico e, come per il povero Orlando, di follia.

Il **movimento** che caratterizza i personaggi è dunque di tipo **centrifugo**: essi si trovano a muoversi, spesso malgrado sé stessi, allontanandosi dalla strada sulla quale i loro doveri cavallereschi dovrebbero indirizzarli. Ciò segna una sostanziale differenza rispetto all'epica carolingia, dove i paladini erano tutti proiettati verso l'unico bene comunemente riconosciuto, cioè la difesa della fede cristiana; qui il loro orizzonte psicologico è invece completamente diverso, tesi come sono a rincorrere obiettivi personali.

Un universo senza limiti

Lo **spazio** percorso dai cavalieri è tutto **orizzontale**: non tragga in inganno il viaggio di Astolfo sulla Luna, che non ha nulla di trascendente, configurandosi semmai come un espediente narrativo, un'estrema concessione al gusto dell'avventuroso e dell'esotico, una fantasiosa incursione in un altro mondo per ripensare alla vita su questo. L'universo ariostesco infatti non prevede ascensioni o allegorici viaggi verticali e gerarchici, ma neanche riconosce limiti o confini: si viaggia in lungo e in largo, si entra e si esce, ci si incontra e ci si perde di vista, errando verso un dove che non si raggiunge mai.

Il viaggio che non forma

La geografia del *Furioso*, insomma, non è circoscritta, perché il mondo non è circoscrivibile, ma perlustrabile lungo direzioni infinite. In questo universo-labirinto mancano del resto appigli o approdi sicuri e men che meno ci si può affidare a incontri provvidenziali: guide sul modello del Virgilio dantesco non ce ne sono. Per questo, senza sicurezze e riferimenti certi, all'uomo non resta che vagare, provando – ma quasi sempre senza successo – a resistere alle allucinazioni e agli incantesimi. Il **viaggio** si rivela così inevitabilmente un'**esperienza frustrante**, destinata a complicare e ad aggrovigliare la conoscenza razionale del mondo.

Un caos temporale perfettamente organizzato

Come lo spazio, anche il tempo sfugge a ogni connotazione realistica. Nel seguire i movimenti dei personaggi, Ariosto depista e confonde il lettore con un continuo andirivieni: le vicende si intrecciano, poi si distanziano, quindi ritornano a svilupparsi parallelamente. Insomma, **al labirinto spaziale corrisponde un labirinto temporale** con continue riprese, deviazioni e fratture: un determinato evento sembra interrompersi sul più bello, ma poi improvvisamente torna al centro della scena.

Si dipana in tal modo una tela di situazioni che però non è mai casuale, come era nel romanzo cavalleresco medievale e, in parte, anche nell'antecedente di Boiardo: qui il coacervo di materiali e l'alternanza dei piani temporali corrispondono a un **disegno razionale** che rende sempre armonico il meccanismo della narrazione ed equilibrata la distribuzione dei nuclei narrativi. Ariosto rappresenta un mondo caotico, che però lui sovrintende dell'alto.

I personaggi principali

La ricca complessità che domina l'universo ariostesco si rispecchia nella **varietà umana** dei personaggi che si muovono sulla sua scena. Va precisato subito che nel poema non incontriamo individualità definite e psicologie approfondite: ad Ariosto non interessa costruire personalità caratterizzate, dotate di una propria autonoma vita interiore. Suo scopo è invece fornire a ciascuno di essi un aspetto della natura umana da intrecciare, confondere e mettere in relazione con quelli degli altri protagonisti dell'opera. Ne risulta una sorta di enorme mosaico di comportamenti: una galleria di azioni e gesti che l'autore osserva dall'alto senza sposare alcun punto di vista parziale, ma al tempo stesso cercando empaticamente una sorta di affettuosa complicità nei confronti sia degli eroi cristiani sia di quelli pagani.

I PERSONAGGI principali

Cristiani

Astolfo		Paladino figlio del re d'Inghilterra, e cugino di Orlando e di Rinaldo, si innamora di Alcina, che lo trasforma in una pianta di mirto; tornato alle sembianze originarie, in seguito scende nell'oltretomba e sale sulla Luna per recuperare il senno perduto da Orlando.
Bradamante		Valorosa guerriera sorella di Rinaldo, unendosi a Ruggiero darà origine alla casata d'Este.
Orlando		Era tradizionalmente il paladino della fede cristiana, ma ora, in preda alla follia amorosa, diventa simbolo della vanità delle passioni umane.
Pinabello		Della casa di Maganza, è figlio di Anselmo d'Altaripa; racconta a Bradamante il rapimento della sua donna per mano di Atlante.
Rinaldo		Fratello di Bradamante e cugino di Astolfo e di Orlando, è rivale di quest'ultimo nell'amore di Angelica.

Pagani

Agramante		È il re dei Mori, figlio di Troiano e discendente di Alessandro Magno.
Alcina		È una maga malvagia, che vive in un'isola dell'Oceano Indiano con le sorelle Morgana e Logistilla (che è l'unica virtuosa); trasforma Astolfo in una pianta di mirto e seduce Ruggiero. Simboleggia la falsa felicità promessa dai piaceri sensuali.

Angelica		Figlia del re del Catai (Cina), è da tutti desiderata e da tutti inseguita; ma lei preferirà ai più nobili cavalieri l'umile fante Medoro. Evidente parodia delle creature angelicate della tradizione stilnovistica, è consapevole della propria bellezza, che sfrutta con calcolo e non senza cinismo. Simboleggia l'irraggiungibilità delle illusioni.
Atlante		Mago africano, maestro e protettore di Ruggiero, di cui conosce il destino, che cerca in ogni modo di scongiurare; rapisce tutte le donne belle che trova per rinchiuderle nel suo castello incantato.
Ferraù		Cavaliere spagnolo, è uno degli innamorati di Angelica.
Medoro		È il guerriero di cui si innamora Angelica; insieme all'amico Cloridano compie una coraggiosa spedizione notturna nel campo cristiano per recuperare il corpo del re Dardinello.
Rodomonte		Re d'Algieri e di Sarza, è un cavaliere di ferocia e superbia smisurate; si batte con Ruggiero nell'ultima scena del poema, accusandolo di essersi convertito al cristianesimo. Morirà nel duello.
Ruggiero		Guerriero di origini modeste, destinato a fondare la dinastia estense attraverso l'unione con Bradamante, dovrà prima purificarsi diventando cristiano.
Sacripante		Re di Circassia, è innamorato di Angelica.

Gli argomenti e la visione ideologica

I temi

L'amore e la follia

Le donne e l'amore sono argomenti centrali del poema. Il **sentimento amoroso** si manifesta come attrazione verso la bellezza femminile: le forme del corpo, i colori dell'incarnato, la luminosità degli occhi. Ariosto non vede nella donna un elemento di perfezionamento morale o spirituale; piuttosto egli enfatizza gli aspetti immediati e naturali del fenomeno amoroso: la passione, il turbamento, la dolcezza, il dolore, la gelosia. Ma l'amore, come si vede nella vicenda di Orlando, è al tempo stesso fonte di **pazzia**, intesa come cedimento agli istinti e abbandono della ragione.

Il personaggio di Angelica, che con la sua fuga apre il poema, è l'emblema del desiderio inseguito e mai raggiunto; è la donna, sensuale e maliziosa, che rifiuta di unirsi a eroi come Orlando e Rinaldo, preferendo l'amore di Medoro, un povero fante di «oscura stirpe».

Gli altri sentimenti

Accanto all'amore, temi cari al poeta sono l'**amicizia** e la **cortesia**, qualità di cui nelle sue alterne vicende fa mostra il protagonista Orlando. Anche il paladino cristiano Rinaldo si comporta come un cavaliere generoso, un vendicatore di ingiustizie sempre pronto ad accorrere in aiuto dei più deboli.

L'*Orlando furioso* illustra i differenti caratteri e sentimenti degli uomini, i vizi e le virtù, la forza e la debolezza, il rapporto con la fortuna e il destino. Ariosto, pur all'interno di vicende spesso fantastiche, rivela una grande capacità di **analisi dell'animo umano**, e nei confronti degli errori e delle debolezze dei suoi personaggi mantiene un atteggiamento di sorridente indulgenza.

La fortuna

Il **destino**, o fortuna, è uno dei protagonisti del poema: determina la varietà delle situazioni e delle avventure, annoda e separa le strade, interferendo continuamente nei progetti degli uomini. Si tratta di una **concezione** del tutto **laica**, che non prevede disegni provvidenziali e interventi divini: il caso non è un fattore legato a una dimensione metafisica, non è esterno alla vita che viviamo, è invece il capriccioso motore che decide le direzioni, i percorsi, gli incontri possibili, i nostri successi e insuccessi. La **realtà**, **mutevole e imprevedibile**, è infatti quasi interamente sottratta al controllo della ragione. È una realtà dove quello che i personaggi progettano non coincide mai con ciò che il caso fa loro realizzare.

La letteratura come risarcimento

In tal senso nel mondo dell'*Orlando furioso* si riflette la **crisi della società rinascimentale**, soggetta a rivolgimenti politici, economici, religiosi, astronomici, scientifici. I valori umanistici sembrano minacciati, corrosi, e traspare una nota di pessimismo dinanzi alle difficoltà incontrate dall'uomo nel realizzare le proprie aspirazioni. Tuttavia Ariosto non ha rinunciato a riporre fiducia nella possibilità che la ragione alla fine riporti ordine dove prima regnava il disordine: pur senza riferimenti sicuri e nonostante l'influsso della casualità degli eventi, l'uomo può ancora tentare, attraverso l'arte, di dominare il reale, disciplinandone il caos. Esercitando il controllo sulla propria creazione fittizia, l'artista – come un demiurgo – può risarcire i fallimenti e gli scacchi subiti nella vita: è proprio questa la missione che Ariosto realizza come arbitro di quel dedalo di trame che è l'*Orlando furioso*.

La cavalleria

Mentre Boiardo tendeva a identificare i **valori cavallereschi** (coraggio in guerra, lealtà, dedizione al sovrano e così via), ai quali aderiva senza riserve, con il mondo della corte estense, per Ariosto quei valori sono definitivamente **tramontati**. La corte per lui non è più la sede delle idealità cavalleresche. L'insanabile scarto tra un passato ricco di nobili cortesie e di sentimenti magnanimi e un presente minacciato dalla perdita delle virtù di un tempo è evidenziato nel *Furioso* con il frequente ricorso a una sorridente ironia. La tematica cavalleresca è così affrontata da Ariosto con una certa dose di nostalgia ma anche, soprattutto, con **disincanto**.

Magia come meraviglia

Infine va ricordato il tema della magia e della meraviglia. Ariosto si trova spesso a descrivere paesaggi fantastici e a inserire nella narrazione oggetti dotati di poteri straordinari o l'apparizione di maghi come Alcina e Atlante. Il culmine di tale dimensione magica e meravigliosa è forse proprio la descrizione del palazzo incantato di Atlante, in cui i cavalieri rimangono imprigionati mentre inseguono le false sembianze dei propri illusori oggetti del desiderio. Sappiamo che nel Rinascimento il ricorso alle pratiche magiche era assai diffuso anche nell'alta società di corte, ma Ariosto sembra manifestare un certo scetticismo nei confronti dell'**elemento magico**, fonte di inganno e di illusione o **puro motivo fantastico**. Del resto, esso talora può anche essere un semplice espediente narrativo, nel senso che un evento meraviglioso o soprannaturale può costituire un punto di svolta nella trama.

Oltre la nostalgia del mondo cavalleresco

Il sistema dei valori

Basterebbe il primo, celeberrimo verso del poema per indicare il sistema di valori su cui si fonda l'intera poetica di Ariosto: «Le donne, i cavallier, l'arme, gli amori». Attraverso un chiasmo sono unite le due tematiche, quella amorosa («donne» e «amori») e quella epica («cavallier» e «arme»). Con l'enunciazione dei temi centrali dell'opera, l'autore dichiara indirettamente i valori in cui crede e anche la loro gerarchia: **le donne e gli amori** incorniciano, per così dire, la materia militare, che in realtà nel poema ariostesco è tutto sommato secondaria. Al centro dell'universo ideologico di Ariosto si collocano infatti i **sentimenti privati**, molto più che gli ideali collettivi, come quelli dell'identità religiosa e della guerra ingaggiata per difenderla.

L'ironia...

Del resto, laddove Boiardo aveva espresso una visione quasi nostalgica del mondo cavalleresco, Ariosto è ormai un autore completamente immerso nel Rinascimento, che vede con **ironico distacco** il mondo dei **paladini** al servizio del re e della religione: essi, lungi dall'essere i valorosi eroi tramandati dalla tradizione, spesso si rivelano **semplicemente umani** e in balia dei loro difetti e delle loro passioni.

Tale chiave ironica, che si manifesta attraverso il **gusto dell'abbassamento**, è costante in ogni situazione di una trama tanto ricca e variegata; è una sorta di lente attraverso la quale Ariosto legge le vicende che racconta, con la bonomia e il sorriso che gli sono tipici e che si rivelano anche nelle *Satire*. A volte questo atteggiamento emerge direttamente dagli stessi fatti narrati; altre volte, invece, è l'autore che si concede una pausa riflessiva in cui commentare gli accadimenti rivolgendosi direttamente al pubblico dei suoi lettori.

... e lo straniamento

All'ironia va accostato, per l'analogo intento di demistificazione dei valori consolidati e di abbassamento di una materia tradizionalmente alta come quella cavalleresca, il ricorso da parte di Ariosto alla tecnica dello **straniamento**, un artificio basato su uno sguardo che introduce, seppure sempre indirettamente, elementi di critica nei confronti dei personaggi o delle situazioni oggetto di racconto. La realtà viene così rappresentata «da un'ottica completamente diversa rispetto a quella comune, creando uno scarto tra ciò che il lettore avverte come "strano" e ciò che avverte come "normale"» (Malvezzi).

Per esempio Sacripante – che, in quanto cavaliere, si dovrebbe presumere dedito a proteggere i più deboli – anziché preservare la verginità di Angelica cercherà subito di sedurla.

Il poeta non si trattiene però dall'esprimere un certo scetticismo sull'illibatezza della fanciulla: «Forse era ver, ma non però credibile / a chi del senso suo fosse signore» (I, ott. 56, vv. 1-2). In tal modo invita chi legge a guardare oltre le apparenze e a osservare la realtà prescindendo dai luoghi comuni e dalle opinioni infondate.

La lontananza di Dio

D'altronde, l'interpretazione degli eventi umani è affidata esclusivamente all'intelligenza e alla perspicacia dell'individuo: privo di una salda coscienza religiosa, Ariosto esclude ogni intervento provvidenziale. Le vicende si svolgono tutte, per così dire, su un **piano terreno** (eccezion fatta per l'ascesa di Astolfo alla Luna), il che sottolinea la centralità, anzi l'esclusività, della dimensione immanente. Se l'assenza di un fine ultimo priva i paladini di un punto di arrivo trascendente e definitivo, costringendoli a continui cambi di direzione, consente, d'altra parte, la loro libertà. Ma la libertà è anche un rischio, perché, quando diventa assoluta, può portare alla schiavitù delle passioni e degli istinti.

È tipico, quindi, vedere un cavaliere (magari impegnato in un duello con il nemico) che si distrae al passaggio di Angelica e abbandona le armi per intraprendere l'ennesimo inseguimento. Ed è altrettanto frequente veder prevalere la logica terrena su quella trascendente: nel poema Dio è lontano, non negato né discusso, ma semplicemente assente. **I personaggi non si muovono per rispondere a un progetto divino**, ma spinti soltanto dalle passioni, dagli istinti e dall'amore per la vita.

A tale proposito appare significativa la **salita di Astolfo sulla Luna** per recuperare il senno smarrito da Orlando. Come detto, tale salita, lungi dal rappresentare un movimento di tensione verso l'alto e verso la sede della verità, appare soltanto come una sorta di **viaggio fantastico** (non a caso Astolfo si muove a cavallo di esseri immaginari, magici destrieri alati) verso il mondo "alla rovescia" rappresentato dalla Luna, che contiene tutto ciò che, di umano, è stato smarrito sulla Terra.

Quello del poema ariostesco è dunque un **universo laico**, basato su una visione del mondo non più teocentrica (cioè con Dio al centro, come accadeva nel Medioevo), bensì antropocentrica (ovverosia con al centro l'uomo, padrone di sé e della propria esistenza, sebbene sottoposto a mille rischi e insidie).

Lo stile della narrazione

Le tecniche narrative

Il gusto del racconto

Nel poema Ariosto utilizza diversi stili narrativi, alternando quello epico, quello elegiaco e quello comico, mentre non ricorre mai allo stile tragico o a quello drammatico. Tuttavia, nonostante la complessità stilistica (oltre all'ampiezza delle coordinate spaziali, alla varietà delle situazioni e al numero dei personaggi), il *Furioso* gode di una **fluidità narrativa** davvero notevole, ottenuta grazie alla capacità dell'autore di legare agilmente un episodio all'altro, tenendo sempre desta l'attenzione di chi legge. Consapevole dei gusti del pubblico e in grado di assecondarli, Ariosto è capace di creare attesa, sospendendo sul più bello episodi densi di eventi e andando a riprendere racconti abbandonati molte ottave prima.

I **personaggi** vengono **dipinti di scorcio**, a rapide pennellate, per evitare che un'eccessiva concentrazione di dettagli rallenti il ritmo del racconto. Attraverso i protagonisti dei diversi episodi il poeta infatti individua, volta per volta, un particolare aspetto della natura umana, vista come inesauribile nella sua varietà.

La tecnica dell'*entrelacement*

Accanto ai principali filoni narrativi dell'opera ve ne sono moltissimi secondari. I diversi fili della narrazione sono intrecciati tra loro attraverso il cosiddetto ***entrelacement*** (letteralmente "interallacciamento", "interconnessione a incastro"), una tecnica che consiste nel **sospendere** continuamente **la narrazione di un particolare episodio per riprenderla più avanti** attraverso un'altra vicenda in qualche modo legata alla prima, e così via. Ugo Foscolo ha spiegato tale procedere narrativo con un'immagine assai efficace: «Nell'istante medesimo che la narrazione di un'avventura ci scorre innanzi come un torrente, questo diventa secco ad un tratto, e subito dopo udiamo il mormorio di ruscelli di cui avevamo smarrito il corso, desiderando pur sempre di tornare a trovarlo. Le loro acque si mischiano, poi tornano a dividersi, poi si precipitano in direzioni diverse». In tal modo, agli occhi del lettore le diverse storie che si intersecano nel poema avvengono in contemporanea, dando un'**impressione di simultaneità**.

Il narratore onnisciente

Lettura critica p. 327

Il mondo del poema è dominato da forze incontrollabili e apparentemente sfugge al controllo della ragione: la trama ha una struttura labirintica, in cui i personaggi spesso si perdono, impediti nei loro propositi dal caso, dalle passioni o dalla pazzia. Tuttavia **l'autore domina dall'alto la complessa materia** del proprio racconto attraverso la voce di un

CRONACHE dal PASSATO

Ariosto in tipografia

La nascita di autentico best seller

Le duemila copie della prima edizione del *Furioso* (1516) nell'autunno del 1520 sono già esaurite. Scrive Ariosto l'8 novembre di quell'anno: «In nessun altro luogo in Italia non so dove ne restino più da vendere». Urge al più presto una riedizione: lo scrittore sa che i volumi di una nuova tiratura troveranno subito numerosi acquirenti.

Edizioni autorizzate e non

Ariosto si decide a ristampare il poema in proprio, convinto – e non a torto – di ricavarne significativi guadagni. Affida la stampa a un tipografo ferrarese: il 13 febbraio 1521 i volumi sono pronti. La fretta impedisce al poeta di migliorare questa seconda edizione. Del resto la previsione di un rapido smercio si rivelerà esatta: nel 1524 tutte le copie risulteranno vendute.

A questo punto però sorge per Ariosto un grosso problema: esaurita la riedizione, diversi tipografi, allettati dal guadagno certo, cominciano a mettere in circolazione numerose ristampe non autorizzate. Tra il 1524 e il 1531 ne escono ben diciassette. Queste, se da un lato testimoniano la straordinaria fortuna dell'opera ariostesca, dall'altro evidenziano la scarsa tutela offerta a quei tempi agli scrittori, i quali dovevano preoccuparsi da soli di difendere i propri "diritti d'autore".

Il successo e le invidie

Ariosto cerca di riprendere in mano la situazione quando si mette a lavorare alla terza edizione. Siamo nel 1532 e il poeta, nonostante le precarie condizioni di salute, segue il lavoro di tipografia pressoché quotidianamente, per evitare refusi e intervenire con nuove correzioni. L'edizione, conclusa il 1° ottobre, si presenta con una veste esterna dignitosa e di discreta eleganza. A chiusura del volume, figurano, in un riquadro inserito in una xilografia, due vipere alle quali una mano armata di forbici taglia la lingua. Sotto, si legge una citazione biblica in latino: *Dilexisti malitiam super benignitatem* (Salmi, 51, 5). Vale a dire: "Hai preferito la malignità alla benevolenza". Gli studiosi hanno molto discusso sul significato della frase, ma si trattava probabilmente di un riferimento ai cortigiani malevoli e invidiosi del prodigioso successo del poema.

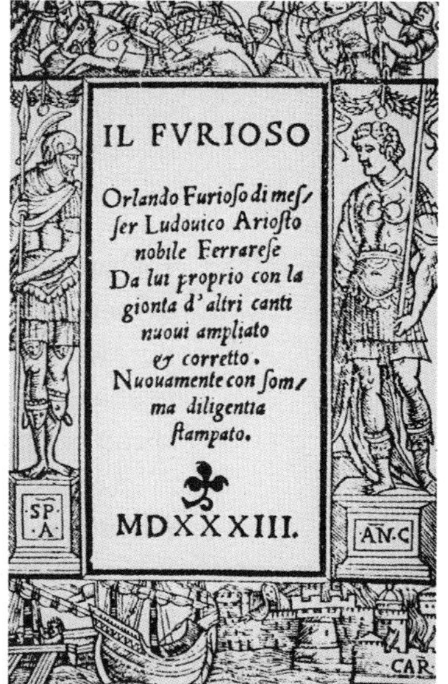
IL FVRIOSO

Orlando Furioso di messer Ludouico Ariosto nobile Ferrarese Da lui proprio con la gionta d'altri canti nuoui ampliato & corretto. Nuouamente con somma diligentia stampato.

MDXXXIII.

narratore onnisciente, che sembra provare gusto nell'intrecciare e nello sciogliere i destini dei personaggi, garantendo così, almeno sul piano della fantasia e della narrazione, un ordine che nella realtà risulta assente. Questa posizione dell'autore rispetto alla sua vasta materia narrativa ha un preciso **significato ideologico e culturale**, rimandando alla fiducia – tipicamente rinascimentale e non ancora del tutto esaurita – nella possibilità di un dominio dell'uomo sulla realtà e a un desiderio di bellezza e di armonia che si esprime nella superiore sintesi compositiva realizzata dal poeta.

Le novelle autonome

Nella trama del poema sono inserite anche alcune novelle che costituiscono degli episodi a sé. Sono brevi narrazioni autonome e concluse che **illustrano virtù e vizi** come la fedeltà, la cortesia, la gelosia, l'avarizia, l'inganno, l'ingratitudine verso la persona amata. Con il loro contenuto esemplare, esse vogliono aiutare il lettore a riflettere sui temi del poema.

La lingua e la metrica

La scelta del fiorentino illustre

L'*Orlando furioso*, nella sua terza edizione, è la **prima opera di un autore non toscano scritta in volgare fiorentino**, ormai evidentemente percepito come lingua letteraria nazionale. Come abbiamo visto, se la prima edizione del poema era caratterizzata da una lingua dialettale ferrarese, nella seconda si nota invece una forte ripulitura dalle forme locali e regionali. La terza edizione è infine frutto di un'attenta e sostanziale revisione linguistica.

Per capire i motivi che spingono Ariosto a correggere più volte il suo capolavoro bisogna fare due precisazioni. La prima è che intorno al 1520 si intensificano le discussioni sulla **questione della lingua**, cioè il dibattito tra gli scrittori su quale modello linguistico occorra scegliere per costruire una letteratura italiana (nel 1525 vengono pubblicate le *Prose della volgar lingua* di Pietro Bembo, ➤ p. 126). La seconda, necessaria per comprendere il bisogno di Ariosto di adeguarsi a un modello linguistico unitario, è relativa al periodo storico e alla situazione politica italiana: **l'Italia attraversa** in quegli anni **un momento tragico**, che fa svanire ogni prospettiva di autonomia politica (➤ p. 16). Anche per questo gli scrittori italiani, di fronte a un paese invaso e umiliato dagli stranieri, vogliono mostrare, almeno sul fronte linguistico e culturale, la propria unità.

Una lingua armoniosa

Tuttavia, lungi dall'offrire un'immagine di rigidità, la **lingua** del poema appare **mobile e variegata**, fondendo vocaboli classici e di ascendenza petrarchesca (ricordiamo che il *Canzoniere* era per Bembo l'opera poetica a cui bisognava guardare come a un modello) con termini ed espressioni popolari, tipiche del parlato. Da ciò deriva una sintesi linguistica originale, che determina ancora oggi la leggibilità del capolavoro ariostesco.

L'"ottava d'oro"

Vogliamo proporre un'ultima osservazione sulla metrica. Ariosto impiega l'ottava (➤ p. 87) in maniera diversa dagli autori che prima di lui l'hanno utilizzata nei poemi narrativi (da Boccaccio a Pulci, da Boiardo a Poliziano). Ancora per Boiardo l'ottava era semplicemente una sorta di contenitore, in cui la struttura sintattica era in larga misura autonoma rispetto a quella metrica e il ritmo della narrazione era indipendente da quello della strofa.

La tecnica di Ariosto è invece più matura e raggiunge spesso un livello di autentica perfezione. Non a caso si è parlato, a proposito dell'*Orlando furioso*, di "ottava d'oro", per la perfetta **coincidenza tra il piano metrico e quello sintattico** (spesso, infatti, la strofa coincide con il periodo). Inoltre, Ariosto incentra ogni ottava su un particolare concetto o su una particolare immagine, ricercando così una corrispondenza tra forma e contenuto, rendendo la prima funzionale al secondo.

I testi

Temi e motivi dei brani antologizzati

T4	**Il proemio** I, 1-4	▪ la presentazione della materia ▪ la tematica dell'amore e della follia ▪ l'invocazione alla "musa" Alessandra ▪ la dedica al cardinale Ippolito d'Este
T5	**La fuga di Angelica** I, 5-23	▪ la fuga di Angelica da Rinaldo ▪ la selva come metafora del caos
T6	**La figuraccia di Sacripante** I, 33-71	▪ l'abilità di Angelica nel sottrarsi alle mire erotiche del cavaliere ▪ l'ironia della narrazione
T7	**L'avventura di Pinabello e il castello di Atlante** II, 37-57	▪ la storia d'amore di Bradamante e Ruggiero ▪ l'elemento magico e meraviglioso
T8	**Atlante e l'ippogrifo** IV, 1-7	▪ l'abilità di Bradamante nello sconfiggere il mago con la prudenza e l'intelligenza ▪ l'evocazione del tema della capacità della simulazione
T9	**Ruggiero e Astolfo nell'isola di Alcina** VI, 19-41	▪ la maga Alcina e il tema del fascino dei sensi ▪ la presentazione del personaggio di Astolfo, deluso dall'amore ▪ lo sguardo ironico di Ariosto sulle tentazioni della passione e della lussuria
T10	**Un palazzo incantato** XII, 4-21	▪ la magia e l'illusione ▪ il fallimento delle ambizioni umane
T11	**La pazzia di Orlando** XXIII, 111-124; 129-136	▪ i gradi della follia di Orlando: dallo stupore al furore ▪ la follia intesa come liberazione dal "mito" di un amore impossibile
T12	**Astolfo sulla Luna** XXXIV, 69-87	▪ la ricerca del senno perduto ▪ la Luna come rovesciamento del mondo terreno e custode delle illusioni degli individui ▪ la polemica contro i poeti cortigiani

Perugino, *Allegoria della Fortezza e della Temperanza* (particolare), 1499-1500. Perugia Palazzo dei Priori, Collegio del Cambio.

T4

audiolettura

Il proemio

Orlando Furioso, canto I, ott. 1-4

Il programma dell'opera

La parte introduttiva del poema è organizzata in quattro stanze che ne costituiscono il proemio. Il poeta enuncia l'argomento, invoca indirettamente la propria Musa ispiratrice e dedica l'opera al cardinale Ippolito d'Este.

METRO Ottave di endecasillabi con schema di rime ABABABCC.

1

Protasi

Le donne, i cavallier, l'arme, gli amori,
le cortesie, l'audaci imprese io canto,
che furo al tempo che passaro i Mori
d'Africa il mare, e in Francia nocquer tanto,
seguendo l'ire e i giovenil furori
d'Agramante lor re, che si diè vanto
di vendicar la morte di Troiano
sopra re Carlo imperator romano.

2

Dirò d'Orlando in un medesmo tratto
cosa non detta in prosa mai né in rima:
che per amor venne in furore e matto,
d'uom che sì saggio era stimato prima;

Invocazione

se da colei che tal quasi m'ha fatto,
che 'l poco ingegno ad or ad or mi lima,
me ne sarà però tanto concesso,
che mi basti a finir quanto ho promesso.

3

Dedica

Piacciavi, generosa Erculea prole,
ornamento e splendor del secol nostro,
Ippolito, aggradir questo che vuole
e darvi sol può l'umil servo vostro.
Quel ch'io vi debbo, posso di parole
pagare in parte e d'opera d'inchiostro;
né che poco io vi dia da imputar sono;
che quanto io posso dar, tutto vi dono.

4

Voi sentirete fra i più degni eroi,
che nominar con laude m'apparecchio,

PARAFRASI

ottava 1
Io canto la bellezza e il fascino femminile (*Le donne*), le gesta dei cavalieri, i fatti d'armi, i sentimenti e gli amori, gli atti cortesi e nobili, le imprese coraggiose, che avvennero (*furo*) nel tempo in cui i Mori attraversarono il mare, partendo dall'Africa, e in Francia [dove sbarcarono] arrecarono grandi danni (*nocquer tanto*), seguendo l'animo gonfio d'ira e di furore giovanile del loro re Agramante, il quale aveva dichiarato (*si diè vanto*) di voler vendicare la morte di Troiano su Carlo Magno, imperatore romano.

ottava 2
Nello stesso tempo (*in un medesmo tratto*) racconterò, di Orlando, una vicenda (*cosa*) non ancora (*mai*) esposta né in prosa né in versi: cioè il fatto che impazzì (*venne in furore e matto*) per amore, da uomo che prima era considerato così saggio; se da colei che mi ha reso simile (*tal quasi*) a Orlando, e che continuamente (*ad or ad or*) mi assottiglia (*lima*) il già scarso ingegno, me ne sarà tuttavia lasciato (*concesso*) tanto quanto mi è necessario (*mi basti*) per portare a termine l'opera che ho annunciato (*quanto ho promesso*).

ottava 3
Degnatevi (*Piacciavi*) perciò, o nobile figlio di Ercole (*generosa Erculea prole*), vanto e splendore dei nostri tempi, Ippolito, di gradire (*aggradir*) ciò che vuole e soltanto può donarvi il vostro umile servitore. Posso ripagare parzialmente (*in parte*) il debito di riconoscenza nei vostri confronti con le parole e con la produzione letteraria (*opera d'inchiostro*); e non mi si può rimproverare (*da imputar sono*) di darvi poca cosa; poiché vi dono tutto ciò che posso dare.

ottava 4
Tra i più nobili eroi che mi accingo (*m'apparecchio*) a nominare per lodarli (*con laude*), voi sentirete

3 Mori: gli arabi del Marocco. La loro invasione della Francia era avvenuta ai tempi di Carlo Martello (battaglia di Poitiers, 732), ma l'anacronismo nulla toglie alla favola che Ariosto sta per iniziare a narrare.
7 Troiano: il padre di Agramante, ucciso da Orlando di Borgogna.
8 Carlo imperator romano: in realtà l'incoronazione a imperatore (avvenuta a Roma nel Natale dell'anno 800 per mano di papa Leone III) è successiva all'epoca in cui si svolgono i fatti storici che fanno da sfondo al poema di Ariosto.
13 colei: è Alessandra Benucci, la donna amata dal poeta, qui invocata come musa. **tal:** cioè pazzo per amore.
19 Ippolito: è il cardinale Ippolito d'Este, figlio del duca Ercole I. **questo:** il poema stesso.
20 sol: il poeta afferma di poter donare soltanto la propria opera, non avendo altro.

ricordar quel Ruggier, che fu di voi
e de' vostri avi illustri il ceppo vecchio.
L'alto valore e' chiari gesti suoi
vi farò udir, se voi mi date orecchio,
e vostri alti pensier cedino un poco,
sì che tra lor miei versi abbiano loco.

ricordare quel Ruggiero che fu il capostipite (*ceppo vecchio*) di voi e dei vostri illustri antenati. Vi narrerò il suo grande valore e le sue rinomate gesta (*chiari gesti*), se voi mi presterete attenzione e i vostri profondi (*alti*) pensieri accetteranno di abbassarsi un po' (*cedino un poco*), in modo che i miei versi possano trovare accoglienza (*abbiano loco*) tra loro.

27 **Ruggier:** è il gagliardo guerriero saraceno che si innamorerà di Bradamante, forte e bella eroina cristiana.

Dentro il TESTO

I contenuti tematici

La protasi

Le prime due ottave del poema costituiscono la protasi (o proposizione) del poema, cioè l'enunciazione dell'argomento. Già i primi due versi della prima ottava presentano, in una sintesi poeticamente assai felice, i principali temi che verranno cantati nell'opera. Lo fanno attraverso l'accostamento di una serie di sostantivi legati l'uno all'altro per asindeto, senza sfarzo di aggettivi, ma in modo suggestivo ed evocativo. La materia bretone (le donne, gli amori, le cortesie) e quella carolingia (i cavalieri, le armi, le imprese) si fondono a costituire le basi dei sogni fantastici del poeta: linee tematiche incrociate dal doppio chiasmo mediante una linea che collega appunto *le donne, gli amori* e *l'audaci imprese*, e l'altra che unisce *i cavallier, l'arme, le cortesie* (vv. 1-2).

Mentre nella prima ottava viene riassunto l'antefatto (il desiderio del re arabo Agramante di vendicare la morte del padre e quindi la decisione di compiere una spedizione in Francia), nella seconda Ariosto rivendica la propria originalità di autore, giacché, pur riallacciandosi all'*Orlando innamorato* di Boiardo, narrerà in versi un argomento nuovo, mai affrontato prima: la pazzia amorosa del cristiano Orlando, il più valoroso paladino del ciclo carolingio.

L'invocazione

Sempre nella seconda ottava (vv. 13-16) è incastonata quella che possiamo considerare una sorta di invocazione. L'invocazione nei poemi classici (come l'*Iliade*, l'*Odissea* e l'*Eneide*) era sempre rivolta a una divinità: sia Omero sia Virgilio si appellavano alla Musa protettrice della poesia. Ariosto sostituisce quella figura divina con un'altra molto più umana, la donna amata, alla quale chiede indirettamente di lasciargli una quantità di *ingegno* (v. 14) tale che possa consentirgli di portare a termine l'opera intrapresa. In tal modo è come se l'autore individuasse la sua Alessandra, musa tutta terrena, quale fonte di ispirazione dei suoi versi. Per l'autore questo è un modo per sottolineare il rilievo autobiografico che ha per lui la tematica amorosa: infatti il poeta non chiede ad Alessandra l'ispirazione, bensì una sorta di tregua nella passione amorosa che la donna suscita in lui, sebbene egli non voglia certo sottrarsi a essa.

La dedica

Il poema viene dedicato, nelle ottave terza e quarta, al cardinale Ippolito d'Este, fratello del duca di Ferrara Alfonso I. Il poeta afferma che la propria opera letteraria, simbolicamente donata a Ippolito, è l'unico modo che egli ha per ripagare il debito di riconoscenza verso colui che l'aveva assunto al suo servizio. Del resto l'*Orlando furioso* presenta anche tematicamente un punto di contatto con il dedicatario. Un po' per necessità di cortigiano, cioè per ingraziarsi il signore, un po' con celata ironia, Ariosto fa infatti discendere gli Estensi dalle nozze di Ruggiero con Bradamante (già Boiardo aveva immaginato tale discendenza). L'ironia si coglie anche negli ultimi versi della quarta ottava, dove l'autore presenta un cardinale Ippolito tutto assorto in pensieri profondi, che dovranno ridimensionarsi un po' affinché la sua poesia possa esservi accolta.

Le scelte stilistiche

La ricerca di uno stile elevato

Nel fatto che Ariosto decida di uniformarsi così strettamente alla struttura del proemio tipica dell'*epos* greco e latino possiamo individuare la volontà, da parte sua, di innalzare la propria opera alla dignità della letteratura classica. Anche il verbo *canto* (v. 2) è vocabolo tecnico dell'epica tradizionale: è il latino *cano* del primo verso dell'*Eneide* (*Arma virumque cano*, Canto le armi e l'eroe). Nei primi due versi del poema va colto anche un riferimento dantesco, precisamente ai vv. 109-110 del canto XIV del *Purgatorio*: «Le donne e ' cavalier, li affanni e li agi / che ne 'nvogliava amore e cortesia». Nell'insieme tutta la prima ottava possiede uno stile epico, dunque alto e solenne, sottolineato anche dall'ampio respiro sintattico ottenuto attraverso alcuni *enjambement* (fra i vv. 3-4; 5-6).

L'abbassamento del tono e la contaminazione dei registri

Nella seconda ottava lo stile muta radicalmente. Assistiamo infatti a un sostanziale abbassamento del tono, sia sul piano sintattico (con una coincidenza tra metrica e sintassi) sia su quello lessicale (al v. 11, se *furore* rimanda al latino *furor*, "pazzia", *matto* era già ai tempi di Ariosto aggettivo d'uso colloquiale). Lo stesso abbassamento si coglie anche nelle due ottave successive, nonostante un'apparente maggiore solennità dell'eloquio al momento della dedica a Ippolito. Apparente, appunto: abbiamo già visto come questi versi siano caratterizzati da un'innegabile coloritura ironica. Nel complesso, già nel proemio come poi in tutta l'opera (talora all'interno della stessa ottava e persino dello stesso verso), Ariosto persegue un'inedita contaminazione di registri diversi.

Verso le COMPETENZE

COMPRENDERE

1 Quali argomenti tratterà il poema?

2 Ariosto individua un'analogia tra sé stesso e Orlando: quale?

ANALIZZARE

3 Nei primi due versi della prima ottava troviamo

- a un polisindeto.
- b un asindeto.
- c un'anastrofe.
- d un iperbato.

4 Al v. 28 *il ceppo vecchio* è

- a un simbolo.
- b una perifrasi.
- c una metafora.
- d una similitudine.

INTERPRETARE

5 Individua due passaggi in cui emerge in primo piano la persona del narratore. Quali motivi mettono in luce?

6 Rintraccia le espressioni in cui l'autore professa la propria modestia.

7 In che cosa consiste l'ironia nei confronti del cardinale Ippolito?

COMPETENZE LINGUISTICHE

8 Nel primo verso del poema, Ariosto usa il termine *amori*, plurale del nome astratto "amore", per indicare non tanto una pluralità di sentimenti, quanto, più prosaicamente, di relazioni amorose. In italiano, infatti, è abbastanza comune che i nomi astratti, passando dal singolare al plurale, assumano un significato più concreto: rifletti su questa differenza nelle coppie che ti proponiamo e poi scrivi una frase per ciascun termine.

gioia/gioie ▪ dolore/dolori ▪ mancanza/mancanze ▪ economia/economie ▪ affetto/affetti.

PRODURRE

9 SCRIVERE PER **CONFRONTARE**

Cerca i versi iniziali dei principali poemi epici (*Iliade*, *Odissea* ed *Eneide*) e confrontali con l'inizio dell'*Orlando furioso*: quali analogie e quali differenze cogli?

• T5 •

La fuga di Angelica

Orlando Furioso, canto I, ott. 5-23

Tutti innamorati di una donna sfuggente

La bellissima Angelica, di cui sono innamorati due grandi paladini, Orlando e suo cugino Rinaldo, è stata promessa da Carlo Magno a colui che ucciderà il maggior numero di nemici. Intanto la fanciulla è stata affidata alla custodia del vecchio duca Namo di Baviera. Essa però coglie un momento favorevole per fuggire: i pagani hanno attaccato, i cristiani vengono sconfitti e lei approfitta dello scompiglio per balzare in sella a un cavallo e inoltrarsi a briglia sciolta nel profondo di una selva. Qui incontra prima Rinaldo, odiato e temuto, e poi Ferraù, il guerriero saraceno che aveva ucciso suo fratello Argalìa e l'aveva pretesa in sposa, venendo da lei rifiutato per la sua bruttezza. I due ingaggiano un duello, mentre, ancora una volta, la giovane riesce a scappare.

L'antefatto

5
Orlando, che gran tempo innamorato
fu de la bella Angelica, e per lei
in India, in Media, in Tartaria lasciato
avea infiniti ed immortal trofei,
in Ponente con essa era tornato,
dove sotto i gran monti Pirenei
con la gente di Francia e de Lamagna
re Carlo era attendato alla campagna,

6
per far al re Marsilio e al re Agramante
battersi ancor del folle ardir la guancia,
d'aver condotto, l'un, d'Africa quante
genti erano atte a portar spada e lancia;
l'altro, d'aver spinta la Spagna inante
a destruzion del bel regno di Francia.
E così Orlando arrivò quivi a punto:
ma tosto si pentì d'esservi giunto;

7
che vi fu tolta la sua donna poi:
ecco il giudicio uman come spesso erra!
Quella che dagli esperi ai liti eoi
avea difesa con sì lunga guerra,
or tolta gli è fra tanti amici suoi,
senza spada adoprar, ne la sua terra.

2 Angelica: figlia del re Galafrone, principessa del Catai (corrispondente all'attuale Cina).
3-4 In India... trofei: in Oriente, cioè in India, in Persia (*Media*), nel nord della Cina (*Tartaria*), aveva lasciato infinite e immortali testimonianze di valore (*trofei*).
5 Ponente: Occidente.
7 Lamagna: Germania.
8 era attendato... campagna: aveva schierato l'esercito in campo aperto.
9 re Marsilio: leggendario re dei saraceni di Spagna.
10 battersi... la guancia: pentirsi (*battersi... la guancia*) ancora una volta della folle audacia.
11 l'un: Agramante.
13 l'altro: Marsilio. **inante:** avanti.
15 a punto: al momento giusto.
16 tosto: subito.
17 che... tolta: poiché qui gli fu portata via.
19 dagli esperi... eoi: dall'estremo Occidente (dove spunta la stella Espero) all'estremo Oriente (dove sorge l'aurora, *eos* in greco). La perifrasi sta a indicare "ovunque".

Il savio imperator, ch'estinguer volse
un grave incendio, fu che gli la tolse.

8
Nata pochi dì inanzi era una gara
tra il conte Orlando e il suo cugin Rinaldo,
che entrambi avean per la bellezza rara
d'amoroso disio l'animo caldo.
Carlo, che non avea tal lite cara,
che gli rendea l'aiuto lor men saldo,
questa donzella, che la causa n'era,
tolse, e diè in mano al duca di Bavera;

9
in premio promettendola a quel d'essi,
ch'in quel conflitto, in quella gran giornata,
degl'infideli più copia uccidessi,
e di sua man prestasse opra più grata.
Contrari ai voti poi furo i successi;
ch'in fuga andò la gente battezzata,
e con molti altri fu 'l duca prigione,
e restò abbandonato il padiglione.

Angelica fugge nella selva e incontra Rinaldo e Ferraù

10
Dove, poi che rimase la donzella
ch'esser dovea del vincitor mercede,
inanzi al caso era salita in sella,
e quando bisognò le spalle diede,
presaga che quel giorno esser rubella
dovea Fortuna alla cristiana fede:
entrò in un bosco, e ne la stretta via
rincontrò un cavallier ch'a piè venìa.

11
Indosso la corazza, l'elmo in testa,
la spada al fianco, e in braccio avea lo scudo;
e più leggier correa per la foresta,
ch'al pallio rosso il villan mezzo ignudo.
Timida pastorella mai sì presta

23-24 Il savio... tolse: a togliergliela fu il saggio imperatore (Carlo), il quale volle sedare una grave contesa (ossia quella scoppiata tra Orlando e Rinaldo, entrambi innamorati di Angelica).
25 gara: lite.
27 rara: non comune.
32 diè in mano: consegnò. **duca di Bavera:** Namo, anziano consigliere di Carlo.
34 gran giornata: battaglia campale.
35 più copia uccidessi: uccidesse il maggior numero.
37 ai voti: alle speranze. **successi:** risultati.
38 ch'in fuga... la gente battezzata: dal momento che (*ch'*) i cristiani (*la gente battezzata*) furono messi in fuga.
39 fu 'l duca prigione: il duca Namo di Baviera fu fatto prigioniero.
40 il padiglione: la tenda dove era custodita Angelica.
41 rimase: rimase sola.
42 mercede: premio.
43 inanzi al caso: prima della sconfitta cristiana.
44 quando bisognò: al momento propizio. **le spalle diede:** fuggì.
45 rubella: ribelle, avversa.
51-52 e più leggier... ignudo: e correva per la foresta più velocemente di quanto un contadino mezzo nudo corra dietro al drappo rosso (*pallio*: il panno che si dava in premio nelle competizioni medievali).
53 sì presta: così veloce.

non volse piede inanzi a serpe crudo,
come Angelica tosto il freno torse,
che del guerrier, ch'a piè venìa, s'accorse.

12
Era costui quel paladin gagliardo,
figliuol d'Amon, signor di Montalbano,
a cui pur dianzi il suo destrier Baiardo
per strano caso uscito era di mano.
Come alla donna egli drizzò lo sguardo,
riconobbe, quantunque di lontano,
l'angelico sembiante e quel bel volto
ch'all'amorose reti il tenea involto.

13
La donna il palafreno a dietro volta,
e per la selva a tutta briglia il caccia;
né per la rara più che per la folta,
la più sicura e miglior via procaccia:
ma pallida, tremando, e di sé tolta,
lascia cura al destrier che la via faccia.
Di su di giù, ne l'alta selva fiera
tanto girò, che venne a una riviera.

14
Su la riviera Ferraù trovosse
di sudor pieno e tutto polveroso.
Da la battaglia dianzi lo rimosse
un gran disio di bere e di riposo;
e poi, mal grado suo, quivi fermosse,
perché, de l'acqua ingordo e frettoloso,
l'elmo nel fiume si lasciò cadere,
né l'avea potuto anco riavere.

54 non volse... crudo: non fuggì dinanzi a un serpente velenoso (*crudo*).
55-56 tosto... s'accorse: tirò le redini (per volgere indietro il cavallo) non appena (*tosto... che*) si accorse del cavaliere che avanzava a piedi.
57 gagliardo: forte, valoroso.
58 figliuol... signor di Montalbano: Rinaldo.
59 pur dianzi: poco tempo prima. **destrier:** cavallo.
60 uscito era di mano: gli era sfuggito. Il narratore si riferisce a un passo dell'*Orlando innamorato* di Boiardo (III, IV, 29), allorquando Rinaldo era sceso da cavallo per battersi in condizioni di parità con Ruggiero, che era appiedato: in quel momento Baiardo gli era sfuggito.
61 Come... sguardo: non appena rivolse lo sguardo verso la donna.
63 angelico sembiante: aspetto di angelo. L'aggettivo allude chiaramente al nome della fanciulla.
64 il tenea involto: lo teneva avviluppato.
65 il palafreno... volta: gira indietro il cavallo.
66 a tutta... caccia: a briglie sciolte lo lancia (cioè al galoppo).
67-68 né per...procaccia: né cerca una via di fuga migliore e più sicura, non preoccupandosi di quanto la foresta sia rada o folta.
69 di sé tolta: fuori di sé.
70 lascia... faccia: lascia al cavallo il compito (*cura*) di scegliere la via.
71 alta selva fiera: bosco profondo e selvaggio.
72 riviera: fiume (francesismo da *rivière*).
73 Ferraù trovosse: si trovò Ferraù, un guerriero saraceno, nipote del re di Spagna Marsilio, presente nell'*Orlando innamorato* di Boiardo con il nome di Ferraguto.
75 lo rimosse: lo aveva allontanato.
77 quivi fermosse: si fermò qui.
80 anco riavere: ancora riprendere.

15
Quanto potea più forte, ne veniva
gridando la donzella ispaventata.
A quella voce salta in su la riva
il Saracino, e nel viso la guata;
e la conosce subito ch'arriva,
ben che di timor pallida e turbata,
e sien più dì che non n'udì novella,
che senza dubbio ell'è Angelica bella.

16
E perché era cortese, e n'avea forse
non men de' dui cugini il petto caldo,
l'aiuto che potea tutto le porse,
pur come avesse l'elmo, ardito e baldo:
trasse la spada, e minacciando corse
dove poco di lui temea Rinaldo.
Più volte s'eran già non pur veduti,
m'al paragon de l'arme conosciuti.

Rinaldo e Ferraù a duello

17
Cominciar quivi una crudel battaglia,
come a piè si trovar, coi brandi ignudi:
non che le piastre e la minuta maglia,
ma ai colpi lor non reggerian gl'incudi.
Or, mentre l'un con l'altro si travaglia,
bisogna al palafren che 'l passo studi;
che quanto può menar de le calcagna,
colei lo caccia al bosco e alla campagna.

18
Poi che s'affaticar gran pezzo invano
i dui guerrier per por l'un l'altro sotto,
quando non meno era con l'arme in mano
questo di quel, né quel di questo dotto;
fu primiero il signor di Montalbano,

81-82 Quanto... ispaventata: la ragazza, spaventata, andava gridando quanto più forte potesse.
84 guata: guarda.
85 la conosce... ch'arriva: la riconosce non appena si avvicina.
86-87 ben che... novella: benché lei sia pallida per la paura e turbata in volto e fossero ormai più giorni che non ne aveva notizie.
89-90 n'avea... caldo: nutriva verso Angelica una passione (*n'avea... il petto caldo*) non inferiore a quella dei due cugini (Orlando e Rinaldo).
92 pur come: come se ancora. **baldo:** fiero.
94 poco di lui temea: nessun timore di lui aveva.
95 non pur: non solo.
96 al paragon... conosciuti: misurati fra loro in combattimento.
97 Cominciar: cominciarono.
98 come a piè si trovar: a piedi, così come si trovavano. **coi brandi ignudi:** con le spade sguainate.
99-100 non che... gl'incudi: non solo le lamine della corazze e le maglie di ferro, ma anche le incudini non avrebbero resistito ai loro colpi.
101 si travaglia: si affatica.
102 bisogna... studi: (per Angelica) è il momento opportuno di affrettare l'andatura del cavallo.
103 quanto può... calcagna: e per quanto può spronarlo.
104 colei: Angelica.
105-106 Poi che... sotto: dopo che i due guerrieri si furono per lungo tempo inutilmente combattuti per sopraffare l'uno l'altro.
107-108 quando... dotto: poiché (*quando*) questo, con le armi in pugno, non era meno abile (*dotto*) combattente di quello, né quello di questo.

ch'al cavallier di Spagna fece motto,
sì come quel ch'ha nel cuor tanto fuoco,
che tutto n'arde e non ritrova loco.

19
Disse al pagan: «Me sol creduto avrai,
e pur avrai te meco ancora offeso:
se questo avvien perché i fulgenti rai
del nuovo sol t'abbino il petto acceso,
di farmi qui tardar che guadagno hai?
che quando ancor tu m'abbi morto o preso,
non però tua la bella donna fia;
che, mentre noi tardiam, se ne va via.

20
Quanto fia meglio, amandola tu ancora,
che tu le venga a traversar la strada,
a ritenerla e farle far dimora,
prima che più lontana se ne vada!
Come l'avremo in potestate, allora
di chi esser de' si provi con la spada:
non so altrimenti, dopo un lungo affanno,
che possa riuscirci altro che danno».

110 fece motto: rivolse parola (*motto*, dal francese *mot*).
112 non ritrova loco: non trova pace.
113-114 Me... offeso: avrai creduto di danneggiare solo me, ma in realtà avrai danneggiato (*offeso*), con me, anche te stesso.
115-116 se questo... acceso: se questo accade perché i luminosi raggi di questo secondo sole ti hanno acceso d'amore il petto. Angelica è paragonata a un altro sole, i cui raggi fanno innamorare.
118 che... preso: perché anche se riuscirai a uccidermi o farmi prigioniero.
119 non però: non per questo.
fia: sarà.
121 amandola tu ancora: dal momento che anche tu l'ami.
122 traversar: sbarrare.
123 a ritenerla... dimora: a trattenerla e fermarla.
125-126 Come... spada: quando l'avremo in nostro potere, allora si decida combattendo a chi dovrà appartenere.
127-128 non so... danno: diversamente, mi sembra inevitabile che dopo tante fatiche non ci verrà altro che danno.

Storie dell'*Orlando Furioso*, illustrazione sul volume stampato a Venezia da Aldo Manunzio nel 1545.

I due cavalieri si separano ma Ferraù si ritrova al punto di partenza

21
Al pagan la proposta non dispiacque:
così fu differita la tenzone;
e tal tregua tra lor subito nacque,
sì l'odio e l'ira va in oblivione,
che 'l pagano al partir da le fresche acque
non lasciò a piedi il buon figliuol d'Amone:
con preghi invita, ed al fin toglie in groppa,
e per l'orme d'Angelica galoppa.

22
Oh gran bontà de' cavallieri antiqui!
Eran rivali, eran di fé diversi,
e si sentian degli aspri colpi iniqui
per tutta la persona anco dolersi;
e pur per selve oscure e calli obliqui
insieme van senza sospetto aversi.
Da quattro sproni il destrier punto arriva
ove una strada in due si dipartiva.

23
E come quei che non sapean se l'una
o l'altra via facesse la donzella
(però che senza differenza alcuna
apparia in amendue l'orma novella),
si messero ad arbitrio di fortuna,
Rinaldo a questa, il Saracino a quella.
Pel bosco Ferraù molto s'avvolse,
e ritrovossi al fine onde si tolse.

130 fu differita la tenzone: fu rinviato il combattimento.
132 va in oblivione: vengono dimenticati.
133 al partir... acque: allontanandosi dal fiume. Le *fresche acque* sono una chiara citazione petrarchesca (*Chiare, fresche et dolci acque*, *Canzoniere*, 126, v. 1).
135 preghi: preghiere. **toglie:** prende.
136 per: dietro.
138 fè: fede.
139-140 si sentian... dolersi: ancora sentivano per tutto il corpo il dolore per gli aspri colpi tremendi che si erano scambiati.
141 pur: ciò malgrado. **calli obliqui:** sentieri intricati.
142 senza sospetto aversi: senza che l'uno sospetti dell'altro.
144 si dipartiva: si divideva.
145 E... che: E poiché.
147-148 però che... novella: dal momento che impronte recenti (*l'orma novella*) apparivano identiche in tutte e due le diramazioni.
149-150 si messero... quella: si diressero a caso, Rinaldo lunga una strada, Ferraù (*il Saracino*) lungo un'altra.
151 s'avvolse: s'aggirò.
152 ritrovossi... tolse: si ritrovò nel luogo da dove era partito.

Analisi ATTIVA

I contenuti tematici

Un inizio sorprendente

Dopo il proemio, il poeta dà avvio alla narrazione dal punto in cui l'aveva sospesa Boiardo, concedendogli un omaggio grazie alle due parole che aprono e chiudono il primo verso della ottava 5 (*Orlando... innamorato*), evidente riferimento al titolo del poema del predecessore. In realtà, le strofe successive all'esordio chiariscono subito come l'affidamento di Angelica al duca Namo di Baviera avesse avuto un esito diverso da quello previsto.

Per motivare alla guerra i suoi paladini, infatti, Carlo Magno aveva bandito una gara per dare in premio l'ambita fanciulla a chi avesse ucciso in battaglia il maggior numero di nemici. Tuttavia *contrari ai voti poi furo i successi* (v. 37): i Cristiani furono sconfitti dai Saraceni e Angelica era scappata.

1 Qual era l'aspettativa di Orlando al suo ritorno in Occidente?
2 Perché Carlo Magno decide di affidare Angelica al duca di Baviera?
3 Quali circostanze favorevoli aiutano la fuga di Angelica?

Nel dominio dell'imprevisto

La narrazione inizia in tal modo sotto il segno dell'"errore", della falsa presupposizione, dell'imprevisto e del rinvio: la sentenza che esprime la vacua speranza di Orlando di far sua la donna amata (*ecco il giudicio uman come spesso erra*, v. 18) riassume il nodo centrale della concezione ariostesca dell'uomo anticipando il principio, morale e narrativo, su cui sarà incentrato tutto il poema. Dalla fuga di Angelica scaturisce il movimento costante di tutti i paladini, mossi al suo inseguimento.

Anche i personaggi dei romanzi cavallereschi erano sempre impegnati in un'avventurosa ricerca (la *quête*), come quella del Santo Graal, ma quelli di Ariosto cercano un oggetto del desiderio materiale e inafferrabile: il loro è un vagare continuo, destinato a essere sempre interrotto e vanificato da un incontro o da un ostacolo, che allontana e rimanda l'obiettivo rendendolo sfuggente.

4 Inserisci nella tabella, accanto ai nomi dei personaggi, i loro oggetti del desiderio e gli oppositori che impediscono loro di raggiungerli.

Personaggio	Oggetto/i del desiderio	Oppositore/i
Angelica		
Rinaldo		
Ferraù		

La selva, metafora del caos

Articolata in sequenze ben individuabili, la narrazione segue la fuga di Angelica *in un bosco* (v. 47), la caccia di Rinaldo, l'incontro con Ferraù, il duello tra i due paladini, di cui la fanciulla approfitta per scappare nuovamente, in un continuo intrecciarsi di apparizioni e scomparse, lungo direzioni diverse che, prima o poi, finiranno per convergere ricreando ulteriori occasioni di scontri, ricerche e avventure. Come un burattinaio che tira i fili dei vari personaggi, Ariosto li fa emergere sulla scena e poi sparire e riapparire improvvisamente, dopo soste e riprese inaspettate. Teatro del loro vorticoso errare è la selva, che però ha ben poco a che vedere con l'ambientazione dantesca, allegoria del peccato. Nel *Furioso*, essa costituisce piuttosto il luogo simbolico del labirinto in cui si svolgono le vicende terrene, la metafora del caos e dell'incapacità degli esseri umani di dare un corso razionale e un governo sensato alla propria vita.

Tutto sembra, in effetti, nelle mani del caso, che agisce come una forza cieca e indomabile sui personaggi, vanamente protesi a rincorrere desideri irrealizzabili e destinati a percorrere sentieri che non portano a nulla: i paladini cercano di volta in volta Angelica, il cavallo, l'elmo, ma spesso si ritrovano a mani vuote al punto di partenza (*Pel bosco Ferraù molto s'avvolse, / e ritrovassi al fine onde si tolse*, vv. 151-152) e in ogni caso frustrati dall'inevitabile fallimento delle loro azioni.

5 Il duello tra Rinaldo e Ferraù è, oltre che violento, insensato e autolesionistico. Perché?

6 Individua nel testo tutte le circostanze che nascono "per caso" e rifletti su quale significato Ariosto attribuisce al dominio della fortuna sugli eventi umani.

Le scelte stilistiche

L'intervento ironico del narratore

Sulle avventure dei suoi personaggi vigila, dall'alto, il narratore, incline a ricavare sagge riflessioni dagli eventi raccontati. I suoi interventi non si limitano a fare ordine nell'intricata matassa della storia, spostando l'attenzione da un episodio all'altro, ma offrono un controcanto ironico in forma di commento: in tal modo Ariosto fa capolino nel racconto mostrando il proprio coinvolgimento di uomo e di poeta dinanzi ai capricci della fortuna, alla precarietà dell'esistenza, alle debolezze e al vano agitarsi degli esseri umani. La sua ironia, in particolare, tende a dissolvere false certezze e ridicole convenzioni, svelando con sorridente bonomìa le illusioni e gli inganni che la finzione sociale trasforma in verità assolute.

Significativa è, per esempio, l'esclamazione *Oh gran bontà de' cavallieri antiqui!* (v. 137), con la quale il narratore chiosa il comportamento di Rinaldo e Ferraù, prima acerrimi rivali come innamorati della stessa donna, poi quasi complici e solidali nel rispetto delle norme del codice cavalleresco. A prima vista, l'intervento ariostesco sembrerebbe venato di malinconico rimpianto per un'etica ispirata alla lealtà purtroppo minacciata dalla barbarie dei tempi moderni. In realtà, l'esclamazione suggerisce un'ironica sottolineatura dell'insensatezza delle virtù cavalleresche idealizzate dalla civiltà cortigiana: i due cavalieri hanno infatti interrotto il loro duello infrangendo le regole e si alleano non certo per proteggere una fanciulla indifesa, come imporrebbe il modello etico tradizionale, bensì per darle la caccia.

7 Da quale situazione il narratore trae spunto per esclamare *Oh gran bontà de' cavallieri antiqui!* (v. 137)?

8 L'ironia dell'autore si coglie anche nella presenza di una figura retorica come l'iperbole. Individuane qualche occorrenza.

9 SCRIVERE PER **ARGOMENTARE**
A differenza dei suoi spasimanti, Angelica non insegue ma fugge. Per questo è destinata a diventare l'emblema della creatura che non si concede e che anzi mantiene sempre un atteggiamento sdegnoso nei confronti dei corteggiatori. La conseguenza di questa ritrosia è che i suoi pretendenti vedono accrescere ulteriormente la propria passione, in omaggio a quella naturale inclinazione che porta gli esseri umani a desiderare ossessivamente ciò che è proibito. Anche tu sei dell'idea che in amore "vince chi fugge", come fa l'eroina del *Furioso*? Sviluppa l'argomento in un testo di circa 20 righe.

10 SCRIVERE PER **ARGOMENTARE**
Rinaldo e Ferraù interrompono il duello per inseguire Angelica. La religione diversa in cui credono nulla può dinanzi al potere dell'amore. Ritieni corretto e auspicabile questo comportamento anche ai nostri giorni? Esistono a tuo giudizio idee, circostanze o valori che possono annullare le differenze (di credo, cultura, tradizioni ecc.) tra gli individui? Ragiona su questo problema in un testo di circa 30 righe.

• T6 •

La figuraccia di Sacripante

Orlando Furioso, canto I, ott. 33-71

La sconfitta di un conquistatore maldestro

In fuga da Rinaldo e Ferraù, Angelica può finalmente riposarsi nel folto di un cespuglio, fin quando avverte la presenza di un uomo. È Sacripante, re di Circassia, temibile guerriero saraceno, anch'egli innamorato di lei.

METRO Ottave di endecasillabi con schema di rime ABABABCC.

Angelica in fuga giunge in un boschetto

33
Fugge tra selve spaventose e scure,
per lochi inabitati, ermi e selvaggi.
Il mover de le frondi e di verzure,
che di cerri sentia, d'olmi e di faggi,
fatto le avea con subite paure
trovar di qua di là strani viaggi;
ch'ad ogni ombra veduta o in monte o in valle,
temea Rinaldo aver sempre alle spalle.

34
Qual pargoletta o damma o capriuola,
che tra le fronde del natio boschetto
alla madre veduta abbia la gola
stringer dal pardo, o aprirle 'l fianco o 'l petto,
di selva in selva dal crudel s'invola,
e di paura triema e di sospetto:
ad ogni sterpo che passando tocca,
esser si crede all'empia fera in bocca.

35
Quel dì e la notte e mezzo l'altro giorno
s'andò aggirando, e non sapeva dove.
Trovossi al fin in un boschetto adorno,
che lievemente la fresca aura muove.
Duo chiari rivi, mormorando intorno,
sempre l'erbe vi fan tenere e nuove;
e rendea ad ascoltar dolce concento,
rotto tra picciol sassi, il correr lento.

1 spaventose: che suscitano spavento.
2 ermi: solitari.
3-6 Il mover... viaggi: il muoversi delle fronde che essa sentiva e quello delle foglie (*verzure*) delle querce (*cerri*), degli olmi e dei faggi, provocando in lei improvvisi spaventi (*con subite paure*), l'avevano fatta andare di qua e di là per vie insolite, poco battute (*strani viaggi*).
7 ch': ché, poiché.
9 Qual... capriuola: come una piccola daina (*damma*) o una piccola capriola.
12 pardo: gattopardo, animale addestrato per la caccia.
13 s'invola: fugge.
14 triema: trema.
16 all'empia fera in bocca: in bocca alla feroce belva.
19 Trovossi: si trovò. **adorno:** ricco di bellezze naturali.
20 aura: aria.
21 rivi: ruscelli, corsi d'acqua.
23-24 e rendea... lento: e il loro lento scorrere, interrotto dai piccoli sassi adagiati sul fondo, produceva, per chi vi prestasse orecchio, una dolce armonia (*concento*).

36
Quivi parendo a lei d'esser sicura
e lontana a Rinaldo mille miglia,
da la via stanca e da l'estiva arsura,
di riposare alquanto si consiglia:
tra' fiori smonta, e lascia alla pastura
andare il palafren senza la briglia;
e quel va errando intorno alle chiare onde,
che di fresca erba avean piene le sponde.

37
Ecco non lungi un bel cespuglio vede
di prun fioriti e di vermiglie rose,
che de le liquide onde al specchio siede,
chiuso dal sol fra l'alte querce ombrose;
così voto nel mezzo, che concede
fresca stanza fra l'ombre più nascose:
e la foglia coi rami in modo è mista,
che 'l sol non v'entra, non che minor vista.

38
Dentro letto vi fan tenere erbette,
ch'invitano a posar chi s'appresenta.
La bella donna in mezzo a quel si mette;
ivi si corca, et ivi s'addormenta.
L'arrivo di Sacripante
Ma non per lungo spazio così stette,
che un calpestio le par che venir senta:
cheta si leva, e appresso alla riviera
vede ch'armato un cavallier giunt'era.

39
Se gli è amico o nemico non comprende:
tema e speranza il dubbio cuor le scuote;
e di quella aventura il fine attende,
né pur d'un sol sospir l'aria percuote.
Il cavalliero in riva al fiume scende
sopra l'un braccio a riposar le gote;
e in un suo gran pensier tanto penètra,
che par cangiato in insensibil pietra.

28 si consiglia: decide.
29 alla pastura: a pascolare.
30 palafren: cavallo.
33 non lungi: non lontano.
34 vermiglie: rosse.
35-36 che... ombrose: che si specchia nelle limpide acque (*liquide onde*) del ruscello, riparato dal sole perché posto fra le querce ombrose.
37-38 così voto... più nascose: il cespuglio è vuoto nel mezzo e così concede fresco soggiorno (*stanza*) fra le sue ombre più nascoste.
39 mista: intrecciata.
40 che 'l sol... vista: che non vi entra lo sguardo del sole e tanto meno quello di una vista meno penetrante (*minor*).
45 lungo spazio: molto tempo.
47 cheta: silenziosa. **appresso alla riviera:** presso la riva del fiume.
48 un cavallier: è Sacripante, re di Circassia, saraceno, anch'egli innamorato di Angelica, che accompagnerà per un tratto di cammino.
50 tema... le scuote: Angelica oscilla tra paura (*tema*) e speranza. **dubbio:** dubbioso.
54 sopra... le gote: per riposarsi appoggiando il volto su un braccio.
55-56 e in... pietra: il cavaliere è tanto assorto in un suo pensiero (che scopriremo dopo essere un pensiero d'amore) che sembra trasformato (*cangiato*) in una statua inanimata (*insensibil pietra*). *Pietra* è metonimia (la materia per l'oggetto).

40
Pensoso più d'un'ora a capo basso
stette, Signore, il cavallier dolente;
poi cominciò con suono afflitto e lasso
a lamentarsi sì soavemente,
ch'avrebbe di pietà spezzato un sasso,
una tigre crudel fatta clemente.
Sospirando piangea, tal ch'un ruscello
parean le guance, e 'l petto un Mongibello.

Sacripante si lamenta della fortuna, che forse ha concesso Angelica ad altri

41
«Pensier (dicea) che 'l cor m'agghiacci et ardi,
e causi il duol che sempre il rode e lima,
che debbo far, poi ch'io son giunto tardi,
e ch'altri a corre il frutto è andato prima?
a pena avuto io n'ho parole e sguardi,
et altri n'ha tutta la spoglia opima.
Se non ne tocca a me frutto né fiore,
perché affliger per lei mi vuo' più il core?

42
La verginella è simile alla rosa,
ch'in bel giardin su la nativa spina
mentre sola e sicura si riposa,
né gregge né pastor se le avvicina;
l'aura soave e l'alba rugiadosa,
l'acqua, la terra al suo favor s'inchina:
gioveni vaghi e donne inamorate
amano averne e seni e tempie ornate.

43
Ma non sì tosto dal materno stelo
rimossa viene e dal suo ceppo verde,
che quanto avea dagli uomini e dal cielo
favor, grazia e bellezza, tutto perde.
La vergine che 'l fior, di che più zelo
che de' begli occhi e de la vita aver de',
lascia altrui corre, il pregio ch'avea inanti
perde nel cor di tutti gli altri amanti.

58 Signore: l'apostrofe è rivolta a Ippolito d'Este, a cui è dedicato il poema.
59 suono afflitto e lasso: voce afflitta e triste.
64 Mongibello: l'Etna (dall'arabo *gebel*, "monte", a cui i normanni, che lo intendevano erroneamente come nome proprio, preposero la parola latina *mons*, che significava anch'essa "monte").
65 agghiacci: ghiacci, rendi freddo come il ghiaccio.
66 e causi... lima: e provochi un dolore che lo morde e lo consuma continuamente.
68 corre: forma sincopata per "cogliere".
70 spoglia opima: ricco bottino (metafora militare).
71 frutto: comincia qui la metafora erotica del fiore e del frutto per indicare la verginità di Angelica.
72 vuo': vuoi. La domanda è rivolta sempre al pensiero amoroso del primo verso dell'ottava.
76 se le: le si.
78 al suo favor: a renderle omaggio.
79 vaghi: "belli" o anche "desiderosi d'amore".
81 non sì tosto: non appena.
83 quanto: va collegato a *favor, grazia e bellezza* del verso successivo.
86-87 che... corre: che lascia cogliere ad altri (*altrui*) il fiore del quale deve (*de'*) avere una cura (*zelo*) maggiore di quanta ne abbia dei propri occhi e della stessa vita.
87 pregio: apprezzamento. **inanti:** prima.

44
Sia vile agli altri, e da quel solo amata
a cui di sé fece sì larga copia.
Ah, Fortuna crudel, Fortuna ingrata!
trionfan gli altri, e ne moro io d'inopia.
Dunque esser può che non mi sia più grata?
dunque io posso lasciar mia vita propia?
Ah più tosto oggi manchino i dì miei,
ch'io viva più, s'amar non debbo lei!».

45
Se mi domanda alcun chi costui sia,
che versa sopra il rio lacrime tante,
io dirò ch'egli è il re di Circassia,
quel d'amor travagliato Sacripante;
io dirò ancor, che di sua pena ria
sia prima e sola causa essere amante,
è pur un degli amanti di costei:
e ben riconosciuto fu da lei.

46
Appresso ove il sol cade, per suo amore
venuto era dal capo d'Oriente;
che seppe in India con suo gran dolore,
come ella Orlando sequitò in Ponente:
poi seppe in Francia che l'imperatore
sequestrata l'avea da l'altra gente,
per darla all'un de' duo che contra il Moro
più quel giorno aiutasse i Gigli d'oro.

47
Stato era in campo, e inteso avea di quella
rotta crudel che dianzi ebbe re Carlo:
cercò vestigio d'Angelica bella,
né potuto avea ancora ritrovarlo.
Questa è dunque la trista e ria novella
che d'amorosa doglia fa penarlo,

89 vile: spregevole.
90 sì larga copia: dono così generoso.
92 trionfan... d'inopia: gli altri ne godono e io muoio (*moro*) per la privazione (*inopia*) di lei.
93 grata: gradita.
95 più tosto... miei: piuttosto possa io morire oggi.
97 Se mi domanda... sia: il verso traduce una formula molto comune nei romanzi della Tavola Rotonda per presentare un nuovo personaggio.
98 rio: ruscello.
99 Circassia: regione della Russia tra il Mar Caspio e il Mar Nero.
100 quel... Sacripante: il celebre (*quel*) Sacripante sofferente per amore.
101-103 io dirò ancor... amanti di costei: aggiungerò che la prima, anzi l'unica causa della sua crudele sofferenza (*pena ria*) è il fatto che egli sia un innamorato, e proprio (*pur*) uno degli innamorati di questa donna (cioè Angelica).
105 Appresso ove il sol cade: vicino ai luoghi dove tramonta il sole, cioè in Occidente.
106 dal capo d'Oriente: dalle estreme regioni dell'Oriente.
107 che: ché, poiché.
108 come... in Ponente: come Angelica seguì Orlando in Occidente.
111 all'un de' duo: a uno dei due (Orlando e Rinaldo).
112 Gigli d'oro: stemma del re di Francia, per indicare l'esercito di Carlo Magno.
114 rotta crudel: sconfitta sanguinosa. **dianzi:** prima.
115 vestigio: traccia.
117 trista e ria novella: cattiva e crudele notizia.
118 che... penarlo: che lo fa soffrire.

affligger, lamentare, e dir parole
che di pietà potrian fermare il sole.

48
Mentre costui così s'affligge e duole,
e fa degli occhi suoi tepida fonte,
e dice queste e molte altre parole,
che non mi par bisogno esser racconte;
l'aventurosa sua fortuna vuole
ch'alle orecchie d'Angelica sian conte:
e così quel ne viene a un'ora, a un punto,
ch'in mille anni o mai più non è raggiunto.

49
Con molta attenzion la bella donna
al pianto, alle parole, al modo attende
di colui ch'in amarla non assonna;
né questo è il primo dì ch'ella l'intende:
ma dura e fredda più d'una colonna,
ad averne pietà non però scende,
come colei c'ha tutto il mondo a sdegno,
e non le par ch'alcun sia di lei degno.

Il piano di Angelica

50
Pur tra quei boschi il ritrovarsi sola
le fa pensar di tor costui per guida;
che chi ne l'acqua sta fin alla gola,
ben è ostinato se mercé non grida.
Se questa occasione or se l'invola,
non troverà mai più scorta sì fida;
ch'a lunga prova conosciuto inante
s'avea quel re fedel sopra ogni amante.

51
Ma non però disegna de l'affanno
che lo distrugge alleggierir chi l'ama,

120 potrian: potrebbero.
124 racconte: riferite.
126 sian conte: giungano (letteralmente "siano note").
127-128 e così quel ne viene... o mai più non è raggiunto: e in tal modo gli accade in un'ora, anzi in un solo istante (*punto*), ciò che da altri o in altre circostanze non si sarebbe ottenuto neppure in mille anni o addirittura mai.
130 modo: atteggiamento. **attende:** presta orecchio.
131 non assonna: non si addormenta, dunque non rinuncia.
134 però: perciò.
135 ha... a sdegno: disprezza il mondo intero (con tutti coloro che lo popolano).
138 tor: prendere (latinismo, da *tollere*).
140 se mercé non grida: se non chiede aiuto.
141 se l'invola: le sfugge.
142 scorta sì fida: guida tanto affidabile.
143-144 ch'a lunga prova... amante: poiché in precedenza (*inante*) per lunga esperienza aveva conosciuto quel re (Sacripante) come fedele a sé più di ogni altro suo spasimante (*sopra ogni amante*). **s'avea:** si aveva (il *si* è riferito a *fedel*: "fedele a sé"). Si allude alle straordinarie prove di valore e coraggio che Sacripante – in base a quanto racconta Boiardo – aveva dato nella difesa della cittadella di Albraccà nel Catai, quando questa era sotto assedio da parte del re dei tartari, Agricane, anch'egli desideroso di conquistare Angelica, che si era rifugiata all'interno delle mura della roccaforte.
145-146 Ma non... l'ama: ma non per questo (cioè per le prove di fedeltà che le aveva dato il re di Circassia) si propone (*disegna*) di alleggerire chi la ama (Sacripante) dell'affanno che lo distrugge (la passione amorosa). Angelica potrebbe farlo soltanto concedendosi, cosa che però non intende mettere in atto.

e ristorar d'ogni passato danno
con quel piacer ch'ogni amator più brama:
ma alcuna finzione, alcuno inganno
di tenerlo in speranza ordisce e trama;
tanto ch'a quel bisogno se ne serva,
poi torni all'uso suo dura e proterva.

52
E fuor di quel cespuglio oscuro e cieco
fa di sé bella et improvisa mostra,
come di selva o fuor d'ombroso speco
Diana in scena o Citerea si mostra;
e dice all'apparir: «Pace sia teco;
teco difenda Dio la fama nostra,
e non comporti, contra ogni ragione,
ch'abbi di me sì falsa opinione».

53
Non mai con tanto gaudio o stupor tanto
levò gli occhi al figliuolo alcuna madre,
ch'avea per morto sospirato e pianto,
poi che senza esso udì tornar le squadre;
con quanto gaudio il Saracin, con quanto
stupor l'alta presenza e le leggiadre
maniere e il vero angelico sembiante,
improviso apparir si vide inante.

54
Pieno di dolce e d'amoroso affetto,
alla sua donna, alla sua diva corse,
che con le braccia al collo il tenne stretto,
quel ch'al Catai non avria fatto forse.

Orazio Gentileschi, *Diana cacciatrice*, 1624-1625 ca. Nantes, Musée des Beaux Arts.

147-148 e ristorar... più brama: e risarcirlo della sofferenza (*danno*) causatagli in passato non ricambiando il suo amore, donandogli quel piacere che ogni amante desidera maggiormente, cioè il godimento della persona amata.
150 di tenerlo: in modo da tenerlo, per tenerlo (con un valore tra consecutivo e finale).
151-152 tanto... proterva: tanto da servirsene per ciò di cui ha bisogno (in questo caso guida e protezione), per poi tornare fredda e ostile (*dura e proterva*) come d'abitudine (*all'uso suo*).
155 speco: grotta.
156 Diana: dea della caccia. **Citerea:** Venere, dea dell'amore, così chiamata dall'isola greca di Citera (oggi Cerigo), presso la quale si diceva che fosse nata dalla schiuma del mare e dove sorgeva un celebre santuario a lei dedicato.
157 Pace sia teco: la pace sia con te. Era un saluto orientale, tipico degli ebrei e dei turchi, prima ancora che cristiano.
158-160 teco difenda... opinione: possa Dio difendere presso di te (*teco*) il mio buon nome (*fama*), e non permetta che, contrariamente a quanto è giusto ritenere (*contra ogni ragione*), tu abbia di me un'opinione tanto falsa (cioè che Angelica si sia già concessa a qualcuno).
164 le squadre: le truppe dell'esercito.
166 alta presenza: nobile figura.
166-167 leggiadre maniere: eleganti movenze.
167 vero angelico sembiante: l'aspetto veramente (*vero*, aggettivo con valore di avverbio) angelico. L'espressione rimanda allo Stilnovo.
168 improviso: all'improvviso, improvvisamente (*improviso* è predicativo del soggetto – grammaticalmente riferito a *sembiante* ma, per estensione, anche a *presenza e maniere* – con valore avverbiale). **inante:** davanti.
170 diva: dea (prima, all'ottava 52, Angelica era stata indirettamente paragonata a Diana e a Venere).
171 il: lo.
172 quel... forse: cosa che probabilmente non avrebbe fatto al proprio paese, il Catai (l'odierna Cina).

Al patrio regno, al suo natio ricetto,
seco avendo costui, l'animo torse:
subito in lei s'avviva la speranza
di tosto riveder sua ricca stanza.

55
Ella gli rende conto pienamente
dal giorno che mandato fu da lei
a domandar soccorso in Oriente
al re de' Sericani e Nabatei;
e come Orlando la guardò sovente
da morte, da disnor, da casi rei;
e che 'l fior virginal così avea salvo,
come se lo portò del materno alvo.

56
Forse era ver, ma non però credibile
a chi del senso suo fosse signore;
ma parve facilmente a lui possibile,
ch'era perduto in via più grave errore.
Quel che l'uom vede, Amor gli fa invisibile,
e l'invisibil fa vedere Amore.
Questo creduto fu; che 'l miser suole
dar facile credenza a quel che vuole.

Il disegno di Sacripante

57
«Se mal si seppe il cavallier d'Anglante
pigliar per sua sciochezza il tempo buono,
il danno se ne avrà; che da qui inante
nol chiamerà Fortuna a sì gran dono
(tra sé tacito parla Sacripante):
ma io per imitarlo già non sono,
che lasci tanto ben che m'è concesso,
e ch'a doler poi m'abbia di me stesso.

173-174 Al patrio regno, al suo natio ricetto... l'animo torse: rivolse l'animo al regno paterno (*patrio*), al suo paese natale (*natio ricetto*), con l'idea di tornarvi avendo costui con sé, come guida.
176 stanza: dimora.
177-180 Ella gli rende conto pienamente... al re de' Sericani e Nabatei: Angelica riferisce a Sacripante nei particolari (*pienamente*) tutto ciò che le è accaduto dal giorno in cui egli fu mandato da lei a chiedere aiuto in Oriente, per Albracca assediata, a Gradasso, re dei Sericani e dei Nabatei. «*Sericani* erano i [...] popoli della seta; indicavano genericamente lontane regioni dell'Asia orientale e particolarmente un paese vicino al Catai, a sud della Tartaria. *Nabatei* è termine della geografia classica e si trova negli scrittori greci e latini; indicava un popolo dell'Arabia Petrea e Felice» (Caretti).
181 guardò: salvò.
182 disnor: disonore. **casi rei:** disgrazie.
184 alvo: grembo.
185 però: perciò.
186 a chi... signore: a chi fosse padrone del proprio senno (*senso*), a chi avesse una mente lucida.
188 in via più grave errore: in un errore ben più grave, cioè – come si dice poco oltre – quello dell'amante che crede ciecamente a tutto ciò che Amore gli fa credere.
191-192 che 'l miser... vuole: poiché l'infelice è solito credere facilmente a ciò che desidera credere.
193-194 Se mal... buono: se a causa della sua stoltezza (*per sua sciochezza*) il cavaliere di Anglante (Orlando, signore del castello d'Anglante) non ha saputo cogliere per sé (*mal si seppe pigliar*) l'occasione favorevole (*il tempo buono*).
195-196 che da qui... dono: poiché da questo momento in poi (*da qui inante*) la Fortuna non gli offrirà più un dono così grande.
198 per imitarlo già non sono: non ho alcuna intenzione di imitarlo.
199 che lasci: al punto da lasciare (con valore consecutivo).

58
Corrò la fresca e matutina rosa,
che, tardando, stagion perder potria.
So ben ch'a donna non si può far cosa
che più soave e più piacevol sia,
ancor che se ne mostri disdegnosa,
e talor mesta e flebil se ne stia:
non starò per repulsa o finto sdegno,
ch'io non adombri e incarni il mio disegno».

59
Nuovo colpo di scena: l'arrivo di un altro cavaliere

Così dice egli; e mentre s'apparecchia
al dolce assalto, un gran rumor che suona
dal vicin bosco gl'intruona l'orecchia,
sì che mal grado l'impresa abbandona:
e si pon l'elmo (ch'avea usanza vecchia
di portar sempre armata la persona),
viene al destriero e gli ripon la briglia,
rimonta in sella e la sua lancia piglia.

60
Ecco pel bosco un cavallier venire,
il cui sembiante è d'uom gagliardo e fiero:
candido come nieve è il suo vestire,
un bianco pennoncello ha per cimiero.
Re Sacripante, che non può patire
che quel con l'importuno suo sentiero
gli abbia interrotto il gran piacer ch'avea,
con vista il guarda disdegnosa e rea.

61
Come è più presso, lo sfida a battaglia;
che crede ben fargli votar l'arcione.
Quel che di lui non stimo già che vaglia
un grano meno, e ne fa paragone,
l'orgogliose minacce a mezzo taglia,
sprona a un tempo, e la lancia in resta pone.

la parola

Sacripante, Rodomonte e Gradasso
Alcuni nomi propri di personaggi dell'*Orlando furioso* diventeranno, per antonomasia, sostantivi comuni della lingua italiana.
Per esempio **Sacripante**, già presente nell'*Orlando innamorato* di Boiardo, è il valoroso e fortissimo re di Circassia. Dal suo nome, *sacripante* andrà a significare un uomo di alta statura e corporatura molto robusta, dall'aria fiera e minacciosa, che incute timore e soggezione (per esempio: "gli si presentò davanti un sacripante alto due metri e di aspetto feroce"), o anche, in accezione per lo più scherzosa, una persona molto astuta e pronta (per esempio: "quel sacripante di mio figlio riesce sempre a farsi perdonare tutto"). *Sacripante* è anche usato come interiezione, in tono volutamente caricato, per esprimere meraviglia, contrarietà, o irritazione: "Sacripante!, me n'ero dimenticato".
Qualcosa di simile è avvenuto con **Rodomonte**, un guerriero saraceno, fortissimo e orgoglioso, che affronta con ostentato disprezzo ogni pericolo e avversità. Come nome comune, *rodomonte* indica un individuo prepotente e spavaldo, che fa minacce o soprusi, che si mette in imprese arrischiate per esibizione di forza o d'autorità (per esempio: «Aveva saputo [...] far stare a dovere il marchese Stanislao, ch'era quel rodomonte che ognun sa», Alessandro Manzoni).
Non va dimenticato, infine, **Gradasso**, re di Sericana, un personaggio temerario e impulsivo dell'*Orlando innamorato* di Boiardo e dell'*Orlando furioso* di Ariosto, il cui nome ha dato origine al sostantivo *gradasso*, che significa "millantatore", "smargiasso", utilizzato anche nell'espressione *fare il gradasso*.

201 Corrò: coglierò.
202 tardando: qualora io (o qualcun altro) tardassi a coglierla. **stagion... potria:** potrebbe perdere la sua freschezza.
205 ancor che... disdegnosa: sebbene si mostri schiva.
206 e talor... ne stia: e a volte ne rimanga triste e piangente.
207-208 non starò... disegno: non rinuncerò, per la ritrosia (*repulsa*) o per il finto sdegno di Angelica, a perseguire e a portare a termine il mio progetto. I due verbi *adombri e incarni* alludono alle operazioni con cui si trasforma in pittura vera e propria un semplice disegno sulla tela: ombreggiare e colorare.
209 s'apparecchia: si prepara.
211 gl'intruona l'orecchia: gli rintrona l'udito.
220 un bianco... cimiero: ha un candido pennacchio come ornamento dell'elmo (*cimiero*).
221 patire: sopportare.
222 sentiero: percorso.
224 con vista... rea: lo fissa con sguardo (*vista*) sdegnoso e minaccioso.
225 presso: vicino.
226 che crede... l'arcione: poiché è convinto (*che crede ben*) di farlo cadere da cavallo. L'*arcione* è la sporgenza della sella che permette di reggersi sul cavallo.
227-228 Quel che di lui... fa paragone: quell'altro, che non ritengo valga solo un granello di meno, e lo dimostra effettivamente (*ne fa paragone*).
230 sprona... pone: sprona il cavallo e contemporaneamente mette la lancia in resta (cioè in posizione di attacco). La resta era un ferro applicato alla corazza per appoggiarvi il calcio della lancia.

Sacripante ritorna con tempesta,
e corronsi a ferir testa per testa.

62
Non si vanno i leoni o i tori in salto
a dar di petto, ad accozzar sì crudi,
sì come i duo guerrieri al fiero assalto,
che parimente si passar li scudi.
Fe' lo scontro tremar dal basso all'alto
l'erbose valli insino ai poggi ignudi;
e ben giovò che fur buoni e perfetti
gli osberghi sì, che lor salvaro i petti.

63
Già non fero i cavalli un correr torto,
anzi cozzaro a guisa di montoni:
quel del guerrier pagan morì di corto,
ch'era vivendo in numero de' buoni:
quell'altro cadde ancor, ma fu
tosto ch' al fianco si sentì gli sproni.
Quel del re saracin restò disteso
adosso al suo signor con tutto il peso.

64
L'incognito campion che restò ritto,
e vide l'altro col cavallo in terra,
stimando avere assai di quel conflitto,
non si curò di rinovar la guerra;
ma dove per la selva è il camin dritto,
correndo a tutta briglia si disserra;
e prima che di briga esca il pagano,
un miglio o poco meno è già lontano.

65
Qual istordito e stupido aratore,
poi ch'è passato il fulmine, si leva
di là dove l'altissimo fragore
appresso ai morti buoi steso l'aveva;
che mira senza fronde e senza onore

231 tempesta: furore.
232 corronsi... testa: corrono a colpirsi frontalmente (*a testa per testa*).
233 in salto: in calore.
234 ad accozzar sì crudi: a scontrarsi con tanta violenza.
236 si passar: si trapassarono, si ruppero.
238 poggi ignudi: colline senza vegetazione.
240 gli osberghi: le corazze.
241 Già... torto: davvero i cavalli non fecero una corsa tortuosa (cioè non deviarono e si scontrarono frontalmente).
243 di corto: subito.
244 in numero de' buoni: nel novero dei buoni cavalli.
245-246 fu tosto ch': si raddrizzò non appena.
249 L'incognito: lo sconosciuto.
251 avere assai di: avere ottenuto abbastanza soddisfazione da.
252 rinovar la guerra: riaccendere lo scontro.
254 si disserra: si lancia.
255 di briga esca: riesca a districarsi.
257 istordito... aratore: uno stordito e stupefatto contadino.
261 senza fronde e senza onore: senza i rami e le fronde che lo adornavano.

il pin che di lontan veder soleva:
tal si levò il pagano a piè rimaso,
Angelica presente al duro caso.

66
Sospira e geme, non perché l'annoi
che piede o braccio s'abbi rotto o mosso,
ma per vergogna sola, onde a' dì suoi
né pria né dopo il viso ebbe sì rosso:
e più, ch'oltre il cader, sua donna poi
fu che gli tolse il gran peso d'adosso.
Muto restava, mi cred'io, se quella
non gli rendea la voce e la favella.

67
«Deh! (diss'ella) signor, non vi rincresca!
che del cader non è la colpa vostra,
ma del cavallo, a cui riposo ed esca
meglio si convenia che nuova giostra.
Né perciò quel guerrier sua gloria accresca
che d'esser stato il perditor dimostra:
così, per quel ch'io me ne sappia, stimo,
quando a lasciare il campo è stato primo».

68
Mentre costei conforta il Saracino,
ecco col corno e con la tasca al fianco,
galoppando venir sopra un ronzino
un messagger che parea afflitto e stanco;
che come a Sacripante fu vicino,
gli domandò se con un scudo bianco
e con un bianco pennoncello in testa
vide un guerrier passar per la foresta.

69
Rispose Sacripante: «Come vedi,
m'ha qui abbattuto, e se ne parte or ora;
e perch'io sappia chi m'ha messo a piedi,
fa che per nome io lo conosca ancora».
Ed egli a lui: «Di quel che tu mi chiedi
io ti satisfarò senza dimora:

264 duro caso: infelice accadimento.
265 l'annoi: lo addolori.
266 mosso: slogato.
267 onde... suoi: tanto che in vita sua.
269-270 e più... d'adosso: e ancora più, oltre al fatto di essere caduto, perché era stata la sua amata a togliergli di dosso il gran peso del cavallo.
271 restava: sarebbe rimasto.
272 favella: parola.
275-276 a cui... giostra: al quale occorrevano (*si convenia*) più (*meglio*) riposo e cibo che un nuovo combattimento (*giostra*).
277 perciò: per questo.
280 quando... primo: dato che è stato il primo ad abbandonare il campo di combattimento.
282 tasca: borsa per portare i messaggi.
283 ronzino: cavallo di modesto valore.
292 ancora: anche.
294 dimora: indugio.

tu dei saper che ti levò di sella
l'alto valor d'una gentil donzella.

70
Ella è gagliarda ed è più bella molto;
né il suo famoso nome anco t'ascondo:
fu Bradamante quella che t'ha tolto
quanto onor mai tu guadagnasti al mondo».
Poi ch'ebbe così detto, a freno sciolto
il Saracin lasciò poco giocondo,
che non sa che si dica o che si faccia,
tutto avvampato di vergogna in faccia.

71
Poi che gran pezzo al caso intervenuto
ebbe pensato invano, e finalmente
si trovò da una femina abbattuto,
che pensandovi più, più dolor sente;
montò l'altro destrier, tacito e muto:
e senza far parola, chetamente
tolse Angelica in groppa, e differilla
a più lieto uso, a stanza più tranquilla.

297 gagliarda: forte.
299 Bradamante: sorella di Rinaldo.
300 quanto… mondo: tutto l'onore che hai guadagnato durante la tua vita.
302 giocondo: allegro.
303 non sa… faccia: non sa cosa dire o fare.
305 intervenuto: accaduto.
306-307 finalmente si trovò: alla fine si rese conto.
308 pensandovi più: quanto più ci pensa.
309 l'altro destrier: quello di Angelica.
310 chetamente: in silenzio.
311 tolse: fece salire.
311-312 differilla… tranquilla: rimandò (la conquista di Angelica) a un momento più lieto, in un luogo più tranquillo.

Dentro il TESTO

I contenuti tematici

Dalla fuga al riposo

Angelica fugge, pur senza sapere dove andare, attraversando uno scenario fiabesco fatto di boschi, pianure e luoghi selvaggi; luoghi dall'aspetto favoloso, selve folte di alberi giganteschi e cupe di ombre misteriose. La solitudine, i silenzi, i rumori improvvisi avvolgono la donna, che galoppa tremante a ogni muover di fronda, con l'ombra di Rinaldo che, alla fanciulla, sembra sbucare da ogni tronco. Finché giunge in un luogo accogliente e appartato dove può addormentarsi. Il sonno di Angelica rappresenta il compimento della prima parte della scena.

Sacripante innamorato e umiliato

Ecco però giungere un altro cavaliere. Si tratta di Sacripante, già presente nell'*Orlando innamorato*, ma lì con un carattere più eroico; nel poema di Boiardo infatti era un amante fedele ma sfortunato della bella Angelica, la cui verginità aveva difeso nell'assedio di Albraccà. Qui viene rappresentato come un cavaliere triste e lamentoso, a causa dell'amore non corrisposto da parte della giovane. Angelica vede in lui una guida fidata che potrà ricondurla al paese paterno e perciò gli racconta ciò che le è successo dal giorno in cui egli si era allontanato da lei. Saputo che Orlando non ha offeso, ma anzi ha custodito l'onore della ragazza, Sacripante decide di riconquistarla al proprio amore, cogliendo quel

L'attrice Barbara De Rossi interpreta Bradamante nella versione cinematografica del *Furioso. Storie d'armi e d'amore* (diretto da Giacomo Battiato nel 1983).

"fiore" che il cavaliere d'Anglante era stato così sciocco da lasciarsi sfuggire.

È a questo punto che il narratore riserva a Sacripante un'avventura degradante che non solo vanifica i suoi propositi amorosi ma ne distrugge la fama di possente cavaliere. Dopo averne sottolineato la sofferenza di innamorato infelice con massiccio uso di stereotipi petrarcheschi in chiave patetica (*agghiacci et ardi*, v. 65; *rode e lima*, v. 66), Ariosto lo espone con divertita spietatezza a una doppia umiliazione: dinanzi agli occhi della donna amata (*presente al duro caso*, v. 264) Sacripante è inizialmente disarcionato al primo assalto da un altro cavaliere, rimanendo schiacciato sotto il proprio cavallo; successivamente viene informato da un messaggero che ad abbatterlo è stata una donna, la guerriera Bradamante, anche lei – al pari di tutti gli altri personaggi del poema – alla ricerca del proprio oggetto del desiderio, il futuro sposo Ruggiero. Senza parole, mortificato per aver subìto un indecoroso colpo alla propria virilità, al povero cavaliere saraceno non resta che salire sul cavallo con Angelica, rimandando a tempi migliori la realizzazione del proprio desiderio di sedurla.

Il ritratto di Angelica

Nel brano vediamo in azione Angelica, della quale il poeta sottolinea alcuni elementi psicologici e caratteriali. La sua fuga è quasi la conseguenza di un radicato atteggiamento interiore, chiaramente espresso negli ultimi due versi dell'ottava 49, dove la donna viene definita *come colei c'ha tutto il mondo a sdegno, / e non le par ch'alcun sia di lei degno* (vv. 135-136). In altre parole, la caratteristica principale di Angelica sembra essere il suo disprezzo per tutti coloro che la corteggiano, in quanto convinta che nessuno possa essere degno di lei, adeguato al suo livello.

Un altro suo tratto che emerge è la scaltra freddezza. Qui la donna asseconda Sacripante solo a parole, mentre in realtà ha intenzione di servirsene per difendersi dagli altri pretendenti che la inseguono. Angelica si comporta sempre nello stesso modo: con un occhio lusinga i suoi spasimanti, con l'altro rimane vigile e in guardia. La sostanza dell'Angelica ariostesca è dunque fatta di astuzia e di calcolo. Dopo aver colto il suo timore nella scena della fuga e la sua serenità in quella del riposo, ora il lettore si trova a vedere il personaggio mentre gioca la carta della civetteria: è una donna dotata di una certa dose di cinismo, che la spinge a fare di necessità virtù. Così, nell'ottava 51, essa *ordisce e trama* (v. 150) *finzione* e *inganno* (cfr. il v. 149), servendosi di Sacripante per il proprio *bisogno* (v. 151). Con un'entrata in scena decisamente teatrale, Angelica esce dal cespuglio in cui aveva trovato riposo come se fosse una dea della mitologia classica (Diana o Venere, v. 156) che si presenti al pubblico di una di quelle rappresentazioni molto in voga nelle corti del tempo. È come se Ariosto volesse sottolineare in tal modo la grande abilità attoriale del suo personaggio.

Le scelte stilistiche

Armonia e continuità della narrazione

Nelle prime ottave del brano, nonostante le difficoltà della fuga e l'orrore delle selve spaventose e oscure, la descrizione appare serena e luminosa. Il poeta è infatti capace di sollevarsi al di sopra delle specifiche vicende dei personaggi e dei loro stessi occasionali stati d'animo. Ogni vicenda sembra come contemplata dall'alto, da una sorta di Olimpo in cui si muove, tranquilla, la fantasia dell'autore.

All'ottava 35, il paesaggio inabitato e selvaggio viene sostituito da un ambiente luminoso e sereno: è il classico *locus amoenus*, cioè uno scenario naturale dolce e confortante, fatto tradizionalmente di una vegetazione verde e fiorita, un venticello gradevole, acqua che scorre fresca. In realtà non c'è frattura né improvviso stacco tra le due situazioni: c'è invece la notevole capacità di Ariosto di dissolvere una visione in un'altra, un ritmo narrativo in un altro.

I colpi di scena

La sostanziale continuità tra un episodio e l'altro del poema non è contraddetta dai frequenti colpi di scena che interrompono e variano il libero fluire della narrazione; al contrario, potremmo dire che per il loro tramite l'autore persegue l'obiettivo di ottenere un racconto ininterrotto e al tempo stesso diversificato, in modo da evitare qualsiasi senso di monotonia o di prevedibilità. In questo brano un primo esempio di colpo di scena è, all'ottava 38, l'arrivo di Sacripante; un secondo è, all'ottava 59, il rumore che annuncia l'arrivo di un altro cavaliere, che scopriremo essere Bradamante, l'imprevedibile soccorritrice di Angelica, apparsa all'improvviso per vanificare le aspirazioni erotiche dello sprovveduto Sacripante.

L'ironia

Anche in questo brano è ravvisabile la tipica tonalità ironica, che Ariosto esercita soprattutto su Sacripante: egli si lamenta così *soavemente* (v. 60) da spezzare un sasso e da ammansire una tigre feroce; con due iperboli le sue guance segnate dalle lacrime vengono paragonate a un ruscello e i singhiozzi che lo scuotono a un vulcano in eruzione. L'esagerazione delle pene d'amore è bilanciata dallo scetticismo del poeta, che tende, in tutto il poema, a riportare le passioni umane a una dimensione di maggiore realismo. In altre parole, attraverso l'esasperazione delle smanie amorose dei suoi personaggi Ariosto afferma indirettamente la necessità di vivere i sentimenti all'insegna di un più sano equilibrio. Inoltre assistiamo al rovesciamento dei valori tipicamente cavallereschi: qui l'intento del guerriero non è di proteggere l'onore di una fanciulla illibata dagli assalti di uomini disonesti, ma – al contrario – di "cogliere il fiore" della sua giovinezza, approfittando di una situazione di debolezza.

Infine, lo sviluppo successivo dell'azione porta al suo definitivo ridimensionamento di uomo e combattente ad opera di due donne, l'astuta Angelica e la misteriosa amazzone dal *bianco pennoncello* (v. 220).

Del resto la stessa Angelica non sfugge all'ironia ariostesca. Per esempio l'autore non manca di avanzare qualche dubbio sulla sua verginità, che lei afferma con convinzione di fronte a Sacripante (*Forse era ver, ma non però credibile / a chi del senso suo fosse signore*, vv. 185-186), e lo stilnovistico *angelico sembiante* (v. 167) è solo la superficie di una donna pratica e opportunista, come si vede dalla ipocrite parole melliflue riservate al guerriero saraceno dopo lo scacco subìto al solo scopo di tenerselo buono come guardia del corpo personale contro le insidie della foresta.

Va detto però che l'ironia di Ariosto non si esercita su Angelica altrettanto direttamente che sui personaggi maschili. Sembra infatti che l'eroina sia oggetto, da parte dell'autore, di una certa simpatia. Il comportamento di Angelica non viene davvero condannato; semmai la giovane viene ammirata per la capacità che ha di piegare gli eventi, per quanto inattesi, al proprio vantaggio. Lo si vede chiaramente, dal fatto che, tra l'astuta Angelica e l'intraprendente Sacripante, oggetto degli strali ironici dell'autore è, di fatto, soprattutto il povero e credulone re di Circassia, che dà *facile credenza a quel che vuole* (v. 192).

L'intertestualità

L'ironia ariostesca si esprime anche attraverso la ripresa di celebri modalità retoriche della poesia precedente, in particolare della lirica amorosa di Petrarca. Per esempio l'antitesi *m'agghiacci et ardi* (v. 65) rimanda a «et ardo, et son un ghiaccio» (*Canzoniere*, 134, 2) o anche a «di state un ghiaccio, un foco quando inverna» (*Canzoniere*, 150, 6).

La similitudine della rosa alle ottave 42-43 presenta un esplicito richiamo a una fonte classica, il carme 62 del poeta latino Catullo (ca 84-54 a.C.): «Come fiore nascosto che nasce in giardini cintati, / lontano dai greggi, divelto non mai dall'aratro, / ma lo accarezzano i venti, lo rafforza il sole, lo accresce la pioggia, / molti ragazzi, molte ragazze lo vogliono; ma poi, appena spiccato dall'unghia tagliente, sfiorisce, / e più nessun ragazzo, più nessuna ragazza lo vuole; / così è la vergine: finché rimane illibata, gode l'affetto della famiglia; / ma non appena, violato il suo corpo, perde il fiore della purezza, / non è più cara ai ragazzi, non gode l'affetto delle ragazze» (tra-

Gustave Doré, *Angelica conforta Sacripante*, 1879.

duzione di Francesco Della Corte). Va sottolineato però come, rispetto al modello catulliano, nei versi di Ariosto sia molto più chiara la consapevolezza di quanto la bellezza sia un valore fortemente insidiato dalla violenza della passione amorosa e dai capricci della fortuna.

Comunque, attraverso il fitto gioco di rimandi intertestuali come quelli evidenziati, il poeta da un lato esprime un omaggio alla tradizione letteraria e a un poeta rinomato come l'autore del *Canzoniere*, dall'altro, specie grazie al richiamo a un testo assai noto di Catullo, mostra quanto di stereotipato e di facilmente prevedibile c'è nell'innamoramento appassionato di Sacripante.

Verso le COMPETENZE

COMPRENDERE

1 Riassumi le azioni di Angelica.

2 Che cosa si chiede Sacripante nell'ottava 44?

3 A che cosa viene paragonata, nell'ottava 53, la gioia di Sacripante all'apparire di Angelica?

4 Perché Angelica ritiene che Sacripante possa esserle utile?

5 Qual è l'intenzione di Sacripante? Che cosa gli impedisce di portarla a compimento?

6 Per quale ragione, mentre si trova sotto il peso del suo cavallo, Sacripante *Sospira e geme* (v. 265)?

7 Con quali capziosi argomenti Angelica consola Sacripante dopo l'umiliazione patita?

ANALIZZARE

8 Quale figura retorica si trova all'ottava 34?

9 Il paesaggio viene descritto in maniera realistica o fantastica? Argomenta la tua risposta facendo riferimento ai dati testuali.

10 Quale registro linguistico prevale nelle ottave antologizzate? Alto, medio o basso? Motiva la tua risposta con una serie di esempi pertinenti.

11 Su quale figura retorica è costruita l'ottava 42?

a Iperbole. b Sineddoche. c Similitudine. d Metonimia.

INTERPRETARE

12 Qual è inizialmente lo stato d'animo di Angelica? Come muta nel corso del brano? In quale relazione si pone con il paesaggio circostante?

13 Quali aspetti della narrazione evidenziano l'uso della tecnica dell'*entrelacement*?

PRODURRE

14 SCRIVERE PER **RACCONTARE**
Prova a metterti nei panni, davvero scomodi, di Sacripante dopo lo scorno subìto: l'imbarazzo è uno degli stati emotivi più difficile da gestire. Racconta un episodio in cui ti sei sentito a disagio in una certa situazione vissuta con amici o parenti.

15 SCRIVERE PER **ARGOMENTARE**
«L'ironia è l'occhio sicuro che sa cogliere lo storto, l'assurdo, il vano dell'esistenza». Commenta questa frase del filosofo danese Søren Kierkegaard (1813-1855) in un testo argomentativo di circa 20 righe, anche alla luce della tua esperienza personale.

• T7 •

L'avventura di Pinabello e il castello di Atlante

Canto II, ott. 37-57

Una **donna** rapita su un **cavallo alato**

Bradamante, sorella di Rinaldo, percorre tutta la Francia alla ricerca di Ruggiero, il più forte cavaliere di Agramante, che lei ama e dal quale è ricambiata. Oltrepassa prima un bosco, poi una montagna; giunge infine a una fonte, dove si imbatte in un cavaliere solitario, che, seduto ai margini di un ruscello, piange addolorato. Alle domande gentili di Bradamante, il cavaliere, che si chiama Pinabello, risponde narrando la sua terribile avventura.

METRO Ottave di endecasillabi con schema di rime ABABABCC.

La donna di Pinabello è rapita sull'ippogrifo

37
E cominciò: «Signor, io conducea
pedoni e cavallieri, e venìa in campo
là dove Carlo Marsilio attendea,
perch'al scender del monte avesse inciampo;
e una giovane bella meco avea,
del cui fervido amor nel petto avampo:
e ritrovai presso a Rodonna armato
un che frenava un gran destriero alato.

38
Tosto che 'l ladro, o sia mortale, o sia
una de l'infernali anime orrende,
vede la bella e cara donna mia;
come falcon che per ferir discende,
cala e poggia in uno atimo, e tra via
getta le mani, e lei smarrita prende.
Ancor non m'era accorto de l'assalto,
che de la donna io senti' il grido in alto.

39
Così il rapace nibio furar suole
il misero pulcin presso alla chioccia,
che di sua inavvertenza poi si duole,
e invan gli grida, e invan dietro gli croccia.

1 **Signor:** Pinabello ignora di avere davanti a sé una donna, giacché Bradamante indossa l'armatura, che la fa sembrare un guerriero.
3 **Marsilio:** re di Spagna, era l'alleato più forte dei saraceni. Carlo Magno lo aspettava ai piedi delle alture di Montalbano.
4 **perch'al scender... inciampo:** affinché, alla discesa del monte, incontrasse resistenza (e fosse così costretto ad accettare battaglia).
5 **meco avea:** avevo con me.
7 **Rodonna:** forse si tratta della città francese di Roanne, nella regione del Rodano-Alpi.
8 **frenava:** guidava. **destriero alato:** è l'ippogrifo, poi detto *quadrupede augello* (v. 76).
9 **Tosto che:** non appena.
9-10 **o sia mortale, o sia una de l'infernali anime orrende:** che fosse una persona vivente oppure un'anima dannata dell'Inferno.
13-14 **tra via getta le mani:** intanto (*tra via*) sporge le braccia.
17 **nibio:** nibbio, uccello predatore. **furar suole:** è solito rubare.
19 **inavvertenza:** distrazione.
20 **croccia:** schiamazza. È voce creata da Ariosto (forse deducendola dal latino *crocire*, "gracchiare", oppure, secondo altri, dal parlato) per esprimere la voce della chioccia.

Io non posso seguir un uom che vole,
chiuso tra' monti, a piè d'un'erta roccia:
stanco ho il destrier, che muta a pena i passi
ne l'aspre vie de' faticosi sassi.

40
Ma, come quel che men curato avrei
vedermi trar di mezzo il petto il core,
lasciai lor via seguir quegli altri miei,
senza mia guida e senza alcun rettore:
per li scoscesi poggi e manco rei
presi la via che mi mostrava Amore,
e dove mi parea che quel rapace
portassi il mio conforto e la mia pace.

41
Sei giorni me n'andai matina e sera
per balze e per pendici orride e strane,
dove non via, dove sentier non era,
dove né segno di vestigie umane;
poi giunse in una valle inculta e fiera,
di ripe cinta e spaventose tane,
che nel mezzo s'un sasso avea un castello
forte e ben posto, a maraviglia bello.

Il castello di Atlante

42
Da lungi par che come fiamma lustri,
né sia di terra cotta, né di marmi.
Come più m'avicino ai muri illustri,
l'opra più bella e più mirabil parmi.
E seppi poi, come i demoni industri,
da suffumigi tratti e sacri carmi,
tutto d'acciaio avean cinto il bel loco,
temprato all'onda et allo stigio foco.

21 vole: voli.
22 chiuso... roccia: chiuso come sono tra le montagne, ai piedi di un ripido pendio (*erta roccia*).
23 muta a pena i passi: cammina a stento.
25-26 come... il core: poiché avrei sofferto di meno se mi avessero strappato il cuore dal petto.
27 lasciai... altri miei: lasciai che i miei fanti e cavalieri continuassero la loro strada.
28 rettore: comandante.
29 per li scoscesi... rei: attraverso quei passaggi scoscesi e scegliendo quelli meno pericolosi (*manco rei*).
31-32 e dove mi parea che quel rapace... la mia pace: e mi avviai verso il luogo dove mi sembrava che quell'uomo rapace portasse la mia donna, che era il mio conforto e la mia pace.
36 vestigie: impronte.
37 inculta e fiera: non coltivata e selvaggia.
39 s'un sasso: sopra una roccia.
40 forte e ben posto: fortificato e in posizione opportuna alla difesa. **a maraviglia bello:** meravigliosamente bello.
41 lustri: risplenda.
43 illustri: rilucenti.
44 l'opra... parmi: l'opera mi sembra (*parmi*) più bella e più degna di ammirazione (*mirabil*).
45 industri: ingegnosi.
46 da suffumigi tratti e sacri carmi: evocati dalla combustione di certi particolari incensi (*da suffumigi tratti*) e da formule magiche.
48 all'onda... foco: nelle acque infuocate dello Stige (endiadi), il fiume infernale che rendeva invulnerabile tutto ciò che veniva immerso nelle sue onde.

43

Di sì forbito acciar luce ogni torre,
che non vi può né ruggine né macchia.
Tutto il paese giorno e notte scorre,
e poi là dentro il rio ladron s'immacchia.
Cosa non ha ripar che voglia torre:
sol dietro invan se li bestemia e gracchia.
Quivi la donna, anzi il mio cor mi tiene,
che di mai ricovrar lascio ogni spene.

44

Ah lasso! che poss'io più che mirare
la rocca lungi, ove il mio ben m'è chiuso?
come la volpe, che 'l figlio gridare
nel nido oda de l'aquila di giuso,
s'aggira intorno, e non sa che si fare,
poi che l'ali non ha da gir là suso.
Erto è quel sasso sì, tale è il castello,
che non vi può salir chi non è augello.

L'arrivo di due cavalieri

45

Mentre io tardava quivi, ecco venire
duo cavallier ch'avean per guida un nano,
che la speranza aggiunsero al desire;
ma ben fu la speranza e il desir vano.
Ambi erano guerrier di sommo ardire:
era Gradasso l'un, re sericano;
era l'altro Ruggier, giovene forte,
pregiato assai ne l'africana corte.

46

"Vengon (mi disse il nano) per far pruova
di lor virtù col sir di quel castello,
che per via strana, inusitata e nuova
cavalca armato il quadrupede augello".
"Deh, signor (diss'io lor), pietà vi muova
del duro caso mio spietato e fello!

49 Di sì forbito... torre: ogni torre risplende di acciaio così terso (*forbito*).
50 non vi può: su di esso non ha potere.
51-52 Tutto il paese... s'immacchia: Il perfido ladrone (*rio ladron*) vola giorno e notte sopra quelle regioni e poi si nasconde (*s'immacchia*) dentro al castello.
53 Cosa non ha ripar che voglia torre: Non c'è scampo, non c'è riparo per qualsiasi cosa egli voglia prendersi.
54 sol... gracchia: si può soltanto vanamente gridare e strepitare dietro di lui.
56 che di mai... spene: che abbandono ogni speranza (*spene*) di poterla recuperare.
57 Ah lasso!: povero me!
57-58 che poss'io... m'è chiuso?: che cos'altro posso fare oltre che guardare il castello in lontananza (*lungi*), dove il mio bene (cioè l'amata) è stato rinchiuso?
59-60 che 'l figlio... di giuso: che da giù senta il proprio figlio gridare nel nido di un'aquila (dove evidentemente si è avventurato per errore oppure è trattenuto dopo essere stato catturato).
62 gir là suso: salire lassù (dove è collocato il nido dell'aquila).
64 augello: uccello.
67 la speranza aggiunsero al desire: la presenza dei due cavalieri rende fattibile, agli occhi di Pinabello, la prospettiva di recuperare la sua donna; per questo dice che essi aggiungono la speranza al desiderio (*desire*).
70 Gradasso... sericano: Gradasso, re di Sericana (regione nordoccidentale del Catai).
72 pregiato: apprezzato.
75 per via strana, inusitata e nuova: cioè attraverso l'aria.
78 fello: crudele.

Quando, come ho speranza, voi vinciate,
vi prego la mia donna mi rendiate".

47
E come mi fu tolta lor narrai,
con lacrime affermando il dolor mio.
Quei, lor mercé, mi proferiro assai,
e giù calaro il poggio alpestre e rio.
Di lontan la battaglia io riguardai,
pregando per la lor vittoria Dio.
Era sotto il castel tanto di piano,
quanto in due volte si può trar con mano.

Lo scontro di Gradasso e Ruggiero con il mago Atlante

48
Poi che fur giunti a piè de l'alta rocca,
l'uno e l'altro volea combatter prima;
pur a Gradasso, o fosse sorte, tocca,
o pur che non ne fe' Ruggier più stima.
Quel Serican si pone il corno a bocca:
rimbomba il sasso e la fortezza in cima.
Ecco apparire il cavalliero armato
fuor de la porta, e sul cavallo alato.

49
Cominciò a poco a poco indi a levarse,
come suol far la peregrina grue,
che corre prima, e poi vediamo alzarse
alla terra vicina un braccio o due;
e quando tutte sono all'aria sparse,
velocissime mostra l'ale sue.
Sì ad alto il negromante batte l'ale,
ch'a tanta altezza a pena aquila sale.

50
Quando gli parve poi, volse il destriero,
che chiuse i vanni e venne a terra a piombo,
come casca dal ciel falcon maniero

79 Quando: qualora.
82 affermando: manifestando, testimoniando.
83 lor mercé... assai: per loro cortesia mi fecero molte promesse.
84 giù calaro... rio: scesero dall'altura montuosa e scoscesa.
87-88 tanto... con mano: tanto spazio piano quanto ne possono coprire due tiri di sasso consecutivi. È una reminiscenza dantesca (*Purgatorio*, III, 69): «quanto un buon gittator trarria con mano» (quanto è la distanza a cui un abile lanciatore potrebbe scagliare un sasso con la mano).
91-92 pur a Gradasso... più stima: tuttavia tocca a Gradasso (affrontare per primo l'avversario), sia che così avesse deciso la sorte, sia che, a un certo punto, Ruggiero non ci tenesse più a essere il primo.
97 indi a levarse: a sollevarsi dal luogo dove si trovava (fuori della porta del castello).
98 peregrina grue: gru migratrice.
99-100 alzarse... o due: sollevarsi da terra di una o due braccia (il *braccio* era un'unità di misura lineare che equivaleva a poco più di mezzo metro).
101 tutte sono all'aria sparse: completamente distese nell'aria.
103-104 Sì ad alto... sale: Il mago Atlante (*il negromante*) vola così in alto che un'aquila raggiungerebbe con difficoltà (*a pena*) quell'altezza.
105 gli parve: gli sembrò opportuno (cfr. lat. *visum est*).
106 vanni: ali. **a piombo:** perpendicolarmente.
107 casca: scende a precipizio. **falcon maniero:** «falcone ammaestrato per la caccia e abituato a ritornare sulla mano del cacciatore» (Caretti) e perciò detto *maniero*.

che levar veggia l'anitra o il colombo.
Con la lancia arrestata il cavalliero
l'aria fendendo vien d'orribil rombo.
Gradasso a pena del calar s'avete,
che se lo sente addosso e che lo fiete.

51
Sopra Gradasso il mago l'asta roppe;
ferì Gradasso il vento e l'aria vana:
per questo il volator non interroppe
il batter l'ale, e quindi s'allontana.
Il grave scontro fa chinar le groppe
sul verde prato alla gagliarda alfana.
Gradasso avea una alfana, la più bella
e la miglior che mai portasse sella.

52
Sin alle stelle il volator trascorse;
indi girossi e tornò in fretta al basso,
e percosse Ruggier che non s'accorse,
Ruggier che tutto intento era a Gradasso.
Ruggier del grave colpo si distorse,
e 'l suo destrier più rinculò d'un passo:
e quando si voltò per lui ferire,
da sé lontano il vide al ciel salire.

53
Or su Gradasso, or su Ruggier percote
ne la fronte, nel petto e ne la schiena,
e le botte di quei lascia ognor vòte,
perché è sì presto, che si vede a pena.
Girando va con spaziose rote,
e quando all'uno accenna, all'altro mena:
all'uno e all'altro sì gli occhi abbarbaglia,
che non ponno veder donde gli assaglia.

108 levar veggia: veda sollevarsi.
109 arrestata: salda in resta (la resta è un ferro applicato sulla parte destra del petto della corazza per appoggiarvi il calcio della lancia).
111 s'avete: si accorge.
112 fiete: ferisce.
114 il vento e l'aria vana: «il vento prodotto dall'innalzarsi del cavallo [cioè dell'ippogrifo], e l'aria vana, vuota, perché il cavallo s'è allontanato» (Nardi).
115 il volator: l'ippogrifo.
116 quindi: di qui.
118 alfana: cavalla araba.
121 trascorse: salì.
122 indi girossi: poi cambiò direzione.
124 intento: rivolto.
125 si distorse: "si contorse" oppure "si piegò".
126 più rinculò d'un passo: indietreggiò più di un passo.
127 lui: Atlante sull'ippogrifo.
128 il: lo.
131 le botte di quei lascia ognor vòte: rende sempre vani i colpi sferrati da Gradasso e da Ruggiero.
132 presto: veloce.
134 quando all'uno... mena: quando finge di dirigere il colpo su uno, colpisce invece l'altro.
135 abbarbaglia: abbaglia.
136 non ponno... assaglia: non possono vedere da che parte (*donde*) muova al loro assalto.

54
Fra duo guerrieri in terra et uno in cielo
la battaglia durò sin a quella ora,
che spiegando pel mondo oscuro velo,
tutte le belle cose discolora.
Fu quel ch'io dico, e non v'aggiungo un pelo:
io 'l vidi, i' 'l so; né m'assicuro ancora
di dirlo altrui; che questa maraviglia
al falso più ch'al ver si rassimiglia.

55
D'un bel drappo di seta avea coperto
lo scudo in braccio il cavallier celeste.
Come avesse, non so, tanto sofferto
di tenerlo nascosto in quella veste;
ch'immantinente che lo mostra aperto,
forza è, chi 'l mira, abbarbagliato reste,
e cada come corpo morto cade,
e venga al negromante in potestade.

56
Splende lo scudo a guisa di piropo,
e luce altra non è tanto lucente.
Cadere in terra allo splendor fu d'uopo
con gli occhi abbacinati, e senza mente.
Perdei da lungi anch'io li sensi, e dopo
gran spazio mi riebbi finalmente;
né più i guerrier né più vidi quel nano,
ma vòto il campo, e scuro il monte e il piano.

57
Pensai per questo che l'incantatore
avesse amendui colti a un tratto insieme,
e tolto per virtù de lo splendore
la libertade a loro, e a me la speme.

138-139 quella ora... oscuro velo: la notte, che allarga sul mondo il suo velo di oscurità.
140 discolora: scolorisce nel buio.
141 Fu... un pelo: avvenne proprio ciò che ora narrerò, e non aggiungo nulla ai fatti realmente accaduti.
142-143 io... altrui: l'ho visto e lo so; eppure non oso (*m'assicuro*) ancora dirlo ad altri.
143 che: ché, poiché.
144 si rassimiglia: assomiglia.
146 celeste: detto così in quanto percorre le vie del cielo.
147 Come avesse... sofferto: non so come fosse riuscito per tutto quel tempo (*tanto*).
149 immantinente che: non appena.
150 forza è... reste: è inevitabile che chi lo guardi rimanga (*reste*) accecato.
151 cada... cade: riprende un celebre verso dantesco (*Inferno*, V, 142): «E caddi come corpo morto cade».
152 e venga... potestade: e cada in potere del mago.
153 piropo: granato orientale o carbonchio, una pietra preziosa di colore rosso vivo (il vocabolo viene dal greco *pyr*, "fuoco").
155 fu d'uopo: fu inevitabile.
156 senza mente: in preda all'incoscienza, svenuto.
157 da lungi: sebbene lontano.
158 gran spazio: molto tempo. **mi riebbi:** rinvenni.
160 vòto: vuoto. **il campo:** di battaglia. **scuro:** buio.
162 avesse... insieme: avesse colpito insieme entrambi con un solo attacco (*tratto*).
163 per virtù de lo splendore: grazie allo splendore dello scudo magico.
164 speme: speranza.

Così a quel loco, che chiudea il mio core,
dissi, partendo, le parole estreme.
Or giudicate s'altra pena ria,
che causi Amor, può pareggiar la mia».

165 chiudea il mio core: imprigionava la donna del mio cuore. **166 le parole estreme:** l'addio. Reminiscenza petrarchesca: «le dolenti mie parole extreme» (*Canzoniere*, 126, 13). **167 ria:** malvagia. **168 pareggiar:** eguagliare.

Dentro il TESTO

I contenuti tematici

Un cavallo alato e un meraviglioso castello

Questo episodio rappresenta uno dei momenti fondamentali della storia d'amore tra Bradamante e Ruggiero, che è a sua volta uno dei filoni narrativi principali del poema. La guerriera cristiana ascolta il racconto di Pinabello, il quale dice di essere stato a capo di fanti e cavalieri, mentre si recava dove Carlo Magno attendeva re Marsilio. In quel tragitto incontra un misterioso personaggio che – in groppa a un cavallo alato, l'ippogrifo – gli rapisce la donna amata. Abbandonati i soldati che guidava, si mette a cercare la fanciulla, finché, dopo sei giorni di cammino, giunge in una valle selvaggia, al centro della quale si erge su una roccia uno straordinario castello, che – lo si apprenderà in seguito – è il palazzo del mago Atlante.

L'elemento magico e fiabesco

Lo sconforto di Pinabello viene temporaneamente attenuato dall'arrivo di due cavalieri, Gradasso e Ruggiero, i quali accolgono la sua richiesta di aiuto, decidendo di sfidare in combattimento Atlante. Ma non hanno fatto i conti con le arti soprannaturali del mago e con la sproporzione di forze che lo avvantaggia: in sella all'ippogrifo e dotato di uno scudo magico capace di abbagliare gli avversari, Atlante ha buon gioco a evitare i colpi dei due nemici, che finiscono per avere la peggio.

Entra così a pieno titolo nel poema – con il mago e i suoi incantesimi – l'elemento magico e meraviglioso, che diventa anch'esso pretesto per nuove avventure, «partecipando dello stesso tono fiabesco delle altre vicende, e come esse è continuamente ricondotto a semplici e schietti sentimenti umani: l'amore trepido e gentile di Bradamante, quello paterno e patetico del mago, il quale sa che a nulla serviranno i suoi incantesimi contro il destino, e tuttavia non sa né vuole rassegnarsi ad esso» (Pazzaglia).

Una reminiscenza del mito classico

Lo scudo che acceca è invenzione di Ariosto, che sembra però essersi ispirato allo scudo donato a Perseo da Minerva, con cui l'eroe mitologico riuscì a sconfiggere Medusa. Questa era un mostro di aspetto orribile, con la testa cinta di serpenti, gli occhi scintillanti e

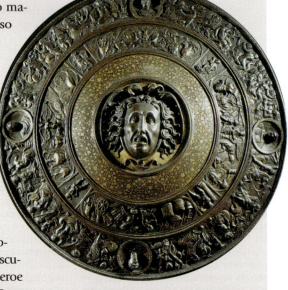

Filippo Francesco Negroli, *Scudo sbalzato con testa di Medusa*, 1541. Vienna, Kunsthistorisches Museum.

lo sguardo che impietriva. Perseo le tagliò la testa mentre dormiva, servendosi dello scudo come di uno specchio per evitarne lo sguardo terribile. Forse qualche elemento è derivato anche, alla fantasia ariostesca, dal mito della testa di Medusa, che Perseo mostrava quando fosse utile (lo fece, per esempio, per pietrificare Atlante e liberare Andromeda, poi sua sposa), e che le arti figurative rappresentavano spesso sopra una corazza o su uno scudo.

Le scelte stilistiche

Azione e meraviglia

In questo passo, come spesso accade nel poema, Ariosto è molto abile nel coniugare azione e descrizione. Quanto alla prima, sul piano narrativo è assai efficace la resa della fulmineità di movimenti con cui l'oscuro cavaliere rapisce a Pinabello la sua donna (ottava 38). La doppia similitudine ornitologica (prima con il falco che scende per colpire, v. 12; poi con il nibbio che sottrae il pulcino alla chioccia, vv. 17-20) evidenzia la rapace destrezza con cui la fanciulla viene presa. L'abilità del poeta nel descrivere luoghi e ambienti fantastici si coglie invece soprattutto nelle ottave 41-43, nelle quali si parla di una valle che appare quasi fuori dal mondo e di un palazzo dalle caratteristiche decisamente singolari. Tutto ciò ha l'effetto di destare nel lettore curiosità e meraviglia, che non verranno deluse dal prosieguo dell'azione, caratterizzato da un rapido susseguirsi di eventi.

L'armonia rappresentativa

Soffermiamoci ora su un'ottava in particolare, la 49, e specialmente su due versi: il primo (*Cominciò a poco a poco indi a levarse*, v. 97), ricco di iati e povero di accenti ritmici, con la sua lentezza intensifica l'attenzione del lettore; invece il sesto (*velocissime mostra l'ale sue*, v. 102), che peraltro segue altri versi ampi e dal ritmo disteso, grazie alla parola sdrucciola iniziale suona breve e rapido. È questo un significativo esempio di armonia rappresentativa, cioè della raffinata capacità dell'autore di calibrare la ritmica dei versi in funzione di quanto viene narrato, per esempio alternando – come avviene nel nostro caso – rallentamenti e accelerazioni della scansione metrica in relazione ai movimenti e ai gesti dei personaggi. L'ottava si conclude poi con «altri due versi, abbondanti, solenni: sembra, dopo quel rapidissimo innalzarsi, di veder girare, lassù, a larghe e lente ruote, cavallo e negromante. L'ottava ne risulta conclusa in maniera magistrale» (Nardi).

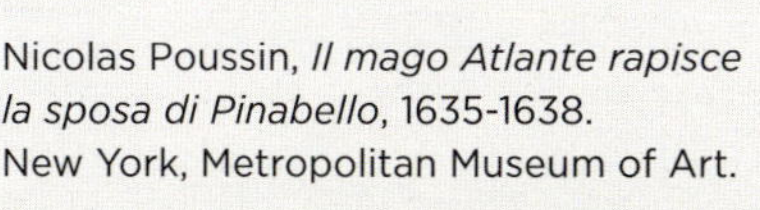

Nicolas Poussin, *Il mago Atlante rapisce la sposa di Pinabello*, 1635-1638. New York, Metropolitan Museum of Art.

Verso le COMPETENZE

COMPRENDERE

1 Chi è il personaggio incontrato da Pinabello in groppa al cavallo alato?

2 Quale perdita rattrista e angoscia Pinabello?

3 Come viene descritto il castello? Quali sono le sue caratteristiche?

4 Che cosa chiede Pinabello a Gradasso e Ruggiero?

5 Chi è il *cavalliero* del v. 109?

6 In cosa non riesce Gradasso all'ottava 51?

7 Qual è la *speme* di cui parla Pinabello al v. 164?

8 Come finisce il combattimento tra Atlante e i due cavalieri?

ANALIZZARE

9 Il brano presenta anche una tematica amorosa, con qualche nota elegiaca, di tipo patetico, in relazione ai sentimenti manifestati da Pinabello nei confronti dell'amata. Individua alcune espressioni dove compare tale tema.

10 Quale figura retorica troviamo al v. 154 (*luce... lucente*)?

a Poliptoto.
b Figura etimologica.
c Iperbato.
d Anastrofe.

11 Quale figura retorica si può individuare al v. 164 (*la libertade a loro, e a me la speme*)?

a Anacoluto.
b Sineddoche.
c Chiasmo.
d Metafora.

INTERPRETARE

12 Secondo te a quale scopo viene introdotta dall'autore la serie sinonimica *strana, inusitata e nuova* (v. 75)?

COMPETENZE LINGUISTICHE

13 Associa ad ogni termine di registro aulico presente nel testo un corrispondente di registro medio diverso da quello indicato in nota.

poggiare		*rettore*		*vestigie*	
ripe		*lustrare*		*industri*	
suffumigi		*forbito*		*augello*	
peregrina		*negromante*		*discolorare*	
drappo		*potestade*		*amendui*	

• T8 •

audiolettura

Atlante e l'ippogrifo

Canto IV, ott. 1-7

Un rapitore di donne indifese

Bradamante ha appreso che il mago Atlante tiene prigioniero Ruggiero, per l'affetto che nutre verso di lui (essendo stato suo precettore), tentando di vincere una profezia che prevede per il cavaliere pagano la conversione al cristianesimo e la morte in battaglia. Il mago è capace di avere la meglio su ogni guerriero che si avvicini al castello grazie al cavallo alato, l'ippogrifo, e a un magico scudo abbagliante. Egli rapisce fanciulle e cavalieri per allietare la prigionia dorata di Ruggiero. L'eroina decide di combattere il mago e si fa condurre al suo palazzo da Pinabello. Questi, però, avendo appreso che Bradamante appartiene all'odiata casa dei Chiaramonte (una famiglia tradizionalmente rivale della sua), prova a ucciderla gettandola in una profonda caverna. Qui Bradamante trova la maga Melissa, che – dopo averle fatto profetizzare dallo spirito del mago Merlino la gloriosa discendenza estense – le spiega come, per avere ragione di Atlante, la guerriera debba impossessarsi di un anello fatato, tenuto al momento dal nano Brunello, barone di Agramante. Casualmente Bradamante trova Brunello in una locanda...

METRO Ottave di endecasillabi con schema di rime ABABABCC.

Bradamante e Brunello

1
Quantunque il simular sia le più volte
ripreso, e dia di mala mente indici,
si truova pur in molte cose e molte
aver fatti evidenti benefici,
e danni e biasmi e morti aver già tolte;
che non conversiam sempre con gli amici
in questa assai più oscura che serena
vita mortal, tutta d'invidia piena.

2
Se, dopo lunga prova, a gran fatica
trovar si può chi ti sia amico vero,
ed a chi senza alcun sospetto dica
e discoperto mostri il tuo pensiero;
che de' far di Ruggier la bella amica
con quel Brunel non puro e non sincero,
ma tutto simulato e tutto finto,
come la maga le l'avea dipinto?

3
Simula anch'ella; e così far conviene
con esso lui di finzioni padre;

1-5 Quantunque il simular... aver già tolte: sebbene l'arte dell'inganno (*il simular*) sia per lo più (*le più volte*) biasimata (*ripreso*), e sia indizio (*dia... indici*) di animo cattivo, si riscontra anche (*si truova pur*) che spesse volte (*in molte cose e molte*) è stata utile, poiché ha prodotto benefici evidenti e ha evitato (*tolte*) danni, rimproveri e morti.
6 che... gli amici: perché non sempre viviamo (*conversiam*) tra amici.
10 trovar: capire.
11-12 ed a chi... pensiero: e a chi senza timore tu possa dire (*dica*) e manifestare apertamente (*discoperto mostri*) ciò che pensi.
13 che de' far di Ruggier: che cosa dovrebbe fare a proposito di Ruggiero.
15 tutto simulato e tutto finto: tutto pieno di menzogna e di finzione.
18 con esso lui... padre: con lui che è maestro (*padre*) di simulazione.

L'arrivo di Atlante in sella all'ippogrifo

e, come io dissi, spesso ella gli tiene
gli occhi alle man, ch'eran rapaci e ladre.
Ecco all'orecchie un gran rumor lor viene.
Disse la donna: «O gloriosa Madre,
o Re del ciel, che cosa sarà questa?».
E dove era il rumor si trovò presta.

4
E vede l'oste e tutta la famiglia,
e chi a finestre e chi fuor ne la via,
tener levati al ciel gli occhi e le ciglia,
come l'ecclisse o la cometa sia.
Vede la donna un'alta maraviglia,
che di leggier creduta non saria:
vede passar un gran destriero alato,
che porta in aria un cavalliero armato.

5
Grandi eran l'ale e di color diverso,
e vi sedea nel mezzo un cavalliero,
di ferro armato luminoso e terso;
e vêr ponente avea dritto il sentiero.
Calossi, e fu tra le montagne immerso:
e, come dicea l'oste (e dicea il vero),
quel era un negromante, e facea spesso
quel varco, or più da lungi, or più da presso.

6
Volando, talor s'alza ne le stelle,
e poi quasi talor la terra rade;
e ne porta con lui tutte le belle
donne che trova per quelle contrade:
talmente che le misere donzelle
ch'abbino o aver si credano beltade
(come affatto costui tutte le invole)
non escon fuor sì che le veggia il sole.

19 come io dissi: alla fine del canto precedente.
19-20 gli tiene... alle man: sorveglia con lo sguardo i movimenti delle sue mani.
24 si trovò presta: accorse subito.
28 come... la cometa sia: come se si trattasse di assistere all'insolito spettacolo di un'eclissi o di una cometa.
29 maraviglia: prodigio.
30 che di leggier creduta non saria: alla quale non si crederebbe facilmente (*di leggier*).
33 diverso: strano.
36 vêr ponente... il sentiero: aveva diretto il proprio volo a ovest (verso il suo castello sui Pirenei).
37 Calossi: discese. **fu... immerso:** scomparve tra i monti.
39 negromante: mago.
39-40 facea spesso... da presso: percorreva spesso quella rotta, talvolta tenendosi più lontano, talaltra più vicino.
42 rade: sfiora.
43 ne porta con: porta via con sé.
46 ch'abbino... beltade: che possiedano o credano di possedere la bellezza.
47 come affatto... le invole: come se il mago se le portasse via (*invole*) tutte.
48 non escon... il sole: non escono di casa alla luce del sole.

Nuova descrizione del castello di Atlante

7
«Egli sul Pireneo tiene un castello
(narrava l'oste) fatto per incanto,
tutto d'acciaio, e sì lucente e bello,
ch'altro al mondo non è mirabil tanto.
Già molti cavallier sono iti a quello,
e nessun del ritorno si dà vanto:
sì ch'io penso, signore, e temo forte,
o che sian presi, o sian condotti a morte».

49 sul Pireneo: su un monte dei Pirenei.
50 fatto per incanto: sorto grazie a un incantesimo.
52 mirabil: degno di ammirazione e insieme meraviglia.
53 iti: andati (latinismo).
54 del ritorno si dà vanto: può vantarsi di essere ritornato.
55 signore: l'oste si rivolge a Bradamante credendola un uomo.
56 o che sian presi, o sian condotti a morte: o che siano tenuti prigionieri o che siano stati uccisi.

Dentro il TESTO

I contenuti tematici

La prudente guerriera

Bradamante è valorosa e anche saggia. La prudenza di cui è dotata le consiglia di non rivelare le proprie intenzioni a Brunello, giacché costui è noto per essere falso e mentitore. Essa appare scaltra e capace di dissimulazione: un comportamento, quello di chi dissimula, spesso condannato sul piano morale, ma di fatto necessario – spiega Ariosto – *in questa assai più oscura che serena / vita mortal, tutta d'invidia piena* (vv. 7-8). Dunque mentre la donna, facendo finta di nulla, sorveglia Brunello, tutti alla locanda vengono sorpresi da un rumore: è Atlante che sta passando con l'ippogrifo. Possiamo qui anticipare che successivamente Bradamante riuscirà a impossessarsi dell'anello fatato e a sconfiggere il mago, per liberare così i cavalieri da lui tenuti prigionieri.

Il motivo della simulazione

Come ha notato il critico Emilio Bigi, il brano – che pure prende le mosse dall'episodio fantastico dell'incontro fra Bradamante e Brunello – presenta, in un tono elegantemente discorsivo, un tema di sapore prettamente machiavellico, vale a dire quello della necessità, in particolari circostanze, della simulazione. Anche qui, come in Machiavelli (*Il Principe*, capp. XV, ➤T10, p. 411 e XVIII, ➤T11, p. 416), tale comportamento appare giustificato «da una più generale esperienza, amara e pessimistica, della vita politico-sociale» (Bigi).

Bartolomeo Veneto, *Ritratto di gentiluomo*, 1512. Roma, Galleria Nazionale d'Arte Antica di Palazzo Barberini.

Le scelte stilistiche

Una favola sorridente

Anche in questo passo gli ingredienti della favola ci sono tutti: una donna bellissima e insieme valorosa guerriera, un mago in groppa a un cavallo volante che si libra tra i monti e raggiunge le stelle, un luminoso castello d'acciaio che si erge su una montagna scoscesa. Questi sono gli elementi favolosi da cui il lettore si lascia rapire, in un'atmosfera fantastica, che sa intrattenere piacevolmente con la dolcezza musicale dei versi e, insieme, con la sorridente bonomia del poeta.

L'accuratezza descrittiva

Nel precedente racconto di Pinabello (➤ T7, p. 274) la descrizione del cavallo alato e del cavaliere era stata più succinta. Ora invece l'ippogrifo viene raffigurato come una creatura imponente e con maggiori particolari. Si noti, tra l'altro, come all'ottava 5 alla plasticità dell'immagine del cavaliere seduto *nel mezzo* (v. 34), tra l'una e l'altra ala, «giovi anche una certa simmetria nella disposizione delle parole: gli attributi delle ali (*grandi... e di color diverso*, v. 33) sono uno in principio, l'altro alla fine dell'endecasillabo; così (al v. 35) la determinazione *di ferro... luminoso e terso* è spezzata in due da quell'*armato*» (Nardi). È l'ennesima riprova dell'estrema accuratezza stilistica della rappresentazione.

Verso le COMPETENZE

COMPRENDERE

1 Chi sono *la bella amica* del v. 13 e *la maga* del v. 16?

2 Spiega il significato complessivo dell'ottava 2.

3 Chi è il *lui* del v. 18?

4 Che cosa porta Atlante sull'ippogrifo?

ANALIZZARE

5 C'è un punto del brano nel quale è possibile cogliere la sorridente ironia dell'autore. Individualo.

INTERPRETARE

6 La prima ottava del brano illustra un concetto di ordine generale, che non si applica soltanto alla concreta situazione narrativa. Che cosa afferma l'autore? A quali circostanze della propria vita potrebbe fare qui riferimento?

PRODURRE

7 SCRIVERE PER **ARGOMENTARE**
Commenta i versi *in questa assai più oscura che serena / vita mortal, tutta d'invidia piena* (vv. 7-8): sei d'accordo con il giudizio di Ariosto? perché? Scrivi un testo argomentativo di circa 30 righe, portando degli esempi a sostegno della tua opinione.

Ruggiero salva Angelica dall'orca

L'ippogrifo - l'animale favoloso, in forma di cavallo alato con testa d'uccello - sarebbe stato ispirato ad Ariosto dalla metafora virgiliana "incrociare grifoni con cavalli": secondo le credenze antiche, infatti, queste bestie sarebbero state nemiche per natura. L'autore del *Furioso* così lo descrive nel canto IV, ott. 18, vv. 1-6:

non è finto il destrier, ma naturale,
Ch'una giumenta generò d'un grifo:
Simile al padre avea la piuma e l'ale,
Li piedi anteriori, il capo e il grifo;
In tutte l'altre membra parea quale
Era la madre, e chiamasi ippogrifo.

Ruggiero e Angelica in groppa all'Ippogrifo, illustrazione per un'edizione dell'*Orlando furioso* del 1824.

• T9 •

Ruggiero e Astolfo nell'isola di Alcina

Canto VI, ott. 19-41

Il colloquio tra un cavaliere e una pianta di mirto

Bradamante, dopo essersi impadronita dell'anello magico e aver vinto Atlante, può riabbracciare Ruggiero, ma questi, per un nuovo incantesimo del mago, è sollevato in aria dall'ippogrifo (canto IV), che infine lo depone nel meraviglioso giardino della maga Alcina (canto VI). Qui egli incontra Astolfo, trasformato in mirto dalla perfida maga. Anche Ruggiero – più avanti – resterà prigioniero di Alcina, dalla quale verrà liberato mediante l'anello fatato di Bradamante e l'intervento della maga Melissa.

METRO Ottave di endecasillabi con schema di rime ABABABCC.

Termina il volo dell'ippogrifo

19
Poi che l'augel trascorso ebbe gran spazio
per linea dritta e senza mai piegarsi,
con larghe ruote, omai de l'aria sazio,
cominciò sopra una isola a calarsi,
pari a quella ove, dopo lungo strazio
far del suo amante e lungo a lui celarsi,
la vergine Aretusa passò invano
di sotto il mar per camin cieco e strano.

L'incanto della natura

20
Non vide né 'l più bel né 'l più giocondo
da tutta l'aria ove le penne stese;
né se tutto cercato avesse il mondo,
vedria di questo il più gentil paese,
ove, dopo un girarsi di gran tondo,
con Ruggier seco il grande augel discese:
culte pianure e delicati colli,
chiare acque, ombrose ripe e prati molli.

21
Vaghi boschetti di soavi allori,
di palme e d'amenissime mortelle,
cedri et aranci ch'avean frutti e fiori
contesti in varie forme e tutte belle,
facean riparo ai fervidi calori
de' giorni estivi con lor spesse ombrelle;

1 **l'augel:** l'ippogrifo.
3 **ruote:** giri circolari.
5 **quella:** è l'isola di Ortigia (la parte più antica della città di Siracusa), alla quale Ariosto paragona l'isola incantata della maga Alcina. Secondo il racconto mitologico, Aretusa, ninfa sdegnosa dell'amore del dio fluviale Alfeo, riapparve sotto forma di fonte a Ortigia, ma fu raggiunta dall'innamorato, che, passando sotto il mar Ionio, mescolò con lei le sue acque.
5-6 **dopo lungo strazio... e lungo a lui celarsi:** dopo aver fatto a lungo soffrire il suo amante ed essersi a lungo a lui nascosta.
8 **cieco e strano:** buio (perché sotterraneo) e fuori dell'ordinario.
9 **né 'l più bel né 'l più giocondo:** va sottinteso "paese" (che si ricava dal v. 12).
10 **da tutta... stese:** per tutto il cammino da lui percorso.
12 **gentil:** gradevole, ameno.
13 **un girarsi di gran tondo:** un ampio giro circolare.
14 **con Ruggier seco:** portando con sé Ruggiero.
15 **culte:** coltivate. **delicati:** dal dolce pendio.
16 **ripe:** sponde (di corsi d'acqua).
17 **soavi:** profumati.
18 **mortelle:** mirti.
20 **contesti:** intrecciati.
22 **spesse ombrelle:** folte chiome.

e tra quei rami con sicuri voli
cantando se ne gìano i rosignuoli.

22
Tra le purpuree rose e i bianchi gigli,
che tiepida aura freschi ognora serba,
sicuri si vedean lepri e conigli,
e cervi con la fronte alta e superba,
senza temer ch'alcun gli uccida o pigli,
pascano o stiansi rominando l'erba;
saltano i daini e i capri isnelli e destri,
che sono in copia in quei luoghi campestri.

Ruggiero smonta dall'ippogrifo e lo lega

23
Come sì presso è l'ippogrifo a terra,
ch'esser ne può men periglioso il salto,
Ruggier con fretta de l'arcion si sferra,
e si ritruova in su l'erboso smalto;
tuttavia in man le redine si serra,
che non vuol che 'l destrier più vada in alto:
poi lo lega nel margine marino
a un verde mirto in mezzo un lauro e un pino.

24
E quivi appresso ove surgea una fonte
cinta di cedri e di feconde palme,
pose lo scudo, e l'elmo da la fronte
si trasse, e disarmossi ambe le palme;
et ora alla marina et ora al monte
volgea la faccia all'aure fresche et alme,
che l'alte cime con mormorii lieti
fan tremolar dei faggi e degli abeti.

25
Bagna talor ne la chiara onda e fresca
l'asciutte labra, e con le man diguazza,
acciò che de le vene il calore esca
che gli ha acceso il portar de la corazza.
Né maraviglia è già ch'ella gl'incresca;

23 sicuri: privi di paura, perché non turbati dalla presenza di cacciatori.
24 se ne gìano: se ne andavano, svolazzavano. **rosignuoli:** usignoli.
26 che tiepida... serba: che l'aria temperata conserva sempre (*ognora*) freschi.
29 gli: li.
30 pascano... l'erba: sia che vadano pascendo sia che se ne stiano fermi a ruminare l'erba.
31 i capri isnelli e destri: i caprioli snelli e agili.
32 copia: abbondanza.
34 periglioso: pericoloso.
35 si sferra: si slancia.
36 erboso smalto: suolo erboso e lucido.
37 in man le redine si serra: stringe le redini.
39 margine marino: riva del mare.
40 lauro: pianta di alloro.
41 surgea: sorgeva, si trovava.
42 feconde: ricche di datteri.
44 disarmossi ambe le palme: si levò dalle mani i guanti d'acciaio.
45 marina: mare.
46 alme: confortanti, ricreatrici.
50 diguazza: agita l'acqua.
51 acciò che de le vene: affinché dal corpo.
53 gl'incresca: gli dia fastidio.

che non è stato un far vedersi in piazza:
ma senza mai posar, d'arme guernito,
tremila miglia ognor correndo era ito.

26
Quivi stando, il destrier ch'avea lasciato
tra le più dense frasche alla fresca ombra,
per fuggir si rivolta, spaventato
di non so che, che dentro al bosco adombra:
e fa crollar sì il mirto ove è legato,
che de le frondi intorno il piè gli ingombra:
crollar fa il mirto e fa cader la foglia;
né succede però che se ne scioglia.

27
Come ceppo talor, che le medolle
rare e vote abbia, e posto al fuoco sia,
poi che per gran calor quell'aria molle
resta consunta ch'in mezzo l'empìa,
dentro risuona, e con strepito bolle
tanto che quel furor truovi la via;
così murmura e stride e si corruccia
quel mirto offeso, e al fine apre la buccia.

Il mirto parlante e il colloquio con Astolfo

28
Onde con mesta e flebil voce uscìo
espedita e chiarissima favella,
e disse: «Se tu sei cortese e pio,
come dimostri alla presenza bella,
lieva questo animal da l'arbor mio:
basti che 'l mio mal proprio mi flagella,
senza altra pena, senza altro dolore
ch'a tormentarmi ancor venga di fuore».

29
Al primo suon di quella voce torse
Ruggiero il viso, e subito levosse;

54 che non è stato un far vedersi in piazza: giacché la sua impresa non è stata una semplice parata in piazza, una cosa di poca fatica.
55 posar: fermarsi. **guernito:** ricoperto.
56 tremila miglia... era ito: era andato (*ito*) sempre (*ognor*) correndo per un'enorme distanza (*tremila miglia*).
58 dense frasche: fitte piante.
60 adombra: getta ombre paurose (e quindi fa adombrare, cioè spaventa, il cavallo).
61 fa crollar: scuote.
64 né succede però che se ne sciolga: ma non per questo (*però*) riesce a liberarsi.
65-66 che le medolle... abbia: il cui midollo sia consumato.
67-68 quell'aria... l'empìa: si consuma (*resta consunta*) quel vapore acqueo (*aria molle*) che lo riempiva (*empìa*) internamente (*in mezzo*).
70 furor: esalazione bollente (di nuovo, cioè, vapore acqueo).
71 si corruccia: si contorce oppure si corruga in superficie.
72 apre la buccia: spezza la corteccia.
74 espedita: sciolta.
75 pio: pietoso.
76 come dimostri alla presenza bella: come rivela il tuo nobile aspetto.
77 lieva: stacca, allontana.
78 basti... mi flagella: può ben bastare che mi tormenti il mio proprio male (cioè la sventura di essere stato tramutato da uomo in pianta).
82 levosse: si levò.

e poi ch'uscir da l'arbore s'accorse,
stupefatto restò più che mai fosse.
A levarne il destrier subito corse;
e con le guancie di vergogna rosse:
«Qual che tu sii, perdonami (dicea),
o spirto umano, o boschereccia dea.

30
Il non aver saputo che s'asconda
sotto ruvida scorza umano spirto,
m'ha lasciato turbar la bella fronda
e far ingiuria al tuo vivace mirto:
ma non restar però, che non risponda
chi tu ti sia, ch'in corpo orrido et irto,
con voce e razionale anima vivi;
se da grandine il ciel sempre ti schivi.

31
E s'ora o mai potrò questo dispetto
con alcun beneficio compensarte,
per quella bella donna ti prometto,
quella che di me tien la miglior parte,
ch'io farò con parole e con effetto,
ch'avrai giusta cagion di me lodarte».
Come Ruggiero al suo parlar fin diede,
tremò quel mirto da la cima al piede.

Il racconto di Astolfo

32
Poi si vide sudar su per la scorza,
come legno dal bosco allora tratto,
che del fuoco venir sente la forza,
poscia ch'invano ogni ripar gli ha fatto;
e cominciò: «Tua cortesia mi sforza
a discoprirti in un medesmo tratto
ch'io fossi prima, e chi converso m'aggia
in questo mirto in su l'amena spiaggia.

87 Qual che tu sii: chiunque tu sia.
88 boschereccia dea: ninfa. «Un'antica credenza considerava abitatrici delle piante le ninfe dei boschi: Driadi e Amadriadi» (Caretti).
91 turbar: guastare, maltrattare.
92 vivace: vivente.
93 ma non restar però, che non risponda: ma non rifiutarti di dirmi.
94 orrido et irto: ispido e pungente (in quanto pieno di rami e di aculei).
95 razionale anima: invece le piante hanno solo l'anima vegetativa. Per Aristotele (384-322 a.C.) esistevano tre tipi di anima: vegetativa (presente in tutti gli esseri viventi, animali e vegetali), sensitiva (presente solo negli animali) e razionale (propria solo dell'essere umano).
96 se da grandine il ciel sempre ti schivi: augurandoti che il cielo ti ripari sempre dalla grandine. Il *se* ha valore deprecativo (o augurale), cioè equivale a un'espressione del tipo "voglia il cielo che", "possa accadere che" o simili.
97 dispetto: l'offesa dolorosa che ti ho inferto (legando l'ippogrifo al mirto).
99 quella bella donna: Bradamante.
100 la miglior parte: il cuore.
101 effetto: i fatti, le azioni.
102 di me lodarte: di parlar bene di me.
106 allora tratto: appena tagliato, e dunque ancora verde.
108 poscia... gli ha fatto: dopo che gli ha opposto vana, inutile resistenza (non volendo accendersi).
111 chi converso m'aggia: chi mi abbia trasformato.

33

Il nome mio fu Astolfo; e paladino
era di Francia, assai temuto in guerra:
d'Orlando e di Rinaldo era cugino,
la cui fama alcun termine non serra;
e si spettava a me tutto il domìno,
dopo il mio padre Oton, de l'Inghilterra.
Leggiadro e bel fui sì, che di me accesi
più d'una donna; e al fin me solo offesi.

34

Ritornando io da quelle isole estreme
che da Levante il mar Indico lava,
dove Rinaldo et alcun'altri insieme
meco fur chiusi in parte oscura e cava,
et onde liberate le supreme
forze n'avean del cavallier di Brava;
vêr ponente io venìa lungo la sabbia
che del settentrion sente la rabbia.

35

E come la via nostra e il duro e fello
destin ci trasse, uscimmo una matina
sopra la bella spiaggia, ove un castello
siede sul mar, de la possente Alcina.
Trovammo lei ch'uscita era di quello,
e stava sola in ripa alla marina;
e senza rete e senza amo traea
tutti li pesci al lito, che volea.

36

Veloci vi correvano i delfini,
vi venìa a bocca aperta il grosso tonno;
i capidogli coi vecchi marini
vengon turbati dal lor pigro sonno;
muli, salpe, salmoni e coracini
nuotano a schiere in più fretta che ponno;

115 era cugino: ero cugino. Ottone, Milone e Amone erano fratelli e avevano avuto per figli rispettivamente Astolfo, Orlando e Rinaldo.
116 alcun termine non serra: è senza limiti.
117-118 si spettava... Inghilterra: dopo la morte di mio padre Ottone sarebbe spettato a me il trono (*tutto il domìno*) d'Inghilterra.
121 isole estreme: isole lontane (che segnavano l'estremo confine orientale del mondo). Astolfo e Rinaldo erano stati liberati da Orlando dalla prigionia di Monodante, re di Demogir, isola del mare Indiano (*mar Indico*).
124 in parte oscura e cava: in una prigione oscura e profonda.
125-126 onde... cavallier di Brava: e da dove ci avevano liberati le forze straordinarie di Orlando (*cavallier di Brava*). Brava è l'antica Blavia e la moderna Blaye, sulla riva destra della Gironda.
127-128 vêr ponente io venìa... sente la rabbia: dal mare Indiano tornavo a occidente lungo la costa libica (*sabbia*) battuta dalla violenza (*rabbia*) dei venti di settentrione.
129 come: non appena (congiunzione con valore temporale). **fello:** avverso, traditore.
134 in ripa alla marina: sulla riva del mare.
136 al lito: sulla spiaggia.
139 capidogli: grossi cetacei. **vecchi marini:** vitelli marini o foche.
141 muli: triglie. **salpe:** sarpe (pesci piatti di colore argenteo). **coracini:** corvine (pesci detti così perché neri come corvi).
142 ponno: possono.

pistrici, fisiteri, orche e balene
escon del mar con monstruose schiene.

37
Veggiamo una balena, la maggiore
che mai per tutto il mar veduta fosse:
undeci passi e più dimostra fuore
de l'onde salse le spallaccie grosse.
Caschiamo tutti insieme in uno errore,
perch'era ferma e che mai non si scosse:
ch'ella sia una isoletta ci credemo,
così distante ha l'un da l'altro estremo.

38
Alcina i pesci uscir facea de l'acque
con semplici parole e puri incanti.
Con la fata Morgana Alcina nacque,
io non so dir s'a un parto o dopo o inanti.
Guardommi Alcina; e subito le piacque
l'aspetto mio, come mostrò ai sembianti:
e pensò con astuzia e con ingegno
tormi ai compagni; e riuscì il disegno.

L'inganno di Alcina

39
Ci venne incontra con allegra faccia,
con modi graziosi e riverenti,
e disse: «Cavallier, quando vi piaccia
far oggi meco i vostri alloggiamenti,
io vi farò veder, ne la mia caccia,
di tutti i pesci sorti differenti:
chi scaglioso, chi molle e chi col pelo;
e saran più che non ha stelle il cielo.

40
E volendo vedere una sirena
che col suo dolce canto acheta il mare,
passian di qui fin su quell'altra arena,
dove a quest'ora suol sempre tornare».
E ci mostrò quella maggior balena,
che, come io dissi, una isoletta pare.

143 pistrici: pesci-sega (sorta di mostri marini). **fisiteri:** altro nome dei capidogli. **orche:** cetacei della famiglia dei delfinidi.
147 dimostra fuore: mostra fuori.
148 salse: salate.
152 estremo: estremità (del corpo della balena).
155 fata Morgana: era sorella di Alcina.
156 s'a un parto o dopo o inanti: se nel medesimo parto (in tal caso Morgana e Alcina sarebbero gemelle) o dopo o prima (*inanti*).
158 ai sembianti: in apparenza, in base ai suoi atteggiamenti.
159 ingegno: inganno.
160 tormi: togliermi, sottrarmi.
164 far oggi... alloggiamenti: prendere oggi stesso alloggio presso di me.
165 caccia: pesca.
166 sorti: specie.
168 più che non ha stelle il cielo: più numerosi delle stelle del cielo.
169 volendo: se volete.
170 acheta: acquieta, placa.
171 passian: passiamo (congiuntivo esortativo). **arena:** spiaggia.

Io che sempre fui troppo (e me n'incresce)
volonteroso, andai sopra quel pesce.

41
Rinaldo m'accennava, e similmente
Dudon, ch'io non v'andassi: e poco valse.
La fata Alcina con faccia ridente,
lasciando gli altri dua, dietro mi salse.
La balena, all'ufficio diligente,
nuotando se n'andò per l'onde salse.
Di mia sciocchezza tosto fui pentito;
ma troppo mi trovai lungi dal lito.

Emanuele Lampardo (attribuito), *Storie della Genesi. La creazione degli animali, dei pesci e degli uccelli* (particolare), secolo XVI-XVII. Siracusa, Museo Bellomo.

176 **volonteroso:** avventato e poco riflessivo.
178 **Dudon:** un altro compagno.
180 **salse:** salì sulla balena.
181 **all'ufficio diligente:** pronta a eseguire l'incarico ricevuto.
183 **tosto:** ben presto.
184 **lungi dal lito:** lontano dalla spiaggia.

Dentro il TESTO

I contenuti tematici

Le lusinghe di Alcina

Dopo un lunghissimo volo sull'ippogrifo, Ruggiero scende su un'isola meravigliosa. Il cavallo alato viene legato a un mirto, ma nel mirto si nasconde lo spirito di Astolfo, che racconta la sua dolorosa storia e le insidie della maga Alcina, la quale lo aveva attirato a sé con le proprie arti magiche. Alcina è il simbolo degli istinti cattivi e dei vizi che avvincono gli uomini e li trattengono dal seguire la via dell'onestà. In particolare, la maga sembra qui simboleggiare la lussuria, il fascino dei sensi e la promessa di un mondo magico di avventure, anche se non sembrano essere presenti, nello sguardo del poeta, considerazioni di tipo moralistico e dunque un giudizio di condanna nei suoi confronti.

Invenzione di Boiardo, attraverso Ariosto Alcina ispirerà in Tasso il personaggio di Armida, ma è chiaro che essa è frutto di una fitta memoria letteraria: si ricordi per esempio la maga Circe dell'*Odissea* (e sempre al poema di Omero riporta la figura della sirena, citata all'ottava 40) o anche la maga Panfile del romanzo intitolato *Metamorfosi* (o *L'asino d'oro*) dello scrittore latino Apuleio (II secolo d.C.), la quale trasformava in pietre, montoni o altri animali gli uomini restii a cedere alle sue profferte amorose.

Anche Ruggiero subirà la seduzione di Alcina, ma in fondo già qui tale seduzione ha inizio attraverso il paesaggio dell'isola: la pace paradisiaca che vi regna, allettandolo e gratificandolo, comincia a ottundere la resistenza del cavaliere, che così si trova predisposto all'incontro con la maga. Per questo a poco varranno gli ammonimenti di Astolfo, che già ha sperimentato la crudeltà di quest'ultima.

Il personaggio di Astolfo

Astolfo era un personaggio già presente nel poema di Boiardo, dove appariva come bizzarro e irriflessivo, ma anche bellissimo e assai corteggiato dalle donne. Noi facciamo la sua conoscenza qui, dove, trasformato in mirto, si lamenta di essere rimasto vittima dell'incostanza di una donna. Forse per questo, memore della lezione ricevuta, una volta recuperate le sembianze umane, non lo vedremo innamorarsi più, per tutto il corso del poema, mentre gli sarà affidata l'impresa della restituzione del senno a Orlando. Tra tutti i personaggi del *Furioso*, Astolfo è uno di quelli che più riscuotono le simpatie del poeta, e anche quelle dei lettori. Del resto, nei suoi rapporti con le altre creature del poema, egli sembra darsi pensiero più per loro che per sé stesso: «lui, il più sventurato dei cavalieri, [...] scioglie i nodi più complicati, mentre possiede un libro magico, un cavallo volante, un corno incantato e una lancia miracolosa. Tutti hanno bisogno di lui, tutti si giovano di lui, tutti si rivolgono a lui» (Cesareo).

Le scelte stilistiche

Una dotta intertestualità

Oltre a quelli che abbiamo già evidenziato, in questo brano sono presenti altri riferimenti letterari. L'ottava 27 riprende due passi celebri: Virgilio, *Eneide*, III, 19 ss. e Dante, *Inferno*, XIII, 22 ss. In entrambi, la trasformazione di un uomo in una pianta – rispettivamente Polidoro, assassinato in Tracia dal cugino Polimnestore, e Pier delle Vigne, nella tetra selva dei suicidi – dà luogo a espressioni di sgomento e meraviglia.

In particolare, il paragone con il ceppo richiama quello simile dell'episodio dantesco di Pier delle Vigne (vv. 40-44): «Come d'un stizzo verde ch'arso sia / da l'un de' capi, che da l'altro geme / e cigola per vento che va via, // sì de la scheggia rotta usciva insieme / parole e sangue» (Come da un ramo [*stizzo*] ancora verde che sia bruciato a una delle due estremità e che dall'altra gocciola [*geme*] e sibila [*cigola*] a causa dell'aria che ne fuoriesce, così dal ramoscello [*scheggia*] spezzato uscivano insieme parole e sangue).

Analogo sentimento di paura e sgomento provano Dante-personaggio nella *Divina Commedia* e Ruggiero nell'*Orlando furioso*: il cavaliere, infatti, *stupefatto restò più che mai fosse* (v. 84). E anche le prime parole che rivolge all'anima imprigionata di Astolfo (*Qual che tu sii, perdonami (dicea), / o spirto umano, o boschereccia dea*, vv. 87-88) ricordano il senso di smarrimento di Dante, inizialmente incerto su come interpretare le voci che provengono dalla foresta dei suicidi («per ch'io tutto smarrito m'arrestai», *Inferno*, XIII, 24).

Verso le COMPETENZE

COMPRENDERE

1 In che modo Ruggiero reca danno ad Astolfo?

2 A che proposito viene menzionata Bradamante?

3 Che cosa sta facendo Alcina la prima volta che viene vista da Astolfo?

ANALIZZARE

4. Quali caratteristiche ha la descrizione della natura sull'isola di Alcina? A quali *topoi* letterari rimanda?

5. Nelle ottave 24-26 l'accaldato Ruggiero si rinfresca ad una fonte all'ombra degli alberi: individua tutti i termini che rimandano al contrasto caldo/freddo e che lo sottolineano.

CALDO	FREDDO

6 È possibile definire "cortese" il comportamento di Ruggiero? Perché?

7 Quali armi usa Armida per portare via con sé Astolfo?

INTERPRETARE

8 Quali caratteristiche di Astolfo emergono nell'episodio da lui raccontato nelle ultime ottave del brano?

PRODURRE

9 SCRIVERE PER **RIELABORARE**

Immagina di dover realizzare un film tratto dal brano antologizzato. Che genere di film faresti? Quale titolo sceglieresti? Quali attori sarebbero più adatti? Quale colonna sonora? Scrivi un testo di presentazione di circa 30 righe, illustrando e motivando le tue scelte.

• T 10 •

Un palazzo incantato

Canto XII, ott. 4-21

Un **labirinto** di **illusioni**: i paladini a caccia di **fantasmi**

Orlando sta cercando in lungo e largo la bella Angelica, quando a un certo punto il suo inseguimento pare premiato: egli ode infatti il lamento di una fanciulla che un cavaliere misterioso conduce con sé fin sulla soglia di uno splendido palazzo. Ben presto però il lettore scoprirà che il paladino non è da solo nelle sale della ricca dimora: altri cavalieri vi si aggirano ossessivamente, ciascuno alla ricerca di un oggetto del desiderio.

METRO Ottave di endecasillabi con schema di rime ABABABCC.

4

L'ha cercata per Francia: or s'apparecchia
per Italia cercarla e per Lamagna,
per la nuova Castiglia e per la vecchia,
e poi passare in Libia il mar di Spagna.
Mentre pensa così, sente all'orecchia
una voce venir, che par che piagna:
si spinge inanzi; e sopra un gran destriero
trottar si vede innanzi un cavalliero,

5

che porta in braccio e su l'arcion davante
per forza una mestissima donzella.
Piange ella, e si dibatte, e fa sembiante
di gran dolore; ed in soccorso appella
il valoroso principe d'Anglante;
che come mira alla giovane bella,
gli par colei, per cui la notte e il giorno
cercato Francia avea dentro e d'intorno.

6

Non dico ch'ella fosse, ma parea
Angelica gentil ch'egli tant'ama.
Egli, che la sua donna e la sua dea
vede portar sì addolorata e grama,
spinto da l'ira e da la furia rea,
con voce orrenda il cavallier richiama;
richiama il cavalliero e gli minaccia,
e Brigliadoro a tutta briglia caccia.

PARAFRASI

ottava 4
Orlando ha cercato Angelica attraverso la Francia: ora si appresta (*s'apparecchia*) a cercarla per l'Italia e la Germania (*Lamagna*), per la nuova Castiglia e per la vecchia, e poi oltrepassare lo stretto di Gibilterra (*mar di Spagna*) per andare in Africa settentrionale. Mentre pensa a queste cose (*così*), sente giungere all'orecchio una voce che sembra piangere (*par che piagna*): si spinge avanti e si vede trottare di fronte un cavaliere sopra un gran cavallo (*destriero*),

ottava 5
che porta con la forza in braccio e sull'arcione una fanciulla tristissima. Lei piange, e si dibatte, e mostra nell'aspetto (*fa sembiante di*) un gran dolore; e chiama in aiuto il coraggioso signore di Anglante [Orlando] il quale non appena guarda (*come mira*) verso la bella fanciulla, ha l'impressione che sia colei [Angelica], per la quale aveva esplorato notte e giorno la Francia, sia dentro sia nei territori confinanti (*dentro e d'intorno*).

ottava 6
Non dico che fosse lei, ma pareva la gentile Angelica che egli ama tanto. Egli, che vede portare la sua donna e la sua dea così addolorata e afflitta (*grama*), spinto dall'ira e da una rabbia tremenda (*furia rea*), con una voce spaventosa chiama indietro il cavaliere; lo chiama indietro e lo (*gli*) minaccia, e spinge al galoppo (*a tutta briglia caccia*) Brigliadoro.

1 **L'ha cercata:** Orlando è all'inseguimento di Angelica da quando la fanciulla è scappata dall'accampamento cristiano (➤ T5, p. 251).
3 **nuova... vecchia:** regione della Spagna centrale.
4 **Libia:** rappresenta, in generale, l'Africa del Nord.
9 **arcion davante:** la parte anteriore della sella, rilevata ad arco.
23 **gli minacccia:** costruzione alla latina con il complemento di termine.
24 **Brigliadoro:** è il nome del cavallo di Orlando.

7

Non resta quel fellon, né gli risponde,
all'alta preda, al gran guadagno intento,
e sì ratto ne va per quelle fronde,
che saria tardo a seguitarlo il vento.
L'un fugge, e l'altro caccia; e le profonde
selve s'odon sonar d'alto lamento.
Correndo usciro in un gran prato; e quello
avea nel mezzo un grande e ricco ostello.

ottava 7
Quel vigliacco (*fellon*) non si ferma né gli risponde, tutto preso (*intento*) dalla sua nobile preda e dal grande beneficio [che ne deriva]; e fugge in mezzo a quelle fronde così veloce (*sì ratto*) che il vento sarebbe lento (*saria tardo*) a inseguirlo. L'uno fugge e l'altro lo insegue; e nel profondo delle selve si ode risuonare un acuto lamento. Al galoppo, sbucarono (*usciro*) [uscendo dal bosco] in un grande prato; e questo presentava (*avea*) al centro un grande e ricco palazzo (*ostello*).

8

Di vari marmi con suttil lavoro
edificato era il palazzo altiero.
Corse dentro alla porta messa d'oro
con la donzella in braccio il cavalliero.
Dopo non molto giunse Brigliadoro,
che porta Orlando disdegnoso e fiero.
Orlando, come è dentro, gli occhi gira;
né più il guerrier, né la donzella mira.

ottava 8
Il superbo (*altiero*) palazzo era stato edificato con raffinata (*suttil*) lavorazione di vari marmi. Il cavaliere con Angelica in braccio entrò nel portone ornato d'oro. Dopo poco tempo giunse Brigliadoro con il sella Orlando dall'aspetto ostile e feroce. Appena giunge dentro il palazzo, Orlando si guarda intorno, ma non vede (*mira*) più né il guerriero né la fanciulla.

9

Subito smonta, e fulminando passa
dove più dentro il bel tetto s'alloggia:
corre di qua, corre di là, né lassa
che non vegga ogni camera, ogni loggia.
Poi che i segreti d'ogni stanza bassa
ha cerco invan, su per le scale poggia;
e non men perde anco a cercar di sopra,
che perdessi di sotto, il tempo e l'opra.

ottava 9
Immediatamente scende da cavallo e come un fulmine (*fulminando*) entra sempre più all'interno del bel palazzo: corre di qua, corre di là e non manca (*lassa*) di esplorare ogni camera e ogni portico. Dopo aver indagato invano gli angoli più nascosti delle stanze al piano terra (*stanza bassa*), sale (*poggia*) le scale e anche (*anco*) al piano di sopra non perde meno tempo e fatica (*opra*) a cercare di quanto ne abbia perso di sotto.

10

D'oro e di seta i letti ornati vede:
nulla de muri appar né de pareti;
che quelle, e il suolo ove si mette il piede,
son da cortine ascose e da tapeti.
Di su di giù va il conte Orlando e riede;
né per questo può far gli occhi mai lieti
che riveggiano Angelica, o quel ladro
che n'ha portato il bel viso leggiadro.

ottava 10
Vede i letti adornati d'oro e di seta: dei muri e delle pareti nulla è visibile; perché quelle, e così il pavimento su cui si mette piede, sono coperti da arazzi (*cortine*) e da tappeti. Il conte Orlando sale e scende e torna continuamente (*riede*) sui suoi passi; né per questo può rallegrarsi nel rivedere Angelica o quel mascalzone (*ladro*) che ha rapito il suo bel (*leggiadro*) volto.

11

E mentre or quinci or quindi invano il passo
movea, pien di travaglio e di pensieri,

ottava 11
E mentre un po' di qua un po' di là (*or quinci or quindi*) vaga, pieno di affanni e di preoccupazioni, vi incontrò

42 dove... s'alloggia: dove, più all'interno, si estende (*s'alloggia*) il palazzo.

53 conte: Orlando è conte di Blaye (Brava in italiano).

Ferraù, Brandimarte e il re Gradasso,
re Sacripante et altri cavallieri
vi ritrovò, ch'andavano alto e basso,
né men facean di lui vani sentieri;
e si ramaricavan del malvagio
invisibil signor di quel palagio.

Ferraù, Brandimarte, il re Gradasso, Sacripante e altri cavalieri che andavano su e giù (*alto e basso*), e facevano percorsi a vuoto (*vani sentieri*) non meno di lui, e si lamentavano (*si ramaricavan*) del crudele, invisibile padrone di quel palazzo.

12
Tutti cercando il van, tutti gli danno
colpa di furto alcun che lor fatt'abbia:
del destrier che gli ha tolto, altri è in affanno;
ch'abbia perduta altri la donna, arrabbia;
altri d'altro l'accusa: e così stanno,
che non si san partir di quella gabbia;
e vi son molti, a questo inganno presi,
stati le settimane intiere e i mesi.

ottava 12
Tutti lo vanno (*il van*) cercando, tutti lo accusano di aver rubato loro qualcosa: uno è agitato perché gli ha sottratto il cavallo (*destrier*); un altro si arrabbia per aver perduto la donna; un altro lo accusa di qualcos'altro: e così rimangono (*stanno*), poiché non sono capaci di uscire da quella trappola; e molti, vittime di questo inganno, hanno trascorso lì settimane intere e mesi.

13
Orlando, poi che quattro volte e sei
tutto cercato ebbe il palazzo strano,
disse fra sé: «Qui dimorar potrei,
gittare il tempo e la fatica invano:
e potria il ladro aver tratta costei
da un'altra uscita, e molto esser lontano».
Con tal pensiero uscì nel verde prato,
dal qual tutto il palazzo era aggirato.

ottava 13
Orlando, dopo che ebbe esplorato lo strano palazzo per quattro e sei volte, disse fra sé: «Potrei rimanere a lungo qui, sprecare (*gittare il*) tempo e fatica invano; e il ladro potrebbe aver portato via Angelica (*costei*) attraverso un'altra uscita ed essere molto lontano». Con questo pensiero uscì nel prato verde dal quale tutto il palazzo era circondato (*aggirato*).

14
Mentre circonda la casa silvestra,
tenendo pur a terra il viso chino,
per veder s'orma appare, o da man destra
o da sinistra, di nuovo camino;
si sente richiamar da una finestra:
e leva gli occhi; e quel parlar divino
gli pare udire, e par che miri il viso,
che l'ha da quel che fu, tanto diviso.

ottava 14
Mentre gira intorno al palazzo in mezzo al bosco (*casa silvestra*), tenendo sempre (*pur*) il viso chino a terra per vedere se appare l'orma di un passaggio recente (*di nuovo camino*), o da destra o da sinistra, si sente chiamare da una finestra: e solleva gli occhi; e gli pare di udire quella voce (*parlar*) divina, e gli sembra di vedere (*par che miri*) il viso che lo ha tanto reso diverso da quello che era prima.

15
Pargli Angelica udir, che supplicando
e piangendo gli dica: «Aita, aita!
la mia virginità ti raccomando
più che l'anima mia, più che la vita.
Dunque in presenza del mio caro Orlando

ottava 15
Gli sembra (*Pargli*) di udire Angelica che supplicando e piangendo gli dica: «Aiuto, aiuto! (*Aita, aita!*) Ti affido (*raccomando*) la mia verginità più della mia anima, più della vita. Dunque mi sarà sottratta (*rapita*) da questo ladro in presenza del mio caro Orlando?

59-60 Ferraù... re Sacripante: come abbiamo visto, sono altri personaggi del poema. Ferraù è un cavaliere saraceno; Brandimarte è un cavaliere cristiano, amico di Orlando; Gradasso è un re saraceno, dotato di forza favolosa; Sacripante è un altro re saraceno, anch'egli follemente innamorato di Angelica.
65 il van: ossia ciò che è inutile cercare.
73 quattro volte e sei: si tratta di un numero indeterminato di volte, ma l'espressione suggerisce la maniacale ripetitività della vana ricerca.

da questo ladro mi sarà rapita?
più tosto di tua man dammi la morte,
che venir lasci a sì infelice sorte».

Uccidimi con la tua stessa mano piuttosto che lasciarmi andare incontro (*venir lasci*) a un destino così infelice».

16
Queste parole una ed un'altra volta
fanno Orlando tornar per ogni stanza,
con passione e con fatica molta,
ma temperata pur d'alta speranza.
Talor si ferma, ed una voce ascolta,
che di quella d'Angelica ha sembianza
(e s'egli è da una parte, suona altronde),
che chieggia aiuto; e non sa trovar donde.

ottava 16
Queste parole indicono (*fanno*) Orlando a tornare più e più volte (*una ed un'altra volta*) in ogni stanza, con patimento e con molta fatica, sebbene (*ma... pur*) alleviata da una profonda (*alta*) speranza. Talvolta si ferma e ascolta una voce che sembra (*ha sembianza*) quella di Angelica che chiede (*chieggia*) aiuto [e se lui è da una parte, risuona dall'altra]; e non sa capire da dove provenga (*non sa trovar donde*).

17
Ma tornando a Ruggier, ch'io lasciai quando
dissi che per sentiero ombroso e fosco
il gigante e la donna seguitando,
in un gran prato uscito era del bosco;
io dico ch'arrivò qui dove Orlando
dianzi arrivò, se 'l loco riconosco.
Dentro la porta il gran gigante passa:
Ruggier gli è appresso, e di seguir non lassa.

ottava 17
Ma tornando a Ruggiero, che io lasciai quando raccontai (*dissi*) che, inseguendo il gigante e la donna per un sentiero ombroso e scuro (*fosco*), era uscito dal bosco [trovandosi] in un grande prato, dico che egli arrivò qui dove poco fa è giunto (*dianzi arrivò*) Orlando, se riconosco il luogo. L'enorme gigante oltrepassa la porta: Ruggiero gli è vicino (*appresso*), e non desiste (*non lassa*) dal seguirlo.

18
Tosto che pon dentro alla soglia il piede,
per la gran corte e per le logge mira;
né più il gigante né la donna vede,
e gli occhi indarno or quinci or quindi aggira.
Di su di giù va molte volte e riede;
né gli succede mai quel che desira:
né si sa imaginar dove sì tosto
con la donna il fellon si sia nascosto.

ottava 18
Non appena (*Tosto che*) mette il piede oltre la soglia, esplora con lo sguardo (*mira*) il grande cortile (*corte*) e i loggiati; e non vede più né il gigante né la donna, e inutilmente (*indarno*) muove in giro (*aggira*) gli occhi da una parte e dall'altra (*or quinci or quindi*). Va su e giù più volte e torna indietro (*riede*); e non gli accade mai ciò che desidera (*desira*): né sa immaginare dove in così poco tempo (*sì tosto*) il vigliacco (*il fellon*) si sia nascosto con la donna.

19
Poi che revisto ha quattro volte e cinque
di su di giù camere e logge e sale,
pur di nuovo ritorna, e non relinque
che non ne cerchi fin sotto le scale.
Con speme al fin che sian ne le propinque
selve, si parte: ma una voce, quale
richiamò Orlando, lui chiamò non manco;
e nel palazzo il fe' ritornar anco.

ottava 19
Dopo che ha esplorato (*Poi che revisto ha*) quattro e cinque volte su e giù camere e portici (*logge*) e sale, ritorna nuovamente (*pur di nuovo*), e non tralascia di cercare (*non relinque che non ne cerchi*) perfino sotto le scale. Infine, con la speranza (*speme*) che siano nelle selve vicine (*propinque*), se ne va (*si parte*): ma una voce come quella che aveva chiamato (*quale richiamò*) Orlando chiamò anche (*non manco*) lui; e fece rientrare anche lui nel palazzo.

107 il gigante... seguitando: in precedenza (canto XI) Ruggiero era apparso sulla scena mentre inseguiva un gigante che gli pareva trascinasse con sé Bradamante.

20
Una voce medesma, una persona
che paruta era Angelica ad Orlando,
parve a Ruggier la donna di Dordona,
che lo tenea di sé medesmo in bando.
Se con Gradasso o con alcun ragiona
di quei ch'andavan nel palazzo errando,
a tutti par che quella cosa sia,
che più ciascun per sé brama e desia.

ottava 20
Quella stessa voce (*Una voce medesma*), quella stessa persona (*una persona*) che era sembrata Angelica a Orlando, sembrò a Ruggiero la donna di Dordona, che lo faceva stare fuori di sé (*tenea di se medesmo in bando*). Se parla (*ragiona*) con Gradasso o con qualcuno di quelli che andavano vagando (*errando*) nel palazzo, a tutti sembra che la cosa che a loro appare sia ciò che ciascuno cerca e desidera di più per sé.

21
Questo era un nuovo e disusato incanto
ch'avea composto Atlante di Carena,
perché Ruggier fosse occupato tanto
in quel travaglio, in quella dolce pena,
che 'l mal'influsso n'andasse da canto,
l'influsso ch'a morir giovene il mena.
Dopo il castel d'acciar, che nulla giova,
e dopo Alcina, Atlante ancor fa pruova.

ottava 21
Questo era uno straordinario e inusitato incantesimo (*nuovo e disusato incanto*) che Atlante di Carena aveva preparato (*avea composto*) affinché (*perché*) Ruggiero fosse occupato tanto in quell'affanno, in quella dolce pena, che l'infausto destino (*'l mal'influsso*) cadesse lontano da lui (*n'andasse da canto*), il destino che conduce Ruggiero (*il mena*) a morire giovane. Dopo il castello d'acciaio che non è servito a nulla (*nulla giova*), e dopo Alcina, Atlante ci prova nuovamente (*ancor fa pruova*).

131 donna di Dordona: Bradamante, figlia di Amone, duca di Dordona.
138 Carena: monte dell'Africa nord-occidentale.
143-144 Dopo... pruova: Atlante cioè prova ancora a proteggere Ruggiero dal suo destino. Qui Ariosto fa riferimento ai precedenti tentativi di sottrarre Ruggiero alla morte, prima segregandolo in un castello sui Pirenei (canto IV), poi facendolo prigioniero delle seduzioni della maga Alcina (canto VI).

Dentro il TESTO

I contenuti tematici

La magia del palazzo

Inseguendo Angelica, Orlando si ritrova in un misterioso castello. Ma non è l'unico: tutti i cavalieri, sia cristiani sia musulmani, vi finiscono attratti, ciascuno impegnato in una *quête*, cioè in una ossessiva ricerca di un oggetto o di una persona desiderata. Com'è possibile e perché ciò avviene? Sul luogo in cui approdano grava un incantesimo, uno dei tanti partoriti dalla fervida mente di Ariosto. Il palazzo, finemente lavorato, non è nient'altro infatti che un edificio magico, come le grotte, le isole, le fontane che popolano l'universo del poema. Si tratta di una trappola: un prodigio messo in atto da un mago, Atlante, per tenere impegnati i più famosi guerrieri e impedire loro di uccidere il suo pupillo Ruggiero, altrimenti destinato a una morte prematura.

La ricerca impossibile

In realtà, Orlando insegue un fantasma: ha visto la donna amata rapita da un misterioso cavaliere, rifugiatosi poi nel palazzo. O meglio, "crede" di aver visto così, come, poco dopo, "crede" di aver ascoltato le voci di invocazione e di richiamo della ragazza: di fatto egli ha semplicemente proiettato davanti a sé ciò che desidera, ovvero l'immagine di Angelica, illudendosi di poterla afferrare. Al tempo stesso, non dubita dell'autenticità di quell'apparizione: si inoltra *fulminando* (v. 41) nelle stanze della dimora, setaccia ogni ambiente di un vero e proprio labirinto fatto apposta per depistare, confondere e rendere vana ogni ricerca. Orlando non si arrende: il suo è un movimento circolare, un "errare" inevitabilmente inconcludente, come lascia intendere il narratore, che indica ripetutamente le coordinate spaziali di un vagare senza esito (*di qua... di là*, v. 43; *di su di giù*, v. 53; *or quinci or quindi*, v. 57 ecc.). Non a caso, alcune parole chiave danno il senso di questa inutile caccia: nel giro di pochi versi, troviamo due volte l'avverbio *invan/invano* (prima al v. 46; poi al v. 76) e altrettante l'aggettivo "vano" (al v. 62 e poi, sostantivato, al v. 65).

Nella parte finale del brano, dall'ottava 17 alla 21, vediamo Ruggiero condannato allo stesso destino, mentre insegue il simulacro dell'amata Bradamante, chiuso nella propria illusione al pari di tutti gli altri cavalieri, attirati dall'incantesimo e da un irraggiungibile oggetto del desiderio (*a tutti par che quella cosa sia, / che più ciascun per sé brama e desia*, vv. 135-136). È la conseguenza dell'amore, quella forza irrazionale che distoglie dalla realtà e sovverte ogni realistica percezione, portando a confondere l'essere con l'apparire. Concentrando le loro storie in un unico punto, Ariosto pare divertirsi a fermare i personaggi facendoli ruotare beffardamente, in un luogo chiuso e senza tempo, attorno ciascuno alla propria ossessione, destinata a trasformarsi in una costante, inappagante frustrazione.

In giro per il mondo

Anche gli altri eroi inseguono assurdamente qualcosa che non raggiungeranno mai e che credono sottratto da uno scaltro furfante: si ritrovano così tutti insieme in un centro di gravità che li raduna, un luogo inesistente, di pura immaginazione, metafora di tutti i nostri sogni che non si avvereranno mai. Non è un caso che Ariosto dissemini il testo di termini che indicano apparenza e finzione (*sembiante*, v. 11; *sembianza*, v. 102; *inganno*, v. 71; *incanto*, v. 137, insistendo in particolare sul verbo "parere", che compare ben otto volte). Inevitabilmente, il movimento del protagonista e degli altri paladini finisce per rivolgersi su sé stesso, come un continuo zigzagare negli infiniti spazi del mondo. Orlando, a differenza di chi trascorrerà nel palazzo *le settimane intiere e i mesi* (v. 72), deciderà presto di fuggirne: ma anche all'aria aperta, l'amore continuerà ad ammaliarlo come un incantesimo, togliendogli il senso di sé e della realtà fino a portarlo alla follia.

Verso le COMPETENZE

COMPRENDERE

1 Stabilisci se le seguenti affermazioni sono vere o false, poi correggi quelle che ritieni false.

a Il castello di Atlante si trova su una montagna. V F
....

b Orlando sta inseguendo un cavaliere con una ragazza in braccio. V F
....

c Orlando sale subito al piano superiore. V F
....

d Il castello è adorno e lussuoso. V F
....

e Le pareti del palazzo sono coperte da affreschi. V F
....

f Orlando vaga per i piani del palazzo senza trovare Angelica. V F
....

g Orlando è solo nel palazzo. V F
....

h Il signore del palazzo accoglie i cavalieri. V F
....

i Tutti i cavalieri stanno cercando Angelica. V F
....

j Molti cavalieri continuano a cercare per lungo tempo. V F
....

ANALIZZARE

2 Individua i passi del testo in cui è descritta la magnificenza del palazzo.

3 Oltre alla ripetizione dei termini *vano/invano*, quali altri punti del testo fanno riferimento a una ricerca impossibile? Quale connotazioni assume la *quête*?

4 Individua nel testo i passi e le espressioni che indicano il vagare disordinato di Orlando e degli altri cavalieri. Ti sembra che in questo errare ci sia una dimensione spaziale prevalente?

5 Quali effetti ha la vana ricerca su Orlando e sugli altri cavalieri? È un effetto positivo o negativo? Per rispondere fai riferimento ai passi del testo.

6 L'espressione *disdegnoso e fiero* (v. 38) è:
- a un ossimoro.
- b un'anafora.
- c un chiasmo.
- d un'endiadi.

7 L'espressione *il bel tetto* (v. 42) è:
- a una metonimia.
- b una metafora.
- c una sineddoche.
- d un'allitterazione.

8 L'espressione *altri d'altro l'accusa* (v. 69) contiene:
- a un poliptoto.
- b una paronomasia.
- c un polisindeto.
- d una litote.

INTERPRETARE

9 È possibile affermare che il castello di Atlante è il luogo dell'apparenza e dell'illusione? Perché? Motiva la tua risposta, facendo attenzione anche alla presenza di termini appartenenti a determinati campi semantici.

10 In quale passo ti sembra che emergano il punto di vista e il giudizio dell'autore? Quale funzione svolgono tali interventi?

COMPETENZE LINGUISTICHE

11 Associa a ciascuna definizione il termine corrispondente usato nel poema.

a	Feroce, crudele, spietato. Più spesso: altero, di carattere forte e fermo, non disposto a cedere.	
b	Amareggiare, cagionare dispiacere, afflizione.	
c	Lavoro faticoso, penoso. Più comunemente, sofferenza spirituale, angoscia.	
d	Tendaggio destinato a isolare l'interno di una stanza o una parte di essa dall'ambiente circostante.	
e	Scendere giù, scendere da dove eravamo montati o saliti.	
f	Donna in giovane età, non maritata.	
g	Cavallo da battaglia o da giostra dei guerrieri medievali, così detto perché lo scudiero lo conduceva con la destra.	
h	Luogo d'abitazione o d'alloggio anche temporaneo, quindi casa, palazzo, albergo, rifugio, dimora ospitale.	
i	Edificio o parte di edificio comunicante direttamente con l'esterno su uno o più lati.	
j	Che ha, che mostra disdegno, sprezzante, che mostra di non curare le cose circostanti.	

PRODURRE

12 SCRIVERE PER **RACCONTARE**
Scegli uno dei personaggi menzionati nel testo e racconta, in circa 20 righe, che cosa ha perso e come sia finito nel palazzo di Atlante.

13 SCRIVERE PER **RACCONTARE**
Ti è mai capitato di trovarti in una situazione simile a quella descritta, cioè di inseguire invano qualcosa che era irraggiungibile? Racconta in circa 20 righe.

14 SCRIVERE PER **DESCRIVERE**
Come ti immagini le sale del palazzo di Atlante? Descrivine una in circa 10 righe, inserendo i seguenti termini: *arco*, *porpora*, *massiccio*, *argentato*, *pietra*.

PER APPROFONDIRE

L'identità segreta di Atlante

Un identikit misterioso

Ma chi è davvero il negromante che nel suo palazzo tiene prigioniero Ruggiero e inganna i più famosi paladini alla vana ricerca di Angelica, irretendoli con illusioni, false apparizioni e fuorvianti giochi di specchi? Da sempre l'identikit del mago Atlante è sfuggente quanto i suoi incantesimi: dietro la sua sagoma misteriosa si cela forse l'ingombrante identità del predecessore di Ariosto, ovvero Mattia Maria Boiardo, come ipotizzato in un saggio della fine degli anni Settanta dallo studioso americano David Quint (n. 1950)? Secondo questa interpretazione, l'autore del *Furioso* avrebbe avuto bisogno della presenza di una sorta di surrogato simbolico con cui competere per meglio mostrare il proprio personale controllo di una materia narrativa tanto vasta e labirintica. Ancora più ardita è la congettura formulata da Italo Calvino, che si spinge a identificare il mago nientemeno che con lo stesso Ariosto, impegnato nella medesima trasfigurazione della realtà compiuta da Atlante.

Atlante simbolo dell'atlante

Fantasie? Elucubrazioni suggestive ma prive di fondamento? Questa è l'opinione del geografo Franco Farinelli (n. 1948) che in un articolo uscito il 4 dicembre 2016 sul supplemento domenicale del "Corriere della Sera", "La Lettura", ha polemizzato con quanti immaginano improbabili identificazioni, mossi dal gusto di cercare soluzioni eccentriche e imprevedibili. Secondo Farinelli, la soluzione dell'enigma sarebbe più semplice e a portata di mano: Atlante infatti nient'altro sarebbe che, appunto, l'atlante; non una persona in carne ed ossa né una figura che ne nasconde un'altra, ma semplicemente «la raccolta di carte geografiche legate insieme». Il mondo labirintico creato da Ariosto costituirebbe l'imitazione di una mappa: «la rappresentazione del territorio – scrive Farinelli – è una forma di interpretazione della realtà che in fondo la plasma».

La mappa di un globo sterminato

Nel poema di Ariosto non è possibile individuare un vero e proprio centro. Come sottolinea il geografo, il narratore è perfettamente consapevole che la cosmografia medievale con la Terra al centro è ormai un ricordo da mandare in archivio: non c'è più alcuna possibilità di ritrarre il pianeta su cui vivono gli uomini in mezzo a sette sfere, come imponeva il modello aristotelico. Oltre le colonne d'Ercole, ora, è possibile immaginare sterminate terre emerse di un mondo nuovo, sferico, senza un centro, appunto. Di questo mondo senza coordinate, Atlante costituisce un emblema significativo. Non a caso, quando intorno al 1570 l'incisore e cartografo francese Antonio Lafreri (1512-1577) dà alle stampe a Roma il volume *Tavole moderne di geografia raccolte et messe secondo l'ordine di Tolomeo*, pone sul frontespizio proprio la figura di Atlante che regge il globo: ben sapendo «di agire proprio come il negromante che imperversa nell'Orlando furioso». Allestendo questa collezione cartografica, egli «costringe in un magico, poderoso edificio tutte le forme del mondo, per preservarla dalla vita che, come dicono i tedeschi, fa mala ella vita. Proprio come il mago dal cavallo alato aveva imprigionato nel suo castello Ruggiero per preservarlo dalla sicura morte che egli avrebbe incontrato se avesse continuato a duellare in giro per il mondo».

Antonio Lafreri, *Scandinavia* (dettaglio), 1572.

• T 11 •

La pazzia di Orlando

Canto XXIII, ott. 111-124; 129-136

Follia e disperazione d'amore

Eccoci al centro del poema, con quello che è l'episodio più celebre e da cui l'opera stessa prende il titolo. Dopo un aspro duello sostenuto con il saraceno Mandricardo, Orlando erra due giorni, finché arriva sulle rive di un fiumicello, tutto costeggiato da prati, fiori, alberi. Senza saperlo, il paladino, innamorato di Angelica e sempre alla sua ricerca, è giunto proprio nei luoghi in cui la donna aveva curato e guarito il fante saraceno Medoro, del quale poi si era innamorata ed era divenuta moglie (canto XIX): lei che aveva rifiutato i più grandi re del Levante, che era sfuggita ai più valenti paladini, si era unita a un semplice soldato.

Invitato dalla luminosità primaverile dei luoghi, Orlando smonta da cavallo e si gode la frescura e la vegetazione. Ma, purtroppo per lui, lo attende una vista terribile: mentre contempla i prati e il fiumicello, scorge, intagliati nella corteccia di diverse piante, i nomi di Angelica e Medoro, e, per di più, vede quei nomi strettamente accostati l'uno all'altro e tra loro intrecciati. Egli ne resta turbato, ma pensa – illudendosi – che Medoro possa essere un vezzeggiativo attribuito da Angelica proprio a lui. Poi però, allontanatosi di poco dal boschetto, scorge, all'ingresso di una grotta, un'incisione in cui Medoro canta il suo felice amore per Angelica. L'epigrafe è scritta in arabo, e per sventura il conte capisce tanto bene quella lingua quanto la propria. I suoi stessi occhi leggono dunque la rivelazione di quella che lui considera una gravissima infedeltà da parte della sua amatissima Angelica. È questo il motivo per cui la mente di Orlando viene sconvolta dalla pazzia.

METRO Ottave di endecasillabi con schema di rime ABABABCC.

La prova inconfutabile

111
Tre volte e quattro e sei lesse lo scritto
quello infelice, e pur cercando invano
che non vi fosse quel che v'era scritto;
e sempre lo vedea più chiaro e piano:
ed ogni volta in mezzo il petto afflitto
stringersi il cor sentia con fredda mano.
Rimase al fin con gli occhi e con la mente
fissi nel sasso, al sasso indifferente.

Il dolore di Orlando

112
Fu allora per uscir del sentimento
sì tutto in preda del dolor si lassa.
Credete a chi n'ha fatto esperimento,
che questo è 'l duol che tutti gli altri passa.
Caduto gli era sopra il petto il mento,
la fronte priva di baldanza e bassa;
né poté aver (che 'l duol l'occupò tanto)
alle querele voce, o umore al pianto.

1 lo scritto: è l'epigrafe tracciata da Medoro all'ingresso della grotta dove Angelica gli si è concessa.
2-3 pur cercando... v'era scritto: sempre (*pur*) provando, ma invano, a dare alle parole un altro significato.
4 piano: comprensibile.
8 al sasso indifferente: non diverso dal sasso (cioè anche Orlando è divenuto, come il sasso, freddo e insensibile). È, questa dello stordimento, la prima fase della pazzia.
9 sentimento: senno.
10 sì tutto... si lassa: tanto si abbandonò al dolore.
12 duol: dolore.
15 l'occupò: lo pervase.
16 alle querele... al pianto: voce per lamentarsi (*alle querele*) o lacrime (*umore*) per piangere.

113
L'impetuosa doglia entro rimase,
che volea tutta uscir con troppa fretta.
Così veggiàn restar l'acqua nel vase,
che largo il ventre e la bocca abbia stretta;
che nel voltar che si fa in su la base,
l'umor che vorria uscir, tanto s'affretta,
e ne l'angusta via tanto s'intrica,
ch'a goccia a goccia fuore esce a fatica.

Ultimo tentativo di autoillusione

114
Poi ritorna in sé alquanto, e pensa come
possa esser che non sia la cosa vera:
che voglia alcun così infamare il nome
de la sua donna e crede e brama e spera,
o gravar lui d'insoportabil some
tanto di gelosia, che se ne pera;
et abbia quel, sia chi si voglia stato,
molto la man di lei bene imitato.

ENUMERAZIONE per POLISINDETO

Alla casa del pastore

115
In così poca, in così debol speme
sveglia gli spirti e gli rifranca un poco;
indi al suo Brigliadoro il dosso preme,
dando già il sole alla sorella loco.
Non molto va, che da le vie supreme
dei tetti uscir vede il vapor del fuoco,
sente cani abbaiar, muggiare armento:
viene alla villa, e piglia alloggiamento.

116
Languido smonta, e lascia Brigliadoro
a un discreto garzon che n'abbia cura;
altri il disarma, altri gli sproni d'oro
gli leva, altri a forbir va l'armatura.
Era questa la casa ove Medoro
giacque ferito, e v'ebbe alta avventura.
Corcarsi Orlando e non cenar domanda,
di dolor sazio e non d'altra vivanda.

17 doglia: dolore.
19 vase: vaso.
22 umor: liquido.
23 s'intrica: si blocca.
25-26 pensa... vera: Orlando cerca un modo per fuggire la durezza della realtà, per illudersi che quanto ha inteso non sia vero.
29 some: pesi.
30 che se ne pera: che egli possa morirne.
31 sia... stato: chiunque sia stato.
32 la man di lei: la grafia di Angelica.
33 speme: speranza.
34 sveglia gli spirti e gli rifranca: si rianima e si rassicura.
35 indi... preme: quindi si mette in groppa al suo Brigliadoro.
36 dando... loco: mentre il sole sta cedendo il posto alla luna (*alla sorella*).
37-38 Non molto va... fuoco: non percorre molta strada, che vede uscire il fumo (*vapor del fuoco*) dai camini (*da le vie supreme dei tetti*).
39 armento: il bestiame.
40 villa: casa.
41 Languido smonta: scende di sella stanco.
42 discreto garzon: ragazzo affidabile.
43 il disarma: gli tolgono l'armatura.
44 forbir: lucidare.
46 alta avventura: la straordinaria (*alta*) ventura di essere amato da Angelica.
47 Corcarsi... domanda: Orlando chiede di riposare (*Corcarsi*) e non di cenare.

117
Quanto più cerca ritrovar quiete,
tanto ritrova più travaglio e pena;
che de l'odiato scritto ogni parete,
ogni uscio, ogni finestra vede piena.
Chieder ne vuol: poi tien le labra chete;
che teme non si far troppo serena,
troppo chiara la cosa che di nebbia
cerca offuscar, perché men nuocer debbia.

Il racconto del pastore

118
Poco gli giova usar fraude a se stesso;
che senza domandarne, è chi ne parla.
Il pastor che lo vede così oppresso
da sua tristizia, e che voria levarla,
l'istoria nota a sé, che dicea spesso
di quei duo amanti a chi volea ascoltarla,
ch'a molti dilettevole fu a udire,
gl'incominciò senza rispetto a dire:

119
come esso a' prieghi d'Angelica bella
portato avea Medoro alla sua villa,
ch'era ferito gravemente; e ch'ella
curò la piaga, e in pochi dì guarilla:
ma che nel cor d'una maggior di quella
lei ferì Amor; e di poca scintilla
l'accese tanto e sì cocente fuoco,
che n'ardea tutta, e non trovava loco:

Antonio Zucchi, *Angelica e Medoro*, 1773. Nostell, Nostell Priory.

120
e sanza aver rispetto ch'ella fusse
figlia del maggior re ch'abbia il Levante,
da troppo amor constretta si condusse
a farsi moglie d'un povero fante.
All'ultimo l'istoria si ridusse,
che 'l pastor fe' portar la gemma inante,

50 travaglio e pena: tormento e dolore.
53 tien le labra chete: rimane zitto.
54-56 che teme... debbia: poiché teme che si faccia (*non si far*) troppo limpida (*serena*) e troppo palese la cosa che cerca di ricoprire di nebbia, affinché gli dia minor dolore.
57 usar fraude a se stesso: ingannare sé stesso.
58 che... ne parla: poiché, anche senza che egli ne domandi, c'è chi gliene parlerà.
60 voria levarla: vorrebbe alleviargliela.
63 dilettevole: piacevole.
64 senza rispetto: senza riguardo, apertamente. Nell'espressione c'è un tono lievemente canzonatorio; il povero pastore non poteva certo sapere a chi stava raccontando la sua piacevole storia e dunque non lo faceva per poco riguardo. È il poeta che sorride di quella situazione, tragica e comica insieme.
65 prieghi: preghiere.
68 guarilla: la guarì.
69-70 ma che nel cor... Amor: ma che Amore la ferì nel cuore con una ferita più grave di quella, fisica, che aveva Medoro.
70 di poca scintilla: nascendo da una piccola scintilla.
72 loco: pace.
75 si condusse: acconsentì.
77 All'ultimo l'istoria si ridusse: la storia giunse infine a tal punto.
78 fe' portar la gemma inante: fece portare davanti a Orlando il gioiello.

ch'alla sua dipartenza, per mercede
del buono albergo, Angelica gli diede.

Orlando cede alla disperazione

121
Questa conclusion fu la secure
che 'l capo a un colpo gli levò dal collo,
poi che d'innumerabil battiture
si vide il manigoldo Amor satollo.
Celar si studia Orlando il duolo; e pure
quel gli fa forza, e male asconder pòllo:
per lacrime e suspir da bocca e d'occhi
convien, voglia o non voglia, al fin che scocchi.

122
Poi ch'allargare il freno al dolor puote
(che resta solo e senza altrui rispetto),
giù dagli occhi rigando per le gote
sparge un fiume di lacrime sul petto:
sospira e geme, e va con spesse ruote
di qua di là tutto cercando il letto;
e più duro ch'un sasso, e più pungente
che se fosse d'urtica, se lo sente.

123
In tanto aspro travaglio gli soccorre
che nel medesmo letto in che giaceva,
l'ingrata donna venutasi a porre
col suo drudo più volte esser doveva.
Non altrimenti or quella piuma abborre,
né con minor prestezza se ne leva,
che de l'erba il villan che s'era messo
per chiuder gli occhi, e vegga il serpe appresso.

124
Quel letto, quella casa, quel pastore
immantinente in tant'odio gli casca,

79-80 per mercede del buono albergo: come ricompensa della buona ospitalità ricevuta. Si pensi al tragico e al grottesco della scena: da una parte c'è il pastore sorridente e convinto di aver compiuto una buona azione, dall'altra Orlando che tocca l'abisso della disperazione.
81 secure: scure.
82 a un colpo: con un solo colpo.
83-84 poi che... satollo: dopo che il carnefice (*manigoldo*) Amore si vide sazio (*satollo*) di averlo tormentato con innumerevoli sofferenze (*battiture*).
85 Celar... il duolo: Orlando cerca di nascondere il proprio dolore.
86 male asconder pòllo: lo può nascondere con difficoltà.
88 convien: è necessario. **scocchi:** erompa.
89 Poi... puote: quando può liberamente sfogare il proprio dolore.
90 senza altrui rispetto: non trattenuto dalla vergogna per la presenza di altri.
91 rigando per le gote: facendolo scorrere lungo le guance.
93-94 con spesse ruote... il letto: si rigira spesso nel letto (alla ricerca di una posizione che gli consenta di addormentarsi).
97 gli soccorre: gli viene in mente.
99-100 l'ingrata... esser doveva: doveva probabilmente essersi coricata (*venutasi a porre*) più volte con il suo amante (*drudo*) la donna ingrata (cioè Angelica).
101 quella piuma abborre: detesta quel materasso di piume.
103 de l'erba: dall'erba. **villan:** contadino.
104 vegga il serpe appresso: veda un serpente vicino a sé.
106 immantinente... gli casca: all'improvviso gli diventano tanto odiosi.

che senza aspettar luna, o che l'albore
che va dinanzi al nuovo giorno nasca,
piglia l'arme e il destriero, et esce fuore
per mezzo il bosco alla più oscura frasca;
e quando poi gli è aviso d'esser solo,
con gridi et urli apre le porte al duolo.

[...]

L'esplosione della follia

129
Pel bosco errò tutta la notte il conte;
e allo spuntar della diurna fiamma
lo tornò il suo destin sopra la fonte
dove Medoro insculse l'epigramma.
Veder l'ingiuria sua scritta nel monte
l'accese sì, ch'in lui non restò dramma
che non fosse odio, rabbia, ira e furore;
né più indugiò, che trasse il brando fuore.

130
Tagliò lo scritto e 'l sasso, e sin al cielo
a volo alzar fe' le minute schegge.
Infelice quell'antro, ed ogni stelo
in cui Medoro e Angelica si legge!
Così restar quel dì, ch'ombra né gielo
a pastor mai non daran più, né a gregge:
e quella fonte, già sì chiara e pura,
da cotanta ira fu poco sicura;

131
che rami e ceppi e tronchi e sassi e zolle
non cessò di gittar ne le bell'onde,
fin che da sommo ad imo sì turbolle,
che non furo mai più chiare né monde.
E stanco al fin, e al fin di sudor molle,
poi che la lena vinta non risponde
allo sdegno, al grave odio, all'ardente ira,
cade sul prato, e verso il ciel sospira.

107 luna: il sorgere della luna.
108 va dinanzi al: precede il.
110 per mezzo... frasca: inoltrandosi nel più fitto del bosco.
111 gli è aviso: si accorge.
112 apre... duolo: sfoga il dolore.
114 diurna fiamma: è il sole.
115 lo tornò il suo destin: il suo destino lo ricondusse.
116 insculse: aveva scolpito.
117 l'ingiuria sua: la propria vergogna. **monte:** roccia.
118 l'accese sì: lo mandò in tale furore. **dramma:** una minima parte (la dramma è l'ottava parte di un'oncia, cioè una quantità piccolissima).
120 né più... fuore: e senza più esitare, trasse dal fodero la spada (*brando*).
123 stelo: tronco.
125-126 Così restar quel dì... né a gregge: gli alberi che crescevano lì quel giorno rimasero così malconci, che non potranno offrire mai più ombra e frescura (*gielo*) a pastori e greggi.
127 già: prima.
128 da cotanta ira fu poco sicura: non restò indenne da quell'ira furibonda (ma divenne anch'essa torbida e sconvolta).
131 da sommo ad imo sì turbolle: le scompigliò, dalla superficie fino alle loro profondità.
132 monde: pulite.
133 molle: intriso.
134 la lena vinta: la sua forza, ormai vinta dalla grande fatica.

132
Afflitto e stanco al fin cade ne l'erba,
e ficca gli occhi al cielo, e non fa motto.
Senza cibo e dormir così si serba,
che 'l sole esce tre volte e torna sotto.
Di crescer non cessò la pena acerba,
che fuor del senno al fin l'ebbe condotto.
Il quarto dì, da gran furor commosso,
e maglie e piastre si stracciò di dosso.

133
Qui riman l'elmo, e là riman lo scudo,
lontan gli arnesi, e più lontan l'usbergo:
l'arme sue tutte, in somma vi concludo,
avean pel bosco differente albergo.
E poi si squarciò i panni, e mostrò ignudo
l'ispido ventre e tutto 'l petto e 'l tergo;
e cominciò la gran follia, sì orrenda,
che de la più non sarà mai ch'intenda.

134
In tanta rabbia, in tanto furor venne,
che rimase offuscato in ogni senso.
Di tor la spada in man non gli sovenne;
che fatte avria mirabil cose, penso.
Ma né quella, né scure, né bipenne
era bisogno al suo vigore immenso.
Quivi fe' ben de le sue prove eccelse,
ch'un alto pino al primo crollo svelse:

135
e svelse dopo il primo altri parecchi,
come fosser finocchi, ebuli o aneti;
e fe' il simil di querce e d'olmi vecchi,
di faggi e d'orni e d'illici e d'abeti.
Quel ch'un ucellator che s'apparecchi
il campo mondo, fa, per por le reti,
dei giunchi e de le stoppie e de l'urtiche,
facea de cerri e d'altre piante antiche.

138 non fa motto: rimane ammutolito.
139 si serba: rimane.
140 'l sole... sotto: passano tre giorni e tre notti.
141 pena acerba: cocente dolore.
142 che... condotto: fino a quando l'ebbe condotto fuori di senno.
143 da gran furor commosso: agitato da un furore terribile.
144 maglie e piastre: sono quelle dell'armatura.
146 gli arnesi: i vari accessori dell'armatura. **l'usbergo:** la corazza.
148 avean... albergo: si trovavano sparse in tutti i luoghi del bosco.
150 ispido: irto di peli. **'l tergo:** la schiena.
152 che... intenda: che non vi potrà mai essere chi oda parlare (*intenda*) di una follia maggiore (*de la più*).
155 tor: prendere. **non gli sovvenne:** non pensò.
156 fatte avria mirabil cose: avrebbe compiuto azioni ancor più impressionanti.
157 bipenne: scure a doppio taglio.
159 fe'... eccelse: fece davvero molte delle sue più grandi imprese.
160 crollo: strappo. **svelse:** sradicò.
162 ebuli o aneti: gli ebuli sono una specie di sambuchi; l'aneto è una pianta simile al finocchio.
164 illici: lecci.
165-168 Quel... antiche: Orlando faceva con i cerri (tipo di querce) e con altri alberi

136
I pastor che sentito hanno il fracasso,
lasciando il gregge sparso alla foresta,
chi di qua, chi di là, tutti a gran passo
vi vengono a veder che cosa è questa.
Ma son giunto a quel segno il qual s'io passo
vi potria la mia istoria esser molesta;
et io la vo' più tosto diferire,
che v'abbia per lunghezza a fastidire.

antichi ciò che un cacciatore (*ucellator*) che si prepari (*s'apparecchi*) il terreno sgombro (*mondo*) per collocare (*por*) le sue reti fa con le piccole pianticelle (*giunchi, stoppie* e *urtiche*) che lo ricoprono. Cioè il paladino impazzito svelle alberi secolari con la stessa facilità con cui un altro strappa l'erba.

172 che cosa è questa: che cosa sta succedendo.

173 segno: punto.

174 potria: potrebbe.

175-176 la vo'... fastidire: preferisco interromperla (rimandandola al canto successivo) piuttosto che essa generi in voi fastidio per il fatto di essere troppo lunga.

Dentro il TESTO

I contenuti tematici

Amore, gelosia e pazzia

Di fronte all'incisione in cui Medoro spiega chiaramente la sua fortuna (l'amore dell'eroina da tutti inseguita), l'animo di Orlando è scosso da un crescente turbamento, che sfocia nella pazzia e in manifestazioni di incontrollato furore. Ma il poeta rappresenta tale follia nel suo formarsi, per gradi, dal primo attonito stupore dell'infelice allo scoppio improvviso del suo dolore, fino – appunto – al violento infuriare della demenza: penetrato nel bosco, Orlando urla di dolore e sradica gli alberi, per distruggere tutti i segni che possano ricordare l'amore dei due giovani. Alla fine cade a terra e giace immobile per tre giorni, senza mangiare né bere. Il quarto giorno si rialza, abbandona le armi e vaga nudo seminando il panico nella regione.

Orlando e le conseguenze della passione

Anche Boiardo aveva sgretolato l'immagine monolitica dell'eroe, facendolo servo dell'amore, come un comune essere umano. Eppure Ariosto va oltre: il più famoso paladino cristiano non solo si innamora, ma impazzisce. È come se la grandezza del valore guerriero necessitasse di un contrappeso proporzionale, e anzi ulteriormente amplificato: a differenza degli altri cavalieri, che inseguono Angelica per capriccio, per infatuazione, egli subisce le conseguenze drammatiche dell'amore come persecuzione; per questo fugge nel bosco, dove può urlare, piangere e gridare prima di far esplodere senza più alcun freno la propria furia distruttrice. In tal modo, la follia di Orlando diventa una metafora dell'amore quale passione irrazionale e sentimento che porta alla perdita dell'identità.

La follia come liberazione

Paradossalmente la pazzia di Orlando segna l'inizio della sua liberazione. Finora egli è vissuto nel mito di Angelica, un mito ossessivo costruito sulla base di una mistificazione della realtà che alla fine si rivela illusoria: Angelica non è quella vergine pura, irraggiungibile e distaccata dall'universo degli affetti che il paladino immaginava; ormai è la donna di un altro, che lei ha scelto consapevolmente.

La vacua sublimazione della figura femminile ha condotto Orlando in un vicolo cieco. Ora – come sostiene il critico Elio Gioanola (del quale sintetizziamo alcune più ampie considerazioni) – la follia può rappresentare per lui l'occasione per un viaggio dentro sé stesso, nella propria coscienza e nelle proprie pulsioni profonde: da qui, superata la fase acuta della crisi, il personaggio potrà intraprendere un percorso di autentica conoscenza di sé e del mondo, lasciandosi alle spalle la pericolosa confusione fra il piano della realtà concreta e quello dell'idealizzazione astratta; e capire, per esempio, di non potere rimproverare ad Angelica il tradimento di una fedeltà che non gli era mai stata promessa. Così ha fine l'"amorosa inchiesta" che era cominciata all'inizio del poema.

Le scelte stilistiche

La lievità del tono

Anche in questo episodio spuntano il sorriso e l'arguzia maliziosa dell'autore: Orlando, il paladino dei paladini, impazzisce per una donna (per giunta pagana). Viene evitato il tono tragico: piuttosto si intrecciano tonalità drammatiche e comiche. Come in tutto il poema, anche qui Ariosto rifugge dal patetico e dal sublime. Al contrario, specialmente verso la fine del brano, prevalgono elementi quasi caricaturali e grotteschi: si vedano le esagerate imprese dell'eroe in preda al furore, come il gesto di svellere con estrema facilità alberi secolari. Il poeta vuole in tal modo attenuare il coinvolgimento, non solo suo, ma anche del lettore: l'utilizzo di figure retoriche quali l'enumerazione e l'iperbole (come nella descrizione delle gesta del paladino, rivolte non – come vorrebbe il canone epico – verso temibili nemici, ma contro arbusti inermi) ha appunto la funzione straniante di far sorridere delle follie umane.

La partecipazione del poeta

D'altra parte nell'atteggiamento di Ariosto non notiamo freddezza o distacco: egli, profondo conoscitore dell'animo umano, partecipa in qualche modo alla disperazione di Orlando, nella consapevolezza che la sua follia è un'espressione specifica della più ampia e generale follia degli uomini quando si perdono nelle loro passioni. Del resto l'autore chiama sé stesso in prima persona a testimone (*Credete a chi n'ha fatto esperimento, / che questo è 'l duol che tutti gli altri passa*, vv. 11-12), poiché non doveva essergli mancata, in questo campo, qualche dolorosa esperienza. Ariosto può dunque assumere un atteggiamento di affettuosa partecipazione al dramma umano del suo eroe e, insieme, portare a termine un'opera di demistificazione dei vecchi ideali cavallereschi, spogliando la passione amorosa di tutta la nobiltà che la caratterizzava nella visione tradizionale.

Verso le COMPETENZE

COMPRENDERE

1 Come viene descritto l'aspetto fisico di Orlando al primo manifestarsi della pazzia?

2 In che modo il pastore che lo ospita contribuisce ad acuire il suo dolore?

3 In quali azioni si esprime il culmine della follia di Orlando?

ANALIZZARE

4 L'ottava 113 è impostata su una figura retorica. Individuala e spiegane il significato.

5 Al v. 28, quale figura di significato può essere rilevata nell'espressione *e crede e brama e spera*? Che cosa evidenzia nella mente di Orlando?

6 Quale figura retorica troviamo al v. 87 (*per lacrime e suspir da bocca e d'occhi*)?

7 Al v. 112 (*con gridi et urli apre le porte al duolo*), quale figura di suono riconosci? Qual è la sua funzione espressiva?

8 Al v. 115 (*lo tornò il suo destin sopra la fonte*), qual è il complemento oggetto?

INTERPRETARE

9 Perché all'ottava 123 Angelica è definita *ingrata* (v. 99)?

10 Quale può essere il valore simbolico dell'azione di Orlando descritta ai vv. 143-144 (*Il quarto dì, da gran furor commosso, / e maglie e piastre si stracciò di dosso*)?

11 Che cosa simboleggia la nudità di Orlando all'ottava 133?

• T 12 •

Astolfo sulla Luna

Canto XXXIV, ott. 69-87

Un viaggio fantastico oltre la Terra

Dopo aver attraversato sul suo cavallo alato la Francia, la Spagna e gran parte dell'Africa, Astolfo giunge da Senàpo, l'imperatore cristiano di Etiopia, cieco, sofferente di una perpetua fame e molestato senza tregua dalle Arpie in seguito a una punizione divina (canto XXXIII). Cacciate le Arpie nell'Inferno, Astolfo sale con l'ippogrifo su un'alta montagna. Si tratta del Paradiso terrestre, dove il cavaliere è ricevuto da san Giovanni Evangelista. Questi gli spiega come Orlando, essendosi perduto dietro a una donna pagana e avendo disertato il campo, sia stato castigato da Dio con la perdita del senno. A lui – gli spiega sempre il Santo – toccherà restituirglielo. Così l'evangelista, fatto montare Astolfo sul carro del profeta Elia, lo conduce sulla Luna.

METRO Ottave di endecasillabi con schema di rime ABABABCC.

San Giovanni e Astolfo verso la Luna

69
Quattro destrier via più che fiamma rossi
al giogo il santo evangelista aggiunse;
e poi che con Astolfo rassettossi,
e prese il freno, inverso il ciel li punse.
Ruotando il carro, per l'aria levossi,
e tosto in mezzo il fuoco eterno giunse;
che 'l vecchio fe' miracolosamente,
che, mentre lo passar, non era ardente.

Il paesaggio lunare

70
Tutta la sfera varcano del fuoco,
et indi vanno al regno de la luna.
Veggon per la più parte esser quel loco
come un acciar che non ha macchia alcuna;
e lo trovano uguale, o minor poco
di ciò ch'in questo globo si raguna,
in questo ultimo globo de la terra,
mettendo il mar che la circonda e serra.

71
Quivi ebbe Astolfo doppia meraviglia:
che quel paese appresso era sì grande,
il quale a un picciol tondo rassimiglia
a noi che lo miriam da queste bande;
e ch'aguzzar conviengli ambe le ciglia,

1-2 Quattro destrier... aggiunse: san Giovanni aggiogò (*aggiunse al giogo*) quattro cavalli assai più rossi del fuoco al carro di Elia, che li trasporterà sulla Luna.
3 rassettossi: si sistemò.
4 il freno: le redini.
5 levossi: si sollevò.
6 tosto... giunse: arrivò presto (*tosto*) nella sfera del fuoco, che gli antichi immaginavano posta tra la Terra e il cielo della Luna (il primo dei nove cieli concentrici – nella concezione aristotelica, tomistica e dantesca – che ruotano attorno alla Terra).
8 passar: attraversarono.
12 acciar: acciaio.
14 di ciò... si raguna: rispetto a quanto è compreso (*si raguna*) nel globo terrestre.
15 ultimo globo: la sfera terrestre è l'ultima delle sfere, cioè la più bassa, in quanto nel sistema tolemaico essa si trova al centro di tutto l'universo e dei cieli planetari.
16 mettendo: comprendendovi. **serra:** racchiude.
18 appresso: da vicino.
19 a un picciol tondo rassimiglia: assomiglia a un piccolo cerchio.
20 lo miriam da queste bande: lo guardiamo da quaggiù (dalla Terra).
21 aguzzar... le ciglia: deve aguzzare entrambi gli occhi (*le ciglia* è una metonimia).

s'indi la terra e 'l mar ch'intorno spande
discerner vuol; che non avendo luce,
l'imagin lor poco alta si conduce.

72
Altri fiumi, altri laghi, altre campagne
sono là su, che non son qui tra noi;
altri piani, altre valli, altre montagne,
c'han le cittadi, hanno i castelli suoi,
con case de le quai mai le più magne
non vide il paladin prima né poi:
e vi sono ample e solitarie selve,
ove le ninfe ognor cacciano belve.

73
Non stette il duca a ricercare il tutto;
che là non era asceso a quello effetto.
Da l'apostolo santo fu condutto
in un vallon fra due montagne istretto,
ove mirabilmente era ridutto
ciò che si perde o per nostro diffetto,
o per colpa di tempo o di Fortuna:
ciò che si perde qui, là si raguna.

La rassegna delle cose perdute

74
Non pur di regni o di ricchezze parlo,
in che la ruota instabile lavora;
ma di quel ch'in poter di tor, di darlo
non ha Fortuna, intender voglio ancora.
Molta fama è là su, che, come tarlo,
il tempo al lungo andar qua giù divora:
là su infiniti prieghi e voti stanno,
che da noi peccatori a Dio si fanno.

75
Le lacrime e i sospiri degli amanti,
l'inutil tempo che si perde a giuoco,
e l'ozio lungo d'uomini ignoranti,
vani disegni che non han mai loco,

22 indi: da lì (cioè dalla Luna). **spande:** si espande.
23-24 che non avendo... si conduce: poiché, non brillando di luce propria, la loro immagine non si eleva a grande altezza, cioè non arriva molto lontano.
25 Altri: non semplicemente nel senso di "diversi", ma di "ben maggiori".
27 piani: pianure.
29 magne: grandi (latinismo).
32 ninfe: divinità boscherecce che erano personificazioni femminili di elementi della natura (sorgenti, fiumi, piante ecc.).
33 ricercare: esplorare.
34 effetto: scopo.
37 mirabilmente era ridutto: era miracolosamente raccolto.
40 si raguna: si raduna.
41 pur: soltanto.
42 in che la ruota instabile lavora: su cui ha potere la Fortuna (*la ruota instabile*).
43-44 ma di quel... ancora: ma dico anche (*intender voglio ancora*) ciò che la Fortuna non ha potere di togliere (*tor*) e di dare (come le cose che elenca subito dopo).
47 prieghi e voti: preghiere (fatte in condizione di peccato) e voti (evidentemente non rispettati) che risultano vani.
52 vani disegni che non han mai loco: progetti vani che non si realizzano mai.

i vani desideri sono tanti,
che la più parte ingombran di quel loco:
ciò che in somma qua giù perdesti mai,
là su salendo ritrovar potrai.

76
Passando il paladin per quelle biche,
or di questo or di quel chiede alla guida.
Vide un monte di tumide vesciche,
che dentro parea aver tumulti e grida;
e seppe ch'eran le corone antiche
e degli Assiri e de la terra lida,
e de' Persi e de' Greci, che già furo
incliti, et or n'è quasi il nome oscuro.

77
Ami d'oro e d'argento appresso vede
in una massa, ch'erano quei doni
che si fan con speranza di mercede
ai re, agli avari principi, ai patroni.
Vede in ghirlande ascosi lacci; e chiede,
et ode che son tutte adulazioni.
Di cicale scoppiate imagine hanno
versi ch'in laude dei signor si fanno.

78
Di nodi d'oro e di gemmati ceppi
vede c'han forma i mal seguiti amori.
V'eran d'aquile artigli; e che fur, seppi,
l'autorità ch'ai suoi danno i signori.
I mantici ch'intorno han pieni i greppi,
sono i fumi dei principi e i favori
che danno un tempo ai ganimedi suoi,
che se ne van col fior degli anni poi.

55 mai: qualche volta.
57 biche: mucchi.
59 tumide vesciche: sacche rigonfie.
61 le corone antiche: i regni dell'antichità.
62 la terra lida: la Lidia (antica regione dell'Asia Minore), di cui Creso fu l'ultimo re.
63 Persi: persiani.
63-64 già furo incliti: un tempo furono famosi.
67 mercede: ricompensa.
68 patroni: protettori.
69 ascosi: nascosti.
71 scoppiate: per il troppo cantare.
72 versi ch'in laude dei signor si fanno: i versi che i poeti di corte compongono in lode (*laude*) dei loro signori.
73 ceppi: il ceppo era propriamente uno strumento di tortura nel quale si chiudevano i piedi del prigioniero. Qui il termine *ceppi* vale genericamente come "catene".
74 i mal seguiti amori: gli amori assecondati per nostra disgrazia, cioè quelli che avremmo fatto meglio a lasciar perdere.
75 seppi: sta probabilmente per "seppe" (Astolfo). Altrimenti, se si tratta effettivamente di una prima persona, Ariosto si riferisce alla fonte fittizia da cui avrebbe attinto la notizia, cioè Turpino, un vescovo del tempo di Carlo Magno a cui la tradizione attribuisce la composizione di storie sui paladini di Francia. In tal caso, la prima persona sottintenderebbe forse anche che quegli artigli il poeta ha provato sulla propria pelle, nella sua carriera di cortigiano.
76 ai suoi: ai loro fedeli collaboratori.
77 han pieni i greppi: riempiono le balze della valle.
78 fumi: onori vani.
79 ganimedi: giovani favoriti.
80 che se ne van col fior degli anni poi: che poi svaniscono insieme con il fiore della giovinezza.

79
Ruine di cittadi e di castella
stavan con gran tesor quivi sozzopra.
Domanda, e sa che son trattati, e quella
congiura che sì mal par che si cuopra.
Vide serpi con faccia di donzella,
di monetieri e di ladroni l'opra:
poi vide boccie rotte di più sorti,
ch'era il servir de le misere corti.

80
Di versate minestre una gran massa
vede, e domanda al suo dottor ch'importe.
«L'elemosina è (dice) che si lassa
alcun, che fatta sia dopo la morte».
Di vari fiori ad un gran monte passa,
ch'ebbe già buono odore, or putia forte.
Questo era il dono (se però dir lece)
che Constantino al buon Silvestro fece.

81
Vide gran copia di panie con visco,
ch'erano, o donne, le bellezze vostre.
Lungo sarà, se tutte in verso ordisco
le cose che gli fur quivi dimostre;
che dopo mille e mille io non finisco,
e vi son tutte l'occurrenze nostre:
sol la pazzia non v'è poca né assai;
che sta qua giù, né se ne parte mai.

82
Quivi ad alcuni giorni e fatti sui,
ch'egli già avea perduti, si converse;

82 sozzopra: sottosopra, alla rinfusa.
83-84 Domanda... si cuopra: chiede a san Giovanni e apprende che le rovine di cui sopra sono la conseguenza dei trattati di pace e di alleanza (conclusi ma evidentemente non rispettati) e delle congiure che così difficilmente rimangono occulte (*che sì mal par che si cuopra*, letteralmente "che si coprono così male", e dunque "che si scoprono con facilità").
85 serpi con faccia di donzella: l'immagine (che ricorda le Arpie) allude alla rapacità fraudolenta dei falsari di monete (*monetieri*) e dei ladri del verso successivo.
87 boccie: brocche, ampolle di vetro. **sorti:** sorte, fogge.
88 il servir de le misere corti: il servizio nelle misere corti. Ariosto vuol dire che il favore goduto dai cortigiani è più fragile che il vetro: per questo, tutte quelle *boccie* rotte.
90 dottor: guida (letteralmente, "maestro"). **ch'importe:** che cosa significhi.
91-92 L'elemosina... dopo la morte: dice che quelle minestre versate sono le elemosine che alcuni stabiliscono (*si lassa alcun*) che siano fatte dopo la propria morte. Tali elemosine, essendo poco meritorie, sono dunque inutili (come sono inutili delle minestre versate): inutili - si intende - per la salvezza dell'anima.
94 ch'ebbe... forte: che in passato (*già*) profumò gradevolmente, mentre ora puzzava assai.
95 se però dir lece: se è lecito chiamarlo dono (o non piuttosto danno).
96 Constantino... fece: è la celebre donazione di Costantino a papa Silvestro, origine del potere temporale della Chiesa, qui visto evidentemente in termini negativi.
97 panie con visco: la pania è una trappola che si cosparge di vischio (*visco*) per catturare gli uccelli.
99 in verso ordisco: intesso nei miei versi (cioè "elenco nel testo").
100 che gli fur quivi dimostre: che gli vennero mostrate qui.
102 l'occurrenze nostre: i casi umani.
104 né se ne parte mai: non si allontana mai dalla Terra.
105-108 Quivi... diverse: qui Astolfo si volse (*si converse*) a osservare alcune giornate da lui perdute e alcune azioni (*fatti*) non eseguite; ed egli non le avrebbe riconosciute, nelle loro forme cambiate, se non ci fosse stato con lui san Giovanni a informarlo. Come a dire che l'uomo, da solo, non sempre è in grado di valutare criticamente i propri atti e comportamenti.

che se non era interprete con lui,
non discernea le forme lor diverse.

Il monte del senno perduto

Poi giunse a quel che par sì averlo a nui,
che mai per esso a Dio voti non ferse;
io dico il senno: e n'era quivi un monte,
solo assai più che l'altre cose conte.

83
Era come un liquor suttile e molle,
atto a esalar, se non si tien ben chiuso;
e si vedea raccolto in varie ampolle,
qual più, qual men capace, atte a quell'uso.
Quella è maggior di tutte, in che del folle
signor d'Anglante era il gran senno infuso;
e fu da l'altre conosciuta, quando
avea scritto di fuor: "Senno d'Orlando".

84
E così tutte l'altre avean scritto anco
il nome di color di chi fu il senno.
Del suo gran parte vide il duca franco;
ma molto più maravigliar lo fenno
molti ch'egli credea che dramma manco
non dovessero averne, e quivi denno
chiara notizia che ne tenean poco;
che molta quantità n'era in quel loco.

85
Altri in amar lo perde, altri in onori,
altri in cercar, scorrendo il mar, ricchezze;
altri ne le speranze de' signori,
altri dietro alle magiche sciocchezze;
altri in gemme, altri in opre di pittori,
et altri in altro che più d'altro aprezze.
Di sofisti e d'astrologhi raccolto,
e di poeti ancor ve n'era molto.

109-110 a quel... non ferse: a ciò che ci sembra di possedere tanto che non si fecero (*ferse*) mai preghiere a Dio per ottenerlo (*per esso*).
112 solo assai... conte: che da solo era molto più grande di tutte le altre cose menzionate sopra (*conte*).
113 un liquor suttile e molle: un liquido leggero e sfuggente.
114 atto a esalar: facile a evaporare.
117 in che: nella quale.
119 da l'altre conosciuta: riconosciuta tra le altre. **quando:** in quanto, poiché.
121 anco: anche.
122 di chi: dei quali.
123 Del suo... franco: il cavaliere di Francia (*franco*, che però può essere inteso anche come "valoroso") vide gran parte del suo senno.
124 fenno: fecero.
125-126 che dramma manco non dovessero averne: che non dovessero averne neppure una dramma di meno (la dramma è l'ottava parte di un'oncia, vale a dire una quantità piccolissima). Si tratta quindi di persone che Astolfo sarebbe propenso a ritenere del tutto assennate (e che invece, come si vede più avanti, non lo sono affatto, giacché gran parte del loro senno si trova sulla Luna...).
126 denno: diedero.
131 ne le speranze de' signori: sperando di ottenere benefici dai signori.
132 magiche sciocchezze: cioè le scienze occulte.
134 altri in altro... aprezze: altri in altre cose che apprezzino più di tutto.
135 sofisti: filosofi.

86

Astolfo recupera il proprio senno...

Astolfo tolse il suo; che gliel concesse
lo scrittor de l'oscura Apocalisse.
L'ampolla in ch'era al naso sol si messe,
e par che quello al luogo suo ne gisse:
e che Turpin da indi in qua confesse
ch'Astolfo lungo tempo saggio visse;
ma ch'uno error che fece poi, fu quello
ch'un'altra volta gli levò il cervello.

87

... e quello di Orlando

La più capace e piena ampolla, ov'era
il senno che solea far savio il conte,
Astolfo tolle; e non è sì leggiera,
come stimò, con l'altre essendo a monte.
[...]

137 **tolse:** prese.
138 **lo scrittor de l'oscura Apocalisse:** san Giovanni, tradizionalmente considerato autore, oltre che del quarto Vangelo, anche del libro dell'Apocalisse, compreso nel Nuovo Testamento e caratterizzato da oscure allegorie.
139 **in ch'era:** nella quale si trovava (il suo senno). **messe:** mise.
140 **che quello... ne gisse:** che il senno se ne andasse alla sua dimora naturale (il cervello).
141 **Turpin:** Turpino (➤ nota 75 p. 313). **confesse:** confessi, attesti.
143 **uno error che fece poi:** nel quarto dei *Cinque canti* Ariosto racconta che Astolfo si innamorò di una bella castellana che poi rapì.
146 **solea far savio:** era solito rendere saggio.
147 **tolle:** prende.
148 **a monte:** ammucchiata.

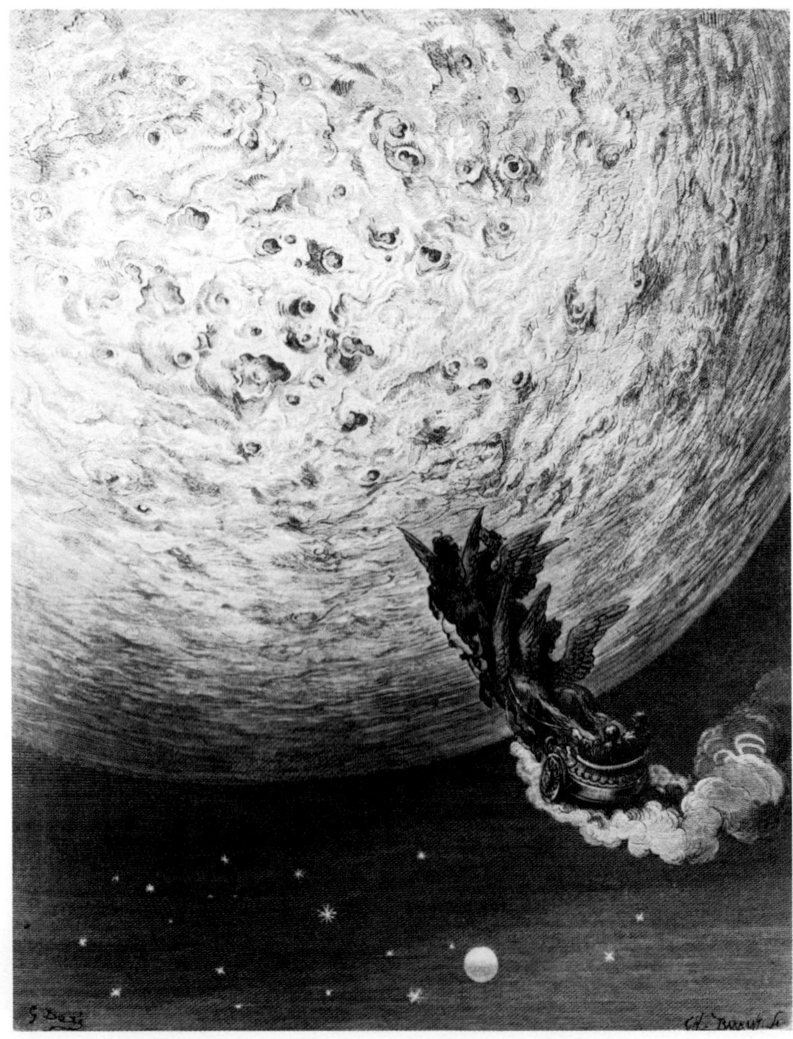

Gustave Doré, *Astolfo sulla luna*, 1879.

Dentro il TESTO

I contenuti tematici

Il senno perduto

Orlando ha commesso un grave peccato: ha disprezzato il dono divino della forza prodigiosa di cui è dotato, abbandonando il popolo cristiano proprio quando esso aveva maggiormente bisogno del suo aiuto. Così il paladino è stato punito con la pazzia. Ora però è Dio stesso ad aver deciso che il castigo debba avere termine e che a Orlando possa essere restituito il senno perduto, che si trova sulla Luna, qui descritta come simile alla Terra, ma con ogni elemento (i fiumi, i laghi, i monti, le case, i palazzi ecc.) di maggiori dimensioni. Questa, del resto, è una costante di tutto il poema: ogni volta che vuole creare meraviglia, Ariosto ingrandisce le cose.

Il mondo lunare appare come l'opposto di quello terrestre, essendo una sorta di suo rovescio: la Luna ospita infatti tutto quanto va via dalla Terra (i sospiri degli amanti, la fama, il tempo sprecato, il senno...); soltanto la pazzia qui non si trova, essendo confinata tutta sul nostro pianeta. Da questa raffigurazione emerge la vena pessimistica di Ariosto, legata alla riflessione sulla vanità e sull'inconsistenza delle realtà umane.

Un viaggio conoscitivo

L'esperienza di Astolfo non nasconde ragioni trascendenti: la sua finalità è legata al nostro mondo, a capirne il senso, a investigarne il significato. Non a caso, non si tratta di un viaggio di sola andata: il curioso cavaliere potrà tornare sulla Terra dopo aver salvato Orlando e, al tempo stesso, dopo aver capito fino in fondo la realtà della natura umana. L'aver visto il nostro pianeta dall'esterno gli ha consentito di acquistare cioè un punto di vista privilegiato e straniante sulle nostre miserie e sui nostri inconsistenti feticci.

La polemica contro i poeti cortigiani

Come una discarica il vallone lunare raccoglie accatastati gli interessi che muovono il mondo e illudono l'uomo, facendogli rincorrere inutili obiettivi: qui li ritroviamo sotto le immagini simboliche delle preghiere e delle suppliche rivolte a Dio, delle lacrime versate per amore, dei progetti che non si realizzano mai, delle sacche gonfie di tumulti e grida, delle matasse di ami d'oro e d'argento donate ai potenti ecc. Né può mancare nell'elenco di vani desideri e falsi valori stilato da Ariosto il riferimento all'affannarsi dei letterati cortigiani che spendono il loro talento per adulare signori e protettori: una polemica contro il servilismo dell'intellettuale rinascimentale che abbiamo già scorto nelle *Satire*.

Le scelte stilistiche

Fantasia e ironia

Astolfo, guerriero di Carlo Magno, dopo essere stato liberato dalla schiavitù della maga Alcina che lo aveva trasformato in mirto, diventa protagonista di incredibili avventure, anche oltre i confini del mondo. Tra tante vicende fantastiche di cui è ricco il poema – tra armi e amori, miti e leggende – la storia del suo viaggio sulla Luna è forse la più fiabesca, la più avventurosa, la più sottilmente ironica. Con il suo abituale tono divertito, Ariosto sottolinea la vanità delle aspirazioni umane, che, osservate dalla Luna, appaiono ancora più assurde. Il tono dell'autore, però, rifugge dal moralismo e si vena di ironia, come quando Astolfo ritrova anche *gran parte* del senno proprio e di uomini e categorie insospettabili (*ma molto più maravigliar lo fenno / molti ch'egli credea che dramma manco / non dovessero averne*, vv. 124-126).

Il *topos* del viaggio extra-terrestre

Le fonti letterarie di questo viaggio ariostesco oltre la Terra sono molteplici e in parte sono le stesse tenute presenti da Dante per la stesura della *Divina Commedia*: la Bibbia, Omero, Virgilio, Cicerone, lo scrittore greco Luciano di Samosata (II secolo d.C.), che nel romanzo *Storia vera* aveva immaginato un approdo alla Luna su una barca sollevata da una tempesta. Ma anche la stessa *Commedia*, a sua volta, diventa per Ariosto un altro imprescindibile punto di riferimento; nelle prime due ottave del brano è ravvisabile, seppure sotto traccia, una sorridente parodia del poema dantesco: come Dante viaggia nell'aldilà fino in Paradiso grazie a una santa, Beatrice, così Astolfo è portato da san Giovanni sulla Luna. Un modello più diretto è un dialogo di Leon Battista Alberti, il *Somnium* (Il sogno), compreso nelle *Intercoenales* (dialoghi in latino su argomenti morali e con toni ironici), nel quale compare la trovata del senno contenuto in un'ampolla.

Tuttavia ci sono in Ariosto anche alcuni precisi elementi di novità: per esempio, contrariamente a quanto insegnavano le dottrine aristoteliche, che la volevano eterea e perfetta, la Luna del *Furioso* presenta una superficie corrugata da mari, fiumi, città, palazzi. Inoltre il viaggio di Astolfo si configura come una sorta di versione laica dei viaggi salvifici o profetici al centro di diversi testi medievali, dai quali il poeta sembra prendere le distanze con il suo consueto sorriso.

Verso le COMPETENZE

COMPRENDERE

1 Chi è *'l vecchio* del v. 7?

2 All'ottava 71 il poeta afferma che è molto più difficile vedere la Terra dalla Luna che non viceversa. Perché?

3 Qual è l'unica cosa che non si trova sulla Luna? Perché?

4 Chi è *il duca franco* del v. 123?

5 In che modo Astolfo recupera il proprio senno?

6 Chi è *il conte* del v. 146?

ANALIZZARE

7 All'ottava 74 che cosa viene paragonato a un *tarlo* (v. 45)? Come spieghi questa similitudine?

8 Quale figura retorica riconosci al v. 98?

9 Quale figura retorica marca fortemente l'ottava 85? Qual è la sua funzione espressiva?

INTERPRETARE

10 Quale idea della Fortuna emerge dal brano antologizzato (in particolare dalle ottave 73-74)?

11 Nel brano è presente un'ottava in cui Ariosto traccia un quadro amaro e pungente del mondo cortigiano. Dopo averla individuata, spiega qual è la critica che l'autore rivolge a esso.

12 Qual è la posizione dell'autore sulla donazione di Costantino (ottava 80)?

PRODURRE

13 SCRIVERE PER **ARGOMENTARE**
All'ottava 85 Ariosto stila un elenco delle cose per cui la gente del suo tempo "perdeva il senno". Guardando alla società odierna, e in particolare ai tuoi coetanei, per quali cose (obiettivi, interessi, passioni) ti sembra che le persone "diventino matte" (cioè rischino di perdere equilibrio e lucidità)? Scrivi un testo argomentativo di circa 30 righe.

DIBATTITO IN CLASSE

14 Ariosto trasforma in oggetti i vizi e tutto ciò che egli desidera criticare nella società del suo tempo: quali tra le sue rappresentazioni figurative ti sembrano più efficaci e perché? Confrontati con i compagni.

Andrea Mantegna, *Parnaso* (particolare), 1497. Parigi, Museo del Louvre.

L'*Orlando furioso* di Luca Ronconi: uno sberleffo sulla scena

A giudizio di diversi critici il più emblematico evento teatrale intorno al 1968 – il famoso anno della contestazione giovanile e studentesca – è stato l'*Orlando furioso* diretto da Luca Ronconi (1933-2015).

Ciò per diverse ragioni. Innanzitutto perché sino ad allora nessuno aveva mai osato ridurre per la scena il poema di Ariosto: la rielaborazione del testo per lo spettacolo di Ronconi da parte di Edoardo Sanguineti (1930-2010), fondatore del Gruppo '63 (un movimento che aveva segnato un clamoroso punto di rottura con le nostre istituzioni letterarie), lascia intatto l'originale, limitandosi a trasporre alcuni versi dalla prima alla terza persona. E poi perché il testo viene rappresentato in maniera totalmente rivoluzionaria, attraverso una formula consistente nella simultaneità delle azioni compiute da quarantacinque attori e da una cinquantina di macchine mobili che si spostano non su un normale palcoscenico, ma in uno spazio volta per volta appositamente scelto.

Il pubblico protagonista

Lo spettacolo debutta il 4 luglio 1969 al Festival dei Due Mondi di Spoleto, dove ha un esito dirompente. L'operazione viene accolta con entusiasmo soprattutto da un pubblico di giovani e giovanissimi, che intendono sperimentare qualcosa di nuovo anche in campo teatrale e che ne rimangono conquistati. La trovata originale è quella di scomporre il poema in azioni fra loro contemporanee, in cui lo spettatore può entrare e da cui può uscire, spostandosi verso questa o quella scena per seguire le varie fasi della storia. La scelta è ispirata a un romanzo dello stesso Sanguineti, *Il giuoco dell'oca* (1967), caratterizzato da pagine che si possono leggere anche in un ordine diverso da quello indicato dalla loro successione, cioè saltando da un capitolo all'altro.

Per la prima volta nel teatro italiano è il pubblico che sceglie e determina il successo di una scena piuttosto che di un'altra, di un episodio piuttosto che di un altro. La simultaneità delle azioni, del resto, corrispondeva alla stessa struttura del poema ariostesco, in cui, per esempio, Orlando cerca Angelica mentre Bradamante cerca Ruggiero e così via. «Certo», ammetterà successivamente Ronconi, «c'è voluta una buona dose di coraggio per rompere certe convenzioni e abitudini teatrali, ma in realtà l'invenzione della simultaneità l'aveva già fatta Ariosto».

Dal teatro alla tv

In seguito è stata realizzata una versione televisiva dello spettacolo (facilmente reperibile in rete), girata nel palazzo Farnese, cinquecentesco, di Caprarola (Viterbo), ma anche in alcuni spazi aperti, dove la sontuosa dimensione teatrale è rimasta intatta, con le macchine da guerra, le case, i cavalli, l'ippogrifo (molti elementi erano montati su carrelli scorrevoli).

L'*Orlando furioso* di Ronconi, assai rappresentato all'estero (a Parigi, a Belgrado e in altre capitali), è stato un *happening* sui temi della nostra cultura rinascimentale, un omaggio alle avanguardie storiche, uno sberleffo al teatro codificato, un crocevia per nuove idee che poi sarebbero cresciute e si sarebbero sviluppate. Lo spettacolo è riuscito a essere la lettura di un poema e, insieme, una sorta di festa popolare e di grande azione collettiva.

Edoardo Sanguineti.

Ottavia Piccolo (Angelica).

Massimo Foschi (Orlando) e Mariangela Melato (Olimpia).

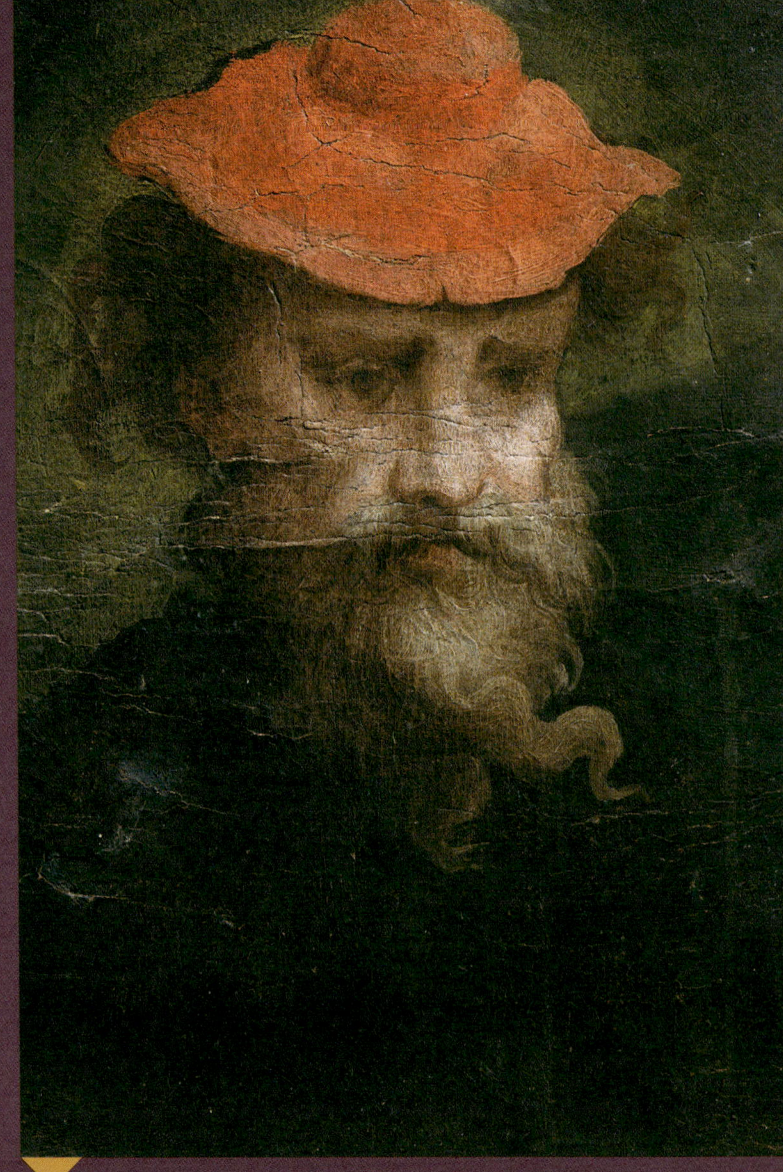

Parmigianino, *Autoritratto con berretto rosso*, 1540 ca. Parma, Galleria Nazionale.

L'arte e la follia

Il binomio arte e follia ha segnato, nei secoli, i percorsi di molte grandi personalità, talvolta con riflessi evidenti nella loro produzione.

Parmigianino «uomo salvatico»

Tutta la vicenda del pittore emiliano Francesco Mazzola, detto Parmigianino (1503-1540), fu caratterizzata da una progressiva follia: «Giovane di bello, et vivace ingegno, e tutto gentile, et cortese», il pittore da giovane fu avvicinato, per la grazia e l'eleganza delle sue opere, a Raffaello. Eppure, come ci racconta Giorgio Vasari nelle sue *Vite de' più eccellenti architetti, pittori, et scultori italiani*, «gli entrò nel capo di voler attendere all'Alchimia», ossia all'arte magica di trasformare i metalli in oro. «Di molto gratioso che egli era, divenne bizzarrissimo e quasi stolto». Il pittore perse progressivamente commissioni e lavori importanti, come la decorazione di una chiesa di Parma, mai portata a termine. Nell'agosto del 1540, abbandonato dalla famiglia, tormentato dalle condanne per insolvenza nei contratti, viveva – scrive ancora Vasari – come un «uomo salvatico»: nel celebre autoritratto conservato alla Galleria Nazionale di Parma, il suo non è più il volto di un trentasettenne, ma quello sofferente di un uomo anziano, dalla lunga barba bianca e incolta.

Intossicazione da piombo e follia

Talvolta la follia degli artisti aveva una precisa ragione: probabilmente ammalato di encefalopatia saturnina era il pittore spagnolo Francisco Goya (1746-1828), intossicatosi con il piombo contenuto nei pigmenti utilizzati per la pittura. Dal 1792, Goya perse completa-

Francisco Goya, *Saturno divora un figlio*, 1820-1823, dipinto su muro trasportato su tela. Madrid, Museo del Prado.

Vincent van Gogh, *Autoritratto con l'orecchio tagliato*, 1888. Parigi, Musée d'Orsay.

mente l'udito ed era probabilmente in preda ad allucinazioni, che si riflettono nella produzione dei suoi ultimi anni, le cosiddette "pitture nere", caratterizzate da toni cupi, colori applicati a macchie informi e soprattutto temi sempre più visionari: scene di stregoneria, soggetti simbolici caratterizzati dalla deformità e dalla morte, scene violente. Esemplare in tal senso è *Saturno divora un figlio*, in cui lo spaventoso titano, rappresentato con gli occhi e la bocca spalancati mentre sta per inghiottire il braccio della sua vittima, è privo di ogni connotato divino ed è raffigurato in preda al furore e alla follia, con soluzioni cromatiche contrastanti che accrescono il senso di terrore.

L'orecchio di Van Gogh

L'encefalopatia saturnina pesò probabilmente anche sulla vita e sulla carriera di Vincent van Gogh (1853-1890): una fonte utile per studiare la personalità disturbata del pittore è il ricco epistolario scambiato con il fratello Theo. Tormentato dal rapporto di profonda ammirazione e insieme antagonismo nei confronti dell'amico e rivale Paul Gauguin, Van Gogh, due anni prima della morte, arrivò a menomarsi, come testimonia l'*Autoritratto con l'orecchio tagliato*: il pittore, indossa un cappotto e un berretto pur essendo in una stanza chiusa, ha lo sguardo freddo e distante, quasi perso nel vuoto, e una grossa fasciatura copre la mutilazione che il pittore si è autoinflitto.

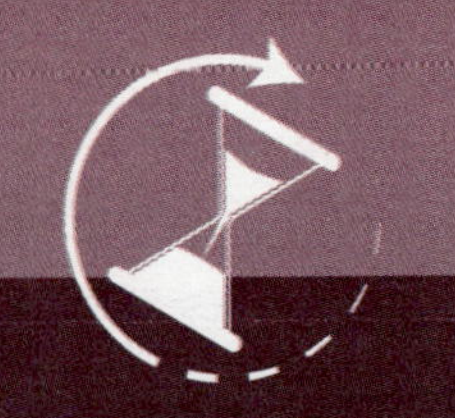

L'AUTORE nel tempo

Un successo immediato

L'*Orlando furioso* ottiene da subito uno straordinario successo di pubblico: nel giro di un secolo sono 154 le edizioni in Italia e più di 40 all'estero (20 in Francia, 21 in Spagna, 1 in Inghilterra). Forse queste cifre oggi dicono poco, ma possiamo affermare che si tratta di un primato da fare invidia a qualunque autore moderno, rappresentando un indice di gradimento tra i più alti della storia letteraria. Non a caso il *Furioso* è stato definito il "poema del secolo".

Notevole, oltre a quello del pubblico, è anche l'apprezzamento dei letterati: un apprezzamento talora entusiastico, soprattutto nella prima metà del Cinquecento, quando la fama di Ariosto non è stata ancora oscurata dall'astro nascente di Torquato Tasso. Tra gli estimatori di Ariosto troviamo, per esempio, Niccolò Machiavelli, che definisce il suo poema «bello tutto, ed in molti luoghi mirabile».

La *Poetica* di Aristotele e il dibattito sul *Furioso*

Da un certo punto in poi le cose cambiano e le valutazioni si fanno meno positive. Il momento di svolta è la pubblicazione, nel 1536, della *Poetica* di Aristotele. Nei decenni successivi si tenderà sempre più a misurare la validità delle opere letterarie sulla base dei criteri fissati dal filosofo greco nel IV secolo a.C., in particolare le cosiddette tre unità aristoteliche: l'unità di tempo (i fatti devono svolgersi in un tempo limitato), di luogo (lo scenario delle vicende deve essere lo stesso) e di azione (bisogna affrontare una storia principale, senza distrazioni e digressioni). Se pensiamo all'*Orlando furioso*, ci rendiamo subito conto di come esso violasse tutte e tre le unità aristoteliche. Così il poema comincia a essere accusato di mancare di coerenza interna, di presentare troppi personaggi, di alternare i toni (per esempio il serio e il faceto) con eccessiva libertà. Fra i detrattori si colloca per esempio il letterato Sperone Speroni (1500-1588), il quale definisce Ariosto «anzi oca che cigno».

Qualcuno tenta però di difenderlo, sostenendo che la sua opera debba essere sottratta al metro dei canoni aristotelici, poiché di un genere nuovo, il romanzo, sconosciuto ad Aristotele (che invece si riferisce alla tragedia e al poema epico). Bernardo Tasso, padre di Torquato, azzarda l'ipotesi che Aristotele, se avesse conosciuto il bellissimo poema di Ariosto, avrebbe cambiato opinione.

La *querelle* Ariosto-Tasso

Nel 1581 viene stampata la *Gerusalemme liberata* di Torquato Tasso. Questi si è uniformato in gran parte alle indicazioni aristoteliche (sebbene non in maniera pedissequa e concedendosi ampi margini di libertà). Così il suo poema va a costituire un concreto e valido termine di confronto con quello di Ariosto.

I letterati del secondo Cinquecento si dividono in due gruppi: da una parte i fautori di Ariosto, dall'altra quelli di Tasso, dando origine a una discussione lunga e articolata. Ma paradossalmente, tra i difensori di Ariosto si pone lo stesso Torquato Tasso, che così si mostra immune da invidia e gelosia nei confronti del suo diretto antecedente nella linea del poema eroico-cavalleresco.

Ignorato nel Seicento, riscoperto nel Settecento e nell'Ottocento

Dopo un secolo, il Seicento, che tende sostanzialmente a ignorare Ariosto (prova ne è il rapido decremento del numero di nuove edizioni del suo poema), nel Settecento Giuseppe Baretti insorge contro i detrattori del *Furioso*, sostenendone, al contrario, la grandezza e accostando la figura di Ariosto a quella di William Shakespeare per la profondità della poesia.

In seguito altre voci autorevoli confermano la rinnovata fortuna di Ariosto in ambito europeo, come quelle del poeta tedesco Johann Wolfgang Goethe e di Ugo Foscolo. All'inizio del XIX secolo, nella temperie prima neoclassica e poi romantica, il dibattito critico ariostesco è vivissimo e - possiamo dire - maturo. Foscolo giunge addirittura ad affermare, per certi versi, la superiorità di Ariosto rispetto a Omero: «La parte drammatica dell'*Orlando furioso* (se ne togliamo i soliloqui amorosi) ci pare sovente superiore a quella di ogni altro poema antico e moderno, compresa l'*Iliade* stessa».

Per De Sanctis, artista e non poeta

Alcune riserve esprime invece, a proposito di Ariosto, Francesco De Sanctis nella sua *Storia della letteratura italiana* (1870). Il volume ripercorre la storia letteraria come parte della storia morale e civile del popolo italiano, a partire da un preciso punto di osservazione, collocato nell'epoca che ha visto gli esiti della civiltà romantica e risorgimentale. Da questa prospettiva il panorama si presenta a De Sanctis con due vertici agli estremi - Dante nella civiltà comunale e Manzoni in quella romantica - e una vasta e progressiva depressione al centro, in corrispondenza dei secoli di schiavitù politica (soprattutto il Seicento).

Il Cinquecento, epoca colta e civile ma moralmente esausta, viene polarizzato da De Sanctis nelle figure di Machiavelli e Ariosto: il primo, lucida coscienza della crisi politica; il secondo, interprete dell'unica idealità rimasta, la perfezione formale. L'*Orlando furioso* sarebbe così l'opera non di un poeta innamorato della vita, ma di un artista innamorato soltanto dell'arte. Scrive De Sanctis a proposito del poema ariostesco: «Niuna opera fu concepita né lavorata con maggior serietà. E ciò che la rendeva seria non era alcun sentimento religioso o morale o patriottico, di cui non era più alcun vestigio [traccia] nell'arte, ma il puro sentimento dell'arte, il bisogno di realizzare i suoi fantasmi».

Croce e l'armonia

La generazione successiva a quella di De Sanctis si volge ad Ariosto soprattutto con ricerche filologiche ed erudite che hanno permesso la ricostruzione dell'ambiente letterario ferrarese, della vicenda compositiva delle opere ariostesche e di una loro più corretta veste testuale.

A offrire una nuova interpretazione di Ariosto è invece Benedetto Croce, il quale sostituisce al concetto desanctisiano di "arte per l'arte" quello di "armonia", individuando in tale qualità il tratto distintivo, sul piano tematico e compositivo, della produzione ariostesca. Armonia è per Croce la proporzione e l'equilibrio delle cose come supremo ideale del mondo interiore; ma è anche il tono e lo stile che riportano nel campo espressivo quella proporzione e quell'equilibrio.

Le riscritture del secondo Novecento

La fortuna di Ariosto nei tempi a noi più vicini è testimoniata, oltre che dal fiorire di importanti studi critici, dall'attenzione che al suo capolavoro hanno riservato diversi scrittori contemporanei, i quali si sono cimentati con un originale lavoro di riscrittura dei più celebri episodi del *Furioso*.

Tra costoro ricordiamo innanzitutto Italo Calvino, il quale ha sempre dichiarato per Ariosto un'ammirazione che nasce da una profonda analogia nel concepire ed esprimere la creatività fantastica. Nel 1970 Calvino - nel volume *Orlando furioso di Ludovico Ariosto raccontato da Italo Calvino* (una narrazione in prosa intervallata da alcune ottave del testo originale del poema) - riconduce la vastità del materiale ariostesco a una ventina di nuclei narrativi, consentendo in tal modo al lettore di orientarsi con maggiore facilità nel labirinto di paladini, cavalieri, Saraceni, donzelle, spade, elmi e cavalli, pur senza perdere il senso della complessità dell'intreccio originale. Va ricordato anche lo sceneggiato mandato in onda dalla Rai nel 1975, ricavato dal celebre spettacolo messo in scena da Luca Ronconi nel 1969 al Festival dei Due Mondi di Spoleto, con la collaborazione del poeta Edoardo Sanguineti. Possiamo citare infine l'operazione compiuta nel 1993 da Giuseppe Pederiali, che propone un *Orlando furioso* tradotto nella lingua di oggi.

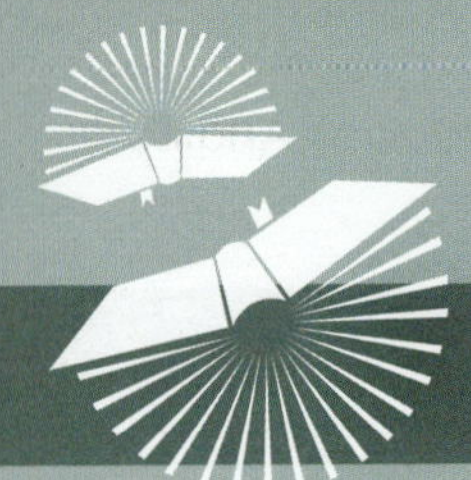

LETTURE critiche

Il poema della bellezza

di Giulio Ferroni

Errori, inganni, illusioni, fallimenti: tutte le miserie umane trovano nell'*Orlando furioso* una sorta di insperata ricchezza grazie alla bellezza che avvolge nel poema gli uomini e le cose. Secondo lo studioso Giulio Ferroni (n. 1943), è proprio il valore della bellezza, oggi spesso inafferrabile, a costituire una delle ragioni del fascino e dell'immortalità del capolavoro ariostesco.

Proprio per la sua accecante luce, per la ferma inarrestabile sicurezza del suo ritmo, per la molteplicità degli elementi che lo compongono, l'*Orlando furioso* ha lasciato inquieti ed esitanti anche lettori molto raffinati [...]. E oggi è certo troppo trascurato e pochissimo letto nella scuola e in genere in un'Italia che dovrebbe riconoscervi una delle espressioni essenziali della sua cultura moderna. Eppure, se si prova davvero a percorrerlo, con l'abbandono al libero ritmo della lettura, si finisce per restare catturati dal gioco sempre mobile delle armi e degli amori, dagli scatti verso la più dispiegata evasione fantastica, dall'ironia che corrode la stessa consistenza dell'invenzione, dal prezioso ricamo di figure e di forme ricavate dalla tradizione classica. Tutto vi si fonde e si riavvolge in una incessante clausola di bellezza: volta per volta, alla fine di ognuna delle ottave di cui è fatto il poema, sembra giungere a termine qualcosa che non ha termine, il respiro stesso del tempo e del mondo, catturato e contemporaneamente fatto evaporare e disperdere. L'Ariosto muove verso una bellezza solare e fuggitiva, che ha un emblema nella rigogliosa, esuberante, indifferente, inafferrabile Angelica: la donna amata da Orlando e da tanti cavalieri, il cui fascino è proprio nel rivelarsi, offrirsi e poi sottrarsi in squarci improvvisi, tra quasi infantili timori e repentini capricci. Nella sua libera misura dello spazio e del tempo, il poema proietta i più vari riflessi della realtà, come distillandoli, privandoli della loro densità materiale; trasforma la stessa ripetitiva banalità degli scontri cavallereschi, infinite volte raccontati nella precedente letteratura, in giochi di concertanti simmetrie, in combinazioni che si cancellano nel momento stesso in cui si danno. È una bellezza che ingloba l'errore, il limite, la vanità delle esperienze e dei desideri, l'insufficienza del sapere e della vita sociale, l'impero dell'illusione, della simulazione e dell'inganno (fino all'estremo della follia); e insieme la fedeltà, la dolcezza dei sentimenti, il senso dell'onore e del coraggio. Bellezza trionfante e insieme amara, insidiata dalle contraddizioni infinite di cui è fatto il mondo, dalla stessa realtà storica contemporanea sulla quale apre molteplici squarci: una bellezza con cui sembra sempre più difficile confrontarsi oggi, assaliti da un'esibizione di bello esteriore, da consumare e da violare, in una moltiplicazione translucida e plastificata, invasione simulata, pubblicitaria e turistica, che esclude ogni autentica esperienza. [...]

L'Ariosto è uno di quei pochi autori che ci trasmettono universi di totale dedizione alla bellezza (la famosa *armonia* di Croce): con un'intensità che, guardata e ascoltata dal nostro essere "dopo", ci spinge ancora a credere nella resistenza della bellezza, nella possibilità di catturarla nel mondo. Certo la sua voce ci parla da lontano, ma con una luce che ci fa sentire che quell'esperienza vitale non può essere del tutto spenta. Parla, come poche altre [...] in una forma pura che assume in sé tutta la varietà e la contraddittorietà della vita, come per bruciarla in un esito assoluto: una voce che non possiamo credere o presumere di riconoscere come "fraterna", che non permette facili identificazioni, che è resa distante, irraggiungibile proprio da quella dedizione alla bellezza: ma che proprio da questa distanza traccia ancora oggi per noi un segno essenziale e definitivo. Essa risolve l'esistenza e l'essere nel mondo in qualcosa di incommensurabile, che pone domande senza fine, a cui non si può e non si deve trovare risposta, ma che sonda in profondità il senso della realtà e della parola, l'evanescenza della vita, il limite della ragione e dell'esperienza. È una bellezza che si affaccia ad ogni istante sui propri limiti, che si fa strada attraverso l'ironia, la correzione di sé, la proiezione su ciò che è fuori di essa e la disloca, la mette in pericolo: continuamente minacciata dalla cecità del mondo e dalla medesima condizione cortigiana a cui, nel suo orizzonte storico, l'autore resta necessariamente legato, contorna l'abisso e ne estrae il piacere della liberazione, della saggezza, della tolleranza, dell'amore, pur sapendo che tutto è in definitiva fragile, illusorio, destinato a perdersi.

Giulio Ferroni, *Ariosto*, Salerno editrice, Roma 2008

Comprendere il PENSIERO CRITICO

1 Per quali motivi, secondo Ferroni, l'*Orlando furioso* cattura il lettore?

2 La bellezza a cui Ariosto mira e di cui parla il critico è una bellezza formale? Motiva la tua risposta.

Eroi che girano a vuoto

di Gianni Celati

In questo stimolante contributo del critico e scrittore Gianni Celati (n. 1937) viene messo in luce il carattere ludico e suggestivo del narrare ariostesco. I personaggi del *Furioso* agiscono in base a motivazioni che non vengono approfondite da chi racconta, ma che determinano una vorticosa girandola di movimenti e spostamenti sui quali Ariosto tesse la trama del suo poema.

All'inizio del poema ariostesco, Angelica che fugge nella selva ci trascina subito in un mondo dove tutti agiscono in stati di incantamento o di fissazione prodotti dal gioco della sorte. La bella Angelica fugge sul suo palafreno dal campo cristiano e incontra il paladino Rinaldo, che lei detesta fin dal poema di Boiardo perché ha bevuto alla fontana del disamore, mentre Rinaldo l'ama e l'insegue perché ha bevuto l'acqua dell'amore. È l'inverso dell'inizio boiardesco, dove Angelica inseguiva Rinaldo avendo bevuto alla fontana dell'amore, e Rinaldo la fuggiva avendo bevuto a quella del disamore. Tutto sboccia di qui, su uno sfondo di vita vegetale, dove ci sono solo percorsi erratici, gesti iperbolici, meraviglie dell'amore e dell'odio, e dove ognuno si perde correndo dietro alle proprie fissazioni.

Subito, con Angelica che fugge e i suoi spasimanti che l'inseguono, duellano, ansimano per possederla, ma poi non combinano niente, c'è il senso d'un girare a vuoto che pare insensato, vano e mattoide. Questi eroi che girano a vuoto sembra che non sappiano cosa stiano

LETTURE critiche

facendo, trascinati dai furori maniacali dell'amore e dell'odio, da moti di attrazione e repulsione, secondo lo schema delle due fontane. In loro non c'è parvenza d'una libera volontà di agire, nessuna traccia di quella disgrazia che chiamiamo psicologia – solo teatrali sussulti, con risposte fisse in conseguenza di eccitazioni esterne che li colpiscono. Poi, che gli eroi cavallereschi siano colpiti da una spada, da una minaccia, da un grido di sfida o da un viso di donna (come «l'angelico sembiante» della nostra eroina), la loro reazione è sempre uguale; è un furioso e automatico slancio verso la fonte dello stimolo, verso lo scontro o l'inseguimento, dove la massima esaltazione è legata alla gioia bambinesca del cozzare e del percuotere. Con tanti sfrenati slanci, si direbbe che girare a vuoto sia il loro destino naturale, per eccesso di ardori. Angelica fugge da Rinaldo e incontra Ferraù, il quale inizia un duello con Rinaldo per amore di Angelica, che però è già fuggita di nuovo; nel frattempo, in questa selva dove tutti si perdono e si ritrovano, Sacripante sta lamentandosi perché teme che un altro abbia colto il fiore verginale di Angelica prima di lui; così appena lei appare si dispone al «dolce assalto». Figuriamoci se combina qualcosa – è interrotto dall'arrivo della guerriera Bradamante, con cui inizia un duello; lei lo butta a terra con un colpo di lancia, e via che parte alla ricerca del suo amato Ruggiero, mentre arriva il sudato Rinaldo che inizia un altro duello con Sacripante, e Angelica fugge di nuovo, ecc. Tutti ripetono le stesse mosse, e ogni incontro non fa che distrarci dal precedente; le azioni rimangono sempre sospese, e gli eroi si disperdono verso altre gesta che saranno interrotte da nuove distrazioni. Ciò che fa germinare le trame non è il significato o lo scopo delle azioni in corso, bensì le distrazioni che le rilanciano verso altre imprese e altri tragitti. Questa è una specie di regola nei poemi cavallereschi, dove c'è sempre l'arrivo d'un messaggero che richiama l'eroe da un'altra parte, o d'un altro cavaliere con cui ha inizio un nuovo duello, o d'una dama da soccorrere correndo verso altre avventure. Non c'è mai un duello, un incontro o uno scontro che vada in porto, salvo rari casi che servono a concludere un ciclo di episodi. Il principio attivo del narrare qui è l'arte del distrarsi da ciò che si sta narrando, come per una smemoratezza che ci devia verso nuove fantasie, ossia verso altri giri a vuoto. Ogni linea d'azione ci porta sempre verso nuove trame, su tragitti divaganti per distrazione da una meta; e ciò che conta alla fine, non è il senso delle imprese cavalleresche, ma il disegno delle linee che tracciano, con cui le peregrinazioni eroiche prendono la forma di intrichi o di arabeschi.

Gianni Celati, *Angelica che fugge. Una lettura dell'Orlando furioso*, www.griseldaonline.it

Comprendere il PENSIERO CRITICO

1 Quale caratteristica accomuna i cavalieri che si muovono nella selva?

2 Quale funzione narrativa innesca la *quête*?

Il ruolo del poeta

di Stefano Jossa

Accanto ad Angelica, a Orlando e a tutti gli altri paladini nel *Furioso* c'è un altro protagonista: il poeta stesso. La modalità e il significato della sua presenza sono analizzati in questa pagina di Stefano Jossa (n. 1966).

Ariosto non è solo il narratore che gestisce «varie fila a varie tele», ma è anche l'«io» del poeta che è personalmente coinvolto nella vicenda. Fin dall'inizio l'autore è come Orlando, pazzo d'amore, al punto che il destino del poema dipende dagli eventi esterni (I 2, 5-8): «se da colei che tal quasi m'ha fatto, / che 'l poco ingegno ad or ad or mi lima, / me ne sarà però tanto concesso, / che mi basti a finir quanto ho promesso». Il poema è fin dall'inizio, una sfida contro la morte, cioè contro la possibilità di un evento esterno che gli impedisca di arrivare alla fine. Più volte Ariosto si esibisce infatti come «poeta», costretto a confrontarsi con l'impossibilità della materia («Chi mi darà la voce e le parole [...]?», III 1,1, oppure «Chi narrerà l'angosce, i pianti e i gridi [...]?», VIII 66, 1), ma soprattutto legato indissolubilmente ai suoi personaggi, come quando si sente chiamare da Astolfo che teme di essere stato dimenticato:

Di questo altrove io vo' rendervi conto;
ch'ad un gran Duca è forza ch'io riguardi,
il qual mi grida, e di lontano accenna,
e priega ch'io no 'l lasci ne la penna.

o quando si sente responsabile del destino di Ruggiero:

Ma mi parrìa, Signor, far troppo fallo,
se, per voler di costor dir, lasciassi
tanto Ruggier nel mar che v'affogassi.

S'instaura in tal modo, tra l'autore e i personaggi, non solo un gioco di specchi, ma soprattutto una complicità narrativa, che è stata di volta in volta interpretata come demolizione della credibilità dell'opera o come esibizione del poeta creatore. Ciò che conta, però, è che Ariosto è *dentro il poema* molto di più di tutti i suoi predecessori, perché il poema non è solo una creazione dell'autore, ma anche il luogo in cui si deposita un'esperienza esistenziale che diventa paradigmatica in quanto, al tempo stesso, esperita soggettivamente dall'autore ed esperibile collettivamente da tutti, come si evince dal clamoroso commento all'incontro tra Angelica e Medoro, in cui il poeta si rivolge direttamente ai suoi personaggi, Orlando, Sacripante, Agricane e Ferraù:

O conte Orlando, o re di Circassia,
vostra inclita virtù, dite, che giova?
Vostro alto onor dite in che prezzo sia,

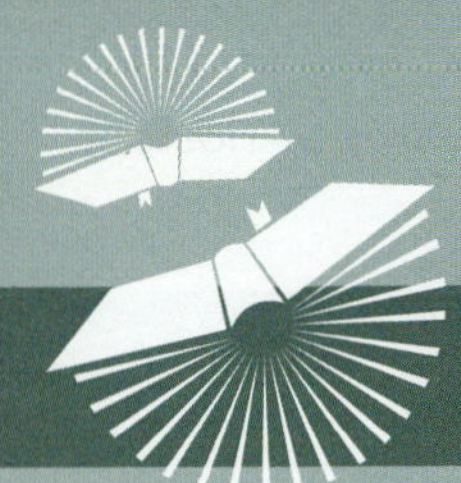

LETTURE critiche

o che mercé vostro servir ritruova.
Mostratemi una sola cortesia
che mai costei v'usasse, o vecchia o nuova,
per ricompensa e guidardone e merto
di quanto avete già per lei sofferto.

Oh se potessi ritornar mai vivo,
quanto ti parria duro, o re Agricane!
che già mostrò costei sì averti a schivo
con repulse crudeli ed inumane.
O Ferraù, o mille altri ch'io non scrivo,
ch'avete fatto mille pruove vane
per questa ingrata, quanto aspro vi fôra,
s'a costu' in braccio voi la vedesse ora!

Stefano Jossa, *Ariosto*, Il Mulino, Bologna 2009

Comprendere il PENSIERO CRITICO

1 In quali forme, secondo Jossa, Ariosto compare nel *Furioso*?

2 Qual è il passo da cui si evince che il *Furioso* è depositario di un'esperienza vissuta in prima persona dal poeta?

Verifica delle CONOSCENZE

L'OPERA: *ORLANDO FURIOSO*

Scegli l'alternativa corretta fra quelle proposte.

1 L'*Orlando furioso* è composto da
- a ottave di endecasillabi.
- b endecasillabi sciolti.
- c sestine di endecasillabi.
- d terzine di endecasillabi.

2 L'*Orlando furioso* ha avuto
- a due redazioni: 1516 e 1532.
- b tre redazioni: 1516, 1518 e 1532.
- c tre redazioni: 1516, 1521 e 1532.
- d quattro redazioni: 1516, 1521, 1532 e un'ultima postuma.

3 L'*Orlando furioso*
- a segue fedelmente le vicende del ciclo bretone.
- b prende avvio dal punto in cui Boiardo aveva interrotto il racconto nell'*Orlando innamorato*.
- c ripete episodi già narrati da Boiardo rielaborandoli in maniera originale.
- d si basa sulla pura invenzione dell'autore.

4 La trama dell'*Orlando furioso* è
- a semplice e lineare.
- b complessa e intricata.
- c noiosa e ripetitiva.
- d limpida e consequenziale.

5 Dal punto di vista linguistico, nell'*Orlando furioso* Ariosto
- a rimane legato al modello di Boiardo.
- b rende omaggio alle teorie espresse da Dante nel *De vulgari eloquentia*.
- c si adegua, seppure con una certa dose di autonomia, alle teorie di Pietro Bembo.
- d inventa una personalissima lingua padana.

6 Nell'*Orlando furioso* l'amore è
- a un sentimento che innalza a Dio.
- b un sentimento che porta sulla Luna.
- c una passione che svia dai propri compiti e doveri.
- d una passione terrena vista positivamente.

Completa la tabella.

7 Elenca le caratteristiche dei seguenti personaggi.

Orlando	
Angelica	
Astolfo	
Ruggiero	
Atlante	
Alcina	
Bradamante	
Rinaldo	
Sacripante	

Rispondi alle seguenti domande.

8 Quali sono le principali differenze tra le diverse edizioni dell'*Orlando furioso*?

9 Spiega in breve la tecnica narrativa utilizzata da Ariosto nel poema.

10 In quale quadro geografico si svolgono le vicende del poema?

11 Descrivi brevemente il sistema di valori che emerge dall'*Orlando furioso*.

12 La visione del mondo espressa dall'*Orlando furioso* può essere definita laica? Perché?

13 Da che cosa è determinata la pazzia di Orlando? Come si esprime? Qual è l'atteggiamento del poeta nei suoi confronti?

14 Come viene raffigurata la Luna nel poema? Che cosa rappresenta?

15 Quale dei brani antologizzati rispecchia meglio la poetica di Ariosto? Perché?

16 A livello contenutistico e stilistico, quali sono le principali analogie e differenze fra il poema di Ariosto e quelli di Pulci e di Boiardo?

Analisi e interpretazione di un TESTO LETTERARIO

Angelica e l'orca

Orlando furioso, X, ott. 93; 95-102; 106-107; 109-111

Angelica, l'oggetto del desiderio di tutti i cavalieri dell'*Orlando furioso*, è stata catturata dagli abitanti dell'isola di Ebuda e legata a uno scoglio, offerta in sacrificio a un orribile mostro marino. Accorre a salvarla uno dei suoi spasimanti, Ruggiero, in sella all'ippogrifo, il magico destriero alato.

93
Al nudo sasso, all'Isola del pianto;
che l'Isola del pianto era nomata
quella che da crudele e fiera tanto
et inumana gente era abitata,
che (come io vi dicea sopra nel canto)
per varii liti sparsa iva in armata
tutte le belle donne depredando,
per farne a un mostro poi cibo nefando.

[...]

95
La fiera gente inospitale e cruda
alla bestia crudel nel lito espose
la bellissima donna, così ignuda
come Natura prima la compose.
Un velo non ha pure, in che richiuda
i bianchi gigli e le vermiglie rose,
da non cader per luglio o per dicembre,
di che son sparse le polite membre.

96
Creduto avria che fosse statua finta
o d'alabastro o d'altri marmi illustri
Ruggiero, e su lo scoglio così avinta
per artificio di scultori industri;
se non vedea la lacrima distinta
tra fresche rose e candidi ligustri
far rugiadose le crudette pome,
e l'aura sventolar l'aurate chiome.

97
E come ne' begli occhi gli occhi affisse,
de la sua Bradamante gli sovvenne.

2 nomata: chiamata.
6 iva in armata: girava con una flotta.
9 cruda: crudele.
10 lito: spiaggia.
12 compose: creò.
13 pure: neppure. **in che richiuda:** con cui copra.
14-16 i bianchi... membre: i colori, bianco e rosso vermiglio, di cui sono cosparse le belle membra (*polite membre*) di Angelica e che sono tali da non venir meno per il calore estivo (*luglio*) o per il gelo invernale (*dicembre*).
16 polite: armoniose.
17 avria: avrebbe.
18 illustri: rari, pregiati.
19 avinta: avvinta, legata.
20 industri: ingegnosi, esperti.
22 ligustri: gigli.
23 far... pome: bagnare di pianto i seni acerbi.

Pietade e amore a un tempo lo trafisse,
e di piangere a pena si ritenne;
e dolcemente alla donzella disse,
poi che del suo destrier frenò le penne:
«O donna, degna sol de la catena
con chi i suoi servi Amor legati mena,

98
e ben di questo e d'ogni male indegna,
chi è quel crudel che con voler perverso
d'importuno livor stringendo segna
di queste belle man l'avorio terso?».
Forza è ch'a quel parlare ella divegna
quale è di grana un bianco avorio asperso,
di sé vedendo quelle parte ignude,
ch'ancor che belle sian, vergogna chiude.

99
E coperto con man s'avrebbe il volto,
se non eran legate al duro sasso;
ma del pianto, ch'almen non l'era tolto,
lo sparse, e si sforzò di tener basso.
E dopo alcun' signozzi il parlar sciolto,
incominciò con fioco suono e lasso:
ma non seguì; che dentro il fe' restare
il gran rumor che si sentì nel mare.

100
Ecco apparir lo smisurato mostro
mezzo ascoso ne l'onda e mezzo sorto.
Come sospinto suol da borea o d'ostro
venir lungo navilio a pigliar porto,
così ne viene al cibo che l'è mostro
la bestia orrenda; e l'intervallo è corto.
La donna è mezza morta di paura;
né per conforto altrui si rassicura.

101
Tenea Ruggier la lancia non in resta,
ma sopra mano, e percoteva l'orca.
Altro non so che s'assimigli a questa,
ch'una gran massa che s'aggiri e torca;

30 del suo destrier frenò le penne: fece fermare il cavallo alato.
32 con chi: con la quale.
35 importuno livor: gli inopportuni lividi che le funi lasciano sulle bianche mani di Angelica.
37 Forza è... divegna: a quelle parole è inevitabile che lei diventi.
38 grana: rosso vivo.
39 parte: parti.
40 ancor... chiude: benché siano belle, il pudore le tiene celate sotto gli indumenti.
45 alcun' signozzi: alcuni singhiozzi.
46 fioco suono e lasso: tono flebile e triste.
47 seguì: continuò. **il fe' restare:** lo fece arrestare.
50 ascoso: nascosto. **mezzo sorto:** per metà fuori dall'acqua.
51 borea: vento del Nord. **ostro:** austro, vento del Sud.
52 navilio: nave.
56 né... si rassicura: né si rassicura per il conforto che le è offerto da Ruggiero.
58 sopra mano: alta sopra la mano.
59 s'assimigli: sia simile.
60 gran massa: massa informe.

né forma ha d'animal, se non la testa,
c'ha gli occhi e i denti fuor, come di porca.
Ruggier in fronte la ferìa tra gli occhi;
ma par che un ferro o un duro sasso tocchi.

102
Poi che la prima botta poco vale,
ritorna per far meglio la seconda.
L'orca, che vede sotto le grandi ale
l'ombra di qua e di là correr su l'onda,
lascia la preda certa litorale,
e quella vana segue furibonda:
dietro quella si volve e si raggira.
Ruggier giù cala, e spessi colpi tira.

[...]

106
Sì forte ella nel mar batte la coda,
che fa vicino al ciel l'acqua inalzare;
tal che non sa se l'ale in aria snoda,
o pur se 'l suo destrier nuota nel mare.
Gli è spesso che disia trovarsi a proda;
che se lo sprazzo in tal modo ha a durare,
teme sì l'ale inaffi all'ippogrifo,
che brami invano avere o zucca o schifo.

107
Prese nuovo consiglio, e fu il migliore,
di vincer con altre arme il mostro crudo:
abbarbagliar lo vuol con lo splendore
ch'era incantato nel coperto scudo.
Vola nel lito; e per non fare errore,
alla donna legata al sasso nudo
lascia nel minor dito de la mano
l'annel, che potea far l'incanto vano:

[...]

109
Lo dà ad Angelica ora, perché teme
che del suo scudo il fulgurar non viete,
e perché a lei ne sien difesi insieme
gli occhi che già l'avean preso alla rete.
Or viene al lito e sotto il ventre preme

62 porca: cinghialessa.
69 litorale: che sta sulla spiaggia.
77 trovarsi a proda: trovarsi sulla spiaggia.
78 sprazzo: getto d'acqua prodotto dall'orca.
80 zucca o schifo: una zucca come galleggiante o una barca di salvataggio.
83 abbarbagliar: accecare.
88 l'annel: l'anello magico che rende invisibili e protegge dagli incantesimi.

ben mezzo il mar la smisurata cete.
Sta Ruggiero alla posta, e lieva il velo;
e par ch'aggiunga un altro sole al cielo.

110
Ferì negli occhi l'incantato lume
di quella fera, e fece al modo usato.
Quale o trota o scaglion va giù pel fiume
c'ha con calcina il montanar turbato,
tal si vedea ne le marine schiume
il mostro orribilmente riversciato.
Di qua di là Ruggier percuote assai,
ma di ferirlo via non truova mai.

111
La bella donna tuttavolta priega
ch'invan la dura squama oltre non pesti.
«Torna, per Dio, signor: prima mi slega
(dicea piangendo), che l'orca si desti:
portami teco e in mezzo il mar mi anniega:
non far ch'in ventre al brutto pesce io resti».
Ruggier, commosso dunque al giusto grido,
slegò la donna, e la levò dal lido.

94 cete: il cetaceo, l'orca.
97 Ferì: colpì. **l'incantato lume:** è il soggetto di *Ferì*.
99 scaglion: pesce d'acqua dolce con grosse scaglie.
100 calcina: calce gettata nei torrenti dal contadino (*montanar*) per far venire a galla i pesci così catturati.
102 riversciato: riverso.
105 tuttavolta: intanto.
107 mi slega: slegami.
109 teco: con te. **mi anniega:** annegami.

COMPRENSIONE E ANALISI

1 Riassumi il contenuto del brano in circa 10 righe.
2 Che cosa fa capire a Ruggiero che a essere legata allo scoglio sia una creatura in carne e ossa?
3 Quale effetto determina in lui alla vista di Angelica?
4 A quale altro animale può essere paragonata l'orca secondo Ariosto?
5 Nell'ottava 106 Ariosto descrive le ragioni che inducono Ruggiero a operare un cambio di strategia. Quali sono?
6 Perché Ruggiero cede l'anello ad Angelica?
7 Il passo si conclude con la preghiera rivolta da Angelica al suo salvatore. Qual è il suo contenuto?

INTERPRETAZIONE E COMMENTO

L'elemento magico è uno dei tratti caratterizzanti dell'*Orlando furioso*. Spiega qual è la sua funzione nel poema, facendo riferimento anche ad altri brani da te studiati. Soffermati poi sul successo che ha presso i lettori più giovani il genere *fantasy* (non solo in letteratura, ma anche nel cinema: è il caso delle saga del *Signore degli Anelli* o di quella di *Harry Potter*), di cui il capolavoro di Ariosto rappresenta uno dei più illustri antecedenti. Quali sono, a tuo giudizio, le ragioni di una così diffusa fascinazione? Anche tu sei appassionato/a delle storie fantastiche? Sviluppa l'argomento in circa 2 facciate di foglio protocollo.

Analisi e produzione di un TESTO ARGOMENTATIVO

Ariosto uno di noi

Il critico Matteo Marchesini (n. 1979) argomenta l'esistenza di alcuni importanti punti di contatto tra l'epoca di Ariosto e la nostra, nonché tra l'universo ideologico dell'*Orlando furioso* e la cultura di oggi.

A mezzo millennio dalla prima edizione dell'*Orlando furioso* (1516), ci si potrebbe divertire a cogliere qualche affinità tra il nostro presente e il contesto storico riflesso fantasticamente nel poema. Mentre il giovane Ludovico imbastisce la sua "gionta"[1] all'*Innamorato* del Boiardo, gli stati italiani perdono l'indipendenza e si riducono a fragili pedine sulla scacchiera delle potenze europee. Finisce la primavera carnascialesca del Quattrocento, tempo di letterature acerbe e interregionali in cui i tratti plebei e raffinati si mescolavano in una rorida poesia d'occasione. Nel 1494, la calata dei francesi rompe dopo quarant'anni gli equilibri della pace di Lodi, piccola guerra fredda che ha garantito una tregua insolitamente lunga alla penisola. La Storia ricomincia a muoversi con i suoi eserciti, dotati degli archibugi che l'eroe del *Furioso* prova invano a seppellire in mare per difendere l'ideale della cavalleria: un ideale ormai remoto, come nel XXI secolo, davanti ai droni, appaiono remote le pesanti divise novecentesche. Di lì a poco le guerre tra stati diventano guerre religiose, combattute anche coi nuovi mezzi della stampa, un'arma di propaganda ideologica formidabile quanto oggi il web.

La rivoluzione gutenberghiana agisce sull'intera cultura: diffonde una mole d'informazioni presto incontrollabile, fissa la versione corretta dei testi, standardizza i volgari regionali, e così invita a codificare una lingua letteraria nazionale. Nella seconda e nella terza edizione del poema, Ariosto cercherà appunto di cancellarne la residua patina padana seguendo i precetti di Bembo, che indicava come modelli Petrarca e Boccaccio. Però il pontefice del volgare fiorentino tace sul *Furioso*, forse perché questa colta rielaborazione dei cantari non rientra tra i generi che ha previsto. E del resto nelle "corbellerie" di messer Ludovico ogni citazione stilistica o tematica dai grandi toscani, Dante compreso, perde i connotati originari e diventa subito ariostesca: a una trama funambolicamente eterogenea fa da contrappeso l'uniformità di stile e di passo testimoniata dalle ottave sinuose, panneggiate e insieme rapidissime. Tutto il *Furioso* si regge sul difficile equilibrio raggiunto tra spinte e caratteri opposti: da una parte l'ironia, dall'altra il fondo malinconico; da una parte gli eroi invulnerabili da fumetto che infilano sull'asta mucchi di nemici come tortellini, dall'altra gli eroi troppo umani che soccombono; da una parte le nobili scenografie cavalleresche, dall'altra i paragoni domestici che riconducono i duelli più solenni alla misura di una pesca sul Po o di un interno d'osteria ferrarese. Lo stesso Ariosto è duplice: sedentario e mercuriale, ragionevole e languido, sboccato e classicista. Queste doppiezze riflettono un mondo ovidianamente metamorfico, volubile e senza pace. È il mondo in cui le alleanze politico-militari cambiano di continuo e in cui al poeta-funzionario, se porta dagli Este al papa un'ambasciata sgradita, tocca vedere troppo da vicino il Tevere; il mondo della fortuna machiavelliana e della contagiosa follia già registrata da Alberti e poi messa in scena, oltre che dal *Furioso*, da Erasmo, Shakespeare e Cervantes.

Con una *suspense* da videogioco o da serie tv, e con le interminabili catene di novelle che dilatano la pancia del suo poema senza inizio né fine, Ariosto ci ripete che

1 **"gionta":** aggiunta, continuazione.

la vita è un ininterrotto inseguimento d'ombre e di chimere. Insieme ossessivi e distratti, gli uomini corrono dietro prima a una donna e poi a un elmo, a un cavallo o a un anello, con la stessa stordita testardaggine. E dato che la realtà è imprevedibile e indomabile, nessuno raggiunge l'oggetto dei suoi desideri: "Angelica che fugge", che di questo eterno desiderare è l'emblema più esplicito, viene conquistata solo da chi mai s'è sognato di cercarla, da un povero fante privo di qualunque curriculum epico.

Il cosmo ariostesco somiglia tutto al castello di Atlante, la fortezza fatta d'illusione in cui il mago trattiene il suo pupillo Ruggiero per impedirgli di andare incontro a un precoce destino di morte. Il castello è un rifugio ma anche una sineddoche del mondo; è un luogo protetto, ma anche un inganno. Stare lì dentro, procrastinare la sorte, significa vivere nell'irrealtà, cioè non vivere; mentre uscire, cioè vivere, significa morire. In ogni caso, dentro e fuori, agli uomini manca la terra sotto i piedi. Perciò la fantasia di Ariosto non è mai solo umoristica e ludica, ma è sempre avvolta in un'ombra ambigua, misteriosa, sfuggente, sempre abitata dalla coscienza che i progetti umani mancano il loro approdo.

In questo senso, più di Croce[2] che gli ha appiccicato addosso l'etichetta critica dell'"armonia", e più di Calvino[3] che l'ha affrontato come una partita di scacchi, sembra averlo capito bene Fortini,[4] che non lo amava e che parlava con disagio di un "taoismo alla ferrarese": dire che niente ha scopo, che tutto è scherzo, non è affatto uno scherzo ma una constatazione nichilista. È la ragione per cui la nostra epoca virtuale, così distante dai suoi tarocchi, lo sente a volte oscuramente fraterno. Tornando al gioco dei paragoni, proporrei di guardarci intorno e di chiederci se per caso oggi non si aggiri tra noi un Ariosto, o almeno qualcuno che ricopre le sue funzioni nell'immaginario del Duemila. Ho il sospetto che sia Quentin Tarantino.[5]

Matteo Marchesini, *Ariosto, mezzo millennio dopo, è oscuramente fraterno alla nostra era*, "Il Foglio", 11 ottobre 2016

2 **Croce:** Benedetto Croce (1866-1952), filosofo e critico.
3 **Calvino:** lo scrittore Italo Calvino (1923-1985).
4 **Fortini:** il poeta e critico Franco Fortini (1917-1994).
5 **Quentin Tarantino:** regista statunitense (n. 1963).

COMPRENSIONE E ANALISI

1 Quando Ariosto pubblica la prima edizione dell'*Orlando furioso*, la guerra ha già profondamente cambiato il proprio volto. Perché l'"ideale" del protagonista del poema è ormai anacronistico?

2 Quale svolta segna profondamente l'universo culturale del tempo di Ariosto? Come si ripercuote sulle scelte artistiche dell'autore?

3 Le ottave di Ariosto vengono definite *sinuose, panneggiate e insieme rapidissime* (r. 26). Anche ripensando a quanto hai studiato, spiega il significato di tale espressione.

4 Perché il carattere contraddittorio della personalità di Ariosto rispecchia quello della sua epoca?

5 Che cosa simboleggia la fuga continua di Angelica nell'*Orlando furioso*?

6 Che cosa significa che il castello di Atlante *è un rifugio ma anche una sineddoche del mondo* (rr. 49-50)?

7 Tra l'interpretazione di Croce e quella di Fortini, per quale propende Marchesini? Con quali motivazioni?

8 Trova ed elenca i paragoni addotti da Marchesini tra l'epoca in cui uscì l'*Orlando furioso* e quella attuale. Quali tratti in comune emergono tra questi due momenti storici, seppure così lontani tra loro?

INTERPRETAZIONE E COMMENTO

Leggiamo a un certo punto nell'articolo di Marchesini: *Ariosto ci ripete che la vita è un ininterrotto inseguimento d'ombre e di chimere* (rr. 40-41). In questa immagine c'è, in fondo, la sintesi della riflessione pessimistica di Ariosto sulla vita e sulle ambizioni umane, che emerge - pur sotto una superficie di sorridente spensieratezza - dal suo capolavoro. Condividi anche tu una simile visione dell'esistenza umana? Esponi la tua tesi in 2 facciate di foglio protocollo, facendo riferimento alla tua esperienza personale e all'osservazione della realtà storico-sociale a te contemporanea.

LA VITA

Ludovico Ariosto nasce a Reggio Emilia nel 1474 e inizia gli studi giuridici a Ferrara, dove il padre è funzionario dei duchi d'Este; dopo pochi anni abbandona la giurisprudenza e decide di dedicarsi alle materie letterarie e classiche. Dopo la morte del padre (1500), Ludovico intraprende la carriera militare e nel 1503 entra a servizio del Cardinale Ippolito d'Este. Nel 1513 incontra la gentildonna Alessandra Benucci: nasce un amore che durerà fino alla morte. Nel 1516 esce la prima edizione dell'*Orlando Furioso*, che riscuote un successo eccezionale: in quel periodo Ariosto scrive anche le *Satire* e 4 commedie. In seguito alla rottura con il Cardinale d'Este, nel 1518 passa al servizio di Alfonso I d'Este, duca di Ferrara, rivestendo un ruolo che gli garantisce una maggiore libertà. Nel 1522 ad Ariosto viene assegnato l'incarico di governare la Garfagnana: vi rimane per 3 anni. Tornato a Ferrara, trascorre serenamente l'ultima parte della vita, dedicandosi agli studi e alla scrittura.
Muore nel 1533.

LE OPERE

Le *Satire* Tra il 1517 e il 1524 Ariosto scrive le *Satire*, 7 componimenti in terza rima dedicati a parenti e amici. In esse Ariosto riprende gli schemi delle commedie latine di Plauto e Terenzio, adattandone gli intrecci a situazioni contemporanee. Il contenuto, autobiografico e concreto, indaga uno dei temi fondamentali dell'autore: il dissidio fra la vita di corte e l'aspirazione alla libertà creativa. Ludovico disprezza gli intrighi e le invidie della corte di Ferrara e aspira a una letteratura come attività esercitata in autonomia, non più sottoposta alle esigenze dei potenti. Egli persegue l'ideale di un'esistenza tranquilla e libera dai bisogni materiali, che gli permetta di dedicarsi alla famiglia, alla lettura e alla scrittura.

Le *Rime* Nel 1545 pubblica delle *Rime* in volgare: si tratta di liriche d'amore che hanno per modello Petrarca, con l'influsso dei poeti latini Catullo, Orazio, Ovidio e Virgilio. All'interno della raccolta Ariosto propone una nuova visione dell'amore: la bellezza femminile non è per lui una realtà statica, oggetto di contemplazione da parte del poeta-amante, ma fonte di un'esperienza passionale e in continuo divenire. Dall'amore infatti scaturisce quella forza irrazionale che, nell'*Orlando Furioso*, porterà il protagonista alla follia.

Le opere minori Ariosto è anche autore di più di 70 poesie in latino e 5 commedie in endecasillabi sciolti: *La Cassaria* (1508); *I Suppositi* (1509); *Il Negromante* (1520); *La Lena* (1528); *I Studenti* (rimasta interrotta successivamente intitolata *La Scolastica*). Ci sono rimaste anche 214 sue lettere, che aprono squarci sulla sua vita privata, e l'**Erbolato**, una caricatura dei medici del tempo.

L'*Orlando furioso* È un **poema in ottave di endecasillabi** che Ariosto inizia a comporre dal 1504-1506 e di cui possediamo tre redazioni: del **1516**, in padano illustre; del **1521**, in una lingua toscaneggiante; del **1532**, definitiva, in 46 canti, in fiorentino illustre. Ariosto riprende a raccontare **la vicenda di Orlando** da dove Boiardo l'aveva interrotta e, come lui, fonde insieme materia carolingia e materia bretone.
Le storie si sviluppano in vicende parallele tenute insieme da **tre** principali **nuclei narrativi: militare**, con le vicende di guerre dei paladini di Carlo Magno contro i Mori; **amoroso**, con al centro l'inseguimento di Angelica da parte dei paladini – più di tutti Rinaldo e Orlando – che se ne innamorano a prima vista; **encomiastico**, con l'unione di Ruggiero e Bradamante che darà origine alla dinastia estense. La tecnica dell'*entrelacement* consente di tenere insieme i diversi filoni del poema attraverso l'interruzione della narrazione (generando suspense e tensione) e la successiva ripresa del racconto. Ariosto domina la materia del poema attraverso la voce del narratore onnisciente che intreccia i destini dei personaggi costruendo un ordine fantastico che nella realtà risulta assente.
Il viaggio ininterrotto dei paladini, che non giunge mai alla meta (*quête*), è animato dall'amore per Angelica: la donna non è quindi fonte di perfezionamento morale ma oggetto del desiderio, inseguito e mai raggiunto. I **luoghi del poema** sono reali (Parigi, Arles) e fantastici (il castello di Atlante, l'isola di Alcina); la selva, dove si smarriscono i desideri e le aspirazioni degli uomini, è una metafora del caos della realtà umana in cui è difficile orientarsi.
La **concezione laica del destino** dà origine, sul piano narrativo, a una serie di situazioni ed avventure che coinvolgono i paladini dell'Ariosto: essi incarnano la crisi dei valori cavallereschi e le loro innumerevoli peripezie riflettono la crisi della società rinascimentale e la crescente sfiducia nei valori umanistici dell'armonia e della razionalità.
Presente è anche il **tema della meraviglia**: l'elemento magico viene frequentemente utilizzato come espediente narrativo per determinare un punto di svolta nella trama.
L'ottava di Ariosto, definita "**ottava d'oro**", raggiunge un livello di autentica perfezione mediante la corrispondenza tra piano metrico e quello sintattico. Sul piano linguistico l'opera è caratterizzata da un lessico variegato in cui vocaboli classici si fondono ad espressioni popolari.

I SAPERI fondamentali

LUDOVICO ARIOSTO

(1474-1533)

VITA

- primi studi grammaticali e giuridici
- nel 1503 al servizio del cardinale Ippolito d'Este
- nel 1513 incontro con Alessandra Benucci che diventerà la sua compagna
- nel 1516 esce la prima edizione dell'*Orlando Furioso*
- rottura con Ippolito d'Este
- nel 1518 è alla corte di Alfonso I d'Este

TEMI

- dissidio fra vita di corte e desiderio di tranquillità
- letteratura esercitata in dignitosa autonomia
- nuova concezione dell'amore come esperienza passionale e irrazionale

OPERE

Satire
7 componimenti in terza rima
- stile colloquiale, dimesso
- argomento autobiografico

T1 L'intellettuale contro la corte
T2 In casa mia mi sa meglio una rapa

Rime in volgare
liriche d'amore
- influsso di Petrarca e dei poeti latini (Catullo, Orazio, Ovidio e Virgilio)
- stile composto ed essenziale

T3 Chiuso era il sol da un tenebroso velo

Carmi latini
poesie in latino
- componimenti di metri e argomenti vari che attestano gli assidui studi giovanili sui classici

Commedie
5 commedie in endecasillabi sciolti
- *La Cassaria, I Suppositi, Il Negromante, La Lena, I Studenti* (incompiuta) scritte per le rappresentazioni di corte
- ripresa degli schemi formali di Plauto e Terenzio

Epistole
214 lettere
- attestazioni della vita privata del poeta utile per ricavare informazioni sulla composizione delle opere

Erbolato
opuscolo uscito postumo
- opera che costituisce una sorta di *divertissement*

Temi

- viaggio e ricerca senza meta
- sentimento amoroso che diviene follia
- attrazione verso la bellezza femminile
- valori cavallereschi ormai tramontati, visti con ironia e disincanto
- crisi parziale della fiducia nella razionalità umanistico-rinascimentale
- concezione dell'artista come colui che può portare ordine nel caos

ORLANDO FURIOSO

(1516; 1521; 1532)

- poema epico-cavalleresco, composto da 46 ottave
- capolavoro indiscusso dell'Ariosto

Sperimentalismo linguistico

- scritto in volgare fiorentino
- linguaggio variegato, con termini popolari
- ottava giunta alla piena maturità
- tecnica dell'*entrelacement*
- narratore onnisciente

TRAMA DELL'OPERA

3 nuclei narrativi:

1) **militare**: imprese dei paladini di Carlo Magno contro i Mori
2) **amoroso**: inseguimento di Angelica da parte dei paladini
3) **encomiastico**: celebrazione della grandezza dei duchi d'Este attraverso la storia di Bradamante e Ruggiero

T4 Il proemio
T5 La fuga di Angelica
T6 La figuraccia di Sacripante
T7 L'avventura di Pinabello e il castello di Atlante
T8 Atlante e l'ippogrifo
T9 Ruggiero e Astolfo nell'isola di Alcina
T10 Un palazzo incantato
T11 La pazzia di Orlando
T12 Astolfo sulla Luna

Spazio e tempo

- spazio orizzontale percorso dai cavalieri, assenza di una dimensione trascendente
- luoghi reali: Parigi, sede dell'accampamento cristiano, rappresenta il centro morale del poema
- luoghi magici che acquisiscono significati simbolici: castello incantato del mago Atlante, la Luna, la selva
- labirinto temporale, determinato dall'intreccio delle vicende

Personaggi principali

Cristiani

- **Orlando**: paladino che diventa simbolo della vanità delle passioni umane
- **Rinaldo**: cugino di Astolfo e Orlando, rivale di quest'ultimo nell'amore di Angelica
- **Astolfo**: cugino di Orlando e Rinaldo, salirà sulla luna per recuperarne il senno
- **Bradamante**: valorosa guerriera che, unendosi a Ruggiero, darà origine alla casata d'Este

Pagani

- **Angelica**: figlia del re del Catai è desiderata e inseguita da tutti i cavalieri, cristiani e pagani
- **Medoro**: fante saraceno di cui si innamora Angelica
- **Ruggiero**: guerriero destinato a fondare la dinastia estense attraverso l'unione con Bradamante
- **Atlante**: mago protettore di Ruggiero, di cui conosce il destino

Ariosto & Italo Calvino

Nel labirinto del mondo

Una parentela umana e letteraria, a distanza di quattro secoli

Il più ariostesco degli scrittori italiano è senza dubbio Italo Calvino, che per tutta la vita e lungo l'arco di una produzione letteraria estesa lungo diversi decenni ha intrattenuto un dialogo continuo e diretto con l'*Orlando furioso*. Come autore, come critico e perfino come trascrittore-espositore del poema di Ariosto, egli ha individuato nel proprio modello preferito non solo una precisa idea della letteratura, ma anche una **concezione dell'individuo**, desideroso di vivere e cogliere le mille sfaccettature di quella interminabile e appassionante «giostra delle illusioni» che è il mondo.

Nato nel **1923** a Santiago de Las Vegas a Cuba, Calvino si trasferisce ben presto in **Liguria** insieme alla famiglia, che gli dà una formazione culturale di tipo scientifico, laica e antifascista. Studente della Facoltà di Agraria prima a Torino poi a Firenze, dopo l'8 settembre 1943 **partecipa alla Resistenza**. Finito il conflitto, viene in contatto con intellettuali come Elio Vittorini e Cesare Pavese, che lo introducono presso la casa editrice Einaudi. Il suo esordio come romanziere avviene nel 1947: *Il sentiero dei nidi di ragno* tratta l'esperienza autobiografica della lotta partigiana, ma attraverso lo **sguardo ingenuo di un bambino**, Pin, che trasfigura in modo fiabesco, spesso deformandoli, i tragici avvenimenti di cui è stato testimone. Quando Pavese legge il romanzo, afferma che è opera di uno «scoiattolo della penna», che si arrampica sulle piante «più per gioco che per paura» e scrive con l'agilità e la freschezza stilistica e inventiva di un Ariosto moderno.

◂ Piero Fornasetti, *Casa di Carte*, 1960.

La rappresentazione ironica della condizione umana

Il riferimento all'autore del *Furioso* è suffragato dalle predilezioni di Calvino lettore, che approfondisce la conoscenza dell'universo ariostesco. Ciò è visibile soprattutto nella stesura della trilogia de *I nostri antenati: Il visconte dimezzato* (1952), *Il barone rampante* (1957) e soprattutto *Il cavaliere inesistente* (1959). Durante gli anni che lo vedono impegnato nella composizione di questi romanzi, Calvino mette a punto un intervento teorico di grande importanza, intitolato *Il midollo del leone* (1955), nel quale il debito verso Ariosto si precisa puntualmente. Leggiamo questo brano:

> Le cose che la letteratura può ricercare e insegnare sono poche ma insostituibili: il modo di guardare il prossimo e se stessi, il porre in relazione fatti personali e fatti generali, di attribuire valore a piccole cose o a grandi, di considerare i propri limiti e vizi e gli altrui, di trovare le proporzioni della vita, e il posto dell'amore in essa, e la sua forza e il suo ritmo, e il posto della morte, il modo di pensarci o non pensarci; la letteratura può insegnare la durezza, la pietà, la tristezza, l'ironia, l'umorismo, e tante altre di queste cose necessarie e difficili.

Al pari del suo modello, Calvino indaga il **rapporto tra l'uno e il molteplice, tra ordine e disordine**, valorizza il gioco fantastico insito nell'inventare storie, insegue lo scarto ironico per illuminare le difficoltà e le incongruenze dell'esistenza, la leggerezza disincantata per ragionare sulla condizione umana. In particolare, ***Il cavaliere inesistente*** ci porta nel mondo dei cavalieri di Carlo Magno: il protagonista, Agilulfo, è un paladino impeccabile e ligio al suo dovere, che però non esiste: la sua armatura è vuota, non contiene nulla se non una voce e una volontà. La narratrice delle sue imprese si chiama Suor Teodora, ma sotto i panni della monaca si nasconde una guerriera di nome Bradamante, come l'omonima eroina ariostesca, in omaggio a uno dei tanti, neanche troppo segreti legami intertestuali con il poema rinascimentale.

Nei due brani che riproduciamo, Suor Teodora, ormai passata dal fragore dei campi di battaglia al silenzio del convento, riflette sulla propria esperienza e soprattutto sul **processo di comprensione della vita che può avvenire solo mediante la scrittura**.

Libro, è venuta sera, mi sono messa a scrivere più svelta, dal fiume non viene altro che il rombo lassù della cascata, alla finestra volano muti i pipistrelli, abbaia qualche cane, qualche voce risuona dai fienili. Forse non è stata scelta male questa mia penitenza, dalla madre badessa: ogni tanto mi accorgo che la penna ha preso a correre sul foglio come da sola, e io a correrle dietro. È verso la verità che corriamo, la penna e io, la verità che aspetto sempre che mi venga incontro, dal fondo d'una pagina bianca, e che potrò raggiungere soltanto quando a colpi di penna sarò riuscita a seppellire tutte le accidie, le insoddisfazioni, l'astio che sono qui chiusa a scontare.

Poi basta il tonfo d'un topo (il solaio del convento ne è pieno), un buffo di vento improvviso che fa sbattere l'impannata (proclive sempre a distrarmi, m'affretto ad andarla ad aprire), basta la fine d'un episodio di questa storia e l'inizio di un altro o soltanto l'andare a capo d'una riga ed ecco che la penna è ritornata pesante come una trave e la corsa verso la verità s'è fatta incerta.

Ora devo rappresentare le terre attraversate da Agilulfo e dal suo scudiero nel loro viaggio: tutto qui su questa pagina bisogna farci stare, la strada maestra polverosa, il fiume, il ponte, ecco Agilulfo che passa sul suo cavallo dallo zoccolo leggero, toc-toc toc-toc, pesa poco quel cavaliere senza corpo, il cavallo può fare miglia e miglia senza stancarsi, e il padrone poi è instancabile. Ora sul ponte passa un galoppo pesante: tututum! è Gurdulù che si fa avanti aggrappato al collo del suo cavallo, le due teste così vicine che non si sa se il cavallo pensi con la testa dello scudiero o lo scudiero con quella del cavallo. Traccio sulla carta una linea diritta, ogni tanto spezzata da angoli, ed è il percorso di Agilulfo. Quest'altra linea tutta ghirigori e andirivieni è il cammino di Gurdulù. Quando vede svolazzare una farfalla, subito Gurdulù le spinge dietro il cavallo, già crede d'essere in sella non del cavallo ma della farfalla e così esce di strada e vaga per i prati. Intanto Agilulfo cammina avanti, diritto, seguendo il suo cammino. Ogni tanto gli itinerari fuori strada di Gurdulù coincidono con invisibili scorciatoie (o è il cavallo che si mette a seguire un sentiero di sua scelta, poiché il suo palafreniere non lo guida) e dopo giri e giri il vagabondo si ritrova a fianco del padrone sulla strada maestra. [...]

Libro, ora sei giunto alla fine. Ultimamente mi sono messa a scrivere a rotta di collo. Da una riga all'altra saltavo tra le nazioni e i mari e i continenti. Cos'è questa furia che m'ha preso, quest'impazienza? Si direbbe che sono in attesa di qualcosa. Ma cosa mai possono attendere le suore, qui ritirate appunto per star fuori delle sempre cangianti occasioni del mondo? Cos'altro io aspetto tranne nuove pagine da vergare e consueti ritocchi della campana del convento? [...]

Sì, libro. Suor Teodora che narrava questa storia e la guerriera Bradamante siamo la stessa donna. Un po' galoppo per i campi di guerra tra duelli e amori, un po' mi chiudo nei conventi, meditando e vergando le storie occorsemi, per cercare di capirle. Quando venni a chiudermi qui ero disperata d'amore per Agilulfo, ora ardo per il giovane e appassionato Rambaldo.

Per questo la mia penna a un certo punto s'è messa a correre. Incontro a lui, correva; sapeva che non avrebbe tardato ad arrivare. La pagina ha il suo bene solo quando la volti e c'è la vita dietro che spinge e scompiglia tutti i fogli del libro. La penna corre spinta dallo stesso piacere che ti fa correre le strade. Il capitolo che attacchi e non sai ancora quale storia racconterà è come l'angolo che svolterai uscendo dal convento e non sai se ti metterà a faccia con un drago, uno stuolo barbaresco, un'isola incantata, un nuovo amore.

Corro, Rambaldo. Non saluto nemmeno la badessa. Già mi conoscono e sanno che dopo zuffe e abbracci e inganni ritorno sempre a questo chiostro. Ma adesso sarà diverso... Sarà...

Dal raccontare al passato, e dal presente che mi prendeva la mano nei tratti concitati, ecco, o futuro, sono salita in sella al tuo cavallo. Quali nuovi stendardi mi levi incontro dai pennoni delle torri di città non ancora fondate? quali fumi di devastazioni dai castelli e dai giardini che amavo?quali impreviste età dell'oro prepari, tu malpadroneggiato, tu foriero di tesori pagati a caro prezzo, tu mio regno da conquistare, futuro...

Sulla carta geografica del mondo

Anche qui, come nel *Furioso*, i personaggi si muovono incessantemente in un'eterna, **affannosa ricerca di qualcosa**. Agilulfo e il suo scudiero Gurdulù girano il mondo senza meta: il loro itinerario dà vita a un infinito *entrelacement*, spaziando in un labirinto privo di uscita e di approdo. La penna di Suor Teodora li segue disegnando la pagina come una mappa: ogni uomo è come una pedina della scacchiera che è la carta geografica del mondo. Su di essa si gioca una partita smisurata, dove linee dritte, spezzate, *ghirigori e andirivieni* (r. 22 del primo brano) simboleggiano, al tempo stesso, il cammino zigzagante dei personaggi e la difficoltà di fissarli sulla carta. Tuttavia, come Ariosto, Calvino non ha perso la **fiducia nella magia della parola scritta**: anzi, nel secondo brano, in conclusione di romanzo, dopo aver raccontato la propria vicenda e quindi imparato a capirla e dominarla, Suor Teodora può correre verso la vita. La letteratura le ha permesso di ordinare i diversi fili dell'esistenza e di sottrarli al caos della realtà.

La fantasia per riflettere sul mondo

È facile capire, dunque, che l'amore per Ariosto non spinge Calvino al disimpegno intellettuale o alla costruzione di favole di semplice intrattenimento. In un testo scritto per una trasmissione radiofonica andata in onda nel 1968, e poi pubblicato in *Una pietra sopra* (1980), l'autore chiarisce così questo aspetto fondamentale:

> È evasione il mio amore per l'Ariosto? No, egli ci insegna come l'intelligenza viva anche, e soprattutto, di fantasia, d'ironia, d'accuratezza formale, come nessuna di queste doti sia fine a se stessa ma come esse possano entrare a far parte d'una concezione del mondo, possano servire a meglio valutare virtù e vizi umani. Tutte lezioni attuali, necessarie oggi, nell'epoca dei cervelli elettronici e dei voli spaziali.

In tal modo, due anni dopo, con il volume ***Orlando furioso di Ludovico Ariosto raccontato da Italo Calvino***, l'autore è pronto a mettere mano in prima persona al capolavoro tanto amato, parafrasandone e commentandone le vicende ma anche ristrutturandone la trama, slegando i fili dell'intreccio originale, tagliando e ordinando in modo personale i diversi episodi, alternando le ottave del poema con una narrazione svincolata dalla divisione in canti. Il suo percorso di lettura valorizza in particolare il gioco fantastico con i personaggi, il **senso illusionistico della rappresentazione letteraria, il piacere dell'avventura come strumento di riflessione filosofica** sulla condizione umana, il gusto labirintico della deviazione e della digressione. Indicativo di questo approccio è il brano che riportiamo, dedicato al palazzo di Atlante, che abbiamo già conosciuto (➤ T10, p. 295, ma anche ➤ T7, p. 274) nella versione ariostesca.

Il poema che stiamo percorrendo è un labirinto nel quale si aprono altri labirinti. Nel cuore del poema c'è un trabocchetto, una specie di vortice che inghiotte a uno a uno i principali personaggi: il palazzo incantato del mago Atlante. Già il mago ci aveva fatto incontrare, tra le giogaie dei Pirenei, un castello tutto d'acciaio; poi l'aveva fatto dissolvere nel nulla. Ora, in mezzo a un prato non lontano dalle coste della Manica, vediamo sorgere un palazzo che un vortice di nulla, nel quale si rifrangono tutte le immagini del poema.

Attraversando un bosco, Ruggiero sente un grido: vede un gigante in lotta con un cavaliere. Sotto un colpo di mazza del gigante il cavaliere cade: dall'elmo slacciato esce un'onda di capelli biondi: è Bradamante! Ruggiero insegue il gigante che fugge trascinando la guerriera esanime e sparisce in un palazzo di marmo dalla porta d'oro. Ruggiero entra, percorre sale e logge e scale; si perde; perlustra il palazzo da cima a fondo più volte: nessuna traccia né del rapitore né della rapita.

Come Cerere cercava Proserpina rapita da Plutone, così rapimenti e ricerche affannose si intrecciano per le contrade della Francia. Anche a Orlando, a suo tempo, quando andava in cerca d'Angelica, era successa la stessa identica storia che a Ruggiero: veder rapita la sua bella, inseguire il rapitore, entrare in un misterioso palazzo, girare e girare per androni e corridoi deserti. Ossia: il palazzo è deserto di quel che si cerca, e popolato solo dai cercatori. Atlante ha dato forma al regno dell'illusione; se la vita è sempre varia e imprevista e cangiante, l'illusione è monotona, batte e ribatte sempre sullo stesso chiodo.

Tutti cercando il van, tutti gli danno
colpa di furto alcun che lor fatt'abbia:
del destrier che gli ha tolto, altri è in affanno;
ch'abbia perduta altri la donna, arrabbia;

altri d'altro l'accusa: e così stanno,
che non si san partir di quella gabbia;
e vi son molti, a questo inganno presi,
stati le settimane intiere e i mesi. (XII, 12)

Questi che vagano per androni e sottoscala, che frugano sotto arazzi e baldacchini sono i più famosi cavalieri cristiani e mori: tutti sono stati attratti nel palazzo dalla visione d'una donna amata, d'un nemico irraggiungibile, d'un cavallo rubato, d'un oggetto perduto. Non possono più staccarsi da quelle mura: se uno fa per allontanarsene, si sente richiamare, si volta e l'apparizione invano inseguita è là, affacciata a una finestra, che implora soccorso.

[È appunto quello che capita anche a Ruggiero].

Tosto che pon dentro alla soglia il piede,
per la gran corte e per le logge mira;
né più il gigante né la donna vede,
e gli occhi indarno or quinci or quindi aggira.
Di su di giù va molte volte e riede;
né gli succede mai quel che desira:
né si sa imaginar dove sì tosto
con la donna il fellon si sia nascosto.
Poi che revisto ha quattro volte e cinque
di su di giù camere e logge e sale,
pur di nuovo ritorna, e non relinque
che non ne cerchi fin sotto le scale.
Con speme al fin che sian ne le propinque
selve, si parte: ma una voce, quale
richiamò Orlando, lui chiamò non manco;
e nel palazzo il fe' ritornar anco.
Una voce medesma, una persona
che paruta era Angelica ad Orlando,
parve a Ruggier la donna di Dordona,
che lo tenea di sé medesmo in bando.
Se con Gradasso o con alcun ragiona
di quei ch'andavan nel palazzo errando,
a tutti par che quella cosa sia,
che più ciascun per sé brama e desia. (XII, 18-20)

Lo stesso grido d'aiuto, la stessa visione che a Ruggiero parve di Bradamante e a Orlando parve di Angelica, a Bradamante parrà di Ruggiero. Il desiderio è una corsa verso il nulla, l'incantesimo di Atlante concentra tutte le brame inappagate nel chiuso d'un labirinto, ma non muta le regole che governano i movimenti degli uomini nello spazio aperto del poema e del mondo.

▼ René Magritte, *La firma in bianco*, 1965. Washington, National Gallery of Art.

Tra illusione e realtà

Con una prosa accattivante e uno stile vivace in grado di seguire il ritmo del linguaggio parlato, come se stesse raccontando con la propria viva voce le vicende di Orlando e degli altri paladini, Calvino pone da subito l'attenzione sulla parola *labirinto*, vero concetto-chiave della "macchina" narrativa del *Furioso*. Il movimento dei cavalieri entro il palazzo di Atlante corrisponde metaforicamente all'incessante vagare della loro mente, persa tra mille pensieri, *sogni e desideri e invidie*. Emerge così, nell'interpretazione di Calvino, la **componente metaromanzesca e metaletteraria del poema di Ariosto**: il tema dell'illusione simboleggiata dall'incantesimo del mago si riflette nell'interiorità dei soggetti e finisce sulla pagina scritta dal poeta, ma ad essa, che è *monotona, batte e ribatte sempre sullo stesso chiodo* (rr. 20-21), si oppone la **varietà infinita della vita**, sempre *imprevista e cangiante* (r. 20). Su questo aspetto, in effetti, è possibile cogliere un elemento che distingue i due autori: per Ariosto il labirinto è il simbolo del caos del mondo, dell'impossibilità di trovare un ordine sia pure senza mai rinunciare a inseguirlo; per Calvino, più ottimisticamente, l'esistenza umana supera di gran lunga la finzione dell'arte, regalando a ciascun individuo una realtà che la luce della razionalità può illuminare e sottrarre alle contraddizioni e al disordine.

L'autore Niccolò Machiavelli

perché leggere... Machiavelli

LA VITA
LE OPERE
I GRANDI TEMI

L'opera
Il Principe

Li uomini sdimenticano più presto la morte del padre che la perdita del patrimonio

(*Il Principe*, XVII)

Un'opera letteraria o filosofica può conoscere nel tempo interpretazioni diverse, anche lontane dalle intenzioni dell'autore. Nessuno scrittore europeo ha vissuto questa sorte più di Machiavelli, il cui pensiero è diventato presto sinonimo di cinismo e crudeltà. Eppure egli non intende proporre ai regnanti un manuale di consigli immorali, ma insegnare loro, senza ipocrisie, le norme effettive della vita politica. Ciò non significa che Machiavelli le approvi: è solo l'intento di rappresentare la «verità effettuale della cosa» a spingerlo a non edulcorare la realtà e a non trasformarla secondo princìpi astratti.

Come le leggi della matematica, così quelle della politica hanno per lui un carattere immutabile: conoscerle e applicarle, per quanto sia ripugnante, è un dovere per l'uomo pubblico che voglia uscire indenne dai tumulti della vita associata.

Oggi ci affascina ancora il suo invito coraggioso a demistificare i luoghi comuni, a togliere alle cose e alle persone la maschera della finzione, e a cercare la verità anche quando è dolorosa o, al contrario, abbellita da false apparenze.

La vita

Le origini familiari e la formazione intellettuale

Niccolò Machiavelli nasce a **Firenze** nel **1469** da una **famiglia borghese**, non agiata ma colta. *«Nacqui povero, et imparai prima a stentare che a godere»*, scriverà nel 1513; tuttavia, nonostante l'iniziale scarsità di mezzi, riceve dal padre avvocato una buona **educazione umanistica**, fondata sulla conoscenza della lingua latina. Tra i suoi libri preferiti c'è il *De rerum natura* (La natura delle cose), il poema dell'autore latino Lucrezio (I secolo a.C.), che decide di trascrivere. È un primo indizio della personalità del giovane, il cui interesse va a un testo di **ispirazione materialistica** in anni in cui, a Firenze, Girolamo Savonarola predica i valori dello spirito e il disprezzo del mondo. Proprio a Savonarola sono dedicate invece le sue prime riflessioni politiche, estremamente critiche nei confronti dell'operato e della personalità del frate.

La carriera politica e l'esilio

La rapida ascesa al potere

Dopo la condanna e l'esecuzione di Savonarola (1498), Niccolò inizia la carriera politica. Nel giugno del 1498 assume infatti il ruolo di **segretario** della seconda **Cancelleria della Repubblica**. Poco dopo gli viene affidato l'incarico di dirigere i "Dieci di libertà e pace", una magistratura di carattere diplomatico-militare. Già in questi anni gli interessi di Machiavelli sono chiari: la **diplomazia** e l'**esercito**, ambiti fondamentali della sua futura elaborazione della scienza politica. Nel 1506 fonda i "Nove ufficiali dell'ordinanza e della milizia fiorentina", un organismo che ristruttura le milizie della città.

La riorganizzazione dell'esercito

L'esercito svolge in quegli anni convulsi un ruolo preminente. Il **governo repubblicano**, guidato dal gran gonfaloniere Pier Soderini, è minacciato su più fronti: all'interno, dove non mancano gli oppositori, specie quelli di parte medicea; all'esterno, dove preoccupano le mire espansionistiche di Venezia e dello Stato della Chiesa e le ambizioni di Cesare Borgia, il famoso duca Valentino (➤ p. 410), che sta ampliando il suo dominio nell'Italia centro-settentrionale con l'aiuto del padre, papa Alessandro VI. In tale panorama, l'ascesa di Machiavelli è fulminea.

PER APPROFONDIRE

Girolamo Savonarola

Nato a Ferrara nel 1452, Girolamo Savonarola viene ammesso nel 1475 nell'ordine domenicano e qualche anno dopo (1482) si trasferisce nel convento di San Marco a Firenze. Stimato dal filosofo Pico della Mirandola e ascoltato dallo stesso Lorenzo il Magnifico, Savonarola polemizza aspramente contro l'Umanesimo e contro l'arte e il clima festoso che si respira a Firenze e che egli giudica pagano. Alla caduta dei Medici, nel 1494, si fa promotore di una riforma istituzionale in senso repubblicano e lancia una vigorosa campagna per la moralizzazione della vita cittadina. Libri e stampe licenziose, abbigliamenti femminili sconvenienti e oggetti di lusso vengono arsi nei cosiddetti «bruciamenti [cioè falò] di vanità».

Le sue continue condanne della corruzione della Chiesa spingono papa Alessandro VI a convocarlo a Roma. Savonarola rifiuta di presentarsi e oppone resistenza anche all'ordine di interrompere le sue prediche. Nel maggio 1497 viene dunque scomunicato e l'anno successivo è costretto a sottoporsi a un processo, al termine del quale è condannato al rogo per eresia e impostura. La sentenza viene eseguita il 23 maggio 1498 in piazza della Signoria. Tuttavia, il suo nome e il suo operato continueranno a dividere i fiorentini. Machiavelli, nel capitolo VI del *Principe* (➤ T8, p. 396), ne farà l'emblema del "profeta disarmato", ossia del politico che rifiuta l'uso della forza e perciò è destinato a "ruinare" (a fallire nel proprio intento).

Gli incarichi diplomatici

In breve tempo, Niccolò diventa l'uomo di fiducia di Pier Soderini. I suoi avversari con minor garbo lo chiamano "mannerino", cioè lacchè, servile aiutante. Importanti missioni diplomatiche lo portano a osservare dall'interno gli **ingranaggi del potere**. Nel 1500 e nel 1504 è presso il re di Francia Luigi XII; nel 1502 incontra per due volte il duca Valentino, che indicherà nel *Principe* come un modello da imitare. Nel 1503 è presente al conclave che elegge papa il cardinale Giuliano della Rovere con il nome di Giulio II. Negli anni successivi gli incarichi di ambasceria si infittiscono ancora di più; tra gli altri, assai importante si rivela il compito, affidatogli nel 1507 da Soderini, di predisporre la leva per la **formazione di un esercito cittadino**: lo stesso Machiavelli aveva segnalato al gonfaloniere tutti gli inconvenienti delle truppe mercenarie, che descriverà poi nella sua opera. Il reclutamento, sulle prime, sembra felice, tanto che a suo merito viene ascritto il riuscito **assedio di Pisa**, nel 1509: «Ogni dì vi scopro el maggiore profeta che avessino mai gli Ebrei o altra generazione», gli scrive in una lettera di congratulazioni l'amico Filippo Casavecchia.

Jean Bourdichon, *Luigi XII di Francia*, dalle epistole di Anna di Bretagna, inizio XVI secolo. Parigi, Bibliothèque Nationale.

Il ritorno dei Medici a Firenze

Repentina, come era stata la sua ascesa, è però anche la sua caduta. A Firenze, infatti, per volere della Lega Santa (l'alleanza voluta da papa Giulio II con Venezia, la Spagna e l'Inghilterra contro i francesi), **i Medici tornano al potere** (**1512**). È il cardinale Giovanni de' Medici che, con l'aiuto delle truppe spagnole, entra in città, dopo aver vinto la debole resistenza dell'esercito repubblicano.

Il confino e il carcere

Per qualche settimana Niccolò spera di essere ancora una voce ascoltata. Ma è un'illusione fugace: nel novembre 1512 viene rimosso dall'incarico di segretario e condannato al **confino**. La presenza del suo nome in una lista di possibili partecipanti a una congiura antimedicea ne aggrava poi la posizione. **Imprigionato e torturato**, viene rimesso in libertà nel marzo del 1513 in seguito a un'amnistia e può quindi tornare al suo ritiro dell'**Albergaccio, presso San Casciano** (a circa 15 chilometri da Firenze), *«ridutto in villa e discosto da ogni viso umano»* [confinato in una casa di campagna e lontano dalla vista degli uomini]. *«Qui non ci è garzoni, qui non sono femmine»*, scrive in una lettera scherzosa all'amico Francesco Vettori all'inizio del 1514.

La stagione dell'attività letteraria

Il Principe e i *Discorsi*

Sono proprio i primi mesi di esclusione dalla vita politica a determinare in Machiavelli, quasi per contrasto, il desiderio impellente di approfondire il proprio pensiero, mettendolo su carta. Ora non si tratta più di commentare un singolo caso circoscritto, ma di **dare valore universale alle meditazioni sulla politica** sviluppate grazie all'esperienza diretta e alla conoscenza del passato. Da una lettera a Francesco Vettori, datata 10 dicembre 1513 (➤ T1, p. 358), sappiamo che Niccolò ha terminato di scrivere *Il Principe*, per la cui stesura ha interrotto un'altra opera a cui lavora da mesi, i *Discorsi sopra la prima Deca di Tito Livio*, che completerà qualche anno dopo, forse tra il 1517 e il 1519.

Le lettere

D'altra parte, anche se fuori dal giro della politica che conta, non dobbiamo pensare che Niccolò Machiavelli vivesse come un recluso. L'*Epistolario* racconta di incontri d'amore e avventure poco edificanti, battute gaglioffe e novelle erotiche scritte in margine alla burocrazia d'ufficio. Niccolò è anche questo: può apparire *«grave, tutto volto a grandi cose»* e al tempo stesso *«leggiero, inconstante, lascivo, volto a cose vane»* (così scrive a Vettori, nel gennaio del 1515). Nel **1516** Machiavelli può tornare a **Firenze**, dove frequenta i giardini della famiglia Rucellai, i cosiddetti Orti Oricellari, punto d'incontro di giovani intellettuali di orientamento repubblicano.

CRONACHE dal PASSATO

Machiavelli torturato

Il ritorno dei Medici a Firenze e la punizione inflitta ai cospiratori

Il 16 settembre del 1512, dopo diciotto anni di esilio, i Medici riprendono possesso di Firenze. Confinato Pier Soderini, il destino di Machiavelli, che dell'ex gonfaloniere è stato il braccio destro, pare segnato. Tuttavia, fiducioso di essere reputato un servitore dello Stato al di sopra delle parti, Machiavelli prende carta e penna per invitare i nuovi governanti, nel breve scritto *Ricordo ai Palleschi* (così sono chiamati i sostenitori dei Medici, con riferimento allo stemma di famiglia contenente sei sfere), a diffidare dei "tifosi" dell'ultima ora, quei notabili che hanno abbracciato in tempi sospetti la causa medicea saltando sul carro dei vincitori.

Si dice che Machiavelli sia in procinto di riuscire nel suo intento: conservare il posto nella cancelleria fiorentina. Ma, nel bel mezzo di un faticoso lavorio diplomatico, il suo nome spunta su una lista compromettente intercettata dai Medici. La lista è compilata da due giovani fiorentini, Pier Paolo Boscoli e Agostino Capponi, desiderosi di aggregare gli oppositori – veri e presunti – al nuovo regime per preparare il terreno a una restaurazione repubblicana: una congiura, insomma.

Si tratta però di una congiura alla buona: una goffa, maldestra ragazzata, come la giudica dopo averla scoperta lo stesso Giuliano de' Medici, il figlio di Lorenzo il Magnifico, all'epoca signore di Firenze. Giuliano addirittura chiede clemenza nei confronti dei cospiratori, artefici di un'iniziativa condotta «con poco ordine, senza fondamento e coda, et senza pericolo serio». I due, però, vengono processati e giustiziati. E Niccolò, pur dichiaratosi all'oscuro di tutto, viene imprigionato e interrogato più volte. Protesta la propria innocenza, ma viene condannato a «sei tratti di fune».

Domenico Beccafumi, *La tortura della fune*, 1535-1536. Parigi, Museo del Louvre.

In che cosa consiste questa tortura? Al malcapitato vengono legate le mani dietro alla schiena, poi lo si appende per i polsi a una carrucola, che lo solleva per un certo numero di "tratti" (cioè di sequenze) e infine lo fa piombare rovinosamente a terra. Recluso in cella, Machiavelli non si umilia né confessa ciò che non ha commesso. Ha però dalla sua una coincidenza fortunata. In quei giorni il fratello di Giuliano, Giovanni de' Medici, sale sul soglio pontificio con il nome di Leone X: ne segue un'amnistia generale che arride anche a Niccolò, liberato l'11 o il 12 marzo 1513. Il giorno dopo scrive una lettera all'amico Francesco Vettori, ambasciatore a Roma, per ringraziarlo dei suoi buoni uffici, garantendo che starà più attento nel parlare. A un uomo dalla lingua tagliente come la sua il proposito deve essere costato molta, moltissima fatica.

Gli ultimi anni

L'incarico per le *Istorie fiorentine*

Nel **1519** Machiavelli viene assunto allo Studio (l'Università) di Firenze e l'anno dopo riceve l'incarico dal cardinale Giulio de' Medici di comporre un'opera storica su Firenze. Di fatto, la stesura delle *Istorie fiorentine* segna per l'autore la fine dell'ostilità dei Medici nei suoi confronti. Tuttavia le responsabilità e gli incarichi che gli vengono affidati sono poca cosa rispetto al ruolo rivestito negli anni repubblicani: non è un caso che Niccolò sia **impegnato** soprattutto **nella scrittura**. Al 1519-1520 risale la composizione dei libri *Dell'arte della guerra*. Nei mesi precedenti ha preso avvio anche la sua produzione letteraria: la commedia *La mandragola* e la novella *Belfagor arcidiavolo* sono del 1518, lo stesso anno in cui l'autore prende posizione sulla questione della lingua con il *Discorso o dialogo intorno alla nostra lingua* (per alcuni studiosi, l'opera va invece collocata più tardi).

L'esclusione dalla vita pubblica

La disponibilità ad accettare di collaborare con i Medici costa cara a Machiavelli. Il sacco di Roma del 1527 e la sconfitta di papa Clemente VII (Giulio de' Medici) portano infatti a immediate ripercussioni nella vita politica di Firenze. Il governo signorile è rovesciato e viene nuovamente **restaurata la repubblica**. Machiavelli, accusato di essersi compromesso con i Medici, viene, questa volta definitivamente, **escluso da ogni carica pubblica**. Il dolore è grande, ma dura poco. Niccolò Machiavelli muore infatti qualche mese più tardi, il 21 giugno **1527**, lasciando sei figli in povertà.

il CARATTERE

Umanista "civile" e ironico

In pochi autori come in Machiavelli la dimensione pubblica e quella privata coincidono così fedelmente. Se escludiamo gli anni dell'adolescenza, di cui conosciamo poco o nulla, possiamo dire che non c'è stato momento della sua vita, anche tra quelli più intimi, riservati e quotidiani, che non si sia intrecciato con l'impegno civile e con la passione dell'uomo politico. Anzi, l'interesse per la vita pubblica sembra vissuto da lui come un'ossessione e insieme come un bisogno inderogabile.

Un'inesauribile curiosità

Ciò che interessa Machiavelli scrittore è l'uomo nei suoi sentimenti e nei suoi pensieri. Suo scopo è descrivere il mondo nella sua grandezza e miseria, tracciandone impietosamente risvolti, azioni e vicende. Ogni situazione, anche quella minima, si risolve per lui in un racconto senza reticenze. Il mondo appare ai suoi occhi come un palcoscenico, dove trovano consistenza e fisicità i protagonisti di ieri e di oggi: a questo fine, anche la lettura degli amati libri di Storia si traduce in un colloquio con uomini, costumi ed esperienze che egli considera ancora densi e vitali.

La sua non è una ricerca di erudizione o una semplice curiosità storiografica: studiare l'antichità per lui significa indagare il presente, non evadere da esso. Il culto del passato, cioè, non lo spinge agli approfondimenti filologici né lo vincola a un modello formale. L'esempio degli antichi non rappresenta per Machiavelli, come per tanti umanisti, una memoria lontana, un rifugio libresco e una via di fuga dalla realtà contemporanea.

D'altra parte, non si pensi che Niccolò sia un uomo ombroso, cinico spettatore degli eventi del suo tempo, chiuso nel quotidiano colloquio con i classici. Dalle testimonianze epistolari emerge invece un uomo ironico e arguto, cordiale e persino goliardico. «Le vostre lettere», gli scrive nel 1502 l'amico Bartolomeo Ruffini, «sono a tutti gratissime, e i motti e facezie usate in esse muovono ognuno a smascellare dalle rise, e danno gran piacere».

In particolar modo l'*Epistolario* ci restituisce l'immagine di un intellettuale curioso delle grandi come delle piccole cose della quotidianità, tanto dei segreti di Stato quanto dei discorsi, dei comportamenti e dei costumi degli avventori di un'osteria: un uomo che sa mescolare le riflessioni più serie e acute con le battute più leggere, che unisce le forti passioni intellettuali con il gusto dell'ironia e dell'autoironia; burlone e irriverente, poco preoccupato dell'anima, della vita eterna e del peccato, molto interessato invece ai piaceri terreni. Anche (e soprattutto) a quelli della carne, ai quali non sa rinunciare neanche in tarda età, frequentando meretrici, cortigiane e cantanti, senza mai sciogliere il legame con la moglie Marietta Corsini (sposata nel 1501).

Le opere

Le opere tecnico-politiche del periodo della Segreteria (1498-1512)

L'inizio dell'attività letteraria di Machiavelli non coincide con l'emarginazione politica. I primi scritti risalgono infatti all'**epoca del suo impegno civile** e sono a esso strettamente legati. Si tratta di opere nate proprio dall'esercizio dell'attività sul campo: lettere, dispacci, relazioni scaturite soprattutto dalle sue ambascerie. Tuttavia si possono già cogliere alcuni elementi che poi, sviluppati, costituiranno la grande originalità della sua metodologia.

In particolare, dinanzi alla caotica situazione italiana del tempo, Machiavelli **boccia ogni atteggiamento cauto e prudente**, mentre valuta come indispensabile il ricorso all'azione energica e decisa. Tra le prose di questi primi anni di scrittura, ci limitiamo a segnalare qui quelle che rivestono un maggiore interesse.

Discorso sopra Pisa

Risalente al 1499, è poco più che un abbozzo, ma contiene già un elemento di spregiudicato realismo: l'**importanza della forza** come strumento indispensabile per uno Stato che voglia durare.

Descrizione del modo tenuto dal Duca Valentino nello ammazzare Vitellozzo Vitelli, Oliverotto da Fermo, il Signor Pagolo e il duca di Gravina Orsini

In questo breve volume Machiavelli descrive l'astuto stratagemma grazie al quale Cesare Borgia eliminò i suoi avversari politici. L'opera, scritta nel 1503, è da considerarsi interessante non solo in quanto anticipa il giudizio lusinghiero sulla condotta politica del Valentino, che poi troveremo più compiutamente nel *Principe*, ma anche perché l'autore non condanna affatto la strage. Il **rifiuto di confondere morale e politica** è evidentemente già maturato (➤T10, p. 411).

Del modo di trattare i popoli della Valdichiana ribellati

In questo discorso, del 1503, si affaccia la concezione naturalistica tipica dell'autore. Il mondo umano, come quello naturale, è governato da **leggi immutabili**, senza che vi interferiscano in alcun modo interventi soprannaturali: l'unica bussola in grado di orientare i politici deve essere la **conoscenza storica**.

Ritratto delle cose della Magna

La Magna è l'Alemagna, cioè i territori tedeschi. Machiavelli vi si era recato (più precisamente, in Tirolo) nel 1508, in occasione di una missione presso l'imperatore Massimiliano d'Asburgo. Gli appunti ricavati dal viaggio, poi ampliati nel 1512, interessano essenzialmente per due ragioni. La prima riguarda il **giudizio negativo sull'Impero**: il decentramento amministrativo e la necessità di accordare una certa autonomia ai diversi popoli locali rappresentano per Machiavelli un possibile elemento di debolezza. La seconda è invece di natura antropologica: l'autore si sofferma sui **costumi dei tedeschi**, ne analizza il modo di vivere e la sobrietà quasi primitiva. Non c'è però ammirazione per questa incorrotta semplicità: piuttosto prevale in lui, uomo del Rinascimento fiorentino, l'atteggiamento di malcelata superiorità di chi è abituato alla cultura e all'arte più raffinata.

Le opere politiche

Mentre nei quattordici anni della sua Segreteria Machiavelli aveva concentrato tutto il suo impegno nell'«arte dello Stato» (cioè nell'applicazione concreta delle sue convinzioni politiche), il ritorno dei Medici (1512), l'esilio all'Albergaccio e l'allontanamento forzato dagli incarichi pubblici lo spingono a dedicarsi allo studio, alla **riflessione teorica** e alla scrittura. Durante questo periodo nascono i **suoi capolavori**.

T6-T13 *Il Principe*

Scritto probabilmente nella seconda metà del 1513, è il trattato politico che ha dato la fama – per secoli negativa – a Machiavelli. A questo suo capolavoro dedichiamo la seconda parte dell'Unità (➤ p. 383).

T2-T3 *Discorsi sopra la prima Deca di Tito Livio*

Per la maggioranza degli studiosi sono stati iniziati nel 1513, qualche mese prima che Machiavelli si dedicasse alla stesura del *Principe*. Ultimata questa nel dicembre dello stesso 1513, i *Discorsi* sono stati ripresi e completati sicuramente entro il 1519.

Argomento dell'opera

A differenza del *Principe*, i *Discorsi* hanno una struttura meno organica e più frammentaria. Il titolo stesso dell'opera sottolinea tale natura: la parola "discorso" viene dal latino *discurrere*, cioè "andare qua e là", quindi "procedere senza una meta definita". In effetti, ci troviamo di fronte a una **serie di annotazioni e riflessioni**, stimolate dalla lettura dei primi dieci libri (la «Deca» del titolo) dello storico romano Tito Livio (59 a.C. - 17 d.C.), autore di una monumentale opera sulla storia di Roma dalle origini (*Ab Urbe condita libri*, Libri sulla storia di Roma dalla fondazione).

Anche l'argomento si differenzia da quello del *Principe*: al centro dei *Discorsi* vi è la vita delle repubbliche, con le loro leggi e le strutture civili e istituzionali, nelle quali un ruolo fondamentale è rivestito dalla partecipazione collettiva del popolo. Tale differenza contenutistica ha inoltre un risvolto sul piano stilistico: al tono appassionato del *Principe* corrispondono qui una più pacata **tendenza alla riflessione** e un procedere discontinuo, anche se comune alle due opere è la volontà di indicare soluzioni alla crisi italiana.

La struttura

L'opera è preceduta dalla dedica a Zanobi Buondelmonti e Cosimo Rucellai, due importanti esponenti degli Orti Oricellari, un vero e proprio circolo culturale animato da un certo fervore repubblicano e antimediceo. Segue poi il **Proemio**, dove vengono gettate le basi della riflessione politica machiavelliana. Infatti, dopo aver espresso la volontà di seguire vie non percorse ancora da nessuno, l'autore dichiara di volersi appoggiare all'«esperienzia», che gli viene dagli studi e dalla diretta pratica politica, per rintracciare nella storia romana leggi sempre valide nella storia dei popoli e degli Stati.

L'analisi è ripartita in **3 libri**, composti rispettivamente da 60, 33 e 49 capitoli. Il primo libro tratta i problemi della fondazione e della legislazione dello Stato; il secondo si sofferma sull'ampliamento dello stesso e quindi su tematiche concernenti la politica estera; il terzo esamina i requisiti necessari per la stabilità dello Stato e le sue inevitabili trasformazioni. Va però precisato che questa suddivisione degli argomenti non è rigida, visto che la natura aperta dell'opera consente a Machiavelli una certa libertà e la possibilità di spaziare senza il vincolo di schemi precostituiti.

Il rapporto tra i *Discorsi* e *Il Principe*

Per molto tempo si è sostenuta la contraddittorietà del contenuto dei *Discorsi* rispetto a quello del *Principe*. Si tratta di una posizione oggi in gran parte superata. Innanzitutto, non è possibile cogliere un'evoluzione nel tempo del pensiero dell'autore, visto che, come ab-

La scrivania di Machiavelli all'Albergaccio, presso San Casciano in Val di Pesa.

biamo detto, le due opere vengono scritte durante lo stesso periodo. In secondo luogo, non muta l'impostazione metodologica, basata anche in quest'opera sul criterio della «verità effettuale» e sulla necessità dell'imitazione degli antichi.

Certo, mentre nel *Principe* troviamo la teorizzazione dello Stato assoluto, che costituisce agli occhi di Machiavelli una dura necessità per fare uscire l'Italia dalla crisi, nei *Discorsi* l'autore esalta il **modello repubblicano**, così come si era storicamente realizzato nella Roma antica. In particolare, la sua preferenza è per una "**repubblica mista**", in cui vi sia un equilibrio di poteri tra plebe e aristocrazia. Ma l'apparente contraddizione si spiega con un motivo molto semplice: *Il Principe* analizzava il problema della creazione di uno Stato nuovo, all'interno della situazione italiana di quel momento; i *Discorsi* invece si soffermano essenzialmente sul mantenimento dello Stato e sui suoi ordinamenti.

La ciclicità della Storia e il modello della repubblica romana

Nella sua **concezione naturalistica della Storia**, Machiavelli immagina le varie forme dello Stato come altrettanti momenti di uno sviluppo circolare. La forma originaria di governo è la monarchia, che però si corromperà, degenerando nella tirannide; con la reazione nobiliare, subentra poi l'oligarchia; l'opposizione all'oligarchia porta alla democrazia, che è destinata a involvere nella demagogia e nell'anarchia. E il processo ricomincerà quando un uomo nuovo saprà mettere ordine nel caos.

All'interno di questo disegno ciclico dei governi, la **repubblica romana**, grazie alla sua costituzione, ha rappresentato secondo Machiavelli (che qui riprende la tesi di Polibio, storico greco del II secolo a.C.) un **raro esempio di equilibrio**, capace di dare rappresentanza istituzionale alle diverse istanze politiche e sociali. I consoli, il senato e i tribuni della plebe, garanti rispettivamente del principio monarchico, aristocratico e democratico, hanno cooperato gli uni con gli altri per il bene dello Stato.

Elogio del conflitto sociale e politico

Questa prospettiva spiega perché il disaccordo tra le masse popolari e il governo non rappresenti per il Machiavelli dei *Discorsi* un fattore negativo per la stabilità del potere. Anzi, ponendo sempre come esempio la storia romana repubblicana, egli intravede conseguenze positive nei conflitti tra la plebe e il senato. In primo luogo, una dialettica, anche forte, tra le diverse classi sociali e politiche a suo giudizio non può che determinare un bilanciamento e un maggiore **equilibrio nella gestione politica**, economica e amministrativa. In secondo luogo, va visto di buon occhio l'**allargamento della base sociale** che partecipa attivamente alla contesa politica. Se i fondamenti istituzionali e legislativi sono solidi e ben definiti, lo Stato, secondo Machiavelli, trae dalla contrapposizione delle classi una legittimazione e una forza ancora maggiori.

L'importanza politica della religione

Nell'ottica della stabilità dello Stato, l'autore concentra la propria analisi anche sul ruolo della religione. Va subito detto – e questo non stupirà, dato il suo approccio materialistico – che a Machiavelli non interessa certamente la questione religiosa nei suoi aspetti trascendenti o spirituali. Ciò che gli sta a cuore è evidenziare le **ricadute civili e politiche del sentimento religioso**, che, in questo senso, viene visto come un *instrumentum regni*, cioè uno strumento di governo, con il quale rendere coeso e obbediente il popolo. Così accadeva a Roma, dove la religione pagana celebrava i valori terreni, esaltando gli uomini attivi e svolgendo il compito di legare un «popolo ferocissimo» intorno a una serie di tradizioni, riti e comportamenti condivisi.

Le accuse alla Chiesa cattolica

Al contrario Machiavelli ritiene la **Chiesa cattolica colpevole** di aver inculcato nei cristiani una **mentalità apatica e disgregatrice**, poco amante della libertà e portata alla rinuncia all'impegno civile e politico: «La nostra religione ha glorificato più gli uomini umili e contemplativi che gli attivi. Ha dipoi posto il sommo bene nella umiltà, abiezione e nel dispregio delle cose umane».

Non solo: accanto a questa responsabilità civile ve n'è un'altra, più politica, riguardante la **mancata unificazione dell'Italia**. Lo Stato della Chiesa, secondo Machiavelli, con l'ingerenza temporale e con un'egoistica politica delle alleanze, ha permesso agli eserciti stranieri di imperversare sul territorio italiano e ha impedito che uno Stato prevalesse sugli altri e conquistasse tutta la penisola. Al tempo stesso, lo Stato della Chiesa non ha mai raggiunto una forza e un'autonomia tali da adempiere esso stesso a questo compito.

Dell'arte della guerra

In quest'opera, composta tra il 1519 e il 1520 e pubblicata in 7 libri nel 1521, Machiavelli approfondisce argomenti già considerati nel *Principe* e nei *Discorsi*. L'autore immagina che a Firenze, negli Orti Oricellari, si svolga un dialogo sui **difetti delle truppe mercenarie** e sulle qualità dell'esercito stabile. Le convinzioni dell'autore sono qui sostenute da un suo *alter ego*, Fabrizio Colonna, famoso capitano di ventura al servizio della Spagna, che si sofferma sull'importanza del reclutamento delle milizie, della fanteria in particolare (mentre l'incidenza dell'artiglieria e in generale delle armi da fuoco viene sottovalutata), e su molte questioni tecniche, come lo schieramento degli eserciti in battaglia, le modalità di difesa e di assedio, le strategie da adottare per mantenere la disciplina ecc.

Il modello proposto è quello dell'esercito dell'antica Roma, anche se trapela chiaramente la **sfiducia** che un buon ordinamento militare sia possibile in Italia, dove non esiste un principe che domini su uno Stato e che sia capace di arruolare almeno ventimila uomini.

Le opere storiche

Circoscritta agli ultimi anni della sua vita, l'attività storiografica di Machiavelli si concentra più sull'**interpretazione politica dei fatti** che sulla loro documentazione.

Vita di Castruccio Castracani

Il condottiero trecentesco di Lucca viene visto da Machiavelli in questa biografia del 1520 non nella sua reale azione e identità storica: si tratta, piuttosto, di una figura idealizzata e per questo possiamo ravvisare nella sua descrizione un **modello di principe guerriero**, dotato al tempo stesso di prudenza ed energia, non molto diverso dal Valentino esaltato nel *Principe*.

Istorie fiorentine

La struttura

Composti tra il 1520 e il 1525 e dedicati a papa Clemente VII, gli 8 libri delle *Istorie* si dividono in tre blocchi tematici fondamentali: il primo libro tratta sinteticamente gli **avvenimenti italiani dalla caduta dell'Impero romano** fino alla metà del Quattrocento; i successivi tre si concentrano per lo più sull'**evoluzione del Comune fiorentino**, gli altri quattro analizzano la **storia di Firenze** dal 1434 alla morte di Lorenzo il Magnifico (1492), anche in relazione alle vicende degli altri Stati italiani.

Un'opera militante

Più che di uno storico, è l'opera di un politico. Il **racconto** infatti è spesso **inattendibile** e infarcito di inesattezze, la **documentazione è parziale** e subordinata agli schemi ideologici dell'autore. Tuttavia, proprio questa impostazione è alla base dell'interesse dell'opera, che conserva lo stesso piglio militante del *Principe* nell'analizzare i **mali dell'Italia contemporanea**, tra i quali spicca il ruolo dello Stato della Chiesa, colpevole di impedire l'unificazione della penisola.

Le opere letterarie

Nonostante per Machiavelli la letteratura rappresenti soltanto uno **svago subordinato alla più seria riflessione politica**, egli non disdegna tuttavia di cimentarsi nella produzione, tutt'altro che esigua, di opere letterarie in prosa e versi.

Canti carnascialeschi, Decennali, Capitoli

L'opera poetica di Machiavelli riveste indubbiamente un'importanza secondaria, essendo soprattutto il frutto di **motivi occasionali** (com'è per la stesura dei *Canti carnascialeschi*, in cui vengono riproposti i contenuti goliardici e licenziosi tipici dei canti eseguiti a Firenze, tra il XV e il XVI secolo, durante il periodo di carnevale) o delle **esperienze amorose** dell'autore (alcuni versi sono dedicati alla cantante Barbara Raffacani Salutati).

Più interessanti sono i poemetti *Decennale* e *Decennale secondo* (quest'ultimo non concluso), in cui si descrivono in versi gli anni della **vita politica fiorentina**, dal 1494 al 1509, ma soprattutto i *Capitoli* in terzine, nei quali vengono sviluppati, sotto forma di **riflessioni morali**, alcuni temi tipicamente machiavelliani, come quello della fortuna.

L'asino

Machiavelli lavora a questo **poema in terzine dantesche** tra il 1516 e il 1517, con l'intento di rifarsi al mito omerico della maga Circe e al romanzo *L'asino d'oro* dello scrittore latino Apuleio (II secolo d.C.). Nelle intenzioni dell'autore avrebbe dovuto rappresentare le miserie terrene viste con gli occhi di un uomo trasformato appunto in asino. L'opera però non soddisfa Machiavelli, che la interrompe all'inizio della seconda parte.

Belfagor arcidiavolo

È una novella (1518) dal **contenuto misogino**. L'autore racconta infatti di un diavolo che, per provare la perfidia delle donne, scende sulla Terra e ne sposa una, che in men che non si dica lo manda in rovina e gli fa rimpiangere il regno infernale. La **visione negativa dell'animo umano** degli uomini induce Machiavelli a ritenere che il vero inferno sia sulla Terra.

Discorso o dialogo intorno alla nostra lingua

Come abbiamo visto, anche Machiavelli partecipa al dibattito sulla **questione della lingua** (➤ p. 33), sostenendo in quest'opera di incerta datazione (e pubblicata solo nel 1730) la **superiorità della lingua parlata a Firenze**. Questa opinione, diversa da quella di Bembo – che si rifà anch'egli al fiorentino, ma a quello letterario del Trecento –, contrasta soprattutto con le posizioni dei teorici della "curialità" della lingua, i quali affermano la necessità di modellare una lingua comune alle curie, cioè alle corti d'Italia (Gian Giorgio Trissino e Baldassarre Castiglione sono i principali interpreti di questa tendenza). Da qui nasce la polemica di Machiavelli con Dante, accusato di aver fornito nel *De vulgari eloquentia* le basi culturali di questa proposta.

T4-T5 *La mandragola*

Scritta quasi sicuramente nei primi mesi del 1518, *La mandragola* è da tutti riconosciuta come il **capolavoro del teatro comico del Cinquecento italiano**. Ma dobbiamo subito precisare che comico è solo il tema. Sulla scena si muove infatti un'**umanità bassa e volgare**, descritta dall'autore nella sua **cinica immoralità** senza l'intento di far ridere. Se il riso c'è, non nasce da un'esplosione liberatoria di divertimento, ma dall'**amaro sarcasmo** con cui Machiavelli ci invita a riflettere sull'**ipocrisia che guida i comportamenti umani**.

Le fonti

Per la natura riflessiva dell'opera, possiamo facilmente cogliere l'influenza del commediografo che più ha ispirato l'autore, cioè il latino **Terenzio** (di cui Machiavelli ha tradotto l'*Andria*), anch'egli più interessato a illuminare i tipi umani che a inscenare le situazioni comiche, le battute e i lazzi disimpegnati che caratterizzavano, per esempio, l'opera dell'altro maestro della commedia latina, Plauto.

Tuttavia, nella commedia di Machiavelli non manca il gusto della beffa e dello sberleffo, esercitato ai danni dello sciocco o del credulone di turno. In questo ambito, Machiavelli è degno continuatore di una florida tradizione toscana che ha in **Boccaccio** il suo interprete più famoso, e che continua nelle forme più ludiche dell'Umanesimo mediceo (si pensi a **Pulci**, ma anche a una parte della produzione dello stesso **Lorenzo de' Medici**).

La trama

La vicenda, sviluppata in 5 atti secondo i canoni classici, è **ambientata a Firenze**, dove il vecchio e sciocco **messer Nicia è sposato con la bella** e virtuosa **Lucrezia**. A innamorarsi della donna è il giovane **Callimaco** che, grazie ai suggerimenti del parassita **Ligurio**, mette in atto un inganno per conquistare il proprio oggetto del desiderio. I due sposi, infatti, non riescono ad avere figli e Callimaco, fingendosi medico e sfruttando la dabbenaggine del credulone Nicia, gli propone un rimedio contro la sterilità di Lucrezia. Il rimedio è un **infuso di erba mandragola**, che però ha una drammatica controindicazione: il primo uomo che si unirà alla donna dopo l'assunzione del medicamento morirà. Per risolvere il problema, basterà che un «garzonaccio» preso casualmente per la strada giaccia prima di lui con Lucrezia e ignaro muoia al posto suo. Il «garzonaccio» altri non è che Callimaco, che può quindi realizzare il proprio desiderio di giacere con Lucrezia, la quale, riluttante, si è convinta al grande passo in seguito ai consigli della madre **Sostrata** e all'assoluzione preventiva da parte del suo confessore, **fra' Timoteo**. Alla fine Lucrezia, scoperta la verità, accoglie sotto il suo tetto Callimaco e decide di averlo come amante per il resto dei suoi giorni: «E quel che 'l mio marito ha voluto per una sera voglio ch'egli abbia sempre».

Si salva solo Lucrezia?

Come si vede, in questo gioco delle parti è difficile salvare qualcuno. Con i propri mezzi, **ogni personaggio insegue uno scopo** e per raggiungerlo non esita a servirsi dei più abietti **stratagemmi**. Per alcuni critici, solo Lucrezia sarebbe indenne da una condanna senza appello. La donna appare infatti a prima vista passiva e facilmente manipolabile. Tuttavia, accettando quello che tutti (in primo luogo il marito) le chiedono, dà prova di una positiva **capacità di adattarsi alle circostanze**. All'inizio tenta di difendere la purezza dei propri princìpi, poi però, con disinvoltura, cambia partito e, evitando compromessi e situazioni ambigue, finisce per cedere, riscoprendo il piacere dei sensi. Mostrandosi così **duttile davanti alla fortuna**, Lucrezia potrebbe dunque incarnare il modello di "virtù" esaltato da Machiavelli nelle sue opere politiche.

La lingua dei personaggi

La lingua della *Mandragola* realizza appieno la soluzione teorica proposta da Machiavelli: **il fiorentino vivo**, non quello trecentesco. In effetti, è soprattutto il parlato, con le sue **cadenze vernacolari**, a essere riprodotto dall'autore, il quale adatta **a ogni personaggio un'espressività coerente con la sua personalità**. Il furbo Ligurio si esprime spesso in modo allusivo, con battute e doppi sensi, tipici di chi la sa lunga; Nicia, da quel concentrato di conformismo che è, si produce in un'infinità di luoghi comuni, che vorrebbe intelligenti, ma che in realtà non sono altro che la spia della sua mediocrità; Callimaco e Lucrezia parlano, rispettivamente, la lingua dell'irruenza giovanile e quella della seria compostezza. Il personaggio linguisticamente più interessante è però **fra' Timoteo**: la sua prosa ricca di malizia e tendenziosità ne fa un vero, cinico **artista della parola**, piegata con scaltrezza ai propri interessi.

Clizia

La **commedia**, scritta nel 1525, rielabora l'argomento di un'opera del commediografo latino Plauto (III-II secolo a.C.), la *Casina*, e narra **l'amore del vecchio Nicomaco per Clizia**, una trovatella a cui lui stesso ha dato ospitalità, e che però è innamorata, ricambiata, del figlio di Nicomaco, Cleandro. Per impedire le nozze, Nicomaco cerca di far sposare Clizia al servo Pirro in modo da continuare a essere il suo amante. La moglie Sofronia e il figlio-rivale Cleandro gli giocano un brutto tiro, travestendo il servo Siro con gli abiti della sposa. Quando Nicomaco si trova nel suo letto e scopre il travestimento, la vergogna lo spinge a chiedere perdono alla moglie e a rinunciare alla sua passione senile. Nel frattempo, Clizia viene a sapere di essere figlia di un nobile napoletano: possiede dunque una ricca dote e può finalmente sposarsi con Cleandro.

Ave Ninchi e Alfredo Bianchini in una scena di *Clizia*, 1986.

T1 L'epistolario

Una produzione varia e sincera

Le oltre duecento lettere di Machiavelli che ci sono pervenute si differenziano nettamente da quelle dei suoi predecessori e contemporanei. Infatti, all'autore non interessa utilizzare questo mezzo per tramandare un'immagine idealizzata di sé ai posteri, come nel caso di Petrarca, o esibirsi in un'elegante esercitazione di stile, come era nella tradizione classica e umanistica: le lettere di Machiavelli non sono scritte per essere pubblicate. Esse sono un **vero e spontaneo documento di vita**, in cui l'autore rivela ai suoi corrispondenti il proprio temperamento e stato d'animo nei diversi frangenti di una **movimentata esistenza umana e politica**.

I temi più ricorrenti riguardano la situazione politica, i pronostici sugli scenari possibili, le previsioni e i giudizi sui diversi protagonisti della scena pubblica. Questo non sorprende, data la passione con cui Machiavelli vive la sua militanza civile. Tuttavia, accanto alle parti più serie, troviamo spesso vivaci descrizioni della sua vita intima, bozzetti e facezie: ne esce un **ritratto vivido** e divertente di un Machiavelli domestico, uomo tra gli uomini, costretto dai casi della vita a misurarsi, ma senza vittimismo, con le miserie della quotidianità.

Lo stile

Anche la forma riflette questa **elastica capacità di mescolare il serio al faceto**. Così, accanto allo stile teso e vibrante delle parti più politiche, troviamo un linguaggio popolaresco, perfino pittoresco, simile in certe descrizioni umoristiche a quello che ammiriamo nei testi comici, dalla novella di *Belfagor* alla *Mandragola*.

La vita		Le opere
▪ Nasce a Firenze	**1469**	
▪ Nomina a segretario della seconda Cancelleria della Repubblica e dei "Dieci di libertà e pace"	1498 *1499*	 *Discorso sopra Pisa*
▪ Missioni diplomatiche presso Luigi XII re di Francia e Cesare Borgia	1500-1504	
▪ Assiste al conclave di elezione di papa Giulio II	*1503*	*Descrizione del modo tenuto dal Duca Valentino nello ammazzare Vitellozzo Vitelli, Oliverotto da Fermo, il Signor Pagolo e il duca di Gravina Orsini e capo* *Del modo di trattare i popoli della Valdichiana ribellati*
▪ Fonda i "Nove ufficiali dell'ordinanza e della milizia fiorentina"	1506	
▪ Indice la leva per un esercito cittadino	1507 *1508-1512*	 *Ritratto delle cose della Magna*
▪ È rimosso dagli incarichi pubblici con il ritorno dei Medici	1512	
▪ Incarcerato e torturato, dopo la prigionia si esilia all'Albergaccio	***1513*** *1513-1519*	***Il Principe*** *Discorsi sopra la prima Deca di Tito Livio*
▪ Ritorna a Firenze e frequenta gli Orti Oricellari	1516 *1516-1517* *1518*	 *L'asino* *La mandragola* *Belfagor arcidiavolo* *Discorso o dialogo intorno alla nostra lingua*
▪ È assunto allo Studio di Firenze	1519 *1519-1520* *1520* *1520-1525* *1525*	 *Dell'arte della guerra* *Vita di Castruccio Castracani* *Istorie fiorentine* *Clizia*
▪ Sacco di Roma ▪ Restaurazione della repubblica a Firenze ed esclusione di Machiavelli dalle cariche pubbliche	1527	
▪ Muore il 21 giugno	**1527**	

La casa di Machiavelli all'Albergaccio, presso San Casciano in Val di Pesa.

I grandi temi

1 Tra politica e letteratura: l'autoritratto

La politica, passione di una vita

Come abbiamo già detto, la **scrittura epistolare** svolge per Machiavelli la funzione del diario, in cui riversare idee e stati d'animo, aggiungendo di volta in volta qualche spunto, serio o giocoso, con cui descrivere sé stesso e manifestare agli amici la passione con cui ha alimentato la propria unica, vera vocazione: la politica.

Dunque, per iniziare a conoscere più da vicino Machiavelli, proponiamo la lettura di una lettera. Si tratta di un'epistola scritta in un momento di grande amarezza: con la fine della repubblica e la restaurazione medicea, egli si trova infatti relegato nella condizione dell'**esiliato**, costretto a svolgere attività di poco conto e a frequentare uomini di basso livello.

L'autobiografia di un uomo in prima linea

Tuttavia, Machiavelli non rinuncia allo **studio degli storici antichi**. In questa occupazione – scrive – «non sento per quattro hore di tempo alcuna noia, sdimentico ogni affanno, non temo la povertà, non mi sbigottisce la morte». L'uomo d'azione, costretto a stare lontano dall'attività politica, può così trovare una specie di risarcimento.

Smessi gli abiti della giornata, sporchi del fango della campagna, indossa il vestito buono, i «panni reali e curiali». Il **dialogo** – Niccolò parla di «conversazione» – **con i suoi autori** esige serietà e rispetto. Le difficoltà della vita reale vengono così dimenticate: la missione da compiere è scrivere e dimostrare con il suo «opuscolo», *Il Principe*, che gli anni vissuti in prima linea, lui, il segretario Machiavelli, non se li è «né dormiti né giuocati».

Un curioso osservatore della vita

Esistenza privata e militanza politica si trovano, del resto, sempre intrecciate nell'insieme tragico e comico della vita: le «cose grandi» e le «cose vane» coesistono, collocandosi magari su due livelli differenti, in conflitto tra loro. Tuttavia anche la comicità, la beffa, le fantasie meno edificanti e più terrene fanno parte di quella **realtà composita e contraddittoria** che la curiosità di Machiavelli investiga e considera come una parte di sé. Per questo non dobbiamo stupirci se in tutta la sua opera troviamo anche risvolti più bassi e quasi degradanti e se lo studio degli ingranaggi dell'alta politica si accompagna all'osservazione di un mondo reale meschino e apparentemente privo di interesse: anche la discesa nello squallido mondo della *Mandragola* non rappresenta un gratuito o disimpegnato diversivo, ma un altro modo, del tutto personale, per indagare con sottigliezza e profondità la natura degli esseri umani.

Santi di Tito, *Ritratto di Niccolò Machiavelli*, 1575-1599. Firenze, Palazzo Vecchio.

TITO LIVIO scrive "AB URBE CONDITA"

T1

L'epistola a Francesco Vettori del 10 dicembre 1513

Epistolario

La lezione dei classici

È la lettera più nota dell'epistolario machiavelliano: vi ritroviamo un quadro vivace e colorito della vita semplice che l'autore, estromesso dalla politica, è costretto a condurre nella sua casa di campagna, all'Albergaccio, nel piccolo borgo di contadini vicino a San Casciano. Tuttavia, pur a contatto con gente rozza e incolta, non si è esaurita la passione intellettuale di Machiavelli, che annuncia all'amico (ambasciatore di Firenze a Roma) l'avvenuta stesura del *Principe*.

Magnifico ambasciatore. Tarde non furon mai grazie divine.[1] Dico questo, perché mi pareva haver perduta no, ma smarrita[2] la grazia vostra, sendo[3] stato voi assai tempo senza scrivermi; ed ero dubbio donde potessi nascere la cagione.[4] E di tutte quelle mi venivono nella mente tenevo poco conto, salvo che di quella quando io dubitavo non vi havessi ritirato da scrivermi,[5] perché vi fussi suto scritto[6] che io non fussi buon massaio[7] delle vostre lettere; e io sapevo che, da Filippo e Pagolo in fuora,[8] altri per mio conto[9] non le haveva viste. Hònne rihaùto per l'ultima vostra de' 23 del passato,[10] dove io resto contentissimo vedere quanto ordinatamente e quietamente voi esercitate cotesto ufizio publico;[11] e io vi conforto a seguire[12] così, perché chi lascia i sua comodi[13] per li comodi d'altri, e' perde e' sua, e di quelli non li è saputo grado.[14] E poiché la fortuna vuol fare ogni cosa, ella si vuole lasciarla fare,[15] stare quieto e non le dare briga,[16] e aspettar tempo che la lasci fare qualche cosa agl'huomini; e all'hora starà bene a voi durare più fatica, vegliar[17] più le cose, e a me partirmi di villa[18] e dire: eccomi. Non posso pertanto, volendo rendere pari grazie,[19] dirvi in questa mia lettera altro che qual sia la vita mia; e se voi giudicate che sia a barattarla[20] con la vostra, io sarò contento mutarla.

Io mi sto in villa; e poi che seguirono[21] quelli miei ultimi casi,[22] non sono stato, ad accozzarli[23] tutti, venti dì a Firenze. Ho insino a qui uccellato a' tordi di mia mano.[24] Levavomi innanzi dì,[25] impaniavo,[26] andavone oltre con un fascio di

1 **Tarde... divine:** è una citazione a memoria del petrarchesco *Trionfo dell'eternità* («Ma tarde non fur mai grazie divine»), come a dire ironicamente che la lettera dell'amico gli è giunta assai gradita anche se con un certo ritardo rispetto alle attese.
2 **perduta no, ma smarrita:** non perduta per sempre, ma solo smarrita, con la speranza di ritrovarla.
3 **sendo:** essendo.
4 **ero... cagione:** mi chiedevo da dove potesse scaturire il motivo (*la cagione*) di tale ritardo.
5 **salvo... scrivermi:** tranne quando pensavo che aveste smesso di scrivermi.
6 **fussi suto scritto:** fosse stato scritto.
7 **massaio:** custode. Machiavelli temeva cioè che qualcuno avesse messo in dubbio la sua riservatezza, insinuando che avesse fatto leggere ad altri le lettere di Vettori.
8 **da Filippo... in fuora:** a eccezione di Filippo (Casavecchia) e Paolo (Vettori), rispettivamente amico comune e fratello del destinatario.
9 **per mio conto:** per quel che mi riguarda.
10 **Hònne... del passato:** ne ho riavuto (della *grazia vostra*, r. 2), cioè sono stato rinfrancato grazie alla (*per*) vostra ultima lettera del 23 del mese passato, ossia di novembre.
11 **ufizio publico:** incarico politico.
12 **seguire:** andare avanti.
13 **i sua comodi:** i propri interessi.
14 **e' perde... grado:** perde i propri interessi e di quelli degli altri non gli è serbata riconoscenza.
15 **ella... fare:** bisogna lasciare che agisca come vuole.
16 **le dare briga:** contrastarla.
17 **vegliar:** vigilare.
18 **partirmi di villa:** lasciare la casa di campagna dell'Albergaccio, dove Machiavelli si trovava in confino.
19 **rendere pari grazie:** ricambiare il vostro favore, cioè descrivere la propria vita così come aveva fatto Vettori, raccontando la sua nell'ultima lettera.
20 **sia a barattarla:** valga la pena scambiarla.
21 **seguirono:** accaddero.
22 **miei ultimi casi:** Machiavelli allude all'arresto e alla tortura subiti nel febbraio 1513 per la sua presunta partecipazione a una congiura antimedicea.
23 **ad accozzarli:** a metterli insieme (i giorni).
24 **uccellato... mia mano:** cacciato in prima persona i tordi.
25 **Levavomi... dì:** mi svegliavo prima dell'alba.
26 **impaniavo:** preparavo le panie (le trappole per catturare gli uccelli, fatte di canne legate tra loro e spalmate di vischio appiccicoso).

gabbie addosso, che parevo el Geta quando e' tornava dal porto con i libri di Amphitrione;[27] pigliavo el meno[28] dua, el più sei tordi. E così stetti tutto settembre. Di poi questo badalucco, ancoraché dispettoso e strano,[29] è mancato con mio dispiacere: e quale[30] la vita mia vi dirò. Io mi lievo la mattina con el sole, e vòmmene[31] in un mio bosco che io fo tagliare, dove sto dua ore a rivedere l'opere[32] del giorno passato, e a passar tempo con quegli tagliatori, che hanno sempre qualche sciagura alle mani[33] o fra loro o co' vicini. E circa questo bosco io vi harei a dire mille belle[34] cose che mi sono intervenute,[35] e con Frosino da Panzano e con altri che voleano di queste legne. E Frosino in spezie mandò per[36] certe cataste senza dirmi nulla; e al pagamento, mi voleva rattenere[37] dieci lire, che dice aveva havere da me quattro anni sono,[38] che mi vinse a cricca[39] in casa Antonio Guicciardini.[40] Io cominciai a fare el diavolo, volevo accusare el vetturale, che vi era ito per esse, per ladro.[41] Tandem[42] Giovanni Machiavelli[43] vi entrò di mezzo,[44] e ci pose d'accordo. Batista Guicciardini, Filippo Ginori, Tommaso del Bene e certi altri cittadini, quando quella tramontana soffiava, ognuno me ne prese[45] una catasta. Io promessi a tutti; e manda'ne una a Tommaso, la quale tornò a Firenze per metà, perché a rizzarla vi era lui, la moglie, la fante, i figlioli,[46] che pareva el Gaburra quando el giovedì con quelli suoi garzoni bastona un bue.[47] Dimodoché, veduto in chi[48] era guadagno, ho detto agli altri che io non ho più legne; e tutti ne hanno fatto capo grosso,[49] e in specie Batista, che connumera[50] questa tra le altre sciagure di Prato.

Partitomi del bosco, io me ne vo ad una fonte, e di quivi in un mio uccellare.[51] Ho un libro sotto,[52] o Dante o Petrarca, o uno di questi poeti minori,[53] come Tibullo, Ovidio e simili: leggo quelle loro amorose passioni, e quelli loro amori ricordomi de' mia:[54] gòdomi un pezzo in questo pensiero. Transferiscomi poi in sulla strada, nell'hosteria; parlo con quelli che passono, dimando delle nuove[55] de' paesi loro; intendo varie cose, e noto varii gusti e diverse fantasie[56] d'huomini. Viene in questo mentre[57] l'hora del desinare, dove con la mia brigata[58] mi mangio di

27 **che parevo... Amphitrione:** con autoironia, Machiavelli si paragona allo schiavo Geta che, in una novella anonima quattrocentesca, *Geta e Birria*, ispirata a una commedia di Plauto, porta sulle spalle i libri del suo padrone Anfitrione, appena tornato in patria dopo gli studi ad Atene.
28 **el meno:** come minimo.
29 **Di poi... strano:** dopo, questo passatempo (*badalucco*), per quanto fatto per forza (*dispettoso*) e inconsueto.
30 **quale:** come sia.
31 **vòmmene:** me ne vado.
32 **l'opere:** il lavoro.
33 **sciagura alle mani:** lite in corso.
34 **belle:** è detto con ironia.
35 **intervenute:** successe.
36 **in spezie mandò per:** in particolare, ordinò di andare a prendere.
37 **rattenere:** trattenere.
38 **aveva... sono:** doveva avere da me da quattro anni.
39 **cricca:** è un gioco di carte.
40 **in casa... Guicciardini:** in casa di Antonio Guicciardini (personaggio a noi ignoto). La caduta della preposizione "di" è rimasta in uso anche presso i moderni, sia pure con la presenza del solo cognome (per esempio, casa Rossi).
41 **Io... ladro:** io mi arrabbiai; volevo accusare di furto il carrettiere (*vetturale*) che era andato a prenderle (si intende le cataste di legna).
42 **Tandem:** infine (latino).
43 **Giovanni Machiavelli:** anche questo è un personaggio ignoto, al pari di tutti gli altri citati, con la sola esclusione di Battista (*Batista*) Guicciardini, podestà di Prato.
44 **vi entrò di mezzo:** fece da paciere.
45 **prese:** prenotò.
46 **la quale... i figlioli:** la quale, una volta arrivata a Firenze, risultò essere (*tornò*) la metà rispetto a quello che era, poiché ad accatastarla (*rizzarla*) c'erano lui, la moglie, la serva (*fante*), i figli.
47 **che pareva... un bue:** Machiavelli intende dire che la famiglia di Tommaso ha pigiato la legna con tanta forza da sembrare tale Gaburra, presumiamo un macellaio, abituato il giovedì ad ammazzare un bue con l'aiuto dei suoi garzoni. La catasta si misurava in base al volume, e Tommaso e i suoi familiari l'avevano compressa in modo che sembrasse mezza catasta e fosse quindi pagata di meno. Così Niccolò subiva una vera e propria truffa.
48 **in chi:** per chi effettivamente (non certo per l'autore).
49 **ne hanno... grosso:** se la sono presa a male (espressione idiomatica).
50 **connumera:** annovera.
51 **uccellare:** è l'uccelliera, il luogo deputato alla cattura (con le trappole) degli uccelli.
52 **sotto:** sottobraccio.
53 **minori:** considerati da Machiavelli tali perché poeti di materia amorosa e non epica, quali furono i latini Tibullo (ca 50-19 a.C.) e Ovidio (43 a.C. - 17/18 d.C.).
54 **ricordomi de' mia**: mi fanno ricordare dei miei amori.
55 **nuove:** notizie.
56 **fantasie:** umori.
57 **Viene in questo mentre:** e così giunge.
58 **brigata:** si intende la famiglia.

quelli cibi che questa povera villa e paululo patrimonio comporta.[59] Mangiato che ho, ritorno nell'hosteria: quivi è l'hoste, per l'ordinario, un beccaio,[60] un mugnaio, dua fornaciai. Con questi io m'ingaglioffo[61] per tutto dì giuocando a cricca, a trich-trach,[62] e poi dove nascono mille contese e infiniti dispetti di parole iniuriose; e il più delle volte si combatte un quattrino, e siamo sentiti non di manco gridare da San Casciano.[63] Così, rinvolto in tra questi pidocchi,[64] traggo el cervello di muffa,[65] e sfogo questa malignità di questa mia sorta, sendo contento mi calpesti per questa via, per vedere se la se ne vergognassi.[66]

Venuta la sera, mi ritorno a casa ed entro nel mio scrittoio;[67] e in sull'uscio mi spoglio quella veste cotidiana, piena di fango e di loto,[68] e mi metto panni reali e curiali;[69] e rivestito condecentemente,[70] entro nelle antique corti delli antiqui huomini, dove, da loro ricevuto amorevolmente, mi pasco di quel cibo che solum è mio e ch'io nacqui per lui;[71] dove io non mi vergogno parlare con loro e domandarli[72] della ragione delle loro azioni; e quelli per loro humanità mi rispondono; e non sento per quattro hore di tempo alcuna noia, sdimentico ogni affanno, non temo la povertà, non mi sbigottisce la morte: tutto mi transferisco in loro.[73] E perché Dante dice che non fa scienza sanza lo ritenere lo havere inteso[74] – io ho notato quello di che per la loro conversazione ho fatto capitale,[75] e composto uno opuscolo *De principatibus*;[76] dove io mi profondo quanto io posso nelle cogitazioni di questo subietto,[77] disputando che cosa è principato, di quale spezie sono, come e' si acquistono, come e' si mantengono, perché e' si perdono. E se vi piacque mai alcuno mio ghiribizzo,[78] questo non vi doverrebbe dispiacere; e a un principe, e massime[79] a un principe nuovo, doverrebbe essere accetto: però[80] io lo indirizzo alla Magnificentia di Giuliano.[81] Filippo Casavecchia l'ha visto; vi potrà ragguagliare in parte e della cosa in sé e de' ragionamenti ho hauto seco, ancora che tutta volta io l'ingrasso e ripulisco.[82]

59 che questa... comporta: che questa modesta dimora di campagna e il mio piccolo (*paululo*, latinismo) patrimonio permettono.
60 beccaio: macellaio.
61 m'ingaglioffo: il verbo, di originale conio machiavelliano, significa alla lettera "mi trasformo in un gaglioffo, in un fannullone", come dovevano essere – evidentemente – gli abituali frequentatori di osterie.
62 trich-trach: gioco con dadi e pedine da muovere su una scacchiera.
63 si combatte... San Casciano: la posta in palio è poca cosa (*si combatte un quattrino*), ma tuttavia (*non di manco*) ci sentono gridare (per le discussioni violente generate dal gioco) fino a San Casciano (a tre chilometri di distanza). È un'iperbole.
64 rinvolto... pidocchi: mescolato tra questa gente infima (*pidocchi*).
65 traggo... muffa: con l'orgoglio di chi non vuole arrendersi alla malasorte, Machiavelli sottolinea che la forzata inattività non gli ammuffirà il cervello.
66 sendo... vergognassi: essendo contento che continui a calpestarmi in questo modo, per vedere se alla fine essa stessa (cioè la cattiva sorte) non provi vergogna per avermi inflitto questo trattamento.
67 scrittoio: studio.
68 di fango e di loto: sono sinonimi.
69 reali e curiali: degni di re e di corti. Questo mutamento delle vesti ha naturalmente un valore metaforico: l'incontro con i classici impone un abbigliamento degno di loro.
70 condecentemente: in modo adeguato (all'impegno intellettuale a cui si predispone).
71 mi pasco... per lui: mi nutro di quel cibo (lo studio della politica) che è l'unico (*solum*, latino) mio (poiché mi ci sento portato) e per il quale io nacqui.
72 domandarli: interrogarli.
73 tutto... loro: è l'espressione chiave di tutta la lettera. Dimenticate le umiliazioni quotidiane, Niccolò si immerge nel dialogo con i classici.
74 Dante... inteso: citando i vv. 41-42 del canto V del *Paradiso*, Machiavelli intende sottolineare che per sapere qualcosa non è sufficiente averla capita, ma è necessario anche fissarla nella mente (*lo ritenere*).
75 ho notato... capitale: ho annotato ciò che ho imparato (*ho fatto capitale*) dalla loro frequentazione.
76 *De principatibus*: "Sui principati". È il titolo latino del *Principe*.
77 mi profondo... subietto: approfondisco quanto mi è possibile le riflessioni (*cogitazioni*, latinismo) su questo argomento.
78 ghiribizzo: opera di poco conto. La falsa modestia è un *topos* letterario. L'autore, in realtà, sa bene che la propria opera non è un capriccio estemporaneo, ma una meditata e rivoluzionaria analisi della politica.
79 massime: soprattutto (latinismo).
80 però: perciò.
81 Giuliano: figlio di Lorenzo il Magnifico, Giuliano de' Medici può essere considerato da Machiavelli un *principe nuovo*, in quanto da poco tornato a Firenze dopo la caduta della repubblica (1512). Morto Giuliano (1516), *Il Principe* avrà un altro destinatario: come vedremo, si tratterà di Lorenzo di Piero de' Medici, duca di Urbino e nipote di Giuliano.
82 ancora che... ripulisco: sebbene io continui (*tutta volta*) ad arricchirlo e a correggerlo.

Voi vorresti, magnifico ambasciatore, che io lasciassi questa vita, e venissi a godere con voi la vostra. Io lo farò in ogni modo; ma quello che mi tenta[83] hora è certe mie faccende, che fra sei settimane l'harò fatte. Quello che mi fa star dubbio è, che sono costì quelli Soderini, e quali sarei forzato, venendo costì, visitarli e parlar loro.[84] Dubiterei che alla tornata mia io non credessi scavalcare a casa, e scavalcassi nel Bargiello; perché, ancora che questo stato habbia grandissimi fondamenti e gran securità, tamen egli è nuovo, e per questo sospettoso; né manca di saccenti, che per parere, come Pagolo Bertini, metterebbono altri a scotto, e lascierebbono el pensiero a me.[85] Pregovi mi solviate[86] questa paura, e poi verrò in fra el tempo detto a trovarvi a ogni modo.

Io ho ragionato con Filippo di questo mio opuscolo, se gli era ben darlo o non lo dare;[87] e, sendo ben darlo, se gli era bene che io lo portassi, o che io ve lo mandassi. El non lo dare mi faceva dubitare che da Giuliano e' non fussi, non che altro, letto; e che questo Ardinghelli si facessi onore di questa ultima mia fatica.[88] El darlo mi faceva[89] la necessità che mi caccia,[90] perché io mi logoro, e lungo tempo non posso stare così che io non diventi per povertà contennendo,[91] appresso al desiderio harei[92] che questi signori Medici mi cominciassino adoperare,[93] se dovessino cominciare a farmi voltolare un sasso;[94] perché, se poi io non me gli guadagnassi,[95] io mi dorrei di me; e per questa cosa,[96] quando la fussi letta, si vedrebbe che quindici anni, che io sono stato a studio all'arte dello stato, non gli ho né dormiti né giuocati;[97] e doverrebbe ciascheduno haver caro servirsi di uno che alle spese di altri fussi pieno di esperienza.[98] E della fede[99] mia non si doverrebbe dubitare, perché, havendo sempre observato la fede, io non debbo imparare hora a romperla; e chi è stato fedele e buono quarantatré anni, che io ho, non debbe poter[100] mutare natura; e della fede e bontà mia ne è testimonio la povertà mia. Desidererei adunque che voi ancora mi scrivessi quello che sopra questa materia[101] vi paia. E a voi mi raccomando. *Sis felix.*[102]

Die[103] *10 Decembris 1513.*

83 mi tenta: mi trattiene.
84 Quello… loro: ciò che mi rende dubbioso è che a Roma (*costì*) ci sono i Soderini, ai quali, venendo lì, mi sentirei in obbligo di rendere visita e rivolgere la parola. Come abbiamo visto nella biografia, i rapporti tra Machiavelli e l'ex gonfaloniere della Repubblica fiorentina Pier Soderini erano stati strettissimi: frequentarlo a Roma (dove Soderini era in esilio) comportava il rischio di perdere per sempre la fiducia dei Medici, che lo scrittore stava faticosamente cercando di recuperare.
85 Dubiterei… a me: (se venissi a Roma) temerei che al mio ritorno (a Firenze) io creda di smontare da cavallo (*scavalcare*) a casa mia, ma smonti invece nel Bargello (cioè, la sede delle carceri fiorentine); perché, sebbene questo Stato (cioè il regime dei Medici) abbia basi solidissime e sia in condizioni di assoluta sicurezza, tuttavia (*tamen*, latino) è uno Stato nuovo e perciò è sul chi va là (*sospettoso*); né vi mancano degli intriganti (*saccenti*) che, per fare bella mostra di sé come Paolo Bertini (personaggio a noi ignoto), inviterebbero altri all'osteria e lascerebbero poi da pagare a me (lo *scotto* è il prezzo del vitto e dell'alloggio, ma il passo, nella sua parte conclusiva, è di incerta interpretazione).
86 mi solviate: mi liberiate da.
87 se gli era… dare: se era bene o no darlo (l'*opuscolo*, cioè *Il Principe*); s'intende a Giuliano de' Medici.
88 El non… fatica: a non darlo mi spingeva il dubbio che da Giuliano non fosse nemmeno letto; e che questo Ardinghelli se lo attribuisse come un'opera sua. Pietro Ardinghelli (1470-1526), segretario personale di papa Leone X e uomo di fiducia dei Medici, era nemico di Machiavelli.
89 El… faceva: a darlo mi spingeva.
90 mi caccia: mi stimola.
91 lungo tempo… contennendo: non posso vivere più tanto a lungo in tale stato senza diventare oggetto di disprezzo (*contennendo*, latinismo) a causa della mia povertà.
92 appresso… harei: senza considerare il desiderio che avrei.
93 mi… adoperare: iniziassero a mettermi al loro servizio.
94 se dovessino… sasso: se anche dovessero cominciare con il comandarmi di far rotolare un sasso (cioè di occuparmi di incarichi di poca importanza).
95 non me gli guadagnassi: non ne ottenessi la fiducia.
96 questa cosa: l'*opuscolo*.
97 che… giuocati: che i quindici anni impiegati nell'attività politica (dal 1498 al 1512) non sono stati sprecati (*né dormiti né giuocati*).
98 alle spese… esperienza: al servizio di altri (cioè della repubblica) abbia maturato una lunga esperienza.
99 fede: fedeltà.
100 non debbe poter: sicuramente non può.
101 questa materia: la maniera più giusta per consegnare l'*opuscolo* a Giuliano de' Medici.
102 *Sis felix*: sii felice (formula augurale latina).
103 *Die*: giorno (latino).

Dentro il TESTO

I contenuti tematici

L'*incipit* ironico

La lettera si apre con i convenevoli di rito. Eppure, già possiamo cogliere una punta di bonaria canzonatura, che anticipa il carattere colloquiale della missiva nel suo complesso. Il destinatario (chiamato ampollosamente *Magnifico*, come imporrebbe un cerimoniale ufficiale) si è fatto attendere a lungo, visto che ha scritto e inviato una lettera con un certo ritardo. Ma – ironizza Machiavelli con una citazione petrarchesca – *Tarde non furon mai grazie divine* (r. 1), come a dire "meglio tardi che mai". Quindi il mittente lo esorta, scherzosamente, a essere soddisfatto del suo incarico politico (che ha solo una rilevanza di facciata) e a vivere *ordinatamente e quietamente* (rr. 8-9), cioè alla giornata, senza avere altre – troppe – pretese.

Un primo sguardo su sé stesso: la condanna della fortuna

Dopo l'ironia, il tono però cambia e si fa serio. Lo impone l'argomento, che tocca personalmente l'animo dello scrivente: la fortuna, contro la cui malignità sembrerebbe che non ci siano antidoti. *ella si vuole lasciarla fare* (rr. 11-12), cioè è necessario lasciare che faccia come vuole. Si tratta di una dichiarazione di impotenza contraddetta nel *Principe*, dove Machiavelli invece sottolinea la possibilità che la virtù individuale dimezzi almeno il raggio d'azione della fortuna.

Tuttavia, Machiavelli evita di rimpiangere con nostalgia gli anni operosi in cui esercitava un importante ruolo pubblico. Egli infatti non esclude che la sorte possa girare e riammetterlo nel gioco politico: starà a lui in tal caso farsi trovare pronto a mettersi a disposizione dello Stato, come sottolinea la forza dell'espressione conclusiva (*eccomi*, r. 14).

La vita quotidiana al confino

Dal secondo capoverso Machiavelli inizia a descrivere la propria vita quotidiana nell'esilio forzato di San Casciano: dopo il periodo settembrino dell'uccellagione, adesso è solito recarsi al bosco per controllare il lavoro dei tagliatori di legna, e lì c'è un primo momento di ritiro intellettuale. Rifugiatosi in un *locus amoenus*, l'autore si riposa vicino a una fonte, in compagnia di testi amorosi di Tibullo e Ovidio (rr. 40-42): una specie di ozio rilassante, una divagazione leggera, presto interrotta da un'attività più utile, la conoscenza degli uomini.

Egli infatti, dopo una prima sosta e il pranzo, si reca in osteria. È qui che la sua curiosità lo spinge a mischiarsi con gli abitanti del contado. Si "ingaglioffa" giocando a carte, condividendo umori plebei, umiliandosi al più infimo livello, quasi a farsi beffe del destino che lo ha costretto a tale degradazione (*sfogo questa malignità di questa mia sorta*, r. 53). E, tuttavia, Machiavelli non rinuncia a fare tesoro anche di questa situazione: immergersi nella realtà dell'osteria significa entrare in contatto con un'umanità semplice, che gli fornirà l'occasione per investigare le relazioni e i comportamenti umani, anche quelli più vili e animaleschi. Beninteso, l'autore guarda a questo universo non senza un filo di paternalistico snobismo: le espressioni usate (*m'ingaglioffo*, appunto, r. 49, ma anche *pidocchi*, r. 52) suggeriscono una sorta di presa di distanza dell'intellettuale da quell'umile regno di modesti lavoratori manuali (il macellaio, il mugnaio, i fornai).

Il riscatto serale

Al racconto autoironico delle attività diurne subentra poi quello serale, più serio e intellettuale. Ma sono due facce della stessa medaglia: la conversazione con i frequentatori dell'osteria è infatti sostituita da quella con gli *antiqui huomini* (rr. 57-58), dai quali egli si attende di ricavare preziosi insegnamenti. Di questa lezione Machiavelli ha colto i frutti nell'*opuscolo* che ha finito di redigere: grazie al *Principe*, pur tra mille titubanze (espresse in forma di dilemma: *se gli era ben darlo o non lo dare;* [...] *che io lo portassi, o che io ve lo mandassi*, rr. 83-85), spera di essere riammesso nei luoghi ufficiali della politica, che più gli spettano in virtù delle competenze tecniche acquisite e delle qualità di disinteressato servitore dello Stato da lui già mostrate, pur in un regime politico diverso da quello presente. Eppure, la speranza è venata dal dubbio: il destino dell'ex segretario dipende da altri, non da lui (una condizione di drammatica incertezza sottolineata dagli ultimi verbi della lettera, quasi tutti al modo condizionale: *harei, mi dorrei, si vedrebbe, doverrebbe* per due volte, *Desidererei*).

Le scelte stilistiche

La varietà mimetica dello stile: il lessico popolaresco e quello sostenuto

Le due facce della personalità di Machiavelli si riverberano anche nello stile. Con grande capacità mimetica di adattare la lingua al contesto, l'autore alterna con disinvoltura una forma più bassa, quando narra dell'episodio all'osteria, e una più alta, quando descrive il proprio colloquio con i classici.

Nel primo caso, abbiamo modi popolari e gergali quali *fare el diavolo* (r. 31) e *hanno fatto capo grosso* (r. 38). Anche la rappresentazione di sé stesso che l'autore sviluppa adotta immagini caricaturali dal forte sapore espressivo, come quando si paragona al servo di Anfitrione o descrive la propria condizione (*m'ingaglioffo*, r. 49; *rinvolto in tra questi pidocchi*, r. 52).

Ben diverso è il procedimento stilistico utilizzato per ritrarre il raccoglimento interiore a contatto con gli amati classici. In questo caso la forma si fa solenne, si addensano le figure retoriche e il lessico diventa più elaborato, a supporto dell'autoritratto, ora non più ironico ma elevato (*mi metto panni reali e curiali*, rr. 56-57; *entro nelle antique corti delli antiqui huomini*, rr. 57-58).

Verso le COMPETENZE

COMPRENDERE

1 Chi sono gli interlocutori ideali con cui l'autore si intrattiene nei suoi incontri notturni?

2 Che significato assume per Machiavelli il cambiamento serale degli abiti?

3 Per quale motivo Machiavelli è restio a recarsi a Roma?

4 Nella parte finale dell'epistola, Machiavelli accenna chiaramente alla stesura di un'opera. Di quale opera si tratta? Di che natura sono i dubbi dell'autore sulla sua diffusione?

ANALIZZARE

5 Individua le sei sequenze della lettera, assegna a ciascuna di esse un titolo e riassumine il contenuto, specificando per ogni situazione descritta dall'autore il tempo in cui essa si svolge, il luogo, lo stile e la lingua impiegati nel racconto della circostanza.

6 Individua e registra le espressioni popolaresche presenti nella lettera.

INTERPRETARE

7 Quali inclinazioni emergono nell'indole di Machiavelli quando si dedica a comportamenti futili e viene a contatto con uomini di modesta cultura?

PRODURRE

8 SCRIVERE PER **ESPORRE**
Dopo la lettura dell'epistola, possiamo dire di sapere tutto (o quasi) della vita quotidiana di Machiavelli nel suo esilio all'Albergaccio. Nelle vesti fittizie di giornalista, immagina di intervistarlo, facendolo esprimere nel linguaggio di oggi, senza rinunciare al colore e alla vivacità del suo stile.

DIBATTITO IN CLASSE

9 Machiavelli afferma che la lettura dei grandi autori del passato e il dialogo che essa instaura con loro costituiscono l'unico sollievo alle ansie e alle amarezze della vita quotidiana. Anche per te la lettura (o un'altra attività) ha la stessa funzione? Confrontati con i compagni.

2 Alla ricerca delle regole della politica: la lezione della Storia

Un'opera pratica...

Lo scopo di tutta l'opera machiavelliana è fornire indicazioni utili a superare la crisi che sta vivendo l'Italia, frammentata in una serie di deboli Stati regionali o cittadini, e incapace – politicamente, militarmente e moralmente – di emanciparsi dalla crescente ingerenza delle potenze europee. Da questa **finalità pratica** discende la scelta di evitare le speculazioni astratte e dottrinarie per concentrarsi invece sugli avvenimenti contemporanei, nel **tentativo di illuminare il presente** e fornire gli strumenti per mettere fine alle contese particolaristiche e per rendere così possibile la formazione di uno Stato unitario forte e sicuro, sia all'interno sia all'esterno.

... ma anche un'opera teorica

Tuttavia, se l'opera di Machiavelli – *Il Principe*, in particolare – è legata a una temperie specifica, va detto che non si esaurisce in essa. È vero che la sua riflessione nasce dal rapporto diretto che l'autore – politico impegnato in prima persona – vive con la realtà storica, ma le soluzioni proposte indicano **norme e strategie che hanno una validità universale**, al di là delle circostanze che le hanno generate.

Il pragmatismo adottato nell'indagare la realtà rappresenta infatti il cardine di un nuovo principio teorico e la base di una **metodologia empirica**, affidata cioè allo studio realistico delle circostanze e all'esperienza, sia quella diretta e personale del testimone della vita politica del tempo sia quella assimilata dalle fonti storiche antiche e moderne.

Imparare dalla Storia

Machiavelli è convinto che una valida dottrina politica possa venire alla luce «facendo profitto» dei comportamenti umani, sin dall'antichità. La **Storia** acquisisce quindi una **valenza pedagogica**: essa è, secondo la concezione ciceroniana e umanistica, *magistra vitae* (cioè "maestra di vita"), poiché dall'inesauribile miniera degli eventi del passato è possibile ricavare una lezione utilissima per leggere e orientare la realtà sfaccettata e mutevole offerta dalla contemporaneità.

Questa visione della Storia si fonda sul presupposto che, **pur in epoche lontane** e apparentemente diverse, l'uomo conservi sempre il medesimo comportamento e sia animato dalle **stesse pulsioni** (Machiavelli parla di «appetiti», con evidente riferimento alla natura animale delle insaziabili ambizioni umane).

Come prescriveva la **concezione naturalistica** tipica del Rinascimento, anche secondo Machiavelli gli uomini non si trasformano con il succedersi dei secoli, ma rimangono immobili in ogni tempo e latitudine: «Il cielo, il sole, li elementi, li uomini», scrive nei *Discorsi sopra la prima Deca di Tito Livio*, non sono «variati di moto, di ordine e di potenza da quello che gli erono antiquamente» (I, Proemio, ➤ T2, p. 366).

Si deve imitare il passato, ma non passivamente

Per questo, il principe «prudente» deve trovare negli «esempli» del passato i rimedi per risolvere crisi e difficoltà. Con questo invito Machiavelli riafferma un criterio, tipico della cultura umanistica: il **principio dell'imitazione**. In particolare, gli intellettuali dell'Umanesimo civile fiorentino avevano cercato nell'antichità riferimenti validi per l'impegno pubblico, rivissuto grazie alla fede in una politica animata da virtù individuali e collettive. Machiavelli si colloca a conclusione di questa tradizione: la drammatica coscienza della rovinosa decadenza italiana lo porta a «biasimare i presenti tempi, laudare i passati, e desiderare i futuri» (*Discorsi*, II, Proemio). Ciò spiega la sua **forte carica polemica** nei confronti del proprio tempo, carica polemica che non risparmia anche la tendenza a imitare passivamente e in modo indiscriminato i classici: «Quanto meglio arebbono fatto quelli, sia detto con pace di tutti», scrive nel primo libro del trattato *Dell'arte della guerra*, «a cercare di somigliare gli antichi nelle cose forti e aspre, non nelle delicate e molli, e in quelle che facevano sotto il sole, non sotto l'ombra, e pigliare i modi della antichità vera e perfetta, non quelli della falsa e corrotta».

Anche l'**imitazione** perciò deve essere **selettiva**: non deve ridursi a essere fine a sé stessa, né comportare uno sterile rifugiarsi nel passato. In particolare nella politica, l'imitazione deve configurarsi come il motore del rinnovamento, la spinta decisiva a recuperare «nuova vita e nuova virtù» (*Discorsi*, III, 1). Perché ciò sia possibile, è necessario che essa non sia astratta, generica o libresca, bensì che diventi concreta e operativa, in grado cioè di incidere sulla realtà adattandosi alle specifiche ed effettive condizioni civili, politiche, economiche del presente.

Repubblica o principato: una scelta che dipende dalle circostanze

Per questo **Machiavelli evita di indicare una forma di governo perfetta**, poiché la soluzione politica e istituzionale giusta è solo quella che meglio sa conformarsi alle particolari e contingenti circostanze del momento.

Ciò non toglie che l'autore, nei *Discorsi*, esprima la sua **personale preferenza per la repubblica**, capace più del principato di coinvolgere i diversi gruppi sociali nella gestione del potere, sottraendolo al monopolio e all'arbitrio dei pochi sui molti. Ma la repubblica non sempre si rivela la forma migliore: essa infatti può prosperare solo dove le basi del vivere civile siano salde e regolate da buone leggi. Quando invece la corruzione dilaga, l'organismo dello Stato è destinato alla rovina e la repubblica può degenerare in anarchia: allora i vecchi ordinamenti non bastano più e ne occorrono di nuovi. In questo caso (che è poi il caso dell'Italia che ha sotto gli occhi) il repubblicano Machiavelli afferma la **necessità dell'assolutismo**: soltanto un principe, che gestisca da solo il potere e sia indipendente dai vecchi gruppi egemoni, può salvare dalla rovina un'Italia disunita e priva di guida.

Lo scrittore al lavoro

Machiavelli è curvo sui libri di Storia e sulle mappe antiche, con lo sguardo meditabondo; la posa (la mano a coprire la bocca) è di chi riflette più che di chi legge o scrive. I libri della ricca biblioteca sono disordinati, nello scaffale alle sue spalle, sul tavolo da lavoro, sulla sedia, perfino adagiati per terra.

Stefano Ussi, *Niccolò Machiavelli nello studio*, 1894. Roma, Galleria Nazionale d'Arte Moderna.

• T2 •

Lo studio della Storia e l'imitazione degli antichi

Il passato come una miniera di saggezza

Discorsi sopra la prima Deca di Tito Livio, I, Proemio

Il rapporto con gli antichi non deve essere visto come acritica e nostalgica riproduzione del passato. Anche nella teoria e nella prassi politica, esso si rivela infatti di fondamentale utilità per comprendere e per saper affrontare il presente.

Ancora che, per la invida natura degli uomini, sia sempre suto non altrimenti periculoso trovare modi ed ordini nuovi, che si fusse cercare acque e terre incognite, per essere quelli più pronti a biasimare che a laudare le azioni d'altri;[1] nondimanco,[2] spinto da quel naturale desiderio che fu sempre in me di operare, sanza alcuno respetto,[3] quelle cose che io creda rechino comune benefizio a ciascuno, ho deliberato entrare per una via, la quale, non essendo suta ancora da alcuno trita,[4] se la mi arrecherà fastidio e difficultà, mi potrebbe ancora[5] arrecare premio, mediante quelli che umanamente[6] di queste mie fatiche il fine considerassino. E se lo ingegno povero, la poca esperienzia delle cose presenti e la debole notizia[7] delle antique faranno questo mio conato difettivo[8] e di non molta utilità; daranno almeno la via ad alcuno che, con più virtù, più discorso e iudizio,[9] potrà a questa mia intenzione satisfare: il che, se non mi arrecherà laude, non mi doverebbe partorire biasimo.

Considerando adunque quanto onore si attribuisca all'antiquità, e come molte volte, lasciando andare infiniti altri esempli, un frammento d'una antiqua statua sia suto comperato[10] gran prezzo, per averlo appresso di sé, onorarne la sua[11] casa e poterlo fare imitare a coloro che di quella arte si dilettono;[12] e come quegli dipoi con ogni industria[13] si sforzono in tutte le loro opere rappresentarlo;[14] e veggiendo, da l'altro canto, le virtuosissime operazioni[15] che le storie ci mostrono, che sono state operate da regni e republiche antique, dai re, capitani, cittadini, latori di leggi,[16] ed altri che si sono per la loro patria affaticati, essere più presto[17] ammirate che imitate; anzi, in tanto da ciascuno in ogni minima cosa fuggite, che di quella antiqua virtù non ci è rimasto alcun segno;[18] non posso fare che insieme non me ne maravigli e dolga.[19] E tanto più, quanto io veggo nelle diferenzie che intra cittadini civilmente nascano,[20] o nelle malattie nelle quali li uomini incorrono, essersi sempre ricorso a quelli iudizii[21] o a quelli remedii che dagli antichi sono stati iudicati o ordinati: perché le leggi civili non sono altro che sentenze date dagli antiqui iureconsulti, le quali, ridutte in ordine,[22] a' presenti[23] nostri iureconsulti

1 **Ancora che... d'altri:** sebbene, a causa della natura invidiosa (*invida*) degli uomini, sia sempre stato (*suto*) ugualmente pericoloso introdurre modi e ordinamenti politici nuovi quanto esplorare mari e terre ignote, poiché gli uomini (*quelli*) sono più pronti a criticare che a lodare l'operato altrui.
2 **nondimanco:** tuttavia.
3 **respetto:** timore.
4 **trita:** percorsa.
5 **ancora:** d'altra parte.
6 **umanamente:** con benevolenza.
7 **debole notizia:** conoscenza insufficiente. Al pari dell'*ingegno povero* e della *poca esperienzia*, si tratta di una dichiarazione di modestia, che spesso troviamo in Machiavelli come un espediente retorico tipico della cosiddetta *captatio benevolentiae* (la ricerca dell'atteggiamento benevolo da parte del lettore o del destinatario).
8 **faranno... difettivo:** renderanno questo mio sforzo manchevole di qualcosa.
9 **con... iudizio:** grazie a una maggiore forza d'ingegno (*virtù*) e a una capacità più spiccata di argomentazione (*discorso*) e analisi (*iudizio*).
10 **comperato:** acquistato a.
11 **sua:** propria.
12 **che... si dilettono:** che praticano la scultura.
13 **industria:** ingegnosità.
14 **rappresentarlo:** imitarlo.
15 **operazioni:** imprese.
16 **latori di leggi:** legislatori.
17 **più presto:** piuttosto.
18 **anzi... segno:** a tal punto evitate (*fuggite*) da tutti in ogni singolo aspetto, che di quell'antico valore (politico) non è rimasta alcuna traccia.
19 **non posso... dolga:** non posso fare a meno di meravigliarmene e dolermene.
20 **diferenzie... nascano:** contese giuridiche che nascono tra i cittadini.
21 **iudizii:** sentenze.
22 **ridutte in ordine:** sistemate in un complesso organico di leggi.
23 **presenti:** contemporanei.

iudicare insegnano. Né ancora la medicina è altro che esperienze fatte dagli antiqui medici, sopra le quali fondano e' medici presenti e' loro iudizii.[24] Nondimanco, nello ordinare[25] le republiche, nel mantenere li stati, nel governare e' regni, nello ordinare la milizia ed amministrare la guerra, nel iudicare e' sudditi, nello accrescere l'imperio, non si truova principe né republica che agli esempli delli antiqui ricorra. Il che credo che nasca non tanto da la debolezza nella quale la presente religione[26] ha condotto el mondo, o da quel male che ha fatto a molte provincie e città cristiane uno ambizioso ozio,[27] quanto dal non avere vera cognizione delle storie, per non trarne, leggendole, quel senso né gustare di loro quel sapore che le hanno in sé. Donde nasce che[28] infiniti[29] che le leggono, pigliono piacere di udire quella varietà degli accidenti[30] che in esse si contengono, sanza pensare altrimenti di imitarle, iudicando la imitazione non solo difficile ma impossibile; come se il cielo, il sole, li elementi, li uomini, fussino variati di moto, di ordine e di potenza, da quello che gli erono antiquamente. Volendo, pertanto, trarre li uomini di questo errore, ho giudicato necessario scrivere, sopra tutti quelli libri di Tito Livio che dalla malignità de' tempi non ci sono stati intercetti,[31] quello che io, secondo le cognizione delle antique e moderne cose, iudicherò essere necessario per maggiore intelligenzia[32] di essi, a ciò che coloro che leggeranno queste mia declarazioni,[33] possino più facilmente trarne quella utilità per la quale si debbe cercare la cognizione delle istorie. E benché questa impresa sia difficile, nondimanco, aiutato da coloro che mi hanno, ad entrare sotto questo peso, confortato, credo portarlo in modo, che ad un altro resterà breve cammino a condurlo a loco destinato.[34]

24 **sopra le quali... iudizii:** sulle quali i medici di oggi (*presenti*) si poggiano per formulare le loro diagnosi (*iudizii*).
25 **ordinare:** governare, da un punto di vista sia militare sia politico.
26 **la presente religione:** è la critica, tipicamente machiavelliana, alla religione cristiana, responsabile di aver incoraggiato l'ozio e la viltà.
27 **quel male... ozio:** qui Machiavelli si riferisce alle piccole, meschine e quindi inconcludenti manovre (*ambizioso ozio*) che hanno occupato i principi italiani dalla pace di Lodi (1454) alla discesa di Carlo VIII (1494).
28 **Donde nasce che:** da ciò deriva che.
29 **infiniti:** moltissimi.
30 **accidenti:** avvenimenti.
31 **intercetti:** sottratti (latinismo); dei 142 libri di cui era composta la monumentale storia di Tito Livio ce ne sono pervenuti infatti solo 35.
32 **intelligenzia:** comprensione.
33 **declarazioni:** spiegazioni.
34 **a loco destinato:** a termine.

Dentro il TESTO

I contenuti tematici

Il rischio dell'impresa intellettuale di Machiavelli

L'impresa che si accinge a compiere Machiavelli richiede coraggio. Per trovare *modi ed ordini nuovi*, occorre infatti lo stesso spirito che anima i navigatori nel *cercare acque e terre incognite* (r. 2). L'esplorazione e la scoperta di territori nuovi (qui, fuor di metafora, si parla dei territori della politica) comportano sicuramente la critica degli uomini che sono abituati più *a biasimare che a laudare le azioni d'altri* (r. 3). Tuttavia, nella realizzazione del progetto Machiavelli è disposto a mettersi in gioco, chiamando in causa il proprio patrimonio di talenti e conoscenze: un patrimonio di cui egli conosce spessore e originalità, ma che simula di ridimensionare con l'uso retorico della modestia (*lo ingegno povero, la poca esperienzia delle cose presenti e la debole notizia delle antique*, rr. 8-9).

Anche la politica deve essere imitata

In questo passo siamo al centro della riflessione, tipicamente umanistico-rinascimentale, sul principio di imitazione. Ma l'oggetto dell'imitazione stavolta è inedito, anomalo. Infatti, sostiene Machiavelli, non desta meraviglia che essa riguardi campi come l'arte, la letteratura, il diritto, perfino la medicina. Non si capisce, allora, perché le imprese e le grandi intuizioni politiche del mondo antico siano *più presto ammirate che imitate* (rr. 20-21) e perché *non si truova principe né republica che agli esempli delli antiqui ricorra* (rr. 32-33): *trarre li uomini di questo errore* (rr. 41-42) sarà lo scopo della sua opera.

L'uomo che esercita una funzione pubblica deve avere ben chiaro che la Storia rappresenta una lezione valida per capire anche il presente: tramite essa è possibile, anzi doveroso, formulare una teoria razionale dell'agire politico, capace di penetrare le leggi universali a cui gli eventi obbediscono e suggerire quindi precise e sicure linee di comportamento.

Certo, le condizioni reali e contingenti cambiano, ma questa ovvia obiezione permette a Machiavelli di ribadire in chiave polemica il proprio radicale naturalismo. L'uomo infatti rimane uguale a sé stesso, immutabile come lo sono i fenomeni naturali (*come se il cielo, il sole, li elementi, li uomini, fussino variati di moto, di ordine e di potenza, da quello che gli erono antiquamente*, rr. 39-41).

Le scelte stilistiche

Lo stile dei *Discorsi*: le differenze con *Il Principe*

Il brano antologizzato è utile anche per cogliere alcune caratteristiche stilistiche, che nel *Principe* troveremo alquanto diverse. Qui, infatti, notiamo come la struttura sintattica ricalchi il modello classico, strutturato secondo una serie di proposizioni subordinate e coordinate: un'iniziale concessiva (*Ancora che*..., r. 1), quindi una serie di incidentali esplicite e implicite (*per essere*..., r. 3; *spinto*..., r. 4; *non essendo suta*..., r. 6 ecc.), inframezzate dalla principale (*ho deliberato*, rr. 5-6).

Ben diverso è il piglio del *Principe*, in cui ci abitueremo a fronteggiare, non senza esserne a volte spiazzati, le improvvise ed energiche impennate che movimentano il discorso, rendendolo vibrante. Nei *Discorsi*, date la natura e la finalità dell'opera, siamo al cospetto invece di un andamento, per così dire, più compassato e raziocinante, anche se certo non privo di passione.

Verso le COMPETENZE

COMPRENDERE

1 In che cosa consiste la novità annunciata da Machiavelli all'inizio del Proemio?

2 A che cosa serve per Machiavelli la *cognizione delle storie* (rr. 35-36)?

ANALIZZARE

3 Nel brano, l'autore fa un cenno – polemico – alla religione cristiana. Individualo e spiegalo.

4 Uno dei tratti retorici tipici di Machiavelli è la dichiarazione di modestia: individuala e spiegane la funzione.

INTERPRETARE

5 Quando Machiavelli parla di *malignità de' tempi* (r. 43) a che cosa si riferisce?

PRODURRE

6 SCRIVERE PER **ARGOMENTARE**
Il principio di imitazione era un valore fondamentale della civiltà classica e umanistica. Oggi la situazione è cambiata: vige soprattutto il "mito" dell'originalità e di chi imita si tende ad avere poca considerazione. Ritieni preferibile la concezione tipica dei tempi di Machiavelli o quella contemporanea? Sviluppa la tua riflessione in un testo argomentativo di circa 20 righe.

DIBATTITO IN CLASSE

7 Secondo Machiavelli, la storia è *magistra vitae*, e da essa si può imparare sia a comprendere il presente sia ad agire in modo razionale e pragmatico. Sei d'accordo con lui? E, se sì, ti sembra un atteggiamento facilmente applicabile, o è più facile che l'agire umano sia condizionato più dagli istinti irrazionali e dalle passioni? Confrontati con i compagni.

T3

Chi non vuole entrare nel male, viva da privato

Discorsi sopra la prima Deca di Tito Livio, I, 26

L'utilità degli esempi

La politica non è adatta ai cuori teneri e ai temperamenti miti. In questo capitolo Machiavelli ribadisce un principio a lui caro: il politico che voglia durare deve saper adottare anche *modi* malvagi, ispirandosi a modelli coraggiosi e vincenti.

Qualunque diventa principe o d'una città o d'uno stato, e tanto più quando i fondamenti suoi fussono deboli[1] e non si volga o per via di regno o di republica alla vita civile,[2] il megliore rimedio[3] che egli abbia, a tenere quel principato, è, sendo[4] egli nuovo principe, fare ogni cosa, in quello stato, di nuovo: come è, nelle città, fare nuovi governi con nuovi nomi, con nuove autorità, con nuovi uomini; fare i ricchi poveri, i poveri ricchi come fece Davit[5] quando ei diventò re: «qui esurientes implevit bonis, et divites dimisit inanes»;[6] edificare, oltra di questo, nuove città, disfare delle edificate,[7] cambiare gli abitatori da un luogo a un altro; ed in somma, non lasciare cosa niuna intatta in quella provincia e che non vi sia né grado, né ordine né stato,[8] né ricchezza, che chi la tiene non la riconosca da te; e pigliare per sua mira[9] Filippo di Macedonia,[10] padre di Alessandro, il quale, con questi modi, di[11] piccol re, diventò principe di Grecia. E chi scrive di lui,[12] dice che tramutava[13] gli uomini di provincia in provincia, come e' mandriani tramutano le mandrie loro. Sono questi modi crudelissimi, e nimici d'ogni vivere, non solamente cristiano, ma umano; e debbegli qualunque uomo fuggire, e volere piuttosto vivere privato, che re con tanta rovina degli uomini; nondimeno,[14] colui che non vuole pigliare quella prima via del bene, quando si voglia mantenere conviene che entri in questo male. Ma gli uomini pigliono certe vie del mezzo,[15] che sono dannosissime; perché non sanno essere né tutti cattivi né tutti buoni.

1 **i fondamenti... deboli:** le basi del suo potere non fossero sicure.
2 **non si volga... civile:** non decida di istituire uno Stato fondato sulle leggi e, tramite la monarchia o la repubblica, sulla convivenza sociale (e si orienti quindi verso la tirannide).
3 **rimedio:** metodo.
4 **sendo:** essendo, dal momento che è.
5 **Davit:** Davide, l'eroe biblico, scelto da Dio per regnare su Israele.
6 **«qui esurientes implevit... inanes»:** "il quale ha riempito di beni gli affamati e ha mandato via i ricchi impoveriti" (dal cantico *Magnificat*, nel primo capitolo del Vangelo di Luca).
7 **disfare delle edificate:** distruggere delle città già esistenti.
8 **stato:** condizione economica e sociale.
9 **pigliare... mira:** prendere a esempio.
10 **Filippo di Macedonia:** Filippo II (382 ca - 336 a.C.), re della Macedonia dal 359 fino alla morte e padre di Alessandro Magno (356-323 a.C.).
11 **di:** da.
12 **E chi scrive di lui:** la fonte di cui si serve Machiavelli è lo storico romano Marco Giuniano Giustino, autore, tra il II e il III secolo d.C., di una fortunata epitome (cioè di un riassunto, un compendio di un'opera a scopo divulgativo) delle *Storie filippiche* dello scrittore romano Pompeo Trogo (vissuto tra il I sec. a.C. e il I sec. d.C.).
13 **tramutava:** trasferiva.
14 **nondimeno:** tuttavia.
15 **pigliono... del mezzo:** percorrono certe vie intermedie, cioè né buone né cattive.

Analisi ATTIVA

I contenuti tematici

La ricerca dell'utilità

In questo breve brano dei *Discorsi*, Machiavelli affronta uno degli aspetti della sua teoria politica per noi più difficile da condividere. La questione riguarda la necessità per un principe di adottare, quando le situazioni contingenti obbligano a farlo, *modi crudelissimi, e nimici d'ogni vivere, non solamente cristiano, ma umano* (rr. 14-15). Come vedremo nelle pagine del *Principe*, lo scopo che un politico deve prefiggersi è l'utilità, cioè la salvaguardia del potere e la salvezza dello Stato, da ottenere con qualsiasi strumento, anche in contrasto con la morale. Il raggiungimento di tale obiettivo ricade positivamente sull'ordine della vita civile e sul benessere dei cittadini: un'azione che appare crudele nell'immediato in un orizzonte temporale più ampio può infatti dimostrarsi benefica per le esigenze della collettività.

1 Che cosa intende Machiavelli per *vita civile* (r. 3)? In quali contesti sociopolitici può attuarsi?
2 *Fare ogni cosa in quello stato, di nuovo* (r. 4) è, secondo Machiavelli, un *rimedio* (r. 3): a che cosa?

Fare come Davide

In linea con il principio di imitazione professato nel Proemio dei *Discorsi*, vengono allegati i modelli positivi per un «principe nuovo», che sa di dover rinnovare dalle fondamenta lo Stato appena acquisito. Gli esempi a cui Machiavelli ricorre sono Davide e Filippo il Macedone, entrambi «profeti armati» (un'espressione che troveremo nel *Principe*), entrambi non riluttanti dinanzi al dovere di operare con modi sbrigativi e violenti. Il primo, in particolare, con la sua forza morale e razionale incarna alla perfezione l'uomo-eroe rinascimentale, simbolo del coraggio e dell'intelligenza, protagonista della Storia e consapevole dei propri doveri e delle proprie possibilità.

Non è un caso, d'altra parte, che Machiavelli proponga il mito esemplare di Davide, onorato nel 1504 dalla Repubblica fiorentina di Soderini con la statua di Michelangelo posta davanti al Palazzo della Signoria. E non è nemmeno un caso che il capovolgimento della morale, propugnato dall'autore, finisca per identificarsi con questa figura biblica, richiamata non in grazia dell'umiltà ma in virtù della sua attitudine a usare la forza.

3 Quali tra le seguenti azioni furono compiute da Davide per rendere stabile il proprio regno?
- a Favorire i più ricchi.
- b Far arricchire i poveri.
- c Edificare nuove città.
- d Costruire strade.
- e Uccidere tutti gli oppositori.
- f Spostare gli abitanti da un luogo all'altro.

4 Quale similitudine viene usata per descrivere il comportamento di Filippo il Macedone? Perché, secondo te, l'immagine usata è così "bassa" e concreta?
5 Individua nel testo l'espressione che Machiavelli usa per indicare il fine ultimo del "fare ogni cosa nuova".

Le scelte stilistiche

Il rifiuto dell'ambiguità e l'immagine del bivio

A coloro che non hanno il coraggio di entrare nel male Machiavelli suggerisce, non senza un velo di sarcasmo, di rimanere privati cittadini per non trovarsi a dovere affrontare le logiche perverse della politica. Infatti, le scelte compromissorie si rivelano sempre inadeguate, dannose e perciò destinate a fallire. Il «principe nuovo» invece deve saper tener conto delle necessità del momento e scegliere senza esitazioni. Un dovere, questo, che Machiavelli sottolinea con la frequenza delle espressioni che indicano necessità (*abbia, a tenere*, r. 3; *debbegli*, r. 15; *conviene*, r. 17) e con l'efficace metafora dell'entrare. L'immagine, riprendendo quella, appena precedente, della *via*, suggerisce l'idea del bivio, assai frequente nell'andamento tipico del pensiero machiavelliano, che procede per opposizioni binarie.

6 Individua nel testo tutte le ripetizioni del termine *nuovo*.
7 Individua le opposizioni binarie presenti nell'esposizione delle azioni del re Davide.
8 Quale concezione dell'uomo emerge in questo passo?

9 SCRIVERE PER **ESPORRE**
Oggi esistono paesi in cui si perseguono *modi crudelissimi, e nimici d'ogni vivere, non solamente cristiano, ma umano* (rr. 14-15)? Di quali paesi si tratta? Fai una ricerca su uno di essi, preparando un testo di circa 30 righe, che si soffermi sulla sua storia presente e passata.

10 DIBATTITO IN **CLASSE**
Storia di un impiegato (1973) è un concept album in cui Fabrizio De André racconta la rivolta di un impiegato che, per dimostrare il proprio dissidio verso la società, compie un attentato terroristico, che fallisce. Solo in prigione egli comprende che l'unica forma di lotta possibile è quella comune. Ascolta *La canzone del maggio*, che apre il disco, e soffermati sulla seguente affermazione: «Per quanto voi vi crediate assolti siete per sempre coinvolti». Discutine in classe con i compagni, confrontando la prospettiva politica di De André con quella di Machiavelli.

3 La visione pessimistica della natura umana

La costante della malvagità umana

La visione della politica e delle sue leggi, dei rapporti tra gli individui e della società in generale è caratterizzata in Machiavelli da un **amaro e radicale pessimismo antropologico**: gli uomini gli appaiono avidi e ambiziosi, vili e timorosi, pieni di «tristizia» (cattiveria), ma al tempo stesso di «semplicità» (ingenuità e inclinazione a lasciarsi ingannare). Benché le circostanze contingenti possano essere diverse, la natura umana si rivela sempre fondamentalmente malvagia, nella sostanza immutabile poiché obbedisce a regole fisse e a motivazioni che non cambiano nel tempo.

L'ottimismo umanistico viene superato...

Una tale visione negativa allontana Machiavelli dall'ottimistica immagine dell'uomo elaborata dall'Umanesimo: un'immagine basata sulla rappresentazione del saggio che cerca sapientemente di fondere etica e politica, teoria e azione. Ora l'amaro disincanto con cui egli osserva l'uomo mette in crisi quel modello.

Come quella politica, anche la sua produzione comica appare segnata da un crudo pessimismo. In particolare, nella *Mandragola* assistiamo a una vicenda di inganni, ipocrisie e mistificazioni posti in essere da una schiera di personaggi accomunati dal cinismo e dall'opportunismo. La grottesca avventura erotica messa in scena costituisce in realtà la dimostrazione di come **corruzione e degrado** tocchino tutti, senza distinzioni, vincitori e vinti, carnefici e vittime, truffatori e truffati. Lo sguardo penetrante dell'autore si appunta sempre sull'intreccio di cavilli e falsi moralismi che sono alla base delle relazioni umane. La **logica del tornaconto personale** non viene mai messa in discussione e il male che domina il mondo riesce sempre vittorioso. Le leggi che vigono nell'ambito della politica non sono dunque un'eccezione, poiché esse trovano applicazione anche nella sfera privata.

... ma l'eredità umanistica non viene del tutto meno

Tuttavia, **Machiavelli crede ancora nel valore e nelle possibilità della singola persona di realizzare i propri scopi** e le proprie ambizioni; egli confida che l'individuo sia capace di fronteggiare e risolvere i problemi facendo ricorso alle proprie forze e alle proprie virtù: un'eredità, questa, ricevuta dalla civiltà comunale (si pensi a Boccaccio) e da quella umanistica.

Costretto a battersi contro ostacoli e limitazioni, l'uomo, per non soccombere, deve essere secondo Machiavelli dotato di **temperamento**, **audacia** e **pazienza**. Il politico, in particolare, dovrà essere capace di utilizzare talento e personalità per sfruttare le occasioni propizie concessegli dalla sorte.

Virtù e fortuna: c'è ancora uno spiraglio

La fiducia che Machiavelli ripone nelle qualità dell'individuo si può percepire facilmente quando tocca il tema, già affrontato dallo stesso Boccaccio e assai caro alla cultura rinascimentale, del rapporto tra virtù e fortuna. Quest'ultima non ha più niente a che vedere con la Provvidenza cristiana: è piuttosto il **caso cieco** che incide sulle vicende umane in modo imprevedibile e capriccioso, determinando, con le sue improvvise variazioni, successo e insuccesso, trionfi e «ruine».

Anche la virtù ha perduto ogni riferimento trascendente: con questa parola, Machiavelli intende designare una **sintesi di forza d'animo, temperamento, discernimento e capacità di contrastare le diverse situazioni**, limitando gli effetti negativi delle circostanze sfavorevoli. «La fortuna è donna ed è necessario, volendola tenere sotto, batterla e urtarla», sostiene Machiavelli nel capitolo XXV del *Principe*, ammettendo con tale immagine la possibilità che grazie al vitalismo e a una forza impetuosa sia possibile porre un argine alla casualità degli eventi, volgendoli a proprio vantaggio.

La fiducia nell'uomo e la critica alla Chiesa

Nel sottolineare la capacità dell'uomo di far fronte ai fattori esterni alla sua volontà, Machiavelli si apre a una umanistica **esaltazione della responsabilità umana**, in cui non interferisce alcun disegno provvidenziale. Non è Dio a reggere il corso della Storia, ma l'individuo con le sue forze e la sua capacità di operare. D'altronde, fermo restando il disinteresse dello scrittore per la dimensione propriamente spirituale del fatto religioso, egli non evita di sottolineare e stigmatizzare l'inerzia, l'inattività e la rassegnazione istillate a suo giudizio nell'animo umano dalla predicazione cristiana.

A ciò si aggiunga la **corruzione della Chiesa** che, secondo Machiavelli, ha raggiunto livelli tali da far smarrire agli italiani ogni traccia di spirito religioso. Se la Curia – scrive con sferzante paradosso nei *Discorsi* – si trasferisse in Svizzera, perfino la radicata tradizione di rigore morale di chi lì vive sarebbe destinata in poco tempo a guastarsi.

Va detto che la decadenza morale del cattolicesimo romano «non suscita né invettive né quaresimali savonaroliani» (Bruscagli); tuttavia Machiavelli non rinuncia ad attribuire a frati e prelati una devozione mercantile al profitto e al denaro. Eloquente in tal senso è ciò che accade nella *Mandragola*: qui **la logica economica** che **si è impossessata della religione** ha una concreta traduzione nel comportamento e nella diabolica malizia di uno dei protagonisti, fra' Timoteo, il quale per denaro tradisce la propria "figlia spirituale" inducendola all'adulterio. La bramosia del frate, considerato come tipico rappresentante del clero, è dunque allegoria della rovina della società intera. Dietro il ghigno cinico di Machiavelli si celano l'**amaro pessimismo** e il profondo sconforto di chi vede le virtù calpestate proprio da chi le dovrebbe seguire e far seguire.

Tomba di Machiavelli in Santa Croce, Firenze.

T4

Il vittorioso assedio di fra' Timoteo all'innocenza di Lucrezia

La mandragola, atto III, scene IX-XI

La **corruzione** del **clero**

Queste tre scene hanno un antefatto, che è opportuno ricordare. Per indurre Lucrezia all'adulterio, Ligurio ha bisogno della mediazione di un aiutante autorevole. Chi meglio di un sacerdote? Fra' Timoteo sembra l'uomo giusto, ma occorre provarne la disponibilità. Per questo, Ligurio gli chiede se è disposto, dietro lauto compenso, a fare abortire una fanciulla, e Timoteo accetta. La storia non è vera, ma non importa: ciò che conta è che ora Ligurio può confidare sulla scaltra amoralità di Timoteo, oltre che sulla complicità della madre di Lucrezia, Sostrata, per portare il piano a compimento.

SCENA IX

Fra' Timoteo solo

FRATE Io non so chi si abbi giuntato l'uno l'altro.[1] Questo tristo di Ligurio ne venne a me con quella prima novella,[2] per tentarmi, acciò, se io li consentivo quella,[3] m'inducessi più facilmente a questa; se io non gliene consentivo, non mi arebbe detta questa, per non palesare e disegni[4] loro sanza utile, e di quella che era falsa non si curavano. Egli è vero che io ci sono suto giuntato; nondimeno, questo giunto è con mio utile.[5] Messer Nicia e Callimaco sono ricchi, e da ciascuno, per diversi rispetti, sono per trarre assai;[6] la cosa convien stia secreta, perché l'importa così a loro, a dirla, come a me.[7] Sia come si voglia, io non me ne pento. È ben vero che io dubito non ci avere dificultà,[8] perché madonna Lucrezia è savia e buona: ma io la giugnerò in sulla bontà.[9] E tutte le donne hanno alla fine poco cervello; e come ne è una sappi dire dua parole, e' se ne predica,[10] perché in terra di ciechi chi vi ha un occhio è signore.[11] Ed eccola con la madre, la quale è bene una bestia,[12] e sarammi uno grande adiuto a condurla alle mia voglie.

SCENA X

Sostrata, Lucrezia

SOSTRATA Io credo che tu creda, figliuola mia, che io stimi l'onore ed el bene tuo quanto persona del mondo,[13] e che io non ti consiglierei di cosa[14] che non stessi bene. Io ti ho detto e ridicoti, che se fra' Timoteo ti dice che non ti sia carico di conscienzia,[15] che tu lo faccia sanza pensarvi.

1 **chi... l'altro:** chi tra noi due (Ligurio e Timoteo) abbia truffato l'altro.
2 **novella:** è il falso racconto della fanciulla da far abortire.
3 **se io li consentivo quella:** se io ero disposto ad acconsentire (cioè ad accordarmi e a collaborare) intorno a quella prima faccenda.
4 **e disegni:** i progetti.
5 **Egli... mio utile:** è vero (*Egli* è pleonastico) che sono stato ingannato; tuttavia (*nondimeno*) questo inganno (*giunto*) fa i miei interessi.
6 **sono per trarre assai:** posso ottenere molti soldi.
7 **l'importa... a me:** divulgare (*a dirla*) la cosa non conviene a loro come non conviene a me.
8 **dubito non... dificultà:** temo che incontrerò degli ostacoli.
9 **la giugnerò in sulla bontà:** la ingannerò proprio sfruttando la sua bontà.
10 **e come... predica:** e quando ce n'è una (si intende di donne) che sia capace di dire due parole, se ne parla come di una cosa straordinaria.
11 **in terra... signore:** si tratta di una rielaborazione di un famoso proverbio medievale, *Beati monoculi in terra caecorum*, vale a dire "Sono felici coloro che hanno un occhio solo in una terra di ciechi".
12 **è bene una bestia:** è proprio malvagia, come una bestia selvaggia, appunto.
13 **quanto persona del mondo:** come nessun altro al mondo.
14 **non ti... cosa:** non ti suggerirei di fare qualcosa.
15 **carico di conscienzia:** peso morale.

LUCREZIA Io ho sempremai dubitato che la voglia, che messer Nicia ha d'avere figliuoli, non ci facci fare qualche errore;[16] e per questo, sempre che lui mi ha parlato di alcuna cosa,[17] io ne sono stata in gelosia e sospesa,[18] massime poi che m'intervenne quello che vi sapete, per andare a' Servi.[19] Ma di tutte le cose, che si son tentate, questa mi pare la più strana, di avere a sottomettere el corpo mio a questo vituperio,[20] ad esser cagione che uno uomo muoia per vituperarmi: perché io non crederrei, se io fussi sola rimasa nel mondo e da me avessi a risurgere l'umana natura,[21] che mi fussi simile partito concesso.[22]

SOSTRATA Io non ti so dire tante cose figliuola mia. Tu parlerai al frate, vedrai quello che ti dirà, e farai quello che tu dipoi sarai consigliata da lui, da noi, da chi ti vuole bene.

LUCREZIA Io sudo per la passione.[23]

SCENA XI

Fra' Timoteo, Lucrezia, Sostrata

FRATE Voi siate le ben venute. Io so quello che voi volete intendere da me perché messer Nicia m'ha parlato. Veramente, io sono stato in su' libri più di dua ore a studiare questo caso; e, dopo molte essamine,[24] io truovo di molte cose che, ed in particulare ed in generale, fanno per noi.[25]

LUCREZIA Parlate voi da vero[26] o motteggiate?[27]

FRATE Ah, madonna Lucrezia! Sono, queste, cose da motteggiare? Avetemi voi a conoscere ora?[28]

LUCREZIA Padre, no; ma questa mi pare la più strana cosa che mai si udissi.

FRATE Madonna, io ve lo credo,[29] ma io non voglio che voi diciate più così. E' sono molte cose che discosto[30] paiano terribili, insopportabili, strane, che, quando tu ti appressi loro, le riescono[31] umane, sopportabili, dimestiche;[32] e però[33] si dice che sono maggiori li spaventi che e mali: e questa è una di quelle.

LUCREZIA Dio el[34] voglia!

FRATE Io voglio tornare a quello, ch'io dicevo prima. Voi avete, quanto alla conscienzia, a pigliare questa generalità,[35] che, dove è un bene certo ed un male incerto, non si debbe mai lasciare quel bene per paura di quel male. Qui è un bene certo, che voi ingraviderete, acquisterete una anima a messer Domenedio; el male incerto è che colui che iacerà, dopo la pozione, con voi,[36] si muoia;

16 Io... errore: ho sempre temuto che il desiderio di messer Nicia di avere figli potesse portarci fuori dalla retta via.
17 sempre che... alcuna cosa: ogni volta che parlava di qualcosa (relativa alla questione).
18 in gelosia e sospesa: timorosa e piena di paura.
19 massime... a' Servi: soprattutto dopo che mi capitò ciò che voi sapete andando alla chiesa dei Servi. Poco prima (atto III, scena II) Nicia aveva raccontato a Ligurio che Lucrezia aveva fatto voto di sentire quaranta messe nella chiesa dei Servi di Maria, ma che aveva dovuto rinunciarvi perché «un di que' fratacchioni le cominciò andare da torno» (aveva cioè cominciato a importunarla).
20 vituperio: disonore, la vergogna cioè di essere posseduta da uno sconosciuto. Fintosi medico, Callimaco aveva infatti suggerito a Nicia di guarire la sterilità di Lucrezia con una pozione di mandragola e di far giacere la donna con uno sconosciuto: una volta bevuta, la pozione avrebbe ucciso il primo uomo che avesse avuto rapporti con lei.
21 avessi... natura: dipendesse la rinascita della specie umana.
22 mi fussi... concesso: mi fosse data per lecita una simile decisione.
23 Io... passione: sudo freddo per il turbamento e l'angoscia.
24 essamine: verifiche.
25 per noi: al caso nostro.
26 da vero: sul serio.
27 motteggiate: scherzate.
28 Avetemi... ora?: mi conoscete soltanto ora?
29 io ve lo credo: non ho difficoltà a credervi.
30 discosto: considerate da lontano.
31 le riescono: si dimostrano.
32 dimestiche: familiari, nel senso di quasi normali.
33 però: perciò.
34 el: lo.
35 pigliare questa generalità: tenere fissa questa norma d'ordine generale.
36 colui... voi: chi farà l'amore con voi, dopo che avrete bevuto la pozione di mandragola.

ma e' si truova anche di quelli che non muoiono.[37] Ma perché la cosa è dubia, però è bene che messer Nicia non corra quel periculo. Quanto allo atto, che sia peccato, questo è una favola, perché la volontà è quella che pecca, non el corpo, e la cagione del peccato[38] è dispiacere al marito, e voi li compiacete; pigliarne piacere, e voi ne avete dispiacere. Oltr'a di questo, el fine si ha a riguardare in tutte le cose: el fine vostro si è riempiere una sedia in paradiso, e contentare el marito vostro. Dice la Bibia che le figliuole di Lotto, credendosi essere rimase sole nel mondo usorono con el padre; e, perché la loro intenzione fu buona, non peccorono.[39]

LUCREZIA Che cosa[40] mi persuadete voi?

SOSTRATA Làsciati persuadere, figliuola mia. Non vedi tu che una donna, che non ha figliuoli, non ha casa? Muorsi[41] el marito, resta come una bestia, abandonata da ognuno.

FRATE Io vi giuro, madonna, per questo petto sacrato,[42] che tanta conscienzia[43] vi è ottemperare[44] in questo caso al marito vostro, quanto vi è mangiare carne el mercoledì, che è un peccato che se ne va con l'acqua benedetta.[45]

LUCREZIA A che mi conducete voi, padre?

FRATE Conducovi a cose, che voi sempre arete cagione di pregare Dio per me; e più vi satisfarà questo altro anno che ora.[46]

SOSTRATA Ella farà ciò che voi volete. Io la voglio mettere stasera al letto io.
[*A Lucrezia*]
Di che hai tu paura, moccicona?[47] E' ci è cinquanta donne, in questa terra, che ne alzerebbono le mani al cielo.[48]

LUCREZIA Io sono contenta:[49] ma io non credo mai essere viva domattina.

FRATE Non dubitar, figliuola mia: io pregherrò Iddio per te, io dirò l'orazione dell'Angiolo Raffaello,[50] che ti accompagni. Andate, in buona ora, e preparatevi a questo misterio,[51] che si fa sera.

SOSTRATA Rimanete in pace, padre.

LUCREZIA Dio m'aiuti e la Nostra Donna,[52] che io non capiti male.

37 ma... non muoiono: qui Timoteo, per convincere Lucrezia, «ha attenuato, per così dire, le statistiche» (Davico Bonino). Per impressionare Nicia, infatti, Callimaco in precedenza (atto II, scena VI) era stato molto meno fiducioso: «che quello uomo che ha prima a fare seco, presa che l'ha, cotesta pozione, muore infra otto giorni, e non lo camperebbe el mondo».

38 la cagione del peccato: ciò che rende l'adulterio peccaminoso.

39 Dice... peccorono: il riferimento è al passo biblico (Genesi, 19) in cui si racconta che le figlie di Lot si unirono carnalmente (*usorono*) al padre, convinte, dopo la distruzione di Sodoma e Gomorra, di essere insieme a lui le uniche sopravvissute e perciò di dover adempiere, tramite un incesto, al compito di rinnovare il genere umano.

40 Che cosa: a quale azione.

41 Muorsi: quando muore.

42 sacrato: consacrato dal sacerdozio.

43 conscienzia: responsabilità morale.

44 ottemperare: ad acconsentire.

45 peccato... benedetta: è un peccato di poco conto, veniale.

46 e più... ora: e sarete più contenta il prossimo anno che non adesso. L'anno a cui allude Timoteo è quello della gravidanza e, quindi, della nascita del figlio. Al tempo stesso, nelle parole del frate si può cogliere anche un'allusione alle gioie del sesso, finalmente raggiunte grazie all'amante.

47 moccicona: bambinona con il naso sporco.

48 E' ci è cinquanta donne... cielo: ci sono moltissime donne, sulla faccia della terra, che per questa possibilità ringrazierebbero Dio.

49 Io sono contenta: va bene, mi rassegno.

50 io dirò l'orazione dell'Angiolo Raffaello: altro riferimento biblico, utilizzato in chiave parodica. L'arcangelo Raffaele guida infatti Tobia nei suoi rapporti con la casta moglie Sara, da cui desidera ardentemente avere dei figli. Qui invece tutto è capovolto: il trionfatore sarà Callimaco, che è mosso solo dalla libidine, mentre lo stolto Nicia, che vorrebbe diventare padre, finirà raggirato.

51 misterio: evento sacro.

52 Nostra Donna: la Madonna.

Dentro il TESTO

I contenuti tematici

La vittoria finale di un abile calcolatore

La morigerata Lucrezia, senza alternativa, finisce per sostituire la virtù con l'astuzia, soggiacendo alle leggi dominanti e facendo buon viso a cattivo gioco.

L'artefice principale della sua metamorfosi è fra' Timoteo. Lo conosciamo già dal suo monologo; solo, sulla scena, lo vediamo analizzare con acutezza ciò che è accaduto in precedenza, l'inganno ordito da Ligurio: un inganno che, però, lo ha visto non vittima, ma, diremmo, complice (*questo giunto è con mio utile*, rr. 7-8). Per la sua disinvolta morale, questo basta e avanza. L'unica contromisura necessaria è il silenzio. Così chiede il mondo; e al mondo e ai suoi pseudo-valori, ipocrisia e malafede, il frate sceglie di adeguarsi con cinico opportunismo e, soprattutto, senza scrupoli di sorta.

Il suo nome, che in greco significa "colui che onora Dio", concorre anch'esso a mistificare la realtà. Ciò che il frate onora è tutt'altro: il denaro e il guadagno. Il ruolo che le convenzioni sociali gli hanno attribuito è quello di confessore e dispensatore di consigli: un ruolo che il frate piega ai propri interessi. Ma Lucrezia non vuole sottomettere il proprio corpo *a questo vituperio* (rr. 26-27) ed essere responsabile della morte di un uomo: non è nemmeno convinta che l'adulterio sarebbe eticamente lecito se fosse la *sola rimasa nel mondo* e da lei *avessi a risurgere l'umana natura* (rr. 28-29).

Una cinica arte della parola

A questo punto entra in gioco la dialettica untuosa del frate, che ha vita facile nello smontare le obiezioni morali di Lucrezia, utilizzando sapientemente la propria cultura teologica, unita a un'astuta retorica avvocatesca: non si deve rinunciare a un bene certo (dare un'anima a Dio e rendere felice il marito) per paura di un danno incerto (la morte probabile, ma non sicura, di un uomo). La figura di questo frate ricorda il don Abbondio di Manzoni, che nei *Promessi sposi* raggira con il suo *latinorum* il povero Renzo: analogamente Timoteo si serve in modo insinuante della propria dottrina e della religione, che diventa un tendenzioso strumento di corruzione. I riferimenti biblici (le figlie di Lot che si congiungono carnalmente al padre, la guida dell'arcangelo Raffaele) sono platealmente manipolati per conferire al consiglio quella sacralità religiosa di cui ha bisogno la pudica Lucrezia.

La resa di Lucrezia

Lucrezia non è in grado di controbattere alle argomentazioni pronunciate da una tale autorità, anche perché alle considerazioni teologiche del frate si uniscono, su un altro fronte, quelle di buon senso della madre. Da navigata donna di mondo, Sostrata distilla perle di accomodante saggezza: la donna ne fa una questione di praticità (non è forse una sciagura per una moglie, una volta diventata vedova, rimanere senza casa e senza soldi?) e non sa rinunciare ad accennare al privilegio toccato in sorte alla figlia (*E' ci è cinquanta donne, in questa terra, che ne alzerebbono le mani al cielo*, rr. 75-76). Combattuta su due fronti, Lucrezia è quindi messa all'angolo dalle argomentazioni del frate e della madre: il suo destino è segnato.

Le scelte stilistiche

La ricetta persuasiva di Timoteo

Nella scena XI, le abilità linguistiche del frate vengono rese da Machiavelli in modo magistrale. Lingua e carattere coincidono infatti alla perfezione. Da vero artista della parola, Timoteo si esercita abilmente nel raggiro facendo appello alle sue qualità di ipocrita affabulatore. Il suo linguaggio è una sapiente miscela di malizia e dottrina all'acqua di rose. Ora vanta la propria esperienza del mondo (*E' sono molte cose che discosto paiano terribili*, rr. 44-45), ora se ne esce con proverbi popolareschi alla buona (*sono maggiori li spaventi che e mali*, r. 47). Allo stesso tempo, enfatizza il proprio ruolo di uomo di Chiesa citando la Bibbia senza curarsi di profanarla e promettendo a Lucrezia di intercedere per lei con le proprie preghiere.

Il tono e le parole da predicatore sortiscono alla fine l'effetto sperato. Dopo aver attenuato la gravità del peccato (*la volontà è quella che pecca, non el corpo*, r. 56), il frate può celebrare il proprio trionfo, chiudendo in bellezza la sua capziosa strategia dialettica: mistificando la realtà fino alla fine, trasforma il subdolo espediente studiato per far congiungere Lucrezia con uno sconosciuto in un sacro *misterio* (r. 80) da officiare con religiosa obbedienza.

Verso le COMPETENZE

COMPRENDERE

1 Perché all'inizio fra' Timoteo dice *Io non so chi si abbi giuntato l'uno l'altro* (r. 3)?

2 Messer Nicia non è presente alla discussione, ma viene spesso citato: che figura ne emerge dalle parole degli altri?

ANALIZZARE

3 Elenca gli argomenti usati dal frate per convincere Lucrezia a unirsi con Callimaco.

4 Quale registro stilistico e quali appigli culturali sostengono le argomentazioni di fra' Timoteo?

INTERPRETARE

5 Nelle scene proposte e nell'intera commedia fra' Timoteo è il personaggio che più di tutti esemplifica la concezione utilitaristica dell'esistenza descritta da Machiavelli. Rifacendoti anche alle battute pronunciate dal frate, illustra la mentalità su cui egli fonda la propria visione del mondo e dei rapporti umani.

6 Indica, di ciascun personaggio, gli aspetti positivi e quelli negativi secondo il tuo personale punto di vista.

PRODURRE

7 SCRIVERE PER **RIELABORARE**
Trasformati in regista, teatrale o cinematografico, e affianca alle battute salienti delle scene antologizzate le movenze e la gestualità che chiederesti ai tuoi attori per rendere la loro recitazione efficace e rispondente alla caratterizzazione machiavelliana dei personaggi.

• T5 •

Il trionfo di Callimaco

La mandragola, atto V, scena IV

Il racconto della beffa

Alla fine Callimaco è riuscito nell'impresa: ha trascorso la sua notte di passione con Lucrezia, alla quale ha svelato l'inganno, ricevendo inattese parole di complicità e di condiscendenza. Ora, incontrato Ligurio, gli fa il resoconto del proprio incontro amoroso.

Callimaco, Ligurio

CALLIMACO Come io ti ho detto, Ligurio mio, io stetti di mala voglia[1] infino alle nove ore;[2] e, benché io avessi gran piacere, e' non mi parve buono.[3] Ma, poi che io me le fu' dato a conoscere,[4] e ch'io l'ebbi dato ad intendere l'amore che io le portavo, e quanto facilmente, per la semplicità del marito, noi potavamo viver felici

1 **mala voglia:** malumore.
2 **infino... ore:** fino a nove ore dopo il tramonto, cioè fino a notte inoltrata.
3 **benché... buono:** benché provassi molto piacere, non mi sembrava giusto (nei confronti della donna).
4 **me... conoscere:** le ebbi svelato la mia identità.

sanza infamia alcuna, promettendole che, qualunque volta Dio facessi altro di lui,[5] di prenderla per donna;[6] ed avendo ella, oltre alle vere ragioni, gustato che differenzia è dalla ghiacitura mia a quella di Nicia,[7] e da e baci d'uno amante giovane a quelli d'uno marito vecchio, doppo qualche sospiro, disse: «Poiché l'astuzia tua, la sciocchezza del mio marito, la semplicità di mia madre e la tristizia del mio confessoro[8] mi hanno condutto a fare quello che mai per me medesima[9] arei fatto, io voglio giudicare che venga da una celeste disposizione, che abbi voluto così, e non sono sufficiente a recusare[10] quello che 'l Cielo vuole che io accetti. Però,[11] io ti prendo per signore, patrone, guida: tu mio padre, tu mio defensore, e tu voglio che sia ogni mio bene;[12] e quel che 'l mio marito ha voluto per una sera voglio ch'egli abbia sempre. Fara'ti adunque suo compare,[13] e verrai questa mattina a la chiesa, e di quivi ne verrai a desinare con esso noi; e l'andare e lo stare starà a te,[14] e potreno[15] ad ogni ora e sanza sospetto convenire insieme».[16] Io fui, udendo queste parole, per morirmi[17] per la dolcezza. Non potetti rispondere a la minima parte di quello che io arei desiderato. Tanto che io mi truovo el più felice e contento uomo che fussi mai nel mondo; e, se questa felicità non mi mancassi[18] o per morte o per tempo, io sarei più beato ch'e beati, più santo ch'e santi.

LIGURIO Io ho gran piacere d'ogni tuo bene, ed ètti intervenuto[19] quello che io ti dissi appunto. Ma che facciàn noi ora?

CALLIMACO Andian verso la chiesa,[20] perché io le promissi d'essere là, dove la verrà lei, la madre ed il dottore.

LIGURIO Io sento toccare l'uscio suo: le sono esse, che escono fuora, ed hanno el dottore drieto.

CALLIMACO Avviànci in chiesa, e là aspetteremole.

5 **qualunque... di lui:** nel caso che Dio disponesse altrimenti di lui, cioè se Nicia morisse.
6 **per donna:** in moglie.
7 **gustato... Nicia:** apprezzato che differenza ci fosse tra le mie doti sessuali (*ghiacitura*) e quelle di Nicia.
8 **tristizia... confessoro:** malvagità del mio confessore (frate Timoteo).
9 **per me medesima:** da sola.
10 **non sono... recusare:** non sono in grado di rifiutare.
11 **Però:** perciò.
12 **bene:** felicità.
13 **Fara'ti... compare:** Diventerai dunque suo compare, ossia amico stretto.
14 **l'andare... a te:** andartene e rimanere dipenderà dalla tua volontà.
15 **potreno:** potremo.
16 **convenire insieme:** incontrarci.
17 **per morirmi:** sul punto di morire.
18 **non mi mancassi:** non finisse mai.
19 **ètti intervenuto:** ti è capitato.
20 **Andian... chiesa:** siamo all'epilogo della commedia. Tutti i protagonisti della storia, compreso il povero Nicia, che non ha scoperto l'inganno, possono recarsi in chiesa a ringraziare il Signore per il bambino che Lucrezia porta in grembo.

Dentro il TESTO

I contenuti tematici

La vittoria di Callimaco

A raccontare l'antefatto del trionfo di Callimaco è stato, nella scena precedente, Nicia. Sciocco fino alla fine, il marito di Lucrezia si congratula con Ligurio per la buona riuscita dell'impresa: ha fatto spogliare il giovane sconosciuto, il quale altri non è che Callimaco mascherato, lo ha spinto nel letto della moglie e ora, ad amplesso avvenuto, raggiante può finalmente pensare al proprio futuro di padre. Ma che cosa è accaduto effettivamente dentro quella stanza chiusa? Machiavelli affida alle parole dello stesso Callimaco il resoconto dell'avvenimento, dalla sua dichiarazione d'amore, coronata dalla promessa di matrimonio, alle parole sorprendenti rivoltegli da Lucrezia.

La trasformazione di Lucrezia

Fino a quest'epilogo, Lucrezia ha subìto le decisioni degli altri: virtuosa, casta, timorata di Dio, il suo ruolo è sembrato quello della vittima predestinata, oggetto di una beffa che l'ha vista protagonista suo malgrado. Ora, invece, mentre il suo amante è ridimensionato al rango di mero esecutore di un piano architettato da altri (Ligurio), la donna detta le istruzioni, adeguandosi alle circostanze per ricavare un utile personale dalla situazione, per quanto questa sia brutale (in fondo, ciò che ha subìto è qualcosa di simile a uno stupro). Lucrezia ha infatti deciso di mantenere nel tempo la relazione clandestina con Callimaco, stando al gioco dei suoi beffatori, assecondando il proprio istinto naturale e compiacendosi al pensiero di poter, lei e l'amante, *ad ogni ora e senza sospetto convenire insieme* (rr. 18-19).

Un corrispettivo femminile del «principe»?

Come valutare il suo comportamento? E soprattutto qual è il punto di vista dell'autore? La conclusione della commedia non dirime i dubbi, anzi li accentua. In merito le opinioni degli studiosi sono addirittura antitetiche. La capacità di Lucrezia di adattarsi alla piega degli eventi è forse una componente della «virtù» esaltata da Machiavelli? La sua condotta rivela la ferma intenzione di sottrarsi all'ipocrisia percorrendo la strada dell'autenticità piuttosto che quella della finzione e dell'inganno? Nell'uno o nell'altro caso, Lucrezia sarebbe l'unico personaggio dinamico della commedia, capace di mutare natura a seconda delle circostanze e della convenienza: una controfigura femminile del «principe» machiavelliano, attenta e astuta osservatrice della «verità effettuale». Ma non mancano i critici che rifiutano quest'immagine positiva: secondo alcuni giudizi, infatti, la conclusione della vicenda mostrerebbe una Lucrezia passiva, conformista e sempre uguale a sé stessa, ora disposta a cedere alle volontà di Callimaco come in passato aveva ceduto a quelle del marito.

Le scelte stilistiche

L'eloquenza di Lucrezia

Se diversi possono essere i punti di vista sul comportamento e sull'indole di Lucrezia, pochi dubbi invece alimenta il suo modo di parlare. Il discorso riportato fedelmente da Callimaco è infatti caratterizzato da una certa solenne sostenutezza. Mentre Ligurio, da uomo d'azione qual è, si esprime in modo sintetico e pragmatico, e Callimaco si limita a riferire le parole della sua amante, Lucrezia elabora una raffinata trama retorica, puntellata da un periodare ipotattico dove affiorano studiate simmetrie: significativa quella delle due coppie di triplici attributi che la donna ascrive a Callimaco (*signore, patrone, guida*, r. 14; *tu mio padre, tu mio defensore, e tu [...] ogni mio bene*, rr. 14-15).

Verso le COMPETENZE

COMPRENDERE

1 Che cosa è successo durante la notte descritta da Callimaco?

2 Quale stratagemma Lucrezia propone a Callimaco per attuare la relazione adultera tra i due?

ANALIZZARE

3 Che significato hanno, a tuo parere i sospiri emessi da Lucrezia prima di rispondere a Callimaco?

4 Lucrezia trova sia dei capri espiatori a cui attribuire la colpa di quanto è successo, sia un modo per giustificare il proprio comportamento: individuali nel testo.

5 Quali espressioni indicano che Callimaco prova un sentimento sincero ne confronti di Lucrezia?

INTERPRETARE

6 La lucida e razionale argomentazione di Lucrezia consente a tuo giudizio di delinearne la personalità? Motiva la risposta.

PRODURRE

7 SCRIVERE PER **RACCONTARE**
L'azione è compiuta e lo stratagemma è perfettamente riuscito. E ora? Che cosa potrà succedere ai due amanti? Immagina un *sequel* della vicenda in un testo narrativo di circa 40 righe.

La mandragola di Alberto Lattuada

Corre l'anno 1965 quando il già affermato regista Alberto Lattuada (1914-2005) si misura con *La mandragola* di Machiavelli, uno dei testi di riferimento del teatro italiano. Lattuada ha già attinto dalla letteratura (per esempio, tra il 1947 e il 1953 ha tratto *Il delitto di Giovanni Episcopo* da d'Annunzio, *Il mulino del Po* da Bacchelli, *Il cappotto* da Gogol', *La lupa* da Verga) e conosce dunque gli ostacoli da superare per tradurre in immagini con originalità un'opera che già gode di vita propria nella tradizione.

Dal palcoscenico al grande schermo

La commedia di Machiavelli offre un preciso impianto teatrale, un solido sviluppo narrativo, dialoghi efficaci, personaggi definiti e una profonda lucidità di pensiero nel raccontare le "regole del gioco" del mondo in cui visse l'autore. Sfruttando l'inesorabile spirito d'osservazione di Machiavelli (e il suo anticlericalismo), Lattuada reinventa nel linguaggio cinematografico il testo di partenza: per rendere l'opera più appetibile al pubblico contemporaneo, adatta ritmo e situazioni, alleggerisce i toni (meno pessimistici), utilizza i corpi femminili (anche quello di una statua antica che viene ritrovata, la cui nudità desta scandalo) e gli spazi esterni, urbani e non (la scena dello stregone in cerca della mandragola).

La rilettura di Lattuada parte dagli ambienti. L'azione si svolge sempre a Firenze ma il set è Urbino, che conserva lo spirito del glorioso passato e vanta architetture affini a quelle fiorentine; così, la fotografia di Tonino Delli Colli trasmette le atmosfere del primo Cinquecento senza distrarre lo spettatore con scenari da cartolina. Inoltre, sul piano linguistico, il "fiorentino" è usato esclusivamente da contorno per qualche siparietto di colore. Soprattutto, Lattuada accentua un elemento: nel celebrare il trionfo dell'arguzia sulla stoltezza (la razionalità prevale sulla superstizione), introduce una malizia di fondo che conferisce al film un'anima quasi settecentesca (il seduttore Callimaco sembra possedere qualche tratto di Don Giovanni).

Le manipolazioni del regista sono evidenti in alcune scene aggiuntive: la predica "alla Savonarola" che si vede all'inizio (la scena contribuisce a storicizzare la narrazione, segnando il passaggio dal Medioevo al Rinascimento) si contrappone al sotteso erotismo della giocosa sequenza alle terme, dove gli uomini disposti a pagare un sovrappiù possono spiare le donne seminude nelle loro spensierate abluzioni. Lattuada però non scade mai nella farsa: la sensualità che si respira è estranea alla deriva pruriginosa cui si sta abbandonando un certo cinema italiano negli anni Sessanta.

Una commedia dalla parte della donna

Per Lattuada la dimensione del desiderio erotico è resa da un semplice ma intrigante meccanismo: celare la bellezza femminile, poi farla intravedere, quindi sottrarla di nuovo. Fulcro dell'intera vicenda diventa perciò il corpo dell'avvenente Lucrezia: le forme perfette di Rosanna Schiaffino sono l'oggetto del desiderio dello scaltro Callimaco (Philippe Leroy) ma anche della macchina da presa. Lattuada se ne serve per condannare la corruzione della borghesia: Romolo Valli conferisce tinte grottesche allo sciocco messer Nicia, e nel finale rivela una maliziosa consapevolezza nel sacrificare le grazie della bellissima moglie per garantirsi la trasmissione del patrimonio.

Dunque l'attualità della *Mandragola* di Lattuada si avverte anche nell'esaltazione della donna, non solo in senso estetico. Di fronte a un'ingiusta condanna per sterilità (chi non può procreare è invece Nicia), l'austera Lucrezia sceglie coscientemente la vendetta tramutandosi da simulacro della virtù in fedifraga voluttuosa; costretta dagli eventi a piegarsi all'interesse del "maschio", la donna è capace di uscirne vincitrice traendo un personale appagamento.

A modernizzare l'intreccio concorre anche l'interpretazione di Totò, che apporta alla forza comica di fra' Timoteo un carattere da Pulcinella, bilanciando sapientemente impudenza e candore, opportunismo e saggezza circa le cose umane: «È la volontà che pecca, non il corpo», spiega a Lucrezia per convincerla che il suo adulterio non è peccato. Con la gestualità e le espressioni del viso, il "principe della risata" trasforma la spregevole e immorale invenzione di Machiavelli in una spassosa macchietta, che induce noi spettatori più al divertimento che all'indignazione.

Un fotogramma (sotto) e una foto di scena (sopra) della *Mandragola* di Lattuada.

I grandi temi di Machiavelli

1 Tra politica e letteratura: l'autoritratto

- la vocazione politica
- lo studio degli storici antichi
- l'attività letteraria

2 Alla ricerca delle regole della politica: la lezione della Storia

- le finalità pratiche della riflessione politica
- la Storia maestra di vita
- la concezione naturalistica dell'uomo
- l'imitazione degli esempi del passato
- i criteri di scelta tra repubblica e principato

3 La visione pessimistica della natura umana

- la malvagità dell'uomo
- la negazione dell'ottimismo umanistico
- la fiducia nelle virtù umane
- il rapporto tra virtù e fortuna
- la critica al cattolicesimo

Verifica delle CONOSCENZE

L'AUTORE

La vita

Indica se le seguenti affermazioni su Machiavelli sono vere (V) o false (F).

1 Inizia la carriera politica su consiglio di Savonarola. V F

2 Ricopre numerosi incarichi durante il governo repubblicano di Pier Soderini. V F

3 Nel 1512, con il ritorno dei Medici, viene nominato segretario speciale. V F

4 Scrive *Il Principe* durante il ritiro all'Albergaccio. V F

5 Muore in esilio nel 1521. V F

Rispondi alle seguenti domande.

6 Perché per Machiavelli l'isolamento di San Casciano rappresenta un trauma?

7 Descrivi succintamente le principali tappe della carriera politica di Machiavelli.

Le opere

Scegli l'alternativa corretta fra quelle proposte.

8 Che cosa sono gli Orti Oricellari, così importanti per la stesura dei *Discorsi* e per le idee che vi sono contenute?

a Un giardino dove si tenevano letture pubbliche dei classici latini.

b Il palazzo della famiglia Rucellai dove Machiavelli trascorse l'esilio.

c Un parco in cui si incontravano i seguaci di Savonarola.

d Il giardino della famiglia Rucellai, frequentato da giovani intellettuali repubblicani.

9 I *Decennali* sono

a un trattato sulle festività religiose romane.

b un'opera in versi.

c un'appendice al *Principe*.

d una rassegna dei primi dieci anni del Cinquecento contenuta nell'*Arte della guerra*.

10 Quale di queste opere non è di Machiavelli?

a *Del modo di trattare i popoli della Valdichiana ribellati.*

b *Storia d'Italia.*

c *Ritratto delle cose della Magna.*

d *Istorie fiorentine.*

11 Tito Livio, alla cui opera sono ispirati i *Discorsi*, era

a uno storico romano vissuto durante l'età di Augusto.

b un commediografo romano.

c uno storico romano vissuto sotto l'impero di Nerone.

d un oratore nemico di Cicerone.

12 Nei *Discorsi sopra la prima Deca di Tito Livio* la religione è considerata

a un fattore di destabilizzazione del potere.

b un ideale privato da osteggiare a tutti i costi.

c un insieme di norme etiche a cui la politica deve soggiacere.

d uno strumento per consolidare il potere politico.

13 Che cos'è la mandragola che dà il titolo all'omonima commedia?

a Una bacchetta magica.

b Un animale illustrato nei bestiari medievali.

c Secondo il fiorentino del Cinquecento, un atto osceno.

d Un'erba medicinale.

Rispondi alle seguenti domande.

14 Quale importanza rivestono i primi scritti diplomatici nella produzione politica di Machiavelli?

15 Quali sono gli aspetti salienti e più originali dell'*Epistolario* di Machiavelli? In che cosa si distingue dalle raccolte epistolari di Petrarca?

16 Quali sono le caratteristiche peculiari della produzione comica di Machiavelli?

17 Indica in una facciata di foglio protocollo i generi letterari in cui si è cimentato Machiavelli, illustrando l'originalità della sua produzione.

I grandi temi

Rispondi alle seguenti domande.

18 Qual è il rapporto tra letteratura e politica? Spiegalo con esempi tratti dai brani letti.

19 In che cosa consiste la visione pessimistica di Machiavelli?

20 Chi prevale tra virtù e fortuna? Perché?

21 In che cosa consiste il materialismo di Machiavelli applicato alla sfera politica?

22 Il principio di imitazione è uno dei concetti chiave dell'analisi machiavelliana. Fingendo di aderire a tale visione, scegli un'epoca del passato, vicina o lontana, che, per ragioni storiche e/o culturali, ti sembra degna di essere imitata e spiega le ragioni della tua preferenza.

L'opera Il Principe

T6 Niccolò Machiavelli al Magnifico Lorenzo de' Medici (Dedica)

T7 Di quanti tipi siano i principati e in quali modi si acquistino (I)

T8 I principati nuovi che si acquistano con le armi proprie e la virtù (VI)

T9 I principati nuovi che si acquistano con le armi altrui e con la fortuna (VII)

T10 Di quelle cose per le quali gli uomini e in particolar modo i principi sono lodati o vituperati (XV)

T11 In che modo la parola data debba essere mantenuta dai principi (XVIII)

T12 Quanto possa la fortuna nelle cose umane e in che modo sia possibile arginarla (XXV)

T13 Esortazione a conquistare l'Italia e a liberarla dalle mani dei barbari (XXVI)

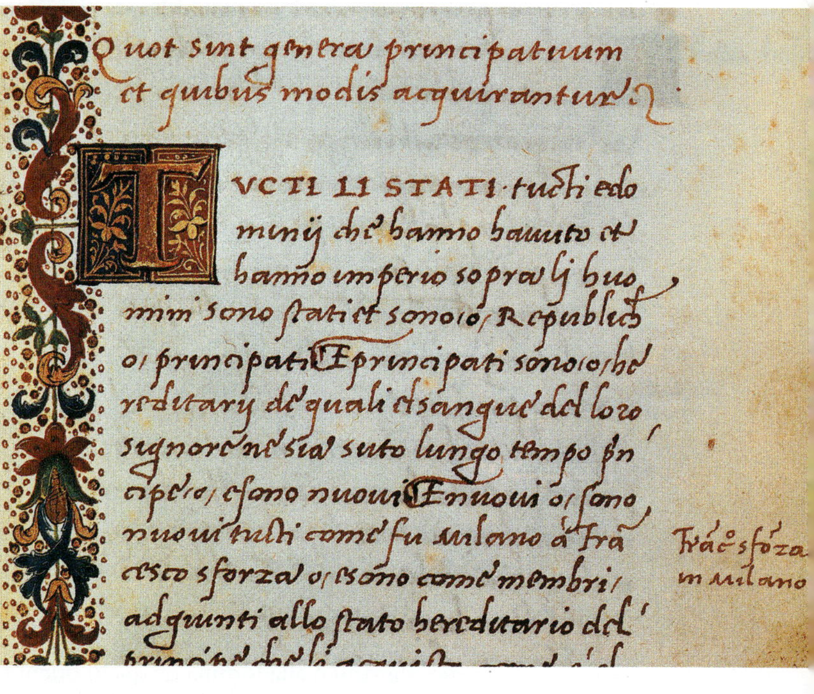

Un trattato di attualità politica

Il Principe è un libro breve, scritto forse in un arco temporale molto ridotto, stimolato dalla solitudine, dalla meditazione, ma anche da un'energia che i fallimenti della vita politica non avevano scalfito. A dispetto delle sue esibizioni di modestia, Machiavelli lo considerava un vero e proprio **trattato politico**, dotato di coesione e sistematicità.

La composizione: datazione, dedica e obiettivi dell'opera

La composizione del *Principe* (in origine, il titolo latino era *De principatibus*, per riferirsi ai diversi tipi di principato al centro dell'indagine) è tuttora oggetto di controversie critiche. Per la maggior parte degli studiosi è stato scritto da Machiavelli nel periodo di forzata inattività, nel **1513**, tra luglio e dicembre, nei primi mesi vissuti in esilio nella casa di campagna nei pressi del borgo di San Casciano. Altri invece datano la stesura dell'opera in varie fasi, fino al 1515. La **prima pubblicazione**, **postuma**, risale al **1532**.

Inizialmente l'opera doveva essere indirizzata a Giuliano de' Medici, ma dopo la sua morte (avvenuta nel marzo 1516) è dedicata a **Lorenzo di Piero de' Medici**, nipote del Magnifico, sul quale si appuntano le speranze della casata.

La natura e gli intenti dell'opera

Lettura critica p. 434

L'argomento e la dedica ai Medici sono importanti per capire le finalità con le quali il trattato viene composto: Machiavelli intende mettere a frutto tutte le esperienze degli anni precedenti, sia quelle del politico, protagonista in prima persona della scena fiorentina di inizio Cinquecento, sia quelle dello studioso, conoscitore della storia antica. Non è però un trattato di scienza pura, ma un libro di **attualità politica**: le riflessioni in esso contenute non sono infatti figlie di un'analisi accademica, ma costituiscono proposte concrete e operative per risollevare la penisola da quella rovina a cui l'ha abbandonata l'insipienza dei governanti a capo dei diversi Stati italiani.

Allo stesso tempo, l'ex segretario della Repubblica pone la propria candidatura come collaboratore dei nuovi signori di Firenze per la realizzazione di un principato forte e duraturo. La posizione repubblicana e antimedicea di Machiavelli era nota; tuttavia, con l'opera dedicata ai Medici, egli **spera di rientrare nel gioco politico**, riacquistando un ruolo importante come esperto consigliere al di sopra delle parti e delle fazioni.

La speranza viene presto disillusa: il libro, che circola manoscritto a partire almeno dal 1517, è accolto freddamente e il suo autore è costretto a rimanere ancora ai margini della vita politica fiorentina e a dedicarsi ad altri interessi, meno politici e più letterari.

La struttura e i contenuti

Il Principe si compone di una Dedica e di **26 capitoli**, tutti piuttosto brevi, preceduti da titoletti in latino, che ne riassumono il contenuto.

Le quattro sezioni fondamentali

Da un punto di vista tematico, l'opera si può dividere in quattro parti fondamentali: l'analisi dei diversi **tipi di principato** (capitoli I-XI); l'**ordinamento delle milizie**, mercenarie o proprie (capitoli XII-XIV); le **virtù** e i **comportamenti adatti al principe** (capitoli XV-XXIII); la **situazione italiana** e l'esortazione ai Medici a liberare l'Italia (capitoli XXIV-XXVI).

La prima parte: i diversi tipi di principato

Più nel dettaglio, nella prima sezione l'autore distingue tra principati di **natura ereditaria**, **misti** e **nuovi**: i primi sono le monarchie dinastiche già consolidate, i secondi sono formati dall'aggiunta di nuove conquiste a un nucleo preesistente, i terzi prevedono la distruzione violenta di un regime precedente. Tra i principati nuovi, vanno distinti quelli acquistati grazie alla virtù o alla fortuna da quelli ottenuti con armi proprie o altrui. Il caso di chi sia divenuto principe per fortuna, confidando nelle armi altrui, è incarnato dall'esempio di Cesare Borgia, detto duca Valentino (➤ p. 410), che Machiavelli indica come modello di «principe nuovo» (capitolo VII, ➤ T9, p. 400). La soluzione preferita dall'autore è però costituita dal principato **civile**, ottenuto e conservato con il consenso popolare, che garantisce, molto di più di quello delle grandi famiglie, stabilità per il monarca e prosperità per i cittadini. Infine Machiavelli prende in esame i principati **ecclesiastici** che, avendo natura atipica, obbediscono a regole proprie, diverse da quelle indicate per gli altri principati.

La seconda parte: il problema delle milizie

Il secondo nucleo del *Principe* costituisce un sintetico trattato sulle milizie, contenente argomenti che l'autore riprenderà qualche anno più tardi con la stesura dell'*Arte della guerra*. Attraverso la consueta classificazione oppositiva cara a Machiavelli, le milizie vengono dette proprie o mercenarie, ausiliarie o miste, vale a dire inviate in aiuto da un potente vicino o formate in parte da soldati arruolati dal principe, in parte mercenarie. Solo **le milizie proprie**, cioè quelle guidate dal principe e composte dai suoi sudditi, **sono in grado di garantire la sicurezza dello Stato**. Machiavelli, a cui sta a cuore evidenziare il legame tra esercito e strutture civili («E' principali fondamenti che abbino tutti li stati [...] sono le buone legge e le buone arme», XII), sottolinea l'inaffidabilità delle cosiddette compagnie di ventura (le masnade di soldati di mestiere al soldo di un condottiero, ➤ p. 389) e vede nel massiccio ricorso alle trup-

Albrecht Dürer, *La morte e il lanzichenecco*, 1510. Londra, British Museum.

pe mercenarie una delle cause principali della cronica debolezza degli Stati italiani («se uno tiene lo stato suo fondato in sulle arme mercennarie, non starà mai fermo né sicuro», XII).

La terza parte: etica e virtù del principe

La terza sezione dell'opera è quella più rivoluzionaria, essendo imperniata su un profilo dell'uomo di governo non aderente all'etica tradizionale. Machiavelli infatti dichiara subito che lo **scopo della sua opera è l'utilità** e per questo preferisce riferirsi alla «verità effettuale», vale a dire alla realtà, piuttosto che alla «immaginazione di essa», cioè a un ideale astratto. Se un principe «savio» si pone come obiettivo la sicurezza e la conservazione dello Stato, dovrà imparare «a potere essere non buono» (➤ T10, p. 411), a privilegiare la parsimonia alla magnificenza, la crudeltà all'indulgenza, l'opportunismo alla lealtà, assumendo quindi anche comportamenti moralmente negativi, se lo richiedono i «tempi». Per non correre il rischio di fallire, deve sapere «usare la bestia e lo uomo» (➤ T11, p. 416), utilizzando, nei casi in cui la «pietà» sia inutile o dannosa, l'astuzia e la forza (simboleggiate nel testo rispettivamente dalla «golpe», la volpe, e dal «lione», il leone).

La quarta parte: la situazione italiana

I tre capitoli conclusivi si concentrano sulla situazione politica dell'Italia contemporanea, la cui rovina non dipende dalla fortuna avversa, ma dall'**incapacità dei suoi principi**. Dopo aver riflettuto sull'incidenza della fortuna sulla vita degli uomini e sulla capacità della virtù di controllare la metà delle vicende umane (➤ T12, p. 421), Machiavelli chiude l'opera con un'appassionata **esortazione ai Medici** affinché si facciano promotori di un'impresa capace di riscattare l'Italia e di affrancarla dal dominio straniero (➤ T13, p. 426).

La struttura e i contenuti del *Principe*

Prima parte: capitoli I-XI			
I vari tipi di principato	ereditari		
	misti (in parte ereditari e in parte nuovi)		
	nuovi	come fondare e governare un principato nuovo	con la violenza
			con il consenso dei sudditi (principato civile)
	ecclesiastici		
Seconda parte: capitoli XII-XIV			
L'ordinamento delle milizie	inaffidabilità delle milizie mercenarie		
	necessità di milizie proprie		
Terza parte: capitoli XV-XXIII			
Le qualità del principe	parsimonioso più che generoso		
	temuto più che amato		
	spergiuro più che leale		
	capace di usare la forza e la frode		
Quarta parte: capitoli XXIV-XXVI			
La situazione italiana	la crisi contemporanea		
	la fortuna arginata dalla virtù di uomini forti		
	l'esortazione a un «principe nuovo» a restituire la libertà agli italiani		

I temi

Un ritratto nuovo

Il principe ideale nel Medioevo e nell'Umanesimo

Machiavelli non è certo il primo a proporsi l'obiettivo di ragionare sulle qualità necessarie al principe per raggiungere e consolidare il potere. Nel **Medioevo**, infatti, assai fiorente era stata la trattatistica sulle caratteristiche del perfetto principe. Si trattava di opere finalizzate a creare un modello ideale, ispirato chiaramente all'**etica cristiana**: il perfetto principe era colui che sapeva tradurre nello svolgimento delle proprie mansioni le virtù più nobili della morale religiosa.

Anche nell'**Umanesimo** il fine della trattatistica politica era stato quello di elencare le virtù necessarie alla realizzazione del buon governo. Non erano più virtù attinte dalla teologia, ma dalla **morale laica**, insegnata dalle fonti classiche. Tali opere delineavano il cosiddetto *speculum principis*, cioè "lo specchio del principe", in cui si riflettevano i tratti del sovrano esemplare, dotato di sensibilità e cultura, lealtà e moderazione, secondo il prototipo del saggio antico.

La novità del *Principe*

Lettura critica p. 435

La distanza di Machiavelli e della sua opera da tale impostazione moralistica è nettissima. Egli non si propone più di offrire una sintesi di valori etici: a suo giudizio, **la morale non deve interferire con l'efficace gestione dello Stato** e del potere, per mantenere i quali sono in certi casi necessari comportamenti che il buon senso comune, la morale religiosa ma anche quella laica giudicano intollerabili e spregevoli. **I concetti di bene e male non rientrano più nella riflessione** di Machiavelli, poiché essi non sono sufficienti per rappresentare fedelmente, cioè senza intenti idealizzanti, la verità spesso brutale della lotta politica.

Sulla base di questa impostazione, il profilo delle qualità del principe risulta spregiudicato e scandaloso. La gerarchia dei comportamenti essenziali per il principe «virtuoso» non contempla più sentimenti e costumi morali: **ciò che conta è soltanto il successo dell'azione**, cioè l'interesse dei sudditi e dello Stato, da realizzare con qualsiasi mezzo, anche il più crudele, se le circostanze lo richiedono. La «saviezza» del principe non è più legata quindi alla lealtà e alla rettitudine, ma alla capacità di simulare e dissimulare, di alternare il bene e il male, il positivo e il negativo.

«Virtù» e «fortuna»

Lettura critica p. 436

In politica l'unica antitesi sensata, secondo Machiavelli, è quella che oppone alla mera (e pertanto controproducente) violenza il comando razionale della forza, che va perseguito e realizzato con inflessibilità, anche quando esso obbliga a compiere azioni a cui la coscienza morale assegna un valore negativo. E tuttavia ciò può anche non essere sufficiente a raggiungere lo scopo prefissato: l'uomo di Stato infatti è costantemente chiamato a fare i conti con il **risvolto oscuro e imprevedibile degli eventi**, muovendosi all'interno di un campo avvolto da una profonda zona d'ombra, da un margine di rischio, in cui si annidano forze e circostanze che solo in parte possono essere sondate e gestite dalla ragione. In altre parole, resta sempre un momento, imprevedibile e mutevole, che sfugge al dominio dell'uomo, che è perciò costretto a fronteggiare fattori capricciosi e incostanti indipendenti dalla sua volontà. Machiavelli chiama «**fortuna**» questo momento non distintamente calcolabile e prevedibile. Essa può annichilire ogni cosa, ergendosi come arbitro della metà delle vicende umane: l'unica arma che l'individuo può opporvi è la «**virtù**», lo strumento che consente di valutare le situazioni e progettarne i rimedi con coraggio e tempestività, allestendo tutti i «**ripari**» e gli «**argini**» che sia in grado di alzare perché l'urto delle avversità venga, se non evitato, almeno attenuato.

Un metodo rivoluzionario

Il cardine centrale del pensiero di Machiavelli è rappresentato dal **realismo**, cioè dalla volontà di analizzare il presente nella sua effettiva materialità, da verificare in pratica e non sulla base di assiomi teorici. La sua visione dello Stato è interamente laica e i processi utili a comprendere la verità dei fatti devono essere aderenti a ragioni terrene e concrete, mentre le valutazioni di ordine religioso e morale non fanno altro che offuscare o mistificare la realtà, alterandola con princìpi astratti.

Metodo induttivo o deduttivo?

L'unica realtà riconosciuta come utile per analizzare l'azione politica è l'esperienza, perché ogni costruzione teorica deve partire dall'**osservazione empirica** dei dati concreti. Con questo approccio alla conoscenza, Machiavelli applica alle scienze umane lo stesso metodo di indagine che sarà sperimentato nel Seicento da Galileo nell'ambito delle scienze naturali. La conoscenza dei casi singoli, ricavati dalla Storia e dalla realtà contemporanea, permette, grazie al **metodo induttivo**, di desumere una norma valida sempre. Dal particolare, insomma, all'universale, dal fatto concreto al principio generale: il procedimento sperimentato da Machiavelli poggia sulla ricerca di fatti ed esperienze che pur nella loro specificità si rivelino capaci di fissare regole costanti e immutabili nella Storia, nella politica e nella condotta individuale.

Va detto però che alcuni studiosi recentemente hanno individuato nel metodo logico di Machiavelli un **procedere deduttivo**, che trae origine da un assunto generale per trovarvi conferma nel particolare. Secondo questa interpretazione, l'enunciato di carattere universale è preesistente e l'autore si incarica di suffragarlo con gli esempi, che ne confermino la fondatezza.

La «verità effettuale della cosa» e l'autonomia della politica

Al di là delle divergenti interpretazioni critiche, resta fondamentale il fatto che l'obiettivo di Machiavelli sia seguire la «**verità effettuale della cosa**»: fare cioè della realtà, senza sovrastrutture etiche o religiose, l'unico dato a cui attenersi.

Questo approccio realistico e pragmatico, che cogliamo in tutte le sue opere, fa della politica un territorio a sé, non più condizionato dalla morale, laica o cristiana che sia. Proprio perché autonoma, la politica è una scienza con leggi specifiche e con necessità che richiedono talvolta la violazione delle norme etiche precostituite.

Il criterio dell'utile

Machiavelli si rende conto della scandalosa provocatorietà del suo metodo; sa di infrangere convenzioni radicate, ipocrisie millenarie e falsi moralismi. Per questo precisa che per il principe «operare contro alla fede, contro alla carità, contro alla umanità, contro alla religione» è doveroso solo se «necessitato» (➤ T11, p. 416). In altre parole, è la necessità (cioè il mantenimento dello Stato) a determinare la condotta dell'uomo di potere e a richiedere, a seconda delle circostanze, l'adozione di questo o quel comportamento. Per esempio, nei *Discorsi sopra la prima Deca di Tito Livio* (I, 9), a commento dell'assassinio del fratello Remo perpetrato da Romolo per governare da solo a Roma, Machiavelli si guarda bene dall'esprimere una condanna, invitando al contrario a valutare «che fine lo avesse indotto a fare tal omicidio» e aggiungendo: «Conviene bene, che, accusandolo il fatto, lo effetto lo scusi» (qualcosa di molto simile, dunque, alla massima a lui impropriamente attribuita per la quale il fine giustifica i mezzi). «Non partirsi dal bene, potendo, ma sapere entrare nel male, necessitato» (*Il Principe*, XVIII): sarebbe auspicabile, ribadisce Machiavelli, che il principe si comportasse come richiedono i cardini della morale ma talvolta è necessario che non lo faccia. In politica, infatti, **è bene quel che è utile**: e utile può essere anche la crudeltà, quando sia funzionale al bene comune e al consolidamento del potere.

Il carattere militante della riflessione machiavelliana

Il pensiero di Machiavelli non procede in modo astratto né si struttura secondo uno schema sistematico, come nella trattatistica politica del tempo. Il suo scopo infatti non è delineare una figura ideale di principe né i tratti di un governo valido in assoluto. Sotto l'apparenza fredda e scientifica della sua trattazione, si agita il **tono appassionato** di chi vuole incidere nella propria epoca, al tempo stesso elaborando una teoria della politica fondata su leggi applicabili di volta in volta alle differenti situazioni concrete nelle quali il politico può trovarsi.

La coscienza machiavelliana della crisi italiana

Machiavelli ha piena consapevolezza della crisi dell'epoca e della decadenza italiana. Dalla sua diretta esperienza politica e diplomatica, capisce che la condizione degli Stati della penisola, esposti all'arbitrio e alle **invasioni straniere**, può essere riabilitata non grazie a sottili dispute morali, a sagge dissertazioni diplomatiche o ad astratte elucubrazioni filosofiche. Tutto questo armamentario di riflessioni si rivela ai suoi occhi superfluo, se non è supportato dalla consapevolezza che la politica rappresenta un campo di battaglia dove si vince solo se si è forti e astuti.

L'impegno politico di Machiavelli: un osservatorio privilegiato

Allo stesso tempo, Machiavelli può giovarsi della propria posizione all'interno della turbinosa vita politica fiorentina: appartenente alla vecchia classe dirigente comunale, egli non aveva mai aderito a una precisa fazione politica. Critico dell'estremismo del governo democratico di Savonarola, non era stato un sostenitore né della vecchia repubblica aristocratica né tanto meno del principato mediceo. Aveva partecipato alla lotta politica nella sua città **non** come **uomo di parte**, come militante schierato a favore di un'ideologia precostituita, **ma** come un funzionario, un segretario della Cancelleria, un **tecnico al servizio dello Stato**.

La politica come mestiere

Ciò spiega perché, alla caduta della repubblica, egli non abbandoni l'idea di collaborare e prestare il proprio contributo, mettendo a disposizione competenze e capacità per il bene dello Stato, anche se questo è retto da referenti da lui non amati come sono i Medici. Quest'idea della politica come professione nasce dal presupposto che occuparsi dello Stato sia un **servizio** da svolgere con dedizione **per il bene della collettività**, tanto più quando i conflitti interni ed esterni rendono confuso e drammaticamente incerto il contesto politico.

La ricerca di una soluzione

In poco più di quarant'anni, Firenze e Machiavelli vedono alternarsi il governo popolare di Savonarola (1494-1498), la repubblica oligarchica (1498-1512), il ritorno dei Medici (1512-1527) e un'altra effimera restaurazione repubblicana (nel 1527: tre anni dopo, i Medici torneranno ancora al potere). Tuttavia, questo periodo di crisi non distoglie Machiavelli dal coltivare la **fiducia** che sia ancora viva una tradizione di civiltà e libertà. La violenza polemica con cui si scaglia contro le divisioni dell'Italia e l'inettitudine dei suoi governanti non gli suggerisce infatti di rinunciare all'**impegno civile** e di relegare i propri interessi alla sfera del privato. Al contrario, analizzando la realtà concreta della situazione italiana, egli si impegna nell'appassionata ricerca di una via d'uscita: una soluzione grazie alla quale far rivivere il patrimonio intellettuale e politico della propria civiltà.

Realismo e utopia

Questa soluzione, l'unica praticabile in quanto favorita dalle circostanze, è contenuta nell'ultimo capitolo del *Principe*, nel quale Machiavelli esorta i Medici a prendere le armi e a mettersi alla guida di un **fronte unitario composto dai principi italiani** per cacciare gli stranieri dall'Italia (➤ T13, p. 426).

Gli storici hanno sottolineato il carattere utopico di questo progetto di "redenzione": a dispetto del realismo e del rigore scientifico che caratterizzano tutta la sua opera, l'invito di Machiavelli sarebbe stato irrealizzabile, viste le condizioni politiche in cui esso veniva espresso. Tuttavia, proprio auspicando un tale scenario il pensatore fiorentino conferma la natura militante e profondamente coinvolta della sua indagine. A Machiavelli non bastava fornire a un aspirante principe la scienza e gli strumenti del potere: la sua opera doveva invece proporsi come un **manifesto operativo**, indicando uno scopo da realizzare, per quanto lontano esso potesse essere. Per questo, *Il Principe* non è il risultato delle riflessioni di un disincantato specialista della politica: c'è invece uno **sguardo profetico e appassionato** rivolto al presente; ma soprattutto c'è il **desiderio di contribuire a trasformare l'Italia**, nel momento in cui essa vive uno tra i momenti più rovinosi della sua storia. Proprio questa tragica condizione può però rappresentare l'«occasione» tanto attesa, il momento del riscatto grazie all'azione forte e determinata di un «principe nuovo».

PER APPROFONDIRE

I capitani di ventura

L'importanza delle milizie mercenarie

Anche se il ricorso alle milizie mercenarie si era già diffuso a partire dall'XI secolo, fu però soprattutto nell'Italia dei Comuni e delle Signorie che le compagnie di ventura si affermarono come un elemento assai importante nello scacchiere politico-diplomatico. Quando la nobiltà feudale, abituata alla pratica delle armi, fu infatti sostituita come classe dominante dalla borghesia (che preferiva dedicarsi alle attività mercantili), le truppe mercenarie, ingaggiate in blocco come eserciti organizzati, finirono con il soppiantare la milizia cittadina.

La formazione delle compagnie di ventura

A costituire le compagnie di ventura erano soldati di diversa origine e provenienza, solitamente di bassa estrazione sociale, i quali si organizzavano in reparti di cavalieri (i lancieri) sostenuti dalla fanteria (arcieri e balestrieri). Il comando era affidato a un capitano, scelto per le capacità e il valore. Agli stranieri si aggiungevano soldati italiani di varia provenienza: crociati rientrati dall'Oriente, servi della gleba, contadini e artigiani poveri che cercavano di fuggire la miseria.

I capitani avevano talvolta origini oscure (il Carmagnola – al secolo Francesco da Bussone, 1385 ca - 1432 – era di famiglia contadina: lo troveremo come protagonista di una famosa tragedia manzoniana), ma più spesso provenivano dalla nobiltà, esperta per tradizione nell'arte militare. Molti erano figli cadetti (cioè non primogeniti), i quali non potevano ereditare il feudo, che spettava al primo figlio, e cercavano una fonte di reddito nella professione militare. Le compagnie più importanti arrivarono a contare fino a diecimila soldati, assunti dai capitani per il periodo necessario alla campagna di guerra. In tempo di pace le compagnie si mantenevano con saccheggi, minacce, taglieggiamenti e ricatti, per cui erano molto temute dalle popolazioni.

Capitani coraggiosi o furbi mestieranti?

Molti tra i capitani di ventura consideravano l'attività militare solo come un lavoro e non si facevano scrupolo di tradire chi li aveva assunti per passare al servizio di un miglior offerente. La critica di Machiavelli poggiava proprio su questa realtà. Talvolta capitani schierati su fronti opposti si accordavano per ridurre al minimo i rischi: la vita di ogni soldato era un bene da salvaguardare. Dalle cronache dell'epoca sappiamo che molti scontri si trasformarono in battaglie simulate. Tra queste, la più celebre fu quella combattuta ad Anghiari (1440) tra gli eserciti di Milano e di una coalizione capeggiata da Firenze, di cui facevano parte Venezia e lo Stato pontificio. La battaglia fu immortalata da Leonardo da Vinci in una famosa pittura murale, ma anche descritta con sarcasmo da Machiavelli, che ironizzò nelle *Istorie fiorentine* sul suo magro bilancio di vittime (un solo soldato, e per di più caduto da cavallo!): «E in tanta rotta e in sì lunga zuffa, che durò dalle venti alle ventiquattro ore, non vi morì altri che uno uomo; il quale, non di ferite o d'altro virtuoso colpo, ma caduto da cavallo e calpesto espirò».

Le compagnie di ventura italiane scomparvero con l'ondata delle invasioni straniere iniziata nel 1494: gli eserciti delle monarchie nazionali e le armi da fuoco si dimostrarono superiori agli scontri cavallereschi dei condottieri.

Il linguaggio e lo stile

La ricerca dell'essenzialità

Lo stile argomentativo del *Principe* poggia su un'**esposizione ordinata e razionale**, come ordinata e razionale intende essere l'analisi. Sin dalla lettera dedicatoria, Machiavelli rivendica l'originalità della propria scrittura: sobria, chiara e priva di orpelli retorici. Non a caso i 26 capitoli dell'opera sono accomunati dalla brevità: anche ciò rientra in un disegno tendente a concentrare con forza le argomentazioni e a legarle secondo una logica stringente.

A tal fine, Machiavelli procede attraverso continue opposizioni (secondo lo schema «o... o»), con un **metodo** definito dagli studiosi **dilemmatico**, con cui è possibile rappresentare gli snodi concettuali della riflessione e dare ordine a una materia complessa. In questo modo il ragionamento tende a farsi sintetico, vibrante e persino aggressivo nel riprodurre la perentorietà delle convinzioni dell'autore. Ciò spiega la frequenza dei connettivi conclusivi (*pertanto, dunque, però* con il significato di "perciò"), il cui uso permette all'autore di completare efficacemente il ragionamento, e l'uso di parole e locuzioni che esprimono necessità (*è necessario, debbe, bisogna*).

Corrispondenza tra contenuto e stile

Machiavelli vuole così far coincidere forma e contenuto: alla **razionalità della proposta intellettuale** e alla sicurezza dei suoi assiomi deve corrispondere un'**esposizione secca**, folgorante e rigorosa.

Ciò non significa che lo stile di Machiavelli sia retoricamente povero. Al contrario, proprio la natura argomentativa del discorso spiega l'utilizzo di una serie di **similitudini e immagini simboliche**, tese a conferire concretezza alle idee e a catturare l'attenzione del lettore (si pensi alle metafore zoomorfe del centauro, della volpe e del leone presenti nel capitolo XVIII, ➤ T11, p. 416).

Ovunque domina la **ricerca dell'espressività**, raggiunta anche grazie a un lessico estremamente vario, ora sostenuto (non mancano latinismi tecnici e letterari), ora quotidiano (affiorano qua e là anche espressioni plebee, volte a dare forza emotiva ancora maggiore al pensiero, per esempio: «A ognuno puzza questo barbaro dominio», che troviamo nel capitolo finale dell'opera, ➤ T13, p. 426). Anche queste soluzioni formali mostrano la modernità di Machiavelli: il linguaggio aulico della trattatistica tradizionale è con lui archiviato. Al suo posto, si afferma per la prima volta una **prosa "scientifica"**, che risponde soprattutto all'esigenza di indurre il lettore ad avvicinarsi a una realtà nuova e scabrosa, senza la consolazione di convinzioni false e ipocrite.

IL PRENCIPE
DI NICOLO MA=
CHIAVELLI,
Al Magnifico Lorenzo di Piero
de Medici.
Con alcune altre operette, i titoli delle quali trouerai nella
seguente facciata.

IN PALERMO
Appresso gli heredi d'Antoniello dagli Antonielli
a xxviij. di Gennaio, 1584.

Frontespizio del *Principe*, edizione del 1584, con dedica al Magnifico Lorenzo di Piero de' Medici.

I testi

Temi e motivi dei testi antologizzati		
T6	**Niccolò Machiavelli al Magnifico Lorenzo de' Medici.** Dedica	▪ la novità del *Principe* ▪ l'impegno politico dell'autore e lo studio del passato ▪ la scelta stilistica antiretorica
T7	**Di quanti tipi siano i principati e in quali modi si acquistino.** Capitolo I	▪ la distinzione tra repubblica e principato ▪ i vari tipi di principato
T8	**I principati nuovi che si acquistano con le armi proprie e la virtù.** Capitolo VI	▪ la necessità di imitare gli esempi del passato ▪ l'immutabilità della natura umana ▪ il rapporto fra virtù e fortuna ▪ l'uso della forza
T9	**I principati nuovi che si acquistano con le armi altrui e con la fortuna.** Capitolo VII	▪ la concezione naturalistica ▪ la figura tragica ed esemplare di Cesare Borgia ▪ le ragioni della sua sconfitta: il peso della fortuna e l'entità delle colpe umane
T10	**Di quelle cose per le quali gli uomini e in particolar modo i principi sono lodati o vituperati.** Capitolo XV	▪ Machiavelli e la coscienza della propria originalità di pensiero ▪ la scelta di considerare la realtà concreta, non la sua immagine ideale ▪ l'indipendenza dell'azione politica dalle leggi della morale
T11	**In che modo la parola data debba essere mantenuta dai principi.** Capitolo XVIII	▪ la subordinazione dell'etica alle leggi della politica ▪ le armi del «principe nuovo»: astuzia e forza bruta ▪ la simulazione delle qualità morali a fini politici
T12	**Quanto possa la fortuna nelle cose umane e in che modo sia possibile arginarla.** Capitolo XXV	▪ l'incidenza della fortuna e della virtù sulle azioni umane ▪ la necessità di sapersi adattare alle situazioni impreviste ▪ l'invito a far prevalere l'azione sulla cautela
T13	**Esortazione a conquistare l'Italia e a liberarla dalle mani dei barbari.** Capitolo XXVI	▪ l'attesa di un liberatore per l'Italia ▪ l'invocazione appassionata e drammatica al «principe nuovo»

• T6 •

Niccolò Machiavelli al Magnifico Lorenzo de' Medici

Il Principe, Dedica

L'esperienza della realtà concreta

Composta alla fine della stesura del trattato, la dedica è rivolta a Lorenzo de' Medici (1492-1519), figlio di Piero e nipote del più noto Lorenzo il Magnifico, divenuto duca di Urbino nel 1516. L'autore mette a disposizione dei Medici il frutto delle conoscenze acquisite, consapevole della novità del proprio lavoro.

NICOLAUS MACLAVELLUS MAGNIFICO LAURENTIO MEDICI IUNIORI SALUTEM[1]
Sogliono[2] el più delle volte coloro che desiderano acquistare grazia appresso uno principe farsegli incontro[3] con quelle cose che in fra le loro abbino più

1 **NICOLAUS... SALUTEM:** Niccolò Machiavelli saluta il Magnifico Lorenzo de' Medici.

2 **Sogliono:** sono soliti.

3 **farsegli incontro:** accattivarsi il favore del principe.

care[4] o delle quali vegghino lui più dilettarsi;[5] donde si vede molte volte essere loro presentati[6] cavagli, arme, drappi d'oro, prete[7] preziose e simili ornamenti degni della grandezza di quelli. Desiderando io adunque offerirmi alla vostra Magnificenzia con qualche testimone[8] della servitù[9] mia verso di quella,[10] non ho trovato, in tra la mia supellettile,[11] cosa quale io abbia più cara o tanto esistimi[12] quanto la cognizione delle azioni delli uomini grandi, imparata da me con una lunga esperienza delle cose moderne e una continua lezione[13] delle antiche; le quali avendo io con gran diligenzia lungamente escogitate ed esaminate,[14] e ora in uno piccolo volume ridotte, mando alla Magnificenzia vostra. E benché io iudichi questa opera indegna della presenza di quella,[15] tamen[16] confido assai che per sua umanità gli debba essere accetta, considerato come da me non gli possa essere fatto maggiore dono che darle facultà[17] a potere in brevissimo tempo intendere tutto quello che io, in tanti anni e con tanti mia disagi e periculi, ho conosciuto e inteso. La quale opera io non ho ornata né ripiena di clausule ample o di parole ampullose e magnifiche o di qualunque altro lenocinio e ornamento estrinseco,[18] con e' quali molti sogliono le loro cose descrivere e ordinare, perché io ho voluto o che veruna cosa la onori o che solamente la varietà della materia e la gravità del subietto la facci grata.[19] Né voglio sia imputata prosunzione[20] se uno uomo di basso e infimo stato ardisce discorrere e regolare e' governi[21] de' principi; perché così come coloro che disegnano e' paesi si pongono bassi nel piano a considerare la natura de' monti e de' luoghi alti e, per considerare quella de' luoghi bassi, si pongono alto sopra ' monti, similmente, a conoscere bene la natura de' populi, bisogna essere principe, e, a conoscere bene quella de' principi, conviene essere populare.[22]

Pigli adunque vostra Magnificenzia questo piccolo dono con quello animo che[23] io 'l mando; il quale se da quella fia[24] diligentemente considerato e letto, vi conoscerà dentro uno estremo mio desiderio che lei pervenga a quella grandezza che la fortuna e l'altre sua qualità le promettono.

E se vostra Magnificenzia da lo apice della sua altezza qualche volta volgerà li occhi in questi luoghi bassi, conoscerà quanto io indegnamente sopporti una grande e continua malignità di fortuna.[25]

4 **abbino più care:** considerino più preziose.
5 **delle quali... dilettarsi:** da cui essi vedano che egli trae piacere.
6 **loro presentati:** offerti in dono ai principi.
7 **prete:** pietre.
8 **testimone:** segno tangibile.
9 **servitù:** ossequio, devozione.
10 **quella:** la Vostra Magnificenza.
11 **in tra la mia supellettile:** tra le mie risorse, umane e culturali. L'espressione *supellettile* è usata in modo figurato per riferirsi ai doni, prima elencati, che venivano solitamente offerti al signore.
12 **esistimi:** stimi (latinismo).
13 **continua lezione:** lettura approfondita.
14 **escogitate ed esaminate:** ponderate e valutate.
15 **quella:** la magnificenza del Signore.
16 **tamen:** tuttavia (latino).
17 **facultà:** possibilità.
18 **di clausule... estrinseco:** Machiavelli si riferisce a quegli abbellimenti retorici che però non arricchiscono il contenuto; in particolare, le *clausule ample* sono le ampie cadenze di chiusura del periodo con effetto di solennità.
19 **perché... grata:** perché è stata mia intenzione non abbellirla con ornamenti formali (*veruna cosa la onori*, cioè nient'altro la rendesse bella), ma renderla gradevole grazie all'originalità della materia trattata e all'importanza del suo argomento (*la gravità del subietto*).
20 **sia... prosunzione:** sia imputata come una presunzione.
21 **discorrere... e' governi:** esaminare e dare regole al governo.
22 **così come... populare:** come coloro che tracciano le mappe dei paesi si collocano in basso, in pianura, per osservare le caratteristiche dei monti e delle alture, e per osservare quelle delle pianure salgono sopra i monti, allo stesso modo per conoscere bene le caratteristiche dei popoli bisogna essere un principe e per conoscere quelle dei principi bisogna appartenere al popolo (*essere populare*).
23 **che:** con il quale.
24 **da quella fia:** da quella (cioè dalla Vostra Magnificenza) sarà.
25 **indegnamente... fortuna:** sia ingiustamente tartassato da una pesante e costante avversità della sorte.

Dentro il TESTO

I contenuti tematici

La consapevolezza del valore e dell'originalità della propria opera

La lettera dedicatoria si apre con un'orgogliosa affermazione di diversità: Machiavelli intende infatti rivolgersi a Lorenzo de' Medici non con i vari *ornamenti* (r. 5) di solito offerti in dono, ma con l'unico patrimonio (*supellettile*, r. 8) che ha a disposizione, *la cognizione delle azioni delli uomini grandi* (r. 9).

Tale patrimonio nasce da una laboriosa ricerca durata tanti anni, nei quali l'autore-mittente dichiara di avere intrecciato l'impegno politico personale (la *lunga esperienza delle cose moderne*, r. 10) e lo studio del passato (la *continua lezione delle antiche*, r. 10). Dalla fusione di queste esperienze è nato il *piccolo volume* (r. 12, o l'«opuscolo», come Machiavelli lo ha chiamato nella lettera a Vettori del 10 dicembre 1513, ➤T1, p. 358), leggendo il quale Lorenzo potrà acquisire gli strumenti di conoscenza necessari per svolgere una missione epocale: fare uscire Firenze e l'Italia dalla crisi in cui sono precipitate.

Le scelte stilistiche

Uno stile concreto al servizio di un contenuto concreto

La novità dell'opera è rivendicata da Machiavelli innanzitutto sul piano stilistico, finalizzato non più alla ricerca della piacevolezza retorica, bensì alla riflessione sulla *materia* (r. 20) e sul *subietto* (r. 21). Il suo trattato, costato *tanti mia disagi e periculi* (r. 16), vuole essere il risultato concettuale non delle ampollose elucubrazioni di un funzionario da tavolino, ma di un'esperienza maturata grazie a un personale coinvolgimento fisico e intellettuale.

Verso le COMPETENZE

COMPRENDERE

1 A quale scopo l'autore dedica *Il Principe* a un illustre esponente dei Medici?

2 Quale stile caratterizzerà, secondo l'intento dichiarato dall'autore, il *piccolo volume*?

ANALIZZARE

3 Descrivi brevemente la sintassi del brano: prevale la paratassi o l'ipotassi? Con quali mezzi Machiavelli la sviluppa, e perché?

4 Per giustificare la pretesa che un uomo non nobile possa dare consigli a un principe, Machiavelli si serve di una similitudine. Individuala e spiegala.

5 La *Dedica* presenta affermazioni di malcelato orgoglio e di evidente umiltà: rintraccia esempi dell'uno e dell'altro atteggiamento e riportali in una tabella sul quaderno.

INTERPRETARE

6 Alcune delle questioni presentate da Machiavelli nella lettera dedicatoria compaiono già nell'epistola a Vettori (➤T1, p. 358). Quali?

COMPETENZE LINGUISTICHE

7 Nella Dedica sono presenti alcuni termini che, dall'epoca di Machiavelli a oggi, hanno cambiato significato. Indica, nella tabella, il significato secondo cui la parola è usata nel testo e quello contemporaneo di uso comune.

	Nella Dedica	Oggi
testimone		
supellettile		
escogitare		
clausole		

PRODURRE

8 SCRIVERE PER **ARGOMENTARE**
Pur da repubblicano quale è, Machiavelli non rinuncia alla volontà di collaborare con i Medici. Dopo aver letto la dedica del *Principe*, come giudichi questa candidatura? Quale ritieni debba essere l'atteggiamento di un uomo libero dinanzi al potere assoluto di un signore, di un dittatore, di un tiranno? Scrivi un testo argomentativo di circa 30 righe.

• T7 •

Di quanti tipi siano i principati e in quali modi si acquistino

Il Principe, I

L'argomento del libro

Il primo brevissimo capitolo ha una funzione introduttiva: Machiavelli enuncia la materia dell'opera, operando una prima distinzione tra repubbliche e principati, quindi elencando i vari tipi di principato che saranno via via analizzati nel corso del trattato.

QUOT SINT GENERA PRINCIPATUUM ET QUIBUS MODIS ACQUIRANTUR.
Tutti gli stati,[1] tutti e' dominii che hanno avuto e hanno imperio[2] sopra gli uomini, sono stati e sono o republiche o principati. E'[3] principati sono o ereditarii, de' quali el sangue del loro signore ne sia suto lungo tempo principe,[4] o e' sono nuovi.[5] E' nuovi, o sono nuovi tutti,[6] come fu Milano a Francesco Sforza,[7] o sono come membri aggiunti allo stato ereditario del principe che li acquista, come è el regno di Napoli al re di Spagna.[8] Sono questi dominii così acquistati, o consueti a vivere sotto uno principe, o usi[9] ad essere liberi; e acquistonsi[10] o con le armi d'altri o con le proprie, o per fortuna o per virtù.

1 **gli stati:** le organizzazioni statali.
2 **hanno avuto... imperio:** hanno esercitato ed esercitano un potere.
3 **E':** I.
4 **de' quali... principe:** dei quali la famiglia (*el sangue*) del loro signore sia stata (*suto*) a lungo al potere (*principe*).
5 **nuovi:** governati da una nuova famiglia.
6 **nuovi tutti:** assolutamente nuovi.
7 **Francesco Scorza:** Francesco Sforza (1401-1466), figlio del capitano di ventura Muzio Attendolo, aveva sposato la figlia del duca di Milano, Filippo Maria Visconti. Alla morte del duca, avvenuta nel 1447, i milanesi costituirono la Repubblica ambrosiana: Sforza, nominato capitano dell'esercito nella guerra contro Venezia, si accordò con il nemico e marciò contro Milano di cui ottenne la signoria, nel 1450.
8 **regno di Napoli... Spagna:** Ferdinando il Cattolico (1452-1516), re di Spagna, con l'aiuto del re di Francia, Luigi XII, tolse nel 1504 il regno di Napoli a Federico d'Aragona, annettendolo alla Spagna.
9 **usi:** abituati.
10 **acquistonsi:** si acquistano.

Dentro il TESTO

I contenuti tematici

La materia del *Principe*

Come promesso nella *Dedica*, l'autore intende evitare inutili orpelli retorici: senza formulare definizioni teoriche del concetto di Stato, egli entra subito *in medias res*, delineando l'argomento dell'opera e impostando dall'inizio il discorso sull'analisi delle forme di governo effettivamente riscontrabili nella realtà. Distinguendo tra repubbliche e principati, procede alla classificazione di questi ultimi, quelli ereditari e quelli nuovi, per poi restringere ulteriormente la propria attenzione a due categorie di principato nuovo: quello misto, in cui al nucleo iniziale dello stato si aggiungono territori conquistati dal principe, e quello del tutto nuovo. Infine Machiavelli evidenzia le diverse modalità di conquista di un principato: grazie alle armi di altri o alle proprie, con la fortuna o con la virtù.

Le scelte stilistiche

Il ragionamento dilemmatico

Il procedimento del discorso è basato sulla congiunzione *o*, che dà vita a uno schema dualistico per coppie oppositive. Il primo elemento della coppia non crea ulteriori sviluppi, mentre il secondo origina un altro dilemma o più dilemmi, fino ad arrivare al tema del principato nuovo (argomento fondamentale del trattato), da cui derivano direttamente ulteriori tre alternative.

La forma come specchio di un metodo

Tale costruzione schematica acquista un significato che va molto al di là della mera scelta formale. La presentazione dei temi, così scarna e asettica, e l'andamento binario del discorso evidenziano certo l'intento dell'autore di affrontare la materia in modo schematico e il più possibile chiaro: il contenuto oggettivo deve prevalere su ogni sterile compiacimento letterario. Ma l'opzione stilistica adottata già da questo brevissimo primo capitolo sottolinea anche il carattere scientifico dell'opera, rispecchiando il rigore razionale dell'analisi, che vuole presentarsi ai lettori asciutta, incisiva e tutta calata nell'esperienza concreta della storia contemporanea.

Verso le COMPETENZE

COMPRENDERE

1 Completa lo schema, seguendo fedelmente il percorso ramificato suggerito dall'autore.

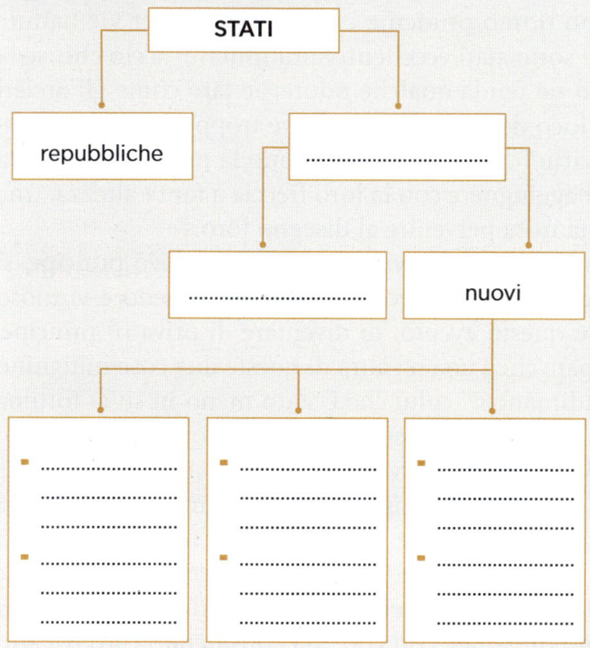

2 Per esemplificare il proprio discorso, Machiavelli porta due riferimenti alla realtà politica a lui contemporanea. Quali?

ANALIZZARE

3 Abbiamo evidenziato l'importanza della congiunzione *o* nel testo: che tipo di proposizione introduce? Scegli l'alternativa corretta.

- a Finale.
- b Consecutiva.
- c Disgiuntiva.
- d Dichiarativa.

INTERPRETARE

4 Perché, a tuo giudizio, già dalle battute iniziali del *Principe* è possibile cogliere un'impostazione diversa rispetto a quella della trattatistica politica tradizionale?

PRODURRE

5 SCRIVERE PER **INTERVISTARE**
Prova ad allestire un'intervista immaginaria a Machiavelli: scrivi le domande e le relative risposte intorno agli argomenti del suo trattato, così come li ha presentati in questo primo capitolo.

6 SCRIVERE PER **RIELABORARE**
Aiutandoti con le note, trascrivi il testo in italiano moderno.

Ritratto di Francesco Sforza, nel manoscritto *Commentarii rerum gestarum Francisci Sfortiae*, XV secolo, conservato alla Biblioteca Riccardiana di Firenze.

• T8 •

I principati nuovi che si acquistano con le armi proprie e la virtù

Il Principe, VI

Le virtù del principe

In questo capitolo Machiavelli affronta un tema centrale dell'opera: la formazione dello Stato nuovo. Gli esempi, desunti dalla Storia e dalla leggenda, sono rappresentati dalle grandi personalità giunte al potere grazie alla virtù e a milizie proprie.

DE PRINCIPATIBUS NOVIS QUI ARMIS PROPRIIS ET VIRTUTE ACQUIRUNTUR

Non si maravigli alcuno se, nel parlare che io farò de' principati al tutto nuovi e di principe e di stato,[1] io addurrò grandissimi esempli. Perché, camminando gli uomini sempre per le vie battute da altri e procedendo nelle azioni loro con le imitazioni, né si potendo le vie d'altri al tutto tenere[2] né alla virtù di quegli che tu imiti aggiugnere,[3] debbe uno uomo prudente entrare sempre per vie battute da uomini grandi, e quegli che sono stati eccellentissimi imitare: acciò che, se la sua virtù non vi arriva, almeno ne renda qualche odore;[4] e fare come gli arcieri prudenti,[5] a' quali parendo el loco dove desegnano ferire troppo lontano,[6] e conoscendo fino a quanto va la virtù[7] del loro arco, pongono la mira assai più alta che il luogo destinato, non per aggiugnere con la loro freccia a tanta altezza,[8] ma per potere con lo aiuto di sì alta mira pervenire al disegno loro.

Dico adunque che ne' principati tutti nuovi, dove sia uno nuovo principe, si truova a mantenergli più o meno difficultà secondo che più o meno è virtuoso colui che gli acquista. E perché questo evento, di diventare di privato[9] principe, presuppone o virtù o fortuna, pare che l'una o l'altra di queste dua cose mitighino in parte molte difficultà;[10] nondimanco,[11] colui che è stato meno in su la fortuna si è mantenuto più.[12] Genera ancora facilità essere el principe constretto, per non avere altri stati, venire personalmente ad abitarvi.[13]

Ma per venire a quegli che per propria virtù e non per fortuna sono diventati principi, dico che e' più eccellenti sono Moisè, Ciro, Romulo, Teseo[14] e simili. E benché di Moisè non si debba ragionare,[15] sendo suto[16] uno mero esecutore delle cose che gli erano ordinate da Dio, tamen[17] debbe essere ammirato, solum[18] per quella grazia che lo faceva degno di parlare con Dio. Ma considerato Ciro e li altri che hanno acquistato o fondati regni, gli troverrete tutti mirabili;[19] e se si consi-

1 **e di principe e di stato:** sia come dinastia, sia come tipo di governo.
2 **né si potendo... tenere:** non potendosi ripercorrere in maniera identica le strade battute da altri.
3 **aggiugnere:** giungere.
4 **acciò che... odore:** affinché, anche se il suo valore non è pari al loro, ne porti almeno qualche traccia (*odore*).
5 **prudenti:** assennati.
6 **parendo... lontano:** sembrando loro troppo lontano il bersaglio (*loco*) che vogliono colpire con la freccia.
7 **la virtù:** la potenza.
8 **per aggiugnere... altezza:** per raggiungere una così grande altezza.
9 **di privato:** da privato cittadino.
10 **mitighino... difficultà:** appianino almeno in parte le molte difficoltà che il principe incontra.
11 **nondimanco:** ciò nonostante.
12 **colui che... più:** chi si è basato di meno sulla fortuna (cioè ha confidato più nel proprio valore) ha conservato il potere (*si è mantenuto*) più a lungo.
13 **Genera... abitarvi:** è un ulteriore aiuto (nel conservare il potere) il fatto che il principe, non possedendo altri Stati, sia costretto a risiedere nello Stato (da lui governato).
14 **Moisè... Teseo:** Mosè (XIII sec. a.C.) è, nella Bibbia, liberatore e legislatore del popolo ebraico; Ciro fondò nel VI secolo a.C. la monarchia persiana; Romolo è il leggendario primo re di Roma; Teseo è il mitico re di Atene e uccisore del Minotauro.
15 **benché... ragionare:** sebbene non si possa prendere come esempio Mosè.
16 **sendo suto:** essendo stato.
17 **tamen:** tuttavia (latino).
18 **solum:** solamente (latino).
19 **mirabili:** degni di ammirazione.

derranno le azioni e ordini loro particulari, parranno non discrepanti[20] da quegli di Moisè, che ebbe sì gran precettore.[21] Ed esaminando le azioni e vita loro non si vede che quelli avessino altro da la fortuna che la occasione, la quale dette loro materia a potere introdurvi dentro quella forma che parse[22] loro: e sanza quella occasione la virtù dello animo loro si sarebbe spenta, e sanza quella virtù la occasione sarebbe venuta invano.

Era adunque necessario a Moisè trovare el populo d'Israel in Egitto stiavo[23] e oppresso da li Egizi, acciò che quegli, per uscire di servitù, si disponessino a seguirlo.[24] Conveniva che Romulo non capessi in Alba,[25] fussi stato esposto al nascere,[26] a volere che[27] diventassi re di Roma e fondatore di quella patria.[28] Bisognava che Ciro trovassi e' Persi malcontenti dello imperio de' Medi,[29] ed e' Medi molli ed effeminati per la lunga pace. Non poteva Teseo dimostrare la sua virtù, se non trovava gli Ateniesi dispersi.[30] Queste occasioni per tanto feciono[31] questi uomini felici e la eccellente virtù loro fe' quella occasione essere conosciuta:[32] donde la loro patria ne fu nobilitata e diventò felicissima.[33]

Quelli e' quali per vie virtuose, simili a costoro, diventono principi, acquistano el principato con difficultà, ma con facilità lo tengono; e le difficultà che gli[34] hanno nello acquistare el principato nascono in parte da' nuovi ordini e modi che sono forzati[35] introdurre per fondare lo stato loro e la loro sicurtà. E debbasi considerare come e' non è cosa più difficile a trattare, né più dubbia a riuscire, né più pericolosa a maneggiare, che farsi capo[36] di introdurre nuovi ordini. Perché lo introduttore ha per nimico tutti quegli che degli ordini vecchi fanno bene,[37] e ha tiepidi defensori tutti quelli che delli ordini nuovi farebbono bene: la quale tepidezza nasce parte per paura delli avversari, che hanno le leggi dal canto loro, parte da la incredulità[38] degli uomini, e' quali non credono in verità[39] le cose nuove, se non ne veggono nata una ferma esperienza.[40] Donde nasce che, qualunque volta quelli che sono nimici hanno occasione di assaltare, lo fanno partigianamente,[41] e quelli altri[42] difendono tiepidamente: in modo che insieme con loro si periclita.[43]

È necessario pertanto, volendo discorrere[44] bene questa parte, esaminare se questi innovatori stanno per loro medesimi o se dependono da altri:[45] cioè se per condurre l'opera loro bisogna che preghino,[46] o vero possono forzare.[47] Nel primo caso, sempre capitano male e non conducono cosa alcuna; ma quando dependono

20 **discrepanti:** discordanti.
21 **sì gran precettore:** un maestro così importante, Dio.
22 **parse:** parve.
23 **stiavo:** schiavo (toscanismo).
24 **acciò che... seguirlo:** affinché quelli (cioè gli ebrei), per liberarsi dalla loro condizione di schiavitù, fossero pronti a seguirlo.
25 **Conveniva... in Alba:** (per diventare il fondatore di Roma) fu necessario che Romolo non stesse (vale a dire non fosse accolto) nella città di Alba Longa (*capessi* è latinismo, da *capere*, "contenere").
26 **fussi... al nascere:** fosse stato abbandonato alla nascita.
27 **a volere che:** per far sì che; dipende dal verbo iniziale impersonale *Conveniva*.
28 **patria:** Stato.
29 **dello imperio de' Medi:** del governo dei Medi.
30 **dispersi:** perché divisi e soggetti al tributo di sangue a Minosse. Il mito narra che, a seguito della vittoria di Minosse contro gli Ateniesi, questi ultimi dovevano inviare a Creta ogni anno sette fanciulli e altrettante fanciulle, affinché fossero divorati dal Minotauro.
31 **feciono:** fecero (toscanismo).
32 **la eccellente... conosciuta:** l'eccellente valore che possedevano consentì loro di individuare l'occasione propizia.
33 **felicissima:** ricca e potente.
34 **gli:** essi.
35 **forzati:** costretti.
36 **farsi capo:** iniziare.
37 **degli ordini... bene:** dai vecchi ordinamenti traggono vantaggio.
38 **incredulità:** scetticismo, diffidenza.
39 **in verità:** con vera convinzione.
40 **ferma esperienza:** conoscenza sperimentata.
41 **Donde nasce... partigianamente:** da ciò deriva che, ogni volta che gli avversari delle innovazioni hanno l'opportunità di attaccare, lo fanno con convinzione.
42 **quelli altri:** i favorevoli ai nuovi ordini.
43 **si periclita:** si corrono rischi (latinismo).
44 **discorrere:** trattare.
45 **se questi... altri:** se questi fondatori di nuovi Stati (*innovatori*) si basano sulle proprie forze o dipendono dall'aiuto di altri.
46 **preghino:** dipendano da altri.
47 **forzare:** usare la forza.

da loro propri e possono forzare, allora è che rare volte periclitano: di qui nacque che tutti e' profeti[48] armati vinsono ed e' disarmati ruinorno. Perché, oltre alle cose dette, la natura de' populi è varia[49] ed è facile a persuadere loro una cosa, ma è difficile fermarli in quella persuasione:[50] e però conviene essere ordinato[51] in modo che, quando non credono più, si possa fare loro credere per forza. Moisè, Ciro, Teseo e Romulo non arebbono[52] potuto fare osservare loro lungamente le loro constituzioni,[53] se fussino stati disarmati; come ne' nostri tempi intervenne[54] a fra Ieronimo Savonerola,[55] il quale ruinò ne' sua ordini nuovi, come[56] la moltitudine cominciò a non credergli, e lui non aveva modo a tenere fermi[57] quelli che avevano creduto né a fare credere e' discredenti.[58] Però questi tali hanno nel condursi grande difficultà, e tutti e' loro periculi sono fra via[59] e conviene che con la virtù gli superino. Ma superati che gli hanno, e che cominciano a essere in venerazione,[60] avendo spenti quegli che di sua qualità gli avevano invidia,[61] rimangono potenti, sicuri, onorati e felici.

A sì alti esempli io voglio aggiugnere uno esemplo minore; ma bene arà qualche proporzione con quegli,[62] e voglio mi basti per tutti gli altri simili: e questo è Ierone siracusano.[63] Costui di privato diventò principe di Siracusa; né ancora[64] lui conobbe[65] altro da la fortuna che la occasione: perché, sendo e' siracusani oppressi, lo elessono per loro capitano; donde meritò di essere fatto loro principe. E fu di tanta virtù, etiam in privata fortuna,[66] che chi ne scrive dice «quod nihil illi deerat ad regnandum praeter regnum».[67] Costui spense[68] la milizia vecchia, ordinò della nuova;[69] lasciò le amicizie antiche, prese delle nuove; e come ebbe amicizie e soldati che fussino sua, possé[70] in su tale fondamento edificare ogni edifizio, tanto che lui durò assai fatica[71] in acquistare e poca in mantenere.

48 **e' profeti:** i riformatori.
49 **varia:** variabile.
50 **è facile a persuadere... persuasione:** è facile convincere i popoli di qualcosa, ma è difficile farli rimanere ancorati (*fermarli*) a quella opinione.
51 **ordinato:** organizzato.
52 **arebbono:** avrebbero.
53 **constituzioni:** ordinamenti politici.
54 **intervenne:** capitò.
55 **Ieronimo Savonerola:** il frate domenicano Girolamo Savonarola (1452-1498) fu, dopo la cacciata dei Medici nel 1494, l'acceso animatore della Repubblica fiorentina, predicando la necessità di una radicale rigenerazione morale e politica. Scomunicato da papa Alessandro VI a causa delle sue critiche alla corruzione della corte romana, fu condannato a morte come eretico e arso sul rogo (➤ p. 345).
56 **come:** non appena.
57 **fermi:** saldi e ancora a lui fedeli.
58 **e' discredenti:** coloro che non avevano fiducia in lui.
59 **fra via:** durante la loro conquista del potere.
60 **essere in venerazione:** essere rispettati e obbediti.
61 **avendo spenti... invidia:** avendo eliminato (*avendo spenti*) coloro che provavano invidia del loro potere.
62 **ma bene... quegli:** e tuttavia (*ma bene*) somiglierà (*arà qualche proporzione*) agli esempi precedenti (non sfigurerà, cioè, al confronto con essi).
63 **Ierone siracusano:** Gerone II (306 ca - 215 a.C.), re di Siracusa nel 265, dopo aver liberato la città dalla minaccia dei Mamertini, soldati mercenari che si erano già impadroniti di Messina.
64 **né ancora:** nemmeno.
65 **conobbe:** ottenne.
66 **etiam... fortuna:** anche (*etiam*, latino) quando era privato cittadino.
67 **quod... regnum:** che nulla gli mancava per regnare se non un regno. La frase è dello storico latino Giustino (II secolo d.C.).
68 **spense:** soppresse.
69 **ordinò della nuova:** reclutò un nuovo esercito.
70 **possé:** poté.
71 **durò assai fatica:** fece molta fatica.

Dentro il TESTO

Imitazione e naturalismo

I contenuti tematici

Il capitolo si apre con una premessa metodologica di grande importanza, perché chiarisce le basi del principio di imitazione adottato da Machiavelli: per avere successo, è necessario seguire l'esempio degli uomini grandi, in modo che, se anche non fosse possibile eguagliarne i risultati, ci si possa almeno avvicinare (*ne renda qualche odore*, r. 8).

Tale pratica è essenziale poiché la natura umana è immutabile attraverso i secoli (rr. 3-4). Tuttavia, non si pensi che l'imitazione riesca sempre in modo perfetto, sia per la difficoltà di eguagliare i grandi uomini del passato sia perché le condizioni specifiche delle varie epoche non possono essere identiche. E qui si innesta la metafora degli *arcieri prudenti* (rr. 8-9), i quali per *pervenire al disegno* (r. 12) devono alzare la mira, consci che il bersaglio deve essere commisurato alle proprie forze.

La virtù, l'occasione e la fortuna

Due sono i prerequisiti fondamentali per conquistare il potere: la *virtù* e la *fortuna*. L'assenza di uno di questi due elementi determina il fallimento dell'azione. Machiavelli aggiunge però che è necessario affidarsi alla virtù per sfruttare adeguatamente le occasioni propizie offerte dalla fortuna. Per avvalorare il concetto, si serve di esempi illustri tratti dalla Bibbia, dalla mitologia e dalla Storia, come Mosè, Ciro, Romolo e Teseo. Con la sola eccezione di Romolo, si tratta di eroi che hanno agito trasformando una momentanea condizione di rovina in una *occasione* privilegiata per fondare uno Stato nuovo. In quest'ottica, si capisce come la *virtù* di cui parla Machiavelli si configuri come quell'insieme di forza, capacità e acume che permette di cogliere con energica prontezza l'*occasione* quando questa si presenta.

La virtù non è separabile dalla forza

L'innovatore che acquista il potere deve essere inoltre consapevole che la sua azione è inizialmente mal vista e osteggiata da quanti traggono un utile nelle vecchie istituzioni, mentre quella dei conservatori gode normalmente di sostenitori più agguerriti. Per questa ragione, un «principe nuovo» deve adottare delle contromisure che gli permettano di contrapporsi efficacemente agli oppositori: l'uso della forza si rivela senz'altro il migliore strumento per vincere avversari e avversità.

Attraverso il suo tipico procedimento, Machiavelli arriva a concludere il ragionamento con una massima perentoria, che non ammette eccezioni: *e' profeti armati vinsono ed e' disarmati ruinorno* (r. 59). Infatti, la Storia, antica e recente, si incarica di confermare l'assunto: i quattro esempi già citati erano tutti profeti armati. Disarmato, e perciò condannato alla sconfitta, è stato invece Savonarola, del quale Machiavelli non critica il progetto ideologico, ma soltanto l'imperizia strategica, che lo ha portato alla rovina. Il suo caso permette di capire che, per mantenere saldo il consenso popolare, sempre incostante e inaffidabile, la virtù deve accompagnarsi alla forza.

Le scelte stilistiche

L'organizzazione logica del discorso

Il passo proposto esemplifica, specialmente nella prima parte, il periodare tipico della prosa machiavelliana: troviamo infatti una serie assai lunga di coordinate e subordinate, che riproducono l'andamento del pensiero, fino alla conclusione logica, resa con un'immagine popolaresca (*almeno ne renda qualche odore*, r. 8).

L'impostazione "dilemmatica"

Significativi sono il ricorso al procedimento "dilemmatico", realizzato con l'uso della disgiunzione (*o virtù o fortuna*, r. 16; *se questi innovatori stanno per loro medesimi o se dependono da altri* [...] *bisogna che preghino, o vero possono forzare*, rr. 54-56) e l'impiego delle massime, che tendono ad assolutizzare con lapidaria incisività la visione machiavelliana dell'uomo (*la incredulità degli uomini, e' quali non credono in verità le cose nuove, se non ne veggono nata una ferma esperienza*, rr. 50-51; *e' profeti armati vinsono ed e' disarmati ruinorno*, r. 59). La medesima esigenza di togliere ogni dubbio a quanto è stato affermato si esprime inoltre attraverso un'altra costante dello stile dell'autore fiorentino, le formule verbali di necessità (*Era adunque necessario*, r. 32; *Conveniva*, r. 34, o *conviene che*, r. 68; *Bisognava che*, r. 35; *E debbasi*, r. 44).

Verso le COMPETENZE

COMPRENDERE

1 La breve premessa iniziale spiega il criterio a cui si ispira l'analisi successiva. Qual è il contenuto di questa introduzione?

2 Quali sono le caratteristiche che accomunano gli uomini dell'antichità citati nel capitolo?

3 In che cosa consistono per Machiavelli i limiti dell'azione di Savonarola?

4 Perché a Gerone bastò poca *fatica* (r. 81) per mantenere quanto aveva costruito?

ANALIZZARE

5 Perché il passo dello storico Giustino (rr. 77-78) è citato direttamente in latino, anziché essere tradotto o rielaborato da Machiavelli?

INTERPRETARE

6 La scelta di menzionare Mosè, Ciro, Romolo e Teseo non è casuale: a quali criteri risponde?

PRODURRE

7 SCRIVERE PER **ARGOMENTARE**
Nel mondo di oggi quanto conta la fortuna e quanto la "virtù", le capacità? Secondo te la visione machiavelliana è ancora attuale? perché? Spiegalo in un testo argomentativo di circa 30 righe, portando degli esempi concreti a sostegno della tua tesi.

8 SCRIVERE PER **ESPORRE**
Machiavelli dice che *e' profeti armati vinsono ed e' disarmati ruinorno* (r. 59), ma nella storia del Novecento ci sono grandi esempi di lotta non violenta (Gandhi, Martin Luther King, Mandela ecc.). Fai una ricerca su uno di questi casi ed elabora un testo di presentazione di circa 30 righe.

• T9 •

I principati nuovi che si acquistano con le armi altrui e con la fortuna

Il Principe, VII

La forza e l'astuzia per il mantenimento del potere

Dagli esempi degli antichi eroi si giunge qui a un modello di principe contemporaneo. In questo capitolo, Machiavelli si sofferma a delineare le caratteristiche di un principe condotto al potere dalla fortuna e dalle milizie altrui: la figura dell'eroe virtuoso capace di plasmare, grazie all'azione, la materia offertagli dalla fortuna è Cesare Borgia, detto il Valentino.

DE PRINCIPATIBUS NOVIS QUI ALIENIS ARMIS ET FORTUNA ACQUIRUNTUR

Coloro e' quali solamente per fortuna diventano di privati[1] principi, con poca fatica diventono, ma con assai si mantengono;[2] e non hanno alcuna difficultà fra via, perché vi volano:[3] ma tutte le difficultà nascono quando e' sono posti.[4] E questi tali sono quando è concesso ad alcuno uno stato o per danari o per grazia di chi lo concede: come intervenne a molti in Grecia nelle città di Ionia e di Ellesponto, dove furno fatti principi da Dario,[5] acciò le tenessino per sua sicurtà e gloria;[6] come erano fatti ancora quelli imperadori che di privati, per corruzione de' soldati, pervenivano allo imperio.[7]

1 **di privati:** da privati cittadini.
2 **ma... si mantengono:** ma fanno molta fatica a mantenere il potere.
3 **non hanno... volano:** non incontrano alcun ostacolo nel raggiungere il potere (*fra via*), perché vi arrivano come volando, senza impacci.
4 **quando e' sono posti:** nel momento in cui si insediano al potere.
5 **Dario:** il re persiano Dario (VI-V sec. a.C.) aveva diviso il suo impero in province, chiamate satrapie, guidate da governatori locali di sua fiducia, con sede nelle città dell'Ellesponto (il braccio di mare detto ora stretto dei Dardanelli) e della Ionia (regione costiera dell'Asia Minore).
6 **acciò le tenessino... gloria:** affinché le governassero per la sicurezza e la gloria di Dario.
7 **quelli imperadori... allo imperio:** Machiavelli si riferisce agli imperatori romani degli ultimi decenni dell'Impero, che giungevano al potere corrompendo pretoriani e soldati.

Questi stanno semplicemente in su[8] la volontà e fortuna di chi lo ha concesso loro, che sono dua cose volubilissime e instabili, e non sanno e non possono tenere quello grado:[9] non sanno, perché s'e' non è uomo di grande ingegno e virtù, non è ragionevole che, sendo[10] vissuto sempre in privata fortuna,[11] sappia comandare; non possono, perché non hanno forze che gli possino essere amiche e fedeli. Di poi[12] gli stati che vengono subito, come tutte l'altre cose della natura che nascono e crescono presto, non possono avere le barbe e correspondenzie loro[13] in modo che il primo tempo avverso non le spenga,[14] – se già quelli tali, come è detto, che sì de repente sono diventati principi non sono di tanta virtù che quello che la fortuna ha messo loro in grembo e' sappino subito prepararsi a conservarlo, e quelli fondamenti, che gli altri hanno fatti avanti che diventino principi, gli faccino poi.[15]

Io voglio all'uno e l'altro di questi modi detti, circa il diventare principe per virtù o per fortuna, addurre dua esempli stati ne' dì della memoria nostra:[16] e questi sono Francesco Sforza[17] e Cesare Borgia.[18] Francesco, per li debiti mezzi[19] e con una grande sua virtù, di privato diventò duca di Milano; e quello che con mille affanni aveva acquistato, con poca fatica mantenne. Da l'altra parte, Cesare Borgia, chiamato dal vulgo duca Valentino, acquistò lo stato con la fortuna del padre e con quella lo perdé, non ostante che per lui[20] si usassi ogni opera e facessinsi tutte quelle cose che per uno prudente e virtuoso uomo si doveva fare per mettere le barbe sua[21] in quelli stati che l'arme e fortuna di altri gli aveva concessi. Perché, come di sopra si disse, chi non fa e' fondamenti[22] prima, gli potrebbe con una grande virtù farli poi, ancora che[23] si faccino con disagio dello architettore e periculo dello edifizio. Se adunque si considerrà tutti e' progressi[24] del duca, si vedrà lui aversi fatti grandi fondamenti alla futura potenza; e' quali non iudico superfluo discorrere[25] perché io non saprei quali precetti mi dare[26] migliori, a uno principe nuovo, che lo esemplo delle azioni sue: e se gli ordini sua non gli profittorno,[27] non fu sua colpa, perché nacque da[28] una estraordinaria ed estrema malignità di fortuna.

Aveva Alessandro VI,[29] nel volere fare grande il duca suo figliuolo, assai difficultà presenti e future. Prima, e' non vedeva via di poterlo fare signore di alcuno stato che non fussi stato di Chiesa:[30] e, volgendosi a tòrre quello della Chiesa, sape-

8 stanno... in su: poggiano il proprio potere soltanto su.
9 non sanno... grado: non sono in grado da soli di mantenere il proprio ruolo.
10 sendo: essendo.
11 in privata fortuna: da cittadino privato.
12 Di poi: inoltre.
13 gli stati... loro: gli Stati che nascono di punto in bianco, al pari degli altri elementi della natura che nascono e crescono all'improvviso, non possono avere radici (*barbe*) e vincoli o ramificazioni (*correspondenzie*) che li reggano.
14 spenga: distrugga.
15 se già... poi: a meno che coloro i quali, come ho detto, sono diventati principi così improvvisamente (*sì de repente*) non abbiano tanto valore da sapersi organizzare (*prepararsi*) per conservare ciò che la fortuna ha loro regalato (*ha messo loro in grembo*) e non provvedano in seguito a quelle basi del potere a cui gli altri hanno provveduto prima di diventare principi.
16 dua esempli... nostra: due esempi tanto recenti da essere impressi nella nostra memoria.
17 Francesco Sforza: famoso soldato di ventura (1401-1466), sposò la figlia del duca di Milano Filippo Maria Visconti e divenne nel 1450 signore della città.
18 Cesare Borgia: per la biografia ➤ p. 410.
19 per li debiti mezzi: con i mezzi necessari.
20 per lui: da parte sua.
21 le barbe sua: le sue radici (ripresa della metafora precedente).
22 e' fondamenti: i provvedimenti per rafforzare il potere.
23 ancora che: sebbene.
24 si considerrà tutti e' progressi: saranno considerate tutte le sue azioni.
25 discorrere: passare in rassegna.
26 mi dare: offrire, dal mio punto di vista. Il *mi* esprime efficacemente il diretto coinvolgimento intellettuale dell'autore nella ricerca di un modello.
27 gli profittorno: non gli giovarono nel realizzare i propri obiettivi.
28 nacque da: ciò fu dovuto a.
29 Alessandro VI: Rodrigo Borgia, papa dal 1492 al 1503.
30 che non... Chiesa: va precisato che lo Stato della Chiesa non era unitario, ma era formato da un insieme di piccole formazioni che riconoscevano il proprio territorio come proprietà ecclesiastica, ma non rinunciavano alla protezione di altre potenze.

va che il duca di Milano e' viniziani non gliene consentirebbono,[31] perché Faenza e Rimino erano di già sotto la protezione de' viniziani. Vedeva oltre a questo l'arme di Italia,[32] e quelle in spezie di chi si fussi potuto servire, essere nelle mani di coloro che dovevano temere la grandezza del papa, – e però[33] non se ne poteva fidare, – sendo tutte nelli Orsini e Colonnesi e loro complici.[34] Era adunque necessario si turbassino quelli ordini[35] e disordinare[36] gli stati di Italia, per potersi insignorire sicuramente di parte di quelli.[37] Il che gli fu facile, perché e' trovò e' viniziani che, mossi da altre cagioni, si erano volti a fare ripassare e' franzesi in Italia:[38] il che non solamente non contradisse,[39] ma lo fe' più facile con la resoluzione del matrimonio antico del re Luigi.[40]

Passò adunque il re in Italia con lo aiuto de' viniziani e consenso di Alessandro: né prima fu in Milano che il papa ebbe da lui gente[41] per la impresa di Romagna,[42] la quale gli fu acconsentita per la reputazione[43] del re. Acquistata adunque il duca la Romagna e sbattuti[44] e' Colonnesi, volendo mantenere quella e procedere più avanti, lo impedivano[45] dua cose: l'una, le arme sua che non gli parevano fedeli; l'altra, la volontà di Francia; cioè che l'arme Orsine, delle quali si era valuto, gli mancassino sotto, e non solamente gl'impedissino lo acquistare ma gli togliessino lo acquistato, e che il re ancora non li facessi il simile.[46] Delli Orsini ne ebbe uno riscontro quando, dopo la espugnazione di Faenza, assaltò Bologna, che gli vidde andare freddi in quello assalto;[47] e circa il re conobbe lo animo suo quando, preso el ducato d'Urbino assaltò la Toscana: da la quale impresa il re lo fece desistere.

Onde che[48] il duca deliberò di non dependere più da le arme e fortuna d'altri; e, la prima cosa, indebolì le parte Orsine e Colonnese in Roma: perché tutti gli aderenti loro, che fussino gentili[49] uomini, se gli guadagnò,[50] faccendoli suoi gentili uomini e dando loro grandi provisioni,[51] e onorògli, secondo le loro qualità, di condotte e di governi:[52] in modo che in pochi mesi negli animi loro l'affezione delle parti si spense e tutta si volse nel duca. Dopo questo, aspettò la occasione di spegnere e' capi Orsini, avendo dispersi quelli di casa Colonna: la quale gli venne bene, e lui la usò meglio.[53] Perché, avvedutosi[54] gli Orsini tardi che la grandezza del

31 e, volgendosi... consentirebbono: e se avesse voluto prendere territori (*tòrre*, latinismo da *tollo*, "prendere") allo Stato della Chiesa, sapeva che il duca di Milano (Ludovico il Moro, 1452-1508) e i veneziani non glielo avrebbero consentito.
32 l'arme di Italia: le truppe mercenarie, le compagnie di ventura disponibili in Italia.
33 però: perciò.
34 Orsini e Colonnesi e loro complici: le famiglie romane degli Orsini e dei Colonna avevano avversato l'elezione papale di Alessandro VI.
35 si turbassino... ordini: che la situazione politica (*ordini*) venisse messa in subbuglio.
36 disordinare: scompaginare.
37 insignorire... quelli: accaparrare una parte di quegli Stati.
38 trovò... in Italia: per impadronirsi di parte della Lombardia, nel 1499 i veneziani si allearono con il re di Francia Luigi XII (1462-1515): i francesi potevano dunque calare in Italia per la seconda volta (*ripassare*), dopo la discesa di Carlo VIII del 1494.
39 il che... contradisse: la quale impresa (il papa) non ostacolò.
40 resoluzione... Luigi: il papa, per ingraziarsi i francesi, aveva sciolto il primo matrimonio di Luigi XII (che in tal modo poté sposare Anna di Bretagna, vedova di Carlo VIII e discendente dei Visconti: da qui la sua pretesa di accampare diritti sul Ducato di Milano).
41 gente: uomini armati (per la precisione, quattromila fanti svizzeri e trecento cavalieri).
42 la impresa di Romagna: è l'impresa militare grazie alla quale Cesare Borgia occupò, tra il 1499 e il 1501, una serie di città della Romagna, di cui divenne duca per nomina del padre, papa Alessandro VI.
43 per la reputazione: grazie al prestigio.
44 sbattuti: sconfitti.
45 impedivano: ostacolavano.
46 cioè... simile: cioè (temeva) che le truppe degli Orsini, delle quali si era servito (*valuto*), lo abbandonassero (*gli mancassino sotto*) e che non solo gli impedissero di portare avanti la conquista, ma anche lo privassero di ciò che aveva già conquistato, e che anche il re francese si comportasse allo stesso modo.
47 Delli Orsini... assalto: degli Orsini (cioè della loro fedeltà) ebbe una riprova (negativa) quando, dopo aver espugnato Faenza, andò all'assalto di Bologna, poiché li vide combattere in quell'assedio senza entusiasmo, con una certa riluttanza (*freddi*).
48 Onde che: perciò.
49 gentili: nobili.
50 se gli guadagnò: li fece passare dalla sua parte.
51 provisioni: paghe, remunerazioni.
52 onorògli... governi: li gratificò in base alle loro capacità, nominandoli governatori o comandanti.
53 la quale... meglio: la quale (occasione) gli capitò a puntino e lui la seppe sfruttare al meglio. Si coglie l'ironia con cui Machiavelli sottolinea l'ingenuità degli Orsini, caduti – come vedremo – nelle trappole dell'astuto Valentino.
54 avvedutosi: accortisi.

duca e della Chiesa era la loro ruina feciono una dieta alla Magione nel Perugino;[55] da quella nacque la ribellione di Urbino, e' tumulti di Romagna e infiniti periculi del duca, e' quali tutti superò con l'aiuto de' franzesi. E ritornatoli la reputazione, né si fidando di Francia né di altre forze esterne, per non le avere a cimentare[56] si volse alli inganni; e seppe tanto dissimulare l'animo suo che li Orsini medesimi, mediante il signore Paulo,[57] si riconciliorno seco,[58] – con il quale il duca non mancò d'ogni ragione di offizio per assicurarlo,[59] dandoli danari veste e cavalli, – tanto che la simplicità[60] loro gli condusse a Sinigaglia nelle sua mani.[61]

Spenti adunque questi capi e ridotti e' partigiani loro sua amici, aveva il duca gittati assai buoni fondamenti alla potenza sua, avendo tutta la Romagna col ducato di Urbino, parendoli massime aversi acquistata amica la Romagna e guadagnatosi quelli populi per avere cominciato a gustare il bene essere loro.[62] E perché questa parte è degna di notizia e da essere da altri imitata, non la voglio lasciare indreto.[63] Presa che ebbe il duca la Romagna e trovandola suta comandata[64] da signori impotenti, – e' quali più presto avevano spogliati e' loro sudditi che corretti, e dato loro materia di disunione, non d'unione,[65] – tanto che quella provincia era tutta piena di latrocini, di brighe e d'ogni altra ragione di insolenzia,[66] iudicò fussi necessario, a volerla ridurre pacifica e ubbidiente al braccio regio,[67] dargli buono governo: e però vi prepose messer Rimirro de Orco,[68] uomo crudele ed espedito,[69] al quale dette plenissima potestà.[70] Costui in poco tempo la ridusse pacifica e unita, con grandissima reputazione. Di poi iudicò il duca non essere necessaria sì eccessiva autorità perché dubitava non[71] divenissi odiosa, e preposevi uno iudizio civile[72] nel mezzo della provincia, con uno presidente eccellentissimo,[73] dove ogni città vi aveva lo avvocato suo. E perché conosceva le rigorosità passate avergli generato qualche odio,[74] per purgare li animi di quelli populi e guadagnarseli in tutto,[75] volse mostrare che, se crudeltà alcuna era seguita,[76] non era causata da lui ma da la acerba natura del ministro.[77] E presa sopra a questo occasione,[78] lo fece, a Cesena,

55 una dieta... Perugino: una riunione (in realtà, una congiura ordita dagli Orsini contro il Valentino) al castello della Magione, presso Perugia.
56 per... cimentare: per non doverle mettere alla prova.
57 il signore Paulo: Paolo Orsini, rappresentante della sua famiglia, che stipulò un patto di riconciliazione con il Valentino nell'ottobre 1502.
58 seco: con lui.
59 non mancò... assicurarlo: non tralasciò alcun gesto cortese per rassicurarlo.
60 la simplicità: l'ingenuità.
61 nelle sua mani: il 31 dicembre 1502, a Senigallia, il Valentino aveva invitato i suoi oppositori, della famiglia degli Orsini, con il pretesto di confermare la riconciliazione. Fu l'occasione per catturarli e strangolarli. Machiavelli ne parla diffusamente nel trattatello *Descrizione del modo tenuto dal Duca Valentino nello ammazzare Vitellozzo Vitelli, Oliverotto da Fermo, il Signor Pagolo e il duca di Gravina Orsini.*
62 Spenti... essere loro: uccisi dunque questi capi e fattisi amici i loro sostenitori, il duca aveva gettato fondamenta molto solide al proprio potere, poiché possedeva tutta la Romagna con il ducato di Urbino, e gli sembrava di aver ottenuto l'amicizia della Romagna e il favore di quelle popolazioni, dal momento che esse avevano cominciato a usufruire di un certo benessere.
63 lasciare indreto: tralasciare.
64 suta comandata: che era stata comandata.
65 e' quali... unione: i quali avevano rapinato i loro sudditi più che (*più presto*) averli governati, e avevano offerto loro occasioni di scontro più che di concordia.
66 d'ogni... insolenzia: di ogni altro pretesto di contrasto e prevaricazione.
67 al braccio regio: al potere del principe.
68 però... Orco: perciò vi mise a capo messer Ramiro de Lorqua (1452-1502), nominato luogotenente in Romagna, nel 1501. Si trattava di un uomo spietato, che il Valentino ucciderà, come vedremo tra poco, mettendo in atto un altro cinico espediente per sembrare agli occhi del popolo un giustiziere dei malvagi.
69 espedito: risoluto e privo di scrupoli.
70 plenissima potestà: poteri civili e militari assoluti.
71 dubitava non: temeva che (costrutto alla latina).
72 uno iudizio civile: una magistratura civile, non più il governo militare di de Lorqua.
73 presidente eccellentissimo: Antonio del Monte (1462-1533), uomo di grande equilibrio, sarà fatto cardinale da Giulio II, nel 1511.
74 perché... odio: poiché intuiva che i rigori eccessivi della precedente gestione di de Lorqua avevano prodotto un forte malcontento.
75 per purgare... tutto: per far sfogare (*purgare*) gli animi (esacerbati) di quelle popolazioni e guadagnarne il favore.
76 era seguita: si era verificata.
77 da la acerba... ministro: dal carattere violento di de Lorqua.
78 presa... occasione: colta al volo l'occasione adatta per fare questo.

una mattina mettere in dua pezzi[79] in su la piazza, con uno pezzo di legne e uno coltello sanguinoso accanto:[80] la ferocità del quale spettaculo fece quegli popoli in uno tempo rimanere satisfatti e stupidi.[81]

Ma torniamo donde noi partimmo. Dico che, trovandosi il duca assai potente e in parte assicurato de' presenti periculi, per essersi armato a suo modo e avere in buona parte spente quelle arme che, vicine, lo potevano offendere, gli restava, volendo procedere collo acquisto,[82] el respetto del[83] re di Francia: perché conosceva come dal re, il quale tardi s'era accorto dello errore suo, non gli sarebbe sopportato.[84] E cominciò per questo a cercare di amicizie nuove e vacillare con Francia,[85] nella venuta che feciono franzesi verso el regno di Napoli contro alli spagnuoli che assediavano Gaeta;[86] e lo animo suo era assicurarsi di loro:[87] il che gli sarebbe presto riuscito, se Alessandro viveva.[88] E questi furno e' governi sua,[89] quanto alle cose presenti.

Ma quanto alle future, lui aveva a dubitare[90] in prima che uno nuovo successore alla Chiesa[91] non gli fussi amico e cercassi torgli[92] quello che Alessandro li aveva dato. Di che pensò assicurarsi[93] in quattro modi: prima, di spegnere tutti e' sangui[94] di quelli signori che lui aveva spogliati, per tòrre al papa quella occasione; secondo, di guadagnarsi tutti e' gentili uomini di Roma, come è detto, per potere con quelli tenere il papa in freno; terzo, ridurre il Collegio più suo che poteva;[95] quarto, acquistare tanto imperio,[96] avanti che il papa morissi, che potessi per sé medesimo resistere a uno primo impeto. Di queste quattro cose, alla morte di Alessandro ne aveva condotte tre, la quarta aveva quasi per condotta: perché de' signori spogliati ne ammazzò quanti ne possé aggiugnere[97] e pochissimi si salvorno, e' gentili uomini romani si aveva guadagnati, e nel Collegio aveva grandissima parte; e quanto al nuovo acquisto, aveva disegnato diventare signore di Toscana e possedeva di già Perugia e Piombino, e di Pisa aveva presa la protezione. E come e' non avessi avuto ad avere rispetto a Francia, – che non gliene aveva ad avere più, per essere di già e' franzesi spogliati del Regno da li spagnuoli: di qualità che ciascuno di loro era necessitato comperare l'amicizia sua, – e' saltava in Pisa.[98] Dopo questo, Lucca e Siena cedeva[99] subito, parte per invidia[100] de' fiorentini, parte per paura; e' fiorentini non avevano rimedio.[101] Il che se gli fussi riuscito, – che gli riusciva[102] l'anno medesimo che Alessandro morì, – si acquistava tante forze e tanta

79 **mettere in dua pezzi:** squartare.
80 **con uno... accanto:** il pezzo di legno (forse un'allusione al ceppo delle esecuzioni capitali) e il coltello insanguinato sono simboli di una scenografia raccapricciante che il Valentino predispone per accrescere l'impressione del popolo.
81 **satisfatti e stupidi:** la reazione del popolo è un insieme di soddisfazione per la vendetta e di sgomento (*stupidi*: stupefatti) per la violenza con cui il Valentino la eseguì.
82 **acquisto:** espansione.
83 **el respetto del:** il riguardo per il.
84 **conosceva... sopportato:** sapeva che il re, essendosi accorto tardi del suo errore (aver, cioè, lasciato crescere troppo la potenza del Valentino e del papa), non avrebbe tollerato altre conquiste.
85 **vacillare con Francia:** mettere in dubbio l'alleanza con la Francia.
86 **nella venuta... Gaeta:** nel 1503 i francesi erano impegnati contro gli spagnoli per il possesso del Regno di Napoli. Le difficoltà militari dei primi indussero il Valentino e il papa a stringere accordi diplomatici con i secondi.
87 **assicurarsi di loro:** ingraziarseli (gli spagnoli).
88 **se Alessandro viveva:** se papa Alessandro avesse continuato a vivere. Invece, il papa morì, improvvisamente, il 18 agosto 1503, dopo avere iniziato le trattative con gli spagnoli: da questo momento, l'astro del figlio Cesare cominciò progressivamente a eclissarsi.
89 **e' governi sua:** le sue azioni.
90 **aveva a dubitare:** doveva temere.
91 **uno... Chiesa:** un nuovo pontefice.
92 **cercassi torgli:** cercasse di togliergli.
93 **Di che pensò assicurarsi:** da tale eventualità pensò di mettersi al riparo.
94 **e' sangui:** i discendenti.
95 **ridurre... poteva:** controllare il più possibile il collegio dei cardinali, che dovevano eleggere il nuovo papa.
96 **imperio:** potenza.
97 **aggiugnere:** raggiungere.
98 **E come... in Pisa:** non appena avesse potuto sottrarsi al riguardo dovuto alla Francia – ma, del resto, già non ne doveva più, poiché i francesi erano stati privati del Regno di Napoli dagli spagnoli, in modo che (*di qualità che*) entrambi (i francesi e gli spagnoli) avevano interesse a stringere alleanza con lui –, egli avrebbe occupato Pisa.
99 **cedeva:** avrebbero ceduto.
100 **invidia:** odio.
101 **e' fiorentini... rimedio:** i fiorentini non avrebbero avuto scampo.
102 **gli riusciva:** gli sarebbe riuscito.

reputazione che per sé stesso[103] si sarebbe retto e non sarebbe più dependuto[104] da la fortuna e forze di altri, ma da la potenza e virtù sua.

Ma Alessandro morì dopo cinque anni che egli aveva cominciato a trarre fuora la spada:[105] lasciollo con lo stato di Romagna solamente assolidato,[106] con tutti li altri in aria,[107] in fra dua potentissimi eserciti inimici[108] e malato a morte.[109] Ed era nel duca tanta ferocità[110] e tanta virtù, e sì bene conosceva come li uomini si hanno a guadagnare o perdere, e tanto erano validi e' fondamenti che in sì poco tempo si aveva fatti, che s'e' non avessi avuto quelli eserciti addosso, o lui fussi stato sano, arebbe retto a ogni difficultà.

E che e' fondamenti sua fussino buoni, si vidde: che la Romagna lo aspettò più d'uno mese;[111] in Roma, ancora che mezzo vivo,[112] stette sicuro, e, benché Baglioni, Vitelli e Orsini[113] venissino in Roma, non ebbono séguito[114] contro di lui; possé fare, se non chi e' volle, papa, almeno ch'e' non fussi chi e' non voleva.[115] Ma se nella morte di Alessandro fussi stato sano, ogni cosa gli era facile: e lui mi disse, ne' dì che fu creato Iulio II,[116] che aveva pensato a ciò che potessi nascere morendo el padre, e a tutto aveva trovato remedio, eccetto ch'e' non pensò mai, in su la sua morte,[117] di stare ancora lui[118] per morire.

Raccolte[119] io adunque tutte le azioni del duca, non saprei riprenderlo:[120] anzi mi pare, come io ho fatto, di preporlo imitabile[121] a tutti coloro che per fortuna e con le arme di altri sono ascesi allo imperio; perché lui, avendo l'animo grande e la sua intenzione alta,[122] non si poteva governare[123] altrimenti, e solo si oppose alli sua disegni la brevità della vita di Alessandro e la sua malattia. Chi adunque iudica necessario nel suo principato nuovo assicurarsi delli[124] inimici, guadagnarsi delli amici; vincere o per forza o per fraude; farsi amare e temere da' populi, seguire e reverire da' soldati; spegnere quelli che ti possono o debbono offendere; innovare con nuovi modi gli ordini antiqui; essere severo e grato, magnanimo e liberale; spegnere la milizia infedele, creare della nuova; mantenere l'amicizie de' re e de' principi in modo ch'e' ti abbino a benificare con grazia o offendere con respetto;[125] non può trovare e' più freschi esempli che le azioni di costui.[126]

Solamente si può accusarlo nella creazione di Iulio pontefice, nella quale il duca ebbe mala elezione.[127] Perché, come è detto, non potendo fare uno papa a

103 per sé stesso: con le sue sole forze.
104 dependuto: dipeso.
105 a trarre fuora la spada: a prendere le armi per cominciare le sue conquiste.
106 assolidato: consolidato.
107 in aria: malsicuri.
108 in fra... inimici: tra i due eserciti (quello spagnolo e quello francese), ancora presenti in Italia.
109 malato a morte: l'improvvisa malattia del Valentino, successiva di poco a quella, ugualmente repentina e mortale, del padre, destò sospetti: non mancò chi parlò di avvelenamento.
110 ferocità: energia.
111 la Romagna... mese: i romagnoli lo attesero, rifiutandosi di sottomettersi al nuovo papa Giulio II.
112 ancora che mezzo vivo: benché infermo (noi diremmo "mezzo morto").
113 Baglioni... Orsini: sono le famiglie più ostili al Valentino.
114 non ebbono séguito: non trovarono sostenitori.
115 possé fare... non voleva: poté ottenere, se non che fosse eletto papa chi voleva, almeno che non fosse eletto chi non voleva. Il riferimento è a Francesco Todeschini Piccolomini, papa Pio III, eletto nel settembre del 1503, ma in carica solo per ventisei giorni.
116 ne' dì... Iulio II: nei giorni in cui fu eletto papa Giulio II. Si tratta dei giorni del novembre 1503 (Machiavelli si trovava a Roma proprio per seguire lo sviluppo del conclave), quando divenne pontefice Giuliano della Rovere (1443-1513). Nonostante fosse un nemico giurato dei Borgia, della Rovere aveva promesso al Valentino di reintegrarlo nel dominio della Romagna se avesse sostenuto la sua candidatura presso gli undici cardinali spagnoli del conclave. Le cose andarono proprio così, ma, asceso al soglio pontificio, Giulio II non mantenne la promessa.
117 in su la sua morte: al momento della morte del padre.
118 ancora lui: anche lui.
119 Raccolte: esaminate.
120 riprenderlo: biasimarlo.
121 preporlo imitabile: offrirlo come modello da imitare.
122 intenzione alta: obiettivi ambiziosi.
123 governare: comportare.
124 assicurarsi delli: mettersi al sicuro dai.
125 respetto: timore.
126 non... costui: non può trovare esempi più recenti che le azioni di questi (cioè del Valentino).
127 ebbe mala elezione: fece una cattiva scelta.

suo modo, poteva tenere[128] che uno non fussi papa; e non doveva mai consentire[129] al papato di quelli cardinali che lui avessi offesi o che, divenuti papa, avessino ad aver paura di lui: perché gli uomini offendono o per paura o per odio. Quelli che lui aveva offeso erano, in fra li altri, San Piero ad Vincula, Colonna, San Giorgio, Ascanio; tutti li altri avevano, divenuti papi, a temerlo, eccetto Roano e gli spagnuoli: questi per coniunzione e obligo, quello per potenza, avendo coniunto seco el regno di Francia.[130] Pertanto el duca innanzi a ogni cosa doveva creare papa uno spagnuolo: e, non potendo, doveva consentire a Roano, non a San Piero ad Vincula. E chi crede che ne' personaggi grandi e' benifizi nuovi faccino sdimenticare le iniurie[131] vecchie, s'inganna. Errò adunque el duca in questa elezione, e fu cagione dell'ultima[132] ruina sua.

128 tenere: ottenere.
129 consentire: fare in modo che si candidassero.
130 Quelli... Francia: quelli che egli aveva offeso (e pertanto erano più temibili) erano, tra gli altri, Giuliano della Rovere (il futuro Giulio II, qui indicato come *San Piero ad Vincula* perché cardinale titolare della chiesa romana di San Pietro in Vincoli), Giovanni Colonna, Raffaele Riario (indicato come *San Giorgio*), Ascanio Sforza; tutti gli altri, una volta eletti, dovevano temerlo, a eccezione del cardinale di Rouen (*Roano*) Giorgio d'Amboise e dei cardinali spagnoli: gli spagnoli (*questi*) per comune origine (i Borgia erano spagnoli) e per sdebitarsi (dei favori ricevuti da papa Alessandro VI); il francese (*quello*) perché era egli stesso potente grazie agli appoggi del re di Francia.
131 iniurie: offese.
132 ultima: definitiva.

Bernardino di Betto Betti, detto Pinturicchio, *Papa Alessandro VI in preghiera*, particolare dell'affresco *Resurrezione*, 1492-1494. Roma, Palazzi Vaticani, appartamento Borgia.

RISCRITTURA in ITALIANO MODERNO

di **Luigi Firpo**

7. I principati nuovi che si acquistano con le armi di altri e con la fortuna

1. Coloro che solamente con l'aiuto della fortuna da privati cittadini diventano principi, con poca fatica diventano principi, ma con grande fatica mantengono il potere. Essi non incontrano alcuna difficoltà lungo il percorso, perché lo fanno come se volassero. Ma tutte le difficoltà sorgono quando sono giunti al potere. Casi di questo tipo si presentano, quando un principe ottiene uno stato o per danari o per la grazia di chi lo concede. Ciò avvenne a molti in Grecia, nelle città della Ionia e dell'Ellesponto. Essi furono fatti principi da Dario, affinché mantenessero quelle città per la sua sicurezza e per la sua gloria. Ciò avvenne ancora a quegli imperatori romani che, da cittadini privati, pervenivano al potere mediante la corruzione dei soldati. Essi restano semplicemente in balia della volontà e della fortuna di chi ha loro concesso il potere, due cose molto volubili ed instabili. E non sanno e non possano mantenere quel grado. *Non sanno*, perché, se non è uomo di grande ingegno e virtù, non è ragionevole che, essendo sempre vissuto come cittadino privato, sappia comandare. *Non possono*, perché non hanno forze che possano essere loro amiche e fedeli. E poi gli stati che sono sorti in pochissimo tempo, come tutte le altre cose della natura che nascono e crescono in poco tempo, non possono far penetrare in profondità le loro radici e le loro ramificazioni. In tal modo il primo tempo avverso li spegne, se, come si è detto, costoro, che così rapidamente sono diventati principi, non sono di tanta virtù che sappiano subito prepararsi a conservare quello che la fortuna ha messo loro in grembo, e gli costruiscano poi quelle fondamenta che gli altri principi hanno fatto prima di diventare principi.

2. All'uno ed all'altro di questi modi di diventare principe per virtù o per fortuna io voglio addurre due esempi che sono avvenuti a nostra memoria. Essi sono Francesco Sforza e Cesare Borgia. Francesco Sforza con i debiti mezzi e con una grande virtù, da privato diventò duca di Milano. E quello che con mille affanni aveva acquistato, con poca fatica mantenne. Cesare Borgia, chiamato dal volgo duca Valentino, acquistò invece lo stato con la fortuna del padre, e con quella lo perdette. Non servì a nulla che usasse ogni opera e facesse tutte quelle cose che un uomo prudente e virtuoso doveva fare, per mettere le radici in quegli stati che le armi e la fortuna di altri gli avevano concesso. Come più sopra si disse, chi non fa le fondamenta prima, potrebbe con una grande virtù farle poi, per quanto si facciano con disagio dell'architetto e pericolo dell'edificio. Se dunque si considerano tutti i modi di agire del duca, si vedrà che egli ha fatto grandi fondamenta alla sua futura potenza. Di esse non giudico superfluo discutere, perché io non saprei quali precetti migliori dare a un principe nuovo, che l'esempio delle sue azioni. E, se i suoi ordinamenti politici non gli recarono profitto, non fu colpa sua, perché ciò dipese da una straordinaria ed estrema malignità della fortuna.

3. Nel voler fare grande il duca suo figlio, Alessandro VI aveva numerose difficoltà presenti e future. Per prima cosa non vedeva via di poterlo fare signore di alcuno stato che non fosse lo stato di Chiesa. E, se si volgeva a togliere quello della Chiesa, sapeva che il duca di Milano e i veneziani non glielo avrebbero acconsentito, perché Faenza e Rimini erano già sotto la protezione dei veneziani. Per seconda cosa vedeva che gli eserciti dell'Italia (in particolare quello di colui di cui si poteva servire) erano nelle mani di coloro che dovevano temere la grandezza del papa. Perciò non se ne poteva fidare, poiché erano tutti capeggiati dagli Orsini e dai Colonna, e dai loro complici. Era adunque necessario che si sconvolgessero quegli ordinamenti politici e che si disarticolassero gli stati di costoro, per far sì che egli si potesse insediare con sicurezza su parte di quegli stati. Ciò gli fu facile; perché trovò che i veneziani, mossi da altre cause, avevano deciso di far ritornare i francesi in Italia. Ciò non solamente non ostacolò i suoi piani, ma li rese anche più facili con lo scioglimento del precedente matrimonio del re Luigi XII. Il re passò dunque in Italia con l'aiuto dei veneziani e con il consenso di Alessandro VI. Non era giunto a Milano, che il papa ebbe da lui un contingente di soldati per l'impresa di Romagna. Essa gli fu resa possibile per la reputazione del re. Così egli acquistò la Romagna e batté i Colonna. Per mantenerla e per procedere con i suoi piani, il duca era impedito da due cose: l'una, le sue armi che non gli sembravano fedeli; l'altra, la volontà della Francia. Egli temeva che le armi degli Orsini, delle quali si era finora valso, lo abbandonassero, e non solamente gli impedissero di acquistare altri territori, ma gli togliessero anche quelli che aveva acquistato. Temeva che anche il re si comportasse allo stesso modo. Della scarsa affidabilità degli Orsini ebbe un riscontro di lì a poco, quando dopo l'espugnazione di Faenza, assalì Bologna. Li vide andare freddi in quell'assalto. Circa il re, conobbe il suo animo quando, conquistato il ducato di Urbino, assalì la Toscana. Da questa impresa il re lo fece desistere. Perciò il duca decise di non dipendere più dalle armi e dalla fortuna di altri. Per prima cosa indebolì i partigiani degli Orsini e dei Colonna in Roma: guadagnò tutti i loro aderenti che fossero gentiluomini, facendoli suoi gentiluomini e dando loro grandi stipendi. Secondo le loro qualità li onorò di comandi militari e di governi. In tal modo in pochi mesi negli animi loro l'attaccamento alle fazioni si spense e si volse tutto verso il duca. Dopo questa, aspettò l'occasione di spegnere gli Orsini, avendo dispersi quelli di casa Colonna. L'occasione gli giunse bene ed egli la usò meglio. Gli Orsini si erano accorti troppo tardi che la grandezza del duca e della Chiesa erano la loro rovina. Perciò fecero una riunione alla Magione, nel territorio di Perugia. Da quella riunione nacquero la ribellione di Urbino, i tumulti di Romagna e infiniti altri pericoli. Il duca li superò tutti con l'aiuto dei francesi. Una volta riacquistata la reputazione, non fidandosi della Francia né delle altre forze esterne, per non doversi scontrare con esse, ricorse agli inganni. Seppe tanto dissimulare il suo animo, che gli Orsini, attraverso il signor Paolo Orsini, si riconciliarono con lui. Con lui il duca ricorse ad ogni genere di cortesie per rassicurarlo. Gli diede danari, vesti e cavalli; tanto che la loro semplicità li condusse a Sinigallia nelle sue mani. Spegnendo questi capi e riducendo i loro partigiani ad amici suoi, il duca aveva gettato fondamenta molto buone alla sua potenza: aveva il possesso della Romagna con il ducato di Urbino. In particolare gli sembrava di aver acquistato l'amicizia della Romagna e di essersi guadagnato tutti quei popoli, che avevano incominciato a gustare il loro bene essere.

4. Questa parte è degna di nota e merita di essere imitata da altri, perciò non la voglio tralasciare. Il duca conquistò la Romagna e trovò che era stata comandata da signori impotenti, che avevano spogliato i loro sudditi più che riportati all'ordine. E avevano dato loro motivi di disunione, non di unione, tanto che quella provincia era tutta piena di latrocini, di brighe e di ogni altro genere di insolenza. Per ridurla pacifica e obbediente al potere sovrano, egli giudicò che fosse necessario darle un buon governo. Perciò vi prepose messer Remirro de Orco, un uomo crudele e di modi sbrigativi, al quale dette i pieni poteri. Costui in poco tempo la ridusse pacifica ed unita, ottenendo una grandissima reputazione. Il duca giudicò poi che non era necessario un'autorità così eccessiva, perché temeva che divenisse odiosa. E prepose un tribunale civile al centro della provincia con un presidente davvero eccellente. In esso ogni città aveva il suo avvocato. E, poiché capiva che le repressioni precedenti gli avevano procurato qualche odio, per liberare da ogni ostilità gli animi di quei popoli e guadagnarseli del tutto, volle mostrare che, se era avvenuta qualche crudeltà, non era stata colpa sua, ma del cattivo carattere del ministro. Cogliendo l'occasione opportuna, una mattina lo fece mettere tagliato in due pezzi

sulla piazza di Cesena, con uno pezzo di legno e un coltello insanguinato accanto. La ferocia di quello spettacolo fece sì che quei popoli rimanessero ad un tempo soddisfatti e stupiti.

5. Ma ritorniamo al punto di partenza. Dico che il duca si trovava assai potente ed in parte si era assicurato dei presenti pericoli, poiché si era armato a suo modo e aveva in buona parte spente quelle armi che, vicine, lo potevano offendere. Ora, se voleva procedere con l'acquisto di altri territori, gli restava il rispetto del re di Francia. Egli capiva che il re, il quale si era accorto troppo tardi del suo errore, non glielo avrebbe permesso. Per questo motivo incominciò a cercare nuove amicizie e a prendere le distanze con Francia, quando i francesi fecero una spedizione verso il regno di Napoli contro agli spagnoli che assediavano Gaeta. La sua intenzione era quella di assicurarsi la loro neutralità. Ciò gli sarebbe facilmente riuscito, se Alessandro VI fosse rimasto in vita.

6. Questi furono i suoi comportamenti quanto alle cose presenti. Ma, quanto alle future, egli temeva in primo luogo che il nuovo successore alla Chiesa non gli fosse amico e che cercasse di togliergli quello che Alessandro VI gli aveva dato. Pensò di eliminare ogni incertezza in quattro modi: primo, spegnere tutti i discendenti di quelli signori che egli aveva spogliato, per togliere al papa quell'occasione; secondo, guadagnarsi tutti i gentiluomini di Roma, per potere tenere con quelli il papa in freno; terzo, ridurre il Collegio dei cardinali più suo che poteva; quarto, acquistare tanto potere, prima che il papa morisse, da poter resistere da solo a un primo scontro. Alla morte di Alessandro VI aveva condotto a termine tre di queste quattro imprese. Aveva quasi portato a termine anche la quarta. Dei signori spogliati dei loro beni ne ammazzò quanti ne potè raggiungere, e pochissimi si salvarono. Si era guadagnato i gentiluomini romani. E nel Collegio cardinalizio aveva grandissimo séguito. Quanto al nuovo acquisto, aveva disegnato di diventare signore della Toscana. Possedeva già Perugia e Piombino, e aveva preso la protezione di Pisa. E, come se non dovesse avere rispetto per la Francia (non gliene doveva più, perché i francesi erano già stati spogliati del Regno di Napoli dagli spagnoli, così che ciascuno di loro era costretto a comperare la sua amicizia), assaliva con successo la città di Pisa. Dopo questo, Lucca e Siena cedevano subito, in parte per invidia dei fiorentini, in parte per paura. I fiorentini non avevano alcun rimedio da opporre. Se ciò gli fosse riuscito (gli riusciva l'anno stesso in cui Alessandro VI moriva), acquistava tante forze e tanta reputazione, che si sarebbe sorretto da solo, e non sarebbe più dipeso dalla fortuna né dalle forze di altri, ma dalla sua potenza e dalla sua virtù. Ma Alessandro VI morì dopo cinque anni che egli aveva incominciato ad impugnare la spada. Lo lasciò con lo stato di Romagna solamente consolidato, con tutti gli altri in aria, tra due potentissimi eserciti nemici, e soprattutto malato a morte. Il duca era di grande ferocia e di grande virtù; conosceva bene come gli uomini si guadagnano e si perdono; ed al suo stato aveva anche saputo costruire valide fondamenta in poco tempo. Per questo motivo, se non avesse avuto quegli eserciti addosso o se egli fosse stato sano, avrebbe saputo far fronte ad ogni difficoltà. E che le sue fondamenta fossero buone, si vide con sicurezza: la Romagna l'aspettò per più d'un mese; a Roma, per quanto mezzo morto, stette sicuro; e, benché Ballioni, Vitelli ed Orsini venissero in Roma, non tentarono nulla contro di lui. Egli potè fare papa, se non chi egli voleva, almeno che non fosse chi non voleva. Ma, se alla morte di Alessandro VI fosse stato sano, ogni cosa gli era facile. Egli mi disse, nei giorni in cui fu nominato Giulio II, che aveva pensato a ciò che poteva succedere, alla morte di suo padre, e a tutto aveva trovato rimedio, eccetto che non pensò mai, alla sua morte, di stare ancora lui per morire.

7. Riflettendo su tutte le azioni del duca qui riportate, non saprei rimproverarlo. Mi pare anzi, come ho già fatto, di poterlo indicare come modello da imitare per tutti coloro che grazie alla fortuna e con le armi di altri sono saliti al potere. Egli aveva un grande animo e una nobile intenzione, perciò non si poteva comportare in altro modo. Ai suoi disegni si oppose soltanto la brevità della vita di Alessandro VI e la sua malattia. Chi dunque giudica necessario nel suo principato nuovo assicurarsi dei nemici, guadagnarsi degli amici, vincere o per forza o per frode, farsi amare e temere dai popoli, farsi seguire e farsi temere dai soldati, spegnere quelli che ti possono o ti devono offendere, innovare con nuove istituzioni gli ordinamenti politici antichi, essere severo e grato, magnanimo e liberale, spegnere la milizia infedele, crearne una nuova, mantenere le amicizie di re e di principi in modo che ti abbino o a beneficare con grazia o a offendere con rispetto, non può trovare esempi più freschi che le azioni di costui. Si può solamente muovergli qualche rimprovero per la nomina del pontefice Giulio II, nella quale egli fece una cattiva scelta. Come si è detto, se non poteva fare un papa a suo modo, poteva almeno ottenere che uno non fosse papa. Non doveva neanche permettere che divenisse papa uno di quei cardinali che egli aveva offeso o, se lo diveniva, doveva fare in modo che avesse paura di lui. Gli uomini offendono o per paura o per odio. Quelli che egli aveva offeso erano, fra gli altri, San Pietro in Vincoli, Giovanni Colonna, San Giorgio, Ascanio Sforza. Tutti gli altri cardinali, che fossero divenuti papa, dovevano temerlo, eccetto Roano e gli spagnoli. Questi per il legame di parentela e per obbligo; quello per la potenza, poiché aveva alle spalle il re di Francia. Pertanto il duca, prima di ogni altra cosa, doveva creare papa uno spagnolo. Non potendo, doveva acconsentire che fosse Roano e non San Pietro in Vincoli. E chi crede che nei grandi personaggi i benefici nuovi facciano dimenticare le ingiurie vecchie, si inganna. Il duca quindi commise un errore in questa elezione. E questo errore fu causa della sua rovina definitiva.

Dentro il TESTO

I contenuti tematici

Le difficoltà incontrate da un *principe nuovo*

A differenza della condizione analizzata nel capitolo VI, nel VII Machiavelli prende in esame una situazione più difficile, quella di chi voglia mantenere il potere dovendo dipendere dall'*arme e fortuna di altri*. Questa è un'impresa ardua, in quanto al principe che ha beneficiato della fortuna spetta il compito poi di emanciparsi da essa. Infatti, uno Stato costituito solo grazie al concorso di circostanze esterne propizie è paragonato a un albero cresciuto in fretta, senza *barbe e correspondenzie* (r. 16), cioè senza radici e ramificazioni: questa metafora botanica rivela ancora una volta la concezione naturalistica di Machiavelli e rende l'idea della vulnerabilità dello Stato, se a esso non vengono fornite al più presto le fondamenta (*fondamenti*, r. 20), che la fortuna non è in grado di erigere.

Un eroe tragico

Fatte queste premesse generali su *Coloro e' quali solamente per fortuna diventano di privati principi* (r. 2), Machiavelli dedica tutto il capitolo a una figura esemplare: il duca Valentino, Cesare Borgia, figlio naturale di papa Alessandro VI. La ricostruzione della vicenda del Valentino offre un documento eccezionale della realtà delle lotte per il potere in un Cinquecento brutale e sanguinario, ben lontano dall'immagine idealizzante divulgata dall'arte rinascimentale. Il personaggio, così come lo delinea Machiavelli, assume le fattezze di un eroe tragico e grandioso, in lotta con gli ingranaggi di un potere losco e subdolo, costretto a soccombere, pure a dispetto delle sue grandi virtù.

Le varie fasi della parabola politica del Valentino

Per descrivere l'azione politica del principe seguiremo l'andamento cronologico utilizzato dall'autore isolando tre fasi essenziali: la conquista dello Stato; il rafforzamento del potere; i progetti futuri e la sconfitta.

Il racconto delle vicende del Valentino inizia con le *difficultà presenti e future* di papa Alessandro VI *nel volere fare grande il duca suo figlioulo* (rr. 38-39) e dargli un principato. La discesa in Italia di Luigi XII permette al pontefice di superare i due ostacoli maggiori: l'opposizione veneziana e milanese e l'insidia rappresentata dalle fazioni legate alle potenti famiglie romane degli Orsini e dei Colonna.

Ottenuto il principato, Cesare Borgia mostra risolutezza nel non dipendere più dall'*arme e fortuna di altri* (r. 29). Machiavelli indica le sue iniziative più lungimiranti (e, in alcune occasioni, efferate, ma ciò non induce l'autore a stigmatizzarle): uccidere gli Orsini, accaparrarsi il favore dei romagnoli, preparare un'alleanza con gli spagnoli.

Il Valentino è consapevole che la stabilità del suo Stato deriva dal favore del papa, e inizia a operare in modo che il pontefice destinato a succedere al padre non gli sia ostile. A questo fine, uccide gli eredi e i parenti di quelli che aveva spogliato di beni e potere, e si guadagna il favore dei nobili romani e del Collegio cardinalizio.

La sconfitta del Valentino: la *malignità di fortuna*, ma anche una colpa determinante

Eppure, nonostante la sua abilità, il tentativo del Valentino fallisce. L'avversativa usata da Machiavelli (*Ma Alessandro morì*, r. 130) evidenzia l'ingerenza negativa della fortuna, che si concretizza nella morte del padre e nella malattia del principe. Il capitolo dunque sembrerebbe avviarsi a un epilogo sconsolante: la fortuna è onnipotente, se è vero che anche un uomo "virtuoso" come il Valentino non ha potuto resisterle.

Tuttavia, in conclusione Machiavelli introduce una diversa valutazione e attribuisce al Valentino un errore di calcolo imperdonabile e fatale. *Solamente si può accusarlo* (r. 157) di non avere evitato che alla morte di papa Pio III ascendesse al soglio pontificio un irriducibile nemico dei Borgia, Giuliano della Rovere: la *ruina* (r. 169) di Cesare Borgia è dipesa proprio da questa *mala elezione* (r. 158).

Verso le COMPETENZE

COMPRENDERE

1 Riassumi in 20 righe il contenuto del capitolo.

2 L'insuccesso finale del Valentino viene spiegato da Machiavelli fornendo, in passi diversi, due interpretazioni contraddittorie tra loro. Quali?

ANALIZZARE

3 Quali eventi, tra quelli narrati, hanno avuto Machiavelli come testimone diretto?

INTERPRETARE

4 Oltre a quello di Cesare Borgia, l'autore analizza anche l'operato di Francesco Sforza. Perché?

5 Sintetizza le ragioni dell'ammirazione di Machiavelli per il Valentino esposte nel capitolo.

PRODURRE

6 SCRIVERE PER **ESPRIMERE**
Immagina di essere l'avvocato difensore del Valentino e il pubblico ministero che lo accusa. Metti per iscritto le due arringhe.

DIBATTITO IN CLASSE

7 Secondo Machiavelli, il potere politico conquistato con l'appoggio di altri è più instabile rispetto a quello conquistato facendo affidamento unicamente sui propri mezzi. Sei d'accordo con lui? Ti vengono in mente esempi, storici o recenti, che suffraghino l'una o l'altra tesi? Discutine con i compagni.

PER APPROFONDIRE

La spietatezza al potere: Cesare Borgia

La vita pubblica di Cesare Borgia, nato a Roma nel 1475, iniziò nel 1492, quando il padre Rodrigo venne eletto papa con il nome di Alessandro VI. Già vescovo di Pamplona, cardinale dal 1493, Cesare aveva però tra sé e il successo la presenza del fratello minore, Giovanni, figlio prediletto del papa. La sua scomparsa misteriosa e prematura rappresentò il via libera ai suoi sogni di gloria. Che cosa era successo? Di certo sappiamo solo che il corpo di Giovanni fu ripescato nelle acque del Tevere, nel giugno 1497. Chi lo aveva ucciso? Si fece subito una ridda di ipotesi: gli Orsini, gli Sforza, addirittura la vendetta di un marito tradito. In ultimo, i sospetti caddero su Cesare, ma non furono mai confermati. Sicuro è invece che, dopo la scomparsa del rivale, egli non incontrò più ostacoli: deposta la dignità cardinalizia (1498), ottenne dal re di Francia la contea del Valentinois, che, mutata in ducato, gli diede il nome di duca Valentino.

Sposò poi la sorella del re di Navarra (1499) e, con milizie fornitegli dal re di Francia e assoldate con i denari del papa, si creò uno Stato. S'impadronì infatti di Imola e Forlì (1499-1500) per poi riprendere la conquista della Romagna. Aiutò la Francia nella guerra per la spartizione del Regno di Napoli; come duca di Romagna, si impossessò del ducato di Urbino e di Camerino. Le pagine di Machiavelli ci informano su tutte le sue azioni successive. Messo in pericolo il suo Stato dalle ribellioni di Urbino e Camerino, Cesare seppe patteggiare e creare divisioni tra i congiurati, sbarazzandosi, con il tradimento a Senigallia, di alcuni di essi. Meditava progetti di espansione quando la morte del padre (1503) stroncò i suoi disegni. Dopo il breve pontificato di Pio III, Giulio II (appartenente alla famiglia della Rovere, acerrima rivale dei Borgia) tolse al Valentino il governo della Romagna e lo imprigionò. Fuggito, morì nel 1507 durante l'assedio di Viana, in Spagna.

Altobello Melone, *Ritratto di gentiluomo (Cesare Borgia)*, 1513 ca. Bergamo, Accademia Carrara.

• T 10 •

Di quelle cose per le quali gli uomini e in particolar modo i principi sono lodati o vituperati

Il Principe, XV

L'autonomia della politica

Con questo capitolo inizia la discussione delle qualità personali del «principe nuovo». L'argomento è scottante, anche perché il taglio dato alla questione da Machiavelli è del tutto originale. Con coraggio l'autore sa di ingaggiare da questo punto in poi una lotta contro il senso comune. Messe al bando le utopistiche o moralistiche concezioni della politica che avevano dettato legge fino a quel momento, Machiavelli intende richiamarsi esclusivamente alla *verità effettuale della cosa*.

DE HIS REBUS QUIBUS HOMINES ET PRAESERTIM PRINCIPES LAUDANTUR AUT VITUPERANTUR

Resta ora a vedere quali debbino essere e' modi e governi[1] di uno principe o co' sudditi o con li amici. E perché io so che molti di questo hanno scritto, dubito, scrivendone ancora io, non essere tenuto prosuntuoso, partendomi massime,[2] nel disputare questa materia, da li ordini[3] delli altri. Ma sendo l'intenzione mia stata scrivere cosa che sia utile a chi la intende, mi è parso più conveniente[4] andare dreto alla verità effettuale della cosa che alla immaginazione di essa.[5] E molti si sono immaginati republiche e principati che non si sono mai visti né conosciuti in vero essere.[6] Perché gli è tanto discosto da come si vive a come si doverrebbe vivere, che colui che lascia quello che si fa, per quello che si doverrebbe fare, impara più presto la ruina che la perservazione sua:[7] perché uno uomo che voglia fare in tutte le parte[8] professione di buono, conviene che ruini in fra tanti che non sono buoni. Onde è necessario, volendosi uno principe mantenere, imparare a potere essere non buono e usarlo e non usarlo secondo la necessità.[9]

Lasciando adunque addreto le cose circa uno principe immaginate, e discorrendo quelle che sono vere, dico che tutti li uomini, quando se ne parla, e massime e' principi, per essere posti più alti, sono notati di[10] alcune di queste qualità che arrecano loro o biasimo o laude. E questo è che[11] alcuno[12] è tenuto liberale,[13] alcuno misero,[14] – usando uno termine toscano, perché avaro in nostra lingua è ancora colui che per rapina desidera di avere: misero chiamiamo noi quello che si astiene troppo di usare il suo; – alcuno è tenuto donatore, alcuno rapace;[15] alcuno crudele, alcuno piatoso;[16] l'uno fedifrago,[17] l'altro fedele; l'uno effeminato e pusillanime, l'altro feroce e animoso; l'uno umano, l'altro superbo; l'uno lascivo,[18] l'altro casto;

1 **governi:** rapporti.
2 **partendomi massime:** soprattutto perché mi allontano.
3 **ordini:** metodi.
4 **conveniente:** rispondente all'intento.
5 **andare... essa:** analizzare la realtà così com'è nei fatti, piuttosto che una realtà immaginaria o ideale inesistente.
6 **in vero essere:** esistere effettivamente nella realtà.
7 **gli è... perservazione sua:** c'è tanta differenza (*gli è tanto discosto*) tra come si vive e come si dovrebbe vivere che chi trascura i fatti reali (*quello che si fa*) a favore di auspici astratti (*quello che si doverrebbe fare*) si prepara più alla propria rovina che alla propria salvezza.
8 **in tutte le parte:** in ogni cosa.
9 **Onde è necessario... secondo la necessità:** per cui è indispensabile, per un principe che intenda conservare il potere, imparare ad agire anche non da buono, e comportarsi o meno in tal modo secondo il bisogno.
10 **notati di:** giudicati per (latinismo).
11 **E questo è che:** intendo dire che.
12 **alcuno:** qualcuno.
13 **liberale:** generoso.
14 **misero:** avaro.
15 **rapace:** esoso.
16 **piatoso:** pietoso.
17 **fedifrago:** traditore dei patti.
18 **lascivo:** dissoluto.

l'uno intero,[19] l'altro astuto;[20] l'uno duro, l'altro facile;[21] l'uno grave, l'altro leggieri;[22] l'uno religioso, l'altro incredulo,[23] e simili. E io so che ciascuno confesserà che sarebbe laudabilissima cosa uno principe trovarsi, di tutte le soprascritte qualità, quelle che sono tenute buone. Ma perché le non si possono avere tutte né interamente osservare, per le condizioni umane che non lo consentono, è necessario essere tanto prudente ch'e' sappi fuggire la infamia di quegli vizi che gli torrebbono lo stato;[24] e da quegli che non gliene tolgono guardarsi, s'e' gli è possibile: ma non possendo, vi si può con meno respetto lasciare andare.[25] Ed etiam[26] non si curi di incorrere nella infamia di quelli vizi, sanza e' quali possa difficilmente salvare lo stato; perché, se si considera bene tutto, si troverrà qualche cosa che parrà virtù, e seguendola sarebbe la ruina sua: e qualcuna altra che parrà vizio, e seguendola ne riesce la sicurtà e il bene essere suo.

19 **intero:** onesto e leale.
20 **astuto:** nel senso di falso, doppio.
21 **facile:** accomodante.
22 **leggieri:** incostante.
23 **incredulo:** ateo.
24 **è necessario essere tanto prudente... lo stato:** è necessario (per un principe) che sia così prudente da saper evitare quei vizi che gli farebbero perdere (*torrebbono*) lo Stato.
25 **vi si può con meno respetto lasciare andare:** si può abbandonare a essi con meno riguardo.
26 **etiam:** anche (latino).

Dentro il TESTO

I contenuti tematici

La *verità effettuale* e la rottura con la tradizione

Abbiamo già sottolineato come a Machiavelli non manchi certamente la coscienza della propria originalità. Il concetto va ribadito per questo capitolo, in cui l'autore rimarca, a rischio di *essere tenuto prosuntuoso* (r. 5), quale sia la distanza tra il proprio approccio alla materia e quello di chi lo ha preceduto.

La contrapposizione con la tradizionale trattatistica politica, tutta ispirata a ideali precetti morali, è infatti netta e definitiva: scegliendo di guardare solo *alla verità effettuale della cosa*, Machiavelli intende descrivere la realtà oggettivamente, rifiutando gli inganni di quelli che seguono l'*immaginazione di essa* (r. 8), trasfigurando e quindi alterando il vero. Da questa dichiarazione di metodo discendono a cascata tutte le conseguenze relative all'agire politico.

Per prima cosa, Machiavelli confronta le due opzioni alternative che si presentano al principe: da una parte la morale cristiana, che indica come gli uomini dovrebbero essere, dall'altra l'analisi della *verità effettuale*, che mostra come essi sono. A quest'ultima soluzione, e solo a questa, deve ispirarsi il principe che voglia mantenere saldo il proprio Stato, dal momento che *colui che lascia quello che si fa, per quello che si doverrebbe fare, impara più presto la ruina che la perservazione sua* (rr. 11-12).

Machiavelli precisa che non avrebbe fatto questa osservazione se le leggi della morale fossero estese anche alla pratica politica. Poiché invece gli uomini non sono buoni, il principe deve imparare – anche suo malgrado – *a potere essere non buono* (rr. 14-15): *sarebbe laudabilissima cosa* (r. 27) se egli possedesse tutte le virtù, ma la logica del potere gli impone di avere anche dei vizi, sempre che questi siano necessari a conservare lo Stato.

Le scelte stilistiche

Una premessa senza arroganza

Sebbene il contenuto sia rivoluzionario, il capitolo si apre con il tono modesto di una conversazione tra amici. Con scelte sintattiche e lessicali volutamente moderate, l'autore intende allontanare da sé ogni sospetto di arroganza. L'iniziale *Resta ora a vedere* (r. 3) predispone in modo colloquiale il lettore a un argomento nuovo; il punto di vista con cui Machiavelli si discosta *da li ordini delli altri* (r. 6) è introdotto da un eloquente *Ma* avversativo. Infine il *mi è parso più conveniente* (r. 7) con cui vengono illustrati i princìpi che ispirano la sua analisi vuole mettere in luce la sua umiltà, che d'altra parte non inficia la forza oggettiva dell'impostazione.

Realtà o immaginazione? Vizio o virtù? La sfida delle antitesi

Coerentemente con le dichiarazioni di principio contenute nella Dedica (➤ T6, p. 391), Machiavelli usa un linguaggio semplice e uno stile conciso per affermare contenuti, come abbiamo visto, "scandalosi": nessuna divagazione, ma una predilezione per le espressioni concrete e per l'uso delle antitesi (si vedano le coppie di elementi antitetici, composte di vizi e virtù morali).

Una tale essenzialità formale rappresenta lo specchio di un'impostazione concettuale: la scelta della realtà concreta al posto di quella immaginaria. Questa contrapposizione è espressa grazie all'alternanza dei modi verbali: il condizionale evidenzia il carattere puramente ipotetico del "come si dovrebbe vivere", l'indicativo corrisponde alla natura concreta del "come si vive". Un'alternanza ribadita nella frase conclusiva: per il principe che si affannasse a seguire solo la via della virtù, si affaccia l'ipotesi della rovina (*sarebbe la ruina sua*, r. 35); per quello disposto a coltivare qualità che appaiono vizi, vi è la certezza del successo (*ne riesce*, rr. 35-36).

Verso le COMPETENZE

COMPRENDERE

1 Qual è l'argomento di questo capitolo? Sintetizzane il contenuto in 8-10 righe, individuandone anche una possibile suddivisione interna.

ANALIZZARE

2 Perché all'inizio del capitolo l'autore fa una premessa di tipo metodologico?

3 In che cosa il metodo elaborato da Machiavelli differisce da quello degli altri trattatisti?

4 Quali concezioni di "vizio" e di "virtù" emergono da questo passo? Quale virtù, secondo Machiavelli, è la più importante per il principe?

5 Illustra, con esempi tratti dal testo, le caratteristiche dello stile di Machiavelli.

INTERPRETARE

6 Con le affermazioni esposte alle rr. 28-32, Machiavelli intende dire che il principe può liberamente lasciarsi andare ai vizi?

7 Quale concezione antropologica emerge dal capitolo?

PRODURRE

8 SCRIVERE PER **DESCRIVERE**
Fai un ritratto del tuo politico ideale: quali caratteristiche dovrebbe avere? Di che cosa si dovrebbe occupare innanzitutto? Scrivi un testo di almeno 30 righe.

9 SCRIVERE PER **ESPORRE**
Spesso i politici di oggi usano i social network per comunicare. Scrivi alcuni tweet che sintetizzino efficacemente questo capitolo.

La battaglia di Gaugamela, II secolo a.C., mosaico. Napoli, Museo Archeologico Nazionale.

La guerra nell'arte

Il tema della guerra, della violenza delle battaglie, dello scontro tra i combattenti ha ispirato i pittori e gli artisti di ogni epoca.

Uno scontro dell'antichità

Dalla cosiddetta Casa del Fauno, una delle abitazioni più vaste della colonia romana di Pompei, distrutta da un'eruzione del Vesuvio nel 79 d.C., proviene il mosaico pavimentale della *Battaglia di Gaugamela*, che raffigura, probabilmente copiando un famoso dipinto greco, la concitata scena dello scontro tra il re macedone Alessandro Magno (a sinistra) e Dario III di Persia (a destra). Il giovane Alessandro, a capo scoperto, con i capelli ricci, cavalca Bucefalo, nella zona più danneggiata del mosaico; Dario, che pare terrorizzato dall'energia del nemico, sferra un ultimo attacco guidando un carro, mentre il suo cocchiere sta già tentando la fuga. Cavalli, armi, uomini si affollano in una mischia disperata che ben rende il rumore concitato di una battaglia.

Una battaglia "geometrica"

Gli stessi elementi tornano, molti secoli dopo, ma con un effetto profondamente diverso, in un dipinto del fiorentino Paolo Uccello, eseguito nel 1438 circa: *La battaglia di san Romano* fa parte di un ciclo di tre tavole, ora conservate a Firenze, Parigi e Londra, che

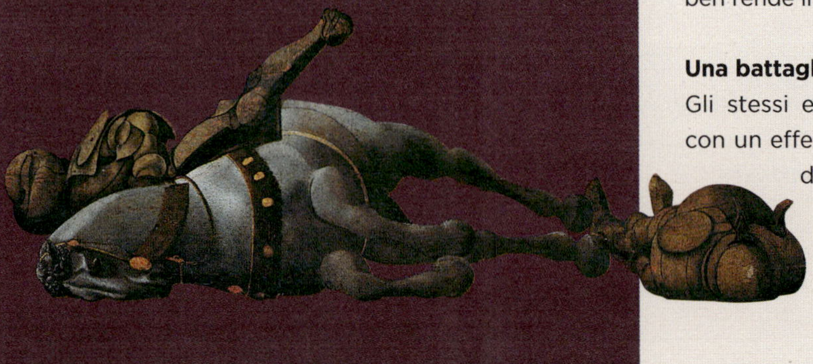

Paolo Uccello, *La battaglia di San Romano*, 1438 ca, tempera su tavola. Firenze, Galleria degli Uffizi.

Pablo Picasso, *Guernica*, 1937, olio su tela. Madrid, Centro de Arte Reina Sofía.

raffigurava le movimentate fasi dello scontro avvenuto nel 1432 in Valdelsa tra le opposte truppe dell'esercito fiorentino e di quello senese, alleato col duca di Milano e con l'imperatore. Il senese Bernardino della Carda è al centro del dipinto oggi a Firenze, disarcionato dal suo cavallo: la scena della battaglia, con il punto di fuga focale sul cavallo bianco del comandante, occupa il primo piano, mentre lo sfondo è popolato di minuscole figure.

La scena è concitata solo all'apparenza, poiché una rigida intelaiatura geometrica e prospettica riesce a cristallizzare e a congelare il furore dello scontro armato, facendo scomparire ogni drammaticità, in una sorta di favola fuori dal tempo, dai volumi puri e dai colori irreali.

Gli effetti di un bombardamento

Un grido sembra squarciare una delle più famose raffigurazioni della guerra e dei suoi devastanti effetti: la grande tela di *Guernica* fu dipinta da Pablo Picasso nel 1937, a seguito del disastroso bombardamento che rase al suolo la città omonima, in Spagna, durante la guerra civile.

Al centro compare un cavallo, allucinato e quasi impazzito, simbolo di furia distruttrice e omicida. Le figure accanto, dai tratti deformati, simboleggiano gli effetti del bombardamento: una donna piange il figlio morto, la testa mutilata di uomo giace in basso, altre figure fuggono terrorizzate, in una sorta di manifesto che doveva denunciare la violenza insensata della guerra, che sembra privare il mondo addirittura dei colori.

In che modo la parola data debba essere mantenuta dai principi

Il Principe, XVIII

Il dissidio tra morale e politica

È questo il capitolo che ha legittimato la falsa attribuzione a Machiavelli dell'espressione "il fine giustifica i mezzi". Infatti, qui l'autore ribalta il punto di vista etico tradizionale, mettendo in discussione la necessità che il principe sia fedele e leale.

QUOMODO FIDES A PRINCIPIBUS SIT SERVANDA

Quanto sia laudabile in uno principe il mantenere la fede[1] e vivere con integrità[2] e non con astuzia, ciascuno lo intende; nondimanco[3] si vede per esperienzia ne' nostri tempi quelli principi avere fatto gran cose, che della fede hanno tenuto poco conto e che hanno saputo con l'astuzia aggirare[4] e' cervelli delli uomini: e alla fine hanno superato quelli che si sono fondati in su la realtà.[5]

Dovete adunque sapere come e' sono dua generazioni di combattere:[6] l'uno, con le leggi;[7] l'altro, con la forza. Quel primo è proprio dello uomo; quel secondo, delle bestie. Ma perché el primo molte volte non basta, conviene ricorrere al secondo: pertanto a uno principe è necessario sapere bene usare la bestia e lo uomo. Questa parte è suta[8] insegnata alli principi copertamente[9] da li antichi scrittori, e' quali scrivono come Achille e molti altri di quelli principi antichi furno dati a nutrire[10] a Chirone centauro,[11] che sotto la sua disciplina li custodissi. Il che non vuole dire altro, avere per precettore uno mezzo bestia e mezzo uomo, se non che bisogna a uno principe sapere usare l'una e l'altra natura: e l'una sanza l'altra non è durabile.[12]

Sendo dunque necessitato[13] uno principe sapere bene usare la bestia, debbe di quelle pigliare la golpe e il lione:[14] perché el lione non si difende da' lacci, la golpe non si difende da' lupi;[15] bisogna adunque essere golpe a conoscere e' lacci, e lione a sbigottire[16] e' lupi: coloro che stanno semplicemente in sul lione, non se ne intendono.[17] Non può pertanto uno signore prudente, né debbe, osservare[18] la fede quando tale osservanzia gli torni contro[19] e che sono spente le cagioni[20] che la feciono promettere. E se li uomini fussino tutti buoni, questo precetto non sarebbe buono: ma perché e' sono tristi[21] e non la osserverebbono a te,[22] tu etiam[23] non l'hai a osservare[24] a loro; né mai a uno principe mancorno cagioni legittime di colorire la inosservanzia.[25] Di questo se ne potrebbe dare infiniti esempli moderni e

1 **la fede:** la parola data.
2 **integrità:** lealtà.
3 **nondimanco:** tuttavia.
4 **aggirare:** trarre in inganno.
5 **realtà:** sincerità.
6 **dua... combattere:** due modalità per relazionarsi con gli altri.
7 **con le leggi:** osservando le leggi.
8 **suta:** stata.
9 **copertamente:** attraverso favole allegoriche.
10 **a nutrire:** da educare.
11 **Chirone centauro:** metà uomo e metà cavallo, secondo il mito greco il centauro Chirone fu precettore di re ed eroi antichi, come Achille, Teseo, Ercole e Giasone.
12 **durabile:** durevole; il principe cioè non può essere soltanto uomo o soltanto bestia.
13 **necessitato:** obbligato.
14 **debbe di quelle... lione:** deve, tra tutte le bestie, prendere a modello la volpe e il leone.
15 **perché... lupi:** perché il leone non sa guardarsi dalle insidie (*lacci*) e la volpe non sa difendersi dai lupi (come invece sa fare il leone).
16 **sbigottire:** spaventare.
17 **coloro... intendono:** coloro che sanno essere solo leoni (cioè usano solo la forza) non si intendono di politica.
18 **osservare:** mantenere.
19 **gli torni contro:** si ritorca contro di lui.
20 **e che... cagioni:** e quando si sono esauriti i motivi.
21 **tristi:** meschini.
22 **osserverebbono a te:** manterrebbero con te.
23 **etiam:** anche (latino).
24 **l'hai a osservare:** devi mantenerla.
25 **né mai... inosservanzia:** non sono mai mancate a un principe delle scuse, dei pretesti (*cagioni*) formalmente legittimi per giustificare, mascherandola, la violazione della parola data. Il verbo *colorire* ha una valenza metaforica, riferendosi alle belle intenzioni di facciata, che spesso travestono la realtà autentica.

mostrare quante pace, quante promisse sono state fatte irrite[26] e vane per la infidelità de' principi: e quello che ha saputo meglio usare la golpe, è meglio capitato.[27] Ma è necessario questa natura saperla bene colorire ed essere gran simulatore e dissimulatore: e sono tanto semplici[28] gli uomini, e tanto ubbidiscono alle necessità presenti,[29] che colui che inganna troverrà sempre chi si lascerà ingannare.

Io non voglio delli esempli freschi[30] tacerne uno. Alessandro sesto[31] non fece mai altro, non pensò mai ad altro che a ingannare uomini, e sempre trovò subietto[32] da poterlo fare: e non fu mai uomo che avessi maggiore efficacia in asseverare, e con maggiori iuramenti affermassi una cosa, che la osservassi meno;[33] nondimeno sempre gli succederno gl'inganni ad votum,[34] perché conosceva bene questa parte del mondo.

A uno principe adunque non è necessario avere in fatto[35] tutte le soprascritte[36] qualità, ma è bene necessario parere[37] di averle; anzi ardirò di dire questo: che, avendole e osservandole sempre, sono dannose, e, parendo di averle, sono utili; come parere pietoso, fedele, umano, intero,[38] religioso, ed essere: ma stare in modo edificato con lo animo che, bisognando non essere, tu possa e sappia diventare il contrario.[39] E hassi a[40] intendere questo, che uno principe e massime uno principe nuovo non può osservare tutte quelle cose per le quali gli uomini sono chiamati buoni, sendo spesso necessitato, per mantenere lo stato, operare contro alla fede, contro alla carità, contro alla umanità, contro alla religione.[41] E però bisogna[42] che egli abbia uno animo disposto a volgersi secondo che e' venti della fortuna e la variazione delle cose gli comandano; e, come di sopra dissi, non partirsi[43] dal bene, potendo, ma sapere intrare nel male, necessitato.[44]

Debbe adunque uno principe avere gran cura che non gli esca mai di bocca cosa che non sia piena delle soprascritte cinque qualità; e paia, a udirlo e vederlo, tutto pietà, tutto fede, tutto integrità, tutto umanità, tutto religione: e non è cosa più necessaria a parere di avere, che questa ultima qualità.[45] E li uomini in universali[46] iudicano più alli occhi che alle mani; perché tocca a vedere a ognuno, a sentire a pochi:[47] ognuno vede quello che tu pari, pochi sentono quello che tu se'; e quelli pochi non ardiscono opporsi alla opinione di molti che abbino la maestà dello stato che gli difenda;[48] e nelle azioni di tutti li uomini, e massime de' principi, dove non è iudizio a chi reclamare, si guarda al fine.[49]

26 irrite: senza valore (latinismo).
27 è meglio capitato: ha ottenuto risultati migliori.
28 semplici: ingenui.
29 ubbidiscono... presenti: si concentrano solo sulla realtà presente senza guardare avanti.
30 freschi: recenti.
31 Alessandro sesto: Rodrigo Borgia, padre naturale di Cesare e pontefice dal 1492 al 1503.
32 subietto: materia; gli uomini ingenui che si lasciano ingannare non mancano mai.
33 e non fu... meno: non ci fu mai uomo che avesse maggiore capacità di promettere (*asseverare*) e che garantisse un impegno con promesse più solenni e che meno lo mantenesse.
34 gli succederno... ad votum: tutti i suoi inganni si risolsero sempre secondo i suoi desideri (*ad votum*, latino).
35 in fatto: di fatto.
36 soprascritte: il riferimento è alle qualità moralmente positive elencate nel capitolo XV (➤ T10, p. 411).
37 parere: dare l'impressione.
38 intero: integro, tutto d'un pezzo.
39 stare... contrario: avere un'inclinazione d'animo tale che, nella necessità di non essere (come sarebbe auspicabile: cioè pietoso, fedele ecc.), tu possa e sappia comportarti in modo opposto.
40 hassi a: si ha da, nel senso di "si deve".
41 contro alla fede... religione: l'anafora della preposizione *contro* sottolinea la consapevolezza di affermare qualcosa di scandaloso, contro la morale tradizionale.
42 E però bisogna: e perciò è necessario.
43 partirsi: allontanarsi.
44 necessitato: se costretto dalle condizioni a farlo.
45 questa ultima qualità: vale a dire la religiosità.
46 in universali: in generale (latino).
47 iudicano... pochi: giudicano più in base a ciò che vedono (alle apparenze) che a ciò che toccano con mano (alla sostanza); tutti infatti sono capaci di vedere, pochi sono capaci di capire (*sentire*).
48 quelli pochi... gli difenda: quei pochi (che non sono ingannati) non hanno il coraggio di opporsi all'opinione dei molti (ingannati), i quali hanno dalla loro la potenza dello Stato.
49 dove non è... fine: dove non c'è tribunale (vale a dire una giustizia) superiore a cui appellarsi, si guarda solo al risultato conseguito.

Facci[50] dunque uno principe di vincere e mantenere lo stato: e' mezzi sempre fieno iudicati onorevoli e da ciascuno saranno laudati; perché el vulgo ne va preso[51] con quello che pare e con lo evento della cosa:[52] e nel mondo non è se non vulgo, e' pochi[53] non ci hanno luogo[54] quando gli assai[55] hanno dove appoggiarsi. Alcuno principe de' presenti tempi,[56] il quale non è bene nominare, non predica mai altro che pace e fede, e dell'una e dell'altra è inimicissimo: e l'una e l'altra, quando e' l'avessi osservata, gli arebbe più volte tolto o la reputazione o lo stato.

50 Facci: agisca in modo.
51 ne va preso: si conquista.
52 con quello... della cosa: con le apparenze esteriori (*quello che pare*) e con il risultato concreto, cioè il successo (*evento*) dell'azione intrapresa (*della cosa*).
53 e' pochi: sono i pochi che capiscono, a cui sopra l'autore ha fatto cenno.
54 non ci hanno luogo: non sono in grado di fare nulla.
55 gli assai: la maggioranza che vede e non capisce.
56 Alcuno... tempi: si tratta del re di Spagna, Ferdinando II d'Aragona, detto il Cattolico (1452-1516), ancora vivo al tempo della composizione dell'opera e perciò prudentemente non nominato.

Dentro il TESTO

I contenuti tematici

Sembrare ed essere

Secondo Machiavelli, l'etica deve essere subordinata alle leggi della politica. Per mantenere saldo il potere, il principe non deve ricorrere a qualità morali: importante è dare l'impressione di averle, sempre che tale simulazione sia utile alla sua causa. Il modello ideale, prefigurato dalla trattatistica medievale e umanistica, è superato: i sentimenti, i valori nobili, la bontà e la lealtà possono rappresentare perfino degli ostacoli per conservare lo Stato.

Il politico-centauro

Sono le circostanze a consigliare la condotta giusta. Il discrimine non è costituito dal bene né dal male, ma dall'utile e dal dannoso ai fini del successo, cioè il mantenimento del potere. Il realismo impone a Machiavelli di evitare le ambiguità e di affermare la necessità anche di strumenti "non buoni", ma indispensabili per reggere lo Stato. Il principe pronto a *combattere* dispone di due armi, *le leggi* e *la forza* (rr. 7-8): le prime adatte all'uomo, le seconde alle bestie. Per questo, egli deve *sapere bene usare la bestia e lo uomo* (r. 10). L'esempio di Chirone, centauro metà uomo e metà cavallo, educatore di principi ed eroi come Achille, mostra come queste due nature possano e anzi debbano coesistere.

Come sempre, Machiavelli ragiona seguendo il suo schema "dilemmatico", qui proposto nella rappresentazione del *lione*, vale a dire della forza, e della *golpe*, cioè dell'astuzia (rr. 16-20). Infine, l'esempio concreto attinto dalla Storia, anche quella più recente (la vicenda di Alessandro VI), accredita il postulato teorico.

Un precetto che nasce dall'esperienza: si deve essere sleali

Ma quale immagine deve dare di sé all'esterno il principe? Come può ottenere e conservare il consenso dei suoi sudditi? Per rispondere a tali domande, Machiavelli riafferma il contrasto tra realtà e apparenza: quest'ultima conta, almeno in politica, più della prima.

Ciò non significa che egli esalti la finzione, la slealtà o il doppiogiochismo. Ma, per chi vuole guardare all'effettiva realtà dei fatti, tali condotte si rivelano talvolta – dolorosamente – inevitabili. Machiavelli immagina in anticipo i rilievi e le critiche che i difensori dell'etica pubblica potranno riservare a un indirizzo politico così disincantato e apparentemente cinico. Infatti usa una congiunzione tipica del suo argomentare, fatto di tesi e antitesi: *nondimanco* (r. 3). L'autore riconosce che sarebbe auspicabile che il principe si attenesse alla parola data e si comportasse lealmente con i sudditi: ciò sarebbe giustificabile *se li uomini fussino tutti buoni* (r. 22), un'ipotesi che il pessimismo machiavelliano esclude.

Tuttavia (ecco il significato di quel *nondimanco*) l'*esperienzia* (r. 3) dice il contrario: nella lotta politica, a prevalere è sempre chi è capace di essere falso, doppio e ingannatore.

La simulazione e l'opinione pubblica

La conclusione "scandalosa" richiede coraggio intellettuale. Machiavelli infatti sceglie di andare fino in fondo al ragionamento (*ardirò di dire questo*, r. 38), distinguendo ciò che vale per gli uomini *chiamati buoni* (r. 44) e ciò che vale per *uno principe e massime uno principe nuovo* (rr. 42-43): per quest'ultimo è doveroso *parere pietoso* e *religioso, ed essere*, ma, se le circostanze lo richiedono, *diventare il contrario* (rr. 40-42).

Il principe non deve agire secondo un codice precostituito, ma assecondare *e' venti della fortuna e la variazione delle cose* (rr. 46-47): conclusione, certo, amara, ma inevitabile, data la vera realtà degli uomini, ribadita ancora alla fine del capitolo. Per la maggior parte essi, secondo Machiavelli, *iudicano più alli occhi che alle mani* (r. 53): non sono altro che *vulgo* (r. 61), cioè una massa informe senza discernimento e perciò incline a essere soggiogata dalla propaganda.

Le scelte stilistiche

Gli artifici di uno stile perentorio

La perentorietà delle affermazioni contenute in questo capitolo va di pari passo con la chiarezza con cui sono esposte. Non a caso Machiavelli si appella direttamente ai lettori, chiamandoli in causa con il "voi" (*Dovete adunque sapere*, r. 7). L'espediente serve a esprimere l'urgenza degli assunti e la logicità dei passaggi del discorso. Ecco spiegati l'uso di periodi brevi e secchi, caratterizzati dal tono definitivo di una massima proverbiale (*non partirsi dal bene, potendo, ma sapere intrare nel male, necessitato*, rr. 47-48; *e nel mondo non è se non vulgo*, rr. 60-61), e il ricorso a congiunzioni con valore conclusivo (*dunque, adunque, però* con il significato di "perciò", "pertanto"). Del resto, verbi, termini e nessi sintattici esprimono il senso della necessità e del dovere (*è necessario, bisogna*; presenza di imperativi e di esortativi). In questa direzione va anche l'immagine metaforica del centauro, che indica l'obbligo per un principe di coniugare la natura umana e quella animalesca della politica (*bisogna a uno principe saper usare l'una e l'altra natura*, rr. 14-15). Quest'ultima, secondo lo schema "dilemmatico" caro all'autore, si esplica in un'altra coppia metaforica: il leone e la volpe, simboli rispettivamente della forza e dell'astuzia.

Verso le COMPETENZE

COMPRENDERE

1 Dopo aver letto il capitolo, rispondi alla domanda che lo introduce: in che modo la parola data deve essere mantenuta dai principi?

2 Perché il principe deve essere al tempo stesso volpe e leone?

3 Quali limiti ha il ricorso alla crudeltà e alla durezza?

ANALIZZARE

4 Rintraccia nel testo i termini (verbi, sostantivi, aggettivi) che rimandano all'area semantica della necessità.

INTERPRETARE

5 Spiega e commenta le seguenti espressioni contenute nel testo:

- *si vede per esperienzia* (r. 3);
- *a uno principe è necessario sapere bene usare la bestia e lo uomo* (r. 10);
- *non partirsi dal bene, potendo, ma sapere intrare nel male, necessitato* (rr. 47-48);
- *Facci dunque uno principe di vincere e mantenere lo stato: e' mezzi sempre fieno iudicati onorevoli e da ciascuno saranno laudati* (rr. 58-59).

COMPETENZE LINGUISTICHE ABC

6 Come emblemi dell'astuzia e della forza, Machiavelli usa due animali, la volpe e il leone, a cui tali caratteristiche sono state associate fin dai tempi delle favole di Esopo. A quali altri vizi e virtù sono associati i seguenti animali (in particolare nel gergo politico)?

lupo ▪ pecora ▪ coniglio ▪ serpente ▪ falchi e colombe.

PRODURRE

7 **SCRIVERE PER ARGOMENTARE**
Nella sua analisi realistica, Machiavelli sostiene che il principe è spesso *necessitato* a venir meno alla parola data. Spostando l'attenzione sulla dimensione privata, rifletti se esistano dei casi in cui è possibile, se non approvare, almeno giustificare l'assenza di lealtà. Scrivi un testo argomentativo di circa 20 righe.

CONSONANZE ■ DISSONANZE

UGO FOSCOLO
Machiavelli per il popolo

Tra il Seicento e il Settecento cadono i presupposti su cui si muoveva la critica preconcetta all'opera machiavelliana. Venuta meno la spinta dell'intolleranza religiosa, *Il Principe* viene fatto oggetto di un'interpretazione "obliqua", che tenta cioè di rintracciare i significati impliciti e indiretti dell'opera, letta ora non più come un *vademecum*, cioè come una guida a uso dei tiranni, ma come un trattato grazie al quale capire i torbidi meccanismi del potere. Specie durante l'Illuminismo, una tale lettura incontra molti favori. Basta citare ciò che scrive Jean-Jacques Rousseau (1712-1778) nel *Contratto sociale*: «Fingendo di dare lezione ai re, ne ha date di grandi ai popoli. Il *Principe* di Machiavelli è il libro dei repubblicani». Lo scrittore che meglio esprimerà questa visione politica nella propria opera è Ugo Foscolo (1778-1827), a cui spetta il merito di aver ricreato in Italia un mito positivo di Machiavelli che, già in parte abbozzato da Vittorio Alfieri (1749-1803) nel trattato *Del principe e delle lettere* (1786), avrà grande eco nel pensiero risorgimentale. Nel carme *Dei sepolcri* (1807), mentre passa in rassegna i grandi italiani sepolti nella basilica fiorentina di Santa Croce, il poeta si sofferma dinanzi alla tomba di Machiavelli (vv. 154-158):

> [...] Io quando il monumento
> vidi ove posa il corpo di quel grande
> che temprando lo scettro a' regnatori
> gli allor ne sfronda, ed alle genti svela
> di che lagrime grondi e di che sangue

L'autore del *Principe* è dunque designato come il grande uomo che, mentre istruisce i governanti nell'arte del potere (*temprando lo scettro a' regnatori*), ne mostra il lato più occulto, il tragico retroscena di lacrime e sangue che lo accompagna.

Questa lettura foscoliana non rappresenta un'eccezione o una estemporanea invenzione poetica. Una simile interpretazione ritorna infatti anche in sede critica. La vediamo in una poco nota edizione (1807) degli aforismi del militare, politico e scrittore Raimondo Montecuccoli (1609-1680) curata da Foscolo, in cui quest'ultimo loda Machiavelli per aver squarciato le illusioni e svelato le piaghe dell'umanità, ricavando insegnamento da «ciò che hanno fatto gli uomini in tutti i secoli».

Il merito storico di Machiavelli è aver compiuto un'operazione pedagogica, dando al popolo la consapevolezza degli ingranaggi, sottili e indecifrabili, che garantiscono il potere politico. In alcuni frammenti critici sul *Principe*, Foscolo sintetizza il principio guida dell'operato machiavelliano in questa sentenza dello scrittore fiorentino: «Dalle cose che gli uomini in altri secoli hanno fatto, imparate ciò che nel vostro secolo dovete fare». E aggiunge a mo' di commento: «Diremo inoltre che pendiamo a credere che una delle mire del Machiavelli nel *Principe* si fu di svelare a' popoli italiani, e specialmente a' Fiorentini, tutte le sciagure a cui soggiacciono le città rette da principi deboli, poveri e malfermi nel loro trono; i quali, in difetto d'armi e di leggi, son obbligati, per mantenersi, a pagare il più forte col denaro de' propri sudditi, ed a reggersi colla frode».

Secondo Foscolo, mentre la riflessione politica tradizionale è guidata da assiomi astratti o aprioristici, Machiavelli, invece che «mostrare il bene che dovrebb'essere, ha mostrato il bene e il male che necessariamente si trovano nel mondo, e l'utilità che si può ricavare tanto dal bene quanto dal male».

• T 12 •

Quanto possa la fortuna nelle cose umane e in che modo sia possibile arginarla

Il Principe, XXV

La relazione tra fortuna e libero arbitrio

Siamo nell'ultima parte del *Principe*, quella in cui si analizzano le cause della crisi italiana. Nell'approfondire la questione, l'autore si sofferma su un tema caro alla trattatistica umanistico-rinascimentale: il rapporto tra la virtù e la fortuna.

QUANTUM FORTUNA IN REBUS HUMANIS POSSIT ET QUOMODO ILLI SIT OCCURRENDUM

E' non mi è incognito[1] come molti hanno avuto e hanno opinione che le cose del mondo sieno in modo governate, da la fortuna e da Dio, che li uomini con la prudenza loro non possino correggerle,[2] anzi non vi abbino remedio alcuno; e per questo potrebbono iudicare che non fussi da insudare molto nelle cose, ma lasciarsi governare alla sorte.[3] Questa opinione è suta[4] più creduta ne' nostri tempi per la variazione grande[5] delle cose che si sono viste e veggonsi ogni dì, fuora di ogni umana coniettura.[6] A che pensando io qualche volta, mi sono in qualche parte inclinato nella opinione loro.[7] Nondimanco, perché il nostro libero arbitrio non sia spento,[8] iudico potere essere vero che la fortuna sia arbitra della metà delle azioni nostre, ma che etiam[9] lei ne lasci governare l'altra metà, o presso,[10] a noi. E assimiglio quella[11] a uno di questi fiumi rovinosi che, quando si adirano,[12] allagano e' piani, rovinano[13] li arbori e li edifizi, lievano da questa parte terreno, pongono da quella altra:[14] ciascuno fugge loro dinanzi, ognuno cede all'impeto loro sanza potervi in alcuna parte ostare.[15] E, benché sieno così fatti,[16] non resta[17] però che gli uomini, quando sono tempi queti,[18] non vi potessino[19] fare provedimento e con ripari e con argini: in modo che, crescendo poi, o egli andrebbono per uno canale[20] o l'impeto loro non sarebbe né sì dannoso né sì licenzioso.[21] Similmente interviene[22] della fortuna, la quale dimostra la sua potenzia dove non è ordinata[23] virtù a resisterle: e quivi volta e' sua impeti, dove la sa che non sono fatti gli argini né e' ripari a tenerla. E se voi considerrete la Italia, che è la sedia di queste variazioni e quella che ha dato loro il moto,[24] vedrete essere una campagna[25] sanza argini e sanza alcuno riparo: che, s'ella fussi riparata da conveniente virtù, come è la Ma-

1 **E'... incognito:** non ignoro.
2 **sieno... correggerle:** siano governate dalla fortuna e da Dio in modo tale che gli uomini con la loro intelligenza non siano in grado di modificarle.
3 **non fussi da insudare... alla sorte:** non occorra impegnarsi molto (per dirigere) le cose, ma (occorra) lasciarsi guidare dalla sorte.
4 **suta:** stata.
5 **la variazione grande:** i continui sconvolgimenti.
6 **coniettura:** previsione. Machiavelli si riferisce all'interminabile sequela di guerre e cambiamenti politici avvenuti in Italia, a partire dalla discesa di Carlo VIII nel 1494.
7 **A che... opinione loro:** anch'io, meditando su questi fatti, qualche volta mi sono, in certi aspetti, avvicinato all'opinione di costoro.
8 **Nondimanco... spento:** tuttavia, affinché non si reputi che la nostra capacità di incidere sugli eventi sia esaurita.
9 **etiam:** anche (latino).
10 **presso:** pressappoco.
11 **assimiglio quella:** paragono la fortuna.
12 **si adirano:** in senso figurato per intendere "sono in piena".
13 **rovinano:** abbattono.
14 **lievano... da quella altra:** tolgono terreno da una parte e lo mettono dall'altra.
15 **ostare:** opporsi (latinismo).
16 **sieno così fatti:** il soggetto sono i *fiumi rovinosi* (r. 13).
17 **non resta:** niente impedisce.
18 **quando... queti:** nei momenti, cioè, in cui non c'è ancora l'inondazione.
19 **potessino:** possano.
20 **egli... canale:** essi (cioè i fiumi) sarebbero incanalati.
21 **licenzioso:** irrefrenabile.
22 **interviene:** accade.
23 **ordinata:** predisposta.
24 **la sedia di queste variazioni... moto:** la sede di questi sconvolgimenti e quella che ha dato loro origine (*il moto*). È un atto d'accusa contro i principi italiani, responsabili della rovina d'Italia da quando hanno cominciato a chiedere il soccorso degli eserciti stranieri.
25 **campagna:** terra.

gna,[26] la Spagna e la Francia, o questa piena non arebbe fatto le variazioni grande che la ha, o la non ci sarebbe venuta. E questo voglio basti aver detto, quanto allo opporsi alla fortuna, in universali.[27]

Ma ristringendomi più a' particulari, dico come si vede oggi questo principe felicitare[28] e domani ruinare, sanza avergli veduto mutare natura o qualità alcuna; il che credo che nasca, prima, da le cagioni che si sono lungamente per lo addreto discorse: cioè che quel principe, che si appoggia tutto in su la fortuna, rovina come quella varia.[29] Credo ancora che sia felice quello che riscontra[30] il modo del procedere suo con la qualità de' tempi:[31] e similmente sia infelice quello che con il procedere suo si discordano e' tempi. Perché si vede gli uomini, nelle cose che gli conducono al fine quale ciascuno ha innanzi,[32] cioè gloria e ricchezze, procedervi variamente:[33] l'uno con rispetto,[34] l'altro con impeto; l'uno per violenzia, l'altro con arte;[35] l'uno con pazienza,[36] l'altro col suo contrario; e ciascuno con questi diversi modi vi può pervenire. E vedesi ancora dua respettivi,[37] l'uno pervenire al suo disegno, l'altro no; e similmente dua equalmente felicitare con diversi studii,[38] sendo l'uno respettivo e l'altro impetuoso: il che non nasce da altro, se non da la qualità de' tempi che si conformano, o no, col procedere loro. Di qui nasce quello ho detto,[39] che dua, diversamente operando, sortiscono[40] el medesimo effetto: e dua equalmente operando, l'uno si conduce al suo fine e l'altro no. Da questo ancora depende la variazione del bene; perché se uno, che si governa[41] con rispetti e pazienza, e' tempi e le cose girono in modo che il governo suo sia buono, e' viene felicitando: ma se e' tempi e le cose si mutano, rovina, perché e' non muta modo di procedere. Né si truova uomo sì prudente che si sappia accommodare a questo:[42] sì[43] perché non si può deviare da quello a che la natura lo inclina,[44] sì etiam perché, avendo sempre uno prosperato camminando per una via, non si può persuadere che sia bene partirsi[45] da quella. E però l'uomo respettivo, quando e' gli è tempo di venire allo impeto,[46] non lo sa fare: donde e' rovina; che se si mutassi natura con e' tempi e con le cose, non si muterebbe fortuna.[47]

Papa Iulio II[48] procedé in ogni sua azione impetuosamente, e trovò tanto e' tempi e le cose conforme a quello suo modo di procedere che sempre sortì felice fine. Considerate la prima impresa ch'e' fe' di Bologna,[49] vivendo ancora messer Giovanni Bentivogli. Viniziani non se ne contentavano; el re di Spagna, quel medesimo; con Francia aveva ragionamenti di tale impresa.[50] E lui nondimanco con la sua ferocità[51]

26 **la Magna:** i territori tedeschi.
27 **in universali:** in generale (latino).
28 **felicitare:** avere successo.
29 **quel principe... varia:** il principe che fa affidamento esclusivamente sulla fortuna è destinato a fallire non appena essa muta indirizzo.
30 **riscontra:** adegua.
31 **con la qualità de' tempi:** alla condizione specifica del momento.
32 **nelle cose... innanzi:** nelle azioni che li portano a conseguire lo scopo prefissato (*quale ciascuno ha innanzi*).
33 **procedervi variamente:** giungervi con mezzi diversi.
34 **rispetto:** prudenza.
35 **arte:** furbizia.
36 **con pazienza:** con il temporeggiare.
37 **respettivi:** si intende coloro che si muovono guardinghi, con prudenza.
38 **equalmente... studii:** raggiungere i medesimi, positivi risultati adottando comportamenti diversi.
39 **quello ho detto:** sottinteso "che", quello che ho detto.
40 **sortiscono:** ottengono.
41 **si governa:** si comporta.
42 **accommodare a questo:** adattare cioè al cambiamento dei *tempi* e delle *cose* (r. 46).
43 **sì:** sia.
44 **perché... inclina:** perché non si può cambiare carattere.
45 **partirsi:** allontanarsi.
46 **venire allo impeto:** passare all'attacco.
47 **se... fortuna:** se (l'uomo) sapesse mutare natura a seconda del momento e delle situazioni, la sua fortuna (positiva) non cambierebbe.
48 **Papa Iulio II:** Giulio II della Rovere, pontefice dal 1503 al 1513. Il suo carattere impetuoso e collerico viene ricordato da tutti gli storici del tempo.
49 **Bologna:** l'impresa a cui Machiavelli si riferisce è la conquista, nel 1506, di Bologna, di cui era signore Giovanni Bentivoglio (1443-1508).
50 **Viniziani... impresa:** i veneziani erano ostili alla conquista di Bologna da parte di Giulio II, e allo stesso modo il re di Spagna; i francesi invece non avevano ancora deciso se schierarsi o meno dalla sua parte.
51 **ferocità:** audacia (latinismo).

e impeto si mosse personalmente a quella espedizione. La qual mossa fece stare sospesi e fermi Spagna e viniziani, quegli per paura e quell'altro[52] per il desiderio aveva[53] di recuperare tutto el regno di Napoli; e da l'altro canto si tirò dietro il re di Francia perché, vedutolo quel re mosso[54] e desiderando farselo amico per abbassare[55] e' viniziani, iudicò non poterli negare gli eserciti sua sanza iniuriarlo manifestamente.[56] Condusse[57] adunque Iulio con la sua mossa impetuosa quello che mai altro pontefice, con tutta la umana prudenza, arebbe condotto. Perché, se egli aspettava di partirsi da Roma con le conclusioni ferme e tutte le cose ordinate,[58] come qualunque altro pontefice arebbe fatto, mai gli riusciva:[59] perché il re di Francia arebbe avuto mille scuse e li altri li arebbono messo[60] mille paure. Io voglio lasciare stare le altre sua azioni, che tutte sono state simili e tutte gli sono successe bene:[61] e la brevità della vita non li ha lasciato sentire[62] il contrario; perché, se fussino sopravvenuti tempi che fussi bisognato procedere con respetti, ne seguiva la sua rovina: né mai arebbe deviato da quegli modi alli quali la natura lo inclinava.

Concludo adunque che, variando la fortuna e' tempi e stando li uomini ne' loro modi ostinati,[63] sono felici mentre concordano insieme e, come[64] e' discordano, infelici. Io iudico bene questo,[65] che sia meglio essere impetuoso che respettivo: perché la fortuna è donna ed è necessario, volendola tenere sotto,[66] batterla e urtarla.[67] E si vede che la si lascia più vincere da questi, che da quegli che freddamente[68] procedono: e però[69] sempre, come[70] donna, è amica de' giovani, perché sono meno respettivi, più feroci[71] e con più audacia la comandano.

52 **quell'altro:** il re di Spagna.
53 **desiderio aveva:** sottinteso "che", desiderio che aveva.
54 **mosso:** deciso all'azione.
55 **abbassare:** ridimensionare.
56 **iudicò... manifestamente:** decise di non potergli negare i suoi soldati senza umiliarlo apertamente.
57 **Condusse:** realizzò.
58 **le conclusioni... ordinate:** patti e alleanze stipulate.
59 **mai gli riusciva:** la cosa non gli sarebbe mai riuscita.
60 **arebbono messo:** avrebbero fatto venire.
61 **gli sono successe bene:** hanno avuto successo.
62 **sentire:** provare.
63 **ostinati:** va riferito a *uomini*.
64 **come:** quando.
65 **Io... questo:** io però (*bene*) penso questo.
66 **tenere sotto:** sottomettere.
67 **urtarla:** percuoterla.
68 **freddamente:** con prudenza.
69 **però:** perciò.
70 **come:** in quanto.
71 **feroci:** virili, aggressivi.

RISCRITTURA in ITALIANO MODERNO di Piero Melograni

25. *Il potere della fortuna nelle cose umane e il modo di resistere a esso*

1. Non ignoro che molti hanno creduto e credono che le cose del mondo siano a tal punto governate dalla fortuna e da Dio, che agli uomini, anche quando siano saggi, non sia concesso in alcun modo di cambiarle. Questo potrebbe far pensare che non ci si debba affaticare molto, e che ci si debba invece lasciar governare dalla sorte. Tale opinione ha avuto molto successo ai tempi nostri, a causa dei grandi sconvolgimenti che si sono visti e che si vedono ogni giorno, e che nessuno avrebbe potuto prevedere. Io stesso, pensando a questo, mi sono talvolta orientato a credere che tale opinione fosse fondata.

2 Tuttavia, affinché il nostro libero arbitrio non sia completamente cancellato, ritengo possa esser vero che la fortuna sia arbitra della metà delle azioni nostre, e che essa lasci a noi il governo dell'altra metà, o quasi. E paragono la fortuna a uno di quei fiumi impetuosi che, quando s'infuriano, allagano le pianure, abbattono gli alberi e gli edifici, trascinano masse di terra da una parte all'altra. Ogni essere vivente fugge davanti a essi e cede all'impeto loro, senza potere in alcun modo opporsi. Il fatto che i fiumi siano fatti così non impedisce tuttavia agli uomini, nei periodi calmi, di apprestare ripari e argini in modo che, quando i fiumi poi crescono, possano essere incanalati e il loro impeto possa non risultare così sfrenato e dannoso.

3 Qualcosa di simile accade con la fortuna, la quale dimostra tutta la sua potenza là dove non c'è un'organizzazione predisposta per resisterle, e proprio là essa dirige la sua furia, dove sa che non sono stati apprestati gli argini e i ripari in grado di contenerla. Se prendete in esame l'Italia, che è la causa e il centro dei grandi sconvolgimenti dei tempi nostri, la vedrete simile a una campagna senza argini e senza ripari. Se essa fosse stata protetta da una conveniente forza militare, come la Germania, la Spagna e la Francia, o l'inondazione non avrebbe prodotto tanti sconvolgimenti, e così grandi, o non sarebbe arrivata affatto. Non vorrei aggiungere altro sul modo di opporsi agli impeti della fortuna, in termini generali.

4 Ma passando ai dettagli dico che possiamo vedere un principe oggi aver successo e domani andare in rovina, senza che i suoi caratteri e le sue qualità abbiano subito alcun cambiamento. Ritengo che questo dipenda innanzi tutto dalle ragioni che sono state a lungo esposte nelle pagine precedenti, vale a dire che un principe appoggiatosi unicamente sulla fortuna va in rovina non appena la fortuna cambia direzione. Ritengo inoltre che abbia successo colui che adatta metodi e mezzi alla qualità dei tempi, e analogamente che vada incontro all'insuccesso colui che viceversa non sa adattarsi ai tempi.

5 Vediamo infatti che gli uomini, per raggiungere il fine a cui mirano, vale a dire di esser celebri e ricchi, si comportano in modi molto diversi; uno con cautela, l'altro con impeto; uno con violenza, l'altro con astuzia; uno con pazienza, l'altro con impazienza; e ciascuno di questi modi può consentire di raggiungere il fine che si voleva raggiungere. Vediamo pure che di due persone prudenti una raggiunge il suo scopo e l'altra no. E magari vediamo che due persone possono aver successo con due modi di comportarsi completamente diversi, dato che per esempio una di queste persone è cauta e l'altra impetuosa. La ragione va trovata nel fatto che esista oppur no un rapporto armonico tra l'operato di queste persone e il carattere dei tempi. Per questo ho detto che due persone, operando diversamente, possono raggiungere un identico obiettivo, mentre di due persone che si comportano in modo identico, una può raggiungere l'obiettivo e l'altra no.

6 Da questo dipende la variabile del successo: che se uno si comporta con cautela e pazienza nei tempi che esigono queste qualità, allora gli va bene; ma se i tempi cambiano e non cambiano anche i suoi comportamenti, allora gli va male. Non è possibile trovare un uomo che sia così saggio da sapersi adattare a questi cambiamenti; l'uomo non devia dalla sua inclinazione naturale, e se ha avuto successo seguendo una certa via, non si persuade ad abbandonarla. Ecco perché un uomo cauto, quando è tempo di slanci, non sa farlo e viene sconfitto. Se egli riuscisse a cambiare coi tempi, anche la sua fortuna non cambierebbe.

7 Papa Giulio II fu sempre impetuoso e trovò i suoi tempi tanto adatti alla sua indole, che sempre raggiunse il suo scopo. Esaminate la sua prima impresa, quella di Bologna, mentre era ancora in vita messer Giovanni Bentivoglio. I Veneziani non la vedevano di buon occhio; il re di Spagna pure; con la Francia il papa era in trattative. Eppure, con temerarietà e con impeto, egli si mise di persona alla testa della spedizione. Questa mossa turbò e paralizzò il re di Spagna e i Veneziani; questi ultimi per la paura, e il re per il desiderio che aveva di recuperare tutto il regno di Napoli. D'altro canto il papa trascinò con sé il re di Francia perché, vedendo che il papa si era ormai mosso e desiderando farselo amico per diminuire il potere dei Veneziani, Luigi XII ritenne di non potergli negare un aiuto militare poiché un rifiuto avrebbe costituito un'offesa.

8 Papa Giulio, dunque, con la sua mossa impetuosa, compì quello che nessun altro pontefice, con tutta la saggezza umana, avrebbe potuto compiere. Se per partire da Roma egli avesse aspettato di firmare tutti i patti necessari e di organizzar bene tutto, come qualunque altro pontefice avrebbe fatto, non gli sarebbe mai riuscito di compiere quel che compì, perché il re di Francia avrebbe trovato mille scuse e gli altri gli avrebbero messo mille paure. Io voglio lasciar stare le altre sue imprese, che tutte sono state simili a questa e tutte gli sono ben riuscite. La brevità della vita non gli fece conoscere sconfitte. Ma se fossero arrivati i tempi in cui bisognava procedere con cautela, avremmo assistito alla sua rovina. Il papa non avrebbe mai deviato da quei metodi ai quali la sua indole lo predisponeva.

9 In conclusione, se la fortuna è mutevole e gli uomini, viceversa, si ostinano a usare sempre gli stessi metodi, è anche vero che gli uomini hanno successo finché metodi e tempi concordano, e vanno verso l'insuccesso in caso contrario. Ritengo bene questo: che sia meglio essere impetuosi piuttosto che cauti, perché la fortuna è donna ed è necessario, volendola sottomettere, percuoterla e contrastarla. Essa si lascia dominare dagli impetuosi, piuttosto che da coloro che si comportano con freddezza. Ecco perché, come donna, essa è amica dei giovani, che sono meno cauti, più impavidi e più audaci nel comandarla.

Analisi ATTIVA

I contenuti tematici

Un esempio di procedimento deduttivo

Il capitolo si struttura in due parti evidenziate dallo stesso autore: nella prima, egli ragiona in una prospettiva universale affermando in teoria la fondatezza del suo ragionamento; nella seconda, invece, intende restringersi *a' particulari* (r. 28). È questo un caso in cui Machiavelli sceglie il metodo deduttivo: la teoria generale serve a spiegare il particolare.

1 Individua nel testo le due parti da cui è composto.

2 Nella seconda parte del testo, quali esempi concreti vengono portati a supporto del ragionamento di Machiavelli?

La fortuna non è invincibile

La prima parte inizia subito con un'opposizione al giudizio dominante. L'opinione comune (a cui Machiavelli riconosce di aver aderito *qualche volta*, r. 9) è che la sorte e Dio governino la vita degli uomini senza che questi ultimi possano modificarla. Tale fatalismo si traduce nella passività, nel *lasciarsi governare alla sorte* (r. 7), che è quanto accade da tempo in Italia, dove l'inerzia è la causa prima della rovina. Proprio in contrapposizione con tale abulia, il consueto *nondimanco* (r. 10) introduce il punto di vista dell'autore, il quale, sulla scia tracciata dal pensiero umanistico, rivaluta il libero arbitrio e considera la fortuna *arbitra della metà delle azioni nostre* (rr. 11-12). Fortuna e virtù sono dunque sullo stesso piano, dividendosi il potere di incidere sulla vita e sulle azioni dell'uomo.

A sostegno della tesi, Machiavelli introduce una metafora: la fortuna è assimilata *a uno di questi fiumi rovinosi* (r. 13) capaci di abbattere ogni cosa; fiumi che tuttavia, quando le condizioni esterne siano propizie, cioè nei *tempi queti* (r. 17), possono essere incanalati e resi inoffensivi. La metafora non ha in Machiavelli una funzione di semplice abbellimento del discorso; rivelandosi funzionale all'argomentazione, essa viene infatti spiegata e per così dire glossata ai fini di una maggiore incisività e chiarezza: la fortuna *dimostra la sua potenzia dove non è ordinata virtù a resisterle* (rr. 20-21).

Seguono poi l'esempio della realtà storica e il confronto tra i grandi paesi europei, Germania, Spagna e Francia, che, grazie alle loro salde monarchie, si sono dotati degli *argini* per far fronte alla violenza della fortuna (e quindi alle turbolenze politiche), e l'Italia, che è invece inerte dinanzi alle scorrerie degli stranieri.

3 Spiega nel dettaglio la metafora del fiume e degli argini:
a il *fiume rovinoso* rappresenta... **b** gli *argini* rappresentano...

4 Quale metafora usa l'autore per descrivere l'incapacità dell'Italia di resistere alle invasioni straniere?

Elogio della duttilità

La seconda parte si apre con un'affermazione che sembra negare in partenza ogni possibilità umana di indirizzare il corso degli eventi: *dico come si vede oggi questo principe felicitare e domani ruinare, sanza avergli veduto mutare natura o qualità alcuna* (rr. 28-29). Il successo e l'insuccesso dipenderebbero quindi da circostanze esterne e fortuite, indipendenti dalla volontà umana. Tuttavia, un rimedio, anche se parziale e probabilmente fallibile, esiste ancora: il saper "riscontrare", cioè adattarsi. Diremmo oggi: la capacità di essere camaleontici, di mutare indole a seconda della convenienza, accordandosi a come *e' tempi e le cose girono* (r. 45). Le circostanze possono consigliare di avere ora un atteggiamento *respettivo*, cioè prudente e guardingo, ora *impetuoso* (r. 40). A quest'ultima condotta si è ispirato papa Giulio II, che proprio grazie alla sua natura impetuosa ha potuto accordarsi con successo allo spirito del suo tempo.

5 Quale principe è in grado di *felicitare*?

6 Individua la serie di coppie oppositive che descrivono i diversi e possibili atteggiamenti dei principi.

7 A tuo parere, quali di questi atteggiamenti predilige l'autore? perché?

Meglio fare che aspettare

Nella conclusione del capitolo, Machiavelli raccoglie le fila del discorso per preparare il terreno alla conclusione militante del trattato. Infatti, dopo aver sottolineato la necessità di adeguare alle situazioni contingenti i comportamenti da adottare per contrastare la fortuna, dichiara apertamente di propendere per l'azione energica del principe.

Riprendendo una diffusa tradizione misogina che identifica nella donna una creatura irrazionale, istintiva e capricciosa, l'autore afferma che *la fortuna è donna ed è necessario, volendola tenere sotto, batterla e urtarla* (rr. 75-76). Dunque l'aggressività virile si fa preferire alla cautela e alla misura: una conclusione che si spiega del tutto solo dopo aver letto il capitolo finale del *Principe*, nel quale Machiavelli esorta i Medici a liberare l'Italia dall'oppressione straniera. Per far ciò, non era più possibile temporeggiare: solo l'*impeto* avrebbe permesso di raggiungere l'obiettivo.

8 Come vengono definiti gli uomini all'inizio dell'ultimo paragrafo? Per quale motivo? È, secondo Machiavelli, una caratteristica positiva? Perché?

9 Quali caratteristiche bisogna avere per "comandare" la fortuna?

10 SCRIVERE PER **ARGOMENTARE**
Machiavelli è convinto che la fortuna sia, almeno in parte, ancora indirizzabile dalla virtù. Riponi anche tu la medesima fiducia sulle possibilità dell'uomo di determinare il corso della propria esistenza? Argomenta la tua opinione in un testo di circa 20 righe.

11 SCRIVERE PER **RACCONTARE**
Forzare o temporeggiare? Il dilemma è antico: tu sei un sostenitore del coraggio o della prudenza? In quali occasioni ti sei servito dell'uno o dell'altra? Scrivi un testo di circa 20 righe.

• T 13 •

Esortazione a conquistare l'Italia e a liberarla dalle mani dei barbari

Il Principe, XXVI

L'occasione di **libertà** per l'Italia

Il Principe si chiude con un'appassionata e vibrante esortazione rivolta ai Medici affinché riscattino l'Italia dalla schiavitù cui l'ha condotta l'ignavia dei principi italiani.

EXHORTATIO AD CAPESSENDAM ITALIAM IN LIBERTATEMQUE A BARBARIS VINDICANDAM

Considerato adunque tutte le cose di sopra discorse,[1] e pensando meco medesimo se al presente in Italia correvano tempi da onorare uno nuovo principe,[2] e se ci era materia che dessi occasione a uno prudente e virtuoso d'introdurvi forma[3] che facessi onore a lui e bene alla università[4] delli uomini di quella, mi pare concorrino tante cose in benefizio[5] di uno principe nuovo, che io non so qual mai tempo fussi più atto a questo. E se, come io dissi,[6] era necessario, volendo vedere[7] la virtù di Moisè, che il populo d'Isdrael fussi stiavo[8] in Egitto; e a conoscere la grandezza dello animo di Ciro, che ' Persi fussino oppressati[9] da' Medi; e la eccellenzia di Teseo, che li Ateniesi fussino dispersi; così al presente, volendo conoscere la virtù di uno spirito italiano, era necessario che la Italia si riducessi ne' termini[10] presenti, e che

1 **discorse:** esaminate.
2 **pensando... principe:** pensando tra me e me se attualmente in Italia ci fossero tempi favorevoli per far prosperare (*onorare*) un principe nuovo.
3 **se ci era materia... forma:** e se ci fosse la condizione idonea (*materia*) a fornire l'occasione a un principe saggio e virtuoso di darle (all'Italia) forma secondo la propria volontà.
4 **alla università:** all'universalità, a tutti.
5 **in benefizio:** a favore.
6 **come io dissi:** il riferimento è al capitolo VI (➤ T8, p. 396).
7 **volendo vedere:** affinché si potesse rivelare.
8 **stiavo:** schiavo.
9 **oppressati:** oppressi.
10 **ne' termini:** nelle condizioni.

la fussi più stiava che li Ebrei, più serva ch'e Persi, più dispersa[11] che gli Ateniesi: sanza capo, sanza ordine, battuta, spogliata, lacera, corsa,[12] e avessi sopportato d'ogni sorte ruina.[13]

E benché insino a qui si sia mostro[14] qualche spiraculo[15] in qualcuno,[16] da potere iudicare ch'e' fussi ordinato da Dio per sua redenzione, tamen[17] si è visto come di poi, nel più alto corso delle azioni sua,[18] è stato da la fortuna reprobato.[19] In modo che, rimasa come sanza vita, aspetta quale possa[20] essere quello che sani[21] le sue ferite e ponga fine a' sacchi[22] di Lombardia, alle taglie[23] del Reame e di Toscana, e la guarisca di quelle sue piaghe già per lungo tempo infistolite.[24] Vedesi come la priega Iddio che li mandi qualcuno che la redima da queste crudeltà e insolenzie barbare.[25] Vedesi ancora tutta pronta e disposta a seguire una bandiera, pur che ci sia uno che la pigli. Né ci si vede al presente in quale lei possa più sperare che nella illustre Casa vostra,[26] la quale con la sua fortuna e virtù, favorita da Dio e da la Chiesa, della quale è ora principe,[27] possa farsi capo di questa redenzione. Il che non fia molto difficile, se vi recherete innanzi le azioni e vita de' sopra nominati;[28] e benché quelli uomini sieno rari e maravigliosi, nondimeno furno uomini, ed ebbe ciascuno di loro minore[29] occasione che la presente: perché la impresa loro non fu più iusta di questa, né più facile, né fu Dio più amico loro che a voi. Qui è iustizia grande: iustum enim est bellum quibus necessarium et pia arma ubi nulla nisi in armis spes est.[30] Qui è disposizione grandissima:[31] né può essere, dove è grande disposizione, grande difficultà, pure che quella pigli delli ordini di coloro che io ho preposti per mira.[32] Oltre a di questo, qui si veggono estraordinari sanza esemplo,[33] condotti da Dio: el mare si è aperto; una nube vi ha scorto il cammino; la pietra ha versato acque; qui è piovuto la manna.[34] Ogni cosa è concorsa nella vostra grandezza. El rimanente dovete fare voi: Dio non vuole fare ogni cosa, per non ci tòrre el libero arbitrio e parte di quella gloria che tocca a noi.

E non è maraviglia se alcuno de' prenominati[35] italiani non ha possuto fare quello che si può sperare facci la illustre Casa vostra, e se, in tante revoluzioni[36] di Italia e in tanti maneggi di guerra, e' pare sempre che in Italia la virtù militare sia spenta; perché questo nasce che gli ordini antichi di quella non erono buoni,[37] e

11 dispersa: frazionata.
12 sanza capo... corsa: le ripetizioni e le accumulazioni per asindeto conferiscono al periodo un tono accorato e producono un intenso effetto di *pathos*. Con *corsa* si intende "percorsa dagli eserciti stranieri".
13 d'ogni sorte ruina: catastrofi di ogni genere.
14 mostro: mostrato.
15 spiraculo: spiraglio.
16 qualcuno: l'allusione, come abbiamo visto nel capitolo VII (➤ T9, p. 400), è a Cesare Borgia.
17 tamen: tuttavia (latino).
18 nel più... sua: nel momento decisivo delle sue azioni.
19 reprobato: respinto.
20 quale possa: colui che possa.
21 sani: guarisca.
22 sacchi: saccheggi (a opera di francesi e spagnoli).
23 taglie: tasse (imposte dai francesi alla Toscana e dagli spagnoli al *Reame*, cioè al Regno di Napoli).
24 infistolite: incancrenite.
25 insolenzie barbare: sono i soprusi compiuti dagli stranieri.
26 Né... Casa vostra: né si vede in questo momento in quale casata principesca l'Italia (*lei*) possa riporre speranza più che nella vostra illustre famiglia (dei Medici).
27 della quale... principe: Giovanni de' Medici, figlio del Magnifico, era diventato papa nel marzo 1513 con il nome di Leone X.
28 se vi... nominati: se considererete come modelli esemplari i casi prima descritti (nel capitolo VI, cioè quelli di Mosè, Ciro, Romolo e Teseo).
29 minore: meno propizia.
30 iustum... est: la citazione latina è tratta a memoria dall'opera dello storico Tito Livio: «è giusta infatti la guerra per coloro per i quali è necessaria, e le armi sono sacre se non esiste speranza fuorché nelle armi».
31 disposizione grandissima: situazione molto favorevole.
32 pure... mira: a patto che la vostra casata si ispiri ai modelli che ho offerto come esempi.
33 estraordinari sanza esemplo: miracoli senza precedenti.
34 el mare... manna: si tratta dei segni divini che accompagnarono la liberazione degli ebrei dall'Egitto.
35 prenominati: prima nominati; il riferimento è a Francesco Sforza e a Cesare Borgia.
36 revoluzioni: rivolgimenti politici. Il termine "rivoluzione" assumerà infatti il significato odierno solo a partire dal XVIII secolo.
37 questo... buoni: ciò deriva dal fatto che in Italia gli antichi ordinamenti (militari, basati sulle truppe mercenarie) non erano buoni.

non ci è suto[38] alcuno che abbia saputo trovare de' nuovi. E veruna cosa fa tanto onore a uno uomo che di nuovo surga,[39] quanto fa le nuove legge ed e' nuovi ordini trovati da lui: queste cose, quando sono bene fondate e abbino in loro grandezza, lo fanno reverendo[40] e mirabile. E in Italia non manca materia da introdurvi ogni forma: qui è virtù grande nelle membra,[41] quando la non mancassi ne' capi. Specchiatevi ne' duelli e ne' congressi de' pochi,[42] quanto gli italiani sieno superiori con le forze, con la destrezza, con lo ingegno; ma come e' si viene alli eserciti, non compariscono.[43] E tutto procede da la debolezza de' capi: perché quegli che sanno non sono ubbiditi e a ciascuno pare sapere, non ci essendo insino a qui suto alcuno che si sia rilevato tanto, e per virtù e per fortuna, che li altri cedino.[44]

Di qui nasce che in tanto tempo, in tante guerre fatte ne' passati venti anni, quando gli è stato uno esercito tutto italiano, sempre ha fatto mala pruova:[45] di che è testimone prima el Taro, di poi Alessandria, Capua, Genova, Vailà, Bologna, Mestri.[46]

Volendo adunque la illustre Casa vostra seguitare quelli eccellenti uomini che redimerno[47] le provincie loro, è necessario innanzi a tutte le altre cose, come vero fondamento d'ogni impresa, provedersi d'arme proprie, perché non si può avere né più fidi, né più veri, né migliori soldati: e benché ciascuno di essi sia buono, tutti insieme diventeranno migliori quando si vedessino comandare dal loro principe, e da quello onorare e intrattenere.[48] È necessario pertanto prepararsi a queste arme,[49] per potersi con la virtù italica defendere da li esterni. E benché la fanteria svizzera e spagnuola sia esistimata terribile, nondimanco in ambedua è difetto[50] per il quale uno ordine terzo[51] potrebbe non solamente opporsi loro, ma confidare[52] di superargli. Perché gli spagnuoli non possono sostenere e' cavagli,[53] e li svizzeri hanno ad avere paura de' fanti quando gli riscontrino nel combattere ostinati come loro: donde[54] si è veduto e vedrassi, per esperienza, li spagnuoli non potere sostenere una cavalleria franzese e li svizzeri essere rovinati da una fanteria spagnuola. E benché di questo ultimo non se ne sia visto intera esperienza,[55] tamen se ne è veduto uno saggio nella giornata di Ravenna,[56] quando le fanterie spagnuole si affrontorno con le battaglie tedesche, le quali servano el medesimo ordine che li svizzeri: dove li spagnuoli, con la agilità del corpo e aiuto de' loro brocchieri,[57] erano entrati, tra le picche[58] loro, sotto e stavano sicuri a offendergli sanza che li tedeschi vi avessino remedio; e se non fussi[59] la cavalleria, che gli urtò,

38 **suto:** stato.
39 **surga:** salga al potere.
40 **reverendo:** degno di rispetto.
41 **nelle membra:** nei singoli.
42 **congressi de' pochi:** sfide tra pochi combattenti. Si allude con molta probabilità alla disfida di Barletta (1503), il celebre scontro cavalleresco in cui tredici italiani, capeggiati da Ettore Fieramosca, ebbero la meglio su altrettanti francesi.
43 **ma come... non compariscono:** ma non appena si arriva agli scontri organizzati (cioè alle battaglie campali tra eserciti), essi (gli italiani) scompaiono, cioè danno pessima prova di sé.
44 **non ci essendo insino a qui... cedino:** non essendoci stato nessuno finora capace di emergere, grazie alla fortuna e al proprio valore, al punto da farsi obbedire dagli altri.
45 **sempre ha fatto mala pruova:** ha sempre fatto una cattiva figura.
46 **el Taro, di poi Alessandria... Mestri:** Machiavelli elenca alcune sconfitte italiane per provare quanto ha affermato: a Fornovo di Taro, poco distante da Parma, Carlo VIII sbaragliò l'esercito della lega antifrancese (1495); Alessandria venne occupata da Luigi XII (1499); Capua e Genova caddero rispettivamente nel 1501 e nel 1507; a Vailate, nella battaglia di Agnadello, nel cremonese, Venezia fu sconfitta dalle truppe francesi e imperiali (1509); Bologna fu facile preda dei francesi (1511); Mestre venne occupata e incendiata dagli spagnoli (1513).
47 **redimerno:** portarono alla libertà.
48 **intrattenere:** trattare bene.
49 **prepararsi a queste arme:** allestire questo tipo di milizie.
50 **in ambedua è difetto:** in entrambe c'è un difetto.
51 **uno ordine terzo:** un ordinamento militare diverso da quello delle fanterie spagnola e svizzera.
52 **confidare:** avere buone speranze.
53 **non... cavagli:** non sono in grado di contrastare la cavalleria.
54 **donde:** per cui.
55 **intera esperienza:** prova sicura e definitiva.
56 **nella giornata di Ravenna:** l'11 aprile 1512, presso Ravenna, i francesi sconfissero l'esercito della Lega Santa, promossa da Giulio II, in alleanza con spagnoli e veneziani.
57 **brocchieri:** piccoli scudi rotondi appuntiti.
58 **picche:** lance lunghissime e perciò ingombranti nei corpo a corpo.
59 **fussi:** fosse stato per.

gli arebbono consumati[60] tutti. Puossi adunque, conosciuto il difetto dell'una e dell'altra di queste fanterie, ordinarne una di nuovo, la quale resista a' cavalli e non abbia paura de' fanti: il che lo farà la generazione delle armi e la variazione delli ordini;[61] e queste sono di quelle cose che, di nuovo ordinate, danno reputazione e grandezza a uno principe nuovo.

Non si debba adunque lasciare passare questa occasione, acciò che la Italia vegga dopo tanto tempo apparire uno suo redentore. Né posso esprimere con quale amore e' fussi[62] ricevuto in tutte quelle provincie che hanno patito per queste illuvioni[63] esterne, con che sete di vendetta, con che ostinata fede, con che pietà, con che lacrime. Quali porte se li serrerebbono?[64] Quali populi gli negherebbono la obbedienza? Quale invidia se li opporrebbe? Quale italiano gli negherebbe lo ossequio? A ognuno puzza[65] questo barbaro dominio. Pigli adunque la illustre Casa vostra questo assunto,[66] con quello animo e con quella speranza che si pigliono[67] le imprese iuste, acciò che, sotto la sua insegna, e questa patria ne sia nobilitata e, sotto e' sua auspizi,[68] si verifichi quel detto del Petrarca, – quando disse:

Virtù contro a furore
prenderà l'armi, e fia el combatter corto,
che l'antico valore
nelli italici cor non è ancor morto.[69]

60 gli... consumati: li avrebbero uccisi.
61 il che... ordini: ciò lo otterranno un nuovo tipo di milizie non mercenarie (*la generazione delle armi*) e una riforma degli schieramenti (*la variazione delli ordini*).
62 fussi: sarebbe.
63 illuvioni: invasioni.
64 Quali... serrerebbono?: quali porte si chiuderebbero dinanzi a questo nuovo principe?
65 puzza: ripugna.
66 assunto: compito.
67 che si pigliono: con cui vengono intraprese.
68 sotto e' sua auspizi: sotto la protezione dei Medici.
69 Virtù... morto: sono versi estrapolati dalla canzone *Italia mia, benché 'l parlar sia indarno* (vv. 93-96): "Il valore (degli italiani) si armerà contro la furia (dei barbari), e il combattimento sarà breve, poiché l'antico valore (quello degli antenati romani) non è ancora venuto meno nei cuori degli italiani".

Dentro il TESTO

I contenuti tematici

Un Machiavelli diverso da Machiavelli?

Nell'epilogo del *Principe* Machiavelli esprime palesemente la vitalità appassionata della sua partecipazione politica e la tensione intellettuale con cui la sua opera, soltanto apparentemente analitica e imparziale, si cala nella bruciante attualità del tempo. L'autore fa appello a sentimenti e ideali di norma banditi nella sua analisi: chiama in causa l'amore, la fede, la pietà, la speranza, la patria, la giustizia. Cita il nome di Dio (sei volte solo nel secondo paragrafo), accenna a missioni, redenzioni, predestinazioni. Abbandonato l'andamento argomentativo dei capitoli precedenti, egli non si accontenta più della teoria e ricorre alla fede per acquistare efficacia e forza di convincimento. A prima vista, insomma, anche alla luce dell'icasticità del lessico e dell'alta tensione espressiva, sembrerebbe un discorso non di Machiavelli, ma di Savonarola.

L'invito che egli formula – lo chiarisce subito – non nasce da un generico auspicio o da un'astratta proposizione di intenti. A renderlo concreto e praticabile, infatti, ci sono le circostanze: c'è l'*occasione* propizia per un principe, *prudente* e al tempo stesso *virtuoso* (r. 5), di redimere finalmente l'Italia. La convinzione è suffragata dagli esempi del passato: i grandi fondatori di Stati del tempo antico – e si ricorderà che i nomi proposti

(Mosè, Ciro e Teseo) erano già stati presi a modello nel capitolo VI – hanno saputo cogliere l'opportunità di liberare i propri popoli quando erano nella più tragica condizione di oppressione. A maggior ragione, attende il suo liberatore l'Italia, che è *più stiava che li Ebrei, più serva ch'e Persi, più dispersa che gli Ateniesi* (r. 13), ha *sopportato d'ogni sorte ruina* (rr. 14-15) ed è pronta *a seguire una bandiera, pur che ci sia uno che la pigli* (rr. 23-24).

Un finale appassionato

Nella parte centrale e finale del capitolo, Machiavelli si rivolge a quelli che egli ritiene gli unici salvatori possibili d'Italia, i Medici, ai quali anche il disegno divino pare fornire un aiuto significativo con l'elezione di papa Leone X. Ora sta a loro mettere in pratica ciò che tutte le circostanze contingenti sembrano favorire. Per poterlo fare, devono *provedersi d'arme proprie* (r. 58) e cementare la *virtù italica* (r. 62), troppo spesso dispersa dalla *debolezza de' capi* (r. 50), contro *li esterni* (r. 62).

L'intervento di un *redentore* (r. 81), una sorta di messia che non lasci *passare questa occasione* (r. 80), è invocato con accenti drammatici alla fine dell'esortazione, che poi si distende rievocando la speranza già espressa nei versi di Petrarca.

Le scelte stilistiche

Un *incipit* pacato e una vibrante esortazione

Nel confrontare questo capitolo con i precedenti, appare evidente una differenza sostanziale nello stile e nel tono dell'argomentazione, dovuta innanzitutto alla peculiarità di questo epilogo, che appartiene a un genere retorico specifico, quello appunto dell'esortazione, caratterizzato dall'enfasi e dalla vibrante carica emotiva con cui si cerca di coinvolgere il lettore.

E dire che l'inizio della riflessione sembrerebbe contrassegnato dalla pacatezza. *Considerato, pensando, se al presente* (rr. 3-4): il ritmo lento di un'articolata sintassi conferisce all'*incipit* del capitolo un tono meditativo, che è però immediatamente contraddetto dalla commossa impennata che prende il discorso quando si introducono le motivazioni dell'esortazione: *mi pare concorrino tante cose in benefizio di uno principe nuovo* (rr. 6-7).

Uno stile che punta sulle emozioni

Poi, nella parte restante del capitolo, il *pathos* ricercato da Machiavelli è felicemente ottenuto grazie all'adozione di una serie di espedienti retorici. Si veda innanzitutto come viene ritratta l'Italia: attraverso immagini quali *sanza capo, sanza ordine, battuta, spogliata, lacera, corsa* (r. 14) si esprime l'indignazione per una condizione di servitù disonorevole. *Rimasa come sanza vita*, nella speranza che intervenga qualcuno *che sani le sue ferite* [...] *e la guarisca di quelle sue piaghe già per lungo tempo infistolite* (rr. 19-21): con questa rappresentazione cruda e quasi espressionistica, Machiavelli dipinge l'Italia, personificandola come una malata che esibisce la cancrena morale della propria carne corrotta.

Accrescono poi la tensione le anafore (*Vedesi... Vedesi*, rr. 21 e 23; *Qui... Qui... qui*, rr. 30, 32 e 34; *Quali... Quali... Quale... Quale*, rr. 84-85) e le domande retoriche (*Quali porte se li serrerebbono? Quali populi gli negherebbono la obbedienza? Quale invidia se li opporrebbe? Quale italiano gli negherebbe lo ossequio?*, rr. 84-86), fino all'accorata esclamazione con cui Machiavelli manifesta in forma immediata e popolaresca l'indignazione collettiva: *A ognuno puzza questo barbaro dominio* (r. 86).

Verso le COMPETENZE

COMPRENDERE

1 Quale condizione dell'Italia del momento appare a Machiavelli estremamente propizia per una sua redenzione? Perché Lorenzo di Piero de' Medici è l'uomo giusto al momento giusto per compiere questa impresa?

2 Quale testo è citato in chiusura? Qual è il suo contenuto?

ANALIZZARE

3 Fai l'analisi del periodo da *Considerato adunque* a *più atto a questo* (rr. 3-8).

4 Individua tutte le metafore presenti nel capitolo e spiegane il significato.

INTERPRETARE

5 Per temperamento Machiavelli sembrerebbe essere un autore "dantesco", eppure conclude il trattato con una citazione di Petrarca: motiva questa scelta.

PRODURRE

6 SCRIVERE PER **ARGOMENTARE**
La citazione latina tratta dallo storico Tito Livio, riportata da Machiavelli alle rr. 31-32, evidenzia la convinzione che esistano guerre giuste. Facendo riferimento ai tempi moderni e contemporanei, tu approvi il punto di vista dell'autore? Illustra il tuo pensiero con un testo argomentativo di circa 30 righe.

7 SCRIVERE PER **ESPORRE**
Machiavelli offre un ritratto spietato dell'Italia del suo tempo. E oggi? Come appare ai tuoi occhi il nostro paese? Scrivi un testo di circa 30 righe.

PER APPROFONDIRE

Un genio del male: Machiavelli personaggio d'invenzione

L'Antimachiavellismo, cioè la corrente di pensiero che si afferma in Italia e in Europa dalla metà del Cinquecento in opposizione alle teorie politiche di Machiavelli, non si limita alla censura morale e ideologica della sua opera. Non vengono combattute aspramente solo le sue idee: anche il loro artefice viene presto assimilato a un figlio di Satana, all'eroe diabolico di una leggenda nera. Non a caso l'aggettivo derivato dal suo nome, "machiavellico", finisce presto per designare un comportamento subdolo, cinico, spregiudicato.

Prototipo e incarnazione del male, l'autore del *Principe* diventa perfino un personaggio d'invenzione, un fantasma che si muove sulla scena del teatro, della poesia e del romanzo. Specie in Inghilterra, durante l'epoca elisabettiana, Machiavelli è il simbolo della frode, l'italiano sanguinario e mefistofelico, nemico del genere umano: *Old Nick* (come viene ribattezzato con un misto di attrazione e repulsione) appare nei drammi di Christopher Marlowe (1564-1593), di William Shakespeare (1564-1616), di Ben Jonson (1572-1637).

Un gioco analogico permette di trasformare il nome Machiavelli adattandolo alla sua supposta immoralità. Così, ecco l'accostamento per assonanza di *devil* ("diavolo") ed *evil* ("male") con il suo nome attraverso il binomio *Match-evil*: «Erano dunque possibili frasi come *Machevill that evil none can match*, "Machiavelli a cui nessun male è pari", o scomposizioni analitiche dell'aggettivo *Machiavellian* come *Match* e *villain*, traducibile su per giù con "pari a un villano"» (Motolese).

Dunque non stupisce che l'abnorme consigliere del male proliferi nei teatri secenteschi inglesi. Lo scrittore Robert Daborne (ca 1580-1628) mette in scena nel 1613 una commedia dal titolo *Machiavel and the Devil*. Due anni prima, nel 1611, il più grande poeta inglese del Seicento, John Donne (1572-1631), scrive una strana satira in inglese e latino dal titolo *Ignatius His Conclave*. Naturalmente lo spirito di Machiavelli è all'inferno, dove, nelle vesti di cortigiano di Lucifero, ingaggia una gara di malvagità con sant'Ignazio di Loyola, il fondatore della Compagnia di Gesù. Alla fine è costretto alla resa, ma il suo insegnamento della menzogna e del tradimento rimane invincibile.

Chi pensa che l'immagine sinistra di Machiavelli sia stata archiviata nei tempi moderni (una volta, insomma, che la sua opera inizi a essere letta senza preconcetti e strumentalizzazioni) è fuori strada. Ancora oggi basta scorrere i cataloghi delle principali case editrici e si scopre che non di rado ricompaiono le fattezze di Niccolò. Magari con ruoli diversi, ma sempre tagliati su misura per esaltarne l'inquietante intelligenza. E, allora, troviamo un Machiavelli detective, in thriller dove realtà e fantasia si mescolano, secondo una ricetta narrativa di grande presa sul pubblico, come nei romanzi del fiorentino Leonardo Gori, *Le ossa di Dio* (2007) e *La città del sole nero* (2008), o dell'americano Michael Ennis, che in *La congiura Machiavelli* (2013) escogita una specie di *Criminal Minds* rinascimentale.

Tra crimini e cospirazioni Machiavelli insomma sta a meraviglia. Non manca però chi ha letto le opere del segretario fiorentino come quelle di un guru dell'alta finanza. Così almeno consigliano due manuali per aspiranti manager (li firmano Antony Jay e Gerald R. Griffin, con i titoli, rispettivamente, *Management and Machiavelli*, 1967, e *Machiavelli on Management*, 1991), in cui si sostiene che i suggerimenti dati al principe possano valere anche per un capo d'azienda disposto a tutto o quasi pur di farsi largo nella giungla del capitalismo.

L'AUTORE nel tempo

La ricezione dell'opera di Machiavelli è stata fortemente condizionata dall'aspra accoglienza che le riservano gli ambienti ecclesiastici. Lo spirito anticristiano del pensatore fiorentino determina un'avversione che diviene una vera e propria corrente di pensiero, l'antimachiavellismo: un fenomeno che supera i confini della critica letteraria, investendo, nel clima di scontri roventi che coinvolge tutta Europa tra Cinquecento e Seicento, il costume, la mentalità, la morale, il potere politico.

L'Antimachiavellismo cattolico e protestante

Da subito i cattolici considerano Machiavelli alla stregua di un diavolo: il cardinale inglese Reginald Pole, in un'*Apologia all'Imperatore Carlo V*, composta tra il 1535 e il 1545, definisce *Il Principe* «opera scritta per mano di Satana». Qualche anno dopo, nel 1559, l'opera del pensatore fiorentino viene messa all'Indice, alla fine di una vera e propria crociata culturale e ideologica condotta da vescovi di tutta Europa.

Anche tra i protestanti la figura di Machiavelli incarna lo stereotipo dell'italiano cinico, calcolatore, spregiudicato. In Francia, un giurista ugonotto, Innocent Gentillet, pubblica nel 1576 il *Discorso sul modo di ben regnare e mantenere in buona pace un regno o altro principato, contro Niccolò Machiavelli*: mille pagine di accuse e confutazioni in nome della religione che incontrano un grande successo e vengono tradotte in inglese, latino e tedesco (con il significativo titolo di *Antimachiavelli*).

Nel periodo controriformistico condannare l'eretico Machiavelli significa reagire alla secolarizzazione della teoria politica e attribuire nuovamente alla religione il primato sulla politica. Tuttavia, anche nel mondo cattolico, affiorano letture diverse: per lo storico Scipione Ammirato, il principe cristiano può ricorrere alla furbizia, se le circostanze lo richiedono. Non si può governare solo con il rosario in mano: la ragion di Stato può autorizzare una pratica più disinvolta. Il gesuita Giovanni Botero, nel celebre libro *Della ragion di Stato* (1589), esprime la stessa ambigua tesi: il principe deve garantire ossequio alla Chiesa per salvare la propria anima e salvaguardare il benessere dello Stato, ma poi può considerarsi libero di agire da politico puro. Il nome di Machiavelli è considerato ancora blasfemo e impronunciabile e perciò viene sostituito dal più rassicurante Tacito (lo storico latino del I-II secolo d.C., autore degli *Annales*), ma il realismo politico suggerito dal segretario fiorentino diventa un inconfessabile riferimento anche per i pensatori cristiani.

Al di là della riprovazione ufficiale da parte della Chiesa, l'opera di Machiavelli si afferma infatti come un paradigma intellettuale imprescindibile, che riesce a fecondare nuove analisi e prospettive all'interno di quello stesso ambiente intellettuale cristiano che ne ha sancito la condanna, ma paradossalmente anche il successo.

La cauta rivalutazione cattolica

Negli ultimi due secoli l'interesse degli intellettuali cristiani per Machiavelli è emerso più esplicitamente. Figure come Antonio Rosmini, Cesare Balbo e Niccolò Tommaseo studiano la sua teoria politica, anche in relazione al processo di unificazione nazionale italiano. Vincenzo Gioberti riconosce la novità fondamentale dell'approccio metodologico di Machiavelli, definito il «Galileo della politica». In tempi più recenti, il filosofo Augusto Del Noce ha collegato Machiavelli a Cartesio per il ruolo fondativo che l'autore del *Principe* ha avuto nel segnare l'avvento del moderno e nel caratterizzarne gli sviluppi successivi.

Ma già qualche decennio prima, un intellettuale cattolico nel cuore dell'Inghilterra vittoriana, Lord Acton, aveva segnato una svolta pressoché definitiva. Nel 1891, infatti, aveva curato una nuova edizione inglese del *Principe*, firmando un'introduzione in cui si legge: «L'antico problema è estinto; nessun lettore di questo volume continuerà a chiedersi quanto un uomo così ragionevole e intelligente venisse a proporre consigli scellerati. Quando Machiavelli dichiarò che fini straordinari non possono essere raggiunti sotto regole ordinarie, egli ricordò l'esperienza della sua propria epoca, ma anche predisse il segreto degli uomini di sempre».

◢ L'apprezzamento secentesco al metodo scientifico e la critica illuminista

Le polemiche e le strumentalizzazioni toccate in sorte all'opera di Machiavelli non riguardano soltanto gli ambienti religiosi. Ancora nel Seicento e nel Settecento, intorno alla sua figura si agitano sostenitori e detrattori. Ai primi appartengono, nel Seicento, il filosofo inglese Francis Bacon, che esalta la modernità scientifica del metodo di ricerca di Machiavelli, e il filosofo olandese Baruch Spinoza, il quale propone un'interpretazione del *Principe*, destinata ad avere grande successo nei decenni successivi, secondo la quale l'obiettivo di Machiavelli non è tanto educare il principe, ma dare ai sudditi «suggerimenti molto salutari» per difendere la propria libertà dal potere dispotico. Critici nei confronti di Machiavelli sono invece in gran parte gli illuministi del XVIII secolo (da Montesquieu a Voltaire), i quali oppongono al cinico e violento modello del Valentino la figura del monarca ispirato esclusivamente da onestà e rettitudine.

◢ Il Machiavelli "patriottico" dell'età romantico-risorgimentale

Diversa è invece l'interpretazione di Jean-Jacques Rousseau, che giudica *Il Principe* come «il libro dei repubblicani», un utile prontuario per conoscere e combattere il vero volto della sopraffazione e della tirannide. Questa lettura libertaria, ripresa in Italia da Vittorio Alfieri e Ugo Foscolo, contribuisce alla nascita, durante l'età romantico-risorgimentale, del mito di un Machiavelli patriottico, anticipatore e auspice dell'indipendenza italiana.

Tuttavia, in un'età infarcita di nobili ideali, il suo pensiero non cessa di suscitare sospetto: mentre Giacomo Leopardi esalta Machiavelli come un maestro del «nudo vero», capace di rivelare la realtà senza facili illusioni e consolazioni, un intellettuale laico come Giuseppe Mazzini insiste nel considerarlo un autore troppo cinico e disinvolto. Più articolato è invece il giudizio di Alessandro Manzoni, che nei *Promessi sposi* (capitolo 27) fa dire a don Ferrante che Machiavelli è un «mariolo», ma mette in luce nelle *Osservazioni sulla morale cattolica* come l'autore del *Principe* fosse stato costretto a seguire il principio dell'«utilità», poiché le condizioni storiche e politiche gli impedivano di realizzare quello della «giustizia».

Oltre l'interpretazione risorgimentale va Francesco De Sanctis, che individua in Machiavelli «la negazione più profonda del Medioevo, e insieme l'affermazione più chiara de' nuovi tempi»: si aprirebbe con lui una stagione dell'umanità che prepara il terreno al metodo scientifico e sperimentale di Galileo e al pensiero cartesiano.

◢ Il Novecento: da specialista della politica a scrittore eclettico

Ancora all'inizio del Novecento, non viene meno la tendenza a giudicare l'opera di Machiavelli su basi morali: per Benedetto Croce, lo scrittore fiorentino «scopre la necessità e l'autonomia della politica, della politica che è di là, o piuttosto di qua dal bene e dal male morale, che ha le sue leggi a cui è vano ribellarsi, che non si può esorcizzare e cacciare dal mondo con l'acqua benedetta». Secondo Antonio Gramsci, invece, *Il Principe* non va letto come un trattato teorico, ma come un vero libro "vivente", in cui si riassumono due momenti distinti, quello teorico-scientifico, evidente nella stesura della quasi totalità dell'opera, e quello della passione politica, che emerge con forza nella parte finale.

Luigi Russo, nel 1949, definisce l'opera machiavelliana come «poesia della tecnica politica»: lo studioso sottolinea la compresenza di tecnica e passione, scienza e militanza, lucida osservazione della realtà e concezione dello Stato come ideale opera d'arte.

Nel complesso, al di là dei diversi orientamenti emersi nella critica negli ultimi decenni, si è affermata una unanime volontà di storicizzare i testi di Machiavelli, indagandone genesi e fonti e individuandone i nessi con la sua esperienza biografica. Lo stesso autore non viene più considerato alla stregua di uno specialista della politica, ma è ammirato come uno scrittore eclettico, capace di cimentarsi con generi letterari diversi, e come una personalità ricca, complessa ed estremamente moderna.

LETTURE critiche

Il Principe, l'opera di un «uomo d'azione»

di Antonio Gramsci

Secondo Antonio Gramsci (1891-1937), il principe descritto da Machiavelli non è altro che il portavoce di una volontà collettiva, capace di aggregare intorno a sé le forze indisciplinate delle masse cittadine. In questo senso, l'opera di Machiavelli sarebbe il «manifesto» indispensabile per il condottiero atteso da un intero popolo, schiacciato, quest'ultimo, dalla forza e dagli interessi di ristretti gruppi oligarchici.

La dottrina del Machiavelli non era, al tempo suo, una cosa puramente «libresca», un monopolio di pensatori isolati, un libro segreto che circola tra iniziati. Lo stile del Machiavelli non è quello di un trattatista sistematico, come ne avevano e il Medioevo e l'Umanesimo, tutt'altro; è stile di uomo d'azione, di chi vuole spingere all'azione, è stile da «manifesto» di partito. L'interpretazione «moralistica» data dal Foscolo è certo sbagliata; tuttavia, è vero che il Machiavelli ha svelato qualcosa e non solo teorizzato il reale; ma quale era il fine dello svelare? Un fine moralistico o politico? Si suol dire che le norme del Machiavelli per l'attività politica «si applicano, ma non si dicono»; i grandi politici – si dice – cominciano col maledire Machiavelli, col dichiararsi antimachiavellici, appunto per poterne applicare le norme «santamente». Non sarebbe stato il Machiavelli poco machiavellico, uno di quelli che «sanno il giuoco» e stoltamente lo insegnano, mentre il machiavellismo volgare insegna a fare il contrario?

Si può quindi supporre che il Machiavelli abbia in vista «chi non sa», che egli intenda fare l'educazione politica di «chi non sa», educazione politica non negativa, di odiatori di tiranni, come parrebbe intendere il Foscolo, ma positiva, di chi deve riconoscere necessari determinati mezzi, anche se propri dei tiranni, perché vuole determinati fini. Chi è nato nella tradizione degli uomini di governo, per tutto il complesso dell'educazione che assorbe dall'ambiente familiare, in cui predominano gli interessi dinastici o patrimoniali, acquista quasi automaticamente i caratteri del politico realista. Chi dunque «non sa»? La classe rivoluzionaria del tempo, il «popolo» e la «nazione» italiana, la democrazia cittadina che esprime dal suo seno i Savonarola e i Pier Soderini e non i Castruccio e i Valentino.[1] Si può ritenere che il Machiavelli voglia persuadere queste forze della necessità di avere un «capo» che sappia ciò che vuole e come ottenere ciò che vuole, e di accettarlo con entusiasmo anche se le sue azioni possono essere o parere in contrasto con l'ideologia diffusa del tempo, la religione.

Antonio Gramsci, *Note sul Machiavelli, sulla politica e sullo Stato moderno*, Einaudi, Torino 1949

1 **Savonarola... Valentino:** secondo Gramsci, Savonarola e Pier Soderini sono rappresentanti di interessi collettivi, mentre Castruccio Castracani e Cesare Borgia incarnano con la loro politica le istanze individualistiche delle famiglie aristocratiche, avverse alle autentiche esigenze popolari.

Comprendere il PENSIERO CRITICO

1 Gramsci concorda con l'interpretazione moralistica che viene data del *Principe*?

2 Qual è, secondo Gramsci, lo scopo di Machiavelli nel delineare le caratteristiche del principe?

Oltre alla politica, niente

di Gennaro Sasso

È sufficiente sostenere che per Machiavelli la politica costituisca una realtà autonoma e separata dalla morale? Uno dei massimi studiosi dell'opera e del pensiero del Segretario fiorentino, Gennaro Sasso (n. 1928), osserva che per lui la politica rappresentava piuttosto un valore assoluto, ossia sciolto da ogni legame e da ogni relazione.

Risulta ormai evidente che la politica è, per Machiavelli, la realtà prima della vita umana, l'unico scopo che, usandola altresì come mezzo, l'uomo sia «necessitato» a perseguire, con il sacrificio, se occorra, della sua stessa anima. La politica è, dunque, senza dubbio, in questo senso, realtà autonoma. A nessuna regola etica la sua «regola» può mai essere sottoposta; e nel dominio del reale umano essa è *imperatrix superiorem non recognoscents*.[1] Ma, a rigore, essa non può nemmeno esser detta «autonoma». Quello dell'«autonomia» è, come ciascuno comprende, un concetto di relazione: si definisce mediante l'«altro» e l'autonomia dell'altro, che, se venisse meno, anche la prima autonomia non sarebbe tale. Ma nell'universo machiavelliano non c'è, rispetto alla politica, «altro». Non c'è nessun valore che, inalterabile e insopprimibile nella sua specificità, possa essere sottratto al destino di diventare suo strumento, e nei confronti del quale essa abbia quindi la necessità di affermare la propria «autonomia» e differenza. Da questo punto di vista, la questione, nata nei nostri tempi, se Machiavelli abbia o no «scoperto» l'«autonomia della politica – della politica che, come è stato detto, è al di là, o piuttosto al di qua, de bene e del male morali –, si rivela, in ultima analisi, astratta. E non tanto perché qualcosa di sostanziale osti a[2] che la politica, quale Machiavelli la concepisce sia identificata con quello che altri definisce il momento utilitario, o economico, della vita; ma piuttosto perché, al di là di questo momento, non ce n'è un altro al quale possa conferirsi pari dignità «assiologica»[3] e pari «autonomia». Una distinzione di utilità e moralità non sussiste negli scritti di Machiavelli, per la buona ragione che essere morali, essere buoni, non è, per lui, una necessità, che, accanto a quella che dischiude l'ampio regno del συμφέρον[4], sia tale da mantenere la sua propria autonomia. Nella non trascendibile precarietà della vita umana, l'utile costituisce l'unico orizzonte nel quale questa vita possa essere rappresentata e pensata; e dove c'è unicità, non ce differenza, dove non c'è differenza, non c'è autonomia (perché l'«autonomia» questo è, un rapporto di «differenze»). [...]

Affermare l'autonomia della politica non è possibile se non affermando il nesso e la relazione che la lega all'etica. Ma la tesi qui discussa asserisce che in Machiavelli l'etica non si media con la politica, né questa si media con quella: rimane un semplice desiderio, un sentimento, un'aspirazione malinconica ad una inattingibile società di uomini buoni e puri, che l'esperienza non conosce. E allora, se è così, s'intende che se, per la sua non mediabilità con la politica, l'etica rimane al di qua dell'autentica qualificazione categoriale, per la medesima ragione, per la sua non mediabilità con l'etica, anche la politica si configura come qualcosa di diverso dal «diverso autonomo», – come un'assolutezza, nella quale ogni diversità entra come strumento e perde, con la sua dignità assiologica, la sua autonomia. La politica, dunque, non è una totalità che, con il sacrificio di ogni diversità, si costituisce attraverso il rimpianto per il mondo perduto dell'etica, della bontà, della purezza.

Gennaro Sasso, *Niccolò Machiavelli. Il pensiero politico*, vol. 1, Il Mulino, Bologna 1993

1 ***imperatrix... recognescens:*** imperatrice che non riconosce alcuna autorità superiore.
2 **osti a:** impedisca.
3 **assiologica:** di valori morali.
4 ***συμφέρον:*** parola greca (*sumfèron*) che significa "utile".

Comprendere il PENSIERO CRITICO

1 Esiste, negli scritti machiavelliani, una distinzione tra etico e utile?
2 Perché la politica non può che essere "autonoma"?

Nessun governo può funzionare senza virtù

di Felix Gilbert

Lo storico tedesco Felix Gilbert (1905-1991) interpreta il significato del concetto machiavelliano di «virtù» all'interno dei limiti imposti dalla situazione storica.

Nell'ambito della situazione politica in cui viveva e scriveva, Machiavelli era fautore del Consiglio maggiore. Come Soderini, che per controbattere gli aristocratici aveva operato per mantenere il Consiglio nella forma originaria e nelle funzioni stabilite, Machiavelli insisteva sull'utilità e sulla necessità di questa istituzione. Anche dopo il 1512 egli continuò a esser convinto che gli ordinamenti istituzionali del 1494 fossero essenzialmente buoni; e si trovò quindi a dover spiegare perché un regime, che era l'incarnazione di principî giusti, avesse fatto fallimento e fosse caduto. Nel tentativo di risolvere questo problema, giunse alla conclusione che la prosperità di una società politica dipende meno dalle istituzioni che dallo spirito che sta dietro ad esse. Per esprimere questa idea egli usa la parola «virtù». Nei suoi scritti la parola ha un significato molteplice [...] . Nel mondo antico la «virtus» di un uomo era messa in relazione con la «fortuna»; la «virtus» era una qualità innata, opposta alle circostanze esterne o casuali. La «virtù», così intesa, non era fra quelle che il cristianesimo richiedeva agli uomini buoni, né il termine compendiava tutte le virtù cristiane; esso designava piuttosto la forza e il vigore da cui scaturivano tutte le azioni umane. Machiavelli nei suoi scritti usa questo concetto per rispecchiare l'idea, che egli ha in comune con i contemporanei, che il successo politico non dipende dalla giustezza di una causa o dall'uso dell'intelligenza, e che la vittoria può arridere «contro ogni ragione» a chi è ispirato da una volontà risoluta e tenace o da una qualche indefinibile forza interiore.

La «virtù» è requisito essenziale per il comando. Ogni capo [...] ha bisogno della virtù. Ma secondo Machiavelli la virtù può essere posseduta da un corpo collettivo oltre che da un individuo: un esercito, per esempio, deve avere virtù. Ad applicare il concetto di virtù ai corpi collettivi in generale Machiavelli fu spinto senza dubbio dalla convinzione che il valore militare è condizione del successo militare. Ma il valore di un esercito non è secondo Machiavelli un dono naturale; è piuttosto il risultato dell'addestramento e della disciplina, a cui debbono contribuire l'educazione, la religione e l'amministrazione della giustizia. La virtù militare pertanto riflette uno spirito permeante tutte le istituzioni di una società politica, ed è un aspetto di quella più generale virtù che si ritrova nelle società ben organizzate.

Il concetto machiavelliano di virtù postula l'esistenza di uno stretto nesso fra le istituzioni di una società politica. Esso inoltre, nel suo significato più ampio, implica che certi elementi fondamentali di forza e di vitalità debbono essere presenti in ogni società bene organizzata, quale che sia la sua particolare forma di governo. Talune forme di governo – nel giudizio di Machiavelli, il governo popolare – possono essere superiori ad altre: ma nessuna può funzionare senza virtù. Certi particolari del concetto machiavelliano di virtù possono sembrare bizzarri o contraddittori, ma esso fu grandemente fecondo in quanto conteneva il suggerimento che un elemento spirituale pervade tutti i membri e le istituzioni di ogni società ben organizzata, collegandoli in una unità dinamica che è qualcosa più della somma delle parti componenti.

Felix Gilbert, *Machiavelli e Guicciardini. Pensiero politico e storiografia a Firenze nel Cinquecento*, Einaudi, Torino 1970

Comprendere il PENSIERO CRITICO

1 Che cosa intende Machiavelli con "virtù"?

2 Qual è la funzione della "virtù" nella società?

Verifica delle CONOSCENZE

L'OPERA: *IL PRINCIPE*

Scegli l'alternativa corretta fra quelle proposte.

1 A quali anni risale la composizione del *Principe*?

- a 1511-1512.
- b Trattandosi di un'opera giovanile, intorno al 1499.
- c Alla fine del 1513.
- d A ridosso della morte, tra il 1525 e il 1527.

2 *Il Principe* è

- a un poema epico di 40 canti.
- b un'orazione politica.
- c un trattato di 26 capitoli.
- d un'opera didascalica di 36 capitoli.

3 Come viene definito *Il Principe* dallo stesso Machiavelli?

- a «Piccolo volume».
- b «Grande volume».
- c «Il poema sacro al quale ha posto mano e cielo e terra».
- d «Opera ripiena di parole ampollose e magnifiche».

Indica se le seguenti affermazioni sono vere (V) o false (F).

4 Il libro è dedicato a Lorenzo il Magnifico. V F

5 In politica l'utile e il bene coincidono. V F

6 *Il Principe* contiene un messaggio utopistico. V F

7 Il politico deve farsi guidare dalle passioni. V F

8 In politica bisogna esaminare i fatti concreti. V F

Rispondi alle seguenti domande.

9 Quali dei seguenti concetti sono presenti nel *Principe*? Dai poi una breve descrizione di quelli rilevanti:

- a metodo induttivo;
- b idealismo;
- c realismo;
- d metodo socratico;
- e metodo dilemmatico;
- f petrarchismo;
- g teologia.

10 Alla luce delle letture svolte, dai una sintetica definizione di questi concetti chiave del *Principe*:

- a verità effettuale;
- b virtù;
- c occasione;
- d fortuna;
- e naturalismo;
- f autonomia della politica;
- g imitazione.

11 Mentre nei *Discorsi sopra la prima Deca di Tito Livio* Machiavelli ha indicato nella repubblica mista la forma di governo preferibile, nel *Principe* si concentra sul principato: perché? Possiamo dire che tale scelta indica un cambiamento di opinione?

12 Quali caratteristiche deve possedere il principe secondo Machiavelli?

13 Perché si può dire che nel *Principe* lo stile risponde coerentemente al pensiero dell'autore?

14 In che cosa consiste la “scientificità” della prosa di Machiavelli?

15 Nella visione realistica del *Principe* c'è spazio per l'utopia? Se sì, in che misura e in quali passaggi dell'opera?

16 La frase “il fine giustifica i mezzi” non è mai stata scritta da Machiavelli. Dalla lettura del *Principe*, ritieni che possa comunque essere considerata espressione del suo pensiero?

17 Metti in luce le ragioni per cui *Il Principe* è stato considerato nei secoli un libro scandaloso.

18 Su quali giudizi e pregiudizi si è fondata per secoli l'ideologia antimachiavellica?

Analisi e interpretazione di un TESTO LETTERARIO

Perché i principi d'Italia hanno perso il loro regno

Il Principe, XXIV

CUR ITALIAE PRINCIPES REGNUM AMISERUNT

Le cose soprascritte,[1] osservate prudentemente, fanno parere antico uno principe nuovo,[2] e lo rendono subito più sicuro e più fermo nello stato che s'e' vi fussi antiquato dentro.[3] Perché uno principe nuovo è molto più osservato nelle sua azioni che uno ereditario: e quando le sono conosciute virtuose, pigliono molto più gl'uomini e molto più gli obligano che el sangue antico.[4] Perché gli uomini sono molto più presi da le cose presenti che da le passate; e, quando nelle presenti truovono el bene, vi si godono[5] e non cercano altro: anzi, piglieranno ogni difesa per lui, quando el principe non manchi nelle altre cose a sé medesimo.[6] E così arà duplicata gloria, di avere dato principio a uno principato e ornatolo e corroboratolo di buone legge, di buone arme e di buoni esempli; come quello ha duplicata vergogna[7] che, nato principe, per sua poca prudenza lo ha perduto.

E, se si considerrà quelli signori che in Italia hanno perduto lo stato ne' nostri tempi, come el re di Napoli,[8] duca di Milano[9] e altri, si troverrà in loro, prima, uno comune difetto quanto alle arme, per le cagioni che di sopra a lungo si sono discorse; di poi si vedrà alcuni di loro, o che arà avuto inimici e' populi, o, se arà avuto il populo amico, non si sarà saputo assicurare de' grandi.[10] Perché sanza questi defetti non si perdono li stati che abbino tanto nervo che possino tenere uno esercito alla campagna. Filippo macedone, non il patre di Alessandro, ma quello che fu da Tito Quinto vinto[11], aveva non molto stato[12] rispetto alla grandezza de' romani e di Grecia, che li assaltò: nondimanco, per esser uomo militare e che sapeva intrattenere[13] il populo e assicurarsi de' grandi, sostenne più anni la guerra contro a quelli; e se alla fine perdé el dominio di qualche città, gli rimase nondimanco el regno.

Pertanto questi nostri principi, e' quali erano stati molti anni nel loro principato, per averlo di poi perso, non accusino la fortuna, ma la ignavia loro: perché, non avendo mai ne' tempi quieti pensato ch'e' possino mutarsi, – il che è comune difetto degli uomini, non fare conto nella bonaccia della tempesta – quando poi vennono e' tempi avversi, pensorno a fuggirsi non a defendersi, e sperorno che e' populi, infastiditi per la insolenzia de' vincitori, gli richiamassino. Il quale partito,[14] quando mancano gli altri, è buono, ma è bene male avere lasciati li altri

1 **Le cose soprascritte:** le osservazioni dei capitoli precedenti.
2 **fanno... nuovo:** fanno sembrare ereditario un principe nuovo.
3 **che... dentro:** come se si fosse insediato da tempo.
4 **pigliono... antico:** conquistano gli uomini e li vincolano molto più dell'antichità della dinastia.
5 **quando... si godono:** quando nel presente si sentono ben governati, si rilassano.
6 **quando... medesimo:** purché il principe non venga meno ai suoi compiti.
7 **ha duplicata vergogna:** deve vergognarsi due volte.
8 **el re di Napoli:** Federico d'Aragona.
9 **duca di Milano:** Ludovico il Moro.
10 **non... grandi:** non avrà saputo difendersi dai nobili.
11 **Filippo... vinto:** come chiarisce Machiavelli, non si tratta di Filippo il Macedone, padre di Alessandro Magno, ma di Filippo V, sconfitto dal console romano Tito Quinzio Flaminino, nella seconda guerra macedonica, nel 197 a.C.
12 **aveva non molto stato:** aveva uno Stato di piccole dimensioni.
13 **intrattenere:** tenersi buono.
14 **Il quale partito:** questa decisione.

remedi per quello:[15] perché non si vorrebbe mai cadere per credere di trovare chi ti ricolga.[16] Il che o non avviene o, s'e' gli avviene, non è con tua sicurtà, per essere quella difesa suta vile e non dependere da te; e quelle difese solamente sono buone, sono certe, sono durabili, che dependono da te proprio e da la virtù tua.

15 **ma è bene... quello:** ma è certamente un male aver trascurato gli altri rimedi per quello (cioè per il fatto che i popoli, irritati dall'insolenza dei vincitori, potessero richiamare i principi scappati).
16 **perché... ricolga:** perché non si dovrebbe mai cadere credendo che ci sarà qualcuno pronto a soccorrerti.

COMPRENSIONE E ANALISI

1 Quali sono, a giudizio di Machiavelli, le colpe dei principi italiani?

2 Spiega la relazione che l'autore istituisce tra il comportamento dei principi del suo tempo e di quelli dell'antichità.

3 *Non fare conto nella bonaccia della tempesta* (r. 28): che cosa significa questa metafora all'interno del ragionamento di Machiavelli?

4 Alla luce del messaggio contenuto in questo capitolo del *Principe*, rispondi alle seguenti domande in un testo unitario:
- quali vantaggi può avere un principe nuovo rispetto a un principe ereditario?
- qual è il peso della cattiva fortuna nella rovina d'Italia?
- qual è l'esortazione implicita dell'autore?

INTERPRETAZIONE E COMMENTO

Anche in questo capitolo, come in altri, Machiavelli recrimina sull'inettitudine dei principi italiani. Sulla base delle tue conoscenze, quali sono le doti fondamentali che, secondo l'autore, deve possedere un principe per mostrarsi virtuoso ed efficiente agli occhi dei sudditi? E oggi, in un contesto storico e politico molto diverso da quello dei tempi di Machiavelli, quali sono a tuo giudizio i requisiti necessari a un politico per assicurarsi il consenso popolare? Sviluppa l'argomento in un testo di circa 2 facciate di foglio protocollo.

Analisi e produzione di un TESTO ARGOMENTATIVO

verso l'Esame di Stato

«Prendere il manco tristo per buono» ovvero I cittadini intelligenti hanno a cuore il bene pubblico e fanno sentire la propria voce

Il politologo Maurizio Viroli (n. 1952) trae dagli scritti di Machiavelli spunti per una riflessione sul problema del rapporto spesso conflittuale tra i cittadini e i loro rappresentanti nella società di oggi.

Machiavelli ha vissuto la fine della Repubblica fiorentina, la nascita e il consolidamento del regime dei Medici, il rafforzamento del dominio straniero sull'Italia. Da queste drammatiche esperienze ha ricavato preziosi insegnamenti di saggezza politica, primo fra tutti che quando i cittadini non sono più in grado di assolvere i loro doveri o perché sono pigri, o perché sono corrotti, o perché si ritengono troppo furbi, accade inevitabilmente che qualche uomo potente e scaltro si faccia signore e corrompa la libertà.

Soltanto i cittadini comuni, non i potenti, hanno interesse a difendere la libertà repubblicana. Mentre i primi non vogliono essere oppressi, i secondi vogliono dominare. Machiavelli ci offre questo consiglio riflettendo sulla storia di Roma nel periodo repubblicano.

«E venendo alle ragioni, dico, pigliando prima la parte de' Romani, come e' si debbe mettere in guardia coloro d'una cosa, che hanno meno appetito di usurparla. E sanza dubbio, se si considerrà il fine de' nobili e degli ignobili, si vedrà in quelli desiderio grande di dominare, ed in questi solo desiderio di non essere dominati; e, per conseguente, maggiore volontà di vivere liberi, potendo meno sperare di usurparla che non possono i grandi: talché essendo i popolari preposti a guardia d'una libertà, è ragionevole ne abbiano più cura; e non la potendo occupare [conquistare] loro, non permettino che altri la occupi» (*Discorsi sopra la prima Deca di Tito Livio*, I. 5; d'ora in avanti *Discorsi*).

Uno dei mezzi che abbiamo a disposizione per controllare i governanti, e per far capire ai potenti che abbiamo a cuore il bene comune, è il voto. Quando gli uomini potenti vedono che i cittadini non votano e non hanno a cuore il bene comune, si persuadono di poter facilmente imporre la loro volontà con la forza o con l'inganno, o con l'una e l'altro. Per evitare di perdere la libertà, ci insegna il nostro Consigliere, è necessario che i cittadini tengano le loro mani sulla Repubblica («ciascheduno vi averà sopra le mani») e sappiano quello che devono fare e di chi si devono fidare («ciascuno saperrà quello ch'egli abbi a fare, e in che gli abbi a confidare»; *Discursus florentinarum rerum*). Vuol dire che se vogliamo vivere liberi e sicuri, dobbiamo essere vigili e attenti, per impedire che le mani sullo Stato e sulla città le mettano coloro che vogliono farsene padroni per trarne denaro e privilegi.

Oltre al voto, i cittadini possono e devono usare anche le pubbliche manifestazioni, soprattutto quando i governanti vogliono imporre leggi che offendono i fondamentali diritti di libertà. Unico, forse, fra gli scrittori politici antichi e del suo tempo, Machiavelli loda i conflitti sociali perché ritiene che rafforzino la libertà. Se il popolo ha la forza di scendere in piazza e alzare la voce, i potenti riescono con difficoltà a imporre la loro volontà e si arriva con tutta probabilità ad un ragionevole compromesso e ad una legge che tiene conto degli interessi dei diversi gruppi sociali. Se nessuno può imporre la propria volontà la città rimane, grazie ai conflitti, libera. Machiavelli si riferisce, è bene precisare, ai conflitti sociali che restano entro i confini della vita civile. Nei confronti dei conflitti sociali violenti, nei quali il popolo vuole umiliare i grandi o i grandi vogliono umiliare il popolo, la sua condanna è senza appello.

La mobilitazione sociale non può, in ogni caso, sostituire il voto. Le leggi si approvano nei parlamenti, non nelle piazze. Se nei parlamenti siedono politici corrotti o incapaci, avremo cattive leggi. Per quanti difetti e inconvenienti abbia, il modo più sicuro per non avere cattive leggi è affidare il potere di scegliere i rappresentanti a tutti i cittadini. Le alternative alla sovranità popolare, che si esprime in primo luogo con il voto, sono affidare il potere di sovrano a una minoranza oppure affidarlo ad un principe. In merito alla prima possibilità, il nostro Consigliere avverte che «i pochi sempre fanno a modo de' pochi»; in merito alla seconda, che il popolo giudica meglio di un principe. «Ma quanto alla prudenzia ed alla stabilità – scrive – dico, come un popolo è più prudente, più stabile e di migliore giudizio che un principe». A ragione la voce del popolo è spesso paragonata alla voce di Dio: «perché si vede una opinione universale [l'opinione del popolo] fare effetti maravigliosi» nelle sue previsioni; «talché pare che per occulta virtù ei prevegga il suo male ed il suo bene. Quanto al giudicare le cose, si vede radissime volte, quando egli ode duo concionanti [oratori] che tendino in diverse parti, quando ei sono di equale virtù, che non pigli la opinione migliore, e che non sia capace di quella verità che egli ode» (*Discorsi*, I. 58).

Machiavelli qui è forse troppo benevolo nei confronti della saggezza del popolo. Di fronte al desolante spettacolo di corruzione e d'incompetenza che offrono ogni giorno, da tanti anni, molti dei nostri rappresentanti, la tentazione di denigrare la repubblica democratica e i partiti in quanto tali è comprensibile, ma non è un modo di pensare da cittadini saggi. Non ci sono valide alternative alla sovranità popolare, e neppure ai partiti (mentre ci sarebbero alternative valide ai partiti esistenti, per esempio partiti con leader migliori). Teniamoci allora cara la repubblica democratica e non cadiamo nell'errore di disprezzarla, per poi rimpiangerla, se la perdiamo. Andare a votare è il modo più efficace per far capire che la consideriamo un bene prezioso.

Non c'è nessun candidato che ci convince del tutto o almeno in buona misura? Machiavelli ci viene in soccorso osservando che nessuno può credere di poter compiere scelte che non presentino inconvenienti o rischi, ma «pensi d'avere a prenderli tutti dubbi; perché si trova questo nell'ordine delle cose, che mai si cerca fuggire [evitare] uno inconveniente, che non s'incorra in un altro: ma la prudenza consiste in saper cognoscere la qualità degli inconvenienti, e prendere il manco tristo [meno dannoso] per buono» (*Il Principe*, XXI). Votiamo per il partito, o per il candidato, meno cattivo per metterci al riparo da disastri peggiori, ma votiamo. E rammentiamo anche che, sempre a giudizio del nostro Consigliere, se dopo un cattivo principe ne viene un altro peggiore, o altrettanto cattivo, qualsiasi repubblica andrà in rovina.

Maurizio Viroli, *Scegliere il principe. I consigli di Machiavelli al cittadino elettore*, Laterza, Bari 2014.

COMPRENSIONE E INTERPRETAZIONE

1 Da dove ha tratto Machiavelli la propria saggezza politica?

2 Quali difetti della popolazione determinano le condizioni favorevoli per l'avvento di una tirannide?

3 Fai la parafrasi letterale della prima citazione dai *Discorsi sopra la prima Deca di Tito Livio* (rr. 12-20).

4 Quale convinzione genera nei governanti il disinteresse dei cittadini verso la politica?

5 Quali strumenti hanno i cittadini per far sentire la propria voce?

6 Machiavelli approva solo alcuni tipi di conflitti sociali: quali? e perché? Quali, invece, disapprova?

7 Per quale ragione l'autore del saggio ritiene che l'analisi di Machiavelli riponga troppa fiducia nella maturità e nella consapevolezza delle masse popolari?

8 In base all'insegnamento di Machiavelli, che cosa dobbiamo fare se nessun partito o nessun candidato ci convince davvero?

RIFLESSIONI E COMMENTO

Scrive Maurizio Viroli: *Di fronte al desolante spettacolo di corruzione e d'incompetenza che offrono ogni giorno, da tanti anni, molti dei nostri rappresentanti, la tentazione di denigrare la repubblica democratica e i partiti in quanto tali è comprensibile, ma non è un modo di pensare da cittadini saggi. Non ci sono valide alternative alla sovranità popolare, e neppure ai partiti* (rr. 62-66). Sei d'accordo con la sua tesi? Perché? Argomenta la tua risposta in un testo di circa 2 facciate di foglio protocollo, riflettendo anche sulle cause del disinteresse di molti giovani nei confronti della politica e sui possibili rimedi a questo problema di scottante attualità civile e sociale.

LA VITA

Niccolò Machiavelli nasce a Firenze nel 1469 da una famiglia modesta ma colta e riceve dal padre una formazione umanistica. Il *De rerum natura* e le teorie materialistiche di Lucrezio influenzano il pensiero del giovane Machiavelli, che inizia la sua carriera nella Firenze repubblicana di Pier Soderini. Gli interessi verso diplomazia ed esercito rappresentano sin da subito gli ambiti fondamentali della sua futura elaborazione teorica e del suo impegno militante. Nel 1506 fonda i "Nove ufficiali dell'ordinanza e della milizia fiorentina" per ristrutturare le milizie della città.
Il ritorno dei Medici nel 1512 segna la fine della carriera politica, la condanna al carcere e all'esilio all'Albergaccio; sono anni in cui, come testimoniato dal ricco *Epistolario*, Machiavelli intensifica la riflessione politica e scrive il *Principe e i Discorsi sopra la prima Deca di Tito Livio*. Dopo il periodo di confino, nel 1527 riprende per poco tempo i suoi incarichi politici ma, in seguito alla restaurazione della Repubblica, viene escluso da ogni carica pubblica. Muore, qualche mese dopo.

LE OPERE

L'epistolario Le lettere di Machiavelli sono documenti privati, non destinati alla pubblicazione. In esse l'autore rivela i propri stati d'animo di fronte a vicende politiche e protagonisti della scena pubblica. Non mancano tuttavia racconti di vita intima, descrizioni di incontri d'amore e avventure, battute e facezie. Esse dunque consegnano un ritratto vivido e domestico dello scrittore, costretto a misurarsi con le miserie della quotidianità.

Discorsi sopra la Prima Deca di Tito Livio L'opera è costituita da 3 libri ed è incentrata su una serie di riflessioni, ispirate dalla lettura dei primi dieci libri dello storico romano Tito Livio. I *Discorsi* analizzano in particolare i problemi della fondazione e della legislazione dello Stato, l'ampliamento dello stesso e i requisiti necessari per la sua stabilità. La **concezione ciclica della Storia** induce Machiavelli a considerare gli esempi del passato validi in ogni epoca: esalta la Roma repubblicana, considerata un modello di equilibrio politico ed elabora una moderna teoria, basata sugli insegnamenti della storia romana. Machiavelli individua le responsabilità civili e politiche dello Stato della Chiesa, la cui influenza avrebbe contribuito alla diffusione di una mentalità poco amante della libertà e impedito il processo di unificazione nazionale.

LE OPERE STORICHE

L'attività storiografica di Machiavelli si concentra più sull'interpretazione dei fatti che sulla loro reale documentazione. Ci sono pervenute sia la *Vita di Castruccio Castracani*, biografia idealizzata del condottiero, modello di principe guerriero dotato di prudenza ed energia, sia le *Istorie Fiorentine*, una trattazione della storia di Firenze che include le vicende legate agli altri Stati italiani. Il racconto è spesso inattendibile e la parziale documentazione è subordinata all'ideologia politica dell'autore.

LA MANDRAGOLA È una commedia, scritta nel 1518, ambientata a Firenze e suddivisa in 5 atti. Protagonista delle vicende è il giovane **Callimaco** che, per giacere con la bella **Lucrezia** di cui è innamorato, escogita con l'aiuto del ruffiano Ligurio un raggiro ai danni del vecchio e sciocco **messer Nicia**, marito della donna.
Influenzata dalla **commedia latina** e insieme dalla tradizione comico-realistica toscana, l'opera invita a riflettere sull'ipocrisia che guida i comportamenti umani. Attraverso la comicità della trama, Machiavelli mette in luce la cinica immoralità della società del tempo; al tempo stesso esalta tuttavia le virtù di quei protagonisti che, con astuzia, riescono a volgere a proprio favore le avversità.

IL PRINCIPE È un trattato politico scritto nel 1513, esito delle tormentate considerazioni personali dell'autore. L'opera analizza i vari tipi di principato, l'ordinamento delle milizie, le virtù e i comportamenti adatti al principe, la situazione politica italiana. Negli ultimi capitoli Machiavelli tenta di escogitare una soluzione alla crisi politica, esortando i Medici a liberare l'Italia dagli stranieri.
A differenza della trattatistica medievale, Machiavelli si allontana dal modello di Principe ispirato all'etica cristiana: la **politica** si rende **autonoma dalla morale** e risponde a leggi specifiche fondate sul **criterio dell'utile**. La «verità effettuale della cosa» è l'unico dato in grado di orientare le scelte politiche del Principe, nell'interesse dei sudditi e dello Stato. Machiavelli elabora l'idea della politica come professione, che può essere esercitata solo con **forza e astuzia**; anche la crudeltà, se funzionale al bene comune, può essere ammessa nella pratica di governo.
La riflessione di Machiavelli si basa sull'**osservazione empirica** di dati concreti e si sviluppa mediante un metodo induttivo che mira all'elaborazione di una norma valida sempre.
L'esposizione delle sue teorie procede attraverso continue opposizioni (secondo lo schema «o...o») e, con toni sintetici e vibranti, fa coincidere forma e contenuto.
Da un punto di vista stilistico, l'opera è caratterizzata da un lessico vario e presenta una struttura adatta all'esposizione chiara e razionale delle argomentazioni. La stesura del *Principe* segna la nascita della prosa scientifica.

I SAPERI fondamentali

NICCOLÒ MACHIAVELLI

(1469-1527)

VITA

- nasce a Firenze nel 1469
- dopo il 1498 inizia la carriera politica
- nel 1512, dopo il ritorno dei Medici, è allontanato dagli incarichi pubblici
- ricucito il rapporto con i Medici, torna sulla scena politica
- nel 1527, restaurata la Repubblica, viene escluso da ogni incarico pubblico
- muore nel giugno del 1527

TEMI

- analisi della «verità effettuale dell cosa»
- imitazione dei grandi esempi del passato
- studio delle leggi immutabili della natura umana e della politica
- autonomia della politica dalla morale e dalla religione
- rapporto tra fortuna e virtù nell'indirizzo degli accadimenti

OPERE

Tecnico-politiche

- ***Discorso sopra Pisa***: testo in cui esprime l'importanza della forza come strumento politico
- ***Descrizione del modo tenuto dal Duca Valentino nello ammazzare Vitellozzo Vitelli, Oliverotto da Fermo, il Signor Pagolo e il duca di Gravina Orsini***: descrizione della strategia di Cesare Borgia
- ***Del modo di trattare i popoli della Valdichiana ribellati***: discorso sulla concezione naturalistica tipica dell'autore
- ***Ritratto delle cose della Magna***: appunti del viaggio nei territori tedeschi

Politiche

- ***Il Principe***: trattato di dottrina politica
- ***Discorsi sopra la prima Deca di Tito Livio***: opera in cui vengono annotate riflessioni stimolate dalla lettura dei primi dieci libri di Tito Livio
- ***Dell'arte della guerra***

T2 Lo studio della Storia e l'imitazione degli antichi

T3 Chi non vuole entrare nel male, viva da privato

Storiche

- ***Vita di Castruccio Castracani:*** biografia di un principe guerriero
- ***Istorie fiorentine:*** opera storiografia sulle origini di Firenze

Letterarie

- ***L'asino***: poema in terzine dantesche riferito al mito della maga Circe e all'asino d'oro di Apuleio
- ***Belfagor arcidiavolo:*** novella dal contenuto misogino
- ***Clizia:*** commedia che rielabora l'argomento della *Casina* di Plauto
- ***La mandragola***: commedia satirica sulla corruttibilità della società del tempo
- ***Discorso intorno alla nostra lingua:*** opera in cui viene affrontato il problema della lingua

T4 Il vittorioso assedio di fra' Timoteo all'innocenza di Lucrezia

T5 Il trionfo di Callimaco

Epistolario

- testimonianza della movimentata vita umana e politica di Machiavelli

T1 L'epistola a Francesco Vettori del 10 dicembre 1513

TEMI

- separazione della morale dalla politica
- fortuna come forza non calcolabile e prevedibile
- virtù umane come strumenti per fronteggiare la fortuna
- politica come servizio da svolgere per il bene della collettività
- soluzione utopistica nell'auspicare un fronte unitario di prìncipi per liberare l'Italia dalla dominazione straniera

IL PRINCIPE

(1513)

trattato politico costituito da 26 brevi capitoli nei quali Machiavelli esprime il proprio pensiero in merito all'organizzazione dello Stato e ai comportamenti adatti al Principe

Sperimentalismo linguistico

- esposizione razionale
- metodo dilemmatico
- utilizzo di similitudini e immagini simboliche
- varietà lessicale
- nascita della "prosa scientifica"

STRUTTURA DELL'OPERA

L'opera si può suddividere in quattro parti:

1. varie tipologie di principato (I-XI)
2. ordinamento delle milizie (XII-XIV)
3. qualità del Principe (XV-XXIII)
4. situazione italiana (XXIV-XXVI)

1.

- analisi delle varie tipologie di principato: ereditaria, mista, nuova
- individuazione del principe nuovo in Cesare Borgia

T6 Niccolò Machiavelli al Magnifico Lorenzo de' Medici
T7 Di quanti tipi siano i principati e in quali modi si acquistino
T8 I principati nuovi che si acquistano con le armi proprie e la virtù

2.

- sintetico trattato sulle milizie proprie e mercenarie
- solo le milizie proprie, sotto la guida del Principe, possono garantire la sicurezza dello Stato

T9 I principati nuovi che si acquistano con le armi altrui e con la fortuna

3.

analisi delle qualità del Principe:

- capacità di essere leone e volpe, per forza e astuzia
- controllo della fortuna attraverso la virtù
- capacità di dosare istinto e ragione
- abilità nella simulazione e dissimulazione

T10 Di quelle cose per le quali gli uomini e in particolar modo i principi sono lodati o vituperati
T11 In che modo la parola data debba essere mantenuta dai principi

4.

- riflessioni sull'incapacità dei principi dell'Italia contemporanea ed esortazione ai Medici affinchè riscattino l'Italia dal dominio straniero

T12 Quanto possa la fortuna nella cose umane e in che modo sia possibile arginarla
T13 Esortazione a conquistare l'Italia e a liberarla dalle mani dei barbari

Machiavelli & Pier Paolo Pasolini

Gli ingranaggi del potere

Due "maestri del sospetto"

Per buona parte del Novecento Machiavelli e il suo *Principe* sono finiti sul comodino dei dittatori: l'analisi disincantata della realtà, la legittimazione della forza come mezzo di conquista e di mantenimento del potere, la spregiudicatezza del fare politica, la libertà dai condizionamenti della religione e della morale hanno alimentato nel secolo scorso la leggenda nera del Segretario fiorentino. Abbiamo già messo in evidenza le interpretazioni strumentali e banalizzanti della visione dell'uomo e della società promossa da Machiavelli, ma ciò non significa ridimensionare il **carattere originale e demistificante** della sua opera. Machiavelli ci invita ancora oggi a cercare la **verità sotto le vesti edificanti della retorica**, a svelare il carattere fittizio dell'agire umano, l'ipocrisia che si cela dietro le maschere del potere, a cogliere le ragioni effettive e materiali che determinano i moventi della Storia.

Anche il secondo Novecento italiano ha avuto il suo "maestro del sospetto". Come Machiavelli per il primo Cinquecento, Pier Paolo **Pasolini** è stato un'autentica **coscienza critica del proprio tempo**: testimone della società e della cultura a lui contemporanea, egli ha rovesciato luoghi comuni, cantato fuori dal coro del conformismo imperante, denunciato vizi e scandali della politica, registrato con grande lucidità il profondo cambiamento della società italiana, l'omologazione del mondo intellettuale, l'inesorabile trasformazione degli individui e in particolare delle classi popolari, guastate dagli effetti del neocapitalismo e dalle lusinghe del benessere economico.

Intellettuale scomodo, Pasolini mette a nudo le contraddizioni della realtà borghese, vivendola da dentro: il suo dissenso utilizza gli stessi strumenti del potere (la televisione, il cinema, i giornali) per denunciarne l'azione e la corruzione. Al pari di Machiavelli, anch'egli ha piena consapevolezza del carattere spregiudicato delle sue idee e del suo pensiero: «**scandalizzare è un diritto**», scrive; laddove «scandalo» va inteso nel significato etimologico e biblico del termine, che in greco significa "ostacolo", "inciampo". L'effetto dell'impegno militante di Pasolini, in effetti, è stato proprio quello di denunciare, polemizzare, esprimere sempre un **pensiero autonomo divergente e antagonista**, a costo di disorientare e lasciare sconcertati: un ruolo di libero pensatore a cui non ha mai rinunciato.

La vita e le opere di un uomo controcorrente

Pier Paolo Pasolini nasce a **Bologna** nel **1922**. Il padre Carlo Alberto è ufficiale di carriera e la madre, Susanna Colussi, originaria di Casarsa, in Friuli, è maestra elementare. L'unico fratello, Guido, è di tre anni più giovane. Fino alla seconda metà degli anni Trenta la famiglia Pasolini vive in diverse località dell'Italia settentrionale, seguendo gli spostamenti di Carlo Alberto, prima di stabilirsi a Bologna. Qui Pier Paolo frequenta la facoltà di Lettere (si laureerà alla fine della guerra con una tesi su Giovanni Pascoli). Nel 1942 pubblica una raccolta di **poesie in friulano**, *Poesie a Casarsa*, testi ambientati nel paese dove dall'infanzia trascorre le vacanze estive e dove si trasferisce nel 1943: a Casarsa **si dedica all'insegnamento** in una scuola privata aperta con la madre, poi nella scuola media di un paese vicino.

Agli inizi del 1945, il fratello Guido, diciannovenne, partigiano azionista, viene ucciso da partigiani comunisti, intenzionati ad annettere il Friuli alla Jugoslavia di Tito. Nonostante questo tragico episodio, nel 1947 Pasolini si iscrive al Partito comunista italiano. Nel contesto di un'Italia contadina e tradizionale, la sua **omosessualità** è destinata a fare scandalo: nel 1949 una denuncia per corruzione di minori e atti osceni in luogo

▶ Manifestazione a favore del divorzio, 1974. Roma.

◂ Papa Montini (Paolo VI) saluta la folla negli anni settanta.

pubblico, a causa della quale viene espulso dal Pci e sospeso dall'insegnamento, lo spinge a fuggire dal paese. All'inizio del 1950 **si trasferisce** insieme alla madre **a Roma**, dove stringe rapporti di amicizia con poeti e scrittori: ma lo affascina e lo emoziona in particolare la vita delle borgate, che frequenta assiduamente e osserva con simpatia umana e curiosità antropologica.

Negli anni Cinquanta **escono i suoi romanzi più famosi**, *Ragazzi di vita* (1955) e *Una vita violenta* (1959), e altre raccolte di poesie, tra cui ricordiamo *Le ceneri di Gramsci* (1957). Nel 1961, con *Accattone*, Pasolini inizia l'**attività di regista cinematografico**: dirigerà ben 13 film, oltre a episodi in film collettivi e cortometraggi. Dal 1973 fino alla morte scrive interventi appassionati sul "Corriere della Sera" (la maggior parte dei quali raccolti nel volume *Scritti corsari*, 1975), denunciando la degenerazione della società italiana indotta dalla civiltà dei consumi. **Muore nella notte del 1° novembre 1975**, barbaramente **assassinato all'Idroscalo di Ostia**, in circostanze mai chiarite del tutto.

La denuncia della società di massa

Nella sua produzione (letteraria, giornalistica, cinematografica) Pasolini descrive la **scomparsa dell'Italia rurale**, la progressiva trasformazione del sottoproletariato urbano, che ha smarrito la propria identità perché sedotto dai modelli e dai costumi borghesi, la capacità di quello che egli chiama "Centro" (ossia il potere) di distruggere ogni forma di cultura autentica e alternativa, omologando tutti gli uomini agli stessi valori. La sua è una combattiva, radicale denuncia della cultura di massa, capace di annullare le differenze tra classi diverse: la **propaganda consumistica ed edonistica** ha contagiato tutti i settori della società, ostentando una falsa tolleranza ma in realtà agendo sulle coscienze in modo subdolamente autoritario.

Il ruolo della Chiesa

Il brano che riportiamo è tratto da un articolo originariamente pubblicato sul "Corriere della Sera" del 22 settembre 1974 con il titolo *I dilemmi di un Papa*, oggi e poi compreso, con il titolo *22 settembre 1974. Lo storico discorsetto di Castelgandolfo*, negli *Scritti corsari*. Se in passato **il potere** poteva essere quello politico o quello religioso – spesso uniti in quell'alleanza tra "trono" e "altare" che contribuiva a renderle entrambi più saldi –, **ora esso è rappresentato soprattutto**, se non esclusivamente, **dall'economia**. L'organizzazione economica del mondo del capitalismo avanzato è, agli occhi di Pasolini, il vero "Potere", scritto con l'iniziale maiuscola, a sottolineare la forza pervasiva e violenta del sistema industriale, capace di condizionare anche l'azione della Chiesa, incapace di opporvisi.

Forse qualche lettore è stato colpito da una fotografia di Papa Paolo VI con in testa una corona di penne Sioux, circondato da un gruppetto di «Pellerossa» in costumi tradizionali: un quadretto folcloristico estremamente imbarazzante quanto più l'atmosfera appariva familiare e bonaria.

Non so cosa abbia ispirato Paolo VI a mettersi in testa quella corona di penne e a posare per il fotografo. Ma: non esiste incoerenza. Anzi, nel caso di questa fotografia di Paolo VI, si può parlare di atteggiamento particolarmente coerente con l'ideologia, consapevole o inconsapevole, che guida gli atti e i gesti umani, facendone «destino» o «storia». Nella fattispecie, «destino» di Paolo VI e «storia» della Chiesa.

Negli stessi giorni in cui Paolo VI si è fatto fare quella fotografia su cui «il tacere è bello» (ma non per ipocrisia, bensì per rispetto umano), egli ha infatti pronunciato un discorso che io non esiterei, con la solennità dovuta, a dichiarare storico. E non mi riferisco alla storia recente, o, meno ancora, all'attualità. Tanto è vero che quel discorso di Paolo VI non ha fatto nemmeno notizia, come si dice: ne ho letto nei giornali dei resoconti laconici ed evasivi, relegati in fondo alla pagina.

Dicendo che il recente discorsetto di Paolo VI è storico, intendo riferirmi all'intero corso della storia della Chiesa cattolica, cioè della storia umana (eurocentrica

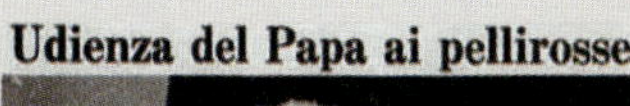

▴ Paolo VI con il copricapo Sioux di cui parla Pasolini.

e culturocentrica, almeno). Paolo VI ha ammesso infatti esplicitamente che la Chiesa è stata superata dal mondo; che il ruolo della Chiesa è divenuto di colpo incerto e superfluo; che il Potere reale non ha più bisogno della Chiesa, e l'abbandona quindi a se stessa; che i problemi sociali vengono risolti all'interno di una società in cui la Chiesa non ha più prestigio; che non esiste più il problema dei «poveri», cioè il problema principe della Chiesa ecc. ecc. Ho riassunto i concetti di Paolo VI con parole mie: cioè con parole che uso già da molto tempo per dire queste cose. Ma il senso del discorso di Paolo VI è proprio questo che ho qui riassunto: ed anche le parole non sono poi in conclusione molto diverse. [...]

Un fulmineo sguardo dato alla Chiesa «dal di fuori» è bastato a Paolo VI a capirne la reale situazione storica: situazione storica che rivissuta poi «dal di dentro» è risultata tragica. [...]

Così Paolo VI, dopo aver denunciato, con drammatica e scandalosa sincerità il pericolo della fine della Chiesa, non dà alcuna soluzione o indicazione per affrontarlo.

Forse perché non esiste possibilità di soluzione? Forse perché la fine della Chiesa è ormai inevitabile, a causa del «tradimento» di milioni e milioni di fedeli (soprattutto contadini, convertiti al laicismo e all'edonismo consumistico) e della «decisione» del potere, che è ormai sicuro, appunto, di tenere in pugno quegli ex fedeli attraverso il benessere e soprattutto attraverso l'ideologia imposta loro senza nemmeno il bisogno di nominarla?

Può darsi. Ma questo è certo: che se molte e gravi sono state le colpe della Chiesa nella sua lunga storia di potere, la più grave di tutte sarebbe quella di accettare *passivamente* la propria liquidazione da parte di un potere che se la ride del Vangelo. In una prospettiva radicale, forse utopistica, o, è il caso di dirlo, millenaristica, è chiaro dunque ciò che la Chiesa dovrebbe fare per evitare una fine ingloriosa. Essa dovrebbe *passare all'opposizione*. E, per passare all'opposizione, dovrebbe prima di tutto negare se stessa. Dovrebbe passare all'opposizione contro un potere che l'ha così cinicamente abbandonata, progettando, senza tante storie, di ridurla a puro folclore. Dovrebbe negare se stessa, per riconquistare i fedeli (o coloro che hanno un «nuovo» bisogno di fede) che proprio per quello che essa è l'hanno abbandonata.

Riprendendo una lotta che è peraltro nelle sue tradizioni (la lotta del Papato contro l'Impero), ma non per la conquista del potere, la Chiesa potrebbe essere la guida, grandiosa ma non autoritaria, di tutti coloro che rifiutano (e parla un marxista, proprio in quanto marxista) il nuovo potere consumistico che è completamente irreligioso; totalitario; violento; falsamente tollerante, anzi, più repressivo che mai; corruttore; degradante (mai più di oggi ha avuto senso l'affermazione di Marx per cui il capitale trasforma la dignità umana in merce di scambio). È questo rifiuto che potrebbe dunque simboleggiare la Chiesa: ritornando alle origini, cioè all'opposizione e alla rivolta. O fare questo o accettare un potere che non la vuole più: ossia suicidarsi.

Faccio un solo esempio, anche se apparentemente riduttivo. Uno dei più potenti strumenti del nuovo potere è la televisione. La Chiesa finora questo non lo ha capito. Anzi, penosamente, ha creduto che la televisione fosse un *suo* strumento di potere. E infatti la censura della televisione è stata una censura vaticana, non c'è dubbio. Non solo, ma la televisione faceva una continua *réclame* della Chiesa. Però, appunto, faceva un tipo di *réclame* totalmente diversa dalla *réclame* con cui lanciava i prodotti, da una parte, e dall'altra, e soprattutto, elaborava il nuovo modello umano del consumatore.

La *réclame* fatta alla Chiesa era antiquata e inefficace, puramente verbale: e troppo esplicita, troppo pesantemente esplicita. Un vero disastro in confronto alla *réclame* non verbale, e meravigliosamente lieve, fatta ai prodotti e all'ideologia consumistica, col suo edonismo perfettamente irreligioso (macché sacrificio, macché fede, macché ascetismo, macché buoni sentimenti, macché risparmio, macché severità di costumi ecc. ecc.). È stata la televisione la principale artefice della vittoria del «no» al referendum,[1] attraverso la laicizzazione, sia pur ebete, dei cittadini. E quel «no» del referen-

1 **vittoria del «no» al referendum:** è il referendum del 12 maggio 1974, indetto per l'abrogazione della legge sul divorzio (promulgata in Italia soltanto tre anni prima); la vittoria dei "no" è stata per lo scrittore il segno di una profonda laicizzazione avvenuta nel paese.

dum non ha dato che una pallida idea di quanto la società italiana sia cambiata appunto nel senso indicato da Paolo VI nel suo storico discorsetto di Castelgandolfo.

Ora, la Chiesa dovrebbe continuare ad accettare una televisione simile? Cioè uno strumento della cultura di massa appartenente a quel nuovo potere che «non sa più cosa farsene della Chiesa»? Non dovrebbe, invece, attaccarla violentemente, con furia paolina, proprio per la sua *reale irreligiosità*, cinicamente corretta da un vuoto clericalismo?

Naturalmente si annuncia invece un grande *exploit* televisivo proprio per l'inaugurazione dell'Anno Santo. Ebbene, sia chiaro per gli uomini religiosi che queste manifestazioni pomposamente teletrasmesse, saranno delle grandi e vuote manifestazioni folcloristiche, inutili ormai politicamente anche alla destra più tradizionale.

Ho fatto l'esempio della televisione perché è il più spettacolare e macroscopico. Ma potrei dare mille altri esempi riguardanti la vita quotidiana di milioni di cittadini: dalla funzione del prete in un mondo agricolo in completo abbandono, alla rivolta delle *élites* teologicamente più avanzate e scandalose.

Ma in definitiva il dilemma oggi è questo: o la Chiesa fa propria la traumatizzante maschera del Paolo VI folcloristico che «gioca» con la tragedia, o fa propria la tragica sincerità del Paolo VI che annuncia temerariamente la sua fine.

La fine del potere religioso

Il cattolicesimo è una delle componenti fondamentali di quell'identità italiana che secondo Pasolini è soggetta a un vorticoso mutamento. Va ricordato che gli anni Sessanta vedono la celebrazione del **Concilio ecumenico Vaticano II** (1962-1965) – da cui scaturiranno la riforma liturgica (tra l'altro, con l'uso delle lingue nazionali al posto del latino) e, più in generale, una nuova apertura della Chiesa al mondo contemporaneo – e poi la difficile fase del post-Concilio, che si estende agli anni Settanta. Papa **Paolo VI** (sul soglio di Pietro dal 1963 al 1978) si trova a chiudere il Concilio, indetto dal suo predecessore Giovanni XXIII, e a mediare tra le spinte innovatrici e progressiste e le resistenze conservatrici.

Ma a interessare Pasolini è soprattutto **la posizione della Chiesa sullo sfondo della società contemporanea**. Se la religione cristiana è stata per secoli legata alla civiltà contadina, ora che quest'ultima è stata travolta dall'industrializzazione del Paese, qual è il ruolo della dimensione religiosa? C'è ancora spazio per la fede? Pasolini ritiene che **il nuovo Potere**, quello **dei consumi di massa**, non sappia più che farsene della religione. La omaggia formalmente (del resto a governare è ancora un partito di ispirazione cristiana, la Dc), ma di fatto essa gli è inutile. E la Chiesa come si comporta in questa mutata situazione? Ha capito di essere diventata qualcosa di superfluo, anzi di profondamente antitetico, rispetto all'etica materialistica del consumismo?

Una critica senza soluzioni

Ebbene, Pasolini rimprovera alla Chiesa cattolica proprio la mancanza di coraggio nel contrapporsi, nel prendere le distanze, nel resistere a questa nuova china su cui si è avviata la società italiana. Per fare ciò, **la Chiesa *dovrebbe passare all'opposizione*** (r. 43), agendo dunque come un'istituzione antagonista, sul piano dei comportamenti e dei valori. Solo così potrà acquisire un ruolo presso i fedeli: **un ruolo** non folcloristico o esteriore, ma **conflittuale rispetto ai modelli dominanti**. Ma potrà la Chiesa *negare se stessa* (r. 44) e diventare altro, alimentando nei credenti una spiritualità disinteressata e una visione del mondo e della vita alternativa a quella promossa dalla società del benessere? Contrariamente a Machiavelli, **non c'è spazio in Pasolini per l'utopia**: il suo dissenso disperato non lo porta neanche ad aspirare a costituire o a immaginare una reale, praticabile alternativa alle cose.

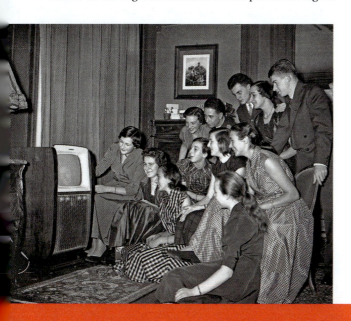

◂ Amici e parenti riuniti intorno alla televisione alla fine degli anni Cinquanta.

L'autore

Francesco Guicciardini

Non spendere in sullo assegnamento de' guadagni futuri, perché molte volte o ti mancano o riescono minori del disegno

(*Ricordi*, 55)

LA VITA
LE OPERE

L'opera
Ricordi

Leggere l'opera di Guicciardini significa immergersi nella sofferta analisi di un drammatico momento storico. Egli, convinto che l'uomo sia sottoposto allo spietato dominio della fortuna, rifiuta ogni sistema filosofico chiuso, ogni ipotesi ideologica preconcetta, ogni conforto illusorio che mascheri la labilità del vivere quotidiano. Dinanzi alla complessità del reale, ammette solo l'inderogabile esigenza di relativizzare la conoscenza, l'osservazione e la realtà stessa. Neanche la letteratura può offrire riscatto e approdi sicuri: se come politico Guicciardini cerca la ribalta nelle posizioni più eminenti, come letterato è appartato, segreto, solitario.

La scrittura costituisce per lui una specie di personale confessione, da condividere al massimo con la cerchia dei parenti. Come ogni confessione, è un esercizio senza retorica, asciutto ed essenziale, doloroso e a volte sarcastico: un invito ad affrontare coraggiosamente le difficoltà dell'esistenza che ci stimola ancora oggi a rapportarci alla realtà con consapevole realismo.

La vita

I primi anni e gli studi

La giovinezza di un predestinato

Francesco Guicciardini nasce a **Firenze** nel **1483**. È il terzogenito di una famiglia aristocratica, che riveste un ruolo di primo piano nel governo della città, forte di un solido patrimonio derivante da attività mercantili e proprietà terriere. Il padre era discepolo e amico del filosofo neoplatonico Marsilio Ficino (1433-1499), che terrà a battesimo Francesco: quasi un'investitura o un presagio del ruolo che il bambino avrà da adulto. **L'educazione di Guicciardini è di** chiaro **stampo umanistico**: a sei anni inizia a studiare il latino e, in misura minore, il greco. A quindici incomincia gli studi di diritto a Firenze, poi li prosegue a Ferrara, Padova e infine di nuovo a Firenze dove, nel 1505, presso lo Studio, è incaricato di insegnare Istituzioni civili.

L'ambizione della fama

«Ebbi più condizione assai che non si aspettava all'età mia ed al numero de' dottori che erano in Firenze»: questo rampollo dell'aristocrazia fiorentina è dunque un predestinato e al tempo stesso un ambizioso. Riuscire è il suo obiettivo, quasi un'ossessione: vuole realizzarsi e acquistare gloria, non importa come. Annota nelle *Memorie di famiglia*: *«Desidero due cose al mondo più che alcuna altra: l'una l'esaltazione perpetua di questa città e della libertà sua; l'altra la gloria di casa nostra, non solo vivendo io, ma in perpetuo. A Dio piaccia conservare l'una e accrescere l'altra»*. Ecco, dunque, i motivi ispiratori della sua vita: l'**amore per Firenze**, l'orgoglio di far parte di una delle sue famiglie più illustri, il **desiderio di** una **fama** eterna.

La carriera giuridica e politica

La carriera ecclesiastica o politica?

Nel 1504 si presenta per Francesco la possibilità di entrare nel clero. La morte di uno zio, vescovo di Cortona, potrebbe infatti spalancargli le porte di una fortunata carriera ecclesiastica, visto che le cariche religiose a quei tempi potevano essere ereditate. Guicciardini, che non si interessa alle questioni spirituali ma ha ambizione e intelligenza per capire i privilegi di quella condizione, è tentato dalla soluzione prospettatagli. Poi rinuncia, **intraprende la carriera di avvocato** e nel giro di pochi mesi assiste i clienti più in vista della città. La sua ascesa viene sigillata anche su un piano privato: nel 1508 sposa Maria Salviati, appartenente a una famiglia aristocratica.

Protagonista della vita politica italiana

Nonostante non abbia ancora compiuto trent'anni (l'età necessaria per svolgere mansioni pubbliche), nel 1511 Guicciardini viene eletto **ambasciatore in Spagna** presso Ferdinando il Cattolico. In questo periodo allestisce una prima serie di *Ricordi* e termina il *Discorso di Logrogno*. La fine del governo repubblicano e il ritorno al potere dei Medici (1512) lo spingono a rientrare a Firenze, nel gennaio del 1514. La situazione politica è a lui favorevole. Al soglio pontificio, infatti, è nel frattempo salito Giovanni de' Medici, con il nome di Leone X: Guicciardini, uomo di fiducia dei Medici, si candida a un ruolo di prestigio, che prontamente arriva. Nel 1516, infatti, **il papa lo nomina governatore di Modena** e, nel 1517, di Reggio Emilia, città dilaniata da conflitti intestini, che sa placare con piglio deciso. Il laico Guicciardini, nella posizione di servitore dei papi, acquista insomma una posizione politica che travalica i confini della municipalità fiorentina.

Nel maggio 1521 è suo ospite, a Reggio Emilia, Niccolò **Machiavelli**, rientrato nel giro della politica attiva e impegnato in una missione nella città di Carpi. I due stringono un'**amicizia** schietta e vivace, documentata dalle lettere che si scambiano, spesso dal tono scherzoso.

Dopo il breve pontificato di Adriano VI, l'elezione al soglio pontificio di Giulio de' Medici (1523), con il nome di Clemente VII, porta Guicciardini a ricoprire altri importanti ruoli politici, come la carica di **governatore della Romagna**, nel 1524. Due anni dopo viene chiamato a Roma come **consigliere del papa** ed è **tra i promotori della** cosiddetta **Lega di Cognac** (22 maggio 1526), che unisce il pontefice, Venezia e il re di Francia contro l'imperatore Carlo V, le cui ingerenze in Italia si fanno sempre più minacciose. Agli inizi di giugno Clemente VII lo nomina luogotenente generale delle truppe pontificie.

Il ritiro dalla vita pubblica

La lenta eclissi politica

Quanto accade dopo non riguarda solo la biografia di Guicciardini ma la storia d'Europa. L'esercito imperiale, infatti, rafforzato dai lanzichenecchi (soldati mercenari di fanteria provenienti dalla Germania), devasta la Lombardia, la Toscana e il 6 maggio 1527 entra nell'Urbe: è il sacco di Roma. Guicciardini ritorna a Firenze, dove intanto è stata restaurata la Repubblica. **Escluso dagli incarichi pubblici** e costretto all'«ozio» (l'occupazione letteraria è infatti per lui soltanto un ripiego), si ritira nella villa di Finocchieto, nel Mugello, dove rielabora i *Ricordi* e mette a punto alcuni scritti nei quali difende il proprio operato politico. Durante il volontario esilio, viene raggiunto dai sospetti dei concittadini, che lo chiamano in giudizio con l'accusa di aver rubato le paghe dei soldati. Assolto al processo, Guicciardini affida alla scrittura il compito di mitigare la sua «somma mestizia». È in questo periodo che compone le *Considerazioni intorno ai "Discorsi" del Machiavelli sopra la Prima Deca di Tito Livio*.

Gli ultimi anni

La forzata inattività, però, dura poco. Carlo V, ormai padrone d'Italia, si impegna con papa Clemente VII a restituire Firenze ai Medici: l'assedio imperiale della città è fulmineo, Firenze capitola e nel 1531 si assiste all'ennesima restaurazione del potere mediceo. Guicciardini, tornato nella sua città e incaricato dal papa di eliminare i personaggi più in vista della caduta Repubblica, non impiega mezze misure: il bilancio della rappresaglia conta decine di giustiziati. Ma la morte di Clemente VII, avvenuta nel 1534, lo spinge a ritirarsi progressivamente **a vita privata** e a lavorare con assiduità alla stesura della *Storia d'Italia*. Muore ad **Arcetri**, sulle colline a sud di Firenze, nel **1540**.

LA HISTORIA
DI ITALIA
DI M. FRANCESCO
GVICCIARDINI
GENTIL'HVOMO
FIORENTINO
Con i Priuilegi di Pio IIII. Sommo Pont. Di Ferdinando I. Imp.
Del Re Cattolico, & di Cosimo Medici II.
Duca di Firenze, & di Siena.

IN FIORENZA,
Appresso Lorenzo Torrentino Impressor Ducale.
M D LXI.

Frontespizio della *Storia d'Italia*. Firenze, 1561.

il CARATTERE

Un uomo altero e paziente

«Desideroso di governare gli altri compagni suoi, e essere sempre el primo fra tutti», «seminatore di discordie e di scandoli», «spirito cupido, inquieto»: nel descrivere sé stesso, Guicciardini non brilla per modestia. Quest'uomo, destinato dal talento e dal casato illustre a essere «non solo onorato ma quasi adorato» (sono ancora parole sue), lega sempre all'azione politica l'orgogliosa consapevolezza di essere diverso dagli altri: migliore, più onesto, anche più intelligente. «Tracagnotto e mugugnone, come chi è ingrassato coi buoni bocconi di una carriera brillante» (Barelli), sopporta i rovesci dell'esistenza come un'ingiusta persecuzione della fortuna.

Altero, riservato e chiuso di carattere, Guicciardini non si concede nemmeno il conforto della fama letteraria, che in fondo disprezza come la narcisistica conseguenza di un'attività secondaria rispetto al più utile impegno politico. Per questo, preferisce tenere per sé sentimenti e dolori, praticando la scrittura come qualcosa di clandestino, lontano da occhi indiscreti.

Ferito nell'orgoglio dalle accuse (fondate e meno fondate), sembra aver a cuore soprattutto la difesa di dignità e onore, le virtù private che nei suoi scritti segreti, non destinati alla pubblicazione, indica come gli unici antidoti all'inganno e all'ipocrisia. Ripiegato su sé stesso, non può concepire lo slancio di una rivolta o gli scatti di rancore e di passione dell'amico Machiavelli, condannato anch'egli dalla malignità della sorte. Il carattere di Guicciardini gli suggerisce solo il rimedio della pazienza e del giusto mezzo, proprio come prescrive il motto di famiglia: *Ne quid nimis* (Niente di troppo).

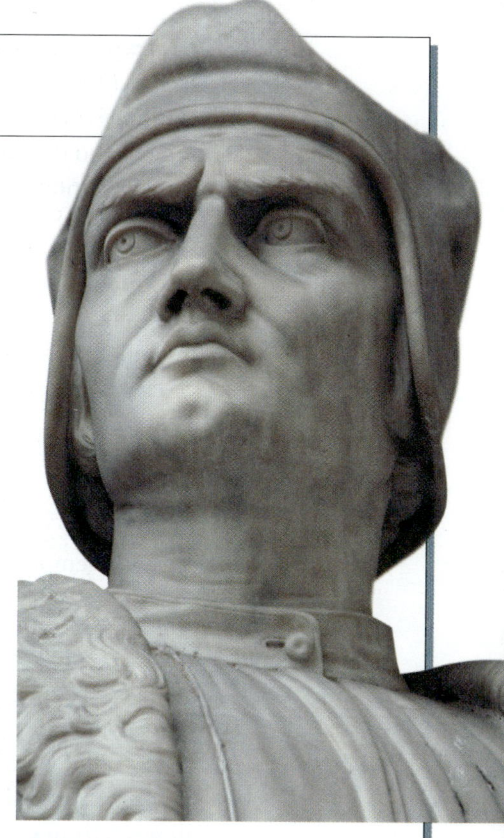

Luigi Cartei, *Francesco Guicciardini* (particolare), 1847. Firenze, Piazzale degli Uffizi.

Le opere

Nonostante l'attività letteraria rivesta per Guicciardini un'importanza marginale rispetto a quella politica, **la mole dei suoi scritti è imponente**. Eppure, egli immagina di pubblicare soltanto la *Storia d'Italia*, ma anche questa, come tutte le altre opere, viene stampata postuma, scampando a stento alla volontà dell'autore morente, che ha ordinato ai familiari di bruciarla. A esclusione della *Storia* e dei *Ricordi* (che vengono editi, peraltro parzialmente e con molte manipolazioni, nel corso del XVI secolo), la sua produzione diviene nota solo nella seconda metà dell'Ottocento, quando riemerge dalle carte di famiglia: relazioni, diari di viaggio, orazioni fittizie scritte dopo il sacco di Roma (testi di scarso interesse letterario, ricostruiti dai filologi), un vasto epistolario (circa 5000 lettere), opere politico-teoriche, altre redatte a uso privato e testi storiografici.

Opere politico-teoriche

È una produzione che ben si inserisce nell'intenso dibattito sull'assetto politico-costituzionale di Firenze fiorito a cavallo della caduta della Repubblica e del ritorno al potere dei Medici (1512). In sintesi, riportiamo il contenuto delle opere di maggior rilievo.

Discorso di Logrogno

In quest'opera, che prende il nome dalla città spagnola in cui viene scritta nel 1512, Guicciardini esprime le proprie **simpatie per il regime aristocratico**: auspicando per Firenze un governo di «savi» e «prudenti», lo scrittore rivela già la lontananza da ogni prospettiva di governo democratico (il popolo, scriverà nei *Ricordi*, è un «animale pazzo», istintivo e inaffidabile).

Dialogo del reggimento di Firenze

Scritto tra il 1521 e il 1526 e diviso in 2 libri, è un **dialogo** che Guicciardini immagina avvenuto a Firenze nel 1494 fra alcuni repubblicani fiorentini e Bernardo del Nero, storico esponente del partito mediceo, condannato a morte nel 1497 per aver tramato contro la Repubblica. Quest'ultimo, *alter ego* dell'autore, rifiuta di operare un'astratta gerarchia delle diverse forme di governo e mette in luce gli aspetti negativi sia del sistema monarchico mediceo sia di quello repubblicano. A suo giudizio si rivela adatto alla particolare situazione di Firenze un **governo oligarchico**, nel quale il potere di un gonfaloniere a vita sia temperato da un senato composto dai rappresentanti delle famiglie più agiate.

Considerazioni intorno ai "Discorsi" del Machiavelli sopra la Prima Deca di Tito Livio

In queste pagine, scritte probabilmente nel 1530, Guicciardini trae spunto dalle affermazioni contenute in 38 capitoli dei *Discorsi* di Machiavelli, per contrapporvisi analiticamente. La confutazione nasce soprattutto dal **rifiuto** di Guicciardini **di considerare gli ordinamenti romani** – come quelli di ogni altro popolo e di ogni altra epoca – alla stregua di **modelli per il presente**.

Anche il **progetto nazionale unitario**, sostenuto da Machiavelli nell'esortazione finale del *Principe*, viene **visto come un'ipotesi utopistica** e non condivisibile. Guicciardini infatti non è d'accordo con l'amico che l'unità politica sia da preferire alla frammentazione in tanti principati, visto che nella nostra penisola è sempre stato vivo il sentimento dell'autonomia cittadina e della libertà dei singoli comuni. Il **particolarismo** è un'attitudine connaturata agli italiani: combatterla è inutile, anzi controproducente.

Opere a uso privato

Come si è detto, tutte le opere di Guicciardini, a eccezione della *Storia d'Italia*, non nascono per essere pubblicate. Alcune di esse, in particolare, hanno per loro stessa natura un carattere privato, com'era tipico della tradizione fiorentina dei cosiddetti "libri di famiglia".

Memorie di famiglia e Ricordanze

Era abitudine a Firenze che i capi delle famiglie più illustri lasciassero ai propri discendenti le informazioni relative alla storia della famiglia: alberi genealogici, resoconti patrimoniali, biografie di antenati illustri, precetti educativi. Anche Guicciardini, da buon esponente di una casata di primo piano, non si sottrae a questo esercizio, utile a **tramandare le glorie domestiche**, scrivendo nel 1508 le *Memorie di famiglia* e le *Ricordanze*.

T1-T3 *Ricordi*

Si tratta di una nutrita raccolta di pensieri e appunti sparsi, riuniti da Guicciardini. Pur mancando della disciplinata metodicità del *Principe*, essi esprimono pienamente la sostanza originale del pensiero dell'autore. A quest'opera dedichiamo la seconda parte dell'Unità (➤ p. 457).

Opere storiche

La riflessione guicciardiniana, condotta in modo asistematico nei *Ricordi*, trova nel racconto storico una più organica conferma pratica. La passione per la produzione storiografica si manifesta sin dalla gioventù e accompagna lo scrittore lungo l'arco di tutta la sua avventura politica.

Storie fiorentine

Prendendo in esame gli eventi che vanno dal tumulto dei Ciompi (1378) sino al 1509, quest'opera giovanile, risalente proprio al 1509 e rimasta incompiuta, mostra le caratteristiche tipiche del Guicciardini storico. L'analisi delle vicende **esclude** l'idea di **qualsiasi intervento trascendente** nella vita degli uomini, che viene indagata nelle sue più intime pieghe e sfaccettature. Lo studio delle fonti non è ancora minuzioso (essendo limitato per lo più ai documenti presenti nell'archivio familiare), ma appare già chiara la volontà dello storico di approfondire le cause delle azioni e la rappresentazione dei personaggi e degli ambienti.

Cose fiorentine

Quest'altra opera storica (1528), anch'essa incompiuta, è stata ritrovata tra le carte dell'autore solo negli anni Quaranta del Novecento. L'arco temporale che doveva coprire andava dal 1375 al 1441, ma gli ultimi anni ci sono pervenuti solo allo stadio di abbozzo. Interessante è però la narrazione, contenuta nel Proemio, delle origini di Firenze, che Guicciardini allestisce impiegando fonti eterogenee, da quelle d'archivio ai testi classici come lo scrittore latino Plinio il Vecchio (I secolo d.C.).

Storia d'Italia

Unica tra le opere di Guicciardini a essere destinata alla pubblicazione, la *Storia d'Italia* viene scritta nei suoi ultimi anni di vita, a partire dal 1537.

I fatti narrati

L'opera abbraccia gli avvenimenti che vanno dalla discesa in Italia del re di Francia Carlo VIII, nel **1494**, fino alla morte di papa Clemente VII, nel **1534**. L'evento che apre la narrazione è considerato dall'autore come la fine di lunghi decenni di pace e di equilibrio e l'inizio di un periodo di crisi profonda, segnato in Italia dal dominio straniero e da una grave instabilità. Quel periodo è lungi dall'essere stato superato quando Guicciardini scrive la sua opera: ciò spiega la **visione pessimistica** che traspare dalla tensione tragica con cui viene narrata la progressiva rovina d'Italia, vittima inerte nelle mani dello straniero.

L'impostazione

Divisa dagli editori ottocenteschi in 20 libri, l'opera riflette il rifiuto dell'autore di ragionare sulla scorta di teorie astratte. Nessuno schema aprioristico infatti condiziona il racconto e il giudizio dei fatti, che vengono analizzati con **tono distaccato** e con una modalità il più possibile oggettiva, con apparente indifferenza. Come ha scritto il critico Mario Fubini, «il Machiavelli mentre ragiona vede, e vede con animo appassionato; il Guicciardini – e questo è il suo verbo prediletto – *considera*, e nella pacata considerazione tenta di risolvere i vari e contrastanti aspetti delle cose».

Lo studio delle fonti

Nell'approccio storiografico di Guicciardini è possibile cogliere l'influenza delle sue esperienze politiche e diplomatiche, benché egli parli di sé in terza persona. La **conoscenza diretta dei protagonisti** gli permette di approntare una galleria di ritratti delle grandi personalità dell'epoca. In qualche caso, per metterne meglio a fuoco caratteri e psicologie, Guicciardini, ricorrendo a un artificio tipico della storiografia classica, li fa parlare ed esprimere direttamente in discorsi fittizi, pensieri e progetti.

Ma, a differenza di tutta la tradizione precedente, Guicciardini impiega, in modo sistematico e approfondito, le **fonti documentarie**, confrontandole tra loro. Ogni documento viene infatti accuratamente vagliato e mai accettato acriticamente senza le opportune verifiche: uno **scrupolo di verità**, questo, che fa della *Storia d'Italia* la **prima opera storiografica moderna**.

Lo stile

Assai diverso è lo stile rispetto a quello che troviamo nei *Ricordi*. Ciò non deve sorprendere. Guicciardini infatti affida alla *Storia d'Italia* quasi il ruolo di un testamento da tramandare ai posteri: è l'opera con cui aspira alla fama tanto ambita. Perciò la **sintassi** è **complessa**, fatta di periodi molto ampi e articolati, tesa a riprodurre le solenni caratteristiche formali della grande storiografia classica. Il lessico si ispira alle direttive di Pietro Bembo, di cui Guicciardini aveva letto e apprezzato le *Prose della volgar lingua* (1525): per questo, la *Storia d'Italia* si libera dalla patina popolaresca del fiorentino contemporaneo (visibile nel resto della produzione guicciardiniana) così come raccomandava Bembo, fautore, per la prosa, del modello boccacciano e trecentesco.

La vita		Le opere
Nasce a Firenze	**1483**	
Inizia lo studio del diritto	1498	
Insegna Istituzioni civili a Firenze	1505	
Sposa Maria Salviati	1508 *1508* *1509*	 *Memorie di famiglia* *Ricordanze* *Storie fiorentine*
Ambasciatore in Spagna	1511 *1512* ***1512-1530***	 *Discorso di Logrogno* ***Ricordi***
Governatore di Modena e Reggio	1516-1517 *1521-1526*	 *Dialogo del reggimento di Firenze*
Governatore della Romagna	1524	
È tra i promotori della Lega di Cognac	1526	
Il ritorno della Repubblica a Firenze lo esclude da incarichi pubblici	1527 *1528* *1530*	 *Cose fiorentine* *Considerazioni intorno ai "Discorsi" del Machiavelli sopra la Prima Deca di Tito Livio*
Restaurazione dei Medici e nuova carica pubblica	1531	
Si ritira a vita privata	1534 *1537-1540*	 *Storia d'Italia*
Muore ad Arcetri (presso Firenze)	**1540**	

L'opera Ricordi

T1 Empirismo e senso pratico (35; 81; 110; 117; 125; 187; 207)
T2 I concetti chiave del pensiero di Guicciardini (6; 30; 66; 118; 186; 218)
T3 La natura umana (5; 15; 17; 24; 32; 41; 134; 145; 161)

Solo quattordici anni separano la nascita di Francesco Guicciardini da quella di Machiavelli. Eppure sembra passata un'epoca, tanto la stessa lezione di Machiavelli è stata assimilata e, al tempo stesso, almeno in parte superata.

La passione, il carattere militante del *Principe*, la fiducia nell'uomo e nella sua capacità di determinare il proprio destino: sono le caratteristiche di Machiavelli che la Storia, la crisi italiana e lo **scetticismo** di Guicciardini dimostrano come ormai inattuali e impraticabili.

Nell'opera di Machiavelli abbiamo incontrato un realismo senza consolazioni, ma ancora sostenuto dalle illusioni. In quella di Guicciardini lo stesso **realismo** conduce ormai al **disincanto**. Il primo sogna grandi progetti, con l'urgenza di chi sente la frana avvicinarsi. Il secondo vi ha rinunciato, perché il crollo è già avvenuto.

La redazione e la struttura

Una scrittura privata

Scritti in un arco di tempo molto lungo (la prima redazione risale al 1512, l'ultima al 1530), i *Ricordi* sono una serie di **brevi riflessioni**, condensate in 221 testi, che contengono il succo del pensiero guicciardiniano. Inizialmente considerati il frutto di una divagazione o degli «ozi» tra un incarico politico e l'altro, essi tuttavia presentano di stesura in stesura un'**argomentazione** sempre più **serrata e analitica**: nella redazione definitiva, l'autore ridimensiona i riferimenti alla realtà fiorentina e all'attualità per meditare invece sui problemi universali del comportamento umano. Il titolo non va inteso nel significato che diamo oggi alla parola, ma nel senso di "ammonimenti, **consigli da ricordare**". Pubblicati postumi, i *Ricordi* nascono come una scrittura privata, stimolata dalla riflessione su diversi argomenti e aspetti della vita (in primo luogo la politica).

Un antitrattato: la struttura frammentaria

L'opera ha una natura frammentaria e non sistematica e presenta talvolta una certa **contraddittorietà**, dovuta sia all'arco temporale in cui i pensieri vengono scritti, sia alla visione del mondo dell'autore, tutt'altro che prestabilita e dogmatica. I *Ricordi* sono perciò l'opera che meglio esemplifica l'insofferenza di Guicciardini verso ogni tentativo di ricomporre a unità le diverse sfaccettature della realtà, che si presentano sempre in forme specifiche e peculiari.

Il pensiero e la visione della realtà

Nei meandri della realtà

Lettura critica p. 477

Escluso ogni impianto ideologico, l'obiettivo che si propone Guicciardini è fare ordine nella complessità del reale, cercare di rintracciare di volta in volta, caso per caso, un filo di Arianna per uscire dal confuso labirinto dei comportamenti umani. Le antiche certezze sono svanite per sempre ma questo non implica la rinuncia alla conoscenza o un abbandono al fatalismo: al contrario, tale consapevolezza lo induce a registrare l'aspetto mutevole della realtà («la varietà delle circunstanze»), ad analizzarlo senza sovrastrutture per quello che è, e a coglierne la natura specifica attraverso **singole ricognizioni**, per frammenti, tenendo presente che forze ingovernabili (la «fortuna») esercitano il proprio dominio sulle cose umane.

La lontananza di Dio e la critica alla Chiesa

Anche sul piano etico-religioso, Guicciardini si basa su una **prospettiva personale**. Egli non nega l'esistenza di Dio, ma la religione rappresenta per lui una serie di dogmi incontrollabili: la Provvidenza divina non può essere afferrata dalla nostra mente; Dio rimane sullo sfondo, artefice di un disegno che occorre accettare senza farsi domande.

Le poche parole che Guicciardini dedica a tematiche religiose sono di aspra critica alla Chiesa, giudicata colpevole di aver tradito il messaggio evangelico: «Io non so a chi dispiaccia più che a me la ambizione, la avarizia e la mollizie [corruzione] de' preti: sì perché ognuno di questi vizi in sé è odioso, sì perché ciascuno e tutti insieme si convengono poco a chi fa professione di vita dependente da [consacrata a] Dio, e ancora perché sono vizi sì contrari che non possono stare insieme se non in uno subietto molto strano. Nondimeno el grado [i compiti politici] che ho avuto con più pontefici [Leone X e Clemente VII, di cui Guicciardini fu collaboratore] m'ha necessitato a amare per el particulare mio la grandezza loro; e se non fussi questo rispetto [se non ci fosse stato questo motivo], arei amato Martino Luther quanto me medesimo: non per liberarmi dalle legge indotte dalla religione cristiana nel modo che è interpretata e intesa communemente, ma per vedere ridurre questa caterva di scelerati a' termini debiti [alle dovute proporzioni], cioè a restare o sanza vizi o sanza autorità» (ricordo 28).

L'importanza sociale e politica che Machiavelli affidava alla religione viene meno del tutto. Come tutti gli altri modelli ideali di riferimento, anche l'**orizzonte spirituale** finisce con Guicciardini per ridursi a una **problematica** tutta **individuale**.

«Discrezione» e «prudenza»

In questo ripiegamento nella sfera privata, la missione decisiva per l'individuo è salvaguardare la propria identità e dignità. Per riuscirvi, l'uomo deve sapersi orientare sulla base della **«discrezione»**, un **insieme di concretezza e moderazione**, qualità che non si ricava dalla lettura dei libri, ma dalla «**prudenza naturale**», cioè da una **disposizione innata**, a sua volta esercitata e rafforzata grazie all'esperienza. La «discrezione» permette di cogliere lo sviluppo e il modificarsi degli avvenimenti senza proiezioni ideali nel futuro, ma solo attraverso un serrato confronto con il presente.

È senza dubbio un **atteggiamento difensivo**, che vuole evitare i rischi e le avventure e invita invece a soppesare le circostanze, a impedire forzature, a far coincidere «saviezza» con «prudenza» e oculatezza.

Il «particulare»

In **assenza di ideali collettivi**, Guicciardini esorta a inseguire il «particulare», l'altro concetto chiave del suo pensiero. Tale concezione non consiste nell'egoistica ricerca del beneficio personale e materiale, ma nel tentativo di salvaguardare, in mezzo a una realtà caotica, la capacità di «mantenersi la riputazione e el buono nome» (ricordo 218). Anche se questo non esclude la possibilità di cogliere vantaggiose opportunità di cariche, onori e retribuzioni, Guicciardini nobilita il concetto del «particulare» facendo sì che convenienza e benefici privati non siano in contrapposizione con gli interessi della comunità e il bene dello Stato. Ciò non toglie che una tale visione abbia poco o nulla di epico: lo stesso autore, per esempio, ammette senza remore di aver fatto carriera nello Stato pontificio seguendo il proprio «particulare», pur sognando un mondo affrancato dalla «tirannide di questi scelerati preti».

Una prassi opportunistica? Forse, ma fare politica per Guicciardini significa accettare anche il **compromesso** e non disdegnare di collaborare con il potere tirannico, sia esso rappresentato dai Medici o dai «preti». È questo lo scotto, inevitabile, da pagare per agire davvero nel proprio tempo, senza condannarsi all'irrilevanza o a una sterile testimonianza.

Un lucido pessimismo

Guicciardini maestro di egoismo e passività?

Nel 1869 il critico Francesco De Sanctis, da uomo del Risorgimento qual era, diede un giudizio molto severo sul pensiero di Guicciardini. Cogliendovi le tracce di una **malattia morale** che avrebbe contagiato gli italiani fino all'Ottocento, egli condannava Guicciardini come l'emblema del dissidio tra pensiero e azione e come degno rappresentante italico di un'atavica **tendenza al compromesso e al conformismo**. Al generoso Machiavelli, profeta e anticipatore dell'Unità d'Italia (con tutte le forzature del caso), veniva contrapposto il Guicciardini freddo calcolatore e abile trasformista.

Ciò che ripugnava a De Sanctis (e, con lui, a un'intera generazione di patriottici idealisti) era lo **scetticismo verso ogni ipotesi di cambiamento**, nonché la mancanza di slancio appassionato e di carattere: «La razza italiana», scriveva il critico, «non è ancora sanata da questa fiacchezza morale, e non è ancora scomparso dalla sua fronte quel marchio che ci ha impresso la storia di doppiezza e di simulazione. L'uomo del Guicciardini [...] lo incontri ad ogni passo. E quest'uomo fatale ci impedisce la via, se non abbiamo la forza di ucciderlo nella nostra coscienza».

L'ineluttabilità degli eventi non esclude l'ambizione

Su un punto almeno possiamo concordare con De Sanctis: **Guicciardini non è in grado di concepire alternative** positive né di lanciare un messaggio di risoluto antagonismo; atti di fede o gesti eroici non correggono, secondo lui, il corso degli eventi. Nella civiltà umana, tutto è destinato a cambiare e a perire («con la lunghezza del tempo si spengono le città e si perdono le memorie delle cose», scrive nel ricordo 143), ma la sostanza del mondo rimane immodificabile: «El mondo fu sempre di una medesima sorte; e tutto quello che è e sarà, è stato in altro tempo, e le cose medesime ritornano, ma sotto diversi nomi e colori».

Tuttavia, questo **pessimismo** che lo pervade non comporta la rinuncia a operare. Anzi, è avvertibile, nei *Ricordi*, l'autoritratto di un intellettuale sospinto dalla ricerca dell'«onore», della «riputazione», della «degnità». L'ambizione non è «dannabile» e non è biasimevole l'«ambizioso» se, stimolato da «appetito» di «gloria», a questa punta con «mezzi onesti e onorevoli». Non solo legittima, l'**ambizione** è persino **virtuosa** quando è connotata da una forte valenza civica; diventa invece riprovevole se chi detiene il potere non si fa scrupolo, per realizzare i propri scopi, di calpestare i valori fondamentali dell'uomo, quali la coscienza, l'onore e l'umanità.

Per Guicciardini, però, le possibilità di incidere sulla realtà e modificarla sono pressoché nulle. Da qui si alimentano una dolorosa **percezione della vanità della vita** e uno sconsolato esame dei comportamenti umani, in cui dominano egoismi e interessi personali. A differenza di Machiavelli, che lo reputava spregevole per natura, Guicciardini ritiene che l'uomo sia «inclinato» al bene, ma che la sua coscienza debole finisca per deviarlo verso il male.

Un pessimismo che riflette un'epoca

La perentorietà di questo pensiero è dettata anche dal contesto politico in cui esso matura. La **tragica condizione italiana** e gli alti e bassi della propria carriera politica accentuano il senso di sfiducia e di fallimento insito nel pensiero guicciardiano. La riflessione amara e disincantata dello storico, del politico e dell'analista dell'agire umano finisce per coincidere.

Guicciardini è convinto che la **crisi** politico-militare italiana sia **irreversibile**; ha conosciuto in prima persona gli uomini che hanno dominato la scena politica del tempo; ha assistito a quella sconvolgente tragedia che è stato il sacco di Roma: come potrebbe condividere ancora la foga eroica e vibrante di Machiavelli?

Il moderatismo di un uomo d'ordine

Rifiutando ogni prospettiva rivoluzionaria, a Guicciardini non rimane che cercare una condizione di dignitoso equilibrio, affidando lo scettro del comando agli «ottimati» (cioè ai cittadini di rango), a quegli uomini della sua stessa classe sociale che oggi definiremmo conservatori e che a suo giudizio sono gli unici dotati di esperienza e capacità amministrativa. **Salvaguardare l'ordine e il buon senso**, conoscendo dall'interno la macchina dello Stato: a questo programma, per quanto esclusivamente tecnico, Guicciardini è rimasto coerente per tutta la vita.

Lo stile

Una forma che rispecchia il contenuto

La tradizione a cui l'autore si ricollega è quella, tipicamente fiorentina, dei "ricordi domestici", testi miscellanei (cioè composti da elementi eterogenei: dai resoconti patrimoniali a riflessioni generali sulla vita) con i quali i grandi mercanti fiorentini tramandavano alle generazioni future la narrazione delle proprie esperienze. Non si tratta certamente di una scelta stilistica solo esteriore: la forma del "ricordo" (oggi diremmo della massima o dell'aforisma, genere piuttosto raro nella letteratura italiana) è infatti congeniale, nella sua secca **frammentarietà**, a esprimere una visione del mondo del tutto aliena da teorizzazioni schematiche.

La scelta dell'aforisma

Guicciardini sottopone i *Ricordi* a un continuo lavoro di limatura e revisione, come dimostrano le varianti e le correzioni apportate ai singoli testi. La struttura dell'aforisma è per sua natura veloce e sintetica, e infatti le frasi guicciardiniane si contraddistinguono per uno **stile vivace e immediato**, che non rinuncia a incursioni nella lingua popolare-

I lanzichenecchi a Roma

Johannes Lingelbach, nato in Germania, ma naturalizzato olandese, trascorse a Roma tre anni, dal 1644 al 1650, sviluppando uno stile che lo rese popolare in Italia e all'estero: grandi raffigurazioni di piazze affollate, marine, scene di genere con mendicanti o contadini. In questa tela evoca la tragedia che aveva flagellato Roma un secolo prima, con i lanzichenecchi accampati alle mura della città. Accanto a un poderoso bastione, si scorge in lontananza la rovina di un tempio, a evocare le antichità classiche di cui l'Urbe era ancora ricca nel XVI secolo. Sotto le tende i soldati giocano a dadi o cucinano: in primo piano giacciono le loro armature scintillanti, e accanto, in casse e forzieri, il bottino di oro, argento, pietre preziose e suppellettili razziato dalla città nel 1527.

Johannes Lingelbach, *Il sacco di Roma*, 1650 ca. Collezione privata.

sca. Non mancano i latinismi, ma ciò non rientra in una strategia di elevazione stilistica, bensì nella pratica abituale della scrittura burocratica, usata nelle cancellerie per dare ai documenti un carattere di dignità e solennità.

I testi

I ricordi che antologizziamo conservano il numero e l'ordine che hanno nella raccolta, ma vengono qui raggruppati secondo un criterio tematico.

Temi e motivi dei testi antologizzati

T1	**Empirismo e senso pratico** *Ricordi*, 35; 81; 110; 117; 125; 187; 207	▪ il distacco fra teoria e pratica ▪ la negazione della Storia come fonte di insegnamento ▪ la necessità di considerare ogni aspetto della realtà
T2	**I concetti chiave del pensiero di Guicciardini** *Ricordi*, 6; 30; 66; 118; 186; 218	▪ la comprensione dei fatti umani attraverso la valutazione caso per caso ▪ l'impossibilità di elaborare regole di condotta universali ▪ la ricerca dell'interesse personale quale scopo dell'uomo saggio ▪ il peso decisivo della fortuna nelle vicende umane
T3	**La natura umana** *Ricordi*, 5; 15; 17; 24; 32; 41; 134; 145; 161	▪ la fragilità dell'uomo alla base delle contraddizioni del suo comportamento ▪ l'ambizione e la convenienza quali motori delle azioni umane

PER APPROFONDIRE

Quando il saggio sentenzia: la fortuna dell'aforisma

La parola aforisma viene dal greco *aphorismós*, che significa "definizione". È una proposizione che riassume in modo chiaro il risultato di una precedente riflessione. In origine, l'aforisma concentrava ideali di saggezza riferiti soprattutto al campo medico: la prima raccolta di queste brevi massime fu attribuita al famoso medico greco Ippocrate di Cos (ca 460-370 a.C. ca), autore di una serie di precetti nati dalla sua diretta esperienza.

Un carattere etico, più in linea con i contenuti dell'aforisma moderno, hanno gli scritti dell'imperatore romano Marco Aurelio (121-180): i suoi *Ricordi* (noti anche con il titolo di *Pensieri* o *Colloqui con sé stesso*) godettero di una fortuna ininterrotta e, a partire dalla prima edizione a stampa, del 1559, ispirarono predicatori, pensatori, moralisti e uomini di Stato, i quali aspiravano a riprodurre l'ideale di "filosofo sul trono" che vedevano realizzato in Marco Aurelio.

La scrittura aforistica si diffonde negli ambiti più diversi soprattutto nel Seicento e nel Settecento. Oltre all'esperienza guicciardiniana, vanno ricordati gli *Aforismi dell'arte bellica* (1670) del condottiero italiano Raimondo Montecuccoli (1609-1680), letti e amati, tra gli altri, da Ugo Foscolo, che ne curò un'edizione nel 1807. Non all'ambito tecnico-scientifico ma a quello della morale appartengono i *Pensieri* di Blaise Pascal (1623-1662), le *Massime* di François de La Rochefoucauld (1613-1680) e, alla fine del Settecento, le *Massime e pensieri* di Sébastien-Roch-Nicolas de Chamfort (1741-1794), che per il sarcasmo dei suoi pensieri finì in carcere, durante il periodo del Terrore della Rivoluzione francese.

Poco prima, e poi nel corso dell'Ottocento, l'aforisma diviene anche lo strumento per esprimere in modo immediato il carattere soggettivo di un'illuminazione improvvisa: per frammenti, pensieri o aforismi scrivono i romantici tedeschi Friedrich Schlegel (1772-1829) e Novalis (1772-1801), oltre a Giacomo Leopardi (1798-1837), che fa dei *Pensieri* e in parte anche dello *Zibaldone* l'officina in cui riversare riflessioni e meditazioni. Maestro dell'aforisma, elevato a genere letterario vero e proprio, è però soprattutto il filosofo tedesco Friedrich Nietzsche (1844-1900), che si vanta di poter dire «in dieci proposizioni quel che ogni altro dice in un libro, quel che ogni altro non dice in un libro».

Infine, nel Novecento, il successo – anche commerciale – dell'aforisma diventa costante: maestri del genere, in Italia, sono stati Leo Longanesi (1905-1957) ed Ennio Flaiano (1910-1972).

• T1 •

Empirismo e senso pratico

Ricordi, 35; 81; 110; 117; 125; 187; 207

Il primato dell'esperienza

In questi ricordi troviamo condensate quelle che per Guicciardini rappresentano le basi del sapere: un sapere che rifiuta la teoria astratta e il valore pedagogico della Storia per affermare il primato della prassi.

35

Quanto è diversa la pratica[1] dalla teorica![2] quanti sono che intendono le cose bene, che o non si ricordono o non sanno metterle in atto![3] E a chi fa così, questa intelligenza[4] è inutile, perché è come avere uno tesoro in una arca[5] con obligo di non potere mai trarlo fuora.

81

Non abbiate mai una cosa futura tanto per certa, ancora che la paia certissima, che potendo, sanza guastare el vostro traino, riservarvi in mano qualche cosa a proposito del contrario se pure venissi, non lo facciate:[6] perché le cose riescono bene spesso tanto fuora delle opinione commune che la esperienza mostra essere stata prudenza a fare così.[7]

110

Quanto si ingannono coloro che a ogni parola allegano e Romani![8] Bisognerebbe avere una città condizionata[9] come era loro, e poi governarsi secondo quello essemplo:[10] el quale a chi ha le qualità disproporzionate è tanto disproporzionato,[11] quanto sarebbe volere che uno asino facessi el corso di uno cavallo.[12]

117

È fallacissimo[13] el giudicare per gli essempli,[14] perché, se non sono simili in tutto e per tutto, non servono, conciosia che[15] ogni minima varietà nel caso[16] può essere causa di grandissima variazione nello effetto:[17] e el discernere[18] queste varietà, quando sono piccole, vuole[19] buono e perspicace occhio.

125

E filosofi e e teologi e tutti gli altri che scrutano le cose sopra natura[20] o che non si veggono,[21] dicono mille pazzie: perché in effetto[22] gli uomini sono al buio[23] delle

1 **la pratica:** l'azione, la prassi.
2 **teorica:** teoria.
3 **non si ricordono o non sanno metterle in atto:** non si ricordano o non sanno tradurre in pratica al momento opportuno le conoscenze teoriche.
4 **intelligenza:** capacità di comprendere le cose.
5 **arca:** cassaforte.
6 **Non abbiate... non lo facciate:** non date tanto per certo l'esito di un evento futuro, per quanto esso appaia sicurissimo; non sia che, potendo, senza alterare la vostra abituale condotta di vita (*traino*), tenervi qualche possibilità di adattare la vostra condotta all'eventuale insuccesso di quanto previsto, non lo facciate.
7 **perché... così:** perché spesso gli eventi hanno buon esito (*riescono bene*) al di là delle previsioni comuni, tanto che l'esperienza dimostra che è stato prudente comportarsi in tal modo.
8 **a ogni... Romani:** portano come esempio i romani.
9 **condizionata:** organizzata.
10 **essemplo:** modello.
11 **el quale... disproporzionato:** il quale esempio, per chi ha una situazione imparagonabile a quella dei romani, risulta così sproporzionato.
12 **volere... cavallo:** pretendere che un asino facesse il percorso (cioè il compito) di un cavallo.
13 **fallacissimo:** sbagliatissimo.
14 **per gli essempli:** secondo modelli precedenti.
15 **conciosia che:** perché.
16 **nel caso:** nella particolare situazione.
17 **nello effetto:** nel risultato.
18 **el discernere:** il valutare attentamente.
19 **vuole:** richiede.
20 **le cose sopra natura:** i fenomeni soprannaturali.
21 **non si veggono:** non rientrano nell'esperienza sensibile.
22 **in effetto:** di fatto.
23 **al buio:** all'oscuro.

cose, e questa indagazione[24] ha servito e serve più a essercitare gli ingegni che a trovare la verità.

187

Sappiate che chi governa a caso si ritruova alla fine a caso.[25] La diritta[26] è pensare, essaminare, considerare[27] bene ogni cosa *etiam* minima;[28] e vivendo ancora così, si conducono[29] con fatica bene le cose: pensate come vanno a chi si lascia portare dal corso della acqua.[30]

207

Della astrologia, cioè di quella che giudica le cose future, è pazzia parlare: o la scienza non è vera o tutte le cose necessarie a quella non si possono sapere o la capacità degli uomini non vi arriva. Ma la conclusione è che pensare di sapere el futuro per quella via è uno sogno. Non sanno gli astrologi quello[31] dicono, non si appongono[32] se non a caso; in modo che se tu pigli uno pronostico di qualunque astrologo e uno di un altro uomo, fatto a ventura,[33] non si verificherà manco di questo che di quello.

24 **indagazione:** indagine.
25 **chi governa a caso... a caso:** chi agisce senza criterio si ritrova alla fine a non comprendere neanche le ragioni delle sue azioni.
26 **La diritta:** la via giusta.
27 **considerare:** vagliare.
28 ***etiam* minima:** anche (latino) la più piccola.
29 **si conducono:** si portano a termine.
30 **a chi si lascia... acqua:** fuor di metafora, a chi si lascia trascinare dalla forza degli eventi.
31 **quello:** ciò che.
32 **si appongono:** indovinano.
33 **ventura:** caso.

Dentro il TESTO

I contenuti tematici

Il rifiuto delle regole generali

Per comprendere a fondo gli eventi, secondo Guicciardini, non bisogna smarrirsi in astratte elucubrazioni, che portano l'uomo a sganciarsi dalla materialità della realtà pratica e a perdere di vista le necessità più impellenti (ricordo 35). Una conoscenza slegata dalla prassi e dall'esperienza si rivela irrilevante e inefficace, come un tesoro nascosto in uno scrigno.

La constatazione della frattura fra *pratica* e *teorica* giustifica la convinzione che *giudicare per gli essempli* (ricordo 117) sia del tutto inutile. *Coloro che a ogni parola allegano e Romani* (ricordo 110), comportandosi come prescrivono i suggerimenti di Machiavelli, si fondano su un principio *fallacissimo* (ricordo 117): che gli avvenimenti di ieri possano offrire oggi regole puntuali, nell'illusoria convinzione che la storia sia *magistra vitae* (maestra di vita), cioè fonte di insegnamento.

Troviamo qui alcune delle molte espressioni del relativismo guicciardiniano: gli eventi umani sono irripetibili e dunque i problemi del presente possono essere risolti non guardando al passato o formulando soluzioni idealistiche e astratte, ma solo in modo empirico, partendo cioè dall'osservazione dei fatti.

Il rifiuto della metafisica: la massima virtù è comprendere la realtà

Pertanto, confidare nei pronostici per il futuro (ricordo 207) costituisce una vana utopia, che può tramutarsi in fallimento se non si adottano contromisure che neutralizzino le previsioni sbagliate (ricordo 81). Fondamentale è vagliare in modo rigoroso la realtà, evitare di confondersi con fantasie soprannaturali, come invece fanno i filosofi e i teologi (ricordo 125), e possedere *buono e perspicace occhio* (ricordo 117), che è l'unico strumento oggettivamente valido per valutare anche gli aspetti più minuti. Il politico che reputa invece possibile governare *a caso*, senza cioè *pensare, essaminare, considerare bene ogni cosa* etiam *minima*, è destinato a farsi travolgere dalla forza ingovernabile degli eventi (ricordo 187).

Le scelte stilistiche

L'*incipit* dei *Ricordi*: una spia argomentativa

Da questo primo gruppo di ricordi abbiamo la possibilità di cogliere diversi tipi di *incipit* usati dall'autore. Due di essi (ricordi 81 e 187) presentano una vera e propria esortazione (*Non abbiate* [...] *per certa*...; *Sappiate*...): Guicciardini fa qui affidamento sulla propria esperienza per confutare un errato modo di procedere.

Altri due ricordi (35 e 110) iniziano con un'esclamativa, per sottolineare l'incontestabilità di quanto si afferma e la riprovevole ingenuità di un modo di pensare comunemente giudicato corretto. In questo caso, la sbrigativa secchezza con cui si afferma una verità incontrovertibile rende quasi superflue le motivazioni successive, che servono solo a corroborare quanto asserito nell'*incipit*. Ma nel ricordo 110 si può notare come la sentenza esclamativa iniziale si arricchisca con il paragone tra la velocità dell'asino e quella del cavallo: si tratta di uno squarcio popolaresco di grande efficacia, non infrequente in Guicciardini, che fa cozzare, con effetto stridente, un'espressione quasi plebea (*volere che uno asino facessi el corso di uno cavallo*, r. 13) con il contesto serio e meditativo.

Diversa è invece la struttura del ricordo 117, che pone subito in principio la conclusione del breve ragionamento, sviluppato successivamente con una subordinata causale che dimostra la fondatezza del pensiero.

La razionalità dello stile

A prescindere dagli *incipit*, tutti i ricordi presentano un'argomentazione serrata e senza incertezze. Lo stile rafforza questa esibizione di sicurezza, con frasi sempre asciutte, essenziali e legate tra loro in modo da riprodurre la stringente articolazione del ragionamento.

Verso le COMPETENZE

COMPRENDERE

1 Nel ricordo 35 Guicciardini mette in evidenza come la capacità di intendere la realtà possa essere inutile e ininfluente. In quali circostanze ciò accade?

2 Quale consiglio dà l'autore nel ricordo 81?

3 Quali ragioni spingono l'autore a polemizzare, nei ricordi 125 e 207, con i filosofi, i teologi e gli astrologi?

4 Rielabora in italiano moderno il ricordo 187.

ANALIZZARE

5 Quali temi comuni possono essere ravvisati in questa serie di ricordi?

INTERPRETARE

6 Da questi ricordi quale idea emerge del presente, del passato e del futuro?

COMPETENZE LINGUISTICHE

7 Nel ricordo 187 Guicciardini usa l'espressione *la diritta* nel senso di "cosa, via, strategia giusta". Il termine dritto, o la sua variante colta diritto (dal latino *directus*), e tutti i suoi derivati, hanno una pluralità di sfumature: individuale nelle frasi seguenti.

- a Vada diritto per duecento metri e poi svolti alla prima a destra.
- b Era così ubriaco che non riusciva a stare dritto.
- c Non so davvero cosa fare... hai qualche dritta da darmi?
- d È un uomo di grande drittura morale.
- e L'imbarcazione virò a dritta prima di girare la boa.
- f Stava così male che lo abbiamo portato in pronto soccorso.
- g È un mio diritto esprimere un parere su questo argomento.

PRODURRE

8 SCRIVERE PER **ESPRIMERE**
I tweet sono una moderna forma di aforisma. Scegli tre ricordi tra quelli antologizzati in questo gruppo e trasformali in altrettanti tweet (massimo 140 caratteri).

MICHEL DE MONTAIGNE
Il viaggio interiore di un intellettuale

Un mondo senza più certezze

La scoperta del Nuovo Mondo e dei suoi abitanti, la fine della concezione geocentrica, la rottura dell'unità del cristianesimo, le innovazioni in campo medico e scientifico impongono, nel corso del Cinquecento, una profonda revisione degli antichi saperi e dei valori trasmessi dalla tradizione. Vengono elaborati nuovi modelli di conoscenza, in cui l'esperienza e la riflessione personale cancellano la pretesa di costruire sistemi filosofici unitari e organici. Il dubbio, la perdita delle certezze, il senso del limite determinano un approccio nuovo alla realtà, svincolato da ogni dogma e libero da ogni rigido steccato ideologico.

I *Saggi* di Montaigne

La difficile ricerca di una ricomposizione dei dati contraddittori che emergono dall'esperienza è alla base dell'opera dello scrittore, politico e filosofo francese Michel de Montaigne (1533-1592). Formatosi sui testi umanistici, magistrato e consigliere nel parlamento di Bordeaux, Montaigne si ritira presto a vita privata nel castello di famiglia per dedicarsi alla stesura del suo capolavoro, i *Saggi*, la cui prima edizione appare nel 1580. Si tratta di un'opera dalla struttura e dal contenuto particolari: pensieri, annotazioni, riflessioni di varia natura si susseguono secondo il «procedere degli umori», stimolati ora dalla lettura dei classici, ora da una meditazione personale.

La vicinanza ideologica a Guicciardini

Per questo andamento asistematico, i *Saggi* si avvicinano ai *Ricordi* di Guicciardini, un autore a cui Montaigne può essere accostato anche per gli aspetti ideologici. Comuni ai due scrittori sono il rifiuto di ogni approccio metafisico, la convinzione dell'impossibilità di aspirare alla conoscenza assoluta, la critica rivolta a ogni ipotesi di interpretazione preconcetta della realtà. Anche Montaigne tenta di illuminare l'"altalena" dei sentimenti umani, le debolezze e le contraddizioni che caratterizzano la nostra vita secondo una prospettiva scettica e relativistica che abbiamo visto dominare l'indagine guicciardiniana. La serena visione rinascimentale, già entrata in crisi nell'opera dell'autore dei *Ricordi*, può dirsi con Montaigne definitivamente tramontata. Prevalgono invece l'amara coscienza dei mali del mondo e il disgusto per le vanità e i capricci umani.

Il breve brano che presentiamo è un esempio del procedere conoscitivo di Montaigne. Invece di aspirare a un ruolo di maestro dispensatore di verità assolute, lo scrittore francese sceglie di non affannarsi a inseguire risposte definitive. L'unica ricerca possibile è quella della soddisfazione personale, di una felicità parziale, da cogliere attimo dopo attimo nell'incerta esplorazione di un mondo in cui «tutte le cose [...] oscillano».

“Gli altri formano l'uomo; io lo descrivo,[1] e ne presento un esemplare assai mal formato, e tale che se dovessi modellarlo di nuovo lo farei in verità molto diverso da quello che è. Ma ormai è fatto. Ora, i segni della mia pittura sono sempre fedeli, benché cambino e varino. Il mondo non è che una continua altalena. Tutte le cose vi oscillano senza posa: la terra, le rocce del Caucaso, le piramidi d'Egitto, e per il movimento generale e per il loro proprio. La stessa costanza non è altro che un movimento più debole. Io non posso fissare il mio oggetto. Esso procede incerto e vacillante, per una naturale ebbrezza. Io lo prendo in questo punto, com'è, nell'istante in cui mi interesso a lui. Non descrivo l'essere. Descrivo il passaggio:[2] non un passaggio da un'età all'altra o, come dice il popolo, di sette in sette anni, ma di giorno in giorno, di minuto in minuto. Bisogna che adatti la descrizione al momento. Potrei cambiare da un momento all'altro, non solo per caso, ma anche per intenzione.[3] È una registrazione di diversi e mutevoli eventi e di idee incerte e talvolta contrarie: sia che io stesso sia diverso, sia che io colga gli oggetti secondo altri aspetti e considerazioni. Tant'è che forse mi contraddico, ma la verità, come diceva Demade, non la contraddico mai.[4]”

1 **Gli altri... descrivo:** Montaigne rifiuta ogni intento pedagogico. Mentre altri pensatori cercano di plasmare l'uomo indicandogli modelli e punti di riferimento formativi, egli si accontenta di descriverlo così come gli appare.
2 **Non descrivo... passaggio:** l'essenza umana è in perenne trasformazione. È utopia quindi pretendere di fissarne un ritratto astorico e immutabile, al di là del tempo e dello spazio.
3 **Potrei... intenzione:** descrivere l'uomo è un'operazione naturalmente soggettiva, che riflette lo stato d'animo e le intenzioni di chi voglia rappresentarlo.
4 **Tant'è... mai:** la contraddizione è insita nell'uomo. Riconoscere questa condizione è l'unica testimonianza di estrema coerenza che Montaigne rivendica per sé. Demade (380 ca - 319 a.C.) fu un oratore greco, avversario di Demostene.

T2

audiolettura

I concetti chiave del pensiero di Guicciardini

Ricordi, 6; 30; 66; 118; 186; 218

Il predominio della fortuna

In questa seconda selezione di ricordi, Guicciardini definisce i concetti fondamentali del proprio pensiero: la *discrezione*, la *fortuna*, il *particulare* e l'*onore*.

6

È grande errore parlare delle cose del mondo indistintamente[1] e assolutamente e, per dire così, per regola;[2] perché quasi tutte hanno distinzione e eccezione per la varietà delle circunstanze, le quali non si possono fermare[3] con una medesima misura:[4] e queste distinzione e eccezione non si truovano scritte in su' libri, ma bisogna le insegni la discrezione.[5]

30

Chi considera[6] bene, non può negare che nelle cose umane la fortuna ha grandissima potestà, perché si vede che a ognora ricevono grandissimi moti da accidenti fortuiti,[7] e che non è in potestà degli uomini né a prevedergli né a schifargli:[8] e benché lo accorgimento e sollicitudine[9] degli uomini possa moderare molte cose, nondimeno sola non basta, ma gli bisogna ancora[10] la buona fortuna.

66

Non crediate a costoro che predicano sì efficacemente[11] la libertà,[12] perché quasi tutti, anzi non è forse nessuno che non abbia l'obietto[13] agli interessi particulari: e la esperienza mostra spesso, e è certissimo, che se credessino trovare in uno stato stretto[14] migliore condizione,[15] vi correrebbono per le poste.[16]

118

A chi stima l'onore assai, succede[17] ogni cosa, perché non cura fatiche, non pericoli, non danari. Io l'ho provato in me medesimo, però[18] lo posso dire e scrivere: sono morte e vane le azione degli uomini che non hanno questo stimulo ardente.

186

Non si può in effetto[19] procedere sempre con una regola indistinta e ferma.[20] Se è molte volte inutile lo allargarsi nel parlare[21] *etiam*[22] cogli amici – dico di cose che meritino essere tenute segrete – da altro canto el fare che gli amici si accorghino

1 **indistintamente:** genericamente.
2 **per regola:** la regola è per Guicciardini lo schema preconcetto di carattere universale, a cui non si può prestare fede sempre e comunque, a prescindere dalle circostanze specifiche.
3 **fermare:** stabilire.
4 **misura:** criterio di giudizio.
5 **discrezione:** la capacità di discernere e giudicare in modo acuto. Il vocabolo viene dal latino *discernere* ("vedere bene", "distinguere").
6 **considera:** riflette.
7 **a ognora ricevono... accidenti fortuiti:** continuamente (le cose umane) subiscono grandi mutamenti (*moti*) per via di eventi casuali.
8 **schifargli:** schivarli.
9 **lo accorgimento e sollicitudine:** l'accortezza e la premura.
10 **ancora:** anche.
11 **sì efficacemente:** in modo così convincente (ma ipocrita).
12 **la libertà:** cioè un regime repubblicano popolare.
13 **l'obietto:** la mira.
14 **stato stretto:** governo assoluto, regime tirannico.
15 **migliore condizione:** un maggiore tornaconto personale.
16 **vi correrebbono per le poste:** vi si precipiterebbero con la massima velocità (come avviene ai messaggeri che cambiano il cavallo a ogni stazione di posta per averlo sempre fresco).
17 **succede:** riesce bene.
18 **però:** perciò.
19 **in effetto:** nella pratica.
20 **indistinta e ferma:** unica e assoluta.
21 **lo allargarsi nel parlare:** l'aprirsi confidandosi.
22 ***etiam*:** anche (latino).

che tu stai riservato con loro, è la via a fare che anche loro faccino el medesimo teco:[23] perché nessuna cosa fa altrui confidarsi di te[24] che el presupporsi che tu ti confidi di lui; e così, non dicendo a altri, ti togli la facultà di sapere da altri. Però e in questo e in molte altre cose bisogna procedere distinguendo la qualità[25] delle persone, de' casi e de' tempi, e a questo è necessaria la discrezione: la quale se la natura non t'ha data, rade[26] volte si impara tanto che basti[27] con la esperienza; co' libri non mai.[28]

218

Quegli uomini conducono bene le cose loro in questo mondo, che[29] hanno sempre innanzi agli occhi lo interesse propio, e tutte le azione sue misurano con[30] questo fine. Ma la fallacia è in quegli che[31] non conoscono bene quale sia lo interesse suo,[32] cioè che reputano che sempre consista in qualche commodo pecuniario[33] più che nell'onore, nel sapere mantenersi[34] la riputazione e el buono nome.

23 **el fare... teco:** far capire agli amici che tu non vuoi confidarti con loro porterà (è *la via a fare*) anche loro a comportarsi allo stesso modo con te (*teco*, latinismo).
24 **fa... di te:** fa sì che gli altri si confidino con te.
25 **la qualità:** la natura.
26 **rade:** rare.
27 **tanto che basti:** sufficientemente.
28 **non mai:** mai.
29 **Quegli... che:** conducono bene i loro affari su questo mondo quegli uomini che (iperbato).
30 **misurano con:** orientano a.
31 **la fallacia... che:** l'errore è in coloro i quali (cioè sbagliano coloro i quali).
32 **suo:** loro.
33 **commodo pecuniario:** vantaggio economico.
34 **mantenersi:** conservare.

Dentro il TESTO

I contenuti tematici

Il gusto della *distinzione*

Questo gruppo di ricordi condensa i princìpi ai quali Guicciardini si richiama costantemente in tutta la sua opera. In particolare, il ricordo 6 fissa in modo solenne una premessa di metodo essenziale: il rifiuto di ogni regola nel *parlare delle cose del mondo* e il richiamo alla *distinzione e eccezione per la varietà delle circunstanze*.

Le disquisizioni storiche rappresentano per l'autore esercizi accademici, del tutto inutili a comprendere il carattere mutevole della realtà: sarà la *discrezione*, e non la conoscenza libresca, a determinare la capacità del singolo di orientarsi nell'azione quotidiana.

Il dominio della casualità

La Storia per Guicciardini rappresenta una imprevedibile catena di eventi che può essere studiata solo caso per caso (ricordo 186). Nessun sistema può fare dunque da bussola: in questo mondo senza regole, soppesare le differenze, cogliere la natura dell'eccezione, conoscere una realtà così sfuggente è un'impresa assai ardua. Lontano ormai dalla rinascimentale fiducia nella forza dell'intelletto, dinanzi agli aspetti di una realtà torbida e contraddittoria Guicciardini è costretto a dichiarare lo scacco della ragione, incapace di elaborare strumenti di orientamento e regole universali di condotta valide una volta per tutte.

Lo scopo dell'uomo saggio: il «particulare»

Nel ricordo 66 troviamo invece enunciata l'altra idea centrale del pensiero guicciardiniano, il «particulare»: dalla lezione offerta dall'esperienza sappiamo che gli uomini amano travestire con nobili idealità la ricerca di una *migliore condizione* personale, di quel tornaconto, cioè, che Guicciardini interpreta come l'unico, vero movente delle azioni umane. Tuttavia, l'interesse soggettivo non va inteso, secondo il pensatore fiorentino, in un'ottica utilitaristica o mercantile: non l'arricchimento (*commodo pecuniario*, ricordo 218) deve essere perseguito, ma lo *stimulo ardente* (ricordo 118) dell'onore e della buona reputazione, che consiste indubbiamente nel beneficio proprio e della propria famiglia, da estendere però anche a quello collettivo, del prossimo, dello Stato.

La *grandissima potestà* della fortuna

Infine, la riflessione sul tema della fortuna: Guicciardini riconosce che un atteggiamento prudente possa servire a edulcorare gli effetti della casualità, che tuttavia rimane la vera, incontrollabile arbitra delle *cose umane* (ricordo 30). La distanza da Machiavelli è evidente. Come abbiamo visto, nel capitolo XXV del *Principe* (➤ T12, p. 421) Machiavelli aveva attribuito alla fortuna un potere pari a quello della virtù. Guicciardini non è così ottimista: il successo e l'insuccesso del singolo non dipendono ormai più da lui, neanche parzialmente.

Verso le COMPETENZE

COMPRENDERE

1 Definisci, in massimo due righe, i seguenti concetti:
   a *distinzione*;
   b *eccezione*;
   c *discrezione*;
   d *sollecitazione*;
   e *particulare*.

ANALIZZARE

2 Per quale motivo Guicciardini ritiene che non si possa procedere *sempre con una regola indistinta e ferma* (ricordo 186, r. 18)? A quale concezione del mondo rimanda questo principio?

3 Perché si deve diffidare di chi predica la libertà (ricordo 66)

4 Qual è, secondo Guicciardini, la funzione dell'esperienza?

5 Quale opinione ha l'autore di coloro che inseguono sempre il *commodo pecuniario* (ricordo 218, r. 31)?

INTERPRETARE

6 Leggendo il ricordo 186, si ha l'impressione che per Guicciardini esista un «particulare» buono e un «particulare» cattivo. Facendo riferimento al testo e al sistema di pensiero dell'autore, spiega il significato di questa affermazione.

7 Discrezione: si può dire che questa parola abbia lo stesso significato in Guicciardini e al giorno d'oggi?

8 Delinea un ritratto del gentiluomo ideale secondo Guicciardini, indicandone caratteristiche, comportamenti e valori.

Francesco Salviati, *Tre Parche*, 1550 ca. Firenze, Galleria Palatina.

PRODURRE

9 SCRIVERE PER **ESPORRE**
Immagina di avere un blog e di dover presentare tre dei ricordi qui antologizzati. Per ciascuno di essi scegli un'immagine che ritieni particolarmente significativa e scrivi un breve testo di presentazione (massimo 3 righe).

10 SCRIVERE PER **CONFRONTARE**
Confronta il concetto di fortuna in Machiavelli e Guicciardini in un testo di massimo 20 righe.

• T3 •

La natura umana

Ricordi, 5; 15; 17; 24; 32; 41; 134; 145; 161

La visione **pessimistica** dell'uomo

Come si vede negli eventi della politica, tutte le azioni umane risultano caratterizzate dall'imprevedibilità. Se è impossibile definire oggettivamente la moralità di ciascun individuo, un tratto che accomuna tutti gli uomini è la fragilità. È questo uno dei più tormentati approdi del pessimismo guicciardiniano.

5

Se gli uomini fussino discreti o grati a bastanza,[1] doverrebbe uno padrone, in ogni occasione che n'ha, beneficare quanto potessi[2] e suoi servidori; ma perché la esperienza mostra – e io l'ho sentito da' miei servidori in me medesimo – che spesso come sono pieni,[3] o come al padrone manca occasione di potergli trattare bene come ha fatto per el passato, lo piantano, chi pensa al profitto suo debbe procedere con la mano stretta,[4] e con loro inclinare più presto[5] nella scarsità[6] che nella larghezza,[7] intrattenendogli[8] più con la speranza che con gli effetti; la quale perché gli possa ingannare,[9] è necessario beneficarne talvolta qualcuno largamente, e questo basta; perché è naturale degli uomini che in loro possa ordinariamente tanto più la speranza che el timore, che[10] più gli conforta e intrattiene[11] lo essemplo di uno che veggono benificato che non gli spaventa[12] el vedersene innanzi agli occhi molti che non sono stati bene trattati.

15

Io ho desiderato, come fanno tutti gli uomini, onore e utile:[13] e n'ho conseguito[14] molte volte sopra[15] quello che ho desiderato o sperato; e nondimeno[16] non v'ho poi mai trovato drento quella satisfazione che io mi ero immaginato; ragione, chi bene la considerassi, potentissima a tagliare assai delle vane cupidità degli uomini.[17]

17

Non crediate a coloro che fanno professione[18] d'avere lasciato le faccende e le grandezze[19] volontariamente e per amore della quiete, perché quasi sempre ne è stata cagione o leggerezza o necessità:[20] però[21] si vede per esperienza che quasi tutti, come se gli offerisce uno spiraglio[22] di potere tornare alla vita di prima, lasciata la tanto lodata quiete, vi si gettano con quella furia che fa el fuoco[23] alle cose bene unte e secche.

1 **fussino... a bastanza:** fossero rispettosi e riconoscenti a sufficienza.
2 **quanto potessi:** il più possibile.
3 **pieni:** sazi.
4 **con la mano stretta:** avaro.
5 **più presto:** piuttosto.
6 **scarsità:** parsimonia nel donare.
7 **larghezza:** generosità.
8 **intrattenendogli:** legandoli a sé.
9 **la quale perché gli possa ingannare:** affinché essa (la speranza) possa ingannarli.
10 **che:** poiché.
11 **conforta e intrattiene:** incoraggia e alletta.
12 **che veggono... spaventa:** di quanto li spaventi.
13 **onore e utile:** incarichi di prestigio e fonti di guadagno.
14 **conseguito:** ottenuto.
15 **sopra:** più di.
16 **nondimeno:** tuttavia.
17 **ragione... uomini:** motivo, a esaminarlo attentamente, capace di ridurre (*tagliare*) gran parte (*assai*) dei desideri umani per le cose vane.
18 **fanno professione:** dichiarano apertamente.
19 **le faccende e le grandezze:** gli impegni politici e gli onori che da essi derivano.
20 **o leggerezza o necessità:** o la superficialità (*leggerezza* è il contrario di «discrezione») o l'insieme di fattori indipendenti dalla volontà individuale.
21 **però:** perciò.
22 **come se... uno spiraglio:** non appena si offre loro la minima occasione.
23 **che fa el fuoco:** con cui il fuoco si appicca.

24

Non è la più labile cosa[24] che la memoria de' benefici ricevuti: però fate più fondamento in su quegli che sono condizionati in modo che non vi possino mancare, che in su coloro quali avete beneficati;[25] perché spesso o non se ne ricordano o presuppongono e benefici minori che non sono o reputano che siano fatti quasi per obligo.

32

La ambizione non è dannabile,[26] né da vituperare[27] quello ambizioso che ha appetito[28] d'avere gloria co' mezzi onesti e onorevoli: anzi sono questi tali che operano cose grande e eccelse, e chi manca di questo desiderio è spirito freddo[29] e inclinato più allo ozio che alle faccende.[30] Quella è ambizione perniziosa[31] e detestabile che ha per unico fine la grandezza, come hanno communemente e prìncipi, e quali,[32] quando se la propongono per idolo,[33] per conseguire ciò che gli[34] conduce a quella, fanno uno piano della conscienza, dell'onore, della umanità e di ogni altra cosa.[35]

41

Se gli uomini fussino buoni e prudenti, chi è preposto[36] a altri legittimamente arebbe a usare più la dolcezza che la severità; ma essendo la più parte o poco buoni o poco prudenti, bisogna fondarsi più in sulla severità: e chi la intende altrimenti, si inganna.[37] Confesso[38] bene che, chi potessi mescolare e condire bene l'una con l'altra,[39] farebbe quello ammirabile concento[40] e quella armonia, della quale nessuna è più suave: ma sono grazie che a pochi el cielo largo destina e forse a nessuno.[41]

134

Gli uomini tutti per natura sono inclinati più al bene che al male, né è alcuno el quale, dove altro rispetto[42] non lo tiri in contrario, non facessi più volentieri bene che male; ma è tanto fragile la natura degli uomini e sì spesse[43] nel mondo le occasione che invitano al male, che gli uomini si lasciano facilmente deviare dal bene. E però e savî legislatori trovorono[44] e premi e le pene: che[45] non fu altro che con la speranza e col timore volere tenere fermi gli uomini nella inclinazione loro naturale.

145

Abbiate per certo[46] che, benché la vita degli uomini sia breve, pure a chi sa fare capitale del tempo e non lo consumare vanamente, avanza tempo assai:[47] perché la natura dell'uomo è capace, e chi è sollecito e risoluto gli comparisce mirabilmente el fare.[48]

24 **Non... cosa:** non esiste cosa più effimera.
25 **fate più fondamento... beneficati:** fate più affidamento su coloro che sono legati a voi da timore o convenienza che su coloro che avete aiutato.
26 **dannabile:** condannabile di per sé.
27 **vituperare:** criticare.
28 **appetito:** desiderio.
29 **freddo:** abulico, cioè non attivo.
30 **faccende:** attività pubblica.
31 **perniziosa:** perniciosa, pericolosa.
32 **e quali:** i quali.
33 **se la... idolo:** assumono la grandezza come un feticcio fine a sé stesso.
34 **gli:** li (i principi), complemento oggetto di *conduce*.
35 **fanno... cosa:** distruggono (*fanno uno piano*) la coscienza, l'onore, l'umanità e tutti gli altri valori umani.
36 **preposto:** messo a capo.
37 **chi... si inganna:** chi la pensa diversamente si sbaglia.
38 **Confesso:** ammetto.
39 **condire... l'altra:** in senso figurato, addolcire la severità con l'indulgenza.
40 **concento:** accordo (latinismo).
41 **sono grazie... nessuno:** si tratta di fortune che il cielo riserva a pochi con abbondanza (*largo*), e forse a nessuno.
42 **altro rispetto:** altra considerazione.
43 **spesse:** frequenti.
44 **trovorono:** disposero.
45 **che:** il che.
46 **Abbiate per certo:** sappiate.
47 **pure... assai:** tuttavia, chi sa capitalizzare (vale a dire sfruttare a pieno) il proprio tempo, senza sprecarlo inutilmente, ne ha in abbondanza.
48 **gli comparisce... el fare:** procede nelle sue opere in modo meraviglioso.

161

Quando io considero a quanti accidenti e pericoli di infirmità, di caso, di violenza,[49] e in modi infiniti, è sottoposta la vita dell'uomo, quante cose bisogna concorrino[50] nello anno a volere che la ricolta[51] sia buona, non è cosa di che io mi maravigli più che vedere uno uomo vecchio,[52] uno anno fertile.

49 di infirmità... violenza: legati alle malattie, alla casualità, alle violenze esterne (la gravità crescente – retoricamente è un *climax* – degli *accidenti* sottolinea la precarietà dell'esistenza umana).

50 concorrino: accadano insieme.

51 la ricolta: il raccolto.

52 vecchio: cioè giunto alla vecchiaia.

Analisi ATTIVA

I contenuti tematici

Le conseguenze politiche del pessimismo

Non è soltanto la politica a suggerire a Guicciardini la stesura dei *Ricordi*: anche la condizione generale dell'uomo e la sua natura sono al centro della riflessione dell'autore. A prevalere su ogni sentimento è il pessimismo: gli uomini sono ingrati e dunque la *scarsità* (avarizia) va preferita alla *larghezza* (generosità) (ricordo 5); poiché la *memoria de' benefici ricevuti* è *la più labile cosa* (ricordo 24), non ci si attenda dal prossimo riconoscenza. Se gli uomini fossero saggi, anche l'esercizio del potere potrebbe giovarsene, integrando severità e indulgenza. La conoscenza della natura umana, invece, obbliga chi detiene con intelligenza il potere a privilegiare la prima a scapito della seconda (ricordo 41).

1 Quale tipo di rapporto umano viene portato a esempio nel ragionamento su *scarsità* e *avarizia*? Perché, secondo te, viene ritenuto emblematico?

2 Qual è la conseguenza, sulle leggi, della cattiva inclinazione degli uomini?

La fragilità dell'uomo

Il solo legame capace di unire gli uomini è l'interesse o la necessità (ricordo 24). Tutte le loro azioni, infatti, non sono mai suggerite da stimoli o ragioni ideali: a dispetto di apparenze e falsi alibi, l'unico criterio che li ispira è la convenienza (ricordo 17). A differenza di Machiavelli, che giudicava gli uomini crudeli per natura, Guicciardini reputa però che essi siano inclini al bene, ma *si lasciano facilmente deviare* dalle passioni malvagie e dalle *occasione che invitano al male* (ricordo 134). Apparentemente, siamo di fronte a una contraddizione con quanto affermato nel ricordo 41. Si tratta però di un'incoerenza spiegabile tenendo conto dell'instabilità che Guicciardini intravede nei comportamenti dell'uomo, il quale, a suo giudizio, non è né buono né cattivo, ma fragile. Proprio tale fragilità lo condanna a vivere in balia delle circostanze, esposto ai capricci della fortuna e ai mutamenti di un'epoca senza luce e senza regole. La sua bontà naturale è destinata a soccombere a causa della realtà storica, che sprona sempre alla violenza e al sopruso.

3 Come si comportano, spesso, coloro che hanno ricevuto dei benefici?

4 Come si differenzia la concezione antropologica di Guicciardini da quella di Machiavelli? Quale delle due ti sembra più pessimistica?

La caduta delle illusioni

La vita umana è sottoposta a una continua precarietà: il fallimento delle aspettative è dietro l'angolo. Per questo, bisogna accettare il naufragio delle illusioni, che l'uomo maturo e consapevole si trova ad affrontare dopo le speranze giovanili.

Ancora una volta è l'esperienza a sfrondare la realtà da facili consolazioni. Guicciardini stesso confida di aver desiderato *onore e utile* (ricordo 15), vale a dire prestigio e vantaggi materiali, e poi di non avervi trovato l'appagamento agognato: da ciò deriva l'invito a evitare di rincorrere le *vane cupidità degli uomini*.

5 La fragilità dell'uomo non è solo intrinseca alla sua natura, ma dipende anche da fattori a lui esterni: quali?
6 Perché i desideri (le *cupidità*) degli uomini sono definiti vani?

L'ambizione buona e quella cattiva

Il poeta greco Esiodo (VII secolo a.C.) distingueva la natura maligna da quella benigna in Eris, la dea della discordia, capace al tempo stesso di ispirare conflitti tra gli uomini, ma anche di stimolarli a una feconda competizione tra loro. Allo stesso modo Guicciardini chiarisce che l'ambizione non è di per sé *dannabile* (ricordo 32): lo diventa però quando, per conseguire il potere, si passa sopra la *conscienza*, l'*onore*, l'*umanità* e *ogni altra cosa*. È chiaro il riferimento ai potenti e ai principi del suo tempo.

7 In quali casi, secondo Guicciardini, l'ambizione è positiva e a quali esiti può condurre?

Chi può faccia

In controtendenza, il ricordo 145 apre uno squarcio di inaspettata speranza: è la speranza di un uomo che, nel tracciare un sintetico bilancio della propria vita attiva, esamina con compiacimento i risultati ottenuti grazie alle sue qualità. Partendo dalla propria vicenda personale, Guicciardini invita a mettere a frutto il tempo che si ha a disposizione per realizzare gli obiettivi prefissati, dal momento che *la natura dell'uomo è capace*.

8 Questo elogio delle capacità di azione dell'uomo può essere ricollegato alla temperie culturale del Rinascimento? Perché?

Le scelte stilistiche

A colloquio con i suoi simili

Guicciardini cerca di instaurare con il lettore un rapporto di intima cordialità. Spesso rivolge la parola a un "voi" (ricordi 17, 24, 145), che dovrebbe rappresentare la ristretta cerchia dei parenti a cui l'opera è indirizzata. Allo stesso tempo, questo "voi" può coinvolgere tutti i suoi simili, coloro cioè che condividono con l'autore la stessa disposizione a riflettere sulla realtà delle cose.

9 Con quale modo verbale si rivolge Guicciardini ai suoi lettori? perché?

Una forma stringente e senza dispersioni

Questa comunione intellettuale con i lettori spiega anche il registro medio del suo stile. Guicciardini non ha bisogno, come Machiavelli, di ammonire rabbiosamente ed esortare grazie all'effetto drammatizzante del *pathos*: il suo scopo è fermarsi a ragionare e spiegare pacatamente la propria indignazione o il proprio sconforto. Si comprende così l'uso di una forma agile e veloce, fatta di periodi rapidi e sintetici: sprecare le parole significherebbe perdere in essenzialità e rigore.

10 Guicciardini utilizza sovente, come segno d'interpunzione, i due punti: quale funzione assumono?

PER APPROFONDIRE

La *Storia d'Italia*: Guicciardini e la catastrofe della penisola

In che modo Guicciardini cala il proprio pessimismo nella carne viva della Storia? Per rispondere a questa domanda basta leggere il proemio dell'opera più matura della sua produzione storiografica, la *Storia d'Italia*. L'irrimediabile catena di catastrofi che conduce alla disfatta politica dell'Italia è infatti inserita nella più vasta e generale concezione della vita, sottoposta all'instabilità dei venti della fortuna. Dalla discesa in Italia di Carlo VIII (1494) alla testa dell'esercito francese, un drammatico quarantennio di violenze ed egoismi ha fatto precipitare il paese nell'abisso della miseria: approdo reputato coerente e inevitabile, in quanto tutte le cose umane sono destinate a perire proprio quando appaiono splendide e immortali. In tal modo, Guicciardini introduce solennemente e non senza una sofferta implicazione soggettiva («Io» è la prima parola dell'opera) la propria narrazione di un'epoca instabile e negativa, sulla quale si distendono le ombre delle «calamità» che affliggono «i miseri mortali». Più che una storia, Guicciardini si accinge così a raccontare una tragedia.

" Io ho deliberato di scrivere le cose accadute alla memoria nostra[1] in Italia, dappoi che l'armi de' franzesi, chiamate da' nostri prìncipi medesimi, cominciorono con grandissimo movimento a perturbarla:[2] materia, per la varietà e grandezza loro,[3] molto memorabile e piena di atrocissimi accidenti;[4] avendo patito tanti anni Italia tutte quelle calamità con le quali sogliono i miseri mortali, ora per l'ira giusta d'Iddio ora dalla empietà e sceleratezze degli altri uomini, essere vessati. Dalla cognizione de' quali casi, tanto vari e tanto gravi, potrà ciascuno, e per sé proprio e per bene publico, prendere molti salutiferi documenti:[5] onde[6] per innumerabili esempli evidentemente apparirà a quanta instabilità, né altrimenti che uno mare concitato[7] da' venti, siano sottoposte le cose umane; quanto siano perniciosi,[8] quasi sempre a se stessi ma sempre a' popoli, i consigli male misurati[9] di coloro che dominano, quando, avendo solamente innanzi agli occhi o errori vani[10] o le cupidità presenti, non si ricordando delle spesse variazioni della fortuna, e convertendo in detrimento altrui[11] la potestà conceduta loro per la salute[12] comune, si fanno, o per poca prudenza o per troppa ambizione, autori di nuove turbazioni.[13]
Ma le calamità d'Italia (acciocché[14] io faccia noto quale fusse allora lo stato suo, e insieme le cagioni dalle quali ebbeno[15] l'origine tanti mali) cominciorono con tanto maggiore dispiacere e spavento negli animi degli uomini quanto le cose universali[16] erano allora più liete e più felici. Perché manifesto è che, dappoi che lo imperio romano, indebolito principalmente per la mutazione degli antichi costumi, cominciò, già sono più di mille anni,[17] di[18] quella grandezza a declinare alla quale con maravigliosa virtù e fortuna era salito, non aveva giammai sentito Italia tanta prosperità, né provato stato tanto desiderabile quanto era quello nel quale sicuramente si riposava l'anno della salute cristiana mille quattrocento novanta, e gli anni che a quello e prima e poi furono congiunti. Perché, ridotta[19] tutta in somma pace e tranquillità, coltivata non meno ne' luoghi più montuosi e più sterili che nelle pianure e regioni sue più fertili, né sottoposta a altro imperio che de' suoi medesimi,[20] non solo era abbondantissima d'abitatori, di mercatanzie e di ricchezze; ma illustrata[21] sommamente dalla magnificenza di molti prìncipi, dallo splendore di molte nobilissime e bellissime città, dalla sedia e maestà della religione,[22] fioriva d'uomini prestantissimi[23] nella amministrazione delle cose publiche, e di ingegni molto nobili in tutte le dottrine[24] e in qualunque arte preclara[25] e industriosa; né priva secondo l'uso di quella età di gloria militare e ornatissima di tante doti, meritamente appresso[26] a tutte le nazioni nome e fama chiarissima riteneva.[27] "

1 **alla memoria nostra:** contemporanee all'autore e quindi impresse nella sua memoria.
2 **perturbarla:** sconvolgerla. L'autore allude alla discesa in Italia di Carlo VIII, re di Francia, nel 1494.
3 **loro:** delle cose accadute.
4 **accidenti:** avvenimenti.
5 **salutiferi documenti:** utili insegnamenti (latinismo da *doceo*).
6 **onde:** dal momento che.
7 **né... concitato:** non diversamente da un mare agitato.
8 **perniciosi:** dannosi.
9 **i consigli male misurati:** le decisioni poco ponderate.
10 **vani:** causati dalla superficialità.
11 **in detrimento altrui:** a danno degli altri.
12 **salute:** salvezza.
13 **turbazioni:** turbamenti.
14 **acciocché:** affinché.
15 **ebbeno:** ebbero.
16 **le cose universali:** le condizioni generali.
17 **già... anni:** più di mille anni fa (l'Impero romano d'Occidente cadde nel 476 d.C.).
18 **di:** da.
19 **ridotta:** condotta.
20 **de' suoi medesimi:** dei principi italiani.
21 **illustrata:** resa illustre.
22 **sedia... religione:** Guicciardini allude al fatto che l'Italia fosse la sede della cristianità, rappresentata dal seggio (*sedia*) di Pietro.
23 **prestantissimi:** abilissimi.
24 **dottrine:** discipline.
25 **preclara:** illustre, insigne.
26 **meritamente appresso:** a pieno merito presso.
27 **riteneva:** conservava.

CLASSICI a confronto

Guicciardini e Machiavelli

I PUNTI DI CONTATTO... Prima di evidenziare le differenze tra i due grandi autori fiorentini, iniziamo a mettere in luce gli elementi condivisi. Innanzitutto, comune è il punto di osservazione da cui prendono le mosse le rispettive riflessioni: la **Firenze** del periodo successivo alla morte di Lorenzo il Magnifico (scomparso nel 1492), destinata a vivere quasi cinquant'anni di instabilità e lotte intestine. Comuni ancora sono la **formazione umanistica** e lo **studio dei classici**, visti come strumenti per capire la natura e le azioni degli uomini.

Sul piano dell'elaborazione concettuale vera e propria, entrambi gli autori sono convinti della piena autonomia dell'attività politica, in cui non interferiscono più né la morale né la religione, e considerano la Storia come il frutto delle iniziative umane, quindi come un'opera esclusivamente terrena; entrambi, infine, muovono solo dalla «verità effettuale», senza la tentazione di alterarla con abbellimenti consolatori o ipotesi astratte.

... E LE DIFFERENZE Tuttavia, mentre Machiavelli non rinuncia a prefigurare una società diversa, Guicciardini rimane legato a un **empirismo scettico**, che lo porta a valutare il proprio tempo solo sulla base dei dati che ha a disposizione, senza proiezioni nel futuro, senza speranze di cambiamento.

Anche Guicciardini parte da una considerazione naturalistica della Storia, secondo la quale gli uomini sono per natura immutabili, ma **non crede più che possano essere formulate leggi universali**, valide in ogni tempo. Mutando «e nomi e le superficie delle cose» (ricordo 76), ogni contesto assume caratteri propri, destinati al massimo a somigliarsi, ma mai a ripetersi tali e quali. Anche la politica, come ogni altra attività umana, non segue norme prestabilite né può rifarsi a modelli generali, attinti dal passato. Ogni evento va analizzato caso per caso, in quanto fa storia a sé.

Gli avvenimenti, secondo Guicciardini, non seguono un tracciato logico. Combina-

L'AUTORE nel tempo

Il prestigio in Europa

L'opera di Guicciardini viene pubblicata postuma, e solo in parte, alla fine del Cinquecento, in piena epoca controriformistica. Data la sua natura spregiudicata e laica, non sorprende che essa subisca la sorte che nello stesso periodo tocca anche all'opera di Machiavelli, finendo nell'Indice dei libri proibiti (cioè di quelle pubblicazioni proibite dalla Chiesa cattolica). Ciò non impedisce che, soprattutto al di fuori dell'Italia, la sua fama diventi subito grande, come dimostra tra l'altro il giudizio del politico e intellettuale francese Michel de Montaigne che, alla fine del Cinquecento, dopo aver letto la *Storia d'Italia* stima Guicciardini come il miglior storico dei suoi tempi.

Dalla censura al riconoscimento novecentesco

In Italia la censura ecclesiastica ha invece effetti assai duraturi, almeno fino all'inizio dell'Ottocento, quando Giacomo Leopardi rivaluta la prosa classica e la visione del mondo di Guicciardini, impregnata, come la sua, di un lucido, disincantato pessimismo: «Il Guicciardini», scrive nei *Pensieri*, «è forse il solo storico tra i moderni, che abbia e cono-

zioni, influenze e condizioni contingenti producono soluzioni sempre diverse e comportano misure e contromisure non prevedibili in anticipo.

Pertanto, **affidarsi al passato** come a una fonte di insegnamenti **è** non solo inutile, ma addirittura **fuorviante**. Con Guicciardini il principio di imitazione, pilastro della riflessione umanistico-rinascimentale (compresa quella di Machiavelli), non ha più ragion d'essere.

L'INDIVIDUO DINANZI AI SUOI LIMITI Machiavelli confida ancora che, grazie alla lezione e all'esperienza della Storia, l'uomo sia in grado di determinare il corso degli eventi. In questa fiducia si percepisce ancora in lui il retaggio dell'Umanesimo, con il suo bagaglio di rinnovato ottimismo. In Guicciardini, all'uomo non resta invece che constatare l'**impotenza della** propria **volontà**. La fortuna, che per Machiavelli poteva ancora essere controllata da uomini dotati di virtù, ora invece afferma la propria «grandissima potestà» (ricordo 30), e l'uomo è costretto ad adeguarsi ai suoi capricci, accettandola senza vani slanci titanici.

Nessuna utopia collettiva, nessuna speranza di riscatto affidata a un principe, nessuna ipotesi di redenzione da incoraggiare con la forza del *pathos*: è possibile e auspicabile soltanto una battaglia, personale ma non meno impegnativa, per difendere sé stessi e adattarsi ai tempi, conformandosi a essi senza improbabili velleità di cambiarli.

DUE DIVERSE VISIONI DELL'UOMO Da ciò possiamo capire che l'uomo di Machiavelli e quello di Guicciardini sono ormai diversi per mentalità e carattere. Il primo è l'eroe rinascimentale che contrasta la fortuna con la virtù, l'appassionato artefice della Storia, il principe-centauro (forte come le bestie, riflessivo come gli uomini) capace, grazie alle sue eccezionali qualità, di imporsi nel proprio tempo. Il secondo è il **disincantato osservatore** di un gioco di forze ingovernabili, il cosciente e lucido testimone di fatti e avvenimenti immutabili.

Non a caso, con Guicciardini si staglia all'orizzonte il tema della fragilità dell'uomo, quella dolorosa percezione di smarrimento, destinata a dominare le coscienze e la cultura italiana, a partire dal sacco di Roma (1527) fino a tutta l'età della Controriforma.

sciuti molto gli uomini, e filosofato circa gli avvenimenti attenendosi alla cognizione della natura umana, e non piuttosto a una certa scienza politica, separata dalla scienza dell'uomo, e per lo più chimerica» (*Pensieri*, LI).

È però nella seconda metà dell'Ottocento, in occasione di una nuova e più completa edizione dei *Ricordi*, che l'opera guicciardiniana conosce la notorietà. Ma si tratta di una notorietà, per così dire, negativa: abbiamo già avuto modo di riferire i giudizi di Francesco De Sanctis, il cui saggio *L'uomo del Guicciardini* (1869) delinea un'immagine gretta e opportunistica dello scrittore e dell'uomo politico, facendo di lui, in anni accesi dal patriottismo risorgimentale, il prototipo dell'italiano rassegnato e trasformista.

Dobbiamo aspettare il Novecento per trovare un inquadramento diverso dell'opera guicciardiniana, emancipata da svalutazioni di tipo politico o ideologico. La sua rivalutazione comincia da una più ampia e attendibile ricostruzione filologica dei testi, che mette in luce le capacità critiche e analitiche del Guicciardini storico e il rifiuto di ogni astrazione e generalizzazione che è alla base della sua meditazione e della sua scrittura.

Tiziano, *Ritratto di Carlo V a cavallo a Muehlberg*, 1547. Madrid, Museo del Prado.

Tiziano, *L'imperatore Carlo V con il cane*, 1533 ca. Madrid, Museo del Prado.

Corona ferrea, V secolo. Monza, Tesoro del Duomo.

Carlo V e la fine dell'indipendenza italiana

Dopo i sanguinosi eventi del Sacco di Roma e dell'assedio di Firenze, l'imperatore Carlo V d'Asburgo fu formalmente incoronato a Bologna, seconda città dello Stato pontificio, scelta anche perché l'Urbe devastata dai lanzichenecchi sarebbe stata per Carlo un luogo pericoloso.

La corona ferrea

Nella città emiliana, papa Clemente VII lo incoronò re d'Italia, servendosi, con gesto altamente simbolico, della corona ferrea dei re longobardi, che dall'Alto Medioevo cingeva il capo de sovrani italiani. Secondo un'antica leggenda, il cerchio di metallo all'interno della corona, composta da sei piastre d'oro decorate da rosette a rilievo, castoni di gemme e smalti, sarebbe stato ricavato da uno dei chiodi della croce di Cristo e inserito nel diadema dell'imperatore Costantino. Eseguita probabilmente intorno al V secolo, e modificata nel IX, la corona, forse ostrogota, attestava l'origine divina del potere di chi governava l'Italia e l'ideale collegamento dei sovrani con il primo imperatore cristiano.

La ritrattistica ufficiale

Accanto a simboli tradizionali, Carlo V utilizzò coscientemente l'arte per rinnovare e diffondere la sua immagine: ne è un esempio la serie di ritratti che il pittore veneto Tiziano esegue nel corso della sua carriera per diffondere un'immagine pubblica nuova ed efficace dell'imperatore, che coniughi insieme elementi classici e modernità. Intorno al 1533 fu realizzato il ritratto con un cane: secondo le fonti, Tiziano iniziò il dipinto a Bologna nei giorni dell'incoronazione papale. In una posizione quasi informale, ma in realtà assolutamente controllata, con la mano destra sulla spada e la sinistra ad accarezzare l'animale, l'imperatore è raffigurato a figura intera e a grandezza naturale, imponente nonostante la bassa statura.

Vestito da battaglia e a cavallo, con un'efficace ripresa dell'immagine dei condottieri romani antichi, compare invece in un ritratto più tardo, eseguito sempre da Tiziano intorno al 1547.

LETTURE critiche

Il libro segreto di uno scettico

di Emanuele Cutinelli-Rèndina

Ai *Ricordi* Guicciardini affida la singolare testimonianza di un pensatore alla continua, ma ambigua e irrisolta ricerca di un senso da dare all'esistenza. Lo studioso Emanuele Cutinelli-Rèndina (n. 1959) sottolinea lo sofferta contraddittorietà di un capolavoro complesso e mutevole come la realtà che vuole indagare e spiegare.

Sul libro dei *Ricordi* [prevale] una componente che in realtà lo [accompagna] fin dalla sua genesi, intrecciandosi ai molti fili che lo costituiscono; una componente che tende a farne non tanto un libro per famiglia o per i posteri, quanto un autentico libro segreto, di colloquio con la propria anima, di interrogazione sul significato della vita e della morte, dell'impegnarsi nella vita e del prepararsi alla morte: un colloquio che ha senso sia condotto nel segreto notturno del proprio scrittoio per non uscirne mai. E in tale componente risiede certamente una delle ragioni del fascino così sottile che ancora esercita sul lettore contemporaneo questo incunabolo della scrittura europea dell'io, da cui ci provengono gli esiti della meditazione non di un letterato, ma, con la sobrietà di accenti che gli è propria, di un uomo d'azione del calibro di Guicciardini.

Di tale raccolta si è più volte sottolineato da parte della critica il carattere asistematico, quasi di profonda adesione della struttura dell'opera alle forme e ai movimenti del pensiero che circolano al suo interno: per cui Guicciardini vi appare non un pensatore dell'empirismo o dello scetticismo, ma un empirista e uno scettico in atto, che di questa condizione offre la sofferenza viva e non, per così dire, la teoria o il sistema. Pertanto nei *Ricordi* non esiste un centro e una periferia, né un autentico filo conduttore intorno al quale sistemare un percorso che gerarchizzi e coordini le varie tematiche. Anche se qui e là si nota la traccia di un'incompiuta volontà di organizzare la materia costituendo delle microserie di ricordi affini o comunque connessi tra loro – quasi che Guicciardini fosse di tanto in tanto attratto dal bisogno di qualche ordine strutturale, ma poi se ne ritraesse come non conveniente fino in fondo all'opera che veniva elaborando – in realtà ciascuno dei maggiori e più impegnati ricordi (quelli cioè non del tutto risolti nella dimensione aneddotica e contingente, che sono poi una minoranza) può essere preso come punto di partenza per un percorso che si snoda in più luoghi dell'opera. Un percorso però che continuamente esibisce la propria precarietà, la propria insufficienza, la propria contraddittorietà.

La crisi radicale del sapere, della possibilità stessa di un sapere da fermare in un corpo di «regole» e rendere quindi comunicabile in un discorso razionale che assuma la veste di un libro, è uno dei temi portanti della raccolta, se non addirittura una delle contraddizioni più laceranti che si insediano nel piccolo libro dei *Ricordi* e nell'intrinseco ne segnano la struttura, o l'assenza di struttura. In tal senso i *Ricordi* sono attraversati da un'antinomia di fondo di cui l'autore si mostra ben consapevole: dovrebbero essere il veicolo di un sapere speciale che integra e sorpassa il sapere tradizionale dei libri; ma sono un libro, che per ciò stesso comporta «regole» e non contiene le «eccezioni» e le «distinzioni», con le quali invece ci si confronta nell'azione.

[...]

La percezione finissima, quasi intuitiva e metarazionale, del carattere singolare e irripetibile di ogni circostanza, di ogni caso, della sua natura sempre e comunque eccezionale nei confronti della «regola», con la considerazione di quel che tale singolarità può comportare nella comprensione delle «cose del mondo» e nell'azione che vi si vuol condurre, costituiscono la cifra più autentica dell'empirismo di questo autore, per altro verso così poco preoccupato di fissare in maniera organica e coerente il proprio quadro teorico. Questo è il tratto davvero caratteristico del «particulare» guicciardiniano, il quale è dunque sinonimo di «particulari delle cose» o anche di «casi particulari», e non va inteso in quel significato di gretto interesse personale su cui tanto ebbero a insistere Francesco De Sanctis e poi la critica rinascimentale.

Della precarietà e della crisi della ragione, non pochi sono i ricordi che rendono testimonianza con cadenza libera lungo tutta la raccolta, dando vita a una sorta di grande variazione sul tema. Lontano ormai dalla umanistica e rinascimentale fiducia nella normatività dei classici e nella forza della ragione, che comunque non era mai stata un elemento costitutivo della sua cultura e del suo atteggiamento intellettuale, Guicciardini riflette da diversi punti di vista sugli aspetti di una realtà mutevole e complessa, opaca e insidiosa, nei cui confronti la ragione, quella degli antichi non meno di quella dei moderni, non può elaborare strumenti di orientamento e di comprensione validi una volta per tutte – regole, esempi o previsioni che siano.

Emanuele Cutinelli-Rèndina, *Guicciardini*, Salerno editrice, Roma 2009

Comprendere il PENSIERO CRITICO

1 Si può riconoscere un percorso ordinato nei *Ricordi* di Guicciardini?

2 È corretto affermare che la crisi della ragione è il vero tema dominante dei *Ricordi*? perché?

Verifica delle CONOSCENZE

AUTORE

La vita

Scegli l'alternativa corretta fra quelle proposte.

1 Guicciardini riceve un'educazione
- a scientifica.
- b teologica.
- c umanistica.
- d pittorica.

2 Guicciardini è legato politicamente
- a ai Medici.
- b a Carlo V.
- c al doge di Venezia.
- d ad Adriano VI.

3 La fine della Repubblica fiorentina rappresenta per Guicciardini
- a la fine di ogni ambizione politica e il ritiro a vita privata.
- b l'inizio di un'importante carriera politica.
- c l'estromissione dalle cariche pubbliche e l'esilio forzato, lontano da Firenze.
- d il principio della sua attività di cospiratore e oppositore del governo mediceo.

4 Guicciardini trascorre gli ultimi anni
- a ritirandosi a vita privata, a scrivere la *Storia d'Italia*.
- b come ambasciatore di Spagna.
- c come governatore di Modena.
- d come precettore dei Medici.

Le opere

Scegli l'alternativa corretta fra quelle proposte.

5 Quanto incide sull'analisi storico-politica di Guicciardini la fede?
- a Profondamente: la religione rappresenta per lui uno strumento di potere.
- b Molto: ogni aspetto della vita umana rientra in un disegno provvidenziale.
- c Poco: benché profondamente credente, Guicciardini crede nella separazione tra potere temporale e spirituale.
- d Per niente: Guicciardini non ha interesse a confondere la politica con la religione.

6 Nel *Dialogo del reggimento di Firenze*, il tipo di governo migliore indicato da Guicciardini è quello
- a democratico.
- b tirannico.
- c monarchico.
- d oligarchico.

Indica se le seguenti affermazioni sulle *Considerazioni intorno ai "Discorsi" del Machiavelli sopra la Prima Deca di Tito Livio* sono vere (V) o false (F).

7 Sono brevi riflessioni pubblicate in appendice all'opera di Machiavelli. V F

8 Vengono scritte di getto dopo il sacco di Roma. V F

9 Sottolineano l'impossibilità di rifarsi a modelli politici precostituiti (compresi quelli romani). V F

10 Esaltano il contenuto del *Principe* di Machiavelli, mentre criticano quello dei *Discorsi*. V F

Rispondi alle seguenti domande.

11 Spiega in circa 10 righe in che cosa consistono le novità della storiografia guicciardiniana.

12 Descrivi brevemente le principali caratteristiche tematiche e stilistiche della *Storia*.

13 Sintetizza la concezione della fortuna in Guicciardini, operando un confronto con il pensiero di Machiavelli sul medesimo tema.

L'OPERA: *Ricordi*

Scegli l'alternativa corretta fra quelle proposte.

14 I *Ricordi* hanno una struttura
- a sistematica.
- b frammentaria.
- c casuale.
- d caotica.

15 I *Ricordi* sono stati scritti
- a in quasi vent'anni.
- b di getto.
- c in tre anni.
- d in sei mesi,dopo il ritiro dell'autore a vita privata.

Rispondi alle seguenti domande.

16 Che cosa significa il titolo *Ricordi*?

17 Facendo riferimento ai *Ricordi* letti, descrivi brevemente i seguenti concetti:
- privato;
- fortuna;
- pessimismo;
- particulare;
- storia;
- discrezione;
- prudenza;
- aforisma.

LA VITA

Francesco Guicciardini nasce a Firenze nel 1483. Riceve un'educazione umanistica e gli studi di diritto lo indirizzano verso la **carriera politica**. Nel 1511 è ambasciatore in Spagna e dopo il ritorno al potere dei Medici riceve la nomina a governatore di Modena e di Reggio Emilia. In seguito ottiene gli incarichi di governatore della Romagna, consigliere del papa, luogotenente delle truppe pontificie. Ritornato a Firenze, è costretto all'esilio nel Mugello ma, dopo la restaurazione del potere mediceo, riceve l'incarico di eliminare i personaggi di spicco della caduta Repubblica. Muore ad Arcetri nel 1540.

LE OPERE

La *Storia d'Italia* È un'opera che analizza gli avvenimenti che vanno dalla discesa in Italia di Carlo VIII (1494) alla morte di papa Clemente VII (1534). Nel raccontare le vicende Guicciardini sfrutta la **conoscenza diretta degli avvenimenti**: nasce così la prima **opera storiografica moderna**. Lo stile della *Storia d'Italia* è caratterizzato da una **sintassi complessa** che mira a riprodurre la solennità della storiografia classica; il lessico si libera dagli elementi popolareschi del fiorentino contemporaneo e guarda al modello boccacciano e trecentesco.

Gli scritti minori All'interno della produzione di Guicciardini ricordiamo diversi testi di argomento politico: nel *Discorso di Logrogno* (1512) l'autore esprime le proprie simpatie per il regime aristocratico; ribadendo la propria ideologia politica nel *Dialogo del reggimento di Firenze* (1521-1526) Guicciardini auspica l'ascesa di un governo oligarchico; nelle *Considerazioni intorno ai "Discorsi" del Machiavelli sopra la Prima Deca di Tito Livio* (1530) rifiuta di considerare gli ordinamenti romani come modello per il presente; nelle *Storie fiorentine* (1509), l'autore analizza gli eventi che vanno dal tumulto dei Ciompi (1378) sino al 1509. La sua produzione include inoltre diari di viaggio, orazioni, relazioni e un epistolario di circa 5000 lettere.

I *Ricordi* Sono brevi riflessioni, scritte fra il 1512 e il 1530, relative a vari argomenti **sull'esistenza umana e sulla politica**. La frammentarietà dell'opera, composta da **aforismi**, riflette la complessità del reale e il caos del mondo. Secondo la **visione pessimistica** dell'autore, l'uomo è tendenzialmente incline al bene, ma la debolezza della sua coscienza lo induce a deviare verso il male. L'individuo deve quindi imparare ad agire con «**discrezione**», qualità naturale che va esercitata e rafforzata grazie all'uso della «prudenza» e perseguire il «**particulare**», cioè il beneficio personale, allineandosi quanto più possibile agli interessi dello Stato. La prosa dei *Ricordi* è contraddistinta da un **realismo** che non lascia spazio a sogni e progetti utopici, ma fa emergere tutta l'amarezza della rassegnazione.

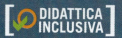

FRANCESCO GUICCIARDINI

(1483-1540)

TEMI

- impossibilità di individuare verità universali
- critica dell'ipocrisia religiosa
- ruolo dominante della fortuna nelle cose umane
- concretezza e moderazione («discrezione»), unite all'esperienza, nel perseguimento del proprio interesse («particulare»)
- scetticismo e pessimismo

SPERIMENTALISMO LINGUISTICO

- struttura frammentaria
- recupero della tradizione fiorentina dei "ricordi domestici"
- continuo lavoro di limatura e revisione
- stile vivace e immediato che attinge alla lingua popolare

OPERE

- ***Discorso di Logrogno:*** opera in cui Guicciardini simpatizza per il regime aristocratico
- ***Storie fiorentine:*** opera incompiuta che espone le vicende dal tumulto dei Ciompi sino al 1509
- ***Storia d'Italia:*** analisi oggettiva e distaccata delle vicende che vanno dal 1494 al 1534
- ***Considerazioni intorno ai "Discorsi" del Machiavelli sopra la Prima Deca di Tito Livio:*** opera in cui Guicciardini contesta il pensiero politico di Machiavelli

I Ricordi

- serie di riflessioni che affrontano i temi principali del pensiero di Guicciardini
- ogni ricordo costituisce una riflessione dell'autore sull'esistenza umana e l'ineluttabilità degli eventi che travolgono l'uomo

▪ distacco tra teoria e pratica ▪ negazione della Storia come fonte d'insegnamento ▪ necessità di considerare ogni aspetto della realtà	T1 Empirismo e senso pratico
▪ comprensione dei fatti umani attraverso la valutazione caso per caso ▪ impossibilità di elaborare regole di condotta universali ▪ ricerca dell'interesse personale quale scopo dell'uomo saggio ▪ peso decisivo della fortuna nelle vicende umane	T2 I concetti chiave del pensiero di Guicciardini
▪ fragilità dell'uomo alla base delle contraddizioni del suo comportamento ▪ l'ambizione e la convenienza quali motori delle azioni umane	T3 La natura umana

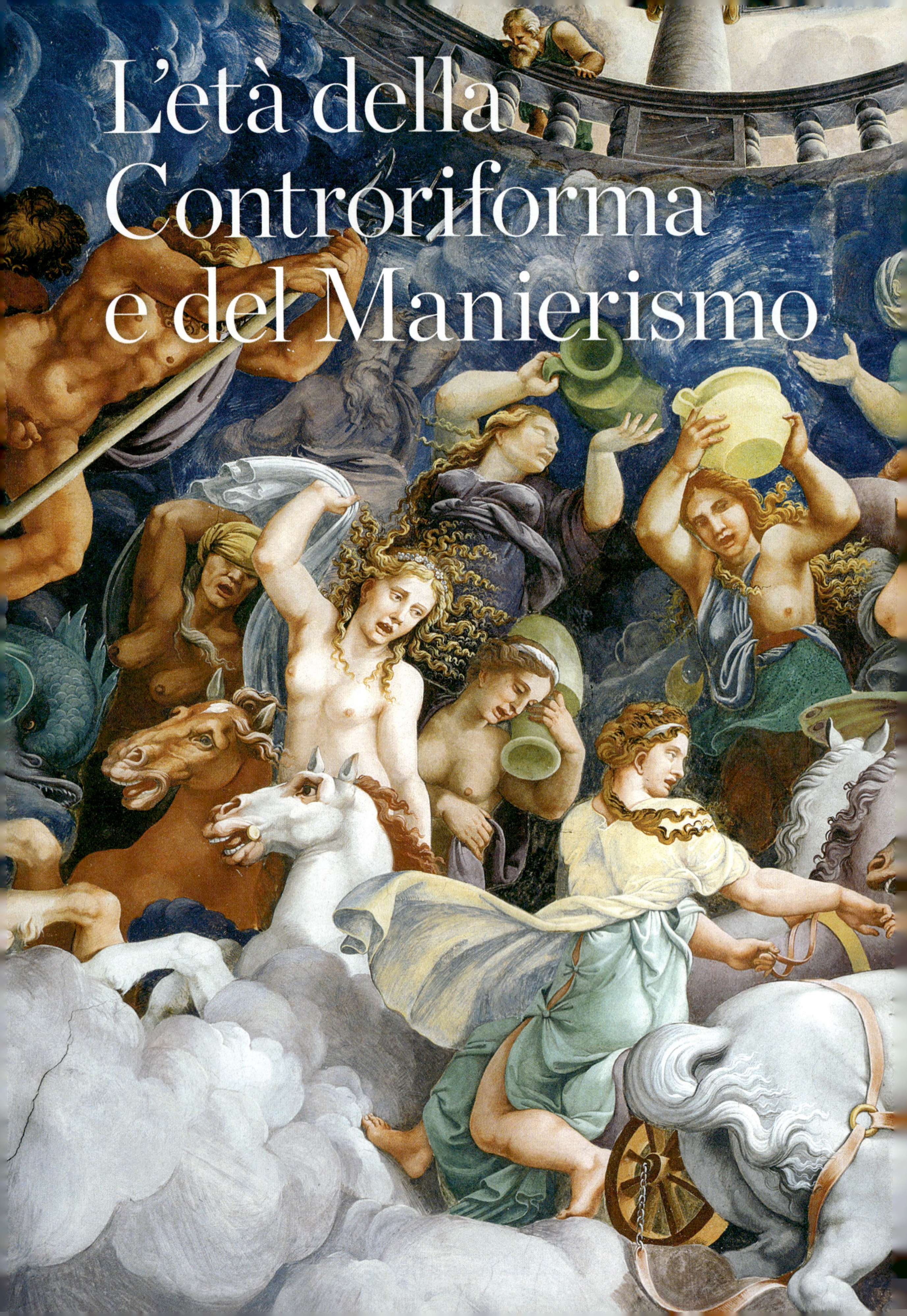

L'età della Controriforma e del Manierismo

L'epoca e le idee

L'autore

Il genere

La corrente

- La storia e la società; la cultura; la lingua; i generi e i luoghi

- Torquato Tasso
  - *Gerusalemme liberata*

L'epoca e le idee

La storia e la società

La **pace di Cateau-Cambrésis** (1559) mette fine a oltre mezzo secolo di conflitti combattuti soprattutto sul territorio italiano: prima le guerre seguite alla spedizione del re di Francia Carlo VIII (1494), poi lo scontro tra Francesco I di Valois e Carlo V d'Asburgo. La pace sancisce, a livello continentale, il ridimensionamento della potenza francese e l'**egemonia della Spagna**, che consolida il proprio dominio su quasi tutta la penisola italiana.

La crisi italiana

Il dominio spagnolo

Alcuni Stati italiani sono governati direttamente dagli spagnoli (il Ducato di Milano, il Regno di Napoli e di Sicilia, il cosiddetto Stato dei Presìdi, un nucleo di piccoli territori toscani affacciati sul Tirreno); le altre entità regionali, pur conservando formalmente l'indipendenza, finiscono di fatto sotto il controllo spagnolo. Uniche eccezioni, la Repubblica di Venezia e il Ducato di Savoia, quest'ultimo affrancatosi dalla tutela francese, conservano ancora una certa libertà. La Serenissima, in particolare, mantiene la sua forza politica e la prosperità economica grazie alla stabilità del governo e all'intraprendenza della classe mercantile. Simbolo della potenza di Venezia è la vittoria nella **battaglia di Lepanto** (1571), nella quale la sua flotta, coalizzata con quelle spagnole e di altri stati cristiani sotto l'egida papale, sconfigge gli ottomani, bloccandone la politica espansionistica.

Il ritardo economico italiano

Negli altri territori della penisola la situazione è invece molto diversa. Il dominio spagnolo sottopone gli Stati italiani a un **pesante fiscalismo**, che soffoca la vitalità dell'economia e determina il ristagno dei commerci. La crisi delle attività manifatturiere comporta, specie nel

L'età della Controriforma e del Manierismo

1517
• Martin Lutero affigge le 95 tesi: comincia la Riforma

1520
• Nasce l'ordine religioso dei cappuccini

1530
• Nasce l'ordine religioso dei barnabiti

1534
• Ignazio di Loyola fonda la Compagnia di Gesù

1545-1563
• Concilio di Trento

Mezzogiorno, il **ritorno alla terra** e a un'economia di stampo feudale, gestita da un ceto nobiliare sempre più privilegiato dal progressivo ampliarsi del latifondo. Mentre in Italia le consuetudini feudali impediscono la modernizzazione economica, in alcune zone d'Europa la cosiddetta **rivoluzione dei prezzi** – cioè il fenomeno inflattivo conseguenza dell'aumento demografico e del grande afflusso di metalli preziosi dalle colonie del Nuovo Mondo – favorisce uno sviluppo manifatturiero e mercantile in senso capitalistico (imprenditori e commercianti vendono a prezzi maggiorati i prodotti, aumentando profitti e investimenti).

L'Europa tra Riforma e Controriforma

La Riforma luterana

Le ragioni della Riforma e del suo successo

Durante la prima metà del Cinquecento viene meno l'unità religiosa europea. La Riforma nasce dall'iniziativa del monaco agostiniano tedesco **Martin Lutero** (1483-1546), che nel 1517 rende pubbliche le sue 95 tesi contro la pratica, diffusa e consolidata, della vendita delle indulgenze. Le ragioni del successo della sua iniziativa, propagatasi rapidamente in buona parte dell'Europa centrale e settentrionale coinvolgendo sia i ceti elevati sia quelli popolari, sono però più numerose e profonde. Accanto alle **motivazioni morali** – lo sdegno per i "mali" della Chiesa, la corruzione e l'immoralità del clero – e a quelle **dottrinarie** – i princìpi della "giustificazione per fede", secondo la quale la salvezza del cristiano non dipende dalle opere che si compiono in vita, bensì da un atto di grazia divino che dona la fede, e del "sacerdozio universale", che elimina l'intermediazione del clero nel rapporto fra Dio e i fedeli –, la Riforma è favorita anche da **ragioni economiche, politiche e sociali**.

L'adesione di molti principi tedeschi, per esempio, risponde al desiderio di liberarsi di un **regime fiscale** esoso che convoglia verso la Chiesa, e in particolare verso Roma, ingenti quantità di denaro. Sono in gioco, però, anche aspetti politici in senso stretto: all'interno del Sacro romano impero, infatti, la Riforma asseconda il processo di **crescita delle autonomie territoriali** rispetto al potere centrale, permettendo alle autorità locali di li-

1559
• Viene redatto l'Indice dei libri proibiti

1559
• Pace di Cateau-Cambrésis

1566
• Rivolta antispagnola nei Paesi Bassi

1571
• Battaglia di Lepanto

1572
• Massacro di San Bartolomeo

1598
• Editto di Nantes

berarsi dal condizionamento della Chiesa di Roma, oltre che di incamerarne i beni. Infine, negli strati più bassi della società – i ceti subalterni, come i **contadini**, e quelli emergenti, come **artigiani, commercianti e piccoli imprenditori** – la Riforma è considerata un incentivo all'emancipazione e alla libertà di iniziativa economica.

La risposta di Roma: la Controriforma o Riforma cattolica

Il Concilio di Trento

Nel secondo Cinquecento, trascorso qualche decennio dall'"incendio" luterano, la Chiesa di Roma riesce a riaffermare, almeno in parte, la propria autorità. Falliti tutti i tentativi di ricomporre la frattura tra cattolici e protestanti (come vengono chiamati i seguaci della Riforma a partire dal 1530), papa Paolo III convoca il **Concilio di Trento (1545-1563)**, che è insieme una **reazione alla Riforma** stessa (in questo senso si parla di "Controriforma") e un **tentativo di rinnovare dall'interno la Chiesa cattolica** (motivo per cui alcuni storici preferiscono parlare di "Riforma cattolica"). Durante e dopo il Concilio queste due istanze continuano a convivere, l'una spingendo la Chiesa ad arroccarsi su **posizioni difensive**, che rifiutano o almeno limitano le richieste riformatrici interne, l'altra mirando a sollecitare un rinnovato **spirito missionario**, che si traduce nel sostegno alle opere caritative, nella predicazione e nello sviluppo di ordini religiosi ispirati a una scelta di povertà e carità (è il caso dei cappuccini, nati nel 1520, e dei barnabiti, fondati nel 1530).

In ogni caso, riaffermando i fondamenti teologici della fede – senza alcuna concessione dottrinaria nei confronti dei protestanti – e inaugurando un più capillare progetto di propaganda religiosa, la Chiesa intende in primo luogo **rinnovare la propria presenza nella società** e riconquistare l'egemonia culturale, imponendo agli intellettuali **ossequio e obbedienza**.

Scuola veneziana del XVII secolo, *Il primo capitolo del venticinquesimo Concilio di Trento*, 1630 ca. Phillips, The International Fine Art Auctioneers.

Il ruolo dei gesuiti

Un ruolo decisivo viene svolto, in questo senso, dalla **Compagnia di Gesù**, una congregazione fondata nel 1534 dal religioso spagnolo Ignazio di Loyola (1491-1556). Organizzati con una gerarchia di tipo militare, al vertice della quale vi è un "Generale", i gesuiti rivendicano una grande libertà rispetto alla struttura ecclesiastica, garantendo obbedienza assoluta soltanto al pontefice: non a caso essi amano definirsi "i soldati del papa".

Protagonisti di un'importante opera di evangelizzazione nel Nuovo Mondo, svolta con grande duttilità e spesso integrandosi nel tessuto sociale e culturale delle popolazioni da convertire, in Europa i gesuiti si votano soprattutto alla **difesa della fede contro l'eresia**, e acquisiscono una funzione decisiva nell'educazione dei rampolli dell'aristocrazia secondo i dettami di una rigida impostazione intellettuale e spirituale, destinata a rappresentare per secoli la **base formativa della classe dirigente italiana ed europea**.

Scuola francese, *Ritratto di sant'Ignazio di Loyola*, prima metà XVII secolo. Versailles, Musée national des Chateaux de Versailles et de Trianon.

Le guerre di religione

Le dispute religiose non sono però combattute unicamente sul piano dottrinario. Dove le controversie dogmatiche si sovrappongono alle questioni politiche, i contrasti sfociano in vere e proprie guerre. Nei **Paesi Bassi**, dominati dalla Spagna di Filippo II, l'appartenenza religiosa concorre a determinare gli schieramenti nella **rivolta antispagnola** che divampa dal 1566: le regioni del Sud, di etnia vallona e cattoliche, rimangono fedeli alla Spagna, mentre le province del Nord, di etnia fiamminga e a maggioranza religiosa protestante (nella variante calvinista), riescono a sottrarsi all'autorità di Filippo II.

In **Francia**, invece, il **contrasto fra cattolici e ugonotti** (come sono chiamati i protestanti francesi) si trasforma in una sanguinosa **guerra civile**, il cui più noto episodio è il massacro avvenuto nella notte di San Bartolomeo (23-24 agosto 1572), quando migliaia di ugonotti vengono trucidati a Parigi nell'ambito di una feroce caccia all'uomo. Una pacificazione interna arriva solamente con l'**Editto di Nantes** del 1598, che riconosce una parziale libertà di culto agli ugonotti.

La cultura

1 Religione, politica e scienza: tra conformismo e anticonformismo

Il mondo intellettuale di fronte alla censura

La Controriforma ha conseguenze enormi sul piano culturale. Il rigore dottrinario e il controllo più severo e dogmatico esercitato dalla Chiesa sul libero pensiero determinano una progressiva messa in discussione della cultura aperta e dialogica, promossa dalla civiltà umanistico-rinascimentale, che viene sostituita da una vincolante **tendenza all'ortodossia**. Per soffocare il dissenso intellettuale e reprimere le eresie nascono i **tribunali dell'Inquisizione** e viene redatto un **Indice dei libri proibiti**, alla cui compilazione lavora, dal 1559, una Sacra Congregazione: si tratta di un apposito ministero pontificio, che impone direttive precise alla produzione artistica mettendo al bando (o, nella migliore delle ipotesi, emendando e correggendo) testi e autori in cui si individuino tracce o sospetti di immoralità o di non conformità alla fede. Ma non tutti gli intellettuali, sui quali spesso si esercita una pressione psicologica non facile da sostenere, sono disposti a rinunciare alla propria libertà di coscienza. Alcuni di essi affrontano coraggiosamente persecuzioni, processi, condanne; altri preferiscono custodire segretamente il dissenso, simulando una convinta adesione agli indirizzi dell'ortodossia religiosa: per questi, viene coniato il termine di **"nicodemismo"**, dal nome di Nicodemo, il fariseo che andava ad ascoltare la predicazione di Gesù di notte e di nascosto per non essere riconosciuto.

Una civiltà dell'obbedienza

Tuttavia, la gran parte degli artisti e dei letterati, chiusi sempre più in uno sterile formalismo, accetta supinamente i limiti imposti dal **rispetto dell'autorità**, dal **culto della prudenza** e dall'accettazione del fanatismo religioso. Come se non bastasse la censura operata dalle istituzioni, l'ossessione di non rispettare le regole fino in fondo alimenta in alcuni una sorta di autocensura e un tormento che induce a denunciare le proprie personali trasgressioni od omissioni, reali o presunte: è ciò che accade a Torquato Tasso.

Lo scrupolo moralistico finisce così per condizionare l'ispirazione, costretta a "moderarsi" secondo un **catechismo religioso inflessibile**. Anche opere famose devono subire un esame che attesti la loro moralità: per esempio, le figure del *Giudizio universale* di Michelangelo vengono per pudicizia coperte nelle parti intime e le novelle del *Decameron*, troppo note per poter essere condannate all'oblio, sono "rassettate" e purgate dei passi, delle espressioni e perfino dei personaggi ritenuti più scandalosi.

La religione si impadronisce della politica

Anche il pensiero politico torna a fare i conti con la morale religiosa. Tale conciliazione non è facile: come può giustificarsi l'azione concreta degli spregiudicati monarchi del tempo alla luce dei princìpi cristiani? A questa esigenza si cerca di offrire una valida soluzione praticando in concreto la lezione dell'impronunciabile (e, naturalmente, messo all'Indice) Machiavelli, ma senza rinunciare esteriormente alle norme dell'etica: per fare ciò, si pone a modello lo storico latino Tacito (da cui il fenomeno del "**tacitismo**"), il quale nella sua opera descriveva l'abilità senza scrupoli dei campioni del potere assoluto (gli imperatori romani del I secolo d.C., primo fra tutti Tiberio), condannandone al tempo stesso la crudeltà e l'efferatezza. Il ricorso al tacitismo non è che un espediente per salvare le apparenze senza sanare il contrasto tra morale e politica ma solo dissimulandolo più o meno apertamente.

Botero e la «ragion di Stato»

In tal modo, con strumentale ambiguità, viene giustificata la cosiddetta «ragion di Stato», vale a dire l'esistenza di un principio superiore, il **bene dello Stato**, in base al quale si può giudicare l'azione del governante accettandola nella logica realistica della prassi politica. Allo stesso tempo, viene riaffermata la stretta dipendenza del potere dai dettami della Chiesa, ma l'obbedienza formale ai precetti religiosi è funzionale all'interesse e al rafforzamento dell'autorità statale. Il teorico di questa concezione è un ex gesuita italiano, Giovanni Botero (1544-1617): non a caso, essa si afferma nell'Europa cattolica proprio attraverso la divulgazione operata dalla Compagnia di Gesù.

La rivoluzione copernicana sconvolge religione e Umanesimo

Il dibattito delle idee nel secondo Cinquecento presenta però anche forme di opposizione e di dissenso, destinate a travolgere certezze consolidate e ritenute indiscutibili, su cui si fondavano la concezione del rapporto tra l'uomo e Dio e l'immagine stessa del cosmo. Nuovi atteggiamenti mentali e indirizzi conoscitivi si manifestano soprattutto in ambito scientifico come prodromi della "rivoluzione" che avverrà nel Seicento. Fisici, chimici e

Andreas Cellarius, Raffigurazione del sistema cosmografico di Niccolò Copernico, da *Harmonia macrocosmica seu atlas universalis*, 1661. Londra, British Library.

astronomi ricorrono sempre più a **strumenti matematici** per formulare ipotesi e verificarne la fondatezza; contemporaneamente si attribuisce un'importanza maggiore all'**esperienza** nel campo della ricerca, che impone di correggere teorie e libri tradizionalmente intoccabili.

Questo nuovo approccio è alla base della teoria formulata dall'astronomo polacco **Niccolò Copernico** (1473-1543), il quale dimostra che la Terra non occupa una posizione centrale nell'universo e che è essa a ruotare intorno al Sole, e non viceversa, come affermava invece la concezione tolemaica (dal nome dell'astronomo Tolomeo, II secolo d.C.). Il contraccolpo emotivo di una tale rivoluzionaria scoperta è enorme: improvvisamente **viene messa in discussione la concezione antropocentrica**, alla base di tutta la filosofia e, in generale, di tutta la civiltà umanistico-rinascimentale.

Il coraggio della conoscenza: Giordano Bruno

In un primo momento solo pochissime menti illuminate accolgono la teoria eliocentrica, mentre molti, Lutero compreso, la deridono apertamente. Tra i primi a farne la base del proprio pensiero è il filosofo Giordano Bruno (1548-1600), che prende le mosse dall'ipotesi copernicana per rappresentare un **universo infinito** in cui tutta la natura è partecipe di Dio, il quale si manifesta non solo negli esseri animati, ma anche nella materia, eterna, varia e molteplice. Bruno non considera una degradazione la condizione dell'uomo allontanato dal centro dell'universo; al contrario, afferma che tale stato può garantirgli un'esaltante e autonoma **ricerca di verità**, mediante la quale può intuire e cogliere la profonda essenza del mondo. Proprio il desiderio di conoscenza e la volontà di penetrare al fondo della sfuggente realtà materiale, a costo di andare incontro alla scomunica e alla morte, conducono Giordano Bruno a perlustrare i più diversi territori del sapere, confidando sempre in una **libertà di pensiero** assoluta e non soggetta ad alcun vincolo e condizionamento.

Ettore Ferrari, *Giordano Bruno*, 1889. Roma, Campo de' Fiori.

DOCUMENTO 1

L'investitura del potere arriva da Dio

Giovanni Botero, *Della ragion di Stato*, libro II

L'autore ● Giovanni Botero nasce a Bene Vagienna, in Piemonte, nel 1544. Gesuita dal 1560, nel 1580 lascia l'ordine per contrasti con i superiori e due anni dopo diventa segretario del cardinale Carlo Borromeo. Nel 1585 è in Francia, incaricato di una missione segreta da Carlo Emanuele I di Savoia. Stabilitosi per quattordici anni a Roma, viene richiamato nel 1599 a Torino da Carlo Emanuele, dei cui figli è precettore. Studioso di Machiavelli e autore delle importanti *Relazioni universali* (un vero manuale geopolitico in quattro volumi, consultato da tutta la classe dirigente politica europea), Botero deve però la propria fama ai dieci libri *Della ragion di Stato* (1589), in cui tenta di conciliare i valori etici e religiosi con le istanze materiali della politica. Riavvicinatosi alla Compagnia di Gesù, la lascia erede di tutti i suoi beni quando muore a Torino, nel 1617.

Il sovrano riceve direttamente da Dio l'investitura per governare e per dare stabilità e autorevolezza al proprio potere. Solo pochi decenni separano la riflessione dell'autore da quella di Machiavelli, ma sembrano passati secoli: alla fiducia rinascimentale sulle qualità dell'uomo di autodeterminare la propria azione anche nella sfera politica, subentra infatti con la Controriforma una visione dogmatica, che assegna di nuovo alla religione una potestà assoluta.

Rinnegata l'autonomia della politica, affermata da Machiavelli, l'autore ripristina il primato dei precetti religiosi.

Non c'è più spazio per il segretario politico di formazione umanistica: a ispirare il principe deve essere un esperto di morale cristiana.

La Chiesa ha la funzione di legittimare il potere politico.

Deve dunque il prencipe, di tutto cuore, umiliarsi innanzi la Divina Maestà, e da lei riconoscere il regno e l'obedienza de' popoli,[1] e quanto egli è collocato in più sublime[2] grado sopra gli altri, tanto deve abbassarsi maggiormente nel cospetto di Dio, non metter mano a negotio, non tentar impresa, non cosa nissuna, ch'egli non sia sicuro esser conforme alla legge di Dio. [...]

Per lo che sarebbe necessario, che il prencipe non mettesse cosa nissuna in deliberatione nel conseglio di Stato, che non fosse prima ventillata in un conseglio di conscienza,[3] nel quale intervenissero dottori eccellenti in teologia et in ragione canonica,[4] perché altramente caricarà[5] la conscienza sua, e farà delle cose che bisognerà poi disfare, se non vorrà dannare l'anima sua e de' successori. [...] La religione è fondamento d'ogni prencipato, perché, venendo da Dio ogni podestà,[6] e non si acquistando[7] la gratia e 'l favor di Dio altramente, che con la religione, ogni altro fondamento sarà rovinoso. La religione rende il prencipe caro a Dio; e di che cosa può temer chi ha Dio dalla sua? E la bontà d'un prencipe è spesse volte cagione delle prosperità de' popoli. [...] La religione è quasi madre d'ogni virtù; rende i sudditi obedienti al suo prencipe, corragiosi nell'imprese, arditi ne' pericoli, larghi ne' bisogni, pronti in ogni necessità della republica, con ciò sia che[8] sanno, che, servendo il prencipe, fanno servitio a Dio, di cui egli tiene il luogo.[9] Farò fine col consiglio dato da Mecenate a Augusto Cesare:[10] «Onora» dice «Dio perpetuamente conforme[11] alle leggi antiche: et fa che gl'altri facciano il medesimo: odia, castiga quelli che faranno novità nelle cose divine, e ciò non solo per rispetto delli dei (i

1 **e da lei... popoli:** e riconoscere che provengono dalla Divina Maestà il potere del sovrano e l'obbedienza dei sudditi.
2 **sublime:** elevato.
3 **ventillata... conscienza:** esaminata in un consiglio morale, in un confronto con la coscienza.
4 **ragione canonica:** diritto canonico.
5 **caricarà:** appesantirà.
6 **podestà:** potere.
7 **non si acquistando:** non acquistandosi.
8 **con ciò sia che:** poiché.
9 **tiene il luogo:** fa le veci.
10 **da Mecenate a Augusto Cesare:** Gaio Cilnio Mecenate (69 ca - 8 a.C.) è il celebre protettore degli artisti, consigliere del primo imperatore romano Gaio Giulio Cesare Ottaviano Augusto (63 a.C. - 14 d.C.).
11 **conforme:** conformemente.

Sotto l'ossequiosa fedeltà alla Chiesa compare la valenza strumentale della religione la quale, in quanto garante della stabilità politica, costituisce un mezzo imprescindibile per tenere il popolo sottomesso.

quali però chi sprezza non farà mai conto d'altra cosa)[12] ma perché quelli che alterano la religione, spingono molti all'alteratione delle cose, onde[13] nascono congiure, seditioni, e conventicole;[14] cose poco a proposito[15] per il Prencipato».

12 i quali... d'altra cosa: colui che disprezza gli dèi non avrà mai considerazione (*farà mai conto*) per nulla.
13 onde: dalla quale alterazione.
14 seditioni, e conventicole: ribellioni e gruppi di possibili rivoltosi.
15 poco a proposito: sconvenienti, inopportune.

PER APPROFONDIRE

«Maledetto sia Copernico!»: Luigi Pirandello e la fine dell'antropocentrismo

Gli anatemi piovuti addosso a Copernico non sono cessati nemmeno dopo che la scienza ha dimostrato che aveva ragione. Oggetto di insulti e improperi, ancora all'inizio del Novecento deve sopportare che qualcuno inveisca contro di lui: «Maledetto sia Copernico!». A pronunciare con ironia la scomunica è questa volta Mattia Pascal, il protagonista del romanzo più celebre di Luigi Pirandello, *Il fu Mattia Pascal* (1904). Ma quale colpa viene imputata all'astronomo polacco? Mattia Pascal spiega così la sua teoria a un prete, don Eligio, che gli consiglia di scrivere libri:

- Non mi par più tempo, questo, di scriver libri, neppure per ischerzo. In considerazione anche della letteratura, come per tutto il resto, io debbo ripetere il mio solito ritornello: *Maledetto sia Copernico!*
- Oh oh oh, che c'entra Copernico! - esclama don Eligio, levandosi su la vita, col volto infocato sotto il cappellaccio di paglia.
- C'entra, don Eligio. Perché, quando la Terra non girava...
- E dàlli! Ma se ha sempre girato!
- Non è vero. L'uomo non lo sapeva, e dunque era come se non girasse. [...] Io dico che quando la Terra non girava, e l'uomo, vestito da greco o da romano, vi faceva così bella figura e così altamente sentiva di sé e tanto si compiaceva della propria dignità, credo bene che potesse riuscire accetta una narrazione minuta e piena d'oziosi particolari. [...] Siamo o non siamo su un'invisibile trottolina, cui fa da ferza[1] un fil di sole, su un granellino di sabbia impazzito che gira e gira e gira, senza saper perché, senza pervenir mai a destino, come se ci provasse gusto a girar così, per farci sentire ora un po' più di caldo, ora un po' più di freddo, e per farci morire - spesso con la coscienza d'aver commesso una sequela di piccole sciocchezze - dopo cinquanta o sessanta giri? Copernico, Copernico, don Eligio mio ha rovinato l'umanità, irrimediabilmente. Ormai noi tutti ci siamo a poco a poco adattati alla nuova concezione dell'infinita nostra piccolezza, a considerarci anzi men che niente nell'Universo, con tutte le nostre belle scoperte e invenzioni e che valore dunque volete che abbiano le notizie, non dico delle nostre miserie particolari, ma anche delle generali calamità? Storie di vermucci ormai le nostre. Avete letto di quel piccolo disastro delle Antille?[2] Niente. La Terra, poverina, stanca di girare, come vuole quel canonico polacco, senza scopo, ha avuto un piccolo moto d'impazienza, e ha sbuffato un po' di fuoco per una delle tante sue bocche. Chi sa che cosa le aveva mosso quella specie di bile. Forse la stupidità degli uomini che non sono stati mai così nojosi come adesso. Basta. Parecchie migliaja di vermucci abbrustoliti.

Insomma, la responsabilità dell'astronomo è chiara e imperdonabile: è a causa sua e della sua teoria che l'uomo ha perso la propria dignità, le proprie sicurezze, la fiducia incrollabile che dava senso alle sue imprese. Che cosa è l'uomo, ora?, si chiede il personaggio pirandelliano. La risposta è: niente. Un puntino, una nullità che non può vantare alcuna diversità rispetto alle altre creature che popolano l'universo. Relegato ai margini, egli è costretto ad ammettere la propria normalità, adesso che la Terra, in cui vive, gira intorno al Sole e che questo non è che una stella in mezzo a chissà quante altre. In sostanza, secondo Mattia Pascal Copernico avrebbe potuto anche chiudere un occhio e fare finta di niente... l'uomo avrebbe vissuto meglio, inconsapevole della propria limitatezza e fragilità.

1 ferza: sferza, frusta.
2 piccolo disastro delle Antille: si riferisce a un'eruzione del vulcano La Pelée, nelle Antille, avvenuta nel 1902.

2 Il tramonto del Rinascimento: il Manierismo

Il significato del termine "Manierismo"

L'uso del termine "Manierismo" applicato alla letteratura è recente. Infatti solo a partire dalla metà del XX secolo i critici hanno adottato questa categoria, per molto tempo riservata esclusivamente all'ambito artistico. A dare origine alla definizione è lo storico dell'arte **Giorgio Vasari** (1511-1574), il quale ha coniato anche altre formule, come quella negativa di "gotico" e quella positiva di "Rinascimento". Vasari credeva che l'arte moderna fosse iniziata con Giotto e da allora fosse gradualmente migliorata, raggiungendo la perfezione con i grandi maestri del **Rinascimento**: **Leonardo**, **Raffaello** e soprattutto **Michelangelo**. Giunta al massimo livello, essa poteva ora proseguire solo come imitazione, come "maniera", appunto, cioè come uno stile che ne imita altri.

La distanza dal classicismo

Nell'**imitazione**, però, gli artisti dell'epoca (il Pontormo, Rosso Fiorentino, Giulio Romano ecc.) cercano comunque strade e poetiche individuali, **forzando il modello**, sconfinando al di là di esso e rompendo così l'equilibrio del canone classico a cui pure si ispirano. L'armonia dell'arte rinascimentale, la regolarità geometrica delle forme, i colori limpidi e chiari, la rappresentazione dello spazio precisa e lineare: tutti gli assi portanti della ricerca rinascimentale vengono abbandonati e sostituiti da figure allungate, contorte, come impegnate in uno sforzo misterioso, da gesti esasperati e da colori brillanti, accesi e violenti e da volti che non rivelano né serenità né controllo delle passioni, ma emozioni forti e angosciose.

Nella pittura si ricerca non più la misura, ma la varietà; non più il decoro, ma l'**artificio**. Il recupero delle tematiche religiose, imposto dalla Controriforma, suggerisce, sì, un'estetica edificante e un'arte dalle finalità morali, ma, per contrasto, ciò avviene attraverso l'accentuazione della drammaticità e dell'enfasi patetica; al tempo stesso, nei soggetti profani o mitologici, affiorano tratti sempre più terreni, con insistenti allusioni a una raffinata e morbosa sfera sensuale.

Sfortuna critica del Manierismo e altre definizioni dell'epoca

Così, pur all'interno di un orizzonte ideologico che mira all'unità religiosa e artistica, la seconda metà del Cinquecento è contrassegnata da una grande pluralità di esperienze, che compromettono la perfetta linearità classica: ciò spiega perché per secoli l'accezione del termine è stata negativa. Oggi tuttavia questo concetto viene utilizzato con una valenza neutra, non solo per designare quella fase di storia culturale situata tra Rinascimento e Barocco, quanto per spiegare una certa **psicologia diffusa**, una mentalità oppure ancora una sensibilità, artistica e umana, che non può dirsi più rinascimentale, ma nemmeno ancora barocca. In passato, sono state adottate altre formule: si è parlato di un «**autunno del Rinascimento**» (sulla scia di un importante saggio del critico Carlo Ossola) oppure di un «**antirinascimento**» e di «**controrinascimento**», espressioni, queste ultime, coniate per evidenziare gli elementi di frattura e di distanza più che quelli di continuità e omogeneità con i primi decenni del secolo.

Il Manierismo letterario

A prescindere dalle definizioni, anche in letteratura, come nelle arti figurative, non troviamo più quel gusto controllato e armonico che rifletteva l'aspirazione, all'inizio del Cinquecento percepita ancora come realizzabile, a raggiungere la forma di una bellezza ideale. Tramontata questa convinzione, subentra ora invece la tendenza a sprigionare energie ed emotività nuove, che alterano la regolarità dei modelli e accentuano la **componente soggettiva dell'ispirazione**. Tale processo coinvolge anche gli esiti di alcune correnti letterarie più convenzionali, come il Petrarchismo: basti pensare alle originali interpretazioni di quel canone operate da poeti come Giovanni Della Casa e Michelangelo Buonarroti o da poetesse quali Gaspara Stampa e Isabella di Morra.

Ora però, per differenziarsi, non basta più escogitare variazioni personali di un modello: talvolta si avverte piuttosto l'esigenza di eroderlo e deformarlo. **Il poeta cerca la novità**, studia soluzioni sorprendenti, escogita sottili cambiamenti, elabora esperimenti formali, si sofferma sui particolari, sui singoli aspetti (della figura femminile, del paesaggio, delle cose). In alcuni casi, è il rispetto delle norme minuziose dettate dal classicismo a determinare soluzioni sempre più intellettualistiche e cervellotiche; in altri, al contrario, è la contestazione della loro validità a spingere l'artista sulla strada della **polemica**, della **parodia**, della **contestazione** e della rivendicazione di libertà assoluta. Significativa, in questo senso, è l'esperienza letteraria del già citato filosofo Giordano Bruno, il quale deride impietosamente le articolazioni linguistiche e retoriche dei paradigmi artistici più vincolanti, primo tra tutti il Petrarchismo. Bersaglio privilegiato del suo spirito irriverente è la figura del pedante, incarnazione di una pratica culturale dogmatica e vacuamente erudita, che ha subordinato la libertà e l'autenticità a un inerte e mediocre formalismo.

La perdita dell'equilibrio formale

Tali atteggiamenti si riverberano, in Bruno ma anche in altri autori minori, soprattutto sugli esiti stilistici, laddove prevalgono la sovrabbondanza, la tensione sperimentale e la ricerca artificiosa della sottigliezza. Anche su questo piano, se possiamo far coincidere con il Rinascimento il momento di maggior potere della ragione e dell'equilibrio, con il Manierismo entriamo in quella sfera di **predominio dell'irrazionalità e della "dissonanza"** che troverà di lì a poco, nel Seicento, il suo apice nell'estetica barocca.

Una pittura "dissonante"

Francesco Mazzola, detto Parmigianino, è una tra le figure più eccentriche del primo Cinquecento. La *Madonna dal collo lungo*, rimasta incompiuta nel 1540 con la precoce scomparsa del pittore, è una composizione insolita: la Vergine regge in grembo il bambino, accompagnata da angeli sullo sfondo di uno spazio aperto su un cielo plumbeo, con una fila di colonne che svettano nel vuoto. Le proporzioni dei personaggi sono distorte: accanto ai bellissimi angeli, la Vergine ha un collo lungo e sproporzionato e innaturalmente allungati sono anche il corpo del bambino, livido come un cadavere, e la gamba del primo angelo. A destra, un minuscolo uomo, forse san Girolamo, srotola un cartiglio e con le sue dimensioni incongruamente ridotte sembra contraddire i princìpi di razionalità e ordine che avevano governato il Rinascimento.

Parmigianino, *Madonna dal collo lungo*, 1534-1540. Firenze, Galleria degli Uffizi.

DOCUMENTO 2

Irrisione delle convenzioni amorose

Giordano Bruno, Proprologo del *Candelaio*

L'autore ● È impossibile sintetizzare in poche righe la vita romanzesca ed errabonda di Filippo Bruno. Nato a Nola nel 1548, prende il nome di Giordano quando, diciassettenne, entra nel convento di San Domenico a Napoli. Qui manifesta da subito la propria tendenza all'eterodossia, palesando dubbi sulla Trinità, spregiando il culto di Maria e dei santi, e alimentando così i primi sospetti di eresia. È costretto pertanto a rifugiarsi a Roma, nel 1576; poi, lasciato l'abito ecclesiastico, si muove di città in città: da Ginevra (1579), dove per qualche mese abbraccia il calvinismo, a Tolosa, da Parigi (qui esce nel 1582 la commedia *Il Candelaio*, l'unica sua opera puramente letteraria) all'Inghilterra (1583-1585), dove per alcuni mesi insegna a Oxford e pubblica alcuni dei suoi testi più celebri, i *Dialoghi filosofici, De la causa principio et uno, De l'infinito universo et mondi, Spaccio de la bestia trionfante* (1584), *De gli eroici furori* (1585). Dopo un breve soggiorno a Parigi, nell'agosto del 1586 è in Germania. Nel 1591, accogliendo l'invito del nobile Giovanni Mocenigo, si reca a Venezia dove, denunciato come eretico dal suo ospite, viene arrestato dall'Inquisizione (1592) e processato. Lo si accusa, tra l'altro, di credere alla metempsicosi (cioè la reincarnazione), di praticare l'arte divinatoria e magica, di negare la verginità di Maria e di non sottrarsi al peccato della carne. Bruno si dichiara disposto a fare ammenda ma, trasferito all'Inquisizione di Roma e sottoposto a nuovo processo, dopo aver rifiutato di ritrattare viene condannato al rogo come eretico nell'anno 1600.

Nobili sentimenti, elevate dichiarazioni di princìpi, dediche melense: tutto questo si trova, normalmente, nei prologhi delle opere teatrali o dei poemi epici rinascimentali. Giordano Bruno fa la parodia di questa abitudine letteraria e presenta agli spettatori della propria commedia un repertorio di luoghi, personaggi e stati d'animo grotteschi e scostumati. Poiché la realtà è folle e indecifrabile, non resta che metterla in caricatura, irridendo con aggressiva esuberanza verbale i luoghi comuni della cultura classica e rinascimentale.

Inizia l'elenco di concetti e temi della commedia, con la mescolanza di termini popolari e alti.

La tradizione petrarchista si capovolge nelle immagini di un termine volgarmente sessuale e di una prosaica metafora culinaria.

Ai convenzionali strumenti di Cupido, Bruno affianca quelli di un'officina: le unità aristoteliche e i valori della letteratura alta vengono irrisi in una satira affidata all'invenzione linguistica.

Eccovi avanti gli occhii: ociosi[1] principii, debili orditure,[2] vani pensieri, frivole speranze, scoppiamenti di petto,[3] scoverture di corde,[4] falsi presuppositi,[5] alienazion di mente, poetici furori, offuscamento di sensi, turbazion[6] di fantasia, smarito peregrinaggio[7] d'intelletto; fede sfrenate, cure insensate, studi incerti, somenze intempestive,[8] e gloriosi frutti di pazzia.

Vedrete in un amante[9] suspir, lacrime, sbadacchiamenti,[10] tremori, sogni, rizzamenti, «e un cuor rostito nel fuoco d'amore»; pensamenti, astrazzioni, colere,[11] maninconie, invidie, querele,[12] e men sperar quel che più si desia. Qui trovarrete a l'animo ceppi, legami, catene, cattività, priggioni, eterne ancor pene, martìri e morte; alla ritretta[13] del core, strali, dardi, saette, fuochi, fiamme, ardori, gelosie, suspetti, dispetti, ritrosie, rabbie et oblii, piaghe, ferite, omei,[14] folli,[15] tenaglie, incudini e martelli; «l'archiero faretrato, cieco e ignudo».[16] L'oggetto poi del core, un cuor mio, mio bene, mia vita, mia dolce piaga e morte, dio, nume, poggio, riposo, speranza, fontana, spirto, tramontana stella,[17] et un bel sol ch'a l'alma[18] mai tramonta; et a l'incontro ancora,

1 **ociosi:** oziosi.
2 **debili orditure:** incerte trame.
3 **scoppiamenti di petto:** esplosioni d'amore.
4 **scoverture di corde:** rivelazioni di sentimenti.
5 **falsi presuppositi:** false ipotesi.
6 **turbazion:** turbamento, scompiglio.
7 **smarito peregrinaggio:** sbigottito vagare.
8 **somenze intempestive:** princìpi improvvisi.
9 **in un amante:** l'autore si riferisce a un personaggio della commedia.
10 **sbadacchiamenti:** sbadigli.
11 **colere:** collere.
12 **querele:** lamenti.
13 **alla ritretta:** al rifugio.
14 **omei:** lamenti, esclamazioni di dolore.
15 **folli:** mantici.
16 **l'archiero... ignudo:** si tratta di Cupido, il putto arciere con la faretra e bendato (*cieco*).
17 **tramontana stella:** stella polare.
18 **a l'alma:** nell'anima.

crudo cuore, salda colonna, dura pietra, petto di diamante, e cruda man ch'ha chiavi del mio cuore, e mia nemica, e mia dolce guerriera, versaglio[19] sol di tutti miei pensieri, «e bei son gli amor miei non quei d'altrui». Vedrete in una di queste femine sguardi celesti, suspiri infocati, acquosi pensamenti,[20] terestri desiri e aerei fottimenti:[21] co riverenza de le caste orecchie, è una che sel prende con pezza bianca e netta di bucata.[22]

L'autore intende smascherare anche l'ipocrisia del lessico amoroso più convenzionale.

19 versaglio: bersaglio, cioè oggetto.
20 acquosi pensamenti: forzando un po' l'interpretazione, potrebbero essere gli atteggiamenti riflessivi che si manifestano in uno sguardo languido.
21 fottimenti: termine volutamente triviale per indicare l'atto sessuale.
22 è una che sel prende... bucata: altra immagine tutt'altro che elevata: la fanciulla non è vergine.

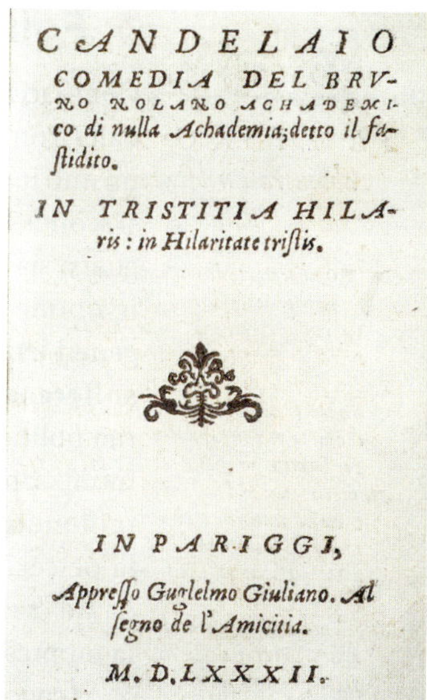

CANDELAIO
COMEDIA DEL BRVNO NOLANO ACHADEMICO di nulla Achademia; detto il fastidito.
IN TRISTITIA HILARIS: in Hilaritate tristis.

IN PARIGGI,
Appresso Guglelmo Giuliano. Al segno de l'Amicitia.
M.D.LXXXII.

PER APPROFONDIRE

L'imitazione e la diffusione dell'"aristotelismo"

Il Manierismo condivide con il Rinascimento il principio di imitazione. Nei primi tre o quattro decenni del Cinquecento in letteratura si cercava, come abbiamo visto, di elaborare modelli di riferimento comuni, ispirati all'antichità e destinati ai diversi ambiti della vita e dell'attività dell'uomo. Non si trattava però ancora di seguire precetti e regole fisse, come invece accade durante il secondo Cinquecento. Prima, creatività e codificazione potevano andare di pari passo e il principio d'imitazione si traduceva nella volontà di conquistare un equilibrio perfetto tra ragione e istinto. Ora invece la stretta imitazione del modello deve tener presenti confini severissimi e norme specifiche per i diversi generi letterari, che vengono definiti quasi "al microscopio", assegnando loro caratteristiche e funzioni precise.

Una spinta decisiva alla codificazione viene impressa dall'ampia diffusione del pensiero aristotelico, in particolare quello contenuto nella *Poetica*. Quest'opera, nota a tutti gli intellettuali grazie alla traduzione in latino edita da Aldo Manuzio nel 1536, diventa una sorta di "bibbia" dell'estetica, una precettistica alquanto limitativa della creatività individuale degli artisti. In particolare, per quanto concerne la letteratura drammatica, i princìpi sulle tre unità di tempo, di luogo e di azione influenzano tutta la produzione cinquecentesca, prevedendo una sola azione scenica, da svolgersi nello stesso luogo e nell'arco di un giorno.

Questa norma narrativa riguardava in origine solo il teatro (in particolare la tragedia), ma viene presto ritenuta valida anche per il poema epico (con la sola, ovvia eccezione legata al tempo, non circoscrivibile in un'unica giornata). Opere reputate dispersive, frutto della mescolanza di vari episodi e di intrecci rigogliosi e complessi (per esempio l'*Orlando furioso* di Ariosto), non possono essere ammesse secondo i dettami aristotelici. La questione non è di poco conto: tenterà di risolverla Torquato Tasso con la *Gerusalemme liberata*, venendo incontro da un lato al gusto del pubblico grazie alla varietà della trama, dall'altro al canone aristotelico garantendo assoluta preminenza alla vicenda principale a scapito delle altre.

Antonio Maria Crespi, detto il Bustino, *Ritratto di Aristotele*, 1613-1621. Milano, Pinacoteca Ambrosiana.

3 Follia e inquietudine

Tra malessere e disorientamento

Come accennato, il "ritorno all'ordine" imposto dalla Controriforma si traduce spesso in conformismo intellettuale. Tuttavia, l'obbedienza non si sconta senza traumi, anzi. La necessità di adeguarsi sia alle spinte di matrice religiosa, sia alle norme che vincolano il funzionamento dei generi letterari produce effetti di **malcelata insofferenza**. Il rapporto con il reale, che l'autorità politica e religiosa vorrebbero guidare e armonizzare, si manifesta invece con un disagio profondo e con un'inquietudine che nasce dalla percezione della vanità delle cose umane e da un'esasperazione emotiva poi trasferita nella rappresentazione artistica.

Attribuito ad Agostino Carracci, *Contadino che grida*, 1557-1602. Collezione privata.

La vicenda esemplare di Torquato Tasso rappresenta il paradigma per una serie di biografie e poetiche segnate dall'irrequietezza e da ombre di follia. Al di là della personale patologia di Tasso, però, è l'intera epoca a rivelare contraddizioni e un diffuso **senso di smarrimento**. L'interpretazione della realtà, che le imposizioni controriformistiche cercano di cristallizzare, tende a frantumarsi e a farsi soggettiva e variabile, mentre le psicologie degli intellettuali sono segnate da **contrasti insanabili**, da **conflitti interiori** e da un angoscioso **senso del limite e del peccato**. Le deformazioni presenti nelle opere artistiche e letterarie e la rinuncia al decoro rinascimentale sono anche – e forse soprattutto – la conseguenza di questa condizione esistenziale. È impossibile non pensare a Tasso e ai protagonisti del suo poema, contraddittori, appassionati e tormentati come lui, oppure alle tragedie composte in quest'epoca, nelle quali compaiono personaggi inquietanti, malati, pazzi, sanguinari.

L'irrazionale si fa strada

Il **gusto dell'orrido** e del macabro infarcisce la produzione tragica e novellistica; i paesaggi lunari e la **ricerca dell'inusuale** dominano la produzione lirica; gli **inserti magici**, meravigliosi e demoniaci arricchiscono quella epica; l'elemento avventuroso e un **esasperato individualismo** caratterizzano il genere biografico.

Il **conflitto tra l'Io e la realtà** può manifestarsi in vari modi: l'aggressività, la paura e, soprattutto, il male tipico di questi anni, la **malinconia**, derivata spesso dall'incapacità di conciliare la tensione istintiva, come quella amorosa o sensuale, con il rigore religioso (imposto dall'esterno, ma anche, come accade a Tasso, dalla propria coscienza).

L'individuo contro l'omologazione

Nel secondo Cinquecento viene assai praticata la biografia e, meglio ancora, l'autobiografia. Naturalmente non è un caso, poiché questo genere letterario riflette spesso le esperienze esistenziali di **personalità bizzarre, insofferenti dell'autorità, consapevoli del proprio talento fino al narcisismo**. L'immagine che ne scaturisce è quasi sempre quella del genio solitario che non sa trovare un punto di appoggio stabile e un'identità personale definita e perciò mostra un temperamento selvatico e malinconico, oscillando fra l'introversione e l'autoesaltazione eroica. In tal modo l'artista presenta con compiacimento la propria spavalderia, raccontandosi come un combattente in guerra contro la mediocrità e le piccolezze di chi lo circonda. La più famosa tra queste narrazioni appassionate è la

Vita di **Benvenuto Cellini** (1500-1571), grande scultore e orafo fiorentino, al servizio di papi e re, il quale, nella spontaneità popolare di uno stile vivace, esprime la strabordante eccezionalità del proprio carattere, insofferente di ogni vincolo e costrizione.

Uno stile specchio dell'anima

La sensibilità e la vita interiore degli autori si riversano anche nello stile. La misura e la compostezza rinascimentali sono ormai lontane: contro i precetti classicisti si affermano una **scrittura libera da ogni condizionamento**, una ricerca spasmodica, quasi al limite della comicità involontaria, dell'effetto stravagante e della sorpresa. I poeti imitano Petrarca, ma per mostrare il proprio talento di **virtuosi del verso**: il contenuto perde d'importanza, si pensa solo alla forma, all'artificio, nel tentativo di sfruttare al massimo tutte le possibilità offerte da un **abile uso della tecnica**.

Trionfano i toni patetici e sentimentali, lo stile alto è frammisto a quello basso all'interno di una grande varietà di registri che ammette anche le forme dialettali. Una **tensione** che potremmo definire **"espressionistica"**, poiché tende alla deformazione, fa propendere anche sul piano formale per soluzioni bizzarre, accumuli di figure retoriche, invenzioni e combinazioni mirabolanti, che preludono alla poetica del meraviglioso tipica del Barocco.

DOCUMENTO 3 Un capro che accusa gli uomini

Giovan Battista Gelli, *La Circe*, dialogo quarto

L'autore ● Giovan Battista Gelli, nato a Firenze nel 1498, esercita per tutta la vita il mestiere di calzolaio, nonostante la sua fama di accademico, lettore e filosofo. È autore di volgarizzamenti, rime, commedie e operette moraleggianti (tra cui i dialoghi, incentrati su vari temi e aneddoti, intitolati *I capricci del bottaio*, composti tra il 1541 e il 1546). *La Circe* (1549), di cui riportiamo un estratto, rappresenta il suo capolavoro, per originalità di contenuto e limpidezza di stile. Gelli muore a Firenze nel 1563.

Nella civiltà umanistico-rinascimentale l'individuo, considerato al centro dell'universo, veniva esaltato come forza attiva, capace di capire il mondo e piegarlo alle proprie esigenze. In questo brano egli è invece una creatura così fragile e indifesa da essere compatita dalle bestie. L'autore immagina un dialogo tra Ulisse e gli uomini trasformati dalla maga Circe in animali, ai quali viene conferita la parola. A eccezione dell'elefante (che era in vita un filosofo e si ostina a difendere la dignità umana), gli altri si rifiutano di tornare nella condizione di uomini, perché ciò significherebbe affrontare nuovamente infermità, guai e debolezze insopportabili. Leggiamo in questo breve passo l'intervento del capro, che sottolinea la precarietà e l'insicurezza insite nel solo fatto di vivere.

> Il quadro pessimistico della natura dell'uomo inizia con la denuncia delle sue capricciose ambizioni, di cui finisce per essere schiavo. L'autore rimpiange qui la condizione animale, semplice e innocente, che l'umanità ha abbandonato per sempre.

La libertà che io mi godo in questo stato mi è tanto dolce, rispetto a la moltitudine delle servitù[1] che avete voi (de la maggior parte de le quali è cagione[2] la pazzia e l'ambizione vostra, che vi ha legato le mani a di molte cose a le quali ve l'aveva sciolte la Natura), che io non solamente non vo'[3] tornare uomo, ma io non vo' praticar[4] con loro, sapendo che voi non obbligate solamente voi a queste vostre leggi, ma ancora tutti quegli animali di chi voi vi servite e che vivon dimesticamente con voi. [...] De la qual cosa dovereste esser gastigati voi, avendo fattovi particulare,[5] mediante il tuo e il mio, quello che la Natura vi aveva fatto comune; onde

1 **servitù:** desideri, che rendono l'uomo schiavo.
2 **cagione:** motivo, origine.
3 **vo':** voglio.
4 **praticar:** avere dimestichezza, familiarità.
5 **avendo fattovi particulare:** avendo reso individuale.

La civiltà umana non è nient'altro che una fitta relazione di inganni, egoismi e ipocrisie.

La condizione umana è segnata dall'incertezza e dall'instabilità: per questo la vita degli uomini è un continuo combattimento, una sofferenza senza tregua.

ne[6] nasce fra voi tutto il giorno tante fraude,[7] tanti inganni, liti e inimicizie, che voi non potete conversare sicuramente insieme, come facciam noi, e continuamente temete di perdere quel che voi avete o d'incorrere in qualche futuro male. Sì che godi pur tu questo vostro stato così infelice e ripieno di tante miserie; che io vo' quel poco di vita che mi avanza, senza timor di morte o d'altro, consumarmelo in questo.[8]

6 **onde ne:** da ciò.
7 **tante fraude:** tanti raggiri.
8 **consumarmelo in questo:** trascorrerlo in questa condizione (di capro).

Dosso Dossi, *Maga Circe*, 1520 ca.
Roma, Galleria Borghese.

La lingua

La codificazione del volgare

Tra norma e trasgressione

Come abbiamo visto, il successo delle *Prose della volgar lingua* conferì a Pietro Bembo il ruolo di grande regolarizzatore della lingua letteraria italiana. La sua tesi arcaizzante, fondata sul modello di Petrarca e Boccaccio, prevalse su tutte le altre, anche se non mancarono in tutto il corso del Cinquecento letterati che si mostrarono con le loro opere estranei o ostili al suo classicismo restrittivo. **La sperimentazione e il plurilinguismo** affiorano nella mescolanza del latino e del volgare tipica del linguaggio maccheronico e in molte commedie che danno voce a personaggi e ambienti sociali e culturali diversi, senza trascurare sorprendenti incursioni nel dialetto (così avviene, per esempio, nelle opere teatrali di Pietro Aretino, di Giordano Bruno o di autori minori come il napoletano Giambattista Della Porta).

Un "regolismo" dilagante

Tuttavia il **carattere normativo della cultura controriformistica** accentua ulteriormente il desiderio di uniformare caratteri e stili dell'espressione letteraria. Si parla, a questo proposito, di un vero e proprio "regolismo": **ogni aspetto della lingua doveva essere soggetto a una codificazione precisa** e priva di eccezioni. Significativo, per esempio, è il dibattito sorto sull'uso dell'articolo: davanti a consonante era opportuno usare la forma "il" o quella "lo"? A far prevalere la prima ipotesi fu il più influente filologo e grammatico dell'epoca, il fiorentino **Leonardo Salviati** (1540-1589), il quale riprendendo gli spunti di Bembo in un'opera dal titolo *Avvertimenti della lingua sopra il Decamerone*, indicò nel Trecento il «buon secolo» al quale rifarsi per contrastare la corruzione del fiorentino contemporaneo, troppo incline ad accogliere latinismi e forestierismi.

Il modello ariostesco

Lo stesso Salviati, non a caso tra i fondatori e tra i massimi promotori dell'**Accademia della Crusca** (1582), si segnalò per la sua battaglia senza quartiere contro ogni tentativo di compromettere la purezza del fiorentino: per esempio, ebbe una grande risonanza la sua **polemica contro la *Gerusalemme liberata*** e il suo autore, Torquato Tasso, accusato di aver adoperato forme difficili, costrutti innaturali, espressioni astruse, insomma di scrivere male. I "fiorentinisti" preferivano di gran lunga i versi di Ariosto, che si aggiunse così a Petrarca e Boccaccio come un grande modello linguistico da imitare.

INTELLETTUALE e SOCIETÀ

Il difficile mestiere dell'artista

Un impiegato senza prestigio

Nella corte, sempre più ridotta a centro privato di fastose cerimonie e a luogo di potere gestito da un apparato burocratico, l'intellettuale non svolge più alcuna funzione attiva: relegato a un ruolo del tutto marginale, non può che adattarsi a esercitare mansioni disimpegnate, finalizzate all'intrattenimento o all'educazione, prestando attenzione a non contravvenire alle rigide norme dell'etichetta. Il processo di subordinazione al potere politico era già iniziato in epoca umanistico-rinascimentale. Ma ora, venuto meno il legame privilegiato con il signore-mecenate, l'artista è uno stipendiato come gli altri, una ruota qualsiasi dell'ingranaggio amministrativo, quasi un "impiegato specializzato" che può rivestire i panni del segretario, dello storico o del poeta, all'interno di una gerarchia che lo confina in **una posizione anonima e priva di prestigio**.

Le alternative a tale condizione scarseggiano: il restringimento delle opportunità professionali (solo per fare un esempio, le cattedre universitarie di latino e greco, moltiplicatesi tra la fine del Quattrocento e l'inizio del Cinquecento, si riducono sensibilmente) obbliga l'intellettuale ad accettare le mansioni propostegli, tanto più che solo all'interno della corte egli può trovare un pubblico capace di apprezzare, almeno in teoria, la sua attività.

È ovvio che una tale condizione provochi in lui frustrazione: già in Ariosto il rapporto con la corte appare compromesso dalle incombenze a cui il letterato è costretto a sottostare. Alla fine del secolo, questo stato d'animo si fa più diffuso e profondo, come dimostrano i frequenti attestati di disprezzo, spesso appena coperti da una voluta ambiguità, contro l'ipocrisia del mondo cortigiano e la difficoltà di conservare ancora un margine di indipendenza rispetto al potere (impossibile non pensare, ancora una volta, all'esperienza di Tasso).

Le alternative alla corte: la Chiesa e l'accademia

Se la condizione di letterato laico è poco remunerativa, quella dell'artista che sceglie la carriera ecclesiastica non è migliore. Fino al Rinascimento, questa aveva rappresentato una valida scorciatoia per molti artisti, che potevano sopravvivere grazie ai benefici che essa garantiva, ed erano perciò certi di poter continuare con tranquillità la propria attività letteraria. Ora però la Chiesa chiede all'intellettuale di impegnarsi nella **propaganda** o nell'**apparato della curia pontificia**, limitando enormemente la sua libertà e autonomia.

L'unico altro sbocco possibile è costituito dalla presenza, notevolmente accresciuta, delle **accademie**. Per quanto tali istituzioni finiscano sempre sotto la severa sorveglianza del signore di turno o delle autorità ecclesiastiche, esse svolgono una indubbia funzione di promozione e scambio culturale, favorendo quell'**aggregazione intellettuale** che la corte non può più garantire. Le accademie si propongono finalità diverse tra loro: serie o scherzose, dagli intenti elevati o semplicemente conviviali, la loro attività si risolve spesso in serrati confronti e dibattiti tra gli affiliati su argomenti astratti, del tutto slegati dalla realtà e impermeabili alle sollecitazioni della storia. Lo stato della vita intellettuale di quegli anni si misura anche da questo.

Eppure, non mancano istituzioni destinate ad avere una grande influenza sulla cultura italiana, anche dei secoli successivi. Due casi tra tutti vanno ricordati. Il primo è costituito dall'**Accademia di Santa Cecilia**, fondata a Roma nel 1584, dedicata alla musica; il secondo dall'**Accademia della Crusca**, nata a Firenze nel 1583 e ancora oggi attiva: suo compito è quello di sorvegliare sulla purezza della lingua volgare, separando – come fa intendere il nome – la "farina", cioè la lingua corretta, dalla "crusca", cioè le impurità. Il risultato più duraturo della sua azione è la stesura di un *Vocabolario* (1612), che rappresenta un decisivo strumento per l'affermazione del canone trecentesco della lingua volgare.

VOCABOLARIO DEGLI ACCADEMICI DELLA CRVSCA.

CON TRE INDICI DELLE VOCI, locuzioni, e prouerbi Latini, e Greci, posti per entro l'Opera.

CON PRIVILEGIO DEL SOMMO PONTEFICE, Del Re Cattolico, della Serenissima Repubblica di Venezia, e degli altri Principi, e Potentati d'Italia,

E FVOR D'ITALIA, DELLA MAESTA CESAREA, Del Re Cristianissimo, e del Serenis. Arciduca Alberto.

IN VENEZIA MDCXII.

Appresso Giouanni Alberti.

La crisi dell'editoria

Anche il mondo dell'editoria, che aveva occupato schiere sempre più ampie e influenti di letterati, conosce una crisi molto profonda: **si stampano meno libri e la loro qualità si abbassa**, assecondando gli interessi di un pubblico più vasto ma meno esigente. In particolare, esauritosi il fervore con cui il mercato aveva accolto la stampa dei classici greci e latini, la produzione libraria è limitata quasi esclusivamente ad argomenti e opere di stampo religioso, dalle agiografie ai libri devozionali alle prediche.

Pontormo, *Deposizione di Cristo*, 1525-1528, olio su tavola. Firenze, Chiesa di Santa Felicita.

Maniera e Manierismo

Come molte etichette storico-artistiche, il termine Manierismo – con cui ancora, pur con qualche forzatura, si è soliti indicare l'arte italiana e poi europea tra il 1520 e il 1590 – non nacque nel periodo in oggetto, ma iniziò a essere utilizzato solo molto più tardi, a partire dal XVII secolo. Deriva però da un vocabolo già usato nel Cinquecento: pubblicando nel 1550 la prima edizione delle *Vite de' più eccellenti architetti, pittori, et scultori italiani*, l'aretino Giorgio Vasari usa il termine «maniera» sia come equivalente di stile, in senso assoluto, sia per indicare un giudizio di qualità. Maniera è lo stile più perfetto e aggraziato, proprio soltanto dei migliori artisti: Leonardo, Raffaello, Michelangelo. Da quest'uso nasce il termine "manierismo", per indicare lo stile stravagante e insieme estremamente raffinato di chi copiava, stravolgendola, l'arte del primo Cinquecento.

La perdita dell'equilibrio rinascimentale

Dopo la regolarità, l'armonia e la misura rinascimentali, lo spazio figurativo sembra perdere il suo baricentro, le figure assumono forme allungate, strane posizioni e inco-

Giulio Romano, *Cortile interno di Palazzo Te*, dal 1526. Mantova.

Giulio Romano, *Decorazione della Sala dei Giganti*, 1531-1535, affresco. Mantova, Palazzo Te.

erenti rapporti proporzionali, i colori diventano violenti o preziosi e smaltati. Tutte queste caratteristiche sono ben evidenti in un'opera emblematica del periodo, la *Deposizione di Cristo* che Pontormo dipinge, tra il 1525 e il 1528, per la chiesa fiorentina di Santa Felicita: tutta la composizione è creata senza alcun riferimento alla natura e lo spazio, irreale e sospeso, è costruito solo attraverso la presenza dei numerosi personaggi che, sospesi nel vuoto, creano una scena dal ritmo spezzato.

Un palazzo per lo svago

Non sempre però le opere manieriste sono così angoscianti e tormentate: talvolta il manierismo diventa solo uno stile estremamente raffinato, nato per colpire, impressionare ma anche divertire un ricco patrono.

Tra il 1524 e il 1534 Giulio Romano, che a Roma era stato allievo di Raffaello, si trasferisce a Mantova e qui per il marchese Federico II Gonzaga costruisce Palazzo Te, una villa suburbana, situata subito al di fuori delle vecchie mura della città, luogo di piaceri e di svago. L'architettura imita quella delle antiche ville romane ma, in un continuo gioco che doveva meravigliare e stupire il marchese e i suoi ospiti, alcuni dettagli che derivano dal lessico classico sono presentati in modo scherzoso: per esempio, nel cortile, al centro degli archi, i conci sembrano scivolare verso il basso, schiacciati dal peso della struttura, come se l'intero edificio fosse sul punto di cedere. Questa volontà di stupire ritorna anche all'interno della villa, sfarzosamente decorata: nella spettacolare Sala dei Giganti è rappresentata, in un vortice spiraliforme di nubi, la vittoria di Giove e delle divinità classiche sui giganti ribelli che avevano tentato di scalare il monte Olimpo, e con meraviglioso illusionismo i mostri sembrano franare insieme alla stanza stessa, coinvolgendo lo spettatore in un gioco di grande partecipazione emotiva.

I generi e i luoghi

La mappa dei generi

Nonostante la cultura controriformistica veda di cattivo occhio la sperimentazione e la precettistica imperante vieti la contaminazione dei generi, la letteratura manierista produce esperienze talvolta innovative, figlie di quella vocazione – spesso vissuta con sensi di colpa conseguenza del cupo clima instauratosi dopo il Concilio di Trento – ad alimentare la fantasia anche al di fuori della norma codificata.

La poesia

La lirica

Nella lirica, il modello da seguire rimane Petrarca, ma l'imitazione si fa sempre più artificiosa: l'abuso di figure retoriche e di giochi di parole mette in primo piano l'abilità tecnica del poeta piuttosto che il contenuto dei versi. Strada facendo, dall'imitazione si passa dunque all'alterazione del modello. È **Tasso** con le sue *Rime* a traghettare la lirica italiana verso la dimensione inquieta e introspettiva tipica della sensibilità barocca, grazie alla drammaticità e alla sensualità dei suoi componimenti e a un cospicuo arricchimento del repertorio tematico, aperto a situazioni, sentimenti e particolari diversi della vita umana.

Il poema epico

Al poema epico è dedicato il maggior numero di riflessioni teoriche, finalizzate a creare un canone dalle norme precise, in opposizione alla libertà, ritenuta eccessiva, dei poemi cavallereschi. A eccezione del capolavoro dell'epoca, la *Gerusalemme liberata* di Tasso, i risultati artistici sono tuttavia modesti: eloquente è il tentativo di **Gian Giorgio Trissino** (1478-1550), che per mantenersi fedele ai precetti aristotelici compone un poema, ripetitivo e monotono, in 27 libri, *L'Italia liberata dai Goti* (1547-1548). Risultati più duraturi sono conseguiti invece nel campo della **traduzione**: memorabile (e letta per secoli) è la versione dell'*Eneide* in endecasillabi sciolti del marchigiano Annibale Caro (1507-1566).

La prosa

Biografie e autobiografie

Alla luce di quanto detto circa il sofferto individualismo di molti scrittori, non sorprende la fioritura del genere biografico e autobiografico. Al primo appartengono *Le vite de' più eccellenti architetti, pittori, et scultori italiani, da Cimabue insino a' tempi nostri* (1550 e poi, in seconda edizione, 1568) di **Giorgio Vasari** (1511-1574), una storia dell'arte italiana in cui vengono descritte grandiose personalità, delle quali l'autore tratteggia l'eccezionalità. Come esempio del secondo, va ricordata soprattutto la *Vita* (1558-1566) di **Benvenuto Cellini** (1500-1571), il quale narra, in uno stile spontaneo e assai personale che rifiuta la letterarietà del modello bembiano, le rocambolesche avventure di un'esistenza libera e disordinata. L'intento dell'io narrante è palesemente esibizionistico: l'idealizzazione della propria esperienza corrisponde al desiderio di consegnare alla posterità il ricordo di una vita vissuta come un'opera d'arte. Ne emerge una figura irregolare e incline alla stravaganza, che offre un modello alternativo di artista, libero e indipendente dal potere, riluttante a piegarsi alle esigenze e ai doveri della condizione cortigiana.

Trattati e dialoghi

La trattatistica si pone l'obiettivo di organizzare e codificare le diverse attività umane (a partire da quelle letterarie) secondo un sistema teorico. Un campo privilegiato nel secondo Cinquecento è però quello politico: fondamentale si rivela l'indagine del gesuita piemontese **Giovanni Botero** (1544-1617). Come abbiamo visto, la sua opera, *Della ragion* *di Stato* (1589), ha lo scopo di illustrare le leggi che regolano la gestione del potere: in polemica con Machiavelli (ma, a ben vedere, tenendone presente il pensiero), l'autore tenta di conciliare l'utile con l'onesto, trovando nella fusione di moralità religiosa e prassi (anche spregiudicata) del potere un compromesso vantaggioso per il bene dello Stato.

Al dialogo in volgare si dedica invece **Giordano Bruno** (1548-1600), che sia negli scritti di natura cosmologica sia in quelli di ispirazione morale esprime alcuni dei capisaldi delle sue concezioni filosofiche, scientifiche e teologiche.

Francesco Ferrari, *Allegoria della Fortezza e della Ragion di Stato*, seconda metà del XVII secolo. Canda, Villa Nani Mocenigo.

La novella

Una nuova fioritura riguarda infine la novella, sia pure ancora legata all'imitazione di Boccaccio. Anche se il nuovo spirito religioso sottrae al genere la tipica componente licenziosa e trasgressiva, a esso si dedica con buoni risultati un numero cospicuo di narratori: tra questi spiccano il piemontese **Matteo Bandello** (1485-1561), i toscani **Agnolo Firenzuola** (1493-1543) e **Anton Francesco Doni** (1513-1574), e il ferrarese **Giovan Battista Giraldi Cinzio** (1504-1573), autore di una raccolta, dalle chiare finalità morali, dal titolo di *Ecatommiti* (in greco, "Cento novelle", 1565).

Il teatro

La commedia e la tragedia

Anche la qualità delle opere teatrali risente della ricerca di norme fisse. La **commedia**, penalizzata dalla cappa controriformistica, perde originalità: non è un caso che gli unici casi interessanti siano rappresentati da opere come *Il Candelaio* (1582) di Giordano Bruno o *La Venexiana* (di cui è ignoto l'autore), che propongono trame e caratteri ideologicamente eversivi e stili compositi. La **tragedia**, a sua volta, non conosce opere di rilievo, rinchiusa nella rigida regolamentazione aristotelica. Oltre al *Re Torrismondo* (1587) di Tasso, meritano un cenno i testi dei già citati Gian Giorgio Trissino (*Sofonisba*, 1524) e Giovan Battista Giraldi Cinzio: quest'ultimo soprattutto è autore di nove tragedie, ispirate per lo più al teatro di Seneca, che non lesinano effetti patetici e argomenti macabri per catturare l'attenzione del pubblico: una ricetta che gli regala una vasta notorietà presso i tragediografi inglesi contemporanei, prodighi di soluzioni di questo tipo

La commedia dell'arte

Importante invece è la nascita, collocabile proprio nella seconda metà del Cinquecento, della **commedia dell'arte**, una rappresentazione teatrale (spesso improvvisata dagli attori sulla base di un'esile trama, detta "canovaccio") in cui appaiono sulla scena le grandi maschere (da Pantalone ad Arlecchino) destinate a diventare i caratteri tipici del teatro tradizionale italiano.

Il dramma pastorale fra tragedia e lieto fine

Tipico di quest'epoca è anche il **dramma pastorale**, un genere teatrale in cui l'azione presenta una ibrida commistione di elementi tragici, visibili nello svolgimento drammatico delle vicende, e comici, presenti nel lieto fine. Lo sfondo bucolico è idealizzato e fittizio, simile a quello evocato dall'*Arcadia* di Sannazaro (➤ T1, p. 158). A questo genere, nato per soddisfare il desiderio di evasione delle élite cortigiane, appartengono due tra i capolavori dell'epoca: l'*Aminta* (1573) di Torquato Tasso e il *Il pastor fido* (1589) del ferrarese **Battista Guarini** (1538-1612).

Vincenzo Scamozzi, *Teatro all'Antica*, 1588 ca. Sabbioneta.

Nasce il melodramma

Sempre nell'ambito teatrale muove i primi passi il melodramma, un nuovo genere basato sul principio del "recitar cantando", cioè su un linguaggio melodico in cui la musica accresce il senso delle parole, come si ritiene sia accaduto nell'antica Grecia. Questa composizione drammatica, che avrà all'inizio del Seicento nel compositore cremonese Claudio Monteverdi (1567-1643) il suo interprete più raffinato, nasce a Firenze intorno al 1580 a opera di un gruppo di nobili, riuniti nella cosiddetta **Camerata fiorentina o de' Bardi** (dal nome del conte Giovanni Bardi, nella cui residenza si tengono le riunioni).

Hieronymus Francken I, il Vecchio, *La Compagnia dei Comici Gelosi*, 1590 ca. Parigi, Musée Carnavalet.

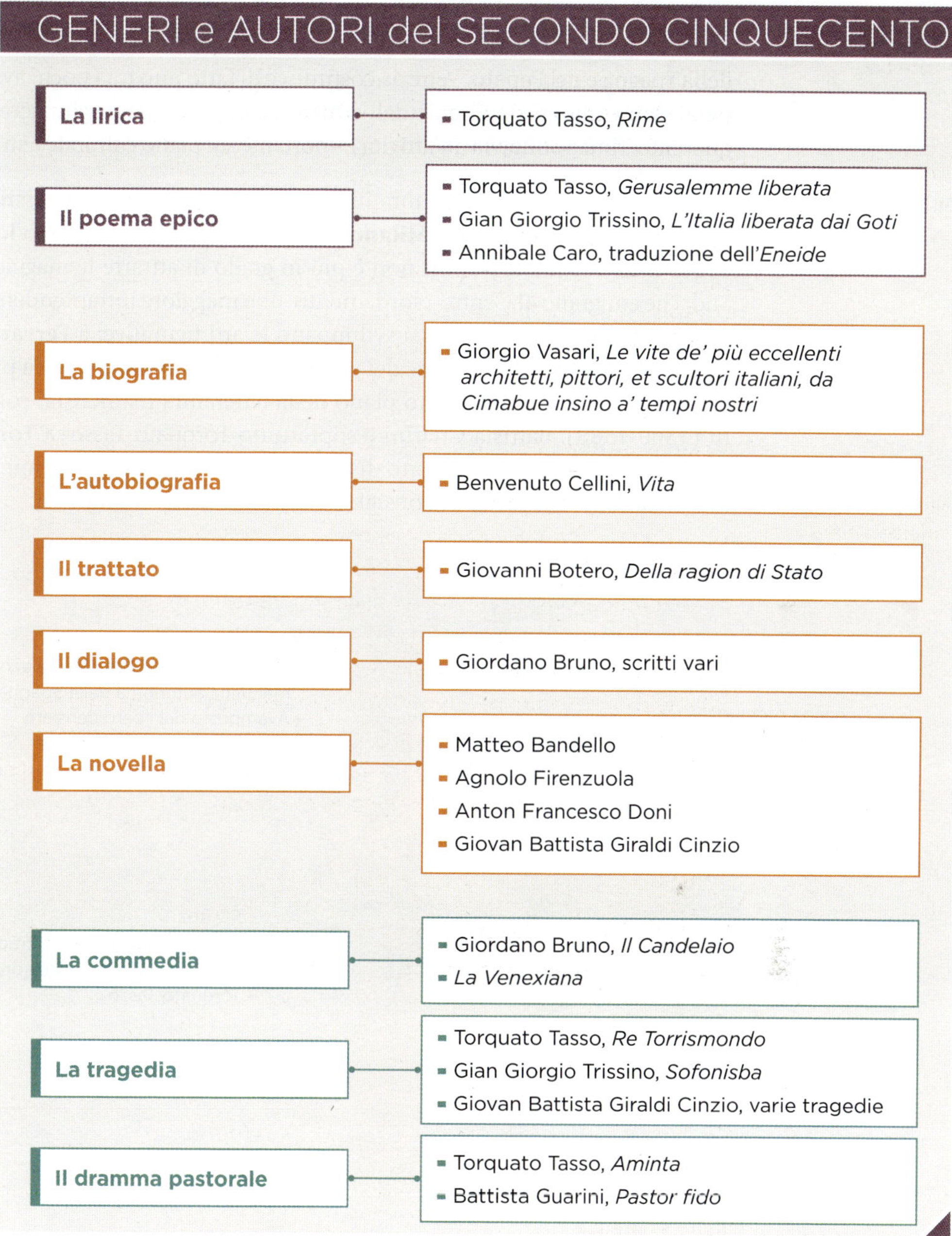

La mappa dei luoghi

Roma

Il clima determinato dalla Controriforma e l'accresciuto potere spagnolo modificano non solo l'opera degli artisti, ma anche la vita delle corti che li ospita. La **curia romana**, dopo il trauma del sacco di Roma (1527), torna a essere il centro più importante della cultura italiana, anche se perde – e per sempre – quell'atmosfera di corte libera e fastosa che aveva avuto durante gli splendori rinascimentali. Adesso il controllo esercitato dalla Controriforma imprime alla produzione intellettuale un indirizzo di severa osservanza dei princìpi religiosi, ma ciò non impedisce che a Roma continuino a operare grandi artisti quali Michelangelo, l'architetto Vignola, Cellini e Vasari.

Venezia

La **Repubblica di Venezia** conserva la propria **prosperità economica**, affidata soprattutto al commercio. Unico Stato italiano a mantenere una certa autonomia nei confronti della Spagna e del Papato, Venezia costituisce di fatto uno tra i pochi avamposti del **libero pensiero**, anche grazie al ruolo dell'**editoria** che, pur senza raggiungere i fasti d'inizio Cinquecento, rimane tuttavia un'attività importante sul piano culturale e su quello economico.

Gli altri centri

I tradizionali luoghi della cultura italiana evidenziano una progressiva perdita di vitalità e d'iniziativa intellettuale. **Milano** e **Firenze**, in particolare, sono lontane dalla vivace epoca rinascimentale. **Napoli** non è più in grado di attrarre le maggiori intelligenze del Sud, che emigrano al Centro-Nord, mentre una maggiore intraprendenza si ravvisa in corti più periferiche: a **Mantova** si sviluppano le arti figurative; a **Ferrara** Alfonso II continua a incoraggiare la tradizione del poema cavalleresco e una fervida produzione teatrale, ospitando personaggi di primo piano della letteratura manierista, come Sperone Speroni (1500-1588), Battista Guarini e soprattutto Torquato Tasso; a **Torino**, infine, grazie all'operato di Emanuele Filiberto di Savoia operano intellettuali come Giovanni Botero e lo stesso Tasso, nei panni di consigliere del duca Carlo Emanuele I.

I luoghi della cultura
Mantova
- La corte dei Gonzaga promuove le arti figurative
Venezia
- Grazie alla propria prosperità economica, si mantiene autonoma dalla Spagna e dal Papato
- Avamposto del libero pensiero
- Importante attività editoriale
Ferrara
- Alfonso II incoraggia la tradizione del poema cavalleresco e la produzione teatrale
- Torquato Tasso
Torino
- Presso i Savoia operano intellettuali e artisti
Roma
- Ripresasi dal trauma del Sacco, è il centro più importante della cultura italiana
- Produzione artistica rigidamente assoggettata ai princìpi della Controriforma
- Vi operano grandi artisti come Michelangelo, Vignola, Cellini e Vasari
Milano e Firenze
- In declino rispetto alla vivace epoca rinascimentale
Napoli
- Perde la capacità di attrarre le principali intelligenze dell'Italia meridionale

Verifica delle CONOSCENZE

L'EPOCA E LE IDEE

Scegli l'alternativa corretta fra quelle proposte.

1 Nell'Italia della seconda metà del Cinquecento domina la potenza:

- a spagnola.
- b fiorentina dei Medici.
- c francese.
- d del Ducato dei Savoia.

2 Tra gli effetti del dominio spagnolo in Italia vi è

- a il ristagno dei commerci dovuto alle pesanti tasse.
- b la ripresa dei commerci.
- c l'aumento delle esportazioni in Spagna.
- d la diminuzione delle importazioni.

3 In quale periodo si situa la Riforma luterana?

- a nei primi anni del Cinquecento.
- b alla metà del secolo.
- c intorno agli anni Settanta.
- d nell'ultimo decennio del Cinquecento.

4 La Controriforma si traduce:

- a in un'apertura democratica della Chiesa ai movimenti ereticali.
- b in una radicale rivisitazione della dottrina cristiana.
- c nell'affermazione della fedeltà al messaggio francescano.
- d nel rinnovamento della Chiesa di Roma e nella reazione al luteranesimo.

Rispondi alle seguenti domande.

5 Chi sono i gesuiti? In quale attività si impegnano in particolar modo?

6 Perché lo storico romano Tacito diventa il modello principale per il pensiero politico?

7 Qual è la visione politica di Giovanni Botero? In quale rapporto si pone con il pensiero machiavelliano?

8 Quali cambiamenti vengono introdotti da Copernico nella visione dell'universo? Quali conseguenze determina sulla psicologia degli intellettuali?

9 In una breve relazione sulla società e sulla cultura manieristica, sviluppa i seguenti punti:

- la Chiesa tra Riforma e Controriforma;
- l'incidenza della religione sulla cultura e sulla politica;
- l'atteggiamento degli intellettuali dinanzi al potere;
- i riflessi della situazione sociale, politica e religiosa sulla psicologia e sulla produzione dei letterati.

Indica se le seguenti affermazioni sono vere (V) o false (F).

10 Il termine "Manierismo" fu coniato da Michelangelo. V F

11 Nel termine "Manierismo" è implicito un giudizio positivo. V F

12 Il Manierismo esaspera fino all'artificio il modello classicistico. V F

13 La poetica manieristica si basa su una concezione razionale e ordinata dell'arte. V F

14 Il Manierismo privilegia la ricerca della novità. V F

15 La poetica manieristica rifiuta ogni gusto per l'eccentrico. V F

Completa la tabella.

16 Scrivi accanto alle opere letterarie l'autore e il genere letterario a cui appartengono.

Aminta		
Della ragion di Stato		
Il Candelaio		
Gerusalemme liberata		
Vita		

Rispondi alle seguenti domande.

17 Quali sono gli elementi propri della dimensione irrazionale nei brani di Bruno (➤ Doc. 2, p. 494) e di Gelli (➤ Doc. 3, p. 497)?

18 Descrivi brevemente i principali centri culturali del periodo trattato in questa Unità e le personalità che vi operano.

I SAPERI fondamentali

IL CONTESTO STORICO

La pressione fiscale imposta dal **dominio spagnolo in Italia** incide pesantemente sull'economia del Paese. Contemporaneamente in Europa viene meno l'unità religiosa: dalla predicazione di Martin Lutero nasce e si diffonde la **Riforma luterana**, alimentata da motivazioni morali e dottrinarie, ma anche da ragioni economiche, politiche e sociali. Nel 1535 Papa Paolo III convoca il **Concilio di Trento**, allo scopo di rinnovare dall'interno la Chiesa cattolica. Con l'avvio della **Controriforma**, la Chiesa riconquista l'egemonia culturale e costringe gli intellettuali all'obbedienza, anche grazie all'operato dei gesuiti.

CONTRORIFORMA E MANIERISMO

La Chiesa istituisce i **tribunali dell'Inquisizione** e l'**Indice dei libri proibiti** per contrastare il libero pensiero e il dissenso degli intellettuali. Secondo l'ex gesuita **Giovanni Botero** esiste una «ragion di Stato», ovvero un principio superiore, che rappresenta il bene dello Stato: il potere politico, dipendente dai dettami della Chiesa, va giudicato secondo la logica realistica della prassi politica. Tuttavia la teoria eliocentrica di Niccolò Copernico, che sconvolge la religione, offre al filosofo **Giordano Bruno** i fondamenti teorici per rivendicare l'importanza del libero pensiero. Il **Manierismo** rappresenta la reazione artistica al conformismo imposto dalla Controriforma: un senso di smarrimento che si ripercuote sulla produzione artistica, apre la strada all'**irrazionale** e al **conflitto tra l'Io e la realtà**. La produzione manierista, originata da un'ispirazione soggettiva, non ricerca più la forma di una bellezza ideale, ma energie e sensibilità nuove che alterano la regolarità dei modelli umanistici. Il poeta vuole distinguersi con produzioni "fuori dagli schemi" e soluzioni "dissonanti" che rompono l'equilibrio dei canoni rinascimentali.

I GENERI

Nella **lirica**, l'imitazione di Petrarca diventa sempre più artificiosa. Nel **poema epico**, si segnalano la *Gerusalemme liberata* di Tasso, la traduzione dell'*Eneide* realizzata da Annibal Caro e il tentativo mal riuscito di Gian Giorgio Trissino di comporre *L'Italia liberata dai Goti*. Nella **prosa**, spiccano i nomi di Giorgio Vasari e Benvenuto Cellini per la stesura di biografie e autobiografie. I **trattati** hanno l'obiettivo di regolamentare le attività umane: tra gli autori principali si ricordano Giovanni Botero e Giordano Bruno. La **novella** ha una nuova fioritura grazie ai risultati raggiunti da Matteo Bandello, Agnolo Firenzuola, Anton Francesco Doni e Giovan Battista Geraldi Cinzio. Nel teatro, **commedia e tragedia** sono penalizzate dalla censura della Controriforma. Tipico dell'epoca è il **dramma pastorale** di cui Battista Guarini è tra i massimi esponenti. Nascono la **commedia dell'arte** e il **melodramma**.

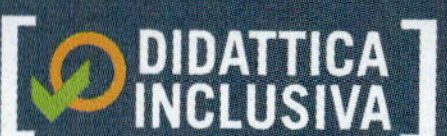

L'ETÀ DELLA CONTRORIFORMA E DEL MANIERISMO

CONTESTO STORICO E CULTURALE

- censura controriformista
- rispetto dell'autorità e culto della prudenza
- tacitismo
- «ragion di Stato»
- teoria eliocentrica di Copernico
- Giordano Bruno esempio di libero pensatore

RAPPORTI TRA INTELLETTUALE E SOCIETA'

- insofferenza verso l'ordine imposto dalla Controriforma
- senso di smarrimento e conflittualità interiore
- spazio agli elementi irrazionali
- aggressività, paura, malinconia
- scrittura libera da condizionamenti
- la forma prevale sui contenuti: abile uso della tecnica

MANIERISMO

- distanza dal classicismo
- sensibilità non più rinascimentale, ma non ancora barocca
- predominanza della soggettività nell'ispirazione
- ricerca della novità e di soluzioni sempre più sofisticate
- perdita dell'equilibrio formale: sovrabbondanza, irrazionalità, "dissonanza"

LINGUA

"regolismo"

- Leonardo Salviati difende la purezza del fiorentino letterario del Trecento
- Ariosto diventa un modello da imitare come Petrarca e Boccaccio

sperimentazione e plurilinguismo

- mescolanza di latino e volgare (linguaggio maccheronico)
- uso del dialetto nel teatro

L'autore Torquato Tasso

 *perché leggere...* **Tasso**

LA VITA
LE OPERE
I GRANDI TEMI

L'opera

Gerusalemme liberata

Muoiono le città, muoiono i regni,
copre i fasti e le pompe arena ed erba,
e l'uom d'esser mortal par che si sdegni:
oh nostra mente cupida e superba!

(*Gerusalemme liberata*, XV, 20)

La tormentata biografia, un'innata irrequietezza, il sentimento della malinconia e dello sgomento, il difficile rapporto con la corte, infine le ombre minacciose della follia: più che un protagonista della nostra letteratura, Torquato Tasso è stato per molto tempo il simbolo del genio in lotta con il suo tempo, vittima di un mondo e di una società incapaci di comprenderne i sogni e le passioni, i desideri e le aspirazioni. Anche chi sia digiuno di poesia associa al suo nome l'eterno mito del sognatore solitario, schiacciato dai sensi di colpa, perseguitato dal potere e oppresso dal fallimento dei propri ideali.

Almeno in parte, oggi è necessario spogliare la figura di Tasso dell'aura troppo romanzesca in cui nell'Ottocento l'hanno avvolta i Romantici. E tuttavia, la sua opera serba intatta la propria drammaticità, specchio non solo di un temperamento instabile, ma di un'intera epoca segnata da insanabili contraddizioni.

La vita

La giovinezza e le prime prove letterarie

Un'infanzia errabonda

«Son nato nel regno di Napoli, città famosa d'Italia, e di madre napolitana, ma traggo l'origine paterna da Bergamo, città di Lombardia; il nome e il cognome mio vi taccio, ch'è sì oscuro che, perch'io pur il vi dicessi, né più né meno sapreste delle mie condizioni». Torquato Tasso nasce a **Sorrento** nel **1544** e in realtà il suo cognome non è affatto sconosciuto: il **padre Bernardo**, di nobile famiglia bergamasca, è uomo di raffinata cultura, al servizio di vari principi italiani in qualità di **cortigiano** e militare. Alla nascita del figlio, Bernardo è presso il principe di Salerno, Ferrante Sanseverino; successivamente, per ragioni politiche è costretto a trasferirsi a Napoli, poi a Roma, Bergamo, Urbino e Venezia. Torquato, che **perde la madre nel 1556**, lo segue nei suoi spostamenti e tenta di emularne l'attività letteraria.

La precoce attività letteraria

Sulla scia del padre, che sta componendo un poema cavalleresco destinato ad avere un grande successo (*Amadigi*), inizia la composizione del *Gierusalemme*, presto interrotto per dedicarsi alla stesura del *Rinaldo*, che pubblica a diciotto anni nel 1562. In questo periodo il giovane letterato studia legge a **Padova** e intensifica, dopo i primi esordi risalenti al soggiorno a **Urbino**, la propria produzione lirica. Le sue muse ispiratrici si chiamano **Lucrezia Bendidio**, damigella della principessa Eleonora d'Este, e **Laura Peperara**, cantante e arpista mantovana che ha stuoli di ammiratori nelle corti di tutta Italia. Nel 1562 frequenta l'Università di **Bologna**, ma viene accusato di essere l'autore di una satira contro studenti e professori ed è costretto a fuggire dalla città.

Il periodo ferrarese e l'internamento per infermità mentale

Alla corte degli Estensi: un'effimera felicità

Dopo un nuovo breve soggiorno a Padova, nel 1565 Tasso si stabilisce a **Ferrara** al seguito del **cardinale Luigi d'Este** ed entra subito nelle grazie dei principi, soprattutto di Eleonora e Lucrezia, sorelle del **duca Alfonso II**, il quale non nasconde l'apprezzamento per il cortigiano, al punto di ammetterlo nel 1572 tra i propri stipendiati. Le condizioni di servizio di Tasso sono riservate solo ai più fortunati: non è soggetto ad alcun ob-

Castello estense, XIV-XV secolo. Ferrara.

bligo (un privilegio che non aveva ottenuto nemmeno Ariosto), tranne quello di comporre poesie in onore di casa d'Este; in cambio, oltre a una lauta retribuzione, riceve il titolo di gentiluomo ed è ammesso alla tavola ducale.

Sono **anni sereni e pieni di gratificazioni**: la corte estense appare a Torquato la realizzazione di ciò che aveva sognato durante tutta la giovinezza: *«Mi parve che tutta la città fosse una meravigliosa e non più veduta scena dipinta e luminosa, e piena di mille forme di varie apparenze; e le azioni di quel tempo simili a quelle che sono rappresentate ne' teatri»*. Le aspirazioni coltivate fin dall'adolescenza paiono concretizzarsi: *«Io sono capital nemico della fatica e del disprezzo* [...]. *Questo segno* [scopo] *mi sono proposto: piacere e onore»*. Per il resto della sua esistenza il poeta inseguirà l'ideale di una vita senza obblighi di sorta, tutta spesa negli studi che gli avrebbero procurato la gloria. Questo sogno è però destinato a spegnersi presto: cominciano infatti a trapelare **invidie e sospetti** da parte **dei** poeti e **cortigiani** della cerchia di Alfonso, che secondo Tasso non tollerano il suo successo via via crescente, soprattutto dopo la composizione della favola pastorale *Aminta* (1573).

Primi segni di inquietudine

All'inizio del 1575 il poeta conclude un progetto a lungo meditato: un **poema eroico sulla prima crociata, la futura *Gerusalemme liberata***, che al momento ha il titolo provvisorio di ***Goffredo***. **Il lavoro**, che Tasso vuole fedele ai canoni religiosi vigenti, ne **mina**, gradualmente, l'**equilibrio psichico**. Preso da una smania improvvisa e da una **sindrome vittimistica** (la sua ipersensibilità lo porta a vedere nemici ovunque), il poeta medita di abbandonare la corte estense e avvia trattative per entrare in quella dei Medici, sebbene Alfonso in un bando del 1573 abbia vietato ai suoi cortigiani di passare ad altro servizio senza la sua licenza.

il CARATTERE

Un poeta tra allucinazione e realtà

Non è sempre facile distinguere il romanzesco dal reale nella selva di aneddoti fiorita intorno alla vita di Torquato Tasso: nessun letterato italiano ha alimentato quanto lui una così fiorente ridda di storie e curiosità nel tentativo di illuminare le bizzarrie, le oscurità e le inquietudini di una personalità tanto complessa.

Malinconico e nevrotico

Il primo biografo di Tasso è stato il poeta stesso, con il suo epistolario. Le lettere ci mostrano da un lato l'incostanza dei suoi stati d'animo, la sua egocentrica esigenza di essere al centro delle attenzioni, riverito e omaggiato, e allo stesso tempo il suo bisogno di sicurezze e di affetti sinceri in un mondo dominato dall'ipocrisia e dalla simulazione. È Torquato stesso a definirsi «melanconico», ipocondriaco, affetto da una nevrosi che si manifesta a intermittenza, con allucinazioni e crisi epilettiche.

Un'insanabile inquietudine

Per noi lettori di oggi è impossibile stabilire se la forma di grave depressione da cui era affetto il poeta fosse, per così dire, la conseguenza di un'indole ipersensibile e di una predisposizione patologica o se siano state le circostanze esterne, gli obblighi morali, i compromessi istituzionali e i vincoli religiosi del suo tempo a destabilizzarne la psiche. Forse sono vere entrambe le ipotesi: Tasso cullava il desiderio di recuperare l'armonia di un'età dell'oro nella quale rivivere il sogno umanistico di una libertà senza confini; al tempo stesso, percepiva in sé e negli altri il peccato, il male, l'eresia: da qui il disprezzo per il prossimo e l'esigenza di punire sé stesso.

Il suo istinto finiva per configgere con la sua ragione, il desiderio d'amore con il senso del dovere, la tentazione di ribellarsi con l'obbligo di obbedire e conformarsi alle norme: a questo conflitto il poeta non ha saputo trovare altra soluzione che una fuga continua, un errare senza sosta che è la più autentica metafora della sua esistenza e del suo carattere.

Le insicurezze e la mania di persecuzione

Nel novembre del 1575, Tasso intraprende un viaggio a Roma. È ormai ostaggio di scrupoli, inquietudini e paure d'ogni genere, timoroso che qualche aspetto dell'opera (l'amore, i troppi incantesimi, una non troppo rigorosa ortodossia cattolica) possa offendere la religione e che il libro sia messo all'Indice. Qui egli intende raccogliere pareri sul suo poema, che sottopone al giudizio e alla correzione di molti, amici e meno amici, non accettandone però i commenti, o perché troppo severi o perché troppo indulgenti. Nemmeno l'**assoluzione dell'inquisitore** ferrarese acquieta i suoi timori di essere incorso in eresia, quindi comincia a farneticare di **folletti** e di **maghi** e a scorgere dappertutto insidie e tradimenti.

In un'occasione, nel 1577, mentre conversa con Lucrezia, credendosi spiato, **accoltella un servo**. Alfonso lo fa rinchiudere in un monastero ferrarese, da cui Tasso fugge per iniziare un lungo, febbrile pellegrinaggio attraverso la penisola. Alla fine del 1577 si presenta **a Sorrento**, **dalla sorella Cornelia**: travestito da pastore, le annuncia la propria morte per sondarne la reazione e sincerarsi del suo dolore. Cornelia sviene e il poeta, rassicurato, le si palesa.

Il ritorno a Ferrara

Tasso riprende poi i suoi viaggi inquieti, tra Mantova, Padova, Venezia, Urbino (dove compone i celebri versi della *Canzone al Metauro*), Torino, fino a tornare a Ferrara, nel febbraio del **1579**. Qui si aspetta di essere accolto trionfalmente, ma le circostanze non assecondano le sue attese: la corte è impegnata infatti nei grandi preparativi per le nozze del duca Alfonso con Margherita Gonzaga e nessuno si preoccupa di accoglierlo degnamente. Nel castello non c'è posto per lui, che viene quindi ospitato nelle stanze del palazzo del cardinale Luigi d'Este: il poeta lo considera un affronto e **dà in escandescenze contro il duca**, che lo fa rinchiudere nell'**Ospedale di Sant'Anna** e mettere alla catena, alla stregua di un pazzo.

La malattia mentale e l'internamento

Tasso trascorre **recluso sette anni**, tra periodi di lucidità, durante i quali si dedica alla composizione delle *Rime* e dei *Dialoghi*, e cicliche **allucinazioni**, popolate da diavoli, fantasmi e folletti. In tre diverse lettere del 1585 il poeta descrive le sue visioni: *«Il diavolo, co 'l quale io dormiva e passeggiava, non avendo potuto aver quella pace ch'ei voleva meco, è divenuto manifesto ladro de' miei denari, e me li toglie da dosso quand'io dormo, ed apre le casse, ch'io non me ne posso guardare»; «in questa camera c'è un folletto c'apre le casse e toglie i danari, benché non in grande quantità, ma non così piccola, che non possa scomodare un povero come son io»; «Del folletto voglio scrivere alcuna cosa ancora. Il ladroncello m'ha robati molti scudi di moneta: né so quanti siano, perché non ne tengo il conto come gli avari; ma forse arrivano a venti: mi mette tutti i libri sottosopra: apre le casse: ruba le chiavi, ch'io non me ne posso guardare»*.

La riconquista della libertà

Torquato scrive però anche epistole di tenore diverso, tragiche e accorate, spedite soprattutto ad amici e a potenti signori che in passato lo avevano ospitato e stimato e ai quali chiede di intercedere per la sua libertà presso il duca Alfonso. Finalmente, nel **1586**, il principe di Mantova, Vincenzo Gonzaga, ottiene da Alfonso la custodia del poeta, che dopo la lunga reclusione è accolto alla sua corte con festeggiamenti e tributi. Tasso sembra riacquistare l'equilibrio e la serenità, ma è soltanto un miglioramento passeggero.

Gli ultimi anni: alla ricerca di una serenità impossibile

La ripresa dei viaggi

L'inquietudine riassale presto il poeta, costringendolo a un nuovo ciclo di viaggi senza una meta precisa, sempre alla vana ricerca della tranquillità. Dal 1587 al 1591, Tasso trascorre brevi periodi a Bologna, Roma, Napoli (dove è ospitato nel monastero di Monte

Oliveto, a cui dedica l'omonimo poemetto penitenziale), Firenze, prima di tornare – questa volta definitivamente – a Roma. Qui, sotto la protezione di **papa Clemente VIII**, lavora al rifacimento della *Liberata*, che prende il titolo di *Gerusalemme conquistata* (1593).

La promessa dell'incoronazione poetica e la morte

Il papa concede a Tasso una pensione annua e gli promette l'incoronazione poetica in Campidoglio, com'era avvenuto per Petrarca. Ma l'impegno non può realizzarsi: il poeta, già debole e malato da tempo, sente la fine vicina e si fa condurre nel **convento di Sant'Onofrio sul Gianicolo**, dove **muore** il 25 aprile **1595**. Per secoli la sua tomba, nella chiesa del convento, sarà meta dei commossi pellegrinaggi dei letterati di tutta Europa, da Chateaubriand a Goethe a Leopardi.

CRONACHE dal PASSATO

Il legame impossibile fra Torquato ed Eleonora d'Este

Una brevissima storia d'amore tra realtà e leggenda

Fino all'Ottocento romantico, musicisti, artisti e letterati hanno attribuito l'origine dell'infelicità e del tormento del poeta a un amore proibito per la sorella del duca d'Este, l'austera ed enigmatica Eleonora. Tutto ha inizio nel 1572, quando a Torquato, in virtù dei suoi meriti letterari, viene concesso l'onore di sedere alla tavola del duca Alfonso, proprio accanto a Eleonora, sensibile al fascino dei versi del giovane poeta. Si dice che la principessa, che non è più una giovinetta (era nata nel 1537 e quindi aveva toccato i trentacinque anni, un'età ritenuta all'epoca già matura), chieda quotidianamente a Tasso di essere aggiornata sulla stesura della *Gerusalemme liberata*, di cui vuole conoscere per prima lo sviluppo. Un canto, in particolare, suscita il suo entusiasmo: il sedicesimo, quello in cui si narrano gli amori di Rinaldo e Armida, che Torquato – dicono le malelingue – pare le reciti con troppa foga e passione.

A Ferrara la voce riguardante il sentimento che lega Eleonora e Torquato si diffonde e finisce sulla bocca di cortigiani e popolani: un'istitutrice, dama di compagnia della nobildonna, si sente in dovere di informare il duca. Tasso viene ammonito, bonariamente, ma il turbamento lo porta a compiere un passo falso. Siamo nel 1579: Eleonora interroga il poeta (forse su un verso o un'ottava) e lui, trasportato da un incontrollabile impulso, la bacia in volto. Il duca, presente alla scena, mantiene il controllo e si rivolge così ai cavalieri del suo seguito: «Mirate che fiera disgrazia d'un uomo sì grande che in questo punto è diventato pazzo». Il temerario ha osato troppo: le sue sventure iniziano a questo punto. Poco dopo finirà rinchiuso nell'ospedale dei pazzi di Sant'Anna.

Domenico Morelli, *Tasso legge il suo poema a Eleonora d'Este*, 1865. Roma, Galleria Nazionale d'Arte Moderna.

È proprio quest'amore impossibile a causare la lunga prigionia del poeta? O, come assicurano alcuni biografi, le ragioni più profonde della sua reclusione stanno nei timori di Alfonso legati a una personalità tanto scomoda e in odore di eresia?

In ogni caso, dal manicomio Torquato scriverà decine di lettere alla principessa, invocando la sua benevolenza e supplicandola di aiutarlo e salvarlo. Forse è anche per merito suo se le condizioni della prigionia del poeta verranno mitigate sempre più. Ma Tasso non farà in tempo a ringraziarla di persona: quando viene liberato, Eleonora è già morta da anni, uccisa nel 1581 da una malattia.

Le opere

T6-T12 La *Gerusalemme liberata*

A un poema epico sulla liberazione del Santo Sepolcro Tasso lavora da quando è ancora quindicenne fin quasi alla morte: il suo capolavoro è analizzato nella seconda parte dell'Unità (› p. 538), a cui si rimanda anche per seguire il tormentato percorso che porta l'autore dall'incompiuto *Gierusalemme* (1559-1560) fino alla *Gerusalemme conquistata* (1593).

La poesia lirica

La vocazione lirica di Tasso, che contraddistingue anche la sua produzione epica, si esprime con compiutezza in un *corpus* estremamente vasto e vario, sia nei temi sia nei metri utilizzati, dai **sonetti** alle **canzoni** ai **madrigali**.

T1-T4 *Rime*

La produzione lirica di Tasso risale soprattutto alla giovinezza, anche se non mancano componimenti poetici scritti negli ultimi anni di vita. È inoltre costante il lavoro di revisione e di limatura dei versi, che l'autore pubblica in **tre raccolte successive** (nel 1567, nel 1591 e nel 1593) senza mai dare loro la forma di un vero e proprio canzoniere, ma assemblandole per lo più in base a un criterio tematico.

La varietà dei temi e delle tonalità liriche

Pur aderendo al **modello petrarchesco**, le circa duemila liriche che costituiscono il suo repertorio poetico sono composte secondo moduli assai originali. In alcuni casi prevale la **materia autobiografica e morale**, in altri emergono **motivi encomiastici e occasionali**, in altri ancora – soprattutto nei brevi madrigali – si affina la sua tipica tendenza all'**abbandono sensuale**.

Specie nelle poesie dedicate a Lucrezia Bendidio e a Laura Peperara, ammiriamo il Tasso che è piaciuto di più ai poeti barocchi: **toni patetici** accentuati; **metafore sorprendenti**; vagheggiamento, lascivo o sereno, della bellezza femminile; una raffinata melodia ottenuta dal sapiente variare di ritmi e sonorità verbali. La parte più viva del Tasso lirico è proprio nella **componente musicale** e soprattutto in quel caratteristico procedere per interrogazioni inquiete o esclamazioni sbigottite, nelle quali il poeta esprime la sua angosciata meraviglia che il mondo sia così diverso da quello splendido che egli si ostinerà a sognare fin quasi alla vigilia della morte.

Le opere teatrali

La produzione teatrale risulta quanto mai congeniale a Tasso per rappresentare l'**intreccio tra amore e morte**, tema che egli svolge sia dietro l'apparente serenità della favola pastorale sia nei più drammatici conflitti della tragedia.

T5 *Aminta*

Nel corso del Cinquecento si sviluppa alla corte ferrarese un nuovo genere letterario: la "favola pastorale" o "boschereccia". Si tratta di opere che, composte da dialoghi in versi e accompagnate da musica, vengono rappresentate durante le feste. Le tematiche sono quelle arcadiche, legate alla descrizione della serena vita dei pastori, che trascorre tra i piaceri della natura e quelli del canto.

Struttura e tratti stilistici

L'*Aminta* (1573) è una **favola pastorale** divisa in 5 atti, ciascuno seguito da un coro, ed è composta in un'alternanza di endecasillabi (specie nelle parti discorsive) e settenari (prevalenti nelle parti liriche). Tasso vi riprende i motivi sentimentali e idillici della tradizione bucolica classica (Virgilio) e umanistica (Poliziano e soprattutto il Sannazaro dell'*Arcadia*) con un linguaggio maturato attraverso lo studio della poesia latina e volgare.

La trama

In un'atmosfera di sogno si svolge la delicata storia dei due protagonisti, **il giovane pastore Aminta e la bella ninfa Silvia**. Aminta ama Silvia, che però è restia e sdegnosa. Un altro pastore, Tirsi, aiutato dall'esperta Dafne, tenta invano di vincere le ritrosie di Silvia.La vicenda si scioglierà grazie a un equivoco tragico: Aminta tenta di suicidarsi gettandosi da una rupe e Silvia, che lo crede morto, è sconvolta dal rimpianto, dal pentimento e dal dolore. Aminta però si salva e può finalmente unirsi con la donna amata, celebrando in tal modo **il trionfo d'amore**, tema caro alla letteratura rinascimentale.

Le rappresentazioni dell'opera a corte riscuotono subito un grande successo, a cui non è estranea, oltre che la sapiente fattura formale del testo, la **componente autobiografica**: sotto il nome e le fattezze dei principali personaggi si nascondono infatti le figure della corte ferrarese, compreso il poeta stesso, che si cela dietro la saggia maschera di Tirsi.

Tra felicità e malinconia

Le caratteristiche principali dell'opera sono la **raffinatezza** e il **gusto dell'evasione** in un passato favoloso e lontano, che Tasso sa valorizzare grazie a un'originale fusione di piacevole liricità e languido patetismo. Il tema centrale, come voleva la tradizione pastorale, è quello amoroso, qui evocato come un sentimento legato alla giovinezza, all'innocenza e alla libertà. Tuttavia, mentre esprime l'aspirazione a un mondo di incontaminata dolcezza, il poeta sente il timore di non poterla realizzare: come evidenzia il commosso coro del primo atto, l'amore non diventa mai una libera tensione alla felicità, ma si ricollega sempre a una percezione di incompiutezza, di **irrequieta caducità** e di morte incombente. Anche il testo in apparenza più leggero e disincantato di Tasso si rivela, sotto la sorridente superficie dello scherzo letterario, il canto nostalgico di una serenità irraggiungibile.

Re Torrismondo

Riprendendo un suo testo del 1573, *Galealto re di Norvegia*, Tasso porta a termine nel 1587 questa **tragedia** in 5 atti, che mette in scena uno dei temi a lui più cari: il **conflitto tra gli istinti e la norma sociale**. Torrismondo, violando la legge dell'amicizia, ha posseduto Alvida, la donna destinata al suo amico Germondo. Quando poi si scopre che quella donna è sua sorella, l'**orrore dell'incesto** porta i due amanti al suicidio. Il soggetto è esotico e ambientato in un tempestoso paesaggio nordico, ma si rifà anche alla vicenda dell'*Edipo re* del tragediografo greco Sofocle (497 ca - 406 a.C.). Tipico dell'arte tassiana è però il dramma dell'uomo dinanzi alle passioni irrazionali e a una sorte maligna che lo condanna alla sofferenza e alla morte.

Gli scritti in prosa

Tasso è anche autore di una cospicua produzione in prosa, caratterizzata da una grande varietà di temi. Possiamo distinguere in essa le opere teoriche, le composizioni dialogiche e il ricco epistolario.

Discorsi dell'arte poetica e Discorsi del poema eroico

La preferenza per la poesia epica

In queste due opere teoriche – scritte rispettivamente nel periodo giovanile, nel 1567-1570, e in quello della maturità, nel 1594 – Tasso approfondisce la **riflessione sulla poesia**

epica, precisando le motivazioni che lo inducono a dare preminenza a questo genere letterario: oltre a permettere un livello stilistico più alto (il sublime si attaglia alla tragedia, come il mediocre alla poesia lirica e l'umile a quella comica), esso tende, grazie alla tragicità del contenuto, a una finalità etica, raggiungibile anche mediante la sostituzione del mito classico con le allegorie cristiane.

Le basi teoriche del poema

Rifiutando una letteratura dal carattere puramente edonistico, vale a dire finalizzata solo al diletto, Tasso sostiene la necessità che la poesia eserciti un benefico **«giovamento» morale e spirituale**. Per questo, egli difende la scelta di affidarsi all'autorità della Storia, privilegiando la **materia cristiana** e, nello specifico, le vicende della prima crociata. Il tema della narrazione infatti non deve essere né troppo lontano né troppo vicino nel tempo: se fosse lontano, il lettore moderno non ne trarrebbe interesse; se fosse vicino, egli non sarebbe portato a credere alla presenza del **meraviglioso**. Tale «meraviglioso» non deve fondarsi sulla mitologia pagana né sulla tradizione cavalleresca, ma piuttosto attingere al patrimonio delle narrazioni cristiane, ricchissimo di miracoli e prodigi, di interventi divini e trame demoniache.

Infine l'argomento deve essere illustre e le azioni molteplici, ma è necessario che la «varietà» sia temperata da una grande compattezza e da una rigida costruzione narrativa, che impediscano al poema di risolversi in una libera successione di eventi, come accade invece nell'*Orlando furioso* di Ludovico Ariosto.

Dialoghi

Si tratta di 27 prose, composte in gran parte durante la detenzione del poeta nell'Ospedale di Sant'Anna a Ferrara. In forma di conversazioni tra diversi personaggi, affrontano alcune **questioni estetiche e di filosofia morale**, dalla virtù all'amore, dall'amicizia alla cortesia. Celebri, fra le altre, sono *Il Messaggiero*, scritto nel 1580 ma rimaneggiato più volte in anni successivi, in cui Tasso discute con uno spiritello sull'essenza delle creature che fanno da tramite fra la divinità e l'uomo, e *Il padre di famiglia*, anch'esso del 1580, esaltazione dell'ambiente domestico, raccolto e lontano dai clamori della vita cortigiana e politica.

Epistolario

Sono **oltre 1500** le **lettere** di Tasso che oggi possiamo leggere, pubblicate in parte tra il 1587 e il 1588, mentre l'autore è ancora in vita. Esse rappresentano per noi una **miniera di confessioni** e racconti, utilissima a comporre quel ricco e contraddittorio mosaico che è la vita interiore del poeta. Questo straordinario epistolario, tuttavia, non è espressione soltanto di sentimenti e umori del tutto istintivi e autentici, ma costituisce pur sempre un **documento letterario elaborato e raffinato**, in cui le riflessioni personali si intrecciano ad annotazioni poetiche e religiose, volte a trasmettere al lettore l'immagine più rassicurante e socialmente accettabile del letterato di successo.

Le opere di argomento religioso

Negli ultimi anni di vita, oltre a lavorare alla *Gerusalemme conquistata*, Tasso compone una serie di opere di carattere devozionale.

Monte Oliveto

È un poema incompiuto in ottave, scritto nel 1588, in cui il poeta celebra la **vita solitaria** come valido antidoto alle angustie del mondo. Il titolo è un omaggio ai frati del monastero napoletano che lo ospitano quello stesso anno.

Le lagrime di Maria Vergine e *Le lagrime di Gesù Cristo*

Sono due poemetti in ottave del 1593, che si ricollegano a un genere letterario detto "**pianto**", fiorito in epoca controriformistica e consistente in una vera e propria preghiera che passa in rassegna i patimenti dei personaggi della storia sacra.

Le sette giornate del mondo creato

Si tratta di un poema sacro in endecasillabi sciolti, scritto tra il 1592 e il 1594 e pubblicato postumo, in cui Tasso celebra e descrive la **creazione divina del mondo**. Secondo alcuni critici quest'opera andrebbe considerata una sorta di contrappunto polemico al poema latino *De rerum natura* (La natura delle cose): a Lucrezio, che nel I secolo a.C. illustrava la nascita del cosmo sulla base della visione del mondo materialista del filosofo greco Epicuro, Tasso oppone un sistema filosofico e poetico di matrice cristiana.

La vita		Le opere
▪ Nasce a Sorrento	**1544**	
▪ Si trasferisce con il padre a Napoli, Roma, Bergamo, Urbino e Venezia	1552-1560	
▪ Muore la madre	1556 *1559-1560*	 *Gierusalemme*
▪ Studia legge a Padova e frequenta brevemente l'Università di Bologna	1560-1565 *1562*	 *Rinaldo*
▪ Si trasferisce a Ferrara al seguito del cardinale Luigi d'Este	1565 *1567* *1567-1570*	 *Rime* (prima raccolta) *Discorsi dell'arte poetica*
▪ Entra al servizio del duca Alfonso II	1572 *1573* *1575*	 *Aminta* *Goffredo*
▪ È rinchiuso in un monastero ferrarese per problemi psichici	1577	
▪ Torna alla corte di Ferrara ▪ È rinchiuso nell'Ospedale di Sant'Anna	*1579*	*Dialoghi* (composti fino al 1595)
	1581	***Gerusalemme liberata***
▪ Dimesso dal manicomio, è presso il principe di Mantova Vincenzo Gonzaga	1586 *1587*	 *Re Torrismondo*
▪ È a Bologna, Roma, Napoli	1587-1591 *1588* *1591* *1592-1594* *1593* *1594*	 *Monte Oliveto* *Rime* (seconda raccolta) *Le sette giornate del mondo creato* *Gerusalemme conquistata* *Rime* (terza e ultima raccolta) *Le lagrime di Maria Vergine* e *Le lagrime di Gesù Cristo* *Discorsi del poema eroico*
▪ Muore a Roma, nel convento di Sant'Onofrio	**1595**	

I grandi temi

1 Il difficile rapporto con la corte

Ariosto e Tasso: due modi diversi di vivere a corte

A distanza di poco più di due decenni, Ariosto e Tasso vivono nella stessa corte, quella ferrarese degli Estensi. Il primo, addirittura, vi si trasferisce bambino e, divenuto poeta, vi si adatta, con discrezione e realismo, tollerando contraddizioni e ipocrisie e mitigando (come si è visto nelle *Satire*, ➤ T1, p. 223) la protesta e la disapprovazione. Senza mai rinunciare alla sua dignità – al pari dei contemporanei Machiavelli e Guicciardini, costretti anch'essi a dolorose sconfitte personali – **Ariosto fronteggia la realtà**, per quanto spregevole possa essere, senza mai lasciarsene sopraffare, osservando con equilibrio e **con coscienza critica** le miserie dell'esistenza.

Tasso, invece, a corte arriva da lontano, desideroso di gloria e blandito come un ospite eccezionale. E vi arriva con la convinzione di trovare un pubblico aristocratico, fatto di spiriti eletti, che possa apprezzare e capire fino in fondo la sua arte. In altre parole, **idealizza un ambiente che invece si rivela un luogo di invidie e maldicenze**, insidiato dal conformismo e dalla presenza occhiuta del tribunale dell'Inquisizione.

Il conflitto tra ideale e reale

La corte quale regno di bellezza, di genuina naturalezza e di splendore dell'arte esiste ormai solo nella fantasia di Tasso, che vi proietta tutta la propria sognante **immaginazione**: i cortigiani sono per lui gloriosi cavalieri armati in difesa della fede, le principesse eleganti fanciulle a cui promettere amore e dedizione, il principe un magnanimo eroe pronto a guidare una nuova crociata e, al tempo stesso, disposto a sostenere con munifica generosità l'attività letteraria. La realtà si manifesta invece agli occhi del poeta molto diversa, e diversi i suoi protagonisti: tutt'altro che anime gentili impegnate in nobili imprese; piuttosto, piccoli uomini alle prese con litigi e miserie quotidiane.

Certo, sopravvivono ancora l'abbagliante **vitalità esteriore** e le **apparenze lussuose**: feste, spettacoli, concerti. Ma tali cerimonie – in cui Tasso vede rispecchiata la più profonda anima rinascimentale – «costituivano l'ultimo lusso d'un mondo al tramonto, mentre dietro l'aurea facciata la diffidenza e il sospetto, l'invidia e la gelosia, ma soprattutto l'abile dissimulazione e il gioco diplomatico, avevano corrotto l'ambiente cortigiano creando una atmosfera ambigua in cui serpeggiavano, contrastando tra di loro, residui fuochi dell'originaria sensualità, ricca e animosa, e tortuose preoccupazioni e meschine ipocrisie» (Caretti).

Il valore assoluto della letteratura

Lettura critica p. 591

A questa degenerazione Tasso non sa rispondere con disincanto o spregiudicatezza: reagisce invece con crescente instabilità, con un tormento inappagato, con un **senso di disagio** che lo porta a sentirsi uno **sradicato**, un disadattato. Serenità, ironia e dominio delle passioni sono per lui impossibili: la coscienza dello scarto tra sé e il modello del cortigiano (incarnato, tra l'altro, dalla figura del padre Bernardo) accentua la frustrante percezione di essere un ospite indesiderato, vittima di un mondo che non lo comprende.

Del resto, se Ariosto rivendica il proprio diritto a essere uomo tra gli uomini e a cercare il giusto mezzo nella vita e nell'arte, Tasso non può concepire la propria esistenza se non nell'inestricabile intreccio con la letteratura: in un'epoca che soffoca la libertà espressiva e impone di banalizzare l'ispirazione dentro schemi forzati (retorici o religiosi), egli **tenta** – tra le infinite incongruenze della sua personalità e rimbalzando tra insoddisfazione, autocensura e ricerca dell'ortodossia – **di restituire alla letteratura** ancora **un ruolo conoscitivo**, ridando dignità alla poesia. È una ricerca disperata, che lo porta a un conflitto con l'autorità da cui esce sconfitto, ma che, al contempo, fa di lui, con tutte le contraddizioni della sua psiche, **il primo grande letterato della modernità**.

• T1 •

Canzone al Metauro

Rime, 573

La struggente **rievocazione** della propria **infelicità**

Nel 1578, in fuga da Ferrara, Tasso trova ospitalità a Urbino, dove lo attende il duca Francesco Maria II della Rovere, che era stato suo compagno di studi. Nel chiedere protezione alla famiglia, che omaggia con un iniziale encomio di rito, il poeta coglie l'occasione per ripercorrere la propria vicenda esistenziale, segnata sin dai primi anni dall'accanirsi della Fortuna. La meditazione autobiografica non viene ultimata e la *Canzone al Metauro* resta incompiuta, ma il poeta la riterrà comunque un testo importante, tanto da citarlo in varie occasioni successive.

METRO Canzone di 3 strofe formate da 16 endecasillabi e 4 settenari, con schema di rime aBCaBCCDEeDFGGFHhFII (nella prima strofa, ai vv. 5-6, abbiamo però CB).

O del grand'Apennino
figlio picciolo sì, ma glorioso
e di nome più chiaro assai che d'onde,
fugace peregrino
a queste tue cortesi amiche sponde
per sicurezza vengo e per riposo.
L'alta Quercia che tu bagni e feconde
con dolcissimi umori, ond'ella spiega
i rami sì ch'i monti e i mari ingombra,
mi ricopra con l'ombra.
L'ombra sacra, ospital, ch'altrui non niega
al suo fresco gentil riposo e sede,
entro al più denso mi raccoglia e chiuda,
sì ch'io celato sia da quella cruda
e cieca dea, ch'è cieca e pur mi vede,
ben ch'io da lei m'appiatti in monte o 'n valle,
e per solingo calle
notturno io mova e sconosciuto il piede;
e mi saetta sì che ne' miei mali
mostra tanti occhi aver quanti ella ha strali.

Oimè! dal dì che pria
trassi l'aure vitali e i lumi apersi
in questa luce a me non mai serena,
fui de l'ingiusta e ria
trastullo e segno, e di sua man soffersi
piaghe che lunga età risalda a pena.
Sassel la gloriosa alma sirena,

PARAFRASI

1-20 O figlio del grande Appennino, piccolo sì, ma glorioso e illustre (*chiaro*) molto più per la fama che per l'abbondanza delle acque (*onde*), io, vagabondo in fuga, giungo a queste tue generose e ospitali sponde per cercare protezione e pace. L'alta Quercia che tu bagni e fecondi con le tue dolcissime acque (*umori*), grazie alle quali essa stende i suoi rami così da coprire i monti e i mari, mi accolga sotto la sua ombra protettiva. L'ombra sacra, ospitale, che a nessuno nega pace e accoglienza con la sua frescura gentile, mi accolga e mi racchiuda nel più folto (*entro al più denso*) fogliame, così che io non sia visibile a quella dea cieca e crudele, che è cieca eppure mi vede, benché io mi nasconda (*m'appiatti*) da lei sui monti o nelle valli e lungo sentieri solitari (*solingo calle*) e senza esser visto da nessuno (*sconosciuto*), di notte, io muova i passi; e mi colpisce (*saetta*) così che, nelle mie sventure, essa mostra di avere tanti occhi quante sono le sue frecce.

21-40 Ohimè! Dal giorno in cui per la prima volta respirai (*trassi*) l'aria vitale e aprii gli occhi (*lumi*) a questa vita (*luce*) che per me non è mai serena, fui uno zimbello e un bersaglio (*trastullo e segno*) della Fortuna ingiusta e malvagia (*ria*), e dalle sue mani subii ferite che il lungo trascorrere del tempo rimargina (*risalda*) a malapena. Lo sa bene (*Sassel*) la gloriosa e materna sirena,

2-3 figlio... d'onde: allusione alla battaglia della seconda guerra punica, combattuta presso il fiume Metauro, in cui l'esercito romano sconfisse quello cartaginese guidato da Asdrubale (207 a.C.).
7 L'alta Quercia: si tratta dello stemma dei duchi della Rovere, sotto i cui rami Tasso spera di ricevere conforto. La quercia ha qui un doppio valore: quello legato all'encomio della famiglia che ospita il poeta e quello, metaforico, dell'albero che con la sua ombra ospitale gli può permettere di riposare.
9 i monti e i mari ingombra: il dominio dei della Rovere si estendeva dall'Appennino all'Adriatico.
14-15 quella... dea: la Fortuna, spesso rappresentata come una dea bendata, nel suo caso anche crudele.

appresso il cui sepolcro ebbi la cuna:
così avuto v'avessi o tomba o fossa
a la prima percossa!
Me dal sen de la madre empia fortuna
pargoletto divelse. Ah! di quei baci,
ch'ella bagnò di lagrime dolenti,
con sospir mi rimembra e de gli ardenti
preghi che se 'n portar l'aure fugaci:
ch'io non dovea giunger più volto a volto
fra quelle braccia accolto
con nodi così stretti e sì tenaci.
Lasso! e seguii con mal sicure piante,
qual Ascanio o Camilla, il padre errante.

nei pressi del cui sepolcro io nacqui (*ebbi la cuna*): avessi avuto io sepoltura al suo primo colpo (*percossa*)! La crudele sorte (*empia fortuna*) strappò me che ero ancora piccolo dal seno della madre. Ah! Ricordo sospirando quei baci che lei bagnò con lacrime di dolore e le appassionate preghiere (*ardenti preghi*) che il vento fuggevole (*l'aure fugaci*) ha portato via: perché io non avrei potuto più accostare il mio volto al suo, accolto fra quelle braccia con legami così stretti e tenaci. Povero me! (*Lasso!*) E seguii, come Ascanio o Camilla, con passi (*piante*) incerti mio padre costretto a vagare.

In aspro esiglio e 'n dura
povertà crebbi in quei sì mesti errori;
intempestivo senso ebbi a gli affanni:
ch'anzi stagion, matura
l'acerbità de' casi e de' dolori
in me rendé l'acerbità de gli anni.
L'egra spogliata sua vecchiezza e i danni
narrerò tutti. Or che non sono io tanto
ricco de' propri guai che basti solo
per materia di duolo?
Dunque altri ch'io da me dev'esser pianto?
Già scarsi al mio voler sono i sospiri,
e queste due d'umor sì larghe vene
non agguaglian le lagrime e le pene.
Padre, o buon padre, che dal ciel rimiri,
egro e morto ti piansi, e ben tu il sai,
e gemendo scaldai
la tomba e il letto: or che ne gli alti giri
tu godi, a te si deve onor, non lutto:
a me versato il mio dolor sia tutto.

41-60 Sono cresciuto in un esilio doloroso (*aspro esiglio*) e in una rigida povertà in quel triste vagabondaggio; ebbi una precoce conoscenza (*intempestivo senso*) delle sofferenze: perché la durezza della sorte (*casi*) e dei dolori fece maturare in me, prima del tempo (*anzi stagion*), l'età adulta. Racconterò la malata (*egra*) e misera (*spogliata*) vecchiaia di mio padre e i suoi dolori. Non sono io forse tanto ricco delle mie disgrazie da essere sufficiente come materia di dolore? Dunque devo piangere un altro piuttosto che me stesso? Già i miei sospiri sono insufficienti rispetto a quanto vorrei, e queste due fonti (*vene*) così ricche di pianto non uguagliano le lacrime alle mie pene. Padre, o buon padre che guardi dal cielo, ti piansi quando eri malato e quando sei morto, e tu lo sai bene, e piangendo scaldai con le lacrime il tuo letto e la tua tomba: ora che sei beato (*godi*) in cielo (*ne gli alti giri*), a te va tributato onore, non lutto: il mio dolore sia tutto riversato su di me.

28 ebbi la cuna: Tasso è nato a Sorrento, cittadina situata non lontano da Napoli e sorta, secondo la leggenda, sul sepolcro della sirena (creatura marina metà donna metà pesce) Partenope.

30 a la prima percossa: al primo colpo della sorte nemica.

32 pargoletto: Tasso aveva infatti solo dieci anni quando aveva dovuto seguire il padre Bernardo, esule con il suo signore, il principe di Sanseverino, lasciando la madre, che non avrebbe più rivisto.

34-35 de gli ardenti preghi che se 'n portar l'aure fugaci: delle supplichevoli preghiere che furono disperse dal vento fugace (cioè dalla precoce morte della madre, avvenuta nel 1556).

40 Ascanio o Camilla: riferimento a due personaggi dell'*Eneide* virgiliana. Ascanio è il fanciullo che segue il padre Enea in fuga alla ricerca di una nuova patria; Camilla è la guerriera costretta anch'essa ad accompagnare il vecchio padre Mètabo, re dei Volsci, esiliato dalla propria terra.

53 vene: metafora per indicare gli occhi, sorgenti delle lacrime.

56-58 egro e morto ti piansi... la tomba e il letto: il poeta, avuta notizia della malattia del padre, era accorso ad assisterlo e, alla sua morte, ne aveva trasportato la salma a Mantova (1569). Vi è qui un *hýsteron próteron*, l'inversione dell'ordine delle parole rispetto alla sequenza naturale delle azioni.

Analisi ATTIVA

I contenuti tematici

Il motivo encomiastico

L'occasione da cui nasce la canzone è encomiastica, ma l'omaggio ai signori di Urbino, nuovi protettori del poeta, si esaurisce in pochi versi iniziali, dedicati al fiume Metauro, nei pressi del quale sorge la corte di Urbino, e all'*alta Quercia*, l'insegna dei della Rovere (vv. 1-12), dopo i quali balza in primo piano il motivo autobiografico del *fugace peregrino* (v. 4).

1 Quale relazione si instaura tra la quercia e il poeta? A quale situazione biografica allude tale rapporto?

Il resoconto autobiografico delle sofferenze patite

Nel rievocare le diverse tappe della propria vita, Tasso fa risalire alla nascita l'inizio delle traversie che l'hanno dolorosamente segnata (vv. 21-30). Le persecuzioni della Fortuna, *cruda e cieca dea* (vv. 14-15), poi richiamata da immagini amaramente patetiche (*ingiusta e ria*, v. 24; *empia fortuna*, v. 31), non lo hanno mai abbandonato, toccando gli affetti familiari, strappandolo dal seno materno e costringendolo a vivere lontano (l'*aspro esiglio*, v. 41). Sigillata da questi incancellabili marchi della sofferenza, l'esistenza di Tasso è stata scandita da un continuo vagabondare (*mesti errori*, v. 42), sotto la minaccia anche della povertà. Nella terza e ultima stanza ricorre l'immagine del padre Bernardo, oppresso come lui dall'esilio e dalla malattia. Il ricordo della sua morte divide però le due sorti, prima unite dal dolore e dal destino avverso: mentre Bernardo è ormai sereno e beato nella quiete del cielo, il poeta è costretto ancora a versare lacrime, commiserando la propria permanente condizione di afflitto.

2 La Fortuna è solitamente rappresentata come una divinità cieca e bendata: in che modo Tasso rinnova l'iconografia tradizionale? Perché?

3 Quale luogo viene particolarmente rimpianto dal poeta?

4 Come viene delineato il rapporto tra padre e figlio?

L'eroe sconfitto

Il verso finale possiede una sentenziosità tragica e solenne degna di un'epigrafe. La canzone rimane incompiuta, ma non è incompiuto il senso del contenuto autobiografico del testo, sancito dalla chiusa vittimistica e dolente. Il ritratto, infatti, disegna con tono epico un'immagine eroica del poeta martire. L'eroismo – particolarmente apprezzato in epoca successiva dai poeti romantici, Leopardi su tutti – non riposa però sull'autocelebrazione né scaturisce dal racconto di imprese vittoriose: si tratta piuttosto di un eroismo patetico e sconsolato, che nasce dall'accettare sino in fondo, quasi con stoica sopportazione, il proprio destino doloroso e sventurato.

5 Che cosa ha sviluppato il poeta, a causa delle avversità patite?

Le scelte stilistiche

Uno stile alto per rappresentare la sofferenza

L'intento di rappresentare la tragedia dell'esule afflitto dalla sorte è reso dal tono alto e solenne di tutta la canzone. La volontà di elevare lo stile, già indicata a livello metrico dal netto predominio dell'endecasillabo sul settenario, si coglie sin dai primi versi, quando troviamo la lunga perifrasi di carattere storico utilizzata per indicare il Metauro, entro la quale si innestano la metafora e l'inversione *O del grand'Apennino figlio* e l'antitesi di *picciolo sì, ma glorioso* (vv. 1-2).

6 I rami della quercia sono così grandi da coprire mare e terra: a che cosa alludono?

La funzione nobilitante delle figure retoriche

Tutta la canzone è puntellata di figure retoriche, tese ad accentuare il *pathos* del discorso: significativo, in tal senso, è l'uso delle interiezioni, delle interrogative retoriche, delle ripetizioni (*ombra*, vv. 10-11; *cieca*, v. 15; *acerbità*, vv. 45-46; *padre*, v. 55) e delle perifrasi con cui viene rappresentata la sorte, nelle vesti allegoriche di una Fortuna-dea bendata che perseguita implacabilmente (ai vv. 14-15 e 24). Sempre nell'ottica della trasfigurazione lirica va letto il ricorso alla reminiscenza letteraria: l'allusione alla sirena Partenope (v. 27), la citazione petrarchesca (l'emistichio *con sospir mi rimembra*, v. 34, proviene da *Chiare, fresche et dolci acque*, v. 5) e il riferimento ad Ascanio e Camilla, personaggi virgiliani, sono indizi di una precisa strategia di innalzamento. Infine, per enfatizzare adeguatamente la tensione, Tasso spezza frequentemente il verso adottando la tecnica dell'*enjambement*, che aveva appreso in particolare dalla produzione poetica di Giovanni Della Casa.

7 Quale tema presente fin dall'inizio del testo viene accentuato dal riferimento ad Ascanio e perché?

8 Individua nel testo almeno un esempio delle seguenti figure retoriche:
a endiadi sinonimica; b poliptoto; c iperbato.

9 SCRIVERE PER **ARGOMENTARE**
Partendo dall'intento encomiastico che è alla radice di questa poesia, rifletti sul rapporto fra intellettuali e potere in Tasso e in altri letterati del Cinquecento, scrivendo un testo argomentativo di circa 30 righe.

10 SCRIVERE PER **CONFRONTARE**
Il tema dell'esilio ricorre spesso nei componimenti letterari. Facendo riferimento ad autori già studiati (Dante e Machiavelli, per esempio), scrivi un testo espositivo di circa 30 righe.

La dea bendata

L'iconografia della dea Fortuna, che nasce nel mondo classico, ha una lunga evoluzione nell'arte occidentale: alla fine dell'Ottocento il pittore inglese Edward Burne-Jones riprende le caratteristiche principali dell'immagine antica in una tela che, fin dalla sua prima esposizione a Londra nel 1883, fu considerata un capolavoro della nuova arte preraffaellita. Rifiutando radicalmente le scoperte della modernità, i preraffaelliti desideravano il ritorno nostalgico alla purezza delle forme medievali. La dea regge la ruota, simbolo della mutevolezza della sorte, e lo strumento arriva a occupare tutta la lunghezza della tela. La donna, enorme e implacabile, costituisce il contrappunto alle figure dei mortali, schiacciati dal suo volere: gli uomini – uno schiavo, un re, un poeta – idealmente raffigurano varie tipologie umane, sottoposte alla mutevolezza della sorte.

Edward Burne-Jones, *La ruota della Fortuna*, 1883.
Parigi, Musée d'Orsay.

CONSONANZE ■ DISSONANZE

DELACROIX E BAUDELAIRE
Tasso o la poesia imprigionata

Eugène Delacroix, *Tasso in prigione*, 1839. Collezione privata.

Il carcere come luogo della poesia

Il mito di Tasso si è propagato nei secoli anche attraverso i luoghi della sua esistenza, divenuti mete simboliche, tappe evocative di un pellegrinaggio letterario che ha coinvolto decine di intellettuali. Tra questi luoghi, spicca in particolare la prigione nell'ospedale ferrarese di Sant'Anna: il poeta, qui recluso sette anni, dal 1579 al 1586, diventa per le generazioni future l'incarnazione della poesia, della creatività e dell'arte che la società e il potere vogliono disciplinare e relegare in una condizione di estraneità, alienazione, follia.

Il dipinto di Delacroix

Questa valenza simbolica può essere letta in un quadro celebre, che condensa la mitologia romantica della poesia e di Tasso che la personifica: *Tasso in prigione* (1839) del pittore francese Eugène Delacroix (1798-1863). Tasso è chiuso in cella, seduto sul letto, con il gomito appoggiato al cuscino, i piedi nudi a terra a calpestare le carte, lo sguardo rivolto davanti a sé, verso il nulla. Sullo sfondo una tenda divide a metà, in verticale, il quadro, mentre a sinistra, dietro le inferriate, due uomini e una donna, di condizione modesta, guardano all'interno della cella. Uno di loro protende un braccio al di là delle sbarre e indica un foglio sul letto. Il poeta dunque è isolato dal mondo, escluso dalla società, ma la sua arte non lo è. Un popolano infatti tocca un suo foglio manoscritto ed entra in relazione con il suo mondo. Il poeta è oppresso ed emarginato, ma la sua anima è nota al pubblico, amata dal popolo, capace di comunicare alla coscienza collettiva.

La lettura di Baudelaire

Quasi trent'anni dopo (1864) a rappresentare la prigione di Tasso - attraverso la mediazione di Delacroix - è il poeta francese Charles Baudelaire (1821-1867), anch'egli costretto a sopportare l'isolamento e l'emarginazione. Nella poesia *Sul "Tasso in prigione" di Eugène Delacroix* il protagonista è descritto come *malato, derelitto*, nella sua cella troviamo *terrore, abisso di vertigine, assurdo, orrore, oscuri sogni*. Lo spazio della reclusione si riempie di *stridule risate, urli, smorfie, fantasmi*. Qui il poeta, solo, può attingere alla sua infinita immaginazione, senza condizionamenti né obblighi, immerso esclusivamente negli abissi della propria anima. Sottratto ai vincoli della realtà, egli diventa per Baudelaire la metafora dell'artista che vive fino in fondo la dimensione drammatica di un'arte irriducibile al potere.

Il poeta nella cella, malato, derelitto,
con il piede convulso gualcendo un manoscritto,
mira con occhio acceso dal fuoco del terrore
l'abisso di vertigine dove affonda il suo cuore.

Le stridule risate ch'empiono la prigione
allo strano e all'assurdo spingon la sua ragione;
l'avvolge stretto il Dubbio, e la Paura immonda,
multiforme, ridicola, soffiando lo circonda.

Quel genio rinserrato in un tugurio infame,
quegli urli, quelle smorfie, quei fantasmi che a sciame
turbinando in rivolta tormentano il suo udito,

quel dormiente svegliato dall'orrore del sito,
è ben questo il tuo emblema, Anima dagli oscuri sogni,
tu che il Reale soffoca fra i suoi muri!

2 Tra sensualità e spiritualità

Tra Rinascimento e Barocco

Non capiremmo la figura di Torquato Tasso nella sua complessità se non la collocassimo al centro dell'epoca manierista, che assiste alla crisi (ma non ancora alla fine) dei valori rinascimentali, ai quali si oppongono i nuovi valori dell'età controriformistica. La sua parabola poetica e umana suggerisce proprio l'immagine di questa **transizione**. Prima, percepiamo le atmosfere e i contenuti, ancora solari, lirici e pieni di accensioni sensuali, della sua produzione giovanile, dalle rime giovanili fino all'*Aminta*; poi, le pagine, tormentate e laceranti, della *Gerusalemme liberata* e, ancor più, del suo rifacimento e delle ultime opere (per esempio, quelle sacre e *Re Torrismondo*) ci fanno presentire l'affermazione di ideali religiosi rigidi e assoluti e una profonda ansia spirituale che prelude a una visione del mondo tragica e barocca.

La sirena fugace dell'amore

Tuttavia, sin dalle sue prime prove l'**immaginazione poetica** di Tasso è sempre **ambivalente**, come se un'innata e libera vocazione lirica e passionale si dovesse confrontare con gli aspetti più bui e inconfessabili di una realtà perennemente minacciata dall'incombere della morte. Per questo, a Tasso anche l'amore appare sempre avvolto da un'atmosfera di mistero, come l'incanto di una favola dai contorni irreali, destinata a svanire rapidamente.

Questo sentimento di precarietà fa nascere nella sua poesia un **tono voluttuoso e sensuale,** che non alimenta mai un fiducioso e sereno abbandono alla bellezza dei sensi, ma esprime al contrario la consapevolezza che, come ogni altra cosa bella della vita, anche il piacere e la sensualità si spengono presto e sfioriscono senza lasciare traccia. Il poeta non rinuncia a dipingere il fascino di imprevedibili oasi di pace, ma si tratta solo di rifugi dalla dura quotidianità dell'esistenza, che si ripropone puntuale con le sue contraddizioni e tragedie.

Le tensioni contrapposte: il «bifrontismo» di Tasso

Lettura critica p. 588

Intorno a questo dissidio – tra bellezza e dolore, sogno e realtà – ruota l'intera produzione di Tasso, da quella minore alla *Gerusalemme liberata*. Da un lato troviamo i motivi rinascimentali, che non hanno perso attrattiva (l'amore, l'edonismo, la libertà); dall'altro, però, tali motivi, che Ariosto vagheggiava ancora con tranquillità d'animo, appaiono ora effimeri e minacciati da forze oscure, misteriose e irrazionali. Si tratta, per usare la definizione del critico Lanfranco Caretti, di una sorta di «bifrontismo»: Tasso è sempre in bilico tra l'**aspirazione alla serenità** del classicismo umanistico-rinascimentale e un'**inclinazione alla trasgressione** che pare anticipare il barocco.

Tale ambiguità caratterizza tutta la sua personalità. Sul piano ideologico, il desiderio di naturalezza, la spinta all'evasione verso uno spazio incontaminato, il fascino esercitato su di lui dal sentimento amoroso e dalla sensualità passionale cozzano con le convenzioni imposte dall'etica e dalla religione, con il controllo esercitato dalle corti, sempre più ripiegate su sé stesse in un angusto culto dell'etichetta formale, e infine con una sorta di autocensura, che gli intima di adeguarsi ai sistemi ideologici e ai valori controriformisti. La celebrazione dell'ideologia cristiana, che vediamo nella *Gerusalemme liberata*, nasce proprio da questa esigenza di **ortodossia autoimposta**: un'esigenza che non impedisce tuttavia il continuo affiorare delle languide e seducenti tentazioni dell'amore.

Uno stile «magnifico» ed emotivo

Sul piano stilistico è possibile notare la stessa ambivalenza. Tasso infatti, pur non rinunciando mai alla **ricerca del decoro** e dell'eleganza formale, oscilla tra un linguaggio fluido e sfumato e uno più mosso, tendente al solenne e al sublime (che definisce «magnifico»). È un **pluristilismo** che risente indubbiamente della sua scissione interiore: da una parte l'anima più edonistica e sentimentale, che si riflette nel registro lirico; dall'altra quella etica e religiosa, che si manifesta nei toni epici e drammatici.

Da rappresentante del Manierismo qual è, Tasso si rivela un esperto e sapiente cesellatore di immagini e parole, ricorrendo a una vasta gamma di "maniere" e reminiscenze della tradizione letteraria, in primo luogo quella del petrarchismo rinascimentale. Eppure, anche in questo ambito il poeta rimane fedele a sé stesso, esasperando la ricerca degli effetti fino al cerebralismo e all'eccesso di **virtuosismo**, studiando metafore e giochi verbali e fonici di facile presa, finendo quindi per anticipare le sottigliezze e le artificiose invenzioni che troveremo nella poesia barocca del Seicento.

• T2 •

Qual rugiada o qual pianto

Rime, 324

Natura e stato d'animo

Le sensazioni malinconiche del poeta, una sottile angoscia per la partenza, o forse l'abbandono della donna amata trovano una corrispondenza nella natura, in una notte di luna e di stelle che sparge rugiada come lacrime.

METRO Madrigale di settenari ed endecasillabi con schema di rime abABCDdcEeFf.

Qual rugiada o qual pianto,
quai lagrime eran quelle
che sparger vidi dal notturno manto
e dal candido volto de le stelle?
E perché seminò la bianca luna
di cristalline stelle un puro nembo
a l'erba fresca in grembo?
Perché ne l'aria bruna
s'udian, quasi dolendo, intorno intorno
gir l'aure insino al giorno?
Fur segni forse de la tua partita,
vita de la mia vita?

3 dal notturno manto: dalla volta del cielo notturno.
5-7 E perché... grembo?: e perché la bianca luna sparse una pura nuvola (*nembo*) di gocce di rugiada, trasparenti e luminose come cristallo, in grembo all'erba fresca? Per il poeta è come se la luna facesse scendere sull'erba non la rugiada vera e propria, ma le stelle.
9 quasi dolendo: come se si lamentassero. Continua la visione umanizzata della natura.
10 gir l'aure: scorrere i venti.
11 partita: partenza.

Parmigianino, *Ninfa* (particolare della *Stufetta di Diana e Atteone*), 1524. Fontanellato, Rocca Sanvitale.

• T3 •

Donna, il bel vetro tondo

Rime, 260

La **bellezza femminile** immensa quanto il **mondo**

La bellezza della donna è paragonata a quella del cosmo, che racchiude tutti i possibili pregi. Funzione e vanto del poeta saranno allora quelli di tradurre tale bellezza in versi e in prosa.

METRO Madrigale di settenari ed endecasillabi con schema di rime aBBacCdEeD.

Donna, il bel vetro tondo
che ti mostra le perle e gli ostri e gli ori,
in cui tu di te stessa t'innamori,
è l'effigie del mondo,
ché quanto in lui riluce
raggio ed imago è sol de la tua luce.
Or chi de l'universo
può i pregi annoverar sì vari e tanti,
quegli, audace, si vanti
di stringer le tue lodi in prosa e 'n verso.

1 bel vetro tondo: lo specchio.
2 le perle e gli ostri e gli ori: i denti bianchi (come perle), le labbra rosse (come la porpora, dal latino *ostrum*) e i capelli biondi (come l'oro). Le immagini richiamano l'*incipit* di un famoso sonetto petrarchesco, *L'oro et le perle e i fior' vermigli e i bianchi* (*Canzoniere*, 46, v. 1).
4 effigie: immagine.
5 ché: poiché.
8 annoverar: contare.
10 stringer: racchiudere.

• T4 •

Lunge da voi, mio core

Rime, 60

Il **dolore** per la **lontananza** dall'amata

La lontananza della donna amata è un dolore che ogni volta annienta e uccide. Il poeta, di fronte a tale sentimento che assomiglia alla morte, si augura di morire una volta per tutte.

METRO Madrigale di settenari ed endecasillabi con schema di rime aAbCbCbA.

Lunge da voi, mio core,
mille volte m'uccide il mio dolore.
Perché la mia partita
mi tolse l'alma; e s'io ripenso in lei
mi ritoglie la vita,
e tutti sono morti i pensier miei.
Oh miseria infinita!
È quel felice ch'una volta more.

1 Lunge: lontano. **3 partita:** partenza. **8 una:** una sola.

Dentro il TESTO

I contenuti tematici

L'interpretazione tassiana del madrigale

Il madrigale è un tipo di componimento poetico, di origine incerta, fiorito nel Trecento, per lo più di argomento galante e a sfondo pastorale. Petrarca ne scrisse quattro, utilizzando esclusivamente gli endecasillabi e dividendoli in due o tre terzine e uno o due distici. Nel Cinquecento si preferisce alternare agli endecasillabi anche i settenari secondo vari schemi di rime. Con Tasso l'argomento amoroso diventa pressoché esclusivo e si accentuano quei tratti di arguta sottigliezza, di erotismo prezioso, di struggente elegia e musicalità che tanto piaceranno ai poeti lirici del Seicento. Possiamo cogliere tali caratteristiche nei tre testi proposti.

Qual rugiada o qual pianto: la musica del dolore

Nel primo madrigale, l'io lirico presagisce che la donna amata si sta separando da lui. Come reagisce il poeta? Non dice di piangere, ma vede il suo pianto riflesso in una pioggia di stelle e nella rugiada notturna che sembra sparsa dalla luna. Lo sente addirittura nel lamento prodotto dal sussurrare dei venti. Il poeta quindi scorge nel paesaggio lo specchio della propria anima, in una specie di assimilazione e compenetrazione tra il sentimento e la natura, tra l'interno e l'esterno, che egli insinua nel lettore sin dal primo verso: ciò che intravede nella notte può essere *rugiada*, ma anche *pianto*. I campi semantici appaiono infatti contaminati e la natura umanizzata: le *stelle* hanno un *candido volto* e versano *lagrime*, la luna *seminò* le gocce di rugiada; le brezze della notte soffiano *quasi dolendo*, come se emettessero lamenti.

L'elemento dominante del componimento è la vibrante e trasognata musicalità. Vari espedienti concorrono a esprimerla: le rime disposte tre volte in posizione baciata; la ripetizione di *vita* nell'ultimo verso e di *qual* al primo; le allitterazioni dei suoni *r*, *l*, *n*, presenti in buona parte del madrigale, prima di essere bruscamente sostituiti dalla *i* e dalla *t* negli ultimi due versi (*Fur segni forse de la tua partita, / vita de la mia vita*). Tasso non descrive, semmai allude: l'atmosfera è di sfumata vaghezza (*intorno intorno*, v. 9), resa dal contrasto cromatico di luce e ombra (*notturno manto / candido volto*, vv. 3-4; *bianca luna / aria bruna*, vv. 5 e 8) e dal succedersi di domande che non hanno risposta.

Donna, il bel vetro tondo: lo specchio simbolo dell'illusione

Nel secondo madrigale siamo di fronte a una scena quotidiana: una donna che si riflette nello specchio. Ma la bellezza che contempla narcisisticamente (*tu di te stessa t'innamori*, v. 3) non è solo quella del suo volto, poiché questo contiene a sua volta la bellezza di tutto l'universo. Chi può lodare dunque pienamente l'immagine femminile? Soltanto chi è capace di lodare le meraviglie dell'intera natura.

Così riassunta, la poesia appare semplice: a complicarla, però, ci sono il cerebrale gioco analogico tra donna e natura e il reticolo delle metafore che trasfigurano la realtà in una rivelazione metafisica. Al v. 2 il biancore dei denti (*le perle*), il rosso purpureo delle labbra (*gli ostri*), l'oro dei capelli (*gli ori*) sono metafore per indicare i colori del volto della donna, ma sono al tempo stesso il segno di una realtà ambigua e ineffabile qual è il mondo. Non a caso, l'oggetto che mette in relazione la bellezza femminile con quella dell'universo è lo specchio (lo troveremo anche nella *Gerusalemme liberata*, in mano alla maga Armida), oggetto tipico della poesia manierista e poi barocca, simbolo del carattere illusorio delle cose, della continua oscillazione degli oggetti e del mondo tra la realtà e la finzione, tra la verità e l'apparenza.

Lunge da voi: ancora e sempre un amore impossibile

Nell'ultimo madrigale Tasso ripropone un motivo tradizionale della poesia amorosa: la lontananza della donna amata. Ciò che è nuovo e originale è il modo in cui egli riesce a esprimere il dolore e la malinconia. Una struggente musicalità è ottenuta grazie al consueto alternarsi di settenari ed endecasillabi, alle rime che alludono all'angoscia (*core, dolore, more*) e alle riprese interne, appena variate (*tolse-ritoglie, mille volte-una volta*). L'esclamazione al v. 7 (*Oh miseria infinita!*) e la parentela tra morte e felicità nella chiusa del madrigale sottolineano con enfasi l'assunto paradossale dell'innamorato infelice: fortunato chi è morto, una volta e per sempre, mentre il poeta è costretto a morire in continuazione a causa della sofferenza.

Verso le COMPETENZE

COMPRENDERE

1 Fai la parafrasi dei tre madrigali.

ANALIZZARE

2 In *Qual rugiada o qual pianto* gli elementi naturali rivestono particolare importanza:
   a individua quelli legati al campo semantico della luminosità o dell'oscurità;
   b quali fra questi elementi hanno una connotazione maggiormente positiva e quali negativa?

3 In *Qual rugiada o qual pianto* che funzione hanno le frasi interrogative?

4 In *Donna, il bel vetro tondo*, quale relazione si crea:
   a tra la donna e lo specchio?
   b tra la bellezza della donna e quella dell'universo?

5 È possibile affermare che in *Lunge da voi, mio core*, la rappresentazione del dolore amoroso è iperbolica? perché?

6 Individua in *Lunge da voi, mio core* tutte le frasi e le espressioni che rimandano al campo semantico della morte.

INTERPRETARE

7 Dopo la lettura dei tre madrigali presentati, individua gli aspetti che accostano e quelli che allontanano Tasso dal modello petrarchesco.

8 Quale concezione dell'amore emerge dai versi letti?

COMPETENZE LINGUISTICHE

9 Il madrigale *Lunge da voi, mio core* è, di fatto, costruito su una ripetizione di espressioni che significano *morire*. Scrivi almeno due sinonimi di questo verbo per ciascun registro linguistico.

Registro aulico-poetico	Registro formale-burocratico	Registro colloquiale-gergale

PRODURRE

10 SCRIVERE PER **ESPORRE**
In *Donna, il bel vetro tondo* l'innamoramento per sé stessa provato dalla donna (*tu di te stessa t'innamori*, v. 3) ricorda il mito classico di Narciso, che s'invaghisce della propria immagine riflessa. Partendo da questo spunto fai una breve ricerca sul significato che oggi riveste il termine "narcisismo", dalla sua origine mitologica fino all'impiego nella psicanalisi. Scrivi un testo espositivo di circa 30 righe.

11 SCRIVERE PER **ARGOMENTARE**
La moda del "selfie" come moderna forma di narcisismo: che cosa ne pensi? Scrivi un testo argomentativo di circa 20 righe portando anche esempi tratti dalla tua esperienza.

Scuola di Paolo Veronese, *Vanità*, dopo il 1564. Castelfranco Veneto, Villa Chiminelli.

3 Amore e letteratura

La centralità dell'amore

Buona parte della produzione di Tasso ruota intorno all'amore. Come vedremo, anche in un poema epico complesso quale la *Gerusalemme liberata*, accanto al sentimento religioso e al tema cavalleresco l'amore svolge una funzione essenziale sia come sinonimo di perdita di controllo e razionalità, sia come errore peccaminoso e voluttà sensuale in conflitto con il dovere e la coscienza, sia ancora come sofferenza che conduce alla morte.

L'impossibile abbandono al piacere

In ogni caso, **l'amore non è** mai vissuto come **passione appagante**, soggetto com'è a una fatalità che incombe e proietta sempre una luce sinistra di tragicità e disinganno su ogni vicenda sentimentale. Anche quando Tasso evade verso l'idillio pastorale, come nell'*Aminta*, il rimpianto prevale sempre sul sereno godimento del piacere senza condizionamenti: un mondo di libertà, dominato dall'amore, esiste, ma solo nel tempo indefinibile di una bella favola. Anche dove, a prima vista, l'autore celebra la forza dell'amore e dell'istinto, si coglie sempre il lamento per il fatto che quella forza è ormai perduta: può essere vagheggiata ma non realizzata, perché oppressa dalle leggi, dalla falsa moralità, dall'ipocrisia della vita cortigiana.

Dove sono finiti gli affetti più schietti? Dove la purezza originaria degli uomini e la felicità dei sensi da assaporare senza remore a contatto con la natura? Dietro la calda musicalità dei versi e le atmosfere idealizzate delle opere di Tasso si scorge sempre una **riflessione sconsolata** sul mondo in cui l'autore vive, nell'incerto equilibrio tra la speranza di felicità (possibile solo, non a caso, tra i felici pastori di un'età dell'oro perduta per sempre) e la delusione, fra uno struggente bisogno di autenticità e l'ipocrisia che regola i meccanismi del "vivere civile".

Letteratura e vita: un legame inestricabile

Nonostante la Controriforma esiga l'inderogabile osservanza dei princìpi religiosi, Tasso non rinuncia mai all'espressione della malinconia e dell'insofferenza. La letteratura si configura per lui come il luogo delle proprie tensioni e contraddizioni irrisolte: è grazie alla letteratura che egli tenta di surrogare la realtà, concependo la **poesia come** un'**alternativa al mondo reale e** come **luogo del** supremo **riconoscimento di sé**. Per questo si può dire che con Tasso venga meno l'idea dell'arte come regno appartato, paradiso astratto e sublime, non toccato dalle iniquità del mondo, tipica della letteratura umanistica. Egli afferma invece una nuova visione della letteratura, nella quale il poeta ha il dovere e insieme la missione di **recuperare senso e dignità al proprio ruolo**, documentando la molteplicità e le contraddizioni di una realtà storica frammentaria e dilaniata, impossibile da sanare: a costo, come sappiamo, di rimanere solo e veder deluso dappertutto, nel suo lungo ed errabondo supplizio per le corti d'Italia, il desiderio di essere compreso e lasciato libero.

Lucas Cranach il Vecchio, *L'età dell'oro* (particolare), 1530 ca. Monaco, Alte Pinakothek.

• T5 •

O bella età de l'oro

Aminta, atto I, Coro, vv. 656-723

Il ricordo di una vita felice

Nel coro del primo atto dell'*Aminta*, i pastori vagheggiano un tempo mitico: un Eden meraviglioso dove si viveva, in pace, un'eterna primavera, la terra produceva spontaneamente delizie e gli uomini godevano liberi e spensierati le gioie dell'amore. Ora quel mondo è irrimediabilmente perduto, sopraffatto dalla civiltà, e recuperarlo è impossibile: l'esortazione finale ad amare si tinge di malinconia, in un presente soffocato dalle leggi sociali e minacciato dalla precarietà dell'esistenza.

METRO Canzone di 5 stanze di 13 versi (9 settenari, 4 endecasillabi con schema di rime abCabCcdeeDfF) e un congedo di 3 versi (con rima XyY).

O bella età de l'oro,
non già perché di latte
sen' corse il fiume e stillò mele il bosco;
non perché i frutti loro
dier da l'aratro intatte
le terre, e gli angui errar senz'ira o tosco;
non perché nuvol fosco
non spiegò allor suo velo,
ma in primavera eterna,
ch'ora s'accende e verna,
rise di luce e di sereno il cielo;
né portò peregrino
o guerra o merce agli altrui lidi il pino;

ma sol perché quel vano
nome senza soggetto,
quell'idolo d'errori, idol d'inganno,
quel che dal volgo insano
onor poscia fu detto,
che di nostra natura 'l feo tiranno,
non mischiava il suo affanno
fra le liete dolcezze
de l'amoroso gregge;
né fu sua dura legge
nota a quell'alme in libertate avvezze,
ma legge aurea e felice
che natura scolpì: «S'ei piace, ei lice».

Allor tra fiori e linfe
traen dolci carole
gli Amoretti senz'archi e senza faci;

PARAFRASI

656-668 O bella età dell'oro, [bella] non solo perché scorreva (*sen' corse*) un fiume di latte e il bosco trasudava miele (*stillò mele*); non perché le terre producevano i loro frutti senza essere lavorate dall'aratro (*da l'aratro intatte*), e i serpenti (*angui*) strisciavano senza aggressività o veleno (*tosco*); non perché a quel tempo (*allor*) nessuna nuvola fosca stendeva il proprio velo oscurando il sole, ma in una primavera continua, che ora passa dalla calura estiva al gelo invernale (*s'accende e verna*), il cielo rideva di luce e di sereno; e non perché le navi forestiere (*pino*) non portavano mai mercanzia o guerra ad altri paesi;

669-681 ma [bella] solo perché quella parola vuota (*vano nome*) a cui non corrisponde alcuna sostanza (*soggetto*), quella falsa e ingannevole divinità (*idolo*), quella che fu poi chiamata onore dal folle popolo (*volgo insano*), che lo rese tiranno del nostro istinto (*natura*), non mescolava i suoi tormenti con i sereni piaceri della schiera degli innamorati (*amoroso gregge*); e la sua crudele legge non era conosciuta a quelle anime abituate alla libertà, ma esse conoscevano una legge beata (*aurea*) e felice che la natura ha scolpito: «Tutto ciò che piace è lecito» (*«S'ei piace, ei lice»*).

682-694 In quel tempo tra i fiori e i ruscelli (*linfe*) gli Amorini senza archi né fiaccole (*faci*) intrecciavano (*traen*) dolci danze (*carole*);

668 merce: il commercio è visto come un incentivo alla competizione e al guadagno, e quindi alla lotta tra le persone e i popoli.

681 scolpì: nell'antichità le leggi erano scolpite nella pietra.

683 carole: balli di più persone che si eseguono tenendosi per mano e girando in cerchio, solitamente accompagnati dal canto.

sedean pastori e ninfe
meschiando a le parole
vezzi e susurri, ed ai susurri i baci
strettamente tenaci;
la verginella ignude
scopria sue fresche rose,
ch'or tien nel velo ascose,
e le poma del seno acerbe e crude;
e spesso in fonte o in lago
scherzar si vide con l'amata il vago.

i pastori e le ninfe sedevano insieme mescolando alle parole tenerezze e sussurri e ai sussurri, baci appassionatamente prolungati (*strettamente tenaci*); le fanciulle scoprivano senza veli la rosea freschezza della propria carnagione, che ora tengono nascosta sotto gli abiti, e le rotondità (*poma*) del seno ancora acerbe e immature per la giovinezza; e spesso si vedeva l'innamorato (*il vago*) scherzare con l'amata presso una fonte o un lago.

Tu prima, Onor, velasti
la fonte de i diletti,
negando l'onde a l'amorosa sete;
tu a' begli occhi insegnasti
di starne in sé ristretti,
e tener lor bellezze altrui secrete;
tu raccogliesti in rete
le chiome a l'aura sparte;
tu i dolci atti lascivi
festi ritrosi e schivi;
a i detti il fren ponesti, a i passi l'arte;
opra è tua sola, o Onore,
che furto sia quel che fu don d'Amore.

695-707 Tu per primo, Onore, hai nascosto la fonte dei piaceri, negando l'acqua (*l'onde*) alla sete d'amore; tu hai insegnato ai begli occhi a stare abbassati per pudore (*ristretti*), e a tenere le loro bellezze inaccessibili (*secrete*) agli altri; tu hai raccolto in una reticella i capelli sparsi all'aria (*le chiome a l'aura sparte*); tu hai reso restii e schivi i dolci atti d'amore; alle parole (*detti*) hai posto il controllo, all'incedere (*a i passi*) una maniera artificiosa (*l'arte*); è solo opera tua, o Onore, che oggi sia considerato un furto quello che un tempo era un dono dell'Amore.

E son tuoi fatti egregi
le pene e i pianti nostri.
Ma tu, d'Amore, e di Natura donno,
tu domator de' Regi,
che fai tra questi chiostri,
che la grandezza tua capir non ponno?
Vattene, e turba il sonno
a gl'illustri e potenti:
noi qui, negletta e bassa
turba, senza te lassa
viver ne l'uso de l'antiche genti.
Amiam, ché non ha tregua
con gli anni umana vita, e si dilegua.

708-720 Tue imprese meravigliose (*fatti egregi*) sono le sofferenze e i nostri pianti. Ma tu, signore (*donno*) dell'Amore e della Natura, tu, dominatore dei re (*domator de' Regi*), che cosa fai in questi luoghi appartati che non possono contenere (*capir non ponno*) la tua grandezza? Vattene, e turba il sonno agli uomini famosi e ai potenti: lascia noi, gente (*turba*) umile e rozza, vivere qui, senza la tua presenza, secondo il libero costume dei popoli antichi. Amiamo, poiché la vita umana non si ferma con gli anni, e fugge via.

Amiam, ché 'l Sol si muore e poi rinasce:
a noi sua breve luce
s'asconde, e 'l sonno eterna notte adduce.

721-723 Amiamo, poiché il sole muore e poi risorge: a noi la sua breve luce si nasconde, e il sonno [della morte] porta (*adduce*) la notte eterna.

710 donno: latinismo da *dominus*.
716-717 negletta e bassa turba: in tal modo definiscono sé stessi gli abitanti delle selve che stanno recitando il coro.

Dentro il TESTO

I contenuti tematici

Amore contro Onore

Il coro del primo atto dell'*Aminta*, commentando e spiegando al pubblico – secondo il modello della tragedia greca – l'azione scenica, riassume la morale dell'opera esponendo il conflitto tra la civiltà presente e la favolosa età dell'oro. A rappresentarlo, Tasso contrappone l'Amore e l'Onore, personificandoli. Il primo sentimento simboleggia il piacere spontaneo e naturale, il sereno dispiegamento degli istinti, non sottoposto ad alcun vincolo morale né limitato da sensi di colpa: tale piacere era appunto vissuto in piena libertà in un tempo mitico e remoto, quando i pastori, nella semplicità della vita bucolica, potevano amare senza costrizioni.

Purtroppo i tempi di oggi – lamenta Tasso – non sono più quelli di una volta. L'innocenza e la spensierata schiettezza che caratterizzavano il mondo dei pastori dell'età dell'oro sono stati sostituiti dalla tirannia dell'Onore, *quell'idolo d'errori, idol d'inganno* (v. 671) che ha cancellato i disinibiti costumi primitivi introducendo il senso della vergogna, l'ipocrisia del moralismo, la falsa onestà. Generando turbamento e pudore, modificando i rapporti tra i sessi – un tempo armonici e liberi perché sottoposti unicamente alle leggi della natura – e minacciando la spontaneità degli affetti, l'Onore è il principale responsabile dell'infelicità degli uomini, costretti al rispetto di un codice etico fatto di *arte*, cioè di artificio, convenzioni e inganno (non a caso *i dolci atti lascivi* di un tempo sono diventati *ritrosi e schivi*, vv. 703-704, e ciò che una volta era *don d'Amore* ora è considerato *furto*, v. 707).

Un'esortazione malinconica

Il coro si congeda prima con un'apostrofe all'Onore stesso, invitato ad accanirsi solo contro i potenti e a lasciare in pace gli umili, e poi con un'esortazione ad amare. Eppure, anche questo incitamento è venato d'inquietudine: le gioie dell'esistenza hanno breve durata. *Amiam*, ripete con un'anafora il poeta (vv. 719 e 721): ma l'immagine della *breve luce* (v. 722) della nostra vita suggerisce, amaramente, la percezione della caducità delle cose umane e l'incombere dell'*eterna notte* (v. 723) della morte.

La critica al conformismo

Gli argomenti usati da Tasso contro l'Onore non sono ideologicamente inoffensivi: di fronte al conformismo della società cortigiana, egli pronuncia un vero atto d'accusa, per quanto velato dall'utilizzo di un *topos* tradizionale della letteratura come quello dell'età dell'oro. Sotto l'apparenza mitologica e atemporale, il poeta infatti condanna una cultura formalista e inautentica, chiusa in un freddo sistema di norme da rispettare. La nostalgia per un'epoca in cui il piacere e la sensualità potevano essere vissuti in piena libertà non è soltanto un astratto gioco letterario o un aristocratico passatempo da condividere all'interno della corte: nell'idealizzare il tempo in cui era possibile tutto ciò che piaceva («*S'ei piace, ei lice*», v. 681), Tasso insinua un messaggio non privo di provocazione indirizzato alle corti, luoghi dove l'autenticità dell'esistenza era stata soppiantata dai riti e dai valori fittizi del prestigio sociale.

Le scelte stilistiche

Un tessuto di rimandi letterari

Al di là della sua implicita valenza ideologica, l'*Aminta* rimane pur sempre una favola lirica composta con grande sapienza letteraria. Non a caso, sul piano stilistico, il coro presenta una vera e propria collezione di citazioni e riferimenti classici. Sotto le spoglie di un'apparente naturalezza, infatti, Tasso utilizza fonti classiche e moderne. Le prime si colgono soprattutto nelle prime tre strofe del coro: la quarta delle *Bucoliche* di Virgilio, le *Elegie* di Tibullo e soprattutto le *Metamorfosi* di Ovidio offrono al poeta un florilegio di immagini e motivi legati alla celebrazione dell'età dell'oro. Non mancano inoltre gli agganci alla tradizione petrarchesca: i vv. 669-671 (*vano / nome senza soggetto, / quell'idolo d'errori, idol d'inganno*) richiamano alla memoria i vv. 76-77 della canzone *Italia mia, benché 'l parlar sia indarno* («non far idolo un nome / vano, senza soggetto», *Canzoniere*, 128), mentre *le chiome a l'aura sparte* (v. 702) non sono che la variante dell'*incipit* del celebre sonetto *Erano i capei d'oro a l'aura sparsi* (*Canzoniere*, 90).

Anche gli ultimi versi riprendono un modello classico, senz'altro noto ai colti spettatori della corte estense: l'invito all'amore, la caducità dei piaceri umani e l'incombere della morte – temi tipici anche della tradizione laica umanistico-rinascimentale (si pensi a Lorenzo de' Medici e ad Angelo Poliziano), ma trattati da Tasso con struggimento e inquietudini maggiori – rappresentano quasi la traduzione letterale dei vv. 4-6 del quinto carme del poeta latino Catullo.

La drammatizzazione retorica

Vale la pena di soffermarsi sulle modalità che Tasso impiega per passare dalla celebrazione letteraria dell'età dell'oro, a prima vista ideologicamente innocua e letterariamente stereotipata, al motivo più originale (e portatore di un messaggio più "pericoloso") del prevalere dell'Onore sull'Amore. Ebbene, dobbiamo notare come all'inizio della quarta strofa l'autore accentui l'enfasi del discorso chiamando in causa direttamente in apostrofe (v. 695) il colpevole di tutti i mali del presente: non solo una volta, ma ben quattro (con la triplice ripetizione anaforica del pronome *tu*, ai vv. 698, 701 e 703). L'allocuzione continua anche nella strofa successiva, ulteriormente sottolineata prima dal tono sarcastico (*E son tuoi fatti egregi / le pene e i pianti nostri*, vv. 708-709), poi da un'incalzante interrogativa (vv. 710-713) e da una serie di imperativi (*Vattene, e turba*, v. 714; *lassa / viver*, vv. 717-718): tutti espedienti per esprimere il dolente – e polemico – rimpianto per la perdita della libertà e dell'autenticità.

Il congedo rappresenta, infine, il punto d'arrivo di questa strategia retorica: l'anafora con la quale il poeta esorta ad amare (*Amiam*, vv. 719 e 721) e la cupa immagine del sonno eterno sigillano con un *climax* significativo il messaggio inquieto e angoscioso dell'intero componimento.

Verso le COMPETENZE

COMPRENDERE

1 Per quali ragioni l'età dell'oro è esaltata dalla tradizione e per quali altre ragioni, invece, secondo il coro, essa fu *bella*?

2 Qual è l'unica legge morale in vigore nell'età aurea?

ANALIZZARE

3 Evidenzia le parti del testo in cui emerge, dietro la patina letteraria, il sofferto rapporto dell'autore con l'ambiente cortigiano.

4 Come abbiamo sottolineato, tutta la canzone è giocata sulla contrapposizione fra stato di natura e civiltà moderna. Rintraccia gli elementi inseriti nella tabella e scrivi il verso in cui compaiono. Completa quindi la tabella indicando per contrasto il secondo elemento della coppia e il relativo verso.

Stato di natura	Età moderna
Onore (v. ....)	
	affanno (v. ....)
	dura legge (v. ....)
don d'Amore (v. ....)	
	negletta e bassa turba (v. ....)

5 Al v. 668 troviamo il termine *pino*: che significato ha e quale figura retorica vi riconosci?

6 *Dura legge* [...] *legge aurea* (vv. 678-680): di quale figura retorica si tratta? Quale significato assume in questo contesto?

7 L'Onore ha negato *l'onde a l'amorosa sete* (v. 697). Siamo in presenza di una figura retorica. Quale?

a Metonimia.
b Metafora.
c Sineddoche.
d Iperbato.

INTERPRETARE

8 Chiarisci con quale significato Tasso utilizza la parola "onore" in questa canzone. Con l'aiuto del vocabolario, serviti di una serie di termini che possono essere assimilati a questo concetto.

9 Nella conclusione, il poeta riprende il tema classico e rinascimentale del *carpe diem*. A tuo giudizio, nel declinare tale motivo, in che modo si differenzia dagli autori delle precedenti generazioni?

PRODURRE

10 SCRIVERE PER **ESPORRE**
Partendo dal coro del primo atto dell'*Aminta* e facendo riferimento alla biografia e al carattere del poeta, spiega quali sono le critiche maggiori che Tasso rivolge al proprio tempo, inquadrando il suo disagio all'interno del clima culturale e sociale in cui visse. Scrivi un testo espositivo di circa 30 righe.

DIBATTITO IN CLASSE

11 L'atteggiamento di rimpianto e nostalgia per un passato considerato più spensierato e felice è piuttosto comune, soprattutto nelle persone adulte o anziane. Che cosa ne pensi? Anche tu idealizzi, per esempio, il tempo della tua infanzia, oppure preferisci vivere appieno il presente? Confrontati con i compagni.

I grandi temi di Torquato Tasso

1 Il difficile rapporto con la corte

- luogo all'apparenza splendido e scintillante ma negativo
- alla corte si contrappone il valore assoluto della letteratura

2 Tra sensualità e spiritualità

- Tasso autore manierista: poeta della transizione dal Rinascimento alla rigida epoca controriformistica
- ambivalenza dell'immaginazione poetica, tra passione e morte
- toni sensuali accompagnati da toni cupi
- «bifrontismo»: aspirazione alla serenità e tensione verso la trasgressione

3 Amore e letteratura

- l'amore è passione tormentata e non appagante
- il sentimento è vittima dell'ipocrisia e della falsa moralità
- la poesia è il luogo dell'autenticità

VIII-VII sec. a.C.

1475

1584

oggi

Il mito dell'età dell'oro

La felicità nella mitologia classica

L'età dell'oro rappresenta, secondo la mitologia classica, un periodo di immensa felicità, il paradiso originario dell'uomo. Nel poema *Le opere e i giorni* del poeta greco **Esiodo** (VIII-VII secolo a.C.) si trova la prima formulazione coerente delle quattro età mitiche, contraddistinte dal nome di un metallo (oro, argento, bronzo, ferro).

La concezione di una felicità primitiva dell'umanità è espressa anche nelle *Metamorfosi* del poeta latino Ovidio (43 a.C. - 17/18 d.C.): «Fiorì per prima l'età dell'oro; spontaneamente, senza bisogno di giustizieri, senza bisogno di leggi, si onoravano la lealtà e la rettitudine» (I, 89-90). Al tema è strettamente connesso anche il motivo del tempo ciclico, cantato nelle *Bucoliche* di Virgilio (egloga IV, vv. 4-10), in cui si annuncia la nascita di un divino fanciullo che porterà un'era di pace e prosperità. Augusto, nel VI libro dell'*Eneide*, sarà predestinato allo stesso compito: «l'Augusto Cesare, il figlio di Dio, che aprirà / di nuovo [...] il secolo d'oro» (vv. 791-793).

Dall'Umanesimo al tardo Manierismo

Nel 1492 Marsilio Ficino definisce età dell'oro quella di Lorenzo il Magnifico, non perché suggerisce la regressione a uno stato di natura, ma perchè determina la rinascita delle lettere e delle arti liberali dopo la barbarie del Medioevo. Negli stessi anni però **Angelo Poliziano** rievoca ancora il mito classico, esaltando un'epoca in cui l'uomo non era ossessionato dalla cupidigia del denaro: «Non era ancor la scelerata sete / del crudele oro entrata nel bel mondo; / viveansi in libertà le genti liete, e non solcato il campo era fecondo» (*Stanze per la giostra*, I, 20-22). E in Tasso, poi, diventa struggente la nostalgia per un mondo perduto: come abbiamo visto, il coro che chiude il primo atto dell'*Aminta* esalta il tempo felice dell'amore senza i freni dell'onore e del pudore.

Una voce dissonante

Nell'ultimo Cinquecento una voce dissonante, quella di **Giordano Bruno**, si leverà a condannare il mito dell'età dell'oro, in nome della verità e della conoscenza, senza rimpianti per un passato inesistente: «Ne l'età dumque de l'oro per l'Ocio [ozio] gli uomini non erano più virtuosi che sin al presente le bestie son virtuose, e forse erano più stupidi che molte di queste» (*Spaccio de la bestia trionfante*, Dialogo III).

L'età dell'oro oggi: un sogno regressivo?

Oggi esiste ancora un mito dell'età dell'oro? Ha senso nell'attuale mondo scientifico e tecnologico sognare lo stato di natura? Certo non è venuto meno – e non verrà meno neanche in futuro – il fascino utopico di una società libera dagli affanni e dall'indigenza. Ma, più che un tempo remoto in cui era dato agli uomini di poter vivere come gli dèi, la civiltà contemporanea autorizza al massimo regressioni private e il rimpianto dell'età dell'oro di ciascuno di noi: quell'infanzia delle nostre esistenze nella quale era possibile vedere «tutto con meraviglia, tutto come per la prima volta», come scrive **Giovanni Pascoli** nel *Fanciullino*. Non è forse vero, come scrive Vincenzo Cardarelli, che «il saggio non è che un fanciullo che si duole di essere cresciuto»?

Verifica delle CONOSCENZE

L'AUTORE

La vita

Indica se le seguenti affermazioni su Tasso sono vere (V) o false (F).

1 Nasce a Sorrento nel 1544. V F

2 Il padre Bernardo è un famoso uomo di legge. V F

3 Vive in Campania fino a 18 anni. V F

4 Nel 1572 entra al servizio di Alfonso II d'Este. V F

5 Nel 1579 viene recluso nell'Ospedale di Sant'Anna. V F

6 Riacquista la libertà nel 1581. V F

7 Muore a Roma nel 1595. V F

Scegli l'alternativa corretta fra quelle proposte.

9 La produzione lirica di Tasso

- a è molto limitata.
- b presenta un ristretto ventaglio di tematiche.
- c non è organizzata in un canzoniere unitario.
- d si rifà esclusivamente al modello petrarchesco.

10 I *Discorsi sull'arte poetica* sono

- a un primo esempio di critica letteraria.
- b un'antologia di versi greci e latini.
- c una riflessione teorica sul poema che accompagna la composizione poetica vera e propria.
- d un'ampia dissertazione sui diversi generi letterari in versi.

11 L'epistolario di Tasso è importante

- a perché è una testimonianza della tormentata interiorità del poeta.
- b perché è scritto in ottave come i principali poemi.
- c perché anticipa i temi della *Gerusalemme liberata*.
- d perché è scritto in latino umanistico.

Le opere

Completa la tabella.

8 Abbina ciascuna di queste opere di Tasso al genere a cui appartiene.

Aminta ▪ *Dialoghi* ▪ *Gerusalemme liberata* ▪ *Rime* ▪ *Le sette giornate del mondo creato* ▪ *Re Torrismondo*

tragedia	
poema sacro	
prose di vario argomento	
favola pastorale	
poesia lirica	
poema epico	

I grandi temi

Rispondi alle seguenti domande.

12 Nell'*Aminta* Tasso mette sotto accusa il mondo e l'ideologia della corte. In sintesi, esponi i motivi della sua critica.

13 In che cosa consiste l'esaltazione dell'età dell'oro nell'*Aminta*?

14 Riassumi lo scopo e il contenuto della *Canzone al Metauro*.

15 Che cosa si intende per «bifrontismo» di Tasso?

16 Quale funzione ha per Tasso la letteratura?

17 In quali aspetti la produzione lirica di Tasso si distanzia dal modello di Petrarca?

18 La vita e l'opera di Tasso si collocano nell'età della Controriforma. Qual è l'atteggiamento del poeta di fronte alla cultura del suo tempo?

L'opera

Gerusalemme liberata

T6 Proemio (I, 1-5)
T7 L'apparizione di Gerusalemme (III, 1-8)
T8 Tancredi e Clorinda (XII, 52-70)
T9 Rinaldo e Armida nel giardino delle delizie (XVI, 1-2; 9-22)
T10 Rinaldo vince l'incantesimo della selva (XVIII, 18-38)
T11 Solimano e la tragica condizione umana (XX, 73-75)
T12 La conclusione del poema (XX, 134-136; 144)

Un capolavoro sofferto

La *Gerusalemme liberata* è l'**opera di una vita**, il capolavoro in cui Tasso riversa tutte le sue energie e ambizioni. Forse era stato il desiderio di gloria a spingerlo, ancora adolescente, ad accantonare il campo della lirica, insufficiente per emulare il grande e ingombrante modello di Ludovico Ariosto. O forse era stata la volontà di realizzare un poema in cui i valori della civiltà rinascimentale si fondessero, senza essere per questo rinnegati, con l'impegno religioso e ideologico imposto dalla Controriforma. In ogni caso è un'opera a cui l'autore continua a lavorare fino all'ultimo, mosso da scrupoli spirituali e da una persistente insoddisfazione.

La vicenda editoriale

I primi esperimenti

Prima di addentrarci nelle vicende narrate dal poema, è necessario ricostruirne l'intricata storia editoriale, lunga e tormentata. Il **nucleo originario** dell'opera risale addirittura al 1559, quando Tasso quindicenne inizia a comporre le prime ottave (saranno, in conclusione, 116) di un abbozzo dal titolo ***Gierusalemme***. Tre anni dopo, nel 1562, pubblica il ***Rinaldo***, un romanzo cavalleresco in ottave dedicato al paladino di Carlo Magno. Si tratta di **tentativi ancora acerbi**, ma l'autore ha già le idee chiare sull'argomento che intende sviluppare, la prima crociata, e sul genere letterario da adottare. Le ragioni che lo portano a privilegiare il poema cavalleresco sono numerose.

L'ispirazione familiare

La prima è un motivo biografico. Non possiamo ignorare nella precoce vocazione alla poesia eroica del giovane Torquato l'**influenza dell'esperienza letteraria del padre Bernardo**, autore di un fortunato poema in ottave, dal titolo *Amadigi*, nel quale l'epopea cavalleresca si intreccia a vicende amorose. Torquato considera l'opera di Bernardo pari all'*Orlando furioso* ariostesco e superiore all'*Orlando innamorato* di Boiardo. È un'esagerazione dettata dall'amore filiale, che però denota quanto il modello paterno possa aver inciso sulle scelte del figlio.

Superare Ariosto

C'è poi un motivo più squisitamente letterario, che riguarda la materia da scegliere. In Italia, prima che Tasso inizi la stesura del *Gierusalemme* e del *Rinaldo*, si è andata diffondendo la moda del poema epico di argomento storico (un esempio significativo è *L'Italia liberata dai Goti* dello scrittore veneto Gian Giorgio Trissino, 1547-1548). La volontà di Tasso di rinunciare alla tipica materia cavalleresca e recuperare un'esperienza recente risente anche di una più generale **tendenza** letteraria dell'epoca a riformare il modello ariostesco e **a conciliare il classicismo con la dimensione spirituale cristiana**.

Un argomento all'ordine del giorno: la prima crociata e la minaccia turca

L'interesse dell'autore per la tematica religiosa si connette anche, proprio in quel lasso di tempo, con una **situazione storica** tornata di attualità. La presa di Costantinopoli (1453) e l'avanzata dei turchi nel Mediterraneo hanno alimentato in tutta la cultura cristiana europea il mito di una nuova crociata. Inoltre, l'incursione saracena del 1558 ad Amalfi e nella penisola sorrentina ha coinvolto anche sul piano personale Tasso (il quale, ricordiamolo, era originario proprio di Sorrento, dove viveva ancora la sorella, salvatasi per miracolo).

La stesura della *Gerusalemme liberata*

Al poema sulla prima crociata, già dunque progettato nella prima giovinezza, Tasso lavora soprattutto nel quinquennio che va **dal 1570 al 1575**. Queste date sono importanti perché è in questo periodo che la Lega Santa, composta dalla Chiesa, dalla Spagna, da Venezia e da altri Stati italiani, ottiene la vittoria contro i turchi nelle acque di **Lepanto**, in Grecia (1571); sono questi inoltre gli anni centrali del primo, e inizialmente felice, soggiorno ferrarese del poeta: la stesura dell'opera e il servizio cortigiano presso gli Estensi vanno di pari passo. Il poeta sa bene come la tradizione cavalleresca sia in auge da decenni presso quella corte, che conserva memoria dei fasti rinascimentali di Boiardo e Ariosto: inserirsi in questo filone significa per lui conquistare fiducia e stima ancora maggiori presso i colti esponenti della nobiltà ferrarese. Per una personalità come la sua, sempre alla ricerca di conferme e di apprezzamento, anche questa motivazione deve essere stata rilevante.

Tra rifacimenti e stampe non autorizzate

Nel **1575** il poeta può annunciare ad Alfonso d'Este di aver portato a termine il poema, con il titolo di ***Goffredo***, dal nome del condottiero, Goffredo di Buglione, protagonista della prima crociata e della narrazione. Benché apprezzata a corte e apertamente lodata dai letterati a cui giunge il manoscritto, l'opera non viene però pubblicata. Tasso, temendo di aver violato l'ortodossia religiosa imposta dalla Controriforma (inserendo, per esempio, episodi che egli stesso giudicava licenziosi), sottopone il poema a una **continua riscrittura** e al **vaglio di una squadra di revisori romani**, che ne suggeriscono modifiche e limature snervanti, canto per canto, ottava per ottava. La conseguenza è che, mentre il poeta è recluso nell'Ospedale di Sant'Anna, circolano dappertutto, incontrollate, diverse copie dell'opera, scorrette e lacunose, corrispondenti ad altrettanti e successivi momenti di revisione ed elaborazione.

Nel **1581** escono, mai curate in prima persona né autorizzate, le prime edizioni complete con il titolo di ***Gerusalemme liberata***. Nello stesso anno vede però la luce anche la prima edizione autorizzata dall'autore, quella che leggiamo ancora oggi, stampata a Ferrara a cura di Febo Bonnà, letterato vicino a Tasso. Tre anni dopo è la volta di una versione allestita a Mantova da Scipione Gonzaga, amico personale del poeta, che contiene alcuni interventi di censura.

La vittoria dell'ortodossia: la *Gerusalemme conquistata*

Tasso continua ancora per anni a riscrivere il suo capolavoro, tagliandolo o rielaborandolo in modo da renderlo più conforme a princìpi religiosi e morali a suo giudizio in precedenza violati o elusi. La caratterizzazione dei due schieramenti diviene più netta: alla moralità cristiana si contrappone, senza incertezze, la malvagità pagana. In particolare, egli decide di fare a meno degli episodi amorosi, eliminandoli con aperta disponibilità all'autocensura. In compenso, accentua la **teatralità fastosa**, e lo stile, che già nella *Liberata* presentava numerosi virtuosismi manieristici, viene ora appesantito da artifici retorici ormai pienamente barocchi.

Il risultato di questo lavoro più che decennale costituisce la ***Gerusalemme conquistata***, pubblicata a Roma nel **1593**, in 24 libri, con dedica non più ad Alfonso d'Este ma al cardinale Cinzio Aldobrandini. Si tratta, a tutti gli effetti, di un'opera diversa dalla *Liberata*.

Le tappe principali della composizione dell'opera	
1559-1560	Composizione di 116 ottave dell'incompiuto *Gierusalemme*, che può essere considerato il primo approccio alla materia dell'opera.
1575	Termine della prima stesura, con il titolo *Goffredo*, sottoposta al giudizio critico di vari lettori di fiducia, ai quali Tasso chiede di verificare che il testo rispetti i princìpi della Controriforma.
1581	Pubblicazione dell'opera, a cura di Angelo Ingegneri, con il titolo *Gerusalemme liberata*, apposto dall'editore. Sono 20 canti per un totale di 1917 ottave. Nello stesso anno esce la prima edizione autorizzata, a cura di Febo Bonnà.
1584	Tra le numerosissime edizioni, testimonianza di un successo immediato, quella a cura di Scipione Gonzaga è considerata particolarmente attendibile, in quanto derivata da manoscritti originali.
1593	Edizione, autorizzata dal poeta, della *Gerusalemme conquistata*, dopo una profonda revisione del testo della *Liberata*.

La trama

La prima crociata e la missione di Goffredo

Il poema, in ottave, diviso in 20 canti, ha come tema di fondo la prima crociata (1096-1099). La vicenda si apre al sesto anno della crociata (in realtà, storicamente è il terzo): i valorosi paladini cristiani, distolti da interessi personali, appaiono disorientati rispetto al nobile intento di liberare il Santo Sepolcro dai musulmani. Dio, allora, incarica il saggio **Goffredo di Buglione** di prendere la guida dell'esercito per condurlo alla conquista di Gerusalemme. A tenere la città sacra è il re **Aladino**, che può contare sull'aiuto delle forze infernali, riunite in concilio. Aladino invia nel campo crociato la bellissima **maga Armida** per allontanare dai loro doveri di cavalieri i migliori guerrieri cristiani, che infatti la seguono in un castello sulle rive del Mar Morto, nel quale vengono imprigionati.

I cristiani vicini al tracollo

Il campo dei cristiani, diviso da contese e dissidi, è abbandonato anche dal più intrepido dei suoi cavalieri, **Rinaldo**, il quale, dopo aver ucciso un principe norvegese suo calunniatore, fugge per non sottostare al giudizio di Goffredo. Già indebolito, il fronte dei crociati perde anche un altro dei suoi campioni più importanti, **Tancredi**, che crede di vedere in prossimità dell'accampamento la pagana **Clorinda**, di cui è innamorato. Si tratta invece della guerriera pagana **Erminia** che, a sua volta innamorata dell'eroe cristiano, trova ospitalità e pace dai suoi affanni d'amore presso alcuni pastori, mentre anche Tancredi finisce prigioniero del castello di Armida.

L'esercito cristiano intanto è in una situazione drammatica, incalzato dalle continue sortite degli assediati. La falsa notizia della morte di Rinaldo determina persino una rivolta contro il capitano Goffredo. Dio però interviene a suo favore proprio quando la battaglia sta per decretarne la definitiva sconfitta. Mentre l'arcangelo Gabriele allontana le forze del Male, un drappello di misteriosi cavalieri giunge in soccorso di Goffredo: sono i prigionieri di Armida, liberati da Rinaldo, il quale, dismesse le armi insanguinate che avevano fatto credere che fosse morto, prosegue il suo cammino errante verso Antiochia.

Il riscatto dei paladini e la vittoria cristiana

A questo punto, i cristiani decidono di compiere una processione al monte Oliveto, mentre i pagani, dalle mura, li coprono di insulti; il giorno successivo si svolge una battaglia cruenta, che si conclude senza vincitori né vinti, ma con il ferimento di Goffredo, poi miracolosamente risanato grazie ancora a un intervento divino. Durante la notte, **le macchine da guerra dei crociati vengono incendiate da Argante e Clorinda**. Quest'ultima, rimasta fuori dalla città, è inseguita da Tancredi, che non la riconosce e la ferisce mortalmente al termine di un drammatico duello. Quando l'eroe scopre la vera identità della donna, poco prima che muoia, affranto le impartisce il battesimo. Paralizzato dal dolore, Tancredi trae consolazione solo dalla successiva apparizione in sogno della donna amata.

Nel frattempo, altre minacce incombono sull'esercito di Goffredo. Il **mago Ismeno rende impenetrabile con i suoi incantesimi la selva di Saron**, da cui i cristiani ricavavano il legname per costruire nuove macchine da guerra; una siccità sembra inoltre piegare le loro forze residue. Goffredo è turbato da così tante avversità, ma per effetto delle sue preghiere il corso della guerra cambia di nuovo: prima una pioggia divina mitiga gli effetti della siccità, poi il ritorno di Rinaldo rende possibile la vittoria. L'eroe cristiano, infatti, vittima delle dolcezze voluttuose di Armida nelle Isole Fortunate, era stato svegliato dal suo torpore dall'intervento di due crociati inviati da Goffredo, Carlo e Ubaldo. Tornato in sé, riconciliatosi con Goffredo e pentitosi sul monte Oliveto, **Rinaldo scioglie gli incantesimi della selva di Saron**.

I cristiani allora, dopo aver costruito tre torri, possono infine sferrare l'attacco decisivo: **Gerusalemme viene conquistata**. Nell'ultima grande battaglia Tancredi uccide Argante, è ferito ma viene curato da Erminia; Rinaldo abbatte il coraggioso Solimano; l'esercito egizio, sopraggiunto in aiuto di quello musulmano, è distrutto; la torre di David, ultimo baluardo della cittadella di Gerusalemme, cade nelle mani dei crociati. Anche Aladino è ucciso. Ormai sconfitta, Armida fugge per suicidarsi ma, raggiunta da Rinaldo, si converte al cristianesimo. Il poema ora può davvero concludersi: l'ultima scena è l'**ingresso di Goffredo nel tempio di Gerusalemme**, dove depone le armi e dichiara conclusa la crociata.

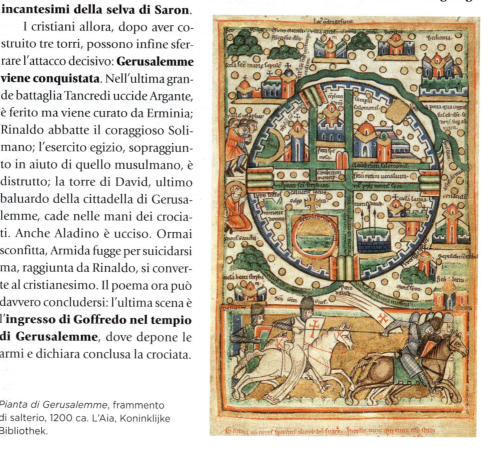

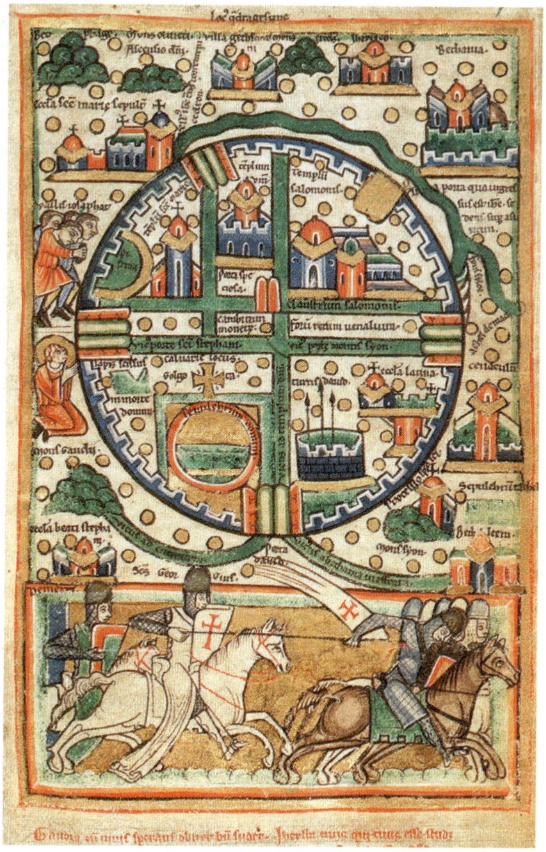

Pianta di Gerusalemme, frammento di salterio, 1200 ca. L'Aia, Koninklijke Bibliothek.

I personaggi

Il complesso profilo psicologico degli eroi

La caratteristica che è alla base della fisionomia di quasi tutti i personaggi della *Liberata* è la complessità. Essi non spiccano tanto per le loro imprese, quanto per l'**intrico dei sentimenti** che li agita, per i tortuosi meccanismi psicologici con cui vivono l'eterno dissidio tra pulsioni del cuore e dovere religioso. Chiusi nei loro tormenti interiori, i protagonisti del poema risultano sempre incapaci di comunicare con gli altri, costretti in una condizione di solitudine, **inermi e sconfitti da un** fosco e **ineluttabile destino**, di cui sono ben consci.

D'altra parte, l'atteggiamento di Tasso nei confronti delle figure che popolano il suo poema è molto diverso da quello di Ariosto. Questi guarda distaccato la capricciosa e favolosa varietà della vita, gli eventi del mondo, le difficoltà e gli insuccessi dei suoi cavalieri erranti, consapevole di quanta menzogna e di quanto artificio fantastico ci siano nelle sue narrazioni. **Tasso** invece **partecipa dei sentimenti dei suoi eroi**, profondendovi la propria umanità, immedesimandosi nelle passioni e nei travagli di quelli che appaiono come uomini e donne reali e non come creature di una bella storia letteraria.

L'eroe senza macchia: Goffredo

La poesia dei personaggi della *Liberata* risiede dunque nell'infelicità. Non a caso, l'unico personaggio sempre uguale a sé stesso, mai sfiorato dal dubbio, il capitano senza macchia **Goffredo**, è quello artisticamente meno riuscito: perfetto esemplare di **eroe della Controriforma**, incarna l'aspirazione del poeta a superare le debolezze e le passioni umane in nome di un alto ideale. In questo campione di nobiltà e grandezza si ritrovano fusi sia i valori della tradizione classica (forza, coraggio, lealtà) sia le virtù cristiane (fede, obbedienza a Dio, senso del dovere).

L'eroe coraggioso e l'eroe tormentato: Rinaldo e Tancredi

Agli antipodi di Goffredo si può invece collocare **Rinaldo**, il personaggio in cui Tasso ha riposto tutte le incertezze e le contraddizioni dell'esistenza. Con lo stesso slancio, che ne caratterizza l'indole, Rinaldo cede allo sdegno e all'ira, si annulla nel piacere dei sensi e si abbandona alla mistica preghiera grazie alla quale può vincere l'incanto della selva di Saron.

Mentre **Rinaldo** ha una **prorompente vitalità**, **Tancredi** è invece **malinconico**, **assorto nel sogno e nell'inquietudine**, assillato dal senso di colpa per l'illecito amore che nutre nei confronti della guerriera musulmana Clorinda, e poi straziato dall'averne provocato lui stesso la morte.

Proprio questo oscillare tra **fede e peccato**, tra devozione religiosa e tentazione profana è un tratto che caratterizza l'interiorità della maggioranza dei personaggi principali del poema: ne sono immuni solo le figure non toccate dai tormenti amorosi (il cristiano Goffredo o i saraceni Argante e Solimano).

Gli eroi e le eroine pagani

Quanto ai personaggi pagani, anch'essi non mancano di nobiltà e di generosità, anzi: orgogliosi, accaniti e talora segnati da una specie di autolesionistico desiderio di morire, appaiono come **eroi dolenti e ricchi di dignità**, disposti a tutto pur di mostrare il proprio valore e di non retrocedere dinanzi al rischio o a imprese che non hanno alcuna possibilità di successo. Anche – e specialmente – le **tre eroine**, che dovrebbero ostacolare i crociati, sono in realtà pervase da un senso di sconfitta imminente, sublimato dalla conversione finale: **Armida**, la perfida maga al servizio del Male che poi si redime abbandonandosi all'amore per Rinaldo; **Erminia**, l'innamorata sognatrice che realizza nel finale il proprio desiderio di assistere e proteggere Tancredi ferito; ma soprattutto **Clorinda**, che nel momento della morte riacquista la fede cristiana e la bellezza femminile prima sacrificata nella ferocia della guerra.

La struttura poetica

Oltre Ariosto: il progetto di un poema eroico

Nella scelta e nella disposizione della materia Tasso obbedisce alla tendenza precettistica e normativa tipica della letteratura della seconda metà del Cinquecento. Quanto Ariosto si era esplicitamente rifatto al precedente rappresentato da Boiardo, tanto **Tasso si discosta dal modello ariostesco**, considerato troppo libero, troppo "laico", troppo lontano dai rigidi schemi del genere. Fondamentale si rivela, in tal senso, la lettura prescrittiva della *Poetica* aristotelica: Tasso accoglie il **principio di unità dell'azione drammatica**, concependo la trama del poema intorno a un eroe (Goffredo) e a un'azione (la liberazione della città santa), in uno spazio preciso (Gerusalemme), in un tempo definito e circoscritto (la prima crociata).

Obiettivi e strumenti della poesia

Come suggeriscono i dettami della poetica aristotelica, Tasso attribuisce alla storia l'obbligo di raccontare il vero, il dato reale, mentre il **compito** specifico **della poesia è narrare il verosimile**, vale a dire ciò che sarebbe potuto avvenire: in altri termini, il poema eroico non può essere leggendario, ma deve basarsi su un evento storico, rispetto al quale tuttavia conserva un margine di invenzione, di libertà, di finzione.

Al tempo stesso, però, la **poesia deve perseguire l'utile** (cioè rappresentare le azioni più nobili e gli effetti della virtù più alta), rendendolo compatibile con il diletto (secondo il precetto del poeta latino Orazio *miscere utile dulci*, mescolare l'utile al dolce). In concreto, da un lato la base narrativa deve attingere alla Storia: né troppo lontana né troppo recente, affinché non ci siano né cadute in un "passato" mitologico troppo estraneo al lettore né riferimenti a un presente troppo vicino che precluderebbe all'autore la «licenza di fingere», cioè di inventare; dall'altro lato, la storia stessa deve rappresentare un oggetto di riflessione e di insegnamento morale, che la letteratura si incarica di rendere più piacevole aggiungendovi – come Tasso scrive nel proemio – dei «fregi», episodi di fantasia, non accaduti realmente ma che sarebbero potuti accadere.

Tra verosimile e meraviglioso

Tuttavia l'invenzione è possibile a patto che rimanga entro certi limiti e non superi i confini del credibile: il compito più impegnativo del poeta epico è proprio mantenere l'**equilibrio tra reale e ideale, storia e fantasia**, **verosimile e meraviglioso**, salvaguardando il diritto-dovere di arricchire la vicenda storica (la crociata contro i musulmani) con episodi nei quali si riflettano le virtù dei personaggi e i misteriosi interventi di Dio in lotta contro le forze del Male.

Nonostante la verosimiglianza della narrazione, la *Liberata* infatti non fa eccezione rispetto alle altre opere del genere epico-cavalleresco: la **presenza del magico e del soprannaturale** è un elemento fondamentale del poema. Ciò non comporta il ricorso alle favole pagane, alla mitologia antica o alle gratuite invenzioni della fantasia: obiettivo di Tasso è creare il "**meraviglioso cristiano**", vale a dire un insieme di prodigi, miracoli e apparizioni divine, a cui i lettori possano credere in quanto opera di Dio.

D'altra parte, **la magia contiene un'istanza di disgregazione e di disordine**, simboleggiando l'irrazionalità e l'oscurità che adombrano le pieghe della Storia e dell'agire umano. Essa nasconde la presenza del maligno nella vita degli individui, come si vede dall'esperienza dei cavalieri cristiani, impegnati nell'ardua impresa di evitare le tentazioni che li distolgono dal retto cammino, tentazioni che possono presentarsi sotto forma di incantesimi e soprattutto sotto il seducente aspetto della bellezza (a cui non riesce a sottrarsi, per esempio, Rinaldo, il quale finisce nell'allettante rete amorosa della maga Armida).

Il poema come «un picciolo mondo»: la ricerca dell'unità

Oltre a tener fede a queste convinzioni teoriche, Tasso persegue anche l'obiettivo di costruire un'opera in cui la vicenda portante non perda mai i connotati di unitarietà (diversamente dal *Furioso*, per cui si è parlato di "policentrismo"). Tuttavia, attorno all'azione principale ci può essere spazio per digressioni ed episodi secondari, utili a evitare il rischio della monotonia. Ciò non comporta il succedersi avventuroso e quel groviglio inestricabile di situazioni che si manifestano fino all'estremo nel poema ariostesco. In Tasso la prospettiva religiosa fa sì che la **struttura narrativa** rimanga **salda**, **chiusa**, **concentrata** intorno allo scopo unico della conquista del Santo Sepolcro: a tale fine devono essere ricondotti i guerrieri sviati («erranti»), tentati cioè dalle forze del Male.

I temi

L'insanabile separazione di due mondi

Nello sviluppo della trama Tasso inserisce temi diversi – l'amore, le avventure, le magie – che servono a intrattenere i lettori e insieme a presentare la sua visione del mondo. È un mondo pieno di conflitti e di contraddizioni, nel quale lottano forze antitetiche: da una parte i fedeli e dall'altra gli infedeli; da una parte le **potenze infernali** e dall'altra **quelle angeliche**; da una parte la magia diabolica e dall'altra il senso cristiano del meraviglioso. Viene sempre rimarcata l'**impossibilità della concordia**, una dimensione universalmente irrealizzabile che riproduce la **lotta eterna tra Dio e Satana**.

Due conflitti: il Bene e il Male; l'Umanesimo e la Controriforma

Lettura critica p. 592

A differenza di quanto accade nell'*Orlando furioso* (dove cavalieri cristiani e musulmani sono così antropologicamente simili da risultare spesso indistinguibili), nella *Gerusalemme liberata* i personaggi sono divisi in modo rigido tra i rappresentanti della virtù e quelli del vizio. La guerra che essi combattono è – diremmo oggi – una "guerra di civiltà". Coerentemente con la visione religiosa della Controriforma, Goffredo e le sue truppe incarnano l'utopia di un mondo cristianizzato, condotto dalle armi "benedette" sotto l'ala protettiva della Chiesa. **I saraceni**, oltre a essere i seguaci di Maometto, sono indicati come **nemici dell'umanità**, personificazione del peccato, soldati di Satana.

Ma c'è di più. Oltre che su un piano religioso, possiamo collocare il conflitto anche su un piano culturale. A ben vedere, infatti, **i cavalieri musulmani** sono **portatori di un'etica laica**, spregiudicata e individualistica, che ha in sé la propria giustificazione. In altre parole, incarnano un codice di valori "umanistici" che i cristiani hanno l'obbligo di rifiutare o quanto meno di sottomettere alla disciplina di un criterio superiore. Quei valori edonistici non hanno perso per Tasso il loro fascino (come ben documentano gli stessi cristiani, sempre in bilico tra rigore e trasgressione, autocontrollo e cedimento): la sua religiosità tormentata e mai formalistica non lo rende immune dalle lusinghe mondane e dai voluttuosi richiami della bellezza fisica. In questo senso, le tentazioni vissute dai suoi eroi sono le stesse a cui il poeta non riesce mai del tutto a sottrarsi: il «bifrontismo», di cui abbiamo già parlato, si manifesta compiutamente in queste contraddizioni.

L'ambivalente visione della guerra

Anche il tema della **guerra** è sottoposto alla stessa ambiguità: essa costituisce **un'esperienza necessaria per sconfiggere il Male** ed esaltare l'eroismo individuale a difesa della fede. Valori come l'onore, il coraggio e il senso del dovere morale non sono mai messi in discussione, né viene meno l'esaltazione, tipicamente rinascimentale, delle armi, che possiamo cogliere nelle scene epiche dei duelli e delle battaglie.

Tuttavia il **conflitto** è rappresentato realisticamente come un'**avventura disumana** da descrivere senza veli nella sua verità raccapricciante e luttuosa. In fondo alla guerra ci sono sempre la morte che incombe e il dolore da rispettare pietosamente, anche quando tocca i vinti infedeli.

Eros e peccato

Per comprendere appieno il mondo interiore di Tasso e la sua più schietta vena lirica, dobbiamo poi immergerci nell'atmosfera delle vicende amorose che si susseguono nel poema, nelle quali l'effusione dei sentimenti si alterna sempre al **senso del rimorso e del peccato**.

Anche l'**amore**, infatti, nasce e cresce come **scontro tra opposti**, tra piacere e colpa, voluttà e tristezza, fantasie languide e cattivi presagi. I protagonisti toccati dalla passione sono scossi da una forza oscura e fatale, che non dà loro gioia, bensì tormento e solitudine, nonché la sofferta coscienza che abbandonarsi alle lusinghe dei sensi comporta il venir meno ai doveri morali e religiosi. Non a caso, nella maggior parte delle situazioni la passione è unilaterale oppure nasce in condizioni tali che gli innamorati prevedono sin dall'inizio la tragica vanità del loro desiderio: Tancredi è innamorato della pagana Clorinda; lo stesso Tancredi è invece a sua volta amato dalla dolce Erminia, che è incapace di comunicargli i propri sentimenti; la maga Armida ama follemente Rinaldo che è soggiogato da lei, ma la loro separazione è necessaria per la vittoria cristiana sui pagani.

Il paesaggio come stato d'animo

Come i protagonisti e le situazioni narrate, anche il paesaggio riporta sempre alla sensazione di qualcosa che sfugge, «a quel perenne fluttuare di belle forme che albeggiano e subito tramontano» (Getto). È un **paesaggio che non rasserena**, ma al contrario alimenta pensieri di tristezza e caducità. Panorami solitari, luci tenere dell'aurora, ombre della notte, rovine abbandonate, deserti e oceani sconfinati, tempeste improvvise: più che sfondi narrativi (o divertenti scenari fantastici, come in Ariosto), sembrano "personaggi" essi stessi, pronti a trasformarsi, a minacciare o tranquillizzare l'uomo, animati da forze malefiche o benigne. Anche attraverso questa natura splendida e inquietante Tasso riesce a esprimere la magia dell'atmosfera che aleggia in tutto il suo capolavoro.

Lo stile

Il «bifrontismo» stilistico

Oltre ai contenuti narrativi, Tasso cerca di conformare anche lo stile a un criterio il più possibile omogeneo, ricercando il sublime e il solenne, come conviene all'argomento narrato, senza cedimenti a quegli aspetti comici o frivoli che troviamo nella tradizionale produzione cavalleresca umanistico-rinascimentale italiana. Tuttavia la volontà dell'autore di «**parlar grande e magnifico**» secondo i criteri della retorica classicistica è spesso contaminata da tendenze assai diverse: l'epico si trova così fuso con il lirico all'interno di uno stile per molti versi ambiguo, corrispettivo del suo «bifrontismo» ideologico.

In tal modo, l'ottava di Tasso appare ora sostenuta ed eroica, ora flebile e patetica, spesso spezzata e con una **vasta escursione di toni**, adattati alla situazione narrata, ma sempre finalizzati ad acutizzare gli **effetti emotivi** del testo. Anche le scelte linguistiche accentuano la **tensione lirica soggettiva**: l'uso di espressioni intensamente evocative e di parole inconsuete ricerca proprio le sensazioni più varie e sfumate di una morbida musicalità.

L'ampliamento dei modelli

Nel poema non viene mai meno la **forte letterarietà**, data dal richiamo costante a immagini e stilemi della tradizione più aulica. Tale è infatti la sostanza del vocabolario della *Liberata*: mobile, soggetto a numerosi registri (dall'epico al lirico, dall'aspro al languido ecc.), ma sempre alto e ricercato, aperto ai grandi autori della cultura classica (Virgilio, Ovidio, Lucano ecc.) e volgare (Dante, Petrarca, Boccaccio, Poliziano, Ariosto, Della Casa).

Una scrittura asimmetrica

Come si evince anche dalla parallela riflessione teorica, sviluppata soprattutto nei *Discorsi dell'arte poetica* e nei *Discorsi del poema eroico*, un vettore decisivo dello stile «magnifico» è, insieme al lessico, il sistema delle scelte sintattiche e retoriche: qui troviamo un uso intenso di tutte quelle tecniche che «s'allontanano da l'uso commune» per **artificiosità e complessità**, per la loro capacità di evidenziare l'intensità e l'eccezionalità delle situazioni e degli stati d'animo dei protagonisti.

Il periodare della *Liberata* è per lo più ipotattico e non di rado complicato da incisi parentetici, da concatenazioni tra una frase e l'altra regolate più dal senso che da precise congiunzioni logico-grammaticali (è il cosiddetto «**parlar disgiunto**»), o ancora da figure come l'*enjambement* (rinominato dal poeta «rompimento de' versi»). L'impianto retorico intreccia inoltre sia figure di composta **simmetria e parallelismo** (anafore, dittologie ecc.) sia modalità tipiche dello stile che Tasso chiama «**obliquo o distorto**», in quanto muta l'ordine consueto delle parti del discorso (soprattutto anastrofi e iperbati): artifici, questi, che non piacquero ai revisori della *Liberata*, ma che Tasso difese strenuamente in quanto utili ad accrescere gli effetti di tensione e partecipazione emotiva alla vita e al sentire dei personaggi.

I testi

Temi e motivi dei brani antologizzati		
T6	**Proemio** I, 1-5	▪ la guerra sacra ▪ la finalità morale dell'opera ▪ la dedica ad Alfonso d'Este
T7	**L'apparizione di Gerusalemme** III, 1-8	▪ il *pathos* collettivo dei crociati ▪ l'arrivo a Gerusalemme come la fine di un pellegrinaggio
T8	**Tancredi e Clorinda** XII, 52-70	▪ il destino di amore e morte dei due guerrieri ▪ il pentimento, il battesimo e la morte di Clorinda
T9	**Rinaldo e Armida nel giardino delle delizie** XVI, 1-2; 9-22	▪ il giardino incantato simbolo di smarrimento della ragione ▪ l'Eden come luogo misterioso e peccaminoso ▪ la natura come illusione ▪ l'amore come risultato di una magia
T10	**Rinaldo vince l'incantesimo della selva** XVIII, 18-38	▪ la sconfitta della magia "infernale" ▪ il raggiungimento dell'equilibrio e della saggezza da parte dell'eroe ▪ la serenità della natura contrapposta all'artificiosità della magia
T11	**Solimano e la tragica condizione umana** XX, 73-75	▪ la riflessione sulla morte ▪ il pessimismo di Tasso
T12	**La conclusione del poema** XX, 134-136; 144	▪ la conquista del Santo Sepolcro

• T6 •

Proemio

Canto I, ott. 1-5

L'**argomento** del poema

Il poema si apre con un proemio tradizionale: alla proposizione iniziale della materia seguono l'invocazione alla Musa (che non è quella classica e pagana) e la dedica ad Alfonso d'Este.

METRO Ottave di endecasillabi con schema di rime ABABABCC.

1

Canto l'arme pietose e 'l capitano
che 'l gran sepolcro liberò di Cristo.
Molto egli oprò co 'l senno e con la mano,
molto soffrì nel glorioso acquisto;
e in van l'Inferno vi s'oppose, e in vano
s'armò d'Asia e di Libia il popol misto.
Il Ciel gli diè favore, e sotto a i santi
segni ridusse i suoi compagni erranti.

2

O Musa, tu che di caduchi allori
non circondi la fronte in Elicona,
ma su nel cielo infra i beati cori
hai di stelle immortali aurea corona,
tu spira al petto mio celesti ardori,
tu rischiara il mio canto, e tu perdona
s'intesso fregi al ver, s'adorno in parte
d'altri diletti, che de' tuoi, le carte.

3

Sai che là corre il mondo ove più versi
di sue dolcezze il lusinghier Parnaso,
e che 'l vero, còndito in molli versi,
i più schivi allettando ha persuaso.
Così a l'egro fanciul porgiamo aspersi
di soavi licor gli orli del vaso:
succhi amari ingannato intanto ei beve,
e da l'inganno suo vita riceve.

1 pietose: utilizzate per un'impresa pia, cristiana. **'l capitano:** Goffredo di Buglione (1060 ca - 1100). Duca della Bassa Lorena, alla testa di un esercito di lorenesi, francesi e tedeschi è il protagonista della prima crociata e occupa Gerusalemme il 15 luglio 1099.
2 gran: sacro.
3 Molto... mano: operò molto con la sua prudenza e con il suo valore in battaglia.
4 molto... acquisto: superò molte difficoltà per giungere alla gloriosa conquista.
5 vi: gli.
6 d'Asia... misto: i musulmani dell'Asia e dell'Africa.
9 caduchi allori: glorie poetiche effimere.
10 Elicona: il monte della Beozia, sacro ad Apollo e alle Muse, simbolo della poesia pagana.
11 i beati cori: i cori angelici.
13 spira: infondi. **celesti ardori:** un'ispirazione cristiana.
14 rischiara: rendi illustre.
15-16 s'intesso fregi al ver, s'adorno... le carte: se intreccio ornamenti poetici (*fregi*) alla verità storica, se adorno in parte le pagine di piaceri terreni, diversi (*altri*) rispetto a quelli della Musa celeste.
17-20 Sai che là... ha persuaso: sai (il poeta si rivolge ancora alla Musa) che tutti sono attratti (*corre il mondo*) lì dove la poesia (*Parnaso*: monte della Focide, considerato sede di Apollo e delle Muse; qui *lusinghier* perché la poesia alletta) diffonde di più le sue dolcezze e che la verità, espressa (letteralmente "nascosta") in versi piacevoli, ha convinto allettando coloro che appaiono più refrattari ad accoglierla.
21 egro: ammalato. **aspersi:** cosparsi.
22 licor: essenze (per esempio, il miele). **vaso:** bicchiere.
23 succhi amari: le medicine.

4
Tu, magnanimo Alfonso, il qual ritogli
al furor di fortuna e guidi in porto
me peregrino errante, e fra gli scogli
e fra l'onde agitato e quasi absorto,
queste mie carte in lieta fronte accogli,
che quasi in voto a te sacrate i' porto.
Forse un dì fia che la presaga penna
osi scriver di te quel ch'or n'accenna.

5
È ben ragion, s'egli averrà ch'in pace
il buon popol di Cristo unqua si veda,
e con navi e cavalli al fero Trace
cerchi ritòr la grande ingiusta preda,
ch'a te lo scettro in terra o, se ti piace,
l'alto imperio de' mari a te conceda.
Emulo di Goffredo, i nostri carmi
intanto ascolta, e t'apparecchia a l'armi.

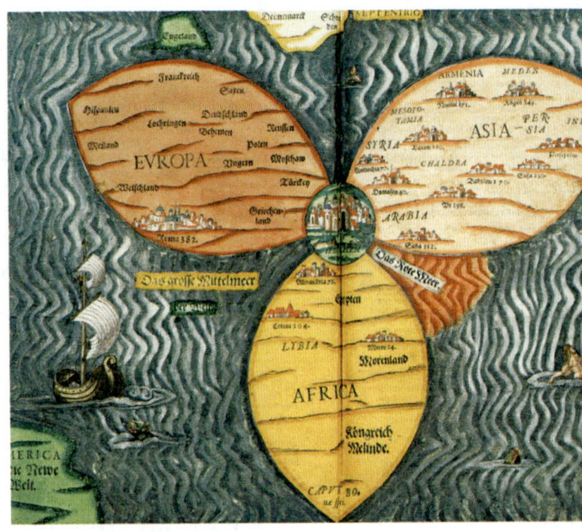

Heinrich Bünting, *Itinerarium Sacrae Scripturae*, 1581. Portland, Osher Collection.

25 magnanimo Alfonso: generoso Alfonso. Si riferisce ad Alfonso II d'Este (1533-1597). Figlio di Ercole II, diventò duca di Ferrara nel 1559. Sin dal 1572 fu protettore di Tasso. **ritogli:** sottrai.
26 fortuna: tempesta.
27 peregrino errante: esule senza meta. Nella *Canzone al Metauro* Tasso aveva definito sé stesso «fugace peregrino» (v. 4, ➤ T1, p. 520).
28 absorto: sommerso (latinismo da *absortus*).
29 in lieta fronte: benevolmente.
30 sacrate: consacrate. **i':** io (apocope).
31-32 un dì... n'accenna: verrà un giorno in cui la mia penna, che già presagisce la gloria di Alfonso, potrà cantare di te ciò che ora accenna soltanto. **fia:** accadrà.
33 È ben ragion: è giusto.
34 buon: valente. **unqua:** mai (latinismo).
35 al fero Trace: ai turchi feroci (*Trace* perché i turchi avevano occupato le terre dell'antica Tracia, la regione intorno a Costantinopoli).
36 ritòr la grande ingiusta preda: di riprendere la Terra Santa (definita *grande ingiusta preda* per la sua importanza religiosa e poiché era stata sottratta ai cristiani, suoi legittimi possessori).
38 alto imperio: comando supremo.
39 carmi: versi.
40 t'apparecchia a l'armi: preparati all'impresa militare.

Dentro il TESTO

I contenuti tematici

Fedeltà e infedeltà al modello virgiliano

Il proemio della *Liberata* segue rigorosamente il modello classico. Come vuole la tradizione, le ottave iniziali si dividono in proposizione (1), invocazione (2-3) e dedica (4-5). La prima espone l'argomento del poema, precisandone subito il carattere di epopea cristiana. Il verso di apertura *Canto l'arme pietose e 'l capitano* riecheggia l'*incipit* dell'*Eneide* di Virgilio (*Arma virumque cano*, Canto le armi e l'uomo), ma al tempo stesso si distanzia subito dall'archetipo sottolineando il carattere sacro della guerra narrata: mentre Virgilio insiste nel suo poema sugli orrori del conflitto, qui le armi sono *pietose* in quanto strumenti di uno scopo religioso quale la liberazione del Santo Sepolcro.

Goffredo, ambasciatore di Dio nella lotta contro Satana

D'altra parte, nell'uniformarsi alla tradizione del poema epico classico, Tasso concentra in via preliminare l'attenzione su un protagonista unico: la coppia oppositiva «l'arme, gli amori» presente nel verso iniziale dell'*Orlando furioso* e tipica del romanzo cavalleresco lascia spazio all'eroe e alla prospettiva esclusiva della sua azione (*Molto egli oprò*, v. 3) e del suo sacrificio (*molto soffrì*, v. 4).

L'artefice della grande impresa celebrata nel poema è Goffredo di Buglione, definito *capitano*: un appellativo militare messo in risalto dalla collocazione nel primo verso e in rima, ed estraneo al linguaggio epico. A lui spetta il compito di combattere le forze infernali del Male, terribili ma destinate alla sconfitta (Tasso sottolinea per ben due volte, con *in van… in vano*, v. 5, quanto sia inutile la loro ostilità). Per raggiungere lo scopo (il *glorioso acquisto*, v. 4), Goffredo ha dovuto riportare sulla retta via i cristiani fuorviati e dispersi: il riferimento ai *compagni erranti* (v. 8) implica un altro elemento di novità rispetto al poema cavalleresco rinascimentale (l'"errare" qui contiene il significato morale di cadere nella colpa e nell'errore, smarrendosi dietro a valori effimeri), e permette all'autore di caratterizzare l'architettura ideologica dell'opera, sin dalla prima ottava, opponendo il Bene al Male, il Cielo all'Inferno, la retta via alla perdizione.

La Musa cristiana

La seconda ottava contiene, come da tradizione, l'invocazione alla Musa. Non si tratta però di una delle nove Muse della classicità, dispensatrici di *caduchi allori* (v. 9), cioè di una gloria fugace. Tasso si rivolge infatti alla Musa celeste della poesia cristiana, che simboleggia l'ispirazione divina. A lei, che infonde verità e dispensa immortalità, il poeta chiede perdono per aver intrecciato alla verità storica ornamenti poetici (*fregi*, v. 15). Essendo un poeta e non uno storico, egli intende promuovere l'alta finalità morale della propria opera senza rinunciare alla libertà d'invenzione, necessaria per incontrare il gusto del lettore evitando di annoiarlo. Rendere accattivante la storia – così Tasso si giustifica nella terza ottava – permette infatti di attrarre anche gli animi più refrattari agli insegnamenti morali e di rendere gradevole la verità della fede con forme e argomenti che assicurano il diletto quali il meraviglioso, l'avventura, l'amore.

Tale considerazione, in linea con i princìpi teorici esposti nei *Discorsi*, è ispirata da Orazio (il quale nell'*Arte poetica* sosteneva la necessità di fondere il dolce con l'utile) e giustificata attraverso il riferimento alle dolci essenze che si cospargono sull'orlo del bicchiere contenente la medicina, immagine che Tasso riprende da famosi versi del *De rerum natura* del poeta latino Lucrezio.

La dedica

Infine, le ultime due ottave condensano il carattere encomiastico e di attualità storica del poema: poiché il mondo cristiano è sotto la minaccia turca e il Santo Sepolcro è ancora nelle mani dei musulmani, Tasso si augura che il generoso Alfonso d'Este, da cui egli, perseguitato dalla sventura, ha ricevuto protezione e ospitalità, riceva dal *buon popol di Cristo* (v. 34) l'incarico di guidare una nuova crociata, per poter ripetere il successo di Goffredo.

Le scelte stilistiche

Un esempio eloquente dello stile «magnifico» di Tasso

A differenza dell'ironico e colloquiale esordio del *Furioso*, quello della *Liberata* si caratterizza subito per il livello stilistico sostenuto, per una sintassi elaborata e simmetrica e per il lessico prezioso. Quanto Ariosto ricerca un ritmo fluido e armonioso, tanto Tasso persegue un andamento enfatico e scelte auliche, in coerenza con la teoria enunciata nei *Discorsi dell'arte poetica*, secondo la quale la poesia deve essere espressa «con altissimo verso, al fine di muovere gli animi con la meraviglia e di giovare». Ne è spia la presenza delle anafore (*Molto… molto*, vv. 3-4; *in van… in vano*, v. 5), degli *enjambement* (particolarmente incisivo è quello dei vv. 7-8, *santi / segni*), dell'ossimoro (*l'arme pietose*, v. 1) e di espressioni vaghe, dalla forte pregnanza evocativa (è il caso del *popol misto* e dei *compagni erranti*, vv. 6 e 8).

Allo stesso modo, le strofe successive a quella iniziale ne riproducono la grave solennità: ben quattro sono le esclamazioni rivolte alla Musa (scandite dal martellante pronome personale *tu*); la similitudine dell'*egro fanciul* è costruita sul chiasmo *porgiamo... soavi licor; succhi amari... beve* (vv. 21-23); troviamo figure retoriche come la metonimia (*carte, penna*, vv. 29 e 31) e la metafora (*caduchi allori*, v. 9; *guidi in porto / me peregrino errante, e fra gli scogli / e fra l'onde*, vv. 26-28); si addensano i latinismi (*absorto* e *unqua*, vv. 28 e 34) e compare l'antitesi *Tu* (Alfonso) / *me* (Tasso), sciolta infine dall'insistenza dei riferimenti diretti al signore (ben quattro volte in altrettanti versi).

Orlando furioso **e** ***Gerusalemme liberata*****: due proemi a confronto**

	Orlando furioso	*Gerusalemme liberata*
La materia	varia (*Le donne, i cavallier, l'arme, gli amori, / le cortesie, l'audaci imprese io canto*)	unica (*Canto l'arme pietose e 'l capitano*)
Il tempo	indefinito e favoloso (*al tempo che passaro i Mori / d'Africa il mare*)	storico (l'epoca in cui Goffredo *'l gran sepolcro liberò di Cristo*)
Le cause	umane (*l'ire e i giovenil furori / d'Agramante*)	divine (lo scontro tra Inferno e Cielo)
I protagonisti	il "folle" Orlando (*per amor venne in furore e matto, / d'uom che sì saggio era stimato prima*)	l'eroico Goffredo, votato unicamente all'impegno (*Molto egli oprò*) e al sacrificio (*molto soffrì*)
I dedicatari	la *generosa Erculea prole*, distratta ascoltatrice dell'*opera d'inchiostro* del poeta	il *magnanimo Alfonso*, un giorno non lontano *Emulo di Goffredo*
L'autore	Ariosto, ironicamente autoritrattosi quasi folle d'amore come il suo eroe, *umil servo* del signore	Tasso, *peregrino errante*, sofferente naufrago *agitato e quasi absorto*
L'invocazione	alla donna amata	a una Musa celeste

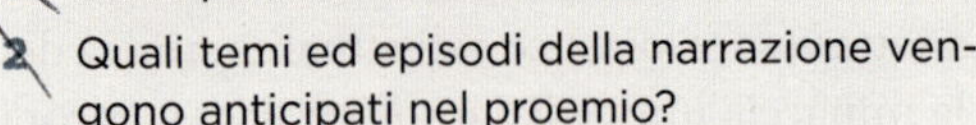

Verso le COMPETENZE

COMPRENDERE

1 Fai la parafrasi delle ottave del proemio.

2 Quali temi ed episodi della narrazione vengono anticipati nel proemio?

3 Una delle ottave del proemio contiene una vera e propria dichiarazione di poetica. Individuala e spiegala.

4 Quale prospettiva storica viene prefigurata dal poeta nell'ultima ottava?

ANALIZZARE

5 Precisa il significato degli aggettivi *erranti* (v. 8) ed *errante* (v. 27).

6 Le ottave del proemio propongono una lunga catena di antitesi. Identifica per ciascun elemento quello opposto e antitetico.
Ciel ▪ *capitano* ▪ *Musa* (pagana) ▪ *Elicona* ▪ *caduchi allori* ▪ *ver* ▪ *diletti* (della morale religiosa) ▪ *succhi amari*

INTERPRETARE

7 Confronta come il poeta descrive la sua condizione esistenziale nella quarta ottava e nella *Canzone al Metauro* (➤ T1, p. 520).

PRODURRE

8 SCRIVERE PER **RIELABORARE**

Salve Musa, per cominciare è meglio
essere leggeri. O caro lettore,
tanto tempo fa, era il primo abbaglio
degli anni '80, viveva un signore
di nome John. Un uomo realizzato:
giovane, solitario, rispettato.
Una sera attraversando il giardino
accanto al Golden Gate, il suo cammino
s'andò a incrociare con un frisbee rosso
che quasi l'uccideva: «Chi farei
disperare», pensò, «chi renderei
felice con la mia morte?». Fu scosso,
ma da tali quesiti deprimenti
si rivolse a meno estremi argomenti.

Così inizia *Golden Gate*, moderno poema epico dello scrittore indiano Vikram Seth (n. 1952), ambientato a San Francisco negli anni Ottanta. Immagina di dover scrivere un poema epico ambientato ai nostri giorni: elabora un proemio di circa 10 righe, in versi o in prosa, secondo lo spirito dell'esempio mostrato.

• T7 •

L'apparizione di Gerusalemme

Canto III, ott. 1-8

L'esercito cristiano come una schiera di pellegrini

È l'alba del 7 giugno 1099: tutto è pronto per la partenza dei crociati. Iniziata la marcia, i soldati faticano a frenare l'entusiasmo e, quando arrivano alla sospirata meta, il loro sentimento è un misto di felicità e commozione.

METRO Ottave di endecasillabi con schema di rime ABABABCC.

1
Già l'aura messaggiera erasi desta
a nunziar che se ne vien l'aurora;
ella intanto s'adorna, e l'aurea testa
di rose colte in paradiso infiora,
quando il campo, ch'a l'arme omai s'appresta,
in voce mormorava alta e sonora,
e prevenia le trombe; e queste poi
dièr più lieti e canori i segni suoi.

2
Il saggio capitan con dolce morso
i desideri lor guida e seconda,
ché più facil saria svolger il corso
presso Cariddi a la volubil onda,
o tardar Borea allor che scote il dorso
de l'Appennino, e i legni in mare affonda.
Gli ordina, gl'incamina, e 'n suon gli regge
rapido sì, ma rapido con legge.

3
Ali ha ciascuno al core ed ali al piede,
né del suo ratto andar però s'accorge;
ma quando il sol gli aridi campi fiede
con raggi assai ferventi e in alto sorge,
ecco apparir Gierusalem si vede,
ecco additar Gierusalem si scorge,
ecco da mille voci unitamente
Gierusalemme salutar si sente.

1-8 Già... suoi: già la brezza (*l'aura*) che precede l'aurora si era destata per annunciare che l'alba stava sorgendo; l'aurora nel frattempo si abbellisce e adorna il capo color oro con rose colte in cielo quando l'esercito dei cristiani (*il campo*), che ormai si prepara, vociava (*in voce mormorava*) con un alto e sonoro brusio e anticipava le trombe; e queste poi diedero i loro segnali più gioiosi e intonati.

9 Il... capitan: Goffredo. **morso:** autorità.
11-14 ché... affonda: perché sarebbe più facile deviare (*svolger il corso*) l'onda vorticosa (*volubil*) di Cariddi o frenare il vento del Nord quando scuote la dorsale dell'Appennino e fa affondare le navi (*i legni*). **presso Cariddi:** nello stretto di Messina. Nella mitologia greca, Cariddi era un gigantesco mostro marino che, posto presso uno dei lati dello stretto di Messina di fronte all'antro di un altro mostro, Scilla, inghiottiva le navi di passaggio.
15-16 Gli ordina... legge: li comanda, li dirige, e li fa procedere secondo un ritmo (*'n suon*) di marcia veloce sì, ma regolato con ordine (*rapido con legge*).
18 ratto andar: rapido passo.
19 fiede: colpisce.
20 ferventi: caldi.
23 unitamente: all'unisono.

4
Così di naviganti audace stuolo,
che mova a ricercar estranio lido,
e in mar dubbioso e sotto ignoto polo
provi l'onde fallaci e 'l vento infido,
s'al fin discopre il desiato suolo,
il saluta da lunge in lieto grido,
e l'uno a l'altro il mostra, e intanto oblia
la noia e 'l mal de la passata via.

5
Al gran piacer che quella prima vista
dolcemente spirò ne l'altrui petto,
alta contrizion successe, mista
di timoroso e riverente affetto.
Osano a pena d'inalzar la vista
vèr la città, di Cristo albergo eletto,
dove morì, dove sepolto fue,
dove poi rivestì le membra sue.

6
Sommessi accenti e tacite parole,
rotti singulti e flebili sospiri
de la gente ch'in un s'allegra e duole,
fan che per l'aria un mormorio s'aggiri
qual ne le folte selve udir si suole
s'avien che tra le frondi il vento spiri,
o quale infra gli scogli o presso a i lidi
sibila il mar percosso in rauchi stridi.

7
Nudo ciascuno il piè calca il sentiero,
ché l'essempio de' duci ogn'altro move,
serico fregio o d'or, piuma o cimiero
superbo dal suo capo ognun rimove;
ed insieme del cor l'abito altero
depone, e calde e pie lagrime piove.
Pur quasi al pianto abbia la via rinchiusa,
così parlando ognun sé stesso accusa:

25-32 Così di naviganti... passata via: allo stesso modo una coraggiosa moltitudine (*stuolo*) di marinai che parta alla ricerca di una terra ignota, e in un mare pericoloso (*dubbioso*) e sotto un cielo sconosciuto (*ignoto polo*) affronti le onde pericolose (*fallaci*) e il vento inaffidabile (*infido* perché può cambiare da un momento all'altro), se alla fine vede la terra desiderata, la saluta da lontano con grida gioiose, e l'uno la mostra all'altro, e intanto dimentica (*oblia*) la stanchezza e i pericoli (*'l mal*) del viaggio ormai giunto al termine.
34 ne l'altrui petto: nel cuore dei crociati.
35 contrizion: sentimento di vivo dolore e sincero pentimento per le colpe commesse.
38 albergo eletto: sede scelta.
40 rivestì: riprese (con la Resurrezione).
41 tacite: appena sussurrate.
43 ch'in un: nello stesso tempo.
48 percosso: agitato dal vento.
49 Nudo... piè: a piedi nudi (accusativo di relazione o alla greca).
50 move: induce a fare la medesima cosa.
51 serico: di seta. **cimiero:** elmo.
53 l'abito altero: l'atteggiamento superbo.
54 piove: lascia sgorgare.
55 quasi al pianto abbia la via rinchiusa: come se avesse preclusa la via alle lacrime.

8
«Dunque ove tu, Signor, di mille rivi
sanguinosi il terren lasciasti asperso,
d'amaro pianto almen duo fonti vivi
in sì acerba memoria oggi io non verso?
Agghiacciato mio cor, ché non derivi
per gli occhi e stilli in lagrime converso?
Duro mio cor, ché non ti spetri e frangi?
Pianger ben merti ognor, s'ora non piangi».

58 asperso: cosparso.
60 acerba memoria: doloroso ricordo.
61 derivi: sgorghi.
62 converso: mutato, sciolto.
63 ché non ti spetri e frangi?: perché non perdi la durezza di pietra (quindi ti commuovi) e non ti spezzi?
64 merti: meriti.

Dentro il TESTO

I contenuti tematici

Una schiera di pellegrini

È l'inizio del terzo canto. Tasso, che in precedenza aveva descritto il campo pagano, si concentra ora su quello cristiano, facendo precedere la narrazione da una simbolica visione dell'aurora che nasce, oltre che all'orizzonte, nell'animo trepidante dei soldati (ott. 1). Il viaggio dei crociati verso Gerusalemme, più che la marcia di un esercito, appare come un pellegrinaggio di fedeli. Fugati i dubbi e le incertezze dalla lungimirante prudenza di Goffredo (il cui comportamento si rivela da subito un accorto connubio di complice dolcezza e ferma autorevolezza), essi non riescono a trattenere l'emozione al cospetto della città santa. A piedi scalzi, in atto d'umiltà, i cristiani piangono, pregando in un misto di felicità e contrizione.

Una cerimonia collettiva di stile controriformistico

Il loro comportamento dinanzi al Santo Sepolcro non deve sorprendere: Tasso immagina che ciascuno di essi, come se stesse espiando i propri peccati, intensifichi il pentimento al pensiero di trovarsi realmente nel luogo della passione di Cristo. Il pianto è una reazione doverosa: *Pianger ben merti ognor, s'ora non piangi* (v. 64), come a dire che chi ha il cuore troppo duro per non provare rimorso non può meritare la benedizione divina ed è giustamente condannato alla dannazione eterna. Siamo in presenza di una sensibilità religiosa tipicamente controriformistica: la devozione autentica è infatti esibita in una scena penitenziale caratterizzata da una certa teatralità.

Le scelte stilistiche

La tecnica retorica per esprimere la commozione dei crociati

Fra le stanze presentate, particolarmente significativa sul piano retorico, oltre che contenutistico, è la terza. L'apparizione di Gerusalemme è infatti resa con grande efficacia emotiva dalla ripetizione concitata di *ecco* e poi del nome di *Gierusalemme* (entrambi per tre volte, e nei vv. 21-24 in perfetto parallelismo), quindi dall'ossimoro *tacite parole* (v. 41), che esprime lo stato d'animo dei soldati, sospeso tra esultanza e reverenza. Tasso riesce in tal modo a vivificare la scena narrata e a rendere il *pathos* collettivo dei crociati, la cui descrizione è ispirata a un analogo modulo stilistico-narrativo presente in Virgilio, nel passo in cui Enea e i troiani avvistano all'alba l'Italia («E già messe in fuga le stelle l'aurora rosseggiava, quando vediamo lontano i colli oscuri e l'Italia umile: Italia per primo grida Acate, Italia con gioioso clamore salutano i compagni», *Eneide*, III, 521-524).

Verso le COMPETENZE

COMPRENDERE

1 Con l'aiuto delle note, fai la parafrasi delle ultime tre ottave.

2 Come appare nella seconda ottava il contegno del *capitan* verso i suoi soldati?

ANALIZZARE

3 *Ali ha ciascuno al core ed ali al piede* (v. 17): quale figura retorica troviamo in questo verso?

- a Anafora.
- b Metonimia.
- c Similitudine.
- d Metafora.

4 Spiega la similitudine presente nella quarta ottava.

INTERPRETARE

5 Descrivi lo stato psicologico dei crociati alla vista della città santa.

6 La preghiera contenuta nell'ultima ottava può essere considerata, nello stile e nell'intonazione, un vero esempio di espressività manierista. Giustifica questa affermazione.

COMPETENZE LINGUISTICHE

7 L'aggettivazione della *Gerusalemme liberata* è sempre molto ricca: per ciascuna delle coppie nome-aggettivo (o aggettivo-nome) usate da Tasso, prova a individuare prima un altro aggettivo che possa essere accostato al nome, poi un nome da accoppiare all'aggettivo originario.

vento	*infido*
riverente	*affetto*
sommessi	*accenti*
tacite	*parole*
rotti	*singulti*
flebili	*sospiri*
rauchi	*stridi*

PRODURRE

8 SCRIVERE PER **ESPORRE**
Fai una ricerca sulla prima crociata: com'è nata? perché? chi furono i protagonisti dei due fronti? Prepara una presentazione in PowerPoint corredata di immagini (circa 10 slide).

9 SCRIVERE PER **ESPORRE**
Fai una ricerca su come ha vissuto e raccontato la crociata il mondo arabo: puoi utilizzare due importanti libri come *Storici arabi delle crociate*, a c. di Francesco Gabrieli, Einaudi, Torino 1957, e *Le crociate viste dagli arabi*, di Amin Maalouf, Sei, Torino 1989.

Gerusalemme vista da un viaggiatore occidentale

Lo scozzese David Roberts (1796-1864) eseguì nella prima metà dell'Ottocento una serie di dettagliate incisioni che illustravano i suoi lunghi viaggi in Egitto e in Medio Oriente. Insieme a colleghi artisti e semplici viaggiatori, soprattutto francesi e inglesi, apparteneva al vasto movimento denominato "orientalismo", che, a partire dalla spedizione napoleonica in Egitto del 1798, testimoniava l'interesse dell'Europa per le suggestioni artistiche, culturali e figurative dell'Oriente. Questa incisione raffigura la cosiddetta torre di David, una fortezza medievale situata in prossimità delle mura di Gerusalemme, vicino alla porta di Giaffa, uno dei principali ingressi alla città. Costruita nel II secolo a.C., la cittadella fu più volte distrutta e riedificata, e l'aspetto attuale risale al periodo della dominazione ottomana.

David Roberts, *La torre di David*, 1855. Londra, The Print Collector.

• T8 •

Tancredi e Clorinda

Canto XII, ott. 52-70

La **vita**, la **morte** e la **pace** finale dell'eroina

Questo può essere considerato l'episodio centrale di tutto il poema, non tanto per la sua funzione narrativa (altri sono infatti gli snodi nevralgici del racconto e della guerra stessa), quanto per la sua densità emotiva. Come e meglio che in altri momenti della *Liberata*, qui la passione amorosa si rivela nella sua tragica incompiutezza. Tancredi che uccide l'oggetto del suo desiderio, peraltro ricambiato, è il simbolo di quanto incomunicabili siano i sentimenti e di come agli uomini sia preclusa la felicità.
L'episodio antologizzato si apre nel momento in cui Clorinda, dopo aver incendiato insieme al compagno Argante una macchina da guerra dei crociati, non riesce a rientrare nelle mura di Gerusalemme. Sfruttando la confusione, tenta di mescolarsi ai nemici e di non farsi notare. Ma il cavaliere cristiano Tancredi si è accorto della sua presenza, senza però rendersi conto che dentro l'armatura del nemico si cela la donna di cui è innamorato.

METRO Ottave di endecasillabi con schema di rime ABABABCC.

L'incontro e il duello

52
Vuol ne l'armi provarla: un uom la stima
degno a cui sua virtù si paragone.
Va girando colei l'alpestre cima
verso altra porta, ove d'entrar dispone.
Segue egli impetuoso, onde assai prima
che giunga, in guisa avien che d'armi suone,
ch'ella si volge e grida: «O tu, che porte,
che corri sì?». Risponde: «E guerra e morte».

53
«Guerra e morte avrai»; disse «io non rifiuto
darlati, se la cerchi», e ferma attende.
Non vuol Tancredi, che pedon veduto
ha il suo nemico, usar cavallo, e scende.
E impugna l'uno e l'altro il ferro acuto,
ed aguzza l'orgoglio e l'ire accende;
e vansi a ritrovar non altrimenti
che duo tori gelosi e d'ira ardenti.

54
Degne d'un chiaro sol, degne d'un pieno
teatro, opre sarian sì memorande.
Notte, che nel profondo oscuro seno
chiudesti e ne l'oblio fatto sì grande,

1 **Vuol:** il soggetto è Tancredi. **ne l'armi provarla:** sfidarla a duello.
2 **degno... si paragone:** con cui valga la pena di misurare il proprio valore.
3 **l'alpestre cima:** la collina montuosa sulla quale sorge Gerusalemme.
4 **dispone:** pensa.
5 **Segue:** la insegue. **onde:** per cui.
6 **in guisa... suone:** avviene che produca un rumore di armi.
7 **che porte:** che cosa vuoi.
8 **Risponde:** il soggetto è Tancredi.
9 **disse:** il soggetto è Clorinda.
10 **darlati:** dartela (cioè darti la morte).
11 **pedon:** a piedi (si riferisce al *suo nemico*).
13 **E impugna l'uno e l'altro il ferro acuto:** ed entrambi impugnano la spada acuminata.
15 **vansi a ritrovar:** si scontrano.
17-18 **Degne... memorande:** opere così memorabili sarebbero degne di un giorno di sole splendente, degne di un teatro pieno di pubblico.
20 **fatto:** impresa. È complemento oggetto di *chiudesti*.

piacciati ch'io ne 'l tragga e 'n bel sereno
a le future età lo spieghi e mande.
Viva la fama loro; e tra lor gloria
splenda del fosco tuo l'alta memoria.

55
Non schivar, non parar, non ritirarsi
voglion costor, né qui destrezza ha parte.
Non danno i colpi or finti, or pieni, or scarsi:
toglie l'ombra e 'l furor l'uso de l'arte.
Odi le spade orribilmente urtarsi
a mezzo il ferro, il piè d'orma non parte;
sempre è il piè fermo e la man sempre in moto,
né scende taglio in van, né punta a vòto.

56
L'onta irrita lo sdegno a la vendetta,
e la vendetta poi l'onta rinova;
onde sempre al ferir, sempre a la fretta
stimol novo s'aggiunge e cagion nova.
D'or in or più si mesce e più ristretta
si fa la pugna, e spada oprar non giova:
dansi co' pomi, e infelloniti e crudi
cozzan con gli elmi insieme e con gli scudi.

57
Tre volte il cavalier la donna stringe
con le robuste braccia, ed altrettante
da que' nodi tenaci ella si scinge,
nodi di fer nemico e non d'amante.
Tornano al ferro, e l'uno e l'altro il tinge
con molte piaghe; e stanco ed anelante
e questi e quegli al fin pur si ritira,
e dopo lungo faticar respira.

58
L'un l'altro guarda, e del suo corpo essangue
su 'l pomo de la spada appoggia il peso.

21 'n bel sereno: nello splendore luminoso della poesia.
22 spieghi e mande: narri e tramandi.
24 del fosco tuo: delle tue tenebre.
25-26 Non schivar... ha parte: i duellanti rifiutano di seguire le regole della scherma; in questo duello l'accortezza non è impiegata.
27 finti: accennati.
28 arte: tecnica.
30 a mezzo il ferro: a metà della lama. **d'orma non parte:** non si allontana dal punto in cui poggia.
32 taglio: colpo di taglio. **punta:** colpo di punta.
33-36 L'onta... nova: la vergogna per il colpo ricevuto eccita l'orgoglio alla vendetta, e poi la vendetta (di chi ha colpito) rinnova (in chi ha subito il colpo) la vergogna; perciò alla (volontà di) ferire e alla furia si aggiungono sempre un nuovo stimolo e un nuovo motivo.
37 si mesce: si fa più serrata.
38 oprar non giova: non serve più usare.
39 dansi: si percuotono. **co' pomi:** con le impugnature. **infelloniti:** furiosi.
42 altrettante: altrettante volte.
43 scinge: scioglie.
45 al ferro: a usare la spada.
46 anelante: affannato.
47 si ritira: si trae indietro.
48 respira: riprende fiato.
49 essangue: dissanguato.

Già de l'ultima stella il raggio langue
al primo albor ch'è in oriente acceso.
Vede Tancredi in maggior copia il sangue
del suo nemico, e sé non tanto offeso.
Ne gode e superbisce. Oh nostra folle
mente ch'ogn'aura di fortuna estolle!

59
Misero, di che godi? oh quanto mesti
fiano i trionfi ed infelice il vanto!
Gli occhi tuoi pagheran (se in vita resti)
di quel sangue ogni stilla un mar di pianto.
Così tacendo e rimirando, questi
sanguinosi guerrier cessaro alquanto.
Ruppe il silenzio al fin Tancredi e disse,
perché il suo nome a lui l'altro scoprisse:

Il dialogo tra i due contendenti feriti

60
«Nostra sventura è ben che qui s'impieghi
tanto valor, dove silenzio il copra.
Ma poi che sorte rea vien che ci neghi
e lode e testimon degno de l'opra,
pregoti (se fra l'arme han loco i preghi)
che 'l tuo nome e 'l tuo stato a me tu scopra,
acciò ch'io sappia, o vinto o vincitore,
chi la mia morte o la vittoria onore».

61
Risponde la feroce: «Indarno chiedi
quel c'ho per uso di non far palese.
Ma chiunque io mi sia, tu inanzi vedi
un di quei due che la gran torre accese».
Arse di sdegno a quel parlar Tancredi,
e: «In mal punto il dicesti»; indi riprese
«il tuo dir e 'l tacer di par m'alletta,
barbaro discortese, a la vendetta».

51 ultima stella: Venere, il pianeta che si vede prima dell'alba. Venere inoltre è l'astro dell'amore: un elemento di significativa ambiguità. **langue:** impallidisce.
53 copia: abbondanza (latinismo).
54 tanto offeso: altrettanto ferito.
56 ch'ogn'aura di fortuna estolle: che ogni soffio di fortuna favorevole basta a esaltare.
58 fiano: saranno.
60 un mar di pianto: è complemento di prezzo retto da *pagheran*.
62 cessaro alquanto: si fermarono un po'.
65-66 Nostra... copra: siamo sfortunati a dar prova di tanto coraggio in un luogo dove il silenzio lo nasconde. Il duello, infatti, avviene di notte, senza che vi siano testimoni che possano raccontarlo.
67-68 Ma... opra: ma, poiché la nostra sorte ostile fa in modo di negarci la lode e la testimonianza degne di questa impresa.
69 fra l'arme: in combattimento.
72 onore: renda onorata.
73 Indarno: inutilmente.
74 per uso: per abitudine (Clorinda infatti non voleva far sapere di essere donna).
76 un... accese: Clorinda allude, con insolente provocazione, alla torre d'assedio cristiana, data alle fiamme da lei e Argante.
78 In mal punto: in un momento per te pericoloso.
79-80 il tuo dir... vendetta: il ricordarmi la tua impresa (*il tuo dir*) e il non dirmi chi sei (*'l tacer*) mi spingono in pari misura, barbaro villano, a punirti.

Il duello riprende con maggior ferocia

62
Torna l'ira ne' cori, e li trasporta,
benché debili in guerra. Oh fera pugna,
u' l'arte in bando, u' già la forza è morta,
ove, in vece, d'entrambi il furor pugna!
Oh che sanguigna e spaziosa porta
fa l'una e l'altra spada, ovunque giugna,
ne l'arme e ne le carni! e se la vita
non esce, sdegno tienla al petto unita.

63
Qual l'alto Egeo, perché Aquilone o Noto
cessi, che tutto prima il volse e scosse,
non s'accheta ei però, ma 'l suono e 'l moto
ritien de l'onde anco agitate e grosse,
tal, se ben manca in lor co 'l sangue vòto
quel vigor che le braccia a i colpi mosse,
serbano ancor l'impeto primo, e vanno
da quel sospinti a giunger danno a danno.

64
Ma ecco omai l'ora fatale è giunta
che 'l viver di Clorinda al suo fin deve.
Spinge egli il ferro nel bel sen di punta
che vi s'immerge e 'l sangue avido beve;
e la veste, che d'or vago trapunta
le mammelle stringea tenera e leve,
l'empie d'un caldo fiume. Ella già sente
morirsi, e 'l piè le manca egro e languente.

65
Segue egli la vittoria, e la trafitta
vergine minacciando incalza e preme.
Ella, mentre cadea, la voce afflitta
movendo, disse le parole estreme;
parole ch'a lei novo uno spirto ditta,
spirto di fé, di carità, di speme:
virtù ch'or Dio le infonde, e se rubella
in vita fu, la vuole in morte ancella.

83 u'... morta: dove (*u'*, in latino *ubi*) ogni tecnica di scherma è messa da parte, e dove la forza fisica è ormai stremata.
85 porta: apertura, cioè ferita.
88 tienla: la tiene.
89-92 Qual... grosse: come il profondo mar Egeo, benché cessino l'*Aquilone* o il *Noto* (rispettivamente vento del Nord e del Sud), che prima lo hanno tutto sconvolto e scosso, non per questo si calma, ma mantiene il fragore e il moto delle onde ancora agitate e gonfie.
93 co 'l sangue vòto: con le vene ormai svuotate di sangue.
96 giunger: aggiungere.
98 al... deve: alla sua fine deve (giungere).
100 avido: avidamente. **beve:** fa sgorgare (il soggetto è *il ferro*).
103 l'empie: le riempie (il soggetto è il *sangue*).
104 egro e languente: debole e malfermo (dittologia sinonimica).
105 Segue: persegue.
106 preme: sottomette.
109 uno spirto: un'ispirazione religiosa.
110 fé... carità... speme: si tratta delle tre virtù teologali (fede, speranza, carità).
111 rubella: ribelle.
112 ancella: serva fedele.

Le parole di Clorinda morente, il riconoscimento e il battesimo

66
«Amico, hai vinto: io ti perdon… perdona
tu ancora, al corpo no, che nulla pave,
a l'alma sì; deh! per lei prega, e dona
battesmo a me ch'ogni mia colpa lave».
In queste voci languide risuona
un non so che di flebile e soave
ch'al cor gli scende ed ogni sdegno ammorza,
e gli occhi a lagrimar gli invoglia e sforza.

67
Poco quindi lontan nel sen del monte
scaturia mormorando un picciol rio.
Egli v'accorse e l'elmo empié nel fonte,
e tornò mesto al grande ufficio e pio.
Tremar sentì la man, mentre la fronte
non conosciuta ancor sciolse e scoprio.
La vide, la conobbe, e restò senza
e voce e moto. Ahi vista! ahi conoscenza!

68
Non morì già, ché sue virtuti accolse
tutte in quel punto e in guardia al cor le mise,
e premendo il suo affanno a dar si volse
vita con l'acqua a chi co 'l ferro uccise.
Mentre egli il suon de' sacri detti sciolse,
colei di gioia trasmutossi, e rise;
e in atto di morir lieto e vivace,
dir parea: «S'apre il cielo; io vado in pace».

La morte serena di Clorinda

69
D'un bel pallore ha il bianco volto asperso,
come a' gigli sarian miste viole,
e gli occhi al cielo affisa, e in lei converso
sembra per la pietate il cielo e 'l sole;
e la man nuda e fredda alzando verso
il cavaliero in vece di parole

113 Amico: l'apostrofe usata da Clorinda tradisce la sua metamorfosi, configurando l'ideale cristiano della fratellanza.
114 pave: teme.
116 lave: lavi. Ma il verbo ha il significato metaforico di "purifichi".
119 ammorza: spegne.
120 sforza: costringe.
121 Poco… monte: poco lontano da lì, nel fianco della montagna.
122 rio: ruscello.
123 v'accorse: corse là.
124 mesto al grande ufficio e pio: triste a compiere il grande e sacro rito (del battesimo).
125-126 la fronte… scoprio: sciolse le fibbie dell'elmo e scoprì il viso ancora sconosciuto.
129-130 Non morì… mise: non morì poiché raccolse tutte le sue energie (*virtuti*) in quell'istante (*punto*) e le mise a sostegno del suo cuore.
131 premendo: soffocando.
133 il suon… detti: la formula battesimale.
137 asperso: cosparso.
138 come… viole: come se le viole fossero mescolate ai gigli.
139 affisa: tiene fissi. **converso:** rivolti (i soggetti sono i successivi *cielo* e *sole*).
141 nuda: cioè senza il guanto.

gli dà pegno di pace. In questa forma
passa la bella donna, e par che dorma.

70
Come l'alma gentile uscita ei vede,
rallenta quel vigor ch'avea raccolto;
e l'imperio di sé libero cede
al duol già fatto impetuoso e stolto,
ch'al cor si stringe e, chiusa in breve sede
la vita, empie di morte i sensi e 'l volto.
Già simile a l'estinto il vivo langue
al colore, al silenzio, a gli atti, al sangue.

143 forma: atteggiamento.
144 passa: muore (il verbo usato da Tasso implica proprio l'idea del passaggio, del transito dalla vita terrena a quella eterna). **e par che dorma:** immagine già presente in Petrarca (*Trionfo della Morte*, I, 169-171: «Quasi un dolce dormir ne' suo' belli occhi, / sendo lo spirto già da lei diviso, / era quel che morir chiaman gli sciocchi»).
145 uscita: dal corpo.
147 l'imperio... cede: abbandona il completo controllo di sé.
148 impetuoso e stolto: violento e irrazionale.
150 empie... 'l volto: sviene.

Analisi ATTIVA

I contenuti tematici

L'antefatto e la tragedia

Infuria la battaglia sotto le mura di Gerusalemme, ma Tasso – attraverso un procedimento a lui caro, che può ricordare uno zoom cinematografico – si sposta da una visione d'insieme a un episodio particolare, che osserva da vicino. Nella mischia c'è un guerriero saraceno che non è riuscito a varcare la porta della città. E ce n'è uno cristiano che si è accorto della sua presenza e lo sfida a duello. Le prime ottave descrivono analiticamente questo scontro, che il lettore sa bene essere frutto di un tragico equivoco: dentro l'armatura indossata dal cavaliere ignoto (a Tancredi) si trova proprio la donna amata dal valoroso crociato.

1 Individua il passo in cui Tasso dichiara che Tancredi non ha riconosciuto il suo avversario.
2 Perché Tancredi vuole sfidare il guerriero sconosciuto?

Amore ed epica cristiana

L'ambiguità della situazione narrativa è accentuata sapientemente da Tasso, che anima lo spettacolo del duello (degno *d'un pieno / teatro*, vv. 17-18) inserendo, accanto al fronteggiarsi violento e quasi bestiale dei contendenti, suggestive allusioni al carattere implicitamente erotico e fortemente sensuale del loro corpo a corpo. Volutamente il poeta accentua la doppiezza dei gesti, contenenti sempre qualche vago sottinteso, che non sfugge al lettore il quale conosce l'identità della guerriera: nell'ottava 57 i duellanti hanno movenze che tradiscono a volte la diversità di genere (le braccia del cavaliere che avvince sono *robuste*, v. 42; quanto a Clorinda, *da que' nodi tenaci ella si scinge*, v. 43, rivelando nel gesto la femminilità nascosta dalle armi); l'uomo per tre volte stringe la donna (e il verbo *stringere* evoca più un abbraccio che uno scontro tra nemici); la loro mischia produce *nodi*, somiglianti a un intreccio amoroso (*nodi di fer nemico e non d'amante*, v. 44) che si scioglie alla fine come dopo un amplesso (ciascuno dei due nemici-amanti è *ane-*

lante e dopo lungo faticar respira, vv. 46 e 48). La valenza metaforica e sensuale della scena si accentua nell'epilogo dello scontro: *Spinge egli il ferro nel bel sen di punta / che vi s'immerge e 'l sangue avido beve* (vv. 99-100); la femminilità e la grazia fisica della donna si disvelano con *la veste, che d'or vago trapunta / le mammelle stringea tenera e leve* (vv. 101-102); Clorinda, da guerriera che era, diventa ora *trafitta / vergine* (vv. 105-106). Il lessico ha così introdotto, prima per via allusiva e poi con maggior chiarezza, un significato diverso da quello del combattimento cavalleresco: il destino di amore e morte, che lega i due avversari-innamorati, si avvia al suo compimento.

3 Che funzione ha l'iterazione del *non* all'inizio dell'ottava 55?
4 Individua i punti del testo in cui viene sottolineata la violenza del combattimento.
5 Quale stereotipo ricorrente della femminilità viene sottinteso nell'immagine di Clorinda che *si scinge* (v. 43) dalla stretta di Tancredi?

Il doloroso scioglimento dei contrari

Nel frattempo Tasso, testimone accorato della scena, nelle vesti del narratore onnisciente che partecipa emotivamente alle vicende narrate e vi interviene con i suoi commenti, si rivolge con un'apostrofe allo stesso Tancredi, in una pausa che precede la fine del duello e la scoperta dell'identità del nemico sconfitto (*Misero, di che godi?*, v. 57). Anche Ariosto interveniva a commentare le vicende descritte, ma per sottolineare la sua (spesso ironica e sempre disincantata) distanza dalla materia. Nei suoi personaggi Tasso invece si immedesima con tormento e inquieta soggettività. Qui, con tono sconsolato, egli riflette sulla vanità dei successi umani (*oh quanto mesti / fiano i trionfi ed infelice il vanto!*, vv. 57-58) e anticipa, così, il dramma del cavaliere cristiano.

Tancredi, ancora ignaro, furente per lo sdegnoso e provocatorio atteggiamento del nemico (che, a fronte della cavalleresca richiesta del cristiano di conoscerne il nome, lo tace e si vanta delle proprie imprese), gli infligge il colpo mortale. Le varie fasi del duello preparano questo tragico epilogo, con un crescendo drammatico, a prima vista coerente con le esigenze dell'epica, destinato però a sciogliersi nel contrasto lirico dei sentimenti e nel paradossale rovesciamento delle parti.

La tensione del combattimento sfrenato svanisce con le parole della donna morente. Dopo il frastuono del combattimento, le sue *voci languide* (v. 117) si percepiscono appena e la tensione improvvisamente si stempera: un sussurro (*un non so che di flebile e soave*, v. 118) prepara la ricomposizione del dissidio tra i due nemici-amanti. A sanarlo è la religione, che sancisce con il rito purificatore del battesimo l'avvenuta metamorfosi di Clorinda, giunta al termine del suo percorso di conoscenza e di scoperta della Grazia.

6 Individua, nelle ottave 58 e 59, i commenti di Tasso: il poeta si riferisce solo alla situazione specifica di Tancredi o no? perché, a tuo giudizio?
7 Che cosa vuole sottolineare la similitudine all'ottava 63?
8 Individua, nell'ottava 64, i termini e le espressioni che sottolineano la femminilità di Clorinda.
9 In quale punto del testo vengono menzionate le tre "virtù teologali" (fede, speranza, carità)? perché?

Dalla notte all'alba: la metamorfosi di Clorinda e il trionfo cristiano

Clorinda (che ormai si è rivelata a Tancredi) muore ma, ricevuto il battesimo, trova nella morte e nell'aldilà una pace e un appagamento impossibili in vita. La sua redenzione sublima in amore cristiano la violenza perpetrata in vita: dietro la sua conversione c'è la guida della Provvidenza, che le regala la salvezza celeste. L'eroina, un tempo *rubella*

(v. 111) a Dio e ora battezzata, perdona e chiede perdono, trasfigurata nell'aspetto, in estatica contemplazione del Paradiso che la attende, serenamente pronta a trapassare dalla vita terrena a quella celeste (*colei di gioia trasmutossi, e rise*, v. 134).

Tancredi vince, ma contemporaneamente è condannato a una sofferenza senza riscatto per la morte dell'amata, per di più procurata da lui stesso. Ignaro di ciò che stava facendo, più che obbedire alla propria volontà, ha agito come semplice esecutore del destino di Clorinda. Ora, travolto dal dolore, è pallido, muto, quasi svenuto: un *climax* di emozioni che Tasso esprime con un'incalzante sequenza verbale (*La vide, la conobbe, e restò senza / e voce e moto*, vv. 127-128) e con la forte spezzatura dell'*enjambement* tra la preposizione *senza* e i sostantivi congiunti in polisindeto. Al contempo – e in questo sta il genio paradossale del poeta –, mentre lui, l'uccisore, che è persona viva, diventa simile a un morto, la moribonda riceve il dono di una vita nuova. Inoltre, per il modo simbolico in cui è avvenuta, possiamo considerare la conversione di Clorinda come l'annuncio della futura vittoria dei cristiani: non a caso, mentre il duello si svolge di notte, il battesimo-catarsi viene celebrato alle prime luci dell'alba. La sua morte, in quest'ottica, è rappresentata da Tasso come un'uscita dalle tenebre della colpa, progressivamente sconfitte dal sorgere del sole divino che illumina pietosamente lo sguardo della donna.

10 È possibile affermare che, già prima della richiesta del battesimo, Clorinda si sia convertita al cristianesimo? perché?

11 Quali figure retoriche sottolineano il paradosso enunciato con le parole *a dar si volse / vita con l'acqua a chi co'l ferro uccise* (vv. 131-132)?

12 È possibile affermare che la morte di Clorinda sia descritta come quella di una santa? perché?

13 Delinea il *climax* delle reazioni di Tancredi dal momento in cui scopre di aver ferito a morte la donna amata.

14 SCRIVERE PER **ARGOMENTARE**
Lo scopo di Tasso è trasmettere al lettore il *pathos* dell'avvenimento, facendolo partecipare in modo emozionale al drammatico evolversi della situazione. Ti sembra che il poeta abbia conseguito tale scopo? Ti sei sentito coinvolto dalla vicenda narrata? In generale, quali sono state le tue reazioni alla lettura del brano? A tale proposito scrivi un testo di circa 20 righe, indicando a sostegno della tua risposta i versi che ti hanno colpito maggiormente.

15 SCRIVERE PER **ESPORRE**
Scrivi una sceneggiatura dell'episodio. Che genere di attori sceglieresti? Prepara i dialoghi in italiano moderno con le varie indicazione di regia (gli abiti da indossare, i luoghi in cui girare, le inquadrature da fare, la recitazione degli attori ecc.). Per avere un'idea su come scrivere una sceneggiatura, consulta (insieme al docente) uno dei tanti siti web disponibili sull'argomento.

• T9 •

Rinaldo e Armida nel giardino delle delizie

Canto XVI, ott. 1-2; 9-22

La **natura** conturbante e **diabolica**

Rinaldo si trova in un giardino incantato, dimentico dei suoi doveri di guerriero e del suo desiderio di gloria. Prigioniero delle seduzioni della maga Armida nelle Isole Fortunate – lontane terre situate in un mare ignoto, oltre le colonne d'Ercole – l'eroe cristiano sarà indotto a ravvedersi grazie al provvidenziale arrivo di due prodi crociati, Carlo e Ubaldo, inviati da Goffredo sulle sue tracce.

METRO Ottave di endecasillabi con schema di rime ABABABCC.

1

Tondo è il ricco edificio, e nel più chiuso
grembo di lui, ch'è quasi centro al giro,
un giardin v'ha ch'adorno è sovra l'uso
di quanti più famosi unqua fioriro.
D'intorno inosservabile e confuso
ordin di loggie i demon fabri ordiro,
e tra le oblique vie di quel fallace
ravolgimento impenetrabil giace.

2

Per l'entrata maggior (però che cento
l'ampio albergo n'avea) passàr costoro.
Le porte qui d'effigiato argento
su i cardini stridean di lucid'oro.
Fermàr ne le figure il guardo intento,
ché vinta la materia è dal lavoro:
manca il parlar, di vivo altro non chiedi;
né manca questo ancor, s'a gli occhi credi.

[...]

9

Poi che lasciàr gli aviluppati calli,
in lieto aspetto il bel giardin s'aperse:
acque stagnanti, mobili cristalli,
fior vari e varie piante, erbe diverse,
apriche collinette, ombrose valli,
selve e spelonche in una vista offerse;
e quel che 'l bello e 'l caro accresce a l'opre,
l'arte, che tutto fa, nulla si scopre.

PARAFRASI

ottava 1

Il sontuoso palazzo è di forma circolare, e nella sua parte più interna (*più chiuso grembo*), che è quasi al centro rispetto alla circonferenza [delle mura], vi è un giardino che è bello oltre quanto lo sono i più famosi che mai (*unqua*) fiorirono. Gli artefici diabolici (*demon fabri*) costruirono (*ordiro*) tutto intorno una successione di logge non visibile e disordinata, e [il giardino] è posto (*giace*) impenetrabile tra i tortuosi sentieri (*oblique vie*) di quel labirinto ingannevole (*fallace ravolgimento*).

ottava 2

Attraverso l'entrata principale [poiché l'enorme dimora ne aveva cento] passarono costoro [Carlo e Ubaldo]. Qui le porte di argento scolpito stridevano su cardini d'oro splendente. Soffermarono (*Fermàr*) lo sguardo attento sulle figure effigiate, perché la materia è superata dall'arte con cui è stata lavorata: alle figure manca soltanto la parola (*il parlar*), non chiederesti altro di vivo [per stimarle vere] e non manca neppure questa, se presti fede ai tuoi occhi.

ottava 9

Dopo che [Carlo e Ubaldo] lasciarono i sentieri intrecciati (*aviluppati calli*), in tutto il suo splendore apparve il bel giardino: esso in un solo colpo d'occhio (*in una vista*) mostrò laghetti, limpidi ruscelli, fiori e piante di vario tipo, erbe varie, collinette assolate, valli riparate dal sole, selve e grotte; e, cosa che accresce bellezza e pregio dell'opera, l'artificio, che ottiene qualunque effetto, in nessun modo si percepisce.

1 ricco edificio: è il palazzo di Armida, che si trova agli antipodi di Gerusalemme.
4 unqua: mai (latinismo).
8 giace: soggetto è *giardin* (v. 3).
9 cento: sta per "moltissime".
10 costoro: sono i crociati Carlo e Ubaldo, giunti sulle tracce di Rinaldo su una navicella guidata dalla Fortuna dopo aver superato le colonne d'Ercole.
11 Le porte qui d'effigiato argento: nelle ottave successive i due crociati vedono raffigurate sulla porta del palazzo storie di uomini famosi (Ercole e Antonio) vinti dall'amore e soggetti alle arti della seduzione femminile. In queste scene scolpite viene resa allegoricamente la condizione di Rinaldo, prigioniero della bella Armida.
16 né manca questo ancor, s'a gli occhi credi: le sculture sono così perfette da sembrare realtà (cfr. *Purgatorio*, X, 58-63).
17 aviluppati calli: si tratta dei sentieri intrecciati di un labirinto, superati da Carlo e Ubaldo grazie all'aiuto di una mappa fornita loro dal mago d'Ascalona, un vecchio di fede pagana convertitosi al cristianesimo.

10

Stimi (sì misto il culto è co 'l negletto)
sol naturali e gli ornamenti e i siti.
Di natura arte par, che per diletto
l'imitatrice sua scherzando imiti.
L'aura, non ch'altro, è de la maga effetto,
l'aura che rende gli alberi fioriti:
co' fiori eterni eterno il frutto dura,
e mentre spunta l'un, l'altro matura.

ottava 10

Sia le parti adorne sia i luoghi ti sembrano del tutto (*sol*) naturali [così bene l'artificiale è mescolato al naturale]. Ciò sembra un espediente (*arte*) della natura, che per diletto imiti scherzando la sua imitatrice. L'aria, nonché tutti gli altri portenti, l'aria, che rende gli alberi fioriti, è opera della maga: con i fiori eterni anche il frutto dura in eterno e mentre un fiore (*l'un*) spunta, un frutto matura.

11

Nel tronco istesso e tra l'istessa foglia
sovra il nascente fico invecchia il fico;
pendono a un ramo, un con dorata spoglia,
l'altro con verde, il novo e 'l pomo antico;
lussureggiante serpe alto e germoglia
la torta vite ov'è più l'orto aprico:
qui l'uva ha in fiori acerba, e qui d'or l'have
e di piropo e già di nèttar grave.

ottava 11

Sullo stesso albero e fra le stesse foglie, accanto al fico che nasce matura un altro fico; pendono dallo stesso ramo, uno con la buccia dorata, l'altro verde, il frutto maturo e quello nuovo; dove il giardino è più soleggiato la contorta vite lussureggiante serpeggia (*serpe*) in alto e germoglia: qui essa ha sia l'uva acerba in fiore, sia quella di colore dorato e rosso vivo (*d'or l'have e di piropo*) e già matura (*di nèttar grave*).

12

Vezzosi augelli infra le verdi fronde
temprano a prova lascivette note;
mormora l'aura, e fa le foglie e l'onde
garrir che variamente ella percote.
Quando taccion gli augelli alto risponde,
quando cantan gli augei più lieve scote;
sia caso od arte, or accompagna, ed ora
alterna i versi lor la musica òra.

ottava 12

Graziosi uccelli fra i verdi rami accordano a gara (*temprano a prova*) note seducenti; la brezza (*l'aura*) mormora, e fa risuonare le foglie e le acque che in vari modi colpisce. Quando tacciono gli uccelli, [la brezza] spira più forte, quando cantano si muove (*scote*) più leggermente; che sia per caso o volutamente, l'aria (*òra*) melodiosa ora accompagna, ora si alterna al canto degli uccelli.

13

Vola fra gli altri un che le piume ha sparte
di color vari ed ha purpureo il rostro,
la lingua snoda in guisa larga, e parte
la voce sì ch'assembra il sermon nostro.
Questi ivi allor continovò con arte
tanta il parlar che fu mirabil mostro.
Tacquero gli altri ad ascoltarlo intenti,
e fermaro i susurri in aria i venti.

ottava 13

Fra gli altri uccelli ne vola uno che ha piume variegate (*sparte di color vari*) e ha il becco (*rostro*) rosso, e snoda la lingua in modo ampio, e distribuisce (*parte*) la voce in tal maniera da farla somigliare (*assembra*) alla parlata umana. Esso allora continuò con tale abilità il suo parlare che fu per noi un prodigio straordinario (*mirabil mostro*). Tacquero gli altri uccelli, intenti ad ascoltarlo, e nell'aria i venti arrestarono i loro mormorii.

14

«Deh mira» egli cantò «spuntar la rosa
dal verde suo modesta e verginella,
che mezzo aperta ancora e mezzo ascosa,
quanto si mostra men, tanto è più bella.

ottava 14

«Oh guarda» egli disse «spuntare dal suo stelo la rosa piccola e ancora in bocciolo, che, ancora per metà aperta e per metà chiusa (*ascosa*), quanto meno si mostra è tanto più bella.

27-28 Di natura arte par, che per diletto l'imitatrice... imiti: secondo una convenzione aristotelica, l'arte imita la natura, ma qui i ruoli sono rovesciati: è la natura che imita l'arte.

40 piropo: pietra preziosa di colore rosso.

49-50 Vola... rostro: è un pappagallo.

53 continovò: è un arcaismo richiesto dalla misura dell'endecasillabo.

Ecco poi nudo il sen già baldanzosa
dispiega; ecco poi langue e non par quella,
quella non par che desiata inanti
fu da mille donzelle e mille amanti.

Ecco che poi distende i suoi petali ormai spavalda; ecco che poi appassisce e non sembra la stessa, non sembra più quella che in precedenza fu desiderata da mille fanciulle e mille amanti.

15

Così trapassa al trapassar d'un giorno
de la vita mortale il fiore e 'l verde;
né perché faccia indietro april ritorno,
si rinfiora ella mai, né si rinverde.
Cogliam la rosa in su 'l mattino adorno
di questo dì, che tosto il seren perde;
cogliam d'amor la rosa: amiamo or quando
esser si puote riamato amando».

ottava 15

Così muore, con il morire di un giorno, la bellezza e la giovinezza (*il fiore e 'l verde*) della vita mortale; e sebbene la primavera ritorni, il fiore non ritrova più la sua bellezza (*si rinfiora*) e la sua giovinezza (*si rinverde*). Cogliamo la rosa nel bel mattino di questo giorno, perché presto perde il proprio fascino (*il seren*); cogliamo la rosa dell'amore: amiamo ora fin quando si può essere riamati amando».

16

Tacque, e concorde de gli augelli il coro,
quasi approvando, il canto indi ripiglia.
Raddoppian le colombe i baci loro,
ogni animal d'amar si riconsiglia;
par che la dura quercia e 'l casto alloro
e tutta la frondosa ampia famiglia,
par che la terra e l'acqua e formi e spiri
dolcissimi d'amor sensi e sospiri.

ottava 16

Tacque, e il coro unanime degli uccelli, come se approvasse [le parole del pappagallo], riprende il canto da quel punto. Le colombe raddoppiano i loro baci, e ogni animale si ripropone (*si riconsiglia*) di darsi all'amore; sembra che la robusta quercia e il casto alloro e tutta la numerosa famiglia delle piante, sembra che la terra e l'acqua producano ed emanino (*formi e spiri*) dolcissime sensazioni e sospiri d'amore.

17

Fra melodia sì tenera, fra tante
vaghezze allettatrici e lusinghiere,
va quella coppia, e rigida e costante
se stessa indura a i vezzi del piacere.
Ecco tra fronde e fronde il guardo inante
penetra e vede, o pargli di vedere,
vede pur certo il vago e la diletta,
ch'egli è in grembo a la donna, essa a l'erbetta.

ottava 17

Fra una melodia così dolce, fra tante attrattive che allettano e seducono, si fa avanti quella coppia, e, seria e impassibile, rende sé stessa insensibile alle tentazioni del piacere. Ecco lo sguardo [dei due] penetra avanti fra ramo e ramo e vede, o gli sembra di vedere, e vede infine (*pur*) con certezza l'amante e l'amata, [vede] che lui sta in grembo alla donna, e lei in grembo all'erba.

18

Ella dinanzi al petto ha il vel diviso,
e 'l crin sparge incomposto al vento estivo;
langue per vezzo, e 'l suo infiammato viso
fan biancheggiando i bei sudor più vivo:
qual raggio in onda, le scintilla un riso
ne gli umidi occhi tremulo e lascivo.
Sovra lui pende; ed ei nel grembo molle
le posa il capo, e 'l volto al volto attolle

ottava 18

Lei ha la veste aperta (*diviso*) sul petto, e sparge i capelli scomposti al vento estivo; fa la leziosa, e le lievi gocce di sudore che lo imperlano rendono più vivo il suo volto arrossato: come un raggio [brilla] sull'acqua, negli occhi umidi le risplende un sorriso fremente e sensuale. È china (*pende*) su di lui; ed egli le posa il capo sul petto morbido, e solleva (*attolle*) il viso verso quello di lei

71-72 amiamo... amando: l'allitterazione esprime con efficacia e crescente intensità il motivo dell'abbandono erotico. Abbiamo già trovato nei versi finali del coro del primo atto dell'*Aminta* (➤ T5, p. 531) lo stesso invito ad amare, ispirato da un carme di Catullo (V, 4-6).
77 'l casto alloro: l'alloro è detto casto poiché, secondo il mito, in alloro fu tramutata Dafne per sfuggire all'amore di Apollo.
83 quella coppia: i due crociati.

19
e i famelici sguardi avidamente
in lei pascendo si consuma e strugge.
S'inchina, e i dolci baci ella sovente
liba or da gli occhi e da le labra or sugge,
ed in quel punto ei sospirar si sente
profondo sì che pensi: «Or l'alma fugge
e 'n lei trapassa peregrina». Ascosi
mirano i duo guerrier gli atti amorosi.

ottava 19

e appagando in lei (*in lei pascendo*) avidamente gli sguardi eccitati (*famelici*) si consuma e si logora per amore. Armida si china, e ora assapora i dolci baci dagli occhi [pregustandoli con l'immaginazione] e ora li succhia (*sugge*) dalle labbra, e in quel momento si sente lui sospirare profondamente tanto che viene da pensare: «Ora l'anima gli fugge via e trapassa pellegrina in lei». I due guerrieri nascosti osservano gli atti amorosi.

20
Dal fianco de l'amante (estranio arnese)
un cristallo pendea lucido e netto.
Sorse, e quel fra le mani a lui sospese
a i misteri d'Amor ministro eletto.
Con luci ella ridenti, ei con accese,
mirano in vari oggetti un solo oggetto:
ella del vetro a sé fa specchio, ed egli
gli occhi di lei sereni a sé fa spegli.

ottava 20

Dal fianco dell'amante pendeva - oggetto inconsueto [per un soldato] - uno specchio (*cristallo*) lucido e splendente (*netto*). Armida si alzò, e pose (*sospese*) fra le mani di lui lo specchio (*quel*) come ministro scelto (*eletto*) dei riti amorosi. Lei con occhi (*luci*) ridenti, lui con occhi infiammati [dalla passione], guardano lo stesso oggetto in oggetti diversi: lei si riflette nello specchio (*vetro*), lui si rispecchia (*a sé fa spegli*) negli occhi sereni di lei.

21
L'uno di servitù, l'altra d'impero
si gloria, ella in se stessa ed egli in lei.
«Volgi», dicea «deh volgi» il cavaliero
«a me quegli occhi onde beata bèi,
ché son, se tu no 'l sai, ritratto vero
de le bellezze tue gli incendi miei;
la forma lor, la meraviglia a pieno
più che il cristallo tuo mostra il mio seno.

ottava 21

Rinaldo (*L'uno*) si appaga dell'essere schiavo, Armida di dominare, lei di sé stessa e lui di lei. «Rivolgi», diceva il cavaliere, «rivolgi a me quegli occhi con i quali tu, che sei beata, diffondi la tua beatitudine (*bèi*), perché la mia passione (*incendi miei*) è, se non lo sai, un'immagine fedele delle tue bellezze; il mio cuore (*seno*) riflette appieno più del tuo specchio (*cristallo*) la forma delle tue bellezze e il loro splendore (*la meraviglia*).

22
Deh! poi che sdegni me, com'egli è vago
mirar tu almen potessi il proprio volto;
ché il guardo tuo, ch'altrove non è pago,
gioirebbe felice in sé rivolto.
Non può specchio ritrar sì dolce imago,
né in picciol vetro è un paradiso accolto:
specchio t'è degno il cielo, e ne le stelle
puoi riguardar le tue sembianze belle».

ottava 22

Deh, poiché ti rifiuti di volgere gli occhi verso di me (*sdegni me*), potessi tu almeno contemplare com'è bello il tuo stesso (*proprio*) volto; perché il tuo sguardo, che non si appaga in nessun altro oggetto, sarebbe felice se contemplasse sé stesso (*in sé rivolto*). Non può lo specchio riflettere un'immagine così dolce, né in un piccolo oggetto può essere contenuto (*accolto*) il paradiso: il cielo è uno specchio degno di te, e solo nelle stelle puoi ammirare la tua bellezza».

108 a i misteri... eletto: lo specchio è scelto da Tasso come uno strumento di seduzione: adornandosi, Armida accentua il desiderio amoroso di Rinaldo.
109 luci: classica metafora petrarchesca indicante gli occhi.
110 un solo oggetto: il volto della donna.

Dentro il TESTO

I contenuti tematici

Il regno dell'illusione

La rappresentazione simbolica dello sviamento e della perdizione morale è affidata da Tasso alle immagini del labirinto e del giardino, emblemi dello smarrimento della ragione e delle false lusinghe dell'edonismo. Dietro la bellezza si nasconde l'inganno: la perfezione del palazzo circolare della maga si riverbera in una fastosa esibizione di opulenza. L'edificio è *ricco* (v. 1), il giardino è *adorno* (v. 3) più di ogni altro immaginabile, le porte sono *d'effigiato argento* (v. 11), i cardini *di lucid'oro* (v. 12), ma alcuni indizi avvertono della contraddittorietà del luogo, che è chiuso, impenetrabile e depistante: il labirinto invita a entrare con le sue *cento* (v. 9) porte, ma è studiato dagli architetti diabolici in modo da non permettere di uscirne, con il suo confuso *ordin di loggie* (v. 6) e le sue *oblique vie* (v. 7).

L'artificio è la spia della presenza demoniaca e tutto è falso per sembrare vero: l'intervento artistico (come quello che ha scolpito le figure sulle porte) non appare poiché la magia non rivela mai sé stessa, proprio come il peccato sempre si cela sotto una scintillante superficie di allettamenti.

Il giardino e la razionalità offuscata

Anche il giardino è a prima vista un incanto rigoglioso, che si manifesta nel trionfo di forme apparentemente spontanee. Ma mentre la vita umana, nella sua effimera realtà, è destinata a sfiorire naturalmente (*Così trapassa al trapassar d'un giorno / de la vita mortale il fiore e 'l verde*, vv. 65-66), nel regno di Armida tutto è senza tempo (*co' fiori eterni eterno il frutto dura*, v. 31). L'arte magica della donna infatti falsifica la realtà, alterando il normale corso degli eventi e fissandoli in un presente infinito, separato dal reale, privo di ogni contatto con il mondo esterno.

La descrizione della natura meravigliosa non è certamente una novità: anzi, possiamo dire che si tratta di un esercizio tra i più diffusi nella letteratura, sia classica sia volgare. L'Eden bucolico e il paesaggio ritratto in un'eterna primavera sono *topoi* così frequenti da rappresentare spesso una sorta di tirocinio obbligato per il poeta che voglia mostrare le proprie abilità di cesellatore di ambienti e colori. In tempi vicini a Tasso, prima Poliziano (con la descrizione del regno di Venere nelle *Stanze per la giostra*) poi Ariosto (con l'isola di Alcina nel *Furioso*) si erano cimentati nella rappresentazione della natura rigogliosa, fonte di oblio e felicità terrena. Tasso vi aggiunge però il fascino sinistro di una magia peccaminosa, insistendo su un registro voluttuoso, che ha lo scopo di esprimere le attrattive del Male. Infatti, la natura che egli descrive contiene sempre elementi eccessivi e artificiosi, sfarzosi e conturbanti: è l'imitazione di sé stessa, pura arte illusionistica, surreale marchingegno. Le ottave 9 e 10 giocano proprio su questo concettoso (cioè arguto) intreccio di falsa spontaneità e incantesimo: il giardino può sembrare un miracoloso accorgimento della natura, come se questa avesse per scherzo emulato l'arte, che è invece considerata sua imitatrice. In realtà, lo splendido *locus amoenus* non è altro che un diabolico strumento di inganni, la seducente proiezione di istinti pagani e materialistici, di cui Tasso percepisce al tempo stesso il fascino e l'immoralità. L'insieme di quelle delizie è infatti il parto della creazione magica di Armida, cioè di una maga al servizio del Male: la sua genuinità è solo parvenza studiata per indurre in errore e distrarre in modo fraudolento l'uomo dai doveri e dai prinċipi spirituali.

L'accattivante (e diabolico) invito del pappagallo

La falsità del contesto è riaffermata dalla presenza del pappagallo, che con le sue piume *sparte / di color vari* (vv. 49-50) si incarica, attraverso la canonica esaltazione della rosa (un motivo costante nella letteratura umanistico-rinascimentale), di diffondere un insinuante messaggio edonistico. Imita il parlare umano e lo fa con tanta abilità da apparire un prodigio, un *mirabil mostro* (v. 54) esotico e adescatore: un altro indizio di subdola sensualità in una scenografia ideata proprio per illudere e disorientare.

L'amore figlio della magia

È grazie alle irresistibili malie di una maga tentatrice che Rinaldo si trova segregato dentro questo labirinto del peccato. Vittima dei giochi amorosi di Armida, il cavaliere cristiano è ridotto a imbelle prigioniero, incapace di riaversi dinanzi al *crin* [...] *incomposto*, al volto *infiammato* e al sorriso *tremulo e lascivo* della maga (vv. 90, 91 e 94). Del resto, la passione dei due amanti appare chiaramente sbilanciata: lei, artificiosa anche nella passione, *langue per vezzo* (v. 91), lui *si consuma e strugge* (v. 98) in un ardore assoluto e totalizzante. Mentre l'eroe perduto si specchia negli occhi della maga, questa ammira sé stessa in un *cristallo* (v. 106), simbolo di narcisismo e di lussuria. Si capisce che solo un intervento esterno può sottrarre Rinaldo alla schiavitù dei sensi: è il compito affidato a due valorosi e imperturbabili cristiani, Carlo e Ubaldo, inviati da Goffredo a smascherare la frode ordita da Armida e a ridestare in Rinaldo la coscienza di sé, lo spirito guerriero e il senso del dovere.

Le scelte stilistiche

Il linguaggio della devianza

Per esprimere la "realtà finta" del regno di Armida, Tasso ricorre a una serie significativa di campi semantici. Se il rischio per l'uomo è la devianza, il poeta riflette con descrizioni tortuose, labirintiche, serpeggianti, lo stato di Rinaldo sottratto al mondo dell'azione e della guerra che gli compete: lo smarrimento non è possibile se si percorrono vie rette, ma solo se ci si perde nel *confuso ordin* (vv. 5-6, si noti l'ossimoro) di una bugiarda razionalità.

La valenza metaforica del giardino è sottolineata da aggettivi e verbi che intendono enfatizzarne il risvolto profano: nella policromatica varietà degli ornamenti troviamo la vite *lussureggiante* (v. 37), gli uccelli *vezzosi* (v. 41), le note *lascivette* (v. 42), i venti che sussurrano, le colombe che raddoppiano i baci, gli animali che amoreggiano; perfino le piante, la terra e l'acqua danno la sensazione di emanare *dolcissimi d'amor sensi e sospiri* (v. 80).

Uno stile prebarocco

Del resto, lo stile di tutto il brano è giocato su un registro allusivo, volutamente di maniera, ricco di bisticci e giochi di parole (si vedano i vv. 27-28, *Di natura arte par, che per diletto / l'imitatrice sua scherzando imiti*, o il v. 31, dove compare l'accostamento *eterni-eterno*, o ancora i vv. 66 e 68, dove il binomio *fiore/verde* è ripreso dai verbi *rinfiora/rinverde*), che preludono ai caratteri della letteratura barocca.

Verso le COMPETENZE

COMPRENDERE

1 Descrivi lo stato in cui si trova Rinaldo all'arrivo di Carlo e Ubaldo.

2 Soffermati sull'aspetto e sull'atteggiamento di Armida, evidenziando il suo raffinato e studiato metodo di seduzione.

ANALIZZARE

3 La descrizione del giardino di Armida contiene molti elementi di aperta o sottintesa sensualità. Individua i particolari che accrescono il carattere sensuale della scena.

4 Quale figura retorica troviamo nel verso *acque stagnanti, mobili cristalli* (v. 19)? Individua altri due esempi della stessa figura.

5 Il brano è ricco di contrapposizioni: completa la tabella con la parola o l'espressione opposta presente nel testo.

ombrose valli (v. 21)	
il culto (v. 25)	
spunta l'un (v. 32)	
luci... ridenti (v. 109)	

6 Individua i soggetti dei periodi contenuti nelle ottave 9-13.

7 L'ottava 12 è caratterizzata da accentuate suggestioni sonore. Riconosci in essa le seguenti figure di suono:
- allitterazioni;
- onomatopee;
- anafore;
- rime ricche (cioè tra parole che condividono altri fonemi prima dell'ultima vocale tonica);
- rime equivoche (cioè tra parole uguali in scrittura, ma dal diverso contenuto semantico).

INTERPRETARE

8 Per quale motivo il pappagallo può essere considerato una sorta di simbolo o incarnazione della devianza pagana?

COMPETENZE LINGUISTICHE

9 Individua, nella descrizione del giardino, le coppie antitetiche inserendole nella tabella seguente. Poi, per ciascuna, trova un corrispondente in italiano contemporaneo.

Aggettivi	Nomi	Verbi/Espressioni verbali

PRODURRE

10 SCRIVERE PER **CONFRONTARE**
Un giardino altrettanto ammaliante compare nell'*Orlando furioso*: è il giardino della maga Alcina (› T9, p. 287). Rileggi il brano e metti a confronto i due giardini in un testo espositivo di circa 20 righe: quali sono le analogie e quali le differenze? nella visione del mondo dei due autori che cosa rappresentano questi giardini?

Rinaldo e Armida, arazzo basato su un cartone di Simon Vouet, XVII secolo. Francia, castello di Azay-le-Rideau.

Tintoretto, *Tancredi e Clorinda*, 1585 ca. Houston, The Museum of Fine Arts.

L'amore nella *Gerusalemme liberata*

Le passioni non corrisposte e gli amori tormentati, che costituiscono uno dei temi principali del poema di Torquato Tasso, furono d'ispirazione per artisti italiani ed europei tra Seicento e Settecento, permettendo loro di rappresentare splendide figure femminili, scenari naturali, sentimenti tragici.

Tancredi e Clorinda

Il dramma dell'amore e della morte che pervade il poema trova efficace espressione in una tela del veneziano Tintoretto (1518-1594), eseguita intorno al 1585, a poca distanza dalla pubblicazione della *Gerusalemme liberata*, a testimonianza della sua precoce fortuna come soggetto artistico. Con una rappresentazione verticale che aumenta il senso di tragedia, il pittore raffigura Tancredi mentre battezza Clorinda, ormai morente: se gli angioletti, in un cielo circonfuso di luce dorata, sembrano suggerire il destino di salvezza cristiana che attende l'eroina, il pallore mortale della donna e i suoi occhi ormai rovesciati ricordano il tragico e infelice destino dei due amanti.

Rinaldo e Armida

La famiglia dei Carracci, pittori attivi tra Bologna, Parma e Roma, collaborò alla prima edizione illustrata della *Gerusalemme liberata*: Agostino fu infatti l'autore di parte delle incisioni che corredavano la pubblicazione del 1590. Suo fratello minore Annibale (1560-1609) dal 1596 si trasferì stabilmente a Roma e qui divenne, pur se con un rapporto alquanto tormentato, il pittore prediletto dei Farnese. Proprio per una delle residenze di famiglia, nel 1601 eseguì *Rinaldo e Armida*. Armida ha sedotto Rinaldo sfruttando le proprie arti di maga e così lo ha allonta-

Annibale Carracci, *Rinaldo e Armida*, 1601 ca. Napoli, Museo di Capodimonte.

Giovanni Francesco Barbieri, detto il Guercino, *Erminia ritrova Tancredi ferito*, 1618. Edimburgo, Scottish National Gallery.

nato dalla sua missione. Rinaldo ha abbandonato le armi, rinunciando al suo dovere di cristiano, e giace mollemente sdraiato a terra, perso nella contemplazione di Armida, che ne sorregge il corpo e quasi ne copre il volto con i capelli. Lo sguardo della donna è invece volto allo specchio, e lascia trasparire l'autocompiacimento narcisistico con cui esercita le proprie malie. A sinistra però spuntano dal boschetto i compagni di Rinaldo, arrivati per riportarlo al suo dovere e interrompere così l'idillio incantato.

Erminia e Tancredi

Un altro pittore emiliano, il Guercino (1591-1666), originario della cittadina di Cento, nel ducato di Ferrara, realizza per il cardinale romano Stefano Pignatelli *Erminia ritrova Tancredi ferito*. Con l'utilizzo di colori scuri e forti contrasti cromatici, che ben evidenziano il dramma in atto, il pittore raffigura il momento – descritto nel canto XIX del poema – in cui Erminia, avvisata da Vafrino, accorre disperata alla notizia che l'amato Tancredi è stato ferito in duello; «scolorita e bella», come la descrive il poeta, con il viso pallido per l'angoscia, la donna entra prepotentemente nella scena, con un taglio quasi cinematografico: «non scese no, precipitò di sella».

TEMI nel TEMPO

Il labirinto e la complessità del mondo

Per raggiungere Rinaldo e farlo ravvedere, Carlo e Ubaldo devono superare «gli aviluppati calli», vale a dire i sentieri intrecciati di un labirinto che circonda il giardino di Armida. La scelta dell'architettura ingegnosa per antonomasia non sorprende in un autore come Tasso, che la identifica simbolicamente, secondo tradizione, con il disorientamento e la vanità.

1700 a.C.

Minosse, il Minotauro e Dedalo

Ma che cos'è il labirinto e, soprattutto, che cosa ha rappresentato nella cultura occidentale? Le sue origini si trovano nel mito greco del Minotauro, il mostro nato dall'unione di Pasifae, moglie del re cretese Minosse, con un toro. Per rinchiudere la terribile creatura in un luogo dove nessuno potrà mai vederla, il re incarica l'inventore ateniese Dedalo di progettare un luogo inaccessibile, in cui sia impossibile ritrovare la via d'uscita. Più tardi, per custodire il segreto, Minosse imprigiona nel labirinto anche Dedalo insieme al figlio Icaro: l'architetto però riesce a evadere costruendo due paia di ali con piume d'oca e cera. Dedalo ammonisce il figlio di non avvicinarsi troppo al Sole, perché il calore potrebbe sciogliere la cera che tiene insieme le ali, ma Icaro non gli dà ascolto e si avvicina pericolosamente all'astro; la cera si scioglie e lo sventurato precipita in mare. Il labirinto può così conservare il proprio segreto: solo Teseo, grazie all'aiuto di Arianna, la figlia di Minosse, riuscirà a non smarrirsi al suo interno e a uccidere il Minotauro.

1532

I palazzi di Creta e l'ascia del potere

Ma qual è la realtà storica che fa da sfondo al mito di Minosse e del labirinto? Gli studiosi hanno evidenziato due fatti. I palazzi dell'isola di Creta sono per lo più costruiti senza una vera e propria pianta, cioè per giustapposizione di camere e strutture una accanto all'altra. L'idea che un visitatore potrebbe farsi di questi palazzi è davvero quella di costruzioni caotiche e disordinate: i greci dell'età classica, pertanto, potrebbero aver avuto in mente quei palazzi così impenetrabili quando hanno immaginato il labirinto.
Quanto al nome stesso di labirinto, sulle pareti dei palazzi di Creta è raffigurata un'ascia a doppia lama, simbolo del potere del sovrano: poiché uno dei termini più antichi per indicarla è *làbrys*, si è pensato che il palazzo del re fosse chiamato anche palazzo delle asce, cioè delle *làbrys*, e quindi labirinto.

I simboli e gli interpreti del labirinto: Ariosto e lo scacco della ragione

Nella storia della letteratura occidentale l'immagine del labirinto si è spesso caricata di valori simbolici e metaforici. Esso, prima di tutto, è emblema di smarrimento: della perdita dell'orientamento ma anche della possibilità di incontrare l'"altro", il diverso da noi. In senso esistenziale rappresenta la crisi dell'identità e la messa a nudo di inquietudini e ango-

sce. Ma il labirinto è anche un sinonimo di ricerca: per **Ludovico Ariosto** è una metafora di ciò «che più ciascun per sé brama e desìa» (*Orlando furioso*, XII, ott. 20), come capita ai cavalieri che il poeta immagina rinchiusi nel castello del mago Atlante, protesi a rincorrere desideri vani e irraggiungibili.

Borges e il sapere infinito

Ancora, il labirinto è un simbolo del complesso cammino verso il sapere, meta difficile da conquistare, come la Biblioteca di Babele descritta dallo scrittore argentino **Jorge Luis Borges** (1899-1986) nell'omonimo racconto. Un anziano bibliotecario ha trascorso l'intera vita alla ricerca del libro che desse senso alla sua esistenza: nella biblioteca, come nella biblica torre di Babele, è disseminato tutto il sapere e quindi tutta la realtà, ma è impossibile poter conoscere tutti i libri o trovare in quell'illimitato labirinto quello che contenga il senso di tutti gli altri.

Calvino e l'estraniazione dell'io

Anche **Italo Calvino** (1923-1985) ha fatto del labirinto la metafora di una realtà impossibile da comprendere e padroneggiare del tutto: «sfidarlo», per usare la sua espressione, comporta cercare di dare soluzioni razionali ai problemi della contemporaneità, che si presenta indecifrabile. Nell'opera *Le città invisibili* (1972), l'autore fa descrivere a Marco Polo una serie di città immaginarie: tra queste, incontriamo Pentesilea, una città-non città, un luogo del tutto e del niente, un susseguirsi casuale di case, un dormitorio senza vita. Si tratta di un labirinto moderno, dove l'uomo comprende di non poter trovare una via d'uscita, un criterio con cui dare ordine e senso alle cose.

“ La gente che s'incontra, se gli chiedi: – Per Pentesilea? – fanno un gesto intorno che non sai se voglia dire: «Qui», oppure: «Più in là», o: «Tutt'in giro», o ancora: «Dalla parte opposta». – La città, – insisti a chiedere. – Noi veniamo qui a lavorare tutte le mattine, – ti rispondono alcuni, e altri: – Noi torniamo qui a dormire. – Ma la città dove si vive? – chiedi. – Dev'essere, – dicono, – per lì, – e alcuni levano il braccio obliquamente verso una concrezione di poliedri opachi, all'orizzonte, mentre altri indicano alle tue spalle lo spettro d'altre cuspidi. – Allora l'ho oltrepassata senza accorgermene? – No, prova a andare ancora avanti. Così prosegui, passando da una periferia all'altra, e viene l'ora di partire da Pentesilea. Chiedi la strada per uscire dalla città; ripercorri la sfilza dei sobborghi sparpagliati come un pigmento lattiginoso; viene notte; s'illuminano le finestre ora più rade ora più dense. Se nascosta in qualche sacca o ruga di questo slabbrato circondario esista una Pentesilea riconoscibile e ricordabile da chi c'è stato, oppure se Pentesilea è solo periferia di se stessa e ha il suo centro in ogni luogo, hai rinunciato a capirlo. La domanda che adesso comincia a rodere nella tua testa è più angosciosa: fuori da Pentesilea esiste un fuori? O per quanto ti allontani dalla città non fai che passare da un limbo all'altro e non arrivi a uscirne? ”

• T 10 •

Rinaldo vince l'incantesimo della selva

Canto XVIII, ott. 18-38

La **verità** che sconfigge la **magia**

Il mago Ismeno, lanciando un incantesimo sulla selva di Saron, impedisce ai cristiani di prelevare dal bosco il legno necessario a costruire le armi con cui dare l'ultimo, definitivo assalto a Gerusalemme. Solo un cavaliere può spezzare l'incanto: Rinaldo, il quale, reduce dalla prigionia dei sensi a cui l'ha costretto Armida, si sottopone a un rito di purificazione sul monte Oliveto. Dopo aver contemplato il cielo e pregato Dio, si sente pronto ad affrontare l'impresa.

METRO Ottave di endecasillabi con schema di rime ABABABCC.

Rinaldo si inoltra nella foresta

18
Passa più oltre, ed ode un suono intanto
che dolcissimamente si diffonde.
Vi sente d'un ruscello il roco pianto
e 'l sospirar de l'aura infra le fronde
e di musico cigno il flebil canto
e l'usignol che plora e gli risponde,
organi e cetre e voci umane in rime:
tanti e sì fatti suoni un suono esprime.

19
Il cavalier, pur come a gli altri aviene,
n'attendeva un gran tuon d'alto spavento,
e v'ode poi di ninfe e di sirene,
d'aure, d'acque, d'augei dolce concento,
onde meravigliando il piè ritiene,
e poi se 'n va tutto sospeso e lento;
e fra via non ritrova altro divieto
che quel d'un fiume trapassante e cheto.

20
L'un margo e l'altro del bel fiume, adorno
di vaghezze e d'odori, olezza e ride.
Ei stende tanto il suo girevol corno
che tra 'l suo giro il gran bosco s'asside,
né pur gli fa dolce ghirlanda intorno,
ma un canaletto suo v'entra e 'l divide:
bagna egli il bosco e 'l bosco il fiume adombra
con bel cambio fra lor d'umore e d'ombra.

3 Vi sente: avverte in quel suono. **roco pianto:** mormorio sommesso.
6 plora: piange. **gli:** al cigno.
8 un suono: un unico suono.
9 pur... aviene: come anche (*pur*) era successo agli altri crociati, che avevano tentato di penetrare nella foresta.
10 n'attendeva un gran tuon d'alto spavento: si aspettava dal bosco un rumore spaventoso.
11 poi: invece.
12 augei: uccelli. **concento:** concerto.
13 onde... ritiene: per cui si ferma meravigliato.
14 se 'n va... lento: va avanti titubante e circospetto.
15 divieto: ostacolo.
16 trapassante e cheto: trasparente e tranquillo.
17 margo: sponda.
18 olezza e ride: profuma e risplende.
19 Ei: il fiume. **girevol corno:** corso tortuoso.
20 che... s'asside: che il gran bosco si trova nella sua ansa (*giro*).
21 né pur: né soltanto.
23 adombra: ombreggia.
24 con bel cambio fra lor d'umore e d'ombra: con un vicendevole scambio di acqua e di ombra.

21
Mentre mira il guerriero ove si guade,
ecco un ponte mirabile appariva:
un ricco ponte d'or che larghe strade
su gli archi stabilissimi gli offriva.
Passa il dorato varco, e quel giù cade
tosto che 'l piè toccato ha l'altra riva;
e se ne 'l porta in giù l'acqua repente,
l'acqua ch'è d'un bel rio fatta un torrente.

22
Ei si rivolge e dilatato il mira
e gonfio assai quasi per nevi sciolte,
che 'n se stesso volubil si raggira
con mille rapidissime rivolte.
Ma pur desio di novitade il tira
a spiar tra le piante antiche e folte,
e 'n quelle solitudini selvagge
sempre a sé nova maraviglia il tragge.

23
Dove in passando le vestigia ei posa,
par ch'ivi scaturisca, o che germoglie:
là s'apre il giglio e qui spunta la rosa,
qui sorge un fonte, ivi un ruscel si scioglie,
e sovra e intorno a lui la selva annosa
tutte parea ringiovenir le foglie;
s'ammolliscon le scorze e si rinverde
più lietamente in ogni pianta il verde.

24
Rugiadosa di manna era ogni fronda,
e distillava de le scorze il mèle,
e di nuovo s'udia quella gioconda
strana armonia di canto e di querele;
ma il coro uman, ch'a i cigni, a l'aura, a l'onda
facea tenor, non sa dove si cele:
non sa veder chi formi umani accenti,
né dove siano i musici stromenti.

25 ove si guade: dove si passi.
30 tosto che: non appena.
31 e se ne 'l porta in giù l'acqua repente: l'acqua tutto d'un tratto lo trascina giù (si intende il ponte).
32 l'acqua... torrente: l'acqua che da limpido ruscello è diventata torrente.
33 dilatato: allargato. **il mira:** lo guarda.
35 volubil: vorticoso.
36 rivolte: vortici.
37 il tira: lo spinge.
40 sempre... tragge: lo attira a sé sempre un nuovo oggetto di meraviglia.
41 in passando: nel passare. **le vestigia:** i passi.
42 par... germoglie: pare che lì sgorghi una sorgente o che germogli una pianta. I due verbi sono usati in senso assoluto.
44 si scioglie: comincia a scorrere.
45 annosa: secolare.
47 s'ammolliscon le scorze: si fanno più tenere le cortecce.
50 distillava... mèle: il miele usciva a gocce dalle cortecce.
52 querele: lamenti.
53 a l'onda: all'acqua.
54 facea tenor: rispondeva a tono. **non sa... cele:** non sa dove si nasconda.
55-56 non sa veder chi formi... i musici stromenti: non riesce a capire chi produca suoni umani, né dove siano gli strumenti musicali.

25
Mentre riguarda, e fede il pensier nega
a quel che 'l senso gli offeria per vero,
vede un mirto in disparte, e là si piega
ove in gran piazza termina un sentiero.
L'estranio mirto i suoi gran rami spiega,
più del cipresso e de la palma altero,
e sovra tutti gli arbori frondeggia;
ed ivi par del bosco esser la reggia.

L'ingannevole apparizione di una donna

26
Fermo il guerrier ne la gran piazza, affisa
a maggior novitate allor le ciglia.
Quercia gli appar che per se stessa incisa
apre feconda il cavo ventre e figlia,
e n'esce fuor vestita in strana guisa
ninfa d'età cresciuta (oh meraviglia!);
e vede insieme poi cento altre piante
cento ninfe produr dal sen pregnante.

27
Quai le mostra la scena o quai dipinte
tal volta rimiriam dèe boscarecce,
nude le braccia e l'abito succinte,
con bei coturni e con disciolte treccie:
tali in sembianza si vedean le finte
figlie de le selvatiche corteccie;
se non che in vece d'arco o di faretra,
chi tien leuto, e chi viola o cetra.

28
E cominciàr costor danze e carole,
e di se stesse una corona ordiro
e cinsero il guerrier, sì come un sòle
esser punto rinchiuso entro il suo giro.
Cinser la pianta ancora, e tai parole
nel dolce canto lor da lui s'udiro:

57 riguarda: osserva con attenzione.
57-58 e fede... vero: e il pensiero non crede (*fede nega*) a quello che i sensi gli trasmettono come vero.
59 un mirto: l'albero sacro a Venere, simbolo dell'amore. **si piega:** si dirige.
61 estranio: straordinario.
62 altero: alto.
64 la reggia: il centro.
66 a maggior novitate: a un prodigio anche più mirabile.
67-68 per se... figlia: spaccatasi (*incisa*) spontaneamente apre feconda il ventre vuoto e partorisce.
70 d'età cresciuta: già grande, pur essendo appena nata.
72 produr... pregnante: partorire dal ventre gravido.
73 la scena: il teatro.
74 dèe boscarecce: le ninfe (in particolare le Driadi e le Amadriadi, che si credeva abitassero nella corteccia delle piante).
75 nude... succinte: con le braccia nude e l'abito succinto (si tratta di accusativi di relazione o alla greca).
76 coturni: calzature usate nell'antichità classica dagli attori, specialmente dai tragici. Erano sandali di legno dalla suola spessa, allacciati al piede o alla parte inferiore della gamba.
77 finte: perché create dall'incantesimo diabolico.
80 leuto: liuto.
81 carole: danze a mo' di girotondo.
82 una corona ordiro: formarono un cerchio.
83-84 sì come... giro: così come un punto è solito (*sòle*) essere circondato dalla sua circonferenza.
85 la pianta ancora: anche il mirto.
86 da lui s'udiro: furono udite da Rinaldo.

«Ben caro giungi in queste chiostre amene,
o de la donna nostra amore e spene.

29
Giungi aspettato a dar salute a l'egra,
d'amoroso pensiero arsa e ferita.
Questa selva che dianzi era sì negra,
stanza conforme a la dolente vita,
vedi che tutta al tuo venir s'allegra
e 'n più leggiadre forme è rivestita».
Tale era il canto; e poi dal mirto uscia
un dolcissimo tuono, e quel s'apria.

30
Già ne l'aprir di un rustico sileno
meraviglie vedea l'antica etade,
ma quel gran mirto da l'aperto seno
imagini mostrò più belle e rade:
donna mostrò ch'assomigliava a pieno
nel falso aspetto angelica beltade.
Rinaldo guata, e di veder gli è aviso
le sembianze d'Armida e il dolce viso.

Le parole della falsa Armida

31
Quella lui mira in un lieta e dolente:
mille affetti in un guardo appaion misti.
Poi dice: «Io pur ti veggio, e finalmente
pur ritorni a colei da chi fuggisti.
A che ne vieni? a consolar presente
le mie vedove notti e i giorni tristi?
o vieni a mover guerra, a discacciarme,
che mi celi il bel volto e mostri l'arme?

32
giungi amante o nemico? Il ricco ponte
io già non preparava ad uom nemico,
né gli apriva i ruscelli, i fior, la fonte,

87 chiostre: luoghi appartati e solitari (dal latino *claustrum*, "recinto", "luogo chiuso").
88 o... spene: amore e speranza della nostra signora (Armida).
89 a l'egra: alla malata d'amore, cioè Armida.
91 negra: oscura, luttuosa.
92 stanza... vita: dimora adeguata alla triste esistenza di Armida.
96 tuono: suono. **quel s'apria:** il mirto si apriva.
97-98 Già... etade: gli antichi (*l'antica etade*) vedevano cose meravigliose nell'aprire un rozzo sileno. Sileno fu il satiro che allevò Bacco: presero il suo nome delle rudimentali statuette di legno, tozze e panciute, nelle quali venivano custodite belle immagini di divinità.
100 rade: rare.
101-102 donna... angelica beltade: (il mirto) mostrò una donna che somigliava del tutto, nel suo falso aspetto, a una bellezza angelica. Anche quest'inganno è prodotto dall'incantesimo.
103 gli è aviso: gli sembra.
105 in un: al tempo stesso.
106 mille affetti in un guardo appaion misti: in uno sguardo appaiono mescolati mille sentimenti.
107 pur ti veggio: ti vedo ancora (nonostante la separazione avvenuta nel giardino).
109 A che ne vieni?: a quale scopo torni? **presente:** con la tua presenza.
110 vedove: solitarie.
112 che mi celi: tu che mi nascondi il volto dietro la visiera dell'elmo.
113-114 Il ricco... nemico: non avrei preparato il ponte d'oro per un nemico.
115 gli apriva: avrei aperto per lui.

sgombrando i dumi e ciò ch'a' passi è intrico.
Togli questo elmo omai, scopri la fronte
e gli occhi a gli occhi miei, s'arrivi amico;
giungi i labri a le labra, il seno al seno,
porgi la destra a la mia destra almeno».

33
Seguia parlando, e in bei pietosi giri
volgeva i lumi e scoloria i sembianti,
falseggiando i dolcissimi sospiri
e i soavi singulti e i vaghi pianti,
tal che incauta pietade a quei martìri
intenerir potea gli aspri diamanti;
ma il cavaliero, accorto sì, non crudo,
più non v'attende, e stringe il ferro ignudo.

La vittoria di Rinaldo

34
Vassene al mirto; allor colei s'abbraccia
al caro tronco, e s'interpone e grida:
«Ah non sarà mai ver che tu mi faccia
oltraggio tal, che l'arbor mio recida!
Deponi il ferro, o dispietato, o il caccia
pria ne le vene a l'infelice Armida:
per questo sen, per questo cor la spada
solo al bel mirto mio trovar può strada».

35
Egli alza il ferro, e 'l suo pregar non cura;
ma colei si trasmuta (oh novi mostri!)
sì come avien che d'una altra figura,
trasformando repente, il sogno mostri.
Così ingrossò le membra, e tornò oscura
la faccia e vi sparìr gli avori e gli ostri;
crebbe in gigante altissimo, e si feo
con cento armate braccia un Briareo.

36
Cinquanta spade impugna e con cinquanta
scudi risuona, e minacciando freme.

116 i dumi: i pruni, la sterpaglia. **ciò... intrico:** ciò che ostacola il cammino.
119 giungi: congiungi.
121-124 Seguia... pianti: continuava a parlare e roteava gli occhi in bei giri che destavano compassione (*pietosi*) e rendevano pallido il volto (*scoloria i sembianti*), simulando sospiri dolcissimi, soavi singhiozzi e dolci pianti.
125-126 tal che... diamanti: tanto che una pietà meno ferma (di quella dell'eroe), di fronte a quelle sofferenze (*quei martìri*), avrebbe potuto intenerire cuori insensibili come il duro diamante (*gli aspri diamanti*).
127 non crudo: Rinaldo non è crudele perché sa di non infierire contro la vera Armida.
128 più non v'attende: non bada più a quei lamenti. **ferro:** spada.
129 Vassene al: se ne va verso (il soggetto è Rinaldo). **colei:** è il fantasma di Armida, che tenta di ingannare ancora l'eroe, invitandolo a non recidere il mirto.
133 dispietato: crudele. **il caccia:** conficcalo (il *ferro*).
138 novi mostri: straordinari prodigi (latinismo).
140 trasformando repente: con improvvise trasformazioni.
142 gli avori e gli ostri: il candore della carnagione e il colorito roseo del volto.
143 si feo: si fece.
144 Briareo: mitico gigante dalle cento braccia.

Ogn'altra ninfa ancor d'arme s'ammanta,
fatta un ciclope orrendo; ed ei non teme:
raddoppia i colpi a la difesa pianta
che pur, come animata, a i colpi geme.
Sembran de l'aria i campi i campi stigi,
tanti appaion in lor mostri e prodigi.

37
Sopra il turbato ciel, sotto la terra
tuona: e fulmina quello, e trema questa;
vengono i venti e le procelle in guerra,
e gli soffiano al volto aspra tempesta.
Ma pur mai colpo il cavalier non erra,
né per tanto furor punto s'arresta;
tronca la noce: è noce, e mirto parve.
Qui l'incanto fornì, sparìr le larve.

38
Tornò sereno il cielo e l'aura cheta,
tornò la selva al natural suo stato:
non d'incanti terribile né lieta,
piena d'orror ma de l'orror innato.
Ritenta il vincitor s'altro più vieta
ch'esser non possa il bosco omai troncato;
poscia sorride, e fra sé dice: «Oh vane
sembianze! e folle chi per voi rimane!».

147 s'ammanta: si riveste.
148 fatta: trasformandosi in. **ciclope:** mitico gigante con un solo occhio. **ei non teme:** egli (Rinaldo) non ha paura.
149 difesa pianta: è il mirto difeso dal fantasma di Armida.
151 Sembran... stigi: gli spazi dell'aria circostante sembrano spazi infernali (*stigi* da Stige, il fiume dell'oltretomba).
153 turbato: tempestoso.
154 tuona: rimbomba.
155 procelle: nubifragi.
156 gli: a Rinaldo.
157 erra: sbaglia.
158 s'arresta: smette di colpire il mirto.
159 è noce: il mirto, che per tradizione è associato a Venere e quindi all'amore, si è trasformato in un noce, considerato l'albero simbolo delle streghe e degli incantesimi. **parve:** sembrò.
160 fornì: finì. **sparìr le larve:** sparirono le apparizioni.
164 de l'orror innato: di oscurità naturale.
168 per voi rimane: a causa vostra desiste.

Dentro il TESTO

I contenuti tematici

La sconfitta delle (affascinanti) forze infernali

Il brano proposto mostra i caratteri peculiari del meraviglioso in Tasso. La magia svela la propria origine demoniaca, tentando di esercitare il suo fascino perverso e sfruttando l'arma della sessualità, come sempre in Tasso, seducente e peccaminosa.

Allettamenti e lusinghe – che Rinaldo ha già conosciuto sotto le sembianze amorose della bella Armida – tentano ancora di frenare l'impeto e il valore del paladino cristiano. Davanti a lui si apre infatti uno spettacolo naturale degno di un paradiso terrestre: l'immagine di Armida, uscita dal tronco di un mirto (l'albero sacro a Venere), e visioni voluttuose di ninfe ripropongono in chiave magica la tentazione paralizzante della bellezza. Questa volta però Rinaldo non cede: ormai sordo ai richiami dei sensi, immune dalle tentazioni pagane, l'eroe ha raggiunto quell'equilibrio e quella saggezza che lo rendono indifferente agli incantesimi diabolici e al fascino perverso dell'amore sensuale.

L'eroe tornato sé stesso

Tasso descrive di nuovo le lusinghe della passione carnale: la falsa Armida provoca il paladino invitandolo esplicitamente all'eros (v. 119). Rinaldo però non è più quello che abbiamo visto irretito nel giardino delle delizie: è ormai il guerriero purificato, consapevole degli errori commessi e della finzione celata dietro le apparenze. Dunque non ha un attimo di incertezza anche quando il fantasma della maga si muta in un mostro, le ninfe si trasformano in ciclopi e il paesaggio assume i connotati di un terribile cataclisma (v. 155).

La naturalezza trionfa sull'artificio

Il duello ha un esito scontato: Rinaldo taglia il mirto, che si rivela finto (è un noce, l'albero che rappresenta l'inganno). L'incantesimo è sconfitto: all'incubo delle presenze infernali subentra la serenità, che avvolge la natura, tornata alla normalità e pacificata anch'essa, come l'animo dell'eroe che ora, finalmente trionfante sull'errore e sul peccato, può riflettere sull'umana follia che si lascia sedurre da *vane sembianze* (vv. 167-168).

Le scelte stilistiche

Il registro idillico...

La natura attraente della selva viene resa dal poeta con un registro delicato e suadente, che esprime con efficacia le sensazioni visive, uditive e olfattive provate dal paladino. Immagini ed espressioni concorrono a creare l'effetto dell'idillio, già sperimentato da Tasso in molti brani dell'*Aminta* e nel passo del giardino di Armida. Il campo semantico prevalente è quello della dolcezza e dell'evanescenza (il *roco pianto* del ruscello, il *sospirar de l'aura*, il *flebil canto* del cigno ecc., vv. 3, 4 e 5), con rimandi evidenti al lessico petrarchesco: il pianto dell'usignolo al v. 6 richiama esplicitamente il verso iniziale di un sonetto di Petrarca, *Quel rosignuol, che sì soave piagne* (*Canzoniere*, 311); l'ottava 23 riecheggia la prima quartina di *Come 'l candido pie' per l'erba fresca* (*Canzoniere*, 165).

... e quello epico

Ben diverso è lo stile quando si passa allo scontro. Qui il lessico utilizzato è quello tipico dell'epica classica: non a caso, oltre ai riferimenti mitologici (Briareo, i ciclopi, i *campi stigi*), si colgono soprattutto echi virgiliani (i vv. 153-154 sono il calco dei vv. 693-695 del V libro dell'*Eneide*). La sentenza finale, con cui il paladino sorridendo depreca le debolezze umane, fa invece tornare alla memoria una simile esclamazione dantesca («Ohi ombre vane, fuor che ne l'aspetto!», *Purgatorio*, II, 79).

Verso le COMPETENZE

COMPRENDERE

1 È possibile dividere il brano in cinque parti: individuale e assegna un titolo a ognuna.

ANALIZZARE

2 Quali sono le caratteristiche della selva che la rendono così allettante?

3 Che cosa simboleggiano le ninfe che cantano e che danzano?

4 Che significato ha la trasformazione di Armida e delle ninfe in esseri mostruosi?

INTERPRETARE

5 È possibile affermare che, nel corso della sua traversata della selva, Rinaldo subisca un processo di crescita morale e intellettuale? Perché?

6 Quale significato ideologico può essere attribuito all'esclamazione finale di Rinaldo?

PRODURRE

7 SCRIVERE PER **COMMENTARE**
Leggendo molte delle ottave antologizzate sembra di vedere dei quadri. Scegline alcune particolarmente "pittoriche" e abbina a ognuna, spiegandone il motivo, l'opera di un pittore contemporaneo di Tasso (ti suggeriamo Tiziano, Tintoretto, Paolo Veronese).

• T 11 •

Solimano e la tragica condizione umana

Canto XX, ott. 73-75

L'ineluttabilità della morte

I cristiani sono ormai a un passo dalla vittoria. Ma Solimano, il re dei turchi, dall'alto della torre di David, dove si sono rifugiati gli ultimi difensori della città, riflette non tanto sul destino di sconfitta e di morte che incombe su di sé, quanto sulla tragica condizione di tutti gli uomini. Non per questo depone il suo orgoglio, apprestandosi invece a gettarsi nella mischia, per l'ultima volta, prima di essere ucciso da Rinaldo.

METRO Ottave di endecasillabi con schema di rime ABABABCC.

73
Or mentre in guisa tal fera tenzone
è tra 'l fedel essercito e 'l pagano,
salse in cima a la torre ad un balcone
e mirò, benché lunge, il fer Soldano;
mirò, quasi in teatro od in agone,
l'aspra tragedia de lo stato umano:
i vari assalti e 'l fero orror di morte,
e i gran giochi del caso e de la sorte.

74
Stette attonito alquanto e stupefatto
a quelle prime viste; e poi s'accese,
e desiò trovarsi anch'egli in atto
nel periglioso campo a l'alte imprese.
Né pose indugio al suo desir, ma ratto
d'elmo s'armò, ch'aveva ogn'altro arnese:
«Su su», gridò «non più, non più dimora:
convien ch'oggi si vinca o che si mora».

75
O che sia forse il proveder divino
che spira in lui la furiosa mente,
perché quel giorno sian del palestino
imperio le reliquie in tutto spente;
o che sia ch'a la morte omai vicino
d'andarle incontra stimolar si sente,
impetuoso e rapido disserra
la porta, e porta inaspettata guerra.

3 salse: salì. **la torre:** la torre di David.
4 il fer Soldano: il feroce Solimano.
5 agone: campo destinato alle gare sportive.
7 fero: crudele.
10 a quelle prime viste: alla prima vista di quello spettacolo.
11 in atto: in azione.
13 ratto: rapido.
14 ch'aveva... arnese: visto che aveva già indosso le altre parti dell'armatura.
15 dimora: indugio.
18 spira in lui: gli ispira.
24 la porta: della torre.

Dentro il TESTO

I contenuti tematici

La tragica dignità del re destinato alla sconfitta

Siamo alle battute finali della guerra. Dall'alto della torre, Solimano contempla il teatro di guerra e riflette sulla sorte dell'uomo. Feroce e coraggioso, il condottiero arabo è colto come in un momento di perplessa solitudine. Non aveva mai visto così bene la guerra come ora, non ne aveva mai colto più chiaramente l'essenza crudele. Come se fosse a teatro o assistesse a un torneo, per una volta spettatore e non attore protagonista, Solimano contempla *l'aspra tragedia de lo stato umano* (v. 6). Capo efferato e assetato di vendetta, il re adesso è però mostrato nella sua umana debolezza, sorpreso da un rovello amaro e filosofico che fa più complessa la sua figura di uomo, arricchita dalle pieghe misteriose e inimmaginabili della sua coscienza. Eppure proprio la ferocia della guerra, ora scoperta fino in fondo insieme alla caducità della vita, suggerisce a Solimano un improvviso, estremo atto volontaristico: lo aspettano il combattimento in prima fila e una morte che probabilmente ha già previsto.

Cristofano dell'Altissimo, *Ritratto di Solimano il Magnifico*, 1552-1568. Firenze, Galleria degli Uffizi.

Solimano interprete del pessimismo di Tasso

Sotto lo sguardo attonito di Solimano si mescolano dunque *i gran giochi del caso e de la sorte* (v. 8). La vita umana è per Tasso quasi una rappresentazione, una messinscena teatrale. Gli uomini sono sì gli attori, ma non vi è più traccia dell'antropocentrismo umanistico. Non sono loro infatti a scegliere e a determinare gli eventi del mondo: c'è un Dio che svolge il ruolo di regista, muovendo a proprio piacimento le azioni e la volontà dei suoi attori. Non è casuale che Tasso "sfrutti" la figura di Solimano – del guerriero, cioè, più risoluto e intrepido – per esprimere indirettamente ancora una volta la propria visione pessimistica della vita umana. Infatti, attraverso l'accostamento di questa profonda e fatale verità a un'incarnazione del coraggio e della forza, l'immagine tragica dell'esistenza si rivela ineluttabile, un inutile affannarsi in balia degli insondabili disegni della fortuna.

Verso le COMPETENZE

COMPRENDERE

1 Che cosa osserva Solimano dall'alto della torre e quale decisione prende?

ANALIZZARE

2 La scena di Solimano sulla torre ha molto di teatrale. Rintraccia nel testo i punti in cui Tasso mette esplicitamente l'accento su questo aspetto.

INTERPRETARE

3 Quale visione della vita si evince da queste ottave? E in che modo si concilia con l'ideologia cristiana?

PRODURRE

4 SCRIVERE PER **ARGOMENTARE**
Secondo la critica, Solimano è un eroe moderno, vicino alla nostra sensibilità. Sei d'accordo? Esprimi il tuo parere in un breve testo di circa 20 righe.

DIBATTITO IN CLASSE

5 Confronta l'atteggiamento di Solimano verso la guerra e la morte imminente con quello di altri personaggi della letteratura e del cinema che conosci e discuti delle similitudini e differenze con i tuoi compagni.

• T 12 •

La conclusione del poema

Canto XX, ott. 134-136; 144

La **vittoria** e la **preghiera** finali

Armida, ormai sconfitta, è in procinto di darsi la morte, quando sopraggiunge Rinaldo, che la distoglie dal proposito e fa risorgere in lei l'amore sopito. La sua immagine di ancella devota all'eroe e alla sua fede sancisce la fine della guerra. Il vincitore Goffredo, dopo tante traversie, può finalmente raggiungere insieme ai suoi soldati il Santo Sepolcro e, al tramonto, raccogliersi in preghiera.

METRO Ottave di endecasillabi con schema di rime ABABABCC.

134
Così doleasi, e con le flebil onde,
ch'amor e sdegno da' begli occhi stilla,
l'affettuoso pianto egli confonde
in cui pudica la pietà sfavilla;
e con modi dolcissimi risponde:
«Armida, il cor turbato omai tranquilla:
non a gli scherni, al regno io ti riservo;
nemico no, ma tuo campione e servo.

135
Mira ne gli occhi miei, s'al dir non vuoi
fede prestar, de la mia fede il zelo.
Nel soglio, ove regnàr gli avoli tuoi,
riporti giuro; ed oh piacesse al Cielo
ch'a la tua mente alcun de' raggi suoi
del paganesmo dissolvesse il velo,
com'io farei che 'n Oriente alcuna
non t'agguagliasse di regal fortuna».

136
Sì parla e prega, e i preghi bagna e scalda
or di lagrime rare, or di sospiri;
onde sì come suol nevosa falda
dov'arda il sole o tepid'aura spiri,
così l'ira che 'n lei parea sì salda
solvesi e restan sol gli altri desiri.
«Ecco l'ancilla tua; d'essa a tuo senno
dispon», gli disse «e le fia legge il cenno».

[...]

1 **doleasi:** il soggetto è Armida, che ha appena rivelato a Rinaldo il proprio dolore di donna innamorata. **onde:** lacrime.
3-4 **l'affettuoso pianto egli confonde... la pietà sfavilla:** Rinaldo mischia (alle lacrime di Armida) il proprio pianto commosso, in cui scintilla un senso di casta comprensione.
6 **tranquilla:** tranquillizza.
7 **non... riservo:** non sono qui per deriderti, ma per offrirti un ruolo da regina.
9 **al dir:** alle parole.
10 **il zelo:** l'ardore.
11 **Nel soglio:** sul trono. **ove... tuoi:** dove regnarono i tuoi avi. Gli antenati di Armida erano stati signori di Damasco.
12 **riporti:** di riportarti.
12-14 **oh piacesse... velo:** se il Cielo volesse che alcuni dei suoi raggi squarciassero dalla tua mente il velo del paganesimo (illuminandoti dunque con la luce cristiana).
15 **alcuna:** alcuna donna.
19 **onde:** per cui.
22 **solvesi:** si scioglie. **gli altri desiri:** si tratta di quelli amorosi.
24 **le fia legge il cenno:** per lei sarà legge ogni tuo desiderio.

144
Così vince Goffredo, ed a lui tanto
avanza ancor de la diurna luce
ch'a la città già liberata, al santo
ostel di Cristo i vincitor conduce.
Né pur deposto il sanguinoso manto,
viene al tempio con gli altri il sommo duce;
e qui l'arme sospende, e qui devoto
il gran Sepolcro adora e scioglie il voto.

28 ostel: sepolcro.
29 Né pur deposto il sanguinoso manto: senza nemmeno togliersi di dosso il mantello insanguinato.
31 sospende: appende.
32 voto: è il voto di liberare il Santo Sepolcro, fatto da Goffredo all'inizio del poema (I, 23, vv. 7-8).

Dentro il TESTO

I contenuti tematici

Dopo tanti inganni, la realtà: l'ultima metamorfosi di Armida

Con la trasformazione della perfida Armida in ancella di Dio (le sue parole riecheggiano quelle della vergine Maria all'angelo che le annuncia la nascita di Gesù: *Ecce ancilla Domini; fiat mihi secundum verbum tuum*, Ecco la serva del Signore; sia fatto di me secondo la tua parola, Luca, 1, 38), il poema celebra l'approdo spirituale dell'ultima, irriducibile nemica dei cristiani. Le lacrime bagnano – in stile compiutamente manierista – l'epilogo del sofferto percorso della donna, illuminata fino all'ultimo nella sua più profonda e sofferente interiorità.

La conclusione del poema: un trionfo senza festa

Tuttavia, a chiudere la *Gerusalemme* non è il registro lirico, ma quello epico. L'ultima ottava permette infatti di ritornare con il pensiero al *gran Sepolcro* da liberare, di cui parlava Tasso nei versi iniziali del poema. Ebbene, la liberazione è avvenuta e il «glorioso acquisto» è stato effettuato: ci sarebbero tutti i motivi per chiudere l'opera fra squilli di tromba e processioni trionfali. Non è così, e una sensazione di malinconica e dolorosa ambiguità si stende fin negli ultimi versi: nessun festoso abbandono contrassegna i gesti di Goffredo, che avanza verso il sepolcro di Cristo nella luce del crepuscolo, quando si avvicinano le tenebre, senza neanche togliersi il mantello macchiato del sangue nemico. Il dovere è compiuto, il voto del pellegrinaggio crociato è sciolto, ma una percezione di cupa tragicità accompagna il lettore anche in questo epilogo in chiaroscuro.

Verso le COMPETENZE

COMPRENDERE

1 Che cosa promette di fare Rinaldo nel caso in cui Armida si converta al cristianesimo?

ANALIZZARE

2 Al v. 10 la parola *fede* è presente due volte. Quale significato assume nella prima e nella seconda occorrenza?

3 Il v. 17 contiene due figure retoriche. Quali?

INTERPRETARE

4 Come giudichi il comportamento di Armida?

PRODURRE

5 SCRIVERE PER **CONFRONTARE**
Scrivi un testo argomentativo di circa 20 righe in cui confronti i due personaggi principali della *Gerusalemme liberata* e dell'*Orlando furioso* (Goffredo e Orlando), soffermandoti in modo particolare sulle caratteristiche etiche dei due, che nella loro diversità mostrano il passaggio storico e culturale dal Rinascimento all'epoca della Controriforma.

CONSONANZE ■ DISSONANZE

ACHILLE CAMPANILE
La quercia del Tasso

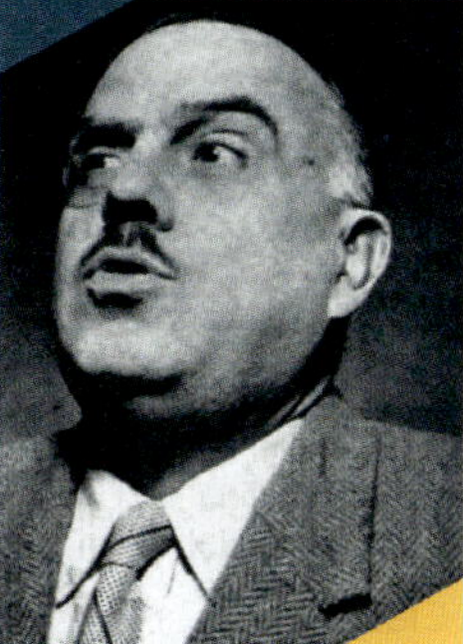

Achille Campanile (1899-1977) ha scritto numerose opere teatrali e narrative, oltre ad avere svolto un'intensa attività giornalistica e a essersi occupato di cinema e di televisione. Il suo umorismo, quando non inclina a tonalità malinconiche e crepuscolari, attinge felicemente alla farsa e alla freddura, spingendo fino all'assurdo situazioni sentimentali e luoghi comuni.

Nel brano che presentiamo, tratto da *Manuale di conversazione* (1973), la comicità si basa tutta su un gioco di parole, esasperato e portato alle estreme conseguenze, che scaturisce dall'ambiguità semantica del vocabolo "tasso", il quale indica sia l'autore della *Gerusalemme liberata* sia l'omonimo animaletto che vive nei boschi: un vero e proprio tasso che, in questo caso, decide di prendere casa presso la "quercia del Tasso", a Roma, sul Gianicolo.

Quell'antico tronco d'albero che si vede ancor oggi sul Gianicolo a Roma, secco, morto, corroso e ormai quasi informe, tenuto su da un muricciolo dentro il quale è stato murato acciocché non cada o non possa farsene legna da ardere, si chiama la quercia del Tasso perché, come avverte una lapide, Torquato Tasso andava a sedervisi sotto, quand'essa era frondosa. Anche a quei tempi la chiamavano così. Fin qui niente di nuovo. Lo sanno tutti e lo dicono le guide.

Meno noto è che, poco lungi da essa, c'era, ai tempi del grande e infelice poeta, un'altra quercia fra le cui radici abitava uno di quegli animaletti del genere dei plantigradi, detti tassi. Un caso. Ma a cagione di esso si parlava della quercia del Tasso con la "t" maiuscola e della quercia del tasso con la "t" minuscola. In verità, c'era anche un tasso nella quercia del Tasso e questo animaletto, per distinguerlo dall'altro, lo chiamavano il tasso della quercia del Tasso. Alcuni credevano che appartenesse al poeta, perciò lo chiamavano il tasso del Tasso e l'albero era detto "la quercia del tasso del Tasso" da alcuni, e "la quercia del Tasso del tasso" da altri.

Siccome c'era un altro Tasso (Bernardo, padre di Torquato, e poeta anch'egli) il quale andava a mettersi sotto un olmo, il popolino diceva: "È il Tasso dell'olmo o il Tasso della quercia?"

Così, poi, quando si sentiva dire "il Tasso della quercia" qualcuno domandava: "Di quale quercia?"

"Della quercia del Tasso."

E dell'animaletto di cui sopra, ch'era stato donato al poeta in omaggio al suo nome, si disse: "Il tasso del Tasso della quercia del Tasso."

Poi c'era la guercia del Tasso: una poverina con un occhio storto, che s'era dedicata al poeta e perciò era detta la guercia del Tasso della quercia, per distinguerla da un'altra guercia che s'era dedicata al Tasso dell'olmo (perché c'era un grande antagonismo fra i due). Ella andava a sedersi sotto una quercia poco distante da quella del suo principale e perciò detta la quercia della guercia del Tasso; mentre quella del Tasso era detta la quercia del Tasso della guercia: qualche volta si vide anche la guercia del Tasso sotto la quercia del Tasso. Qualcuno più brevemente diceva: la quercia della guercia o la guercia della quercia. Poi, sapete com'è la gente, si parlò anche del Tasso della guercia della quercia e, quando lui si metteva sotto l'albero di lei, si alluse al Tasso della quercia della guercia.

Ora voi vorrete sapere se anche nella quercia della guercia vivesse uno di quegli animaletti detti tassi. Viveva. E lo chiamavano il tasso della quercia della guercia del Tasso, mentre l'albero era detto la quercia del tasso della guercia del Tasso e lei la guercia del Tasso della quercia del tasso.

Successivamente Torquato cambiò albero: si trasferì (capriccio di poeta) sotto un tasso (albero delle Alpi), che per un certo tempo fu detto il tasso del Tasso. Anche il piccolo quadrupede del genere degli orsi lo seguì fedelmente e, durante il tempo in cui essi stettero sotto il nuovo albero, l'animaletto venne indicato come il tasso del tasso del Tasso.

Quanto a Bernardo, non potendo trasferirsi all'ombra d'un tasso perché non ce n'erano a portata di mano, si spostò accanto a un tasso barbasso (nota pianta, detta pure verbasco), che fu chiamato da allora il tasso barbasso del Tasso; e Bernardo fu chiamato il Tasso del tasso barbasso, per distinguerlo dal Tasso del tasso. Quanto al piccolo tasso di Bernardo, questi lo volle con sé, quindi da allora l'animaletto fu indicato da alcuni come il tasso del Tasso del tasso barbasso, per distinguerlo dal tasso del Tasso del tasso; e da altri come il tasso del tasso barbasso del Tasso, per distinguerlo dal tasso del Tasso del Tasso.

Il Comune di Roma voleva che i due poeti pagassero qualcosa per la sosta delle bestiole sotto gli alberi, ma fu difficile stabilire il tasso da pagare; cioè il tasso del tasso del tasso del Tasso e il tasso del tasso del tasso barbasso del Tasso.

L'AUTORE nel tempo

"Tassisti" e "ariostisti"

La fortuna di Tasso è immediata (ancora vivente viene tradotto in latino e nelle maggiori lingue europee), ma da subito accompagnata da polemiche. Il dibattito tra "tassisti" e "ariostisti" - cioè tra i sostenitori dello stile rotto e inquieto di Tasso e i difensori della classicità armonica ed equilibrata dell'*Orlando furioso* - dura a lungo.

Tasso subisce l'ostracismo dell'Accademia della Crusca, che non lo inserisce tra gli autori selezionati per le prime due edizioni del *Vocabolario* (1612 e 1623), e non piace a Galileo Galilei, che nelle *Considerazioni al Tasso* arriva a definire il poema un «ciarpame di parole ammassate». Tuttavia la sua poesia è amata dai poeti barocchi, che vedono in lui un anticipatore di molte caratteristiche tipiche dei loro versi. Inoltre, artisti come Claudio Monteverdi (a cui si deve la nascita del melodramma) ne musicano i versi e pittori quali Tintoretto e Guido Reni rappresentano personaggi ed episodi della *Gerusalemme liberata* in cicli di affreschi. È però solo a partire dal Settecento che Tasso viene indiscutibilmente incluso nel canone dei massimi poeti italiani assieme a Dante, Petrarca e Ariosto.

Un'icona senza frontiere

Accanto alla fortuna letteraria vi è quella legata al personaggio di Tasso. Il mito del genio infelice nasce quando egli è ancora vivo; lo alimenta lo scrittore francese Michel de Montaigne che, reduce da una visita nel 1580 all'Ospedale di Sant'Anna, dove il poeta è recluso, delinea il ritratto destinato a durare nel tempo di un uomo malinconico e ormai folle.

Icona del dolore e dell'infelicità - così lo ritrae anche la pittura, da Jacopo Bassano a Eugène Delacroix - il poeta diventa una vera e propria maschera letteraria: Goethe lo mette in scena nel dramma intitolato con il suo nome, Byron si immedesima nelle sue sofferenze e compone il poemetto *Il lamento di Torquato Tasso*, altri ancora (e tra questi Jean-Jacques Rousseau, che traduce in francese la *Gerusalemme liberata*) si identificano in lui, cogliendo nelle sue inquietudini lo specchio dei loro stessi turbamenti.

Nasce il mito romantico di Tasso: l'interpretazione di Leopardi

All'inizio dell'Ottocento, i suoi versi vengono riconosciuti come un cruciale punto di snodo nella storia della lingua poetica italiana. Per Giacomo Leopardi, l'opera di Tasso costituisce un serbatoio imprescindibile di vocaboli «peregrini» (cioè arcaici e indeterminati) e «arditi». Non solo: la sua figura è emblema della scissione tragica fra il poeta e l'uomo. Il poeta raggiunge con i suoi versi una bellezza destinata a non esaurirsi mai nel tempo; l'uomo è condannato a vivere incompreso dall'indifferenza degli uomini. Nella canzone giovanile *Ad Angelo Mai*, scritta nel 1820, Leopardi si rivolge al poeta in questo modo: «O Torquato, o Torquato, a noi l'eccelsa / tua mente allora, il pianto / a te, non altro, preparava il cielo». È ovvio che, riferendosi a Tasso, in realtà Leopardi parla di sé stesso. Tasso viene fatto oggetto, in effetti, di una vera e propria trasfigurazione: perennemente inappagato, condannato all'infelicità, egli diventa il simbolo della condizione moderna del letterato consapevole dell'infelicità come stato fondamentale dell'esistenza (e in questa veste lo troviamo anche in una delle *Operette morali*, dal titolo *Dialogo di Torquato Tasso e del suo Genio familiare*, scritta nel 1824).

Da De Sanctis a Caretti

Sul piano squisitamente critico, è importante il contributo dato, in pieno Ottocento, da Francesco De Sanctis, il quale valorizza soprattutto l'aspetto lirico-sentimentale a scapito di quello religioso, giudicato inautentico. Anche nel Novecento l'attenzione per l'opera di Tasso non viene meno: accanto agli studi di Lanfranco Caretti, decisivi per cogliere i nessi tra produzione poetica e situazione storico-culturale, ha avuto notevoli sviluppi lo studio dell'opera di Tasso basato sui più diversi strumenti metodologici, da quelli sociologici a quelli psicanalitici. Questi ultimi si sono rivelati particolarmente produttivi per far luce sulla peculiare personalità dell'autore.

CLASSICI a confronto

Ariosto e Tasso

DUE POETI DIVERSI PER INDOLE, IDEOLOGIA E POETICA **Ariosto** è **equilibrato**, ironico ma spesso scontento e lamentoso. **Tasso** è **irrequieto**, ipersensibile, passionale e di umore malinconico. Il primo, amante della vita semplice, vive un'esistenza che è il contrario della sua opera (per niente avventurosa, sedentaria, abitudinaria e poco incline alle passioni sfrenate): disincantato osservatore dei costumi della corte, rimane ancorato al sereno orizzonte dei propri affetti, all'ombra dei potenti. Il secondo, invece, conduce una vita sradicata, sofferta, potremmo dire senza fissa dimora, caratterizzata da scatti impulsivi, ossessioni, manie di persecuzione, angosciose evasioni e dolorosi pentimenti.

Così profondamente diversi per temperamento e sensibilità, Ariosto e Tasso sono sembrati già ai loro primi lettori l'uno l'antitesi dell'altro, e i rispettivi capolavori modelli di una visione della letteratura e dell'uomo assai diversi tra loro. L'autore dell'***Orlando furioso*** scrive infatti un poema incongruente, sul piano della struttura e dei contenuti, con quelli antichi: **privo di unità d'azione**, ricchissimo di temi e situazioni, irrispettoso della sacralità del cavaliere cristiano, aperto alle suggestioni della magia. **L'autore della *Gerusalemme liberata***, invece, **si attiene ai princìpi della poetica aristotelica**, segue l'esempio dei poemi epici classici, intende sviluppare il solo tema della liberazione della città santa e aderire alla verità storica (pur con ampie concessioni al fantastico, ma mai fine a sé stesso).

UN POEMA CAVALLERESCO E UN POEMA EPICO In contrapposizione alla libertà inventiva che Ariosto eredita dai racconti cavallereschi, Tasso vuole celebrare le forze del Bene contro quelle del Male: mentre **i personaggi del *Furioso* sono in continuo movimento** attraverso una dimensione orizzontale e uno spazio labirintico che vanifica le loro avventurose ricerche e **mette in crisi il loro eroismo**, **quelli della *Gerusalemme***, dovendo sottostare ai rigorosi vincoli morali e religiosi della Controriforma, **sanno di dover compiere** fino in fondo **una missione voluta da Dio in difesa della fede**, e perciò subiscono con un ambiguo groviglio di pulsioni le tentazioni e le fragilità del loro essere.

LA DISTACCATA IRONIA DI ARIOSTO E L'INQUIETA PASSIONALITÀ DI TASSO I sentimenti e le relazioni umane sono insidiati secondo **Ariosto** dalla Fortuna: la realtà si rivela spesso un'illusione, gli oggetti del desiderio sfuggono, l'oggettività viene meno dinanzi alla pluralità dei punti di vista. Con Ariosto abbiamo visto affermarsi un **profondo relativismo**, che preclude verità assolute, in una visione laica e problematica che ricorda quella dei grandi pensatori rinascimentali a lui contemporanei, come Machiavelli e Guicciardini. Anche in **Tasso** sentiamo il fascino e la seduzione del sentimento, dell'amore, del piacere, ma ciò dipende dalla **macchinazione delle forze demoniache**: sta all'uomo rifiutare tali minacce e adeguarsi alla sola logica possibile, quella che separa, senza mediazione, la verità dall'errore, la giusta via dalla perdizione.

Ariosto può costruire dunque un ironico monumento alla casualità e variabilità del destino, con intrecci e combinazioni fortuite; Tasso, al contrario, riduce all'ordine la molteplicità, invoca l'ortodossia, chiama a raccolta i «compagni erranti» per ricordare loro il dovere, distoglierli dal peccato e celebrare, in conclusione del poema, la vittoria dell'umanità sul Male.

LETTURE critiche

Il «bifrontismo» e i registri della suspense

di Lanfranco Caretti

La personalità di Tasso rispecchia il contesto storico e culturale in cui visse, nel quale si fronteggiano la concezione dell'uomo e dell'arte di stampo umanistico-rinascimentale e quella legata all'ideologia controriformistica. Il conflitto interiore del poeta deriva dalla sua volontà di riaffermare i princìpi morali e religiosi della Controriforma e dall'incapacità di emanciparsi del tutto dai valori rinascimentali. A Lanfranco Caretti (1915-1995) si deve la definizione di «bifrontismo tassiano» proprio per esprimere la più intima natura psicologica del poeta, sospesa tra amore e peccato, piacere e angoscia. Ma questa condizione emotiva ha un suo preciso riflesso nei caratteri dei personaggi del poema e nel torbido sgomento, intriso di suspense, che essi manifestano dinanzi alle passioni e ai drammi dell'esistenza.

Il bifrontismo spirituale del Tasso trova solo nella *Liberata* la sua vera forma congeniale, la sua più compiuta sanzione artistica. Gli ameni inganni e le altre disposizioni vivono infatti, nel poema, in una luce comune di vibrante trepidazione.

Tanto sui personaggi che sui luoghi, innestati di scorcio e con funzione partecipante, si stende l'ombra d'una minaccia, di una segreta insidia. È la tipica suspense tassiana. Non quella romanzesca, estrosa e inventiva, dell'Ariosto, quel sublime espediente narrativo calcolato come un congegno perfetto (con le sue argute e innocenti assunzioni del sortilegio), ma una suspense che è inerente alla coscienza stessa del poeta, proiezione letteraria del suo sgomento di fronte alla realtà. Così il piacere appare insidiato dal sentimento della labilità, e si fa tanto più acre e voluttuoso quanto più se ne avverte l'effimera durata: l'amore è contristato dalla corresponsione negata e soprattutto dai presagi funesti, e si nutre di languidi ardori o di disperata mestizia: la fama terrena è corrosa dal trascorrere del tempo, e lascia di sé solo un'eco fragile che il vento disperde; la natura finge promesse e lusinghe, ma improvvisamente impietrisce in un pauroso squallore desertico; gli eventi sono soggetti all'estro imperscrutabile e spesso crudele della fortuna, sì che la gioia è costantemente minacciata dal dolore; l'idea stessa della vita, infine, è ovunque associata a quella della morte. È insomma un continuo oscillare tra verità e apparenze, in un mondo non rappresentato nitidamente con distacco e sicurezza, ma filtrato attraverso una sensibilità ansiosa e irrequieta.

Anche il "magismo", realizzato con l'innesto del meraviglioso religioso entro la storia, corrisponde del resto a questo senso costante del mistero che grava sulla vita, e la fa pensosa e dolente, penetrando nel cuore degli uomini e agitandoli oscuramente, popolando la natura di strane voci e di malefici incanti.

Ma la suspense tassiana non ha solo questo registro basso, questo tono sensuale, allucinato, e talvolta anche torbido e morboso, quasi preludio ad una irreparabile catastrofe. Essa gli associa un registro acuto, energico e attivo, che mitiga quell'angoscia e spesso la redime, ricuperando, giusto al limite dove ogni energia si sfrangia e si dissolve, un sentimento ancora generoso e intenso della vita che sorregge e illumina i gesti eroici, trattiene le impazienze e fortifica lo spirito nella rinuncia, celebra il sacrificio, esalta la pietà e la gentilezza, consola i pianti segreti, purifica le passioni, illumina anche la morte d'una sublime speranza, mentre i paesaggi si liberano dagli incantesimi orridi e paurosi e la natura sorride conciliata sotto cieli rifatti finalmente sereni e benigni. Il complesso accordo di questi due registri costituisce il nodo vitale della *Liberata*, la condizione della sua originale riuscita poetica. Ad esso naturalmente incombono continuamente due pericoli: da un lato, quello di abbandonarsi con troppa compiacenza al puro ineffabile, all'inquietudine fuggitiva, vanificando la realtà nell'unica direzione del brivido esistenziale; dall'altro, quello di alzare solo volontariamente il registro "eroico", tacitando l'intimo assillo con l'enfasi sonora dell'eloquenza. Né si può dire che il Tasso non abbia talvolta soggiaciuto alla tentazione delle soluzioni facili, onde la sua poesia s'attarda talvolta in artificiosi espedienti, nella duplice direzione dell'allusività metaforica o della concettosità intellettualistica. Ma in generale, e direi per larghissima parte dell'opera (e sempre, comunque, in una misura tale da non intaccarne l'unità), il Tasso ha saputo fondere tra loro le note fonde e labili con quelle chiare e ferme in una tessitura nervosa ad esiti cromatici fortemente chiaroscurati.

In un'opera con tanta intensità dominata dalla dissonante via degli affetti, i personaggi hanno naturalmente un rilievo eccezionale. Essi costituiscono infatti i nodi di confluenza, di implicazione o di chiarimento, degli impulsi su cui l'opera si regge, qualificandosi non tanto per gli atti che compiono quanto per l'interno inviluppo delle passioni onde quegli atti e quelle vicende procedono. Dietro le loro figure, esteriormente derivate da tradizioni illustri (classica e romanza), si apre la nuova dimensione psicologica tassiana, il suo intrepido intimismo, ed essi ne esprimono, di volta in volta ed in modi diversi, le varie dominanti. Mai nelle forme della tipizzazione oggettiva, ma riflettendone la risentita irrequietezza. Non direi, perciò, che nella *Liberata* ci siano personaggi veramente congeniali (Rinaldo, Tancredi, Erminia) ed altri invece freddamente astratti (Goffredo, Sofronia) perché un'opzione del genere implica un taglio netto, nell'organismo del poema, tra motivi seri e profondi e motivi estrinseci e retorici, e quindi ancora una scissione tra struttura e poesia. Che è proprio quanto di meno persuasivo la critica ci abbia fornito in passato. È molto insidioso infatti, a proposito della *Liberata*, il procedimento che tende ad esaltare i personaggi giudicati autobiografici sopra quelli che si reputano nati, all'opposto, da un atto di volontà non poetica. A me sembra in verità che tutti i personaggi tassiani siano autobiografici, nel senso che il poema è permeato ovunque di sincera sostanza sentimentale: solo che in alcuni di essi questa sostanza si esprime con ampiezza e varietà minori che in altri, ma sempre per esigenze artistiche e non per falsità intrinseca di questo o di quel personaggio. Quanto, infatti, il Tasso non può concedere talvolta in estensione riesce tuttavia a ricuperare in intensità, sì che mentre in certi personaggi veramente complessi (Tancredi, Clorinda, Erminia, Armida e soprattutto Rinaldo) l'autobiografismo tassiano si riflette con ampia ricchezza di modulazioni, in altri invece, più semplici o episodici, si concentra anche sopra un solo motivo approfondendolo con impegno energico e schietto (Argante, nell'atto costante della violenza barbarica; Sveno, lieto nell'affrontare la morte con giovanile baldanza; Solimano, accoratamente pensoso di fronte al cruento spettacolo del campo di battaglia). E soprattutto insisterei a difendere la poeticità di Goffredo e di Sofronia, tante volte messa in discus-

LETTURE critiche

sione, perché l'eroe invitto e pietoso e la vergine incorruttibile rappresentano, a loro volta, un momento insopprimibile dell'ispirazione tassiana; e precisamente quello, puro ed eroico, in cui il "bello ideale", che non è finzione retorica nel Tasso ma sentimento vivo ed autentico, si realizza nella poesia in figure perfettamente virtuose, intangibili ad ogni insidia, ad ogni seduzione. Tolte dal poema, dove vivono in un rapporto essenziale con gli altri personaggi, queste figure possono effettivamente apparire, soprattutto alla nostra sensibilità moderna, troppo schematiche e alla fine monotone nella loro santità senza storia. Ma se si tiene presente il carattere particolare della *Liberata*, fondato sopra un equilibrio instabile, sempre in procinto di spezzarsi e in ogni caso animosamente ricomposto, Goffredo e Sofronia si rivelano personaggi insopprimibili proprio perché si esalta in loro il sogno d'una splendida magnanimità e d'una generosa forza morale, vittoriose sul disordine delle passioni; e la luce bianca, solo apparentemente fredda, della loro forza incontaminata, composta in una dignità ferma e sicura di gesti e di parole, collabora a rendere più intenso e più drammatico, per contrasto, l'oscuro struggimento dei desideri inappagati, il torpore inquieto delle evasioni voluttuose, il sentimento della colpa e l'angoscia della morte.

Lanfranco Caretti, *Ariosto e Tasso*, Einaudi, Torino 1961

Comprendere il PENSIERO CRITICO

1 Che differenza c'è tra la suspense di Ariosto e quella di Tasso?

2 È possibile ritrovare un duplice registro nella *Liberata*?

3 In che cosa, secondo Caretti, i personaggi di Goffredo e Sofronia sono autenticamente poetici?

La funzione della poesia nell'opera di Tasso

di Matteo Residori

In tutta la sua produzione, pur con le mille contraddizioni della sua anima, Tasso non rinuncia mai alla fiducia nella poesia come mezzo per raggiungere la verità e dar conto della complessità della vita umana. Il critico Matteo Residori (n. 1971) coglie però un cambiamento nel rapporto che l'autore intrattiene con la letteratura: un cambiamento non dovuto esclusivamente all'ossequio controriformistico.

Tasso dimostra, lungo tutta la sua carriera, di considerare la letteratura uno strumento insostituibile di conoscenza e di esperienza etica. In un'epoca in cui la letteratura è oggetto di varie forme di "disciplinamento", e subisce la concorrenza di discorsi più conformi a una concezione rigida della verità e della morale, il nostro autore difende con passione e intelligenza la specificità del linguaggio letterario, e in particolare di quello poetico, capace di attingere significati universali e più adatto a rendere conto della complessità del reale. Da questo punto di vista la carriera di Tasso può essere divisa schematicamente in due grandi fasi. La prima, che va all'incirca fino alla reclusione a Sant'Anna (1579), ha il suo punti di forza nella rivendicazione, sia teorica che pratica, di una «licenza del fingere» (legittimazione della finzione) disciplinata dal «verosimile». La prove narrative giovanili, i *Discorsi dell'arte poetica* e soprattutto la *Liberata* manifestano la persuasione, di origine aristotelica, che la poesia diventi universalmente vera solo grazie a una certa dose di finzione, a patto però di evitare sia il corrosivo dell'ironia sia l'inverosimiglianza delle invenzioni più arbitrarie e sfrenate. È infatti il criterio del «verosimile», calibrato lucidamente sulle opinioni del pubblico, a garantire quell'adesione emotiva del lettore che per Tasso è indispensabile all'efficacia morale della poesia. Grazie all'identificazione simpatetica con i personaggi, favorita anche dagli artifici di un linguaggio tutto teso alla mozione degli affetti, la lettura della poesia non si limita a *miscere utile dulci*, secondo il precetto di Orazio, ma si trasforma in un'esperienza catartica della complessità della vita morale. Per ottenere questo risultato, ritiene Tasso, la letteratura deve nutrirsi degli apporti di diverse discipline, dalla storia alla teologia, dalla filosofia morale alla politica, ma senza mai rinunciare a quella universalità del linguaggio che le permette di raggiungere un vasto pubblico non specializzato.

A partire dagli anni della prigionia (1579-86) si osserva un'evoluzione notevole nel modo in cui Tasso interpreta la nobiltà statuaria della letteratura. La formula della «finzione verosimile» tende a lasciare il posto alla centralità esclusiva del «vero», inteso come fedeltà a tradizioni discorsive autorevoli. In opere come i *Dialoghi*, la *Gerusalemme conquistata*, il *Mondo creato*, la scrittura tende dunque a farsi apertamente enciclopedica e allegorica, inglobando e riorganizzando un ricco patrimonio culturale, per lo più antico. Il poeta diventa storico, filosofo, teologo; la sua voce ha ormai un'intonazione apertamente pedagogica e, evitando le forme più accese di *pathos*, incoraggia nel lettore più il giudizio spassionato che l'identificazione catartica. Tradizionalmente, la critica descrive questo mutamento come un'involuzione quasi patologica: il poeta, stanco e precocemente invecchiato, non farebbe che adeguarsi al cupo clima culturale della Controriforma. Quest'im-

LETTURE critiche

magine è stata in parte corretta dagli studi degli ultimi decenni, che, analizzando da vicino le opere tarde di Tasso, hanno messo in luce la coerenza e l'ambizione di un progetto culturale che mira a nobilitare la letteratura attraverso l'annessione dei saperi più diversi e il dialogo con i modelli più illustri dell'antichità. Resta però il fatto che questo progetto viene realizzato in modo un po' astratto, al di fuori di ogni rapporto vitale con le attese del pubblico, e che, volendo ricalcare un «vero» univico e autorevole, le opere tarde di Tasso finiscono paradossalmente con rinunciare a quella particolare verità – mobile, prospettica, contraddittoria – che è propria della letteratura.

Matteo Residori, *Tasso*, Il Mulino, Bologna 2009

Comprendere il PENSIERO CRITICO

1 Perché la "licenza del fingere", in Tasso, deve essere disciplinata dal "verosimile"?

2 Come cambia la concezione della poesia dopo gli anni di prigionia?

Una lettura in chiave figurale

di Sergio Zatti

Secondo la lettura critica fornita dallo studioso Sergio Zatti (n. 1950), il capolavoro di Tasso va interpretato come un conflitto di codici culturali da legare strettamente alla situazione storica contemporanea al poeta.

La mia analisi è rivolta a verificare la legittimità di una chiave di lettura figurale dello scontro militare tra Cristiani e Pagani, che costituisce la materia narrativa del poema. Secondo tale prospettiva la guerra per la conquista di Gerusalemme rinvierebbe ad una lotta per l'egemonia che si instaura fra due codici diversi, fra due sistemi di valori antitetici. Dell'uno sono campioni i Pagani e, potremmo dire, schematizzando, che esso si richiama agli ideali di un umanesimo laico, materialista e pluralista; l'altro, di cui sono portatori i Crociati, dà voce alle istanze religiose autoritarie della cultura della Controriforma.

Se la materia storica della narrazione, che il Tasso desume dai cronisti delle Crociate, propone lo scontro tra due religioni e culture contrapposte, è un fatto che, nella concreta vicenda poetica, lo scontro assume piuttosto i connotati di un conflitto tra due codici, divenuti incompatibili, che si genera all'interno di una medesima cultura e di una medesima società, entrambe occidentali e cristiane: tanto è vero che a misurarsi nella guerra, parallela a quella terrena, che si combatte in cielo non sono Dio e «Maometto», bensì Dio e Satana, la verità cristiana trovando come proprio antagonista non già una verità pagana ad essa alternativa, bensì piuttosto i principi di negazione ad essa connaturati, cioè l'errore, il male, l'eresia. Proprio come tali, infatti, cioè come negativi, erronei o quantomeno insufficienti, si configurano nella *GL* quei valori cavallereschi che la tradizione recente del genere aveva rifondato in senso umanistico: ovviamente secondo uno soltanto dei codici, anche se si tratta di quello ideologicamente privilegiato – è il punto di vista di Dio, dei Cristiani, di Goffredo – e di fatto storicamente il vincente.

Ed è per questo che soltanto sulla bocca di personaggi pagani è possibile ascoltare l'affermazione degli ideali eroici di virtù e di onore, fatta con orgogliosa fierezza e in assenza di qualsiasi ottica religiosa o soprannaturale, sia pure pagana: Argante (VI, 8; X, 37); Solimano (IX, 99; X, 24; XIX, 41); Ismeno («Ciascun qua giù le forze e 'l senno impieghi / per avanzar fra le sciagure e i mali, / ché sovente adivien che 'l saggio e 'l forte / fabro a se stesso è di beata sorte», X, 20). E non manca un richiamo a questi ideali neppure nel discorso in cui Satana rievoca la ribellione degli angeli caduti al Dio cristiano, esaltando il «*valor primiero*», la «*virtute*», l'«*invitto ardire*» che animarono quella nobile e sfortunata impresa (IV, 15). Sono dichiarazioni in cui ritornano motivi tipici di un sistema di valori storicamente definiti: mito dell'*homo faber*, antagonismo fortuna/virtù; e sono dichiarazioni che invano cercheremmo di ritrovare sul versante cristiano, e non già perché tra le file dei crociati manchino grandi eroi, ma perché essi ispirano (o dovrebbero ispirare) la loro azione a un complesso di moventi e di ideali entro cui la dimensione umanistica individuale, quando non è assente, è pur tuttavia subordinata alle finalità di una collettiva missione di fede. Nei discorsi dei guerrieri cristiani il riconoscimento della positività dei valori cavallereschi si accompagna invariabilmente a un principio superiore che tali valori integri, senza il quale non è lecito sperare nella vittoria. Se Clorinda, contestando il ricorso alle arti magiche di Ismeno da parte del suo re Aladino, fa l'invito: «trattiamo il ferro pur noi cavalieri: / quest'arte è nostra, e 'n questa sol si speri» (II, 51), Goffredo ricorda ai crociati dimentichi che «Turchi, Persi, Antiochia (illustre suono / e di nome magnifico e di cose) / opre nostre non già, ma del Ciel dono / furo, e vittorie fur meravigliose» (I, 26).

Ma importa soprattutto rilevare il fatto che lo scontro tra i codici indicati si apre in coincidenza con l'esordio stesso dell'azione narrativa, così da porsene legittimamente quale chiave di lettura privilegiata: Goffredo di Buglione, uno dei principi cristiani fra cui è diviso il potere militare e politico, è sollevato per volontà divina a capo supremo dell'esercito crociato. Si stabilisce da questo momento un processo di subordinazione gerarchica denso di conseguenze – sia sul piano del dato narrativo immediato, sia sul piano etico e ideologico in senso lato – agli effetti dello sviluppo ulteriore dell'azione e dei suoi connotati semantici: l'intervento divino determina infatti la netta distinzione politica e morale fra Goffredo e i «*compagni erranti*», che egli è chiamato a riunificare nel nome del fine militare cristiano, e contemporaneamente segna la cessazione della compresenza paritetica di codici diversi, la sanzione dell'opera repressiva di un codice – quello incarnato dal Buglione – sugli altri avvertiti come devianti e «pagani», l'abolizione insomma della tolleranza nei confronti dell'altro e del diverso. In questa prospettiva torna chiaro allora come lo scontro militare fra Pagani e Cristiani, letto nei termini di un conflitto fra codici, ricalchi da un lato gli eventi di una storia soprannaturale (rievocata nel canto IV) realizzatasi come autoritaria imposizione della legge di Dio sulla libertà di Satana, dall'altro rinnovi sulla terra la fisionomia di una lotta, in tutto simile a quella combattuta contro gli infedeli, che i rappresentanti del codice cristiano repressivo, Goffredo e Pier l'Eremita, ingaggiano contro i traviamenti erotici di Rinaldo e Tancredi e la condotta aberrante di altri crociati.

[...]

LETTURE critiche

La distribuzione del conflitto fra i codici in tre ambiti distinti, si badi bene, non è occasionale; è sottesa invece al generale svolgimento dell'opera del codice repressivo cristiano, intollerante della diversità, nel contesto dell'intero poema. Quest'opera si configura infatti come un processo dinamico di riduzione dal vario all'uno, dal discorde al corale, dalla dispersione alla concentrazione, che si svolge appunto su tre piani differenti:

1. come *condanna eterna* degli angeli ribelli alla legge divina;
2. come *sconfitta storica* degli infedeli ad opera dei crociati;
3. come *subordinazione politica* dei «*compagni erranti*» all'imperio di Goffredo.

Tale distinzione di livelli è del resto stabilita fin dalla prima ottava del poema, in posizione dunque di forte rilievo semantico:

1. il «*Ciel*» contro l'«*Inferno*»;
2. le «*armi pietose*» contro il «*popol misto*»;
3. il «*capitano*» contro i «*compagni erranti*».

Nel clima di restaurazione cattolica si afferma prepotente un'istanza integralista repressiva che confina progressivamente in una zona di sospetto quella dialettica di valori che si esprimeva nel *Furioso* sotto il segno della «varietà». Ora questa deve fare i conti con una tendenza totalizzante che «*contro la dispersione delle energie e la molteplicità dei punti di vista proprie della cultura laica, cerca di far valere alcuni principi unificanti, ai quali ricondurre l'insieme e ciascuna delle attività umane socialmente impegnate*».

Sergio Zatti, *L'uniforme cristiano e il multiforme pagano. Saggio sulla «Gerusalemme liberata»*, il Saggiatore, Milano 1983

Comprendere il PENSIERO CRITICO

1 Che cos'è l'interpretazione figurale?

2 Di che cosa sarebbe figura la guerra per la conquista di Gerusalemme, secondo Zatti? Rispondi facendo riferimento agli esempi che il critico presenta come prove.

3 Perché lo studioso afferma che la *Liberata* si configura come un «processo di riduzione dal vario all'uno»? In che cosa l'opera di tasso è differente dal *Furioso*?

Verifica delle CONOSCENZE

L'OPERA: *GERUSALEMME LIBERATA*

Scegli l'alternativa corretta fra quelle proposte.

1 La *Gerusalemme conquistata* viene pubblicata a

- a Ferrara nel 1575.
- b Roma nel 1593.
- c Napoli nel 1588.
- d Ferrara nel 1583.

2 Il poema è diviso in

- a 20 canti.
- b 24 canti.
- c 20 ottave.
- d 3 cantiche.

3 Lo sviluppo dell'azione è reso più piacevole

- a dalla tecnica dell'*entrelacement*.
- b dal ricorso costante alla *suspense*.
- c dalla presenza del motivo amoroso e meraviglioso.
- d dagli inserti autobiografici.

Indica se le seguenti affermazioni sono vere (V) o false (F).

4 La *Gerusalemme liberata* è composta di ottave di endecasillabi. V F

5 Il poema è sottoposto a una sola revisione. V F

6 La vicenda è ambientata al tempo della prima crociata. V F

7 L'opera si conclude con la conquista di Gerusalemme da parte dei cristiani. V F

8 A differenza di quanto avviene nell'*Orlando furioso*, manca l'elemento magico e meraviglioso. V F

9 Fedele al principio aristotelico dell'unità di azione, Tasso non presenta vicende parallele alla vicenda principale. V F

10 Il proemio è dedicato alla «generosa erculea prole». V F

11 La lingua è in linea con i dettami del Petrarchismo cinquecentesco. V F

Completa la tabella.

12 Dividi i personaggi elencati in base alla loro appartenenza allo schieramento cristiano o pagano, quindi traccia un breve ritratto di ciascuno di essi.

Armida	
Clorinda	
Erminia	
Goffredo	
Rinaldo	
Solimano	
Tancredi	

Rispondi alle seguenti domande.

13 Quali sono i motivi storici e poetici che portano Tasso alla scelta del tema della *Gerusalemme liberata*?

14 Esponi brevemente le peripezie editoriali del poema, mettendo in evidenza come in esse intervengano l'indole e le preoccupazioni di Tasso.

15 Spiega in che cosa consistono per Tasso le poetiche del «verosimile» e del «meraviglioso cristiano».

16 Definisci la concezione dell'amore che emerge dal poema.

17 Esponi le principali caratteristiche dello stile della *Gerusalemme liberata*.

18 Passa in rassegna le figure femminili incontrate nel poema e rifletti sulle ragioni per le quali sono tutte pagane.

19 Quale funzione poetica e ideologica esercita la natura nella *Gerusalemme liberata*?

20 La *Gerusalemme liberata* può essere definita il "poema dei conflitti": per quali ragioni?

Analisi e interpretazione di un TESTO LETTERARIO

Erminia fra i pastori

Gerusalemme liberata, canto VII, ott. 1-13

Erminia, invano innamorata di Tancredi, scappa dal campo cristiano e si rifugia presso alcuni pastori: lì potrà finalmente riposare dai propri affanni.

1
Intanto Erminia infra l'ombrose piante
d'antica selva dal cavallo è scòrta,
né più governa il fren la man tremante,
e mezza quasi par tra viva e morta.
Per tante strade si raggira e tante
il corridor ch'in sua balia la porta,
ch'al fin da gli occhi altrui pur si dilegua,
ed è soverchio omai ch'altri la segua.

2
Qual dopo lunga e faticosa caccia
tornansi mesti ed anelanti i cani
che la fèra perduta abbian di traccia,
nascosa in selva da gli aperti piani,
tal pieni d'ira e di vergogna in faccia
riedono stanchi i cavalier cristiani.
Ella pur fugge, e timida e smarrita
non si volge a mirar s'anco è seguita.

3
Fuggì tutta la notte, e tutto il giorno
errò senza consiglio e senza guida,
non udendo o vedendo altro d'intorno,
che le lagrime sue, che le sue strida.
Ma ne l'ora che 'l sol dal carro adorno
scioglie i corsieri e in grembo al mar s'annida,
giunse del bel Giordano a le chiare acque
e scese in riva al fiume, e qui si giacque.

4
Cibo non prende già, ché de' suoi mali
solo si pasce e sol di pianto ha sete;
ma 'l sonno, che de' miseri mortali
è co 'l suo dolce oblio posa e quiete,
sopì co' sensi i suoi dolori, e l'ali
dispiegò sovra lei placide e chete;

2 scòrta: accompagnata.
6 il corridor: il cavallo.
8 soverchio: inutile.
14 riedono: ritornano.
18 senza consiglio e senza guida: senza meta, alla cieca.
21-22 Ma ne l'ora che 'l sol... s'annida: al tramonto.
26 posa e quiete: riposo e pace.
30 placide e chete: calme e tranquille.

né però cessa Amor con varie forme
la sua pace turbar mentre ella dorme.

5
Non si destò fin che garrir gli augelli
non sentì lieti e salutar gli albori,
e mormorar il fiume e gli arboscelli,
e con l'onda scherzar l'aura e co i fiori.
Apre i languidi lumi e guarda quelli
alberghi solitari de' pastori,
e parle voce udir tra l'acqua e i rami
ch'a i sospiri ed al pianto la richiami.

6
Ma son, mentr'ella piange, i suoi lamenti
rotti da un chiaro suon ch'a lei ne viene,
che sembra ed è di pastorali accenti
misto e di boscareccie inculte avene.
Risorge, e là s'indrizza a passi lenti,
e vede un uom canuto a l'ombre amene
tesser fiscelle a la sua greggia a canto
ed ascoltar di tre fanciulli il canto.

7
Vedendo quivi comparir repente
l'insolite arme, sbigottìr costoro;
ma li saluta Erminia e dolcemente
gli affida,e gli occhi scopre e i bei crin d'oro:
«Seguite», dice «aventurosa gente
al Ciel diletta, il bel vostro lavoro,
ché non portano già guerra quest'armi
a l'opre vostre, a i vostri dolci carmi».

8
Soggiunse poscia: «O padre, or che d'intorno
d'alto incendio di guerra arde il paese,
come qui state in placido soggiorno
senza temer le militari offese?».

31 però: perciò.
34 gli albori: le prime luci dell'alba.
37 i languidi lumi: i malinconici occhi.
38 alberghi: case.
39 parle: le sembra.
43 pastorali accenti: canti di pastori.
44 boscareccie inculte avene: zampogne pastorali suonate alla buona.
46 amene: gradevoli.
47 fiscelle: cesti di vimini.
49 repente: all'improvviso.
50 l'insolite arme: le armi inconsuete in quel luogo. **sbigottìr:** si spaventarono.
52 gli affida: li rassicura.
53 Seguite: continuate pure.
53-54 aventurosa... diletta: fortunata gente amata da Dio.
56 carmi: poesie, canti.
60 le militari offese: i danni recati dalla guerra.

«Figlio», ei rispose «d'ogni oltraggio e scorno
la mia famiglia e la mia greggia illese
sempre qui fur, né strepito di Marte
ancor turbò questa remota parte.

9
O sia grazia del Ciel che l'umiltade
d'innocente pastor salvi e sublime,
o che, sì come il folgore non cade
in basso pian ma su l'eccelse cime,
così il furor di peregrine spade
sol de' gran re l'altere teste opprime,
né gli avidi soldati a preda alletta
la nostra povertà vile e negletta.

10
Altrui vile e negletta, a me sì cara
che non bramo tesor né regal verga,
né cura o voglia ambiziosa o avara
mai nel tranquillo del mio petto alberga.
Spengo la sete mia ne l'acqua chiara,
che non tem'io che di venen s'asperga,
e questa greggia e l'orticel dispensa
cibi non compri a la mia parca mensa».

11
Ché poco è il desiderio, e poco è il nostro
bisogno onde la vita si conservi.
Son figli miei questi ch'addito e mostro,
custodi de la mandra, e non ho servi.
Cosí me 'n vivo in solitario chiostro,
saltar veggendo i capri snelli e i cervi,
ed i pesci guizzar di questo fiume
e spiegar gli augelletti al ciel le piume.

12
Tempo già fu, quando più l'uom vaneggia
ne l'età prima, ch'ebbi altro desio

61 **Figlio:** il pastore non ha ancora capito che ha di fronte a sé una donna. **scorno:** violenza.
62 **illese:** immuni.
63 **strepito di Marte:** rumore di guerra.
66 **sublime:** onori (è verbo).
69 **peregrine spade:** armi straniere.
70 **opprime:** colpisce.
72 **vile e negletta:** di poco valore e dunque disprezzata.
73 **Altrui:** per gli altri.
74 **regal verga:** scettro.
75 **avara:** avida.
76 **nel tranquillo:** nella tranquillità (aggettivo sostantivato).
78 **s'asperga:** sia contaminata.
80 **compri:** comprati (participio forte).
82 **onde... si conservi:** per sostentarci.
85 **solitario chiostro:** luogo solitario e appartato.
89 **vaneggia:** si lascia dominare da idee vane.
90 **ne l'età prima:** nella giovinezza.

e disdegnai di pasturar la greggia;
e fuggii dal paese a me natio,
e vissi in Menfi un tempo, e ne la reggia
fra i ministri del re fui posto anch'io,
e benché fossi guardian de gli orti
vidi e conobbi pur l'inique corti.

13
Pur lusingato da speranza ardita
soffrii lunga stagion ciò che più spiace;
ma poi ch'insieme con l'età fiorita
mancò la speme e la baldanza audace,
piansi i riposi di quest'umil vita
e sospirai la mia perduta pace,
e dissi: "O corte, a Dio". Cosí, a gli amici
boschi tornando, ho tratto i dí felici».

91 pasturar: condurre al pascolo.
93 Menfi: capitale dell'antico Egitto (anche se, ai tempi della prima crociata, la capitale del Regno d'Egitto era il Cairo, essendo Menfi già stata distrutta nel VII sec. d.C.). **un tempo:** per un certo periodo.
94 ministri: servi (latinismo).
95 orti: giardini.
97 Pur... ardita: nonostante ciò, allettato da speranze avventate.
98 soffrii... spiace: sopportai per molto tempo ciò che è sgradevole da sopportare (cioè le umiliazioni della vita di corte).
101 piansi: rimpiansi (sentendone la mancanza).
103 a Dio: addio.
104 tratto: trascorso.

COMPRENSIONE E ANALISI

1 Suddividi il brano in 4 sequenze e assegna un titolo a ciascuna.
2 Fai la parafrasi delle prime due ottave.
3 A chi si rivolge Erminia al v. 57 con l'espressione *O padre*? E perché utilizza il vocabolo "padre"?
4 Di che cosa si dice stupita Erminia osservando la condizione dei pastori?
5 Perché i pastori non sono toccati dalla guerra, secondo l'anziano che parla?
6 Che cosa racconta a proposito della corte il vecchio pastore?
7 Il paesaggio bucolico viene descritto in termini idilliaci: rintraccia nel testo gli elementi figurativi che contribuiscono a definire un tipico *locus amoenus*.
8 Nel passo sono presenti due similitudini: individuale e spiegane il significato.
9 Nel testo sono presenti alcuni esempi di personificazione: trovali e commentane l'effetto.

INTERPRETAZIONE E COMMENTO

Nelle parole del pastore è presente una rievocazione della sua personale esperienza della corte. Il bilancio è positivo o negativo? In ciò si può accostare il punto di vista del pastore a quello di Tasso? Perché la vita di corte viene qui contrapposta a quella campestre? Partendo da questo brano, ma utilizzando le informazioni in tuo possesso dallo studio della vita dell'autore, illustra il tema del rapporto tra Tasso e il mondo cortigiano in un testo di circa 2 facciate di foglio protocollo.

Analisi e produzione di un TESTO ARGOMENTATIVO

Tasso, «pittor con le parole»

La storica della letteratura Lina Bolzoni (n. 1947) illustra in questo articolo i rapporti tra poesia e immagine nell'opera di Tasso.

Come si fa a ottenere a corte il favore del principe e a evitare, nello stesso tempo, l'invidia dei cortigiani? È a questa difficile questione che cerca di rispondere Torquato Tasso, in un dialogo scritto tra il 1584 e il 1585, quando ancora è rinchiuso nella cella di Sant'Anna, accusato di una follia in cui l'umore malinconico si legava strettamente ai suoi difficili rapporti con la corte estense e si nutriva di una inquietudine religiosa che l'aveva spinto a autodenunciarsi all'Inquisizione. Al suo giovane interlocutore lucchese, Lorenzo Malpiglio, che desidera intraprendere la carriera del cortigiano e ancora coltiva le illusioni della trasparenza e della sincerità nei confronti del suo signore, Tasso mostra come infelice sia la vita del cortigiano, come il tempo presente sia dominato dalla finzione, come l'arte del nascondersi sia fondamentale.

Il cortigiano dovrà dunque costruire di sé una specie di rappresentazione teatrale, che investe le stesse virtù. Non tutte le virtù, spiega Tasso, si devono mostrare in misura eguale, «sì come ne le pitture con l'ombre s'accennano alcune parti lontane, altre sono da' colori più vivamente espresse», così la fortezza, la magnanimità «si veggono adombrate e paiono quasi di lontano discoprirsi ma la magnificenza, la liberalità e quella che si chiama cortesia con proprio nome e la modestia è dipinta con più fini colori ch'abbia l'artificio del cortigiano». Il paragone con la pittura interviene a dare un'idea di come il cortigiano debba costruire il proprio personaggio: egli dovrà mostrarsi e nascondersi mettendo in scena lo stesso gioco di ombre e di luci che usa il pittore, creando un effetto di presenza e di lontananza che sollecita l'attenzione e la curiosità di chi guarda, dello spettatore del quadro, come del pubblico della corte.

È questo solo un esempio di come il Tasso fosse affascinato dalla pittura, tanto che nel suo poema possiamo spesso trovare quasi una gara con gli effetti visivi delle arti figurative e proprio il gioco delle ombre, il fascino della notte vi hanno gran parte [...]. Non solo l'indugio descrittivo, il gusto del chiaroscuro, gli scorci notturni ispirati alla malinconia o all'orrore creano immagini memorabili, ma l'intera regia del poema, il modo stesso in cui dialoga con i suoi grandi modelli, a cominciare da Virgilio, ha suggerito a Ezio Raimondi[1] un parallelo con Ejzenštein[2], con le sue lezioni di regia, con il suo interesse per il montaggio cinematografico.

A sua volta la *Gerusalemme* ha un'enorme fortuna visiva, che supera ben presto quella, pur notevole, che era toccata all'*Orlando Furioso*. [...] Quello che differenzia il caso della Gerusalemme è che il poeta è coinvolto in prima persona nell'impresa. Nel maggio 1584 infatti il suo amico don Angelo Grillo gli manda i disegni di Bernardo Castello[3]; se il Tasso è d'accordo, egli scrive, verranno incisi in rame nella

1 **Ezio Raimondi:** filologo e critico letterario (1924-2014).

2 **Ejzenštein:** Sergej Michajlovič Ejzenštejn, regista e teorico del cinema, nato a Riga (Lettonia) il nel 1898 e morto a Mosca nel 1948; con i suoi film ha contribuito in modo determinante a imporre e consolidare l'autonomia formale del cinema nel sistema moderno delle arti.

3 **Bernardo Castello:** pittore genovese (1557- 1629).

nuova edizione della *Gerusalemme* «onde mentre si leggono le parole e gli atti, si veggia insieme e chi parla e chi opera; e che la penna di Vostra Signoria sia così spirito del pennello di messer Bernardo come la sua pittura sarà corpo de la vostra poesia». Tasso acconsente, dedica anche un sonetto al pittore, chiamandolo «muto poeta di pittor canoro».

Esce così la prima edizione illustrata, quella mantovana del 1584 [...]; certo con quella genovese del 1590 le cose si complicano. Il Tasso è insoddisfatto e inquieto. «Mi doglio con esso lei, e di lei, e di tutta Genova - scrive al Grillo - c'abbiano voluto mandar fuori con tanti ornamenti opera da me non approvata... Fra tanto, senza pregiudicio, la prego, che mi faccia donare uno di questi miei poemi così belli, acciò ch'io possa compiacermi de la loro cortesia, se non mi compiaccio della mia composizione». Quello che è bello agli occhi del poeta è appunto il libro illustrato, i «tanti ornamenti» di cui si fregia, ma quello che non lo soddisfa, quello di cui si sente ancora una volta derubato, è il testo del suo poema, che rivede e corregge continuamente, senza mai portarlo a una forma definitiva. Se, come scriveva Grillo, i versi dovevano costituire l'anima cui le immagini davano corpo, quell'anima era ancora indefinita, o almeno angosciosamente fluttuante agli occhi di chi la creava.

Lina Bolzoni, *Il Tasso, pittor con le parole*, "La Domenica del Sole", 9 aprile 2018

COMPRENSIONE E INTERPRETAZIONE

1 Chi è Lorenzo Malpiglio e quali consigli gli offre Tasso?

2 Che cosa significa che *il cortigiano dovrà [...] costruire di sé una specie di rappresentazione teatrale* (r. 12)?

3 In che senso il cortigiano, secondo Tasso, deve saper dosare abilmente "luci" e "ombre"?

4 Quale rapporto viene individuato da Tasso tra il lavoro del pittore e quello del cortigiano?

5 Da che cosa deriva l'accostamento, avanzato dal critico Ezio Raimondi, tra l'opera di Tasso e il cinema del regista russo Ejzenštein?

6 Con gusto tipicamente concettista, Tasso chiama Bernardo Castello «muto poeta di pittor canoro»: spiega il significato dell'espressione.

7 Perché Tasso rimase insoddisfatto dell'edizione genovese del suo poema?

RIFLESSIONI E COMMENTO

L'attenzione all'aspetto visivo del poema e alla sua cura editoriale testimonia l'importanza, per Tasso, del fatto che il "contenuto" venga rivestito di una "forma" adeguata. Sei d'accordo, in questo, con lui? Quanto ritieni che ancora oggi le forme di un'opera (non solo letteraria: componimento poetico, romanzo, ma anche film, canzone ecc.) contino affinché i suoi messaggi vengano favorevolmente accolti dal pubblico e adeguatamente recepiti? Rispondi in un testo argomentativo di circa 2 pagine di foglio protocollo facendo riferimento all'odierno mondo della comunicazione massmediale.

LA VITA

Torquato Tasso **nasce a Sorrento nel 1544**. Dopo la morte della madre nel 1556 si trasferisce in diverse città dove tenta di emulare l'attività letteraria del padre, raffinato uomo di cultura. A Padova si dedica agli studi di legge e avvia la composizione della *Gierusalemme*; nel 1562, mentre frequenta l'Università di Bologna, pubblica il *Rinaldo*. In questo periodo inizia anche a scrivere liriche. **Nel 1565 si stabilisce a Ferrara** a servizio del cardinale Luigi d'Este dove vive un periodo sereno e colmo di gratificazioni. La tranquillità dura poco: l'invidia e i sospetti dei cortigiani, dopo la composizione della favola pastorale *Aminta* (1573), fanno precipitare Tasso in uno stato di inquietudine che ne altera l'equilibrio psichico.
All'inizio del 1575 conclude un poema eroico sulla prima crociata, la futura *Gerusalemme liberata*, con il titolo di ***Goffredo***; in seguito intraprende una serie di tormentati pellegrinaggi per l'Italia: a Sorrento dalla sorella, poi a Mantova, Padova, Venezia e ad Urbino, dove compone la *Canzone al Metauro*.
Rientrato a Ferrara dà segni di **grave squilibrio** e il duca Alfonso lo fa rinchiudere nell'**Ospedale di Sant'Anna**. Durante i sette anni di internamento Tasso si dedica alla composizione delle *Rime* e dei *Dialoghi* , scrivendo lettere accorate ad amici e signori delle corti italiane. Nel 1586 è a Mantova, presso Vincenzo Gonzaga, che ne ha ottenuto la custodia.
L'inquietudine, solo brevemente sopita, lo costringe di nuovo a una serie di spostamenti, a Bologna, Roma, Napoli, Firenze. Torna infine a Roma, **sotto la protezione di papa Clemente VIII**, dove si dedica a un **rifacimento della *Liberata*** che intitola *Gerusalemme conquistata* (1593); qui, nel convento di Sant'Onofrio sul Gianicolo, muore nel 1595.

LE OPERE

Le *Rime* Dopo i primi esordi a Urbino, Tasso intensifica la sua produzione lirica, a cui si dedicherà fino agli ultimi anni della sua vita. Sono circa **duemila le liriche** di cui pubblica tre raccolte successive: nel 1567, nel 1591 e nel 1593. Recupera il **modello petrarchesco** e lo arricchisce di **elementi originali**: toni patetici, metafore sorprendenti, variazione di ritmi e sonorità verbali. In alcuni componimenti risalta la materia autobiografica e morale, in altri affiorano motivi encomiastici, in altri ancora – specialmente nei brevi madrigali – emerge la sua tipica tendenza all'abbandono sensuale. La musicalità dei componimenti, caratterizzati da metafore sorprendenti, affascinerà in particolar modo i poeti barocchi.

LE OPERE TEATRALI

Nella produzione teatrale Tasso rappresenta l'intreccio tra amore e morte. In ***Aminta*** (1573), favola pastorale in 5 atti, recupera

il **modello latino** (Virgilio) **e quello umanistico** (Poliziano), portando in scena gli intrecci amorosi del pastore Aminta e della ninfa Silvia. In ***Re Torrismondo*** (1587), tragedia di ispirazione classica, Tasso analizza il conflitto tra istinti e norma sociale, raccontando, in 5 atti, le complesse dinamiche sentimentali che hanno coinvolto in una passione incestuosa Torrismondo e la bella Alvida.

GLI SCRITTI IN PROSA

Le opere in prosa di Tasso coprono una grande varietà di temi. Nei *Discorsi dell'arte poetica* (1567-1570) e *Discorsi del poema eroico* (1594) l'autore affronta **riflessioni sulla poesia epica**. I ***Dialoghi***, 27 prose composte in gran parte durante l'isolamento nell'Ospedale di Sant'Anna, analizzano questioni estetiche ed etiche. L'**Epistolario**, di oltre 1500 lettere, è una preziosa fonte di informazioni sull'autore e nel contempo un raffinato documento letterario. Agli ultimi anni della vita del poeta appartengono testi di argomento filosofico-religioso: *Monte Oliveto* (1588), *Le lagrime di Maria Vergine e Le lagrime di Gesù Cristo* (1593) e *Le sette giornate del mondo creato* (1592-1594).

GERUSALEMME LIBERATA

È un **poema epico in ottave** riguardante la presa del Santo Sepolcro a opera dei cristiani, durante la prima Crociata (1096-1099). La scelta **dell'argomento eroico-religioso** è dovuta al tentativo di rielaborare il modello ariostesco nel clima della Controriforma. L'opera è frutto di un lungo lavoro di revisione da parte dell'autore: iniziato fra il 1570 e il 1575 il testo è stato rielaborato e ritoccato senza sosta fino a un anno prima della morte quando, nel 1593, viene pubblicato a Roma con il titolo di *Gerusalemme conquistata*. Nell'esercito cristiano, guidato da **Goffredo di Buglione**, si distinguono in particolare due eroi: **Rinaldo** e **Tancredi**, combattuti fra l'amore e il dovere, la passione e il sentimento religioso. Le tre donne protagoniste, **Armida**, **Erminia** e **Clorinda**, tutte saracene, incarnano il fascino diabolico femminile; alla fine, però, scelgono di convertirsi alla fede cristiana. Con l'introduzione del «**meraviglioso cristiano**» Tasso scardina i principi aristotelici dell'unità dell'azione drammatica e della verosimiglianza inserendo, tra i colpi di scena, incantesimi e interventi miracolosi. La magia, simbolo dell'irrazionalità che si cela nella Storia, nasconde la presenza del maligno nella vita di protagonisti, continuamente sottoposti a tentazioni e smarrimenti. L'ottava di Tasso, caratterizzata da una continua alternanza di toni, appare a tratti sostenuta e patetica, al fine di enfatizzare gli effetti emotivi del testo. La **complessità delle scelte sintattiche e retoriche** mira ad accrescere la partecipazione emotiva del lettore agli stati d'animo dei personaggi.

TORQUATO TASSO

(1544-1595)

LA VITA

- nasce a Sorrento nel 1544
- nel 1562 si trasferisce a Padova dove studia legge
- inizia a comporre liriche emulando la produzione paterna
- nel 1565 si stabilisce alla corte di Ferrara dove vive anni sereni
- dopo il 1575 manifesta segni di squilibrio psichico e inizia a viaggiare
- nel 1579 viene internato nell'Ospedale di S. Anna
- nel 1586 è sotto la custodia del Principe di Mantova
- muore a S. Onofrio sul Gianicolo nel 1595

I TEMI

- funzione conoscitiva ed etica della letteratura
- affermazione della dignità del ruolo dell'autore
- riflessioni sull'arte poetica e sulla poesia epica
- poetica del «meraviglioso» e del verosimile

OPERE

Rime

- modello petrarchesco
- materia autobiografica
- motivi encomiastici e occasionali
- toni patetici e malinconici
- metafore sorprendenti e sonorità verbali

T1 Canzone al Metauro
T2 Qual rugiada o qual pianto
T3 Donna, il bel vetro tondo
T4 Lunge da voi, mio core

Scritti in prosa

- ***Discorsi dell'arte poetica*** e ***Discorsi del poema eroico*:** riflessione sulla poesia epica
- ***Dialoghi*:** 27 prose che affrontano questioni di filosofia morale
- ***Epistolario*:** raccolta di 1500 lettere

Opere teatrali

- ***Aminta*:** favola pastorale in 5 atti
- ***Re Torrismondo*:** tragedia in 5 atti

T5 O bella età de l'oro

Opere di argomento religioso

- ***Monte Oliveto*:** poema in ottave in cui viene celebrata la vita solitaria
- ***Le sette giornate del mondo creato*:** poema sacro in endecasillabi in cui è descritta la creazione del mondo
- ***Le lagrime di Maria Vergine e Le lagrime di Gesù Cristo*:** poemetti in ottave collegate al genere del "pianto"

GERUSALEMME LIBERATA

(1581)

- poema epico-eroico costituito da 20 canti in ottave
- frutto di un lungo lavoro di revisione

STRUTTURA POETICA

- distacco dal modello laico ariostesco
- rivalutazione del poema eroico
- volontà di conciliare il classicismo con la spiritualità cristiana
- linguaggio aulico, raffinato, virtuosistico e classicheggiante
- principio dell'unità dell'azione drammatica
- presenza del magico e del soprannaturale: dal «meraviglioso» al «meraviglioso cristiano»
- la poesia deve unire l'utile al piacevole

STILE

- l'epico si trova fuso con il lirico
- vocabolario soggetto a numerosi registri
- periodare ipotattico
- figure retoriche simmetriche e parallele (anafore, dittologie)
- modalità dello stile «obliquo e distorto» (anastrofi e iperbati)

TRAMA DELL'OPERA

le vicende si svolgono durante l'ultimo anno della crociata in Terrasanta e l'assedio finale di Gerusalemme, che si conclude con la conquista del Santo Sepolcro ad opera del capitano cristiano, Goffredo di Buglione

TEMI

- conflitto tra mondo cristiano e mondo pagano
- analisi delle pulsioni antitetiche dell'animo umano
- guerra come esaltazione delle armi e fonte di dolore da rispettare
- amore come dissidio tra piacere e colpa
- paesaggio come specchio dell'inquietudine dell'animo umana

T6 Proemio

T7 L'apparizione di Gerusalemme

T8 Tancredi e Clorinda

T9 Rinaldo e Armida nel giardino delle delizie

T10 Rinaldo vince l'incantesimo della selva

T11 Solimano e la tragica condizione umana

T12 La conclusione del poema

PERSONAGGI

Tasso partecipa dei sentimenti dei suoi eroi descrivendone i tortuosi meccanismi psicologici

Cristiani

- **Goffredo**: perfetto esemplare di eroe della controriforma
- **Rinaldo**: contraddittorio e passionale, si annulla nel piacere dei sensi
- **Tancredi**: malinconico e assorto nell'inquietudine, vive tormetato dai sensi di colpa

Pagani

- **Armida**: perfida maga che si redime per amore di Rinaldo
- **Erminia**: guerriera sognatrice innamorata di Tancredi
- **Clorinda**: guerriera amata da Tancredi che nel momento della morte riceve il battesimo

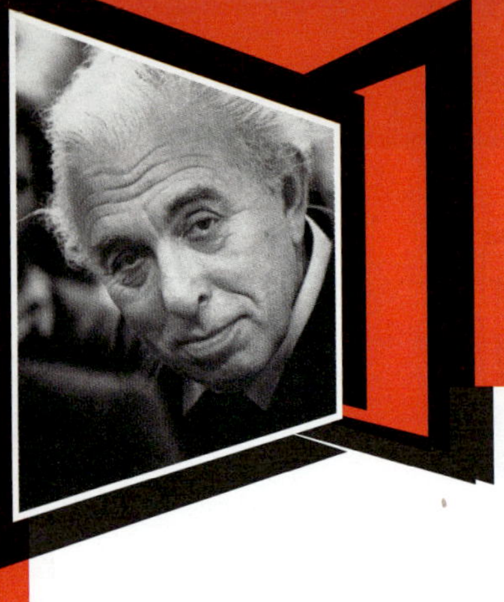

Tasso & Franco Fortini

Le inquietudini di un letterato senza certezze

Un poeta civile

L'irrisolta polarità tra il bene e il male, il rapporto difficile con la realtà, l'oscillare inquieto tra ortodossia ed eterodossia, l'aspirazione a una felicità che non sembra di questo mondo e al tempo stesso un desiderio irrinunciabile di agonismo poetico e ideologico: i poeti che nei secoli hanno amato Tasso ne hanno spesso condiviso contraddizioni e inquietudini, rivivendo, in contesti e forme naturalmente diversi, le stesse ambiguità ma soprattutto i medesimi conflitti. Perciò non sorprende che il letterato italiano contemporaneo che ha risentito maggiormente della sua lezione sia molto più che un semplice poeta: è invece **una complessa figura di intellettuale**, incline a interrogarsi sui rapporti tra letteratura e politica, arte e società.

A questo impegno civile è legata tutta la produzione di Franco Fortini. Nato a **Firenze** nel **1917**, si chiama in realtà Franco Lattes: figlio di un avvocato livornese di origini ebraiche, assume il cognome della madre, una cattolica non praticante, dopo la promulgazione delle leggi razziali, alla fine degli anni Trenta. Laureatosi in Giurisprudenza, nel 1939 riceve il battesimo presso la Chiesa valdese di Firenze per poi laurearsi anche in Storia dell'arte, mentre comincia a collaborare con alcune riviste culturali fiorentine. Chiamato alle armi nel 1941, dopo l'8 settembre 1943 si rifugia in Svizzera, dove entra in contatto con alcuni intellettuali antifascisti e matura la sua **conversione ideologica al socialismo**. All'indomani della Liberazione, nel 1945, si stabilisce a Milano e inizia a collaborare con una delle più importanti riviste culturali italiane del dopoguerra, "Il Politecnico", fondata e diretta dallo scrittore Elio Vittorini. L'anno successivo, Fortini esordisce con la **prima raccolta poetica**, *Foglio di via e altri versi*, edita da Einaudi, e si dedica sempre più attivamente alla **traduzione di autori francesi e tedeschi**.

L'impegno ideologico di un uomo libero

La concezione militante della cultura che Fortini va elaborando in questi anni e alla quale sarà fedele per tutta la vita lo porta a confrontarsi con i grandi problemi e con i conflitti della Storia: legato alla sinistra, egli esprime però un modello di **intellettuale perennemente in conflitto**, mai organico ad ambienti e istituzioni, ostile alle posizioni ufficiali degli apparati, sia del potere sia dei partiti di opposizione. Devoto alla chiesa della poesia e a quella della rivoluzione, egli fa i conti con una società e un mondo che sente estranei e di cui contempla le rovine con occhio torvo e mai pacificato. La sua costante insofferenza lo rende irriducibile agli schemi, inafferrabile e a tratti sdegnoso: nel confezionare un fedele autoritratto, Fortini si definisce «un ragazzo ebreo con gli occhiali sotto il corruccio severo del professore», testimone austero di un mondo che gli appare sempre offeso, costantemente in bilico sulla catastrofe. D'altro canto, la letteratura significa per lui compromissione, impegno personale, **critica inflessibile**, a costo di patire solitudine e incomprensione. Per questo Fortini rifiuta la poesia intesa come sublime religione e linguaggio elitario rivolto a pochi, per farne, al contrario, uno strumento per riflettere sulle trasformazioni sociali dovute allo sviluppo capitalistico.

▲ Frida Kahlo, *Il sogno* (*Il letto*), 1940. Collezione privata.

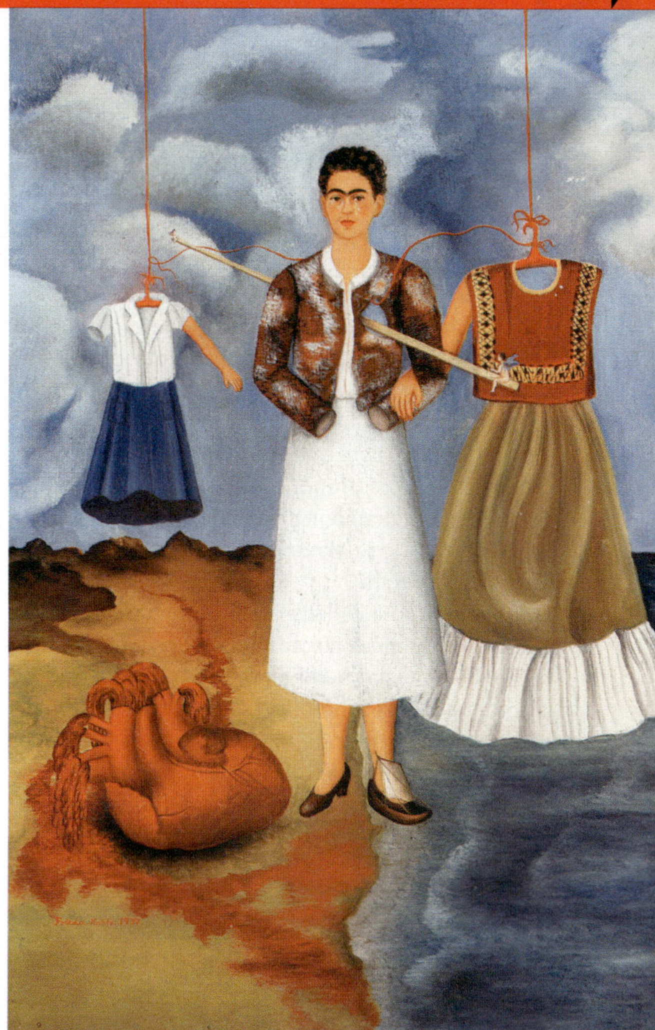

▲ Frida Kahlo, *Memoria, il cuore*, 1937. Collezione privata.

Una forte tensione morale

A caratterizzare i suoi versi sono una **costante ricerca di verità** e una travagliata tensione morale, che spesso si scontrano con le certezze dell'ideologia, anche di quella a cui aderì, sia pure in modo critico: il marxismo. L'amore per Tasso nasce appunto dal **confronto** comune **con la sfera della passione e dell'ambiguità, dell'antitesi e del dubbio**: un'inclinazione che si traduce anche a livello stilistico nella ricerca di una sintesi di forme diverse da ridurre all'unità e in un gusto per la classicità che tuttavia una sensibilità quasi manieristica rende disarmonica, astratta, inappagata.

Tasso viene definito da Fortini un «simbolo della dissidenza» paragonabile a Martin Luther King, archetipo di un'umanità sofferente e strenuamente impegnata nel conflitto contro le ipocrisie e le ambiguità della Storia. Nessuno sbocco positivo o almeno consolatorio si intravede in fondo alla sua esperienza intellettuale e ideologica: «in Tasso non c'è dialettica, non c'è soluzione in avanti. È una dinamica bloccata», scrive Fortini. Ed è proprio tale condizione irrisolta a influenzare la scrittura del poeta e a connotarla formalmente: «si direbbe che il moto mentale e morale del Tasso sia questo "sì, ma", una clausola psicologica che diventa sigla stilistica». Non può esserci pace nei suoi versi né tanto meno l'olimpica serenità venata di ironia che alleggerisce l'ispirazione di Ariosto: «il linguaggio della Liberata – aggiunge Fortini – tende all'insieme simultaneo e spesso contraddittorio di effetti» al punto che «è questa, talvolta sconcertante, contraddittorietà di livelli la sua massima ricchezza».

Il legame di parentela tra i due poeti risiede appunto in questa **condizione perennemente conflittuale**, nel rifiuto di ogni idillio, nella disarmonia che transita dall'ideologia alla letteratura. Al pari di Fortini, anche Tasso rifiuta di smorzare o neutralizzare le contraddizioni, sottovalutando le fratture e gli antagonismi: nel suo poema le simmetrie e le asimmetrie sono «senza equilibrio»: non danno vita alla ludica combinazione di «destini incrociati» ma si configurano come veri e propri «crocicchi del destino: un manto sonoro su un angoscia latente» che opprime gli itinerari esistenziali degli individui.

Un omaggio ideologico e stilistico

L'autore della *Gerusalemme liberata* viene chiamato in causa direttamente da Fortini in una poesia intitolata ***Imitazione del Tasso***, pubblicata sul "Politecnico" nel 1945 e poi nella sezione *Altri versi* della raccolta di esordio. L'imitazione dichiarata dal poeta è intanto realizzata sul piano metrico: il componimento alterna settenari (vv. 1, 2, 4, 5, 7, 8, 10) ed endecasillabi (vv. 3, 6, 9, 11), secondo una struttura che mima quella dei madrigali; le rime sono baciate, ma non disposte secondo un ordine rigoroso (*amarvi* : *mirarvi*, vv. 2-3; *accanto* : *canto*, vv. 5-6; *brilla* : *oscilla*, vv. 10-11); i vv. 8-9, invece, sono in quasi-rima (*volsi-rimorsi*).

Fummo un tempo felici.
Io credevo d'amarvi
e voi d'essere amata, se mirarvi
se sperare di voi
era amore, se accanto
a voi fioriva ogni mia pena in canto.
Ora penso, e non tremo
all'errore che volsi
lungo, in me stesso; e posano i rimorsi.
Posa anche il vento, brilla
cadendo il giorno; e un ramo appena oscilla.

Tra dolore pubblico e privato

L'anno di composizione della poesia non è un anno qualunque: siamo nel **1945**; il secondo conflitto mondiale è appena terminato lasciando dietro di sé, in Italia, la scia del sangue versato in una tragica guerra civile. Fortini accompagna i versi con la seguente nota: «Per taluno la poesia era un esercizio rischioso, avventuroso, anche quando la si voleva portare con l'umiliato orgoglio di un mestiere. Poi diventò un dovere. Stava per aprirsi la scena di un ultimo atto di tragedia – una vita, una guerra – al di là della pena personale. Gli anni della guerra ci trascinavano, come pietre nel torrente, senza scampo, e dicevamo a noi stessi che saremmo stati egualmente dannati, dopo, alla fatica silenziosa e umile di vivere, al lavoro, che era la sola dignità dei disperati».

Eppure, al dolore collettivo qui subentra l'**amarezza per la dissoluzione di un amore**: sebbene non sia evocata direttamente, la guerra rappresenta l'occasione storica con la quale l'io modifica sé stesso riconoscendo i passati errori, a partire da quello amoroso. Volgendosi indietro, al poeta pare di aver vissuto come in una **condizione di sonnambulo**, che lo costringeva a chiudersi in una dimensione autoreferenziale, tutta interiore (*l'errore che volsi / lungo, in me stesso*, vv. 8-9). La felicità di un tempo ormai trascorso lo aveva però spinto al **narcisismo**: la passione per la creatura amata era in realtà semplice infatuazione estetica (*se mirarvi*, v. 3) o vago sentimento di speranza (*se sperare di voi*, v. 4). Ora invece l'amore, con le sue contraddizioni e le sue pene, costituisce esclusivamente occasione della scrittura poetica: la psiche si è liberata di ogni fardello e i turbamenti del passato appaiono solo come un ricordo di un angoscioso conflitto interiore (*lungo in me stesso*, v. 9). **La quiete della natura**, con la staticità dei suoi elementi (*il vento* che *posa*, v. 10; *il giorno* che *brilla / cadendo* e il *ramo* che *appena oscilla*, vv. 10-11), **sembra simboleggiare l'equilibrio che il soggetto lirico ha** finalmente **raggiunto**.

Il tormento del dubbio

La necessità di uscire dalla propria individualità per incontrare gli altri, la vita, la società, il mondo è una costante che affiora puntualmente nella produzione di Fortini. Si tratta di una ricerca non semplice, vissuta con difficoltà, a tratti con frustrazione. Proprio come per l'amato Tasso, il **bisogno di appartenenza** si scontra con i sensi di colpa, con le miserie dell'umanità, con la violenza e con la repressione che egli coglie dappertutto, in primo luogo nei meccanismi schiaccianti del sistema capitalistico. Scrive di sentirsi in una sorta di zona psicologica intermedia, «fra progressione e regressione, sonno e veglia, speranza e autonegazione»: e da tale condizione di esclusione e di isolamento si sviluppa una personalità ombrosa, priva di sicurezze e appigli, incline alla riflessione e all'amaro sarcasmo, ma determinata a non rinunciare mai ai propri doveri di uomo e di pensatore. Come fa intendere il titolo di un diario pubblicato nel 1966, *L'ospite ingrato*, **Fortini si sente ai margini, esule in patria, recluso**: «La mia prigione vede più della tua libertà», scrive, non senza veleno polemico, in *Diario linguistico*, componimento dedicato a Pier Paolo Pasolini, poeta da lui mai amato, simbolo dell'intellettuale sicuro di sé, forte di convinzioni granitiche e certezze mai messe in discussione.

Nella gabbia del conformismo

Anche questo **nesso tra prigionia e libertà** lega la riflessione di Fortini all'esperienza di Tasso. Essere ristretti, condannati cioè alla gabbia imposta dai vincoli, dalle norme e dai conformismi può per paradosso rappresentare una condizione che permette di vedere spazi più larghi. Nella raccolta *Passaggio con serpente*, edita nel 1984 (dieci anni prima della sua morte), Fortini inserisce un altro omaggio all'autore della *Liberata*: il titolo della poesia è ***Monologo del Tasso a Sant'Anna***.

◂ Alfredo Castaneda, *Shared Madness (Follia condivisa)*, 2001. Collezione privata.

Grazie a Dio e alla Vergine Santa. Qui non vedo
nessuno, le finestre hanno una inferriata
nuova murata, le porte catenacci
fortissimi anche se sono solo anche se
a evadere neanche penso. Ringrazio
il Signore che mi ha voluto restringere.

Mi hanno detto che il Duca vuole concedermi
di vedere persone amiche e di discutere
con loro di letteratura e di cose religiose.
È chiaro che ho paura di parlare e di sapere.

Mi dicono che il mio poema ha successo
e che nei paesi stranieri è letto e cantato.
Il dolore che ho nel petto
sarebbe più terribile quando gli ospiti se ne andassero.

La forza della letteratura

Recluso dagli Estensi nel manicomio ferrarese di Sant'Anna, Tasso appare a Fortini come l'esemplare **figura dell'ostaggio**: la violenza che si abbatte su di lui non ne ha cancellato la forza, la lucidità, la capacità di conoscere l'esperienza del trauma e della lacerazione e affrontarla con vigore e consapevolezza. La restrizione della libertà lo ha condannato alla solitudine (*qui non vedo / nessuno*, vv. 1-2; *sono solo*, v. 4). **Tra il poeta e il mondo c'è una barriera invalicabile**: eppure al di là di essa una voce anonima (*Mi hanno detto*, v. 7; *Mi dicono*, v. 11) informa il recluso del suo successo. La poesia lo mette in comunicazione con ciò che non può vedere, con presenze occulte in un altrove che dà senso alla sua esistenza (*nei paesi stranieri è letto e cantato*, v. 12).

Il contatto con la realtà, dunque, è ancora possibile grazie alla letteratura, che sa vincere i limiti del tempo o di una condizione contingente e soggettiva per scoprire gli altri, accogliere gli ospiti dentro di sé, nella propria solitaria intimità. Come per Tasso, anche per Fortini la **letteratura** rimane il più sicuro e inviolabile **appiglio all'esistenza**: una forma di vita che garantisce il contatto con il mondo, anche se quel mondo è ostile e lontano.

Dal Certame poetico ai *flow* dell'Hip Hop

Critica sociale e microlingua nel rap italiano contemporaneo

Che cos'hanno in comune una **gara poetica rinascimentale** e la nuova generazione di **cantanti rap** che ha invaso il mercato discografico negli ultimi anni?

Quasi seicento anni fa **Leon Battista Alberti** ebbe l'idea di organizzare a Firenze una gara poetica - un certame - in lingua volgare, sul tema della vera amicizia. Si chiedeva ai poeti partecipanti di presentarsi con un testo in volgare, che fosse di buona qualità e che riportasse *sententiae* autorevoli. In pieno Rinascimento e sotto gli occhi vigili degli umanisti, che continuavano a usare il latino (lingua morta nell'uso quotidiano già all'epoca) dichiarando di voler scrivere per l'umanità e non per l'Italia, il 22 ottobre 1441 si svolse il **Certame coronario**. Fu un'edizione unica: scopo dell'evento culturale era dimostrare che latino e italiano avessero uguale dignità.

Tuttavia, nonostante la selezione accurata dei componimenti e lo zelo degli organizzatori, **l'evento fu un fallimento**, sia perché la giuria era composta da segretari apostolici, cresciuti nell'ambito della cultura ecclesiastica e quindi poco inclini a valorizzare testi scritti in lingua diversa dal latino, sia perché non era ben rappresentata la varietà del volgare italiano, dato che i partecipanti provenivano per lo più da Firenze. Nessuno dei contendenti fu ritenuto adeguato e quindi non ci furono premiazioni, né premiati. Chi partecipò alla sfida? Leonardo Dati, Mariotto Davanzati, Antonio degli Agli, Francesco Alberti, Ciriaco de' Pizzicolli, Francesco Malecarni, Benedetto Accolti... Anche se il risultato allora non fu quello sperato e i nomi dei partecipanti non sono cristallizzati nella nostra memoria, si può dire che il volgare, cioè l'italiano, in qualche modo, ha vinto quella competizione visto che ancora oggi è la lingua che parliamo.

Il Certame era il segnale di una tendenza ormai irreversibile, della quale prima o poi si sarebbe dovuto prendere coscienza. Dante, Petrarca e Boccaccio furono i veri modelli di riferimento per le *sententiae* dei rimatori.

Quale delle "tre Corone" ricordi meglio? Che cosa ti ha colpito delle loro opere e soprattutto che cosa pensi sia rimasto nella cultura di oggi?

Prova a usare qualcuna delle loro frasi o parole per descrivere:

- **l'amore** ....
- **l'amicizia** ....
- **l'odio** ....
- **la passione** ....

Che cosa c'entra Leon Battista Alberti con i rapper italiani degli ultimi dieci anni? Qualcosa di simile al movimento suscitato dal Certame del 1441 è accaduto e sta accadendo nella cultura musicale contemporanea. Il rap è ovunque. I fan sono spesso molto giovani e gli artisti sono diversi, con appartenenze regionali ben connotate (si parla di una scuola romana, di una scuola napoletana o milanese...).

Un vero e proprio branco di ragazzi tra i sedici e i venticinque anni (qualcuno arriva anche ai trenta) ha colonizzato, con **rime "accese"** e una **lingua connotata e riconoscibile**, segmenti nascosti della scena musicale, creando nuove regole, rivitalizzando le parole e agitando anche gli uditori benpensanti per l'uso costante di parolacce, riferimenti alla sfera sessuale, provocazioni. Da soli o in *featuring* con altri artisti, sono approdati perfino nelle programmazioni radiofoniche: se fino a poco tempo fa erano esclusi dai circuiti ufficiali - molti di loro sono nati su Youtube - ora sono passati a vere etichette discografiche. Sono figli di migranti, provengono dalle periferie urbane delle grandi città, sono cresciuti ascoltando il *freestyle* americano e portano con loro il taccuino per scrivere versi. Produrre versi in lingua nazionale su basi musicali di derivazione afroamericana non è affatto semplice!

Mamacita

Siamo Kurt Cobain e Courtney Love
Mangio Morositas e lei Carte d'Or
Se fossi Lupin sarebbe Margot
Lady Marian e io Robin Hood
È Jessica Rabbit, sono scarabeo
Sono sotto al balcone, Giulietta e Romeo
Sta tipa è una Barbie, con la sciarpa di Hermes
Aladin e Jasmine

Achille Lauro

Scusa ma'

E scusa ma', sono fuori dal co'
Ma non pia', mère, c'est le vie
Grazie ma', sono fuori dal co'
Ce l'ho nel sa', mère, c'est le vie
Sto sul tre', non mi spie' come si, come fa
Passo da mamma mi' a mamma ma
Sono un tre', non mi spie' come si, come fa
Passo da mamma mi' a mamma ma

Quentin40

Davide

"Davide come sta?", me lo hai mai chiesto?
Chiama un'ambulanza frate', fai presto
Che il sogno che avevo non è mai questo
Mi sa lo sai il resto, yeah
Che ti scrivo pure oggi
Mi chiedo dove ti appoggi
Che fai dopo esci con me?
Così giriamo come gli orologi
Un po' come quando non c'erano i soldi
E vivere così non era un obbligo
Non ci sono nodi nel mio pettine
Ma c'ho il nome su qualche proiettile
Non ho la disciplina che ci metti te
Se per me la mattina qua sono le 23, yeah

Coez e Gemitaiz

Badabum badabum badabum cha cha

Fossi nato in altri paesi magari avevo il Mercedes
Magari a saper l'inglese
Farei il boom già, già
Sono po-polare
E sono bi-polare
Troppo po-polare
Per un bi-locale
Zio vestito male
Perché io ho la fame
Quella mia di mio nonno e quella di mio padre
Il lavoro lo preferivo manuale
I poveri almeno ti ordinano cosa fare
I ricchi invece, loro usano il plurale
Prendiamo, spostiamo e alziamo e dopo restano a guardare

Quindi è OK pure quando i miei fra' ridono
E non vogliono il dramma perché già se lo vivono
Dai palazzi come Pino, brindo, salute
A fare le penne davanti alle major e le major mute
Sotto il palco c'è un grosso bordello che fa
Badabum badabum cha cha
La mia gente ti prende ti porta di là e
Badabum badabum cha cha
E da noi per la strada c'è chi si arrangia e senza fare badabum
Sa fare [...]
Lo volevano la EMI, Sony, Universal
Mi dicevano di esagerare un po' la realtà
Ma diventa innocua senza credibilità
Dice vendi ai dodicenni che quella è l'età
Metti un po' di trucco in faccia che crea novità

Gli ho risposto sono vero e serio
Ecco la novità e in più sono un mezzo genio, ma nessuno lo sa
È OK me ne resto tranquillo con lei
Ma mettimi T.I. e leva i Coldplay
O potrei sfasciare tutto come Cobain
E lasciare tutti di stucco come a Pompei
Il principe di Barona e non di Bel Air
In sella ad un elefante come a Bombay
Mi senti fra' quando arrivo io in città

Marracash

Fantasmi pt 2

Perché per me la sua presenza è spirituale
Il resto è teologia e speculazione clericale
Io, la luna all'apogeo non sono in pace neanche quando creo
Torneo, bucano il mio ozono sono come il Freon
È dal liceo che la mia vita è un gineceo
Io e le donne legati come Andromeda e Perseo
Spiego: l'amore è cieco, è le cose che vedo
Il resto va fuori campo sono Josè Canseco
Il mio bene è gigantesco, è un mantra, me lo ripeto
Solo così posso donarlo, ogni altra piega è un ripiego
Cerco asilo nell'assillo
Scrivo per ripartirlo
Fino a che non vinco non potrò issare il vessillo
Mi costringono a danzare sulla testa di uno spillo
Gli spettri cantano vittoria, ma è di Pirro

Ghemon

Il temporale

E te lo giuro sul mio nome certa rabbia so che faccia ha
Ne ho la carne tra i canini e sto assaggiando che segreti sa
Ribadisci che l'indifferenza cieca miete vittime
Ed ora so perché mi dovrei proteggere
Le gocce di sudore sulla polvere
La volontà che gronda dalla fronte che
Racconterà di me, che amavo correre
Vuoi sapere adesso dove sono
Sono come sotto un temporale
Né un ombrello né un accappatoio
Mi protegge dal male
Queste mani dicono chi sono
Se mi volto so che niente è uguale
Questo amore che a volte imprigiono
Mi protegge dal male
L'inusitato cliché della mia confessione
Grasso e benzina incendiano l'aria
Puoi sentirne l'odore
La terra si muove

Ghemon

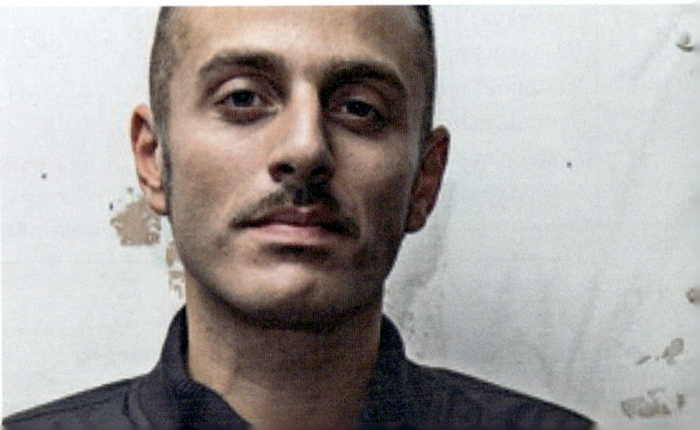

Abiura di me

Se pensi che possa cambiare il mondo ti sbagli alla grande
È già tanto se mi cambio le mutande
Voglio solo darti un'emicrania lancinante
Fino a che non salti nel vuoto come uno stunt man
Pensavi che sparassi palle? Bravo!
Io sono il drago di Puzzle Bobble
Come Crash mi piace rompere le scatole
Ma rischio le mazzate che nemmeno Double Dragon
Sarà per questo che c'è sempre qualche bloggher
Che mi investirebbe come a Frogger

Caparezza

Leggi qualche verso dei pezzi sopra riportati. Di che cosa parlano secondo te? Contro chi scatenano la loro rabbia? Sapresti riconoscere le figure retoriche che usano? Copia qualche verso e spiegalo.

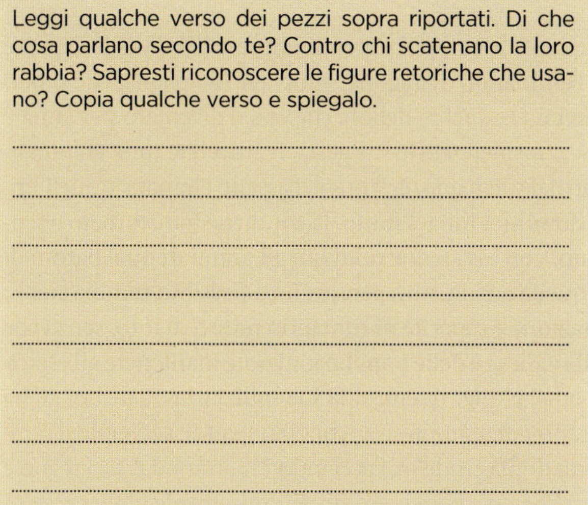

Il rap infatti **nasce da una costola dell'Hip Hop**, una sottocultura suburbana, un'arte di strada che ha fatto della rivendicazione dell'autenticità dei suoi versi un punto di orgoglio.

I testi presentano richiami talvolta molto personali, allegorie spudorate, metafore, giochi di parole, fino ad arrivare a tagliare le ultime sillabe o a riprodurre sinestesie divertenti e liberatorie.

Ogni rapper che crea un nuovo ***flow*** (vale a dire un "flusso", una sequenza di rime), contribuisce a nutrire una lingua, che talvolta può risultare comprensibile solo dentro quel ritmo e quel tempo. Divertenti, disturbanti, irriverenti, i versi di questi giovani cantautori affondano profondamente le radici non solo nella cultura pop, fatta di richiami a personaggi televisivi o dei cartoni animati, del cinema o della pubblicità (guardate il testo di Achille Lauro), ma anche ad eventi storici, culturali (Ghemon è uno dei più raffinati scrittori di rime) e politici (in questo, Caparezza e Salmo sono tra i più originali), fino ad arrivare a una vera propria critica sociale.

Riconosci nei testi delle citazioni letterarie o storiche?

Sono sempre storie autobiografiche? No. Lo dimostrano poche frasi fastidiose di alcuni brani di Emis Killa o di Salmo, dove i racconti sono decisamente iperbolici. Sarebbe impossibile ottenere lo stesso effetto globale (testo, base e ritmo) con la canzone pop.

Ariosto, Tasso, Machiavelli: scegli un brano tratto da uno di questi tre autori e prova a riscriverlo come se fossi uno dei rapper presentati nel testo. Poche righe, ma trasformate in *flow*. Cerca di mantenere lo stile dell'autore e anche quello del rapper che hai scelto.

Checklist di autovalutazione

- Hai trovato almeno una figura retorica (metafora, allegoria, sinestesia...) in ciascuno dei testi proposti?
- Hai scoperto almeno due citazioni tratte dal mondo dei videogame o della letteratura nei testi di Marracash e Caparezza?
- Hai scritto almeno una frase tratta da opere di Dante, Petrarca e Boccaccio sui quattro temi (amore, amicizia, odio, passione)?
- Hai ascoltato almeno due dei brani proposti?
- Hai scoperto l'allitterazione nel brano di Ghemon?

Quali competenze hai utilizzato?

- Hai confrontato elementi della tradizione letteraria italiana con produzioni testuali contemporanee, riconoscendo stilemi in testi molto diversi tra loro.
- Hai messo alla prova la tua competenza nell'analisi testuale, individuando dati e informazioni, facendo inferenze, comprendendo le relazioni logiche interne.
- Hai verificato l'incidenza del linguaggio figurato e della metrica in testi moderni e contemporanei, con diversi destinatari e scopi.

• PROVA 1 •

Testi letterari

COSA DEVE FARE UN PRINCIPE PER AVERE LA MIGLIORE REPUTAZIONE

Niccolò Machiavelli, *Il principe*, edizione con traduzione in italiano moderno di Carmine Donzelli, Donzelli Editore, Roma 2013

Il capitolo XXI del *Principe* contiene le teorie di Machiavelli circa i comportamenti che il principe deve tenere per essere stimato e per fare la propria fortuna. L'immagine che ne emerge è quella di una persona decisa e pronta a tutto, che prende posizione e sa gratificare i propri concittadini affinché rendano più ricco e potente il suo Stato. Con grande chiarezza l'autore esprime dunque l'idea di una politica totalmente autonoma dalla morale, che non esita a servirsi pure della religione, per darsi a una sorta di "pia crudeltà". Riportiamo il capitolo nella versione in italiano corrente realizzata da Carmine Donzelli.

Niente fa stimare tanto un principe quanto il compiere grandi imprese e il dare di sé prove esemplari. Ai tempi nostri abbiamo Ferdinando d'Aragona, attuale re di Spagna, che si può quasi definire un principe nuovo perché, da quel re debole che era, è diventato per fama e per gloria il primo re dei cristiani; e se considererete le sue gesta, le troverete tutte grandissime e qualcuna straordinaria. All'inizio del suo regno, egli prese d'assalto Granata, e quell'impresa costituì il fondamento del suo dominio. Innanzitutto, la condusse indisturbato e senza preoccupazione di essere ostacolato; con essa tenne occupati gli animi di quei baroni di Castiglia, i quali, concentrandosi su quella guerra, non pensavano a possibili cambiamenti; e lui, nel frattempo, acquistava reputazione e capacità di comando presso di loro, senza che essi se ne accorgessero; coi denari della Chiesa e delle popolazioni poté mantenere gli eserciti, e dare un fondamento, attraverso quella lunga guerra, alla sua milizia, la quale poi gli ha reso gloria. Oltre a ciò, per poter intraprendere imprese ancora più grandi, servendosi sempre della religione, si diede a una sorta di pia crudeltà, cacciando i marrani dal suo regno e spogliandoli dei loro beni; né vi potrebbe essere un esempio più miserevole e più eccezionale di questo. Con il medesimo pretesto assaltò l'Africa e condusse la campagna d'Italia; da ultimo ha assaltato la Francia. E, dunque, ha sempre fatto e ordito cose grandi, che hanno tenuto sospesi e ammirati gli animi dei sudditi, coinvolgendoli nella loro realizzazione. E tutte queste iniziative sono scaturite l'una dall'altra, in modo che tra l'una e l'altra non ha mai concesso a nessuno l'agio e la calma per poterglisi contrapporre.

È anche molto utile che un principe sappia dare di sé dimostrazioni eccezionali circa il governo degli affari interni – del tipo di quelle che si narrano a proposito di messer Bernabò da Milano –; e ciò quando si trovi di fronte a qualcuno che compia, nel bene o nel male, qualcosa di straordinario nella vita civile: e sceglierà in tal caso un modo di premiarlo o di punirlo di cui non si potrà non parlare moltissimo. E soprattutto un principe si deve industriare per costruirsi, in ogni sua azione, la fama di uomo grande e di ingegno eccellente.

Un principe inoltre è stimato quando è vero amico o vero nemico, cioè quando, senza alcun infingimento, si rivela favorevole a qualche potentato contro qualche altro. Una simile scelta sarà sempre più utile che non rimanere neutrale: perché se due potenti tuoi vicini vengono alle mani, o sono tali che se uno dei due vince tu devi temere il vincitore, oppure no. In entrambi questi casi ti converrà sempre esporti e scendere apertamente in campo; perché nel primo caso, se non ti esponi sarai sempre preda di quello che vince, con piacere e soddisfazione di quello che è stato vinto; e non hai né argomenti né forze reali che ti difendano, né qualcuno che venga in tuo soccorso; giacché chi vince non vuole amici sospetti e che non lo aiutino nelle avversità; e chi perde non ti aiuta perché tu non hai voluto condividere, con le armi in mano, la sua sorte.

Antioco era sceso in armi in Grecia, chiamatovi dagli Etoli per cacciare i Romani; a un certo punto Antioco mandò ambasciatori presso gli Achei, che erano amici dei Romani, per persuaderli a rimanere neutrali; dall'altro lato, i Romani cercavano di convincerli a prendere le armi in loro favore. La questione fu portata in decisione al consiglio degli Achei; e alla delegazione di Antioco che cercava di persuaderli a restare neutrali, il rappresentante dei Romani rispose: «Ma quello che costoro vi dicono, di non intromettervi nella guerra, è quanto di più lontano dai vostri interessi; sareste ostaggio del vincitore, senza rispetto e senza dignità». E succederà sempre che colui che non ti è amico chiederà la tua neutralità, e colui che ti è amico chiederà che tu intervenga apertamente con le armi. E i principi poco risoluti, per sfuggire ai pericoli del momento, seguono il più delle volte quella via neutrale, e il più delle volte vanno in rovina.

Invece, quando il principe si schiera coraggiosamente a favore di una parte, se quello con cui tu stringi alleanza vince, anche nel caso che sia più potente di te e che tu rimanga alla sua mercé, egli ha un obbligo nei tuoi confronti, e si stabilisce tra voi un vincolo di affetto: e gli uomini non sono mai così disonesti da opprimerti con un siffatto esempio di ingratitudine; in più, le vittorie non sono mai così complete che il vincitore non debba avere qualche timore, e specialmente verso la giustizia. Se invece quello con cui ti sei alleato perde, sarai protetto da lui, e tutte le volte che potrà ti aiuterà, e condividerai la sua sorte, nel caso che risorga.

Nel secondo caso, quando cioè quelli che combattono tra loro sono tali che tu non debba temere da quello che vince, tanto più è conveniente allearsi, perché tu vai a compiere la rovina di qualcuno, venendo in aiuto di colui che, se fosse saggio, dovrebbe proteggerlo; e se vincete, quello che hai aiutato rimane alla tua mercé; e d'altra parte è impossibile, con l'aiuto che tu gli dai, che egli non vinca. È da osservare a questo punto che un principe deve stare ben attento a non stringere mai alleanza con uno più potente di lui, per attaccare qualche altro: a meno che, come si è detto sopra, la necessità non ti costringa; perché, se vincete, resterai suo prigioniero; e i principi devono evitare, quando possono, di rimanere alla mercé di altri. I Veneziani si allearono con la Francia contro il duca di Milano, e avrebbero potuto evitare di stringere quell'alleanza, da cui derivò la loro rovina. Ma quando non lo si può evitare, come successe ai Fiorentini quando il papa e la Spagna andarono con i loro eserciti ad assaltare la Lombardia, allora il principe deve allearsi per le ragioni suddette. Né uno Stato può credere di poter prendere sempre decisioni sicure, anzi è bene che pensi di doverle prendere tutte dubbie; perché nell'ordine delle cose accade così: che mai si cercherà di evitare un inconveniente senza incorrere in un altro: ma la saggezza consiste nel saper riconoscere la qualità degli inconvenienti, e nel prendere per buono il meno cattivo.

Inoltre, un principe deve mostrarsi amante delle virtù, dando ospitalità agli uomini d'ingegno e onorando quelli che eccellono in un'arte. In aggiunta, deve incoraggiare i suoi cittadini, perché esercitino con serenità le loro attività, nel campo del commercio, dell'agricoltura e in ogni altro ambito; e fare in modo che nessuno abbia timore a migliorare ciò che possiede per la paura che gli sia tolto, e che nessuno tema di aprire un'attività per paura delle tasse. Al contrario, deve offrire premi a chi voglia fare cose del genere e a chiunque pensi, in qualunque modo, di ingrandire la città o la condizione del principe. E ancora, nei periodi dell'anno che convengono, deve tenere occupate le popolazioni con feste e spettacoli; e siccome ogni città è divisa in corporazioni o in contrade, dovrà tener conto di quei gruppi, partecipare qualche volta alle loro riunioni, dare di sé esempio di umanità e munificenza, mantenendo sempre, nondimeno, la maestà della sua dignità – giacché questo non deve mai venir meno in nessuna circostanza.

Prove sul modello INVALSI

1 ▶ **A quale tipo di destinatario l'autore del testo vuole riferirsi?**

- a A un borghese che ambisce a un titolo nobiliare.
- b A un giovane ambizioso che cerca di assumere una carica politica.
- c A un nobile che vuole mettersi al servizio delle armi di un imperatore.
- d A un uomo politico che vuole accrescere e consolidare il suo potere.

2 ▶ **Con quale finalità l'autore ha scritto questo testo?**

- a Dare consigli e indicazioni operative per la gestione del potere.
- b Fissare i principi generali del buon governo di una città.
- c Portare a supporto della sua teoria politica alcuni esempi del passato.
- d Ricostruire la storia degli Stati regionali italiani nel '500.

3 ▶ **Quale delle seguenti funzioni si può riferire al testo che hai letto?**

- a Funzione divulgativa delle competenze acquisite dagli specialisti nei vari campi della conoscenza.
- b Funzione esplicativo-argomentativa, basata cioè sull'intenzione di fornire competenze o di proporre e dibattere tesi.
- c Funzione puramente cognitiva, basata su asserzioni sottoposte al criterio di vero/falso.
- a Funzione strumentale-regolativa, basata sull'adesione del destinatario alle istruzioni ricevute.

4 ▶ **A quale personaggio storico si riferisce l'autore come esempio di costruzione di una buona reputazione?**

....

5 ▶ **La conquista di Granata ha permesso al condottiero di ottenere due successi nei confronti della nobiltà castigliana. Quali? Ritrova le informazioni nel testo e trascrivile negli spazi sottostanti.**

1 ....

....

2 ....

....

6 ▶ **Qual è il «medesimo pretesto» (riga 15) che ha utilizzato questo condottiero per le sue successive conquiste?**

- a Il consolidamento dello Stato.
- b La necessità del cambiamento.
- c La difesa della religione.
- d La protezione dagli aggressori esterni.

7 ▶ **Chi erano i «marrani» a cui si fa cenno alla riga 13?**

- a Cristiani convertiti all'ebraismo per stipulare contratti con i mercanti ebrei.
- b Cristiani disposti per denaro a violare i divieti di commercio con gli ebrei.
- c Ebrei convertiti forzatamente al cristianesimo, ma rimasti fedeli alla loro religione.
- d Ebrei convertiti per contrarre matrimonio con cattolici.

8 ▶ **In che cosa consistono le «dimostrazioni eccezionali circa il governo degli affari interni» (righe 20-21) che dovrà dare di sé un principe?**

- a Nei premi e punizioni esemplari che impartisce.
- b Nel coltivare il suo ingegno.
- c Nell'uniformarsi al comportamento dei grandi signori.
- d Nella fama di grande uomo che si costruisce.

9 ▶ **Di fronte a un conflitto tra due potentati, la scelta di un principe di non schierarsi con nessuno dei due è ritenuta dall'autore**

- a estremamente vantaggiosa.
- b molto probabilmente più vantaggiosa.
- c molto probabilmente più svantaggiosa.
- d quasi certamente svantaggiosa.

10 ▶ **Rileggi il brano dalla riga 26 («Un principe inoltre è stimato...») alla riga 65 («... allora il principe deve allearsi per le ragioni suddette») e stabilisci se le seguenti affermazioni sono vere o false.**

	V	F
Al di là di ogni valutazione e consiglio generale, il principe deve osservare la situazione reale e agire di conseguenza		
Anche dalla storia antica provengono esempi autorevoli che confermano le tesi dell'autore		
È conveniente non stringere alleanze con un signore più potente per attaccarne un altro		
La vittoria con un signore meno potente ha solo lati negativi		
Le alleanze con signori più potenti hanno aspetti positivi solo in caso di vittoria		
Nella scelta delle alleanze, il principe deve stare attento a non sottomettersi a potenti alleati		

11 ▶ **Alla riga 62 l'espressione «alla mercé» non si può sostituire con**

- a grazie a.
- b in balìa.
- c in potere.
- d nelle mani.

12 ▶ **In che cosa risiede la saggezza di un principe secondo l'autore? Ritrova l'informazione nel testo e trascrivila nello spazio sottostante.**

....

....

....

13 ▸ **In tempo di pace, conviene che un principe si impegni a**

a far pagare meno tasse ai cittadini.
b incoraggiare le arti e le attività economiche.
c occuparsi di agricoltura e di commercio.
d rassicurare i cittadini circa la stabilità dello Stato.

14 ▸ **Con il consiglio di fornire «feste e spettacoli» (riga 78) ai suoi cittadini e di «partecipare qualche volta alle loro riunioni» (riga 79) l'autore suggerisce al principe di utilizzare queste occasioni per**

a il giusto riposo dei suoi sudditi tra una guerra e l'altra.
b l'elargizione di offerte in beni e denaro.
c l'incremento dell'economia e del commercio.
d la cura della sua immagine di sovrano.

• PROVA 2 •

Saggi critici

TASSO E LA CRISI DELLA SUA EPOCA

Lanfranco Caretti, *La poesia di Tasso*, prefazione a Torquato Tasso, *Gerusalemme liberata*, Einaudi, Torino 1971

Il filologo e critico Lanfranco Caretti (1915-1995), riflette sull'opera di Tasso considerandola particolarmente rappresentativa dell'epoca storica in cui è stata prodotta. Rifiuta di interpretare la poesia di Tasso come espressione di debolezza psicologica e di malattia e sottolinea come la "crisi" non sia individuale, ma vada estesa a un preciso contesto politico e culturale: Tasso non è il poeta incompreso, perseguitato dalla società, ma è un intellettuale che partecipa del clima di irrequietezza del tempo, traducendolo artisticamente attraverso la sua sensibilità. Non ha dunque molto senso fare un raffronto Ariosto/Tasso in termini di stabilità/instabilità. Tasso di fatto riflette perfettamente, con il suo stato d'animo inquieto, il declino della civiltà rinascimentale in tutte le sue fasi, fino al momento di rigida chiusura rappresentato dalla restaurazione cattolica.

Se c'è una poesia singolarmente rappresentativa di una epoca storica o almeno di alcuni aspetti fondamentali, unanimemente individuati, questa a me sembra essere proprio la poesia tassiana. L'importante è non dimenticare che i modi particolari con cui l'arte si lega alla storia, e illuminandola nel profondo la interpreta e la rispecchia, sono spesso allusivi e segreti. Nel caso del Tasso, si dovrà infatti rinunciare al reperimento di un rapporto dichiarato ed esplicito, verbalmente motivato, così come non converrà indulgere alle consuete inchieste moralistiche fondate sulle contraddizioni psicologiche e sugli inviluppi sentimentali. Dislocando infatti con troppa disinvoltura certi rigidi 'ritratti' del poeta, costruiti inseguendo le apparenze più vistose, sul piano del giudizio critico, si è condotti fatalmente a falsarne la personalità autentica, che non sopporta semplificazione di comodo, e a ridurne l'opera ad alcune isole poetiche, più o meno estese, le quali sembrano poi affiorare, per assenza di prospettiva storica, come terre vergini scoperte con sorpresa dopo una navigazione cieca e fortunosa.

La verità è che una figura così complessa come quella del Tasso, a parte certi eccessi esasperati che richiedono, questi sì, giustificazioni particolari e private, non può essere adeguatamente decifrata con gli strumenti della psicologia autonoma, ma va reinserita nella storia dell'epoca di cui si trovò ad assumere i tratti dominanti, sì che le sue stesse contraddizioni non vengano più attribuite a bizzarrie umorali o a debolezze di carattere, ma siano considerate come il riflesso di una condizione spirituale più vasta e generale, come la testimonianza, sia pure soggettivamente ipersensibilizzata, di quella intensa crisi che si aperse, giusto nel cinquantennio che durò la non lunga vita del Tasso, nelle istituzioni politiche e nella vita intellettuale italiana.

Se è parso necessario liberarsi, ad un certo momento, del modulo convenzionale e del mediocre mito secondo cui si era generalmente interpretato il mondo dell'Ariosto come un ideale perenne di sedentaria placità e di sorniona pigrizia e se ne è, invece, approfondito, sotto le svagate apparenze, il robusto senso della misura e dell'equilibrio, la saggezza realistica, cioè proprio quelle precise virtù morali che erano in accordo con le disposizioni più intime della coscienza rinascimentale, altrettanto salutare sembra l'abbandono definitivo di quell'astratta simbologia di cui i romantici incoronarono il Tasso, presentandolo come una sorta di solitario poeta *maudit*, perseguitato e incompreso dalla società, e parimenti di quella impietosa requisitoria a cui lo sottoposero i positivisti quando credettero di averne identificato il male nascosto mettendone in luce i difetti di natura e le deformazioni patologiche. Si eviterà di accedere a definizioni del Tasso vittima dei propri tempi oppure vittima di se stesso, rispettivamente derivate da ingenue applicazioni del determinismo sociologico o di quello naturalistico trasposti rigidamente sulla delicata area psicologica e quindi su quella artistica. Perché il Tasso in effetti ci appare piuttosto, una volta resecate le punte estreme e particolarmente eccentriche della sua personalità, uno dei più partecipanti e suggestivi protagonisti dell'inquieta epoca sua, con la quale ebbe quegli stessi rapporti di dare e di avere cioè quelle costanti e ineliminabili trasfusioni, che in certi artisti, appartenenti ad età più serene e stabili, sortiscono effetti di felice consonanza, mentre in altri, destinati a vivere in tempi labili e problematici, generano una intricata trama di incontri e scontri, un difficile accordo costantemente insidiato e tuttavia solo apparentemente eluso.

Alla stabilità ariostesca, molto presto circoscritta in una cerchia di operazioni avvedutamente calcolate e tenute ben salde fino alla fine entro l'orizzonte familiare delle mura cittadine, si oppone dall'altra parte l'instabilità tassiana, avventurosa e improvvida, caratterizzata da impennate repentine, inattese evasioni e mortificati ritorni. Ma questi due così contrastanti modi di esistenza non si spiegano né col configurare due diversi caratteri o temperamenti, due casuali psicologie, né estraendo da siffatte biografie due emblematici e antistorici miti universali (mito dell'artista razionale o classico e mito dell'artista sentimentale o romantico; oppure, che è ancor peggio, mito dell'artista sano e mito dell'artista malato, reversibile tuttavia in mito dell'artista mediocre e mito dell'artista generosamente inquieto). Meglio, a mio avviso, rifarsi alle precise condizioni storiche in cui l'Ariosto e il Tasso si trovarono a vivere e identificare il diverso sostrato culturale e spirituale su cui vennero edificando la propria opera poetica.

Tra la stabilità ariostesca e l'instabilità tassiana corre, infatti, la storia intensa e spesso convulsa del tramonto rinascimentale, quando le sorti politiche italiane apparvero ormai avvolte da una triste ombra d'irreparabile sconfitta e si venne facendo sempre più avvertibile il declinare dello slancio attivo e fiducioso che aveva animato la civiltà italiana fino a quel momento, mentre uno stato d'animo inquieto e sbigottito andò subentrando alla sicurezza energica e vigorosa che per un secolo aveva alimentato, negli uomini di Stato e negli scrittori, generose speranze e magnanimi disegni. Se si pensa, del resto, al colore fosco, quasi un presentimento di sventura, che già s'insinua nello stesso Ariosto dei *Cinque canti* a farci avvertiti che la splendida stagione della nostra Rinascenza, dopo aver toccato il colmo, ha iniziato la sua parabola discendente, ci avverrà di collocare giusto alle spalle del Tasso l'inizio di quella profonda crisi che travaglierà poi, sulle rovine della defunta libertà italiana e sullo sfondo delle ultime favole rinascimentali, le generazioni successive a quella dell'Ariosto. E tuttavia la storia della poesia tassiana non dovrà per questo ridursi alla mesta elegia dell'autunno del Rinascimento né alla traduzione passiva e rassegnata di un sentimento disincantato dal vivere. Il che si trova certamente nel Tasso, ma non come voce univoca della sua anima, dai primi versi animosi del *Gierusalemme* alle estreme parole luttuose, bensì come una delusa accoratezza, un fatale e, alla fine, stremato *taedium vitae*, che visibilmente affiora solo nella tarda giovinezza, dopo l'adolescente baldanza, e si fa sensibile nella maturità per poi dominare interamente la coscienza del poeta nell'ultimo periodo della sua esistenza.

Questo significa che la storia della poesia tassiana rispecchia piuttosto l'intero arco della crisi e ne riflette tutto il cammino variamente accidentato: dal momento vivo e positivo, che nei suoi aspetti drammatici e intensi era già stato suggestivamente espresso dall'opera di Michelangelo, al momento della chiusura più rigida della restaurazione cattolica. Ciò che conta perciò è tenere d'occhio non l'atto ultimo della resa, quando la voce del Tasso si confonde e veramente si annulla nei colori grigi del tempo, ma il lungo e generoso periodo della resistenza attiva al disgregarsi d'un mondo che era pur sembrato tanto saldo e sicuro di sé. In questo periodo, che giunge almeno sino al compimento della *Liberata*, il Tasso offre l'esempio d'una singolare autonomia intellettuale, di un impegno umano ed artistico commovente, di una ostinazione orgogliosa, di una applicazione intrepida, di una perspicua lucidità critica, di una buona fede schietta e fervida. È il periodo in cui la poesia tassiana riflette il caldo riverbero dell'eredità rinascimentale, ancora operante nelle coscienze dei suoi contemporanei, e viene arditamente innestandovi lo spirito nuovo e inquieto d'una età percossa dall'urto violento della Riforma e intimamente desiderosa d'una sincera *renovatio* morale.

In questo generoso tentativo di conciliazione del classicismo con la moderna ansietà religiosa, il Tasso non muoveva però da una posizione già chiara e sicura, come era accaduto all'Ariosto, ma stando egli stesso nel mezzo della corrente perigliosa e partecipando così, di volta in volta, a tutti gli slanci e alle speranze, ma anche alle incertezze e confusioni sentimentali che caratterizzarono quell'epoca di rottura, di autentico bifrontismo spirituale. E tuttavia nulla lasciò d'intentato prima di cedere alla deriva (non acquietandosi che molto tardi nel puro esercizio formale o in quello del conformismo religioso) e fece della retorica un'arma della ragione con cui difendersi dall'insidia sempre imminente dell'arbitrarietà degli affetti, sforzandosi nello stesso tempo di approfondire e di chiarire seriamente il significato del vivere, di fronteggiare quel misterioso e conturbante sentimento della precarietà e finitezza umane che ormai corrodeva internamente la mirabile coerenza e perfetta armonia del naturalismo rinascimentale.

1 ▸ **Qual è la premessa da cui parte l'autore per la sua trattazione? Ritrovala nel testo e trascrivila nello spazio sottostante con parole tue.**

....

....

2 ▸ **Rileggi dalla riga 1 alla riga 8 («... sentimentali»). L'autore accompagna la sua premessa con una precisazione. Quale?**

- a L'arte si lega alla storia in forme non sempre comprensibili.
- b La storia non può esser rappresentata da una sola opera.
- c Non esiste un poeta che da solo può essere rappresentativo di un'epoca.
- d Non tutta l'opera di Tasso ha uguale valore come rappresentazione di un'epoca.

3 ▸ **L'autore dichiara di voler indagare l'opera di Tasso escludendo un ambito della sua personalità. Quale?**

- a Il retroterra culturale.
- b Il tormento psicologico.
- c La concezione religiosa.
- d La tensione spirituale.

4 ▶ **Quale delle seguenti affermazioni sintetizza più efficacemente la tesi sostenuta dall'autore?**

a La poesia di Tasso va letta come testimonianza della temperie spirituale suscitata dalla crisi del Rinascimento.

b La figura di Tasso non può essere compresa senza tenere presenti le contraddizioni e i tormenti amorosi che visse.

c L'opera di Tasso è un frutto emblematico del Rinascimento, prima della crisi delle istituzioni politiche e della vita culturale italiana.

d Alla conoscenza del profilo umano di Tasso ha nociuto una storiografia letteraria che ne ha amplificato alcuni tratti e ne ha trascurato altri.

5 ▶ **L'incidentale «sia pure soggettivamente ipersensibilizzata» (riga 20), rispetto al periodo a cui appartiene, ha la funzione di**

a ammettere il rilievo dei tratti soggettivi nell'opera tassiana.

b attenuare l'affermazione sul valore dell'opera di Tasso.

c limitare l'importanza del tormento interiore di Tasso.

d suggerire una chiave di interpretazione dell'opera tassiana.

6 ▶ **Rileggi da «Se è parso necessario...» a «... patologiche» (righe 23-33). Nel confronto con Tasso, il mondo di Ariosto è stato comunemente considerato**

a irrazionale ed eccentrico.

b placido e tranquillo.

c realistico e ottimista.

d svagato e fantasioso.

7 ▶ **Un'analisi più approfondita dell'opera ariostesca ha permesso, secondo l'autore, di riconoscere al suo interno**

a i caratteri morali propri dello spirito rinascimentale.

b i caratteri distintivi del poeta vate.

c i segni percepiti di un'imminente decadenza.

d le tracce di una sensibilità esasperata.

8 ▶ **Il Romanticismo esaltò Tasso e lo considerò**

a un poeta di corte.

b un poeta fanciullo.

c un poeta maledetto.

d un poeta vate.

9 ▶ **Rileggi il testo dalla riga 44 alla riga 53 («Alla stabilità ariostesca ... dell'artista generosamente inquieto»). L'esistenza instabile di Tasso viene descritta dall'autore attraverso tre immagini. Quali?**

1 ....

2 ....

3 ....

10 ▶ **Rileggi il testo dalla riga 56 alla riga 68 («Tra la stabilità ariostesca e l'instabilità tassiana ... generazioni successive a quella dell'Ariosto») e indica quale delle seguenti affermazioni è corretta.**

- a La parabola ascendente del Rinascimento continua fino alla morte di Tasso.
- b Nell'opera di Ariosto *I Cinque canti* si intravedono già i segni della crisi del Rinascimento.
- c Sia Tasso che Ariosto sono rappresentativi della crisi politica e spirituale che pone fine al Rinascimento.
- d Tra la fine della produzione di Ariosto e l'inizio di quella del Tasso si colloca il punto più alto del Rinascimento.

11 ▶ **Cosa si intende per «elegia» nel contesto (riga 69)?**

- a Componimento poetico in distici.
- b Lamento funebre.
- c Genere letterario.
- d Sentimento nostalgico e malinconico.

12 ▶ **Rispetto al corso della sua esistenza, quando si inizia già a percepire il *taedium vitae* in Tasso?**

- a Nell'adolescenza.
- b Nella giovinezza inoltrata.
- c Nell'avanzata maturità.
- d Nell'ultimo periodo della sua esistenza.

13 ▶ **Secondo l'autore, tutta l'opera tassiana è caratterizzata da un sentimento di resa e di abbandono alla crisi?**

- a No, fino all'ideazione della *Gerusalemme Liberata*, Tasso cercò di resistere alla crisi esercitando una serrata critica intellettuale.
- b No, fino alla conclusione della *Gerusalemme Liberata*, Tasso resistette alla crisi attraverso l'impegno intellettuale e umano.
- c Sì, fin dalle prime opere si notano le tracce di una resa al sentimento della precarietà.
- d Sì, malgrado nella sua vita quotidiana cercasse ostinatamente di esercitare una lucida razionalità.

14 ▶ **Rileggi l'ultimo capoverso (dalla riga 91 alla riga 102) e individua quale dei seguenti meriti l'autore riconosce all'opera tassiana.**

- a Avere mantenuto la lucida razionalità rinascimentale a dispetto dell'onda inquieta generata dalla Riforma.
- b Avere cercato di conciliare l'eredità rinascimentale con lo spirito nuovo di un'età inquieta e malgrado vivesse la precarietà dell'autunno del Rinascimento.
- c Essersi adattato a praticare una letteratura conforme per contenuti alla religiosità controriformistica.
- d Essersi rifiutato di produrre opere letterarie quando la sua vena poetica si era inaridita e il suo genio era solo virtuosismo stilistico.

15 ▸ **In quale dei seguenti generi testuali si può inserire il testo che hai letto?**

- a Saggio argomentativo di argomento filosofico.
- b Saggio argomentativo di contenuto storico-critico.
- c Saggio descrittivo di genere epico-storico.
- d Saggio espositivo di argomento filologico.

16 ▸ **Quale delle seguenti affermazioni si adatta meglio a definire l'aspetto formale del testo che hai letto?**

- a Il linguaggio è alto e specialistico e la sintassi è complessa, con andamento ipotattico.
- b Il linguaggio è arcaico e inusuale e la sintassi è piana.
- c Il linguaggio è semplice e colloquiale e la sintassi è scorrevole.
- d Il linguaggio è semplice e scorrevole ma l'andamento sintattico è rallentato dall'ipotassi.

Glossario

A

Accumulazione L'elencazione ordinata e coerente, o anche caotica e casuale, di più parole, immagini o aggettivi con lo scopo di trasmettere un'idea o un'immagine complessiva.
Esempio: «essere costumato e piacevole e di bella maniera [...] l'essere liberale o constante o magnanimo» (G. Della Casa, *Galateo*, I, 11-13).

Adynaton Figura retorica che consiste nell'affermare l'impossibilità che una cosa avvenga, subordinandone l'avverarsi a un altro fatto ritenuto impossibile.
Esempio: Cecco Angiolieri, *S'i' fosse foco arderei 'l mondo*.

Alessandrino Verso della poesia classica francese, di 12 sillabe divise in 2 emistichi ▶, di 6 sillabe, così chiamato perché adoperato la prima volta nel poema *Roman d'Alexandre* del XII sec. La sua fortuna cominciò nel XVI sec. con il Ronsard, e divenne poi nel XVII sec. il verso proprio della drammatica. Fu imitato in Italia con il settenario ▶ doppio o martelliano.
Esempio: «Rosa fresca aulentis[s]ima // ch'apari inver' la state» (Cielo d'Alcamo, *Contrasto*, v. 1).

Allegoria Figura retorica, per la quale si affida a una scrittura (o in genere a un contesto, anche orale) un senso riposto e allusivo, diverso da quello che è il contenuto logico delle parole. Diversamente dalla metafora ▶, la quale consiste in una parola, o tutt'al più in una frase, trasferita dal concetto a cui solitamente e propriamente si applica ad altro che abbia qualche somiglianza col primo, l'a. è il racconto di un'azione che dev'essere interpretata diversamente dal suo significato apparente.
Esempio: l'a. delle tre fiere nella *Divina Commedia*.

Allitterazione Ripetizione, esatta o approssimativa, spontanea o ricercata, di lettere o sillabe, di solito iniziali, di due o più vocaboli successivi.
Esempio: «Chiome d'*argento* fine, *irte* e *attorte* / senz'*arte* *intorno* a un bel viso d'oro» (F. Berni, *Rime*, 22, 1-2).

Anacoluto Costrutto sintattico consistente nel susseguirsi di due costruzioni diverse di uno stesso periodo, la prima delle quali resta incompiuta, mentre la seconda porta a compimento il pensiero. Più genericamente, qualsiasi costrutto in cui non viene osservata la sintassi normale. Frequente nel parlare familiare e nei proverbi, è spesso utilizzato dagli scrittori, o per maggiore efficacia o per riprodurre il linguaggio del popolo.
Esempio: «mi pasco di quel cibo che solum è mio e ch'io nacqui per lui» (N. Machiavelli, *Epistolario*).

Anadiplosi Figura retorica che consiste nella ripetizione dell'ultima parte di un segmento sintattico (prosa) o metrico (verso) nella prima parte del segmento successivo; risponde a una semantica di tipo aggiuntivo e la seconda occorrenza è un'espansione della prima.
Esempi: «Ma passavam *la selva* tuttavia, / *la selva*, dico, di spiriti spessi» (Dante, *Inferno*, IV, 65-66); «Risponde: "E *guerra e morte*". // "*Guerra e morte* avrai"» (T. Tasso, *Gerusalemme liberata*, XII, ott. 52-53).

Anafora Figura retorica che consiste nel ripetere, in principio di verso o di proposizione, una o più parole con cui ha inizio il verso o la proposizione precedente.
Esempio: «Quando la rosa ogni suo' foglia spande, / quando è più bella, quando è più gradita» (A. Poliziano, *Rime*, CII, 24-25).

Analogia Procedimento di cui si valgono tendenze poetiche moderne, come l'ermetismo e la "poesia pura" che, per esigenza di una maggiore intensità lirica, cercano di rinnovare il linguaggio poetico fuori d'ogni comune nesso logico e sintattico, sostituendo al rapporto tradizionale della comparazione il rapporto di identità. Effetto primo del procedimento analogico è la soppressione del "come".
Esempi: «Le mani del pastore erano un vetro / levigato da fioca febbre» (G. Ungaretti, *L'isola*, vv. 23-24); «Si levano tremuli scricchi / di cicale dai calvi picchi» (E. Montale, *Meriggiare pallido e assorto*, vv. 11-12).
Esempi affini si riscontrano in ogni epoca, soprattutto nella letteratura secentesca, in rapporto con l'uso e il gusto barocco della metafora ▶.

Anastrofe Figura retorica che consiste nell'inversione dell'ordine delle parole all'interno di un verso, allo scopo di ottenere particolari effetti di suono oppure dare rilevanza a un termine.
Esempi: «di stare insieme crescesse 'l disio» (Dante, *Guido, i' vorrei che tu e Lapo ed io*, v. 8); «et gli occhi porto per fuggire intenti» (F. Petrarca, *Canzoniere*, 35, 3); «Fulmini nel ferir le spade sono» (T. Tasso, *Gerusalemme liberata*, VI, ott. 48).

Antifrasi Figura retorica che consiste nell'esprimersi con termini di significato opposto a ciò che si pensa, o per ironia o per eufemismo.
Esempio: «Or ti fa lieta, ché tu hai ben onde: / tu ricca, tu con pace e tu con senno!» (Dante, *Purgatorio*, VI, 136-137). Che si tratti di un'a. sarcastica lo si può dedurre dal contesto in cui è introdotto il verso. Dante si sta rivolgendo alla città di Firenze nei versi conclusivi del canto VI: è questo un canto dominato da riflessioni di natura politica, dove il poeta illustra lo stato di decadenza e desolazione in cui versa l'Italia, tra guerre fratricide, tirannie e corruzione. Firenze in particolare è teatro di tutti i mali elencati da Dante e dunque, scossa com'è da sventure e avversità, ha ben poche ragioni per rallegrarsi.

Antitesi Figura retorica consistente in un accostamento di parole o concetti contrapposti che acquistano maggior rilievo dalla vicinanza e dalla disposizione per lo più simmetrica. Si può ottenere sia affermando una cosa e negando insieme la sua contraria, sia mettendo a contrasto due fatti opposti e ambedue reali.
Esempi: «Non fronda verde, ma di color fosco» (Dante, *Inferno*, XIII, 4); «et nulla stringo, et tutto 'l mondo abbraccio» (F. Petrarca, *Canzoniere*, 134, 4); «Presume di rifar tutto, perché nulla sa fare» (G. Leopardi, *Pensieri*, XI).

Antonomasia Figura retorica consistente nel sostituire il nome di una persona o di una cosa con un appellativo o una perifrasi ▶ che lo identifichi inequivocabilmente.
Esempio: "il giullare di Dio" per indicare san Francesco.

Apocope Caduta di una vocale finale e in generale di uno o più fonemi al termine di una parola (*dir* per *dire*, *son* per *sono*, *gran* per *grande*).

Apostrofe Figura retorica per la quale chi parla interrompe la forma espositiva del suo discorso per rivolgere direttamente la parola a concetti personificati, a soggetti assenti o scomparsi, o anche al lettore. Quando è accompagnata da toni violenti, ironia o sarcasmo, è detta invettiva.

Esempio: «Godi, Fiorenza, poi che se' sì grande / che per mare e per terra batti l'ali / e per lo n'ferno tuo nome si spande!» (Dante, *Inferno*, XXVI, 1-3).

Asindeto Figura sintattica che consiste nella mancanza della congiunzione fra due o più termini in stretta coordinazione, per es., *veni, vidi, vici* (Cesare). Si adopera per maggiore efficacia espressiva.

Esempio: «di qua, di là, di giù, di sù li mena» (Dante, *Inferno*, V, 43).

Assonanza Forma di rima ▶ imperfetta, consistente nel chiudere due o più versi successivi con parole contenenti le stesse vocali a cominciare da quella accentata fino alla fine, mentre le consonanti sono diverse (ma per lo più di suono simile). Esempi: *fame* e *pane*, *agosto* e *conosco*, *lento* e *tempo*. Si ha invece un'a. atona quando è identica solo la sillaba (o le sillabe) dopo la vocale accentata, che è però diversa. Esempi: *amare* e *dolore*, *umile* e *simile*.

B

Ballata La b. italiana antica è un componimento poetico di origine popolare, collegato con il canto e la danza (detto anche "canzone a ballo") e perciò costruito metricamente in modo che le sue parti corrispondano ai movimenti di questa e ai motivi di quello. Lo schema tipico della b. è costituito di versi o tutti endecasillabi ▶ o endecasillabi misti con settenari ▶, così: XY YX // AB AB BC CX + ritornello. In questo schema i primi 4 versi rappresentano il ritornello (detto anche ripresa ▶); gli altri 8, che formano la stanza ▶, sono distribuiti in 3 parti, ossia 1° (A B) e 2° (A B) piede ▶ e volta ▶. La volta si allaccia dunque ai piedi per mezzo della rima del primo verso e ha la stessa struttura del ritornello cui è legata con la rima dell'ultimo verso. A una stanza segue il ritornello, poi un'altra stanza e così via. Le stanze sono generalmente 4, ma può esservene anche una sola.

Bisticcio Artificio stilistico, usato per raggiungere effetti di comicità o per sfoggio d'ingegno, consistente nel mettere accanto parole di suono simile, dello stesso significato o, più spesso, di senso diverso e contrastante.

Esempio: «Eo *viso* e non *diviso* da lo *viso* / e per *aviso* credo ben *visare*» (Giacomo da Lentini, *Eo viso e non diviso da lo viso*, vv. 1-2).

Anche, gioco di parole basato sull'identità dei suoni e la varietà del senso senza tener conto dell'ortografia.

Esempio: «Erano i capei d'oro a l'aura sparsi» (F. Petrarca, *Canzoniere*, 90, 1), dove «a l'aura» può significare insieme "all'aria" e "a Laura".

C

Canzone La più antica forma metrica della lirica d'arte nella letteratura italiana. Trasse origine dalla *cansó* provenzale e subì nel tempo varie modifiche fino agli Stilnovisti e a Petrarca, che fu il modello fondamentale. Era accompagnata dalla musica. Dante la definì la più alta forma della poesia volgare, e per primo ne espose le leggi.

La c. che, da Petrarca, è detta anche "petrarchesca" è composta di un numero indeterminato di strofe o stanze ▶ (in genere, tra 5 e 7); la stanza di un numero indeterminato di endecasillabi ▶ o endecasillabi e settenari ▶, variamente disposti e rimati tra loro. Le stanze successive seguono lo schema della prima.

Nel suo pieno sviluppo la stanza si compone di 2 parti, fronte ▶ e sirma ▶ (o sirima, coda): la fronte è costituita di 2 parti uguali metricamente, dette piedi ▶; anche la sirma può essere composta di 2 parti uguali, dette volte ▶. Il passaggio dalla fronte alla sirma si chiama chiave ▶ o diesi. La serie delle stanze si chiude su un commiato o congedo ▶, nel quale il poeta si rivolge alla c. per darle qualche ammonimento o inviarla a qualcuno.

Esempio: *Chiare, fresche et dolci acque* (F. Petrarca, *Canzoniere*, 126, 1).

Cesura Nella metrica classica, pausa nel corso del verso, coincidente con la fine di una parola all'interno di un piede ▶; se cade in fine di parola e in fine di piede si chiama dieresi. Nella metrica accentuativa moderna, pausa all'interno di un verso, propria di ogni verso maggiore del settenario ▶. La c. divide il verso in 2 parti dette emistichi ▶; esistono versi a c. fissa, come il quinario accoppiato, il martelliano (settenario doppio), il dodecasillabo, nei quali occupa sempre la stessa posizione, e versi a c. mobile, come il settenario e l'endecasillabo ▶, nei quali può occupare posizioni diverse contribuendo al variare del ritmo del verso.

Esempio: «Ché siete angelicata // criatura» (G. Cavalcanti, *Fresca rosa novella*, v. 18).

Chiasmo Figura retorica consistente nell'accostamento di due membri concettualmente paralleli, in modo però che i termini del secondo siano disposti nell'ordine inverso a quelli del primo (posizione incrociata), così da interrompere il parallelismo sintattico.

Esempi: «con voi nasceva e s'ascondeva vosco» (Dante, *Paradiso*, XXII, 115); «rotto dagli anni, et dal camino stanco» (F. Petrarca, *Canzoniere*, 16, 8); «Le donne, i cavallier, l'arme, gli amori» (L. Ariosto, *Orlando furioso*, I, ott. 1).

Chiave In metrica, verso (più comunemente detto diesi) che nella canzone ▶ petrarchesca lega la fronte ▶ alla sirma ▶; anche il verso che, lasciato senza rima nella sirma della prima stanza ▶ della canzone, è rimato con un verso che nella coda delle stanze successive si trova sempre nel medesimo posto.

Climax Figura retorica, detta anche gradazione o gradazione ascendente, consistente nel passare da un concetto all'altro, o nel ribadire un concetto unico con vocaboli sinonimi via via più efficaci e intensi, o più genericamente nel disporre i termini di una frase in ordine crescente di valore e di forza.

Esempi: «Quivi sospiri, pianti e alti guai / risonavan per l'aere sanza stelle» (Dante, *Inferno*, III, 22-23); «la terra ansante, livida, in sussulto; / il cielo ingombro, tragico, disfatto» (G. Pascoli, *Il lampo*, vv. 2-3).

Coda Chiusa di uno scritto o di un discorso; aggiunta, appendice. In particolare, coda del sonetto ▶, i versi che si aggiungono ai 14 del sonetto, distribuiti in strofette di un settenario ▶ e 2 endecasillabi ▶ accoppiati, con la rima ▶ dell'ultimo verso di ogni strofetta ripresa nei primi due della successiva; sonetto con la c., sonetto caudato.

Congedo Stanza ▶ finale di una canzone ▶ o di una sestina ▶, detta anche commiato.

Consonanza Accordo delle sillabe finali, che forma la rima ▶; talora s'intende per c. l'uguaglianza delle sole consonanti nella terminazione di due parole (per es., *mare* e *dolore*; *padre* e *leggiadro*), contrapposta all'assonanza ▶ in cui sono identiche solo le vocali.

D

Decasillabo Verso composto di 10 sillabe metriche, la cui varietà con accenti ritmici sulla 3ª, 6ª e 9ª sillaba, senza cesura, è molto orecchiabile.

Esempi: «a lo stomaco // dolur' pognènti» (Iacopone da Todi, *O Signor, per cortesia*, v. 9); «Soffermàti sull'àrida spónda» (A. Manzoni, *Marzo 1821*, v. 1).

Nell'uso antico, ripreso dai romantici e poi da Pascoli, è spesso nella forma di un doppio quinario con cesura ▶ fissa dopo il primo quinario.

Esempio: «Al mio cantuccio, // donde non sento» (G. Pascoli, *L'ora di Barga*, v. 1).

Dittologia In retorica, ripetizione di una parola (come "bello bello", "alto alto"), oppure giustapposizione di una parola a un'altra ("ubriaco fradicio", "pieno zeppo"), con funzione rafforzativa; è detta d. sinonimica quella in cui si ha giustapposizione di una coppia di sinonimi o quasi sinonimi.

Esempio: «[...] Ella già sente / morirsi, e 'l piè le manca egro e languente» (T. Tasso, *Gerusalemme liberata*, XII, ott. 64).

E

Emistichio Nella metrica classica, ciascuna delle 2 parti in cui il verso viene diviso dalla cesura ▶.

Nella metrica medievale e moderna, la prima o la seconda metà di un verso divisibile in due (come, per es., l'alessandrino ▶).

Endecasillabo Verso composto di 11 sillabe, il più importante e vario della tradizione poetica italiana per le sue molteplici soluzioni metriche (in base al numero degli accenti e delle pause); di largo impiego nel poema in terzine ▶ (Dante, che lo definì *superbissimum carmen*) e in ottave ▶ (L. Ariosto, T. Tasso), nella poesia tragica, nel sonetto ▶ o, alternato al settenario ▶, nella canzone ▶ antica e leopardiana.

Le origini risalgono alla poesia dei primi siciliani (fine XII sec.), che probabilmente lo ripresero dai poeti provenzali. Gli accenti ritmici possono essere disposti in modo vario; l'unica costante è l'accento fisso sulla 10ª sillaba. Nella varietà delle configurazioni, si presentano con maggiore frequenza gli schemi con accento sulla 4ª sillaba e con accento sulla 6ª sillaba: l'e. risulta diviso in 2 membri o emistichi ▶ e prende il nome, nel primo caso, di e. a minore («sì che 'l piè férmo // sempre era 'l più bàsso», Dante, *Inferno*, I, 30), nel secondo, di e. a maiore («l'amor che move il sóle // e l'altre stélle», Dante, *Paradiso*, XXXIII, 145).

Endiadi Figura retorica per cui un concetto viene espresso con due termini coordinati, di solito due sostantivi al posto di un sostantivo determinato da aggettivo o complemento di specificazione.

Esempi: «con tante note sì pietose et scorte» (F. Petrarca, *Canzoniere*, 311, 4), a significare "suoni modulati in maniera tanto commossa"; «di ceneri e di pomici e di sassi / notte e ruina» (G. Leopardi, *La ginestra*, vv. 215-216), cioè "tenebrosa rovina".

Enjambement Superamento logico e sintattico del limite ritmico del verso, ottenuto con la collocazione nel verso successivo di un termine strettamente connesso ad altro del precedente.

Mentre poeti come Dante tendono a far coincidere l'unità metrica del singolo verso con l'unità sintattica e concettuale di una frase, di modo che ogni singolo verso abbia un significato compiuto e autonomo, a partire dal Cinquecento e sempre più spesso nell'Otto e Novecento, i poeti spezzano i nessi unitari, sia per dare maggiore rilievo a singoli elementi dei versi, sia per creare una più intensa fluidità ritmica che modifichi la rigida e monotona scansione dei versi.

Esempi: «Così prava natura / recontra amor come fa l'aigua il foco / caldo, per la freddura» (G. Guinizzelli, *Al cor gentil rempaira sempre amore*, vv. 25-27); «O dolce selva solitaria, amica / de' miei pensieri sbigottiti e stanchi» (G. Della Casa, *Rime*, 63, 1-2).

Enumerazione L'atto, il fatto di enumerare; enunciazione ordinata e puntuale di una serie di cose.

Nella retorica classica, la parte di un'orazione in cui si richiamano ordinatamente gli argomenti precedentemente enunciati.

Esempi: «che rami e ceppi e tronchi e sassi e zolle»; «e fe' il simil di querce e d'olmi vecchi, / di faggi e d'orni e d'illici e d'abeti» (L. Ariosto, *Orlando furioso*, XXIII, ott. 131 e 135).

Epanalessi Figura retorica, dai grammatici latini detta *geminatio*, che consiste nella ripetizione di una o più parole in un unico segmento testuale sintattico (prosa) o ritmico (verso), sia di seguito, sia con l'interposizione di altre parole. È figura di emozione, di intensificazione emotiva.

Esempio: «Non sono, oimè!, non sono / quel ch'altra volta fui» (T. Tasso, *Rime*, 59, 3-4).

Epifora Nella retorica, figura speculare all'anafora ▶, consistente nella ripetizione di una o più parole alla fine di enunciati.

Esempio: «Qui vince la memoria mia lo 'ngegno; / ché quella croce lampeggiava Cristo, / sì ch'io non so trovare essempro degno; / ma chi prende sua croce e segue Cristo, / ancor mi scuserà di quel ch'io lasso, / vedendo in quell'albor balenar Cristo» (Dante, *Paradiso*, XIV, 103-108).

Epistola In diplomatica, sinonimo di *littera*, nel senso di documento pubblico, imperiale, regio e pontificio, emanato in forma di lettera. Nella letteratura latina, genere di componimento poetico in versi, talvolta affine alla satira, che nella forma e nel tono familiare s'avvicina alla lettera (le e. in esametri ▶ di Orazio), ma tratta anche argomenti elevati (l'e. *ad Pisones* di Orazio, detta anche *Ars poetica*). Nella letteratura italiana, denominazione di alcuni poemetti lirico-didascalici in versi sciolti o in terzine del XVII e del XVIII sec. (come le e. di C.I. Frugoni, l'e. A Vincenzo Monti di U. Foscolo e l'e. Al conte Carlo Pepoli di G. Leopardi).

Nel linguaggio ecclesiastico, le lettere degli Apostoli che fanno parte del Nuovo Testamento.

Epitesi In linguistica, aggiunta di qualche fonema alla fine di una parola; per es., in italiano antico *-e* nelle forme ossitone: *fae, faroe, ameroe, piue, tue* ecc., e talora *-ne*, come in *sine, none, quine*. È detta anche paragoge.

Esametro Verso tradizionale dell'epopea greca e romana da Omero in poi, usato però anche nella poesia religiosa (oracoli e inni), nella didascalica e, unito con il cosiddetto pentametro elegiaco, nella poesia elegiaca (distico elegiaco). L'e. si trova alternato con il dimetro giambico già in Archiloco e poi in epodi di Orazio.

Si ebbero vari tipi di e. secondo la disposizione degli spondei rispetto ai dattili; tra i più noti: e. spondaico, se il 5° piede ▶ è spondeo; e. periodico, se alterna dattili e spondei; e. saffico, frequente in Saffo, se ha lo spondeo all'inizio e in fine; e. olodattilo, se formato tutto di dattili; e. olospondaico, se tutto di spondei.

Nell'e. greco le cesure ▶ più comuni sono: la cesura pentemimera, la cesura trocaica, la eftemimera. L'e. latino, introdotto da Ennio, ha prevalenza di spondei, rigetta la cesura trocaica, preferisce la pentemimera. Con Virgilio l'e. di stile severo raggiunge la perfezione anche per la tecnica delle regole sulla fine del verso.

Nell'e. medievale la cesura pentemimera diventa quasi esclusiva e spesso viene introdotta la rima ▶.

Nella metrica italiana cosiddetta "barbara" il ritmo dell'e. è generalmente riprodotto con un settenario ▶ più un novenario ▶.

Esempio: «Phantasia mihi plus quam phantastica venit / historiam Baldi grassis cantare Camoenis» (Teofilo Folengo, *Baldus*, I, 1-2).

F

Figura etimologica È una figura retorica grammaticale e insieme semantica che consiste nell'accostamento di due parole aventi la stessa radice. La f. e. rientra nella famiglia delle paronomasie ▶, vale a dire di quelle espressioni che, poste nello stesso segmento discorsivo, si richiamano per affinità di forma, ma se ne differenziano per lievi mutamenti dell'espressione in grado così di creare inediti e inattesi circuiti di senso. Nel caso della f. e., l'affinità di forma viene però determinata dalla presenza di una stessa radice per origine di etimo o per derivazione (come nelle espressioni "vivere la vita", "morire di una morte", "amare di un amore", "sognare un sogno" ecc.). La figura si presta così a meccanismi di intensificazione semantica del concetto di base (evocata dalla radice), garantendone una maggiore forza espressiva.

Esempi: «esta selva selvaggia e aspra e forte» (Dante, *Inferno*, I, 5); «e luce altra non c'è tanto lucente» (L. Ariosto, *Orlando furioso*, II, ott. 56).

Fronte Nella canzone ▶ antica o petrarchesca, la prima delle 3 parti in cui si suole dividere la strofa; è suddivisa a sua volta in 2 piedi ▶ di identica struttura metrica.

H

Hýsteron próteron Figura retorica (dagli antichi retori chiamata isterologia) per la quale l'ordine delle parole è invertito rispetto all'ordine naturale delle azioni.

Esempio: «tu non avresti in tanto tratto e messo / nel foco il dito» (Dante, *Paradiso*, XXII, 109-110).

I

Iato Incontro di vocali appartenenti a sillabe diverse, a volte indicato, nella grafia, da una dieresi. È riferito all'incontro di vocali non solo nel corpo d'una stessa parola, ma anche in fine e principio di due parole consecutive.

Esempio: «Cominciò a poco a poco indi a levarse» (L. Ariosto, *Orlando furioso*, II, ott. 49).

Inversione Spostamento nell'ordine o nella disposizione degli elementi (due o più) di un insieme che per lo più prendono il posto l'uno dell'altro, in modo da ottenere una disposizione contraria a quella di prima, o comunque diversa: i. dei termini di una proposizione. In particolare, i. di un costrutto o i. sintattica, la disposizione delle parole di un costrutto sintattico in modo diverso da quello normale e più semplice, soprattutto per effetti stilistici: le i. sono frequenti nella poesia; i. elegante, studiata, contorta, forzata, che genera oscurità.

Esempio: «O del grand'Appennino / figlio picciolo» (T. Tasso, *Rime*, 573, 1-2).

Iperbato Figura retorica consistente nel separare due parole strettamente connesse dal punto di vista sintattico mediante l'inserzione di una o più parole, in modo da determinare un ordine inconsueto o irregolare degli elementi della frase, con particolari effetti di suggestione poetica.

Esempi: «Erano i capei d'oro a l'aura sparsi / che 'n mille dolci nodi gli avolgea» (F. Petrarca, *Canzoniere*, 90, 1-2); «et quel che n'altrui pena / tempo si spende...» (F. Petrarca, *Canzoniere*, 128, 106-107); «... tardo ai fiori / ronzio di coleotteri» (E. Montale, *La rana, prima a ritentar la corda*, vv. 5-6).

Iperbole Figura retorica, consistente nell'esagerazione di un concetto oltre i termini della verosimiglianza, per eccesso ("le grida salivano alle stelle") o per difetto ("non ha un briciolo di cervello").

Esempi: «"O frati", dissi, "che per cento milia / perigli siete giunti a l'occidente"» (Dante, *Inferno*, XXVI, 112-113); «... che mi tien sì magro / che tornare' senza logro di Francia» (C. Angiolieri, *Tre cose solamente mi so' in grado*, vv. 10-11); «Dir Li porò: "Tenne d'angel sembianza / che fosse del Tuo regno"» (G. Guinizzelli, *Al cor gentil rempaira sempre amore*, vv. 58-59); «Gli occhi tuoi pagheran (s'in vita resti) / di quel sangue ogni stilla un mar di pianto» (T. Tasso, *Gerusalemme liberata*, XII, ott. 59).

Ipotassi Procedimento sintattico (detto anche subordinazione) per cui le proposizioni sono ordinate ed espresse nel periodo secondo un rapporto di dipendenza cronologica e causale, che comporta una stretta subordinazione di modi e di tempi (per es., "spero che venga"; "speravo che venisse"). L'i., che si oppone alla paratassi ▶ (o coordinazione), è il procedimento sintattico più comune nella prosa d'arte tradizionale.

Iterazione Ripetizione, replica: i. di concetti, di frasi, anche come artificio stilistico.

L

Litote Figura retorica che consiste nella formulazione attenuata di un giudizio o di un'idea attraverso la negazione del suo contrario ("non ignaro", ossia esperto; "non è un'aquila", ha intelligenza scarsa).

Esempi: «Non era l'andar suo cosa mortale» (F. Petrarca, *Canzoniere*, 90, 9); «Don Abbondio (il lettore se n'è già avveduto) non era nato con un cuor di leone» (A. Manzoni, *I promessi sposi*).

Locus amoenus Espressione latina che significa "luogo piacevole". È la descrizione di un paesaggio ideale, dove l'uomo vive in armonia con la natura e con i propri simili.

Esempio: il Paradiso terrestre nel *Purgatorio* di Dante.

M

Madrigale Componimento poetico di origine italiana, basato sul modello metrico della ballata ▶ e dello strambotto, connesso in origine al canto a più voci, d'argomento prevalentemente amoroso a sfondo idillico, soprattutto pastorale. Tra i più antichi m. sono da ricordare quelli petrarcheschi. In origine lo schema prevedeva 2 strofe di 3 versi ciascuna, variamente rimati, chiuse da una coppia di versi a rima ▶ baciata. Le varietà sono tuttavia numerose.

Dal XVI sec. il m. si stacca dal canto e muta profondamente. Oltre all'endecasillabo ▶ viene ammesso il settenario ▶ e si afferma una grande varietà metrica. Anche l'ispirazione si allarga e abbraccia la politica, la morale, la filosofia. Nel XVIII sec. il m. viene usato soprattutto per esprimere un complimento galante, spesso chiuso in un'arguzia; come tale ebbe fortuna presso gli Arcadi. Successivamente, nella sua forma antica, torna in uso presso poeti di gusto arcaizzante del XIX sec.: G. Carducci, S. Ferrari, G. D'Annunzio.

Metafora Figura retorica che risulta da un processo psichico e linguistico attraverso cui, dopo aver mentalmente associato due realtà differenti sulla base di un particolare sentito come identico, si sostituisce la denominazione dell'una con quella dell'altra. È un procedimento di trasposizione simbolica di immagini; una similitudine ▶ abbreviata in cui il rapporto tra due cose o idee è stabilito direttamente senza la mediazione del "come" (nella m. "l'ondeggiare delle spighe", ondeggiare sta a mare come movimento delle spighe sta a campo di grano). A seconda di fattori quali la lingua, la cultura, la distanza concettuale o fisica fra le realtà associate, il tipo di somiglianza individuato, la m. risulterà più o meno nuova ed efficace.

La m. svolge funzioni complesse: come meccanismo di arricchimento ed evoluzione della lingua, come mezzo efficace di espressione, come strumento conoscitivo di realtà nuove o colte da nuovi punti di vista (m. scientifiche, macchie solari, buco nero ecc.).

Esempi: «Or se' tu quel Virgilio e quella fonte / che spandi di parlar sì largo fiume?» (Dante, *Inferno*, I, 79-80); «Donna, il bel vetro tondo / che ti mostra le perle e gli ostri e gli ori» (T. Tasso, *Rime*, 260, 1-2).

Metatesi Fenomeno linguistico per cui, all'interno della stessa parola, due suoni si possono invertire assumendo l'uno il posto dell'altro: si ha la m. a contatto, se i due suoni sono contigui; la m. a distanza, se i due suoni appartengono a due sillabe diverse e non sono contigui. Si ha infine la m. quantitativa quando si inverte reciprocamente la quantità di due vocali contigue.

Esempio: «né ti dirò ch'io sia, né *mosterrolti* / se mille fiate in sul capo mi tomi» (Dante, *Inferno*, XXXII, 101-102).

Metonimia Figura retorica che risulta da un processo psichico e linguistico attraverso cui, dopo avere mentalmente associato due realtà differenti ma discendenti o contigue logicamente o fisicamente, si sostituisce la denominazione dell'una a quella dell'altra.

Costituiscono relazioni di contiguità i rapporti causa-effetto (sotto la specie autore-opera, leggere Orazio, cioè le opere scritte da Orazio), contenente-contenuto (bere un bicchiere), qualità-realtà caratterizzata da tale qualità ("punire la colpa e premiare il merito", cioè punire i colpevoli e premiare i meritevoli); simbolo-fenomeno (il discorso della corona, cioè il discorso del re o della regina), materia-realtà composta di tale materia (un concerto di ottoni, strumenti fatti d'ottone).

Si distingue tra m. in cui le realtà associate hanno una relazione di tipo qualitativo e sineddoche ▶, in cui la relazione è di tipo quantitativo.

N

Novenario Nella metrica italiana, verso che ha come ultima posizione tonica l'ottava. Fu usato raramente nell'antica poesia (Dante lo considerò come un metro estraneo alla lirica), pur conoscendo una certa diffusione sostenuta dall'imitazione dell'*octosyllabe* francese e provenzale. Ottenne maggiore fortuna nella poesia moderna, a partire da G. Pascoli e G. D'Annunzio.

Esempi: «la melza grossa e 'l ventr'enflàto» (Iacopone da Todi, *O Signor, per cortesia*, v. 16); «Le stelle lucevano rare / tra mezzo alla nebbia di latte» (G. Pascoli, *L'assiuolo*, vv. 9-10).

O

Onomatopea In linguistica, modo di arricchimento delle capacità espressive della lingua mediante la creazione di elementi lessicali che vogliono suggerire acusticamente, con l'imitazione fonetica, l'oggetto o l'azione significata; può consistere in un gruppo o in una successione di gruppi fonici (*brrr, crac, bau bau, tic tac*), in una serie di sillabe in unità grafica (*patapùm, chicchirichì*), o anche in una successione di più complesse unità ritmiche (costituendo in tal caso un accorgimento retorico detto armonia imitativa).

La serie fonica, la parola o la locuzione formate in seguito a tale procedimento subiscono talvolta un completo adattamento grammaticale, con l'aggiunta di desinenze e suffissi che le rendono elementi stabili del lessico della lingua (così "bisbigliare", "chioccolare", "tintinnio" ecc.).

Ossimoro Figura retorica che consiste nell'unione sintattica di due termini contraddittori, in modo tale che si riferiscano a una medesima entità. L'effetto che si ottiene è quello di un paradosso apparente.

Esempi: «torni la fera bella et mansueta» (F. Petrarca, *Canzoniere*, 126, 29); «a questa breve e nubilosa luce / vo ripensando» (G. Della Casa, *Rime*, 63, 9-10).

Ottava Nella metrica, strofa di 8 endecasillabi ▶, di cui i primi 6 a rima ▶ alternata e i 2 ultimi a rima baciata: derivata secondo alcuni dallo strambotto siciliano, secondo altri dalla stanza ▶ della ballata ▶ o della canzone ▶, comparve nella poesia religiosa e giullaresca sulla fine del XIII sec. e venne usata da Boccaccio per la poesia narrativa, di cui restò il metro caratteristico: poema in ottave (o anche in ottava rima).

Talvolta, più in particolare, con riferimento al modo in cui la strofa stessa è trattata dall'uno o dall'altro poeta da cui è stata usata: l'o. di Poliziano, di Ariosto, di Tasso.

Ottonario Nella metrica italiana, verso composto di 8 "posizioni metriche", con gli accenti principali sulla 3ª e 7ª sillaba. Adoperato fin dalle origini della nostra letteratura, l'o. rimase in voga fino a tutto il XV sec.; nel Novecento fu utilizzato da G. Pascoli, che sperimentò anche schemi inconsueti.

Esempi: «tanti sòno li sospìri, / che mi fànno gran guèrra» (Rinaldo d'Aquino, *Già mai non mi conforto*, vv. 12-13); «È risórto: or come a mórte / la sua préda fu ritólta?» (A. Manzoni, *La Risurrezione*, vv. 1-2).

P

Palinodia Componimento poetico o discorso nel quale si ritrattano opinioni già professate, illustrando i motivi del cambiamento. La testimonianza più antica del termine risale a Stesicoro che nell'ode *Palinodia* trattò il mito di Elena secondo una versione diversa dalla tradizione più comune, che considerava l'eroina spartana la causa prima della guerra di Troia e che lui stesso aveva accolto nell'*Elena*.

Parallelismo In retorica, procedimento consistente nel dare rilievo allo sviluppo di un'idea mediante una disposizione simmetrica di brevi concetti, per lo più in coppia; nella poesia tale disposizione si risolve spesso in simmetria di ritmo.

Esempi: «Dolci ire, dolci sdegni et dolci paci, / dolce mal, dolce affanno et dolce peso, / dolce parlare, et dolcemente inteso» (F. Petrarca, *Canzoniere*, 205, 1-3); «Vigile a ogni soffio, / intenta a ogni baleno, / sempre in ascolto, / sempre in attesa, / pronta a ghermire, / pronta a donare...» (G. D'Annunzio, *Laudi*, I).

Paratassi In sintassi, il collegamento tra due o più proposizioni all'interno di un periodo, mediante giustapposizione o coordinazione e non mediante subordinazione.

Parodia Travestimento burlesco di un'opera d'arte, a scopo satirico, umoristico o anche critico, consistente, nel caso di opere di poesia (meno spesso di prosa), nel contraffare i versi conservandone la cadenza, le rime, il tessuto sintattico e alcune parole e, nel caso di opere musicali, nel sostituire le parole del testo originario, conservando intatto o con leggere variazioni il motivo.

Con accezione più generica, imitazione deliberata, con intento più o meno caricaturale, dello stile caratteristico di uno scrittore, di un musicista, di un regista ecc., realizzata inserendo nella nuova composizione passi che ne rievochino con immediatezza la maniera.

Esempi: il sonetto di F. Berni *Chiome d'argento fino*, che contraffà il sonetto di P. Bembo *Crin d'oro crespo*; *Eneide travestita* di G.B. Lalli; il poema *Morgante* di L. Pulci.

Paronomasia Figura retorica, detta anche annominazione, che consiste nell'accostare due parole simili nel suono ma distanti nel significato; lo scopo è di creare una tensione semantica fra le voci coinvolte.

Esempi: «anzi 'mpediva tanto il mio cammino, / ch'i' fui per ritornar più *volte vòlto*» (Dante, *Inferno*, I, 35-36); «Miei dì fersi / morendo *eterni*, e ne l'*interno* lume» (F. Petrarca, *Canzoniere*, 279, 12-13).

Perifrasi Circonlocuzione o giro di parole con cui si significa una qualsiasi realtà cui ci si potrebbe riferire direttamente con un unico termine.

Esempi: «Colui che tutto move» (Dante, *Paradiso*, I, 1), per definire Dio, motore dell'universo; sì ch'io celato sia da quella cruda / e cieca dea, ch'è cieca e pur mi vede (T. Tasso, *Rime*, 573, 14-15), per indicare la sorte rappresentata allegoricamente come una dea bendata.

Piede Nella metrica classica, la più piccola unità ritmica di un verso, formata di due o più sillabe, con una parte forte (arsi) e una debole (tesi). Nella metrica italiana, ciascuno dei due membri, di uguale struttura metrica, in cui è suddivisa la fronte ▶ della strofa nella canzone ▶ antica o petrarchesca.

Pleonasmo Espressione sovrabbondante, che consiste in una o più parole grammaticalmente o concettualmente non necessarie. Il p., che non implica una violazione di regole grammaticali, è frequente nel linguaggio familiare e non è raro nella lingua letteraria.

Esempio: «*Egli* è vero che io ci sono suto giuntato» (N. Machiavelli, *La mandragola*, atto III, scena IX).

Poliptoto Figura retorica che consiste nel ripetere una parola già usata a breve distanza, modificandone il caso (o, nelle lingue non flessive, la funzione sintattica), il genere, il numero, il modo e il tempo.

Esempio: «Cred'io ch'ei credette ch'io credesse» (Dante, *Inferno*, XIII, 25).

Polisindeto Ripetizione della congiunzione tra più periodi, proposizioni o membri di proposizione fra loro coordinati.

Esempi: «sì ch'io mi credo omai che monti et piagge / et fiumi et selve sappian di che tempre / sia la mia vita...» (F. Petrarca, *Canzoniere*, 35, 9-11); «e mangia e bee e dorme e veste panni» (Dante, *Inferno*, XXXIII, 141).

Preterizione Figura retorica che consiste nell'affermare di voler tacere qualcosa di cui tuttavia si parla o comunque si fa cenno. L'effetto ricercato è, in realtà, di mettere in evidenza ciò che apparentemente viene tralasciato. Nel discorso comune compaiono molte forme rituali di p. ("meglio non parlare di...", "per non dire..." ecc.).

Esempio: «Cesare taccio che per ogni piaggia / fece l'erbe sanguigne / di lor vene» (F. Petrarca, *Canzoniere*, 128, 49-51).

Prolessi Costruzione sintattica (detta anche anticipazione) in cui una o più parole (o un'intera proposizione) sono collocate prima di ciò che sarebbe richiesto dal costrutto ordinario.

Esempio: «Guarda la mia virtù s'ell'è possente» (Dante, *Inferno*, II, 11).

Prosopopea Figura retorica che consiste nel raffigurare come persone esseri inanimati o entità astratte.

Esempi: «quel loco, de lo qual Amor l'ha tratto. / Io non m'accorsi, quand'io la mirai, / che mi fece Amore / l'asalto agli occhi...» (Cino da Pistoia, *Angel di Deo simiglia in ciascun atto*, vv. 12-15); «Là, presso le allegre ranelle, / singhiozza monotono un rivo» (G. Pascoli, *La mia sera*, vv. 11-12).

Q

Quartina Strofa di 4 versi, di qualsiasi misura. Si usarono q. monorime nella poesia ritmica latino-medievale. Nella poesia italiana la q. si trova per lo più in combinazione con altre strutture strofiche a formare componimenti di diversa natura; per es., le 2 q. del sonetto ▶ (seguite da 2 terzine ▶) o la ripresa ▶ della ballata ▶ grande. Un componimento di sole q. è detto anche quarta rima.

R

Registro (di comunicazione, di espressione) Ogni diverso modo di realizzare, nell'atto linguistico, le diverse possibilità che offre un sistema linguistico o dialettale, soprattutto in rapporto al ricevente e alle finalità che chi parla o scrive si propone.

Rima Identità fonetica nella terminazione di due o più parole, a partire dalla vocale tonica, particolarmente percepibile qualora tali parole si trovino a breve distanza in un testo in prosa o in fine di verso in testi poetici.

Fanno r. o sono in r. vocaboli come *testo* : *manifesto* (r. piana, perché fra parole piane), *virtù* : *tribù* (r. tronca), *veicolo* : *ridicolo* (r. sdrucciola), *biasimano* : *spasimano* (r. bisdrucciola): queste coppie illustrano la r. perfetta. Quando l'identità fonetica dalla tonica in poi non è assoluta, si ha una r. imperfetta, come nel caso dell'assonanza ▶ o della consonanza ▶.

Ripresa In musica e nella poesia destinata originariamente a essere cantata (per es., la ballata ▶, il rispetto ecc.), ripetizione di una parte della composizione.

Ritmo Nella metrica, l'alternarsi, in un verso, di sillabe toniche e sillabe atone secondo determinate leggi: scandire il r. di un verso, leggerlo in modo da mettere in risalto tale alternanza; riferito alla metrica classica, e in particolare alla lettura moderna (in cui si accentano le arsi, generalmente lunghe, dei metri).

In prosa, il succedersi degli accenti di frase, in genere senza leggi fisse (eccetto in qualche caso come nel *cursus* della prosa d'arte medievale), ma secondo il gusto e la sensibilità di chi scrive o parla. Il componimento stesso che è caratterizzato dall'opposizione di sillaba tonica a sillaba atona, rispetto al verso classico basato sulla quantità sillabica e vocalica.

In particolare, nome di alcuni componimenti poetici medievali in volgare, che somigliano ai ritmi latini soprattutto perché costituiti da più o meno lunghe serie di versi senza schema metrico fisso, distribuiti in lasse disuguali tra loro, in ciascuna delle quali c'è o di gran lunga prevale una sola rima ▶ o assonanza ▶: R. cassinese; R. laurenziano.

S

Sdrucciolo In linguistica, che ha l'accento sulla terzultima sillaba (it. esile). Versi s.; endecasillabi ▶, settenari ▶, ottonari ▶ s. sono quelli che, terminando con parola s., hanno 12 sillabe invece che 11, 8 invece che 7 e così via; ottave s., composte di versi sdruccioli.

Esempi: «Ora cen porta l'un de' duri margini» (Dante, *Inferno*, XV, 1); «M'apparisti così come in un cantico» (G. Gozzano, *La signorina Felicita ovvero la felicità*, VIII, v. 59).

Senario Verso composto di 6 sillabe metriche, con accento principale fisso sulla 5ª sillaba; compare per lo più accostato ad altri versi. S. doppio o accoppiato è detto il verso costituito da due emistichi ▶ di 6 sillabe metriche ciascuno, separati da una cesura ▶ fissa, chiamato anche dodecasillabo.

Esempi: «como degio fàre?» (Rinaldo d'Aquino, *Già mai non mi conforto*, v. 8); «Taci. Su le sóglie / del bosco non ódo» (G. D'Annunzio, *La pioggia nel pineto*, vv. 1-2); «Dagli atri muscosi, // dai fori cadenti» (A. Manzoni, *Adelchi*, atto III).

Sestina Forma particolare della canzone ▶, formata nel suo schema tipico da 6 stanze ▶ di 6 endecasillabi ▶ ciascuna, con un congedo ▶ di 3 endecasillabi; ogni stanza si collega alla precedente ripetendo, nel primo verso, la parola-rima con cui quella termina, mentre i versi successivi riprendono anch'essi, con ordine variato, le medesime rime della prima stanza, per cui le parole in rima sono in totale soltanto sei; nel congedo è seguito lo stesso criterio, ma con qualche varietà nell'alternanza delle parole-rime.

Nella poesia italiana la sestina fu dapprima adottata da Dante sul precedente esempio di Arnaut Daniel; è poi presente otto volte nel *Canzoniere* di Petrarca, e ciò spiega la sua frequenza nei poeti petrarchisti; andata in disuso nel Sei e Settecento, verrà ripresa da poeti moderni, tra i quali Carducci e D'Annunzio.

Genericamente, strofa di 6 versi, che possono essere tutti uguali (endecasillabi, decasillabi ▶, settenari ▶), oppure endecasillabi alternati a settenari ecc.

In senso stretto, strofa formata di 6 endecasillabi, dei quali i primi 4 a rime alternate e i 2 finali a rima baciata.

Settenario Verso composto di 7 sillabe metriche, con accento principale fisso sulla 6ª e uno o due altri su una delle prime 4 sillabe, da cui una grande varietà di armonia. Prevale il ritmo giambico, con accenti sulla 2ª, 4ª e 6ª sillaba.

Esempio: «Rettór del ciélo, io chéggio» (F. Petrarca, *Canzoniere*, 128, 7).

È il verso più usato dopo l'endecasillabo ▶, per lo più congiunto a questo e al quinario in varie forme strofiche.

Similitudine Figura retorica che mira a chiarire (logicamente o fantasticamente) un concetto presentandolo in parallelismo e in paragone con un altro, mediante la congiunzione "come" o i nessi "così... come", "tale... quale", "come... tale" ecc.; può avere forma estesa, e in tal caso consta di una prima parte in cui si descrive la cosa presa come confronto, e di una seconda parte in cui si passa all'applicazione.

Esempio: «Come la luce rapida / piove di cosa in cosa, / e i color vari suscita / dovunque si riposa; / tal risonò moltiplice / la voce dello Spiro» (A. Manzoni, *Pentecoste*, vv. 41-46).

Oppure può risolversi tutta nel giro di una frase (per es., "fu trattato come un cane"); in forma ancora più concentrata si riduce alla metafora ▶, mentre la soppressione del come o di ogni altro nesso, cioè l'identificazione di un termine con l'altro, dà luogo all'analogia ▶.

Esempio: «Quali dal vento le gonfiate vele / caggiono avvolte, poi che l'alber fiacca / tal cadde a terra la fiera crudele» (Dante, *Inferno*, VII, 13-15).

Sincope In linguistica, caduta di un suono o di un gruppo di suoni all'interno di una parola (per es., l'ital. verde dal lat. *viridis*, con sincope della vocale *-i-* interna; *spirto* per *spirito*).

Sineddoche Figura retorica che risulta da un processo psichico e linguistico attraverso cui, dopo avere mentalmente associato due realtà differenti ma dipendenti o contigue logicamente o fisicamente, si sostituisce la denominazione dell'una a quella dell'altra. La relazione tra i due termini coinvolge aspetti quantitativi, cioè i rapporti parte-tutto (una vela per la barca), singolare-plurale (lo straniero per gli stranieri), genere-specie (i mortali per gli uomini), materia prima-oggetto prodotto (un bronzo per una scultura in bronzo).

Sinestesia Nel linguaggio della stilistica e della semantica, particolare tipo di metafora ▶ per cui si uniscono in stretto rapporto due parole che si riferiscono a sfere sensoriali diverse (colore squillante, voce calda); quando l'accostamento tende a ripetersi (per contingenze storico-culturali e stilistiche) può determinarsi un mutamento semantico e nascere una nuova accezione della parola (il latino *clarus*, etimologicamente appartenente alla sfera sensoriale auditiva, è passato alla sfera visiva sia nel latino classico sia nelle lingue romanze, dove, a partire dal linguaggio musicale, ha nuovamente assunto un'accezione acustica, come in "suoni chiari", "voce chiara").

Esempio: «Non vi ster molto, ch'un lamento amaro / l'orecchie d'ogni parte lor feriva» (L. Ariosto, *Orlando furioso*, XXIII, ott. 44).

Sirma (o sirima) La seconda parte della strofa nella canzone ▶, collegata con la prima parte, o fronte ▶, da un verso chiamato chiave ▶; è per lo più divisa in 2 volte ▶, di uguale numero di versi ciascuna. Il termine è stato anche usato per indicare la seconda parte del sonetto ▶ (le 2 terzine ▶), e la volta della ballata ▶.

Sonetto Composizione metrica (dal francese antico *sonet*, "canzone, canzonetta") di carattere prevalentemente lirico, composta di 14 versi (quasi sempre endecasillabi ▶ nella letteratura italiana), distribuiti in 2 quartine ▶ e 2 terzine ▶, con rime ▶ disposte secondo precisi schemi. Nel suo schema originario il s. si compone di una prima parte costituita da 8 endecasillabi rimati alternativamente ABABABAB e di una seconda parte costituita da 6 endecasillabi rimati CDECDE o CDCDCD.

Lo schema originario subì presto modificazioni. Nella prima parte prevalse, verso la fine del XIII sec., la forma a rime incrociate ABBA ABBA. Nelle terzine vigeva maggiore libertà.

Il s. fu un componimento aperto a temi di varia natura, amorosi, morali, politici, artistici, polemici. Con Petrarca il s. si pose sul piano della canzone ▶ come grande metro della poesia lirica, e tale restò per tutto il XVI sec.

Stanza Nella metrica italiana, altro nome della strofa d'una canzone ▶, anche come componimento a sé stante; talora, sinonimo di ottava ▶: le s. di Ariosto, di Tasso; e come titolo: *Stanze per la giostra* di A. Poliziano. Questo significato, che si ricollega direttamente all'accezione originaria (di "fermata"), deriva dal fatto che la strofa o l'ottava, racchiudendo un senso compiuto, comporta alla sua fine una pausa, un riposo, che ne costituisce la caratteristica.

T

Tenzone Disputa poetica in uso nella letteratura medievale, di origine provenzale. Nella lirica provenzale, infatti, si designò con *tensò* uno scambio di strofe o di poesie che due poeti si indirizzavano in forma polemica, a volte in tono di elegante e dotta discussione, altre volte con acredine personale, su argomenti vari (amorosi, morali, politici).

Probabilmente iniziò come uno scambio di poesie intere, ma presto si preferì un dialogo a strofe alternate, sicché si ebbe un unico componimento dovuto alla collaborazione di due poeti: forma questa divenuta la più regolare dopo la metà del XII sec. In molti casi l'intera t. era opera di un solo poeta, che si fingeva in polemica con altri.

S'impegnarono in t., tra i meridionali, Giacomo da Lentini, I. Mostacci, Pier delle Vigne e, tra i toscani e gli Stilnovisti, Guittone d'Arezzo, G. Cavalcanti, Cino da Pistoia ecc. Notevole è la t. (3 coppie di sonetti) tra Dante e il suo amico Forese Donati.

Terzina Strofa di 3 versi (detta anche terzetto), che s'incontra, per es., nel madrigale ▶ e nel sonetto ▶. Come metro a sé (detto anche terza rima), si compone di 3 endecasillabi ▶, di cui il 1° rima con il 3°, mentre il 2° dà la rima al 1° e al 3° della t. seguente; la serie si chiude con un verso che rima con il 2° dell'ultima t. (ABA BCB ... YZY Z); usata per la prima volta da Dante, è detta anche t. dantesca.

Topos Luogo comune, motivo ricorrente, in un'opera, nella tematica di un autore o di un'epoca. Plurale *topoi*.

V

Volta Nella metrica italiana, ciascuno dei due periodi ritmici in cui si può dividere la sirma ▶ della canzone ▶. Nella ballata ▶, il terzo periodo della stanza ▶, che è conforme alla ripresa ▶.

Fonti bibliografiche

Umanesimo e Rinascimento

Doc. 1: Giovanni Pico della Mirandola, *Oratio de hominis dignitate*, a c. di E. Garin, Vallecchi, Firenze 1942.

Docc. 2; 3; 5: *Prosatori latini del Quattrocento*, a c. di E. Garin, Ricciardi, Milano-Napoli 1952.

Doc. 4: Leon Battista Alberti, *Opere volgari*, a c. di C. Grayson, Laterza, Bari 1960.

La letteratura medicea

T1-T2: Lorenzo de' Medici, *Scritti scelti*, a c. di E. Bigi, Utet, Torino 1965.

T3-T4: Angelo Poliziano, *Rime*, a c. di D. Delcorno Branca, Marsilio, Venezia 1990.

T5: *Letteratura italiana del Quattrocento*, a c. di G. Contini, Sansoni, Firenze 1976.

T6: Angelo Poliziano, *Rime*, a c. di N. Sapegno, Edizioni dell'Ateneo, Roma 1967.

Il poema cavalleresco

T1: Luigi Pulci, *Morgante*, a c. di F. Ageno, Ricciardi, Milano-Napoli 1955.

T2-T4: Matteo Maria Boiardo, *Orlando innamorato*, a c. di A. Scaglione, Utet, Torino 1963.

La trattatistica rinascimentale

T1: Pietro Bembo, *Prose e rime*, a c. di C. Dionisotti, Utet, Torino 1966.

T2; T3: Baldesar Castiglione, *Il libro del Cortegiano*, a c. di A. Quondam e N. Longo, Garzanti, Milano 1981.

T4: Giovanni Della Casa, *Galateo, overo de' costumi*, a c. di E. Scarpa, Panini, Modena 1990.

Il brano citato nella scheda di p. 140 è tratto da Veronica Franco, *Rime*, a c. di A. Salza, Laterza, Bari 1913.

Il Petrarchismo

T1: Iacopo Sannazaro, *Opere volgari*, a c. di A. Mauro, Laterza, Bari 1961.

T2: Giovanni Della Casa, *Le rime*, a c. di R. Fedi, Salerno Editrice, Roma 1978.

T3: Michelangelo Buonarroti, *Rime*, a c. di E. Noè Girardi, Laterza, Bari 1960.

T4: Gaspara Stampa, *Rime*, a c. di G. Rodolfo Ceriello, Rizzoli, Milano 1976.

T5: Maria Antonietta Grignani, *Per Isabella di Morra*, in "Rivista di letteratura italiana", II, 1984.

L'Anticlassicismo

T1-T2: Burchiello, *I sonetti*, a c. di M. Zaccarello, Einaudi, Torino 2004.

T3: Francesco Berni, *Rime*, a c. di D. Romei, Mursia, Milano 1985; Pietro Bembo, *Prose e rime*, a c. di C. Dionisotti, Utet, Torino 1966.

T4: *Poesia italiana. Il Cinquecento*, a c. di G. Ferroni, Garzanti, Milano 1978.

T5: Teofilo Folengo, *Baldus*, a c. di E. Faccioli, Einaudi, Torino 1989.

T6: Ruzante, *Due dialoghi*, a c. di L. Zorzi, Einaudi, Torino 1974.

Il brano citato nella scheda di p. 210 è tratto da François Rabelais, *Gargantua e Pantagruele*, a c. di G. Nicoletti, Utet, Torino 1963.

Ludovico Ariosto

T1-T3: Ludovico Ariosto, *Opere minori*, a c. di C. Segre, Ricciardi, Milano-Napoli 1954.

T4-T12: Ludovico Ariosto, *Orlando furioso*, a c. di L. Caretti, Einaudi, Torino 1966.

Niccolò Machiavelli

T1: Niccolò Machiavelli, *Opere*, a c. di M. Bonfantini, Ricciardi, Milano-Napoli 1954.

T2-T5: Niccolò Machiavelli, *Tutte le opere*, a c. di M. Martelli, Sansoni, Firenze 1971.

T6-T13: *Il principe*, a c. di G. Inglese, Einaudi, Torino 1995.

Francesco Guicciardini

T1-T3: Francesco Guicciardini, *Ricordi*, a c. di R. Spongano, Sansoni, Firenze 1951.

Il brano citato nella scheda di p.465 è tratto da Michel de Montaigne, *Saggi*, a c. di F. Garavini, Adelphi, Milano 1966.

Il brano citato nella scheda di p. 473 è tratto da Francesco Guicciardini, *Storia d'Italia*, a c. di S. Seidel Menchi, Einaudi, Torino 1971.

L'età della Controriforma e del Manierismo

Doc. 1: Giovanni Botero, *Della ragion di Stato*, a c. di C. Continisio, Donzelli, Roma 2009.

Doc. 2: Giordano Bruno, *Il Candelaio*, a c. di G. Acquilecchia, Utet, Torino 2007.

Doc. 3: Giovan Battista Gelli, *Dialoghi*, a c. di R. Tissoni, Laterza, Bari 1967.

Il brano citato nella scheda di p. 491 è tratto da Luigi Pirandello, *Il fu Mattia Pascal*, Rizzoli, Milano 2007.

Torquato Tasso

T1-T5: Torquato Tasso, *Opere*, a c. di B. Maier, Rizzoli, Milano 1963-1964.

T6-T12: Torquato Tasso, *Gerusalemme liberata*, a c. di L. Caretti, Mondadori, Milano 1992.

Indice dei nomi

A

Acton, John, Lord, 432
Alberti, Leon Battista, 29, 34-35, 40-41, 318
Albini, Umberto, 333
Alfieri, Vittorio, 144, 230, 420, 433
Ammirato, Scipione, 432
Angiolieri, Cecco, 43, 46, 90, 98, 188, 190
Apuleio, Lucio, 293, 353, 444
Archiloco, 62
Aretino, Pietro, 33, 36-37, 39, 180-182, **193-196**, 213-215
Ariosto, Ludovico, 15, 28, 33, 37, 39-41, 62, 88-89, 100-102, 106, 120, 125, 128, 133, 194, 198, **216-343**, 498-499, 509, 512, 517, 519, 525, 538-539, 542-543, 545, 549, 550, 561, 567, 572-573, 586-588, 590, 607, 619-623
Aristotele, 21, 23, 26, 58, 123-124, 149, 290n, 322, 439, 495
Artaud, Antonin, 335
Artusi, Pellegrino, 99

B

Bacchelli, Riccardo, 380
Bachtin, Michail, 98
Bacon, Francis, 433
Balbo, Cesare, 432
Bandello, Matteo Maria, 33, 36, 503, 505, 508
Barelli, Ettore, 453
Baretti, Giuseppe, 322
Baudelaire, Charles, 524
Beaumarchais, Pierre-Augustin de, 230
Beccadelli, Antonio, 40-41
Belli, Giuseppe Gioacchino, 230
Bembo, Pietro, 33-37, 40-41, 43-44, 122, 124, **126-131**, 132, 140, 148-152, 154-155, 161, 166, 169, 175, 177-179, 181, 190-193, 202, 214, 235, 246, 328, 456, 498
Benni, Stefano, 230
Berni, Francesco, 37, 180-182, **190-193**, 196, 213-215
Bertolucci, Attilio, 63
Bigi, Emilio, 285
Boccaccio, Giovanni, 19, 28, 33-34, 36, 38-39, 44, 49, 95, 98, 102, 116-117, 124, 128-131, 149, 157, 177, 203, 246, 354, 371-372, 498, 503, 509, 545
Bodini, Vittorio, 106
Boiardo, Matteo Maria, 37, 40-41, 86, 88-89, **100-118**, 119-121, 190, 217, 235-236, 239, 242-243, 246, 249, 253n, 256, 263n, 266, 269, 293, 302, 309, 325, 328, 337, 538-539, 543
Boileau, Nicolas, 230
Bonnà, Febo, 539-540
Borges, Jorge Luis, 573
Borsellino, Nino, 441
Botero, Giovanni, 432, 488, 490, 502, 505-508
Botticelli, Sandro, 40-41, 59, 66, 69n, 73, 74-75
Bracciolini, Poggio, 28, 31-32, 35-36, 39-41, 43, 441
Bruni, Leonardo, 26, 27, 36, 39-40
Bruno, Giordano, 489, 493-494, 498, 503, 505, 507-509, 636
Bruscagli, Riccardo, 372
Buonarroti, Michelangelo, 151, 154, **166-169**, 177-179, 370, 492, 500, 505-507, 620
Burchiello (Domenico di Giovanni), 37, 180, 182, **183-189**, 190, 196, 211-215
Burckhardt, Jacob, 21
Byron, George, 586

C

Callimaco, 58
Calvino, Italo, 238, 302, 323, 340-343, 573
Camilleri, Andrea, 99
Camporesi, Piero, 203
Cappellano, Andrea, 124
Caproni, Giorgio, 63
Cardarelli, Vincenzo, 536
Cardinal Bibbiena (Bernardo Dovizi), 190
Carducci, Giosuè, 189
Caretti, Lanfranco, 236, 265n, 277n, 290n, 519, 525, 586, 588, 590, 619
Caro, Annibal, 502, 505, 508
Cartesio (René Descartes), 432
Castiglione, Baldassarre, 33-34, 36, 41, 43, 122, 124-126, 128, **131-139**, 140-141, 143, 146-150, 175, 177, 182, 192, 194, 353
Caterina da Siena, 175
Catullo, Gaio Valerio, 201, 219, 272-273, 336, 338, 534, 565n
Cavalcanti, Guido, 43, 48, 62, 64n, 66
Celati, Gianni, 325-326
Celestini, Ascanio, 89
Cellini, Benvenuto, 497, 502, 505-506, 508
Cervantes, Miguel de, 106, 334-335
Cesareo, Giovanni Alfredo, 294
Chamfort, Sébastien-Roch-Nicolas de, 461
Chateaubriand, François-René de, 514
Chiabrera, Gabriello, 230
Cicerone, Marco Tullio, 19, 35, 44, 129-132, 135n, 317, 382
Claudiano, Claudio, 80, 129
Clausewitz, Carl von, 600
Collatino di Collalto, 170, 178-179
Colonna, Vittoria, 154, 166, 168, 175-176
Comin di Trino, 175
Condivi, Ascanio, 167
Copernico, Niccolò, 489, 491, 507-509
Cortese, Paolo, 58
Costabili, Antonio, 225n
Crane, Stephen, 600
Croce, Benedetto, 323-324, 433
Cutinelli-Rèndina, Emanuele, 477-478

D

Daborne, Robert, 431
D'Annunzio, Gabriele, 380
Dante Alighieri, 24, 26, 33, 43, 48-49, 62, 66, 72, 80, 98, 116, 126, 128-130, 148-149, 157, 166, 169, 177-178, 225n, 294, 317-318, 323, 328, 353, 359, 360, 439, 441, 523, 545, 586
da Porto, Luigi, 217
d'Aragona, Ferdinando, 614
d'Aragona, Tullia, 175
d'Este, Ippolito, 217-219, 221-223, 225-227, 234, 247-250, 261, 336, 338
Davico Bonino, Guido, 375n
De André, Fabrizio, 82, 371, 601
Della Casa, Giovanni, 33, 35, 122, 125-126, **141-145**, 148-151, 154, **163-165**, 177-179, 240, 492, 523, 545
Del Noce, Augusto, 432
Demostene, 26, 465
De Sanctis, Francesco, 158, 323, 433, 459, 475, 478, 586

Diderot, Denis, 230
Dionisotti, Carlo, 176
Dolce, Lodovico, 146, 175
Domenichi, Lodovico, 175
Doni, Anton Francesco, 503, 505, 508
Donne, John, 165, 431
Donzelli, Carmine, 614

E

Eco, Umberto, 63
Elias, Norbert, 145
Ennio, Quinto, 129n, 130
Ennis, Michael, 431
Epicuro, 518
Erasmo da Rotterdam, 25, 334-335, 441
Esiodo, 472, 536
Esopo, 230, 419
Euripide, 333

F

Fantini, Benedetto, 225n
Farinelli, Franco, 302
Ferecrate, 203
Ferroni, Giulio, 324-325
Ficino, Marsilio, 21, 23, 40-41, 48, 58-59, 90, 126, 166, 451, 536
Firenzuola, Agnolo, 505, 508
Flacco, Gaio Valerio, 31, 136
Flaiano, Ennio, 461
Folengo, Teofilo, 33, 37, 98, 180-182, **197-202**, 203-204, 209, 213-215
Fortini, Franco, 606-609
Foscolo, Ugo, 245, 322-323, 420, 433-434, 461
Foucault, Michel, 335
Franco, Veronica, 140
Fubini, Mario, 455

G

Gadda, Carlo Emilio, 99
Gaio Lucilio, 230
Galilei, Galileo, 20, 387, 432-433, 586
Gambara, Veronica, 175
Gelli, Giovan Battista, 497
Gentillet, Innocent, 432
Getto, Giovanni, 545
Gilbert, Felix, 436
Gioanola, Elio, 309
Gioberti, Vincenzo, 432
Gioia, Melchiorre, 145
Giolito de' Ferrari, Gabriele 175
Giovenale, Decimo Giunio, 98, 230
Giraldi Cinzio, Giovan Battista, 503, 505
Giustino, Marco Giuniano, 369n, 398n, 400
Goethe, Johann Wolfgang, 322, 514, 586
Gogol', Nicolaj V., 230, 380
Gonzaga, Lucrezia, 175
Gonzaga, Scipione, 539-540
Gori, Leonardo, 431
Gozzano, Guido, 63
Graf, Arturo, 155
Gramsci, Antonio, 433-434, 447
Guarini, Battista, 504-506, 508
Guazzo, Stefano, 146
Guicciardini, Francesco, 15, 33, 36, 40-41, 49, 359, 436, 450-481, 519, 587
Guinizzelli, Guido, 129n

H

Habermas, Jürgen, 25
Hanson, Victor D., 598
Hedges, Chris, 600

I

Ingegneri, Angelo, 540
Ippocrate di Cos, 561

J

Jonson, Ben, 431
Joyce, James, 99

K

King, Martin Luther, 607

L

La Fontaine, Jean de, 230
Lafreri, Antonio, 302
Landino, Cristoforo, 40-41
La Rochefoucauld, François de, 461
Lattuada, Alberto, 380
Leonardo da Vinci, 20-21, 109, 389, 492, 500
Leopardi, Giacomo, 102, 164, 433, 461, 474, 514, 522, 586
Leroy, Philippe, 380
Longanesi, Leo, 461
Lorenzo de' Medici, 16-17, 20-21, 34, 37, 39-41, 46-48, **49-57**, 58-59, 61, 66, 74, 83-85, 88, 90, 137, 166, 177, 345, 347, 352, 354, 360n, 474, 534, 536
Lucano, Marco Anneo, 129, 545
Luciano di Samosata, 317
Lucrezio (Tito Lucrezio Caro), 136, 345, 442, 518, 549

M

Machiavelli, Niccolò, 15, 28, 30, 33-36, 40-41, 43, 106, 285, 322-323, **344-449**, 451, 453-460, 463, 468, 471-472, 474-475, 479-481, 488, 490, 519, 523, 587, 610
Magris, Claudio, 600-601
Majakovskij, Vladimir V., 230
Malvezzi, Franco, 243
Manetti, Giannozzo, 24
Manuzio, Aldo, 175
Manzoni, Alessandro, 158, 203, 266, 323, 376, 433
Marchesa Colombi (Maria Antonietta Torriani), 145
Marco Aurelio, 461
Marino, Giovan Battista, 102
Marlowe, Christopher, 431
Marone, Andrea, 225
Marziale, Marco Valerio, 98, 230
Masuccio Salernitano, 36

Mazzini, Giuseppe, 433
Momigliano, Attilio, 81-82
Montaigne, Michel de, 465, 474, 586
Montecuccoli, Raimondo, 420, 461
Montesquieu (Charles-Louis de Secondat, barone de), 433
Moro, Tommaso, 25
Morra, Isabella di, 151, 154, **173-174**, 177-179, 492
Motolese, Matteo, 431

N

Nardi, Bruno, 278n, 281, 286
Nietzsche, Friedrich, 461
Novalis (Georg Friedrich Philipp Freiherr von Hardenberg), 461
Novelli, Enrico, 189

O

Omero, 88, 218, 236, 249, 293, 317, 323, 598, 601
Orazio (Quinto Orazio Flacco), 37, 40, 55, 58, 98, 136, 226, 229-230, 336, 338, 543, 549, 590
Orwell, George, 230
Ossola, Carlo, 492
Ovidio (Publio Ovidio Nasone), 59, 62, 72, 80, 136, 219, 336, 338, 359, 362, 534, 536, 545

P

Parini, Giuseppe, 189, 230
Paolo VI (papa), 447-449
Pascal, Blaise, 461
Pascoli, Giovanni, 446, 536
Pasolini, Pier Paolo, 446-447, 449, 608
Pavese, Cesare, 340
Pazzaglia, Mario, 280
Pederiali, Giuseppe, 323, 618
Persio (Aulo Persio Flacco), 230
Petrarca, Francesco, 19, 24, 26, 30, 33-34, 36-38, 43-44, 48-49, 62, 71n, 72-73, 88, 104, 116, 124, 126-131, 136, 141, 149, 151-155, 161-165, 170-171, 177-179, 219, 231, 272, 336, 338, 355, 359, 382, 429-431, 440-441, 498, 502, 508-509, 514, 528, 537, 545, 560n, 580, 586
Petronio Arbitro, 98, 230
Pico (Giovanni Pico) della Mirandola, 21-23, 36, 43, 100, 166, 345
Pirandello, Luigi, 491
Platone, 23, 26, 35, 44, 123-124, 127, 132, 149
Plauto, Tito Maccio, 39, 220, 336, 338, 354-355, 359n, 444
Plinio il Vecchio, 455
Plutarco, 26
Poliziano, Angelo, 23, 36-37, 39-41, 46, 48, **58-82**, 83-85, 102, 136, 166, 177, 246, 516, 534, 536, 545, 603
Pontano, Giovanni, 36, 40-41, 146n, 440-441
Pope, Alexander, 230
Porta, Carlo, 230
Pulci, Luigi, 37, 39, 48, 86, 88, **90-95**, 98, 102, 119-121, 202, 209, 211, 246, 328, 354

Q

Quevedo, Francisco de, 230
Quint, David, 302
Quintiliano, Marco Fabio, 31-32
Quondam, Amedeo, 146-147

R

Rabelais, François, 99, 209
Rezzori, Gregor von, 600
Romano, Giulio, 501
Rosmini, Antonio, 145, 432
Rousseau, Jean-Jacques, 420, 433, 586
Russo, Luigi, 433
Ruzante (Angelo Beolco), 34, 39, 180-182, **204-208**, 213-215

S

Saba, Umberto, 63
Saffo, 170
Salutati, Coluccio, 26, 31, 39, 43, 353
Salviati, Leonardo, 498, 509
Sandoval de Castro, Diego, 173
Sanguineti, Edoardo, 319, 323
Sannazaro, Iacopo, 37, 40-41, 151-152, 154, **157-162**, 177-179, 504, 516
Sanzio, Raffaello, 500
Sapegno, Natalino, 124
Sasso, Gennaro, 435
Savorgnan, Maria, 175-176
Schiaffino, Rosanna, 380
Schlegel, Friedrich, 461
Seneca, Lucio Anneo, 39, 129, 136, 503
Senofonte, 26, 132
Serao, Matilde, 145
Sforza, Isabella, 175
Shakespeare, William, 322, 431
Shaw, George Bernard, 230
Sofocle, 333-334, 516
Speroni, Sperone, 123, 146, 322, 506
Spila, Cristiano, 98
Spinoza, Baruch, 433
Stampa, Gaspara, 151, 154, **170-171**, 175-179, 492
Stazio, Publio Papinio, 31, 58
Stendhal (Henri Beyle), 600
Sterne, Laurence, 230
Svetonio (Gaio Svetonio Tranquillo), 129
Swift, Jonathan, 230

T

Tacito, Publio Cornelio, 432, 488, 507
Tasso, Bernardo, 322, 585
Tasso, Torquato, 62, 102, 146, 154, 164, 178, 216, 293, 322, 488, 495-496, 498-499, 502-506, 508, **510-609**, 619-623
Tassoni, Alessandro, 102
Teocrito, 162

Terenzio (Publio Terenzio Afro), 39, 220, 336, 338, 354
Terracina, Laura, 175
Tibullo, Albio, 359, 362, 534
Tito Livio, 347, 350, 356, 364, 366-367, 369, 382, 387, 431, 437, 442, 444, 452, 454, 456, 479-481
Tolomeo, 228, 302, 489
Tommaseo, Niccolò, 102, 432
Totò (de Curtis, Antonio), 380
Trincale, Franco, 89
Trissino, Gian Giorgio, 34, 353, 502-503, 505, 508, 539
Trogo, Pompeo, 369n
Turpino, 103-105, 108n, 117-118, 313n, 316n

Valla, Lorenzo, 23, 25, 30-31, 40, 43
Valli, Romolo, 380
Vasari, Giorgio, 21, 48, 166-167, 320, 492, 500, 502, 505-506, 508
Verga, Giovanni, 380
Veronese, Guarino, 31
Virgilio (Publio Virgilio Marone), 40, 80, 88, 104, 129-131, 154, 157, 161-162, 178, 198, 219, 236, 239, 249, 294, 317, 336, 338, 516, 534, 536, 545, 548, 553, 603
Viroli, Maurizio, 441
Vitruvio (Marco Vitruvio Pollione), 20
Vittorini, Elio, 340, 606
Voltaire (François-Marie Arouet), 230, 433

Zaccarello, Michelangelo, 211-212
Zanato, Tiziano, 117-118
Zancan, Marina, 140, 175-176
Zatti, Sergio, 591, 593

Appunti

Gli autori hanno condiviso la struttura e i contenuti delle diverse parti del volume.
Roberto Carnero è autore dei testi dell'unità Ludovico Ariosto.
Giuseppe Iannaccone è autore dei testi delle Finestre sul Contemporaneo e delle unità Umanesimo e Rinascimento; La letteratura medicea; Il poema cavalleresco; La trattatistica rinascimentale; Il Petrarchismo; L'Anticlassicismo; Niccolò Machiavelli; Francesco Guicciardini; L'età della Controriforma e del Manierismo; Torquato Tasso.

Gli autori hanno realizzato l'opera facendo anche riferimento alla Banca Dati dell'Istituto della Enciclopedia Italiana (in particolare, per il volume 1 e il volume 2, testi di Salvatore Battaglia, Piero Boitani, Emanuela Bufacchi, Sandro Carocci, Gigi Cavalli, Claudio Cerreti, Rosario Coluccia, Giulio Ferroni, Chiara Frugoni, Luca Gallesi, Mario Marti, Enzo Mattesini, Sergio Parmentola, Barbara Quagliarini, Paolo Ricca, Domenico Russo, Mario Saccenti, Anna Maria Scaiola, Domenico Scarpa, Mirella Schino, Mirko Tavoni, Margherita Zizi, Silvia Zoppi Garampi; © Istituto della Enciclopedia Italiana fondata da Giovanni Treccani).

Le pagine di *Intrecci d'arte* e le didascalie di commento alle immagini sono di **Laura Fenelli**.
Hanno collaborato alla realizzazione degli apparati didattici **Emanuela Bandini** e **Flavio Santi**.
I percorsi di approfondimento *A Scuola con Treccani* sono a cura di **Fiammetta Lozzi Gallo** (© Istituto della Enciclopedia Italiana fondata da Giovanni Treccani).
Il Compito di realtà è di **Daniela Di Donato**.

Consulenza scientifica Treccani **Francesco Ursini**
Consulenza editoriale **Davide Lovera**

Si ringraziano le professoresse Eliana Antonucci, Bianca Danna, Eva Giuliano, Marina Terrana per i preziosi suggerimenti.

Si ringrazia l'ing. **Gianni Luzi** per aver concesso l'utilizzo dell'espressione *Vola alta parola* – tratta dall'omonima lirica di Mario Luzi – quale titolo della presente opera.

Coordinamento editoriale Carlotta Ferrari Lelli
Coordinamento di redazione Caterina Guagni
Coordinatore tecnico Gloria Bardelli
Progetto grafico e copertina Colibrì Graphic Design, Rapallo
Impaginazione Colibrì Graphic Design, Rapallo
Cartine Stefano Benini

Sviluppo multimediale
Coordinamento e realizzazione Alessia Fermi
Redazione Elena Rossi

Referenze fotografiche © Archivio Giunti; © Alinari, © Bridgeman, © Contrasto, © Fotolia, © Getty, © Gilardi, © Lessing, © Marka, © Mondadori, © Scala, © Shutterstock, © Webphoto.
© Succession Picasso, by SIAE 2019.
Referenze dettagliate su www.giuntitvp.it/crediti

In copertina: Tommaso da Modena, *Ritratto del cardinale Nicola di Rouen*, particolare, XIV sec. Treviso, Seminario Vescovile.

www.giuntitvp.it

Prima edizione: gennaio 2019
Prima ristampa: giugno 2019

Stampato presso Lego SpA, stabilimento di Lavis